MONDE PRIMITIF,
ANALYSÉ ET COMPARÉ
AVEC LE MONDE MODERNE,
CONSIDERÉ
DANS LES ORIGINES GRECQUES;
OU
DICTIONNAIRE
ÉTYMOLOGIQUE
DE LA LANGUE GRECQUE.

NEUVIEME LIVRAISON.

MONDE PRIMITIF,

ANALYSÉ ET COMPARÉ

AVEC LE MONDE MODERNE,

CONSIDERÉ

DANS LES ORIGINES GRECQUES;

OU

DICTIONNAIRE

ÉTYMOLOGIQUE

DE LA LANGUE GRECQUE,

PRÉCEDÉ DE RECHERCHES ET DE NOUVELLES VUES SUR L'ORIGINE DES GRECS ET DE LEUR LANGUE.

PAR M. COURT DE GEBELIN,

DE DIVERSES ACADÉMIES, CENSEUR ROYAL.

A PARIS,

Chez
{ L'Auteur, rue Poupée, Maison de M. Boucher, Secrétaire du Roi.
VALLEYRE l'aîné, Imprimeur-Libraire, rue de la vieille Bouclerie.
SORIN, Libraire, rue Saint Jacques.
DURAND, Neveu, rue Galande.

M. DCC. LXXXII.

AVEC APPROBATION ET PRIVILÉGE DU ROI.

DISCOURS PRÉLIMINAIRE
SUR LES ORIGINES GRECQUES.

PARTIE PREMIERE.
ORIGINE DE LA LANGUE ET DE LA NATION GRECQUE.

ARTICLE I.
§. I.
INTRODUCTION.

Enfin, nous voilà parvenus jufques à toi, aimable GRECE, Mere des Graces, fource des Arts agréables, modèle du bon Goût & de la vraie Eloquence : toi, qui nous amufes dans l'enfance par tes contes enchanteurs, & qui nous inftruis dans l'âge mur par la fageffe de tes grands Hommes. Ainfi que le Pilote, après une longue & pénible navigation, oublie tous fes maux à la vue de la terre défirée qu'il falue de loin, je te falue, Patrie des Mufes. A ton afpect, l'ennui des travaux paffés eft oublié : on commence à jouir de leurs fruits : ils en font espérer de plus précieux.

Inspiré par ton Génie, nous allons parler de toi, & s'il se peut, d'une maniere digne de toi : nous allons raconter l'Origine de tes premiers Habitans, dire d'où ils sont venus, où ils s'établirent, quelle fût la cause de leurs noms, & de ceux de tous ces lieux que ton Histoire a rendus immortels : apprendre aux hommes étonnés & attentifs, quelle fut l'Origine de ta Langue charmante : la raison de tous tes mots : comment ils tiennent à la masse entiere des Langues de l'Europe, & dont la base est dans la Nature universelle, & immuable. Ici brillera cette délicatesse de goût, cette sensibilité extrême de tes Peuples, qui parcourant tous les tons possibles, sçurent modifier, varier, adoucir à l'infini la Langue primitive, source de toutes les autres, & dans laquelle on voit celles-ci se fondre en entier avec une aisance qui n'étonne que ceux qui n'ont jamais approfondi cet admirable méchanisme.

Plus justes envers toi que ceux qui nous ont précédé, nous ferons voir que tu dus à toi-même plus qu'on ne pense : que tes premiers habitans furent moins sauvages qu'on n'a cru : que tu reçus dans ton sein moins de Colonies étrangeres qu'on ne prétend : que tu ne dus à celles-ci ni ton Langage, ni tes Loix, ni ton Architecture, ni plusieurs de tes Arts : qu'aucun peuple étranger ne forma chez toi de grands établissemens.

Ainsi, une plus vive lumiere se répandra sur tes Origines : leur profonde obscurité se dissipera comme les nuages du matin au lever de l'aurore..... Mais en faveur de qui nous donnerons-nous tant de peine ? Qui prendra plaisir à ces recherches ? Qui avec nous, voudra jetter un coup-d'œil sur tes antiques Origines ? Ils ne sont plus, tes grands-Hommes, ces HERODOTE, ces

PRELIMINAIRE.

Thucydide, ces Plutarque, ces Polybe, ces Platon, &c. qui étoient si jaloux de ta gloire, de tes antiquités, des sources de ton Langage, qui les cherchoient avec tant de soin, qui avoient tant de regret de n'y pouvoir parvenir : & nos Modernes, la plûpart dédaigneux, insoucians, trouveroient-ils quelqu'attrait à des Recherches qui à leur sens ne sont que des chimères ou d'oiseuses spéculations ?

Mais pourquoi nous découragerions-nous ? Il est si beau, si agréable de travailler pour la vérité ! de maintenir son empire, de combattre pour elle contre la voracité du tems qui attaque tout, qui détruit tout ; de résister à cette nuit profonde qui cherche à nous dérober tout de ses aîles ténébreuses ; & pour employer le style sublime de l'ancienne Grece, de faire frémir le vieux Saturne en lui arrachant encore un de ses enfans qu'il alloit engloutir comme tant d'autres ; de lui opposer, non des pierres, le tems est passé de conserver les antiques Histoires sur le marbre & sur la pierre, mais ces feuilles fragiles, blanches & noires avec lesquelles on brave les tems !

N'est-ce pas d'ailleurs un service agréable à rendre aux hommes, en leur apprenant comment tous les Peuples sont sortis d'une source commune ? comment les Grecs sur-tout, ces Grecs qui nous charment si fort par leurs Ouvrages qu'on les croiroit inspirés du Ciel même, comment ils ne furent en aucun tems des barbares nés de l'égoût de la terre : qu'ils appartiennent de près à nos Ancêtres, qu'ils parloient la même Langue, qu'ils eurent dans l'Origine la même Religion, les mêmes Loix, les mêmes coutumes, peut-être les mêmes foiblesses ; sur-tout, comment travaillant sur ce premier fond, ils s'éleverent à ce haut point de perfection qui nous étonne & qui nous deviendra infiniment plus utile dès que nous en pourrons suivre tous les progrès, toutes les nuances, en remontant nous-mêmes au point d'où ils partirent pour devenir si grands.

Ces brillans tableaux qui font l'ornement & la gloire du Monde Primitif, pourroient-ils être étrangers à cette foule de personnes pleines de goût, avides de vérités, dont l'Europe est remplie, & qui commencent à avoir des Émules dans d'autres Parties du Monde ; ils verront sans doute ces nouvelles Recherches avec quelque plaisir, ils les recevront avec le même empressement sans doute qu'ils ont daigné accueillir les précédentes : sur-tout s'ils considerent que nulle connoissance n'est parfaite sans celle du Grec, & que tout ce qui tend à en rendre l'étude plus agréable, plus aisée, mérite d'être encouragé & recherché.

S'il est permis à un mortel de percer l'obscurité profonde de l'avenir, c'est encore pour la GRECE elle-même que nous travaillons : un jour sans doute, & ce jour ne peut être loin, elle sortira des langes qui l'enserrent, leur joug sera brisé : alors le feu de son génie se rallumera : il sortira de son sein une foule de grands Hommes qui nous rappelleront ceux qu'elle a perdus depuis si long-tems : de nouveaux Lycées, de nouveaux Musées deviendront son ornement & sa gloire. Comme nous, ces nouveaux Savans recueilleront avec empressement tout ce qui concerne l'antique Grèce, & ils sauront sans doute quelque gré au Chef d'un Musée Occidental, quoiqu'il ne soit ni un Orphée ni un Linus, de leur avoir rendu plus aisée l'étude de leur Langue, de l'avoir en quelque façon débarbarisée : d'avoir arraché à la nuit des tems, des connoissances que l'Orient avoit transmises à l'ancienne Grèce : d'en avoir éclairci les Origines dans un tems où les traces en étoient presqu'entierement effacées, où à peine restoit-il les plus légers vestiges indispensables pour faire reparoître l'antique vérité.

PRÉLIMINAIRE.

§. II.

Rapports de ce Discours avec celui qui est à la tête des Origines Latines.

La marche de la vérité étant une, nous suivrons dans ces Recherches sur l'origine de la Langue & de la Nation Grecque, le même plan que nous nous sommes prescrit dans notre Discours Préliminaire sur les Origines Latines. Il a paru plaire & intéresser : & ceux qui sont accoutumés à cette Méthode nous suivront mieux dans ces nouvelles Recherches : s'appercevant d'ailleurs qu'en la prenant invariablement pour guide, on parvient avec la même aisance & la même certitude à des découvertes non moins précieuses, ils seront moins embarrassés à saisir cette route, moins indécis sur la bonté de nos Principes.

§. III.

Avantages de la Langue Grecque.

Si l'on vouloit juger des avantages de la Langue Grecque par le petit nombre de ceux qui l'étudient, elle paroîtroit infiniment au-dessous de la Langue Latine : tout le monde apprend celle-ci : on compte ceux qui s'attachent à son aînée, sur-tout ceux qui s'y distinguent : sans quelques particuliers qui s'y adonnent, les uns par plaisir, les autres par intérêt, elle seroit totalement négligée.

C'est ainsi que la Langue Latine se substituant à la Grecque, lui a enlevé presque tous ses avantages.

Cependant les Romains, ces Peuples auxquels la Langue Latine doit tout, ne croyoient rien savoir, tandis qu'ils ignoroient la Langue Grecque. Leur jeuneſſe la plus brillante étoit élevée à Athènes : leur Langue s'enrichiſſoit ſans ceſſe, ainſi que leurs Palais, des dépouilles des Grecs. Ciceron lui-même, cet Orateur qui porta ſi loin la gloire de ſa Langue, qui en étoit l'admirateur ſi outré, ſi partial, ne pouvoit s'empêcher de parler Grec dans ceux de ſes Ouvrages où il n'étoit pas en garde contre la Langue Grecque, où ſa paſſion pour le Latin étoit forcée de céder à l'utilité preſſante du moment.

Mais puiſque les Romains, vainqueurs des Grecs & jaloux de leur Langue, ne purent réſiſter aux graces merveilleuſes du langage des Grecs, & s'ils s'efforcerent ſans ceſſe de les tranſporter dans le leur, plus injuſtes que ces fiers Conquérans ou moins épris d'amour pour les graces, ſerions-nous aſſez dénués de goût, aſſez gothiques pour nous priver volontairement des avantages qu'on peut puiſer dans la connoiſſance de cette belle Langue?

En effet, aucune Langue ne peut être comparée à la Grecque. C'eſt la Langue de l'eſprit, de l'imagination, des idées grandes & ſublimes : toujours accompagnée des graces, elle s'énonce ſur tous les tons, & elle le fait toujours de la maniere la plus agréable & la plus parfaite. Avec ANACRÉON, elle chante Vénus & les Amours : avec HOMERE, elle entonne la Trompette guerriere, elle brille dans les Combats, elle change les hommes en Héros, elle en fait des immortels : dans HÉRODOTE, elle peint les tems paſſés avec toutes les richeſſes du coloris le plus flateur & le ſublime de la Poéſie. Avec PINDARE, elle s'éleve dans les Cieux, elle devient giganteſque, rien ne peut imiter ſon enthouſiaſme, ſa pompe, ſes écarts ſéduiſans. Par la bouche de DÉMOSTHENE, elle commande aux paſſions, elle entraîne les Peuples, elle forme les ligues, elle fait trembler les Monarques. Par le jeu charmant des SOPHOCLE, des ESCHYLE, des EURIPIDE, elle excite tour à tour la pitié, la terreur, l'admiration: elle entraîne les esprits, elle les meut à volonté: tour à tour à son gré elle inspire la joie, ou fait couler nos pleurs. Tandis qu'avec PLATON, elle s'éleve aux idées les plus relevées, qu'elle pare la Métaphysique de tout ce que la Poésie a de plus attrayant, & la Peinture de plus noble & de plus flatteur, elle se met dans THÉOCRITE par sa naïveté au niveau des esprits les moins élevés, elle joue en quelque façon avec eux: & elle plaît dans LUCIEN à l'imagination la plus délicate, par la finesse de ses pensées, & par le sel de ses plaisanteries.

Que peut-on comparer d'ailleurs à ses brillantes Allégories, à ces récits faits en apparence pour amuser les enfans, pour les endormir, & qui sous un voile naïf & mensonger renferment ce que la Nature a de plus grand; & la Religion, de plus auguste?

Ignore-t-on aussi que cette Langue renferme tout ce que l'érudition Profane, Historique, Chronologique a de plus respectable? Et relativement à la Religion Chrétienne, n'est-ce pas dans cette Langue que sont écrits les Ouvrages de ses HÉRAUTS, les fondemens de la Foi: & que c'est la Langue que parlerent & dans laquelle écrivirent les BASILE, les GRÉGOIRE, les CHRYSOSTOME, une foule d'hommes illustres dans l'Histoire de l'Eglise?

Mais quelle est donc la nature de cette Langue, qui, comme un vrai Protée, se prête à tout, se plie à tous les genres, & peint si bien tous les tons depuis la houlette du Berger jusqu'à la lance guerriere & au sceptre des Rois?

§. IV.

Vues générales sur les causes qui la font négliger.

Comment est-il arrivé que cette Langue si belle, si riche, si parfaite, si touchante, soit aussi négligée qu'elle l'est? Qu'on se contente de l'admirer de loin : qu'on ait presque honte d'en avoir quelqu'idée ; comment s'est-il élevé, dans notre Nation sur-tout, un si grand abîme entr'elle & l'homme de goût ?

Au renouvellement des Sciences, chacun se livra avec ardeur à la connoissance du grec : elle fut portée en Europe par des Grecs : ils se plurent à répandre leur Langue : on se plut à les écouter dans toutes les Villes où l'on avoit du goût pour les Sciences : François I. favorisa ce goût avec ardeur : la France fut remplie de livres Grecs & de gens habiles à les entendre. Ce goût se maintint; il devint à la mode : les Belles, qui font tout ce qu'elles veulent, voulurent elles-mêmes étudier cette Langue ; la pédanterie s'en mêla, ce Sexe fut moins aimable. MOLIERE, ce génie facile & heureux, qui avança si fort au milieu de nous l'empire du goût, sentit la force de l'abus : employant l'arme du ridicule, la plus terrible dans la société, il frappa d'anathême l'étude de cette Langue : chacun eut peur de ressembler au sot qu'on embrassoit plus sottement encore pour l'amour du Grec.

Tel est l'homme, il se jette toujours dans les extrêmes : d'un goût désordonné pour le Grec, on passa tout d'un coup à l'indifférence la plus grande. Certainement, aimables François, Savans de tous pays, vous avez tout à perdre à la pédanterie, à un savoir pesant & maussade, à une stérile connoissance de mots : notre Poëte Comique fit bien de frapper sur ce ridicule, destructeur de la vraie Science : mais ne confondez point avec ce défaut, la vraie & solide connoissance des Langues ; ces Langues considérées comme moyen de s'instruire, avec l'instruction elle-même : ce seroit imiter une personne qui amasseroit sans cesse de l'or pour en user, & qui n'en useroit jamais : ou celui qui se prépareroit chaque jour pour des voyages lointains, & qui ne se mettroit jamais en chemin.

Avouons

PRÉLIMINAIRE.

Avouons cependant que des caufes majeures favorifent cet éloignement pour la Langue Grecque : & qu'on ne fauroit en ramener le goût fans les faire difparoître.

§. V.

Moyens de faciliter l'étude du Grec.

La plus effentielle des caufes qui font négliger l'étude du Grec, c'est fans contredit le manque de moyens pour l'apprendre en peu de tems & d'une maniere fatisfaifante : il eft fi dur d'être condamné à n'apprendre que des mots : il eft fi difficile de fe fouvenir de mots dont on ne voit jamais la raifon : il eft fi fâcheux d'être obligé de paffer le tems le plus agréable de la vie, à l'étude de regles barbares, & qui ne paroiffent que l'effet du caprice! L'étude du Latin emporte elle-même un tems fi long, fi faftidieux ! où trouver celui qu'exigeroit un travail de la même nature pour la Langue Grecque ?

On a raifon fans doute : & tandis qu'on ne remédieroit pas à ces plaintes, il feroit inutile d'exhorter les Jeunes Gens à l'étude du Grec : ils ont déja affez de leur tâche, fans les excéder d'une nouvelle.

Nous l'avons fenti d'autant plus vivement que nous avons paffé nous-mêmes par tous ces états, & qu'ils formoient pour nous un poids prefqu'infupportable : mais nous roidiffant contre les difficultés, nous n'avons rien négligé pour l'alléger : le volume que nous mettons ici fous les yeux du Public, tend à le diminuer le plus qu'il nous a été poffible.

Les Mots Grecs y font ramenés à leur véritable fource, & cette fource n'eft ni éloignée ni difficile à faifir. Ce font prefque toujours les mêmes mots radicaux, les mêmes monofyllabes qui ont produit la masse énorme des mots Latins & des mots François. Ces mots déja connus sont en petit nombre, par-là même aisés à retenir: de chacun d'eux, on en voit dériver une multitude, qui formés des mêmes élémens physiques, sont tous liés entr'eux par une même idée commune dont chacun présente une nuance particuliere; & vont se lier également & sans peine avec tous les mots & Latins & François qui appartiennent à la même famille.

Par ce moyen, cette immense quantité de termes qui composent la Langue Grecque, ne sont plus isolés & n'offrent plus le spectacle effrayant de mots séparés & étranges entassés les uns sur les autres, sans qu'on puisse se rendre raison de leur nombre, sans qu'on ose même s'exposer à ce calcul aussi fastidieux que pénible.

Tous classés par familles nombreuses, tous distribués en belles & vastes allées, un seul en rappelle mille; mille sont comme un seul: on sait à chaque instant où prendre chacun d'eux; on voit à chaque instant tous ceux dont il dérive, tous ceux qu'il a produits. L'esprit satisfait, l'imagination vivement frappée, l'intelligence à son aise, donnent tout le loisir nécessaire pour se promener dans ces superbes espaces, pour en retenir l'ensemble, pour trouver du plaisir à leur formation: spectacle ravissant, digne d'être présenté aux hommes, propre à élever leur ame en les faisant planer au-dessus du vaste empire des Langues; en leur en montrant les beautés, les rapports, les causes, & les débarrassant des nuages qui les obscurcissoient, des ronces qui en rendoient les avenues longues & difficiles.

Ces Origines Grecques, ainsi que les Latines, sont destinées sur-tout aux Jeunes Gens qui se vouent à l'étude des Langues. Nous ne les croyons cependant pas indignes des regards de ceux qui font déja avancés dans cette carriere ; ils y trouveront des vues neuves, des rapports lumineux, des vérités inconnues aux Grecs eux-mêmes, une énergie dans les mots dont ils ne se doutoient pas : ajoutons qu'en reconnoissant ici les mêmes rapports qui ont déja frappé dans les Origines Latines, ce sera un témoin de plus en faveur de l'excellence & de l'utilité de notre Méthode, ainsi que de sa supériorité sur tout ce qu'on avoit tenté jusques ici, sans en excepter même les Grecs.

§. VI.

Pourquoi ces Origines sont mieux connues aujourd'hui que du tems des anciens Grecs.

Tout ce que nous avons dit dans notre Discours Préliminaire sur les Origines Latines, page VI, &c. pour justifier ce que nous avançons ici, & pour montrer qu'il n'est pas étonnant que nous connussions mieux ces Origines que les Romains eux-mêmes, devient autant de preuves pour démontrer que les Origines Grecques nous doivent être mieux connues qu'elles ne l'étoient des Grecs eux-mêmes & de tous ceux qui ont marché sur leurs traces, ou qui s'étoient persuadés qu'on ne pouvoit découvrir ce qu'ils n'avoient pû connoître.

Les Grecs, ainsi que les Romains, n'eurent aucune idée du génie étymologique des Langues : jamais ils ne penserent à rapprocher la leur des Langues Celtiques qu'on parloit dans leur voisinage & dans le reste de l'Europe, & qu'ils traitoient de Langues Barbares : il étoit donc de toute impossibilité qu'ils pussent répandre la moindre lumiere sur les Origines de leur Langue.

Actuellement, au contraire, il existe, comme nous l'avons démontré, une Science étymologique, au flambeau de laquelle doit se dissiper tout doute ; & l'on connoît cette Langue parlée par les premiers habitans de l'Europe, qui étendit ses fertiles rameaux dans toute cette partie de l'ancien Monde avec les Colonies qui s'y répandirent de tous côtés, & de laquelle descendirent l'ancienne Langue Grecque antérieure à Hésiode & à Homere, l'ancienne Langue Latine, celle des Sabins, l'Etrusque, le Thrace parlé depuis la Mer Noire jusqu'au Golfe de Venise, le Theuton, le Gaulois, le Cantabre, le Runique.

Si dans nos Origines Françoises & dans nos Origines Latines nous avons prouvé cette assertion relativement à ces deux Langues, nous ne le prouvons pas moins aujourd'hui relativement aux Origines Grecques. Cette uniformité de méthode & de succès, & cet accord de trois Langues en apparence si différentes, devient la démonstration la plus complette de nos Principes.

§. VII.

Les Origines Grecques, partie essentielle du Monde Primitif ; ce que nous en avons dit dans notre Plan général & raisonné.

Les Origines de la Langue Grecque sont en effet une partie si essentielle du Monde Primitif, qu'il étoit impossible de les supprimer. Existant telle qu'elle est dans des siecles très-antérieurs à toutes les Langues actuelles de l'Europe, liée intimément à toutes ces Langues, & à toutes celles de l'Asie, au Persan & à l'Allemand qui ont le plus grand rapport entre elles : si semblable à l'Esclavon qu'on a cru qu'elle en venoit, & à l'Indien qu'on s'est imaginé que celui-ci en étoit un dérivé, cette Langue est une clé merveilleuse qui fait pénétrer avec une aisance étonnante dans l'étude & l'origine de toutes ces Langues, & elle devient un échelon admirable pour remonter sans peine à la Langue Primitive.

PRÉLIMINAIRE.

Ayant fourni une multitude de mots à toutes les Langues de l'Europe, ayant sur-tout créé celle des Sciences & des Arts, il devient impossible de s'en passer dans l'étude étymologique des mots.

Mere de la Fable & de l'Allégorie, on ne peut pénétrer dans le vrai sens de celle-ci, sans être au fait de la valeur & de l'énergie de chacun de ces mots; valeur & énergie qui ne sont rien sans leur étymologie.

Aussi dans notre Plan général & raisonné, annonçâmes-nous les Origines Grecques comme une portion indispensable du Monde Primitif. Nous promîmes de remonter à l'origine de cette Langue, de faire voir dans quelles sources ce Peuple intéressant avoit puisé ses mots, comment il parvint à étendre, à embellir, à diversifier ce premier fond, à le faire disparoître en quelque sorte par la maniere dont il sut se le rendre propre, par la riche & élégante broderie dont il le revêtit.

Nous promîmes en même-tems de réduire au plus petit nombre possible, cette multitude prodigieuse de mots dont on avoit si mal-à-propos enflé la racine des radicaux de cette Langue.

Nous osâmes assurer que son étude en deviendroit plus aisée: que son origine ne seroit plus une énigme: qu'elle se lieroit avec celle de tous les Peuples: qu'on la retrouveroit chez tous; que ses mots s'unissant à des racines déja connues, & présentant toujours une raison simple & naturelle de leur existence; elle en deviendroit d'autant plus flatteuse, & se retiendroit sans peine.

Cette annonce n'étonna pas moins que toutes celles dont elle étoit précédée; on la regarda en pitié comme une chimere; & il ne pouvoit en être autrement, on n'avoit encore rien vu en ce genre. Nous ne pouvions donc nous dispenser de faire paroître ces

Origines Grecques : nous aurions manqué à nos promesses ; notre plan seroit incomplet, nous donnerions de fâcheux préjugés contre nous, & contre nos principes : nous justifierions en quelque sorte les jugemens précipités & désavantageux qu'on avoit portés contre notre entreprise.

A la vérité, cette portion de nos recherches intéressera moins nombre de nos Lecteurs ; il faut en convenir : ceux qui ignorent le Grec seront effrayés de ces Origines : malgré cela, il se peut qu'elles ne leur soient pas entierement inutiles : ils peuvent en lire tous les Préliminaires, en parcourir tous les Chefs de famille : cette facilité en déterminera, sans doute, quelques-uns à donner quelque tems à une Langue qui leur présentera des attraits inconnus jusques-là. D'ailleurs dans un vaste Palais, dans un immense Jardin, il y a toujours des espaces, des portions moins fréquentées que d'autres, & cependant personne ne pense à les supprimer.

Enfin, nous avons toujours été dans l'idée que lors même que nous ne pourrions pas completter l'édifice dont nous avons mis le plan sous les yeux du Public, nous en aurions bien mérité si nous mettions ceux qui étudient les Langues à même de les apprendre avec plus de facilité, plus de plaisir, plus d'utilité, puisque par ces secours pour s'instruire des mots, chacun pourroit arriver plus facilement à la connoissance des choses.

Nous nous sommes donc livrés à cette entreprise avec plus de confiance, persuadés qu'on auroit dû moins égard à notre bonne volonté, que nos succès dans la recherche des Langues deviendroient une forte preuve de l'excellence de nos principes ; & que par rapport à nos Origines Grecques, ceux qui savent le Grec ou qui veulent l'apprendre, seront bien-aises de connoître ce que nous en avons dit ; & que les autres ne seront pas fâchés d'en avoir une idée, de s'assurer s'ils y apperçoivent en effet des rapports avec les Langues qu'ils connoissent.

La maniere dont on a accueilli nos Origines Latines, sont pour nous d'un augure d'autant plus favorable, que nous suivons dans ce Volume la même marche, le même ordre, & jusques aux mêmes Chefs de Familles.

ARTICLE II.
§. I.

Grecs qui se sont occupés des Etymologies de leur Langue.

CET Article ne sera pas long: les Grecs ne se sont jamais mis beaucoup en peine de l'origine de leur Langue; ce genre d'étude est presque dû en entier à ces derniers tems: peut-être n'avons nous pas fait une grande perte par cette négligence: le peu qui nous reste d'eux à cet égard ne vaut pas mieux que ce qui nous a été transmis des Etymologistes Latins.

ARISTOTE & les STOÏCIENS.

ARISTOTE avoit fait un Livre qui n'existe plus, sur les Noms barbares.

Les STOÏCIENS, tels que ZENON, CLÉANTHE, CHRYSIPPE, leurs Chefs les plus distingués, s'étoient occupés également de Recherches étymologiques pour rendre raison des Noms, à ce que nous assure CICERON dans son IIIe. Livre sur la Nature des Dieux: ce Philosophe Orateur n'en étoit pas content: il dit que la peine qu'ils prenoient à cet égard étoit aussi grande qu'inutile, *magnam molestiam & minimè necessariam*, ce sont ses propres termes. Il leur fait reprocher vivement par COTTA, un de ses Interlocuteurs, leurs étymologies ridicules, insipides, frivoles: » vous vous tour-

» mentez, leur reproche ce bel esprit, pour trouver des étymolo-
» gies detestables; pour nous apprendre que SATURNE signifie celui
» qui se sature d'années, qui s'en rassasie, *qui se saturat annis*: MARS
» ou MAVORS, qui opere les grandes révolutions, *qui magna vortit*:
» MINERVE, celle qui diminue *minuit*, ou qui menace *minatur*:
» VÉNUS, celle qui vient à tous, *venit ad omnia*: que CÉRÈS vient
» du Latin GER*ere* produire; mais que ferez-vous, leur deman-
» de-t-il, de *Vejovis*, de VULCAIN? Cependant lorsqu'on vous
» entend dériver NEPTUNE du mot *nando*, nager, il n'y a rien qui
» doive vous arrêter, & vous vous sauverez toujours à la nage,
» mieux que Neptune lui-même ».

On ne pouvoit faire sentir avec plus de force la vanité de ces Etymologies qui prouvent combien ces grands Personnages de l'Antiquité étoient embarrassés, lorsqu'ils vouloient rendre raison de leurs Origines : & combien notre siécle leur est supérieur à cet égard, puisqu'actuellement rien ne peut échapper en ce genre, & que tout s'explique de la maniere la plus simple, la plus satis-faisante.

SATURNE est le *Sator*, le semeur, le Pere des moissons, l'homme à la faulx tranchante.

MA-VORS, le même que MA-MERS; est le redoutable Dieu des combats.

MIN-ERVE, le flambeau de la nuit, ou la Lune.

VÉNUS, la beauté qui captive tout & qui anime tout.

CÉRÈS, celle qui dirige les travaux de l'Agriculture; de CAR, CER, culture, labour.

VUL-CAIN, le Feu éclatant.

NEPTUNE, le Maître des eaux profondes.

VE-JOVIS, Jupiter irrité.

Les Stoïciens avoient raison quant à leurs principes; mais ils
étoient

étoient déroutés dès qu'il s'agissoit de les prouver. Ces principes étoient sages, conformes à la Nature & à la raison, immuables & éternels ; mais leurs preuves ne valoient rien. Cotta les plaisantoit donc avec sagesse à l'égard de ces preuves : mais lorsqu'il s'imaginoit par ces plaisanteries anéantir la certitude de leurs principes, il méritoit tous les sarcasmes dont il accabloit ces Philosophes.

PLATON.

Platon, ce sage qui avoit beaucoup lu, beaucoup voyagé, grand Philosophe, profond Métaphysicien, Ecrivain aimable, avoit fort bien apperçu le rapport de la Langue Grecque avec les Langues barbares du voisinage, telles que celles de la Phrygie & de la Thrace. Il en cite quelques exemples dans son *Cratyle* ; il est donc fâcheux qu'il n'ait pas suivi ce fil, ou qu'il n'ait pas engagé quelque jeune Lettré à rassembler le plus qu'il auroit pu de ces rapports : ç'eût été un Recueil très-précieux, & dont nous retirerions de grands avantages ; mais il est fort apparent que tous les moyens leur manquoient à cet égard : que cette connoissance étoit réservée à notre siécle ; & qu'elle devoit être la suite nécessaire de cette multitude d'objets qui pouvoient seuls restituer le Monde Primitif.

Ce qui est digne de remarque, c'est que cet illustre Grec convient qu'on n'a pu imposer des noms aux objets, qu'en consultant la Nature elle-même : que les Grecs & les Barbares ont été également assujettis à cette loi : que telle est la propriété des Noms qu'il a fallu qu'ils fussent assortis dans chacun de leurs élémens à la nature de leurs objets : qu'ainsi l'origine des noms n'est point l'effet de la volonté des hommes ou de leur caprice ; mais qu'ils sont donnés par la Nature elle-même, l'Ouvrage en quelque sorte du Ciel même.

Orig. Grecq. c

Grande & sublime idée qui prouve que ce Philosophe avoit entrevu les Principes sur lesquels s'éléve le Monde Primitif; & qu'ils n'ont jamais pu se perdre entierement: que les Grecs étoient dans ce tems-là plus avancés que ceux qui n'ont pu s'élever depuis eux jusqu'à ces Principes, & pour qui ils ne sont que de vains paradoxes.

Ajoutons que de ces mêmes Principes peuvent résulter des conséquences plus importantes encore, puisqu'étant une fois prouvé que les mots sont donnés par la Nature, il seroit difficile de décider si ces mots ont été faits pour le monde visible, ou si ce monde visible a été fait pour eux, puisque si l'instrument vocal & nos oreilles n'eussent pas été faits comme ils sont, nous n'aurions jamais pu parvenir à nommer les objets d'une maniere assortie à leur nature; mais une fois démontré qu'il a fallu que nos oreilles & l'instrument vocal ayent été modifiés comme ils sont pour peindre la Nature par la parole, il n'est pas plus difficile de supposer que le Monde visible a été disposé de façon que par sa contemplation nous pussions parvenir à la connoissance de ces noms, & des idées qu'ils représentent, antérieures à l'existence de ce Monde visible; ce qui raméneroit l'Origine du Langage primitif à des tems & à des êtres fort au-dessus de tout ce que nous connoissons, & qui rentreroit parfaitement dans la sublime idée des Anciens, que le Monde entier n'est qu'une ALLÉGORIE, un miroir fait pour nous conduire à la connoissance d'un monde supérieur.

Quoi qu'il en soit, autant Platon étoit fondé dans son Principe, autant est-il foible dans les étymologies par lesquelles il croyoit le prouver; car n'ayant aucune connoissance des mots primitifs, il décompose les Grecs d'une maniere plus propre à faire rejetter son Principe, qu'à lui donner de la force. Ignorant, par exemple, que le mot A-NER, *homme*, venoit du primitif NAR, NER, *force, nerf, bravoure*, il suppose qu'il venoit d'*Anô rhôein*, descendre d'en-haut ; il supposoit que le nom du célebre HECTOR venoit des Verbes *Ekhein* & *Kratein*, posséder & commander : il n'est pas plus heureux à l'égard des noms d'Agamemnon, d'Oreste, de Pelops, de Tantale, &c.

Et cependant aucun des anciens Grecs n'a rien dit de mieux à cet égard, puisque le savant EUSEBE n'a cité que Platon pour établir le principe que les mots avoient une raison naturelle (1). Voyons si nous trouverons des vues plus satisfaisantes dans nos Savans Modernes.

ARTICLE III.

Etymologistes Modernes sur la Langue Grecque.

§. I.

On l'a dérivée de l'Hébreu.

CE que nous avons dit dans nos Origines Latines sur ceux qui en rapportent la source à l'Hébreu, convient également à la Langue Grecque. Ceux qui se sont occupés des Origines de celle-ci, n'ont pas été plus heureux que ceux qui ont cherché celles du Latin : procédant d'après les mêmes vues, marchant également au hasard, sans principes, sans goût, sans critique, sans philosophie, il ne reste rien de leurs ouvrages en derniere analyse.

Ainsi tous ceux dont nous avons parlé dans nos Origines La-

---

(1) Préparat. Evangel. Liv. XI. Ch. VI.

tines (1), Guichard, Cruciger, Becman, Casaubon, Thomassin, &c. opérant fur le Grec comme ils avoient fait fur le Latin, allongeant, raccourciffant, eftropiant les mots à volonté, ne nous ont rien dit d'utile & de fatisfaifant fur ces grands objets : ils n'ont fait que confondre & brouiller tout, augmentant les ténèbres & les erreurs dans lefquelles on étoit plongé.

Afin de démontrer que le Grec defcend de l'Hébreu, il auroit fallu ; 1°. montrer le plus grand rapport entre ces deux Langues ; 2°. faire voir que ce rapport étoit uniquement le réfultat d'une filiation néceffaire entre le Grec & l'Hébreu ; 3°. que les Grecs eux-mêmes defcendoient en effet des Hébreux ou que ceux-ci communiquerent néceffairement leur Langue aux Grecs.

Mais le rapport du Grec avec l'Hébreu n'eft pas plus grand qu'avec les autres Langues, & la Langue des Hébreux ou des defcendans d'Abraham n'en a produit aucune autre : les Grecs ne font point du nombre de ces Defcendans, & ceux-ci ne font point venus apprendre aux Grecs à parler.

Dira-t-on que ce n'eft pas la Langue Hébraïque telle qu'elle étoit à cette époque qu'on a en vue ; mais la Langue des premiers Patriarches, tranfmife par Abraham à fa poftérité ? Ce ne feroit qu'une pétition de principe. Le nom d'Hébraïque ne peut lui convenir à l'exclufion d'aucun autre : 2°. elle n'eft pas précifément la même que celle des Hébreux, puifque ceux-ci y firent des changemens confidérables : enfin, emportée par chaque Peuple à la difperfion, elle ne peut être défignée que par le nom de Langue Primitive, qui fe multiplia ainfi que le Peuple primitif & qui fe répandant par-tout avec lui, devint plufieurs par cette difperfion,

---

(2) Difc. Prél. p. XXV. & fuiv.

où prit autant de noms qu'il se forma de grandes sociétés. Il n'y a que ceci de vrai; tout ce qui est au-delà n'est que confusion, erreur, ou dispute de mots.

Parlerons-nous du savant Bochart, qui dans ses laborieux Ouvrages, croit expliquer les noms de la Grèce par la Langue des Navigateurs de Phénicie, comme si jusques au moment de ces navigations, les Grecs n'avoient eu ni Langue, ni ville, ni habitation, ou comme si les anciens noms eussent disparu devant des Commerçans? Sans contredit, les Grecs durent aux Phéniciens divers mots d'Arts & de Marine; quelques noms de Divinités, ceux de quelques Comptoirs; mais il y a bien loin de là aux vastes prétentions de ce Savant en faveur du Phénicien qu'il croyoit trouver par-tout.

§. II.

Savans qui l'on dérivée d'autres Langues.

Il n'est donc pas étonnant qu'une foule de Savans ayent rapporté l'Origine de la Langue Grecque à d'autres Langues qu'à celles des Hébreux ou des Phéniciens : & qu'ils ayent vu en elle une descendance de quelqu'une des principales Langues parlées dans l'Orient de l'Europe : qu'ils l'ayent crue Fille de la Langue Scythique, ou de la Celtique, ou de la Gothique, ou même de la Germanique; car ils se sont partagés entre toutes celles-là, chacun suivant que sa propre Langue avoit plus ou moins de rapport avec quelqu'une de celles-là : aussi lorsqu'on a lû tout ce qu'ils ont dit, on ne voit que des rapports entre le Grec & ces Langues, & rien qui conduise à la cause de ces rapports, qui démontre que le Grec descende d'aucune d'elles en particulier.

Afin de saisir avec plus de facilité la chaîne de ces rapports, observons que la Grèce avoit au Nord les peuples de la Méſie, & plus loin les Getes & Goths qui habitoient les bords du Danube: à l'Occident, les Peuples de l'Illyrie; & au-delà, ceux de la Germanie. De là trois Langues principales qu'on a pû & dû comparer avec la Grecque: 1°. La Mœso-Gothique qu'on retrouve dans le Suédois moderne, &c. 2°. L'Illyrique appellée aujourd'hui l'Esclavone qui ſe parle dans la Dalmatie, la Carniole, la Bohême, la Pologne, la Ruſſie, &c. 3°. La Theutone ou Germanique qui ſe parle dans toute l'Allemagne, & dont deſcendent le Flamand ou Hollandois, le Friſon, le Danois & l'Anglois.

Mais toutes ces Langues deſcendent de la Celtique & doivent par conſéquent avoir de très-grands rapports avec les Dialectes Celtiques, connus ſous le nom de Gallois & de Bas-Breton: ce qui forme une quatrieme Langue dans laquelle on a dû retrouver les plus grands rapports avec le Grec.

C'eſt entre ces quatre Langues que ſe ſont partagés tous ceux qui ont cherché l'Origine du Grec dans quelqu'une des Langues de l'Europe, & dont aucun n'avoit ſoupçonné une Langue premiere dont toutes celles-ci, de même que le Grec, n'étoient que des dérivations formées à peu près dans le tems que chacune de ces Contrées avoit été peuplée par des Colonies ſorties d'une même ſouche.

Esclavon.

L'Eſclavon ou la Langue Illyrique étant preſqu'inconnue à l'Europe, peu de perſonnes ſe ſont aviſées de la comparer avec la Grecque: ils auroient cependant eu de très-beaux réſultats, parce que ces deux Langues ont en effet de très-grands rapports: ils n'ont pas échappé au ſavant Freret: voici un Précis de ſon ſyſtême à cet égard (1).

---

(1) Mém. de l'Acad. des Inſcr. & Bell. Lett. Tom. XXI. Hiſt. pag. 15 & ſuiv.

PRELIMINAIRE. xxiij

Ayant apperçu que les anciens Habitans de la Lydie, de la Carie, de la Myſie, que les Phrygiens, les Arméniens, en un mot preſque tous les Peuples de l'Aſie mineure formoient dans l'Origine une même Nation avec les Pelaſges ou Grecs Européens, & que la Langue de toutes ces Nations Aſiatiques avoient beaucoup de rapport pour le fond avec celle des Grecs d'Europe, il en conclut comme un fait plus que vraiſemblable, que depuis les frontieres des Celtes juſqu'à celles des Mèdes & des Syriens, on parloit une même Langue diviſée en pluſieurs Dialectes & que le Grec étoit un de ces Dialectes.

Cherchant enſuite s'il ſe trouve encore aujourd'hui hors des limites de la Grèce, quelque Langue qu'on puiſſe regarder comme un reſte de cette ancienne Langue générale dont il vient de parler, il avance qu'on ne peut donner là-deſſus que des conjectures; mais qu'aucune ne mérite d'être admiſe ſi elle ne remplit trois conditions eſſentielles.

1°. Que la Langue moderne qui ſera comparée au Grec, ait un certain nombre de mots ſemblables aux anciennes Racines de la Langue Grecque, & cela ſans tranſmutation des Lettres radicales en d'autres d'un organe différent.

2°. Qu'elle reſſemble au Grec dans ce qui fait le caractere eſſentiel des Langues, dans le génie Grammatical.

3°. Que ce ſoit la Langue d'un Peuple dont les Ancêtres ayent été voiſins de la Grèce, ayent pu facilement y pénétrer, & ſe trouvent mêlés avec les Grecs dès les premiers tems.

De toutes les Langues modernes examinées ſuivant ces Loix, l'ESCLAVONNE eſt la ſeule qui paroiſſe à Freret y ſatisfaire. On y retrouve un grand nombre de mots ſemblables pour le ſon & pour la ſignification aux anciennes Racines ſimples de la Langue Grecque : ſon génie Grammatical eſt le même. Enfin les Peuples qui la parlent font les defcendans des Gètes & des Thraces, Peuples voifins de la Grèce, occupant toutes les Contrées qui confinent avec elle du côté du Nord.

Cette Langue générale dont l'ancien Grec & l'Efclavon paroiffent des dialectes, eft celle des anciens Gètes, des anciens Thraces : ces Peuples Barbares habitoient un pays voifin de la Grèce, & pouvoient facilement y pénétrer.

Cet Auteur fe rapproche donc ici de ceux qui attribuent l'Origine du Grec à l'Efclavon, ou plutôt à la Langue des Gètes ou au Mœfo Gothique, dont nous parlerons dans un moment : mais fi j'ai bien compris ce qu'on m'a dit de M. LÉVÊQUE, qui vient de publier la Traduction d'une Hiftoire de Ruffie, celui-ci va plus loin, tranche la queftion, & croit trouver dans la Langue Efclavonne, l'Origine du Grec.

BAS-BRETON.

A l'extrémité Occidentale de l'Europe & de la France, eft un Dialecte de l'ancien Celtique, appellé Bas-Breton ; le même que le Gallois & le Cornouaillien d'Angleterre. Refte précieux de cette Langue primitive de l'Europe, il a néceffairement le plus grand rapport avec les autres Langues de l'Europe, & par conféquent avec le Grec : auffi ceux qui le favent, s'imaginent qu'il fut la fource de toutes ces Langues. Tel le P. PEZRON, qui ofa dire dans fon tems des chofes qu'on regarda comme des Paradoxes étranges, & avec lefquels cependant on fe familiarife peu-à-peu. Dans fon Ouvrage fur l'Antiquité des Celtes, il donna une longue lifte de mots Grecs & Latins qu'il retrouvoit dans le Bas-Breton.

A-peu-près fur la même ligne marche M. le BRIGAND, Avocat de Bretagne, qui fait tout defcendre du Bas-Breton.

THEUTON

Theuton ou Allemand.

Les Savans d'Allemagne se sont en général beaucoup plus occupés des Origines de leur Langue, que les François de la leur. Ils ne pouvoient se dispenser de comparer le Theuton ou la Langue de Germanie avec celle des Grecs, & de trouver nécessairement les plus grands rapports entre ces deux Langues : aussi la plupart ont-ils cru que le Grec étoit descendu de celle qu'ils parloient. Nous ne citerons que les principaux d'entr'eux ; la Liste en seroit trop étendue.

Le fameux BULLINGER qui vivoit au XVIᵉ siecle, nous apprend (1) que son Gouverneur, *Jean Camerarius* DALBURGE, qui fut Pasteur à Worms, avoit rassemblé des milliers de mots communs aux Grecs & aux Germains : qu'il en étoit de même de *Jean-Rodolphe* AGRICOLA, qu'il appelle l'*Honneur Eternel* de l'Allemagne, & de *Sigismond* GELENIUS, de Bohême.

Wolfgang LAZIUS en rassembla également un grand nombre dans son Ouvrage sur les anciens habitans de la Germanie.

GRUBELIUS, dans son Traité sur la Langue Germanique (2), la regardoit comme fort antérieure au Grec, & se moquoit de ceux qui s'imaginoient qu'elle tiroit son origine du Grec ou du Latin.

George BECAN regardoit le Flamand, du moins la Langue des Goths dont il dérivoit le Flamand, comme la Langue Primitive, Mere de toutes les autres, de la Germanique, du Grec, de l'Hébreu même.

---

(1) De ratione commun. Lingu. Art. 1.
(2) Act. Erudit. ann. 1691.

Nombre d'autres, tels qu'Ursin (1), Funccius (2), Plempius (3), confondant la Langue Germanique avec la Celtique, l'envisageoient comme la Mere du Latin & du Grec.

Meric Casaubon (4), & Eccard (5), se sont attachés à faire voir les plus grands rapports entre les Langues Angloise, Germanique & Grecque.

A cette longue Liste, que nous aurions pû plusque doubler, ajoutons l'opinion d'un Savant moins suspect que tous ceux-là, puisqu'il n'étoit pas Allemand comme ceux dont nous venons de parler. *Jean-Marie* Bellini, dans ses Lettres imprimées à Boulogne en 1685, fait de la Langue Germanique & de la Grecque, une seule & même Langue.

Mœso-Gothique & Suédois.

Olaüs Rudbeck, dans sa célébre Atlantique dériva le Grec du Suédois, ainsi que la plupart des Langues, & presque tout le savoir de l'Univers.

Un de ses Compatriotes, la gloire de la Suede, le Savant M. Ihre, s'est beaucoup étendu sur l'origine de la Langue Grecque, dans le Discours Préliminaire qu'il a mis à la tête de son beau Glossaire Sveo-Gothique : ce qu'il en dit mérite d'être mis en abrégé sous les yeux de nos Lecteurs.

Frappé des rapports étonnans qu'offrent les Langues Latine,

---

(1) Onomastic. Ling. German. Græc. 4°. Ratisbon. 1690.
(2) De Orig. Ling. Lat.
(3) Orthographia Belgica.
(4) De IV. Linguis, 12. Lond. 1652.
(5) De Orig. Germanorum eorumque Coloniis, migrationibus, &c. 4°. Gotting. 1750.

PRELIMINAIRE. xxvij

Grecque & Suédoise, il convient qu'on ne peut les attribuer à d'autres causes qu'à une Origine commune. Il s'étend même fort au long sur ces rapports pour mieux démontrer en quelque sorte que les trois Langues semblent n'en faire qu'une seule. Ces exemples sont d'autant plus précieux qu'il n'en est aucun qui ne témoigne hautement en faveur des Regles & des Principes sur lesquels nous avons établi la Science Etymologique en entier, & d'après lesquels nous démontrons les rapports entre toutes les Langues avec la même simplicité, la même évidence, les mêmes développemens que ceux que ce Savant admet entre ces trois Langues. On y voit, par exemple, que les Racines TAC, se taire, FEL, ou PLE, multitude, LEIP, laisser, DOL, cacher, tendre un piége, d'où le Latin *Dolus*, piége : le Suédois *Dolja*, cacher, tendre un piège : le Grec *Dolôn*, arme cachée dans un bâton, ainsi qu'HESYCHIUS le dit lui-même, &c. sont communes aux trois Langues, & leur ont donné divers dérivés qu'on reconnoît malgré toutes les modifications qu'ils ont pris dans chacune de ces Langues.

Que les noms de nombres y sont les mêmes ; & beaucoup de noms relatifs à la parenté, à la marine : que les Prépositions sont presqu'entièrement calquées les unes sur les autres.

Que les Comparatif & Superlatif s'y reconnoissent aux mêmes terminaisons : que le Verbe ETRE y éprouve les mêmes variations ou anomalies : qu'on y trouve le duel.

Ce Savant conclut de-là que les Grecs primitifs ou Pélasges & Attiques, mot qui signifie dans HESYCHIUS, *vieux*, *ancien*, en Orient עתיקים, sont descendus de la Thrace, habitée par les Getes, mêmes que les Goths, & d'où vinrent également les Mœso-Gothiques dont la Langue se retrouve dans le Suédois : & que ces Pélasges apporterent avec eux dans la Grèce la Langue & l'Alphabet Gétique.

Quant à la source commune de toutes ces Langues, il l'attribue avec nombre d'autres Savans à celle des Scythes.

Egyptien & Indien.

Toutes les Langues tenant ainsi les unes aux autres, par des rapports aussi nombreux qu'étonnans, il n'est point surprenant que chacun ait attribué l'Origine du Grec à la Langue qu'il savoit le mieux : il n'est pas plus étonnant qu'on lui ait trouvé de très-grands rapports avec l'Indien & avec l'Egyptien.

Ainsi le Savant BAYER, dans son Histoire intéressante de la Bactriane, fut si frappé de la ressemblance qu'il appercevoit entre l'Indien & le Grec, qu'il crut que l'Indien s'étoit formé sur le Grec, lorsque les Successeurs d'Aléxandre le Grand eurent établi cette Langue avec leur Empire sur les bords même de l'Inde.

M. l'Abbé BARTHELEMY a également démontré de très-grands rapports entre le Grec, l'Egyptien & le Phénicien (1).

Que conclure de tout cela ? Que le Grec ne doit son existence ni à l'Hébreu, ni à l'Allemand, ni au Suédois, ni au Mœso-Gothique, ni au Phénicien, ni au Persan ou à l'Indien : mais qu'il est dérivé de la Langue premiere de l'Europe ou de la Langue Celtique, sœur elle-même de la Langue Orientale : ensorte qu'il n'est point surprenant si toutes les Langues se ressemblent entre elles : le merveilleux seroit qu'elles n'offrissent aucun de ces rapports.

§. III.

Comment on peut parvenir à la vérité sur cet objet.

Nous ne nous tromperons point, lorsque ne regardant toutes

---

(1) Mémoires de l'Acad. des Inscript. & Belles-Lettres, Tome XXXII, in-4°.

les Langues, fans en excepter la Grecque, que comme de fimples objets de comparaifon, & non comme defcendant les unes des autres, nous ne mutilerons les mots d'aucune pour les forcer de reffembler à ceux d'une autre Langue; & que nous nous contenterons de chercher comment de la Langue Primitive s'eft formée la Grecque.

Cette recherche tient donc néceffairement à la connoiffance de l'Origine des Grecs: queftion cependant qu'on a prefqu'entierement négligée. Ceux qui fe font occupés de cet objet, ont prefque toujours pris le change. Comme ils voyoient l'Hiftoire des principales Villes Grecques, telles qu'Argos, Sicyone, Thèbes, Athènes, commencer par des Etrangers, ils ont cru que c'étoit-là le commencement des Grecs; que leur Hiftoire ne remontoit pas plus haut: & que fi auparavant, il y avoit quelques Peuplades dans ces Contrées, elles fe bornoient à des hordes de Sauvages qui n'avoient prefque rien au-deffus de la bête, qui erroient dans les bois, buvant de l'eau, & vivant de racines ou de glands qu'ils difputoient aux animaux.

Erreurs des plus fingulieres & dans lefquelles on ne devoit pas s'attendre à voir tomber des Erudits, des Critiques, des Hommes qui veulent éclairer leur fiecle.

Mais en fuppofant qu'Argos, Sicyone, Athènes, ou telle autre Ville, n'avoient été peuplées que par des Colonies Orientales, en pouvoit-on conclure que le refte de la Grèce n'avoit été également peuplé que par de pareilles Colonies ? pouvoit-on fuppofer raifonnablement que le Péloponèfe entier, l'Arcadie fur-tout, que l'Etolie, l'Acarnanie, la Theffalie, la Macédoine, n'avoient été peuplées que de cette maniere: tandis qu'on n'y voit rien qui l'indique, qui le fuppofe même; tandis que l'affectation de dire que des Colonies étrangeres arriverent en tel &

tel lieu; prouve qu'il n'en fut donc pas de même dans les autres?

Disons mieux, ces Savans éblouis d'une brillante chimère, l'ont adoptée d'autant plus volontiers, qu'elle mettoit leur esprit à l'aise, & les empêchoit de se plonger dans des recherches pénibles pour trouver mieux. Quant à nous, qui au lieu de créer un Monde à notre fantaisie, ne cherchons qu'à rétablir l'ancien dans toute son intégrité, nous allons tenter une autre route, neuve à la vérité, mais dont les résultats nous semblent aussi simples qu'assurés.

ARTICLE IV.

DE L'ORIGINE DES PEUPLES DE LA GRECE.

§. I.

Origine des premiers Habitans de la Grèce, peu connue.

L'ORIGINE d'une Langue tient constamment à celle des Habitans de la Contrée où elle se parla : mais souvent cette derniere Origine est aussi difficile à découvrir que celle qu'on veut éclaircir par son moyen, comme nous l'avons vu dans nos Origines Latines, pag. XXXV. Souvent les Peuples qui porterent une Langue dans un Pays en ont été retranchés en tout ou en partie, souvent l'Histoire qui nous a transmis les noms de ces Peuples, garde un silence profond sur les Contrées qui les virent naître.

Les Historiens Grecs qui ne parurent que fort tard, après une longue suite de siecles, étonnés de l'éclat dont la Grèce avoit brillé lorsque quelques Etrangers y vinrent former des établissemens, s'imaginerent que ce fut là le commencement ou le berceau de la Grèce ; & dédaignant tout ce qui avoit précédé & qui fournissoit moins à leur imagination, ils ne virent rien au-delà. Faisant consister la gloire dans les Combats & dans les entreprises Guerrieres, ils ne s'occuperent que des événemens auxquels les querelles de ces petits Etats avoient donné lieu, & ne tinrent aucun compte de la noble simplicité des Habitans du Pays avant qu'ils eussent été corrompus par ces Etrangers : ainsi s'anéantit tout ce qui avoit rapport à l'état primitif.

C'est ainsi que nos Historiens ne voyent rien avant Clovis, & qu'ils ont laissé anéantir tout ce qui concernoit les Gaulois, Habitans des Régions qu'il conquit, & qui nous seroient presqu'entiérement inconnus, si le premier Conquérant des Gaules, le premier des Césars, n'avoit été en quelque sorte aussi leur premier & unique Historien.

Lorsque dans la suite, des esprits plus curieux & plus justes, voulurent remonter aux tems Primitifs de la Grèce, ils ne trouverent qu'un cahos qu'il leur fut impossible de débrouiller, n'ayant pas des points de comparaison suffisans, & étant privés de toute base. Le MONDE PRIMITIF ne peut s'expliquer que par lui-même : aussi avec le secours des principes qu'il nous fournit, nous verrons les Antiquités Grecques se développer de la même maniere, & peut-être avec plus de facilité que celles de l'Italie.

§. II.

Comment on peut espérer de découvrir cette Origine.

En effet, nous ne saurions nous égarer en suivant ici les mêmes guides qui nous ont servi à débrouiller les Origines Latines; & nous les retrouverons ici avec la même simplicité & la même aifance. Les mœurs des Grecs, leur local, les noms de leurs Contrées, feront autant de moyens pour remonter à leur Origine; tout nous convaincra que la Grèce ne put être peuplée dans l'Origine que par des Colonies de Celtes, premiers Habitans de l'Europe, qui cherchant des Contrées plus heureufes, & defcendant du Nord au Midi, rencontrerent néceffairement la Grèce fur leur route, après s'être engagés dans les gorges des Montagnes qui font entre l'Hellefpont & la Mer Egée, du côté de l'Orient, & la Mer Adriatique à l'Occident, Montagnes qui fembloient deftinées à garantir des Contrées plus heureufes des frimats défolans du Midi, ainfi que nous l'avons déjà obfervé pour l'Italie, page xxxvij.

. Nous ne faurions donc nous difpenfer de donner ici une idée diftincte de ces Contrées, afin qu'on puiffe nous fuivre dans ces grands développemens : fans une connoiffance parfaite du local qui fervit de Scène aux événemens que nous avons à décrire, & de demeure aux Peuples dont nous devons parler, il feroit impoffible de fe former une notion lumineufe de la maniere dont fe peupla la Grèce.

Nous aurions defiré pouvoir entrer dans des détails plus intéreffans fur la fertilité de ces divers lieux, fur la beauté de leur fituation, fur la nature de leurs productions; mais la fécherefse des Ouvrages Géographiques, & le peu d'attention des Voyageurs, à remarquer ces objets, nous ont prefque toujours mis hors d'état de remplir nos vues à cet égard. Nous ne faurions trop exhorter les Auteurs des Ouvrages de Géographie, & les Voyageurs, à s'attacher davantage à une partie fi effentielle pour avoir une idée vraie, exacte & agréable de chaque Contrée, & fans laquelle on eft réduit à une ftérile & fatigante nomenclature qu'il ne vaut prefque pas la peine d'étudier.

§. III.

§ III.

Vue Générale de la Grèce.

Qu'on se représente un vaste Triangle dont le Danube fait la base au Nord, dont l'Hellespont & la Mer Egée forment le côté Oriental, & la Mer Adriatique le côté Occidental : & qui par diverses chaînes de Montagnes est coupé en trois grandes bandes d'Orient en Occident, parallèles à la base, tandis que la pointe du Triangle est presque séparé du reste en forme de presqu'Isle, & on aura l'idée la plus exacte de la distribution du sol dont il s'agit : & on s'assurera sans peine que la Nature l'avoit formé pour servir d'apanage à une Nation divisée en quatre grands Peuples.

Les Habitans de cette Contrée, n'étant pas nés du sol même, & étant descendus des Colonies Orientales, durent y entrer nécessairement par l'Hellespont, bras de mer fort étroit entre l'Europe & l'Asie : & qui laissoit appercevoir aux Peuples de l'Asie Mineure, trop à l'étroit, un Continent agréable qui les invitoit à venir s'y établir, & qui n'exigeoit pour cela que quelques mauvais radeaux : puisque plusieurs siecles après, quinze mille Cavaliers Bulgares eurent le courage de le passer à cheval, sans le secours de barques ni de radeaux.

Ces Colonies repoussées du Nord par le Danube, & peut-être par d'autres Colonies déjà établies sur son bord Septentrional, n'eurent de ressource que de s'étendre le long de la Rive Méridionale du Danube, jusqu'à la Mer Adriatique, & de se porter ensuite au Midi du Triangle jusqu'à ce qu'ils fussent arrivés à sa pointe.

Les bandes de ce Triangle prirent ces divers noms.

Orig. Grecq.

Entre le Danube & les Monts Pœoples, la THRACE.

Entre les Monts Pœoples & le Mont Olympe, la MACÉDOINE.

Entre le Mont Olympe & la presqu'Isle, la THESSALIE & la GRÈCE, proprement dite, ou DORIDE.

La presqu'Isle porta le nom de PÉLOPONNÈSE, & L'ÉLIDE en fit une portion célèbre.

Tous ces Peuples furent connus dès l'Origine sous le nom de PÉLASGES.

Ce nom a donné lieu à diverses questions : on a cherché quelle en pouvoit être l'étymologie : on a agité si ces Pélasges furent les mêmes qu'on appella ensuite Hellenes, ou Grecs ; ou s'ils formoient des Peuplades différentes qui furent exterminées par les Grecs.

Etymologie du nom des Pélasges.

Les Grecs à leur maniere le dérivoient de PÉLASGUS, qu'ils disoient avoir été Roi d'Arcadie. Selon STRABON, c'étoit une altération du mot Grec *Pelargos*, une Cigogne, parce, dit-il, que les Pélasges furent long-tems comme cet oiseau, errans d'une Contrée dans une autre, sans pouvoir se fixer nulle part. Ceux qui voyent tout dans l'Hébreu, le tirent de PHALEG, au tems de qui arriva la dispersion : & Fourmont, d'un dérivé de ce mot qui signifie dispersion, comme si les Pélasges avoient été plus dispersés que les autres Peuples. Se contenter d'étymologies aussi frivoles, c'est n'avoir nulle critique, nulle goût.

D'autres, ont cru faire merveilles en dérivant ce nom du Grec *Pelagos*, Mer, & ils ont appellé cela une *Interprétation heureuse*, comme si *Pelage* étoit la même chose que *Pélasge*, comme si les Pélasges étoient des Marins & non des Pâtres.

Lorsqu'on voit que les Pélasges habitoient un Pays couvert de Montagnes, les chaînes du Mont Hœmus, du Rhodope, des Péoples, de l'Orbellus, des Candaves, le Mont Olympe, le Pinde, l'Œta, &c. & que dans la Langue des Celtes, PEL signifie *élevé*, & LASG, chaîne de Montagnes; on ne peut douter que le nom de *Pélasges* ne signifie exactement, & mot-à-mot, « les Habitans d'un Pays coupé par des chaînes de Montagnes élevées ». On ne sauroit mieux peindre le Triangle que nous venons de décrire.

§. IV.

De la THRACE; *où des Peuples qui se répandirent dans la bande supérieure du Triangle.*

Afin de nous former une idée exacte de l'Origine des Grecs, & des rapports de leur Langue, nous ne saurions nous dispenser d'entrer dans quelque détail sur les diverses Nations dans lesquelles se subdivisa la Colonie qui vint peupler ce vaste Triangle: nous serons même par-là beaucoup mieux en état de juger du point d'où partirent les Grecs pour devenir ce qu'ils furent dans leurs beaux jours. A cet égard, nous ne pouvons nous refuser au plaisir de joindre ici un beau Passage de M. de BOUGAINVILLE qui nous tombe à l'instant sous la main (1).

» La connoissance des Antiquités Grecques & de leur Chro-
» nologie doit paroître assez indifférente au premier coup-
» d'œil. On se croira même en droit de la traiter de frivole,
» quand on ne voudra faire attention qu'à l'intervalle des tems, à
» l'éloignement des lieux, au peu de ressemblance de ces mœurs

---

(1) Mém. de l'Acad. des Inscr. & Bell. L. Tom. XXIX. 32.

» anciennes avec les mœurs des Peuples Modernes ; mais s'arrê-
» ter à cette vue superficielle, ce seroit à peine entrevoir l'ob-
» jet & le juger bien légerement. Trop de raisons donnent à cette
» étude une sorte d'importance que des faits étrangers, anciens
» & passés, pour ainsi dire, dans un Monde différent du nôtre,
» ne peuvent lui donner par eux-mêmes. Presque tout ce qui
» nous reste aujourd'hui des monumens de l'Antiquité, n'a rap-
» port qu'aux événemens des siécles héroïques ; la Religion na-
» tionale avoit consacré la plus grande partie de ces faits : les
» coutumes, les opinions, les Loix mêmes en portoient l'em-
» preinte : les ouvrages des Ecrivains les plus sérieux, ceux des
» Historiens les plus exacts, y font sans cesse allusion. L'idée que
» nous nous formons de ces événemens ne sauroit donc être trop
» juste, si nous cherchons à recueillir de la lecture de ces Au-
» teurs toute l'utilité que veulent en tirer les hommes sensés qui
» se reprocheroient une étude dont les difficultés ne seroient pas
» compensées par les avantages. Mais indépendamment des fruits
» solides que l'esprit & le goût tirent de la connoissance d'Ecri-
» vains aussi instructifs qu'agréables, il est certain que l'Histoire
» de la Grèce se peuplant & se policant par degrés est moins le
» spectacle des destinées particulieres d'une Nation qui naît, s'é-
» léve, s'accroît, se forme insensiblement & périt enfin, qu'une
» perspective, où le Genre-humain est peint en raccourci dans ses
» différens états. C'est à la fois un court Abrégé, mais complet,
» d'Histoire, de Morale & de Politique, puisqu'elle a le mérite de
» rassembler dans un assez court espace tous les traits épars dans
» les annales des siécles divers · de faire connoître l'homme sous
» tous les points de vue possibles, sauvage, errant, civilisé, re-
» ligieux, guerrier, commerçant : de fournir des exemples de
» tous les genres de Gouvernement, des modèles de toutes les

» Loix, en un mot, une théorie complette & prouvée par les
» faits, de la formation des sociétés, de la naissance, de la pro-
» pagation & du progrès des Arts, de toutes les révolutions, de
» toutes les variétés auxquelles l'Humanité peut être assujettie,
» de toutes les formes qui peuvent la modifier. Pour un Obser-
» vateur attentif, qui ne voit dans les événemens les plus diversi-
» fiés en apparence, que des effets naturels d'un certain nombre
» de causes différemment combinées, la Grèce est en petit l'Uni-
» vers, & l'Histoire Grecque un excellent Précis de l'Histoire Uni-
» verselle.

§. V.

Tout ce qui est entre le Danube & la Mer Egée s'appelloit en général la THRACE; cependant ce nom étoit particuliérement consacré aux contrées qui sont au Midi du Mont Hémus : ce qui étoit au Nord de ce Mont prenant les noms de GÉTIE, & DACIE ou MESIE. Sans cette distinction, on ne pourroit jamais comprendre les Auteurs qui parlent de la Thrace.

Voici la description que SIDONIUS-APOLLINAIRE faisoit des mœurs des Thraces au Ve. siécle (1). » Cette terre que couron-
» nent l'Hémus & le Rhodope est fertile en Héros. A peine sor-
» tis du sein de leur mere, les enfans ont la glace pour lit, la
» neige leur concitoyenne endurcit leurs membres. Il est rare
» que leurs meres les nourrissent de leur lait : elles leur ferment
» leur sein & ouvrent la veine de leurs chevaux, pour leur y faire
» trouver une nourriture plus forte. Toute la Nation boit le cou-
» rage à longs traits, au lieu du lait maternel. Les enfans des
» Thraces sont-ils un peu plus grands, ils préludent aux com-

---

(1) Panég. Anthem. v. 34 & suiv.

» bats qui les attendent en maniant le javelot. Encore enfans &
» dans l'âge le plus tendre, ils sont déjà assez forts & assez cou-
» rageux pour attaquer les bêtes féroces dans leurs retraites. Ar-
» rivés à l'âge où il leur est permis de braver d'autres périls, ils
» s'enrichissent de butin & rendent hommage de leur fortune à
» leur épée, dont les droits sont les seuls qu'ils respectent. En-
» fin, ils rougissent d'achever une longue vieillesse autrement que
» par le fer. Telle est la vie que menent ces Concitoyens du
» Dieu des combats.

Les Huns se nourrissoient également du sang de leurs chevaux: & Virgile parlant des Bisaltes & des Gelons (2) qui se ré-
fugioient dans le Rhodope & dans les déserts des Getes, dit,
qu'ils tiroient du sang à leurs chevaux & qu'ils le buvoient avec
le lait.

Cette Contrée étoit rude, hérissée de montagnes & de rochers,
exposée à des hyvers longs & terribles, & couverte de forêts;
par conséquent les Peuples qui l'habitoient jouirent dans tous les
tems d'une très-grande liberté; même sous les Romains. C'est à
cette liberté que les Thraces durent une population étonnante:
Pausanias dit qu'elle étoit si prodigieuse qu'à la réserve du pays
des Celtes, il n'y en a point qui soit si peuplé: telle l'Helvétie
dont le terrain également hérissé de rochers, de montagnes &
de glaces ne peut suffire à sa nombreuse population; aussi ses
Habitans aiment leur Patrie avec la même ardeur que les Thraces: ceux-ci à la vérité ne sont plus ce qu'ils étoient à présent
qu'ils gémissent sous un joug destructif des Peuples & des Arts.

Ils étoient gouvernés dans l'origine par divers Rois dont un
des plus puissans paroît avoir été celui des Odryses sur les bords

---

(2) Georgiq. Liv. III. 460.

de l'Hebrus; mais vers le tems de Cyrus le jeune, & jusques à ce qu'ils furent conquis par les Romains, il semble que la Thrace ne formoit qu'un seul Royaume.

On y voit plusieurs fleuves considérables, tels l'Hebre & le Nestus.

Dans la Contrée des Besses voisins de la Macédoine, étoit une Montagne sainte appellée le Mont de Bacchus, parce qu'il y avoit un Temple consacré à cette Divinité, & desservi par un Grand-Prêtre.

Ajoutons que les Parties maritimes de la Thrace abondoient en grains & en fruits, en sorte que Pomponius Mela les compare aux Contrées les plus agréables de l'Asie.

§. VI.

Peuples de la Thrace.

La Thrace se subdivisa, suivant l'usage ancien, en un grand nombre de Nations différentes, qui formoient comme autant de Royaumes.

Les DOLONCES, possesseurs de la Chersoneèse, & sur lesquels régna quelque tems la Famille des MILTIADE d'Athènes : leurs villes étoient en grand nombre.

Les DENSELETES ou Dentheletes qui avoient encore des Rois particuliers sous le régne d'Auguste.

Les BESSES, peuple très-sauvage & dont *Uscudama* étoit la principale ville.

Les BISTONS au Midi du Mont Rhodope : Tinda leur Capitale fut célébre par les chevaux de Diomede leur Roi.

Les ODOMANTES, voisins de la Macédoine : Suidas, d'après Aristophane, assure qu'ils faisoient usage de la Circoncision.

Les Cicones, qui, selon Homere, allerent au secours des Troyens, sous la conduite de Piroüs qui fut tué par Thoas l'Etolien ; tandis que son fils & son successeur Rhygmus tomba sous le glaive d'Achille.

Les Edons, chez lesquels naquit le célèbre Thamyris que les Muses priverent de la vue pour avoir osé les défier.

Les Bryges subjugués par Mardonius.

Les Thynni, Peuple guerrier & remuant.

Les Pieres, au pied du Mont Pangée, & qui consacrerent aux Muses leur premiere demeure, ou la Pierie : Orphée fut fils d'Œagre, un de leurs Rois.

Les Odryses entre l'Hemus & le Rhodope, & sur lesquels régna l'illustre Eumolpe, le Chef des Initiés. Leurs Rois furent les plus puissans entre ceux des Thraces, & il paroît que les autres en relevoient.

Les Autonomes, ou les indépendans, les libres : aussi habitoient-ils les cantons les plus montagneux de l'Hemus : ils furent aussi connus sous le nom de Satres.

Les Corbyzes, entre l'Hemus & la Mer noire : Athénée (1) parle d'un de leurs Rois, *Isanthus*, comme un des Princes les plus riches de son tems.

Les Medes, Nation voisine de la Macédoine, & une des plus belliqueuses.

Les Sapéens, dont le pays étoit riche en mines. Ils eurent pour Roi un *Olore* dont descendoit le fameux Thucydide qui posséda lui-même de très-belles mines dans cette Contrée.

Enfin les Celetes entre le Mont Hémus & le Rhodope.

_____

(1) Liv. XII. c. 17.

§. VII.

§. VII.

GÉTIE & DACE.

Au Nord de la Thrace jufqu'au Danube, & de-là jufqu'à l'Illyrie, étoit une Contrée appellée indifféremment DACE & GÉTIE, Pays des Daces ou des GETES, & qu'on défigna dans la fuite des tems par le nom de Méfie ; mais le vrai nom de la Contrée étoit GET ou KET.

Si une partie des Getes furent défignés par le nom de DACES, c'eft que ceux-ci habitoient la portion montagneufe de la Getie, les montagnes qui étoient à l'Occident de la Thrace. Le mot DAC, fignifie en effet *Montagne* dans toutes les Langues de ces Contrées : de-là vint le nom du ZAGRUS, montagne de l'Affyrie, comme nous l'avons vu dans notre Effai d'Hiftoire Orientale, (Tome VIII.) De-là vint également le nom du DAGH-ESTAN, Contrée de la Perfe à l'Occident de la Mer Cafpienne, & qui ne confifte qu'en Montagnes, précifément ce que fignifie fon nom, PAYS DE MONTAGNES.

Ce rapport de noms pour défigner les Habitans des hautes montagnes de la Gétie à l'Occident du Pont Euxin, & les habitans des montagnes à l'Occident de la Mer Cafpienne, ou de l'autre côté du Pont Euxin, tous DACES ou DAHES, a prodigieufement égaré tous les Critiques qui fe font imaginés que ces Daces Getes étoient des defcendans ou une Colonie des Daces Afiatiques : comme fi on difoit que les Montagnards des Cevennes ou des Vofges font une Colonie des Montagnards de la Chine. C'eft ainfi que l'ignorance de la valeur des mots a tout brouillé fur la terre, & a caufé des bévues incroyables. Prouvons cependant ce que nous venons de dire fur les Getes & fur leurs Daces.

Orig. Grecq.

PLINE (1) met les GETES au nombre des Peuples qui habitoient le penchant du Mont Hemus tourné vers le Danube.

DION parlant des DACES (2) les fait fortir du Mont Rodhope fitué en-deçà du cours de l'Hebre : & FLORUS repréfente les Daces comme cantonnés dans les Montagnes, *Daci montibus inhærent* (3).

STRABON (4) qui dit que les GETES parlent la même Langue que les Thraces, fait regarder les Daces comme une portion des Getes : & comme avec le tems cette nation avoit étendu fes poffeffions au-delà du Danube jufqu'au Tyras ou Boryftène, il attribue aux DACES la partie fupérieure du pays, eu égard au cours du Danube ; & aux Getes, la partie inférieure : il appelle *folitude des Getes*, les plaines qui s'étendent le long de la Mer noire, entre l'embouchure du Danube ou de l'Ifter & celles du Thyras.

Obfervons encore que ce Peuple étoit plus connu des Grecs fous le nom de Getes ; & des Romains, fous celui de Daces, parce que la Contrée habitée par les Daces étoit la premiere que rencontroient les Romains en entrant dans cette vafte région.

Expédition de Darius contre les Scythes d'Europe.

Ces noms de Thraces & de Getes font fi anciens que nous les trouvons employés par les Grecs dès le moment qu'ils eurent des Hiftoriens : c'eft fur tout à l'égard de la célébre expédition de Darius Roi de Perfe contre les Scythes d'Europe : fa route à tra-

---

(1) Liv. IV. c. 11.
(2) Liv. LI.
(3) Liv. IV. c. 12.
(4) Liv. VII.

vers la Thrace appartient trop essentiellement à notre objet pour que nous l'omettions (5).

Ce Prince commença par faire construire un pont sur le Bosphore pour le passage de son armée qui consistoit en sept cent mille hommes, tant de cavalerie qu'infanterie, tandis qu'une flotte de six cens vaisseaux faisoit voile vers l'embouchure de l'Ister, sur lequel les Grecs qui la montoient devoient construire un autre pont, en attendant que l'armée de terre parvînt aux rives de ce fleuve.

Darius ayant ainsi pris sa route par la Thrace, séjourna d'abord dans l'endroit où le Teare prenoit sa source à deux journées de Perinthe à l'Occident. Cette riviere sortoit d'un seul rocher par trente-huit sources différentes, dont les unes étoient chaudes, les autres froides, & qui avoient la propriété de guérir plusieurs maladies, sur-tout celles où le soufre est un reméde spécifique. C'est-là que Darius fit élever une colonne avec une Inscription où il joignoit ses éloges à ceux du fleuve.

De-là, il marcha au bout de trois jours vers les bords de l'Artisque qui arrosoit le pays des Odryses ; ceux-ci se rendirent sans doute à lui comme avoient déjà fait les Thraces Cyrmiens & Mypséens qui habitoient sur le Salmydesse, & au-dessus d'Apollonie & de Mesimbrie. Chez les Odryses, il laissa pour tout monument un monceau de pierres, chacun de ses soldats ayant eu ordre d'y en placer une.

Les Getes dans le territoire desquels il entra ensuite, ne furent pas aussi dociles que les Thraces ; assurés d'aller rejoindre leur Législateur ZAMOLXIS s'ils mouroient en combattant pour leur Pa-

---

(5) Herod. Liv. IV.

trie, ils oserent résister à l'armée nombreuse de Darius; mais n'ayant pas été les plus forts, le Vainqueur les obligea de le suivre dans son expédition, dont le détail seroit inutile.

Nous nous arrêterons donc ici, en observant qu'à cette époque les Getes n'avoient encore aucune Colonie au-delà du Danube; car les Députés que les Scythes attaqués envoyerent à leurs voisins, en parlent comme étant déjà vaincus par Darius; & leur nom n'est point dans l'énumération de ces voisins qui furent les Taures, les Agathyrses, les Neures, les Androphages, les Melanchlenes, les Gelons, les Budins, & les Sauromates.

Mais les Getes ne tarderent pas à s'étendre au-delà du Danube; & ce fut par une suite même de l'expédition de Darius.

Les Agathyrses, une des principales Nations dont les Scythes avoient imploré le secours, n'ayant pas voulu les secourir contre Darius, se virent à leur tour attaqués vivement par les Scytes qu'ils avoient laissés dans le plus cruel embarras. Cette guerre vive, longue, meurtriere, causa la ruine des Agathyrses, qui furent remplacés par les Getes & les Daces déjà avant le régne de Philippe Roi de Macédoine & pere d'Alexandre le Grand.

Ce qui confirme que le nom le *Daces* étoit celui des Montagnards, c'est que la portion des Getes qui s'établit dans les Montagnes des Agathyses conserva le nom de Daces, & que ceux qui occuperent leurs plaines jusqu'à l'Euxin, porterent le nom de Getes.

Expédition de Philippe.

Telle étoit la nouvelle situation des Getes, lorsque Philippe de Macédoine leur déclara la guerre pour se dédommager de ce qu'il avoit échoué au siége de Byzance. Atheas âgé de 90 ans régnoit alors sur ces peuples; il marcha contre Philippe à la tête de son armée; mais il périt dans le combat.

Philippe avoit lui-même épousé une Princesse Gete, fille sans doute de cet Athéas. Etienne de Byzance nous l'apprend. » La » Gétie, dit-il, est le Pays des Getes : car c'est ainsi qu'on ap- » pelle ce peuple de la Thrace. On dit aussi *Gete* au féminin, puis- » que c'étoit ainsi que s'appelloit la femme de Philippe mere » d'Amyntas.

Athénée appelle cette Princesse Gete, Méda : il dit que Philippe ayant subjugué la Thrace, Cithelas, Roi de Thrace, vint le trouver avec de grands présens & avec sa fille Meda que le Roi de Macédoine épousa, quoiqu'il fût déjà marié avec Olympias.

Jornandès, qui a suivi, dit-il, l'Histoire des Daces & des Getes écrite par Dion Cassius, appelle cette Princesse Médope ; il la fait fille du Roi Gadila ou Gothila, mot peu différent de *Githela* ou *Cithela*.

Ce qui est digne de remarque, c'est que dans ce récit Jornandès désigne les Getes par le nom de Goths. On y voit un fait confirmé par Athénée : que les Getes portent avec eux des Guittarres, & qu'ils en jouent lorsqu'ils vont trouver leurs ennemis en qualité de Héraults.

Puissance de Sitalcès.

Il se peut aussi que les Getes eussent passé le Danube pour se soustraire aux Rois des Odrysiens qui s'éleverent à un grand degré de puissance d'abord après l'expédition de Darius.

Aripithès, Roi des Scythes, successeur de celui que les Perses avoient attaqué, donna une de ses filles en mariage à Tyrée Roi des Odryses, & pere de Sitalcès.

» Ce dernier, dit Diodore (1), parvint à un haut degré de puis-

---

(1) Liv. XII.

» fance par fa fageffe & par fon courage : il gouverna fes Sujets
» avec la plus grande équité : étoit grand Capitaine, & d'une va-
» leur extraordinaire ; fur-tout il maintenoit le meilleur ordre
» dans fes finances... Les contributions qu'il levoit fur fes Etats
» montoient à plus de mille talens par année, & dans une feule
» expédition, il tira de la Thrace une armée qui avoit plus de cent
» vingt mille hommes de pied & cinquante mille chevaux.

Les Etats de Sitalcès s'étendoient felon Thucydide (2) depuis les Monts Hémus & Rhodope jufqu'au Pont Euxin : c'étoit le pays des Odryfes, fur qui avoient régné fes Ancêtres. Ils avoient pour voifins au Nord & de l'autre côté de l'Hémus les Getes, les Diens & les autres Nations qui habitoient depuis le Danube jufqu'à la mer. Ces Peuples étoient voifins des Scythes, s'habilloient comme eux, & étoient leurs archers à cheval.

Dans le Rhodope & dans les autres Montagnes des environs habitoient les Agriens, les Léens, & plufieurs Thraces libres qui portoient des épées.

Une partie des Péoniens obeiffoit à Sitalcès, dont l'Empire s'étendoit jufqu'aux Péoniens libres & au fleuve Strymon qui les bornoit à l'Occident.

Expédition de Xenophon.

Au tems de la retraite des dix mille, ce Royaume étoit partagé entre plufieurs Princes : l'un d'eux, *Moefades*, venoit de perdre fes Etats, & fon fils Scuthes qui avoit été élevé à la Cour de Médoc, le plus puiffant de ces Princes & qui régnoit fur les Odryfes, cherchoit les moyens de rentrer dans le Royaume de fes Peres :

---

(1) Liv. II. c. 21.

heureusement Xénophon avec les dix mille venoit de terminer en Thrace sa fameuse retraite. Seuthès emprunta leur secours; & avec ces Héros, il se forma un Empire plus grand que celui qu'il avoit perdu. Deux choses sont dignes de remarque dans cette association des Grecs avec un Thrace; ce Roi accorda le fauteuil à Xénophon & aux Principaux Officiers Grecs comme nos Rois accordent le tabouret: & il traita les Grecs comme étant parens, comme ayant une ORIGINE commune; ce fut même le mot du guet dans une occasion mémorable.

Exil d'Ovide chez les Gétes : portrait qu'il fait de cette Nation & de leur Roi Cotys.

Un Homme Lettré, dit un Auteur Moderne (1), transporté dans une Contrée sauvage, est un flambeau placé au-delà d'un espace ténébreux, & à l'aide duquel on entrevoit au moins les contours des objets. C'est au sujet de l'exil d'Ovide chez les Gétes qu'il s'exprime ainsi : nous devons, en effet, à l'infortune du charmant Poëte Latin des renseignemens uniques sur les Gétes & sur leur Roi Cotys.

« Je suis, disoit-il, dans une Région voisine de l'Ourse, dans
» un Pays que l'Aquilon brûle de son souffle destructeur, au-delà
» duquel il n'y a que le Bosphore, le Tanaïs, les Marais de la
» Scythie; quelques noms de lieux à peine connus : plus loin, il
» n'y a que des frimats qui rendent le terre inhabitable (2)... L'hy-
» ver qu'on y éprouve est celui des Méotides, & m'a paru plus
» long que tous ceux que j'ai jamais vu : le Printems y est moins

---

(1) Hist. Ancienne des Peuples de l'Europe, Tome IV, 285.
(2) Trist. III, Eleg. 4.

» beau qu'ailleurs. Si les préſens de Cérès ſortent alors de la
» terre & commencent à tapiſſer les ſillons, on n'y voit point les
» ceps de la vigne ſe couvrir de Pampre : il n'y a point de vignes
» ſur le rivage des Gétes : ils n'ont point d'arbres (1)... Les Arts
» n'y ſont pas cultivés : les brebis y portent des toiſons, mais les
» femmes Tomites connoiſſent peu les Arts qu'enſeigna Minerve :
» au lieu de travailler la laine, elles ne s'occupent qu'à moudre
» le blé, & à porter ſur leur tête l'eau qu'elles vont puiſer elles-
» mêmes... Un Carquois à la Scythique rempli de flèches eſt le
» plus beau préſent qu'un Tomite puiſſe envoyer à un Romain (2). »

Ils voyageoient avec le caſque en tête, l'arc à la main, &
portoient ſur l'épaule un Carquois rempli de flèches empoiſon-
nées : ils portoient en tout tems un cimeterre dont ils ſe ſervoient avec beaucoup d'adreſſe : leur arc étoit cet arc Gétique,
ſi fameux chez les Anciens ; la corde en étoit de nerf de cheval,
& elle n'avoit pas beſoin d'être détendue pour conſerver toute ſa
force. Leurs chevaux étoient en quelque façon comme leur arc :
ils faiſoient de longues traites ſans boire & ſans manger.

Un Gète avoit l'air du Dieu des Combats, il avoit la voix
effroyable, une phyſionomie farouche : une longue chevelure
couvroit ſon viſage & ſes tempes : il laiſſoit croître ſa barbe, &
ſe couvroit de peaux depuis la tête juſqu'aux pieds.

Cette peinture qui reſſemble parfaitement à celle des Tartares de nos jours, n'empêchoit pas qu'il n'y eût des gens inſtruits
parmi les Gètes : Ovide nous apprend lui-même (3) qu'il écrivit
un Poëme en Langue Gétique à la louange de Tibere : que cet
Ouvrage lui acquit chez les Gètes une grande réputation : & que

---

(1) Ibid. El. 12.
(2) Epit. Liv. III. Ep. 8.
(3) Ibid. Liv. IV. Ep. 13.

l'un

l'un d'eux dit que celui qui parloit ainsi de César, méritoit de retourner dans les Etats de César.

Cotys régnoit alors sur ces Gètes & sur la Thrace : c'étoit un Prince éclairé, d'un caractere doux, ses mœurs étoient polies & pleines d'aménité : cultivant les Lettres, il marchoit, dit Ovide, sur les traces d'Eumolpe son ancêtre, & sur celles d'Orphée; malheureusement ce Prince fut quelque tems après mis à mort par son oncle, Roi de Thrace, aussi barbare & aussi farouche que celui-ci l'étoit peu ; il fut la victime infortunée de sa confiance en son parent.

Si les Gètes & les Goths, sont les noms d'un seul & même Peuple.

A l'Orient de la Dace, au Nord du Danube, étoit le Tyras ; les Gètes s'établirent sur les deux bords de ce Fleuve & dans les Isles qu'il formoit : ils en prirent le nom de *Tyri-Gètes* ou *Tyra-gètes* ; mais Ptolomée les appelle *Tyrangots*. Ainsi déjà de son tems le nom de Goths avoit remplacé celui de Gètes : on ne sauroit donc douter que les Goths ne soient les mêmes qu'on avoit connus auparavant sous le nom de Gètes & de Daces : & avec lesquels s'étoient incorporées diverses Tribus Scythes, en particulier celles que Darius avoit attaquées ; & sur-tout les Scythes Royaux qui étoient des Saces, vrais Alains comme l'a fort bien prouvé M. le Comte du Buat (1). Il cite un passage de PROCOPE qui s'accorde fort bien avec ce Systême.

« Il y eut toujours, dit cet Historien (2), & il y a encore un

---

(1) Hist. anc. des Peuples d'Europe, Tom. V.
(2) De Bell. Vandal. L. I. c. 2.

» grand nombre de Nations Gothiques : mais les plus nombreuses
» & les plus célèbres font celles des Goths, des Vandales, des
» Visigoths & des Gépides. On les appelloit autrefois Sarmates &
» Mélanchlenes : plusieurs les ont aussi appellées les NATIONS
» GÉTIQUES :... Elles ont toutes la peau également blanche : les
» cheveux également roux, la taille également haute, la physio-
» nomie également noble & ouverte : enfin, elles ont toutes les
» mêmes Loix & parlent toutes la même Langue, qui est celle
» que nous appellons Langue GOTHIQUE. Je crois donc, ajoute-
« t'il, qu'autrefois toutes ces Nations n'en ont fait qu'une ».

Et comme l'on donna le nom de MESIE aux Contrées que les Daces & les Gètes avoient occupées dans la Thrace, delà est venu le nom de Mœso-Gothique qu'on donne à la Langue des Gètes ou des Goths à l'époque dont il s'agit.

Spartien, dans la Vie de Caracalla, dit que ce Prince passant par la Dace dans sa marche vers l'Orient, remporta quelques avantages sur les Goths ou sur les Gètes : M. d'Anville se flattoit (1) d'avoir démontré que Spartien se trompoit, & que les Goths n'étoient point Gètes ; mais sa démonstration n'a pu me convaincre : cet illustre Géographe se trompoit quelquefois, & qui est-ce qui ne se trompe pas ? Il avance, par exemple, au sujet des Gètes (2), que le nom de Thrace ne s'est point étendu au-delà du Danube : tandis qu'on a des preuves du contraire.

Selon lui, les Goths venoient de la Suéde, les Gètes de la Scythie Asiatique : & les Daces, il les confond tout uniment avec les Dahes de la Mer Caspienne. Quoiqu'il les fasse venir de tant

---

(1) Mém. de l'Acad. des Inscr. & Belles-Lettres, T. XXX. pag. 238.
(2) Mém. de l'Acad. des Inscrip. & Belles-Lettres. T. XXV. 34.

PRÉLIMINAIRE. lj

de lieux différens, il n'eft point étonné qu'ils ayent le même langage : par conféquent, qu'on fe foit imaginé qu'ils foient fortis d'une même région ; qu'ils ayent une origine commune : il ajoute enfuite que plus de difcuffion fur cet objet feroit fuperflue, puifqu'une des branches d'un tout entraîne & détermine l'autre : mais en partant de ce principe, nous tirerons précifément la conféquence oppofée : puifque fur le même fol nous trouvons les Daces & les Gètes, puis les Goths parlant précifément la même Langue, ils ne font point venus des quatre vents du monde ; ils n'ont qu'une feule & même origine. Des faits fimples & bien articulés peuvent feuls conduire à une autre conclufion ; or on n'en allégue aucun. Mais M. d'Anville, comme bien d'autres, étoit abfolument neuf fur l'origine des Peuples. C'est avec la même légereté & avec les mêmes idées vagues qui n'apprennent rien, qu'il difoit que les Thraces eux-mêmes étoient plutôt du fang des Scythes, que de toute autre des Nations primitives de l'Europe.

Enfin, ce qui tranche à mon avis la queftion, c'eft que PLINE (1) place dans la Thrace avec les Gètes, entre l'Hemus & le Danube, un Peuple appellé GAUDÆ, qu'il diftingue des Scythes étrangers & dans lefquels on ne peut méconnoître l'origine du nom des GOTHS. Il eft bien furprenant que ce rapport ait échappé à tous les Géographes & à tous les Hiftoriens : mais c'eft à quoi on s'expofe lorfqu'on néglige trop les détails.

Du Pontife des Gètes & de leur Montagne facrée.

Nous avons vu ci-deffus que Zamolxis avoit été le Légiflateur

---

(1) Hift. Nat. LIV. c. XI.

des Gètes, & qu'il leur avoit sur-tout enseigné l'immortalité de l'ame : en même-tems il leur avoit appris à adorer la Divinité sous le Symbole du Feu ; ce qui fit croire à Diodore de Sicile que cette Divinité étoit Vesta. Ils avoient en conséquence un Grand-Pontife dont la dignité existoit encore du tems de Strabon ; il dit que les Gètes lui donnoient le nom de Dieu : & qu'ils avoient une Montagne Sacrée dans laquelle étoit un antre qu'ils disoient que Zamolxis avoit choisi pour sa retraite. Cette montagne, ajoute-t-il, s'appelloit *Kô-Kajôn*, & elle étoit baignée par une Riviere du même nom.

M. d'Anville a eu l'avantage de retrouver cette Montagne entre la Moldavie (1) & la Transylvanie. Là entre les sommets d'une chaîne de Montagnes considérables en est un appellé *Kaszon*, duquel descend dans la Moldavie une Riviere qui porte le même nom & qui se jette dans d'autres Rivieres qui par le Siret se versent dans le Danube.

En faisant précéder ce nom du mot générique *Kô* ou *Cau* qui désigne les Montagnes, on a le mot *Ko-Kaszon* qui est presque le même que celui qu'on trouve dans Strabon, & qui peut avoir été légérement altéré par ses Copistes. M. d'Anville a encore fort bien vu que ce nom étoit le même que celui du *Cau-Case*, & qu'ils n'étoient par conséquent que des noms génériques ; comme nous l'avons déja remarqué au sujet du mot *Cau* pour désigner les Montagnes, & au sujet du nom de Cass donné à diverses Montagnes.

M. d'Anville, toujours dans l'idée que les Gètes étoient d'origine Tartare, a cru que ce culte venoit de celui des Lamas du Thibet, & il n'a pas pensé à comparer ce Grand-Prêtre avec ce-

---

(1) Ib. pag. 41.

lui que les Thraces avoient fur leur Montagne Sacrée dans le Pays des Besses, & qu'on appelloit la Montagne de Bacchus : ceci lui auroit fourni des points de comparaison pour remonter jusqu'à Orphée & jusqu'aux Initiations des Thraces dans l'Isle de Samothrace : d'où il auroit pu passer jusqu'en Egypte, le grand siége de l'Initiation.

Elle étoit également en usage dans une Ville appellé Olbia, fur les rives du Borysthene, & il en coûta la vie à un Prince Scythe plein de mérite pour avoir été du nombre des Initiés qui se réunissoient dans cette Ville.

N'omettons pas que les côtes de Thrace étoient couvertes d'un grand nombre de Villes Grecques, entre lesquelles il y en eut de très-célèbres, telles qu'*Abdere*, *Byfance*, *Mésembrie*, &c.

§. VIII.

Ma-ced-oine.

Au Midi des Thraces & des Gètes & jusques aux bords de la Mer Egée, fut une vaste Contrée qu'on appella Macedon, ou Macedonia, & dont nous avons formé le mot Macedoine.

Cette contrée fut habitée par des Thraces qui durent en effet s'étendre au Midi, avant que de se porter au Nord & de franchir le Danube. Son nom nous indique même par quelle des Tribus Thraces elle fut peuplée.

Ce nom est composé manifestement de trois mots, de on qui signifie Pays, Contrée ; & qui termine par conséquent un très-grand nombre de noms de Provinces & de Peuples.

2°. De ma, qui, de l'aveu de tous les Critiques & de tous les Etymologistes, signifie Grand.

3°. Enfin de KED ou GED, où l'on ne peut méconnoître le nom des GÈTES.

La Macédoine signifie donc, mot-à-mot, le Pays des Grands Gètes ou la Grande Gétie, comme on disoit la Grande Grèce, & comme on dit la Grande-Bretagne, la Grande-Russie, par opposition à la Petite-Bretagne, à la Petite-Russie.

Le Strymon servoit de borne entre la Thrace & la Macédoine, & les Monts Scardiens la séparoient de la Gétie, qu'on appella dans la suite Mésie.

PLINE (1) dit qu'on y comptoit cent cinquante Peuples, & Pomponius Mela, qu'on y voyoit autant de Peuples que de Villes: ensorte qu'on peut le comparer aux Cités Gauloises qui alloient à quatre cents.

Ces Cités, indépendantes dans l'origine, formerent successivement des Royaumes considérables tels que ceux des Péoniens, des Dardaniens, des Taulantiens, des Agrians, &c. sans compter celui de la Macédoine proprement dite, qui insensiblement engloutit tous les autres, mais dans des tems très-postérieurs, sous Philippe & Alexandre, pour devenir ensuite la proie des Romains.

Nous ne rendrons pas compte de tous ces Etats, nous nous bornerons aux principaux, afin qu'on voye de quelle population immense étoit couvert notre Triangle, & à quels affreux ravages ont été exposés ces Peuples fameux.

A l'Occident, sur les Côtes de l'Adriatique, étoient les TAULANTIENS qui furent long-tems gouvernés par des Rois particuliers: là étoient *Epidamne*, aujourd'hui Durazzo & *Apollonie* sur les rives du Laus, Ville fameuse par sesloix & par son savoir:

---

(1) Hist. Nat. Liv. IV. Ch. x.

sa situation étoit si riante, que du tems des Romains on s'empressa de s'y établir & d'y former une sorte d'Académie.

Au Sud des Taulantiens, les ELYMIOTES dont les principales Villes étoient deux Ports de Mer appellés *Elyma* & *Bullis*.

A leur Orient, les ORESTES formant aussi un petit Royaume qu'on supposoit avoir été fondé par Oreste fils d'Agamemnon.

Près de là les EORDIENS.

Au Nord de ceux-ci, les DASSARETES gouvernés aussi par un Roi particulier, dont une des Villes appellée *Lychnide* étoit agréablement située sur un Lac du même nom.

A l'Orient de ces Peuples & sur le Golfe de Therma étoit l'ÆMATHIE, ou la Macédoine proprement dite : c'est-là qu'étoient Egée ou *Edesse* l'ancienne Capitale du Pays ; *Pella*, ensuite séjour des Rois de Macédoine, & maintenant ensevelie sous des marais qui en laissent appercevoir les ruines. *Europe, Berée*.

Près de là, la PIERIE, où étoient *Pydna*, *Phylace* & *Dium*. C'est dans cette derniere Ville qu'Alexandre eut une vision qui lui promettoit l'Empire de la Perse.

Au Nord de l'Emathie, la MYGDONIE où étoient *Antigonie*, *Letæ*, *Terpile*.

A son Orient, l'AMPHAXITIDE, mot-à-mot, autour de l'Axius. Là étoit *Therma* appellée ensuite Thessalonique, qui aujourd'hui sous le nom de SALONIQUE forme seule en quelque façon pour nous, la Macédoine entiere qui dévastée & gémissant sous un joug destructif, ne tient plus aucun rang entre les Peuples de l'Univers. Située sur le penchant d'une Montagne, elle voit à ses pieds une riche Campagne abondante en grains & en troupeaux. Son territoire est des plus agréables par la diversité de ses plaines & de ses Montagnes, de ses Rivieres, de ses Lacs, & des Villages dont il est parsemé.

Là, étoit aussi *Stagyre*, Patrie d'Hipparque & d'Aristote.

Plus loin la CHALCIDIQUE, & la PARAXIDE où étoient *Pallene*, *Potidée*, *Torone*, *Olynthe*, Villes célèbres.

Les BISALTES à l'Orient sur le Strymon & frontieres des Thraces, au Nord en revenant d'Orient à l'Occident.

La PÉLAGONIE, l'ORBELIE, le JORIA, les ALMOPES, les ESTRIENS, les LYNCESTES & le SINTICA, ces deux derniers dans l'intérieur du Pays.

La Macédoine produit du blé, du vin, de l'huile : autrefois elle étoit riche en mines de toute espèce, sur-tout en or & en argent. Celles d'or abondoient sur-tout dans le Mont Pangée : c'est par leur moyen que s'étoient enrichis les Habitans de l'Isle de Thase, qui faisoient un grand Commerce avec les Phéniciens. Les Athéniens s'en emparerent à leur tour, mais les Thraces les leur enleverent ; ceux-ci en furent dépossédés ensuite par Philippe : ce Prince les fit exploiter par des hommes intelligens, & ce fut avec cet or qu'il enchaîna la Grèce.

Philippe est le premier qui ait agrandi la Macédoine ; mais plus par ses artifices & par son or, que par sa puissance & sa valeur : il fut en guerre avec les Rois des Péoniens, des Médes, de la Thrace, des Triballes, &c. qui étoient venus remplacer les Daces & les Gétes en-deça du Danube : & lorsqu'on voit son fils être obligé de conquérir le Nord de la Macédoine, avant que de passer en Perse, on se représente les Peuples qu'il attaqua comme des Nations éloignées, presqu'inconnues, & on est fort étonné lorsqu'on s'apperçoit que c'étoient ses plus proches voisins.

La stupide avarice du dernier Roi de cette Contrée, livra aux Romains ce beau Royaume, qu'ils anéantirent en quelque sorte en le distribuant en quatre Régions qui ne devoient avoir aucune correspondance entr'elles ; ensorte qu'elles ne tarderent pas à être

ravagées

ravagées par les Peuples du Nord qui furent sans cesse en guerre avec les Romains.

Tite-Live, ce fade adulateur de ces derniers, cherche à les justifier, en faisant voir que chacune de ces Régions pouvoit se suffire à elle-même. Transcrivons ce qu'il en dit, il nous dédommagera de la sécheresse d'une description géographique, & fera regretter la destruction de ces florissantes Contrées.

La premiere Région, dit-il (1), est habitée par les Bisaltes, Peuple très-belliqueux, & dont le Pays est au-delà du Nessus dans les environs du Strymon. Elle produit toutes sortes de fruits: elle a des mines & contient la Ville d'Amphipolis qui par son assiette est la clef de la Macédoine du côté de l'Orient.

La seconde a deux Ports fameux & commodes, & deux grandes Villes, *Thessalonique* & *Cassandrie* : elle renferme la Pallene, Pays très-fertile.

Dans la troisieme, on trouve trois Villes considérables, Edesse, Bérée & Pella. La Nation des Vettiens qui en occupe une partie, est une des plus belliqueuses que l'on connoisse : elle a aussi pour habitans un grand nombre de Gaulois & d'Illyriens qui sont des Cultivateurs infatigables.

Les Eordéens, les Lincestes & les Pélagons habitent la quatrieme, dont font aussi partie l'Atintanie, la Stymphalide & l'Elimiotide. Tout ce Pays est très-froid, rude & ingrat. Le caractere de ses habitans s'accorde avec la nature de son sol & la température de l'air qu'on y respire.

» Tout ce détail, dit fort bien M. le C. du Buat (1), prouve
» que les Romains eurent raison de diviser la Macédoine, mais ne

---

(1) Hist. Rom. Liv. XLV.
(1) Hist. Anc. Tom. III. 222.

» prouve point que fes Habitans euſſent tort d'être affligés d'un
» pareil partage ». Sur-tout lorſque leur vainqueur eut en un ſeul
jour livré au pillage & vendu ſoixante & douze de leurs Villes :
un fait auſſi barbare n'eſt point ſuſpect : c'eſt PLINE lui-même qui
le raconte, tandis que Tite-Live le paſſe ſous ſilence. Oh ! Hiſ-
torien pervers d'une Ville atroce ! pourquoi faut-il que ce ne ſoit
que d'après vous que toute notre Jeuneſſe apprenne l'Hiſtoire ? En
vain, on cherche à pallier les vices & les fureurs de cette antique Rome : la chûte de ſon Empire prouve à jamais ſur quelle
malheureuſe baſe elle ne ceſſa de l'élever.

DARDANIE.

A l'Occident de la Thrace & de la Gétie, & au Nord de la
Macédoine, étoit une aſſez grande Contrée appellée la Dardanie
& gouvernée par des Rois particuliers, même du tems des derniers Rois de Macédoine. Elle étoit entre le Danube & les Monts
Scardiens, & répond à-peu-près à la Servie.

On y trouvoit pluſieurs Villes, telles que *Naiſus, Arriban-
tium, Ulpianum* & *Scupi.*

BATON, fils de Langare & Roi des Dardaniens, ſoutint avec
ſuccès la guerre contre Démétrius, Roi de Macédoine, & étoit
maître de Bylazore, Ville forte de la Péonie, & qui étoit de ce
côté la clef de la Macédoine. Le même Prince fut également en
guerre avec Philippe II. fils de Démétrius : pourſuivi par Athéna-
goras, Général des Macédoniens, il ne put jamais être entamé,
on ne fit pas même un priſonnier ſur lui : c'eſt que les Dardaniens
ne quittoient jamais leurs rangs, ne ſe débandoient jamais ; ils
combattoient toujours ſerrés, & ſe retiroient de même : c'étoit
ainſi que ſe battoient les Thraces, dit Thucydide : & ce n'é-
toit pas là des barbares.

§. IX.

ILLYRIE.

La Côte Occidentale des Pays dont nous venons de parler, & qui est appuyée sur la Mer Adriatique, portoit le nom général d'ILLYRIE. On la divisoit en deux portions, la Septentrionale & la Méridionale. Celle-là connue sous le nom de Liburnie, & celle-ci sous celui de Dalmatie.

Nous glisserons légérement sur la Liburnie, qui paroît n'avoir pas fait originairement partie de l'Illyrie : du moins Scylax ne la fait commencer qu'au Midi de la Liburnie, & précisément aux Bulins.

La Liburnie resserrée entre la Mer & la chaîne du Mont-Albius, renfermoit les FLANATES entre l'Arsia & l'Œneus avec les Villes d'*Albona* & de *Flano*.

Ensuite, les JAPYDES depuis l'Œneus jusqu'au Tedanius, avec les Villes de *Signia* ou *Segnia*, *Lopica*, *Vegium* ; & dans les Terres près du Tedanius, *Metulum*, dont les Habitans aimerent mieux périr dans les flammes que de se rendre à Auguste.

Entre les Japydes & le Titius où commence la Dalmatie, M. d'Anville place les LIBURNI proprement dits : avec les Villes d'*Argyruntum* sur le Tetanius ; *Ænona*, *Iadera*, *Arausa*, sur la Mer ; *Scardona* & BURNum sur le Titius.

DALMATIE.

La DALMATIE, appellée presque toujours DELMATIE sur les anciens Monumens, s'étend depuis le Titius jusques à l'Anape qui la sépare des Taulantiens. C'est une Vallée longue & étroite, plus large cependant que la Liburnie, & qui paroît en avoir tiré son nom. *Dal* signifiant Vallée dans la plupart des Langues, surtout dans toutes les Langues Germaniques.

On y voyoit les AUTARIATES entre le Titius & le Nestus. Ils possédoient les Villes de *Tragurium*, aujourd'hui Trau, *Sicum* & *Salone*, ensuite *Epetium*, *Œneum*; & dans les terres, *Andetrium*, au Nord de Salone, dans les Montagnes, & *Pons-Tiluri* sur le Nestus.

Ensuite les ARDYÆI, avec les Villes de *Delminium* & de *Lussunium*, sur les Montagnes; & *Narona* sur le Naro; c'est de Delminium que la Contrée tira son nom.

Les HYLLES dans la presqu'Isle du même nom, avec la Ville d'Œneum, tandis que d'autres, avec plus de raison, les placent entre Scardona & Salone.

Les LABEATES occupoient le reste de la Dalmatie: on y voyoit *Epidaure*, *Doclea*, *Rhizana*, *Scodra*, Ville très-forte entre le Clausula & la Barbana qui sortoit du Lac Labeatis & se jettoit dans l'Oriundus. Scodra est la Scutari de nos jours. Enfin *Lissus* entre le Drilo & l'Anape.

SCYLAX, dans son Périple, ne fait commencer l'Illyrie qu'au Naro, là où finissoient les Nestéens & où commençoient les Manéens, & puis les Labéates.

Il plaçoit entre le Narsa & le Drilon les Monumens de Cadmus ou son Tombeau, & au Midi du Drilon les Enchéléens chez qui se retira Cadmus. Puis les Illyriens sur le terrein de qui une Colonie de Corcyre avoit bâti Epidaure.

Il paroît donc que Scylax ne regardoit comme vraie Illyrie que la portion qui étoit habitée par des Peuples vraiment Grecs: & précisément ce qu'on appelle la Gréce Illyrique, & dont il

PRÉLIMINAIRE.

nous reste à dire un mot pour completter tout ce qui dans cette description géographique ne regarde pas directement les Grecs.

Gréce Illyrique.

Depuis le Drilo jusques aux Monts Acrocerauniens où commence la Chaonie, est une longue côte sur la Mer Adriatique qu'habiterent diverses Peuplades qui appartiennent essentiellement à la Nation Pélasge, & que nous ne saurions omettre, quoiqu'elles soient peu connues, l'attention s'étant toujours portée sur les Grecs, & ayant négligé toutes les autres Nations Pélasgiques : du moins, il nous en a beaucoup coûté de soins & de peines pour parvenir au Tableau raccourci que nous mettons ici sous les yeux du Lecteur.

Au Midi du Drilo, on trouvoit les PARTHINS sur la Mer.

Au Midi des Parthins, les TAULANTIENS.

Plus bas l'ORESTIDE, Contrée qui, ainsi que celle des Taulantiens, fit ensuite partie de la Macédoine, comme nous avons vu au sujet de Royaume.

Et dans les Terres entre les Taulantiens & l'Epire, les ATINTANES.

Enfin, au Midi de l'Orestide, les AMANTINS & la Ville d'*Amantia*.

N'omettons pas deux autres Royaumes Illyriens qu'Alexandre le Grand réunit à la Macédoine après de sanglans combats : celui des EORDES, & celui des DASSARETES.

Ce dernier avoit pour Capitale Pellion, Ville très-forte sur les bords de l'Aliacmon. Leur Roi Bardyllis étoit si puissant qu'il avoit détrôné Amyntas, pere de Philippe, & que son fils Clitus fut en état de résister pendant long-tems à la puissance de ce même

Philippe & à celle de son fils, qui ne put marcher à la conquête des Perses, qu'après avoir vaincu ce redoutable ennemi.

L'Erigone, Fleuve qui descend des Montagnes de l'Illyrie, bornoit ce Royaume à l'Orient : quoiqu'il traversât des pays montagneux & sauvages, il étoit couvert de Villes très-peuplées qui attestoient la douceur de ses Rois, les avantages de la liberté, & qui se changerent en des solitudes affreuses, dès que le soufle impur du despotisme souilla ces heureuses contrées.

On compte encore au nombre des Etats de l'Illyrie, les PENESTES au Nord des Dassaretes, & les ALBANI entre les Penestes & les Parthins. Ces Albani habitoient les Monts Scardiens & s'étendoient jusques vers les Eordiens ; leur nom a triomphé des tems, & a survêcu à celui de tant de Nations anéanties ; ils forment ce qu'on appelle aujourd'hui l'ALBANIE, dont la Langue est un Grec corrompu.

§. X.
EPIRE.

L'Epire vient ensuite, au midi des Monts Cerauniens ou Acro-Cerauniens qui la séparent de l'Illyrie : dans les beaux tems de la Grèce, elle renfermoit trois contrées, la Chaonie, la Thesprotie, & la Molosside : mais il paroît que dans l'origine elle embrassoit encore le pays des Orestes au Nord, ceux des Dryopes & des Enianes à l'Orient jusques à la Doride. Et au Midi, les AMPHILOQUES, les PERRHEBES, les ATHAMANES qui appartinrent ensuite à l'Etolie.

La CHAONIE étoit la Province la plus septentrionale de l'Epire. Le Scholiaste d'Aristophane dit que ses habitans descendoient des Thraces, c'est-à-dire, qu'ils étoient venus du Nord, ce qu'il ne faut pas perdre de vue ; suivant Aristote, ils étoient Oenotriens, nom d'un des plus anciens Peuples de la Grèce, que mal-à-propos les Auteurs de l'Histoire Universelle nous présentent comme originaire de l'Italie.

Entre les Villes des Chaones étoit *Oricum*, port & ville considérable que Pline prétend avoir été fondée par une Colonie de Colchidéens.

Onchesme & *Cassiope* sur le bord de la mer, cette derniere sur un promontoire où étoit un Temple fameux de Jupiter Cassius. Le territoire de cette ville s'appelloit Cassiopie, & renfermoit quelques autres villes.

La Thesprotie, vallée longue & large entre la mer & le Pinde, renfermoit diverses Villes, *Buthrote, Ephyre, Ambracie* ville très-forte, port de mer dans l'origine, & qui étoit une République lorsqu'elle tomba sous la domination des Eacides Rois d'Epire. On y voyoit aussi l'Acheron & le Lac Acheruse.

A l'Orient de cette Province étoit Dodone, fameuse par son Temple & par ses Oracles: là habitoient les Helli ou Selli, nom qui fut également celui des Prêtres du Temple; & dans les environs les Hellopes & les Dolopes. Tous ces Peuples étoient Pelasges, comme en convient Strabon, ce qu'il ne faut point oublier (1).

Les Molosses placés à l'Orient des Thesprotes, eurent un terrein plus ou moins étendu suivant le tems: c'étoit la portion la plus montagneuse de l'Epire; là étoient, *Tecmon, Phylace, Horreum*, & quelques autres villes.

Les Chevaux de l'Epire & les Molosses ou Dogues de la Molossie étoient renommés dans l'Antiquité.

---

(1) Strab. Liv. VII.

Ces diverses Contrées formerent dans l'origine autant de Royaumes différens, qui furent subjugués & réunis en un seul par les Eacides, descendans de Pyrrhus fils d'Achille. Cependant les Epirotes jouissoient sous leurs Rois d'une certaine liberté, puisque Plutarque nous dit, que toutes les années, ils avoient une assemblée générale à *Passaro*, où le Roi s'obligeoit par un serment solemnel à gouverner conformément aux Loix, & où le Peuple s'engageoit à lui être fidèle & obéissant à cette condition.

ATHAMANIE.

L'Athamanie au Sud-Est des Molosses faisoit aussi primitivement portion de l'Epire : elle occupoit également une portion du Pinde. *Argithée* étoit sa capitale ; on y voyoit aussi *Acanthe*, *Atheneum*, &c.

Les ETHICES placés dans les mêmes montagnes étoient plus au Nord & frontiere de la Thessalie, dont ils faisoient partie du tems d'Etienne de Byzance.

Il en faut dire autant des PERRHEBIENS & des DRIOPES, à l'orient des Athamanes, & au nord de la Doride.

§. XI.

THESSALIE.

La Thessalie coupée en deux par le Penée étoit une vaste contrée au midi de la Macédoine, & à l'orient de l'Epire : elle avoit été peuplée également par des Colonies descendues de la Thrace, au point que divers Critiques ont cru qu'elle en avoit même porté le nom. Ses habitans furent tous des Pélasges, & le nom en demeura à presque toute la portion qui est au nord du Penée. Hérodote appelle en effet les Pélasges, Thessaliens.

PRELIMINAIRE.

Du tems de Strabon elle étoit divifée en cinq Régions. L'Eftiotide, la Tehffalie propre, la Pelafgiotide, la Phthiotide & la Magnefie qui par la façon de s'exprimer des Anciens à fon égard, femble avoir été unie par la fuite des tems à la Theffalie, fans lui appartenir directement.

L'ESTIOTIS ou ISTIOTIS, la Province la plus occidentale, renfermoit un grand nombre de villes : *Gomphi* fa capitale, *Phæftus, Phaleria, Pelinée, Eginée*, &c.

La THESSALIE, propre, au nord du Pinde & de l'Othrys, étoit arrofée par diverfes rivieres, & renfermoit plufieurs villes, *Hypata, Softhene, Homilæ*, &c.

La PELASGIOTIS ou pays des Pelafges, proprement dits, au revers de l'Olympe & du mont Pœus, avoit pour villes *Doliche, Azorium*, &c. Celles-ci près du Panyafus au pied des Monts Cambuni : enfuite, *Arne, Polinée, Atrax, Lariffe, Gyrtone, Gonus*, la délicieufe vallée de TEMPÉ ; & au midi du fleuve, *Scotufe, Elatie, Phere*, &c.

La PHTHIOTIS fut la Patrie & le Royaume d'Achile ; la capitale en étoit *Phthie*, qui fut enfuite détruite : on y voyoit *Coronée, Eretrie, Lamia, Héracléé*, une *Thebe* fur le Golfe PELASGIQUE qui confervoit ainfi le nom primitif des habitans de Theffalie, *Pharfale* & fes plaines fi renommées, *Demetrias, Sperchias, Amphryfe*, & une foule d'autres.

La MAGNESIE à l'extrémité de cette Province, & en forme de prefqu'Ifle, renfermoit *Iolcus, Pyrcrha, Methone, Olyzon*, &c. la fontaine de *Libethra*, d'où les Mufes furent furnommées Libethrides ; *Magnefié* fur la mer, au pied du Pelion : le lac & la ville de *Bæbe*, &c.

Orig. Grecq.

§. XII.

GRECE *ou Pays des Hellènes & des Achéens.*

Nous voici parvenus à l'endroit où notre Triangle se resserre le plus qu'il est possible, & où commence ce qu'on a appellé *Hellas*, ou pays des Hellènes; ACHAÏE, ou pays des Achéens, & que nous désignons par le nom de GRECE.

Là se trouvent l'Acarnanie, l'Etolie, la Locride, la Phocide, la Béotie, l'Attique & la Megaride.

ACARNANIE.

L'Acarnanie, située sur la mer qui baigne les Côtes occidentales de la Grèce, & au pied de l'Olympe qui la termine à l'Orient, est peu connue dans l'Histoire de la Grèce : la sagesse de ses habitans qui se gouvernoient par leurs propres Loix, les empêcha de prendre part aux guerres insensées de leurs compatriotes : ce ne fut qu'à la fin des beaux jours de la Grèce qu'ils se montrerent comme guerriers dans le tems que les Etoliens ligués avec les Romains cherchoient à les écraser.

L'Achelous traversoit cette contrée du Nord au Midi.

On comptoit entre ses villes *Actium*, *Argos* l'amphilochique, *Stratos*, &c. *Nasos*, ou la Naz, *Leucade* avec ses rochers blancs.

ETOLIE.

L'Etolie ancienne, la seule dont il s'agit ici, s'étendoit du fleuve Acheloüs jusques à l'Evene d'Occident en Orient; & du Pinde jusqu'au Golfe de Corinthe du nord au midi : elle étoit comme une belle & riche vallée entre deux chaînes de montagnes au pied desquelles couloient ces deux fleuves. Ses habitans étoient hardis, avides de combats, & de butin.

PRÉLIMINAIRE.

Là étoit *Pleuron*, au pied de l'Aracynthe, *Olene, Conope, Therme,* ville très-riche défendue par de hautes Montagnes, où s'assembloient les Etats du pays, & célébre par ses Foires & par ses Marchés. *Metapa* sur les bords du lac Trichonis, la célébre *Calydon*, capitale d'un Royaume de ce nom, & placée agréablement sur l'Evéne: *Molycria* au pied du Chalcis, montagne très-élevée, *Antirrhium, Naupacte,* le mont Corax. Au Nord, quatre villes Doriennes ou la Tetrapole Doride, & qu'on appelloit *Erineus, Boium, Pindus* & *Cytinium*.

LOCRIDE.

Les Locriens habitans des montagnes qui sont au sud de la Thessalie, s'étendirent d'une mer à l'autre depuis l'Etolie jusques au Nord de la Béotie. Ils furent subdivisés en trois portions. Les OZOLES sur le Golfe de Corinthe à l'occident, les EPICNEMIDES au Nord, habitans du mont Cnemis, & les OPUNTIENS à l'Orient sur la mer Egée ayant *Opunce* pour capitale.

Chez les OZOLES on voyoit *Oeanthia*, port de mer, *Cirrha* & *Caleon* sur le Golfe de Crissa, *Eupalium* dans les montagnes, *Amphissa*, ville grande & célébre.

Les EPICNEMIDES, habitans de la Chaîne du Mont Cnemis qui s'étend du Mont Oeta ou du Cap Malée jusques aux plaines de la Béotie. Leurs principales villes étoient *Scarphé*, ou Scarphia voisine des Thermopyles, *Nicée* plus près encore de ce célébre défilé, *Thronium* leur capitale sur le Boagrius, *Naryx* Patrie d'Ajax, *Alope, Tarpha* qu'Homère appelle aussi Calliarus, *Daphnunte* sur la mer, *Alpenus* près du défilé des Thermopyles; enfin cette fameuse gorge qui ouvre un passage étroit entre la Thessalie & la Grèce: & qui dut son nom à sa nature & à ses eaux thermales.

Les OPUNTIENS avoient *Opunce* pour capitale; on y remarquoit encore *Cynus* port de mer, & les plaines agrestes de *Bessa* qui ne produisent que des bruyeres, &c.

PHOCIDE.

La Phocide, plus étendue dans l'origine, mais resserrée ensuite par les Locriens, étoit au Nord du Golfe de Corinthe entre la Locride & la Béotie.

C'est-là qu'étoit DELPHES, illustre par l'Oracle d'Apollon, le Mont-Parnasse cher aux Muses, & son sommet appellé Lycorie, qui s'éléve plus qu'aucune des montagnes de la Grèce. La fontaine de *Castalie* au pied du Parnasse, l'autre de *Coryce* ; *Tytorée, Cyparisse*, à l'Occident ; *Crissa* qui donne son nom à un golfe, *Daulis* à l'Orient & sur une montagne escarpée; *Drymea, Amphiclée, Tritée, Hyampolis* dans des défilés ; *Abæ*, célébre par un Oracle d'Apollon plus ancien que clui de Delphes; *Elatée*, sur le Cephise, la plus grande ville des Phocéens; *Bulis* & *Cirrha* sur la mer.

BEOTIE.

Enfin les Montagnes s'ouvrent & forment entre les deux mers de belles & vastes plaines où se dégorgent leurs eaux en formant de grands lacs & en épaississant l'air de la contrée, bien différent de celui qu'on respiroit sur les Montagnes. Ce font ces plaines auxquelles on donna le nom de Béotie.

Ces riches & fertiles plaines s'étoient couvertes d'une nombreuse population & de villes fameuses.

Là étoient *Orope* à l'Orient près de l'Attique, *Delphinium*, port sacré, dit Strabon, à l'embouchure de l'Asope; *Aulide* en face de Chalcis, d'Eubée, *Delium* avec un Temple d'Apollon Delien, *Tanagre, Salganée, Anthedon* citée par Homère, *Mycalesse*.

PRÉLIMINAIRE.

Thebes, la ville la plus illustre de la Contrée ; *Platée* & *Leuctres*, célébres par les combats dont elles furent les témoins ; *Copæ* & son grand lac qui inonda plus d'une fois les campagnes voisines, *Orchomene* ville riche & puissante, mais qui ne put se garantir de cette submersion ; *Haliarte*, *Oncheste* avec un bois consacré à Neptune, *Ocalée*, *Alalcomene*, *Tilphuse*, sur une montagne du même nom & sur les bords du Tilphuse qui y prend sa source. *Coronée*, un autre Mont *Libethrius*, *Chéronée*, Patrie de Plutarque, *Lebadie*, &c.

N'omettons pas les Monts *Hélicon*, *Citheron* & *Pimpla*, & ces fontaines célébres, *Dircé* aux portes de Thebes, l'*Aganipe* & l'*Hippocrene* : & *Hylé* avec son lac qui communique par une riviere à celui de Copais.

Près de l'Hélicon à l'Occident de la Contrée & dans un angle, *Ascra*, Patrie d'Hésiode, froide en hiver, incommode en été, malsaine en tout tems : *Thespie*, *Creusa*, *Siphé* ou *Tiphé*, &c.

Aspledon sur le Melas entre Thespie & Oncheste.

Anchoa où le Céphise, après être sorti du Lac Copais, se perd sous terre pour reparoître près de *Larymna* où il va se jetter dans la Mer.

ATTIQUE.

Enfin la Plaine se referme, & les Montagnes se rejoignant forment un angle allongé qui s'avançant dans les Mers soutient leur poids & résiste aux efforts de leurs flots. C'est cette Contrée montagneuse, extrémité de cette masse de terres que nous venons de parcourir, qui est si connue sous le nom d'Attique : pays sec, dur, & ingrat, que la liberté seule put engager à défricher, & où seule elle put donner lieu à une population étonnante, puisqu'on y comptoit près de cent quatre-vingt bourgs ou cantons qui ont prefque tous difparu, & qui étoient honorés du nom de PAGI, diftribués en douze Peuples ou Tribus. Là on voyoit :

ATHENES dont le nom ne mourra jamais, cette Ville de Cecrops & de Thefée, illuftre par fes Lycée, & fes Mufée, par la gloire de fes grands hommes : & dont trois ports, le *Pyrée*, *Phalere* & *Munychion* avoient peine à fuffire à fes Flottes & à fon Commerce.

ELEUSIS & fes myfteres, *Œnoe*, *Acharna*, *Decelie*, *Phyle*, *Marathon*, *Brauron*, *Rhamnus*, avec un Temple d'Amphiaraüs, *Erchia* Patrie de Xenophon, *Gargette* où naquit Epicure, &c.

Ses principales Montagnes furent le Mont *Himette*, célébre par fon miel, le *Brileffe*, le *Lycabette*, le *Parnes*, le *Corydalle*, le *Pentelique* & quelques autres moins renommées.

MEGARIDE.

La MEGARIDE pays fec & de plaines fertiles en blé, eft la derniere portion de la Grèce propre : elle eft placée fur l'Ifthme qui s'unit au Peloponèfe. On y voyoit CROMMYON aux portes du Peloponèfe, les Roches de *Schiron*, celles de *Minoa*, qui forment le Port de *Nifea*, MÉGARE Capitale de la Contrée fur la Colline de Nifus : *Pagæ* dans les Montagnes.

§. II.

DU PÉLOPONÈSE.

Le PÉLOPONÈSE appellé dans l'Origine *Apia* & *Pélafgie*, termine le Triangle dont nous avons entrepris la defcription : c'eft une vaste presqu'Isle qui seroit parfaitement quarrée si la Mer n'y avoit formé des Golfes profonds qui lui donnent l'air d'une feuille de platane aussi profondément découpée. Là se formerent nombre de petits Etats, tous gouvernés par des Rois dans l'origine. On peut les réduire à six, l'Achaïe, l'Elide, la Messenie, la Laconie, l'Argolide, l'Arcadie.

ACHAIE.

L'Achaie formoit la côte méridionale du Golfe de Corinthe : renfermée entre la mer & le mont Cyllene, elle étoit arrosée par une multitude de rivieres ou ruisseaux qui y répandoient la fertilité : ensorte qu'elle ne tarda pas à se couvrir d'une nombreuse population, & de Villes puissantes.

Corinthe que Cicéron appelle l'Œil de la Grèce, étoit placée à la sortie de l'Isthme, à la tête du Péloponèse : Ville célèbre par son commerce immense, par ses richesses, par ses nombreuses & florissantes Colonies ; par ses malheurs sur-tout : près de cette Ville, *Craneum* avec une forêt de Cyprès, *Lechée* Port de Corinthe, *Cenchrée* sur le Golfe même, avec un Temple de Neptune auprès du quel se célébroient les Jeux Isthmiques.

Sicyone sur les bords de l'Asope, Ville d'abord gouvernée par des Rois, libre ensuite, subjuguée enfin par Sparte. Ses Habitans étoient très-industrieux. Nous aurons occasion de parler dans la suite de diverses villes de cette Contrée.

Patræ, ville illustre qui s'appelloit primitivement *Aroé*.

ELIDE.

L'Elide, Province illustre parce qu'on y célébroit les jeux Olympiques sur les bords de l'Alphée, étoit à l'Occident de l'Achaïe; elle abondoit en pâturages, en fruits, en lin, &c.

On y voyoit *Cyllene*, Port de mer, le Cap *Chelonites*, *Phia*, Elis sur le Penée, Olympie qu'on appelloit *Pise* dans l'origine.

Dans la Triphylie, portion méridionale de l'Elide entre l'Alphée & la Messenie, *Samicum*, *Pylos*, Royaume de Nestor, *Hypania*, &c.

MESSENIE.

La Messenie au midi de l'Elide, & à l'occident de la Laconie, étoit une Contrée riche & fertile: aussi elle fut extrêmement peuplée, & elle excita vivement la jalousie de Sparte qui en extermina les Rois.

La premiere de ses villes en venant de l'Elide, étoit *Cyparisse* sur le Sela; on trouvoit ensuite *Pylos* de Messenie sous le mont Aegal, *Methone*, aujourd'hui Modon.

Asine, *Corone*, *Pharæ* ou *Pheræ*, au-delà du Pamise, *Abia*, aux portes de la Laconie.

Messene qui donna son nom à la Contrée, Ville bâtie sur une Montagne escarpée, *Ithome* qui la touche sur une Montagne du même nom, *Arene*, dans les terres, *Æpea* appellée ensuite Thurium, &c.

LACONIE.

La Laconie à l'Occident de la Messenie, au Midi de l'Argolide, étoit un pays coupé par de hautes Montagnes & rempli de défilés; il ne laissoit pas que d'être peuplé, & de renfermer des Villes célèbres. Le Mont Taygette étoit couvert de forêts & rempli de gibier: c'est-là que les Lacédémoniens s'exerçoient à la chasse.

À la pointe la plus voisine de la Messenie étoient *Messa*, & *Tenare* avec son Promontoire: *Teuthrone*, *La* ou *Lan*, *Amathunte*, *Asine*,

Afine, *Gythium*, Port de Mer de Sparte : & après avoir passé l'Eurotas, *Acria*, *Biandina*, *Asope*, le Cap *Malée*, *Bœa*, *Delium* & *Minoa*, Forteresse, comme dans la Béotie; Epidaure surnommée *Liméra* à cause de ses riantes Prairies : *Zarex* au pied de la Montagne du même nom : *Prasia* la derniere Ville de la côte.

Dans les Terres, Helos dont les Habitans furent réduits en esclavage par les Lacédémoniens, *Œtylos*, *Leuctres*.

Sparte ou Lacédémone qu'Homere désigne par les noms de creuse & de poissonneuse : *Amycles* dans une agréable situation & abondante en fruits. *Therapne*, avec un Temple de Jupiter Opulent. *Belbina*, *Tripolis*, *Sellasia*, *Pitane*, *Geronthræ*, &c.

Argolide.

L'Argolide forme une presqu'Isle qui s'avance considérablement dans la Mer : elle étoit arrosée par l'Inachus, & par l'Erasinus dans lequel se jettoit le Phrixus : on y voyoit :

Nauplie, Port de Mer d'Argos; Phliunte, où l'on remarquoit une Caverne profonde en forme de Labyrinthe; Hermione, Trœzene, Epidaure consacrée à Esculape, Anthédon, &c.

Argos capitale de la contrée, surnommée *Achaïque*, *Pélasgique*, &c. riche en chevaux, &c.

Mycenes, Capitale du Royaume d'Agamemnon.

Lerne, son Etang & son Fleuve.

Amymone, *Lycimne*, Forteresse.

Tirynthe & ses énormes murs construits, disoit-on, par les Cyclopes.

Cléone sur une Colline.

Némée, célèbre par ses Monts & ses Forêts, ainsi que par ses Jeux.

ARCADIE.

L'ARCADIE, contrée qui formoit le centre, le noyau du Péloponnèse, étoit remplie de Montagnes & de gras pâturages : aussi rien de si célèbre que ses Bergers.

Elle étoit dans l'origine remplie de Villes, dont la plupart n'existoient déjà plus du tems de Strabon : elles avoient été presque toutes détruites par les révolutions de la Gréce. On y voyoit *Herée* sur l'Alphée, *Thelphussa* sur l'Erymanthe, *Stymphale* avec son Lac, *Psophis* auparavant Phagia, toutes au Nord.

TÉGÉE où se tenoit l'assemblée générale de Achéens.

Megalopolis sur l'Hélisson, Ville bâtie par Epaminondas où il rassembla les débris d'un grand nombre d'autres, dont on peut voir les noms dans Pausanias.

Lycosura sur le Mont Lycée, Ville très-ancienne.

Calliæ : *Nonacris* sur une Montagne célèbre par l'eau que distilloit une de ses Cavernes, & qui étoit si corrosive qu'on ne pouvoit la conserver que dans la corne du pied des mulets.

Clitor, célèbre également par l'eau d'une de ses cavernes.

Orchomene, *Caryæ*, *Mantinée* près du Mont Anchisia ; Homere parle de cette derniere Ville, & l'appelle l'aimable, la charmante Mantinée. *Pallene*, ensuite Pellene : *Ténée*, *Eua*, &c.

Les principales Montagnes de l'Arcadie étoient au Nord *Pholoé*, l'*Erymanthe*, *Parthenius*, dans l'intérieur *Menale* & le *Parrhasius*.

Telle est la description générale des diverses Contrées que l'Antiquité désigna sous le nom de PELASGES : & d'où sortirent les Peuples qui s'établirent dans toutes les Isles de la Gréce, sur les côtes Occidentales de l'Afie Mineure, & jufques dans l'Italie, plufieurs générations avant la guerre de Troye. Cette defcription, néceffaire afin qu'on pût nous fuivre dans la fuite de nos recherches fur ce Peuple prefqu'inconnu, donne déjà une grande idée de fon génie, & des reffources prodigieufes qu'il dut avoir pour arriver à une population auffi confidérable, & pour former des Colonies auffi floriffantes, auffi actives, auffi verfées dans l'agriculture & dans ces arts fans lefquels un Etat quelconque ne pourroit fe maintenir : ce ne font pas des fauvages dénués de tout qui peuvent exécuter de grandes chofes, couvrir le monde d'une nombreufe population, fonder des Etats & des Villes puiffantes.

Plus nous fuivrons ce Peuple de près, & plus nous aurons occafion de nous en former une grande idée, & de nous convaincre combien il a été peu connu, & combien peu on a cherché à le connoître.

La Defcription Géographique que nous venons de faire de ces Contrées Pélafgiques peut redreffer déjà nos idées à cet égard, fur-tout fi l'on confidere que les noms donnés par ce Peuple à ces Contrées en peignent parfaitement la nature : nous croyons donc obliger nos Lecteurs en mettant ici fous leurs yeux le tableau qui en réfulte, & qui leur paroîtra auffi curieux que neuf.

§. XIII.

Les noms des Contrées de la Grèce en font une defcription géographique.

Nous avons vu que la Grèce renfermoit la Theffalie, l'Epire, l'Etolie, la Locride, la Phocide, la Béotie, l'Attique, l'Achaie & le Péloponnèfe, appellé dans l'origine A*pia*. Mais dans la Langue Pelafgique, même que celle des Celtes, il n'eft aucun de ces noms qui ne foit parfaitement adopté à la nature du Pays qu'il défigne, & qui ne forme un Tableau géographique très-intéreffant, quoiqu'il fût demeuré inconnu jufqu'à préfent.

En jettant les yeux fur la Carte de la Grèce, on découvre au Nord une profonde & belle Vallée qu'un Fleuve arrofe dans toute fa longueur; au Sud de cette Vallée une grande étendue de terre que termine un Golfe dans toute fa longueur également : à l'Orient une Plaine immenfe féparée des Contrées de l'Occident par une chaîne circulaire de Montagnes; au Midi, une maffe de terres qui ne tient à celle-là que par un fil, pour ainfi dire, par une langue de terre bien étroite, bien peu confidérable. Ce fol préfente donc des Vallées, des Plaines, des Pays Maritimes, des Pays éloignés de la Mer, des Montagnes, une Contrée prefqu'entierement détachée des autres par la Mer. Mais ce qu'on ignoroit, c'eft que ces divers Tableaux, ces afpects variés, font peints avec la plus grande précifion, & la plus grande vérité dans les noms que les Pélafges affignerent à chacune de ces contrées : rien n'y fut l'effet du hafard.

ACHAIE.

Commençons par la côte qui eft au Nord & au Midi du Golfe de Corinthe : elle porte des deux côtés le même nom, c'eft l'A-CHAIE d'où vint le nom d'*Achivi*, d'*Achéens* donné à fes Habitans : mais ce nom fignifie *Pays Maritime*, Pays d'Eau; & ACHÉENS, Habitans d'un Pays Maritime. Il eft formé du primitif AQ, ACH qui défigna conftamment les Eaux, & dont les Latins firent AQ*uæ* au pluriel, AQ*ua* au fingulier, Voyez *Orig. Lat.* CLIII.

EPIRE.

En avançant dans les terres du côté du Nord, on rencontre une contrée plus étendue, & qui se termine par une belle & profonde vallée : on dut donc l'appeller la *Terre Ferme*, le *Continent*, & c'est ce que signifie le mot EPIRE; comme on en convenoit, sans qu'on pût se rendre raison de ce qui avoit fait donner ce nom à cette contrée de préférence aux autres.

THESSALIE.

La Thessalie au Nord de l'Epire, au Sud de la Macédoine, offre des caracteres uniques ; c'est une longue vallée qui court également d'Occident en Orient, formée par de hautes montagnes, & arrosée dans toute sa longueur par un beau fleuve, le Pénée : mais THAL, THEL désigna toujours une vallée, SAL, SALA le fleuve d'une vallée ; de-là *Thel-sal*, puis *Thessal* : voyez *Orig. Lat.* CLXVII.

THESSALONIQUE.

C'est précisément par la même raison que la ville de Therma en Macédoine, prit le nom de Thessalonique ; ce dernier étoit celui de la contrée ; car Therma étoit placée à la tête d'une petite Thessalie, dont elle prit le nom. Elle domine en effet sur une vallée vaste & fertile renfermée par des montagnes & arrosée par le *Gallicus*, & par plusieurs petits ruisseaux.

Les Grecs qui n'entendoient rien à tous ces noms, & qui croyoient faire merveilles en les attribuant à quelque grand personnage, ne virent dans celui de Thessalonique que le nom d'une belle Princesse, fille de Philippe & femme de Cassandre : ensorte que ce nom auroit été imposé à cette ville par Philippe même selon Etienne de Byſance, ou par Caſſandre ſelon Strabon.

Ajoutons pour convaincre les plus incrédules, que ce canton, même la Ville de Therma, s'appelloient également, ſelon le même Etienne, HALIA, mot qui s'adouciſſant en *ſal*, & s'ajoutant au mot *Thal*, vallée, fit naturellement *Thal-ſal*, puis *Theſſal*.

ETOLIE.

Ce nom de Thal, Thel, prononcé TOL, devint également le nom de l'ETOLIE, belle & riche vallée qui court du Nord au Sud, & qui eſt placée entre l'Acheloüs & l'Evene.

LOCRIDE.

Les Locres habitoient cette chaîne de montagnes qui eſt au Midi Oriental de la Theſſalie, & qui forment une enceinte depuis le Golfe de Corinthe juſques à la Mer d'Eubée. Les Locres placés ſur cette enceinte en portent exactement le nom; OCR & LOCR ayant toujours déſigné les montagnes & les contrées montagneuſes: voyez *Orig. Lat.* CCX.

La ville de *Locres* dans la grande Grèce étoit elle-même ſur une montagne appellée aujourd'hui la Motte de Burzano.

PHOCIDE.

La Phocide qui renferme les montagnes les plus élevées de la Grèce, le Parnaſſe & le mont Lycorée, paroît devoir ſon nom également au primitif HOC, OC, OG, qui a toujours déſigné tout ce qui eſt haut & élevé; & dont vint le Latin *Fauces*, gorges, défilés.

BÉOTIE.

La Béotie pays de plaines & de pâturages, ne pouvoit être mieux nommée: la Syllabe *Bæo*, ayant toujours déſigné des pays de pâturage, des prairies arrofées & fertiles. Voy. *Orig. Lat.* CLXXXVIII. Nous en verrons d'autres exemples dans la fuite.

ATTIQUE.

L'Attique dont l'étymologie a toujours été recherchée en vain ou d'une maniere abfolument ifolée & fans principes, fe prononçoit dans l'origine ATTH-IS, comme nous l'aprennent les anciens Géographes, Mela en particulier; mais *is* dans tous ces noms fignifie Pays, refte donc ATT, mais ATT, OTH qui fe retrouve dans les noms du mont ATHOS & du mont OETA, défigna toujours la puiffance, la domination, la hauteur. L'Attique eft donc mot-à-mot le pays élevé; en effet le terrain fe releve dès qu'on a paffé la Béotie : & s'il eft appellé ATH, à la différence des montagnes qui font au nord & à l'occident de la Béotie, qu'on appella OCR, ou LOCR c'eft qu'elles font moins rudes, moins pointues, moins efcarpées.

APIA.

Enfin le Péloponèfe s'appella APIA, du primitif AP ou HAP, faifir, lier, parce que cette contrée tient à la Grèce comme avec un crochet, une agraphe : de-là vint le vieux Latin *Apio*, lier.

Des rapports auffi frappans, des contraftes auffi marqués, des mots dont la valeur eft toujours fi bien affortie à la nature des objets qu'ils défignent, ne font, ni le fruit de l'imagination, ni l'effet du hafard : ils dérivent de la Langue même des PELASGES, & de l'intelligence avec laquelle ils appliquerent à chaque canton le nom qui feul pouvoit lui convenir & le peindre par fa feule prononciation, en forte que l'enfemble de ces mots repréfente, comme nous l'avons dit, la Grèce entiere d'une maniere auffi exacte qu'en pourroit faire fa peinture deffinée à **vol d'oifeau**.

DISCOURS

§. XIV.

Etendue & avantages de ces Etymologies Géographiques.

Mais si les noms de ces contrées les peignent si parfaitement, & sont tous significatifs dans la Langue Celtique, il en est de même de ceux d'une multitude de villes, montagnes, forêts, rivieres qui composerent les pays habités par les PELASGES, ou la PELASGIE, telle que nous venons de la décrire, & dont nous allons donner ici en forme d'essai une nombreuse Liste par ordre alphabétique afin de prouver notre assertion d'une maniere encore plus satisfaisante, & qu'on s'assure par soi-même du rapport étroit de la Langue des Pelasges avec celles des Peuples Celtes.

Cette liste est composée d'environ 800 Noms distribués en deux classes : les noms des Eaux, & des Villes situées sur des Eaux : les noms des Montagnes, Forêts, Pâturages, Rochers, &c. & des Villes qui en tirent leur nom.

Nous avons pris ces noms dans Homère, dans Pausanias, dans Strabon, dans les Voyages de Wheller & de Spon, dans Cellarius, dans le grand Dictionnaire Géographique de la Martiniere, &c. Nous n'avons fait usage que de ceux dont nous avons pu fixer la véritable position, & la nature du local, puisque c'est ce local qui fait la preuve de l'explication de ce nom. Sans cette Loi que nous avons suivie exactement, nous aurions plus que doublé cette longue liste; mais nous n'avons rien voulu avancer dont nous ne fussions assurés, certitude qu'il n'étoit pas facile d'acquérir, la plûpart des Auteurs Géographiques ne se mettant nullement en peine de peindre la situation des lieux dont ils parlent. Si nous avions pû parcourir nous-même la Grèce sous ce point de vue, nous en aurions rapporté des lumieres plus nombreuses & plus intéressantes. Quelquefois,

PRÉLIMINAIRE. lxxxj

Quelquefois, nous avons appuyé la valeur de ces Noms par de semblables empruntés de diverses Nations Celtiques : plus souvent, nous avons renvoyé à ce que nous avons déjà publié en ce genre dans le Discours Préliminaire de nos Origines Latines : & nous prions nos Lecteurs de l'avoir en même tems sous les yeux, afin qu'ils puissent s'assurer de l'unité de nos Principes, & combien ils sont féconds en conséquences.

Nous avons également fixé la valeur de ces Noms par celle qu'ils ont dans diverses Langues Celtiques : cela étoit indispensable afin qu'on vît à quel point la Langue Grecque ressemble à celle des Celtes, des Germains, des Goths, des Slaves ou Esclavons : cependant nous avons également été très-laconiques à cet égard, afin de ne pas faire de cette Liste un gros volume, & pour ne pas fatiguer nos Lecteurs, pour qui ce détail eût été superflu d'après nos Dictionnaires Etymologiques, où ces familles de mots se trouvent discutées & comparées de maniere à ne laisser aucun lieu au doute.

Nous offrons donc ici au Public un travail neuf, & dont on n'avoit aucune idée ; on ne peut pas même le rapprocher de celui du savant Bochart qui ne voyant par-tout que du Phénicien, fut continuellement la victime d'une pétition de principe, puisque voulant prouver que les Grecs étoient Phéniciens, il estropioit leurs noms par la Langue Phénicienne, & il en concluoit qu'ils étoient donc Phéniciens.

Nous disons au contraire, les noms Géographiques de la Grèce sont toujours assortis à leur nature, mais ces noms ont précisément la même valeur dans les Langues Celtiques : donc la Langue des Pelasges fut la même que celles des Nations Celtiques.

En même tems, ces Noms augmentent infiniment d'intérêt, puisqu'ils présentent toujours un tableau parfait du local & qu'ils acquierent par-là une énergie qu'on ne leur soupçonnoit pas : il

Orig. Grecq. *l*

faudroit être sans goût, sans imagination, sans génie pour s'y refuser, pour préférer un son sans idée à un son qui peint exactement son objet, pour fermer son ame à cette évidence.

Observons enfin que ce n'est que lorsqu'on aura rassemblé de pareils matériaux pour toutes les parties du Monde, qu'on pourra parvenir à des résultats lumineux touchant l'Origine des Peuples & des Langues. On verra même dans la suite de ce Discours Préliminaire, que pour n'avoir pas suivi cette route, tous nos Savans ont été réduits à des idées vagues, contradictoires, fausses, sur des objets très-simples ; & qu'au lieu de les éclaircir, ils n'avoient fait que les embrouiller, au point d'ôter presque toute ressource pour débrouiller ce qu'ils avoient si fort obscurci : ce qui arrivera toujours lorsqu'on voudra imaginer au lieu de s'instruire. Il étoit tems de faire pour la Littérature, ce que les Physiciens ont fait pour la Nature : ils ont laissé de côté tous les Systêmes imaginaires pour rassembler les matériaux, sans lesquels on ne pourroit connoître la structure merveilleuse de l'Univers, & les causes auxquelles il doit ces phénomènes étonnans qu'il ne cesse d'offrir à nos regards.

EXPLICATION

De divers Noms de Provinces, Villes, Montagnes, Fleuves, Isles, &c. de la Grèce & de l'ancienne Pelasgie, par Ordre Alphabétique.

A.

A., AC, AIG, sont des mots qui ont désigné constamment l'Eau des Rivieres, les Contrées maritimes, les Villes sur les eaux dans toutes les Langues Celtiques ; de-là ces divers noms Pelasgiques.

AI-AS, Riviere des Taulantiens au sud d'Apollonie.
ACHE-RON, riv. de l'Epire.
— riv. de l'Elide, & qui se jette dans l'Alphée.
— riv. de la grande Grèce.
ACHE-RUSE, Lac ou marais de la Campanie.
— lac ou marais de la Thesprotie.
ACHE-LOUS, riv. entre l'Etolie & l'Acarnanie.
— riv. de la Thessalie, qui se jette dans le Golfe de Malée.
— riv. de l'Arcadie, qui tombe dans l'Alphée.
    Dans la Souabe, huit rivieres appellées ACH ; & trois dans la Baviere.
ACHA-IE, contrée maritime de la Grèce au nord & au sud du Golfe de Corinthe.
AIGAI, en Lat. Ægæ, ⎫
AIGIUM,   ⎬ villes de l'Achaie méridionale, les deux premieres sur la mer.
AIGIRA,   ⎭
AIGa, ville de Macédoine sur le Golfe de Torone.
AIGa, ville de Macédoine sur le Golfe de Singus.
AIGæa, ville de l'Emathie dans la Macédoine.
AIGæ, ville de l'Eubée septentrionale.
AIGiæ, ville de la Laconie.
AIGos, riv. & ville de la Chersonèse de Thrace.

Aɪɢ*itium*, ville d'Etolie.

Aɪɢ*inium*, ville de Theſſalie à l'endroit où l'Ion ſe jette dans un lac.

Aɪɢ*ine*, ou Egine, Iſle du Péloponèſe.

Aɪɢo-Sтн*ene*, ville de la Megaride : *mot-à-mot*, habitation ſur l'eau.

Aɪɢɪ-Aʟ*ée*, nom primitif de Sicyone, *mot-à-mot*, ville du rivage.

Aɪɢɪ·Aʟ*e*, ſur la côte d'orient de l'iſle d'Amorgus.

Pluſieurs rivieres & pluſieurs villes d'Europe appellées *Egue*, *Aigues*, comme en Italie les Æqᴜᴇs, &c.

Aɪɢᴀɪᴀ, ou Eɢéᴇ, mer qui eſt entre la Grèce & l'Aſie mineure.

A I N.

Aɪɴ, ᴇɴ ; ɪɴ ; ᴏᴇɴ, ont déſigné en toute Langue des ſources, des fontaines, des rivieres, & des habitations ſur des rivieres ; de-là ces noms Pélaſgiques.

Iɴ-Aᴄʜ*us*, riv. du Péloponèſe, & qui paſſe à Argos.

—Riv. de l'Acarnanie, & qui paſſe à Argos l'Amphilochique.

Aɴ-Iᴀs, fleuve d'Arcadie dont parle Strabon, 596.

Aɴ-ᴅᴇ-Tʀɪ*um*, près de Salone dans l'Illyrie, au confluent de deux fleuves, *mot-à-mot*, Tʀɪ, habitation, *DE* ſur deux, *AN* fleuves.

Iɴ-O*pe*, Fontaine de l'Iſle de Delos dont parlent Strabon & Pline : elle a diſparu, à moins que ce ne ſoit une citerne qu'un des compagnons de Spon découvrit au pied du mont Cythien.

Iɴɴ*a*, fontaine de Macédoine.

Aɪɴ*os*, ville de Thrace à l'embouchure de l'Hebre.

Pɪʀ-Eɴ*e*, belle fontaine de Corinthe, dont parlent les Anciens & Spon, II. 301.

Eɴ*a*, dans l'Argolide ſur le Tamis.

Eɴɪᴘ*ée*, riv. de l'Elide, qui ſe jette dans l'Alphée.

—riv. de la Pierie en Macédoine.

—riv. de Theſſalie, qui baigne Pharſale & ſe jette dans le Penée.

Aɴ-Aᴘ*e*, riv. de l'Acarnanie, & ſe jette dans l'Acheloüs.

—riv. de l'Illyrie.

Aɴ-Aᴜʀ*us*, riv. de Theſſalie.

Aɴ-Oɴ*us*, fontaine de Laconie.

Oɪɴᴏᴇ, en Lat. œɴ*oe*, dans l'Argolide ſur le Charadrus.

PRÉLIMINAIRE. lxxxv.

Oinos, en Lat. œnus, riv. de la Laconie fept. & fe jette dans l'Eurotas.

Oinoe, dans l'Attique fept. près de Marathon, furnommée *Charadra*, de la riv. fur les bords de laquelle elle eft ; Wheller, II. 273.

Oineon, dans la Locride fur la mer.

Oineon, dans l'Illyrie fur une riv. au fud de Geruns.

Oineia, ou Aineia, dans l'Acarnanie fur l'Achelous.

Ainia, ou Enea, dans la Macédoine fur la côte orientale du Golfe de Therme.

Oiniadæ, dans l'Etolie vers l'embouchure de l'Acheloüs.

Onoia, dans l'Arcadie fur le Ladon.

A L.

AL, HAL, HIL, IL, EL, a défigné dans toute Langue, des rivieres, des eaux courantes, des marais, des lacs, des habitations fur des eaux : de-là :

Hal-ys, fleuve de l'Afie Mineure.

Hal-es, fur une riv. & fur le bord de la mer chez les Locres Opuntiens.

Hal-mones, fur la rive Sept. du Lac Copaïs en Béotie.

Hali-Ac-Mon, riv. & ville de la Pierie en Macédoine.

Hali-Arte, ville de Béotie, qu'Homere défigne par le mot d'abondante en fourrages ; *Herbofa*, Strab. 624.

Hal-Esus, riv. d'Ionie.

Hali-Carn-Asse, ville de Carie.

Hali-Zon, dans l'Acarnanie fur la mer.

Hali-Sarna, fur une riviere qui fe jette dans l'Atrax en Etolie.

Hal-On-Nese, Ifle de la mer Egée, vers le golfe de Malée. *Nefe* fignifie ifle, & a été ajouté après coup au nom primitif de l'ifle qui fut Hal-On.

Al-Ysson, riv. de l'Arcadie, qui fe jette dans le Crathis.

Al-Orus, dans la Macédoine, à l'occident du golfe de Therme.

Al-Ope, fur la mer, chez les Locres Opuntiens.

— dans les vallées des Locres Ozoles.

Al-Phée, le plus grand des fleuves du Péloponèfe, dans l'Elide, & célèbre pour les jeux Olympiques.

HELL-As, dans la Theſſalie, près de l'Enipe.

HELOS, dans la Laconie, ſur des marais : voyez *Orig. Lat.* CLXVI.

—dans l'Arcadie, près de Mégalopolis.

HELL-OPIE, pays de l'Epire où étoit Dodone & ſa fontaine : ſes Habitans s'appelloient HELLOPES, Helli, SELLI ; ils étoient riches en prairies & en champs, dit Homère.

ELL-OPIE, ville de l'Eubée Septentrionale.

HEL-ISSON, riv. & ville d'Arcadie.

HEL-ICON, riv. de la Pierie en Macédoine.

EL-ISSON, riv. de la Sicyonie.

EL-IS, dans l'Elide.

EL-ISSE : voyez *Orig. Lat.* CLXV.

HELICE, dans l'Achaïe ſur la mer.

HALICE, dans l'Argolide ſur la mer près d'Hermione.

HEL-EON, ſur l'Aſope en Béotie.

— canton de Tanagre en Béotie, & qui doit ſon nom à ſes marais, dit Strabon, 620.

ELA-TRIA, ſur l'Aphas en Illyrie.

ELEC-TRE, ville de Meſſenie.

ELEUS, dans l'Etolie près de Calydon.

—Capitale de l'Eleatide dans la Theſprotie & ſur une riviere.

ELEUS, dans la Cherſonèſe de Thrace.

ELEA, dans l'Eolie ſur la mer.

OLY-ZON, ſur la côte dans la Magneſie en Theſſalie.

HYL-ICA, lac de Béotie, Strab. 625.

HYLA, ville ſur ce lac, & près de celui de Copaïs.

HYL-ICUS, riv. de l'Argolide, & qui paſſe à Trœzene.

IL-ISSUS, riv. de l'Attique.

—riv. de l'Iſle d'Imbros.

HYL-AITUS, riv. de la Locride.

L'Europe eſt remplie de rivieres appellées ILL, ELL, & de noms de lieux ſemblables, ſitués ſur des rivieres.

Ce mot de HEL, HIL, déſignoit les longueurs, les fils, comme on dit le *fil* de l'eau, un *filet* d'eau : il n'eſt donc pas étonnant qu'il ſoit devenu le nom de Contrées & de Mers longues & étroites :

PRÉLIMINAIRE.

telle fut la cause de celui que portent l'HELLES-PONT, l'ILLY-RIE, ou la mer ILLY-RIQUE, & l'Isle d'HELENE dans la mer Egée.

L'HELLES-PONT n'est point, comme on l'a cru, la mer d'Hellé sœur de Phryxus, & dans laquelle elle se noya : c'est *mot-à-mot* la mer étroite : la mer qui ressemble à un fil, à une riviere : c'est ainsi qu'on appelle RIVIERE *de Menai*, le bras de mer qui sépare l'Isle d'ANGLE-SEY de l'Angleterre.

ILLY-RIQUE, nom primitif de la mer Adriatique, d'où vint le nom d'ILLYRIE qu'on donna à ses côtes orientales ou Pélasgiques, signifie également la mer longue & étroite, la mer qui file. Telle est en effet la forme de cette mer ou de ce Golfe long & étroit.

HELL-ENE, *mot-à-mot*, Isle longue, est le nom d'une Isle de la mer Egée qui court du nord au midi, vis-à-vis la pointe orientale de l'Attique, & qui est longue & très-étroite : aussi fut-elle appellée MAKRIS ou longue, lorsqu'on eut perdu de vue la signification primitive des mots HELL & HELL-ENE.

C'est par la même raison que le mot HELL, devenu VEL chez les Latins, désigna les *Marais*, les petits lacs, par opposition aux grandes masses d'eaux, aux lacs & aux mers.

A R.

AR, ARE, ARN, mot qui désigne par lui-même la rapidité, & qui devint en plusieurs Langues le nom de l'Aigle, de l'Epervier, &c. fut le nom des eaux rapides, impétueuses, troubles & ravageantes. L'Europe est remplie de Rivieres appellées par cette raison AR, ARE, ARS, AAR; il y en a en Suisse, en Allemagne, en France, en Italie, en Angleterre, &c. Il y en eut beaucoup en Grèce.

AR-Is, riviere de la Messenie orientale.
AR-Zus, riv. de Thrace.
AR-Achtus, riv. & ville de l'Epire.
AR-Oanius, riv. de l'Arcadie.
AR-Senius, riv. de l'Arcadie.
ERa-Sinus, riv. de l'Argolide.
ER-Ineus, dans l'Etolie sur la mer.
ERI-Dan, riv. de l'Attique, nom commun à diverses Rivieres.

Ar-Ausa, dans la Dalmatie sur la mer, comme
Ar-Ausio, sur le Rhône en France, aujourd'hui Orange.
Arne, sur le Pamise en Thrace.
Arne, fontaine du Péloponese.
Boc-Arus, puis Boc-Alias, riv. de Salamine.

On peut joindre à cette Liste,

Arg-Urra, ou Arg-Yra, fontaine de l'Achaïe, avec une ville du même nom sur ses bords : on peut voir dans Pausanias le Conte des Amours de la Nymphe de cette Fontaine avec le Dieu du *Selemnus* son voisin.

Nombre de lieux & de Rivieres d'Europe portent ce même nom d'Arc à cause de leur forme demi-circulaire, en arc.

A s.

As, es, is, esc, isc, fut également un nom des Eaux courantes, des rivieres, de celles qui font du bruit en courant sur un lit raboteux, & dont ce mot peignoit fort bien le son ou le murmure.

Ax-Ius, fleuve de Macédoine qui se jette dans le Golfe de Therme.
Amph-Axis, Province de Macédoine qui est située sur ce fleuve.
As-Ope, riv. de Sicyonie.
— riv. de la Béotie.
— riv. entre la Béotie & la Thessalie près des Thermopyles & au pied de l'Œta.
— Ville de la Laconie orient. près d'une riviere.
Ais-On, riv. de Macédoine qui se jette dans le Golfe de Therme.
Ais-Epe, riv. de Mysie.
Assa, à l'embouchure du Chabrius dans le Golfe de Singus en Macédoine.
Assum, sur la mer, dans la Troade.
Assos, dans l'Isle de Crète, sur la côte méridionale.
Assos, sur une riv. dans la Thrace.
Is-Mene, riv. de Béotie : un bois, une colline, Apollon qu'on y adoroit, prenoient leur nom de cette riviere : elle reçoit les eaux de la fontaine de Dircé.

Aissa,

PRÉLIMINAIRE. lxxxix

Iss*a*, ville de Lesbos sur la mer.
Iss*a*, Isle de l'Illyrie, aujourd'hui Lissa.
Ist-Er, nom Pélasgique du Danube.
— riv. de Thessalie.
Istr*ia*, Isle de la mer Illyrique ou du Golfe Adriatique, qui donna son nom à l'Istrye.
Ist-On*ia*, riv. de l'Isle de Crête ou Candie.
Isti, baye de l'Isle d'Icarie, Strabon en parle.

A U.

Au, qui est chez-nous le nom de l'Eau, devint le nom de diverses Rivieres, & se prononça Au, Ab, Ap, Eu, &c.

Au-As, *mot à mot*, eau-riviere, riv. d'Epire qui se jette dans le Golfe d'Ambracie.
Par-Auei, Peuple qui habitoit sur l'Auas.
Eu-Ia, au sud d'Iorum, dans la Dalmatie orientale.
Perrh-Aiboi, *Perrh ebes*, Peuple qui habitoit les côtes de la Thessalie à l'embouchure du Pénée, & qui fut ensuite obligé de se réfugier dans le haut pays, dans le pays des montagnes vers le Pinde, Strab. 671.
Ab*ai*, dans la Messenie sur la mer.
An-Ap*us*, riv. de Chaonie.
An-Apo-Dari, riv. de l'Isle de Candie.
Ap-Sus, riv. d'Illyrie chez les Taulantiens.
Aph-As, riv. d'Illyrie.
Aph-Yt*is*, près de Potidée au nord d'Aiga en Macédoine.
Gal-Eps*us*, sur la mer, au nord de Torone en Macédoine.
Met-Ap*a*, sur un lac en Etolie.

B A R.

D'Ar, Riviere, se formerent des mots en Bar, Ber, pour désigner des rivieres & des lieux placés sur des rivieres.

Bar-Ban*a*, riv. de l'Illyrie qui se jette dans la mer Adriatique.
Ber--Zi-Min*ium*, ville sur une riv. & sur le lac Labeatis en Illyrie.

Orig. Grecq.   m

Bur*num*, ville de la Liburnie en Illyrie, vers les sources du Titius.

Li-Bur*nie*, Province de l'Illyrie, doit avoir pris son nom de cette même ville, & du mot *Li*, maritime.

Ce mot s'est aussi prononcé, Var, Ver; *voyez* ci-après Var.

B O I.

Boi, Boe, Bu, désigna des lieux arrosés, abondans en pâturages; de-là plusieurs noms de lacs & de villes.

Boia, ville de Laconie au nord du Cap Malée.
— Ville de la Laconie occidentale, près de Gythium.
Boi*um*, ville de la Doride sur le Cephise.
Boi-Be, lac de Thessalie, au pied du mont Ossa.
— Ville sur ce lac.
Boiotia, ou Beotie, contrée de la Grèce, riche en pâturages.
Eu-Boia, l'Isle d'Eubée, riche en pâturages.
Meli-Boia, Meli-bée, au nord de Methone, dans la Magnesie, & sur une riviere.
Philo-Boit*us*, dans la Phocide sur le Cephise; *mot-à-mot*, pâturages chéris.
Bo-Agr*ius*, riv. des Locres Epicnemides.
Bu-Chet*ium*, sur les marais de l'Acheron en Epire.
Poi-An*ium*, ville de l'Etolie sur l'Acheloüs.
Bu-Pras*ium*, ville de l'Elide.
Bu-Por*thmus*, dans l'Argolide mérid; & sur la côte.
Bu-Phag*ium*, sur un ruisseau de l'Arcadie occidentale, *mot-à-mot*, riviere des Hêtres.
Bu-throt*e*, dans l'Epire septentrionale au Confluent du Xanthus, & d'une autre riviere.
Bu-Dore, riv. d'Eubée.
Beye, à l'occident du Golfe de Therme en Macédoine.

Dans la Grande-Bretagne, Bouium, aujourd'hui Boverton, dut son nom, selon Baxter, à ses pâturages.

C'est de ce mot qu'est venue la terminaison *Bœuf*, si commune en Normandie pour les noms de lieux, *Elbeuf*, &c.

La-Be-At*is*, lac d'Illyrie formé de Be, pâturages.

PRÉLIMINAIRE. xcj

Labe-Ates, Peuple d'Illyrie qui prit son nom de ce lac.

C A L.

Cal désigna constamment des ports, des lieux placés sur des rivieres ou sur des mers.

Cala, sur la mer dans la Locride.
Cal-Indea, sur un lac dans la Mygdonie en Macédoine.
Chal-Eitra, à l'embouchure de l'Axius dans le Golfe de Therme.
Cel-Etrum, sur un lac dans l'Orestie en Illyrie.
Celiæ, sur l'Astrée dans l'Eordée en Macédoine.
Cel-Ydnus, riv. qui sépare l'Orestie & la Chaonie.
Syra-Cella, à l'embouchure du Melas dans la Thrace.
   C'est de-là que vint le nom de Chelles.
   Moyse parle de Cala, ville sur le Tigre en Assyrie.
   Les Echelles ou Ports de l'Orient viennent de la même racine.
Oi-Chalia, ville de Messenie sur une riv.
O-Calea, en Béotie sur une riviere.
Caleon, Port des Locres Ozoles, au sud de Delphes.
Chalcis, nom commun à plusieurs villes, doit avoir eu la même origine.
—Ville d'Eubée sur l'Euripe.
—Ancien nom de l'Isle même d'Eubée.
—Ville de Macédoine sur le Chabrias, & qui donne son nom à la Chalcidique.
—Ville de l'Etolie sur l'Evenus.
—riv. de l'Elide, & qui descend du Minthe.

C A R.

D'Ar, rapide, devenu Car, Char, se forma le nom d'un grand nombre de Torrens de la Grèce, en Char-Adrus.

Char-Adrus, riv. de l'Achaie occidentale.
—riv. de l'Arcadie, & qui passe à Orchomene.
—riv. de l'Argolide, passe à Oenoé & se jette dans l'Inachus.
—riv. de l'Epire, & se jette dans le Golfe d'Ambracie.

—riv. de l'Attique, qui se précipite par sauts & par bonds du haut du Brilesse, passe à Oenoé qui en fut surnommée *Charadra*, & à Marathon, Whell. II. 272.

—riv. ou torrent de la Béotie qui tombe dans le Céphise, Whel. II. 287.

—riv. de Phocide qui se précipite d'un lieu escarpé sur lequel est la ville de CHARADRA.

CHER-Onée, de Béotie, sur une riviere.

CAPH.

CAPH, signifie creux, action de creuser : ce nom donné à quelques Rivieres de la Grèce, paroît signifier que ses premiers habitans creuserent ou aggrandirent leur lit, pour dessécher les terres : telles sont;

CEPH-Isus, riv. de l'Argolide qui se jette dans l'Inachus; Spon. II. 278.
—riv. de Attique.
—riv. de l'Attique à l'occident.
—riv. de la Phocide, qui se jette dans le lac Copaïs.
—riv. des Taulantiens dans l'Illyrie méridionale.
CEPH-ISIA, ville de l'Attique sur le Cephise : Spon. II. 312.

COP.

De la même racine se forma COP, qui signifie profond, élevé : de-là :

Cop-Ais lac de Béotie, fort profond & qui débordoit souvent.
Cop-Aï, ville sur ce lac.

DAN, DON.

DAN, DON, TAN, est le nom d'un grand nombre de Rivieres en tout pays : la Grèce en offre plusieurs.

LA-DON, riv. de l'Arcadie occidentale.
LE-DON, ville de Phocide sur le Cephise.

PRELIMINAIRE.

Pharca-Don, sur le Penée de Theſſalie.
Eri-dan, riv. de l'Attique.
Jar-Dan, riv. de l'Elide dans la Triphylie.
Tan-us, riv. de l'Argolide du côté de la Laconie.

Dor, Dur, Thyr.

Dor, Dur, Thyr, déſigna également des Rivieres & des Vil-
les ſur les Rivieres, dans toutes les Langues Celtiques ; de-là le
Douro en Portugal, l'Adour en France, &c. Voy. *Orig. Lat.*
CLXXII pour CLXXXII.

A-Thyras, riv. de Thrace qui ſe jette dans la Propontide.
Dyr-Os, riv. de la Locride qui deſcend du Roduntia, *Strab.* 655.
Dir-Ce, fontaine de Béotie, *Strab.* 627.
Chi-Dorus, riv. de Macédoine & qui ſe jette dans l'Axius.
Tor-One, dans la Macédoine ſur un Golfe qui porte ſon nom.
— Sur la Côte d'Epire, vis-à-vis Corcyre.
Thuria, dans la Meſſenie ſur l'Aris.
Eche-Dorus, riv. de Macédoine, & qui ſe jette dans l'Axius.
Bu-Dorus, riv. l'Eubée.
Dyras, riv. de la Theſſalie qui ſe jette dans le Golfe de Malée.
Ti-Tar-Esse, riv. de la vallée de Tempé.
Ther-Ma, puis Theſſalonique, à la tête d'un Golfe en Macédoine.
Ther-Mi-Dava, ſur le Clauſula dans la Dalmatie.
As-Tarus, ville près de l'Aphas en Illyrie.
Dr-Ilo pour Der-Ilo, fleuve conſidérable de la Dalmatie.

Ion.

De On, Eau, pays d'eaux, vinrent :

Ionie, *mot-à-mot*, pays d'eaux, pays fangeux.
Ion, riv. de la Theſſalie.
— riv. de l'Arcadie & ſe jette dans l'Alphée.
Launa, nom actuel de la Theſſalie, chez les Turcs.

Lam, Lan, Lim.

Lam, Lan, Clan, Clin, Lim, sont des noms de rivieres.

Lamus, riv. de Béotie.
Le-Lantus, riv. d'Eubée.
Limnoia, dans l'Acarnanie sur le Golfe d'Ambracie.
Limen (Glykys) en Epire sur les marais de l'Achéron.
Limera ou la Marécageuse, surnom d'Epidaure de Laconie.
Limne, dans la Messenie sur les bords de la mer.
Limnis, lac situé entre la Messenie & la Laconie : & où il y avoit un Temple de Diane, au sujet duquel s'éleva la guerre entre ces deux peuples.
Limnoia, ou Déesse des Eaux, surnom de Diane à Lacédémone.
Leimone, ville près de l'Eurotas sous l'Olympe en Thessalie, Strab. 672.
Lim-Ax, riv. de la Phigalie dans l'Arcadie & se jette dans la mer, Pausan. 683.
E-Lymia, dans la Thessalie sur l'Aliac-Mon.
E-Lymiotis, province qui en tire son nom.
E-Limia, dans l'Arcadie Orientale.

Lat, Lit.

Lat, Lait, Lit, mot qui désigne en Celte l'humidité, l'eau, les marais, a produit ces noms :

Lethæus, riv. de l'Estiæotide, dans la Thessalie, se jette dans le Pénée.
— Deux riv. de ce nom dans l'isle de Crète au midi.
— Riv. de la Lydie, & se jette dans le Méandre.
Latmius, riv. & ville de l'Asie Mineure sur la côte de l'Ionie.
P-Lat-Anius, riv. qui sépare la Béotie de la Locride.
Leté, dans les marais de la Bottiée en Macédoine.
Clit-Or, sur l'Erymanthe, dans l'Arcadie, célèbre par sa fontaine dont les eaux faisoient haïr le vin : Pline & Ovide en parlent ; ici, on se rappelle la Fontaine Clitomne, de l'Ombrie.

LAUS, LISS.

LAUS, riviere de la grande Grèce au Sud-Ouest.
LAUS, riv. des Taulantiens en l'Illyrie : elle passe à Apollonie.
CLAUS-ULa, riv. des Labéates dans la Dalmatie.
LISSus, riv. de Thrace.
— à l'embouchure du Drilo dans la Dalmatie.
LISSÆ, sur le Golfe de Therme, dans la Paraxie, en Macédoine.
LISY-MACHia, en Etolie, sur un Lac.
LUSSi, sur le Clitor dans l'Arcadie Septentrionale.
LUSus, riv. de l'Arcadie, & se jette dans l'Alphée.

LOC.

LOC, LUC, LEUC, ont désigné dans les Langues Celtiques les lacs, les rivieres, les villes, & les habitations sur les eaux.

En Irlandois, Loc, un *Lac* : en Bas-Breton de même. Nous en avons rapporté nombre d'exemples dans nos *Orig. Lat.* CXC à CXCIII. En voici pour la Pélasgie.

AMphi-LOCH-*icum*, surnom d'Argos d'Acarnanie, parce qu'elle étoit sur l'Inachus ou sur les bords d'un lac qu'il formoit.
LUGeus, lac chez les Japydes dans l'Illyrie.
LUCH-NIDus, lac du pays des Dissaretes en Macédoine.
— Lac de l'Albanie Asiatique.
LEUcos, riv. de la Pierie dans la Macédoine.
LEUCY-*Anius*, riv. de l'Elide, se jette dans l'Alphée.
LEUCÆ, ville de la Laconie sur les côtes.
LEUC-TRes, dans la Béotie, au confluent de deux rivieres.
— Dans la Laconie ou plutôt dans la Messenie Orient. sur la côte & à l'embouchure d'une riviere.
— Dans l'Achaïe Mérid. près de Rhypa.

En France même, il y avoit des lacs appellés LOC, LUC, par les Celtes, des villes même qui portoient ce nom, & dont on ne reconnoît plus l'origine par l'ignorance des mots anciens ; celui-ci s'étant mouillé en *lioc*, *lieuc*, & s'étant enfin prononcé *lieu*, ainsi que cela est arrivé au Latin *locus*, place, dont nous avons fait également le mot lieu.

Ainsi le lac du pays de Retz qu'on appelle GRAND-LIEU, s'appelloit dans l'origine GRAND-LOC : il a environ sept lieues de tour, & est formé par trois rivieres, le Tenu, la Boulogne & l'Ognon. Si le Savant BAILLET avoit sû la Langue Celtique, il n'auroit pas dit que son nom devoit être Grandis-Lacus & non Grandis-Locus : & si les Auteurs du Grand Dictionnaire de Géographie connu sous le nom de la Martiniere, en avoient été instruits, ils n'auroient pas applaudi à sa fausse remarque.

LIEUX, près du lac de Joux sur le Mont Jura, dans le pays de Vaud, frontieres de Franche-Comté.

LOC-ARNO, sur le Lac Majeur dans les Alpes, & qui appartient aux Suisses.

LUC-ERNE, ville & canton de Suisse sur un lac du même nom.

LUÇ-ON, en Lat. Lucio, sur des marais dans le Poitou.

LUCQUES, ville & République d'Italie sur le Serchio, & près du lac Massicu-Coli.

LUC-RIN, lac d'Italie dans la Campanie.

Il est assez singulier de retrouver ce nom chez les Chinois avec la même valeur. Dans la Province de Quanton, & sur les côtes, est la ville de

LUICH-EU, entre deux lacs, dont l'un s'appelle LOHN.

LUC, LYC.

A la même famille de LOC, LUC, désignant les Eaux, se rapportent nombre de rivieres appellées LUKOS en Grec, & que nous écrivons à la Romaine *Lycus*.

Lucos ou Lycus.	
	Riviere de Sicile.
	Riv. de la Sarmatie, qui se jette dans la Méotide.
	Riv. de Macédoine chez les Dassaretes.
	Riv. de Thrace près de Byzance.
	Riv. de l'Isle de Chypre.
	Huit Riv. de ce nom dans l'Asie Mineure.

PRÉLIMINAIRE. xcvij

Comme le même mot signifie *Loup* en Grec, on pense que ces rivieres furent appellées ainsi à cause de leurs ravages : ce qui peut être pour quelques-unes.

LUGKEOS, que nous prononçons *Lynceus*, riv. d'Italie selon Tzetzes, dont les eaux sont chaudes & bonnes pour les yeux : on croit que ce sont les bains de Corseno en Toscane.

LUGKAIOS, que nous prononçons *Lyncée*, fontaine & riv. de l'Argie dans le Péloponèse, & dont parle Stace, *Theb.* IV.

LYC-ORMAS, ancien nom de l'Evène dans l'Etolie.

LYC-ES, riv. de la Sarmatie en Europe, entre le Tanaïs & l'Hypanis; suivant Valerius Flaccus, *Argon.* IV.

LYC-ASTRIS, riv. de l'Isle de Cos.

LYCA, sur cette riv.

LYC-ETIS, dont parle Galien, & où il y avoit des eaux chaudes : ce lieu doit être près de Pergame d'Asie.

LYCOS, aujourd'hui *Lech*, riv. de Souabe.

M A N.

MAN, MEN, MIN, est un nom consacré aux rivieres; il tient à la famille Latine MANO, couler, & AMNIS pour A-MENIS, fleuve : nous avons déja indiqué divers noms qui en viennent dans nos *Orig. Latin.* CLXXI. En voici, fournis par la Grèce.

MAN-ES, riv. de la Locride, *Strab.* 652.

MIN-YIOS, riv. de l'Elide, & dont parle Homère, *Strab.* 533. On l'appella ensuite ANI-GRUS, fleuve profond & d'un cours très-lent.

MIN-YEI, habitans des bords Occidentaux du lac Copaïs, & dont la Capitale étoit Orcho-MENE.

MINOA, sur la côte de Laconie.

— Sur la côte de Béotie.

— Sur la côte Sept. de l'Isle de Crête, près de Cydonia.

— Sur la côte Occid. de l'Isle d'Amorgos.

A-MNIAS, riv. de Macédoine, & qui se jette dans le golfe de Torone.

A-MINIUS, riv. d'Arcadie : se jette dans l'Alphée.

Orig. Grecq.

Amu-Mone, fontaine auprès de Lerne dans l'Argolide, *Strab.* 570.
Stry-Mon, ou le Grand-Fleuve, Fleuve de Thrace.
Ham-Menium, ville des Scordisques en Illyrie.
El-Min-Acium, en Dalmatie sur le Drillo, *mot-à-mot*, habitation sur le grand-fleuve.
Orcho-Mene, de Béotie sur le lac Copaïs.
— d'Arcadie sur le lac Phénée.
Or-Menium, sur la mer, dans la Magnésie.

PAL.

Pal, Pel, Phal, est un mot primitif qui désigna sur-tout les eaux stagnantes, les étangs, les marais, les lacs. C'est le Latin Palus, le Dorien Palos, l'Ionien Pêlos, marais, boue, limon, fange. Nous avons rapporté divers noms de lieux qui en sont venus, dans nos *Orig. Latin.* CLXVI. En voici nombre de Pélasgiques.

Pella, Capitale de la Macédoine, située sur un lac marécageux & dont les ruines sont actuellement sous ces eaux.
Pel-Odes, ville & étang formé par la mer dans la Thesprotie.
Pal-Estinæ *Arenæ*, les rivages de Paleste en Epire.
Pall-ene, sur le golfe de Therme en Macédoine.
Pel-Ineum, sur le Pénée en Thessalie.
Phal-Ana, sur le Pénée près de Gyrtone.
Phal-Achtia, en Thessalie.
Phal-Area *Palus*, les marais de Phalere, où fut le port de Phalere, whel. II. 107.
Phal-Erus, sur la mer dans l'Acarnanie.
Phal-Ara, sur le golfe de Malée en Thessalie.
Phyll-is, contrée de Macédoine, sur l'embouchure du Strymon.
Pylos, sur l'Amarthus en Epire, *Strab.* 518.
Pel-use, ou la Boueuse, ville d'Egypte.
Pol-Isma, dans la Troade, sur le Simoïs. Cette ville fut bâtie par les Asty-Paléens, dit Strabon. Ce dernier nom signifie donc les Habitans de marais, de contrées marécageuses : & vient ainsi de PAL,

marais. Leur nom a échappé aux Auteurs du Dictionnaire Géographique.

Asty-Palée, Isle fort basse de la mer Egée ; elle prend donc son nom de la même cause : aussi étoit-elle appellée également Pu*Lea*, *mot-à-mot*, le marais.

Si-Pylum, sur un lac dans la Méonie, doit appartenir à la même famille.

A-Poli-On*ie*, sur le Chidorus dans la Mygdonie.

— Aux sources du Céphise chez les Taulantiens.

— Sur la côte Septent. de l'Isle de Crête, au Nord de Cnosse.

— En Mysie, sur un grand lac qui a trente milles de tour, dont elle tira son nom, au lieu de lui donner le sien, comme on le prétend : ce nom signifiant, ville sur un lac, sur un Poll ou Pa*Lus*,

— Dans le Pont, remarquable par une fontaine dont parle Pline, xxxi, 4, & qui debordoit en Eté.

Plusieurs autres villes furent appellées Apollonie chez les Anciens : parce, dit-on, qu'il y avoit sans doute des Temples consacrés à Apollon. Cela peut être pour quelques-unes, mais non pour celles dont nous venons de parler : & peut-être même que si on connoissoit aussi bien le local des autres, on en trouveroit un plus grand nombre qui devroient leur nom à leurs lacs, étangs ou marais appellés encore de nos jours Pol, Poul par les Tartares même.

R A T.

De R qui désigne l'action de courir, de couler, vinrent divers noms de fleuves d'Europe; & en particulier ceux-ci pour la Grèce.

Rat-Ous, riv. de l'Acarnanie.
Rhoedi-As, riv. de la Péonie & qui se jette dans l'Axius.
Eu-Rot-As, riv. de Laconie.
— Riv. de Thessalie, & qui se jette dans le Pénée.

Le nom de la Thesprotie, grande vallée de l'Epire, & qu'arrosent un grand nombre de rivieres qui se touchent presque, doit tenir certainement à la même racine, Rot, fleuve, pays arrosé.

Thes-P-rotie, est donc formé, 1°. du mot Thes pour Thel, vallée, que nous avons vu dans les mots *Theſſalie*, & *Theſſalonique* ; 2°. du mot Rot, fleuve, riviere ; 3°. du mot Pe, déſignant des lieux propres au pâturage.

SAL.

Sal, formé de Hal, déſigna également les eaux courantes, & les habitations ſur ces eaux : nous en avons rapporté nombre d'exemples dans nos *Orig. Latin.* CLXVII & CCXII. En voici d'autres pour les contrées Pélaſgiques.

Sala, dans la Thrace, à l'embouchure de l'Hébre.
Sal-One, dans la Dalmatie, près de la mer & ſur une riviere.
Salmone, ſur l'Enipe dans l'Elide, au Nord de l'Alphée.
Sela, riv. de la Meſſenie.
— Autre riv. de la Meſſenie, & qui paſſe à Cypariſſe.
Sell-eis, riv. de l'Elide.
— Riv. de l'Etolie.
— Riv. de la Troade en Aſie.
Sell-Etica, contrée de la Thrace entre les ſources de l'Hebre & du Panyſe.
Selli, ou Helli, habitans de la contrée de Dodone, & qui ſe raſſembloient à ſa Fontaine.
Sell-Asia, dans la Laconie ſur l'Œnus.
Selemnus, riv. de l'Achaïe Méridionale.
Sely-Bria, ſur la côte Méridionale de la Thrace.
Sel-Inus, riv. de l'Elide.
— Riv. de Sicile.
— Riv. de la Troade.
— Riv. de la Cilicie.
— Riv. de la Myſie, voiſine de Pergame, & qui ſe jette dans le Caïque.
— Riv. de l'Eolie, & qui ſe jette dans le Cayſtre.
Sil-Is, riv. de Sicyonie.
Cil-Eus, riv. de la Cilicie de Troade.
Zela, ſur le Pamyſe dans la Thrace.
Zelaia, ſur la Propontide dans la petite Myſie.

PRÉLIMINAIRE.

Mas-Salia, riv. de l'Isle de Crète.

Salia, ce nom de riviere entre, comme nous l'avons vu, dans les noms de *Thef-*Salie & de *Thef-*Salonique.

SAN.

San, Sen, Sin, a désigné également des eaux, des villes sur les eaux : sur-tout les golfes, chez les Latins qui les appelloient Sinus, ou Seins : & dont nous avons fait le mot *Sin-uosité*.

Sana, en Macédoine, sur la côte Orientale du golfe de Singus.
— En Macédoine, sur la côte Orient. du golfe de Therme.
Sin-go, à l'Abl. *Sin-gus*, au Nominat. sur la côte Occid. du golfe de Singus, dans la Macédoine, *mot-à-mot*, contrée de l'eau.
I-Sanus, riv. de l'Illyrie entre l'Albanie & les Parthins.
I-Sanum, ville à l'embouchure de cette riv.
Sintia, sur le Strymon, à l'endroit où il sort d'un lac qu'il forme. Elle donne son nom à la Province Sintique.
Ab-Synthus, dans la Thrace, vers l'embouchure de l'Hebre : elle donne son nom aux *Ab-synthi*.
Arda-Xanus, riv. de la Dalmatie Méridionale, *mot-à-mot*, riviere de la Forêt.
A-Sine, ville de Messénie, & qui donne son nom à un golfe.
— Dans l'Argolide & sur la mer.
— Dans la Laconie Occid. auprès de Gythium.
— Dans l'Isle de Chypre.
— Dans la Cilicie.
Ar-sen, riv. de l'Arcadie, *Pausan.*
Ar-Sines, riv. de Sicile.
Ar-Sinarium, riv. de Sicile.

Son, eau, est de la même famille : de-là :

Zona, ville sur la côte Méridionale de la Thrace.
Haly-Zon, sur la côte de l'Acarnanie.
Ali-Son, riv. d'Allemagne, *aujourd'hui* Alma qui se jette dans la Lippe.

OLY-ZON, sur la côte de la Magnésie.

OZON, canton de la Touraine, près de Chinon, remarquable par une Fontaine abondante, qui forme tout de suite un gros ruisseau.

OZON, en Languedoc, Village remarquable par une source de bitume : *voyez* ci-dessus les mots en AL.

TRŒ-ZENE, ville de l'Agolide, ou *habitation de l'eau*.

S U.

SU, SUS, nom Celtique, Turc, Tartare même, qui signifie Riviere. De-là :

SUS, riv. de Thessalie.
SUS, riv. de l'Achaïe, appellée aussi *Sys*, *Sis*, *Sitas*.
SUS, riv. qui passe à Lybethra en Béotie, PAUSAN. 770.
AR-ZUS, riv. de Thrace, qui se jette dans la Propontide.
— Ville à l'embouchure de cette riviere.

VAN, PAN.

VAN, est un mot Celtique désignant les eaux, & qu'on prononça FAN, PHAN, PAN, AVEN, EVEN, &c. De-là une foule de noms de rivieres, villes, contrées dans toute l'Europe, &c. En voici de Pélasgiques.

E-VENUS, riv. de l'Etolie.
A-VENDO, sur la côte Septent. de l'Illyrie.
PAN-YASE, riv. des Taulantiens.
PAN-ORME, Port de mer en Epire.
— Dans l'Attique, près du Cap Sunium.
— Port de Samos.
— Sur la côte Septent. de Crête.
— Port de Céphalonie.
— Dans la Chersonèse de Thrace.
— *Aujourd'hui* Palerme, en Sicile.
— Dans la Chalcidie de Macédoine.
— Dans l'Achaïe Méridionale, port près de Rhium.

PÉNÉE, le plus grand des fleuves de la Grèce, en Thessalie.
— Riv. de l'Elide creuse.
PIN-DE, riv. de la Doride Grecque.
— Riv. de Thessalie.
— Ville sur cette riviere.
PHÉNée, lac d'où sort le Ladon, dans l'Arcadie.
— Ville sur ce lac.
PHŒN-IX, riv. de la Sicyonie.
— Riv. de Thessalie.
— Port de mer sur la côte Méridionale de Crête.

V A R.

VAR, est un mot formé d'AR, & qui désigne des rivieres : nous en avons rapporté nombre d'exemples pour l'Italie & pour l'Europe dans nos *Orig. Lat.* CLXXII. CLXXIV. En voici pour la Grèce & son voisinage.

VAR-VAR-IA, riv. de la Liburnie.
BAR-BANE, riv. de l'Illyrie Septentrionale.
BAR-NICHius, l'ancien Enipe près de Salmone dans l'Elide, dit Strab. 546 Ici *Bar*, signifie riviere, un var: & *Nichius* est pour *E-NIpeus*.
HE-BRus, pour HE-BERus, *mot-à-mot*, le fleuve : c'est en effet le plus grand fleuve de la Thrace.
CIA-BRus, pour CIA-BERus, le *fleuve* CIA, riv. de la Mœsie.
S-PER-CHIUS, riv. de Thessalie.
SPER-CHIA, ville à l'embouchure de cette riv. sur la mer.
BERZI-MINium, sur le lac Labéatis, en Illyrie.

N O M S

Relatifs aux Montagnes, aux Forêts, & à la diversité de situation.

A.

ACH, AG, désigna des lieux escarpés, qui donnent de la peine à monter : de-là :

ACHÉENNES (*Roches*) dans l'Isle de Céphalonie, & sur lesquelles étoit une ville de Samos, dont fut originaire *Rhadina*, Princesse chantée par Stésychore.

AIG-AL, montagne de la Messénie.

AIG-IALée, montagne de l'Attique.

AIGOAL, montagnes fort élevées des Cévennes.

AIGILIPPE, dans l'Isle de Céphalénie, bâtie sur des rochers escarpés, dit Homère.

A L.

AL-ESE, montagne entre l'Arcadie & l'Argolide.

EL-A*tia*, montagne de l'Isle de Zacynthe.

ILEI, sur une montagne de l'Argolide près de Trœzene.

HELI-CON, montagne de Béotie, d'une hauteur prodigieuse, dit Whell. II. 70. & presque toujours couverte de neige.

ELAIUS, montagne de la Phigalie en Elide.

AL-A*isium*, ville sur la montagne de Colone, entre Elis & Olympie : Homère en parle.

ALE-MAN, montagne de Grèce, Whel. I. 278.

AMPHI-AL*us*, Promontoire de l'Attique ; Strab. 605.

A L B.

ALBII, montagnes du pays des Japodes en Illyrie, Strab. 482.

ALP-EN*us*, dans les montagnes qui forment le défilé des Thermopyles.

AL-BONA, ville de la Liburnie.

Ces noms tiennent à celui des ALPES.

ALBIS, montagne du canton de Zurich, le long de laquelle coule, à l'orient, le Sylis.

A M

De AM, amas, élévation, vinrent :

HAIMOS, le Mont HEM*us*, chaîne de montagnes dans la Thrace.

AIM-ATHIE, nom d'une province montueuse de la Macédoine.

AMA, montagne de Laconie ; Pausan. 272, près duquel un Temple de Minerve Asia, ou Asénne, épithète que les Grecs ont expliquée à leur manière, tout de travers.

A R ; A M.

A R & A RN , noms de montagnes.

> ARA-CYNT*hus*, montagne de l'Etolie.
> ARD*ius*, montagne de Dalmatie.
> ARD*iœi*, habitans des montagnes de Dalmatie.
> ARO-AN*ii*, montagne de l'Arcadie.
> ARO-AN*ius*, riviere de ces montagnes.
> A-CARN-AN*ie*, province de la Grèce, *mot-à-mot,* pays de montagnes ; aujourd'hui Carnes.
> > CARN-IOLE, province d'Autriche, vient de la même famille.
> > HERNIQUES, ou Montagnards de l'Apennin, de même.
> ARNAUDES, nom actuel des Montagnards de l'Epire.
> AROAI, fur un côteau dans l'Achaïe, *aujourd'hui* Patras.
> ARNE, couronnée de vignobles dans la Béotie, *Iliad.* II.

A R D.

ARD, ORD, fignifia forêt : nous avons eu occafion de le voir dans nos Origines Françoifes ; & dans les Latines : de-là ;

> E-ORDIE, canton de Macédoine couvert de Forêts.

A R G.

ARC, défigne également les montagnes : de-là :

> ARC-ADIE, le pays le plus élevé du Péloponèfe, rempli de montagnes cultivables, & dont les vallons étoient extrêmement fertiles.
> ARG*os*, dans le Péloponèfe, Capitale de l'Argolide, fur une colline.
> — Dans l'Acarnanie, à l'embouchure de l'Inachus.
> — Dans l'Oreftie, au Nord de l'Epire.

On peut voir dans le Dictionnaire Géographique cinq ou fix autres villes du même nom, en obfervant que ce nom défigne auffi une contrée unie & appuyée fur une riviere, précifément comme l'*Ar-Geu* en Suiffe, & l'*Ar-Gob* de la Paleftine.

Orig. Grecq.

AT, OT.

AT, désigna des montagnes larges, les dos de la contrée.

> ATHA-MANie, contrée montagneuse de l'Epire.
> ATHOS, montagne la plus élevée de la Macédoine.
> ATTHYS, nom primitif de l'Attique, pays montueux.
> ATIN-TANES, Peuple de l'Epire qui habitoit sur le Pinde.
> OTHRYS, montagne de Thessalie.
> ODRYSES, Peuple de la Thrace ; *mot-à-mot*, montagnards.
> OETA, chaîne de montagnes très-élevées entre la Thessalie & la Grèce.
> ETE-ON, les Collines d'Eteon, en Béotie, *Homer. Il. II.*
> AITHICE & ses montagnes en Thessalie, *Homere.*

BAR.

BAR, VAR, BER, BRE, BRI, ont constamment désigné une ville, un lieu habité sur des eaux ; il existe en nature chez les Hongrois, chez qui VAR est le nom des Villes : Strabon nous apprend que BRIA signifioit la même chose chez les Thraces ; & Etienne de Byzance, que les Espagnols s'en servoient dans le même sens : aussi le trouvons-nous actuellement en usage chez les Biscayens & Basques descendans des anciens Celtiberes, chez qui ABRIA signifie ville. Chez les Germains, il se changea en BER, BIRG, BURG désignant toujours une habitation, une réunion de maisons, une ville, un bourg, une bourgade. C'est de la même famille qu'est venu l'Espagnol *Briga*, une Assemblée d'hommes, & nos mots *Brigade* & *Brigadier.*]

La Macédoine nous offre dans plusieurs noms de lieux la forme primitive de ce mot :

> BERœe, une de ses villes les plus florissantes dans l'Emathie, près de l'Astrée, porte le nom même de *ville* par excellence.
> BERus, ville de la Mygdonie près de l'Axius, est le même nom.

PRÉLIMINAIRE.

Stym-Bara aux source de l'Erigone, un des plus grands fleuves de la Macédoine, & aux portes de la Thessalie, signifie *mot-à-mot*, la ville élevée.

Barn*us*, est une autre Ville au nord de celle-là, & à peu de distance.

Bri-An*ium*, dans le même Canton, un peu plus au nord & au confluent de l'Erigone & de l'Acidala.

Mecy-Berna, sur la côte orientale du Golfe de Torone.

Com-Bre*a*, dans la Paraxie sur le Golfe de Therme.

Il en est de même chez les Thraces.

Berœ, ville de Thrace, entre l'Hemus & l'Hebre.

Ber-Ta, ville des Bisaltes à l'occident du Strymon.

Bri-Ant*ica*, ville & pays de la Thrace méridionale.

Sely-Bria, sur la côte méridionale de la Thrace.

Mesem-Bria, sur le Pont-Euxin.

—Sur la mer Egée dans le pays des Ciconii.

Ber-Gula sur le Bithyas.

Berti-S*um*, au sud-est de Bergula & près de Sely-bria.

Ce nom passa chez les Thessaliens, Nation Thrace également; mais V se prononça chez eux Ph ou F, précisément comme chez les Germains; comme nous l'avons déjà vu dans la Famille Ven, devenue Phen chez les Grecs, ce qui jusqu'à présent avoit empêché qu'on pût reconnoître le mot Var, Bar, dans les noms Thessaliens, quoiqu'il y revienne sans cesse : tels sont ceux-ci :

Pheræ, *mot-à-mot*, la ville par excellence, sur l'Amphistus dans la Phtiotide.

Pyr-Rha, à l'embouchure de ce fleuve dans le Golfe Pélasgique.

Phar-Sale, cette ville célèbre sur l'Enipée : *mot-à-mot*, ville sur le fleuve.

Phar-Cadon, au confluent du Curalius & du Penée : *mot-à-mot*, ville du Confluent.

Pher-In*us*, aux sources du Phœnix.

Perrh-Æbi, ou les Perrh-ebes, Peuple de Thrace qui habitoit le Vallon renfermé entre le Titarese & le Penée : & dont le nom signifie les *habitans du pays arrosé*.

Ce mot prononcé PHUR, & précédé de l'article E, devint chez les Grecs le nom de plusieurs villes.

> E-PHURa, qu'on prononce *Ephyra*, ville de l'Epire frontiere de l'Etolie.
> —Sur la rive orientale du lac d'Acherufe en Epire : ville qu'on appella ensuite *Ci-chyrus*.
> —Nom primitif de Corinthe.
> —ville de l'Elide fur le Selleis dont parle Homere 11. à l'occafion de Tlepoleme qui amena les Rhodiens à la guerre de Troie. » L'intrépide » Tlepoleme les commandoit : Aftyochée donna ce fils au grand » Hercule qui l'avoit emmenée d'Ephyre, des bords du fleuve Selleis » où il détruifit un grand nombre de Villes & une florifante Jeunesse.
> Strabon dit qu'elle n'exiftoit plus de fon tems, à moins qu'elle n'eût changé de nom, & que ce fût la ville d'Oenoé, appellée aufli Bœonoé (*p. 521*).
> —Dans la Sicyonie fur le Selleis.
> —Dans la Theffalie au midi du Pénée : elle fut appellée dans la fuite *Cranon*, & fes habitans *Cranonii*, comme nous l'apprend Strabon, ce qui a échappé aux Auteurs du Dictionnaire Géographique, & comme le dit aufli Etienne.
> —dans l'Arcadie, felon Etienne de Byzance.
> —dans l'Argolide à la tête du Golfe d'Argos, côté d'orient.

La Grèce nous offre également des villes appellées PHAR.

> PHAR*is*, au fud-ouest de *Sparte*.
> PHER*es*, à peu de diftance de là, fur le Golfe de Meffenie.
> PHARæ, dans l'Elide.
> PHERé dans la Béotie frontiere de l'Attique.

BERG.

BERG, PERG, a défigné conftamment des montagnes ; de-là :

> BERGA, ville de Macédoine fur le Strymon.
> PERG-AME, fur le mont Pangée dans le pays des Beffes, chez les Thraces.
> —dans l'Ifle de Crête.
> —dans la Myfie fur le Caïque.

—Forteresse de Troie, sur le lieu le plus élevé de la ville.
BERGE, dans la Chersonèse de Thrace.

BEIS.

BASS, BEIS, est un mot Celtique qui désigne les lieux sauvages, agrestes, qui ne produisent que des bruyeres ou de petits arbrisseaux; il a donné nombre de dérivés à la Langue Basque, & nous le retrouvons entre les noms propres de la Grèce.

BESSA, plaine de la Locride Epicnemide qui dut son nom à la nature de son sol, comme nous l'apprend Strabon 651. car elle est couverte de bruyeres & d'arbrisseaux, ce que signifie, dit-il, le mot *Béssa*.

BESSES, Peuples de la Thrace le long du Nestus au pied du Pangée, & dont le pays étoit extrêmement couvert & plein de défilés.

BIS-TON, grand Lac ou Etang au midi des Besses, & qui communique à la mer Egée.

BIS-TONES, les Besses ou Thraces qui habitoient les bords de cet Etang. Ce que les Grecs apelloient *Bess*, les Languedociens l'appellent *De-Veis* ou *De-Vois*. Tels sont les Deveis de Martignargues.

BOL.

BOL, BUL, désigna toujours un ventre, un contour, un lieu appuyé sur une masse d'eau qui forme un ventre.

BOL-Inæ, dans l'Achaïe, sur le Bolyneus.
BOL-EI, dans l'Argolide sur l'Hermione.
BULLis, sur la mer dans la Dalmatie.
BULIS, dans l'Epire.
BYLLiones, habitans de cette ville & de son territoire.
BULIS, dans la Phocide & sous l'Hélicon.
BOL-Bé, Etang de la Macédoine formé par le Golfe de Strymon.
BUL-Yca, Etang de la Macédoine, & qui verse dans le Golfe de Torone.

BRAN.

BRAN, signifie Front, Poitrine, le devant: c'est le BRUN des Allemans.

PRANT*es*, montagne de la Theſſalie.
BRENTH, ville & riv. de l'Arcadie.

C H A.

CHA, CA, CAE, déſigna ordinairement un lieu renfermé, une chaîne qui renferme.

CHA-ONIE, contrée de l'Epire ſeptentrionale renfermée entre la mer & une chaîne circulaire de montagnes.
CHA-ONES, habitans de cette contrée.
CHAA, ſur l'Acidon dans l'Elide au pied de l'ÆGAL.

C A L.

CAL, eſt un mot Celtique qui déſigna conſtamment les bois, les forêts; *Calon* en Grec ſignifie même bois.

CAL-YDON, Ville & Royaume de l'Etolie, célèbre par le Sanglier qui demeuroit dans la forêt voiſine de cette ville, dans la forêt de Calydon, dont la ville prit ſon nom : il ſignifie *forêt de la riviere*; elle étoit auſſi à peu de diſtance d'un lac.
CALUBÉ, ſignifie en Grec Hutte, maiſonnette de bois : c'eſt le Valdois, un CHALET, cabanes que ſe bâtiſſent les Bergers ſur les montagnes à pâturages.
CAL-AURIA, Iſle vis-à-vis de Trœzene avec un Temple conſacré à Neptune, où ſept Peuples ſe raſſembloient, comme nous l'apprend Strabon 574. Cette Iſle dut donc ſon nom à ſes forêts.

C A N.

CAN, KEN, CN, ont toujours déſigné des têtes, des rondeurs, des caps, &c.

CEN*eum*, cap nord-oueſt d'Eubée.
CN-EMIS, montagne qui forme le cap Cnemide dans la Locride orientale en face du Cap Ceneum.
CN-EMIDES, nom des Locres qui habitoient au pied de cette montagne.

PRÉLIMINAIRE.

Cen-Chree, cap & ville de l'Isthme de Corinthe sur le Golfe Saronique.
Cen-Chree, aux sources du Phryxus à l'occident de Mycènes.
Cœne, Promontoire de l'Eolie proche d'Elée.
Schenus, Port voisin du cap de Cenchrée.
Cene-Polis, dans la Laconie méridionale, sur la côte au nord du cap Tenare.
Can-Astræum, cap de la Paraxie en Macédoine à l'occident du Golfe de Torone.
Can-Tharium, cap le plus occidental de l'Isle de Samos, *Strab.*
Cam-Bunii, montagnes de la Pelagonie en Thessalie : du mot *cam*, tête, & *BOUN*, colline, bosse. Elles sont moins élevées que le Candave.
Us-Cana, dans les monts Candaves.
Cand-Avii, montagnes de l'Illyrie à l'Orient du Panyse ; elles sont au nord des monts Cam-bunii.
Cand-Avia, ville & contrée des monts Candaves.
Cand-Aria, cap de l'Isle de Cos.
Ara-Cynthus, montagne de l'Acarnanie.
Cynthus, montagne de l'Isle de Delos.
Sindus, ville de Macédoine à la tête du Golfe de Therme.
Sintia, ville à la tête d'un lac de Péonie, formé par le Strymon.
A-Sine, dans la Messenie sur la mer.
— dans l'Argolide.
— dans la Laconie méridionale du côté de la Messenie & sur la côte.

Ce mot CEN s'étant prononcé GEN & GN, a produit :

Ma-Gn-Esia, dans la Thessalie, nom d'une Province qui s'avance comme une tête dans la mer, avec une ville & un cap du même nom.
— dans la Mysie sur un coude de l'Hermus.
E-Gn-Atia, ville d'Italie sur la mer Adriatique dans le pays des Salentins.
Gnidus, sur le Promontoire le plus méridional de l'Asie mineure dans la Doride, & sur le coude que l'Asie forme en cet endroit.
Ar-Genum, Promontoire de l'Ionie au nord de Clazomene. De-là également :
Gen-Eva, *mot-à-mot*, tête de l'eau.
Gen-Ua, Gênes.

GEN-ABum, ou Orléans, sur le coude que forme la Loire.

EG-GEN-FELDen, dans la Basse-Baviere sur le Rott : *mot-à-mot*, champ du coude de la Riviere.

GANus, sur un coude de la Propontide dans la Thrace méridionale.

CAR, COR.

D'AR, OR, montagne, lieu escarpé, se formerent nombre de noms de montagnes, &c. en CAR, COR, GAR, SCAR, &c.

CAR-PATHus, *mot-à-mot*, montagne élevée ; aussi Homère qui l'appelle CRA-PATHus, lui donne l'épithète d'*hypsilè*, très-élevée.

CAR-PATES, aujourd'hui CRA-PAK, grande chaîne de montagnes de l'ancienne DACE, entre la Pologne, la Hongrie & la Transylvanie.

GAR-GETTes, montagne de l'Attique.

I-CARius, montagne de l'Attique.

I-CARia, Isle de la mer Egée, couverte de montagnes.

GAR-GARius, nom de la montagne près de Marseille où est la Sainte-Baume : au pied est le village de Garguiez : SPON. I. 30.

GER-ANia, sur une montagne au nord de Messene.

GERanea, montagne de la Mégaride, WHEL. II. 240.

GER-ATa, Montagne du même pays, WHEL. II. 232.

GER-ON-THRæ, dans la Laconie, entre une montagne & des marais, *mot-à-mot*, *Thræ*, habitation, ON ; de l'eau, GER ; & de la montagne.

CARIE, province méridionale de l'Asie mineure, dut ce nom à ses montagnes.

CARIÆ, dans les montagnes de Laconie vers les sources de l'Eurotas.

CARina, montagne de l'Isle de Crète, célèbre par son miel : Plin. XXI. 14.

CER-CETI, montagne de la Thessalie, *Plin.* IV.

CER-CETius, montagne de l'Isle de Samos.

CER-CETheus, montagne de l'Isle de Leria vers les côtes de Carie.

CER-CINE, montagne de Macédoine vers les sources du Strymon.

CERa ou KERa, *mot-à-mot*, écueils ou rochers, WHEL. II. 216.

CER-AUsius, portion du mont Lycæus, & d'où sort le Neda, en Elide. Pausan.

CER-YNea, montag. fort haute au pied de laquelle est Patras ; WHEL. II. 8.

CER-AUNII, les monts CERAUNIENS, nom commun à diverses chaînes de montagnes.

1°.

PRÉLIMINAIRE.

1°. Les Monts CERAUNiens, ou ACRO-CERAUNiens, au nord de l'Epire, & qui la séparoient de l'Illyrie. CER signifie pointe, & A-CRO, très-pointu. Les Grecs confondant le nom de *Cerauniens*, avec celui de *Ceraunos* qui signifie foudre, s'imaginerent qu'ils furent appellés ainsi parce que la foudre les frappoit continuellement; c'est une étymologie ridicule qu'on a tort de répéter.

2°. Les monts *Cerauniens* au nord du Pont-Euxin, & qui s'étendoient jusques vers la mer Caspienne.

3°. Les CERAUNiens, Peuple de la Dalmatie, parce qu'ils habitoient des montagnes.

CER-CAPhus, montagne d'Ionie près de Colophon.
CORAX, montagne entre l'Etolie & la Locride.
— montagne du Péloponèse.
— ou CORACIUS, montagne de l'Ionie près de Colophon.
CORASIÆ, Isles de la mer Egée, qui ne sont que des écueils.
COR-Asius, montagne d'Asie dans la Syrie près d'Antioche.
COR-ACIS Petra, ou Pierre du Corbeau, dans l'Isle d'Ithaque.
COR-AX, montagne entre la Sarmatie Asiatique & la Colchide.
CORYCUS; CORYCius, montagnes au midi de Smyrne, WHEL I. 277.
COR-Ycus, montagne près de Clazomene dans l'Asie mineure.
— montagne de l'Isle de Crète.
COR-Yceon, Promontoire formé par cette montagne; il est appellé Corinæum dans le Dict. Géograph.
CORYCIÆ, deux Isles de ce nom ou écueils à la pointe nord-ouest de l'Isle de Crète.
CORYCUS, ville de la Lycie.
CORYCium, Antre des Muses à Delphes, STRAB. 638. Sp. II. 65.
— ou CORYCUS, Antre dans le Corycus près d'une ville du même nom dans la Cilicie.
CORRESius, montagne près d'Ephèse, WHEL. I. 282.
CORYPhæum, montagne voisine d'Epidaure.
CORY-PHASE, Promontoire & Forteresse de la Messenie à l'Ouest.
CORIPHE, voy. plusieurs montagnes de ce nom dans le Dict. de la Martiniere.
CORY-DALUS, montagne entre Athènes & Eleusis. *Strab* 605.
CORINium, en Dalmatie, sur une montagne, *aujourd'hui* Cori.
COR-ONEE, en Béotie, sur une montagne.

Orig. Grecq.

Cor-Inthe, *mot-à-mot*, habitation sur la fontaine & la montagne ; ville en côteaux, *Strab.* 581. avec de belles fontaines : un Temple de Vénus sur la Montagne, & à côté de la fontaine de Pirene.

Cor-Assiæ, Isles de la mer Egée, ou plutôt Ecueils à l'orient de Naxos.

Gerræ, ville au pied du Corycus, dans l'Asie Mineure.

Geron, dans l'Isle de Lesbos.

Cirphis, mont escarpé de la Phocide.

Cyrrha, Cap que forme ce Mont, Wh. II. 251.

Cir-Tonum, branche du M. Cnemis, Wh. II. 291.

Skiros, Isle de la Grèce, couverte de rochers.

Skiras, nom primitif de Salamine, *Strab.* 603.

Skeironides, ou Roches de Sciron dans la Mégaride.

Scardius, montagnes au nord de la Macédoine.

Scord-Isques, Habitans de ces montagnes.

CARIN, CARN.

Carinthie, pays de montagnes dans l'Autriche.

Carni-Ole, pays de montagnes dans la même contrée.

A-Carn-Anie, pays de montagnes au midi de l'Epire.

A-Carna, dans l'Attique : voyez Harn, *Orig. Lat.* CLIV. cc.

CASS.

Cass, signifie borne, montagne qui sert de borne.

Cassius, montagne au nord de la Palestine, près de Séleucie.

— Montagne au midi de la Palestine, & qui la sépare de l'Egypte.

Cassi-Ope, ville & cap au midi de la Chaonie.

— Ville & cap dans l'isle de Corcyre, en face du précédent, du nord au sud.

— dans l'Epire, sur les bords d'un lac.

Cass-Opei ; habitans de cette derniere contrée.

Cau-Case, *mot-à-mot*, montagne qui termine.

COL.

Col a toujours été le nom des collines, des cols, &c. Il s'est

PRÉLIMINAIRE.

aussi prononcé CUL, CYL, &c. KULL dans le Nord, colonne.

COL-ON*é*, montagne entre Elis & Olympie.
COLI-AS, montagne & Promontoire de l'Attique.
S-COL*us*, bourg de Béotie dans un lieu très-escarpé, Strab. 626.
— Ville près d'Olynthe.
CYLL-ENE, le *Haut Cyllene*, en Arcadie, dit Homère. C'est la plus haute montagne du Péloponèse.

C O N.

A-CONT*ius*, montagne de la Béotie Septentrionale.
CON-DYL*on*, ville sur les montagnes de Thessalie auprès de Tempé.
HELI-CON, montagne de l'Attique.
E-GON, ou GY-GON, cap & ville de Macédoine, sur la rive Orientale du golfe de Therme.
GONO-ESSE, dans l'Achaïe méridionale, Homère l'appelle *la Haute*.
GON*us*, en Thessalie sur les montagnes qui forment la vallée de Tempé.
ALA-GON*ia*, sur une montagne dans la Laconie.
CAU-CONES, habitans des montagnes de l'Elide & de l'Arcadie. Strabon (526. 531.) auroit bien désiré savoir l'origine du nom de cet ancien peuple, sur lequel il entre dans divers détails : mais ce nom est composé de CAU, montagne, & de CON, CAUN, rocher : voyez *Orig. Lat.* CCIV.
ERI-GONE, fleuve de Macédoine qui descend des montagnes de l'Illyrie.
CAUN*us*, montagne d'Espagne dans la Celtibérie.
— dans l'Isle de Crête, sur une montagne, *aujourd'hui* Castel-Belvedero.

C O P.

COP, signifie profond : élevé.

S-COP*ius*, montagne entre la Péonie & la Dardanie.
S-CUPI, ville au nord de ces montagnes & de l'Orbellus.
COP-AIS, grand lac de Béotie, & plus élevé que les côtes.
COP*æ*, ville sur ce lac.

Cot.

Cot, Cut, a désigné constamment les montagnes : chez les anciens Pélasges Cotta signifioit tête, dit Baxter : & Cottis chez les Corinthiens. En Irland. Codadh, montagne : en Persan Coto, tas, monceau, élévation. En Gall. Codi, élever. En Irlandois, Cud, tête; c'est le Cotta des Pélasges. En se nasalant, il fit Konta, marque des dixaines en Grec.

> Cot-Ylius, montagne de la Phigalie, Paus. 684. Orig. Lat. cciv.
> S-Cot-Ussa, sur une montagne de Thessalie au sud du Pénée.
> — en Macédoine, sur un lac que forme le Strymon au pied des montagnes.
> Cuthien, ou Cythien, montagne de l'isle de Délos.
> Cutinium, ou Cytinium, ville du mont Œta en Thessalie.
> Us-Cud-Ama, ville dans les montagnes des Besses en Thrace.
> Ara-Cynthus, montagne de l'Acarnanie.
> Cot-Ensii, ancien Peuple de la Dacie; Ptolom. III. 8.
> Cot-Yleum, montagne de l'Eubée; Etienne de Byz.
> Cot-Ylus, colline de Phrygie.
> Cot-Ilium, place forte de Phrygie.
> Cuth-Nus ou Cyth-Nus, isle de la Grèce près de l'Attique.
> Cytheron, montagne de la Béotie, vers la Mégaride; de Cut, montagne; & Thur, élevé.
> Cythere, Isle montagneuse, au midi de la Laconie.

D.

Dag.

Les mots en Dag, formés d'Ac, pointu, ont constamment désigné des pays de montagnes, des montagnes, des pointes, &c.

> Dagh-Estan, en Perse, mot-à-mot, pays de montagnes.
> Dacie, au midi & au nord du Danube, pays de montagnes.
> I-Thaque, isle ou plutôt rocher entre l'Acarnanie & l'isle de Cephalenie.

TAYG-ETTE, montagnes de la Laconie : nom formé de TAG, pointe, & de ATTE, ETTE, montagnes boſſues.
TEGée, dans l'Arcadie montagneuſe.

D, prononcé Z, a fait :

ZAGrius, chaîne de montagnes d'Aſſyrie.
ZAGRO-BOUNI, nom moderne d'une montagne de l'Attique ; de *Zag*, montagne, & de *Boun*, boſſe, en Grec.
ZAC-YNThus, iſle à l'occident de la Grèce, couverte de montagnes ; de ZaG & de CYNTh.

D, prononcé L, à la Dorique, comme chez les Latins, a fait :

LAC-ONIE, pays de montagnes : les Turcs le prononcent TZAC-ONie, en ſe rapprochant de la prononciation primitive.
LACE-DEM-ONE, capitale de la Laconie, *mot à-mot*, peuple de la montagne.

D E N.

DEN ſignifia conſtamment habitation : de-là une multitude de noms de lieux, dont l'origine étoit abſolument inconnue, & d'abord ceux-ci :

ATHÈNES, capitale de l'Attique.
— ville de l'Eubée vers le Promontoire de Cènée.
— ville d'Arabie : Plin. IV. 28.
— à l'extrémité orient. du Pont-Euxin.
— dans la Laconie.
— dans la Carie.
— dans la Béotie, du nombre de celles que le Copaïs engloutit.
— dans l'Acarnanie.
— dans la Ligurie ; Etien. de Byz.
— dans la Sicile.
ATHENeum, chez les Atamanes : c'eſt apparemment celle qu'on a appellée ci-deſſus Athènes d'Acarnanie.
ATINium, chez les Eſtiotes de Theſſalie.
ATINa, quatre villes de ce nom dans l'Italie.
AT-TINi-ACum, *aujourd'hui* Attigny en Champagne ſur l'Aiſne.
EDIM-BOURG, capitale de l'Ecoſſe. La ſyllabe BOURG eſt la traduction moderne du Celtique EDIM.

Dol.

Dol, Del, Taul, a toujours désigné des montagnes.

Taul-Antii, peuple de l'Illyrie Méridionale.
Daulia, deux villes de ce nom dans l'Eordie, en Macédoine.
Daulis, ou Daulium, ville de la Phocide, au midi de Delphes, sur une montagne escarpée.
Del-Matia ou Dal-Matia, contrée de l'Illyrie, couverte de montagnes.
Del-Minium, grande ville de la Dalmatie sur les montagnes.
Delium, ville de Béotie.
— dans la Laconie.
Del-Phinium, dans la Béotie, sur une hauteur ; *mot-à-mot*, montagne élevée.
— dans l'isle de Chio.
Del-Phinatus, Dauphiné, vient donc des mêmes mots.
Den-Thaletæ ou Den-Seletæ, peuple de Thrace, vers les sources du Pontus & dans la vallée qu'il forme à son origine.

Dom, élévation.

Ithome, montagne & ville de la Messénie.
— montagne & ville de la Thessalie, dans l'Estiéotide. Homère désigne son terrein par l'épithète de *montueux*.
Idomée, montagne de l'Epire, à l'orient du golfe d'Ambracie.
Idomene, sur un lac dans la Mygdonie, en Macédoine.

Dor, Tur, Montagne.

Ti-Thorea, sur une montagne au nord du Parnasse en Phocide : de Ti, habitation, & Thor, mont.
Thorax, montagne de la Laconie septentrionale.
Thurides, prononcé *Thyrides*, dans la Laconie, sur une montagne près du Ténare.
Thurion, montagne de Béotie.
Thyrea, montagne, ville, golfe & isle de l'Argolide méridionale.

PRÉLIMINAIRE. cxix

Tor*one*, en Macédoine, & qui donne son nom à un golfe.
Derr*is*, Promontoire sur ce golfe.
Ther-Am*bus*, à l'occident de ce golfe.
I-Thor*ie*, ville d'Étolie dans les montagnes, & près de l'Acheloüs.
S-Tir*is*, ville de la Phocide dans les montagnes, au pied de l'Hélicon.
Issor*ium*, montagne de Sparte, sur laquelle étoit un Temple de Diane : ici *ss* pour *Th*.

GRÈCE.

L'étymologie de ce nom précieux aux Lettres, étoit trop intéressante pour qu'on n'essayât pas de la découvrir. Cependant jusqu'ici on n'avoit fait que de vains efforts : car on ne regardera pas comme de vraies origines ce qu'on a débité que la Grèce tiroit son nom de Grécus, fils de Thessalus, comme l'ont prétendu les Grecs eux-mêmes : que ce nom n'étoit que l'inverse de celui de Rehu, fils de Phaleg, ainsi que l'a avancé le Savant SAUMAISE : que ce nom étoit dérivé du Celtique *Graia*, vieille, pour désigner la haute antiquité de la Grèce, comme l'a cru le P. PEZRON, étymologie qu'il auroit pu appuyer de la Langue Grecque elle-même, où *Grays* signifie une vieille.

Mais dans ce cahos nous trouvons un trait lumineux qui confirme ce que nous avons dit, que la Pélasgie se peupla du nord au midi, & qu'ainsi la Grèce ne fut peuplée qu'après la Thessalie, & par des Colonies qui avoient traversé la Thessalie ; c'est cette tradition qui fait de *Grecus*, c'est-à-dire l'habitant de la Grèce, le fils ou une colonie de *Thessalus*, c'est à-dire de l'habitant de Thessalie : cependant cela ne nous éclaire pas sur l'origine de ce nom : cherchons donc mieux.

Dans la Tragédie Grecque de *Prométhée enchaîné*, le Poëte lui fait dire en décrivant les pays qu'Io avoit déja parcouru : « De » nouveaux accès entraînant tes pas dans un chemin qui borde les

» flots, te conduisirent jusqu'au vaste golphe de RHÉE... ce golfe
» s'appellera un jour le golfe d'Ionie ».

Nous avons donc ici la vraie étymologie du nom de la Grèce, & en même-tems une étymologie prise dans la nature même, & qui peint parfaitement son objet.

Les PÉLASGES descendant du nord au midi, avoient sur leur droite une mer remarquable par sa forme longue & étroite, ils l'appellerent mer Illy-Rique ou étroite : & ils donnerent le nom d'Illyrie au pays qui étoit sur les côtes de cette mer. Mais dès qu'ils furent parvenus à la hauteur de la Thessalie & de la Chaonie, aux Monts Cérauniens ou Acro-Cérauniens auxquels se termine ce golfe, ils trouverent une mer large & spacieuse à laquelle le nom d'Illyrie ne put plus convenir, & à laquelle il fallut par conséquent donner un autre nom : ce fut celui de RHÉE, mot formé de Rha, Rhé, qui signifie précisément vaste, immense.

L'habitant des côtes de cette mer, ne fut donc plus appellé Illyricus ; mais RHAI-*cus*, mot que nous a conservé HESYCHIUS comme le nom primitif des Grecs : mais comme les linguales *L* & *R* se font sans cesse précéder de la gutturale *C*, ce dont nous avons déja donné une multitude d'exemples dans plusieurs de nos volumes précédens, *Rhaicus* devint avec le tems GRAIC*us*, dont nous avons fait Grec. L'Auteur que nous venons de citer en convient lui-même.

Ainsi nous voyons non-seulement ici l'origine du nom des Grecs, mais encore pourquoi ils eurent seuls ce nom à l'exclusion de toutes les autres Nations Pélasgiques : nom qui à la longue fit croire qu'ils n'avoient jamais rien eu de commun avec les Thraces, les Macédoniens, & les autres Peuplades Pélasgiennes comme eux.

GRAS.

PRÉLIMINAIRE.

GRAI.

Du même mot vinrent peut-être les noms de diverses montagnes, & de Nations montagnardes.

La RHETIE, contrée dans les Alpes, entre la Suisse, l'Italie & l'Autriche. On l'appella insensiblement Ritie, & Risie : ses Peuples furent des RISONS, & ce R se chargeant d'un G, ainsi qu'il étoit arrivé aux Grecs, ces Peuples ne furent plus connus que sous le noms de G-RISONS.

 GRAI, nom de montagnes élevées au nord de la Macédoine. Ce mot signifie également *borne*, dans la Langue des Peuples Esclavons ou Slaves, ce qui est dans l'ordre.

 GRAIES, nom d'une portion des Alpes, *Orig. Lat.* ccv.

 A-GRAÏÏ, habitans des montagnes entre l'Acarnanie & l'Athamanie.

 A-GRIANS, Peuples voisins des monts Pangées dans la Thrace.

LAN, Montagne.

 OLENIA, la roche Olene, montagne d'Elide, qu'on appella dans la suite Scollis, dit *Strab.* Elle fait partie du Mont Lampeia qui s'étend dans l'Arcadie.

 OLINE en Etolie, & dont parle Homère.

 O-LYNTHUS, sur une montagne dans la Macédoine, à la tête du golfe de Torone.

LUC, élévation.

Luc, mot Celtique, formé d'Oc, haut, élevé, & qui désigna les montagnes, se prononça LYC en Grec : de-là :

 LYC-ORIE, montagne de la Phocide, aussi haute, dit Wheler (II. 55.) que le Mont Cénis, & qu'on voit de quarante lieues.

 LYCÉE, montagne d'Arcadie.

 LYC-OSURE, ville sur cette montagne.

 LYCA-BETTE, montagne de l'Attique, *Strab.* 611.

 LYC-IMNE, forteresse de l'Argolide sur la mer.

 LYCTUS, ville de Crète sur une hauteur, *Virgile* (En. III. 401.) la regarde comme la patrie d'Idomenée.

Orig. Grecq.

DISCOURS

LYCH-NIDES, ville sur une montagne, & à la tête d'un lac du même nom chez les Dissaretes de Macédoine.

LYCCUS, prononcé *Lyncus* ou *Lyngos*, chaîne de montagnes entre la Macédoine & l'Estiéotide de Thessalie. Elle est couverte de forêts, ses sommets ont de vastes plaines & des sources d'eaux vives qui ne tarissent point.

LYNCUS, capitale de cette contrée.

LYNCESTES, habitans de cette contrée.

LYCIE, dans l'Asie Mineure, pays couvert de montagnes, telles que le Cragus & la Chimere.

LYCA-ONIE, Province de l'Asie Mineure dans le Mont Taurus.

M A L, Tête, Montagne.

MALea, cap de la Laconie, Sud-Est.

— cap entre la Béotie & la Thessalie chez les Locres.

MALia, cap oriental de l'isle de Lesbos.

MOL-OSSIE, contrée montagneuse de l'Epire.

T. MOLus, montagne de Sardes.

MYLæ, sur une montagne des Perrhebes en Thessalie.

MYLAON, riv. de l'Arcadie occidentale, qui descend des montagnes.

— riv. qui descend des montagnes & passe à Orchomene d'Arcadie.

MAL-Œtas, riv. qui descend des montagnes & se réunit à la précédente dans la vallée que domine la Ville de Mantinée.

MEL-ANGia, dans l'Arcadie, à la tête d'un ruisseau qui se jette dans l'Ophi à Mantinée.

MELI-BEF, dans la Magnésie, sur un cap à l'embouchure d'un petit ruisseau dans le golfe de Therma.

MELOS, isle de la mer Egée, qui est à la tête d'une file d'Isles qu'on trouve en allant de l'isle de Crête dans l'Attique.

M A N, Montagne.

MEN-Elaius, montagne près de Sparte.

MINTHES, montagnes d'Arcadie.

MAN-TINée, sur ces montagnes, *habitation élevée*.

M A R.

MARO, chaîne de montagnes dans la Sicile.

MAR-ONée, ville de Thrace sur la mer Egée, & célèbre par ses vignobles.

Is-MARus, ville & étang, ou lac, près de Maronée.

IMBROS, pour IMAROS, & IMEROS, isle de la Mer Egée, couverte de hautes montagnes, Wh. I. 128.

MESS, Forêt, Pâture.

MESS est un mot Celtique qui désigne une forêt propre au pâturage, en particulier celles de chênes : d'où vint le mot *Mese*, gland, *Mesa* glandée, qui signifie en même-tems un cochon ladre dans nombre de Provinces Celtiques, pour désigner qu'il a les glandes en mauvais état. MISE, signifie aussi *Forêt* en Turc. Il est également Germanique : MAST en Anglois signifie gland, & *Mæsten* en Allemand, engraisser : d'où se formerent le Grec MEST*os*, plein, farci, engraissé, MIS*thos*, salaire, appointement pour la nourriture, &c. dans Hesychius, *Mesma*, engrais, action de farcir.

MŒSIA, nom d'une forêt de l'Etrurie qu'Ancus Martius ôta aux Véiens, Tit. Liv. I. 34. *Pline* en parle, VIII.

MŒS*ium*, ville d'Etrurie dans cette forêt.

Les Auteurs du Dictionnaire Géographique n'ont pas manqué de dériver le nom de la forêt du nom de la ville, comme si la ville avoit été plus ancienne que la forêt. Que de choses à corriger dans tous ces Ouvrages!

MŒSIE, nom qu'on donna à toute la Pélasgie septentrionale le long du Danube, depuis la Pannonie jusqu'à la Mer-Noire, c'est-à-dire aux contrées qu'avoient habité les Daces & les Getes, & qui durent ce nom à leurs vastes forêts & à leurs pâturages.

MESSENIE, Province du Péloponèse, au midi de l'Elide & de l'Arcadie, & à l'occident de la Laconie. Elle dut son nom à son sol, directe-

ment opposé à celui de la Laconie. C'est le jugement qu'en portoit déja Strabon (563) ; il est bon à noter. « Ajoutons foi à Eu-
» ripide, dit-il, sur la nature de la Laconie & de la Messenie. La La-
» conie, selon ce Poëte, contient beaucoup de terrain propre au la-
» bourage, mais très-difficile à cultiver, parce qu'il est enfoncé &
» coupé de hautes montagnes qui en rendent l'abord difficile, sur-
» tout pour les Armées. La MESSENIE au contraire abonde en fruits
» de toute espèce, elle est très-bien arrosée, couverte de charrues, de
» bœufs par milliers, & d'excellens pâturages ».

L'hiver n'y fit jamais éprouver ses excès;

Et un soleil brûlant n'incommoda jamais ses heureux habitans.
« Le sort qui mit les Héraclides en possession de la Laconie, ne
» leur donna qu'un sol ingrat : aucun terme ne peut exprimer l'ex-
» cellence du terrain de la Messénie.

MYSIE, c'est le nom que portoit toute la portion de l'Asie Mineure, qui s'étend depuis la Bithynie ou l'Hellespont, jusques aux montagnes de la Carie, avant que les Eoliens & les Ioniens en eussent conquis une partie : à cette époque, cette contrée n'étoit qu'une vaste forêt dont chaque portion fut désignée successivement par divers noms : ainsi il y eut la Grande & la Petite Mysie, qui se subdivisa en Mysie Hellespontique, & en Mysie Olympique : la Mysie Abreitane sur le Rhyndaque : la Mysie Morena ou sur la Mer : la Brûlée, ou la plus Méridionale du côté de la Méonie.

MYSIE, petite contrée du Péloponèse, dont parle Pausanias (II. 18), & voisine de l'Inachus dans l'Argolide. On y voyoit un Temple consacré à Cérès Mysienne : & ce nom, disoient les Argiens, lui avoit été donné par un *Mysius*, hôte de Cérès. C'est que cette contrée étoit une forêt que son possesseur, un Mysien, ou l'*homme de la forêt*, exploita pour y établir une riche agriculture, ensorte qu'il fut en effet l'hôte de Cérès : & dès-lors, le culte de Cérès Mysienne établi avec raison dans cette contrée.

METHONE, nom commun à plusieurs villes à cause de leur situation dans des contrées fertiles.

— dans la Thrace aux confins de la Macédoine.

— dans la Pierie sur le golfe de Therme.

— dans la Magnésie sur la mer.

— dans l'Eubée.

PRÉLIMINAIRE.

— dans l'Argolide sur la mer, ou dans la Laconie, selon Thucydide.
— dans la Messénie occidentale sur la mer.

METHY-DRIUM, dans l'Arcadie, au nord de l'Alphée : *mot-à-mot*, habitation du paturâge.

HY-METTE, montagne de l'Attique, couverte de forêts, & célèbre par son miel. MED signifie même *miel* chez les Slaves, & chez les Hongrois.

MIEZA, parc aux portes de Stagire que Philippe abandonna à Aristote pour y donner des leçons, après qu'il eût détruit la ville de Stagire. Plutarque dit que de son tems on y voyoit encore des siéges de pierre qu'Aristote avoit fait faire, & de grandes allées couvertes d'arbres où on se promenoit à l'ombre.

Voilà donc une démonstration, que le mot MES désigne les forêts. On y voit aussi l'usage des Slaves de mouiller la premiere consonne d'un mot.

— ville de l'Aimathie, en Macédoine, entre Scydra & Cyrius.

MESSE, dans la Laconie, abondante en colombes, dit Homère.

METIO-SEDUM, au-dessus de Paris, & dont il est parlé dans Jules-César, au sujet du siége de Paris par Labienus C'étoit une Ville placée certainement dans une contrée grasse & fertile.

MEDE-ON, ville de la Béotie, ville riante, dit Homère, IL. II.

— ville de la Phocide, à vingt milles de la précédente. Les Géographes disputent quelle des deux dut son origine à l'autre : ce n'est point cela ; la bonté de leur sol les fit nommer de même.

MEDIO-LANum, *mot à-mot*, terre grasse & fertile, nom commun à nombre de villes Celtiques.

— *Aulercorum*, ou Evreux, en Normandie.
— *Inguernis*, ou Moyland, selon Cluvier, près de Cologne.
— *Insubriæ*, ou Milan, Capitale du Milanois.
— *Ordovicum*, ou Meivod, au Comté de Montgomery, dans la principauté de Galles, & dans une vallée très fertile.
— *Santonum*, ou Saintes, capitale de la Saintonge.

O c, Elévation.

Oc, dans toutes les Langues désigna élévation.

OCHA, haute montagne de l'Eubée.
Ox-Yneia, sur l'Ion en Thessalie.
Mol-Ychria, en Etolie : *mot-à-mot*, ville sur une montagne élevée.

O N.

ON, signifia toujours charge, poids, élévation.

Oneii, chaîne de montagnes vers le golfe de Corinthe.
On-Cheste, dans la Béotie, sur le Mont Sphingis.
Onius, dans l'Elide, sur le Selleis, au pied du Mont Pholoé.
On-Chesme, dans l'Epire, sur les montagnes de la Thesprotie vers la mer.

O P, Vallon.

Opus, capitale des Locres Opuntiens, dans une vallée.
Or-Opus, vers l'embouchure de l'Asope dans la Béotie.
Eup-Oria, chez les Bisaltes près du Strymon.
Eur-Opus, sur l'Axius, dans la Péonie.
— sur le Drilo, dans l'Illyrie.
— sur l'Aliacmon, dans l'Emathie.
As-Opus, dans la Laconie merid. sur la mer.
— quelques rivieres de ce nom, *mot-à-mot*, Eau de la Vallée : *voyez* ci-dessus As.
Al-Opus, dans les vallées des Locres Opuntiens.
— dans les vallées des Locres Ozoles.
Eup-Alia, dans les vallées des Locres Ozoles.

O R.

OR, désigna constamment des pays de montagnes.

Or-Belus, chaîne de montagnes de la Dardanie, au nord de la Macédoine.
Or-Belia, contrée de l'Orbelus.
Or-Estæ, habitans des montagnes qui terminent l'Illyrie au midi. C'est un conte que leur nom vint d'Oreste fils d'Agamemnon.
Hor-Esti, peuple de l'Ecosse Méridionale, qui portoit le même nom

PRÉLIMINAIRE. cxxvij

à cause de ses montagnes, & certainement Oreste n'alla pas chez eux.

OR-Esta, en Thrace.
JOR-ia, montagne & peuple de la Macédoine.
HOR-Minia, & *Hyrmina*, ville & montagne sur la côte de l'Elide Septentrionale.
CYN-Ourias, montagne de l'Arcadie, d'où sort l'Inachus.

P A I.

PAI, POI, mot Celtique, Persan, Tartare, &c. qui signifie dos, haut, noble.

PŒ-Onie, pays de montagnes cultivées au nord de la Macédoine, & dont les peuples s'appellent Péoniens.
PŒ-*us*, montagne peu élevée de la Thessalie vers les sources du Penée.
PŒ-Onius *Ager*, pays de collines dans l'Amphaxia en Macédoine.
PŒ-Onia, ville de l'Attique.
PHŒ-Stus, ville du Pœus en Thessalie.
PŒ-Oples, montagnes entre la Thrace & la Macédoine, à l'orient du Strymon.
PŒ-Men, montagne du Pont; le Parthenius en descendoit.
PŒ Mænium, montagne de la Macédoine, *Etien. de Byz.*
PŒ-Cilus, montagne de l'Attique, *Paus.* I. 37.

P A L, Elevé.

PEL-Lasgia, pays des Pelasges, depuis le Danube jusques au Péloponèse inclusivement à cause des chaînes de montagnes qui le coupent en bandes paralelles.

PEL-Lasgiotis, le nord montagneux de la Thessalie, qui conserva le nom primitif de la contrée.
PIM-Pla, montagne de Béotie.
PEL*ius*, montagne de la Magnésie en Thessalie.
PELa-Gonia, sur les montagnes de la Thessalie occidentale.
PELion, dans les montagnes des Dissaretes en Macédoine.
PHOLoé, montagne de l'Arcadie.
PHYLé, forteresse de l'Attique.

PAN, Elevé.

PAN, PEN, désigna toujours la tête, le sommet, les montagnes élevées, *Orig. Lat.* CXLV, & *suiv.*

>PANGÉES, montagnes de la Macédoine vers la Thrace.
>PIN-DE, chaîne de montagnes dans la Theſſalie, d'une mer à l'autre.
>— montagne & riv. de la Doride.
>PEN-TELICUS, montagne de l'Attique.
>PEN-ESTÆ, Peuple des montagnes de Theſſalie.
>— Peuple des montagnes de l'Illyrie.
>LE-PANThe, *mot-à-mot*, pierre élevée : cette ville eſt à l'entour d'une montagne en pain de ſucre ; *Spon.* II. 32.
>PHANeum, Promontoire de l'Iſle de Chio.
>PHŒNIX ou SPHINGIS, montagne de Béotie.
>— montagne de la Doride d'Aſie à l'Occident du Golfe de Doris.
>— ville ſur une montagne à l'Orient de ce Golfe.
>— port de mer dans l'Iſle de Crète, au midi.

PHAR.

PHAR ſignifie également montagne.

>PAR-NASSE, montagne de Phocide.
>PAR-NON, montagne entre l'Argolide & la Laconie.
>PAR-NES, montagne entre la Béotie & l'Attique.
>PAR-THENius, montagne d'Arcadie.
>PAR-THENI, Peuple des montagnes de l'Illyrie au nord des Taulantiens.
>S-PARTE, ſur une branche du mont Taygette.
>PER-INThe, ſur la côte méridionale de la Thrace, ville en amphithéâtre.
>PYRGOS, ville de l'Elide méridionale.

POT, Grand.

POT, dans toutes les Langues ſignifia grand, élevé, puiſſant : (*Voy.* notre Diſſert. ſur ce mot, *Mond. Prim.* T. VIII.)

POSIDium,

Posi*dium*, Promontoire de Carie ; de *Pot*, grand, & *Seid*, pêche, pêcherie.
— Promont. & ville de l'Ifle de Carpathe.
— Prom. d'Epire, vers Buthrote.
— Prom. de l'Ifle de Chio.
— Promontoire de l'Ifle de *Samos*.
— Prom. de la Phthiotide en Theffalie.
— Prom. de la Bithynie fur la Propontide.
Pot-I*dée*, dans la Macédoine.
Pat-Ras, fur une montagne, branche du haut Cerynée, Wh. II. 8.
Pyth*q*, nom de Delphes, *mot-à-mot*, l'Elevée : dans l'I*liad*. II. Python bâtie fur un rocher.
Psutt-A*lia*, rocher ou Ifle en face de Salamine.
Phthi-O*tis*, contrée de la Theffalie, *mot-à-mot*, l'Elevée.
Pyd*na*, montagne de Crète.
Pit-Y*uffa*, Ifle qui dut fon nom à fes pins élevés, en Grec *Pitus*.
E-Phese, au fond de hautes montagnes dont elle eft environnée comme un cirque.
Bottiée, Province de Macédoine, au fond du Golfe de Therme.
Bod-E*na*, fur une montagne, au pied de laquelle eft un lac dans l'Emathie.

R o d.

De R, élevé, vint Rod, haut : colline, rideau, &c.

Rod-Un*tia*, montagne de la Locride, remplie de fources.
Rod-O*pus*, chaîne de montagnes dans la Thrace, entre la mer Egée, & le mont Hemus.

S a m, Elevé.

Sa*mos*, Ifle montagneufe de la mer Egée.
— ville de cette Ifle fur une Colline.
— ville fur une montagne dans l'Ifle de Cephalenie.
— ou Samo-Thrace, Ifle de la mer Egée fur les côtes de Thrace.
Sam-I*cum*, fur une colline au bord de la mer dans la Tryphylie en Elide.
Sam-Onic*um*, Promont. oriental de l'Ifle de Crète.

Orig. Grecq.

SAR, Elevé.

ZAR-EX, montagne & ville de la Laconie.
ZER-YNTHum, antre & ville de Thrace.
SERRium, montagne de Thrace.
SARonicus, Golfe de Macédoine, à cause des forêts de chênes qui étoient sur ses bords ; c'est le plus grand des arbres.
SAR, SER, SIER, signifie montagne dans les Langues Celtiques.

SUC.

D'oc, élevé, vint SUC, SIC, avec la même signification.

Le SUCHET est la plus haute des montagnes de Suisse vers la Franche-Comté.
SUCH, en Albanois, colline.
SUQUET, en Auvergnat, crête de montagne.
Lo SOUKË en Languedocien, le par-dessus, la bonne mesure.

C'est certainement de là que vint le nom suivant :
SIC-YONE, une des plus anciennes villes du Péloponèse, & qui, bâtie sur une colline, domine le Golfe de Corinthe.

TAL.

TAL, TEL, TIL, désigna, toute élévation : *Orig. Lat.* CXL. &c.

TAL-ETum, Temple du Soleil au sommet du mont Taygette en Laconie.
TAL-ANDa, dans la Béotie sur une montagne.
TIL-ATei, habitans du mont Scomius dans la Thrace : *Thucyd.*
TEL-MESius, montagne de la Béotie.
TAL-ARes, peuple qui habitoit le Pinde dans la Thessalie.
THAL-ANDa, sur la croupe du Cirtonum, autrefois l'Opus des Opuntiens, WHEL. II. 292.
A-TAL-ANTE, dans l'Emathie.
A-TAL-ANTES, Peuple de l'Eubée.
TYLOS, ou ŒTYLOS, dans la Messenie, *Strab.* 552.
TIL-PHUSa, montagne, ville & riviere de Béotie.
THEL-PHUSa, sur l'Erymanthe en Arcadie.

TAN.

TAN, DAN, TAIN, désigna élévation, Montagne pareille à une dent.

 TAN-AGREA, dans la Béotie sur une montagne.
 TAIN-ARE, Promont. le plus méridional du Péloponèse qui fait l'extrémité de la Pélasgie au midi, & formé par le mont Taygette.
 TI-TANE, les sommets blancs du Titane, dit Homère, en Thessalie.

THOR.

De TOR, taureau, grand, fort, élevé, vint le nom d'un grand nombre de Montagnes, même dans la Grèce.

 THOR-Icum, Promont. de l'Attique.
 THURia, de Messenie, appellée anciennement ASPeia, parce qu'elle étoit sur une colline élevée.
 THERa, Isle de la mer Egée, appellée par la même raison.
 CAL-ISTO, de CAL, montagne, tout comme THER.

TRE.

TRE, mot Celtique qui signifie habitation, qui s'est écrit aussi TREF, TREW : *Orig. Lat.* CCXIII. Il existe en terminaison chez les Grecs, dans les Noms de

 LEUC-TRES, CELE-THRUM, METHI-DRIUM, TRŒ-ZENE, &c. dont nous avons déjà parlé.

PARTIE SECONDE.

ARTICLE I.

Divers Systêmes sur l'Origine des Grecs.

Tel est le Tableau en raccourci de la Pélasgie entiere, & telle est une partie des rapports qu'on remarque entre les noms que ses Habitans imposerent à leurs Contrées, & la Langue Celtique mere de toutes les Langues d'Europe. Il ne s'agit plus que de découvrir de quelle Contrée vinrent les Pélasges ; mais auparavant, rendons compte, suivant notre coutume, de ce qu'ont pensé à cet égard les Savans les plus distingués.

Exposition des Systêmes de divers Savans sur l'Origine des PÉLASGES.

L'Origine des Pélasges, premiers habitans de la Grèce, étoit trop intéressante pour n'avoir pas excité l'attention des Savans ; nous avons donc dû chercher premierement ce qu'ils en ont dit, avant de nous en occuper nous-mêmes : on n'aura pas de peine à se convaincre par la notice que nous en allons donner, combien peu ils avoient répandu de jour sur ces Origines, & combien ils nous avoient laissé à faire.

M. l'Abbé GEINOZ.

Le premier qui paroît avoir traité cet objet *ex-professo*, est M. l'Abbé GEINOZ (1) ; cependant dès le premier pas il déclare qu'il ne

---

(1) Mém. de l'Acad. des Inscr. & Belles-Lettres, T. XIV. pag. 154.

veut pas remonter au-delà de ce que nous en ont appris les Auteurs Grecs ; il laisse aux Amateurs d'étymologies à former des conjectures sur le nom *Pelasgus*, & à décider d'après le rapport que ce nom peut avoir avec quelque mot de la Langue Phénicienne, si les Pélasges sont Phéniciens d'origine, ou s'ils sont une colonie de quelqu'autre peuple de l'Orient : il se contente de les prendre dans la Grèce où il les trouve établis dès la plus haute antiquité.

M. Geinoz a donc eu tort d'annoncer qu'il alloit faire des Recherches sur l'origine des Pélasges, puisqu'il se contente de les prendre dans la Grèce où il les trouve ; & lorsqu'il laisse aux Amateurs d'éytmologies à former des conjectures sur le nom des Pélasges, il prouve qu'il eut raison de renoncer à ces Recherches, puisqu'il n'avoit aucune idée de la Science Etymologique qui n'existoit point encore, quoiqu'on fût inondé de prétendues étymologies ; science sans laquelle il faut se résoudre à ne rien écrire sur l'origine des Peuples & des Langues, à moins qu'on ne veuille errer dans le vague, comme va faire M. l'Abbé Geinoz.

Il cite tous les Anciens pour nous apprendre que les Pélasges sont antérieurs aux *Hellenes*, nom d'une partie des Grecs, & que la contrée qu'on désigna par le nom d'*Hellas*, s'étoit appellée auparavant *Pélasgie* : il les cite, pour nous apprendre que le nom d'Hellenes vint d'Hellen, fils de Deucalion, & qu'il désigna d'abord les Phthiotides en Thessalie ; mais que par rapport aux Pélasges, les uns les faisoient venir de l'Arcadie, province du Péloponèse qui s'appella lui-même Pelasgia, tandis que d'autres les font venir de la Thessalie. Ces deux opinions étant inconciliables, il cherche quelle des deux est la vraie.

Pour cet effet, il commence par examiner les sentimens de SAUMAISE qui s'étoit décidé pour la derniere (1) : mais quoique M

---

(1) Dans son Traité de la Langue Hellenique.

Geinoz paroisse penser comme lui, ce n'est pas d'après les mêmes motifs.

Saumaise suppose que dans le Déluge de Deucalion tous les habitans de la Grèce périrent, à l'exception de ceux qui se réfugierent sur les hautes montagnes de la Thessalie ; & que ceux-ci repeuplerent insensiblement toute la Grèce ; mais M. Geinoz anéantit cette preuve, en niant l'existence de ce prétendu Déluge qu'il soupçonne n'être autre chose qu'un souvenir confus de celui de Noé.

Saumaise remarque, 2°. que les Peuples du Péloponèse sont presque tous sortis de la Thessalie, tels les Eoliens, les Doriens, les Ioniens, les Achéens ; & que dans toutes ces Contrées, on n'a parlé que la Langue Grecque : cependant, objecte M. Geinoz, Hérodote appelle barbare, la Langue des Pelasges. Il n'est donc nullement satisfait des motifs sur lesquels s'appuyoit Saumaise.

Il présente ensuite, mais comme une *simple conjecture*, qu'il y a apparence que la Grèce a plutôt commencé à se peupler par sa partie septentrionale que par sa méridionale. L'Histoire nous apprend qu'il est sorti du Nord de tout tems des essains d'hommes qui se sont répandus vers le midi : les Colonies venant d'Orient ont passé vraisemblablement d'Asie en Europe par le détroit de l'Hellespont, ou elles ont fait le tour du Pont-Euxin par la Scythie. Dans ces commencemens, on n'étoit pas encore assez versé dans l'Art de la navigation pour risquer d'abord un trajet aussi considérable que l'est celui de la Phénicie ou de l'Asie mineure jusqu'au Péloponèse : on se contentoit de naviguer le long des côtes, sans oser s'en écarter jusqu'à les perdre de vue : ainsi les Pélasges auront commencé par se répandre dans la Thrace : delà s'avançant vers le midi, ils seront entrés dans la Thessalie, où la beauté & la douceur du climat & la fertilité de la terre, les auront fixés. Enfuite s'étant extrêmement multipliés; il en fera forti des Colonies pour aller s'établir dans la Béotie, l'Attique, la Phocide, l'Epire, dans le Péloponèfe, en un mot dans tout le continent de la Grèce qui a porté pour premier nom celui de Pélafgie.

Pour faire adopter cette idée, il combat la Chronologie de Denys d'Halicarnaffe, qui fuppofe que les Pélafges defcendirent dans la Theffalie, dont ils chafferent les Barbares, & qui à leur tour en furent chaffés à la fixiéme génération par Deucalion, & il cite d'autres Chronologiftes, {tels que Charax & Clément d'Alexandrie, qui prétendent que les Pélafges ne s'établirent dans l'Arcadie que deux générations avant Deucalion. Mais déjà avant ce tems-là, il s'étoient mis en poffeffion d'une grande partie de l'Italie, comme le rapporte fort au long ce même Denys d'Halicarnaffe.

Il reléve enfuite une faute groffiere de ce favant Grec qui appliqua très-mal-à-propos à la ville de Crotone en Ombrie, ce paffage d'Hérodote qui regarde une ville de Thrace. » S'il en faut » juger par les Pélafges qui fubfiftent encore aujourd'hui, & qui » habitent la ville de *Creftone*, située au-deffus des *Tyrféniens*, nous » trouverons que les Pélafges parloient anciennement une Lan-» gue barbare.

M. Geinoz s'appuie auffi d'un paffage de Thucydide, où cet Hiftorien dit que les côtes de la Thrace près du mont Athos étoient habitées en partie par des Tyrrheniens.

Enfin, il reléve avec raifon Saumaife, qui attribue aux Hellenes toutes ces migrations que Denys & Hérodote croyent avoir été faites par les Pélafges.

Tel eft le précis de cette Differtation dont nous n'avons omis un mot intéreffant, & dont l'article fondamental regarder Deucalion comme ayant vécu très-poſtérieurement aux établiſſemens des Pélaſges dans la Grèce, & à le regarder comme chef d'un Peuple différent.

Sa Diſſertation fut ſuivie quelque tems après d'une autre du même Auteur (1). Nous y voyons les Pélaſges revenir de l'Italie, deux générations avant la guerre de Troye, avec la dénomination de *Tyrſeniens* : être reçus par les Athéniens qui ſont forcés de les chaſſer ; s'emparer alors de l'Iſle de Lemnos, d'où ils furent encore chaſſés par le fameux Miltiade ; enfin, paſſer de-là dans la Thrace, où ils occuperent ſous ce même nom de Tyrſeniens, la Creſtonie, Province voiſine de la Macédoine.

M. Geinoz ſuppoſe enſuite que d'autres Pelaſges diſperſés par Deucalion s'établirent dans la Béotie, la Phocide, l'Eubée, ſur les côtes de l'Aſie mineure, dans les Iſles de Leſbos, de Crète, dans les Cyclades, dans tous les lieux où l'on trouve des villes appellées Lariſſe.

Il fait voir qu'enfin leur nom commença à tomber dans l'oubli peu de tems après la guerre de Troie ; il en attribue les cauſes à la confédération des Hellenes. Il convient que ce Peuple étoit laboureur, quoiqu'il le faſſe errant & vagabond : que ſa Religion n'avoit rien de commun avec celle des Phéniciens : & il diroit volontiers avec Hérodote, que leur Langue étoit différente de celle des Hellenes.

M. DE LA NAUZE.

M. de la NAUZE, Confrere de M. l'Abbé Geinoz, enchériſſant ſur lui, ſe propoſa de prouver (2) que les Pelaſges & les

---

(1) Mém. de l'Acad. des Inſcr. & Bell. Lett. Tom. XVI. pag. 106.
(2) *ib.* T. XXIII. 115.

Hellenes

Hellenes furent deux Nations tout-à-fait différentes : que les Pélasges en s'incorporant avec les Hellenes cesserent d'être Pélasges : que l'incorporation étoit déjà consommée dans toute la Grèce, dès avant la guerre de Troie ; que les Grecs ne prirent cependant le titre d'Hellenes que postérieurement à la même guerre; que les Eoliens, les Ioniens & les Doriens furent les trois branches du Corps Hellénique toujours distingué de la Nation Pélasgique : & que si l'on a quelquefois dit des Eoliens & des Ioniens qu'ils avoient été précédemment Pélasges, c'est uniquement parce qu'ils avoient succédé à des Pélasges dans un même pays.

Il ajoute avec raison ; que ces objets » sont comme le fonde-
» ment de toute l'Histoire de l'ancienne Grèce, & que c'est ce qui
» doit faire excuser l'aridité inséparable de ces sortes de recher-
» ches, où la décision des points les plus importans, tient sou-
» vent à des minucies apparentes de Chronologie ou de Gram-
» maire ».

Deucalion, dit-il, fils de Prométhée Roi des Scythes, & tige des Hellenes, s'établit dans la Phthiotide, contrée de Thessalie, tandis que le reste de la Thessalie étoit rempli de Pélasges : dans la suite Deucalion fit la guerre à ces derniers, & les chassa pour la plûpart hors du pays : une portion de ces fugitifs passa en Italie, & y porta les noms de Grecs & de Grèce, nom ancien des Thessaliens & de la Thessalie.

Tel est le système de M. de la Nauze : tels sont les principes qu'il pose comme démontrés : aussi toute la suite de ses raisonnemens n'est qu'une pétition de principes. L'Histoire entiere des Pélasges & des Hellenes ne lui offre plus que deux peuples très-différens l'un de l'autre : leurs Langues, dit Hérodote, n'étoient-elles pas différentes ?

Les Hellenes furent composés des descendans d'Eolus & de

Dorus, fils de Deucalion, & de ceux d'Ion son petit-fils par Xuthus. Les premiers Eoliens furent les Hellenes Thessaliens; les premiers Ioniens furent les Athéniens. Quant aux Doriens, ils habiterent au pied du Mont Ossa, & du Mont Olympe, d'où ils passerent dans l'isle de Crête, où ils trouverent des Pélasges.

Il rencontre cependant en son chemin un passage singulier d'Hérodote (1), qui dit que les Ioniens Asiatiques, tant ceux des isles que du continent, étoient une nation Pélasgique qui fut connue ensuite sous le nom d'Ioniens: il s'en débarrasse en l'appliquant à la contrée, & non à la nation; en disant que le même pays dont les premiers habitans furent des Pélasges, devint Ionien lorsque le peuple de ce nom eut chassé les Pélasges qui avoient habité la contrée avant eux: ce qui est purement gratuit.

Enfin, il s'attache à un passage du même Auteur, susceptible de divers sens, & qu'il explique ainsi: « Crésus trou-
» va les Lacédémoniens & les Athéniens à la tête, les uns
» du peuple Dorien, & les autres du peuple Ionien, car ces
» (Ioniens là, & ces Doriens là, étoient alors les peuples) les
» plus distingués (dans la Grèce), après avoir anciennement
» succédé, celui-là à un peuple Pélasgique, & celui-ci à un peuple
» Hellénique; le premier ne s'est jamais déplacé, & l'autre avoit
» été extrêmement errant; car, ajoute Hérodote, il habita suc-
» cessivement la Phthiotide, l'Histiéotide, le Mont Pinde, la
» Dryopide & le Péloponèse où il fut appellé Dorien ».

M. Gibert.

M. Gibert, qui préparoit une Edition d'Hérodote, de même que M. l'Abbé Geinoz, se mit sur les rangs pour expliquer à son

---

(1) Liv. VII. c. 95.

tour ce fameux & fatal paffage d'Hérodote, auquel, comme aux Oracles énigmatiques, on attribuoit des fens fi divers, même fi oppofés. Il y vit ceci: « Les Ioniens-Athéniens qui étoient Pélaf-
» ges d'origine, ne fortirent jamais de leur pays: les Doriens-La-
» cédémoniens qui étoient Hellenes, ont été fort errans ». (1)
C'eft que, felon lui, les Athéniens, nation Pélafgique, devinrent Ioniens purement & fimplement, en prenant Ion pour chef de leur République.

M. DE LA NAUZE ne fut pas convaincu, & continua à voir dans ce paffage, que les Athéniens avoient fuccédé à une nation Pélafgique, & les Lacédémoniens à une nation Hellénique (2).

M. GEINOZ revint avec la fienne : « la Nation Hellenienne ne » fortit jamais de fon pays : mais la Pélafgienne fut fort errante »; écartant ainfi les Athéniens & les Lacédémoniens, auxquels ces autres Académiciens rapportoient mal-à-propos, felon lui, cette parenthèfe d'Hérodote. Les Pélafges, anciens habitans de la Grèce, formerent, felon M. Geinoz, une branche fous le nom de Doriens, qui s'étoit établie à Lacédémone : tandis qu'une branche d'Ioniens ou Helléniens s'établit à Athènes.

Il fait voir enfuite que c'eft très-mal-à-propos qu'on fait dériver le nom des Pélafges de Pélafgus, fils de Lycaon, Roi d'Arcadie, puifque déja avant lui ce nom exiftoit, & que le paffage d'Héfiode qu'on cite pour le prouver, n'en dit abfolument rien.

Et il démontre fort bien, contre M. de la Nauze (3), que les Tyrféniens, voifins de Creftone, habitoient la Thrace & non l'Italie : & qu'ils étoient ces mêmes Pélafges qui avoient autrefois habité Lemnos & Athènes.

---

(1) Mém. de l'Acad. des Infcrip, T. XXV. Hift. 12.
(2) Ib. pag. 17
(3) Ib. pag. 29.

M. GIBERT ne se contenta pas de cette légère escarmouche; il fit paroître un Mémoire complet sur les premiers habitans de la Grèce : (1) selon lui, Deucalion, petit-fils de Japet, est un petit-fils de Japhet, & pere des Hellenes, premiers habitans de la Grèce & vrais sauvages. Tandis qu'Inachus, Prince venu de l'Orient, est le chef des Pélasges, Nation civilisée qui conquit la Grèce sur les Hellenes, & qui s'étendit du midi au Nord.

M. FRERET.

M. FRERET, à qui l'Antiquité est si redevable, s'occupa, à l'imitation de tant d'autres, de ces objets, & s'en occupa essentiellement. M. de Bougainville, Secrétaire de l'Académie des Inscriptions & Belles-Lettres, nous apprend (2) qu'il avoit composé un Traité fort étendu sur l'origine & l'ancienne Histoire des premiers habitans de la Grèce : qu'il remontoit aux sources, & que joignant la critique à l'érudition, il cherchoit moins à établir un système qu'il eût formé d'avance, qu'à déouvrir & mettre dans un nouveau jour le système résultant de la réunion de passages épars dans les meilleurs Ecrivains.

Il trouvoit qu'on étoit tombé à cet égard dans une multitude d'erreurs : « Plusieurs, dit-il, confondant les originaires du pays
» avec trois ou quatre Colonies peu nombreuses qui les ont po-
» licés, font venir d'Egypte ou de Phénicie ceux qui ont les pre-
» miers habité la Grèce : quelques-uns les tirent de la Phrygie ou
» de l'Asie Mineure : d'autres en ont fait des Celtes, des Ger-
» mains, des Suédois, des Livoniens, des Hongrois. Dans la vue
» d'associer à la célébrité de la Nation Grecque leur propre na-

---

(1) *Ib.* Mém. pag. 1.
(2) *Ib.* Tom. XXI. Hist. pag. 7.

» tion, ou celle que le genre de leurs études leur faifoit affection-
» ner, tous ont cherché dans l'Hébreu, dans le Hongrois, dans
» l'Allemand, dans le Breton, l'origine du nom de la plupart des
» Peuples, des Villes, des Héros de l'ancienne Grèce, comme fi
» les premiers Grecs n'avoient point eu de Langue particuliere,
» ou ne s'en étoient pas fervis pour former aucun de ces noms.
» Si nous confultons ces Critiques fur ce qu'on doit penfer de
» l'ancienne Hiftoire de ce Peuple, pofant tous pour principe
» que les FABLES ont un FONDEMENT HISTORIQUE, ils nous ré-
» pondent; les uns, que les plus abfurdes fictions des Poëtes
» font des événemens imaginés d'après ceux que rapporte la Ge-
» nèfe : les autres, qu'il faut reconnoître dans ces fictions, des
» faits antérieurs à l'arrivée des Colonies Orientales, faits vérita-
» bles pour le fond, mais altérés par le merveilleux dont la fu-
» perftition & la poéfie les ont chargés d'âge en âge. Les Parti-
» fans de ce dernier fyftême, aujourd'hui prefque général, ne font
» pas réflexion qu'ils donnent aux Dieux, regardés comme les
» anciens Rois de la Grèce, des Villes, des Palais, des Flottes,
» des Armées nombreufes, dans un tems où, de l'aveu des meil-
» leurs Ecrivains de l'Antiquité, la Grèce étoit habitée par des
» Sauvages difperfés dans les forêts, fuyant à la rencontre les uns
» des autres, ignorant les arts les plus néceffaires, ayant pour
» toute retraite le creux des arbres ou des rochers, pour toute
» nourriture le gland & les fruits que la terre produit d'elle-
» même ».

Son Ouvrage d'ailleurs, dont je ne connois que la fuccinte analyfe dont je parle ici, étoit divifé en VII articles.

Le premier étoit un Tableau Géographique de la Grèce, plus détaillé, dit-on, que nos meilleures Cartes.

Le fecond traitoit des Colonies Orientales au nombre de quatre, dont trois Egyptiennes ; celle d'Inachus en 1970 avant l'Ere Chrétienne ; celle de Cecrops en 1657 ; celle de Danaus en 1586 : & une Phénicienne, celle de Cadmus en 1594.

Le troisieme rouloit sur la Religion des Grecs, & sur-tout sur les Divinités apportées par chacune de ces Colonies : il contenoit aussi des recherches profondes sur les Mystères & les Initiations anciennes.

Le quatrieme étoit destiné à l'examen de l'origine des Grecs suivant Moyse. Ici, le Savant Académicien trouvoit qu'il étoit absolument contraire au récit de Moyse de chercher le moindre rapport entre la Langue Grecque & la Langue Hébraïque ; & dans le dénombrement des fils de Noé, l'origine de tous les Peuples de notre tems : que cependant c'est aux Grecs qu'il faut appliquer ce que Moyse dit de Javan & de ses quatre fils ; mais qu'il est difficile de déterminer quels Peuples ils ont formés : il reconnoît le Péloponèse dans Elisa, la Macédoine dans Kettim; il ne peut trouver nulle part Dodanim ; & quant à Tharsis, il suppose qu'il peupla les isles de la mer Egée.

Dans le cinquieme article, il convient que les habitans de la Thrace, de la Macédoine & de l'Epire, étoient Grecs dans l'origine, quoiqu'ils ayent été traités de Barbares par les Hellenes ou par ces Grecs qui avoient formé une confédération particuliere: tandis que le nom de Pélasges est celui de tous les Grecs avant cette confédération.

Le sixieme article étoit destiné à montrer que les anciens habitans de la Lydie, de la Carie, de la Mysie ; que les Phrygiens, les Pisidiens, les Arméniens même ; en un mot, presque tous les Peuples de l'Asie Mineure, formoient dans l'origine une même Nation avec les Pélasges ou Grecs Européens : ce qu'il prouve

PRÉLIMINAIRE. cxliij

par le rapport des Langues de tous ces Peuples, malgré les différences qui en caractérisent les dialectes.

Nous avons déjà parlé du septieme article, où il cherche quelle est la Langue générale dont la Grecque & l'Esclavonne ne sont que des dialectes, & qui n'a pu être que celle des anciens Getes & Thraces; en sorte qu'il est impossible de ne pas conclure que les anciens habitans de la Grèce étoient Thraces.

N'omettons pas que dans un autre volume postérieur à celui-ci (1), on a inféré une Dissertation du même Savant sur les Déluges de Deucalion & d'Ogygès, & qui se lie avec la grande question de l'origine des Grecs, parce qu'il y nie que ces Déluges eussent le moindre rapport de près ou de loin avec celui de Noé, assurant qu'ils n'avoient été que des inondations locales; l'une en Thessalie, l'autre en Béotie, semblables à celle qu'occasionna souvent le lac Copaïs. Ceci tomboit sur M. l'Abbé Geinoz son confrere, qui avoit regardé ces Déluges comme une altération de celui dont parle Moyse.

M. l'Abbé BELLEY.

Les dernieres recherches que je trouve sur l'origine des Grecs dans les Mémoires de cette Savante Académie, sont de M. l'Abbé Belley (1), sous le titre d'*Observations sur les plus anciennes Peuplades de la Grèce*. L'objet est précisément le même que celui du quatrieme des sept articles de M. Freret dont nous venons de donner l'analyse; & dont il paroît que M. l'Abbé BELLEY n'a eu aucune connoissance: du moins il ne le cite pas, soit lorsqu'il se ren-

(1) Mém. de l'Acad. des Inscr. & Belles-Lettres. T. XXIII. pag. 119.
(2) Ib. T. XXXI. Hist. pag. 199.

contre avec lui, foit lorfqu'il ne penfe pas de même; nous n'en donnerons donc ici qu'une légère idée. Il reconnoît avec Bochart, & comme Freret, *Elifa* pour chef des habitans du Péloponèfe: *Tharfis* fut, felon lui, le pere des Crétois; *Cettim*, celui des Macédoniens & de l'Italie méridionale ou de la grande Grèce: quant à *Dodanim*, il y reconnoît Dodone, & il en fait fortir les Peuples de l'Epire. Ce font les vrais Pélafges, dit-il, peuple vagabond, & bien nommé, puifque *Dod*, fuivant Bochart, fignifie en Hébreu, vie errante; & que telle fut la caufe du nom de la célèbre Didon, comme on lit dans le grand Etymologique Grec.

Enfin, il voit les Thraces dans *Thiras* dernier fils de Japhet.

RÉSULTATS NULS.

Il n'eft aucun de nos Lecteurs qui n'ait fenti en parcourant ces diverfes opinions, combien elles font infuffifantes ou nulles pour éclaircir les grandes queftions qu'on y difcute: que leurs Auteurs fe font attachés à des objets en fous-ordre, au lieu de traiter la queftion dans fes principes & dans fes fondemens: que les uns ayant craint de remonter à la premiere origine des Pélafges ou des Grecs, fe font réduits à des généralités vagues qui ne prouvent rien, qui n'éclairciffent rien: que ceux qui ont eu le courage de remonter plus haut & de s'aider de Moyfe, n'ont retiré prefqu'aucun fruit de leur courage & de ces rapports, parce qu'ils n'ont pû réfoudre les difficultés qu'ils ont rencontrées en leur chemin: que tous ont échoué, parce qu'ils ont tous été dans l'erreur au fujet de Deucalion dont ils n'ont pu découvrir l'origine, & qu'ils ont tous cru être un perfonnage né dans la Grèce, long-tems après qu'elle eût été peuplée, & chef des Hellenes ennemis des Pélafges; enforte qu'ils ont été réduits à raffembler

quelques

quelques faits épars dont ils n'ont pu faire un tout, & à perdre leurs peines misérablement à un passage vague qui, eût-il été parfaitement clair, devenoit l'obscurité même dès qu'on s'étoit égaré relativement aux faits auxquels il se rapporte, & qui ne peint d'ailleurs que l'opinion d'un Historien qui n'avoit lui-même aucune des connoissances nécessaires pour discuter un fait de cette nature. Aussi que résulte-t-il de tant de recherches, de tant de discussions? Rien, absolument rien, qu'un cahos de contradictions & d'incertitudes de toute espèce, sans aucune lumiere qui puisse faire espérer de les dissiper.

On veut nous apprendre l'origine des Pélasges : & on ne sait d'où ils viennent. On cherche quelle différence il y eut entr'eux & les Hellenes : & on ne sait que croire. Les uns disent que ce sont deux Nations étrangeres l'une à l'autre, & dont l'une extermina l'autre : les autres assurent qu'il n'en est rien, & que le nom d'Hellenes ne fut qu'un changement de nom dans quelques Nations Pélasgiques. Tous s'étayent d'un passage d'Hérodote, & ce passage est une énigme où chacun voit tout ce qu'il veut. Tous parlent de Deucalion comme chef des Hellenes, & il est pour eux un homme tombé des nues, sans qu'on se mette en peine de son origine ; encore moins, comment il se trouve dans la Grèce au milieu des Pélasges. Quelques-uns, en petit nombre, ont le courage de remonter jusques à Moyse ; mais ils se perdent bientôt dans un labyrinthe dont ils ne peuvent sortir, manque d'un fil qui les conduise surement : s'ils reconnoissent Elisa & ses descendans dans l'Elide ou le Péloponèse, & Kethim dans la Macédoine, ils ne savent où prendre Dodanim & Tharsis ; bien moins encore s'en servir pour débrouiller l'histoire de Deucalion, & celle de ses enfans, pour démêler les Pélasges des Hellenes : ainsi la vérité leur échape à chaque inftant ; & quand on les a lu, on eft tout auffi peu inftruit & auffi peu éclairé qu'auparavant.

Effayons donc de faire mieux: dans cette vue, montrons, 1°. que Moyfe a parfaitement décrit les quatre grandes divifions de la Grèce primitive ou de l'Ionie Pélafgique : 2°. que l'hiftoire de Deucalion s'accorde parfaitement avec ce récit de Moyfe, & qu'il eft pere, non-feulement des Hellenes, mais de toute l'Ionie Pélafgique : 3°. que les Hellenes ne furent qu'une portion des Pélafges, précifément ceux qui habitoient entre la Macédoine & le Péloponèfe : 4°. que les Grecs s'étant trompés à cet égard, ont totalement brouillé leur chronologie & leurs origines, qui dès ce moment fortent du cahos dans lequel elles étoient plongées.

ARTICLE II.

Vrai Syftême de l'origine des Grecs.

§. I.

Des quatre fils d'ION mal-à-propos appellé Javan.

MOYSE.... Mais qu'eft-ce que Moyfe a de commun avec les Grecs ? diront ceux qui affectent de ne faire aucun ufage des connoiffances hiftoriques de Moyfe, fous prétexte qu'il ne faut pas mêler le facré avec le profane ? hé-bien ! le voici : c'eft de nous avoir confervé le vrai tableau de l'origine primitive des Grecs : c'eft de nous avoir tranfmis une tradition infiniment précieufe dont les Grecs eux-mêmes ont laiffé flétrir la pureté : c'eft en apprenant aux Ifraélites leur propre origine, d'avoir tracé de main de maître la premiere Carte Géographique qui ait exifté,

PRELIMINAIRE.

restes précieux des antiques connoissances qu'on iroit acheter au poids de l'or chez les Indiens, les Chinois ou les Mexicains, & qu'on dédaigne parce qu'on les trouve dans l'ouvrage d'un Législateur, qui, n'eût-il été qu'un homme ordinaire, auroit droit de nous étonner par ses profondes connoissances dans les Arts & dans les Sciences ; & qui joignoit à l'avantage d'être Historien, celui de Poëte sublime : aussi FRERET, le savant & dédaigneux FRERET, a-t-il eu soin de profiter sans cesse de ses lumières, autant qu'il l'a pu, étant peu versé dans la critique Orientale, & dans la science étymologique qu'il entrevoyoit, sur laquelle il avoit de brillans apperçus ; mais dont il n'avoit pu faire un corps, encore moins résoudre les objections auxquelles donnoient lieu des principes mal assurés.

Moyse traçant la Généalogie des enfans de Noé, nous dit que JAPHET ou JAPET, un des fils de Noé, eut lui-même sept fils : que le quatrieme s'appelloit יון, ION, ou, suivant la lecture postérieure des Massorethes, Javan : & que celui-ci fut pere d'*Elisa, Tharsis*, ou plutôt Thrasis, *Ketim & Dodanim*.

Personne qui n'ait vu que cet ION étoit le pere des Grecs, & qu'il falloit chercher chez les Grecs quatre Nations formées par ses quatre fils ; mais c'est ici où l'on s'est égaré.

ELISA, c'est l'Elide ou le Péloponèse, a-t-on dit, tout d'une voix.

KETIM, c'est la Macédoine ou la grande Grèce d'Italie, parce qu'il est dit dans les livres Hébreux qu'Aléxandre le Grand vint du pays de Ketim, &c.

DODANIM... celui-ci a commencé à embarrasser : c'est Dodone, ont dit les uns : mais une fontaine & une forêt de chênes ne sont pas un Peuple, ont dit les autres : le nom est donc altéré; a-t-on conclu; & on en a fait Rhoda-nim; dès-lors on y a vu *Rhodes*, comme si cette Isle étoit une des quatre grandes nations Pélasgiques; ou le Rhône, *Rhodanus*, comme si ce fleuve étoit dans la Grèce.

THARSIS... une fois qu'on a été dérouté, & qu'on n'a plus su où commençoit, où finissoit la Pélasgie, on a été hors d'état de démêler la vérité, & l'on a vu Tharsis par-tout où il n'étoit pas, à Tarse, à Thasos, à Tartesse en Espagne, &c.

C'est ici où l'on pourroit dire à Messieurs les Erudits: n'écrivez pas ou respectez-vous mieux, vous & la vérité: ne l'alterez pas par des fictions & par des assertions dénuées de sens.

Nous l'avons vu, la PÉLASGIE embrasse tout le terrein entre le Danube & la mer du Péloponèse: & ce terrein est divisé par la nature en quatre bandes paralelles: c'est donc-là que nous devons trouver le partage des quatre fils d'ION dont le pays s'appelle encore aujourd'hui IAUNA chez les Turcs qui en sont les possesseurs.

La THRACE nous montre de la maniere la plus sensible que là s'établit THARSIS, ou Trasis par une prononciation adoucie à la Grecque & à la Françoise même, où nous disons Alexandre au lieu d'Alexander.

KETIM est le pays des Getes au nord de la Macédoine, & la Macédoine elle-même, ou *Ma-Ked*, la Grande Gétie.

Dodanim est la contrée entre la Macédoine & le Péloponèse, habitée par les DORIENS selon les Grecs eux-mêmes; c'est donc le second *D*, & non le premier, qu'il faut changer en *R*; lire ר & non ד, *Doranim* & non *Dodanim*, comme nous l'avions déjà dit dans notre troisieme volume page 227.

ELISA désignera les habitans du Péloponèse.

PRÉLIMINAIRE.

Un accord aussi parfait entre les quatre grandes divisions de la Pélasgie, & les quatre fils d'Ion, en démontre la vérité, & que Moyse avoit d'excellens mémoires sur ce pays & sur sa population.

Après avoir éclairci ce fait, passons à ce que les Grecs nous apprennent de Deucalion, & voyons comment il se concilie avec ce que nous venons de dire.

§. II.

DEUCALION.

L'Histoire de Deucalion est la base de la Chronologie & de l'Histoire Grecque : ce personnage est très-remarquable par son déluge, & son arche, & par sa qualité d'être le pere des Grecs ou Hellenes : il est donc impossible de ne pas discuter ce qui le concerne dès qu'on s'occupe des Origines Grecques : mais à cet égard on est très-embarrassé, parce que les Grecs supposent qu'avant lui la Grèce étoit peuplée, ensorte que son déluge n'auroit aucun rapport avec celui de Noé : parce qu'ils ajoutent que sa postérité ou les Hellenes exterminerent les habitans primitifs de la Grèce.

Il étoit impossible aux Historiens Grecs arrivés trop tard de pouvoir se débarrasser de ces difficultés exaspérantes : plus ils étoient éclairés & plus ils devoient se tromper par la finesse & par la multitude des conséquences qu'ils tiroient d'un premier fait dénaturé : mais la solution de ces difficultés ne doit être qu'un jeu pour nous qui avons de plus grands secours, des secours inconnus aux Grecs.

Avant tout, il importe essentiellement de décider si le déluge de Deucalion est le même que celui de Noé ou non : & pour cet effet, de s'assurer si les Grecs ont eu quelque connoissance du déluge même de Noé : jusques alors, nous ne disputerions que sur des mots.

Si les Grecs ont eu quelque connoissance du Déluge de Noé.

Si le déluge de Noé a existé, il doit s'en être conservé des traces chez tous les peuples anciens, soit dans leur Histoire, soit dans leur culte & dans leur mythologie : les Grecs sur-tout, plus raprochés de nous, doivent nous en avoir transmis des connoissances plus nombreuses & plus sures. Ouvrons donc leurs Annales & nous trouverons des récits auxquels personne n'a fait l'attention qu'ils méritent.

Les Grecs racontoient donc que dans l'âge de fer, les hommes se livrerent à toutes sortes de méchancetés, de crimes & de désordres, ensorte qu'Ieou irrité contre le genre humain, prit la résolution d'anéantir cette race perverse, désignée par leur Roi Lycaon ou le loup-ravissant ; & comme dans ce langage symbolique il étoit peint sous cette forme, on prétendit qu'en punition de ses crimes, Jupiter l'avoit changé en loup ; mais cette vengeance ne suffisoit pas : il falloit que tous les hommes expiassent leurs fautes : de-là, le déluge universel, celui de Deucalion, si bien chanté à la même époque par Ovide.

Mais ce n'est pas Ovide qui a imaginé que ces personnages avoient été contemporains : il étoit d'accord avec la tradition Grecque, telle qu'elle a été recueillie par Apollodore dans la Bibliothèque des Dieux.

» Nuc-Timus, dit-il, fils de Lycaon puni par Jupiter, étoit
» Prince d'Arcadie, & c'est sous lui qu'arriva le déluge de Deu-
» calion.

Et voici ce qu'ils disent de Deucalion :

» Deucalion¹, fils de Prométhée & mari de Pyrrha, vivoit dans
» le tems qu'Iou se décida à abolir le siecle d'airain & la race
» abominable qui le formoit : mais par l'inspiration divine, Deu-
» calion construisit une arche de bois appellée Larnax, qu'il
» garnit de toutes les provisions qui lui étoient nécessaires : il
» n'y fut pas entré qu'il tomba des torrens d'eau qui noyerent le
» genre humain : il aborda ensuite sur une haute montagne, sur un
» parnasse ; & sortant du navire après que les pluies eurent cessé,
» il offrit un sacrifice à Iou-Phryxien ou Sauveur ».

Certainement, rien ne ressemble plus au déluge de Noé : ces deux événemens arrivent à la même époque, dans le siécle d'airain, lorsque la terre est couverte de crimes énormes : tous deux arrivent par ordre de la Divinité irritée de tant de forfaits : dans tous les deux, un grand personnage est sauvé par une Arche : tous deux en sortent sur une montagne très-élevée, sur un Par-Nasse : tous deux, après leur délivrance, offrent un sacrifice au Dieu qui les a sauvés : tous deux repeuplent le genre humain.

C'est donc en vain qu'on veut les séparer, qu'on en veut faire deux déluges différens : qu'on veut borner à la Grèce & transporter à des tems très-postérieurs ce que les Grecs eux-mêmes placent à la même époque. La tradition des Grecs est exacte ; Deucalion est contemporain de Lycaon, de Nyctimus & son déluge est le même que celui de Noé : il ne peut y avoit deux événemens de cette nature : & les Grecs ne peuvent avoir imaginé pour une inondation partielle ce qui n'a eu lieu que dans le bouleversement qu'occasionna le déluge de Noé, ce bouleversement qui ébranla le monde, qui changea la position de ses pôles, de son axe, de son centre de gravité.

Le rapport n'est pas seulement dans les récits : il est encore dans les Noms. Nyc-Timus, ce fils de Lycaon, qui survit à la ruine entiere de fa famille, & fous qui arrive le déluge, eft un nom infiniment précieux qui complette ces rapports, qui y met le fceau le plus authentique, le plus étonnant.

Nyc eft l'Hébreu נוח, *Nych* ou *Nuc*, le nom même de Noé.

Tim, eft l'Hébreu, תם, *Tim*, le parfait, le jufte, furnom de Noé, cette épithète fublime qui lui valut l'avantage d'être excepté de la ruine du Genre-Humain, & d'être le pere d'une Race meilleure.

Il eft *Arcas* ou Prince d'Arcadie, parce qu'il fut le poffeffeur de l'Arche, d'Arg, le vaiffeau par excellence.

Larn-Ax, nom de l'Arche de bois, eft également le nom de ce Vaiffeau en Oriental : L eft un Article, *Arn* eft le nom de l'Arche; *Ax*, עץ, le nom du bois.

Phriq-fien, eft formé de l'Oriental פרק, *Phreq*, fauver, & *is*, celui qui fauve, qui délivre, qui arrache à un péril éminent ;

Phryxus eft donc celui qui eft arraché à un péril éminent, le fauvé.

Il eft mari de Pyrrha; mais en Oriental פער, *Pyrr*, défigne la terre dépouillée de fa gloire, nue, flétrie, fans habitans : telle eft la nouvelle femme du fauvé, appellé dans Moyfe même *ish-Adama*, l'homme d'Adama ou de la terre non-cultivée.

Autres Rapports.

Ce ne font pas là les feuls traits relatifs à ces grands événemens que nous offrent les Grecs : on ne peut méconnoître Noé dans deux autres récits, très-remarquables, & auxquels on n'a fait aucune attention.

Arcas, difent-ils, defcendant de Lycaon, enfeigna à fes Sujets à femer du bled, à faire du pain, à filer de la laine : il partagea enfuite fes Etats entre fes trois fils Azan, Aphidas, Elatus.

Nous

PRÉLIMINAIRE.

Nous avons donc ici une suite de ces grands événemens, la terre répeuplée & instruite par le Seigneur de l'Arche, par Arcas qui apprend les Arts à ces hommes nouveaux, qui leur enseigne à semer du blé, à en faire du pain, & à s'habiller en mettant en œuvre les toisons de leurs nombreux troupeaux.

Ses fils sont les mêmes que ceux de Noé; Azam répond manifestement à Cham; Aphidas à Japhet; & Elatus *l'élevé*, à Sem, qui signifie exactement la même chose.

Arcas est donc le même que Nyc-timus, que Deucalion, que Noé.

Les Grecs ayant perdu de vue ces rapports, crurent qu'Arcas étoit fils de Nyctimus : ce n'est qu'une bévue qui ne doit pas anéantir de grandes vérités.

Causes des bévues des Grecs.

Ce qui trompa les Rédacteurs de ces anciennes traditions, c'est qu'en voyant qu'on y parloit d'un *Par-nasse* ou montagne élevée, d'une *Arcadie* ou contrée dans laquelle l'Arche s'étoit arrêtée, & autour de laquelle on s'étoit établi; d'une *Athène* ou ville qu'on avoit construite près de là, ils s'imaginerent que c'étoit le Parnasse, l'Arcadie, l'Athènes qu'ils connoissoient, & ils transporterent mal-adroitement la scene de ces grands événemens : mais nous ferions autant & plus mal-avisés qu'eux si nous commettions la même méprise, si nous nous trompions aussi grossierement.

Mais voici bien d'autres traditions grecques dont on avoit perdu la trace, & que personne n'avoit soupçonné tenir aux événemens que nous discutons.

Ancée, la Colchide & Phryxus.

Ancée, nous dit-on, étoit un Phénicien qui servit de Pilote

au vaisseau Argos, & qui à son retour de la Colchide s'appliqua à faire fleurir l'Agriculture, & prit grand soin de ses vignobles.

Nous venons de voir que le vaisseau qui sauva Noé & sa famille, s'appelloit ARG, ou le vaisseau, l'Arche par excellence. Ce mot devint en Grec le vaisseau *Argos*, & ceux qui s'embarquerent sur ce vaisseau furent nécessairement appellés *Argo-Nautes*, mot-à-mot, ceux qui sont sur le vaisseau *Argo*.

On ne peut méconnoître dans le nom du Pilote, dans ANCÉE, le nom Oriental NC, ou le nom même de Noé écrit constamment ainsi sans voyelle, & que les Grecs firent ici précéder de la voyelle A.

Si au retour de son expédition il fait fleurir l'Agriculture & s'il a soin de ses vignobles, c'est précisément ce qui est dit de Noé, quand il fut sorti de l'Arche.

Mais, dira-t-on, qu'a de commun la Colchide avec Noé ? Le rapport le plus étroit : non cette Colchide qui étoit à l'orient de la mer Noire, & avec laquelle on l'a confondue comme on a fait relativement à l'Arcadie, mais une autre Colchide par excellence.

Col-chi, en oriental כל-חי, signifie, *mot-à-mot*, tout vivant : la Colchide d'où revient le Maître de l'Arche, est donc son vaisseau, qui étoit seul l'habitation de tout vivant. C'est, au pied de la lettre, pour la Colchide qu'il s'embarque, & c'est de la Colchide qu'il revient.

Des Argo-Nautes.

Tel est le fond sur lequel s'éleva la Fable des Argonautes & de leur voyage en Colchide, qu'on n'auroit jamais soupçonné n'être qu'une copie de l'heureuse navigation qui sauva les débris du premier Monde.

Quelque jour nous aurons occasion de déchiffrer cette ancienne

Histoire : en attendant, difons que ce vaiffeau des Argonautes étoit appellé par les Egyptiens le vaiffeau d'Ofiris ; & que cette navigation de Noé ou fon Arche, eft tracée dans le Ciel en caractères de feu dans les Conftellations méridionales, entre lefquelles brillent le vaiffeau *Argo*, la montagne fur laquelle il s'arrêta, la Colombe & le Corbeau qui en fortirent, l'Autel élevé à côté, le Loup ou Lycaon qui repréfente la génération exterminée par le Déluge, l'Hydre qui peint fes ravages ; le Centaure ou Noé, l'Homme-bœuf, le mari de la Terre, qui, avec le Thyrfe orné de feuilles de vigne & d'épis, foule aux pieds & achéve d'exterminer l'Homme-Loup fous le figne du Scorpion.

Peintures admirables, bien propres à tranfmettre à la poftérité la plus reculée, le fouvenir de ces terribles & étonnans événemens ; à les faire triompher de tous ces ravages & de tous ces défordres qui ne ceffent d'arracher aux hommes & d'anéantir une multitude de monumens infiniment précieux : leçon digne d'avoir été tranfmife par le Reftaurateur du Genre-Humain à fes enfans, frappés de récits dont ils voyoient de près les effets épouvantables accompagnés de fuites fi glorieufes pour leurs familles.

P H R Y X U S.

C'eft encore Noé que nous retrouvons dans la Mythologie Grecque fous le nom de PHRYXUS ou l'*Homme fauvé*, & lié avec le nom de la Colchide.

Phryxus, dit-on, fut fils d'Athamas : fon pere avoit quitté INO pour prendre Démotice ; & alors vivoit Aëtes Roi de Colchide : & c'eft dans la Colchide même que fe réfugia Phryxus.

Phryxus ou Noé eft obligé en effet de fe réfugier dans la Colchide, épithète de l'Arche, comme nous l'avons vu il y a un inftant.

Il est fils ou descendant d'Athamas, ou d'Adam ; & tout de suite on a fait une rapsodie au moyen d'une ou deux phrases orientales relatives à Adam, & qu'on avoit dénaturées, soit par l'écriture, soit par la prononciation : l'erreur est si sensible & si plaisante qu'elle mérite d'être relevée, d'autant plus que l'Histoire n'en sera pas longue.

Moyse dit dans un endroit, *Adam appella Sem asty chve* ; il s'agit d'expliquer ces trois mots orientaux, qui pour un Hébraïsant forment cette phrase, Adam appella *le nom de sa femme Eve* ; mais pour un étranger, ces trois mots se changerent en *Démostyce*, dont ils firent une des femmes d'Athamas appellée à la place d'une autre.

Cette autre étoit Ino, quittée pour Demostyce ou Démotice ; mais le nom d'Ino étoit lui-même une altération d'un passage de Moyse correspondant à celui-ci. Cet Historien venoit de faire dire au premier Homme, *Adam* (l'homme) quittera Imo, (sa mere) & prendra sa femme : les Grecs lurent Ino, dont ils firent un nom propre, qu'ils crurent désigner une premiere femme délaissée pour une seconde.

Lorsque Moyse dit qu'Adam appella sa femme Eve, il ajoute ces mots *Ki Eva Aiete Am Col-chi*, parce qu'Eve est la mere de tout-vivant ; mais les Grecs qui crurent trouver ici la Colchide, & qui savoient que *Am* signifie Pere nourricier, Chef, Roi, tout comme Mere, s'imaginerent qu'*Aiete* étoit le Roi de Colchide ; & ils supposerent que Phryxus fils d'Athamas étoit contemporain d'Aiete Roi de Colchide : & qu'ainsi c'est chez ce Roi qu'il alla se réfugier avec le vaisseau qui le conduisit en Colchide.

Ainsi se brouillerent peu à peu les traditions les plus respectables : on n'en doit pas être surpris ; mais plutôt de ce que le cahos n'a pas été plus grand au bout de tant de siècles d'ignorance & de barbarie.

PRÉLIMINAIRE.

Remarques sur ces Rapports.

En effet, on ne devoit pas s'attendre à trouver chez les Grecs un si grand nombre de traditions relatives à Noé & à son Histoire : de l'y trouver désigné par Deucalion, par son propre nom Oriental *Nuc*, par son épithète de *Thim*, ou de juste, par celles de Prince de l'Arche, de Phryxus, de Voyageur de la *Colchide*, par ses trois fils, par ses soins pour faire prospérer l'Agriculture & la vigne, par l'Emblême du Centaure ou de l'homme réparateur qui triomphe du Loup ou de Lycaon, de la race maudite ; de voir son histoire entiere peinte dans le Ciel de la maniere la plus sensible.

Ce rapport entre Moyse élevé en Egypte, & les Pélasges qui ne le connurent jamais, & entre ces personnages Grecs & les noms d'Adam & de Noé, les altérations même de ces noms & de ces rapports, tout démontre que Moyse & les Grecs travaillerent sur divers Mémoires antérieurs à eux, écrits en caracteres anciens & dont le sens dut se brouiller chez les Pélasges dont les Historiens ne parurent que plusieurs siècles après Moyse, & après de grandes révolutions qui avoient nécessairement altéré l'antique tradition.

Nous avons donc une grande obligation à Apollodore d'avoir recueilli dans sa Bibliothéque des Dieux une partie de ces Traditions ou Mémoires ; puisque sans elles, nous ne pourrions lier l'Occident avec l'Orient & remonter à des sources communes.

Ces savans Collectionnaires des connoissances primitives, nous auroient rendu des services plus essentiels encore, s'ils en avoient rassemblé un plus grand nombre : certainement, ils durent en laisser échapper une multitude auxquelles ils ne comprenoient rien ;

ou qu'ils regarderent comme leur étant étrangeres, ou comme ne se liant point avec les syftêmes qu'ils s'étoient faits : ce qui nous prive de comparaifons très-précieufes, fans doute.

Souvent même ils ont confervé nombre de faits dont on ne favoit point profiter, & qui étoient nuls pour nous ; nous en allons donner quelques autres exemples relatifs au Déluge & à Noé, & qu'on fera bien étonné de retrouver ici, ayant paffé jufqu'à préfent pour des fables abfurdes, ou pour des faits incompréhenfibles.

§. III.

Du Témoignage d'Héfiode relativement au Déluge.

M. FRERET a dit, & on l'a répeté d'après lui comme une vérité inconteftable, que les Grecs n'avoient aucune idée du Déluge de Noé, & qu'Héfiode & Homere n'avoient pas même parlé de celui de Deucalion : il a même cherché à prouver que ce Déluge n'étoit qu'une inondation de quelque petite contrée de la Grèce. Mais on a vu par tout ce que nous avons rapporté, que les Grecs ont confervé tous les grands traits relatifs au Déluge de Noé, & à la dépravation qui occafionna ce bouleverfement du Monde; qu'ils nous ont tranfmis le nom même de ce Patriarche, celui de fon Arche, le fouvenir du Sacrifice qu'il offrit en fortant de cette terre des vivans, de cette Colchide fymbolique : dès-lors le filence d'Héfiode & d'Homere ne prouve rien ; leurs Poëfies ne font pas des annales : & c'eft un principe de faine critique univerfellement reçu, que des faits hiftoriques ne peuvent être affoiblis par le filence de ceux qui n'ont pas été dans le cas d'en parler.

Il y a plus ; c'eft qu'Héfiode dans fa Théogonie a décrit en très-beaux vers & avec une énergie admirable, la deftruction du Genre-humain par Jupiter pour exterminer les Géans : ces Géans qui compofoient le premier Monde, & dont Moyfe peint la ruine dans le Déluge, de la même maniere qu'Ovide le fit enfuite dans fon premier Livre des Métamorphofes, d'après les plus anciennes traditions des Grecs.

Jupiter, dit Héfiode, avoit chaffé du Ciel les Titans: la Terre produit alors le Géant Typhœe qui l'emporte fur tous par fes cent têtes; on ne peut foutenir la fplendeur étincellante de fes yeux, & les fons que produifent fes cent langues, & qui font retentir les montagnes les plus élevées. Il eût fubjugué & la Terre & les Cieux, fi Jupiter n'eût prévenu fes deffeins téméraires: la Terre en eft ébranlée, toutes fes parties difloquées rendent un fon effrayant: le Ciel mugit au loin, l'Océan eft foulevé jufques dans fes abîmes. Le tonnerre, la foudre, les éclairs fe mêlent avec les eaux: tout eft en combuftion, tout eft bouleverfé, les flots ne reconnoiffent plus de limites. Pluton lui-même pâlit dans les Enfers. Cependant le monftre eft renverfé, la Terre eft couverte de fon énorme corps: les montagnes en font embrâfées, la terre fond comme l'étain dans le creufet.

Telle eft cette fuperbe allufion d'Héfiode à la deftruction des Géans par le Déluge, par le Déluge univerfel; on ne peut en douter, lorfqu'on compare ce qu'en dit ce Poëte avec les Métamorphofes d'Ovide.

Ce charmant Auteur auquel nous avons l'obligation de nous avoir confervé des traditions précieufes contenues dans de vieux Poëmes Grecs que nous n'avons plus, décrit au long les crimes de ceux qui vivoient dans les fiècles d'airain & de fer: la guerre des Géans contre les Dieux: les plaintes que Jupiter en porte à l'Affemblée des Dieux, le Déluge qui en fut la fuite, & dans lequel périrent ces Géans. Il fait enfuite repeupler la Terre par Deucalion. On ne peut donc douter qu'Héfiode n'y ait fait allufion.

Homère y fait également allusion dans l'Odyssée (Liv. VII). Ulysse étant arrivé dans l'Isle des Phéaciens, Minerve l'exhorte à entrer dans le Palais du Roi, & elle lui dit : » vous vous adres-
» serez d'abord à la Reine : elle se nomme *Areté*, & elle est de la
» même Maison que le Roi son mari. Car il faut que vous sachiez
» que le Dieu Neptune eut de Peribée un fils nommé *Nausi-thoüs*:
» Peribée étoit la plus belle femme de son tems, & fille du brave
» Eurymedon qui régnoit sur les superbes Géans. Cet Eurymedon
» fit périr tous ses Sujets dans les guerres qu'il entreprit, & périt
» aussi avec eux. Après sa mort, Neptune devenu amoureux de
» sa fille, eut d'elle ce Nausi-thoüs qui étoit un homme d'un cou-
» rage héroïque, & qui régna sur les Phéaciens : . . .

» Areté est sa petite-fille » : la Déesse en fait un portrait accompli, & assure qu'elle est regardée comme une Divinité tutélaire.

La Déesse a raison, puisqu'*Areté* désigne la vertu dont elle est le nom en Grec : elle remplaça le vuide causé par la destruction des Géans qui périrent avec l'ancien Monde, tandis que Nausi-thoüs leur survit ; mais ce nom signifie *mot-à-mot*, celui qui guérit les maux, qui consolide les plaies, vrai nom de *Noé* qui survécut à la ruine des Géans ou du premier Monde ; & qui étant juste fut pere d'Areté ou de la Vertu, de la Justice qu'il fit fleurir par son exemple & par ses Loix.

Le nom des *Phe-aciens* qu'Homère peint comme les Maîtres de la mer, ne convient pas moins à Noé & ses enfans : il signifie *mot-à-mot* ceux qui brillent sur les eaux.

Ces passages d'Hésiode & d'Homere sont d'autant plus remarquables qu'ils s'accordent parfaitement avec les Livres Hébreux, qui ont toujours peint comme des Géans audacieux la race qu'extermina le Déluge.

De

PRELIMINAIRE. clxj

Des Géans.

Ces passages d'Hésiode & d'Homère sont d'autant plus remarquables qu'ils s'accordent parfaitement avec les Livres Hébreux, qui ont toujours peint comme des Géans audacieux la race qu'extermina le Déluge.

« En ce tems là, dit Moyse (1), il y avoit des GÉANS sur la » terre : car depuis que les Fils de Dieu eurent épousé les filles » des hommes, il en sortit des enfans qui furent des hommes puis- » sans & fameux dans le monde ».

BARUCH les représente sous la double face de géans & de scélérats (2). Après avoir fait l'énumération des peuples renommés par leurs connoissances, mais dépourvus de sagesse, il met du nombre les anciens Géans, « ces hommes célèbres dès le com- » mencement, ces hommes d'une si haute taille & qui brilloient » dans les combats : mais Dieu ne les a point choisis, & il ne leur » a point ouvert la voie de la sagesse : ils se sont perdus, parce » qu'ils ne l'ont pas possédée, leur folie a causé leur ruine.

» Les GÉANS superbes, dit l'Auteur de la Sagesse (3), périrent » dans les eaux du Déluge, pendant que le juste Noé, dépositai- » re de l'enfance du monde, fut sauvé sur un frêle vaisseau.

» Les anciens GÉANS, dit également l'Auteur de l'Ecclésiasti- » que (4), n'ont point obtenu grace : ils ont été détruits à cause » de la confiance qu'ils avoient en leurs propres forces ».

Les Géans de Moyse qui périssent dans les eaux, ceux d'Ho-

---

(1) Gen. IV. 4.
(2) Ch. III. v. 26-28.
(3) Sag. XIV, 6.
(4) Ecclef. XVI. 8.

Orig. Grecq.

mère, ceux d'Héſiode, ſont donc les mêmes perſonnages : leur hiſtoire & leurs malheurs ont donc été connus de ces trois illuſtres Auteurs : & comment l'auroient-ils ignorée ? la terre entière, comme nous le ferons voir un jour, étoit remplie du récit de ces événemens à jamais mémorables : les Egyptiens ne l'avoient pas oublié : les Chaldéens s'en ſouvenoient : & le Temple le plus ancien & le plus reſpecté de toute la Syrie, n'étoit fondé que ſur cet événement.

Temple de la Déeſſe de Syrie à Hiérapolis : Statue de Deucalion.

A Hiérapolis, en Syrie, étoit un Temple fameux conſacré à la grande Déeſſe & dont nous avons parlé dans notre Eſſai d'Hiſtoire Orientale, Tom. VIII. pag. 16. Un Ancien dont le récit eſt toujours joint aux ouvrages de Lucien, & qui paſſe ſous ſon nom, rapporte au ſujet de ce Temple, des faits très ſinguliers & trop relatifs à l'objet dont nous nous occupons pour l'omettre, d'autant plus qu'il nous conduira à une étymologie très-vraiſemblable du nom de Deucalion.

« L'opinion la plus commune, dit-il, eſt que DEUCALION de
» Scythie, en eſt le Fondateur : car les Grecs diſent que les pre
» miers hommes étant cruels & inſolens, ſans foi, ſans hoſpitalité,
» ſans humanité, périrent tous par le DÉLUGE : la terre ayant
» pouſſé hors de ſon ſein des eaux en abondance qui groſſirent les
» fleuves, & qui firent déborder la mer à l'aide des pluyes, en
» ſorte que tout fût inondé. Il ne demeura que Deucalion qui s'é
» toit ſauvé dans une arche avec ſa famille, & une couple d'ani
» maux de chaque eſpèce, tant ſauvages que domeſtiques, qui le
» ſuivirent volontairement, ſans s'entre-manger ni ſe faire de mal.
» Il vogua ainſi juſqu'à ce que les eaux ſe furent retirées : puis, il
» repeupla le genre humain.

» Mais ceux de la Ville dont je parle, ajoutent à ceci une au-
» tre merveille, qu'il s'ouvrit un abîme dans leur pays qui englou-
» tit toutes les eaux, & que Deucalion en mémoire de cette aven-
» ture, y dressa un Autel & y bâtit un Temple qui est celui dont
» nous parlons : on y voit encore une ouverture qui est fort petite,
» mais je ne sais si elle n'a point été autrefois plus grande. Pour
» preuve de ce qu'ils disent, les habitans du pays avec toute la
» Syrie, l'Arabie & les Peuples d'au-delà de l'Euphrate, accou-
» rent deux fois l'an à la mer voisine (1) d'où ils puisent de l'eau
» en quantité qu'ils viennent verser dans le Temple où elle se perd
» par ce trou : & l'origine de cette cérémonie est encore attribuée
» à Deucalion pour faire souvenir de cet événement. Voilà la plus
» ancienne opinion touchant ce Temple ».

Décrivant ensuite les statues qu'on voyoit dans le sanctuaire de ce Temple, il en distingue trois en or, celles de Jupiter & de Junon assises, & portées, l'une par des bœufs & l'autre par des lions : Junon est couronnée de rayons & de tours ; elle tient le sceptre d'une main, la quenouille d'une autre, & elle est ceinte d'une écharpe.

» La statue du milieu, ajoute-t-il, n'a d'autre nom que la sta-
» tue ; & d'autre symbole qu'une colombe d'or sur la tête : c'est
» elle qu'on porte deux fois l'an vers la mer, lorsqu'on va puiser
» l'eau dont j'ai parlé : quelques-uns disent qu'elle représente
» Deucalion ».

Nous voyons donc ici le Déluge désigné comme chez les Grecs sous le nom de Deucalion le Scythe : un Temple élevé en mémoire de cet événement : cet événement attribué aux mêmes causes ;

---

(1) Cette mer est le lac sur les bords duquel étoit la ville.

& une cérémonie annuelle établie en Syrie, comme à Athènes en mémoire du Déluge.

Ce que nous voyons de plus ici & qui est très-remarquable, c'est la statue surmontée d'une colombe entre deux autres & qu'on disoit être celle de DEUCALION. Ceci nous conduiroit donc à l'étymologie du nom même de DEUCALION: ION signifie en Oriental, une colombe: DEUC en toute Langue, *conduire*, d'où *Deigal* en Hébreu, *enseigne*: Deucal-ion signifieroit donc *la colombe est mon enseigne*: or, au physique comme au moral & au symbolique ce nom convenoit parfaitement à Noé; au moral étant pur & innocent comme la colombe; au physique, n'étant sorti de l'arche qu'à la suite de la colombe: & dans le style symbolique, la colombe ou ION ayant toujours désigné ceux qui apportent la paix & le repos dans le monde.

Etymologie qui me paroît préférable à celle que j'avois soupçonnée, & qui consisteroit à rendre *Deuc-cal-Ion* par ces mots, le chef de tous les Ioniens: mais elle supposeroit que Deucalion n'étoit connu que des Grecs, tandis que nous le retrouvons chez les Orientaux avec le symbole même relatif au nom d'ION; ensorte qu'il n'y a point à balancer entre les deux.

D'Eurymédon, & qu'il est le même que Typhon.

Nous avons vu qu'Homère nous représente Eurymédon comme étant Roi des superbes Géans, & comme ayant fait périr tous ses sujets dans les guerres qu'il entreprit, & où il périt avec eux. La manière dont il parle, prouve qu'il faisoit allusion à des événemens fort connus, & qu'il n'avoit besoin que d'indiquer pour les rappeller au souvenir de ses Lecteurs: cependant Eurymédon est inconnu dans la Mythologie ordinaire des Grecs, & personne n'avoit soupçonné qu'Homère eût en vue les habitans du premier monde. Il n'eſt donc pas étonnant que Madame Dacier ait cru que cet Eurymédon avoit vécu trente ou quarante ans avant la guerre de Troie, & qu'il étoit du nombre de ces Géans dont Théſée & Hercule avoient exterminé un ſi grand nombre. Mais ces Géans de Théſée & d'Hercule n'étoient pas les Rois d'une nation de Géans; c'eſt l'Hiſtoire primitive des Géans qu'Homère a fait entrer ici en épiſode avec le ſiecle d'Areté ou de la vertu qui ſuccéda au ſiecle d'airain.

Ainſi Eury-Medon qui ſignifie *le Roi au grand corps*, eſt le même que Typhon ou Typhée, chef des Géans détruits par Jupiter; & ce qui ne laiſſe aucun doute, c'eſt qu'on obſerve que Cérès eût beaucoup de penchant pour lui (1), préciſément comme les Egyptiens diſoient que Typhon avoit été favoriſé par Iſis, la même que Cérès: trait d'autant plus heureux qu'il ſe joint à une foule d'autres qui indiquent un très-grand rapport entre la Mythologie Grecque & l'Egyptienne, nié cependant par des perſonnes que leur habileté auroit dû mieux guider.

Autre paſſage d'Homère ſur les Géans: correction d'un nom.

Ce n'eſt pas ſeulement dans l'Odyſſée qu'Homère parle des Géans; on les retrouve dans l'Iliade, mais d'une manière qui juſques ici a paru inexplicable à tout le monde.

Dioné mere de Vénus voulant conſoler ſa fille chérie que Dioméde avoit bleſſée à la main, lui fait le récit des Dieux qui ont été outragés par les mortels: » Mars, dit-elle (ou plutôt *Arès*, » nom de Mars en grec) n'a pas été à l'abri de leurs inſultes, » lorſque les enfans d'Aloeus, le fier Otus, & le redoutable » Ephialtes eurent la témérité de le charger de chaînes d'un poids

---

(1) Mythol. & expl. des Fables, par M. l'Abbé Banier, in-12. Tom. III. pag. 395.

» extraordiaire, & de le garder treize mois en cet état dans une
» prison d'airain ? Ce Dieu qui ne respire que les combats y seroit
» peut-être péri si la plus belle des femmes, Héribée, belle-mere
» (*de ces Géans*), n'en eût instruit Mercure qui vint délivrer ce
» Dieu, &c.

Ces noms d'Aloeus, d'Otus, d'Ephialte, ne pouvoient être mieux choisis pour désigner des Géans, des Colosses ; ils tiennent aux primitifs AL, OT, ALT, qui tous désignent des montagnes très-élevées ; l'élévation, la hauteur par excellence.

Ces Géans sont donc de la même race ennemie des Dieux, dont l'Odyssée rapporte la destruction : bien plus, dans l'un & dans l'autre passage, il est question de la même Princesse désignée comme leur parente, comme la plus belle femme de son tems, & par le même nom, car il n'y a qu'une légere différence entre *Héribée* de l'Iliade & *Péribée* de l'Odyssée.

On peut même assurer que la lettre H est une faute de Copiste dans le premier de ces noms au lieu de la lettre grecque Π par laquelle commence le second, faute très-aisée à commettre dans un nom propre, & d'après un manuscrit un peu effacé ou mal-écrit.

Mais comme de *Péribée* naquit le Sauveur du genre humain au tems du Déluge, il paroît que celui qui lui doit ici son salut est le même personnage, l'Homme, le Fort par excellence, que les Géans ont obligé d'être enfermé une année solaire, composée de treize mois lunaires à-peu-près, dans une prison que rien ne pouvoit détruire, une prison d'airain en style poétique.

D'ARÈS *mal-à-propos changé en Mars.*

On ne peut donc se méprendre sur le personnage qui a été renfermé pendant un an à l'occasion des Géans dans une pareille prifon, sur-tout si on rapproche ceci d'un passage d'ARNOBE qui connoissoit bien la Mythologie Grecque, & qui dit que cette prison étoit dans l'Arcadie (1), ou le pays de l'Arche.

Il existe un autre récit mythologique où Noé est également désigné par le nom d'Arês, ou Mars. Nous avons vu plus haut que les Grecs plaçoient à la même époque le Déluge de Deucalion & la mort d'Halirotius, fils de Neptune, tué par Mars : & que Mars fut absous, parce qu'on trouva qu'il n'y avoit rien à redire à la mort d'Halirotius : mais HALI-ROT*ius* désigne l'Océan roulant sur la terre, & la couvrant de ses eaux : il est donc appellé allégoriquement le fils de Neptune : Mars qui en triomphe & qui survit à la retraite des flots, passe donc pour celui qui a tué Halirotius, & l'on n'est plus étonné que l'Aréopage l'absolve tout d'une voix ; mais cet Aréopage étoit composé des XII. grands Dieux : en effet le Ciel seul fit triompher Noé des Eaux & de Neptune. Quant à l'Abbé BANIER qui n'a rien compris à tout cela, il ne voit dans ces XII. grands Dieux que douze Athéniens qui composoient alors l'Aréopage : quelle lumiere attendre de ceux qui brouillent tout, & qui se hâtent d'élever des systêmes sans vues, sans goût, sans principes ?

Il étoit impossible d'ailleurs, dès que la tradition fut un peu altérée, qu'on ne changeât Noé en Mars. Mars s'appelle en Grec *Arês*, mot que les Latins changerent en Mars : mais en Oriental *Arez* désignoit Noé comme l'homme de la terre par excellence. Les Grecs trouvant par-tout *Arez* comme dompteur d'Halirotius, comme enfermé par les Géans dans une prison dont il ne pouvoit sortir, y virent tout autant d'aventures de leur Dieu Mars : & dès ce moment ces traditions uniques & intéressantes, ne furent plus que des énigmes incompréhensibles.

---

(1) Arnob. Liv. IV. contre les Gentils.

Observons encore que ces rapports, à l'exception de celui qu'offre Deucalion, ont échappé à tous ceux qui se sont occupés de ces objets, même à ceux qui ont voulu prouver par la tradition la vérité du déluge. Si le Savant Freret les avoit connu, ces rapports, s'il les avoit rapprochés de ce qu'Ovide dit d'après les Grecs, de Lycaon, & du déluge de Deucalion, il n'auroit pas dit que les Grecs n'ont eu aucune idée ni de Noé ni de son déluge : & il n'auroit pas misérablement comparé cet événement épouvantable avec des inondations du lac Copaïs, ou avec celles du Pénée ; il ne se seroit pas ôté par-là tout moyen de développer les Origines Grecques & de rendre presque inutiles ses grands travaux à ce sujet, manqué d'une base solide & satisfaisante.

ARTICLE III.

§. I.

Généalogie de Deucalion selon les Grecs.

Les Grecs ne se sont pas contentés de parler de Deucalion : ils ont cherché à donner une idée de ses descendans chefs de leur nation ; & ils en ont conduit la généalogie comme Moyse, au moins jusqu'à la quatrieme génération. Dans Moyse, Noé est pere de Japhet, & celui-ci d'Ion qui a quatre fils. Chez les Grecs, Deucalion est pere d'Hellen, & celui-ci a trois fils, Xuthus, Dorus, Aiolus ; de Xuthus naissent Acheus & Ion.

Ainsi la troisiéme génération des Grecs répond à la quatrieme de Moyse.

Noé,	Deucalion,
—Japhet,	—Hellen,
Ion,	Xuthus & ses freres,
Ketim & ses freres.	Ion.

Voici

PRÉLIMINAIRE.

Voici donc ce qui est arrivé : les Grecs ont distingué mal-à-propos HELLEN dont le nom signifie pere *des Grecs*, d'*Ion* pere des Ioniens. C'est un seul & même personnage : mais comme il ne leur falloit que quatre générations, Japhet s'est trouvé hors de rang : cependant JAPET est un nom connu des Grecs : ils disoient de ce personnage qu'il n'y avoit rien de si vieux sur la terre : en effet, il est à la tête de la généalogie des Grecs, puisque Deucalion ou Noé appartient plutôt à l'ancien monde, aux Patriarches Anti-diluviens.

Et ne le trouvons-nous pas dans les traditions Grecques sous le nom d'APHID*as*, comme fils du Prince de l'Arche ? Il n'est donc exclus de la généalogie de Deucalion que par un mal-entendu, peut-être par une simple faute de Copiste.

Les noms des trois fils d'Hellen correspondent parfaitement aux noms des trois fils d'ION qui possédèrent les trois portions méridionales de la Pélasgie. On ne peut méconnoître,

XUT*hus*, dans KETI*m*.
DOR*us*, dans DOR*anim*.
HEL ou AIOL*us*, dans AILI*sa*.

Et s'ils ont supprimé Tharsis le quatrieme, c'est que les Grecs avoient perdu toute idée de parenté à l'égard des Thraces, lorsqu'ils recueillirent ces anciennes généalogies; quoiqu'ils eussent pu le soupçonner, en rassemblant les traditions qui apprenoient que les Thraces avoient peuplé la Thessalie : qu'ils s'étoient étendus dans la Grèce, jusques dans l'Attique même : que Grecus étoit fils de Thessalus; que les Pélasges de l'Attique étoient les mêmes que les habitans de la Samothrace, & que les Tyrséniens de la Thrace : & ces traditions non moins remarquables, qu'Orphée qui écrivit incontestablement en grec étoit Grec, ainsi que Linus,

Origin. Grecq.

que Musée ; qu'Eumolpe, chef des Eumolpides d'Athènes qui possédoient dans leur famille la souveraine Sacrificature.

Enfin, pour ne pas laisser perdre le nom d'Ion, ils en ont fait un descendant de Xuthus & avec quelque raison, puisque les Ioniens de l'Attique ne s'y établirent qu'en descendant du Nord, & par conséquent en venant du pays de Ketim ou Xuthus, ainsi que les Achéens ou habitans des rives du Golfe de Corinthe ; aussi ces derniers passoient-ils pour freres des Ioniens.

Nous avons donc encore ici & des deux côtés, des traditions généalogiques d'autant plus précieuses que les résultats en sont assez différens pour démontrer qu'elles sont également originales : & assez semblables, pour qu'on ne puisse méconnoître qu'elles roulent sur les mêmes faits.

§. II.

Idée qu'on doit se former des Pélasges & des Hellenes.

Puisque Deucalion fut pere des Hellenes, & que de lui descendirent toutes les Nations Pélasgiques ; puisqu'Hellen est le même qu'Ion, on ne pourra plus soutenir que les Hellenes & les Pélasges furent des Nations absolument différentes, & que celles-ci furent exterminées par celles-là ; il en résultera au contraire que ces noms désignerent le même peuple ou partie du même peuple sous des aspects différens : c'est ce que nous allons prouver : commençons par les Pélasges, puisqu'on convient de part & d'autre que leur nom étoit plus ancien que celui des Hellenes.

Pélasges.

Les Pélasges furent donc les possesseurs de toute la contrée qui s'étendoit des rives du Danube jusqu'à la mer du Péloponèse :

PRÉLIMINAIRE.

ils peuplerent la Thrace, la Gétie, la Macédoine, l'Illyrie, l'Epire, la Thessalie, la Phocide, l'Attique, le Péloponèse.

Cultivateurs, ils remplirent ces contrées de villes célèbres & d'une population immense: ils défricherent les terres, abattirent les forêts, diminuerent ou continrent la masse des eaux: bientôt le pays ne fut pas capable de nourrir tous ses habitans: ils envoyerent donc au loin de nombreuses Colonies, dans l'isle de Crête, dans l'Etrurie, dans l'Italie Méridionale, pays où l'on vit des Pélasges de très-bonne-heure.

D'autres traverserent le Danube, & porterent au-delà le nom des Daces & des Gètes.

Franchissant la mer Egée, ils s'établirent dans les forêts de la Messie; & les défrichant, ils y fonderent une multitude de villes très-florissantes sous le nom de Doriens, d'Eoliens, d'Ioniens.

Par quelle fatalité, ce qui devoit faire la gloire des Pélasges, les a-t-il fait passer pour un peuple errant, vagabond, sans arts, & sans sciences? Parce qu'on les a vus par-tout, on a cru qu'ils n'étoient fixés nulle part. Mais ce n'est pas un peuple sauvage, réduit aux productions spontanées de la terre, obligé de se nourrir de glands & d'eau, sans arts, sans connoissance, sans gouvernement & sans loix, qui peut couvrir la terre d'habitans, de villes, de richesses: tout ce qu'on nous dit à cet égard sont donc des déclamations désordonnées d'Ecrivains qui n'ont jamais réfléchi sur ces objets; & qui éblouis par quelques arts de luxe, apportés dans la Grèce par des étrangers, s'imaginerent qu'avant cette époque les Grecs étoient des barbares dénués de tout, & cependant remplissant la terre de leur postérité. C'est ainsi que lorsqu'on veut écrire l'Histoire sans principe, on se trouve n'avoir fait qu'un Roman.

La population fut toujours en raison inverse des besoins: par-tout où les besoins sont multipliés, où ils exigent pour être satisfaits plus de tems, plus de bras, plus d'activité, plus de richesses, la population est lente, bornée, & va en décroissant : par-tout où ils sont peu étendus, où ils exigent moins de tems, moins de richesses pour la dépense de chaque individu, la population est toujours nombreuse, si même elle ne va sans cesse en croissant.

Les fortunes chez les Pélasges étoient plus égales, ou plutôt chacun étoit au niveau de tous ; nul n'avoit de la fortune, & personne ne s'en soucioit : là, comme dans l'ancienne Rome quelques arpens de terre suffisoient pour la subsistance d'une nombreuse famille ; étant habillés simplement, logés de même, nourris frugalement, peu leur suffisoit ; ainsi un beaucoup plus grand nombre de personnes avoient part à une petite étendue de terrein.

Mais lorsque quelques-uns attirent beaucoup à eux, qu'ils ont de vastes possessions, & d'immenses besoins, infiniment moins de personnes peuvent y participer, & par conséquent il y a toujours moins de population, afin d'avoir moins de rivaux. Ces fiers Romains, qui maîtres de quelques arpens, avoient conquis l'Univers, ne furent plus en état de se défendre lorsque des Provinces entieres furent devenues l'appanage de quelques familles : une bataille décidoit du sort d'une vaste contrée, que ses friches ou ses déserts ne pouvoient plus garantir.

C'est ainsi qu'il y eut un tems où la France fut plus peuplée qu'elle n'est. Lorsque le douaire d'une Duchesse de Bourgogne ne consistoit qu'en une ferme de deux charrues & un troupeau de cinq cens moutons, on étoit peu éloigné du tems où quelques arpens suffisoient à une famille Romaine. Ce tems est-il à regretter ? C'est une autre question : nous voulons seulement prouver que les Pélasges n'envoyerent des Colonies au loin, que parce qu'ils n'étoient pas un Peuple coureur & sauvage : & qu'on les a absolument méconnus.

§. III.

Etrangers.

Tel étoit l'état de la Grèce, lorsque quelques Colonies étrangeres arriverent successivement sur ses côtes : Cécrops à Athènes, Danaüs à Argos, Cadmus en Béotie : on les a cru Egyptiens, parce qu'on ne connoissoit rien au-dessus de ce Peuple, & que ces Colonies venoient d'une contrée voisine de l'Egypte, de la Phénicie. En effet, la Grèce méridionale ne put rester long-tems inconnue aux Phéniciens qui couroient toutes les côtes de la Méditerranée, & qui dans des tems très-reculés établirent un grand commerce à Thase, dans l'isle de Crête, à Cadix au-delà du détroit de Gibraltar : & qui ne durent ni ne purent négliger les riches contrées de la Grèce, & son commerce précieux en fruits, & sur-tout en pourpre.

Ces Colonies furent donc regardées mal-à-propos comme Egyptiennes : elles n'avoient rien d'Egyptien, & jamais les Egyptiens n'envoyerent des Colonies hors de chez eux : jamais, ils ne se piquerent de marine, puisqu'ils se contenterent long-tems d'un vaisseau sur la Mer Rouge par leurs traités avec les Phéniciens de cette mer.

L'époque de l'arrivée de Cadmus paroît indiquer qu'elle fut même la suite d'une révolution chez les Phéniciens. Les Israélites venoient d'arriver dans le pays des Cananéens ; ils en chassoient les habitans de toutes parts : la plupart durent se réfugier chez les Phéniciens, qui maîtres de la mer, durent se débarrasser par le moyen de leurs vaisseaux de cette population surabondante ; & dès ce moment, ils furent en état d'établir de nombreux comptoirs fur toute la Méditerranée, & fur-tout fur les rivages fertiles de la Bétique en Espagne, & de l'Afrique : ainfi s'éleva la puissance d'Utique & celle de Carthage.

§. IV.

HELLENES.

Les conquêtes de ces étrangers, fur-tout les Colonies qui defcendoient fans cesse du Nord pour fe rapprocher du midi, durent agiter & effrayer les habitans de cette portion de la Grèce qui étoit entre la Macédoine & le Péloponèfe : ils durent chercher les moyens de fe maintenir dans leur état, par une étroite confédération. C'est ce qu'ils ne tarderent pas à faire : ils s'unirent entr'eux & prirent pour chef-lieu, pour leur lieu facré & folemnel, la ville de Delphes, & le Temple d'Apollon.

Ceux qui entrerent dans cette alliance fe diftinguerent du reste des Pélafges par le nom d'HELLENES, qui fe communiqua aux habitans du Péloponèfe lorfque les Doriens-Héraclides en eurent fait la conquête. Dès ce moment, le nom d'Hellenes devint celui des Grecs, & il ne fut plus question de celui des Pélafges qui parurent avoir été exterminés par les Hellenes.

Quant au nom même d'Hellenes, les Grecs le dérivoient d'un prétendu Hellen, fils de Deucalion, & qui ne peut être qu'ION ; cependant Homère le borne dans l'Iliade à un Peuple de la Theffalie, *les Myrmidons*, dit-il, & *les Hellenes* : par-tout ailleurs il fe fert du nom d'*Achaioi*, pour défigner les Grecs. Ce n'est que dans l'Odyssée qu'il défigne la Grèce par le nom d'Hellas.

Son autorité est donc nulle pour éclaircir cette question, & prouve que ce qu'on a dit d'Hellen comme fils de Deucalion n'est

PRÉLIMINAIRE.

qu'une erreur d'Historiens venus long-tems après Homère. Tout ce qu'on pourroit accorder, c'est que ces Hellenes de Thessalie donnerent leur nom à la Confédération générale, ainsi que le Canton de Schwitz donna le sien aux Suisses : l'inconvénient est que le nom d'Hellenes n'a jamais paru entre ceux des Confédérés, ce qui seroit fort extraordinaire : nous croyons donc être en droit de dire que ce nom fut donné aux Grecs Confédérés, non comme descendans d'Hellen à l'exclusion des autres Grecs, mais précisément à titre d'Alliés, de Confédérés.

Ces Confédérés remirent leurs intérêts entre les mains d'un Conseil général ou d'une Diete formée d'un certain nombre de Députés de chaque Nation alliée, & ce Tribunal prit le nom d'*Amphictyons*.

AMPHICTYONS.

Le Tribunal des Amphictyons honore les Grecs : heureux, s'il avoit eu assez de force pour empêcher les entreprises ambitieuses de quelques-unes de leurs Cités qui voulurent réduire les autres en esclavage : si elles avoient été sans cesse animées d'un esprit de paix, de justice & de bon ordre, elle se feroient rendues à jamais respectables, & ne seroient pas devenues la proie des Barbares.

On assure que les Cantons Confédérés étoient au nombre de douze, & cependant on ne nous a conservé que les noms d'onze de ces Peuples.

Selon Eschine, ce furent les Thessaliens, les Béotiens, les Doriens, les Ioniens ou habitans de l'Attique, les Perrhebes, les Magnetes, les Locriens, les Oetéens, les Phthiotes, les Maléens & les Phocéens.

Harpocration n'en nomme également qu'onze ; les Ioniens,

les Doriens, les Perrhebes, les Béotiens, les Magnetes, les Achéens, les Phthiotes, les Méliens, les Dolopes, les Enianes, les Delphiens & les Phocéens.

Lorsque les Doriens eurent conquis le Péloponèse, leur droit d'Amphictyons fut partagé entre ces Conquérans & ceux qui étoient restés dans le continent, mais qui se trouverent réduits aux quatre Communautés de la Doride Tétrapole dans les vallées du Pinde.

Ce Tribunal avoit deux sortes de fonctions : d'un côté, il veilloit à la conservation du Temple de Delphes & de ses priviléges, comme chef-lieu de la confédération ; & de l'autre, il s'occupoit à maintenir la paix & la concorde entre les Hellenes, en s'opposant à leurs injustices mutuelles, & en prenant les mesures nécessaires pour le maintien de leur confédération : ils s'assembloient d'ailleurs au Printems & en Automne.

Le nom & la dignité de ce Tribunal étoient assez remarquables pour qu'on en ait cherché l'origine : mais ici les Grecs ne sont ni plus habiles ni plus d'accord que sur tout ce qui concerne leurs origines : & les Savans se sont partagés avec eux en trois partis.

Anaximene dans son premier Livre des Antiquités Grecques, cité par Harpocration; Androtion cité par Pausanias dans ses Phociques, & Strabon, assurent que les Amphictyons furent appellés ainsi, parce qu'ils habitoient aux environs de la ville de Delphes: ce qui donne assez à entendre, dit M. de Valois (1), que, selon eux, il ne faudroit pas écrire ce nom comme on l'écrit par un *y*, mais avec un simple *i*, comme qui diroit *voisins*, du verbe *ktizô*, demeurer, parce qu'ils demeuroient dans le voisinage du Temple de Delphes. Etymologie qui ne vaut rien, ni pour la forme, ni

―――――――――

(1) Mém. de l'Acad. des Inscr. & Belles-Lettres, T. III. pag. 195.

pour

pour le fond, puisqu'il est impossible que le mot CTYONes puisse appartenir au verbe Crizô, & que les Amphictyons ne pouvoient être appellés les voisins du Temple de Delphes.

D'autres prétendent qu'ils dûrent leur nom à Amphictyon, Roi d'Athènes, fils de Deucalion & frere d'Hellen qui en fut l'instituteur : tels, Théopompe cité par le même Harpocration, Pausanias dans ses Phociques, & Denys d'Halicarnasse dans le IVe Livre des Antiquités Romaines ; ce dernier à la vérité regarde Amphictyon comme fils d'Hellen, & non comme son frere : en quoi, dit M. de Valois, il déroge à la vérité de l'Histoire, puisqu'il est constant, ajoute-t-il, qu'il étoit fils aîné de Deucalion, tandis qu'Hellen n'étoit que le cadet ; mais le savant Académicien a oublié qu'Apollodore qui rassemble avec tant de soin les généalogies des Grecs, assure que, selon plusieurs, Amphictyon n'étoit point fils de Deucalion.

Il est vrai que M. de Valois s'appuie aussi du témoignage de la Chronique de Paros ; mais nous ferons voir dans un moment combien elle mérite peu de créance pour toutes les époques antérieures à la guerre de Troie.

Strabon est d'un troisieme sentiment : dans son IXe Livre, il rapporte la fondation de ce Tribunal à Acrisius, Roi d'Argos. M. de Valois fort embarrassé de cette nouvelle opinion, cherche à la concilier avec la précédente, en supposant qu'Acrisius fut le restaurateur des Amphictyons, ou qu'il en augmenta le lustre par de nouveaux priviléges.

Il est bien étonnant qu'il ait été réduit à cette réponse, tandis qu'il pouvoit l'appliquer à un Tribunal semblable établi dans l'Argolide sous le même nom, & qu'on a pu par conséquent attribuer à Acrisius, Roi de cette contrée. Comment ce fait a-t-il pû échapper à une personne comme lui qui rassembloit tout ce qui a été dit au sujet de ce Tribunal?

En effet, dans l'isle de CALAURIE, en face de Trœzene, étoit un Temple de Neptune avec droit d'asyle, & où se rassembloient sept Cités pour veiller à leurs intérêts communs. Ces Cités étoient Hermione, Epidaure, Egine, Athène, Prasies, Nauplie & Orchomene-Minyée. Elles avoient également formé un Conseil Souverain sous le nom d'Amphictyons : dans la suite des tems les Argiens y députerent conjointement avec les Naupliens ; & les Lacédémoniens, avec les Prasiens. Le droit d'asyle qu'avoit ce Temple fut également respecté par les Macédoniens pendant qu'ils furent maîtres de la Grèce, & jamais ils n'oserent en arracher un suppliant ; jamais les Satellites d'Antipater n'oserent y faire violence à Démosthène (1).

Voilà donc deux Tribunaux d'Amphictyons ? Quel des deux tira son nom directement d'Amphictyon ? Et quelle certitude avons-nous qu'un Prince de ce nom en fut le Fondateur, puisque les Grecs eux-mêmes n'en étoient pas assurés, & que plusieurs étoient persuadés que c'étoit un mot composé, & dans lequel entroit la préposition *Amphi*, qui signifie au tour? Ceux-ci donc voyoient bien ; mais ils furent hors d'état d'analyser ce mot d'une maniere satisfaisante, parce qu'ils avoient perdu de vue le Grec primitif.

Tu, écrit à la latine Ty, est un mot primitif qui signifie voir, considérer, protéger : qui produisit le latin T*ueor*, In - T*ueor*, Tu-Tus, mots qui présentent ces diverses idées, & le grec Ti-Tu*scomai*, à la latine Ti-Ty*scomai*, qui présente à-peu près les mêmes idées.

Ty-on, signifie donc nécessairement, celui qui observe, qui

---

(1) Strab. Liv. VIII. pag. 574.

protége, & précédé d'*Amphi*, celui qui protége à l'entour.

Mais qu'est-ce qu'il garantit; l'élément *C* qui précéde *Tyon*, l'indique de la maniere la plus sensible, c'est l'altération très-légere de *Ge*, qui signifie la terre, la contrée. Rétablissez ce mot dans son état naturel, & vous aurez cette phrase:

AMPHI-GE-TU-ON*es*, « ceux qui protégent le pays d'alentour : » ceux qui veillent sur les terres confédérées autour du Temple » de Delphes ».

Le serment prêté par les Amphictyons lorsqu'ils étoient installés dans cette dignité, s'accorde parfaitement avec ce nom & avec les fonctions que nous leur avons attribuées. « Je jure, pro-» mettoient-ils, selon Eschine, de ne jamais renverser aucune » des villes honorées du droit d'Amphictyonie, & de ne point dé-» tourner ses eaux courantes, ni en tems de paix, ni en tems de » guerre. Que si quelque peuple venoit à faire une pareille entre-» prise, je m'engage à porter la guerre en son pays; à raser ses » villes, ses bourgs, ses villages: à le traiter en toutes choses » comme mon plus cruel ennemi. S'il se trouvoit aussi quelqu'hom-» me assez impie pour oser dérober les riches offrandes conser-» vées à Delphes dans le Temple d'Apollon, ou pour favoriser » un pareil attentat, j'employerai pieds, mains, voix, toutes » mes forces, en un mot, pour tirer vengeance de ce sacrilége.

On accompagnoit ce serment d'imprécations contre ceux qui le violeroient. « Si quelqu'un enfreint ce serment, que ce soit un » particulier, une ville ou peuple, n'importe, qu'ils soient re-» gardés comme exécrables: qu'ils éprouvent la vengeance d'A-» pollon, de Diane, de Latone, & de Minerve prévoyante: que » leur terre ne donne aucun fruit: que leurs femmes & même » leurs animaux ne produisent que des monstres: que ces sacrilé-» ges perdent leurs procès, qu'ils soient vaincus dans les com-

« bats, & qu'ils périssent eux, leurs maisons, & toute leur race :
» que jamais leurs sacrifices ne soient agréables à Apollon, à
» Diane, à Latone, à Minerve prévoyante : que ces Divinités
» ayent en horreur leurs vœux, leurs offrandes ».

ARTICLE IV.

§. I.

Chronologie Grecque avant la guerre de Troie, absolument brouillée.

Dès qu'il est prouvé que Deucalion est le même que Noé, & que les Hellenes sont des Pélasges qui se confédérerent, le système de la Chronologie Grecque avant la guerre de Troie s'écroule entierement, puisqu'il avoit pour base deux erreurs grossieres ; l'une que Deucalion avoit vécu dans la Grèce peu de siécles avant cette guerre : l'autre, qu'il étoit pere des Hellenes à l'exclusion des Pélasges: erreurs qu'il n'est plus possible de soutenir ; mais qui ont eu les influences les plus fâcheuses sur toute la Chronologie Grecque, parce qu'il a fallu que tous les faits se pliassent à ce système erroné.

Ce seroit en vain, qu'on allégueroit contre nous l'autorité de la Chronique de Paros, gravée sur les beaux marbres si connus sous le nom de marbres d'Arondel. C'est sans contredit un monument très-précieux, mais dont il ne faut user qu'avec précaution, ainsi que de tout ce qui nous reste de l'Antiquité : autant est-il utile & assuré pour les époques qui ont suivi la guerre de Troie, & surtout l'établissement des Olympiades, autant seroit-il dangereux de lui attribuer la même certitude, relativement aux époques antérieures aux Olympiades, & à la guerre de Troie. Celles-ci

PRELIMINAIRE. clxxxj

font remplies de fictions, & la vérité de l'Histoire y paroît entierement sacrifiée à la vanité des Athéniens.

Cette accusation scandalisera sans doute les Adorateurs des Grecs : mais on sera obligé d'en reconnoître la vérité, si on jette les yeux sur ce que nous allons dire pour prouver notre assertion.

Cécrops.

La premiere époque de la Chronique de Paros, celle avant laquelle les Athéniens ne connoissent rien dans la Grèce, est le regne de Cécrops à Athènes au seizieme siécle avant Jesus-Christ.

Comme les Athéniens prétendoient que Cécrops les avoit retirés de l'état sauvage dans lequel ils vivoient, qu'il leur avoit donné des loix, des mœurs, qu'il avoit même institué le mariage sans lequel il n'y a point de famille, point d'état ; il falloit de toute nécessité qu'ils ne reconnussent rien avant Cécrops, qu'il fût pour eux tout ce qu'il y avoit de plus reculé ; ou, qu'ils avouassent qu'ils étoient des barbares dans un tems où la Grèce étoit déjà civilisée, & où elle avoit des mœurs, des loix, un culte.

Mais point de Grec, sans Deucalion : il a donc fallu, bon gré, malgré, que Deucalion devînt contemporain de Cécrops : & qu'après son Déluge, il se fût réfugié à Athènes, quoiqu'il régnât, disent-ils, en Lycorie, montagne infiniment plus élevée qu'Athènes, par conséquent plus propre à servir d'asyle contre un débordement ; mais il falloit bien que tout vînt rendre hommage aux Athéniens.

Si Hellen, fils de Deucalion, donne son nom aux Grecs de la Thessalie, après s'être réfugié à Athènes avec toute sa famille, il faut bien que cette famille n'ait pas entierement abandonné la ville de Cécrops : aussi Amphictyon, Roi d'Athènes, est un descendant de Deucalion, un frere d'Hellen, quoiqu'il pas̀sât à peu près pour constant qu'Hellen n'eut point de frere.

Mais les Hellenes ont un Tribunal dont les Membres s'appellent Amphictyons : il faut donc que ce Tribunal ait été fondé par un Roi d'Athènes, & que ce Roi s'appellât Amphictyon, & qu'il fût de la famille d'Hellen : sans quoi les Athéniens n'auroient joué aucun rôle dans ces brillantes aventures.

Il y a plus, c'est que Cécrops n'est qu'un Roi Mythologique, comme nous avons eu occasion de le faire voir dans l'Histoire du Calendrier, pag. 460. Là, nous avons vu qu'il étoit peint à deux têtes, & qu'on le faisoit pere de trois filles, Hersé, Aglaure, Pandrose : qu'ainsi, il étoit le même que Janus ou le Soleil ; que ses trois filles étoient les trois saisons primitives ; & que son nom Cécrops écrit Ge-Ger-Ops, signifie exactement l'œil rond de la Terre.

Ajoutons qu'il étoit peint aussi sous la forme d'un homme jusqu'à la ceinture, & d'un serpent depuis la ceinture en bas, caractere que les Chinois donnent à Fohi, & que les Athéniens ont également attribué à Erichtonius dont ils ont fait leur quatrieme Roi. Mais nous avons fait voir également que l'agriculture ou les épis étoient toujours représentés comme des serpens, & les instituteurs du labourage comme des hommes aux pieds de serpens.

C'est donc avec raison que Minerve confie à Aglaure ou l'*Eté*, une corbeille où elle ne trouve que cet enfant Erichtonius aux jambes de serpent.

Et que dirons-nous de la VIe Epoque où l'on attribue à Amphictyon l'établissement des Panathénées, qui ne durent leur existence qu'à Thésée ; & dont on répete cependant la fondation à la Xe Epoque sous le régne d'Erichtonius ?

Cérès sous Erechtée.

Deux siécles s'étoient presqu'entierement écoulés, selon cette Chronique, depuis Cécrops l'Egyptien, & cependant les Athéniens n'avoient point encore d'agriculture, encore ils n'avoient ni semé ni moissonné : il fallut, selon cette même Chronique, que Cérès vînt au bout de ce tems-là, instruire Triptoleme sur un art aussi important : & cependant Cécrops, disent-ils, venoit de l'Egypte où la culture des terres étoit en usage depuis si long-tems. La contradiction ne peut être plus forte, & cependant aucun Erudit ne s'en est apperçu, rien n'a pu ébranler le crédit de cette Chronique touchant ces antiques Epoques.

Dirons-nous que les Athéniens ont donc antidaté leur Législation : & que les Auteurs de la Chronique ont réuni des systêmes inconciliables ? C'est ce que concluroient des personnes qui jugeroient avec trop de précipitation : mais il se peut que la Chronique ne se soit trompé qu'en donnant trop d'étendue à certains faits, ou en les exposant mal. Tout nous dit que l'Attique étoit habitée dès le XVIᵉ siécle avant Jesus-Christ, & que déjà dans ce tems-là, on y reconnoissoit pour Roi du pays Cécrops aux deux visages, & pere de l'agriculture.

Ils n'eurent donc pas besoin deux siécles plus tard du secours de Cérès pour établir l'agriculture parmi eux : qu'est-ce donc qui aura trompé le Chroniqueur ? c'est qu'il aura confondu l'établissement des mysteres de Cérès dans l'Attique, avec l'institution même du labourage : deux choses infiniment différentes, & dont la derniere peut & doit avoir été fort postérieure à l'autre.

Une autre preuve démonstrative, c'est que cette Chronique en confondant l'établissement de ces mysteres avec les leçons de

Cérès, nous apprend qu'à la même époque on publia les Poéfies de Mufée, ce Difciple d'Orphée dont les chants fe rapportoient à ces myfteres : il s'étoit donc écoulé déjà un long efpace de tems depuis l'invention de l'agriculture, puifque les Athéniens étoient en état d'être initiés aux myfteres de Cérès, & de faifir le prix des Poéfies fublimes où l'on célèbroit ces myfteres.

Convenons donc que ce Chroniqueur a tout brouillé, foit par vanité nationale, foit plutôt par ignorance & faute d'une critique fuffifante pour juger d'anciennes traditions dont il ne pouvoit faifir l'enfemble; & encore moins les comparer les unes avec les autres. Mais foyons plus raifonnables, & parce que des erreurs font tracées fur des marbres refpectables par les vérités qu'ils contiennent, ne les envifageons pas moins comme des erreurs, & n'ayons pas moins le courage de les apprécier à leur jufte valeur : affurés que la vérité feule conftitue le favoir, & que tout faux favoir n'eft qu'une rouille qui ronge la vérité, & qui n'en prend la place que pour enraciner des préjugés & des erreurs de toute efpece.

Thésée, & fondation d'Athènes.

Les habitans de l'Attique, fous le nom d'Ioniens, formoient un Corps de XII Tribus, ainfi que les Ioniens d'Afie; & ces Tribus avoient chacune leurs intérêts & leur Gouvernement à part, lorfqu'enfin Thésée parut, ce Prince illuftre par lequel Plutarque ouvre fa Gallerie des Grands Hommes : mais le croira-t-on ? Athènes n'exiftoit pas encore, quoique le Chroniqueur nous entretienne de fon exiftence depuis deux fiécles & demi : nous pouvons nous en rapporter à Plutarque.

« Théfée, nous dit-il, entreprit après la mort de fon pere Egée, une chofe très-merveilleufe : il affembla en une Cité, & réunit

» réunit en un Corps de Ville les habitans de toute l'Attique, au-
» paravant disperſés en pluſieurs bourgs, & qu'on ne pouvoit aſ-
» ſembler que difficilement. Théſée allant de communauté en
» communauté, de famille en famille, ne négligea rien pour leur
» faire comprendre quels grands avantages ils retireroient d'une
» réunion en un chef-lieu où ils jouiroient tous de la même au-
» torité, & au moyen duquel ils feroient infiniment plus aſſurés
» de conſerver leurs propriétés, leurs richeſſes, leur ſûreté &
» liberté perſonnelles. Il fit donc démolir toutes les ſalles & hô-
» tels de juſtice & d'aſſemblée deſtinés au gouvernement de cha-
» que canton de l'Attique, & il n'y eut plus qu'un lieu d'aſſem-
» blée général & un ſeul Conſeil au lieu où eſt maintenant, ob-
» ſerve le même Plutarque, la Cité que les Athéniens appel-
» lent *Aſty*; mais il nomma le Corps de la Ville enſemble,
» *Athènes* ».

Athènes & ſa Cité ou Aſty n'exiſtoient donc pas avant Théſée,
puiſque cette réunion fut ſon ouvrage, puiſque lui-même donna
le nom d'Athènes à ſa nouvelle ville. Le Chroniqueur qui nous
parle d'Athènes depuis deux ſiècles & demi s'eſt donc mépris, quelle qu'en ſoit la raiſon.

Ce n'eſt point non plus Amphictyon qui a établi les Panathe-
nées: c'eſt encore l'ouvrage de Théſée ſelon Plutarque, car il
ajoute, que Théſée inſtitua la fête commune à tous les habitans
de l'Attique ſous le nom de PAN-ATHENÉES, & qu'il diviſa les
Athéniens en diverſes claſſes.

Il confia aux Nobles, dit-il, la connoiſſance & l'adminiſtration
de tout ce qui étoit relatif au ſervice des Dieux & aux Loix ou à
la Juſtice; réuniſſant ainſi en eux toutes les charges tant civiles
que religieuſes ou ſacrées: il ajoute qu'après eux venoient les Ar-
tiſans & enſuite les Laboureurs: & il obſerve que l'honneur étoit

du côté des Nobles, l'utilité du côté des Laboureurs, & le nombre du côté des Artifans.

Enfin pour prouver que jufques alors le nom d'Athéniens n'exiftoit pas, Plutarque nous apprend que Théfée fit élever aux frontieres du Péloponèfe & de l'Attique une colonne avec deux vers qu'Amyot a traduit ainfi :

> IONIE eft vers le Soleil naiffant.
> PELOPONÈSE eft devers le baiffant.

Auffi les Athéniens ou les habitans de l'Attique ne paroiffent dans la lifte des Hellenes qui formoient le Corps des Amphictyons que fous le nom d'IONIENS.

§. I I.

Conséquences qui réfultent de l'Hiftoire de Théfée.

PREMIERE CONSÉQUENCE.

Confirmation de nos Principes fur la fondation de Rome.

Ces faits doivent néceffairement répandre un grand jour fur l'Hiftoire d'Athènes, que jufques ici le Chroniqueur avoit fi horriblement embrouillée & défigurée ; & il en doit réfulter des conféquences très-avantageufes pour les Principes du Monde Primitif qui ont tout à gagner à la connoiffance du vrai.

Nous voyons ici à découvert ce qu'il nous a fallu deviner pour Rome : qu'elle n'avoit été fondée que par les grands Propriétaires de la Contrée pour leur propre fûreté, liberté & bonheur : que dans cette réunion, ils avoient apporté & confervé tous leurs droits : que c'étoit ainfi qu'ils avoient formé naturellement & fans la puiffance d'aucun Roi le Corps des Patriciens, entre les

PRELIMINAIRE. clxxxvij

mains de qui réfidoit toute l'autorité, puifqu'eux feuls pouvoient en avoir: & qu'ils ne purent perdre ces droits que par la violence ou en punition de l'abus qu'ils en faifoient.

Nous dîmes encore que pour cimenter cette réunion on élevoit un Temple confacré à la Divinité fous la protection de laquelle on fe mettoit, & qui fervoit de point de ralliement à la confédération entiere ; & que ce Temple étoit toujours fur un haut lieu, afin de rappeller fans ceffe leurs devoirs aux Confédérés : & c'eft ce que nous retrouvons ici.

Ce que les Athéniens appelloient *Afty* ou la Cité, étoit un haut lieu, un monticule renfermé dans la Ville & fur le haut duquel on conftruifit un Temple de Minerve Polias, c'eft-à-dire *Protectrice de la Ville*, du *Po-polus*, comme difoient les Romains. Dans la fuite, on éleva à côté ce magnifique Temple de Minerve fi connu par les gravures modernes ; mais l'ancien fut confervé religieufement : il exiftoit encore du tems de Strabon qui en parle comme d'un vieux édifice élevé anciennement à l'honneur de Minerve, & qu'on appelloit *le Polias* (1).

Villes Grecques fondées de la même maniere.

Athènes n'eft pas la feule République Grecque qui ait été fondée fur les mêmes principes que Rome. Nous trouvons dans Strabon nombre d'exemples pareils.

La ville de MANTINÉE, dit-il (2), fe forma par la réunion de cinq Cantons. TÉGÉE, par celle de neuf : il en fut de même d'HÉRÉE où Cléombrote foit Cléonyme raffembla un pareil nombre de Communautés. Sept ou huit fe confédérerent pour

---

(1) Strab. Liv. VIII. pag. 606.
(2) *Ibid.* pag. 519.

fonder Æɢɪᴜᴍ ; sept pour Patras : huit pour Dʏᴍᴇ. Il ajoute que tous les Cᴜʟᴛɪᴠᴀᴛᴇᴜʀs de la Contrée se réunirent dans la Ville d'Eʟɪs. C'est précisément ce que nous avons dit pour Rome : c'est que la même loi ou les mêmes besoins produisent par-tout nécessairement les mêmes effets : & qu'en tout lieu, nous devons trouver de grands exemples qui viendront appuyer sans cesse nos principes.

Des Iᴏɴɪᴇɴs de l'Attique.

Nous ne saurions passer à un autre objet sans dire un mot de ces Ioniens d'Attique que Thésée rassembla en une seule République dont Athènes fut le centre. Nous avons vu que Thésée trouva parmi eux des Nobles, des Artisans & des Laboureurs : Strabon nous apprend qu'on attribuoit l'établissement ou la distinction de ces diverses Classes à Iᴏɴ dont le pays portoit le nom : voici ce qu'il en dit (1).

Xut*hus* ayant épousé la fille d'Erectée, fonda la Tétrapole Attique composée d'Œnoé, Marathon, Probalinthe & Tricoryte. Son fils Achée commit un meurtre involontaire, & n'en fut pas moins obligé de s'enfuir : il se réfugia dans la Laconie (*mot-à-mot*, dans les montagnes du Péloponèse), & il donna son nom aux habitans de cette contrée qui en furent appellés *Achaïoi, Achivi, Achéens*.

Iᴏɴ de son côté, après avoir vaincu les Thraces qui étoient avec Eumolpe, acquit tant de gloire que les Athéniens l'élurent pour leur Chef : & c'est lui qui divisa les habitans de l'Attique en quatre Corps, les Laboureurs, les Artisans, les Prêtres & les Protecteurs ou Gardiens : & qui, après plusieurs autres belles institutions, donna son nom à la Contrée.

---

(1) *Ibid.* page 588.

PRÉLIMINAIRE.

Ce n'est donc pas Théfée qui fit cette divifion en formant fa République : il la trouva toute formée, parce qu'elle eft dans la nature même, qui en fait tous les frais fans qu'aucun homme foit dans le cas d'y concourir : & fi les anciens Athéniens l'attribuerent à Ion, c'eft qu'ils ignoroient comment cela s'étoit opéré. Il eft de toute impoffibilité que dans une famille nombreufe, lors fur-tout qu'elle s'établit dans un pays neuf, tous ceux qui la compofent ayent le même rôle à remplir : le Chef de la famille en eft le Roi, le Juge ; les autres défrichent, chaffent ou pêchent, ou fe livrent aux arts, chacun relativement à fa force, à fon goût, à fon induftrie : ainfi tout fe claffe de foi-même fans peine, fans confufion, fans embarras ; & à la fatisfaction générale : ne voyons-nous pas la même chofe parmi nous ? dans une famille nombreufe & propriétaire, l'aîné n'a-t-il pas les biens fonds, tandis que les cadets embraffent, l'un l'état Eccléfiaftique, un autre le fervice de terre ou de mer ; qu'un autre fe livre à fon goût pour les arts, &c ? Ce qu'une famille fait en petit, la grande famille de l'Etat le fait en grand.

Quant à la victoire d'Ion fur les Thraces arrivés avec Eumolpe, elle fe réduit à nous apprendre que les habitans de l'Attique étoient venus de la Thrace, fous la conduite d'Eumolpe dont la famille tint toujours un rang des plus diftingués à Athènes ; mais qu'au lieu de s'appeller Thraces, ils prirent le nom d'Ioniens en faveur du chef dont ils defcendoient, foit que ce fût Ion pere de tous les Grecs, ou un petit-fils de celui-ci, & fils de Ketim ou Xuthus ; car à cet égard nous pouvons fort bien admettre ce que nous en difent les Grecs.

DISCOURS

SECONDE CONSÉQUENCE.

L'Histoire des sept Rois d'Athènes avant Egée pere de Théfée, est absolument allégorique & semblable à celle des sept Rois Administrateurs.

Après avoir démontré qu'Athènes n'existoit pas avant Théfée ; & que tout ce que le Chroniqueur nous en dit ne peut s'appliquer à l'Histoire d'Athènes, prouvons cependant que cet Annaliste n'a pas imaginé les noms des prétendus Prédécesseurs de Théfée ; qu'il les a trouvés dans des mémoires antiques ; qu'il ne s'est trompé comme tant d'autres que dans l'application qu'il en a faite, prenant pour Rois Historiques des personnages Mythologiques, Allégoriques ou Symboliques, comme on voudra, & les mêmes que les sept Rois Administrateurs que nous avons déja trouvé chez tant de Peuples, chez les Romains, chez les Troyens, chez les Egyptiens, chez les Japonois ; & dont il seroit bien étonnant qu'on ne trouvât point de vestiges chez les Grecs : mais afin de mettre nos Lecteurs à leur aise, rassemblons ici tout ce qu'on attribue à ces sept prétendus Rois d'Athènes.

Noms & actions des sept Rois.

Le Chroniqueur n'attribue à ces Princes que des événemens Mythologiques.

I. Roi. Cécrops, dit-on, déifia Ju-piter : il ordonna qu'on lui offrît des sacrifices comme à la Divinité suprême ; & il institua le mariage : nous avons déja vu que c'est un personnage Symbolique.

II. CRANAUS. Ce Prince n'est point fils du précédent : on ne sait comment il devint Roi : mais il fut célèbre par les événemens arrivés fous fon régne : tels que le Déluge de Deucalion, dit le Chroniqueur, & le jugement de l'Aréopage, entre Mars & Neptune au fujet d'Hallirotius fils du dernier, & tué par Mars.

III. AMPHICTYON : on dit de ce Prince qu'il avoit époufé la fille de Cranaus, & qu'il lui arracha la couronne : que cependant il établit le Tribunal des Amphiɛtyons, & qu'il inftitua les Jeux Pan-Athénéens, ces Jeux que fonda Théfée.

IV. ERICHTONIUS : on lui attribue d'avoir célébré les Jeux Panathénéens : on le repréfentoit avec des jambes & des pieds de ferpent, & on affure qu'il inventa le char, & qu'il mit les courfes de char au nombre des combats qu'on célébroit dans les Jeux : fon origine étoit infâme, dit l'Abbé Banier (1), qui ne voyoit par-tout que l'Hiftoire, & nulle part ce beau génie Allégorique qui anime l'Antiquité, & qui ne l'infpira jamais. Mais la voici cette origine. Vulcain veut faire violence à Minerve : elle réfifte; mais d'après ce combat, fa robe eft flétrie, & la Déeffe fe trouve mere d'Erichtonius.

Mais ceci s'accorde parfaitement avec les pieds de ferpent de ce Prince, & avec fon invention du char. Ce n'eft autre chofe que la naiffance des moiffons ou l'agriculture, peinte poétiquement dans les Liturgies de ces tems antiques.

On fait que Minerve la même qu'Ifis eft la Terre-Mere : fa robe de toutes couleurs, eft la robe de la Terre femée de couleurs de toute efpèce ; c'eft cette robe qui reçoit la femence du Laboureur ou de Vulcain, le Pere des Arts, & qui préfide aux labours, comme nous l'avons vu dans l'Hiftoire du Calendrier. Mais c'eft une efpèce de violence, puifque la charrue fend le fein de la terre. De-là naît *Erich-tonius*, ou les moiffons toujours peintes fous la

---

(1) Tome VI, page 68.

forme de serpent, comme nous l'avons déja vu plusieurs fois dans nos Volumes précédens. S'il invente le char, c'est le char par excellence, la CHARRUE, sans laquelle point de moissons, point d'Etats, point de Jeux.

V. PANDION son fils n'est célèbre que par les aventures déplorables de ses deux filles Progné & Philomele, qu'Ovide chanta avec tant d'amitié.

VI. ERECHTÉE, surnommé Neptune, venu d'Egypte, dit-on, voit sa fille Orithie enlevée par Borée (ou l'Aquilon) Roi de Thrace : & ceci n'est-il pas vrai dans le sens allégorique? Borée ou l'Aquilon regne en effet dans la Thrace, pays de glaces & de frimats. C'est-là qu'il a établi son séjour : c'est de-là qu'il se jette avec fureur sur les pays méridionaux, & que passant dans l'Attique, il enleve à Erechtée sa fille *Ori-thie* ou *Beauté divine* : c'est-à-dire, ses bleds naissans que le vent du nord dessèche & détruit, & qui sont l'ornement le plus distingué de la terre, les *premieres beautés de Cérès*, comme on les appelloit dans les Calendriers primitifs, la fille chérie d'Erechtée, ou du Laboureur. Aussi c'est sous son regne que Cérès arrive à Athènes pour enseigner l'agriculture à Triptoleme, noms également allégoriques, comme nous avons eu occasion de le démontrer : les *mysteres d'Eleusis* ou de Cérès-Eleusienne *s'établissent alors*, dit le Chroniqueur, & l'on publie le *Poëme sur l'enlevement de Proserpine*, & sur les courses de Cérès, pour chercher cette fille chérie.

VII. CECROPS II. rassemble les Peuples de l'Attique en XII Villes : il est ensuite détrôné & chassé avec son fils Pandion II.

Durée de leur regne.

Nous avons donc ici une suite de sept Rois presque tous isolés, qui deviennent Rois on ne sait à quel titre, car ce Royaume n'est

PRÉLIMINAIRE.

ni héréditaire ni électif : & ces Princes ne paroissent que des usurpateurs : cependant l'Histoire ne leur attribue que des faits allégoriques relatifs aux grands objets de l'administration, civilisation des Peuples, Tribunaux, Jeux sacrés, agriculture florissante, Mysteres, distribution par Communautés policées : enfin le septieme est chassé avec son fils comme à Rome.

Nous retrouvons donc ici, chez les Athéniens, chez le Peuple le plus éclairé & le plus spirituel de la Grèce, la même tradition que chez les Romains, les Troyens, les Egyptiens, les Japonnois : la même Galerie charmante & instructive des sept Princes-Administrateurs dont l'ensemble forme un Gouvernement parfait.

Quand nous publiâmes notre Dissertation sur ces sept Princes-Administrateurs, nous soupçonnâmes qu'on les trouveroit certainement ailleurs que chez ces quatre derniers Peuples : nous ne pensions pas alors que la critique de la Chronique de Paros nous les feroit trouver chez les Athéniens même.

Il y a plus : par une rencontre digne de ces rapports, les sept Princes d'Athènes régnent le même espace de tems que les sept Rois de Rome : & certainement cette conformité n'a pu être l'effet du hasard, d'autant plus que d'aussi longs regnes ne sont point dans la nature.

Nous avons vu que les sept Rois de Rome avoient régné 245 ans, & qu'on ne pouvoit en rien ôter ; parce qu'en multipliant sept par 5, on avoit 35 ans de regne pour chacun de ces Rois ; & que 35 multipliés ensuite par sept, donnoient 245 ans pour la durée de cette Dynastie de Rois.

Mais telles sont les années qu'on attribue aux sept Rois d'Athènes ; à Cecrops, 50 ans. Cranaüs, 10. Amphictyon, 10. Erichtonius, 50. Pandion, 40. Erechtée, 50. Cécrops II. 40.

Trois Princes qui regnent 50 ans, font 150 ans: deux Princes qui en regnent 40 chacun, & deux autres qui en régnent chacun 10, font 100, qui joints aux 150 précédens, font en effet 250 ans.

Même nombre que la durée des sept Rois de Rome, avec cette simple différence qu'on a compté par nombres ronds : c'est toujours de part & d'autre deux siécles & demi.

Il n'a manqué aux Princes d'Athènes pour être en tout conformes à ceux de Rome, que des Poëtes ou des Rhéteurs qui leur attribuassent de grands exploits, qui missent dans leur bouche de belles harangues, & qui fissent voir que le dernier avoit été chassé avec son fils à cause des crimes de celui-ci.

D'ailleurs, dès que les anciens Peuples avoient pris pour leurs Chefs les sept Cabires, les sept Esprits administrateurs des sept Planettes, il étoit naturel que dans la suite des tems on prît leurs noms pour ceux d'autant de Rois : & il eût été véritablement étonnant de ne les pas trouver chez les Athéniens, peuple aussi religieux qu'aucune Nation Grecque, & trop éclairé pour avoir laissé perdre entierement ces antiques faits ; aussi la Chronique de Paros y a pourvu, & nous lui en devons avoir une vraie obligation : mais si elle les a dénaturés, on n'en doit point être surpris, puisque les Romains eux-mêmes avoient brouillé toutes ces choses dans un espace de tems une fois moindre.

ARTICLE V.

§. I.

Culte des Lacs, des Sources & des Fleuves.

Aux preuves que nous venons d'exposer pour démontrer que les Grecs eurent la même origine & parlerent la même Langue

PRÉLIMINAIRE.

que les Celtes, ajoutons d'autres rapports tirés du Culte des Lacs, des Sources, des Fleuves, en usage chez les Grecs, de la même maniere & dans le même-tems que chez les autres Nations Celtiques. Ce nouveau genre de conformité entre ces divers Peuples, sera d'autant plus intéressant qu'il est moins connu, se confondant en quelque sorte avec l'antique obscurité des tems primitifs.

Dans notre Discours Préliminaire sur les Origines Latines (pag cxvij & *suiv.*) nous fîmes diverses observations sur l'origine de ce culte, & nous montrâmes comment les hommes y furent conduits par la Nature elle-même : nous ajoutâmes qu'il devoit cependant s'être conservé peu de traces de ce culte primitif des Lacs & des Fontaines, parce qu'il avoit déjà changé de nature lorsque les Grecs & les Latins commencerent à écrire ; que depuis long-tems il avoit été remplacé dans les Villes par les Temples & par les Statues, tandis que dans les campagnes il étoit abandonné au Peuple dont les Historiens & les Poëtes ne s'occupoient guères ; & que malgré ces désavantages, il existoit un assez grand nombre de détails échappés au tems qui détruit tout, & relatifs à ce culte, pour que nous ne pussions douter de son existence. Nous en rassemblâmes nombre d'exemples pour l'Italie : ceux que nous allons réunir ici relativement aux Grecs ne seront ni moins nombreux ni moins remarquables.

Le PÉNÉE, le plus beau fleuve de la Grèce, étoit honoré par les Thessaliens de la même maniere que le Nil & le Gange par ceux qui habitoient sur les bords de ces fleuves.

L'ACHÉLOUS étoit si révéré que l'Oracle de Dodone avoit accoutumé d'ordonner à ceux qui le consultoient d'aller offrir des sacrifices à ce fleuve pour se le rendre favorable.

Le LADON, riviere d'Arcadie à laquelle nulle autre n'étoit comparable, selon Pausanias, pour la beauté & la clarté de ses eaux, n'étoit pas moins vénéré : il étoit également célèbre par les aventures arrivées sur ses bords, de Daphné avec Leucippe, & par celles de Neptune avec Cérès.

L'ILISSE, honoré par les Athéniens, avoit sur ses bords un Autel consacré aux Muses Ilissides, ou aux Nymphes de ses eaux ; les noms de Muses & de Nymphes étant souvent synonymes chez les Anciens, dans le sens de *Déesses*.

L'ALPHÉE chéri de Jupiter, fut un des plus respectés. De tous les Fleuves, dit Pausanias, il n'y en a aucun qui soit plus agréable à Jupiter que l'Alphée : & il n'étoit pas permis d'employer d'autre eau pour délayer les cendres des victimes qu'on immoloit à Ju-Piter Olympien. Les Prêtres faisoient de ces cendres un mortier qui servoit à enduire tous les ans, vers l'équinoxe de Mars, l'autel de ce Dieu, & à réparer les dégrés par lesquels on y montoit.

A Orchomene, en Béotie, on voyoit une fontaine que son eau pure & salutaire rendoit célèbre par-tout le monde. Près de-là couloit le CÉPHISE, qui par la beauté de son canal & de ses bords augmentoit l'agrément de ces lieux : les Grecs disoient que les GRACES s'y plaisoient plus qu'en aucun autre endroit du monde : aussi les anciens Poëtes les appelloient Déesses du Céphise & d'Orchomene. Elles avoient également un Temple dans le territoire de Sparte & sur les bords du Tiase. Il n'est pas étonnant que dans les tems primitifs, ces eaux pures qui servoient de miroir aux Belles, fussent consacrées aux Graces.

Ajoutons qu'Hésiode dans son Poëme sur les Travaux & les Jours, recommande de ne point traverser les fleuves & les rivieres sans les invoquer en se lavant les mains dans leurs eaux. Les Dieux, ajoute-t-il, punissent sévérement ceux qui négligent ce devoir.

Le lac d'Ino près d'Epidaure-Limera, étoit célèbre par la connoissance qu'il donnoit de l'avenir. Le jour de la fête d'Ino, on jettoit des morceaux de pâte dans ce lac : s'ils restoient au fond, c'étoit du meilleur augure : mais l'opposé, s'ils revenoient sur l'eau.

La fontaine de Cérès près de Patras dans le Péloponèse, ne fut pas moins célèbre par la même raison. Pausanias nous apprend qu'on attachoit un miroir au bout d'une ficelle, en le tenant suspendu au-dessus de la fontaine, ensorte qu'il n'y eût que l'extrémité du miroir qui touchât l'eau. On faisoit ensuite des priéres à la Déesse, on brûloit des parfums en son honneur : & regardant aussi-tôt dans le miroir, on voyoit si le malade guérissoit ou s'il étoit sans espérance. CAPITOLIN & SPARTIEN assurent que Didius Julianus consultoit souvent cette fontaine, & qu'il avoit prévu beaucoup de choses par son moyen.

La fontaine de Clepsydra près d'Ithome, étoit consacrée à Jupiter même : on prétendoit, dit encore Pausanias, que ce Dieu y avoit été lavé dans son enfance, par les Nymphes qui l'avoient élevé : ses eaux étoient sacrées, & l'on n'en employoit pas d'autres dans le Temple de Ju-Piter-Ithoméen.

STRABON parle également d'un grand nombre de Temples élevés sur des eaux & consacrés à Diane, Reine des eaux, ou à d'autres Divinités relatives au même élément.

Diane avoit un bocage vers l'embouchure de l'Alphée, consacré également à Vénus & aux Nymphes à cause de l'abondance de ses eaux, & où se rassembloient à des tems marqués tous les Peuples voisins.

Les sources de l'Anigre étoient dans une grotte confacrée aux Nymphes de ce fleuve.

Dans l'Elide & fur les bords du Cytherius, étoit le Temple des Nymphes Ionides au nombre de quatre; les eaux de ce fleuve étoient admirables contre la laffitude & les douleurs du corps.

Minerve avoit un Temple fameux fur les bords du Nedon.

Nous avons déja parlé de celui de Diane fur les rives du Limnis.

A Argos, étoient quatre puits confacrés, & aux Génies defquels on rendoit de grands honneurs.

C'eft près de la fontaine de Pirene que les Corinthiens éleverent un magnifique Temple confacré à Vénus; l'eau de cette fontaine étoit très-abondante, limpide & excellente à boire.

C'eft fur les bords de la fontaine de Caftalie & fur un haut lieu que fut élevé le Temple de Delphes.

Chez les Locres Opuntiens, étoit la fontaine d'Aianis avec un bocage ou bois facré qui en portoit le nom.

Terminons cette longue lifte par un des plus anciens Oracles qu'aient eu les Grecs. DODONE, fa fontaine & fa forêt facrée; & fes Prêtreffes & fes baffins de cuivre dont les fons excités au gré du vent, fervoient à dévoiler l'avenir, en même-tems que les feux qui s'élevoient de fes fontaines ardentes achevoient d'étonner le fpectateur frappé de tant de merveilles.

Il n'eft donc aucune Contrée Grecque où il n'y eut quelque fontaine facrée qui fervoit de bafe à fon culte, & autour de laquelle fe raffembloient à tems marqués tous les habitans de la Contrée pour honorer enfemble la Divinité, pour la remercier de fes bienfaits, pour en implorer la continuation fur eux & fur leurs familles.

Ce culte qui rémontoit aux Pélafges primitifs fe perfectionna avec les Grecs; on vit alors des Temples s'élever fur les bords de

PRÉLIMINAIRE.

ces lacs & de ces fontaines à l'honneur des Dieux & des Déesses qui y présidoient ; & ces Temples s'enrichir de brillantes statues où l'on cherchoit à peindre l'idée qu'on se formoit du Génie tutélaire qu'on adoroit en ces lieux.

Un très-grand nombre étoient consacrés à Diane, la même qu'Isis Déesse des eaux, & à ses Nymphes : ou au Soleil son frere, connu dans la Grèce sous le nom d'Apollon : les deux grands flambeaux de l'Univers, Roi & Reine des Astres : & les deux plus grandes Divinités qu'adorassent tous les Peuples de la terre, au-dessous du Ciel suprême ou du Moteur éternel de toutes choses, dont aucune Nation n'ignora & ne perdit jamais le souvenir.

Ce sont là les trois grandes Divinités dont nous avons vu (1) que parloit Sanchoniaton sous les noms d'Adod ou le Soleil, l'unique ; d'Astarté ou de la Lune & d'Iou-de-maroon ; Iou Seigneur de l'abondance, ou si l'on aime mieux, Seigneur de la lumiere.

§. II.

Culte des Planettes.

Le culte des fontaines ou de l'eau élémentaire, fut également accompagné chez tous les Peuples anciens du culte du feu & des Planettes dont on regardoit les Génies comme des Intelligences divines qui gouvernoient l'univers. Comme nous nous proposons d'approfondir un jour ce qui concerne ce culte du feu & des Planettes, nous n'en dirons ici qu'un mot relatif à ce que nous avons eu occasion d'exposer dans nos Allégories Orientales au sujet des VII Cabires enfans de Sydyk & qu'accompagnoit un huitiéme nommé Esmunus.

---

(1) Allégor. Orient. pag. 63.

Nous fîmes voir dans ces Allégories (1) que les sept CABIRES enfans de Sydyk ou le Juste, désignoient les sept Planettes & les sept Génies qui président aux Planettes & qui dirigent par leur moyen l'univers : nous vîmes qu'ils étoient accompagnés d'un huitiéme Génie nommé ESMUNUS, & nous leur appliquâmes ce passage de Xenocrates : « Il y a huit Dieux, un qui est sans parties » & qui préside à toutes les Etoiles fixes comme si elles ne for- » moient qu'un seul tout. Cinq qui président aux Planettes : le » Soleil est le septiéme, & la Lune complette le nombre de » huit ».

Mais ces sept Planettes furent adorées dans la Grèce dès la plus haute antiquité. PAUSANIAS nous apprend que dans un Temple de la Laconie, elles furent représentées par sept colonnes qui exis- toient encore de son tems (2).

Nous venons de les découvrir chez les Arabes de même qu'Es- munus, de la maniere la plus fortement caractérisée, dans huit Divinités dont l'objet s'étoit constamment refusé aux recherches de tous les Savans, sur-tout à celles du célèbre SELDEN, qui sembloit avoir épuisé ce qui concerne les Dieux Orientaux : & qui déclare franchement ne rien comprendre à ces huit person- nages.

GEORGE SALE, un des plus savans Auteurs de l'Histoire Univer- selle, mais qui mourut long-tems avant que cette entreprise fût achevée, mit à la tête de sa Traduction de l'Alcoran en Anglois un excellent Discours Préliminaire qu'un de mes Amis traduisit & fit paroître en 1751, sous le titre d'*Observations His- toriques & Critiques sur le Mahométisme* (3). Ce Savant après avoir

---

(1) Ib. p. 64, 65, 66.
(2) Dans sa Description de la Laconie, ou pag. 162.
(3) A Genève, in-8º. chez Barrillot & fils.

observé

observé que les Indiens avoient élevé des Temples aux sept Planettes, passe au détail des huit Divinités Arabes dont il est fait mention dans l'Alcoran.

Il nous apprend d'abord que les Arabes honoroient trois Intelligences nommées *Allat*, *Al-Uzza* & *Manah* : il dit en quels lieux elles étoient honorées, comment & quand leur culte fut anéanti ; & il essaye de donner l'Etymologie de leurs noms : il ne réussit que relativement au second, mais cette Etymologie est morte entre ses mains. On ne peut méconnoître ici les trois Dieux de Sanchoniaton dont nous avons déja parlé.

Allat ou *Allah*, est le Dieu suprême : le Dieu qui meut le huitiéme Ciel.

Al-Uzza, qui signifie le Fort, le Puissant, Hercule, est le Soleil victorieux.

Manah, est manifestement la Lune, nom qu'elle porte en toute Langue.

Il nous apprend ensuite que les cinq autres Idoles étoient appellées *Wadd*, *Sawa*, *Yaghuth*, *Yauk* & *Nasr* ; & qu'on prétendoit que ces Idoles avoient été adorées avant le Déluge, que Noé prêcha contr'elles, & qu'elles devinrent ensuite les Dieux des Arabes : qu'elles représentoient des personnes d'un mérite distingué, dont les honneurs civils qu'on leur rendoit dégénérerent insensiblement en un culte religieux.

Wadd d'ailleurs avoit la forme d'un HOMME, & étoit adoré par la Tribu de Calb.

Sawa, sous la figure d'une FEMME, étoit adorée dans la Tribu d'Hamadan.

Yaghouth, Dieu de l'Yemen, sous la forme d'un LION.

Yauk, dans la Tribu de Morad, sous la forme d'un CHEVAL.

Nazr, Dieu d'Hamyar, avoit la figure d'un AIGLE, comme le désigne son nom.

Ces Dieux sont donc les cinq Planettes subordonnées au Soleil & à la Lune, & qui avec le Dieu du huitiéme Ciel qui meut toutes les étoiles, font le nombre des huit Cabires.

L'Aigle ou Nazr peint Jupiter, dont l'Aigle fut toujours le Symbole.

Le Cheval ou Yauk peint Saturne ou Dieu du Tems qui court avec la rapidité du cheval. *Auk*, *Yauk*, *Yak* est même le nom du cheval dans diverses Langues, & il s'est conservé dans celle des Hottentots.

Les Grecs eux-mêmes ont peint Saturne sous cet Emblême : c'est sous cette forme qu'il plaît à Philyre, & qu'il en a Chiron le Centaure (1).

Le Lion est manifestement l'Emblême de Mars Dieu des combats, fier, hardi & généreux comme le Lion.

La Femme est visiblement Vénus.

Wadd, appellé par d'autres *Woda*, *Buda*, *Bouda*, fut constamment Mercure connu sous ce nom dans toutes les Indes, dans le nord, chez les Gaulois & jusques dans des mots Anglois restés de cette ancienne Langue. S'il est peint sous l'Emblême d'un homme, c'est pour marquer qu'il fut l'Homme aux Signes, l'Inventeur & la base de toute connoissance ; & chez tous ces Peuples il désigna constamment le Mecredi, sous ce nom même que nous offrent ici les Arabes.

Ainsi, les Dieux de toutes les Nations se rapprochent, une même Religion s'étend dans tout l'Univers qu'elle a pour base,

---

(1) Virg. Georg. III. 94.

& qui ne devient une idolâtrie groſſiere que lorſqu'on a oublié les principes ſur leſquels elle repoſoit, & les grandes vérités qu'ils étoient deſtinés à faire connoître.

C'eſt ainſi qu'on pourra démontrer que cette multitude de Divinités que nous rencontrons chez les divers Peuples de l'ancien Orient ſont toujours les mêmes ſous des noms différens, ſouvent même très-légerement altérés.

Jupiter, par exemple, repréſenté par l'Aigle, & déſigné par le mot *Naſr*, *Neſr*, nom de cet Oiſeau Royal, eſt certainement la même Divinité que Nisr-Oc, Dieu de Sennacherib, ou des Aſſyriens ; car *Niſr* eſt ce même nom oriental de l'Aigle, & oc doit être le primitif même oc, ce mot qui déſigna conſtamment la grandeur, & qui forma le nom d'Og, cet homme coloſſal qui étoit Roi de Baſan du tems de Moyſe.

§. III.

Temples communs.

Nous avons vu que les premieres Républiques ſe formerent par la réunion des grands Propriétaires du Canton, dans le deſſein de contribuer par-là à leur ſureté perſonnelle & à leur plus grand avantage : & que cette réunion étoit conſtamment cimentée par un Temple & par un Culte commun à Tous. Les effets qui réſultoient de cette réunion furent ſi grands & ſi heureux qu'ils encouragerent ces Républiques elles-mêmes à s'unir entr'elles de la même maniere, en élevant ſur leurs frontieres un Temple commun où les individus de ces Républiques ſe rendoient aux mêmes Fêtes pour rendre leur hommages à la même Divinité, pour célébrer & pour éterniſer leur union par les mêmes plaiſirs, par les mêmes danſes, & par d'autres démonſtrations pareilles d'amitié

& de joie. Ufage fublime, qui changeoit en autant de freres des Etres qui fans cela fe feroient regardés d'un œil d'envie & de haine : & qui les élevoit au-deffus d'eux-mêmes en faifant que la civilifation de chacune devenoit celle de tous : ufage cependant auquel on n'a pas fait affez d'attention, & qu'il feroit très-à fouhaiter que chaque Nation pût obferver avec fes voifins.

Les Féries Latines dont nous avons déjà parlé dans notre Hiftoire du Calendrier & dans nos Origines Latines en font un exemple mémorable : c'eft dans le même efprit, fans doute, que le Légiflateur des Hébreux voulut que leurs XII. Tribus n'euffent qu'un Temple en commun : auffi ne put-on les divifer qu'en détruifant cet ufage, & en attachant les Tribus révoltées à de nouveaux Autels.

Les Grecs nous offrent nombre d'exemples d'une Méthode auffi utile pour maintenir l'union & la paix parmi les hommes, & pour faire faire à la civilifation les progrès les plus rapides.

Tel eft l'exemple de ces XII. Peuples qui fe réuniffoient à Delphes, & qui y formerent le Tribunal des Amphictyons pour leur fureté commune, & celui du Temple commun aux XII. Cantons de l'Ionie Afiatique ; mais ce ne font pas les feuls que nous ayons à citer relativement aux Grecs.

Aux frontieres de la Meffenie & de la Laconie, étoit un lac fur les bords duquel on avoit conftruit un Temple à l'honneur de Diane, où chaque année fe réuniffoient au même jour les peuples de ces deux Contrées, & où ils offroient des facrifices en commun : ufage qui devint au bout de plufieurs fiécles la caufe accidentelle de longues guerres entre ces deux peuples, & qui finirent par la ruine des Mefféniens (1).

---

(1) Strab. Liv. VIII. p. 357.

PRÉLIMINAIRE.

Entre Argos & Mycenes, mais plus près de Mycenes, fut également un Temple commun aux deux Royaumes, & confacré à Junon (1).

Dans l'Ifle de CALAURIE, en face de Trœzene, étoit un Temple avec droit d'afyle, confacré à Neptune, & dans lequel fe raffembloient fept Cités, pour leurs intérêts communs. Ces Cités étoient Hermione, Epidaure, Egine, Athène, Prafies, Nauplie, & Orchomene-Minyée; elles avoient également formé un Confeil commun fous le nom d'Amphictyons, comme nous l'avons déjà obfervé : avec le tems les Argiens y députerent conjointement avec les Naupliens, & les Lacédémoniens avec les Prafiens. Le droit d'afyle qu'avoit ce Temple fut également refpecté par les Macédoniens, pendant qu'ils furent maîtres de la Grèce; & jamais ils n'oferent en arracher un Suppliant. Jamais les Satellites d'Antipater n'oferent y faire violence à Démofthène (2).

Ces fept Peuples qui fe raffembloient dans le Temple de cette Ifle nous rappellent les fept Peuples dont nous parle, Tacite, & qui fe réuniffoient dans le Temple de la Déeffe Hertha placé également dans une Ifle de la mer Germanique.

---

(1) *Ib.* 574.
(2) *Ib.* 574.

PARTIE TROISIEME.
DE LA LANGUE GRECQUE.

ARTICLE PREMIER.
§. I.
LANGUES PÉLASGIQUES.

Puisque la Pélasgie s'étendoit depuis le Danube jusques à la mer du Péloponèse, & qu'elle se divisa en plusieurs Nations, la Langue primitive des Pélasges dut former successivement divers Dialectes qui devinrent peu à peu autant de Langues différentes, dont on ne connut plus l'origine, mais qui durent cependant conserver entr'elles de très-grands rapports.

Ainsi se forma au midi, la Langue Grecque, qui entre les mains d'un Peuple actif, sensible, livré à l'Eloquence, à la Poësie, aux beaux Arts, acquit une harmonie, des richesses & des graces infinies.

A l'occident, la Langue Illyrienne mere de celle des Slaves ou Esclavonne parlée dans la Dalmatie, la Carinthie, la Carniole, la Pologne, la Russie, &c.

Au nord, celle des Getes ou des Goths qui forma la Mœso-Gothique.

Cette filiation simple, vraie & lumineuse, prouve que le Grec, l'Esclavon, le Gothique & le Mœso-Gothique dûrent avoir entr'eux des rapports très-étroits, mais qu'aucune de ces quatre Lan-

PRÉLIMINAIRE.

gues n'a été mere des autres. Quelque jour nous pourrons entrer dans un plus grand détail fur ces rapports qui ont déjà été apperçus par divers Savans : il existe même un monument en Langue Gothique du quatriéme ou cinquiéme siécle, qui est très-précieux, même sous ce point de vue. Ce sont les quatre Evangiles traduits dans cette Langue par ULPHILAS Evêque des Goths, dont parle SOCRATE dans son Histoire Ecclésiastique, & dont le manuscrit intitulé le *Cayer d'argent*, doit avoir été, selon le Savant M. IHRE, transcrit par un de ces Ostrogoths qui posséderent pendant quelque tems l'Italie (1).

Ce Savant nous apprend que l'illustre STIERNHIELM qui rassembla en plusieurs volumes les rapports de toutes les Langues, trouvoit une si grande conformité entre le Grec & le Mœso-Gothique, qu'il regardoit celui-ci presque comme une Langue Grecque, & qu'il s'appuyoit aussi du témoignage d'Ovide (2).

Il observe également que les Langues Grecque & Latine eurent un si grand rapport avec celle des Goths, qu'on trouve dans celle-ci, des mots qui ont absolument vieilli dans celles-là : il en rapporte entr'autres exemples celui-ci qui est très-remarquable. Festus dit que le mot HETTa désigne une chose de peu de valeur; mais c'est le *Waiht* d'Ulphilas, le *watta* des Loix Ostrogothes, le *hætte* des Islandois, des Sueo-Gothiques, des Theutons (3).

Ces Langues Gothique & Mœso-Gothique tiennent également à la Sueo-Gothique ou Suédoise, à l'Islandoise qui est à peu près la même, à l'Anglo-Saxon, au Danois & à l'Anglois qui en sont descendus, au Hollandois ou Flamand, au Théotisque, à l'Allaman-

---

(1) IHRE, Dissert. de Lingua codicis Argentei, 1754. p. 21.
(2) IHRE, specimen primum Glossarii Ulphilani, 1753, Præfat. p. 5.
(3) Specimen secundum, p. 27, 32. *& suiv.*

nique, au Franc, au Bourguignon, tous Dialectes du Theuton : ce qui ouvre un champ immense pour les comparaisons de toutes ces Langues du Nord, que M. Ihre retrouve également dans la Langue Celtique : il reconnoît même de très-grands rapports entre ces Langues & l'Etrusque ; ce qui n'est point étonnant, puisque les Pélasges s'étendirent au long & au large dans l'Italie : & on se rappellera que dans nos Origines Latines, nous avons indiqué divers rapports entre l'Etrusque & le Theuton ; & que nous avons dit qu'on en trouveroit un très-grand nombre, si on prenoit la peine de comparer ces Langues, les Etrusques étant eux-mêmes venus de la Germanie Rhétique.

M. Ihre a recueilli aussi les divers mots de la Langue Gétique qui se trouvent répandus chez les Anciens & dans les Loix des Wisigots, des Lombards & des Bourguignons (1) ; il y a joint divers mots des Peuples de la Crimée qui sont des descendans de ces anciens Getes mêlés avec les Scythes Royaux qui parloient la même Langue.

Le Savant HICKESIUS, après avoir fait paroître en 1689, les Institutions Grammaticales du Mœso-Gothique & de l'Anglo-Saxon, publia en 1706, sur ces mêmes objets, un Ouvrage beaucoup plus vaste sous le titre de *Thrésor des anciennes Langues Septentrionales*, plein de recherches très-précieuses, & qui lui fit beaucoup d'honneur.

M. MICHAELER a publié depuis quelques années un Ouvrage sur les rapports du Mœso-Gothique, du Franco-Théotisque, de l'Anglo-Saxon, du Runique & de l'Islandois, accompagné d'un grand nombre de monumens en ces diverses Langues (2).

---

(1) Dissert. Philos. de Reliquiis Linguæ Geticæ, 1758. in-4°.
(2) Tabulæ paralellæ antiquiss. Teutonicæ ling. Dialect. Œni-ponte (ou Inspruck) in-8°. 1776.

ARTICLE II.

§. I.

Des Dialectes Grecs.

La Langue des Pélasges ne se divisa pas seulement en plusieurs Dialectes qui devinrent peu à peu autant de Langues différentes ; mais la Langue Grecque se partagea elle-même, quoique sans cesser d'être une, en plusieurs Dialectes, dont il faut avoir une connoissance exacte, afin de se former une juste idée de cette Langue. Ces Dialectes furent le Dorien, l'Eolien, l'Attique & l'Ionien.

Le Dorien & l'Eolien eurent le plus grand rapport entr'eux ; c'étoit la Langue primitive des Grecs ; elle leur étoit commune avec les Peuples Celtiques, & sur-tout avec les Latins, comme nous aurons occasion de nous en assurer bientôt. Cette Langue étoit composée de sons mâles, nerveux, sonores, fortement prononcés, comme il arrive dans toute Langue primitive, sur-tout quand elle est parlée par des montagnards & des Laboureurs tels qu'étoient les Doriens, & même tous les Grecs avant qu'ils eussent été adoucis par le Commerce & par les Arts.

Elle se conserva chez les Siciliens, les Péloponésiens, les Crétois, les Rhodiens & les Peuples de l'Epire.

L'Attique est le Grec adouci & perfectionné par les Athéniens. Ce Peuple plein de goût, de talens, de sensibilité, ce Peuple d'Orateurs & de Musiciens, ne put se contenter des sons agrestes des anciens Grecs ; il sentit qu'on pouvoit les rendre plus agréables, plus doux, proportionnés à une oreille distinguée par sa finesse,

& par une extrême sensibilité, plus dignes d'un goût qui en se raffinant avoit apperçu les beautés de modulations opposées à celles qu'on avoit employées jusqu'alors; & qui s'empressa à les parcourir, & à les mettre en usage.

L'Ionien fut le partage des Grecs d'Asie, de ces Grecs qui habitoient les villes illustres d'Ephèse, de Smyrne, de Milet, de Phocée, de Clazoméne, de Priéne, de Samos, de Chio, de Colophon, de Mycale, &c. Les habitans de ces villes superbes, distinguées par leurs richesses, par leur luxe, par un immense Commerce, jouissoient des productions de tout l'Univers; & furent bientôt amollis par l'exemple des Syriens, des Perses, des Médes au milieu desquels ils vivoient, & mûris par le climat le plus beau & le plus propre à bannir l'âpreté des mœurs & du style. Leur langage dut nécessairement s'assortir à leur situation, & à ces diverses circonstances; il acquit donc encore plus de douceur que chez les Athéniens. Ceux-ci soutenus par l'amour de la liberté & par l'esprit des Républiques Grecques, avoient su conserver la fierté de leur Langue à travers les adoucissemens qu'ils y avoient apportés; mais les Grecs Asiatiques presque subjugués par l'or des Perses, ne surent pas se maintenir dans ce juste milieu; ils descendirent plus bas; ils tomberent dans cette mollesse de sons qu'entraînoit nécessairement à sa suite le luxe Asiatique.

Ils éprouverent ce qui arriva à la Langue Françoise lorsque notre Commerce avec les Italiens changea sa nature, & qu'elle perdit son ancien caractère fortement prononcé, pour se rapprocher de la douceur & de la mollesse de l'Italien; lorsque, comme le dit Henri Etienne, nos François affecterent de faire la petite bouche: ensorte que leur esprit & leurs oreilles ne furent plus susceptibles des mêmes sons, & de cette énergie de style qui avoit distingué leurs Ancêtres.

PRELIMINAIRE.

Toute Langue qui embraſſe une vaſte étendue de terrein, ſe ſubdiviſe de même en pluſieurs Dialectes: c'eſt ce qui eſt arrivé, par exemple, à la Langue Allemande: parlée depuis le ſommet des Alpes juſques aux bords de l'Océan ſeptentrional, elle s'eſt ſubdiviſée comme la Grecque en pluſieurs Dialectes: tels, le Suiſſe, ou le langage des Montagnards Helvétiens, qui a conſervé toute la rudeſſe, l'énergie & la franchiſe de l'Allemand primitif: le Souabe qui avec preſqu'autant de rudeſſe, a perdu ſon antique énergie: le Saxon qui a dépouillé cette Langue de tout ce qu'elle avoit de rude ou de tudeſque; & qui depuis un demi-ſiécle maniée par de très beaux Génies, parviendra à marcher de pair avec les Langues les plus agréables.

Mais les Dialectes Grecs eurent un avantage unique qui empêche toute comparaiſon, & qui aſſura au Grec cette durée qui étonne lorſqu'on ne remonte pas à ſes cauſes. Aucun de ces Dialectes ne fut ſacrifié à l'autre : parlés par des Républiques parfaitement égales entr'elles, maniés par les Ecrivains les plus diſtingués, ſervant de baſe aux Délibérations les plus auguſtes, régnant avec une égalité parfaitement la même dans les aſſemblées générales de la Grèce, dans ces jeux où tous les Grecs étoient réunis, aucun ne pouvoit l'emporter ſur l'autre : ils étoient également eſtimés, honorés, pratiqués : chaque Orateur devoit les connoître tous, chaque Ecrivain devoit les poſſéder & ne leur accorder aucune préférence apparente; ſans cela, il n'auroit pû ſe faire lire par la Nation entière.

Ils fourniſſoient même à l'Ecrivain judicieux une reſſource infinie par leur juſte mêlange; vouloit-il peindre des idées grandes, majeſtueuſes, ſublimes, giganteſques? le Dorien lui prêtoit ſes accens. Etoit-ce l'oppoſé, des idées douces, agréables, délicates, qu'il dût énoncer? il trouvoit dans l'Ionien tous les tons qui

lui étoient néceſſaires ; tandis que l'Attique lui ſervoit merveil-
leuſement pour les objets relatifs à l'adminiſtration, à des délibérations ſages, prudentes, réfléchies telles qu'auroit pû les dicter
Minerve elle-même.

Ces reſſources dont les Grecs furent ſi bien profiter, font abſolument perdues pour celui qui écrit dans une Monarchie : ici, un
ſeul eſprit ploie & anime la langue : celle qu'adopte la Cour eſt
celle que doit adopter tout Ecrivain qui veut ſe faire lire : obligé
de devenir puriſte, il n'eſt plus lui, il ne peut plus s'abandonner
à ſon génie, il ne trouve plus de reſſources pour ſuppléer à l'in-
ſuffiſance de cette Langue, pour rendre le ſublime, l'énergie, la
vaſte étendue de ſes idées : bien plus, c'eſt que ſouvent il n'a pas
même la poſſibilité de les mettre au jour, ces idées : leur fierté, leur
élévation, leur énergie, leur franchiſe ſeroient hors de leur ſiécle ;
ces Ecrivains ne ſeroient point entendus, ou ils paſſeroient pour
Novateurs : auſſi dans les Etats Monarchiques, trouve-t-on une
multitude de perſonnes remplies de goût, & peu d'hommes de génie : c'eſt que le goût conſiſte à exceller dans les choſes qui ſont à
l'uniſſon, tandis que le génie abandonne ces entraves, & que ſe li-
vrant à ſes ſeules forces, il s'ouvre des chemins inconnus juſques à
lui.

Un Académicien de nos jours, connu par la maniere agréable
& profonde dont il traite ſes ſujets, a donc eu raiſon de relever
l'idée » *peu philoſophique* d'un Philoſophe François qui avoit pré-
» tendu qu'il en étoit des Dialectes de la Grèce comme des diffé-
» rens patois de nos Provinces. Comment ſe peut-il, obſerve-t-il
» fort bien, » & qu'il me ſoit permis d'emprunter ſes expreſſions,
au riſque que ſon ſtyle faſſe paroître le mien plus foible, » com-
» ment ſe peut-il qu'un homme dont l'eſprit ſaiſiſſoit ſi heureuſe-
» ment les rapports les plus éloignés & les différences les moins
» ſenſibles, n'ait pas vu que des idiômes groſſiers, ſans principes ;

» sans régle, sans culture, & dont aucun Philosophe, aucun His-
» torien, aucun Orateur, aucun grand Poëte ne daigna jamais se
» servir, ne devoient rien avoir de commun avec les Dialectes em-
» ployés à chanter les Dieux, à célébrer les grandes actions, à
» publier les grands événemens, à discuter les grands intérêts, à
» remuer toutes les passions, à éclaircir toutes les facultés, à trai-
» ter enfin, & des Loix & des Mœurs, & de la Nature & de l'Art,
» & de tous les objets de la science humaine? (1)

Nous invitons nos Lecteurs à lire en entier ce morceau que nous aurons encore occasion de citer, & où l'on voit les grands avantages que les Auteurs Grecs en Prose retirerent des Poëtes qui les avoient précédés.

Nous nous permettrons une seule remarque : c'est de nous éle-ver contre un Poëte qui a induit en erreur cet excellent Ecrivain au sujet des mœurs primitives des Grecs, qu'il suppose avoit été souillées de toutes les horreurs de la barbarie, de brigandages, de rapines, de meurtres, de parricides (2) : l'Histoire de Rome, n'offre point, dit ce Poëte, ce spectacle d'atrocités : « Jamais l'I-
» talie n'entendit le bruit des chaînes d'une Andromede suspen-
» due à un rocher pour expier l'orgueil de sa mere : elle ne vit
» ni un Penthée mis en piéces par les Bacchantes, ni ces horri-
» bles festins qui firent reculer le Soleil, ni la Nature outragée
» par un pere immolant sa fille à son ambition, ni des hommes
» attachés à des branches d'arbres qui courbées avec effort, &
» tout à coup relâchées, emportoient leurs membres déchirés &
» sanglans ».

Il est dommage que M. l'Abbé Arnaud ait répété cette tirade

―――――――――――――――――

(1) M. l'Abbé ARNAUD, sur la Prose Grecque ; Mém. de l'Acad. des Inscr. & B. L. T. XLI.

(2) Properce, Eleg. XX, Liv. III.

sans l'accompagner d'un correctif : certainement l'Histoire de Rome n'offre point ce spectacle d'atrocités ; mais loin que cette observation fasse en sa faveur, elle est contre elle. L'Histoire d'Andromede, celle de Penthée, le repas de Thyeste, la mort d'Iphigénie, & toutes celles de la même nature qui forment la masse de la Mythologie, n'existerent jamais historiquement : & bien loin que les Législateurs & les Poëtes ayent cherché à faire tarir parmi les Grecs la source de ces prétendues barbaries, ce sont eux-mêmes qui imaginerent toutes ces choses, cette masse entiere de la Mythologie, afin d'animer, & ici nous employons les propres expressions de M. l'Abbé Arnaud, « toutes les parties de » l'instruction particuliere & publique; & les Sages de la Grèce de- » meurerent fideles à un langage (Poétique & Allégorique par » conséquent) qui les séparant de la multitude, plus encore que » leurs opinions, les faisoit regarder comme des hommes ex- » traordinaires, & imprimoit à leurs leçons la plus grande au- » torité ».

Ce qui le démontre, c'est que toutes ces histoires naissent avec les Poëtes : la Chronique de Paros place le Poëme de Cérès au 15ᵉ siécle, long-tems avant la guerre de Troie, long-tems avant l'Histoire d'Andromede, de Thyeste, d'Iphigénie : mais déja avoient paru Orphée, Linus, Eumolpe ; déja ils avoient adouci les premieres mœurs des Grecs.

Mais rien de pareil à Rome, parce que Rome, ainsi que l'Italie, fut privée d'instruction jusques aux tems où elle fut éclairée par les Grecs. Et toute la différence qu'il y a ici entre les Grecs & les Romains, c'est que les Romains furent des barbares de fait à l'égard de tous les Peuples de l'Italie, tandis que les Grecs ne l'étoient qu'en apparence dans leurs récits Mythologiques.

Ceci même n'est pas un écart, puisque nous voyons par l'éclat

PRÉLIMINAIRE.

de la Langue Grecque dans les Ouvrages d'Homère, & d'Héfiode, plus ancien qu'Homère, que cette Langue avoit été formée, cultivée, perfectionnée nombre de fiécles avant eux, & précifément dans ces fiécles auxquels on n'attribue tant d'horreurs, que parce qu'on prend à la lettre les récits allégoriques que les Poëtes chanterent à cette époque.

§. II.

En quoi diffèrent les Dialectes Grecs.

On peut réduire à cinq Claffes générales les différences qui régnoient entre les Dialectes Grecs.

1. Les uns adoptoient des mots qui n'étoient pas en ufage chez les autres, ou qu'ils prenoient dans un fens différent : c'eft ainfi qu'on nous a confervé un recueil confidérable de mots qui n'étoient employés que par les Attiques ou à Athènes : ce qui n'eft point étonnant : « Les Athéniens, dit le même Académicien que » nous venons de citer, plus hardis que le refte des Grecs, adop-» terent fans répugnance un grand nombre de termes & d'expref-» fions, des Nations étrangeres qu'attiroit chez eux le commerce. » Cet exemple, ajoute-t-il, fortifié par tant d'autres, devroit, » ce femble, affranchir nos Ecrivains de la timidité fuperftitieu-» fe, qui trop fouvent les enchaîne : eh ! pourquoi craindrions-» nous de faire au befoin de nouveaux emprunts à ces mêmes » Langues qui nous ont fervis & enrichis tant de fois ? La natu-» ralifation des mots n'eft pas moins utile au langage, que ne l'eft » aux Empires la naturalifation politique : on fait que Rome dut » en grande partie fa puiffance à l'adoption qu'elle fit des Nations » étrangeres ».

2. Les uns employoient une certaine claffe de confonnes for-

tes ou foibles, là où les autres employoient les consonnes opposées.

3. Les uns employoient des voyelles fortes ou foibles, là où les autres faisoient usage des voyelles opposées.

4. Il en étoit de même pour les accens : les uns faisant longues ou brèves des syllabes auxquelles les autres donnoient une valeur différente.

5. Enfin, les uns aspiroient des mots dont les autres avoient supprimé l'aspiration.

DIALECTE DORIEN.

Il préfere les voyelles fortes aux foibles; il dit :

Phama, réputation, au lieu de *Fémé* : *Halios*, le Soleil, au lieu de *Helios* : *Mater*, au lieu de *Métér*.

Thean, au lieu de *Theôn*, gén. plur. de *Theos*, Dieu.

Môsa, au lieu de *Mousé*, Muse.

Oinô, au lieu d'*Oinou*, gén. de *Oinos*, vin.

Ils substituent *S* à *Th*; *Seos*, au lieu de *Theos*.

Kh au même Th, *Ornika* pour *Ornitha* : *Alloxa* pour *Allote*.
Pour *Obelos*, ils disent *Odelos*.
Mésti pour *Mé esti* : *Képha* pour *Kaieipa* : *Énthon* pour *Élthon*.
Nin pour *Auton* : *Egôn* pour *Ego*.
T pour S, *Tu* pour *Su*, comme les Latins : *Phati* pour *Phasi* : *Enti* pour *Eisi*, d'où le Latin *Sunt*.
Legonti pour *Legousi*, d'où le Latin *Legunt*.

Ils terminent l'Impératif en *on*; *Legon* pour *Lege*, lis.

Toi pour *hoi*, *Tôs* pour *ôs*.

Ils transposoient la lettre R, *Bardistai* pour *Bradistai*; ce qui étoit bien agréable pour ceux qui ont peine à prononcer les sons *Br*, *Pr*, *Gr*, & on en connoît de tels par le monde.

Kirkon pour *Krikon*.

PRELIMINAIRE.

Ils terminoient la premiere personne du pluriel en *mes* au lieu de *men*, se rapprochant ainsi du Latin qui le termine en *mus*; disant *eimes* au lieu d'*eimen*, nous sommes.

Sp pour *St*; *Spadion* pour *Stadion*.

C'est dans ce Dialecte qu'ont écrit Archytas de Tarente; Archimede & Théocrite de Syracuse; Pindare de Béotie.

DIALECTE EOLIEN.

Ce Dialecte n'est qu'une branche du Dorien avec lequel il a de très-grands rapports, & par conséquent avec le Latin.

Ils mettent souvent B à la tête des mots qui commencent par R, disant *Bruter*, *Brakos*, *Brodon*, pour *Rhuter*, *Rhakos*, *Rodon*.

K pour P, *Koion* pour *Poion*.
P pour M, *Oppata* pour *Ommata*, les yeux.
F pour Th, à la Latine, *Phlatai* pour *Thlatai*.
Sp pour St, *Spolé* pour *Stolé*, le *Stola* des Latins.

Dans les lettres doubles, finissant par la sifflante, ils font précéder la sifflante; disant:

Sdugos & non *Dzugos*, *Skiphos* & non *Ksiphos*, *Spellion* & non *Psellion*, comme ces Provinciaux qui disent *Sesque* pour *Sexe*.

Ils terminent en *aôn* les génitifs pluriels féminins :

Mousaón au lieu de *Mousôn*, d'où vient le *Mousa-r-um* des Latins.

Ils changeoient en *ais* les terminaisons en *as*. *Melais* & non *Melas*.

Et ils changeoient la terminaison *ais* du nominatif en *aïs*; *Païs* pour *Pais*, enfant.

Ils mettoient l'accent sur la premiere syllabe, tandis que les autres le plaçoient sur la seconde, même sur la troisieme.

Orig. Grecq.

Ils avoient aboli le nombre appellé duel, qui est également inconnu aux Romains.

> Les Génitifs en *ou* se prononçoient *eu* dans ce Dialecte, *ao* chez les Ioniens, *eó* chez les Athéniens.
>
> Ils employoient *ó* pour *au*; & *U* pour *O* à la maniere des Etrusques.
>
> Ils faisoient très-peu usage de l'aspiration.

Sapho & Alcée ont écrit dans ce Dialecte: on le trouve aussi en usage dans Homère, Pindare, Théocrite, &c.

DIALECTE ATTIQUE.

Les Attiques faisoient un usage continuel de l'élysion: ils disoient:

> *T'auto*, pour *To auto*; *Keis*, pour *Kai eis*; *Tama*, pour *Ta ema*; *Prourgou*, pour *Pro ergou*; *Emoudokei*, pour *Emoi edokei*; *Egóda*, pour *Egó oida*; *ó ner*, *ó gathe*, pour *ó aner*, *ó agathe*.

Ils changent S en X; *Xun*, pour *Sun*.

> En R après un R; *Arrén*, pour *Arsén*.
>
> En T quand il est double; *Prattó*, pour *Prassó*.

Ils conservent la voyelle forte *a*, là où les autres la changent en *ai*.

> Ils disent *Kaó*, *Klaó*, *Etaros*, & non comme les autres Grecs *Kaió*, *Klaió*, *Etairos*.
>
> Ils aiment *ó* pour *o*; *Leós*, *Naós*, & non *Leos*, *Neos*.
>
> Ils ajoutent volontiers *oun* à la suite des négations & du relatif; *oukoun*, non; *otioun*, quoi.
>
> Et *i* à la fin des Adverbes; *nuni*, maintenant; *oukhi*, non.
>
> Ils substituent R à L, disant, par exemple, *Kribanon*, pour *Klibanon*.

Souvent ils terminent le nominatif comme le vocatif; & le vocatif comme le nominatif: souvent ils employent la terminai-

PRÉLIMINAIRE. ccxix

son du superlatif à la place de celle du comparatif : souvent aussi ils employent l'actif pour le passif, & le passif pour l'actif.

> Ils employent souvent l'accusatif au lieu du datif ; & le génitif au lieu de l'accusatif.
> Ils font un grand usage du verbe *einai*, être.
> *Thélô*, vouloir, étoit chez eux un synonyme de *dunamai*, pouvoir.

En un mot, ils étoient infiniment plus libres dans l'usage des Régles Grammaticales que les autres Grecs : leur langage se ressentoit ainsi beaucoup plus de leur amour indomptable pour la liberté.

On doit à un ancien Grammairien nommé Mœris un Recueil des mots & des tours de phrase propres aux Athéniens : c'est un excellent supplément aux généralités dans lesquelles nous sommes obligés de nous restreindre ici : il en existe une édition faite à Leipsick en 1756, par le savant Ruhnquenius, avec les Notes de Jean Fréd. Fischer.

Ce Recueil est accompagné d'un autre, relatif au même objet : c'est un Vocabulaire des mots particuliers à Platon, & qu'on doit à Timée le Sophiste.

Ce Dialecte Attique a été employé par les Ecrivains d'Athènes, par Thucydide, Aristophane, Platon, Isocrate, Xénophon, Démosthène.

Dialecte Ionien.

Les Ioniens ainsi que les Athéniens adoucirent les prononciations rudes des Pélasges, conservées par les Doriens & par les Eoliens : ils changerent les *a* en *ê*.

> *Fama* en *Phémé* : *Man* en *Mên* ; *Mousa* en *Mousé* : *Lian* en *lién*.

Ils changerent T en S, disant ;

ee ij

Su pour *Tu* ; *legousi* pour *legonti*.

Ils adoucirent les génitifs *aôn* en *ôn* : *mousôn* pour *mousaôn*

Ils ont cependant quelquefois conservé l'*a* primitif ; ils disoient *Tamnein*, & non *Temnein*, couper.

Observations nécessaires lorsqu'on veut comparer le Latin avec le Grec, & remonter à leurs vraies origines : puisqu'à leur faveur on retrouve entr'elles des analogies étonnantes qu'on n'auroit pas même soupçonné sans cela : on en verra des exemples continuels dans notre Dictionnaire Etymologique Grec, auquel ce discours sert de préliminaires.

Ils aimoient le concours des voyelles dans un même mot : tantôt décomposant une diphtongue ou une voyelle longue, disant *hermeas* pour *hermês* : *noos* pour *nous* : *Aethlos* pour *áthlos* : *rhëidios* pour *rhaidios*.

Tantôt ôtant comme les anciens François les consonnes du milieu des mots, disant *Kreaos* pour *Kreatos*.

Ou bien ajoutant sans façon une voyelle avant une autre, disant *Adelpheos*, & non *Adelphos* ; *Krineon*, & non *Krinon* : c'est ainsi que nous avons changé *fel* en *fiel*, *mel* en *miel*.

Mais aussi ils seront obligés de changer *éo* en *eu* ; de dire *pleun*, en une syllabe, là où les autres disoient *pleon*, afin que leur prononciation ne fût pas toujours sur le même ton.

Comme les Athéniens, ils adoucissoient en *oisi* les datifs en *ois* ; *logoisi* pour *logois*.

Ils disent *oio* au génitif, au lieu d'*ou*, par une suite de leur système de prononciation ; *logoio* pour *logou*.

Ils supprimoient les aspirations, sur-tout dans les mots composés, disant *eporan*, & non *ephoran*.

Ils substituoient K à P, disant *kós*, & non *pós*, ainsi que les Latins dirent *quinque*, au lieu de *pente*.

Ils faisoient grand usage des réduplications, de ces réduplications qui ont tant de fois fait perdre de vue la vraie étymologie d'une multitude de mots : ainsi ils disent *Kekluthi* pour *Kluthi*. C'étoit un usage fort commun aux Grecs en général, & qui passa même chez les Latins. C'eſt ainſi que du primitif *Tu*, les Grecs firent *Tituſcomai* dont on n'avoit jamais apperçu l'origine & ſes rapports avec *Tueor*.

Ils aimoient à tranſpoſer, à dire *Kradia* & non *Kardia*; *Krateros* & non *Karteros*.

Ils changeoient deux S en X, *dixa* pour *diſſa*.

On nous dit qu'ils employoient volontiers l'infinitif au lieu de l'impératif : ce qui a paru une biſarrerie à ceux qui ont cru ſur parole ce qu'on attribuoit aux Ioniens : mais comme un infinitif n'eſt pas un impératif, & ne peut pas même en tenir lieu, ces Grammairiens auroient dû nous expliquer de quelle maniere un infinitif pouvoit être ſubſtitué à un impératif ſans induire en erreur ceux auxquels on s'adreſſoit; & ils auroient vu que leur remarque qui, telle qu'elle eſt, n'explique rien, attribue de fait aux Ioniens ce qui n'eſt pas : c'étoit un vrai infinitif, correſpondant à un vrai impératif; mais par honnêteté, par politeſſe, on faiſoit l'ellipſe de l'impératif, & il ne reſtoit que le Verbe à l'infinitif, qui par ſa place conſervoit la force des deux : c'eſt comme ſi nous diſions, *Monſieur ! exécuter ce plan*, au lieu de dire, *Monſieur !* vous voudrez bien *exécuter ce plan*; ce qui eſt un commandement bien plus doux que de dire, *Monſieur, exécutez ce plan*.

Un ancien Grammairien déſigné par le nom de Corinthus, & qui a traité des Dialectes Grecs, nous a tranſmis une liſte de mots ou d'expreſſions propres aux Ioniens : elle eſt précieuſe, & contient des mots très-remarquables.

Ils ſe ſervoient du mot *mythos* au lieu de *Logos* : au lieu d'appeler les Caequois *Pharetras*, ils les appelloient *Ardeis*; d'*Ardis*, Javelot. Bacchus étoit appelé chez eux Osiris. Ils diſoient *Antiazein* (être oppoſé,) au lieu de *Polemein*, faire la guerre.

Homère, Hérodote, Hippocrate ſe ſont ſervis de ce Dialecte;

Nous nous sommes d'autant plus volontiers étendus sur ces observations, qu'elles sont utiles pour se former des principes propres à se rendre raison des phénomènes qu'elles offrent, & qu'elles confirment parfaitement tout ce que nous avons déja publié sur le rapport des Langues, & sur les causes de leurs différences. On verra donc avec quelque plaisir que ces Dialectes n'offrent aucune variété qui n'ait la Nature pour base, & dont nous n'ayons cité des exemples pour toutes les Langues ; & ces remarques doivent être d'autant plus intéressantes que le Dictionnaire Grec qui va suivre, en est une vérification continuelle, & démontre à chaque instant la variété de nos principes & la lumiere qu'ils amenent à leur suite.

En effet, rien de si commun dans ce Dictionnaire que les voyelles fortes des mots primitifs changées en foibles, les consonnes fortes en foibles ; les voyelles foibles supprimées entre deux consonnes : la premiere syllabe redoublée : les changemens de S en T, de Th en F, de K en P, ou de P en K & en Q : & le Dorien rapprocher l'Ionien du Latin, & les ramener tous à la Langue Celtique.

On ne sauroit donc trop se familiariser avec tous ces procédés, puisqu'ils sont la base de la différence des Langues, & que sans eux il est impossible de remonter à l'origine des mots & des Langues, ni par conséquent à celles des Peuples & des choses.

Ceux d'ailleurs qui voudront acquérir des notions plus particulieres sur les Dialectes Grecs, pourront lire les Observations de JEAN le Grammairien & de CORINTHUS, que nous venons de citer sur cet objet ; ainsi qu'un morceau de PLUTARQUE qui y est relatif. Ces petits écrits sont réunis à la fin du Dictionnaire Grec de Scapula. On fera aussi très-bien de consulter la Grammaire Grecque de Port-Royal.

PRÉLIMINAIRE.

Obfervons encore que les Lexicographes & les Grammairiens Grecs fe font toujours égarés, toutes les fois qu'ils ont repréfenté les prononciations Doriennes, comme ayant été fubftituées aux Grecques ou Attiques : lorfqu'ils nous ont dit, par exemple, que *Ba* qui fignifie *va*, étoit pour *Bêthi* qui fignifie la même chofe en Attique : que *Garuo*, *jafer*, étoit pour *Géruo*: c'eft le dernier qui au contraire a été fubftitué au premier : mais ils n'en favoient pas davantage.

§. III.

DES LICENCES POÉTIQUES.

On ne peut lire deux vers d'Homère fans être étonné du génie Grec qui permet à fes Poëtes d'allonger, de racourcir, de changer les mots à fon gré : d'en fupprimer, multiplier, tranfpofer tous les Elémens. A quinze ans, nous difions : & qui ne feroit des vers comme Homère, en fe permettant d'altérer les mots à volonté ? Mais quand nous vîmes l'Abbé TERRASSON en faire un crime à Homère, nous craignîmes d'avoir dit une fottife : & quand nous commençâmes à avoir des idées plus faines fur la Poéfie Grecque, confidérée comme Muficale, nous admirâmes le génie d'Homère qui favoit ployer les mots à fon gré ; & les forcer de fe prêter à l'harmonie qu'il vouloit peindre, aux fentimens d'admiration, de plaifir ou d'effroi qu'il vouloit exciter tour à tour. Combien notre Poéfie n'eft-elle donc pas inférieure à la leur, puifque nous fommes forcés d'employer les mots tels qu'ils font fans qu'il nous foit permis d'en augmenter la douceur, & d'en agrandir le fublime ou l'aprêté, afin qu'ils puiffent s'affortir exactement au fublime de nos idées, ou à la douceur & à la délicateffe de nos fentimens: que notre langue, fouvent réfractaire au goût, ne se prête que de loin & malgré elle à l'usage que nous en devons faire ?

Nos Musiciens, il est vrai, suppléent du mieux qu'ils peuvent à cet inconvénient en changeant l'accent ou la quantité de nos syllabes ; en donnant à telle syllabe une durée quatre fois plus longue qu'à sa voisine ; en glissant sur plusieurs, en les élidant : mais le Musicien n'étant jamais d'accord avec le Poëte, il n'en résulte qu'un assemblage défectueux dont on a souvent gémi.

Ce qu'il y avoit encore d'agréable en ceci pour les Poëtes Grecs, c'est que quelque changement qu'ils fissent dans un mot, il ne pouvoit jamais être regardé comme une innovation ; il se trouvoit constamment justifié par l'usage de quelqu'un des Dialectes Grecs : en effet, chacun de ces Dialectes allongeoit, ou racourcissoit les mots des autres, ou en transposoit les élémens : le Poëte n'avoit donc que le mérite du choix. Un François au contraire deviendroit barbare, s'il altéroit le moindre mot : il ne parleroit pas sa langue : ce seroit un jargon inintelligible qu'il créeroit ; & dont la paresse ou l'ignorance ne manqueroient pas d'abuser.

ARTICLE III.

Langue Grecque considérée comme Dialecte de la Celtique.

CEs observations sur les Dialectes de la Langue Grecque sont d'autant plus utiles qu'elles répandent une vive lumiere sur cette Langue même considérée comme n'ayant été dans l'origine qu'un Dialecte de la Langue Celtique : car dès ce moment, on doit voir les mots radicaux des Langues éprouver en Grec toutes les altérations qui constituent un Dialecte : les mots primitifs passer d'un

son

PRÉLIMINAIRE.

son fort à un foible, la voyelle *a* s'affoiblir en *e* : la consonne foible prendre la place de la forte : la voyelle *e* supprimée entre deux consonnes : les voyelles s'ajouter sans cesse à la tête des mots : un même mot prendre successivement toutes les voyelles pour peindre diverses nuances de la même idée ; des consonnes telles que C, G, K, S, s'ajouter fréquemment devant L, M, N, R, &c. D, changé en L, en S, en Z : P & F mis l'un pour l'autre ; l'aspiration céder la place à M, S, P. Les diphtongues remplacer les voyelles ; celles-ci tantôt se nasaler, tantôt se mouiller, plus souvent se doubler. Deux ou trois racines se réunir ensemble pour former de nouveaux mots : & souvent se déguiser au point qu'il sembloit impossible d'en retrouver les élémens primitifs.

Il faut donc se résoudre ou à ramper éternellement dans la fange des Langues, sans avoir aucune idée de leurs rapports étonnans, & sans pouvoir les dominer, ou se rendre propre le tableau de tous ces rapports, & les moyens de les retrouver d'une maniere imperturbable, ensorte que ce soit une pierre de touche qui nous fasse appercevoir à l'instant les altérations que chaque mot eut & doit avoir éprouvé.

I.

C'est ainsi que la Famille AG, *grand*, offre en Grec des mots en *Agan*; *Auxô, Auxeô*; *Ogcos*, prononcé *Onkos*, &c.

AL, *élevé*, des mots en *Alomai*, *elephas*, *élikia*.

ALio, *rouler*, en *eileo*, *elix*, *aella*.

ALia, *chaleur*, en *helios*, *elé*, *selas*, &c.

AN devenu *enos*, *énis*.

AP, *élevé*, des mots en *aipus*, *aphuo*, *epi*, *ipsos*, *ophrus*, *upsos*, *upnos*.

AR, en *arô*, *airô*, *aeirô*, *aiôreô*.

AS, *feu*, en *azô*, *aster*, *aitho*, *aither*, *idos*, *aiskhos*, *estia*.

GAR, *rassembler*, des mots en *Ageir*, *Agor*, *Agur*, *Gargair*, *Aigeir*, MAR, *brillant*, devenu *Mair*, *mer*, *mor*, *amar*, *amor*, *amaur*, *mudr*, *amudr*, *smerd*, *émer*, *sémer*, *omér*, *mermer*, &c.

PAT, pied ; *pedé*, *pous*, *peza*.

2.

Les voyelles, continuellement nasalées ; d'Adô, *andanô* : de *math*, *manthanô* ; de Puth, *Peuth*, & *Punthanomai*.

Les voyelles supprimées entre deux consonnes : de Bel, *Blepô* ; de Ballo, *bléma* ; de Bad, *ibdés* : de Genus, *gnathos* : de Damaô, *dmôs* : de Tan, pays, *Aitnaios*, *ethnos*, *othneos*, qu'on avoit pris pour autant de radicaux. De Talao, *tlaô* ; de Tamô, *Tmaô* : de Gal, *Gel*, *Gl*.

Les voyelles sans cesse ajoutées à la tête des mots : de Gad, bon, *agathos* : de nom, *onoma* : de dent, *odontes* ; de Cal, *ag-gelos*, devenu Angelos.

Souvent ces voyelles ajoutées servent de négation : cela est très-connu pour A : mais, nous avons trouvé beaucoup d'*O* négatifs à la tête des mots.

Des voyelles mouillées ; ainsi de Pes, *piesi*.

Des réduplications continuelles, *Di-Dumos* : *di-dômi* : *di-dascô*, *ki-kiô*, *bi-bémi*, *Ti-tuscomai*, *Gi-gnoscô*.

Des voyelles redoublées ; d'Er ou Her, printems, *Ear*, *eiar* : de même que les Anglois, d'*arth*, terre, font *earth*.

L'aspiration sans cesse adoucie en S & en K ou Kh ; ainsi *sus* pour *hus* ; *sôros* pour *horos* : *khamai* pour *humai*, terre : mot que nous avons rapporté à *hu*, l'eau, trompés par le Latin *humi* : mais HAMAI, terre, doit tenir au primitif HAM, rouge, qui a fait le grec AIMA, sang. On sait que la terre, le sang & l'homme, furent toujours appellés du même nom, & en Oriental *DAM* & *Adam*, mots qui peuvent tenir à la même famille que le grec *Aima* & *K-hamai*.

3.

LES CONSONNES n'ont pas éprouvé moins de variations.

On les voit sans cesse ajoutées à la tête des mots, telles G, K, Kh, ajoutées devant l, m, n, r : *G-noô*, *K-naô*, *Kh-roa*, &c. T ajouté comme article : *T-erma*, *T-uphlos*, *T-rôgô*, &c. P devant N,

PRÉLIMINAIRE.

& L, ou même avant des voyelles dans *P-neó*, *P-lunó*, *P-élos*, &c.

N ajouté comme négation dans *Né-penthés*, *N-éflis*, *nó-lemés*, &c.

S ajoutée à une multitude de mots, dans *ſ-kaʓó*, *ſ-kambos*, *ſ-kethros*, *ſ-maris*, *ſ-pilas*, *ſ-podos*, &c.

Celles d'une même touche substituées les unes aux autres dans une même famille ; *Aptó*, *Amma*, *Aphé*, *Aipſa* : la famille AK, formant des mots en *Aik*, *Akh*, *Okh*, *Ag* : la famille AD, devenir *Ait*, *Eth*, *ed*, &c.

D & Z substitués sans cesse l'un à l'autre : *edos* & *eʓomai* : *duo* & *ʓugos*.

D & L ; *Balaneion* de *Bad* : *Dac-ru*, pour *Lac-ru* : *Da-phné* pour *La-phné*.

D pour E, *andros*, d'anêr.

D attiré par R ; de *mur*, rouge, *mudros*, fer rouge.

D pour G ; *Dé-métêr*, Cérès, pour *Gê-métêr*. *Sidéros*, fer ; de *Seger*, métal.

Th pour F; *Ther*, même que le latin *fera*; le *Thier* des Allemands. *Thélo*, même que le latin *fello*.

T pour Q; *Te*, même que *que* des Latins: *Tis*, quis : *Teſſares*, quatuor.

T & S, sans cesse substitués l'un à l'autre: *Télia* & *Sélia*, un seau.

T, S, Z, également substitués entr'eux.

T, attiré à la suite de P, dans *Tup-t-ó*, *Ptilos*, *Ptuó*, *Ptókhos*, *pto-lis*, &c.

G, K, Kh, substitués sans cesse entr'eux, *Gar*, & *Kêrux* ; ce n'est point étonnant : ceci l'est plus.

P & K ou Q substitués les uns aux autres. *Puamos* & *Kuamos*, *Hippos* & *Equus*.

L pour R, dans *Khalkos*, airain.

M pour N, dans *Móros*, fou.

Des transpositions assez fréquentes ; *Morphé*, en Latin *forma* : *Okhlos*, en Lat. *Volgus*: de *fort*, *Sphodros*.

Et ce qui caractérise sur-tout le Grec comme Dialecte Celtique, c'est que tous ses mots en X & en Pſ, Ξ & Ψ, sont l'effet d'une prononciation qui lui étoit propre, & que ces Peuples substituerent au *Sh* des Orientaux, ou à notre *Ch*, & au *Tſ* de ces mêmes Orientaux : ainsi que les mots Grecs en Kh ou χ, & en O, long ou Ω, ne sont que des nuances des mots écrits dans les autres Langues par O ou par K & Q, ou même par H, prononcé *Ch* : ensorte que les mots compris sous ces quatre lettres ne tiennent aucun rang dans les mots primitifs, & n'en sont que des nuances : il en est de même des mots écrits par un E long, par H.

Sans ces observations fondamentales, on seroit sans cesse perdu dans les Origines Grecques, ainsi que dans celles de tout autre peuple : on n'auroit aucune idée de leurs vrais rapports, encore moins des métamorphoses qu'y éprouvent les mots primitifs & des moyens propres à les rétablir.

Aussi jusqu'à ce qu'on se soit mis au fait de tous ces phénomènes, on ne doit rien prononcer sur le rapport ou sur la différence des Langues, sous peine de ressembler aux aveugles qui veulent juger des couleurs, ou aux sourds qui voudroient parler musique.

ARTICLE IV.

Forme de ces Origines Grecques : maniere de s'en servir.

§. I.

Utilité des mots radicaux & de leurs Familles.

C'est d'après ces principes que nous avons formé le Dictionnaire Etymologique Grec que nous présentons ici au Public : au lieu de cette masse indigeste & effrayante des mots Grecs mis bout-à-bout dans les Dictionnaires, & où chacun d'eux est toujours isolé sans aucun rapport avec ceux qui le précédent & qui le suivent, nos Origines Grecques offrent un nombre déterminé & peu étendu de familles, de cases, de petits Dictionnaires entre lesquels est distribuée la masse entiere des mots Grecs.

Cette distribution est prise dans la nature des mots même : elle

PRELIMINAIRE. ccxxix

n'eſt ni arbitraire ni difficile à ſaiſir : les mots viennent s'y arranger d'eux-mêmes ſuivant la racine à laquelle ils appartiennent : tous ceux qui ſe rapportent au même chef ne ſont plus comptés que pour un : il ſuffit de ſavoir le radical de chacun de ces touts particuliers, pour avoir l'idée la plus complette de l'enſemble.

Mais cet enſemble, cet arrangement repoſe néceſſairement ſur les variétés qui forment les Dialectes ; & ſur les moyens qu'il fallut employer indiſpenſablement pour tirer d'une ſeule racine tout le parti poſſible, en lui faiſant éprouver tous les changemens, toutes les modifications dont elle étoit ſuſceptible : modifications d'autant plus aiſées à connoître qu'elles ſont communes à toutes les racines de la Langue Grecque, & même à toutes les Langues de l'Univers.

Dès-lors, la raiſon & l'intelligence s'uniſſent à la mémoire pour l'étude des mots, & cette étude change par-là totalement de forme.

L'excellence de cette Méthode eſt ſi ſenſible, ſes effets ſi frappans, qu'il n'eſt perſonne qui ne ſoit porté en peu de tems à déſirer de la mettre en pratique : c'eſt cette eſpérance qui nous a ſoutenu dans la recherche pénible des radicaux de la Langue Grecque, dans le travail faſtidieux de l'arrangement de tous ſes mots ſous ces radicaux ; & dans les dépenſes qu'a entraîné ce travail & l'impreſſion de ce Dictionnaire, unique juſqu'à préſent dans ſon eſpèce, & pour lequel l'Imprimeur a été obligé de faire faire des fontes conſidérables, inutiles pour tout autre ouvrage, & qui n'ont pu que retarder l'impreſſion de ce Volume.

Comme ces Origines Grecques ont l'avantage de faire pendant avec nos Origines Latines, elles en deviendront beaucoup plus utiles : l'unité dans les principes & dans la marche des deux ouvrages, les faiſant aller de pair, en rendra l'uſage plus vaſte,

& le succès plus assuré ; l'une ne paroîtra qu'une continuation de l'autre.

Par cet enchaînement d'ouvrages, le Monde Primitif s'éleve insensiblement sur une base inébranlable, aussi étendue que l'Univers, qui lie tous les Peuples, qui les ramene à une seule source primitive, d'où l'on voit tout dériver, & au moyen de laquelle l'étude des Langues devient un jeu où elles s'expliquent toutes les unes par les autres.

§. II.

Racines Grecques qui avoient été inconnues jusques à présent.

Quelques uns, il est vrai, avoient déjà essayé de classer les mots Grecs par racines : mais ils étoient si peu versés dans cet objet, ils ignoroient si fort les principes qui devoient leur servir de régles, qu'ils ont infiniment trop multiplié le nombre des racines, ayant mis dans ce rang dix fois plus de mots qu'il ne devoit y en avoir : tandis que donnant dans une extrémité opposée, ils ont omis par ignorance nombre de mots qui auroient dû s'y trouver. On n'aura donc pas de peine à comprendre qu'à cet égard nous avons fait des changemens très-considérables dans l'arrangement des radicaux Grecs.

C'est ainsi que sous le seul radical Ac ou Aκ qui désigne en toute Langue les idées relatives à pointe & poindre, nous avons renfermé dans nos Origines Grecques une soixantaine de ces prétendus primitifs, tels qu'Aκé, Aκmé, Aikmé qui tous trois signifient pointe ; Aκon, dard ; Aκantha, épine ; Aκinos, verjus ; Aκros, pointe, sommet : Aκin-Aκés, poignard ; Aκoomai, coudre ; 2°. coudre une plaie, la guérir ; 3°. guérir. Aκ-Ouó, entendre ; de Aκ, percer, & Ous, Oreille : Aκhos & Aκhthos, douleur piquante : d'où Agan-Aκteo, être déchiré par une vive douleur.

PRÉLIMINAIRE.

C'est ainfi que fous la racine CAL, beau, agréable, nous avons réuni nombre de mots qu'on prenoit tout auffi mal-à-propos pour autant de radicaux; tels *Kalos*, beau, brillant : *Ai-Kallô*, flatter, dire qu'on eft beau, faire le calin; *Agallô*, orner; *Aglaos*, brillant, magnifique, orné : *Ai-glê*, fplendeur ; *A-Khlus*, non-fplendeur, obfcurité, ténébres.

Nous avons même retrouvé des Racines qu'on croyoit n'avoir jamais exifté en Grec. Celle d'A Q, eau, à laquelle fe rapportent ces mots :

Akhe-roïs, peuplier, arbre qui croît dans les eaux.

Akté, *Okhthê*, rivages, mots que nous avons mal-à-propos rapportés à la Famille *AK*, pointu, efcarpé.

T-AKô, fondre; *Pf-akas*, rofée ; *Akkô*, femme qui fe mire dans l'eau; famille à laquelle on peut rapporter également *Eikôn*, image, les objets qui fe peignent dans l'eau.

La Racine *DI*, jour, qu'on trouve dans *DIA*, à travers ; *En-dios*, qui fe fait à midi ; *eu-dios*, ferein, beau jour.

BERG, montagne, d'où vinrent *Bergaïzein*, raconter de grandes chofes; *Bargetas*, fanfaron, un tranche-montagne, &c.

BAT, rouge; BOD, profond, &c.

MAN, homme. Ce mot commun à toutes les Langues du Nord, & à plufieurs Langues Pélafgiques, doit avoir été connu des Grecs. Ils ont la racine *Man* qui fignifie la force, la puiffance, d'où *Mèn*, certainement ; *Amunô*, protéger : or l'homme a toujours été appellé le *fort*. Ils ont *Mandragora*, la mandragore ; mot compofé de *man*, homme, & de *drak*, portrait, quoiqu'on puiffe dire que ce mot leur eft venu d'ailleurs ; mais ils ont le nom *MANés*, pour défigner, dit-on, ferviteur, efclave ; & nous l'avons dit avec les autres ; mais ils avoient déjà le mot *doulos* pour défigner un ferviteur; celui de *dmôs* pour défigner un efclave, un homme réduit par le fort du combat à l'efclavage : *Thés*, les domeftiques à gages : *Manès* aura donc eu la même fignification qu'en Allemand, & que le mot homme en François pour défigner la qualité de vaffal, de perfonne fujette à l'hommage, à être l'homme d'un autre : claffe d'hommes qui fut très-certainement connue des Grecs, & dont la fignification fit difparoître les fens plus étendus de ce mot, comme cela eft arrivé à une multitude de mots ; c'eft ainfi que nos mots *Bible* & *Eglife* ont un fens reftreint qui en a fait difparoître tous les autres fens.

La Racine du Nord, *Go*, *Ge-hen*, aller, exiſte également chez les Grecs dans le verbe *I-Kô*, aller, quoiqu'on ne l'y ait jamais apperçue. Il en eſt de même du Verbe *CAN*, pouvoir, ſi commun dans les Langues du Nord, & qui exiſte dans *I-Kanos*, qui a la capacité, le pouvoir.

Notre mot *Nabot*, petit, exiſte dans le Grec *Nab*, qui a formé *Kin-nabos*, mannequin, mot compoſé de *Nab*, enfant, & *Kin*, ſe mouvoir: il exiſta également dans *népios*, enfant; c'eſt-de-là que s'eſt formé l'Anglois *Knave*, qui paſſant d'un ſens à un autre analogue, en préſente un qui n'a plus de rapport avec le primitif.

§. III.

Mots que nous avons rejettés dans la claſſe des Compoſés.

Nous avons également rejetté au rang des mots Compoſés une foule de mots qu'on regardoit comme des radicaux, parce qu'on n'avoit jamais été en état d'appercevoir leur origine. Tels ſont ces mots:

Nek-tar, boiſſon des Dieux qui leur aſſuroit l'immortalité; mot formé de *nek*, mort, & de *tar*, préſerver.

E-or-té, jour de fête, ſolemnité, pour *hé-or-reté*, le jour preſcrit, fixé, indict.

De *Fré*, fécondité, fruit, vinrent *Aphrodité*, Vénus, ou la Déeſſe de la fécondité; *Pri-ape* ou le pere des fruits, & de la fécondité: *Periſtera*, la Colombe, ou l'oiſeau très-fécond.

On peut également jetter les yeux ſur ces mots compoſés qu'on avoit pris pour radicaux: *Anemone*, col. 128: *Ananké*, néceſſité, 132: *Aſpho-dele*, col. 178. *Dik-tamon* & *Doï-dux*, 280. *Dei-pnon*, repas, 286. *Dai-dalos*, 289. *Dno-palizein*, ſecouer, 294. *Dar-thanó*, dormir, 301. *Thréskeuo*, ſervir, 360. *Kolum-baô*, nager, 448. *Dikella*, hoïau à deux branches, 454. *Kama-ſines*, poiſſons, 472. *Kom-ôdia*, 476. *Kunkhramos*, roi des Cailles, 478. *Kinnamômon*, Cinamome, 484. *Néokore*, 487. *Ke-kru-phalos*, réſeau pour la tête, 495. *Ekyra*, 511. *Kindunos*, péril, 528. *Oknos*, pareſſeux, 529. *Maiandre*, 613. *Onar*, ſonge, 706. *Probaton*, brebis, 758. *Perdix* & *Perka*, Perdrix & Perche, 760, 761. *Rha-thaminx*. 829. *Artèria*,

Artéria, 332. *Skitalos*, 850. *Sibylle*, 888. *Si-foura*, un vitchoura, 892. *Phar-makon*, Pharmacie, 993, &c. &c.

Rappellons ici l'Etymologie du nom des Lapithes ennemis des Centaures, & que nous avons indiquée dans notre VIIIe. volume p. 354. Nous avions déjà prouvé que les Centaures peignoient les Laboureurs : leurs ennemis, en style allégorique, étoient les Vignerons ou Vendangeurs, appellés avec raison *Lap-pithes*, ceux qui boivent la liqueur du tonneau : de *lap*, lapper, boire, & *pithos*, tonneau.

§. IV.

Chaque Lettre du Dictionnaire Grec réduite à ses vrais mots.

Comme nous avons rapporté sous chaque Famille les mots qui en avoient été séparés pour être dispersés sous toutes les lettres de l'Alphabet, parce qu'ils s'étoient chargés de diverses lettres initiales, il est arrivé que des Lettres Grecques qui dans les Dictionnaires ordinaires fournissent une abondance prodigieuse de mots, telles que A, E, I, O, S, &c. sont réduites à quelques-unes, étant dépouillées de cette masse énorme de mots qui ne leur appartenoient pas : c'est ainsi qu'il n'en est resté que quelques-uns pour la lettre X, & deux ou trois seulement pour l'Ω, ou o long. La lettre E n'offre presque plus que les mots relatifs à l'existence ; la lettre Z, ceux qui se rapportent au mouvement. O, ceux qui désignent l'œil, la lumière, le jour, &c. hors quelques Onomatopées & quelques mots relatifs à l'élévation.

Ces Phénomènes sont une démonstration complette des Principes que nous avons développés dans notre troisiéme Volume sur l'origine & la valeur de chaque lettre. Un accord aussi exact entre ces Principes & les résultats qu'offre l'analyse du Grec, devient la vérité même & est au-dessus de toute contestation.

Orig. Grecq.

§. V.

Mots Composés omis, & pourquoi.

On nous avoit déterminé à réunir dans ce Dictionnaire tous les Composés de la Langue Grecque : nous l'avions annoncé, & nous avons même commencé ce Volume en conféquence ; mais nous n'avons pas tardé à nous appercevoir que cette marche doubleroit ces Origines, qu'elles en deviendroient trop volumineuses & trop difficiles à acquérir : qu'on devoit donc éviter cet embarras en fupprimant les mots compofés, parce que ceux qui connoiffent la Langue Grecque & qui la favent par principes, faififfent facilement la valeur de ces compofés ; & qu'ainfi ils n'en ont pas befoin : tandis que cette maffe énorme ne feroit qu'embarraffer ceux qui commencent.

Cependant, s'il fe trouvoit un nombre de perfonnes qui défiraffent d'avoir ces mots par Supplément & d'après le même Syftême ou le même arrangement, nous nous empreffertons de répondre à leurs défirs ; fur-tout pour les *Binomes* & pour les *Compofés* dont le fens ne peut être faifi qu'avec quelque difficulté.

§. VI.

Des Terminaifons.

Nous devrions donner ici le Tableau des Terminaifons de la Langue Grecque & de leur Origine ; mais comme il ne feroit en quelque façon qu'une répétition de ce que nous avons mis à ce fujet à la tête du Dictionnaire des Racines Latines, *in-*8°. & qui eft plus développé que ce que nous en avons dit dans nos Origines

Latines *p.* cccxv & *fuivantes*, nous avons cru pouvoir nous en difpenfer.

§. VII.

Des Initiales.

Quant à la valeur des Prépofitions initiales, on la trouvera dans le corps du Dictionnaire Etymologique : on peut voir en particulier les Articles *Ana, Ari, Bri, Bous, Kata, Katô, Za, La, Ma, N* & *O* négatifs. D'ailleurs les Compofés de la Famille *Ago* que nous avons donnés en entier, montreront l'application la plus complette des Prépofitions initiales.

§. VIII.

Terminaifons verbales.

N'omettons pas que les Verbes formés d'une racine terminée par une voyelle, tels que *Ba*, aller, *No* connoître, *Kera* mêler, *Do* donner, & qu'on appelle par cette raifon VERBES PURS, parce que l'ô qui défigne la premiere perfonne eft précédé d'une voyelle, ces Verbes, difons-nous, prennent au préfent toutes fortes de terminaifons qui en allongent plus ou moins la prononciation : ainfi les Grecs ont dit non feulement *Bao*, je vais, mais *Bainô, bêmi, bi-baô, bibêmi, Baskô,* &c.

De *Kerá*, ils ont fait *Keraô, Kerairô, Kerainô, Kerannuô, Kerannumi, Kirnaô, Ki-kraô,* &c.

C'eft ainfi que de *Tu*, confidérer, ils firent *Ti-Tu-fcomai*, fuivant l'analogie de leur Langue, quoique ce rapport ait échappé à tous les Lexicographes & favans Grecs, aucun d'eux n'en ayant apperçu l'origine.

DISCOURS

§. IX.

Du sens des Mots.

Le rapport entre le physique d'un mot & ses significations, pourroit être la source d'une multitude d'observations & de réflexions profondes & très-utiles : nous avons eu occasion d'entrer à diverses fois dans différens détails à ce sujet ; sur-tout en traitant de l'origine du Langage : nous nous bornerons donc ici à quelques remarques absolument relatives aux Grecs & à ce Dictionnaire.

Une observation propre à les peindre, c'est que ce Peuple exprima souvent des idées positives par des mots négatifs.

La Vérité, ils l'appellent *A-létheia*, la non-cachée : l'Epouse, *O-ar*, la non-forte, la moitié douce & aimable. Ce qui est simple prend le nom d'*A-ploos*, non-plié ; c'est précisément le Latin *simplex* : ainsi ces deux Etymologies s'appuient mutuellement.

On trouvera dans ce Dictionnaire des mots Celtes & Allemans très-remarquables, tels que ceux de *leude*, *lof*, *marque*, &c. que personne n'y avoit jamais apperçus à cause d'une légere altération dans le son. Ces rapports sont infiniment précieux, parce qu'ils témoignent une source profonde & ancienne commune à toutes les Langues ; & les grands avantages de leur analyse.

Nous nous sommes sur-tout attachés à remonter à la vraie signification propre & physique de chaque mot, parce que d'elle seule dépend l'énergie des mots & la raison des divers sens figurés & analogiques qu'on trouve souvent entassés sur un même mot. C'est la seule maniere satisfaisante d'étudier les Langues ; par son moyen, on domine la valeur des mots, on en devine les valeurs figurées, on n'est plus étonné de tant de significations bisarres & opposées en apparence : un fil commun les unit & conduit de l'une

PRÉLIMINAIRE.

à l'autre. Dès qu'on fait, par exemple, que le cheval ne fut appellé en Grec *Hyppos* qu'à cause de sa grandeur, on n'est pas étonné de voir ce mot entrer dans des Composés pour y présenter, non l'idée de cheval, mais celle de grandeur.

On n'est point étonné que *Kalos*, dont la signification propre est celle de l'éclat du jour, de son brillant, désigne successivement les idées de beau, de charmant, d'agréable, d'excellent, d'honnête, de juste enfin, puisqu'honnêteté, justice & vertu sont la perfection, l'éclat & la beauté de l'ame, comme les charmes extérieurs sont la beauté du corps.

Mais ce qui est d'une grande beauté, c'est que non-seulement les significations d'un même mot sont liées entr'elles & découlent les unes des autres : c'est sur-tout qu'une multitude de noms d'objets, & de chefs de famille, dérivent tous d'une source commune, par un rapport qui leur a fait donner à tous un nom tiré de la même famille.

Ainsi du primitif *Tex*, *Tec*, *Teuc*, qui désigna un tissu, l'art de tistre, de construire, de fabriquer, vinrent en Grec même, nombre de chefs de familles, de prétendus radicaux qui ne sont que des dérivés de ce primitif, qui n'en sont que des applications différentes, que des modifications parfaitement bien choisies & très-heureuses.

De-là sont venus :

1. *Technê*, Art, fabrication, adresse, ruse.
2. *Teukhô*, fabriquer, construire, préparer.
3. *Teukhos*, instrument, outil, vase.
4. *Teikhos*,
5. *Toikhos*, } mur, paroi.
6. *E-Tekon*, j'ai produit ; *Tokeus*, pere ; *Teknon*, enfant.
7. *Tukê*, la fortune, celle qui tisse le fort de chacun.

DISCOURS

Ces mots cependant jufques ici avoient toujours été regardés comme ifolés ; jamais on n'avoit foupçonné qu'ils euffent la même origine, qu'ils ne fiffent qu'une feule & même famille : & dèslors, comment pouvoit-on parvenir à leur étymologie?

Souvent, à la vérité, le fens phyfique des mots Grecs a difparu, ou a été méconnu ; le fens figuré s'étoit feul maintenu. Mais dans ces occafions, nous avons toujours eu foin de reftituer le fens phyfique ou propre, par le moyen de la racine primitive : c'eft un avantage qui devoit fe trouver néceffairement dans ce Dictionnaire, & nous efpérons qu'on en fentira tout le prix.

On admirera fur-tout le choix exquis & délicat avec lequel ce Peuple plein de goût adouciffoit les idées les plus affligeantes : c'eft ainfi qu'ils fubftituoient à l'idée la plus lugubre, celle de *dette*, de *nuage*. Nous l'appellons bien à la vérité une *dette* ; mais c'eft en forme de comparaifon, & non comme nom propre.

§. X.

Avantages qui réfultent pour ce Dictionnaire Grec d'être traduit en François.

Terminons ce long Difcours Préliminaire en nous juftifiant d'avoir expliqué par la Langue Françoife les mots d'une Langue qui jufques ici ont toujours été rendus par la Langue Latine : les inconvéniens auxquels on remédie par ce moyen, & les grands avantages qui en réfulteront pour l'inftruction publique & particuliere, nous vaudront certainement l'approbation générale.

Lorfqu'on compofe les Dictionnaires Grecs en Latin, on fuppofe fans doute, ou que la Langue Latine eft plus propre que toute autre à exprimer la valeur des mots Grecs, ou qu'on ne peut étudier le Grec qu'autant qu'on eft verfé dans la Langue

Latine ; que celle-ci eſt un chemin ſans lequel on ne peut parvenir à la connoiſſance de celle-là : mais ſi aucune de ces ſuppoſitions n'eſt juſte, ſi les propoſitions contraires ſont ſeules vraies, notre Méthode ſera préférable à l'ancienne, & celle-ci devra être réformée en ce point. Afin que la Langue Latine pût ſervir d'intermédiaire entre le Grec & le François, il faudroit qu'elle fût parfaitement entendue des Jeunes Gens auxquels on veut faire apprendre le Grec, & que les mots Latins ſe prêtaſſent toujours de la maniere la plus exacte & la plus claire à l'étendue des mots Grecs : mais il eſt très-rare que le Latin réuniſſe ces avantages.

Premierement, c'eſt un grand inconvénient de mettre les Jeunes Gens dans la néceſſité de n'étudier le Grec qu'après avoir appris le Latin : la vraie maniere d'apprendre ces deux Langues eſt d'en mener l'étude de front, ſi même le Grec n'avoit la préférence. Ce ne ſont point des paradoxes qu'on avance ici ; ce n'eſt point le goût pour le merveilleux ou pour l'extraordinaire qui nous dirige en ceci ; mais le vrai ſeul.

Ce n'eſt que dans la jeuneſſe qu'on peut ſe ployer facilement à l'étude des Langues : & on apprend à cet âge auſſi aiſément les principes de deux que ceux d'une ſeule : le Grec d'ailleurs donne une très-grande facilité pour entendre les Auteurs Latins, tous imitateurs des Grecs, tandis que l'étude du Latin facilite très-peu la connoiſſance du Grec : on ſait d'ailleurs que lorſqu'il s'agit de former le goût, il faut s'adreſſer directement aux originaux, de préférence à la copie. Tous ces avantages ſont perdus lorſqu'on ne fait du Grec que l'acceſſoire, & qu'il eſt entierement ſubordonné au Latin.

C'eſt encore une vérité inconteſtable que les mots Latins par leſquels on rend les mots Grecs, ſont rarement égaux à ces mots

Grecs : ils difent plus ou moins : ils ont une fignification plus ou moins étendue : ils font fouvent même plus obfcurs.

C'eft bien pis, lorfqu'il faut enfuite rendre ces mots Latins par des mots François ; nouveaux embarras pour faifir le vrai fens du mot Latin, pour fe reconnoître à travers une multitude de fens plus ou moins figurés à l'égard defquels on n'a aucune mefure. Qu'il y ait deux mots pareils dans une phrafe, & elle devient inintelligible.

Rien d'ailleurs n'eft plus propre à détruire le goût, à éteindre toute imagination, à anéantir toute beauté : les Traductions du Grec en Latin font toujours d'une platitude atroce ; elles font fans énergie, fans grace, fans goût, fans élévation : avec des modeles de cette nature, comment veut-on que la Traduction Françoife qu'on en fera enfuite foit élégante, gracieufe, coulante ? Après avoir détruit le goût, comment veut-on qu'il fe releve d'une pareille chûte ?

On a bien fenti ces inconvéniens dans l'Univerfité, puifqu'on y commence à mettre entre les mains des Jeunes Gens des Ouvrages Grecs traduits en François, & dont les Vocabulaires font également en François. Les habiles Profeffeurs qui dirigent ces Traductions n'ont pas craint de nuire par-là à l'étude & du Latin & du Grec : ils ont très-bien apperçu qu'ils fervoient l'un & l'autre ; & qu'en même-tems ils faifoient faire un chemin immenfe au bon goût.

Cet exemple ne peut-être que d'un heureux augure en faveur de ce Dictionnaire : puiffe-t-il être avantageufement reçu du Public !

Ce fera un puiffant encouragement pour la continuation de nos travaux.

Fin du Difcours Préliminaire.

TABLE

TABLE
DU DISCOURS PRELIMINAIRE.

PARTIE PREMIERE,
Origine de la Langue & de la Nation Grecque.

ARTICLE PREMIER.

§. I.	*INTRODUCTION,*	1
§. II.	*Rapport de ce Discours avec celui qui est à la tête des Origines Latines,*	5
§. III.	*Avantages de la Langue Grecque,*	ib.
§. IV.	*Vues générales sur les Causes qui la font négliger,*	7
§. V.	*Moyens de faciliter l'Etude du Grec,*	9
§. VI.	*Pourquoi ces Origines sont mieux connues aujourd'hui,*	11
S. VII.	*Origines Grecques, partie essentielle du Monde-Primitif,*	12

ARTICLE II.

Grecs qui se sont occupés des Etymologies de leur Langue,   15

ARTICLE III.

Etymologistes modernes sur la Langue Grecque,   19
Comment on peut parvenir à la vérité sur cet objet,   28

ARTICLE IV.

§. I.	*De l'Origine des Peuples de la Grèce,*	30
§. II.	*Comment on peut espérer de la découvrir,*	31
§. III.	*Vue Générale de la Grèce,*	33

Orig. Grecq.   *h h*

Etymologie du nom des Pélasges,	34
§. IV. *De la Thrace*,	35
§ VII. *Getie & Dace*,	41
Getes & Goths, noms d'un même Peuple,	49
Du Pontife des Getes,	51
§. VIII. *Macédoine*,	53
§. IX *Illyrie*,	59
§. X. *Epire*,	62
§ XI. *Thessalie*,	64
§. XII. *Grèce ou pays des Hellenes.*	66
2°. *Péloponèse*,	70
§. XIII. *Noms des Contrées de la Grèce en font une description géographique*,	75
§. XIV. *Etendue & avantages de ces Etymologies géographiques*,	80
Explication de divers noms de Provinces, Villes, Montagnes, Fleuves, Isles, &c. par ordre alphabétique,	83

PARTIE SECONDE.

ARTICLE PREMIER.

Divers Systèmes sur l'Origine des Grecs,	132
M. *l'Abbé Geinoz*,	ib.
M. *de la Nauze*,	136
M. *Gibert*,	138
M. *Freret*,	140
M. *l'Abbé Belley*,	143
Résultats, nuls,	144

ARTICLE II.

Vrai Système de l'Origine des Grecs.

§. I. *Des quatre fils d'Ion, mal-à-propos appellé Javan*,	146
§. II. *Deucalion & son Déluge, même que Noé*,	149

	Ancée, la Colchide & Phryxus,	153
	Des Argonautes,	154
§. III.	Témoignage d'Héfiode relativement au Déluge,	158
	— d'Homère,	160
	Des Géans qui périrent dans le Déluge,	161
	Temple de la Déeffe de Syrie ; Statue de Deucalion,	162
	D'Eurymedon Roi des Géans, même que Typhon,	164
	Autre paffage d'Homère fur les Géans, & nom corrigé,	165
	D'Arès, mal-à-propos changé en Mars,	166

ARTICLE III.

§. I.	Généalogie de Deucalion felon les Grecs,	168
§. II.	Idée qu'on doit fe former des Pélafges,	170
§. III.	—Des Colonies Etrangeres,	173
§. IV.	— Des Hellenes,	174
§. V.	— Des Amphictions,	175

ARTICLE IV.

§. I.	Chronologie Grecque avant la guerre de Troie abfolument brouillée,	180
	Cecrops,	181
	Cérès fous Erechtée,	183
	Théfée, & fondation d'Athènes,	184
§. II.	Conféquentes qui réfultent de l'Hiftoire de Théfée.	
	1°. Confirmation de nos principes fur la fondation de Rome,	186
	2°. Hiftoire des fept premiers Rois d'Athènes, abfolument allégorique & femblable à celle des fept Rois Adminiftrateurs,	190

ARTICLE V.

§. I.	Culte des Lacs, des Sources & des Fleuves,	194
§. II.	Culte des Planettes,	199
§. III.	Temples communs,	203

PARTIE TROISIEME.

De la Langue Grecque.

ARTICLE PREMIER.

§. I. Langues Pélasgiques. 206

ARTICLE II.

§. I.   Des Dialectes Grecs   209
§. II. En quoi ils différent,   215
        Dialecte Dorien,   216
        Dialecte Eolien,   217
        Dialecte Attique,   218
        Dialecte Ionien,   219
§. III. Des licences Poëtiques ;   223

ARTICLE III.

Langue Grecque considérée comme Dialecte de la Celtique. 224

ARTICLE IV.

Forme de ces Origines, maniere de s'en servir.

§. I.   Utilité des mots radicaux & de leurs Familles,   228
§. II.   Racines Grecques qui avoient été inconnues jusques à présent, 230
§. III. Mots rejettés dans les Classes des Composés,   232
§. IV.   Chaque Lettre du Dictionnaire Grec réduite à ses vrais mots. 233
§. V.   Mots composés omis, & pourquoi,   234
§. VI.   Des Terminaisons,   ib.
§. VII. Des Initiales,   235
§. VIII. Terminaisons verbales,   ib.
§. IX.   Du sens des Mots.   236
§. X.   Avantages qui résultent pour ce Dictionnaire d'être traduit en François, 238

Fin de la Table du Discours Préliminaire.

DICTIONNAIRE

DICTIONNAIRE
ÉTYMOLOGIQUE
DE LA LANGUE GRECQUE.

A

A, premier son vocal, premiere lettre de l'Alphabet & qui vaut un en Grec de même que dans les Alphabets numériques. Il désigne, par conséquent, 1°. celui qui est le premier, le Maître, le Propriétaire : 2°. la propriété, la possession, la qualité d'*Avoir*. De-là, le Verbe *A-bô*, j'ai ; *Ab-eis*, tu as, tu es le Maître, tu es ayant, en usage chez les Pamphyliens : 3°. on l'ajoûte quelquefois à la tête des mots pour leur donner plus de force : Αχϙνες, *Akhanes*, qui mugit avec force : 4°. mais son usage le plus général à la tête des mots,

est de marquer la privation, la négation, l'absence, comme le *in* des Latins ; *A-Bebaios*, non stable, chancelant.

Et si le mot qui suit, commence par une voyelle, A devient An.

An-agria, le tems où on ne peut chasser.

5°. ONOMATOPÉES.

Le son A, désigne en Grec diverses Onomatopées.

Α, Α, *ah! ah!* cri de douleur, de lamentation.

Α, Α, *ha! ha!* cri de plaisir, de joie, de rire : 2°. cri d'admiration.

ΑΑ, *aa*, cri d'une grande douleur : 2°.

Orig. Grecq.

eaux bruyantes, grand amas d'eaux courantes, murmurantes.

AB, AP.

1°. Biens précieux : fruits ;

2°. Desir extrême. Mot primitif qui a formé ces Familles en Grec.

1. ΑΠΙΟΣ, ἡ, *Apios*, poirier.
ΑΠΙον, τὸ, *Apion*, poire.

2. Précédé de l'Adverbe ΑΓ, *ag*, extrêmement, fort.

ΑΓ ΑΠαω, *Ag apaô*, f. ησω, aimer, chérir, *mot-à-mot*, désirer comme le bien le plus précieux, le plus cher : 2°. embrasser : 3°. recevoir avec plaisir, avec contentement.

Αγ-απη, amour, action de chérir : 2°. les Agapes, festins de fraternité.

Αγ-απημα, τὸ,
Αγ-απησις, ἡ, } amour, dilection ; 2°. l'objet chéri.
Αγ-απησμος, ὁ,

Αγ-απητεος, aimable.

Αγ-απητικος, capable d'aimer.

Αγ-απητῶς, avec plaisir, volontiers, de cœur.

Αγ-απαζω, aimer, recevoir à bras ouverts ; avec joie.

Αμφ-αγ-απαω,
Περι-αγ-απαω, } chérir, aimer extrêmement ; de tout son cœur.
Ὑπερ-αγ-απαω,

3°. Prononcé OP & suivi du mot ὭΡΑ, saison, il a fait,

ΟΠ-ΩΡα, ἡ, *Op-ora*, le Tems des fruits, l'Automne ; 2°. les fruits d'Automne.

ΟΠ-ωρινος, d'Automne.

ΟΠ-ωρικος, fait avec des fruits d'Automne.

ΟΠ-ωριμος, pommier : 2°. tout arbre qui porte des fruits d'Automne.

ΟΠ-ωριων, qui achete & revend des fruits d'Automne.

ΟΠ-ωριζω, cueillir les pommes & autres fruits d'Automne : 2°. vivre de ces fruits.

ΟΠ-ωρισμος, cueillette, récolte des fruits d'Automne.

Composés.

ΛΕΥΚ-οπ-ωρος, qui porte des fruits blancs.

Μεσ-οπ-ωρεω, je suis au milieu de l'Automne.

Μετ-οπ-ωρον, la fin de l'Automne.

Μετ-οπ-ωρινος, qui est à la fin de son Automne.

Φθιν-οπ-ωρον, le déclin de l'Automne.

Φθιν-οπ-ωρινος, qui est sur le déclin de l'Automne.

Φθιν-οπ-ωρις, olive de la fin de l'Automne & qu'on met en saumure.

Φιλ-οπ-ωριστης, ὁ, qui aime les fruits d'Automne.

4. Ce mot prononcé HEPh & suivi du mot EST, feu, est devenu,

ΗΦ-ΑΙΣΤος, ὁ, le Pere du feu, ou *Hephestus*, nom de Vulcain ; 2°. le feu, la flamme.

Ηφ-αιστειος, de Vulcain.

Ηφ-αιστειον, τὸ, Temple de Vulcain.

Ηφ-αιστεια, τα, les Fêtes de Vulcain.

5. ABath, signifioit chez les Cypriens, Maître, Docteur, qui enseigne.

AC,

Pointu, piquant.

AC, Famille primitive qui désigna tout ce qui est aigu, pointu, piquant, a formé une multitude de mots Celtes, Latins, &c. & Grecs. Ceux-ci se divisent comme chez les Latins en plusieurs Familles.

I.

AC, tout ce qui est pointu; aigu, piquant.

AC, désignant tout ce qui est pointu, aigu, piquant, a formé des mots Grecs en AK, AG, AIK, EK, OK, OX, AIKS, AKS, AnG, OnG, &c.

1°.

AKH, *aké*, pointe.

AKις, ιδ'ος, ἡ; &
AK-ωκη, ἡ, pointe.
Ακαζω, *akazó*, aiguiser, rendre pointu, affiler.
ΆΚΙδωδης, ὁ, ἡ, qui est acéré comme la pointe d'une flèche.

MOTS D'HÉSYCHIUS.

HKH, *éké*, pointe.
HKης, ες, pointu.
ΆΙΚλοι, pointes des flèches; l'*aclis* des Latins.
ΆΚΤεα, lances.
ΑΓων, qui rend un son aigu.
ΆΚονα, il rend pointu.
ΆΚΚίζεται, il est pointu.

COMPOSÉS.

AC devient EK dans les composés suivans:

Ά-ΗΚες, *A-ékés*, qui n'a pas de pointe, émoussé, obtus.
Άμφ-ΗΚης, pointu des deux côtés; tranchant des deux parts.
ΆΚ-Ωχη, *Ak-ôkhé*, trève; 2°. repos, relâche.
Ευ-ΗΚης, très-pointu.

Νε-ΗΚεις, épée nouvellement affilée.
Περι-ΗΚης, aigu, pointu, très-affilé.
Προ-ΗΚης, très-pointu.
Τανα-ΗΚης, qui a une large pointe: 2°. long, étendu, de cette étendue qui est étroite & affilée.

2°.

AKMH, *akmé*, pointe, tranchant; tout ce qui est pointu.

2°. *Au figuré*, la pointe, la vivacité, la fleur de l'âge.

3. Le moment, l'instant, le point qu'il faut saisir; le point décisif.

AKMαιος, à la fleur de l'âge: 2°. qui arrive à propos, à point nommé: 3°. mûr, en état d'être cueilli: 4°. au *fig*. nubile.
AKMαζω, être à la fleur de l'âge. 2°. être dans toute sa force, dans toute sa vigueur: 3°. être au point qu'il faut pour être cueilli: 4°. en être au point que.
AKMαςης, robuste, fort, vaillant.
AKMηνος, adulte, dans toute la force de l'âge.
AKMην, *akmén*, au moment présent; maintenant, même encore: 2°. avec beaucoup d'assiduité, avec force.
AK-AKMενον, pointu (*Apollonius*.)

COMPOSÉS.

EN-AKMης; -Μος, robuste; plante dans toute sa force.
EN-AKMαζω, je renforce, je procure une grande végétation.
EΠ-AKMος, robuste: 2°. pointu, affilé.
EΠ-AKMαζω, être dans toute sa force, dans toute sa vigueur.
EΠ-AKMαςικος, qui se fortifie peu à peu.

Παρ-ΑΚΜαζω, je languis, je me fane.
Παρ-ΑΚΜη, langueur, affoibliffement.
Παρ-ΑΚΜασις, perte de ses forces, langueur.
Παρ-ΑΚΜαςικος, dont les forces se sont affoiblies, qui se fane, se flétrit.
Συν-ΑΚΜαζω, fleurir en même tems : 2°. être du même âge.
Υπερ-ΑΚΜος, qui n'est plus à la fleur de l'âge.
Υπερ-ΑΚΜοζω, je ne suis plus à la fleur de l'âge.

3.

ΑΙΧΜΗ, *aikhmé*, pointe, tranchant : 2°. lance, dard, javelot : 3°. guerre, combat.
ΑΙΧμιον, lance (*Héſychius*.)
ΑΙΧΜητης, guerrier, belliqueux.
ΑΙΧΜαζω, lancer, darder.

COMPOSÉS.

Ιππ-ΑΙΧΜος, Cavalier qui se bat à la lance.
Ευρ-ΑΙΧΜης, dont la pointe est large & acerée : 2°. bien armé.
Φυγ-ΑΙΧΜης, qui fuit les combats, lâche, poltron.
Ομ-ΑΙΧΜος, compagnon d'armes.
Ομ-ΑΙΧΜια, société, fraternité d'armes.
Ομ-ΑΙΧΜαζω, combattre enſemble : 2°. lancer en même tems.
Μετ-ΑΙΧΜιον, séparation, interstice : 2°. eſpace entre deux Armées.
Μετ-ΑΙΧΜιος, qui est entre deux, mitoyen.
Πεντ-ΑΙΧΜος, qui a cinq pointes.

4°.

Inſtrumens pointus, tranchants.

1. ΑΚΩΝ, *Akôn, tos*, & *Akous*, dard, javelot, trait qu'on lance.
ΑΚοντιον, action de lancer un trait : 2°. chez les Macédoniens, épine du dos.
ΑΚοντιας, ὁ, *Acontias* & *ſikontizos*, eſpéce de ſerpent qui s'élance comme un trait : 2°. nom d'une plante qui guérit des morſures de ce ſerpent.
ΑΚοντιαι, *Acontiai*, nom d'une Conſtellation, le Javelot.
ΑΚοντικον, reméde contre les morſures des ſerpens.
ΑΚοντιζω, je lance, je darde ; je frappe d'un trait.
ΑΚοντισμα & ΑΚοντισις, action de lancer un trait.
ΑΚοντιστης, lanceur, habile à lancer.
ΑΚοντισυς, art de lancer un trait, habileté dans cet exercice.
ΑΚοντιστικος, habile dans l'art de lancer un trait, adroit à lancer.

COMPOSÉS.

Αν-ΑΚοντιζω, je lance.
Απ-ΑΚοντιζω, Δι-ΑΚοντιζω & Επ-ΑΚοντιζω, je lance de, à travers, ſur.
Εξ-ΑΚοντιζω, je lance de, je darde.
Εξ-ΑΚοντισμα ; Επ-ΑΚοντισμος, action de lancer.
Κατ-ΑΚοντιζω, je perce de traits.
Παρ-ΑΚοντιζω, je lance vers.
Πεζ-ΑΚοντιστης, qui lance contre les pieds.
Περι-ΑΚοντιζω, qui frappe de toutes parts à coups de traits.
Προ-ΑΚοντιζω, je lance contre.
Προσ-ΑΚοντιζομαι, je ſuis percé de traits.
Υπερ-ΑΚοντιζω, je lance au-delà : 2°. je lance plus loin : 3°. je ſurpaſſe en habileté.

2. ΑΚαινα, *Akaina*, & en Ionien,

bâton pastoral armé d'un aiguillon. On en attribuoit l'invention aux Thessaliens : 2°. perche de dix pieds pour mesurer le terrein.

ΑΚανιον, petite épine.

ΑΚανιζω, être armé d'un bâton à aiguillon.

ΑΚανθυς, ὁ, ἡ, arrêtes extérieures des poissons.

ΑΚανωδης, épineux, à piquans.

3. ΑΚιν-ΑΚης, *Akin-akes*, sabre persan, & en usage aussi chez les Scythes.

4. ΑΙΓανεα, *AIGanea*, Aiganeé & Aiganeon, javelot, trait, lance longue & légere.

5. ΑΞΙΝΗ, *Axiné*, hache.

Αξιναριον, petite hache.

6. ΟΓΜος, *Ogmos*, fente, raie, sillon tracé par la charrue ; de la même famille que le Latin *Occare*, herser, déchirer la terre avec des instrumens pointus.

7. ΕΓΧος, *Egkhos*, prononcé *Enkhos*, lance, épée.

ΕΓΧεια, *Egkheia*, *Enkheia*, pointe d'une lance : habileté à se servir de la lance.

COMPOSÉS.

Κελαιν-ΕΓΧης, qui porte une lance noire.
Χαλκ-ΕΓΧης, dont la lance est d'airain, ou de fer : 2°. belliqueux, vaillant.

§.

Plantes armées de piquants.

1. ΑΚΑΛΗΦΗ, *Akaléphé*, ortie : 2°. animal marin, dont la coquille est armée de piquans.

2. ΑΚανθα, *Akantha*, épine, buisson épineux : 2°. piquans de divers animaux : 3°. difficultés, épines, peines, angoisses.

3. ΑΚανθις, fruit de l'aube-épine, ou épine blanche : 2°. chardonneret.

4. ΑΚανθος, ὁ, *Akanthos*, Acanthe, arbrisseau qui doit son nom à ses piquans ; 2°. hérisson, porc-épi.

5. ΑΚανθιον, petite épine ; plante qui ressemble à l'aube-épine.

6. ΑΚανθιας, poisson à arrêtes ; 2°. espéce de cigale qui chante dans les buissons.

DÉRIVÉS.

ΑΚανθωδης, épineux ; 2°. plein de ronces ; 3°. hérissé de difficultés.

ΑΚανθικος, épineux, rempli d'épines.

ΑΚανθινος, fait d'épines, de bois d'épines.

ΑΚανθεων, ωνος, lieu rempli de ronces, d'épines.

ΑΚανθοω, ΑΚανθιζω, rendre épineux, rendre pointu ; 2°. être épineux ; 3°. craindre les épines.

COMPOSÉS.

ΑΝ-ΑΚανθος, sans épine, sans aiguillon.
Εξ-ΑΚανθιζω, j'arrache les épines.
Επ-ΑΚανθιζων, qui n'a que de légers piquans.
Ερπ-ΑΚανθα, plante épineuse rampante.
Κυν-ΑΚανθα, ronce de chien.
Λευκ-ΑΚανθα, épine blanche.
Μον-ΑΚανθον, qui n'a qu'une épine.
Οξυ-ΑΚανθα, arbre épineux.
Περι-Καρπι-ΑΚανθος, fruit environné de piquans.
Μυ-ΑΚανθος, myacanthe, arbrisseau épineux.
Πολυ-ΑΚανθος, arbrisseau hérissé de piquans.
Πτορθ-ΑΚανθος, dont les branches sont garnies de piquans.
Πυρ-ΑΚανθα, plante épineuse, couleur de feu.

DICTIONNAIRE ÉTYMOLOGIQUE

Τραγ-ΑΚανθα, épine de bouc, arbrisseau.

Φυλλ-ΑΚανθος, plante dont les feuilles sont piquantes.

Χονδρ-ΑΚανθος, qui a des cartilages épineux, à piquans.

7. ΑΚΑΝΟΣ, *Akanos*, arbrisseau armé de piquans & d'épines.

8. ΑΚΙΝος, *Akinos & Akonos*, le basilic sauvage, l'*ocimastrum* des Latins.

9. ΑΚΑΡΝα, *Akarna*, arbrisseau qui devoit se rapporter à cette classe ; mais s'il désigne le *laurier*, comme on le voit dans Hésychius, il tient au nom d'Apollon *Carnéen*.

10. ΑΧΝΑ, *Akhna*, *Akhné*, bale du bled, paille des grains battus ; 2°. fumée qui pique les yeux ; 3°. branches les plus déliées, terminées en pointe fine ; 4°. duvet ; 5°. écume de la mer.

ΑΧΝωδης, semblable à la bale du bled.

ΑΝδρ-ΑΧΝη, pourpier.

11. ΑΧυρον, *Akhuron*, paille, fêtu, bale de bled, chalumeau.

ΑΧυρμιος, abondant en paille.

ΑΧυρινος, qui se fait avec la paille, feu de paille,

ΑΧυρων, amas de paille ; 2°. grange.

ΑΧυροω, je couche sur la paille.

ΑΧυρτιδες, paillettes.

ΑΧυρωσις, nattes, choses qui se font avec la paille.

Αν-ΑΧυρωτος, où on n'a pas encore mis de la paille.

12. ΑΧερδος, espéce d'épine.

13. ΑΚΟΡον, plante appellée poivre des abeilles.

ΑΚοριτης, vin fait avec cette plante.

14. ΑΚορα, ἡ, plante de la classe des Acanthes.

6.

ΑΚανθο-Νωτος, & ΕΧΙΝος, *Ekhinos*, hérisson : 2°. hérisson de mer : 3°. coquillage d'hérisson, & dont on se servoit pour le scrutin : 4°. le scrutin : 5°. cuvette où l'on rince les verres : 6°. peau à piquans qui enveloppe certains fruits.

ΕΧινισκος, petit hérisson.

ΕΧινωδης, à l'hérisson, rude comme un hérisson.

ΕΧινες, échines, espéce de rats d'Afrique.

7.

Escarpé, brisé, 1°. en ΑΚ.

1. ΑΚΤΗ, *Akté*, rivage, la terre y est brisée, rompue : 2°. contrée maritime.

ΑΚτιος, de rivage, riverain.

ΑΚτιτης, qui habite le bord des eaux, des rivages.

ΑΚταιος, maritime, de rivage.

ΑΚταζων, qui s'élève, (comme le rivage.)

ΕΠ-ΑΚτιος, situé sur le bord des eaux.

Παρ-ΑΚτιος, maritime, de rivage.

Παρ-ΑΚτιδιος, qui frappe contre le rivage.

2. ΟΧΘΗ, *Okhthé*, rivage, bord des eaux, terrein élevé au-dessus des eaux : 2°. fossés.

ΟΧθος, rivage ; 2°. élévation, colline ; 3°. verrue, tubercule.

ΟΧθηρος, de rivage, escarpé.

ΟΧθωδης, escarpé ; 2°. plein de verrues, de tubercules.

ΟΧθ-οβος, franges, bordure des habits de femmes.

2°. En A G.

ΑΓΩ, *Ago*, rompre, briser.
ΑΓνεω, *Agnuo* & *Agnumi*, rompre, briser.
ΑΓΗ, *Aghé*, rupture, fraction, action de briser ; 2°. rivage, parce que c'est un terrein brisé par les eaux ; 3°. blessure.
ΑΓμα, *Agma*, fraction, fragment, morceau.
ΑΓμος, fraction, piéce.
ΑΓμοι, lieux escarpés, en précipices.
ΑΓαλεος, mutilé, brisé ; 2°. creux en dedans & qui peut se briser aisément ; d'où ;
ΑΚτη, *Akté*, sureau, arbrisseau creux en dedans.
ΑΓανος, brisé.

COMPOSÉS.

Α-ΑΓης, *A-aghès*, qu'on ne peut briser.
Εξ-ΑΓω, rompre, briser.
Επ-ΑΓω, rompre, briser.
Επι-ωγαι, rades où les vaisseaux sont à l'abri des vents.
Κατ-ΑΓω, rompre, briser, mettre en piéces.
Κατ-ΑΓμα, fracture.
Κατ-ΑΚτος, fragile, aisé à briser.
Συν-ΑΓω, briser, mettre en morceaux.

SUR-COMPOSÉS.

Αμυγδαλο-κατ-ΑΚτης, qui casse les noisettes.
Καρυ-κατ-ΑΚτος, casse-noisettes.
Δυσ-κατ-ΑΚτος, difficile à briser.
Επι-κατ-ΑΓνυμι, briser par-dessus, briser sur.
Περι-κατ-ΑΓνυμι, briser autour.
Ωο-κατ-ΑΞις, action de casser des œufs.
Ωτο-κατ-ΑΞις, contusion des oreilles, rupture des oreilles.
Κυματ-ΩΓη, écueils, rochers contre lesquels se brisent les flots.
Ναυ-ΑΓος, & en Ionien Ναυ-ΗΓος, qui a fait naufrage ; dont le vaisseau est brisé.
Ναυ-ΑΓια, &-ΑΓιον, naufrage : le second de ces mots désigne plus particulierement les débris d'un naufrage.
Ναυ-ΑΓεω, je fais naufrage.
Περι-ΑΓνυμι, rompre en tordant.

8.

1. ΑΙΞ, ΑΙΓος, *Aix*, *Aigos*, chèvre, parce qu'elle aime à grimper dans les lieux escarpés : 2°. chamois ; bouquetain : 3°. nom d'une constellation : 4°. espéce d'oiseau aquatique.
ΑΙΓειος, de chèvre, de bouc.
ΑΙΓινοεις, abondant en chèvres.
ΑΙΓισκος, chevreau.

2. ΑΙΓις, peau de chèvre : 2°. la fameuse Egide, peau de chèvre qui couvroit la poitrine en forme de cuirasse : 3°. espéce de cotte de maille, de filet en réseaux.
ΑΙΓων, ωνος, étable de chèvres: 2°. nom de chevriers.
ΑΙΓιλος, plante agréable aux chèvres.
ΑΙΓιλιπος Πετρης, (*Apollon.*) rocher si escarpé qu'une chèvre même n'y grimperoit pas.
ΑΙΓι-οχος, armé de l'Egide, surnom de Jupiter (*Apollon.*)

9.

ΑΙΚΙΑ, *Aikia*, coup, action de frapper ; pulsation, plaie.
ΑΙΚιον, dommage, lésion.
ΑΙΚιζω, frapper de coups, battre ; 2°. mutiler honteusement.
ΑΙΚισμα, mutilation.

ΑΙΚιστικος, prêt à frapper, à battre.
Κατ-ΑΙΚιζω, traiter ignominieusement.

10.
AKR, pointe.

1. ΑΚΡΟΝ, *Akron*, pointe, sommet, sommité: 2°. le grade le plus élevé, le plus haut point.

ΑΚΡα, *plur. neutre*, extrémité; 2°. bornes, confins.

ΑΚΡος, haut, élevé; 2°. extrême; 3°. le plus haut, suprême.

ΑΚΡως, parfaitement, de la maniere la plus élevée.

2. ΑΚΡα, ἡ, *sing. fém.* sommet, pointe; 2°. faîte; 3°. cap, promontoire; 4°. citadelle; toujours placée sur le lieu le plus élevé.

ΑΚΡαιος, surnom de Vénus & de Junon, parce que leurs Temples étoient placés dans les Citadelles, & qu'elles en étoient les protectrices.

ΑΚΡις, ιος, ἡ, sommet, sommité.

ΑΚΡιζω, j'habite les lieux élevés, je vais de sommets en sommets; 2°. j'abats la tête, le sommet.

3. ΑΚΡων, ωνος, ὁ, l'extrémité d'un membre.

ΑΚΡω-τηριον, sommet, pointe; 2°. promontoire; 3°. les extrémités du corps; 4°. les creneaux des édifices, leur faîte; 5°. les éperons d'un vaisseau.

ΑΚΡω-Τηριαζω, je coupe les extrémités du corps, je mutile; 2°. enlever les éperons d'un vaisseau.

ΑΚΡω-τηριασμος, mutilation, amputation.

ΑΚΡ-οπις, la langue dans Hippocrate, sans doute, parce qu'elle se termine en pointe.

Composés.

Δειλ-ΑΚΡος, extrêmement timide, très-malheureux.

Δειν-ΑΚΡος, très-pointu.

ΔΙ-ΑΚΡιος, montagnard, qui habite dans des montagnes.

Επ-ΑΚΡος, qui se termine en pointe, resserré à son extrémité.

Επ-ΑΚΡιζω, conduire à fin, terminer.

Ὑπ-εξ-ΑΚΡιζω, parcourir les sommets.

Παν-ΑΚΡις, surnom des abeilles, elles parcourent les sommités des fleurs.

Τριν-ΑΚΡια, la Sicile, à cause de ses trois pointes, ou promontoires.

Τριν-ΑΚΡις, qui a trois promontoires.

Ὑπερ-ΑΚΡια, sommets des montagnes.

Ὑπερ-ΑΚΡιζω, je m'échappe par le haut; je déborde.

Mots d'Apollonius.

ΑΚΡοτατῳ, au sommet.

ΑΚΡοποροὺς, broches, elles sont pointues & traversent les chairs.

ΑΚΡο-Κελαινιοων, dont le sommet est noir.

ΑΚΡο-πολοις, déserts, environnés de collines remplies d'animaux.

ΑΚΡια, sommet de montagnes.

ΑΚΡαη, *accus.* qui souffle sur les sommets, sur la superficie.

11.

ΑΚΡις, ιδος, ἡ, sauterelle; insecte sautant.

ΑΚΡιδιον, petite sauterelle.

12.

ΑΧΡΙ, *Akri* & *Akris*, jusques, jusques à, à ce point d'élévation, de tems, &c.

Μ-ΕΧΡΙ, *M-Ekhri* & *Mekhris*, jusques-là,

jusques

jufques à ce point : 2°. jufqu'à ce moment ; 3°. jufqu'à ce que ; 4°. tandis que, auffi long-tems que.

13.
AK, prononcé OK.

ΟΚΡις, fommet très-élevé ; (voyez *Difc. Prél. des Orig. Lat.*)
ΟΚΡιοεις, qui a de grandes faillies.
ΟΚΡιασθαι, être aigri, irrité. *Voy.* AG.

14.
ThEG, pour HAK.

De HAK, piquer, les Grecs firent ThEG, en changeant l'afpiration en Th, & la voyelle forte A en la foible ê.

ΘΗΓΩ, j'aiguife ; 2°. j'anime, j'excite.
Θηξις, un point ; 2°. un moment, la rapidité de l'inftant, viteffe, célérité ; 3°. couture d'une bleffure.
Θηγαλεος, aigu.
Θηγανη ; - νορ, pierre à aiguifer.
Θηγανω, j'aiguife, je rends pointu.

COMPOSÉS.
ΔΙ-θηκτος, pointu par les deux bouts.
Επι-θηγω, je rends pointu, j'aiguife.
Ευ-θηγης, bien affilé.
Προ καθα-θηγεσθαι, être aiguifé d'avance.
Νεο θηγης, nouvellement aiguifé.
Οξυ-θηκτος, extrêmement affilé.
Παρα-θηγω, affiler, aiguifer ; 2°. exciter, animer.

Ce mot appartient auffi à la Famille *DAG*, pointu.

15.
Mots formés d'AKR.

1. ΑΚΡΕΜων, ωνος, *Akremón*, branche très-élevée, une des plus groffes branches d'un arbre.
ΑΚρεμονικος, produit des branches les plus grandes, les plus élevées.

2. ΑΚΡΙ-ΒΗΣ, *Akri-bés*, diligent, foigneux, exact ; *mot à mot*, qui s'avance, (*bés*) le plus loin, (*akri*) : 2°. exquis, recherché : 3°. certain, éprouvé.
ΑΚΡΙ-βως, très-diligemment, avec le plus grand foin ; certainement.
ΑΚΡΙ-βεια, foin extrême, exactitude ; 2°. juftice exacte & févère ; 3°. économie ; 4°. tenacité.
ΑΚΡΙ-βοω, connoitre parfaitement, être fûr ; 2°. s'acquitter d'une chofe avec le plus grand foin.
ΑΚΡΙ-βασμος, examen rigoureux, recherche exacte.
ΑΚΡΙ-βαςης, qui recherche avec le plus grand foin.

COMPOSÉS.
Απ-ΑΚΡΙ-βοω, faire quelque chofe avec le plus grand foin, le plus conforme à fon modèle.
Απ-ΗΚΡΙ-βωμενος, fait avec le plus grand foin, avec la plus fcrupuleufe exactitude ; 2°. de bonne foi, fans fraude.
ΔΙ-ΑΚΡι βοω, s'acquitter avec foin ; 2°. prendre les plus grandes précautions ; 3°. ftipuler avec foin ; 4°. répondre exactement.
Υπερ-ΑΚΡΙ-βης, qu'on a foigné au-delà de toute expreffion.
Φιλ-ΑΚΡΙ βοω, prendre plaifir à l'exactitude, à faire tout avec le plus grand foin.

II.
AC, acide, aigre.

Cette Famille s'eft prononcée AK,

AKh, OX, &c.

I.

ΟΞΥΣ, εος, *Oxys*, *Oxus*, aigu, pointu : 2°. acide, suc piquant : 3°. maladie aigue : 4°. vif, prompt, qui pousse sa pointe, qui s'enflamme aisément : 5°. subtil : 6°. oseille, plante acide : 7°. le rable, le rein.

Οξυ, pointe, tranchant ; 2°. célérité, *Adverb*. en pointe ; 2°. en poussant sa pointe avec ardeur, promptement, avec vitesse.

Οξεως, d'une manière pointue, perçante; 2°. avec soin, avec ardeur, avec affection.

Οξυτης, ητος, ἡ, pointe, tranchant ; 2°. acrimonie, aigreur ; 3°. âpreté, âcreté des humeurs ; 4°. célérité.

Οξυνω, rendre pointu, aiguiser; 2°. rendre acide, faire aigrir ; 3°. devenir aigre.

Οξυα, ἡ, arbre dont les feuilles sont épineuses.

Οξυριας, ȣ, ὁ, fromage très-acide, qu'on faisoit en Sicile.

Οξος, εος, τὁ, vinaigre, acide.

Οξωδης, acide, aigre, sûr.

Οξηρος, ce qu'on accommode au vinaigre.

Οξινης, ὁ, vin un peu aigre, vin éventé ; 2°. bilieux, colère.

Οξινα, herse, elle est armée de dents de fer.

Οξις, ιδος, vinaigrier ; 2°. vase au vinaigre ; 3°. mesure à vendre du vinaigre.

Οξιζω, être acide, s'aigrir.

Οξαλις, ιδος, ἡ, évent, vin éventé.

COMPOSÉS.

Απ-Οξυς, pointu, armé d'une pointe, garni d'une pointe.

Απ-Οξυνω, aiguiser, affiler, rendre pointu, aigu ; 2°. rendre aigre, aigrir, changer en acide.

Εξ-Οξυνω, rendre aigre, aigrir.

Επ-Οξυνω, rendre pointu ; 2°. animer, exciter, donner de la vivacité.

Κατ-Οξυς, aigre, âpre.

Παρ-Οξυνω, aiguiser, rendre pointu ; 2°. exciter, animer, enflammer ; 3°. irriter, pousser à la colère ; 4°. empirer l'état d'un malade.

Παρ-Οξυντικος, qui anime.

Παρ-Οξυντικα, les choses qui portent à la colère.

Παρ-Οξυσμος, irritation, symptôme plus fâcheux dans une maladie.

Παρ-Οξιζω, devenir plus âpre, tendre à l'acidité, s'aigrir.

Συν-Οξυς, dont les angles se réunissent en pointe.

Συν-Οξυνω, se terminer insensiblement en pointe.

Υπ-Οξιζω, être un peu acide.

2°.

ΑΧΡΑΣ, *Akhras*, poirier sauvage : 2°. poire sauvage ; ce fruit est extrêmement âpre.

ΑΧΡαδινον, bois du poirier sauvage.

Βαλλ-ΑΧΡαδες, abatteurs de poires sauvages à coups de pierres, ou de bâtons : nom que se donnoient les jeunes Grecs dans quelques-unes de leurs Fêtes.

3°.

ΟΧΝΗ, *Okhné*, & ΟΓΚΝΗ, *Ogkné*, prononcé *onkné*, autre nom du poirier sauvage : 2°. poire de jardin ; 3°. poirier.

III.
AC, aiguillonner, conduire.

1.

ΑΓΩ, *Ago*, l'*Ago* des Latins ; ce verbe réunit en Grec autant de significations pour le moins qu'en Latin. Il signifie :

1°. Aiguillonner, pousser, animer, engager.

2°. Pousser un char dans la carriere, conduire un char, un vaisseau.

3°. Gouverner.

4°. Former, élever, instituer.

5°. Conduire, amener.

6°. Traîner au tribunal.

7°. Tirer hors, traire, extraire.

8°. Estimer, mettre de niveau, regarder.

9°. Avec le mot *don*, *présent*, faire ; faire un présent.

10. Avoir soin ; protéger.

11°. Traiter d'une chose.

12. Mener, passer ; mener deuil, passer sa vie, &c. &c.

13°. Attirer, charmer.

DÉRIVÉS.

ΑΓΕ, l'*Age* des Latins, courage ; conduisez à sa fin.

ΑΓαγε, (*Hesych.*), apportez.

ΑΓΟΣ, *Agos*, masc. & fém. Général, chef, conducteur.

ΑΓ-ΩΓη, *Ag-ôghê*, action de conduire, transport, charroi ; importation.

2°. Charge, fardeau.

3°. Institution, éducation.

4°. Action de mettre hors, de tirer hors.

5°. Changement.

6°. Maniere de vivre, régime, diète.

7°. Culture des arbres, art de les élever.

8°. Conduite du discours, sa structure.

9°. Chemin, route.

10°. Départ de la nouvelle mariée pour aller joindre son époux.

ΑΓωγιμος, aisé à conduire, à voiturer ; 2°. enclin à ; 3°. qu'on a accoutumé de transporter çà & là ; 4°. cité devant le Juge.

ΑΓωγιον, ΑΓωγιμον, fardeau, charge de voiture.

ΑΓωγιμα, cargaison d'un vaisseau.

ΑΓωγος, conducteur ; 2°. qui attire, qui séduit ; 3°. aqueduc.

ΑΓωγευς, conducteur ; 2°. qui cite devant le Juge, demandeur ; 3°. frein, bride, rênes.

2. ΑΓΗΜΑ, *Aghêma*, troupe de gens armés, troupe d'éléphans ; 2°. cohorte.

ΑΓητηρ, ηρος, ὁ, voiturier.

ΑΓητωρ, conducteur.

3. ΑΓινεω, apporter ; voiturer ; dans Homere ΑΓεινεω.

Απ-ΑΓινεω, apporter ; 2°. payer les tributs.

Επ-ΑΓινεω, amener, présenter, offrir.

Κατ-ΑΓινεω, amener en bas, voiturer.

4. ΑΞΩ, *Axo*, pour *Ago*, conduire.

COMPOSÉS.

1. ΑΝ-ΑΓω, élever, conduire en haut: 2°. lever : 3°. dresser, ériger : 4°. mettre à la voile : 5°. ramener : 6°. éconduire, rejetter : 7°. instituer, élever, enseigner : 8°. poursuivre un coupable.

ΑΝ-ΑΓωγη, action d'élever, d'enlever,

de tirer en haut, de partir, de mettre à la voile ; 2°. rejection, émission ; 3°. rapport, relation ; 4°. institution, discipline, éducation.

ἈΝ-ἈΓωγος ζωη, vie qui s'élève en haut, vers les Cieux ; 2°. qui se transporte, qu'on voiture;

ἈΝ ἈΓωγικος, le sens anagogique, celui où l'on s'élève du sens littéral au sens spirituel.

ἈΝ ἈΓωγευς, qu'on attache à un corps pour l'enlever, le déplacer.

ἈΠ-ἈΝ-ἈΓω, je sors à la rencontre de l'ennemi.

Δυσ-Αν-ἈΓωγος, qu'on rejette difficilement, avec peine.

Επ-αν-ἈΓω, ramener, rappeller, reconduire.

Ευ-αν ἈΓωγος, qu'on rejette facilement.

Ὑπ εξ αν-ἈΓωμαι, s'évader du rivage.

2. ἈΠ ἈΓω, emmener, détourner, rappeller ; 2°. ramener ; 3°. apporter le tribut.

ἈΠ ἈΓε, l'*Apage* des Latins, si, loin de moi, *mot-à-mot*, emmenez loin, ôtez de devant, allez loin.

ἈΠ-ἈΓωγη, action d'emmener ; 2°. action d'emprisonner ; 3°. ordre d'emprisonner ; 4°. action de ramener.

ἈΠ · ἈΓωγος, qui emmene, qui met hors, qui chasse.

Συν-απ-ἈΓω emmener en même tems, arracher dans le même moment.

3. Δι-ἈΓω, traverser, conduire au-delà, transmettre, transporter, faire passer ; 2°. passer sa vie ; 3°. emmener, rompre ; 4°. détenir.

Δι-ἈΓωγη, transport, trajet, action de passer ; 2°. passe-tems ; 3°. station, poste ; 4°. genre de vie.

Δι-ἈΓωγικον, impôt.

Δι-ἈΚΤωρ, entremetteur, Interprète, Envoyé ; Truchement. Celui entre les mains de qui passe une affaire.

Δι-ἈΚΤωρια, fonction de celui qui porte des ordres.

Εν-Δι-ἈΓω, s'occuper d'une chose.

Ευ-Δι-ἈΓωγος, qui est d'une société agréable, avec qui il est agréable de vivre.

Συν-Δι-ἈΓω, passer sa vie avec.

4. Εισ-ἈΓω, introduire, faire entrer, assigner, comparoître.

Εισ-ἈΓωγη, introduction, importation ; 2°. assignation ; 3°. discours préliminaire ; élémens.

Εισ-ἈΓωγευς, qui cite, qui assigne.

Εισ-ἈΓωγιμος, qui est transporté, transféré.

Εισ-ἈΓωγικος, préliminaire, introductoire, élémentaire.

Sur-Composés.

Αντ-εισ-ἈΓω, introduire à la place d'un autre.

Αντ-εισ-ἈΓωγη, introduction à la place d'un autre.

Επ εισ ἈΓω, survenir ; mettre par-dessus, introduire, s'attribuer.

Επ-εισ-ἈΚΤος, porté d'ailleurs.

Επ-εισ ἈΓμα, accroissement, addition, surcroit, pot-de-vin.

Αντ-επ-εισ-ἈΓω, introduire à la place, au contraire.

Παρ-εισ-ἈΓω, introduire jusqu'au fond, insinuer, glisser dans.

Παρ-εισ-ἈΚΤος, qui se glisse secrettement ; 2°. étranger, qui arrive de dehors ; 3°. extraordinaire, étrange.

Προ-εισ-ἈΓω, introduire d'avance, avant.

Συν-εισ-ἈΓω, introduire ensemble, faire entrer avec soi.

Συν εισ-ΑΚτος, introduit ensemble ; 2°. avec qui on fait chambrée.

5. ΕΝ-ΑΓω, induire, pousser, exciter ; 2°. persuader ; 3°. accuser, déférer.

ΕΝ-ΑΓωγη, accusation, délation.

Αντ-εν-ΑΓωγη, récrimination, représailles ; 2°. compensation.

6. ΕΞ-ΑΓω, tirer hors, faire sortir ; 2°. exporter ; 3°. exciter, animer ; 4°. chasser, mettre hors ; 5°. sortir, aller dehors.

Εξ αγωγη, sortie ; 2°. action de mettre hors ; 3°. exportation.

Εξ-αγωγιμα, marchandises qu'on exporte.

Ευ εξ Αγωγος, qu'on exporte aisément.

Υπ-εξ-Αγωγη, action d'enlever ; 2°. soustraction.

Sur-Composés.

Αντ-εξ-ΑΓω, conduire à la place, conduire contre.

Δι-εξ-ΑΓω, conduire au-delà, passer ; 2°. subsister ; 3°. gouverner, transiger.

Δι-εξ-ΑΓωγη, transport, transaction, traité, action de terminer un procès, une querelle.

Επ-εξ-ΑΓωγη, armée qui s'avance en bataille rangée.

Αντ-επ-εξ-ΑΓω, s'avancer contre, courir sus.

Παρ-εξ-ΑΓω, conduire l'armée contre l'ennemi.

Προ-εξ-ΑΓω, faire sortir avant.

Συν-εξ-ΑΓω, faire sortir en même tems.

Υπ-εξ-ΑΓω, ôter, enlever de dessous, soustraire ; 2°. séduire ; 3°. resserrer, contracter.

7. ΕΠ-ΑΓω, Ep-Ago, induire, conduire dedans, voiturer dans, importer ; 2°. appeller à soi ; 3°. s'attribuer ; 4°. frapper, appliquer un soufflet ; 5°. porter, voiturer ; 6°. ajouter, mettre à la suite ; 7°. épaissir, obstruer ; 8°. animer, engager.

Επ-αγων, poulie, moufle.

Επ-ΑΓωγη, importation ; 2°. action de courir sus, invasion ; 3°. attraits, caresses ; 4°. rang ; 5°. induction, inférence.

Επ-ΑΓωγος, inductif, d'où on infere ; 2°. persuasif, attirant, plein d'attraits.

Επ-ΑΚΤος, qui survient : ajouté ; emprunté ; 2°. étranger ; 3°. pluie soudaine ; 4°. intercalé ; d'où les EP-ACTes ; 5°. ferment déféré.

Επ-ΑΚΤηρ, chasseur ; 2°. pêcheur.

Επ-ΑΚΤρις, ιδος, η, bateau de pêcheur.

Επ-ΑΚΤικος, plein d'attraits, séduisant, attirant.

Κατ-επ-ΑΓω, induire, inviter ; inférer.

Συν-επ-ΑΓω, mettre ensemble, réunir ; cueillir, serrer, lier.

8. Κατ-ΑΓω, tirer en bas ; 2°. aborder ; 3°. prolonger, développer, conduire en pompe ; 4°. ramener, rétablir ; 5°. descendre, tirer son origine ; 6°. loger.

Κατ-ΑΓωγη, action d'aborder ; 2°. retour ; 3°. logement, station.

Προ-Κατ-Αγωγη, action d'aborder le premier ; d'occuper le premier un port.

Κατ-ΑΓωγιον, logis.

Κατ-ΑΓμα, peloton.

Επι-κατ-ΑΓομαι, aborder après un autre.

Συγ-κατ-ΑΓω, ramener ensemble ; aider à rappeller un exilé.

9. ΜΕΤ-ΑΓω, transférer, transporter ; 2°. éloigner, écarter.

Μετ-ΑΓωγη, transport, action de transférer.

10. ΠΑΡ-ΑΓω, produire, conduire en

avant, faire paroître ; mettre au milieu ; 2°. dériver, faire écouler ; 3°. avancer, faire une promotion ; 4°. tromper dans la dispute, induire en erreur ; 5°. pervertir ; 6°. étendre le front d'une armée.

Παρ-ακτης, qui mène les chiens à la chasse, un piqueur.

Παρ-ακτικος, qui met au jour, qui publie.

Παρ αγωγη, production, prolongement ; 2°. déduction ; 3°. développement d'une armée ; 4°. renversement, action de troubler.

Παρ-αγωγος, qui dérive, dérivatif.

Παρ αγωγιον, tribut, péage.

Παρ αγωγιαζειν, exiger un tribut, le péage.

Αντι-παρ-Αγω, courir sur l'ennemi.

Ευ παρ-αγωγος, facile à tromper, crédule.

11. ΠΕΡΙ-ΑΓη, circuit, tournoïement.

Περι-Αγω, tourner, faire tourner autour, conduire autour ; 2°. parcourir ; 3°. convertir ; tourner vers ; 4°. lier par derrière.

Περι-αγωγευς, qui tourne autour, qui conduit tout autour.

Περι-ΗΓης, ὁ, ἡ, rond, circulaire ; 2°. courbe.

Περι-ακτος, versatile, qui tourne aisément.

Αντι-περι-Αγω, tourner en sens contraire.

Εμ-περι-Αγω, tourner autour.

12. ΠΡΟ-ΑΓΩ, conduire par ; 2°. avancer, élever à ; 3°. mettre au jour, publier ; 4°. mettre hors, fondre en larmes ; 5°. s'avancer ; 6°. exceller ; 7°. verser, fondre en.

Προ-αγωγη, promotion, élévation aux charges.

Προ-αγωγευω, conduire devant, prostituer.

13. ΠΡΟΣ-ΑΓΩ, Pros-Ago, amener devant, offrir, présenter ; 2°. employer ; 3°. admettre ; 4°. joindre, imposer, exiger ; 5°. approcher ; 6°. attirer.

Προσ-αγωγη, accès, entrée, avenue ; 2°. surcroît ; accroissement, adjonction.

Προσ-αγωγευς, qui donne accès, entrée ; 2°. conciliateur ; 3. interprète ; 4°. séquestre ; 5°. émissaire.

Προσ-Αγωγιον, instrument de menuiserie pour les bois courbes.

14. ΣΥΝ-ΑΓΩ, Sun-Ago, rassembler, réunir, ramasser, recueillir ; 2°. raisonner, conclure ; 3°. clore, fermer ; 4°. augmenter ; 5°. associer.

Συν-αγωγη, collection, amas, action de rassembler ; 2°. assemblée ; 3°. Synagogue ; 4°. monceau ; 5°. abondance, masse ; 6°. conclusion ; 7°. contraction, resserrement.

Συν-αγωγος, collectif, propre à rassembler, à unir.

Συν-αγωγευς, collecteur, exacteur, Huissier ; 2°. conciliateur ; 3°. qui convoque l'assemblée.

Συν αγωγιον, un piquenic, repas où chacun paye son écot.

Συν-αξις, assemblée, congrégation.

Παρα-συν-αξις, assemblée illicite.

Συν-αγμα, sédiment.

Συν-ακτηρ, collecteur, 2°. espèce de catleçons.

Συν-ακτηριον, amas, monceau.

Sur-Composés.

Απο-συν-ΑΓω, disperser.

Απο-συν-αγωγος, banni de l'assemblée.

ΑΡΧΙ-συν-ΑΓωγος, Président de la Synagogue.

Α-συν αγωγος, exclus de la Synagogue.
Α-συν ΑΚΤος, insociable.
Επι-συν-αγω, agréger ; cueillir après coup.

15. ΥΠ-ΑΓΩ, *Hup-Ago*, soustraire, enlever furtivement ; 2°. mettre sous le joug ; 3°. soumettre, dompter ; 4°. engager insensiblement, peu à peu ; 5°. déférer, accuser ; 6°. se retirer ; 7°. s'avancer.

Υπ-αγωγη, action de soustraire ; de se décharger ; 2°. tromperie.

Υπ αγωγευς, espèce d'instrument, ou de coussinet.

Ανθ-υπ-αγω, récriminer, accuser à son tour.

2.
Binomes formés d'AGOGOS.

Αγκαλιδ-ΑΓωγος, *Ankalid-Agógos*, qui voiture des faisceaux, des bottes, des gerbes.

Αν-αγωγος, *An-Agógos*, qui n'a point eu d'éducation ; 2°. intraitable, ignorant, pétulant, 3°. inepte ; 4°. opiniâtre.

Γεροντ-ΑΓωγος, *Gheront-Agógos*, qui instruit un vieillard.

Δημ-ΑΓωγος, *Dem-Agogue*, qui plie le peuple à ce qu'il souhaite.

Δυλ-ΑΓωγω, *Doul-Agógó*, réduire en servitude.

ΘΕ-ΑΓωγια, *The-Agogia*, évocation des Dieux, des Génies.

Ιππ-ΑΓωγος, qui sert à transporter des chevaux.

Κυφ-ΑΓωγος, qui porte un léger fardeau.

Κυν-ΑΓωγος, conducteur de chiens.

Λοχ-ΑΓωγος, chef de bande.

Λαφυρ-ΑΓωγεω, commettre des brigandages, piller, dépouiller.

Μυσ-ΑΓωγος, qui initie dans les mystères.

Μει-ΑΓωγεω, offrir en sacrifice un animal plus léger, moins pesant.

Νωτ-ΑΓωγος, qui porte sur son dos.

Ξεν-ΑΓωγος, qui conduit les étrangers, un Cicerone.

Οδοντ-ΑΓωγον, instrument pour arracher les dents.

Οπλιτ-ΑΓωγος, vaisseau qui sert à transporter des soldats, des troupes.

Οχλ-ΑΓωγος, qui rassemble le peuple autour de lui, comme font les Joueurs de gobelets, & les flatteurs républicains.

Παιδ-ΑΓωγος, *Pédagogue*, qui instruit les enfans.

Παιδ-Αγωγειον, école, lieu où l'on instruit les enfans ; 2°. jeux littéraires.

Δια-παιδ-Αγωγεω, s'accommoder au tems.

Μετα παιδ-ΑΓωγεω, être enseigné d'une autre manière.

Παρα-παιδ-ΑΓωγεω, être mal enseigné.

Πομπ-ΑΓωγεω, conduire une pompe, une procession.

Ρυτ-ΑΓ-ωγευς, un mords, *mot-à-mot*, qui sert à diriger le frein.

Σιτ-ΑΓωγος, qui voiture du blé.

Σκευ-ΑΓωγος, qui porte des vases, des équipages, du bagage.

Σκληρ-ΑΓωγια, éducation dure & sévère ; traitement rude.

Υδρ-ΑΓωγος, porteur d'eau, qui voiture de l'eau ; 2°. aqueduc.

Υλ-ΑΓωγος, qui voiture du bois, de la charpente.

Φωτ-ΑΓωγος, qui apporte de la lumiere.

Χαλλιν-ΑΓωγω, conduire avec un frein.

Χειρ-ΑΓωγος, qui conduit avec la main;

2°. conducteur, guide.

Ψυχ-ΑΓωγος, qui conduit les ames; 2°. qui les entraîne par son éloquence.

Χολ-ΑΓωγος, qui entraîne la bille.

3.

Binomes formés d'AGô, prononcé quelquefois *égo*.

1. ΑΡΧ-ΗΓος, *Arkh-ÉGos*, chef, Président; 2°. Auteur.

ΑΡΧ-ΗΓετης, chef, président, général; 2°. Prince; 3°. conducteur.

Βυ-ΑΓωρ, *Bou-AGôr*, conducteur d'un troupeau de bœufs.

Ευ-ΑΓης, qui se mène aisément, agile; 2°. vent favorable.

Θερ-ΗΓανον, char sur lequel on transporte la récolte.

Κυν-ΗΓος, *Kun-Hégos*; & *Kun-Eghetés*, chasseur.

Φιλο-Κυν-ΗΓος, qui aime la chasse.

Λοχ-ΑΓος, chef d'une cohorte.

Μοιρ-ΑΓετης, chef des Parques.

Μουσ-ΗΓετης, chef des Muses.

Ναυ-ΗΓος, chef d'une flotte, Amiral.

Ξεν-ΑΓος, chef de troupes étrangères.

Ξυλ-ΗΓος, qui voiture du bois, qui en porte.

Οδ-ΗΓος, guide, qui conduit en route.

Καθ-οδ-ΗΓια, conduite, charroi.

Ουρ-ΑΓος, qui conduit l'arrière-garde.

Ουρ-ΑΓια, l'arrière-garde.

Οχετ-ΗΓος, qui conduit un courant d'eau, qui égaie ses terres.

Ποδ-ΗΓος, qui marche à la tête pour montrer le chemin.

Ποδ-ΗΓετης, flambeau qui dirige les pieds.

Πυρ-ΑΚτεω, brûler, incendier; 2°. être dans le feu; 3°. embraser.

2. Στρατ-ΗΓος, chef d'une armée, Général.

Στρατ-ΗΓια, commandement d'une armée; généralat; 2°. habileté dans l'art de commander.

Στρατ-ΗΓιον, tente du Général; le Prétoire.

Στρατ-ΗΓις, ιδος, ἡ, la porte du Prétoire: la porte par laquelle le Général fait défiler son armée.

Στρατ-ΗΓεω, conduire une armée, la commander; 2°. commander pour un Prince, pour la Patrie; 3°. recourir à des stratagêmes; 4°. aspirer au commandement.

Στρατ-ΗΓημα, stratagême, ruse de guerre; 2°. belle action d'un Général.

Composés.

ΑΝΤΙ-ΣΤΡΑΤΗ-Γος, Lieutenant d'un Général, d'un Consul; 2°. qui commande les ennemis.

Απο-Στρατ-ΗΓος, qui a été dépouillé du commandement.

ΑΡχι-Στρατ-ΗΓος, Généralissime.

Α-Στρατ-ΗΓητος, mauvais Général.

Κατα-Στρατ-ΗΓεω, vaincre par une ruse de guerre, par une belle action.

Παρα-Στρατ-ΗΓεω, être associé au commandement.

Συ-Στρατ-ΗΓος, associé au commandement, à l'Empire, collègue.

Υπο-Στρατ-ΗΓος, Général soumis à un autre, qui en dépend.

3. ΤΑριχ-ΗΓος, qui voiture des chairs salées, des salaisons.

Υδρ-ΗΓος, sillon, rigole pour faire écouler les eaux.

Φορτ-ΑΓος,

Φορτ-ΗΓος, vaisseau de transport : 2°. porte-faix, crocheteur.

Χολ-ΗΓος, qui entraîne la bile, qui la fait évacuer.

4. ΧΟΡ-ΗΓος, *Chor-égos*, qui dirige le chœur ; 2°. chef de balet ; 3°. administrateur.

Χορ-ΗΓια, charge du chorége ; d'un chef de balet ; 2°. largesse dans les jeux à chœur ; 3°. largesse en général ; 4°. frais, dépense.

Χορ-ΗΓειον, le lieu du chœur ; 2°. tout ce qui est nécessaire pour un chœur ; 3°. école ; 4°. lieu d'exercice, de jeux.

Χορ-ΗΓεω, conduire un chœur ; 2°. enseigner, instruire ; 3°. donner à ses frais des jeux accompagnés de chœur ; 4°. faire de grandes largesses ; 5°. fournir, survenir.

ΧΟΡ-ΗΓημα, ce qui est fourni, préparé.

COMPOSÉS.

Αντι-Χορ-ΗΓος, émule d'un chef de chœur.

Α-χορ-ΗΓητος, auquel on ne survient pas ; qui manque du nécessaire.

Επι-χορ-ΗΓεω, fournir en sus, au-dessus.

Κατα-χορ-ΗΓεω, consumer en chœurs ; 2°. consumer en magnificence ; 3°. faire des largesses.

Παρα-χορ-ΗΓεω, fournir, administrer.

Συγ-χορ-ΗΓεω, fournir en même tems ; 2°. contribuer pour le chœur.

4.

ΑΓ-ΥΙΑ, *AG-uia*, rue, chemin ; *mot-à-mot*, qui conduit aux maisons ; 2°. bourg, village ; 3°. les confins, le voisinage.

ΑΓ-υιευς, autel en forme de colonne placé devant les portes ; 2°. surnom d'Apollon, protecteur des rues & des chemins.

ΑΓυιατιδες, honneurs rendus aux autels d'Apollon, (*Hésych.*)

ΑΓυιω, je chemine, je vais.

Ευρυ-ΑΓ-υιος, qui a des rues larges.

5.

Famille en EG.

1. ΗΓΕΟΜΑΙ, *Égheomai*, conduire, marcher à la tête, servir de guide ; 2°. commander ; 3°. réprimer ; 4°. penser, croire, estimer.

ΗΓημα, το, conseil, conduite.

ΗΓησις, commandement, principauté ; conduite, direction.

ΗΓητωρ ; -τηρ, conducteur.

ΗΓητειρα, conductrice.

ΗΓητηρια, principauté, commandement.

ΗΓηλαζω, conduire, marcher à la tête.

2. ΗΓΕΜΩΝ, *Héghemón*, guide, chef, auteur ; 2°. Général, Commandant ; 3°. Prince ; 4°. Président.

ΗΓεμονη, principauté, empire, autorité.

ΗΓεμονις, ιδος, Impératrice ; 2°. Ville qui commande, &c.

ΗΓεμονιος, surnom de Mercure, conducteur.

ΗΓεμονια, empire ; 2°. commandement ; 3°. Magistrature ; 4°. autorité.

ΗΓεμονικος, qui regarde le commandement, l'autorité.

ΗΓεμονευω, être chef, servir de guide.

ΗΓεμονεω, tenir le premier rang, être élevé en autorité.

ΗΓεμοσυνον, prix du commandement.

3. ΗΓεσια, η, action d'aller devant ; 2°. principauté.

ΗΓετης, ὁ, conducteur, chef, guide.

COMPOSÉS.

ΑΦ-ΗΓΟΥΜΑΙ, *aph-égouma*, conduire ; être à la tête, commander, présider ;

2º. servir de Général; 3º. régner; 4º. raconter, narrer.

Αφ-ΗΓημων, guide, conducteur.

Αφ-ΗΓημα, narration, récit.

Αφ-ΗΓητης, guide; 2º. narrateur, qui raconte.

Αξι-αφ-ΗΓητος, digne d'être raconté, mémorable.

Προ-αφ-ΗΓεομαι, raconter d'avance, exposer auparavant.

ΔΙ-ΗΓεομαι, narrer, raconter.

Δι-ΗΓημα, τὸ, narration, récit.

Δι-ΗΓηματικος, narratif; 2º. qui prend plaisir aux narrations, aux contes; 3º. conteur.

Αδι-ΗΓητος, qu'on ne peut raconter.

Αυτο-δι-ΗΓουμενος, qui raconte ses propres aventures, qui parle de lui-même.

ΕΚ-ΔΙ-ΗΓεομαι, raconter jusqu'au bout, ne rien omettre.

Επ-εκ-δι-ΗΓησις, narration amplifiée, doublée.

Επι-δι-ΗΓησις, narration répétée.

Παρα-δι-ΗΓεομαι, faire un récit en passant, en courant.

Προ-δι-ΗΓεομαι, exposer d'avance.

ΕΙΣ-ΗΓοῦμαι, donner conseil, conseiller, persuader; 2º. être l'auteur d'une chose; 3º. montrer l'exemple.

Εισ-ΗΓησις, persuasion, conseil, remontrance.

Εισ-ΗΓητης, qui avertit, qui conseille; 2º. auteur, introducteur.

Εισ-ΗΓητηριον, tems où l'on entre en charge.

Επ εις ΗΓουμαι, introduire par-dessus.

ΕΞ-ΗΓοῦμαι, être chef, conducteur; 2º. présider; 3º. administrer; 4º. être d'avis, penser; 5º. interpréter, expliquer, répondre aux consultations.

Εξ-ΗΓημα, récit, narration; 2º. explication.

Εξ-ΗΓητης, qui se met à la tête d'une affaire; 2º. conciliateur, séquestre, qui arrange; 3º. qui explique, qui développe, ou commente.

Εξ-ΗΓητικα, Livres Pontificaux; 2º. droits des Pontifes.

ΕΥ-ΗΓησια, bon gouvernement, bonne direction.

ΕΦ-ΗΓουμαι, présider, être à la tête.

Εφ-ΗΓησις, action contre ceux qui recélent.

ΚΑΘ-ΗΓοῦμαι, marcher à la tête; 2º. présider.

Καθ-ΗΓεμων, guide; 2º. qui conseille; qui engage; 3º. auteur, qui instruit, enseigne.

Προ-καθ-ΗΓουμαι, se mettre à la tête; présider.

ΠΕΡΙ-ΗΓουμαι, conduire autour, faire faire le tour.

Περι-ΗΓηματικος, discours qui met les objets comme sous les yeux, qui rend les actions comme présentes.

Περι-ΗΓησις, exposition qui entre dans les plus petits détails; 2º. action de conduire par-tout, dans tous les tours & détours.

Περι-ΗΓητης, qui conduit dans les plus petits détails, qui ne laisse rien échapper, soit en montrant les lieux, soit en racontant.

ΠΡΟ-ΗΓουμαι, précéder, marcher en avant; 2º. être antécédent; 3º. occuper la place principale.

Προ-ΗΓητης, -τωρ, qui conduit, guide.

ΥΦ-ΗΓουμαι, marcher devant, guider; 2º. commencer, préluder; 3º. exhorter, conseiller, dicter.

Υφ-ΗΓησις, action d'aller devant; doctrine, précepte.
Υφ-ΗΓητηρ, chef, guide.
Υφ-ΗΓητικος, qui regarde l'instruction, la doctrine.

IV.
AK-OUO, entendre.

De AK, frapper, & ous, oreille, se forma le verbe, AK-ουω, avoir l'oreille frappée d'un son, entendre, ouir : de-là une Famille très-étendue.

ΑΚΟΥΩ, AKouô, Aor. 2. HKouv; j'entends, j'ai les oreilles frappées d'un son; 2°. je comprends; 3°. j'écoute les leçons, je suis auditeur, disciple; 4°. je suis docile, j'écoute les représentations, j'obéis; 5°. je suis appellé.

AKουσμα, ce qu'on entend; 2°. ouie; 3°. précepte; 4°. renommée, réputation, ce qu'on dit.

AKουσης, auditeur.

AKουσος, qu'on peut entendre.

AKουσικος, ce qui regarde l'ouie; 2°. qui a une excellente ouie.

AKOH, ἡ, l'ouie; la faculté d'ouir; 2°. l'action d'ouir; 3°. l'oreille; 4°. la réputation; 5°. docilité, obéissance.

AKουτιζω, faire entendre; 2°. obéir à.

AKουσικος, obéissant, docile.

COMPOSÉS.

AN-AKουω, j'obéis.

Αντ-AKουω, j'entends à mon tour.

Δι AKουω, être auditeur, écouter les leçons; 2°. écouter jusqu'au bout.

Εισ-AKουω, exaucer; 2°. obéir.

Εν-AKουω, écouter.

Εν-ΗΚοος, doué de la faculté d'entendre.

Εξ-AKουω, écouter, exaucer.

Εξ AKουσος, qui peut être entendu.

ΕΠ-AKουω, exaucer; 2°. écouter; 3°. apprendre; 4°. ouir.

Επ-AKουος, auditeur.

ΚΑΤ-AKουω, exaucer; 2°. obéir, exécuter.

Κατ-ΗΚοος, docile, souple; 2°. soumis, sujet; 3°. attentif.

ΠΑΡ-AKουω, entendre mal; être trompé par son oreille; 2°. écouter négligemment; 3°. ne vouloir pas écouter, n'obéir pas; 4°. écouter en cachette, furtivement.

Παρ-AKουσμα, mauvaise doctrine, opinion erronée.

Παρ-AKοη, erreur, préjugé; 2°. désobéissance, opiniâtreté.

ΠΡΟ-AKουω, entendre le premier, connoitre d'avance, pressentir.

ΠΡΟΣ-AKουω, écouter par dessus.

Συν-AKουω, écouter en même tems.

Συν-ΗΚοος, co-adjuteur.

ΥΠ-AKουω, faire ses efforts pour entendre, prêter l'oreille; 2°. répondre; 3°. obéir; 4°. comprendre; 5°. sous-entendre.

Υπ-AKοη, obéissance.

Υπ-ΗΚοος, docile, qui obéit; 2°. soumis.

Φιλ-υπ-ΗΚοος, docile, souple.

COMPOSÉS en OUSTOS.

AN-HKουσος, An-êkhouslos, qu'on ne peut entendre, qui ne doit pas être exaucé.

Αν-ΗΚουσια, opiniâtreté, mépris; action de ne pas écouter.

Αν-ΗΚουστεω, ne pas écouter, ne pas obéir.

C ij

Ωτ-ΑΚουςης, délateur, espion.
Ωτ-ΑΚουςεω, espionner, prêter l'oreille pour rapporter.

COMPOSÉS en EKOOS.

ΑΝ-ΗΚοος, qui n'entend pas ; qui est privé du sens de l'ouïe ; 2°. indocile ; 3°. ignorant.
ΑΡΙ-ΗΚοος, qui écoute avec beaucoup d'attention, fortement.
Αυτ-ΗΚοος, qui s'écoute lui-même ; 2°. qui n'écoute que soi, que son caprice.
ΒΑΡυ ΗΚοος, qui entend avec peine, qui a l'oreille dure.
Δυσ-ΗΚοος, qui entend difficilement ; 2°. indocile, désobéissant.
Ευ-ΗΚοος, qui entend aisément ; 2°. aisé à entendre ; 3°. obéissant.
Οξυ-Ηκοος, qui a l'oreille fine.
Φιλ-ΗΚοος, qui prend plaisir à écouter.

2.

ΑΚΡΟΑΟΜΑΙ, Akroaomai, écouter, ouïr, entendre ; 2°. s'instruire ; 3°. obéir ; 4°. exaucer.
ΑΚΡοαμα, ce qu'on entend ; 2°. la personne qu'on entend.
ΑΚΡοαματικος, ce qui regarde l'ouïe, l'attention.
ΑΚΡοασις, ouïe, action d'écouter ; 2°. récitation.
ΑΚΡοατης, auditeur ; disciple.
ΑΚΡοατηριον, auditoire.

COMPOSÉS.

ΑΞι-ΑΚΡοατος, digne d'être entendu.
Επ-ΑΚΡοαομαι, obéir, écouter, exaucer.
Παρ-ΑΚΡοαομαι, ne pas écouter, ne pas obéir.
Φιλ-ΑΚΡοαμων, qui prend plaisir à écouter.

V.
AKh & EKhos, son.

D'Ακουô, entendre, frapper l'oreille, se forma une nouvelle Famille, dont l'origine n'étoit pas moins inconnue, celle d'*ECHO*, composée de ces mots en Grec.

ΗΧΟΣ, ὁ, *ékhos*, & ΗΧΗ, *ékhé*, son, bruit, retentissement.
ΗΧωδης, sonore, retentissant.
ΗΧηεις, εντος, sonore, qui rend des sons.
ΗΧετικος, sonore, résonnant, mélodieux.
ΗΧετης, ΗΧητης, sonneur, qui fait résonner.
ΗΧειον, τό, vase ou machine dont on tire des sons.
ΗΧΩ, ους, ἡ, *Ékhô*, écho, répercussion de la voix ; 2°. l'endroit d'où part l'écho, la répétition du son.
ΑΧεται, les cigales bruyantes.

COMPOSÉS.

ΑΞ-ΗΧΗΣ, *ax-ékhês*, qui rend un grand son, un son dur ; 2°. dur, qu'on ne peut fléchir, amollir ; 3°. continuel, sans interruption.
Αν ΗΧεω, résonner.
Αλι-ΗΧης, qui retentit sur la mer.
Αντ-ΗΧεω, résonner, rendre un son opposé, de vis-à-vis.
ΑΠ-ΗΧος, qui ne résonne pas, qui a un son ingrat.
Απ-ΗΧεω, avoir un son sourd, ne retentir pas ; 2°. être dissonant ; 3°. rendre les derniers sons.
Απ ΗΧημα, τό, dissonance ; 2°. désinence de son ; 3°. contre-coup.
Βαρυ-ΗΧης, qui rend des sons graves.
Βαρυ-ΑΧης, le même en Dorien.

Γλυκυ-HXης, qui rend des sons doux & agréables.

Δι-HXεω, retentir fortement, résonner, dans toute l'étendue.

ΔI-HXης, la faculté de transmettre les sons à l'ouïe.

Δυς-HXης, mal sonant, dissonant, qui rend des sons durs & ingrats.

EN-HXος, ce qui renferme le son; sonore; sonant.

Εν-HXω, résonner dans; 2°. inculquer, enseigner.

Εξ-HXεω, transmettre par le son, énoncer.

ΕΠ-HXεω, résonner, répondre à la voix.

Αντ-Επ-HXεω, faire du bruit, étourdir, troubler.

Συν-επ-HXεω, faire des acclamations ensemble, chanter ensemble, s'accorder; 2°. applaudir.

Επι-HXης, qui retentit extrêmement.

Ευ-HXος, qui a un beau son, sonore, harmonieux.

ΚΑΝ-ΑXεω, résonner, rendre des sons bruians.

Καν-ΑXη, grand bruit, cliquetis, son bruiant.

Καν-ΑXης, résonnant, bruiant.

Καν-ΑXιζω, rendre des sons bruiants, craquer, pétiller.

Εγ-Καν-ΑXεω, verser dedans avec grand bruit.

Δια-Καν-Αξαι, descendre avec grand bruit.

ΚΑΤ-HXης, sonore, bruiant.

Κατ-HXεω, sonner, résonner; 2°. enseigner de vive voix; 3°. & en particulier les élémens d'une science.

Κατ-HXημα, son.

Κατ-HXησις, Cat-ékhese, instruction de vive voix pour les élémens de la religion.

Κατ-HXητης, qui enseigne les premiers élémens.

Κατ-HXητοι, ceux qui sont initiés dans une science.

Κατ-HXιςης, Catéchiste, qui enseigne les élémens de la Religion.

Προ-κατ-HXεω, résonner d'avance.

Λιγυ-HXη, qui rend un son perçant.

Οξυ-HXος, qui rend un son aigu.

ΠΑΡ-HXεω, rendre un son semblable.

Παρ-HXημα, lettres ou syllabes qui ont un même son.

Περι-HXεω, résonner à l'entour.

Πολυ-HXυς, qui rend plusieurs sons.

ΠΡΟΣ-HXης, dont le son tend vers, qui résonne fort.

Συν-HXεω, résonner avec, s'accorder.

Υπερ-HXεω, résonner au dessus de tout; 2°. vaincre par un son plus plein.

ΥΠ-HXεω, chanter la basse, faire le dessous.

ΥΨ-HXης, qui rend des sons clairs, élevés.

V I.

AK, coudre, raccommoder; 1°. guérir.

Le verbe Grec *Akeomai*, est toujours rendu dans les Dictionnaires par le mot *guérir*: & il est mis au rang des radicaux. Ce sont autant de fausses idées. L'idée essentielle de ce verbe, n'est pas guérir, mais coudre, raccommoder, réparer: son radical est *AK-é*, qui signifiant déjà pointe, aiguille, signifia, 2°. couture; 3°. action de raccommoder ; 4°. reméde, médecine, guérifon.

ΑΚΗ, ΑΚέ, (Hefych.) reméde, guérifon.

ΑΚεομαι, coudre, réparer, (non dans le fens métaphorique comme on le dit, mais au fens propre, phyfique, primitif ;) 2°. remédier, guérir, (non dans le fens primitif & phyfique, mais au fens figuré.) 3°. expier.

ΑΚημα, ΑΚεσμα ; -μος ; -σις, guérifon, reméde ; 2°. foulagement, médicament.

ΑΚεσιμος, ΑΚεσμιος, ΑΚεσος, qu'on peut guérir ; 2°. qui peut guérir.

ΑΚεsης ; -snp ; swp, qui recoud, qui raccommode ; 2°. médecin.

ΑΚεsικος, propre à recoudre, qui raccommode parfaitement ; 2. Art de guérir.

ΑΚεsρια, ravaudeufe ; 2°. femme qui exerce la Médecine.

ΑΚεsρα, aiguille.

ΑΚεsηριον, alène ; (Hefych.)

ΑΚεsωρια, Art de la Médecine,

ΑΚος, τό, reméde, médicament.

COMPOSÉS.

ΑΝ-ΗΚεsος, & dans les Poëtes,

Ν-ΗΚεsος, incurable, fans reméde.

ΒελοΑΚον, reméde contre les plaies des flèches.

Εξ-ΑΚεομαι, recoudre ; 2°. guérir ; 3°. calmer la colere.

Εξ-ΑΚεσις, guérifon.

Εξ-ΑΚεsηριος, qui a la force, la vertu de guérir.

Παν-ΑΚής, Pan-akés, qui guérit tous les maux.

Πωτ-ΑΚεια, Panacée, plante qui guérit de tous les maux.

MOTS D'HESYCHIUS.

ΑΚειον, reméde,

ΑΚειομενον, coufu ; 2°. guéri.

VII.

AGÓN, tout ce qui pique, inquiette, &c.

ΑΓΩΝ, ωνος, ό, AGÓN, tout ce qui inquiette, qui pique, qui blesse ; d'où une multitude de fignifications.

1°. Chagrin, inquiétude, embarras.

2°. Péril, danger.

3°. Etat critique d'un accufé.

4°. Contention, application trop forte.

5°. Combat, guerre.

6°. Jeux publics où l'on fe battoit.

7°. Lieu du combat.

8°. Spectateurs du combat.

9°. Multitude en général.

10°. Repréfentation d'une pièce ; jeu, ou combat des Acteurs fur la Scène.

11°. Plaidoyer, ou combat des Avocats au Barreau.

ΑΓωνιζομαι, combattre, en venir aux mains ; 2°. livrer bataille ; 3°. compofer une pièce de théâtre, une fable ; 4°. plaider ; 5°. être en danger.

ΑΓωνισμα, difpute, combat ; 2°. palme, prix de la victoire ; 3°. application, foin, diligence ; 5°. conduite d'une pièce, fa repréfentation, fon jeu, fon récit.

ΑΓωνισμος ; -ισις, difpute, combat.

ΑΓωνιϛης, Athlète, qui combat dans les jeux; 2°. défenseur; 3°. Acteur, Comédien.

ΑΓωνιϛηριον, lieu du combat; 2°. ce qu'on donnoit aux combattans.

ΑΓΩΝΙΑ, *agônia*, angoisse, crainte, frayeur; 2°. guerre, combat.

ΑΓωνιος, qui regarde le combat; 2°. ce qui ne peut s'acquérir qu'avec beaucoup de travail; 3°. qui préside aux jeux, surnom de Mercure; 4°. qui cause de l'angoisse, de la crainte.

ΑΓωνιαω, combattre; 2°. être dans l'inquiétude; 3°. être saisi de peur; 4°. voir arriver ce qu'on craignoit.

ΑΓωνιατης, saisi de crainte, trembleur, poltron.

COMPOSÉS.

1. ΕΥ-ΑΓων, *Eu-agón*, d'un combat bien soutenu.

ΠΡΟ-ΑΓων, prélude; exorde; 2°. prélude d'un combat.

2. ΑΝ-ΑΓωνιϛης, qui ne se bat pas, lâche.

Αντ-ΑΓωνιζομαι, s'attacher dans un combat à une personne en particulier; 2°. s'opposer, résister, contrarier.

Αντ-ΑΓωνιϛης, *Antagoniste*, rival, adversaire.

Αν-Αντ-ΑΓωνιϛος, que personne n'ose attaquer, invincible.

Δευτερ-ΑΓωνιϛης, qui joue les seconds rôles; 2°. qui prononce le second discours.

Δι-ΑΓωνιζομαι, combattre, en venir aux mains; 2°. s'efforcer.

Εν-ΑΓωνιζομαι, combattre dans un lieu.

Επ-ΑΓωνιζομαι, combattre après un autre; 2°. plaider, ou haranguer le second.

Κατ-ΑΓωνιζομαι, vaincre, remporter la victoire.

ΠΡΟ-ΑΓωνιζομαι, combattre avant un autre; 2°. combattre pour un autre.

Προ-ΑΓωνιϛης, défenseur, Avocat, champion d'un autre.

ΠΡΩΤ-ΑΓωνιϛης, Acteur qui joue le premier rôle; 2°. Enseigne; 3°. qui occupe la première place, qui remplit le principal rôle; 4°. être le premier à plaider.

Συν-ΑΓωνιζομαι, combattre en même tems qu'un autre, concerter; 2°. être le second de celui qui se bat; 3°. aider, secourir; 4°. protéger, être le patron.

Τριτ-ΑΓωνιϛης, qui joue le troisième & dernier rôle.

Υπερ-ΑΓωνιζομαι, défendre une Ville; 2°. combattre en faveur d'une Ville.

3. ΔΙ-ΑΓωνιαω, *Di-agoniaó*, être dans la plus grande anxiété.

Εν-ΑΓωνιος, qui regarde les combats, les jeux; 2°. préparé au combat; 3°. qui concerne le barreau; 4°. effrayé, tremblant.

Εξ-ΑΓωνιος, qui ne concerne pas le combat; 2°. étranger à une cause; 3°. qui sort du sujet.

VIII.
AX, essieu.

1.

D'AGô, conduire, on fit;

ΑΞΩΝ, ονος, ὁ, *AXón*, Axe, essieu; il dirige les mouvemens des roues; 2°. l'Axe du monde.

Αξονιος, qui concerne l'axe.

ΑΚΡ-Αξονιος, la portion la plus élevée d'un axe.

Αμφ-Αξονειν, sortir de son orbite, se dévoyer; 2°. avoir les genoux foibles, chancelans, fracturés.

Αντι-Αξων, ὁ, pole antarctique, opposé au nôtre.

Επ-Αξονιος, qui roule sur un axe.

2.

D'AXôn, essieu, joint à *Ama*, ensemble, on forma cette nouvelle famille.

ΑΜ-ΑΞΑ, *am-axa*, char, chariot; il est composé d'essieux, ou de roues réunies; au moins de deux; 2°. le Chariot, constellation septentrionale, la même qu'on appelle *Ourse*.

ΑΜ-Αξηρης, qui concerne les chars.
Αμ-Αξια, chemin que forment les chars.
Αμ-αξικος, qui concerne les chars, qui les construit.
Αμ-αξιτος, chemin des chars; voie publique.
Αμ-Αξιον, petit char, charrette.
Αμ-Αξιευς, cocher, chartier.
Αμ-Αξεια, bagage ou charge d'un chariot, voiture.
Αμ-Αξευω, conduire un char.
Αμ-Αξευομαι, être dans un char.
Αμ-Αξις, petit chariot, charrette; 2°. espèce de gâteau.

COMPOSÉS.

ΑΝ-ΑΜ-Αξευτος, chemin impraticable pour les chars.
Εξ-ΑΜ-Αξω, se crier des injures, d'un char à un autre.
Κατ-ΑΜ-Αξευω, frayer un chemin avec des chars; conduire un char par le même chemin.
Καθ-ΗΜ-Αξευμενον, battu, frayé, fréquenté.

2.

ΑΞΟΝες, *Axones*, ais ou feuilles minces de bois sur lesquelles étoient inscrites les Loix de Solon. Ce mot est de la même Famille que l'*Axamenta* des Latins, ces feuilles de bois sur lesquelles étoient gravés les vers Saliens.
Αξος, bois, en Macédonien.

IX.

A K h, douleur.

10.

ΑΧΟΣ, το, *Akhos*, douleur, tristesse, chagrin, abattement.
ΑΧηρης, inquiétant, fâcheux, qui cause de la douleur.
ΑΧεω, affliger, chagriner, attrister.
ΑΧνυμαι, affliger, attrister.

COMPOSÉS.

ΑΚ-ΑΧω, accabler de douleur.
ΑΚ-ΑΧεω, plonger dans la tristesse, dans la douleur.
ΑΚ-ΑΚιζω, (*Apollon*.) s'affliger.
ΑΚ-ΗΧεδων, ονος, η. tristesse, ennui, chagrin.
ΑΧΑΙΑ, *Akhaia*, surnom de Cérès, la désolée.
ΑΧαιος, triste, affligé.

MOTS D'HESYCHIUS.

ΑΓαζει, il est triste.
ΑΓανυμαι, être indigné.
ΑΧευων, triste.

2°.

ΑΧΘΟΣ, το, *Akhthos*, profonde douleur, angoisse; 2°. poids, charge.
ΑΧθεινος, onéreux, pesant, fâcheux.
ΑΧθηρης, à charge, fâcheux.
ΑΧθομαι, gémir sous le poids; 2°. être accablé de chagrin; 3°. voir avec peine; 4°. être transporté de colere.
ΑΧθηδων, η, douleur, tristesse.

COMPOSÉS.

ΑΝΔΡ-ΑΧΘης, chargé d'un homme.

Απ-ΑΧθης

Απ-ΑΧθης, à charge, pesant, fâcheux.
Δειρ-ΑΧθης, qui pèse sur le cou: qui a le cou chargé.
Επ ΑΧθης, onéreux, à charge; 2°. fâcheux, odieux.
Επ-ΑΧθεια, fâcherie, offense, incommodité.
Επ-ΑΧθιζω, charger.
Κατ-ΑΧθης, chargé.
Μολιβ-ΑΧθης, chargé de plomb.
Νοσ-ΑΧθης, accablé de maladie.
Οιν-ΑΧθης, chargé de vin, yvre.
Σπειρ-ΑΧθης, animal que fatiguent les replis de sa queue.
Συν-ΑΧθομαι, s'affliger avec quelqu'un, prendre part à sa douleur.
Υπερ-ΑΧθης, trop chargé.
Υπερ-ΑΧθομαι, être accablé d'une vive douleur.
Ωμ-ΑΧθης, qui porte sur les épaules, qui a les épaules chargées.

3.

D'Ακ, douleur, tristesse, & d'Αgan, extrêmement, se forma cette Famille :

Αγαν-ΑΚΤεω, être accablé de douleur; 2°. voir avec une peine extrême, être indigné; 3°. gémir.
Αγαν-ΑΚΤησις, douleur extrême; 2°. indignation.
Αγαν-ΑΚΤητος, qu'on ne doit souffrir qu'avec peine.

COMPOSÉS.

ΔΙ-Αγαν-ΑΚΤεω, souffrir avec une peine extrême, s'indigner.
Επ-Αγαν-ΑΚΤεω, s'indigner pour.
Συν-Αγαν-ΑΚΤεω, s'affliger avec, faire des condoléances.
Συν-Αγαν-ΑΚΤησις, condoléance.

Orig. Grecq.

4.

Ακh, prononcé Εκh, a produit cette Famille :

ΕΧΘΟΣ, τό, *Ekhthos*, haîne, inimitié, rancune.
ΕΧθω; ΕΧθαιρω, haïr, poursuivre avec acharnement.
ΕΧθημα; ΕΧθρα, haîne, inimitié.
ΕΧθαιρω, poursuivre à toute outrance, haïr, détester.
ΕΧθραντιος, qu'on doit haïr, pour qui on ne doit avoir que de l'inimitié.
ΕΧθρευω, être ennemi, exercer des actes d'inimitié.
ΕΧθρος, odieux; 2°. ennemi.
ΕΧθρωδώς, avec inimitié.

COMPOSÉS.

Απ-ΕΧθης, odieux, qu'on ne peut aimer.
Απ-ΕΧθημα, objet odieux, qu'on déteste.
Απ-ΕΧθεια, haîne.
Απ-ΕΧθητικος, qui est accoutumé à encourir la haîne des autres.
Φιλ-απ-ΕΧθημων, qui prend plaisir à la haîne, à brouiller : malin.
Δι-ΕΧθρευω, être ennemi.
Εθελ-ΕΧθρος, qui se plaît à exercer des actes d'ennemi.
Ειδ-ΕΧθης, qui a une mauvaise figure, une figure sinistre, qui ne peut plaire.
Κατ-ΕΧθραινω, haïr ses ennemis.
Φιλ-ΕΧθης, Φιλ-ΕΧθρος, qui aime la haîne, qui se nourrit d'inimitiés; 2°. odieux.
Φιλ-ΕΚθρευω, prendre plaisir à la haîne, exercer des actes d'ennemi.

5.

ΗΜ-ΕΚΤεω, *Ém-ekteô*, être indigné; souffrir avec une peine extrême; être choqué.

Περι-ημ-EKTειν, souffrir de, être choqué de.

Ce mot est composé d'*AKTεω*, supporter avec peine; de MA, grand, extrêmement, & de l'additive H, hê.

6.

ΟΧΘΕΩ, *Okhtheó*, être indigné, souffrir avec peine.

ΟΧΘησις, indignation, offense.
ΟΧΘιζω, même qu'ΟΧΘεω.

COMPOSÉS.

Ευ-ΟΧΘος, qui porte avec joie, joyeux.
Ευ-ΟΧΘεω, soutenir avec joie le travail, avoir le travail aisé.
Προσ-ΟΧΘεω, être choqué, être ennemi: voir avec ennui, avec chagrin.
Προσ-ΟΧΘημα, offense; ce dont on est choqué.

X.

AK devenu EIK, semblable.

De AC, pointu, piquer, vint une nombreuse Famille Orientale, Latine, &c, en AK, EIK, ÆQ; désignant, 1°. la peinture, l'imitation; 2°. la ressemblance, l'égalité; 3°. l'équité, la justice, (*voy. dans les Origines Lat.* AC & ÆQuus, col. 20, 21, &c.) Et qu'on ne soit pas étonné si l'idée de peindre tient à celle de pointe, de piquure, parce que dans l'origine, comme encore chez les Sauvages, on se peignoit tout le corps en le piquant & en insérant des couleurs vives dans les cicatrices, ou piquures. D'ailleurs, les premiers dessins, ainsi que les premieres lettres écrites, furent toujours formés par des incisions avec une pointe sur le bois, le cuivre, le marbre, &c. Encore aujourd'hui les dessins des Ouvrieres en dentelle sont tous piqués sur du parchemin.

1.

ΕΙΚΩ, *Eikó*, être semblable; 2°. être du même avis, n'avoir pas de répugnance, consentir; 3°. avoir de l'indulgence.

ΕΟΙΚΕ, *Eoïke*, il paroît; il est juste, il convient.
ΕΟΙΚως, semblable, convenable, juste, avec raison.
ΕΙΓμα, τὸ, ressemblance, image.
ΕΙΚως, οτος, ὁ, semblable; 2°. probable, vraisemblable.
ΕΙΚος, chose vraisemblable, probabilité, convenance, décence.
ΕΙΚας, ΕΙΚασμα, τὸ, &.
ΕΙΚων, ονος, ἡ, image, simulacre, portrait, effigie.
ΕΙΚαζω, ressembler; 2°. comparer; 3°. conjecturer.
ΕΙΚασια, représentation, peinture, action d'assimiler; 2°. conjecture; 3°. imagination; 4°. simulation.
ΕΙΚαςης, qui conjecture, Interprète, Devin.
ΕΙΚελος, semblable.
ΙΚελος, semblable, même.
ΕΙΚονικος, peint, copié, imité.

ΕΙΚονιον, petite image.
ΕΙΚονιζω, peindre, représenter.
ΕΙΚονισμος, représentation; 2°. figure de Rhétorique, image.
Εισκω, comparer, assimiler.

COMPOSÉS D'EIKô.

A-EIKης, non convenable, indécent; 2°. honteux, coupable.
A-EIKεια, indécence; 2°. affront, indignité; 3°. punition, infortune.
A-EIKIζω, traiter indignement; 2°. deshonorer.
A-EIKελιος, indécent; 2°. vil, méprisable.
A-EKηλια, choses indécentes, non convenables.
ΑΠ-ΕΟΙΚα, être dissemblable.
ΑΠ-ΕΟΙΚε, il ne convient pas.
Απ-εοικως, κυια, κος, absurde, incongru; 2°. non-semblable.
ΕΠ-ΕΟΙΚε, il est juste, il convient.
Επι-ΕΙΚης, convenable, décent, juste; bon; équitable; 2°. qui aime l'équité; 3°. doux, modeste, de bonnes mœurs.
Επι-ΕΙΚεια, équité, justice, modération; 2°. clémence, douceur.
Επι-ΕΙΚως, avec modération, avec clémence; 2°. avec bonté; 3°. fortement.
Επι-ΕΙΚευω, agir avec douceur, avec équité.
Επ-ΕΙΚιζω, traiter de bonne foi.
Κατ-ΕΙΚας, même que Επι-ΕΙΚης.
Μενο-ΕΙΚης, dont l'esprit est agréable; 2°. qui flatte, qui adoucit.
Παρ-ΕΟΙΚα, être semblable à quelques égards, en partie.
Προσ-ΕΟΙΚα, avoir du rapport : 2°. paroître.
Προς-Εισκω, être semblable.

COMPOSÉS D'EIKαζô.

Αν-ΕΙΚαστος, qui ne peut être peint par aucune image.
Απ-ΕΙΚαζω, rendre semblable, faire opprimer; 2°. comparer.
Απ-ΕΙΚασια, simulacre, image.
Απ-ΕΙΚασια, figure exprimée.
Εξ-ΕΙΚαζω, portraire, peindre, faire un portrait.
Επ-ΕΙΚαζω, conjecturer, imaginer.
Κατ-ΕΙΚαζω, soupçonner.
Παρ-ΕΙΚαζω, assimiler, comparer.
Προ-ΕΙΚαζω, pressentir, conjecturer.
Προσ-ΕΙΚαζω, assimiler, comparer.
Προσ-ΕΙΚης, qu'on a rendu semblable.

COMPOSÉS D'EIKelos.

Ανδρ-ΕΙΚελος, semblable à un homme.
Ανδρ-ΕΙΚελον, statue, simulacre.
ΔΕΙΚελον, image, statue; 2°. masque : de *Deik*, montrer, faire voir.
Δεικηλιστης, Mime; Comédien; *mot-à-mot*, qui peint la vie humaine.
Επι-ΕΙΚελος, conforme, pareil, parfaitement semblable.
Θεο-ΕΙΚελος, divin.
Δαν-ΕΙΚελος, semblable en tout.
Προς-ΕΙΚελος, conforme, pareil.

COMPOSÉS D'EIKονιζω.

Απ-ΕΙΚονιζω, je rends semblable au modèle.
Απ-ΕΙΚονισμα, image, effigie, imitation, portrait.
Εν-ΕΙΚονιζω, je considere, je contemple dans l'image.
Εξ-ΕΙΚονιζω, je rends tous les traits du modèle.

2°.

Famille d'ΕΙΚω, consentir, céder.

ΕΙΚτικος, qui consent facilement.

COMPOSÉS.

A-EIKης, dur, sévère; 2°. obstiné, qui ne cède pas.

Επ-ΕΙΚω, consentir.
Επι-ΕΙΚτος, qui cede aisément ; 2°. complaisant, indulgent, qui condescend.
Κατ-ΕΙΚης, qui céde, obéissant, de mœurs douces.
Κεντρην-ΕΚης, qui obéit à l'éperon, à l'aiguillon.
Παρ-ΕΙΚω, permettre, accorder.
Υπ-ΕΙΚω, céder ; 2°. avoir de la complaisance, obéir.
Υπο-ΕΙΚτος, facile à écouter, à exaucer ; qui céde.
Υπ-ΕΙξις, cession, complaisance, obéissance.
Ανδ-υπ-ΕΙξις, soumission, obéissance.
Αν-υπ-ΕΙΚτος, qui ne céde point, obstiné, opiniâtre.

3.

ΑΚΚω, ΑΚΚό, femme folle, qui se voyant dans l'eau, parloit à son image comme si c'étoit une autre personne ; 2°. dissimulée.
ΑΚΚιζω, être aussi fou que ceux qui parlent à leur image.
ΑΚΚιζομαι, feindre, dissimuler, faire des cérémonies, comme si on ne vouloit pas ce qu'on desire le plus ; faire comme ΑΚΚό la folle ; 2°. faire la sucrée, la mijaurée.
ΑΚΚισμος, dissimulation.

4.

ΕΚΩΝ, οντος, ὁ, ΕΚών, volontaire, spontané ; 2°. qui consent.
ΕΚοντι, volontairement, de son propre mouvement.
ΕΚουσιος, fait de propos délibéré, d'après la réflexion, non au hazard.
ΕΚουσιαζομαι, offrir volontairement.
Α-ΕΚων, & ΑΚων, malgré soi ; 2°. imprudent.

Α-ΕΚαζω, ΑΚουσιαζω, forcer.
ΑΚουσιος, forcé, non volontaire.

5.

ΕΙΚαιος, ΕΙΚαios, qui ne suit que son caprice, que ce qui lui paroit bon ; 2°. qui agit au hazard, sans principe ; 3°. téméraire.
ΕΙΚη, témérairement, par cas fortuit, sans y avoir réfléchi.
ΕΙΚαιοσυνη, témérité, futilité, vanité.
ΕΙΚαιοτης, ητος, ἡ, témérité, imprudence.

XI.

ΑΞ, armé de l'aiguillon, du sceptre.

De ΑΚ, piquant, pointe, aiguillon, les Grecs firent la Famille ΑΞ, désignant la qualité de celui qui est armé de l'aiguillon, du sceptre : Famille considérable & dont l'origine étoit absolument inconnue.

ΑΞΙΑ, axia, Magistrature, qualité de celui qui est armé du sceptre, de l'aiguillon ; 2°. dignité, élévation, autorité ; 3°. mérite ; 4°. récompense, elle sert d'aiguillon.
Αξιος, digne, estimable, précieux ; 2°. utile ; 3°. comparable ; 4°. d'un bon prix (dans *Hésych.*)
Αξιοτης, ἡ, dignité.
Αξιοω, estimer digne, estimer juste, convenable ; 2°. penser, croire, estimer ; 3°. demander, postuler, rechercher, poursuivre.
Αξιωμα, élévation, autorité, dignité ; 2°. demande, requête énoncée ; 3°. pro-

position qu'on n'a qu'à énoncer pour qu'elle soit admise.
Αξιωματικος, plein d'autorité, auguste, majestueux, vénérable.
Αξιωσις, même qu'Αξιωμα; 2°. estime, présomption, confiance.

COMPOSÉS.

Αν-Αξιος, indigne.
Αντ-Αξιος, comparable, d'une valeur égale.
Απ-Αξια, indignité.
Απ-Αξιοω, dédaigner, mépriser.
Απ-Αξιωσις, mépris, dédain.
Επ-Αξιος, digne, convenable.
Επ-Αξιως, avec raison, justement.
Επ-Αξιοω, demander, solliciter.
Κατ-Αξιοω, juger digne; 2°. daigner.

AD, ED, OD, &c.
Chant, joie.

AD, est un mot formé par Onomatopée sur les cris de joie, & d'où sont venus des mots en AD, ED, OD, &c. pour désigner la joie, le chant, tout ce qui plaît; de-là diverses Familles.

1.
AD, plaire.

ΑΔΟΣ, ȣ, ὁ, *Adós*, joie, plaisir.
Αδοσυνη, volupté, délices.
Αδεω, plaire; 2°. gratifier.
Αδεια, (*Hesych.*) sérénité, liberté, licence.

2°.

Ce mot se nasalant, a fait:
Ανδαγω, *AnDanó*, plaire.
Αφ-Ανδανω, déplaire.
Διφ-Αδιος, } ennemi.
Διφ-Αδιος, }

3.
AD, devenu ED, Es.

1° ΗΔω, *Édó*, prendre plaisir, être rempli de joie.
Ηδος, εος, το, agrément, douceur, joie; 2°. utilité (*Apollon.*) 3°. vinaigre, (*Hésych.*)
Ηδονη, plaisir, transport de joie, délices, douceur.
Ηδονικος, qui aime le plaisir; voluptueux.

2. Ηδυς, *édús*, doux, agréable; 2°. gai, joyeux; 3°. fou, insensé, qui rit de rien.
Ηδιως, agréablement.

3. ΗΔΥΝω, rendre doux; 2°. confire; 3°. assaisonner; 4°. causer de la joie.
Ηδυντος, η, ον, confi; assaisonné, salé.
Ηδυντηρες, sels propres à assaisonner.
Ηδυντικος, propre à assaisonner.
Ηδυντικα, τα, assaisonnement.
Ηδυσμα, το, douceur, agrément; au plur. friandises, bombons, ragoûts, (*Hésych.*)
Ηδυμος, doux, agréable.
Ηδυλιζω, dire des choses agréables.
Ηδυλισμος, flatterie, cajollerie.

D devenu S.

3. Ησις, εως, ἡ, plaisir, volupté.
Ηστος, transporté de joie: yvre de plaisir: susceptible de joie.

4. Εδανος, doux, agréable.

COMPOSÉS d'*Édus*.

Α-Ηδης, odieux, sans agrément, sans douceur.
Α-Ηδια, désagrémens, ennuis, dégoût.
Α-Ηδιζομαι, être rempli d'ennui, de dégoût.

Θυμ-Hδης, dont l'esprit est doux & agréable.

Θυμ-Hδια, plaisir de l'esprit.

Μελι-Hδης; doux comme le miel, mielleux.

Φιλ-Hδης, qui aime le plaisir.

Φιλ-Hδια, affection, goût pour le plaisir ; 2°. volupté, délices.

Φιλ-Hδεω, être plein de joie.

Υπερ Hδεως, avec le plus grand plaisir, très-volontiers.

Composés d'*Êdunô*.

Αν-Hδυντυς, qui n'est pas assaisonné, qui n'a point de saveur.

Αφ-Hδυνω, rendre joyeux.

Εν-Hδυνω, se réjouir dans.

Εφ-Hδυνω, se réjouir de.

Παρ-Hδυνω, assaisonner.

Συν-Hδυνω, se réjouir ensemble.

Composés de *Êdô*.

Εν-Hδομαι, se réjouir, se délecter.

Εφ-Hδομαι, se réjouir sur.

Προ-Hδομαι, se réjouir d'avance.

Προσ-Hδομαι, se réjouir d'une sensation agréable.

Υπερ-Hδω, se réjouir au-delà de toute expression, hors de toute mesure.

Composés d'*Edonê*.

Α-Hδονια, privation de plaisir.

Αν-Hδονος, qui n'éprouve point de sentiment de joie, qui ne peut rire.

Εν-Hδονος, livré au plaisir.

Φιλ-Hδονος, qui aime le plaisir.

II.

Ed, devenu od, pour désigner le contraire du plaisir, la douleur.

1. ΟΔΥΝΗ, *Odunê*, douleur, surtout celle du corps.

Οδυνηρος, qui cause de la douleur, fâcheux, amer.

Οδυναω, causer de la douleur.

2. ΩΔΙΝ, *ôdin*, & *ôdis*, douleurs de l'accouchement.

Ωδινω, être dans les douleurs de l'accouchement ; 2°. souffrir des douleurs extrêmes.

Composés.

Ακεσ-ωδυνος, qui remédie aux douleurs.

Αν-ωδυνος, qui ne sent aucune douleur.

Απειρ-ωδιν, qui n'a pas éprouvé les douleurs de l'enfantement.

Εαρυ-ωδυνος, qui souffre de grandes douleurs.

Επ-ωδυνος, qui cause de la douleur.

Επ-ωδινω, accoucher.

Ευ-ωδιν, qui accouche heureusement.

Καμψ-οδυνος, qui sent de la douleur aux doigts en les pliant.

Κατ-ωδυνος, accablé de douleur.

Ν-ωδυνος, exempt de douleur.

Παυσ-ωδυνος, qui calme la douleur.

Περι-ωδυνος, qui est tout endolori.

Περι-ωδυνια, douleur extrême.

Πολυ-ωδυνος, accablé de maux de toute espèce.

Υπερ-οδυνια, douleur excessive.

III.

ΑΥΘ-ΑΔΗΣ, *auth-adès*, qui ne goûte que soi : *au fig.* orgueilleux, fier, arrogant.

Αυθ-αδεια, orgueil, arrogance.

Αυθ-αδιαζομαι, se conduire avec orgueil, avec arrogance.

Αυθ-αδισμα, orgueil, arrogance.

Composés.

On a dit dans le même sens :

Απ-αυθ-αδιαζομαι.

Επ·αυθ-αδιζομαι.
Κατ-αυθ-αδιαζομαι.
Υπ-αυθ-αδιζομαι, &c.

IV.
AD, AS, AEID, OD, &c.
Chanter.

I.

1. ΑΔω, F. Ασω, P. ηκα, chanter ; 2°. célébrer, exalter dans ses vers.

Ce mot s'est adouci en *ai*, d'où αδω & ses dérivés : de-là encore :

ΑΕΙΔω, *deidō*, chanter.

ΑΣΜα, & Αεισμα, *Asma*, *Aeisma*, chant, chanson, air : Poëme.

Ασματιον, petite chanson, ariette, vaudeville.

2. ΑοιΔΗ, *aoidē*, chanson, air, Poëme.

Αοιδος, Chantre ; Musicien ; Poëte. *Adjectif*, harmonieux, sonore ; 2°. d'un grand nom, célèbre, digne d'être chanté.

Αοιδιμος, chanté, célébré : illustre en bonne & en mauvaise part, qui a fait parler de lui.

3. ΑΙΔω, chanter : les Athéniens désignoient sur-tout par-là le chant du coq.

4. ΩΔΗ, *odē*, chant, Poëme : ODE.

Ωδος, chantre, chanteur ; 2°. chanson du dessert.

Ωδικος, sonore, harmonieux ; 2°. versé dans la Musique.

Ωδο-ποιος, Poëte dont le genre est l'Ode.

Ωδειον, τὸ, salle de Spectacle pour chanter les Poëmes.

5. Αδωνιον, chez les Lacédémoniens, (Hésych.) Théatre pour les Musiciens, Orchestre.

COMPOSÉS.

ΑΝΤ-ΑΔω, composer des vers contre quelqu'un.

Αντ-ωδη, chant qui répond à un autre.

Αντ-ωδος, qui répond en chant.

ΑΠ-ΑΔω, être discord, n'être pas à l'unisson ; 2°. différer, n'être pas du même avis.

Απ-ωδος, qui n'est pas d'accord ; 2°. qui n'a pas le même goût ; 3°. qui rend un son discordant, désagréable.

Δι-αδω, même qu'απαδω.

Εξ-αδω, rompre un charme, dégager quelqu'un par un charme contraire ; 2°. chanter beaucoup & long-tems.

ΕΠ-ΑΕΙΔω, & en prose, Επ-αδω, faire un enchantement ; 2°. avertir sans cesse, chanter toujours la même exhortation ; 3°. se disposer, se préparer, se ceindre.

Επ-ασμα, enchantement ; 2°. chanson des nourrices.

Επ-αοιδη, Επ-αοιδια, Επ-ωδη, chant : enchantement : vers pour chasser un mal.

Επ-ωδιον, vers, couplet.

Επ-ωδος, enchanteur ; 2°. portion d'un Poëme lyrique.

De-là, dans HORACE le Livre des EPODES, où un grand vers est toujours accompagné d'un petit qui ne peut s'en détacher, qui en fait une partie essentielle.

Εξ-επ-αδειν, désenchanter.

Κατ·επ-αδω, adoucir un charme, le chasser par le chant.

Κατ-αειδω, chanter des choses fâcheuses, annoncer des malheurs.

Παρ-αειδω, chanter chez quelqu'un, auprès de quelqu'un.

AP-ΩΔΕΩ, composer un Poëme à l'imitation d'un autre: parodier: composer des parodies.

Παρ-ωδη, parodie.

Παρ-ωδος, qui compose des parodies.

Παρ-ωδια, parodie: vers parodiés; 2°. vers mêlés avec de la prose.

Παρ-ωδικος, en forme de parodie.

ΠΕΡΙ-ΑΔω, chanter tout autour.

Περι-ασις, son qui se fait entendre de par-tout.

Περι-ωδεω, envelopper par son art magique, par ses enchantemens.

Προ-ασμα, prélude.

ΠΡΟΣ-ΑΔω, chanter en partie, concerter.

Προσ-ωδος, qui s'acoompagne d'instrumens de musique; 2°. qui est à l'unisson, d'accord.

Προσ-ωδια, prosodie, accent, modulation des syllabes; 2°. chant qui s'accompagne de la guitarre.

Προσ-ωδιον, cantique à l'honneur des Dieux.

ΣΥΝ-ΑΔω, chanter d'accord; 2°. s'accorder; 3°. consentir, promettre.

Συν-ωδος, d'accord, qui s'accorde, à l'unisson.

Συν-ωδια, accord, concert.

Υπ-αδω, chanter la basse.

BINOMES.

ΑΡΝ-ΩΔοι, les Rhapsodes auxquels on donnoit un agneau pour prix.

ΑΥΛ-ΩΔος, joueur de flûte.

Αυλ-ωδια, son des flûtes.

Αυλ-ωδικος, qui appartient au son des flûtes.

ΘΕΣΠΙ-ΩΔος, Devin, Prophète.

Θεσπιωδεω, prédire.

Θεσμ-ωδω, donner des loix, établir des choses sacrées.

ΘΡΗΝ-ΩΔος, qui chante des vers funèbres, des élégies, des complaintes; 2°. pleureur à la tête d'un convoi.

Θρην-ωδια, chant lugubre, lamentations.

Θρην-ωδεω, chanter une élégie, pleurer, déplorer.

ΚΙΘΑΡ-ΩΔος, joueur de guitarre.

Κιθαρ-ωδια, son de la guitarre, action d'en jouer.

Κιθαρ-ωδεω, jouer de la guitarre, en toucher.

ΚΩΜ-ΩΔος, Comédien, Acteur de Comédie; *mot-à-mot*, qui chante des choses agréables, amusantes.

Κωμ-ωδια, Comédie.

Κωμ-ωδεω, railler, tourner en ridicule, plaisanter sur le théâtre.

Κωμ-ωδημα, bon mot, plaisanterie fine, raillerie.

COMPOSÉS.

Ανα-Κωμ-ωδεω, parler plaisamment, comiquement.

Επι-κωμ-ωδεω, se mocquer, plaisanter de quelqu'un.

Παρα-κωμ-ωδειν, plaisanter légerement, en passant.

Υπο-κωμ-ωδεω, plaisanter d'une maniere comique, railler, persifler.

ΛΥΡ-ΩΔος, joueur de lyre.

Λυρ-ωδια, action de jouer de la lyre.

ΜΕΛ-ΩΔος, chantre, qui régle la mélodie.

Μελ-ωδια, mélodie, modulation, harmonie.

Μελ-ωδεω, chanter avec harmonie.

Εμ-μελ-ωδεω, réciter avec harmonie.

Προσ-μελ-ωδεω,

Προσ-μελ-ῳδέω, tenir fa partie ; 2°. accompagner un inſtrument.

ΜΟΝ-ΩΔος, poëme où il n'y a qu'un rôle ; 2°. qui chante ſeul, ſans chœur.

ΠΑΛΙΝ-ΩΔέω, chanter la palinodie ; 2°. abandonner le chemin de la vertu.

Παλιν-ῳδία, palinodie, action de chanter le contraire, changement d'avis.

ΡΑΨ-ΩΔος, qui compoſe des morceaux détachés, des rapſodies, qui les coud ; 2°. qui récite des rapſodies.

Ραψ-ῳδία, rapſodie, piéces de poéſie, compoſées ſéparément, & qu'on réunit en un corps ; 2°. vain babil.

Ραψ-ῳδέω, compoſer des rapſodies : 2°. chanter des poëmes : 3°. réciter ou chanter des morceaux d'un Poëte ; & même des morceaux hiſtoriques ; 4°. bavarder, ennuyer par un vain babil.

ΡΑΒΔ-ΩΔοι, les Rapſodes qui récitoient avec une branche de laurier à la main.

ΤΡΑΓ-ΩΔος, tragique, qui chante des choſes élevées.

ΤΡΑΓ-ΩΔια, Tragédie : chant d'une action ſublime & élevée.

Τραγ-ῳδέω, jouer la Tragédie.

Εκ-τραγ-ῳδέω, chanter d'un ton tragique ; 2°. exagérer.

Παρα-τραγ-ῳδέω, déclamer ; 2° exagérer, bourſoufler.

Προς-τραγ-ῳδῶ, parler d'un ton tragique ; 2°. ajouter à l'exagération.

ΤΡΥΓ-ΩΔος, qui déclame, le viſage barbouillé de lie.

Τρυγ-ῳδέω, déclamer le viſage, barbouillé de lie ; monter ſur le théâtre, après s'être barbouillé le viſage de lie.

ΥΜΝ-ΩΔος, qui chante des hymnes.

Υμν-ῳδία, chant des hymnes.

Υμν-ῳδέω, hymnodier, chanter des hymnes ; 2°. rendre des oracles.

Φιλ-ΩΔος, qui aime le chant.

ΧΟΡ-ΩΔια, chant des chœurs.

ΧΡΗΣΜ-ΩΔος, qui rend des oracles en chantant, Devin, Prophète.

Χρησμ-ῳδέω, prédire : rendre des oracles : deviner.

Χρησμ-ῳδημα ;-ῳδία, oracle, prédiction.

ΨΑΛΜ-ΩΔος, qui chante des Pſeaumes.

Ψαλμ-ῳδία, pſalmodie, chant des Pſeaumes.

Ψαλτ-ΩΔέω, chanter en s'accompagnant d'un inſtrument.

2.

ΑΗΔ-ΩΝ, ὁ, *Aéd-on*, 1°. roſſignol ; *mot-à mot*, l'être chantant *par excellence*.

On a dit auſſi *Aédô, Aédous, Aédonieus*; 2°. flûte ; 3°. languette d'une flûte.

Αηδονις, jeune roſſignol.

Αηδονειος, qui concerne le roſſignol.

3.

ΑΔΩΝΙΗΣ, *Adóniés*, (*Héſych.*) l'hirondelle, la douce & agréable meſſagere du printems ; 2°. laitue.

AD,

Abondant, fertile.

Du primitif HAD, abondance, d'où ſe formerent FAT (*Orig. Lat.* 648,) & SAT, vinrent ces diverſes Familles Grecques.

I.

1. ΑΔΩ, *Adó*, F. ασω, remplir : 2°. raſſaſier, aſſouvir.

Αδος, τῇ, ſatiété, raſſaiſiement ; 2°. dégoût.

Ἀδαιος, ὁ, abondant, vaste ; 2º. qui amene la satiété.

Ἀδέω, F. ησω, être dégoûté.

2. ἈΣη, *Asé*, dégoût.

Ἀσηρος, fastidieux, à charge.

Ἀσωδης, qui est dégoûté.

Ἀσαομαι, être dégoûté ; 2º. être accablé d'ennui, de dégoûts.

3. Ἀτος, pour Ἀ-ατος, insatiable, qu'on ne peut rassasier.

2.

ἈΔΗΝ, *Adén*, & *Addén*, abondamment, amplement, largement.

3.

Ἀδινος, *adinos*, abondant : 2º. épais, touffu ; 3º. fréquent, multiplié ; 4º. serré ; 5º. accablé de douleur, serré de douleur ; 6º. efflanqué, effilé : ces deux dernieres significations sont métaphoriques, & résultent de la quatriéme. On n'en doit pas être surpris : le mot François *serré*, réunit lui-même ces divers sens.

Ἀδινως, abondamment.

4.

ἈΝ-ΕΔΗΝ, largement ; jusqu'à la satiété, jusqu'à dire c'est assez ; 2º. pêle-mêle ; sans distinction ; 3º. les coudées franches, librement, impunément.

5.

ἌΗΤος, insatiable ; 2º. qu'on ne peut remplir.

II.

ΑΙΔος, εος, τὸ, & ΑΙΔΩΣ, ους, ἡ, *Aidos*,

Aidôs, respect, vénération : mot-à-mot, action de regarder. comme fort au-dessus de nous ; 2º. pudeur, modestie ; 3º. honte.

ΑΙΔοιος, vénérable, digne de vénération.

ΑΙΔοιως, avec respect, vénération.

ΑΙΔοιον, l'aîne.

ΑΙΔεομαι, F. εσομαι, ησομαι : P. ηδεσμαι ; A. 1. ηδεσθην, vénérer, respecter ; 2º. craindre d'offenser ; 3º. avoir honte, rougir ; 4º. n'oser pas, craindre, avoir peur ; 5º. se laisser toucher, fléchir ; 6º. appaiser, fléchir, calmer, supplier.

2. ΑΙΔΗΜων ; qui a de la pudeur, modeste, craintif.

Αιδημονως, avec crainte & retenue, prudemment.

Αιδεσις, εως, ἡ, vénération, respect ; 2º. égard, considération ; 3º. pardon.

Αιδιμος, Αιδεσιμος, digne d'égards, de respect.

Αιδεσιμοτης, ητος, ἡ, vénérabilité.

COMPOSÉS.

ἈΝ-ΑΙΔΗΣ, *Anaidés*, impudent, sans respect, sans égards.

ἈΝ-ΑΙΔεια, impudence.

Ἀν-αιδευομαι, se conduire sans pudeur, sans honte.

ἈΠ-ΑΙΔοιοω, mutiler ; 2º. circoncire.

ἘΠ-ΑΙΔεομαι, rougir, avoir honte.

ΚΑΤ-αιδεω, faire rougir, 2º. fléchir ; toucher.

ΚΙΝ-ΑΙΔος, impur, qui a dépouillé toute honte.

ΚΥΝ-ΑΙΔος, cynique, sans honte, qui n'a pas plus de honte qu'un chien.

III.
Mors qui peuvent se rapporter à ces Familles.

1. ΑΔΗΝ, ενος, ὁ, *Adín*, glande. Les glandes sont multipliées & serrées les unes contre les autres.
2. ΑΔΗΜονεω, *Adémoneo*, avoir peur, être saisi de crainte : 2°. être accablé de douleur, être oppressé.

AD, AID, devenu OID.

1. ΟΙΔεω, *Oideó* ; & *Oidaó*, être enflé, bouffi ; 2°. être boursouflé.
ΟΙΔημα, tumeur ; 2°. bouffissure, orgueil.
ΟΙδηματωδης, enflé, bouffi.
Οιδμα, pour οιδημα, tumeur, enflure ; 2°. la mer soulevée.
Οιδματοεις, agité.
Οιδος, Οιδησις, tumeur, enflure.
Οιδαινω, bouffir, enfler.
Οιδαλεος, bouffi, gonflé ; 2°. humide.
Οιδισκω, gonfler, faire enfler.

2. ΟΙΔΝον, truffe ; *mot-à-mot*, tumeur de la terre.

Composés.
ΑΝ-ΟΙΔεω, enfler, bouffir, gonfler ; 2°. se mettre en colere.
Αν-οιδησις, tumeur, enflure.
Δι-οιδεω, se gonfler, s'enorgueillir.
Εξ-οιδεω, enfler, s'enfler.
Παρ-οιδαινω, être enflé par l'inflammation, être engorgé.
Προσ-ωδης, enflé, bouffi.
Υπερ-οιδεω, s'enfler un peu.

Binomes.
Γαστρ-ΟΙΔης, qui a le ventre enflé.
ΧΕλυν-ΟΙδης, qui a de grosses lèvres.

AD, AID, AIT, AIZ, être sédentaire.

Du primitif D, ferme, immobile, vint la Famille AD, AID, désignant la vie sédentaire, fixe stable, les maisons, les sièges, &c. (*Orig. Lat.* 24.) de-là nombre de Familles Grecques, dont les Auteurs des Dictionnaires Grecs n'ont pas même soupçonné le rapport & la racine.

I.
1. ΑΙΤΟΣ, τὸ, Temple, en Dorien : maison, domicile.
Εντι-ΑΙΤημα, τὸ, *Enti-aitéma*, demeure, hospice.

2.
ΗΘΟΣ, τὸ, *Éthos*, domicile, demeure, lieu où l'on fait son séjour ordinaire : 2°. coutume, habitude, mœurs : 3°. génie, caractère, naturel.
Ηθας, αδος, ὁ, ἡ, familier, accoutumé.
Ηθικος, moral.

Composés.
Α-ΗΘης, inaccoutumé ; 2°. insolent, 3°. contraire aux mœurs.
Α-Ηθεια, nouveauté, chose non accoutumée ; 2°. insolence.
Α-Ηθως, contre l'usage.
Α-Ηθεω, n'être pas accoutumé.
2. ΕΥ-Ηθης, de bonnes mœurs ; 2°. honnête, franc, simple ; 3°. trop simple, fou.
Ευ-ηθεια, bonté de mœurs, probité ; innocence ; 2°. folie.
Ευ-ηθιζομαι, agir avec simplicité ; 2°. se conduire ridiculement.
ΚΑΚΟ-Ηθης, de mauvaises mœurs ; 2°. méchant, malin.

Κακο-ηθεια, mœurs corrompues, malignité, caractère d'un mauvais génie.
ΟΜΟ-Ηθης, qui a les mêmes mœurs.
ΣΥΝ-Ηθης, accoutumé, familier.
Συν-ηθεια, coutume, habitude.
Συν-ηθειαι, au plur. les mois.
Φιλο-συν-ηθης, affable, doux.
Χειρο-Ηθης, traitable, souple, qu'on peut manier; apprivoisé.
ΧΡΗΣΤο-Ηθης, de bonnes mœurs.

3.

ΑΙΤΕΩ, *Aiteo*, mot-à-mot, chercher un refuge, une demeure, un lieu fixe, aller en un lieu: *delà*, demander, postuler.
Αιτημα, τὸ, demande, pétition.
Αιτητης, demandeur.
Αιτητικος, toujours prêt à demander.
Αιτης, Αιτωλος, mendiant.

COMPOSÉS.

ΑΝΤ-ΑΙΤεω, redemander, demander à son tour; 2°. demander contre.
ΑΠ-ΑΙΤεω, redemander, répéter, exiger.
Απ-αιτησις, action de redemander; 2°. exaction.
ΕΞ-ΑΙΤεω, demander.
Εξ-αιτησις, action de redemander.
ΕΠ-ΑΙΤεω, demander en sus, à la suite; 2°. mendier.
Επ-αιτης, mendiant; 2°. bateleur.
ΜΕΤ-αιτεω, demander entre les autres, avec d'autres; 2°. demander une part.
ΠΑΡ-ΑΙΤεομαι, supplier, s'excuser, se défendre; 2°. répudier; 3°. délivrer, faire grace.
Παρ-αιτησις, prière, supplication; 2°. grace, pardon.
Παρ-αιτητης, suppliant.

Α-παρ-αιτητος, inexorable, dur, farouche.
Προσ-αιτεω, demander en sus; 2°. mendier.

4.

1. ΕΔος, εος, τὸ, *Edos*, siége, trône; 2°. sol; 3°. base, fondement; 4°. temple, chapelle; 5°. statue des Dieux; 6°. retard.
Εδεθλον, τὸ, base, fondement.
Εδωλιον, siége; au plur. bancs des rameurs; 2°. banquettes.
Εδωλιαζω, s'asseoir.
2. ΕΔαφος, τὸ, sol; 2°. parquet.
Εδαφιζω, raser un édifice; 2°. paver; 3°. parquetter.
3. ΕΘΡΑ, *Ethra*, siége; 2°. domicile; 3°. base; 4°. conseil, assemblée.
ΕΔΡαιος, *hedraios*, sédentaire, stable.
Εδραιοω, établir, affermir.
Εδραζω, établir, fonder.
Εδρασμα, fondement, base.
Εδρανον, siége.
Εδρανος, stable.
Εδρικος, de siége.
Εδριαομαι, être assis; 2°. avoir un siége, une demeure.
Εδριον, assemblée, conseil.
4. ΕΖομαι, F. ΕΔυμαι, *Hezomai*, f. *Hedoumai*, être assis; 2°. faire asseoir; 3°. poser, placer.

COMPOSÉS.

1.

1. ΑΝ-ΕΖω, faire asseoir.
Εν-εζομαι; Εφ-εζομαι, être assis dans.
Εφ-εδρες, τὸ, qui est bas.
2. Καθ-εζομαι, s'asseoir.
Καθεσις, Καθεσμος, siége, domicile, assemblée.

Αντι-καθ-έζομαι, être assis vis-à-vis ; ranger son armée en bataille, contre, en face de l'ennemi.

Επι-καθ-έζομαι, être assis avec.

Παρα-καθ-έζομαι, être assis près, à côté.

Περι-καθ-έζομαι, assiéger.

Προ-καθ-έζομαι, présider.

Προς-καθ-έζομαι, être assis auprès ; 2°. presser ; être sans cesse aux trousses ; 3°. assiéger.

2.

1. ΑΦ-ΕΔΡευω ; mot-à-mot, se placer loin ; pousser une selle.

Αφ-εδρων, latrines.

Δι-εδρος, dissident, assis à part.

Δι-εδρια, siège séparé, différent.

Δι-εδρον, banc à deux places.

2. Εν-εδρα, ἡ, embûches.

Εν-εδρον, insidieux.

Εν-εδρευω, tendre des piéges.

Εν-εδρευτικος, qui tend des piéges.

3. Εν-εδρος, habitant, étranger qui réside dans le pays.

4. Εξ-εδρα, ἡ, les appartemens extérieurs, les cloîtres.

Εξ-εδρος, éloigné, absent.

Ευ-εδρος, qui est commode pour s'asseoir.

ΕΦ-ΕΔΡα, action de s'asseoir sur, dans ; 2°. plante qui croît sur les arbres ; 3°. embuscade.

Εφ-εδρανα, τὰ, la portion du corps sur laquelle on s'assied, les fesses.

Εφ-εδραζω, être assis auprès ; tenir compagnie.

Εφ-εδριζω, être assis sur, comme dans le jeu de la main chaude.

Εφ-εδρισηρες, ceux qui ont la tête sur les genoux d'un autre, au jeu de la main chaude.

Εφ-εδρος, qui est aux aguêts, en sentinelle, en embuscade : un observateur ; 2°. un ennemi ; 3°. un successeur.

Εφ-εδρευω, être assis dessus, être posté ; être en embuscade ; 2°. prendre son tems, épier le moment ; 3°. secourir, venir au secours.

Εφ-εδρεια, action de s'asseoir ; de se poster ; 2°. secours, aide, subside.

Παρ-εφ-εδρευω ; se placer près d'un autre pour le secourir au besoin.

ΚΑΘ-ΕΔΡα, siége, chaise, fauteuil ; 2°. retard : au plur. jours de deuil, parce qu'on cesse d'agir, qu'on reste assis plongé dans sa douleur.

Προ-καθ-εδρια, premiere place, la place la plus distinguée.

Συγ-καθ-εδρος, assesseur.

ΟΚΤα-εδρος, à huit places.

Παρ-εδρος, Assesseur, Conseiller ; 2°. auxiliaire, compagnon.

Παρ-εδρευω ; être assis auprès ; 2°. être assidu.

Ευ-παρ-εδρος, qui est très-assidu, qui ne néglige pas un instant.

Πλανησι-εδρος, qui erre à l'aventure.

Πολυ-εδρος, qui a plusieurs demeures.

Προ-εδρα, premier siége.

Προ-εδρος, Président, Chef; qui occupe la premiere place.

Προ-εδρια, présidence : prérogatives attachées à la premiere place.

Προ-εδρευω, présider.

Προσ-εδρος, assesseur ; assidu, occupé.

Προσ-εδρια, persévérance, assiduité.

Προσ-εδρευω, être placé auprès ; 2°. être assidu ; 3°. assiéger ; 4°. tendre des piéges ; être aux aguêts.

ΣΥΝ-ΕΔΡα, station, poste.

Συν-εδρος, qui siége avec ; Assesseur : Conseiller.

Συν-εδρια, action de siéger, de tenir conseil.

Συν-εδριον, conseil, tribunal, assemblée des Juges.

Συν-εδρευω, siéger ensemble ; 2°. être du même Tribunal ; être collègue ; 3°. délibérer, agiter.

Υφ-εδρια, siége plus bas, degré inférieur.

Υφ-εδρευω, être assis plus bas; au-dessous d'un autre.

COMPOSÉ D'EDAPHOS.

AN-Εδαφισος, qui n'est pas pavé ; 2°. qui a été démoli, rasé.

Εξ-εδαφιζω, raser jusqu'aux fondemens, démolir.

4.

ΙΔΡΥΩ, hidruô, & hidrumi, faire asseoir, ordonner de s'asseoir ; 2°. placer, poser ; 3°. établir.

Ιδρυμα, τὸ, ouvrage fait, construit ; 2°. fondement ; 3°. temple ; 4°. siége, demeure.

Ιδρυσις, ἡ, constitution, établissement, fondation : siége.

Ιδρυτος, fondé, établi.

COMPOSÉS.

AN-ΙΔΡυτος, an-idrutos, sans fondement, sans base.

Αφ-ΙΔΡυω, établir, poser, affermir.

Αφ-ιδρυμα, statue.

Εν-ιδρυω, placer dans ; fonder, affermir.

Εσ-ιδρυομαι, être fondé dans.

Καθ-ιδρυω, poser, fonder, établir, instituer.

Καθ-ιδρυμαι, avoir un domicile, un siége.

Καθ-ιδρυσις, Dédicace.

Παρ-ιδρυω, placer auprès.

5.

ΙΖΩ, Hizo, F. ισω, Hisô, faire asseoir, placer sur un siége.

Ιζομαι, s'asseoir ; 2°. déposer, tomber au fond.

Ιζημα, τὸ, dépôt, sédiment.

Ιζανω, f. νσω, faire asseoir ; 2°. instituer ; 3°. déposer, tomber au fond.

Ιζανη, habillement de peau de chèvre.

COMPOSÉS.

1. AN-ΙΖω, & Υφ-αν-ιζω, couler à fond.

Αφ-ιζω, se lever de son siége, en descendre.

Εν-ιζω, s'asseoir.

2. Καθ-ιζω, faire asseoir ; 2°. établir, constituer ; 3°. convoquer ; 4°. être à table ; 5°. siéger ; 6°. assiéger.

Καθ ισις, session.

Ανα-καθ-ιζω, s'asseoir, se coucher, se reposer.

Αντι-καθιζω, placer vis-à-vis.

Δια καθ-ιζω, mettre en délibération.

Εγ-καθ-ισμα, bain de pieds.

Μετα-καθ-ιζω, changer de demeure, changer la place d'un siége.

Παρα-καθ-ιζω, faire placer près de soi.

Περι-καθ-ιζω, assiéger.

Προ καθ-ιζω, s'asseoir avant ; 2°. préférer.

Προσ-καθ-ιζω, être assis auprès : être à table.

3. Μετα-ιζω, s'asseoir ensemble.

Παρ-ιζω, placer auprès.

Περι ιζομαι, assiéger.

Προσ ιζω, résider, être assis auprès, se tenir dans.

Συν-ιζησις, sédiment, lie.

Υφ-ιζω, tomber au fond, dépôt.

AG, OG, AUG,
Grand.

AG, OG, AUG, est un mot Celte & primitif, qui désigne toute idée relative à la propriété de s'aggrandir, d'accroître, d'augmenter. Elle a formé des Familles Latines (*Orig. Lat.* 103 & 602.) & celles-ci en Grec.

I.

Αγαω, *AGao*, *AGô*, F. ησω, P. ηκα, admirer, être étonné de la grandeur, de l'excellence d'un objet, être en extase à sa vue.

Αγη, *Aghê*, admiration, étonnement; 2°. vénération.

Αγαιος, admirable; 2°. qui excite l'envie.

Αγητος, admirable, qui cause de l'étonnement.

Αγαυος, excellent, parfait, vénérable.

Αγαυομαι, admirer.

Αγαιω, admirer, être en extase, être frappé d'étonnement; 2°. être indigné, en colere.

Επ-αγαιομαι, se réjouir, être enchanté.

Αγααμαι, & Αγαμαι, admirer.

Αγαζομαι, admirer; 2°. voir avec envie; 3°. être irrité; 4°. vénérer, respecter.

Αγασμα, vénération.

Αγασος, admirable; 2°. digne d'envie; 3°. agréable, plein de charmes.

COMPOSÉS.

ΑΞΙ-Αγασος, digne d'admiration.

Εξ-Αγασος, qu'on doit admirer, surprenant, étonnant.

Επ-Αγαμαι, s'extasier sur un objet.

Υπερ-Αγαμαι, admirer par-dessus tout.

II.

Αγαν, *AGan*, extrêmement, au-delà de toute borne; excessivement: 2°. trop: 3°. beaucoup, beaucoup trop.

Ici se rapportent:

ΑΓ-ΑΠαω, *Ag-apaô*, aimer fortement, &

ΑΓαν-ΑΚΤεω, être dans la plus profonde douleur.

III.

ΑΥΞω, *Auxô*, F. ησω, P. ηυξηκα, augmenter, élever en honneurs, rendre plus grand.

Αυξομαι, croître, grandir, devenir plus grand; 2°. se fortifier, acquérir des forces.

Αυξη, accroissement.

Αυξιδες, les jeunes thons; ils croissent en peu de tems.

Αυξησις, accroissement, augment.

Αυξητικος, croissant, qui a la force, la propriété de croître, de grandir.

Αυξανω, & Αεξω, augmenter, accroître, accumuler; 2°. s'avancer, être avancé.

COMPOSÉS.

ΑΜΦ-Αυξις, ή, sapin dont on a coupé toutes les branches basses.

Αν-Αυξητος, qui ne peut croître, qui n'est pas susceptible d'augmentation.

Αν-αυξης, qui n'augmente pas.

Εξ αυξω, croître au-delà de toute mesure, excessivement.

Επ-αυξω, augmenter, ajouter par-dessus.

Επ-αυξησις, accroissement, augmentation.

Παλιν-Αυξης, qui croît de nouveau, qui renaît.

Παρ-Αυξησις, crue, accroissement.
Προ-Αυξω, croître avant.
Προ-Αυξεες, maladies de ceux qui sont avancés en âge.
Προσ-Αυξω, croître en sus.
Υπερ-Αυξω, croître excessivement.

IV.

ΑΥΧεω, *Aukheo*, se glorifier, se vanter, s'élever au-dessus de tous.
ΑΥΧΗ, *Aukhé*, vanterie, jactance, boufissure.
Αυχητικος, qui se vante.
Αυχνεις, qui se vante; 2°. qui marche la tête haute & superbe.

COMPOSÉS.

ΕΞ-ΑΥΧεω, *Exaukheo*, se glorifier, se vanter extrêmement.
Επ-Αυχεω, se glorifier.
Κ-Αυχας, αδος, η, femme qui se vante.
Κενε-αυχης, qui se vante frivolement: qui vante des choses vaines & frivoles.
Κεν-αυχης, qui se vante à tort.
Μεγ-αυχης, plein de jactance.
Μεγαλ-αυχια, jactance, bravade.
Μεγαλ-αυχεω, se vanter de grandes choses.
Υπερ-αυχεω, se louer hors de toute mesure, se vanter sans modération.
Υπερ-Αυχος, glorieux, bouffi, vain.

V.

ΑΥΧην, ὁ, *Aukhén*, cou; 2°. gorge, défilé; 3°. portion du gouvernail que dirige le Pilote.
Αυχενιος, du cou.
Αυχενιζω, casser le cou.

COMPOSÉS.

Αυ-αυχην, sans cou.
Απ-αυχενιζω, mettre un frein.

Βυσ-Αυχην, ὁ, qui rentre le cou dans les épaules.
Γυλι-Αυχην, ὁ, qui a le cou long & mince.
Δι-Αυχενιζομαι, porter la tête haute.
Εν-Αυχενιος, qui est passé au cou.
Εξ-Αυχενισμος, opiniâtreté, cou roide.
Επι-Αυχην, qui a le cou haut, élevé.
Κυρτ-Αυχην, qui a le cou courbé.
Λασι-Αυχην, qui a le cou velu.
Μακρ-Αυχην, au long cou.
Μετ-Αυχηνιον, derriere le cou.
Παρ-Αυχενιος, adapté au cou.
Σκληρ-Αυχην, au cou roide & indompté.
Υπ-Αυχενιος, sous le cou.
Υψ-Αυχην, au cou haut; orgueilleux, vain.
Υψ-Αυχενεω, tendre le cou en avant.
Χλωρ-Αυχην, au cou jaune, gorge-jaune: nom du rossignol parce qu'il a un collier jaune autour du cou.

VI.

ΟΓΚος, ὁ, *Ogkos*, prononcé ensuite *Onkos*, tumeur, éminence; 2°. masse, poids, pésanteur; 3°. élévation, grandeur; 4°. majesté; 5°. faste, orgueil.
ΟΓΚωδης, enflé, bouffi.
ΟΓΚηρος, enflé: massif: fastueux.
ΟΓΚοω, bouffir, enfler; 2°. amplifier.
ΟΓΚωσις, enflure, tumeur; 2°. amplification.
ΟΓΚωτος, enflé, qui s'élève en grande masse.
ΟΓΚυλλομαι, être bouffi, être enflé; 2°. se vanter excessivement; 3°. promettre de grandes choses.
ΟΓΚυλος, enflé, vain, plein d'orgueil.
ΟΓΚιαι, monceau, amas, monticules.

ΟΓΚιον, vase qui sert à poser diverses choses.

COMPOSÉS.

Δι-ΟΓΚοω, *Di-ogkoó*, bouffir, enfler, gonfler ; agrandir.

Δι-ΟΓΚωσις, bouffissure.

Εξ-ΟΓΚοω, bouffir ; 2°. élever extrêmement haut, en grande masse ; 3°. charger beaucoup.

Επ-ΟΓΚιαι, charge d'un vaisseau.

Προσ-ΟΓΚης, distendu, qui est devenu une grande masse : qui croît par-dessus.

Υπερ-ΟΓΚος, extrêmement bouffi ; 2°. superbe, fastueux ; 3°. magnifique ; 4°. chargé, pésant.

VII.

ΩΚΕ-ΑΝος, l'Océan, mer qui environne la terre : de *OK*, grand, & *AN*, cercle.

ΩΚε-ανειος, de l'Océan.

COMPOSÉS.

Εξ-ΩΚε-ανισθηναι, être sorti de l'Océan.
Παρ-ΩΚε-ΑΝιος, habitant de l'Océan.
Παρ-ΩΚε-ΑΝτικος, maritime, sur les bords de l'Océan.

VIII.

Ωγ-ΥΓιιος, *óg-ugiios*, d'Ogygès ; *mot-à-mot*, grand-grand, très-ancien, très-vieux. *Grand*, désigna toujours les aïeux, les ancêtres.

A I.

Ce son a fourni aux Grecs diverses Onomatopées, pour peindre le cri de la douleur, & des idées tristes, lugubres.
Orig. Grecq.

I.

Αι, *Ai*, ha ! hélas ! On le répéte quelquefois deux fois, αι . αι : αι, αι, *Hélas, hélas ; hélas, hélas !* Oh ! *Espérances vaines.*

II.

Αι-ΑΖω, F. ξω, *aiazo*, pleurer, lamenter, se désespérer.
Αιαγμα, τὸ, gémissement, lamentation.
Αιαχτος, lamentable, lugubre, funeste, déplorable.

COMPOSÉS.

ΔΥΣ-Αιαχτος, qu'on ne sauroit assez pleurer : qu'on déplore excessivement, dont on ne peut se consoler.
ΕΠ-Αιαζω, pleurer sur.

III.

ΑΙ-ΑΝος ; Αι-ΑΝης, *Aianos*, & *Aianés*, affligeant, triste, fâcheux.
Δυσ-αιανης, même que Δυσ-αιαχτος.

IV.

ΑΙΒοι, *aiboi*, cri de douleur, *hélas !* cri d'indignation, *ha !* cri d'admiration, ou d'étonnement, de surprise, *ah !*

Noms d'OISEAUX.

ΑΙΓΙΘΑΛος, *Aigithalos*, nom d'un petit oiseau ennemi des abeilles.
ΑΙΓιθος, *Aigithos*, autre espèce d'oiseau, dont parlent Aristote & Pline.
ΑΙΓΩΛιος, *Aigólios*, oiseau de nuit, le chat-huant, le hibou.
Αιθυια ; -υιη, plongeon.

ΑΙΜα, sang.

Le sang est chaud, rouge & liquide. Sous tous ces rapports, il tient à l'Oriental ΗΑΜ, ΗΕΜ, rouge; chaleur; soleil; & au Celte ΗΕΜ, ΑΜ, couler. Ces Hébreux ajoutant au premier de ces mots leur terminaison ar, en firent HaMar, qui signifie rouge, tout ce qui est rouge. A cet égard, ils sont ainsi plus éloignés que les Grecs, de la Langue primitive.

1. A'MA, τὸ, Haima, sang; 2°. race, parenté; 3°. carnage, cruauté, homicide; 4°. épée, arme meurtriere.
AIMατικος, AIMατινος, sanguin.
AIMατοεις, AIMατηρος, ensanglanté.
AIMατωδης, où il y a du sang; 2°. sanguin.
AIMατια, sauce noire des Lacédémoniens; 2°. boudin.
AIMατιτης, ὁ, hæmatites, pierre précieuse; 2°. veine; 3°. au fém. plante qui étanche le sang.
AIMατη, épée, poignard.
AIMατιζω, tirer du sang, faire venir le sang.
AIMατοω, ensanglanter; 2°. tuer, poignarder.
AIMατωσις, Εξ-AIMατωσις, conversion en sang, sa formation.
AIMασσω, ensanglanter les mains; 2°. frotter jusqu'à ce que le sang vienne; 3°. tuer, poignarder.
AIMακτος, sanglant, qui saigne.
AIMηρος, ensanglanté.
AIMοω, ensanglanter; 2°. tuer.
AIMων, ονος, sanglant; 2°. couleur de sang; 3°. cruel.

2. AIMωνια Συκα, figues rouges de Paros.

3. AIMασια, haie faite de buissons qui piquent jusqu'au sang.
AIMος, ὁ, lieu touffu, où les arbres sont en buissons.
AIMευτης, ὁ, faiseur de boudins, chair-cuitier: qui assaisonne.

COMPOSÉS, dont ceux en Μόη ne sont usités que par les Poëtes.

AN-AIMος; Αy-AIMων, qui n'a point de sang
AN-AIMo-ΣAPKos, dont la chair n'a point de sang.
AN-AIMει, sans sang.
AN-AIMια, privation de sang.
AN-AIMακτος, non sanglant.
Αν-AIMωτει, sans effusion de sang.
Αυδρος-AIMον, rhue sauvage, parce que ses fleurs tachent les doigts d'un suc couleur de sang.
ΑΥΘαιμος, qui est du même sang.
ΑΥΘαιμοι, freres.
Αφ-Αιμασσω, tirer du sang, saigner.
Αφ-Αιμαξις, saignée, action de tirer du sang.
Δι-AIMος, ensanglanté; 2°. saignant.
ΕΝ-AIMος, qui a du sang; 2°. ensanglanté; dont le sang distille encore; 3°. remède propre à étancher le sang.
Εξ-αιμος, qui a perdu tout son sang.
ΕΞ-AIMατοω, se changer en sang.
Εξ-αιματωσις, action de se changer en sang.
Εξ-αιματικος, qui a la vertu de produire le sang.
Εξ-αιμασσω, ensanglanter.
ΙΣΧ-AIMος, qui a la vertu d'étancher le sang.
ΚΑΘ-AIMος, ensanglanté, couvert de sang.
Καθ-αιματοω, Καθ-αιμασσω, ensanglan-

ter ; couvrir de fang.

Καθ-αιμακτος, -couvert de fang.

ΛΕΙΦ-ΑΙΜος, décoloré, pâle : dont le fang s'eft retiré.

Λειφ-αιμεω, avoir perdu fon fang.

ΟΛιγο-ΑΙΜος, qui a peu de fang.

ΟΛιγο-ΑΙΜια, rareté du fang, peu de fang.

ΟΜ-ΑΙΜος, ὁ, ἡ, Germains, coufin & coufine.

ΟΜ-αιμις, & poétiquement Ομ-αιμων, coufin, coufine : du même fang.

ΟΜ-αιμοσυνη, confanguinité, fraternité : même fang.

ΠΟΛυ-ΑΙΜος, qui a beaucoup de fang, abondant en fang.

Πολυ-αιμια, abondance de fang.

Πολυ-αιμεω, abonder en fang.

Συν-αιμος ; - μων, parent, du même fang.

Υπερ-ΑΙΜωσις, trop grande abondance de fang.

ΥΦ-ΑΙΜος, qui a du fang par-deffous, dont le fang perce par-deffous.

Φιλ-αιμον, qui aime le fang ; 2°. fanguinaire.

AIN.

Du primitif AN, ON, AIN, élevé, qui a produit une foule de mots en toute Langue, vinrent ces Familles Grecques.

I.

ΑΙΝος, ὁ, *Ainos*, action d'élever une perfonne, une chofe : louange : éloge.

2°. Flatterie, adulation.

3°. Difcours, action de parler.

4°. Sentence, proverbe, difcours qui eft dans la bouche de tout le monde.

5°. Parabole, énigme.

ΑΙΝισσομαι, & en Athénien,

ΑΝιττομαι, parler par Sentences, en paraboles, allégoriquement, d'une manière enveloppée, énigmatique.

ΑΙΝιγμα, τὸ ; - γμος, ὁ, énigme ; 2°. difcours énigmatique, obfcur ; 3°. difcours entortillé ; 4°. fens caché.

ΑΙΝιγματωδης, énigmatique.

ΑΙΝιγματιζομαι, parler par énigmes, s'exprimer d'une manière énigmatique.

ΑΙΝιγματηριος, &

ΑΙΝιγματιςης, qui s'exprime d'une manière énigmatique ; qui aime ce genre d'écrire ou de parler.

Παρ-Αινιττομαι, parler obfcurément, comme par énigmes.

Υπ-αινιττομαι, infinuer d'une manière obfcure, témoigner, approuver d'une manière énigmatique, cachée.

2.

ΑΙΝη, *Ainé*, louange, flatterie.

ΑΙΝεω, ω, F. ησω. P. ηνεκα, louer ; flatter ; 2°. approuver ; 3°. tâcher d'égaler, avoir de l'émulation, envier ; 4°. faire renfler le grain en le mouillant, le paîtrir ; 5°. refufer, récufer : dans ce fens, il tient à ΑΙΝ, non.

ΑΙΝεομαι, & ΑΙΝημαι, les mêmes qu'ΑΙΝεω.

ΑΙΝεσις, ἡ, louange, flatterie.

ΑΙΝετος, louable, digne de louange, d'éloges.

ΑΙΝετης, ὁ, louangeur, flatteur.

ΑΙΝιζομαι, louer ; 2°. admirer ; 3°. parler énigmatiquement.

COMPOSÉS.

ΕΠ-ΑΙΝος, louange, éloge ; 2°. éloge oratoire.

Επ-αινεω, louer ; 2°. flatter ; 3°. approuver.

F ij

Επ-αινετεος, digne d'éloge.
Επ αινετος, loué; 2°. louable.
Επ-αινετης, louangeur.
Επ-αινετικος, fait pour louer.
Αν επ-αινεω, louer à son tour.
Αξι-επ-αινος; - νετος, digne de louange, recommandable.
Παρ-επ-αινος, discours de Rhéteur.
Προ-επ-αινω, louer le premier, louer avant.
Συν-επ-αινος, qui approuve; qui est du même sentiment; caution, garant.
Συν-επ-αινεω, louer, approuver; être du même sentiment, ratifier.
Υπερ-επ-αινεω, louer excessivement.
Κατ-ΑΙΝεω, approuver, consentir, acquiescer, faire un signe d'approbation; 2°. accorder; 3°. promettre; s'engager.
Κατ-Αινεσις, approbation, consentement; 2°. promesse.
Συγ-κατ-αινος, qui consent, qui s'engage.
ΠΑΡ-ΑΙΝεω, conseiller, exhorter; 2°. avertir; 3°. aviser, donner des préceptes; 4°. ordonner.
Παρ αινεσις, exhortation, conseil, avis, correction fraternelle.
Παρ-αινετης, qui exhorte, qui conseille, qui avertit.
Παρ-αινετικος, tendant à avertir, à conseiller, à exhorter. *Exhortatoire.*
ΣΥΝ-ΑΙΝεσις, approbation, consentement.
Συν-αινετης; -αινος, approbateur, qui approuve, qui consent.
ΥΠ-ΑΙΝεσια, approbation de tête; 2°. volonté.
Υπερ Αινετος, digne des plus grands éloges; excessivement louable.

3.
ΑΙΝος, pesant, à charge; 2°. extrême, violent; 3°. qui fait horreur, dont on ne peut supporter la vue: horrible; 4°. malheureux, infortuné; 5°. énigmatique, obscur.
ΑΙΝοτης, pesanteur.

4.
ΑΠ-ΗΝης, *Apênês*, qu'on ne peut louer: mauvais, méchant, cruel, inhumain.
Απ-ηνεια, inhumanité, férocité.
Απ-ηνεοω, devenir méchant, montrer son mauvais naturel.

AIS, Onomatopée.

AISS, est une Onomatopée, l'imitation du vent qui sifle, qui s'avance avec impétuosité. De-là cette Famille, dont l'origine étoit inconnue.
ΑΙΣΣΩ, *Aissô*, F. ξω, P. ηξα, s'avancer avec impétuosité, avec effort, faire irruption: s'élancer; 2°. se hâter.
ΑΙΓΔην, *Aigdin*, avec impétuosité.
ΑΙΓις, η, *Aigis*, tempête.
ΑΙΚη, *Aikê*, impétuosité, choc violent, mouvement impétueux.

COMPOSÉS.

ΑΝ-ΑΙΣΣω, *Anaisso*, se précipiter, s'élancer avec effort, faire irruption.
Απ-αισσω, sauter en avant; 2°. se retirer avec effort.
Δι-αισσω, passer, traverser avec impétuosité.
Δι-αιγδην, en passant avec effort, avec impétuosité.

ΕΞ-ΑΙΣΣω, faire irruption, se précipiter sur.

ΕΞ-Αισσω, sortir avec impétuosité, s'élancer impétueusement.

Προ-εξ-Αισσω, s'élancer en avant, le premier.

ΕΠ-ΑΙΣΣω, se jetter sur, fondre sur.

ΚΑΤ-ΑΙΣΣω, se porter avec impétuosité.

Κατ-αιξ, tempête.

Κατ αγις, vent violent, ouragan.

Κατ-αιγισμος, orage, tempête, ouragan.

ΚΟΡΥ-ΘΑΪΞ, ὁ, dont le casque est agité avec effort.

Μελαν-ΑΙΓις, tempête mêlée d'une affreuse obscurité.

Μετ-αισσω, poursuivre, s'élancer sur les traces.

Μετ-αιγδην, en poursuivant avec effort, avec impétuosité.

Παρ-αισσω, aller outre, traverser impétueusement.

Πολυ-Αιξ, dont les mouvemens sont rapides & violens; impétueux & turbulent.

Τριχ-αικες, cheveux flottans & agités.

Υπ-αισσω, se glisser par-dessous, se jetter furtivement sur.

AIT.
Raison, cause.

Du verbe primitif Ε, ΕΙ, exister, se forma la Famille Grecque ΑΙΤια, qui marque la raison de ce qui est.

ΑΙΤια, ἡ, Aitia: raison, cause, ce qui fait qu'une chose est; 2°. la cause d'une chose mauvaise, faute, crime.

Αιτιαν Εχω, porter la peine; 2°. être accusé.

Famille d'ΑΙΤια, raison.

ΑΙΤιον, τὸ, cause, raison.

ΑΙΤιωδης, qui concerne les causes.

ΑΙΤιος, α, ον, ce qui est en cause; 2°. cause d'une chose; 3°. auteur.

ΑΙΤιαομαι, assigner la cause, attribuer, imputer.

ΑΙΤιατος, causé, produit par une cause.

COMPOSÉS.

ΑΝ-ΑΙΤιος, sans cause, qui n'a point de cause; 2°. qui n'est pas cause.

Επ-αιτιωμαι, assigner une cause, ou les causes.

Μετ-ΑΙΤιος, participant, complice, qui est cause avec un autre.

Συμ-μετ-αιτιος, soutien, aide de la premiere cause.

Παν-αιτιος, cause entiere d'une chose.

Παρ-αιτιος, qui est en partie cause.

Προ-αιτιαομαι, assigner la cause pour laquelle.

Συν-αιτιον, cause qui aide, qui seconde.

Famille d'ΑΙΤια, faute.

ΑΙΤιος, coupable, qu'on doit inculper.

ΑΙΤιαομαι, accuser, inculper.

ΑΙΤιασμα, -ασις, accusation, inculpation.

ΑΙΤιατικος, qui accuse, qui inculpe.

ΑΙΤιαζομαι, être accusé.

ΑΙΤης, ὁ, qui est aimé d'un amour criminel, excessif; 2°. impétueux. Ce mot peut aussi tenir à Αιτεω, demander, desirer.

COMPOSÉS.

ΑΝ-ΑΙΤιος, qui n'est pas coupable, qu'on ne doit pas accuser; innocent.

Απ-αιτιος; Επ-αιτιος, coupable.

Επ-αιτιαομαι, accuser, faire tomber la faute sur.

Κατ-Αιτιαομαι, accuser; 2°. reprocher, accabler de reproches.

Κατ-αιτιασις, accusation, inculpation.

Α-Κατ-αιτιατος, qu'on ne peut inculper.

Μικρ-αιτιος, qui poursuit pour rien, pour peu de chose : qui accuse pour une bagatelle.

Προ-ΑΙΤιαομαι, accuser devant, en présence.

Προσ-αιτιαομαι, accuser de plus, en sus.

A L.

A L, est un mot primitif composé du son L, liquide & coulant, qui désigna tout ce qui est élevé & coulant, les bras, les flancs, ce qui est à côté, les arbres élevés, la grande eau, &c. De-là nombre de Familles Latines (*Orig. L. 26.*) & Grecques.

I.
Onomatopées.

ΑΛ-ΑΛη, *Al-Alè*, cri de joie, cri perçant qu'on jettoit au moment de commencer le combat; 2°. tumulte, brouhaha, grand bruit de voix confuses.

Αλ-αλητος, le cri des soldats, qui font l'al-alê : 2°. cri militaire ou guerrier.

ΑΛ-ΑΛαζω, ξω, crier l'al-alê; entonner le cri du combat; 2°. pousser un grand cri, de joie ou de tristesse; 3°. retentir.

Αλ-Αλαγμος, cri de joie des soldats; 2°. chant de victoire.

Αλγαλαγη, cri de joie.

II.
Elevé.

A L signifiant élevé, ou désignant des objets élevés, s'est prononcé aussi ΕL, ΗΕL, ΟL.

I. AL, superbe, fier.

1. Αλαζων, *Al-azón*, qui s'élève au-dessus des autres, fier, superbe, jactancieux, glorieux; 2°. rodomont, fanfaron; 3°. un vendeur d'orviétan, un charlatan.

Αλαζονευομαι, se vanter, s'attribuer des qualités qu'on n'a pas ou qu'on ne possede pas au même degré : faire le fanfaron, le rodomont.

Αλαζονευμα, τὸ, jactance, vanité, vanterie, rodomontade; 2°. insolence.

Αλαζονεια, jactance, ostentation, rodomontade : vanteries.

2. ΑΛυω, être fier, & jactancieux, s'enorgueillir, se glorifier; 2°. sauter de joie.

II. Augmentation, plus, davantage.
I.

1. ΑΛΛα, *Alla*, conjonction qui signifie *mais* : le même motif qui nous a fait choisir le mot *mais* pour exprimer cette conjonction, détermina les Grecs à se servir pour le même but du mot *alla* : tous les deux signifient *plus*, *élévation plus grande*, *de plus* : venant, l'une de *ma*, grand; l'autre de *al*, élevé.

2. ΑΛΔεω, *Aldeo*, augmenter, accroître.

Αλδαινω, accroître, donner accroissement.

Αλδησκω, s'accroître, être augmenté.

ΑΝ-ΑΛΘης, qui ne prend point d'accroissement.

3. ΑΛΘω, ALTHú, ALTHeo, ALTHainó ; augmenter.

ΑΛΘησκω, augmenter, accroître ; mais comme le propre de la santé est de croître, & que la maladie arrête toute amélioration, ces verbes ont également signifié guérir.

ΑΛΘος, εος, n. Guérison, cure ; 2°. médicament.

ΑΛΘηεις, salutaire, salubre.

ΑΛΘεξις, guérison.

ΑΛΘαια, Althéa, espece de mauve sauvage, qui doit son nom à ses grandes vertus ; mot-à-mot, la guérisseuse.

AN-Αλθης, qui ne peut croître ; 2°. qui ne peut guérir, incurable.

4. ΑΛΙΣ, ALis, abondamment, à suffisance, assez ; 2°. par tas, par touffes.

5. Αλια, η, ALia, f. assemblée, congrégation, amas de personnes.

Αλιζω, Alizó, rassembler, mettre en tas.

Αλης, adj. épais, touffu, entassé ; 2°. fréquent, nombreux.

Αλεως, en tas.

AN-ΑΛΤος, insatiable ; 2°. qu'on ne peut remplir.

ΒιοΘ-ΑΛΜιος, dont la vie est inépuisable.

III. Saut.

ΑΛΛομαι, mot-à-mot, devenir haut, élevé ; sauter, s'élancer ; 2°. danser.

Αλμα, ατος, n. saut, action de s'agiter.

Αλσις, εως, f. saut, danse.

Αλτικος, nom, sauteur, propre aux sauts ; 2°. tout ce qui regarde le saut : sautant.

Αλτηρες, plur. m. masses de plomb que les sauteurs tenoient dans leurs mains pour conserver l'équilibre & mieux sauter.

IV. Force.

1. ΑΛΚη, force, puissance : 2°. grandeur d'ame, vaillance, magnanimité, courage ; 3°. secours, aide, remede.

Αλκης, Αλκηεις, Αλκιμος, fort, courageux, intrépide.

Αλξις, défense, action de se défendre.

ΑΛΚαρ, ρος, n. secours, protection, défense : aide, remède.

ΑΛΚτηρ, défenseur, vengeur ; 2°. qui repousse les attaques : au plur. secours pour sauter un fossé.

ΑΛΚτηριον, remède, secours, protection.

ΑΛΚαια, queue du lion, à cause de sa force, & qu'il en bat ses flancs pour exciter son courage.

ΑΛΚαζειν, témoigner un grand courage, se battre avec valeur.

ΑΛΚεα, plante remplie de vertu.

AN-ΑΛΚις, ιδος, sans courage, poltron, lâche.

Επ-ΑΛξις, creneau, parapet, défense, mur.

Ετερ-ΑΛΚης, adj. combat douteux, victoire incertaine.

2. Ωλενη, ólené, bras, coudée : c'est dans l'homme le siége de la force : 2°. aune.

ΑΚρ-Ωλενιον, extrémité du coude ; 2°. sommet d'une montagne.

3. Αλισκοω, prendre, saisir, atteindre ; 2°. convaincre, condamner.

Αλωναι, être pris, être saisi.

Αλωσις, capture, prise : 2°. ruine d'une ville prise d'assaut.

Αλωσιμος, Αλωτος, ville qui peut être prise, qui n'est pas inexpugnable.

COMPOSÉS.

1. ΑΝ-ΑΛισκω, consumer, dépenser ; 2°. détruire, dissiper, dévaster.

Αν-ΑΛωμα, n. dépenses, frais.

2. ΑΙΧΜ-ΑΛωτος, pris par les armes, captif, prisonnier de guerre.

Αιχμ-Αλωσια, captivité.

3. Αν-ΑΛωτος, qui ne peut être pris ; 2°. inexpugnable.

4. ΗΕΛω, verbe inusité, *hélô*, prendre, choisir ; d'où,

Ηλον, *hélon*, j'ai pris.

Ε'ΛΩΡ, *Elôr* & *Elorion*, captive, prise.

V. Broyer, triturer, moudre ; effets de la force.

1. ΑΛεω, ALeo, moudre ; broyer : 2°. assembler, réunir ; venant alors de la Famille II. 5. ΑΛια.

Αλεομαι, être moulu.

Αλετης, qui mout, meunier.

Αλεςεον, qui doit être moulu.

Αλεςη, bale du blé.

Αλετος, action de moudre.

Αλετων, moulin.

Αλετρις, meuniere.

Αλειαρ, ατος, farine, sur-tout celle du blé.

Αλευρον, } farine, d'orge sur-tout.
Αλητον, }

Αλησιον, tout ce qui peut se moudre.

2. Αλειος, rassemblé, entassé, réuni.

Αλευτης, tas, monceau, collection.

Ce même verbe ΑΛεω, *aleo*, réunit à cette signification celle de fuir, d'éviter. Ce sens métaphorique fut sans doute l'effet de ce qu'il n'y avoit point de travail plus rude pour un Esclave, que celui de broyer le grain, & qu'ils cherchoient à s'y dérober le plus qu'ils pouvoient. On sait que les figures se prennent toujours des objets les plus communs, les plus sensibles. De-là ces mots :

ΑΛεω, ALeo, ALeuo, ALeomai, éviter, prendre garde.

ΑΛση, action d'éviter, fuite.

ΑΛεεινω, Aleeino, } éviter, fuir, échap-
Αλυσκω, Alysko, } per.

Αλεεινος ; Αλητηρος, bon à éviter, qu'il faut fuir.

2. ΑΛοαω, ω, ALoaô, triturer, broïer, briser : 2°. mettre en poudre, réduire en poussiere : 3°. battre, fouetter jusqu'au sang.

Αλοιτηρ, qui est battu : qui bat.

Αλοητον, action de broyer, de triturer ; tems où l'on broye.

3. ἅλως, gen. ω, f. *halos*, aire où l'on foule le grain, où on le bat ; 2°. aire d'un disque, d'un bouclier ; sa superficie, son cercle : 3°. cercle autour du soleil ou de la lune.

Αλωνια ; Αλων, ωνος, aire.

Αλωεινος, qui sert à l'aire.

ΑΛΩας, αδος, sur-nom de Cérès.

Αλωα, fêtes à l'honneur de Cérès.

Αλωνιζω, demeurer à l'aire.

Αλωα, ας, Aire ; 2°. verger, lieu planté d'arbres, de vignes : 3°. champ : 4°. moissons.

Αλωχευς, qui foule le grain à l'aire 2°. laboureur ;

laboureur ; 3°. vendangeur.

4. ΑΛιξ, κος, m. espéce de froment ; potage fait avec de la farine.

5. De la même famille qu'Aleo, éviter, & Alké, force, vint celle-ci :

Αλεξω, repousser, chasser ; 2°. secourir, garantir, aller au secours.

Αλεξημα, n. tout ce qui repousse, rempart, boulevard.

Αλεξησις, action de repousser, de garantir.

Αλεξητηρ, qui repousse, défenseur, secoureur.

Αλεξητειρα, défenderesse, secouratrice.

Αλεξητηριος, propre à repousser, remède excellent, efficace.

Αλεξητηριον, amulette : talisman qui chasse le mal.

VI. Plantes à odeur forte, &c.

1. ΑΛΟΗ, *aloë*, aloës, plante, & suc de cette plante.

Αλοη-Δαριον, médecine où entre de l'aloës.

2. ΑΓΛιθες, *aglithes* (qu'il faut prononcer à l'Italienne *allithès*) ail, des têtes d'ail ; plante nommée ainsi avec raison.

3. ΑΛΛας, αντος ; m. *allas*, saucisse, boudin ; ainsi nommé, à cause de leur haut goût.

VII. Objets élevés.

D'ici se sont formés les noms d'un grand nombre d'objets élevés, mais où Al s'est adouci presque toujours en El.

1. Ελαια, ας, Elaia, olivier ; 2°. olive.

Ελαιος, olivier sauvage ; 2°. espèce d'oiseau.

Ελαιων, ωνος, on. olivette, lieu planté en oliviers.

Ελαιοω, cueillir les olives, en faire la récolte.

Ελαιζω, cultiver l'olivier ; 2°. être couleur d'olive.

Ελαϊτης, qui cueille les olives.

Ελαιον, huile d'olive ; 2°. pommade ou onguent.

Ελαιωδης, huileux, gras.

Ελαδιον, un peu d'huile.

Ελαα, f. olive.

Θυμ-ελαια, Thymelée, plante dont la feuille ressemble à celle de l'olivier.

2. ΕΛΑτη, *élate*, sapin ; 2°. fruit du palmier, son enveloppe ; 3°. extrémité d'une rame, la rame même.

Ελατινος, de sapin.

Ελατινη, nom d'une plante.

3. Ελαφος, *Elaphus*, cerf, biche ; 2°. gâteau pour les Fêtes de Diane, appellées Elaphebolies ou Fête de la Chasseresse du cerf.

Ελαφειος, de cerf.

Ελαφινης, m. Faon.

Ελαφοω, être timide comme un cerf, fuir comme lui.

Τραγ-Ελαφος, vase avec des formes de cerf & de bouc.

De-là :

4. Ελαφρος, léger & vîte comme un cerf ; 2°. qui ne pèse pas ; 3°. qui n'est pas à charge, non incommode.

Ελαφρως, légerement, promptement.

Ελαφρια, légereté.

Orig. Grecq.

Ελαφρυνω, être allégé.
Εγαφριζω, alléger, être allégé.

5. Ελεφας, αντος, *Elephas*, Eléphant ; 2°. yvoire, 3°. sorte de maladie.
Ελεφαντιος ; Ελεφαντειος, d'éléphant, d'yvoire.
Ελεφαντινος, emplâtre blanc comme l'yvoire.
Ελεφαντιςης, dompteur & maître d'éléphans.
Ελεφαντιασις, espéce de maladie qui rend la peau rude comme celle de l'éléphant.
Ελεφαντιαω, ω, être attaqué de ce mal.

6. Ελειος, écureuil ; il s'élance. On donna aussi ce nom à une espéce de loir.

7. Ελεος, table de cuisine : table à manger : elles sont élevées : 2°. espéce d'oiseau, appellé *eleas*.
Ελεατος, intendant d'un repas, qui en a la direction.

8. Εδεδωνη, *Eledôné*, espéce de polype à sept pieds ; 2°. une éminence.

9. Ελινος, *Elinos*, branche, rameau.

10. Ηλιψ, ιπος, *Helips*, chaussure.
Αν-ηλιπος, déchaussé.

VIII. Taille, Grandeur.

1. Ηλικια, *Hélikia*, stature, taille, grandeur ; 2°. jeunesse, adolescence, tems où l'on a acquis toute sa *stature* ; 3°. âge, siécle.
Ηλιξ, ικος, du même âge, égal, contemporain.
Ηλικιωτης, m. τις, f. du même âge, contemporain.
Αμφ-Ηλιξ, qui atteint l'adolescence.
Αφ-Ηλιξ, qui n'a pas atteint cet âge ; 2°. qui l'a passé.
Εφ-Ηλιξ, qui atteint l'adolescence.

2. Ηλικος, *Helikos*, combien grand, de quelle grandeur, quel ; 2°. de telle puissance ; 3°. contemporain, égal en âge, en grandeur.
Πηλικος, de quelle grandeur : de quel âge.
Πηλικοτης, quantité : 2°. grandeur.
Τηλικος, *Télikos*, de telle grandeur, aussi grand ; 2°. de tel âge.

3. De *HEL*, grand, élevé, suivi du diminutif *Ack*, mot également Celtique avec l'idée de petit, les Grecs formerent,
Ελ-αχυς, EL-Akhus, petit ; 2°. de peu de valeur, vil.
Superl. Ελαχ·ιςος, très-petit, le plus petit, le moindre.
Ελαττοναχις, moins ; 2°. plus rarement.
Ελαττονεω, rendre moins ; 2°. diminuer.
Ελαττωμα, diminution, abaissement ; 2°. infériorité.

Observons que c'est de cette Famille Ακη, petit, vil, médiocre, que se forma le Latin (*Orig. Lat.* 831.) Hecta, æ, bagatelle, vétille, de peu de valeur.

4. Ελδομαι, *Eldomai*, & en Poésie *Eeldomai*, desirer vivement, souhaiter avec ardeur.
Ελδωρ, n. desir extrême, passion.
Εελδωρ, ce qu'on desire : souhait, desir.

IX. Salle, Tente. *Orig. Lat.* 36.

1. Αυλη, *Aulé*, cour, *dans tous les sens* : cour d'une maison : Hôtel avec des cours : Palais ou Cour :

la Cour : 2°. vestibule ; 3°. Salle, grand appartement.

Αυλειος, avec l'ellipse de *Thura*, porte du vestibule : portière.

ΑΥΛικος, aulique, de la cour.

ΑΥΛαια, tente, tenture, tapisserie.

Αυλιον, domicile, champêtre ; 2°. étable.

Αυλις, ιδος, tente, camp, gîte.

Αυλιος Αςηρ, l'astre du gîte, le soir.

Αυλειτης, habitans de la campagne, rustique, manant.

Αυλιζομαι, veiller, passer la nuit aux champs : être au gîte.

Επ-Αυλος, étable ; 2°. case, hutte.

Επ-Αυλις, maison de campagne, métairie.

Μ-Αυλις, courtisanne ; 2°. couteau, épée.

Μ-αυλιζω, se prostituer.

Μ-αυλισις, qui prostitue.

2. ΑΟΛΛης, εος, *Aollés*, entassé, rassemblé ; 2°. épais, nombreux, dru.

Αολλιζω, Αολλεω, entasser, épaissir, rassembler.

Αολλισδην, ensemble, de compagnie, en même-tems.

III.

AL, autre, celui qui est à côté.

Orig. Lat. 36.

AL signifie en Celte autre, second, celui qui est à côté, mot commun à la plupart des Langues : de-là,

I. ALL, autre.

1. ΑΛΛος, η, ο, *Allos*, é, o, autre ; 2°. l'autre, l'opposé de celui-ci, celui-là ; 3°. le reste, les autres ; 4°. l'opposé, le contraire de la raison.

Αλλως, autrement, d'une autre maniere ; 2°. sinon, sans cela ; 3°. sur-tout, principalement ; 4°. de plus, outre cela ; 5°. en vain, inutilement.

Αλλη, d'autre part, d'un autre côté.

Αλλυδις, Αλλοθι, ailleurs.

Αλλοθεν, d'ailleurs.

Αλλοτε, une autre fois, dans un autre tems.

Αλλ-οτι, est-ce autre chose.

2. Αλλοιος, autre, différent, opposé.

Αλλοιοτης, ητος, diversité ; 2°. variation.

Αλλοιυμαι, changer, devenir autre, s'altérer.

Αλλοιωσις, η, mutation, changement.

3. ΑΛΛοτριος, étranger, d'autrui ; 2°. contraire, nuisible, étrange.

Αλλοτριως, d'un esprit étranger.

Αλλοτριοτης, action d'aliéner : aliénation, au simple & au figuré.

Αλλοτριοω, aliéner, mettre de l'aliénation.

Αλλ ηλων, l'un à l'autre ; en échange ; mutuellement.

Αλλ-ηλιζειν, avoir son dit & son dédit, varier dans ses discours.

Composés.

Αμισ-Αλλος, difficile, fâcheux, chagrin ; insupportable.

Απ-Αλλος, l'un après l'autre.

Εξ-Αλλος, différent, étranger ; 2°. exquis.

Επ-Αλληλος, fréquent, continu, sans interruption.

Επ-Αλληλια, succession, durée non interrompue.

Παρ-Αλληλος, parallele, toujours à la même distance.

G ij

II. ALL, Changes.

1. Αλλασσω & Αλλατ7ω, *Allasso* & *Allatto*, changer; 2°. échanger, permuter.

Αλλατ7ομαι, changer dans le sens actif & passif, ou moyen, comme lorsqu'on dit, le jour *change*, couleur *changeante* : voy. *Gramm. Univ. & Comp.* p. 445. 2°. Permuter, échanger; 3°. commercer, donner en échange, vendre & acheter; 4°. racheter, restaurer.

Αλλακτικος, commerçable.

Αλλακτον, crochet, bâton à porter des fardeaux.

2. Αλλαγη, mutation, permutation; 2°. échange, contract, commerce; 3°. alternative, vicissitude.

Αλλαγαι, gîtes d'un voyageur, ses divers changemens successifs.

Αλλαξ, en échange, mutuellement, réciproquement.

COMPOSÉS.

ΑΠ-Αλλαγη, retraite, migration.

ΔΙ-Αλλαγη, différence, diffidence; 2°. réconciliation.

Παρ-Αλλαξις, parallaxe, différence.

III. AL, errer; aller çà & là.

D'AL, côté, autre, différent, vinrent :

Αλη, Αλέ, action d'errer çà & là, allées & venues; 2°. angoisses, incertitudes de l'esprit qui se partage entre mille partis sans pouvoir se décider pour aucun.

Αλαομαι, Αλητευω, } aller & revenir,
Αλημι, Αλαινω, } errer, vaguer ;
2°. être indécis, ne savoir quel parti on prendra; 3°. mendier.

Αλημα, ατος, action d'aller çà & là, de mener une vie errante & vagabonde.

Αλημων, Αλητης, errant, vagabond. Le premier de ces mots désigne de plus un errant, un pécheur, ceux qui s'égarent relativement à la vertu; & le second, un mendiant.

Αλημοσυνη, erreurs, courses, action de vagabonder; 2°. connoissance des lieux.

Αλητεια & Αλητειη, offrent aussi les mêmes idées.

2. Αλυω, Αλγό, être d'un esprit inquiet, qui ne peut se fixer nulle part : n'être bien nulle part; promener par-tout ses inquiétudes & le poids de sa vie; 2°. aller au hasard, errer sans vue & sans projet; 3°. être désespéré, ne sçavoir quel parti prendre; 4°. vivre dans l'oisiveté, dans la fainéantise, ne rien faire; 5°. être fou, insensé, extra-vaguer.

Αλυς, courses, allées & venues au hasard, ou pour gagner son pain; 2°. anxiété, embarras, incertitudes.

Αλυσμος, Αλυσις, même chose qu'Αλυς.

Αλυσμωδης, qui est errant; 2°. qui ne sait sur quoi s'arrêter.

Αλυσσω,
Αλυσκω,
Αλυζω,
Αλυθμαινω,
Αλυκταζω, } être errant & vagabond, être troublé, agité, être insensé, trembler, frémir.

Αλυσαινω, être sans forces, sans courage, être imbécille.

IV.
I. AL, HAL, eau vaste.
Orig. Lat. 39.

1. ἅΛΣ, HALS, *halos*, Mer, la grande-eau, comme l'appellent encore aujourd'hui les Sauvages ; 2°. sel ; 3°. discours plein de sel, agréable & piquant : c'est le *sal* des Latins.

Αλοθεν, de la mer.
Αλαδε, vers la mer.
Αλιος, marin ; 2°. vain, inutile, parce que l'eau de la mer ne peut se boire.
Αλιως, Αλιον, en vain, inutilement.
Αλιοω, rendre vain, inutile.

2. ἁΛιευς, pêcheur.
Αλιευω, pêcher.
Αλιεια, pêche, action de pêcher.
Αλιευμα, pêcherie, pêche.
Αλιευτικος, de pêche, bon pour la pêche.
Αλιαδαι, enfans des pêcheurs ; les pêcheurs eux-mêmes.
Αλιμος, marin, maritime.

3. Αλιας, αδος, barque.

II. Sel.

1. Αλας, ατος, sel.
Αλια, vase où l'on tient le sel ; 2°. où on le pile.
Αλιαδες, vases de buis consacrés à cet usage.
Αλιοω, piler comme le sel.
Αλιαρος, assaisonné de sel, mis en saumure.
Αλιζω, saler, couvrir de sel.
Αλισμος, salage, salaison.
Αλινος, de sel.

2. Αλυκος, Αλυκωδης, salé.
Αλυκοτης, saumure ; 2°. salage.

3. Αλμη, salage ; 2°. saumure ; 3°. saumure faite avec du poisson ; 4°. agrément, urbanité.
Αλμαδες, olives en saumure.
Αλμευω, conserver dans de la saumure.
Αλμευτης, qui met en saumure, saumurier.
Αλμηεις, Αλμωδης, mis en saumure.
Αλμυρος, salé, saumuré ; 2°. amer.
Αλμυριζω, avoir le goût de sel.
Αλμυροτης, salure.

II. HEL.

ἕΛος, εος, HELOS, marais.
Ελειος, de marais.
Ελλωδης, marécageux ; humide.
Προσ-ελωδης, situé sur des marais.

Voyez Discours Prélim. des *Origines Latines*, clxiv-clxvi.

III. HELLen.

De ce mot HAL, HEL, désignant les eaux, dut venir le mot HELL-EN, nom des Grecs, comme désignant ceux qui habitent des pays maritimes & coupés par des eaux, tel qu'étoit la Grèce.

Dans ce sens-là, *Hellen* ou le premier des Grecs, étoit fils de *Deucalion*, ou de celui qui avoit vu arriver le déluge & cette contrée se couvrir d'eaux.

ἙΛΛ-ΗΝ, *Hell-en*, *ênos*, Grec, mot-à-mot, celui qui est dans les eaux, au milieu des eaux ; 2°. dans le simple figuré, les Gentils opposés aux Hébreux.
Ελληνιος, Grec ; de la Grèce.
Ελληνικος, Grec, à la Grecque.
Ελληνιδες, les villes Grecques.
Ελληνιζω, helléniser, imiter les modes

Grecques, se déclarer Grec, favoriser les Grecs.

Ελληνισμος, hellenisme, expression grecque; élégance: 2°. imitation des Grecs.

Ελληνιςης, hellenifte, imitateur des Grecs, leur sectateur.

Ελλας, *Hellas*, *ados*, la Grèce.

IV. AL, EL, rouler.

1. De AL, eau, vint EL, flot, roulis, action de rouler, que nous prononçâmes VAL, GAL, GAUL, &c. *Voyez Orig. Lat.* 754. *& les Latins VOLVO, Or. L.* 2237.

1. Αλιω, *alió*, rouler, faire rouler.
Αλινδεω, rouler.
Αλινδησις, action de se rouler.
Αλιςρα, Αλινδηθρα, bourbier où se vautrent les sangliers.

2. Ειλεω, *heileó*, envelopper, rouler; 2°. tourner autour.
Ειλυμαι, être enveloppé, être roulé autour.
Ειληκα, enveloppe.
Ειλησις, circonvolution.
Ειλητος, qu'on peut rouler.
Ειλυω,
Ειλυμι, } rouler, envelopper, tourner.
Ειλυσσω,
Ειλισσω,
Ειλυφαω, Ειλυφαζω, tordre, tourner.
Ειλυμα, enveloppe, couverture.
Ειλυθμος, cachette, retraite.
Ειλαμιδες, les enveloppes du cerveau.
Ειλιγμα, ατος, action d'envelopper, d'entortiller.

3. Ειλημος, gouffre, tourbillon, cercle.
Ελικτος, tortueux.

Ελιγτηρ, ρος, bracelet; 2°. pendants d'oreilles.
Ελιγδην, en rond, en roulant.

4. ΕΛΙΞ, & ΕΙΛΙΞ, κος, rond; 2°. gouffre; 3°. rouleau, volume; 4°. enveloppe; 5°. bout de l'oreille; 6°. boucle de cheveux; 7°. tendron de vigne qui s'entortille; 8°. volute des colonnes; 9°. spirale, ligne en vis; 10°. vis, machine en vis; 11°. anneau, bague, le chaton de la bague; 12°. bracelets, pendans d'oreilles: *adj.* entortillé, roulé; 2°. flexible.

Ελικη, en Arcadien, un saule, parce que ses branches sont flexibles.

Ελικη, *Helicé*, la grande Ourse, parce qu'on la voit tourner sur l'horison.

Ελικων, le fil qui passe de la quenouille dans la main, qui du fuseau pend jusques près de terre, & qu'on fait tourner; 2°. nom d'un instrument de musique à neuf cordes.

Ελιγγες & Ειλιγγες, les rides des paupieres, leurs plis.

Ειλιγγος, gouffre, tourbillon; 2°. vertige, tournement de tête; 3°. maladie des intestins, qui s'entortillent, se tordent, passion iliaque ou miséréré.

Ιλιγξ, γος, gouffre, tourbillon; 2°. doutes, suspens, état de l'esprit tiré en sens contraires.

Ιλιγγος, ȣ, vertige des yeux.

5. Ελικος, ȣ, tortueux, flexible, contourné, en tourbillonnant.

Ελικοεις, tortueux: en rouleau.

Ειλιγγαω, tourner en tourbillon; 2°. avoir des vertiges.

Ιλιγγιαω, avoir des vertiges, des éblouissemens qui empêchent de voir.

Ελελιττω, être enveloppé dans un tourbillon rapide, en être entrainé.

Ελελιχθημα, mouvement rapide, secousse forte & soudaine.

Ελελιζω, tordre : faire tourner.

6. Ελυω, envelopper, entortiller ; 2°. impliquer ; 3°. couvrir.

Ελυμα, το, partie de la charrue où une forte cheville unit avec le timon la portion à laquelle tient le soc ; 2°. couverture, enveloppe.

Ελυμος, espèce de trompette de buis ; étui de guitarre, d'arc, &c.

Ελυςρον, Ελυτρον, enveloppe, couverture, gaîne, étui ; 2°. pellicule de l'œil ; 3°. membrane légere qui recouvre les ailes des insectes, & leur sert en quelque façon d'étui.

2. ILL, œil.

1. Ιλλος, *illos*, œil, parce qu'il roule.

Ιλλω, *Illô*, faire signe de l'œil ; 2°. rouler, mouvoir.

Ιλλας, lien, ce qui sert à envelopper, à lier ; 2°. espéce de grive.

Ιλλος, louche.

Ιλλωπ7ω, loucher.

Ιλλωπεω, Ιλλωπιζω, faire signe de l'œil : cligner les yeux.

Ιλλαινω, tordre les yeux, les faire rouler étrangement.

2. Απ·Ιλλεω, boiter ; le corps semble rouler d'un côté à l'autre.

3. Σ-Ιλλος, *sillos*, action de tourner les yeux par badinage ; 2°. plaisanterie, satyre ; 3°. poésie badine & satyrique.

Σιλλαζω, tourner les yeux par plaisanterie ; 2°. plaisanter quelqu'un, le ridiculiser.

3. AIOL, divers.

ΑΙΟΛος, *aiolos*, divers, varié ; 2°. embarrassé, compliqué ; 3°. rapide ; mais dans ce sens, il appartient à la Famille suivante.

Αιολλω, varier, diversifier ; 2°. rouler.

Αιολαω, aller çà & là, vagabonder.

Αιολιζω, varier, diversifier ; 2°. agir avec finesse.

Αιολιας, nom d'un poisson.

4. AELL.

ΑΕΛΛα, *aella*, tourbillon, tempête, orage.

Αελλαιος,
Αελλις, } en tourbillon orageux, rapide comme la tempête.
Αελλωδης,

Αελλεω, tourner, rouler, entortiller.

Αελλομαι, souffler, respirer.

Αελλω, nom d'une Harpie, parce que sa vitesse égaloit celle des orages & de la tempête.

V. EL, agiter.

Ελαυνω, *elaunô*, conduire un navire ; 2°. ramer ; 3°. faire une expédition ; 4°. exciter, aiguillonner, émouvoir ; 5°. poursuivre, fatiguer, excéder ; 6°. frayer, battre ; 7°. conduire, diriger un ouvrage, élever, faire ; 8°. transiger, passer un acte ; 9°. devenir, s'avancer.

Ελασις, action de mener un cheval, un char, équitation ; 2°. action de ramer ; 3°. action d'expulser.

Ελασεω, préparer une course, méditer une expédition.

Ελατηρ, *Elatêr*, cocher, conducteur; 2°. rameur; 3°. qui lance, qui vibre; 4°. qui chasse, qui expulse.

Ελατειρα, femme qui expulse; 2°. sorte de gâteau.

Ελατηριον, purgatif; 2°. espéce de concombre.

Ελασις, conduite de char, action de mener un cheval; 2°. équitation; 3°. expédition.

Ελασιος, qu'il faut chasser, expulser.

Ελασης, qui pousse en avant.

Ελατος, qu'on mene, qu'on conduit, malléable, qu'on peut étendre.

Cette Famille forme nombre de dérivés en Ελαυγω, & tous Verbes. Les noms composés qui en viennent sont tous orthographiés par un H.

Αγ-Ηλατος, poussé avec force.

Βο-Ηλατης, conducteur de bœufs.

Ανδρ-Ηλατεω, exiler.

Χρυσ-Ηλατος, fait avec de l'or battu.

VI. Rivage.

De AL, VAL, eau, flot, prononcé à la Celtique GAL & GIAL, vint,

ΑΙ-ΓΙΑΛος, *AI-GIALOS*, rivage, bord de la mer. C'est précisément le GAL des Celtes, racine de GALLia, la Gaule, & qui se sit précéder de l'article E, écrit AI en Grec, tout comme pour l'E-GYPTe.

ΑΙ-ΓΙΑΛιτης, du rivage, riverain.

ΑΙ-ΓΙΑΛευς, pêcheur, habitant des côtes.

V.

I. AL, HEL, éclat, splendeur.
Orig. Lat. 831.

1. Αλεα, & Ion. Αλεη, *ALea* & en Ionien *ALeé*; 1°. lieu exposé au soleil; 2°. chaleur.

Du Primit. AL, HAL, Soleil, l'Elevé.

Αλεεινος, chaud, échauffé, tiéde.

Αλεαζω, se chauffer, avoir chaud.

Αλεαινω, se chauffer, faire chauffer.

Αλεος, chaud, tiéde.

2. Ηλιος, *HELios*, le Soleil.

Ηλιακος, heliaque, du Soleil, solaire.

Ηλιωδης, comme un Soleil.

Ηλιοω, être au Soleil, en être éclairé.

Ηλιωσις, exposition au Soleil.

Ηλιαω, briller comme le Soleil, être éclatant comme lui.

Ηλιαζω, exposer au Soleil.

Ηλιαστηριον, abri, lieu propre pour exposer au Soleil.

1. Ηλειον, *Heleé*, Temple du Soleil.

Ηλιας, *helias*, fille du Soleil.

Ηλιαια, la place publique à Athènes, exposée au grand jour, au Soleil.

Ηλιαζω, juger à la place publique.

Ηλιασις, Judicature, charge de Juge.

Ηλιαστης, Heliaste, Juge d'Athènes.

Les Poëtes ont dit Ηελιος, *héelios*, pour *helios*.

3. ΑΠ-Ηλιωτης, vent d'Est.

Παρ-Ηλια, *Par-helie*, double soleil.

3. Ελενη, *Helene*, la fameuse Helene de Lacédémone, & qui y étoit adorée comme une Déesse. C'est le nom de la Lune, qui fut changé ensuite en celui de Selene. *Voy. Hist. du Calend.* p. 489. &c.

Ελενια, plur. les Helenies, fêtes d'Helene ou de la Lune.

Ελενιον,

Ελενιον, plante qu'on difoit née des larmes d'Helene.

✱ Ελsγη & Ελαγη, flambeau, torche; 2°. corbeille d'ofier dont on fe fervoit dans les Helenies.

5. Ελη, Ειλη, *Helé, Heilé*, éclat du Soleil; 2°. chaleur de cet aftre.

Ειλεω, être au foleil, y être expofé.
Ειλησις, chaleur.

6. Ελιγγυω, Ελιγυσσω, *Elinnuó, Elinuffo*, paffer fon tems à ne rien faire, fe repofer toute la journée.

On n'a pas vu que ce Verbe peignoit avec énergie la vie pareffeufe de ces peuples & de ces perfonnes qui paffent leur vie à fe chauffer au foleil plutôt que de travailler.

7. ΕΛΛΕΒΟΡος, *Helleboros*, l'Ellébore, nom de plante dont l'origine étoit abfolument inconnue: il eft compofé de *Hel*, Soleil; rouge; & de *Bor*, plante; mot-à-mot, plante d'un rouge ardent.

Ελλεβοριτης, où entre de l'ellebore.
Ελλεβοριαω, avoir befoin d'ellebore.
Ελλεβοριαζω, donner de l'ellebore, purger avec l'ellebore.
Ελλεβορισμος, purgation d'ellebore.

II. HEL, prononcé SEL.

De même que de HAL, mer, les Latins firent *fal*, fel, de même les Grecs de *hel*, lumiere, foleil, firent *fel* dans le même fens: de-là,

1. ΣΕΛας, αος, SEL*as*, lumiere, éclat; 2°. feu.

Σελαχιον, le même.
Σελαω, briller, refplendir.
Σελαγεω, luire, éclairer.

2. ΣΕΛηνη, *Selêné*, la Lune; 2°. gâteau rond & plat comme un difque.

Σεληνιακος, lunaire; 2°. lunatique; 3°. epileptique.

Σεληνιτης, *felenites*, ou pierre lunaire.
Σεληνις, Croiffant; 2°. talifman qu'on pendoit au cou des enfans.
Σεληνιον, clair de Lune.
Σελαχος, efpéce de poiffon cartilagineux dont la peau rude brille, difoit-on, la nuit.

Παν-Σεληνος, pleine Lune.
Βεκκε-Σεληνος, auffi vieux que la Lune, décrépit.

Ce mot n'eft pas compofé du Phrygien *bekkos*, pain, comme on l'a cru; mais du prim. BEC, bec; 2°. avance; 3°. grandeur.

Grand a toujours fignifié vieux, ancien; Grand-Pere, &c.

III. EL ou IL, précédé de ST.

ΣΤ-ΙΛ-ΒΗ, ST-IL-B*é*, éclat, brillant; 2°. miroir; 3°. lampe, lanterne.

Mot compofé de IL ou EL, lumiere, précédé de ST, de même que le

ST-ELLA, étoile en Latin, qui fignifie mot-à-mot lumiere fixe.

Στιλβω, briller, refplendir, éclairer, étinceller; 2°. polir, rendre net; illuftrer; 3°. donner de l'éclat.

Στιλβηδον, splendidement, proprement, poliment, d'un air brillant.
Στιλβοω, rendre brillant, éclatant.
Στιλβωμα, ce qui sert à rendre brillant, propre, éclatant, luisant.
Στιλβωσις, action de polir, de nettoyer, de rendre brillant.
Στιλβος, brillant, étincellant.
Στιλβινος, splendide, brillant ; 2°. clair, net, luisant.

IV. Ici se rapporte la Famille ΟΥΛος, sain, entier, dans toute sa force ; mais nous la laissons sous la lettre O, pour ne pas trop nous écarter de l'ordre alphabétique.

ALB, blanc. *Orig. Lat.* 40.

Nous avons vu qu'ALB, ALP signifie blanc, dans les Langues Occidentales & Orientales, & que ce mot étoit formé de *lu*, lumiere. Les Grecs le prononçant *alph*, en firent les mots :

ΑΛΦος, η, ον, ALPHOS, blanc.

2. ΑΛΦος, *Alphos*, espéce de lèpre blanche.

3. ΑΛΦι & ΑΛΦιτον, *Alphi* & *Alphiton*, farine, farine de bled, d'orge, &c.

Αλφιτα ; *au pl.* entretien, subsistance.
Αλφιτευς, qui fait la farine.
Αλφιτειον, moulin ; 3°. boulangerie.

ALG,
Douleur.

ALGor, en Latin, *Orig. L. p.* 41. signifie la douleur qu'excite le froid ; c'est une valeur resserrée. ALG en a une beaucoup plus étendue en Grec, c'est celle de douleur en général : onomatopée qui peint le mal-aise qui en est l'effet.

ΑΛΓος, εος, ALGos, douleur, tristesse, mal-aise, chagrin.

Αλγιων, γιςος, plus fâcheux, très-fâcheux.

Αλγινοεις, incommode, fâcheux.

Αλγυνω, affligé, accablé de douleur.

Αλγημα, douleur, indisposition, mal-aise.

Αλγησις, de même.

Αλγηδων, angoisse, tourment, vives douleurs.

Αλγηρος, qui cause de la douleur.

Αλγεινος, fâcheux, rude, affligeant.

Αλγεινα, *plur.* douleurs, chagrins, misères.

AM,
Amas, Grandeur. *Or. Lat.* 43.

De M, grandeur, amas, vinrent diverses Familles en AM.

I. AM, Amas.

1. Αμα, *Ama*, ensemble, avec, en même tems, tandis que, aussitôt que.

Αμυδις, en Éolien, ensemble, également.

2. Αμαω, *Amaó*, amasser, entasser; 2°. recueillir, moissonner ; 3°. couper.

Αμητος, moisson, récolte ; 2°. action de moissonner ; 3°. tems de la récolte, la moisson.

Αμητηρ, moissonneur.
Αμητηρα, moissonneuse.
Αμητηριον, faulx, faucille.

Αμη, faulx, faucille, ferpe.
Πυρ-αμη, moiſſon du blé ; 2°. faucille.

3. ΑΜΒω, éminence, le ſommet d'un rocher, le haut d'une pierre.
Αμβων, ωνος, m. ſommet d'un rocher, d'une montagne ; 2°. pupitre.

4. Αμβιξ, grand vaſe, marmitte, barrique, tonneau.

5. AM, récolte, joint au négatif O, a fait :
Ωμος, ómos, qui n'eſt pas prêt à cueillir, non mûr, cueilli avant le tems ; 2°. crud ; 3°. dur, cruel, barbare.

II. OM, Epaule.

Ωμος, ómos, épaule, dont les Latins firent *humerus*.
Ωμαδον, ſur l'épaule.
Ωμιαιος, d'épaule.
Ωμιας, aux larges épaules.
Ωμιον, petite épaule.
Εξ-ωμις, petite tunique.
Εξ-ωμιας, haut d'épaules.
Επ-ωμις, manteau ; 2° mante, mantelet de femme.

III. AMB, deux.

De AM, enſemble, vint *amb*, deux, ils ſont enſemble.
ΑΜΦΩ, *amphô*, deux, au *m.* & au *f.*
Αμφοτερος, l'un & l'autre.
Αμφοτερως, de l'une & de l'autre maniere.
Αμφοτερωθι, des deux côtés.
Αμφοτεριζω, incliner des deux côtés ; 2°. ceindre de toutes parts.

IV. AMPH, autour,

D'AM, enſemble, vint *amph*, qui entoure, qui lie, ruban, couleur, &c.

1. ΑΜΦΙ, *amphi*, autour, prépoſition qui ſe met avec trois cas différens, & toujours avec ce même ſens ou avec des ſignifications parfaitement aſſorties à celle-là, telles que touchant, concernant, à cauſe ; 2°. pour, par.
Αμφις, des deux côtés ; 2°. autour, aux environs, par *conſéquent*, hors, ſans ; 3°. au milieu, entre.

2. Αμφις-ΒΗΤεω, *Amphis-Béteo*, mot compoſé de *bateo*, aller, & *ampho*, deux ; mot-à-mot, être en doute, être embarraſſé ; 2°. diſputer, controverſer, car c'eſt l'effet du *doute* ; 3°. plaider, être en procès, car la poſſeſſion ou propriété eſt *douteuſe*.
Αμφισβητημα, controverſe, queſtion qu'on agite.
Αμφισβητησις, diſpute, action de controverſer, de plaider.
Αμφισβητησιμος, mis en litige, controverſe.
Αμφισβητιχος, diſputeur, querelleur ; qui aime les diſputes.

V. AMP, ruban, lien, qui fait le tour.

De-là vint encore,

1. ΑΜΠυξ, *ampyx*, dont l'origine étoit inconnue ; chaîne qui fait le tour des cheveux ; 2o. ruban ; 3°. réſeaux pour les cheveux.
Αμπυκιται, diadême.

Ἀμπυκαζω, lier : 2°. couronner ; 3°. mettre un frein.
Ἀμπυκιζω, relever les cheveux avec un ruban.
Κυαν-αμπυξ, qui porte un ruban ; &c.
Ἀμπυκτηρ, frein ; bride.

2. ΑΜΠΡον, corde qui tient au joug des bœufs & avec laquelle on les tire.
Ἀμπρευω, tirer, trainer.

VI. Autres.

1. ΑΜαλλα, *amalla*, manipule, javelle, gerbe, fagot, botte, faisceau.
ΑΜαλλευω, mettre en fagots, en bottes, en gerbes.
Αμαλλιον, corde, lien pour mettre en faisceau, en paquet.

2. ΑΜ-ΑΜυξ, vigne qui s'attache aux arbres.

3. ΑΜΝιον, το, membrane qui enveloppe l'enfant dans le sein de sa mere ; 2°. vase où on reçoit le sang de l'animal qu'on égorge.

4. ΑΜις, ιδος, seau, pot-de-chambre.
Or. Lat. 42.

VII. ΑΜaibô.

D'ΑΜΒο ou ΑΜΦο, deux, dut venir,
ΑΜΕΙΒω, *ameibô*, alterner, avancer l'un après l'autre ; 2°. succéder ; 3°. échanger, changer, permuter ; 4°. traverser, aller au-delà.

Car il faut être nécessairement deux pour opérer toutes ces choses ; & si cette étymologie étoit demeurée inconnue, c'est qu'on n'avoit pas fait cette remarque.

ΑΜειβομαι, alterner ; 2°. rendre la pareille ; 3°. répondre, répliquer ; 4°. changer, échanger ; 5°. récompenser ; 6°. traverser.
Αμειψις, échange ; 2°. compensation, rétribution.
ΑΜοιβη, changement, échange ; 2°. vicissitude, alternative ; 3°. compensation, rétribution ; 4°. peine, châtiment.
ΑΜοιβος, grace mutuelle.
ΑΜοιβαιος, mutuel, qui alterne, qui correspond.
ΑΜοιβαιως, alternativement, tour-à-tour.
ΑΜοιβαδιος, mutuel, qui alterne, correspondant.

2. De-là vint sans doute,
ΑΜευω, ΑΜευομαι, *ameuô*, &c. verbe qui a précisément les mêmes significations.
ΑΜευσιμος, qu'on peut traverser.

AM,
Mere.

AM est un mot primitif qui signifie Mere en un très-grand nombre de Langues, sur-tout dans les plus anciennes : il signifia en même tems mammelle, & par conséquent lait, qui est au lait. De-là,

1. ΑΜης, υ, *amès*, *amou*, gâteau fait avec du lait.

2. ΑΜΝος, ΑΜΝος, agneau, mot-à-

mot, qui tette : mot dont l'origine étoit absolument inconnue.

AMNη, agnelle.

AMNis, AMNas, AMNη, une agnelle.

3. AMN-AMος, petit-fils, *au plur.* les descendans ; mot-à-mot, ceux qu'on a nourris, allaités : mot dont l'origine étoit tout aussi inconnue.

AM, un.

AMος, un, quelqu'un, quelque.

AMοθεν, de quelque part.

AMωσγεκως, de même.

AMηγεπου, par tout où.

Delà,

1. Μηδ-AMος, aucun, pas même un, non un.

Μηδ-αμη, nulle part.

Μηδ-αμως, nullement, d'aucune maniere.

2. Ουδ-AMος, aucun.

Ουδ-Αμοθεν, d'aucun autre lieu.]

Ουδ-αμη, nulle part.

Ουδ-αμινος, d'aucun prix, d'aucune valeur, méprisable, vil.

Ce mot s'écrivit aussi HEM, celui qui ; mot existant encore en diverses Langues, signifiant lui, il, celui. Les Grecs y ajouterent leur terminaison ος, d'où HEMος, puis HAMος en Dorien. Ce mot est donc manifestement un dérivé d'E, exister, être.

Nous en verrons une nouvelle preuve sous la racine E, au mot HEMος.

AN & HN, conjonctions.

AN est une conjonction qui désigne l'existence d'une chose comme supposée, & qui s'employe par conséquent avec le futur & avec le subjonctif : on doit donc la rendre constamment par un équivalent, & non à la maniere des Grammairiens qui supposent que dans certaines occasions on ne peut en exprimer le sens. Ils en donnent cet exemple :

Οποιος ΑΝ η Ποσειδωνος υιος εςι.

Qu'ils rendent ainsi :

Quel que soit le Fils de Neptune,

laissant ainsi de côté le mot ΑΝ.

Il faut donc traduire ainsi pour exprimer la force du Grec :

Quel qu'on suppose que soit le Fils de Neptune.

mot-à-mot, *quel, supposé soit, qu'est le Fils de Neptune.*

Mais, *si* est une supposition : on peut donc rendre très-souvent ΑΝ par *si* : alors les Grammairiens l'appellent *explétive*, tandis qu'ils ne l'appellent que *potentielle* dans le premier cas ; comme si elle n'avoit pas une valeur exprimable dans tous ces cas.

HN, ÉN, Si.

Ces conjonctions viennent donc de ΕΝ, *être, exister*, prononcé fortement en AN, comme notre préposition *en* : & en *én*.

ANA, Préposition.

D'AN, exister, vint ANA, préposition dont la signification propre est *sur, par-dessus, de plus* : ce qu'on n'a jamais apperçu.

Aussi lorsqu'on rend ce mot par *dans, avec, à travers*, on ne fait que paraphraser sa vraie signification.

Ainsi ANA oré signifie *sur* les montagnes, & non *à travers* les montagnes.

ANαπολαμον πλεειν, naviger sur le fleuve, ou à travers.

Khrysêô ANA skêptrô.
De plus, un sceptre d'or, ou *avec* un sceptre d'or.

AN, Adverbe.

De AN, *sur*, dériverent divers autres mots ; 1°. ces Adverbes :

ANΩ, *anô*, sur, en haut : appliqué au tems, il désigne les Tems anciens : aux personnes, les Ancêtres.

ANωθεν, d'en haut ; 2°. de plus haut ; 3°. en arriere.

2°. Noms.

I. ANTh, Fleur.

1. ANΘος, *n.* fleurs ; elles sont toujours au-dessus des plantes, elles les couronnent ; 2°. beauté ; 3°. couleur, coloris.

ANθεμος,
ANθηρος, } fleuri, florissant.
ANθινος,

ANθπουτη, fleuraison.

Ανθηρως, en fleurissant, d'une maniere fleurie, agréable.

2. ANΘεω, fleurir ; 2°. briller, resplendir ; 3°. être illustre, célebre.

Ανθημα, efflorescence, émission des fleurs.
Ανθηλιον, petite fleur.
Ανθεσηριων, ονος, le mois Anthesterion ; ou le huitieme mois des Athéniens ; c'est le mois de Février où les fleurs reparoissent. *Voyez Hist. du Calendr.* pag. 467.
Ανθεσηρια, les Anthestéries, fêtes de Bacchus, au mois d'Anthesterion ; on y mettoit le vin nouveau en perce.
Ανθιζω, couvrir de fleurs, fleurir.
Ανθεμα, sorte de danse.
Ανθεμον, Ανθεμις, fleur.
Ανθιας, espéce de poisson.
Ανθυλλις, plante que Pline décrit sous le nom d'Anthyllis, *Liv.* 26. *c.* 8.
Ανθυλλιον, autre plante à peu près semblable, & dont Pline parle au même endroit ; elle croit sur les rivages sabloneux, sur la grève.

3. Ανθερεων, le menton, parce qu'il se couvre de duvet.

4. Ελ-λοβο-Ανθης, qui fleurit en siliques.

4. Ελ-λοβο-Ανθης, qui fleurit en siliques.
Ιανθος, violette ; fleur & couleur pourpre.
Μην-Ανθος, qui fleurit tous les mois.
Μηλ-ανθη, espéce de scarabée.
Οιν-ανθη, fleur de vigne ; 2o. de la vigne sauvage.
Ψαν ανθιας, qui a peu de cheveux, chauve.

Les composés de ce mot en Ανθεω, désignent la fleuraison ; & les composés en Ανθιζω, l'action de cueillir & d'orner de fleurs.

Εξ-ανθισμος, éruption des pustules.

5. Ανθερικος, l'asphodele.

2.

1. ΑΝΗΘον, Anet, plante odoriférante : elle doit son nom à l'odeur qu'elle exhale.

2. ΑΝισον, Anis : il doit son nom à la même cause.

3. Ανδηρον, sommet, partie la plus élevée : chaussée : digue.

3. ANAX, Roi.

ΑΝαξ, κτος, *Anax*, le Maître, le Seigneur ; 2°. Roi, Chef.

ΑΝασσα, *Anassa*, Reine ; maîtresse ; fille du Roi.

Ανασσω, regner, dominer, commander.

Ανακίωρ, maître, Chef, Roi.

Ανακίοριος, royal ; du maître.

Ανακίορια, domination, empire.

Ανακίορον, Palais, Cour ; 2°. lieu élevé.

Ανακίοριον, Temple.

Ανακως, en roi ; 2°. assiduement, avec soin.

Αμφι-Ανακίιζειν, préluder.

Χειρ-ωναξ, Entrepreneur, qui commande aux Ouvriers.

Χειρωναξια, ouvrage des mains.

4. AN, achever.

ΑΝυω, *anyó* & *anutó*, achever, perfectionner, conduire au faite, à sa fin ; 2°. remplir ; 3°. consommer ; 4°. détruire, tuer ; 5°. obtenir, venir à ses fins ; 6°. se hâter.

Ανυσις, perfection, action d'achever ; 2°. intérêt, avantage ; 3°. affection.

Ανυσιμος, efficace, qui produit de grands effets ; utile, avantageux.

Ανυσος, qui peut être exécuté ; 2°. qui est facile, aisé.

Ηνυσρον, un des estomacs des animaux qui ruminent, parce qu'il acheve la digestion des alimens.

5. Anthropos.

ΑΝ-ΘΡΩΠος, mot à mot, tourné en haut ; l'Homme, le seul des animaux dont la vue regarde au ciel. Ce mot est *m*. & *f*.

Ανθρωποτης, nature humaine, condition de l'homme.

Ανθρωπειος, }
Ανθρωπηιος, } humain.
Ανθρωπινος, }

Ανθρωπεη, peau humaine.

Ανθρωπιον, petit homme, nain.

Ανθρωπευομαι, se conduire en homme ; 2°. usurper ce qui caractérise les hommes, on diroit *homenifer*.

Ανθρωπισμον, humanité.

AN,
Cercle.

De ΟΝ, ΟΕΝ, œil, prononcé AN, vinrent nombre de mots relatifs à l'idée d'œil, de cercle, de rondeur. (*Or. Lat.* 46.)

1. ΩΚε-ΑΝος, le grand cercle des eaux, l'Océan. *Voy. ci-dessus*, col. 81.

2. ΑΝτυξ, υγος, cercle, circonférence, contour : disque, roue : char : révolution : rondeur.

Ευ-αντυξ, qui a de belles formes, de beaux contours.

3. ANTI, *anti*, préposition qui désigne ce qui est en face, vis-à-vis, en avant, sous les yeux ; 2°. ce qu'on met sous ses yeux, qu'on se propose ; le but ; pour, à cause, en faveur.

Αντιος, placé vis-à-vis, en face, contre ; 2°. qui vient au-devant ; 3°. qui s'avance contre.

Αντιαδες, les amygdales.

Αντιον, vis-à-vis, contre ; 2°. montant opposé.

Αντια, vis-à-vis, contre.

Αντιαω, aller au-devant, à la rencontre ; 2°. supplier ; car pour supplier, on va au-devant, on prévient ; 3°. atteindre, obtenir.

Αντιαζω, prier, supplier.

Αντιοω, aller contre, attaquer.

Αντικρυ, vis-à-vis, en face.

Αντα, devant, en face, sous les yeux, en présence ; 2°. ouvertement, manifestement, sans feinte ; 3°. vis-à-vis.

Ανταιος, opposé, en face ; 2°. ennemi.

Ανταω, ω, aller au-devant, à la rencontre ; 2°. rencontrer ; 3°. trouver.

En Ionien, Αντεω.

Αντησις, rencontre, action d'aller au-devant, *plur. supplications*.

Les composés de ce mot en ΑΝΤης, désignent les côteaux, les lieux qui s'élevent en face, qui sont rudes, escarpés, en pente.

HNI, voilà.

De Αιν, Οεν, œil, vint manifestement.

Ηνι, voilà, la chose est sous vos yeux.

ΕΝος, An.

Ενος, Ενιαυτος, *enos, ennos*; Année, An ; 2°. cercle, anneau, révolution.

Ενι-Αυτος désigne en particulier l'année courante, actuelle.

Ηνις, d'un an.

AN,

Souffle, *Onom.* (*Or. Lat. 51.*)

AN fut une onomatopée qui peignit le vent, le souffle.

Ανεμος, *anemos*, vent, souffle de l'air.

Ηνεμος, de même.

Ανεμοεις, Ανεμωδης, venteux.

Ανεμοω, éventer, faire du vent.

Ανεμιος, plein de vent, éventé, vain, flétri, gâté ; 2°. léger, inconstant.

Ανεμιζω, chasser avec du vent, souffler.

Ανεμωλιος, venteux ; 2°. plein de vent ; vain.

Ηνεμοεις, venteux, exposé aux vents ; 2°. épithète des lieux élevés ; 3°. léger, qui va comme le vent.

Ν-Ηνεμος, tranquille, serein, qui n'est point agité par les vents.

Ν-Ηνεμια, calme ; tranquillité : de Ν, non.

Δυσ-ηνεμος, exposé aux vents, qui en est ravagé ; 2°. éventé.

1. ANEMonê.

ΑΝ-Εμωνη, Anemone ; fleur de forme ronde ou en rose & d'un beau rouge.

Les Etymologues n'ont pas manqué de la dériver du mot *Anemos*, à cause du rapport des noms ; &
puis

puis il a fallu justifier cette étymologie ; c'est, ont-ils dit, parce que le vent fait épanouir cette fleur : & on appelle cela *faire des étymologies !* au vrai, c'est déraisonner. Cette plante est couleur de sang : aussi la disoit-on née du sang d'Adonis : elle est de forme ronde comme un œil : ces deux caractères frappans durent donc présider à son nom : mais

Aɴ signifie cercle, œil, rondeur.
Aιмa, sang.

De-là vint donc très-simplement & par une belle imposition de nom Aɴ-Aιмoγɴ, puis Aɴ-Eмoγɴ, l'Anemone, mot-à-mot, la fleur ronde couleur de sang.

ANIa;
Angoisse, tristesse.

De la même onomatopée Aɴ désignant la respiration, vinrent des mots qui désignerent une respiration gênée, difficultueuse, par conséquent la peine, l'angoisse, parce qu'elles gênent singulierement la respiration. (*Or. Lat.* 54.) Il n'est donc pas étonnant de trouver chez les Grecs la Famille suivante :

Aɴια, ας, *Ania*, tristesse, douleur, chagrin profond.
Aνιαρος, triste, affligeant, qui cause du chagrin.§

Orig. Grecq.

Aνιγρος, de même.
Aνιωδɴς, incommode, fâcheux, désagréable.
ANιαω, causer du chagrin, donner de la tristesse : affliger.
Δυσ-Aνιος, qui s'afflige de peu de chose ; 2°. qui s'afflige profondément.

AN-EY.

AN-ευ, *Aneu*, *Aney*, sans, loin de. On dit aussi *Aneuthe* & *Anis*. De E, exister, & A, *An*, négatif.

ANG,
Courbé, serré.

A ɴ c, A ɴ G, désigne tout ce qui est courbé, serré, étranglé : de-là des mots en toute Langue. Ceux que les Grecs en dériverent s'écrivent AGG, & se prononcent Aɴg.

1. Aγγος, *Aggos*, prononcé *Angos*, vase arrondi pour contenir, renfermer ; cucurbite ; matras ; tonneau ; 2°. veine.

Aγγειον, vase, receptacle.
Aγγειωδɴς, fait en vase, qui a du ventre, de la capacité.
Aγγειδιον, petit vase.
Kενa-Aγγια, creux des vases : 2°. faim, ou estomac creux.

2. AΓκαι, *Ankai*, les bras ; ils s'arrondissent, se courbent.

Aγκας, dans les bras.
Aγκαζομαι, prendre dans les bras : embrasser.
AΓκαλɴ, AΓκοινɴ, bras,
AΓκαλιζομαι, AΓκοινιζω, tenir dans ses bras, embrasser.

I

ΑΓΚαλις, ιδος, bras; 2°. poignée, manipule ; faisceau.

3. ΑΓΚων, *Ankón*, coude; 2°. coudée; 3°. courbure de la main; 4°. tout pli ou flexion des membres; 5°. coude des murs, des rivieres, &c-

Αγκωνιζομαι, avoir des sinuosités.

4. ΑΓΚος, εος, vallée, vallon, fond.

Αγκιον, petite vallée, vallon.

Μισ-Αγκεια, lieu dans une vallée où les eaux se précipitent & s'engouffrent.

5. ΑΓΚιστρον, *Ankistron*, hameçon.

Αγκιστριον, petit hameçon.

Αγκιστροω, prendre à l'hameçon.

Αγκιστρωδης, garni d'un hameçon.

Αγκιστρωτος, en forme d'hameçon.

Αγκιστρευω, pêcher à l'hameçon.

Αγκιστρεια, pêche à l'hameçon.

Αγκιστρευτης, qui pêche à l'hameçon.

6. ΑΓΚυλη, courbure du coude; 2°. vase courbe; 3°. espéce de javelot; 4°. anse; 5°. courroie, bride.

Αγκυλιον, crochet d'une chaîne; 2°. défaut de la langue.

Αγκυλια, les boucliers ancyles ou échancrés sur les côtés.

Αγκυλιζομαι, Αγκυλεομαι, lancer un javelot.

Αγκυλιστης, lanceur de javelots, de dards : piquier.

Αγκυλωτος, fait pour être lancé, dardé.

Μισ-Αγκυλον, javelot à courroie.

7. ΑΓΚυλις, *Ankylos*, courbe, recourbé, crochu; 2°. tortueux, qui ne marche pas droit.

Αγκυλοω, courber, rendre courbe.

Αγκυλοομαι, être recourbé; 2°. devenir courbe.

Αγκυλωσις, courbure, action de se courber, de s'arquer.

8. ΑΓΚυρα, *Ankyra*, Ancre; 2°. salut, aide sûre; 3°. crochet.

Αγκυροω, jetter l'anchre : affermir par une anchre.

Αγκυριζω, supplanter.

Αγκυρισμα, supplantation.

Αγκυριον, petite anchre.

2°. Verbe.

ΑΓΧω, *Ankhô*, serrer, étrangler, suffoquer.

Αγχομαι, étouffer, n'en pouvoir plus; être étranglé.

Αγχονη, suffocation, étranglement; 2°. hart, corde pour pendre; 3°. pendaison; 4°. tourment, angoisse extrême.

Αγκτηρ, lien, tout ce qui serre; 2°. agraffe.

Αγκτηριασμος, action de serrer, d'étrangler.

Αγχουσα, plante dont on se servoit pour la teinture.

Αργυρ-αγχη, étouffement d'argent, état de ceux qui se sont laissés corrompre par argent.

3°. AN-ANKH, Destin.

D'ANα, grand, extrême, & Ankè, action de serrer, vint,

AN-ΑΓΚη, *An-Anké*, nécessité, destin, ce qu'on ne peut éviter.

Αναγκαιος, nécessaire, inévitable; 2°. parent, allié, ami.

Αναγκαιοτης, nécessité, alliance du sang.

Αναγκαζω, forcer, pousser, nécessiter; 2°. vexer, tourmenter.

Αναγκασος, forcé.
Αναγκασικος, Αναγκασηριος, qui force, qui contraint.

4°. ENKh.

Ce mot prononcé *Enkh*, produisit ces radicaux :

1. ΕΓΧελυς, *Enkhelys*, anguille : elle a le corps serré, long & étroit.
Εγχελις, de même.
Εγχελειος, d'anguille.
Εγχελεως, ωνος, ὁ, vivier à anguille.
Εγχελιον, petite anguille.

Ce mot appartient à la Famille Latine ANGUIS, serpent.

2. ΕΓΧος, εος, τὸ, *ENKhos*, épée ; 2°. lancé : elle est longue & affilée.
Εγχεια, Εγχειη, lance, pique ; 2°. pointe d'une lance ; 3°. habileté à se battre à la lance.

AP, Préposition.

La préposition Latine AB, dont nous avons marqué l'origine dans nos *Or. Lat.* 4. & qui désigne le passé, des circonstances passées, se prononça chez les Grecs AP, & s'accompagna de la lettre O : de-là,

ΑΠΟ, *Apo*, par, à, de, depuis.
Αποθεν, de loin.
Απιος, éloigné.
Απαι en Poésie, pour *Apo*.

Cette Préposition perd sa voyelle *o*, devant les mots qui commencent par une voyelle ; & si cette voyelle est aspirée, on prononce *aph'* au lieu d'*ap'*.

2°. Adverbe.
D'ΑΠ, loin, se forma,
ΑΨ, *Aps*, loin de, en arrière, au contraire ; 2°. de plus, derechef.

AP, HAP,

Saisir, toucher. *Or. Lat.* 59.

HAP est une onomatopée qui peint l'action de saisir, d'atteindre : de HAPPER. Les Grecs se saisirent de ce mot & en formèrent une Famille nombreuse en HAPH, HAPS, HAPT, même en *hamm*, & sur laquelle tous les Lexicographes Grecs ont été toujours brouillés.

1. ΑΦη, *Haphé*, action d'atteindre ; de toucher ; 2°. le tact ; 3°. un coup, l'action de frapper ; 4°. action d'allumer ; c'est en frappant.
Αφαω, toucher, traiter, manier.
Αψις, εος, *Hapsis*, action de toucher, d'atteindre ; 2°. tact.
Απτος, qu'on peut atteindre, toucher.
Απτικος, qui a la force d'atteindre, de toucher.
Απτομαι, atteindre un objet ; 2°. le goûter ; 3°. en traiter, s'y appliquer : 4°. toucher, saisir.

2. Απτω, Αφω ; *Haptó, Haphô*, lier, nouer, attacher ; 2°. rendre adhérent.
ΑΜΜα, *HAmma*, n, lien, nœud, bande, attache.
Αμματιζω, envelopper de liens, de nœuds, de bandelettes.
ΑΕμμα, n. corde d'un arc.

I ij

3. Αψος, *n.* membre; parties liées entr'elles.

Αψις, ιδος, *f.* lien, attache; 2°. liaison, connexion; 3°. voute, arc, tortue; 4°. courbure d'une voûte.

HAPTO signifie aussi allumer, disent les Lexicographes; mais c'est dans un sens figuré: on allume en frappant le briquet: ainsi les Grecs dirent frapper la lumière, pour dire allumer: comme on dit dans quelques endroits l'heure a *frappé*, tandis qu'ailleurs on dit qu'elle a *sonné*. Ce mot a formé plusieurs dérivés dans ce sens.

Λυχν-απτης, qui allume la lampe, qui porte de la lumière.

4. ΑΙΨα, *Aipsa*, aussi-tôt, sur le champ, sans interruption, mot-à-mot, sans se dessaisir, tandis qu'on tient; 2°. promptement.

ΑΙΨηρος, prompt, vite.

Λαιψηρος, de même.

AP, OP, UP,
Elevé.

HOP, *Hup*, *Houp*, est une onomatopée commune à presque toutes les Langues, & qui désigne l'action de s'élever.

Les Grecs ne négligerent pas une source aussi féconde de mots: ils en firent des dérivés en AP, EP, IP, OP, UP.

1. AP.

1. Αφυω, *Aphyó*, puiser; élever en puisant.

Αφυσμαι, Αφυσσω, de même.

Αφυξιμος, qui est puisé.

Αφυσγετος, action de puiser; une puisée.

2. ΑΦΡος, *Aphros*, *m.* écume: elle surnage, s'éleve au dessus.

Αφροεις, écumeux, qui jette de l'écume.

Αφρεω, écumer.

Αφριζω, exciter de l'écume.

Αφλοισμος, pour Αφροισμος, écume.

3. Λαφυσσω, pour *La-Aphusso*, mot-à-mot, puiser entierement; engloutir, avaler goulument; 2°. dissiper tout son bien, le dévorer, le consumer.

Λαφυκτης, gourmand; qui dévore; prodigue, débauché.

Λαφυγμος, prodigalité, gourmandise; dissipation de son bien.

Λαφυρα, dépouilles.

2. AIP.

ΑΙΠυς, εια, υ, *Aipys*, haut, élevé; 2°. placé sur un lieu élevé; 3°. difficile, épineux, grave.

ΑΙΠος, *Aipos*, élévation, hauteur; 2°. sommet; 3°. travail, peine.

Αιπεινος, même qu'*Aipys*.

EB, IB.

ΕΒισκος, ΙΒισκος; *Hebiscos*, *Hibiscos*, Guimauve.

EP.

1. ΕΠι, *Epi*, préposition dont le sens propre & constant est sur, dessus, au-dessus; 2°. de plus, en outre; 3°. après, &c.

2. ΕΠει, *Epei*, après, depuis que, lorsque. On a dit aussi,

Επαν, επειδη, επειδαν ;
Επειτοι, επειτε ;
Επεικη, επεικεν, εποικεν.

3. Επειγω, *Epeigô*, presser, pousser ; 2°. hâter ; 3°. mûrir.

Επειγομενως, en hâte, promptement.

Επειξις, vitesse, diligence ; action de se hâter.

Επειγευς, qui se livre entierement à une chose, qui ne la quitte point jusqu'à ce qu'elle soit finie.

Επειγωγη, assiduité, soin actif & soutenu.

IP.

Ιψος, *Ipsos*, liége ; il surnage.

Ιψὸς, *Ipsòs*, lierre ; il s'éleve au haut des arbres.

OP.

Les Grecs aspirant ce mot, en firent,

Οφρυς, *Ophrys*, sourcil ; mot-à-mot, qui est au-dessus du cil, de l'œil ; 2°. éminence, tombeau ; 3°. orgueil, faste, fierté.

Οφρυοεις, sourcilleux : élevé.

Οφρυα, Οφρυη, sourcil, penchant, côteau.

Οφρυαζω, sourciller, faire signe des sourcils.

Οφρυοομαι, *Ophryoomai*, de même.

Οφρυαω, être sourcilleux ; être situé sur des éminences.

HUP.

Les Grecs varierent ce radical en HUP, HUPS, HYPS, tout comme ils avoient déja fait pour HAP. De-là divers mots.

1°. Nom.

1. Υψος, εος, n. *Hupsos*, Hypsos, hauteur, élévation ; 2°. sommet, faîte.

Υψηλος, élevé, haut, sublime.

Υψοθεν, d'en haut.

Υψοθι, en haut.

Υψου, Υψι, d'une maniere élevée, hautement, en haut.

Υψισος, *Hyps-itus*, le Très-Haut, Dieu.

Υψοω, élever en haut, exalter ; 2°. conduire au faîte.

Υψωμα, n. Υψωσις, f. exaltation, élévation.

2°. Prépositions.

De-là se formerent deux prépositions exprimant les extrêmes, HUPER & HUP, les *super* & *sub* des Latins. *Or. Lat.* 1772.

1. ΥΠΕΡ, *Huper*, Hyper, sur, au-dessus ; 2°. au sujet, touchant ; 3°. au-delà.

Υπερτερος, supérieur, plus grand ; meilleur, plus avantageux.

Υπερτερεω, être supérieur, au-dessus.

Υπερτερια, nate, on l'étend sur le plancher.

Υπερθε, d'en haut ; au-delà.

Υπερταζω, effleurer la terre en labourant.

Υπερα, *hypera*, cordage qui passe au haut des vergues.

2. Υπατος, *Hypatos*, très-haut, très-élevé ; 2°. *au fém.* la corde la plus haute d'un instrument de musique ; 3°. le plus profond ; 4°. le souverain Magistrat, les Consuls de Rome.

Ὑπατικος, consulaire.
Ὑπατεια; Consulat.

3. Ὑπο, *Hupo*, *Hypo*, sous, dessous; 2°. pendant; 3°. avec le génitif, il marque la circonstance: mourir sous la peine; ou mourir de fatigue.

Les Grecs ont dit Ὑπαι, *hypai*, sous.

3. Autres Dérivés.

1. Ὑπερικον, *Hypericum*, millepertuis.
2. Ὑπερος, *Hyperos*, pilon de mortier.
3. Ὑπηνη, *Hypéné*, moustache; elle est au-dessus des lèvres.

Ὑπηνητης, jeune.

4. H ᴜ ᴘ , Sommeil.

De *Hup*, debout, vint,

1. ΥΠΝος, *Hupnos*, *Hypnos*, sommeil; c'est le tems où on ne peut plus se tenir debout, où il faut se coucher. *Or. Lat.* 1776.

Ὑπνωδης, accablé de sommeil.
Ὑπνοδοτης, soporifique, qui endort.
Ὑπνηλος; Ὑπναλεος, de même.
Ὑπναω, dormir.
Ὑπνοω; dormir; être accablé de sommeil: n'en pouvoir plus.
Ὑπνοτικος, accablé de sommeil 2°. soporifique.

2. ΑΓΡ-ΥΠΝια, *Agr-Upnia*, veille, insomnie; mot-à-mot, sommeil chassé, disparu.

Αγρυπνεω, veiller, ne pas dormir.
Αγρυπνητικος, qui supporte aisément la veille.

3. Ὑπτιος, qui est couché, qui est sur le dos, à la renverse.
Ὑπτιοτης, action d'être couché à la renverse; 2°. nonchalance, indolence.
Ὑπτιοω, se coucher à la renverse.
Ὑπτιαζω, être couché à la renverse, sur le dos.

4. Ὑφεαρ, αρος, *n*. le gui: il croît sur les arbres.

5. Ὑφαω, Ὑφοω; *Hyphao*, *Hyphoó*, en Ionien, faire un tissu; tistre.
Il tient à l'Oriental עבה, *ＷBé*, faire un tissu, une chaîne, un filet, entrelacer.

Ὑφη, tissu.
Ὑφος, toile; 2°. voile; 3°. drap.
Ὑφαιω, ourdir.
Ὑφασμα, tissu, étoffe, habit.
Ὑφανσις, action de tistre, tissu.
Ὑφαντης, qui fait un tissu, Tisserand.
Ὑφαντικη, art du Tisserand.
Ὑφας, vase tissu, corbeille.

6. Ὑπαρ, *n. indécl.* vision, songe qui se vérifie. Ce mot doit tenir à *hup* dans le sens de sommeil.

AR, ER.

A ʀ , E ʀ désignent en Grec comme en Latin (*Or. Lat.* 64.) les élémens & les idées d'élévation, surtout en pointe: de-là une multitude de Familles.

AR, la Terre.

1. ΕΡΑ, *Era*, *f.* la Terre.
Εραζε, de terre, en terre.
Εν-Εροι, les Mânes, les morts.
Ερ-Ερθε, en bas, mot-à-mot, en terre.

Ενερτερος, inférieur ; 2°. des Enfers, mort.

On a dit aussi par apherese : Νερθε & νερτερος.

2. ΕΡΠω, *Herpó*, ramper, se traîner par terre. *Or. Lat.* 1756.

Ερψις, action de ramper.
Ερπετος, de reptile.
Ερπετον, reptile.
Ερπησις, rampant.
Ερπυς, ντος, ulcère qui serpente.
ΕΡΠυζω, ramper; avec quelques dérivés.

3. ΕΡΠυλλος, ΕΡΠυλλον ; *Herpyllos*, *Herpyllon*, serpolet. *Or. Lat.* 1757.

4. ΕΡΠις, *Herpis*, vin, en Langue Egyptienne.

5. ΑΡοω, *Aroó*, labourer.
Αροσις, labourage.
Αροσιμος, labourable.
Αροτος, labour ; 2°. tems de labourer ; 3°. labourable.
ΑΡοτηρ, laboureur.
Αροτης, le même en Poésie.

Ici on voit les terminaisons *es* & *er*, mises l'une pour l'autre, comme en Latin, *os*, *or*.

Αροτησιμος, qui concerne les labours.

2. Αροτρον, *n.* charrue.
Αροτραιος, rustique, agreste.
Αροτρευς, laboureur.
Αροτρευω, labourer. On dit aussi :
Αροτριαω, Αροτριαζω, Αροτριοω.
Αρουρα, champ, terre labourée : campagne ; 2°. maisons, arpent.
Αρουριον, petit champ, petite campagne.

6. ΑΡΩ, *Aró*, préparer, disposer, mettre dans l'état convenable; 2°. se rapporter, avoir de la convenance. Ce Verbe s'est formé d'ΑΡ, la Terre, ou d'*Aro*, labourer, parce que le labour prépare la terre à être semée; qu'elle est alors dans l'état convenable pour cet objet.

Αρμενος, disposé, préparé ; fortifié : mis dans un état convenable, assorti : *nom*, voile.
ΑΡος, *Aros*, utilité.
Αρμη, future.
Αρθμος, amitié ; 2°. union, cohérence.
Αρθμια, amitié, concorde.
Αρθμοω, être uni par les liens de l'amitié.

2. ΑΡΘρον, *Arthron*, articulation, jointure, article.
Αρθρικος, qui attaque les articulations.
Αρθριτις, *Arthritis*, maladie des jointures.
Αρθρωδης, plein d'articulations.
Αρθροω, articuler, former, expliquer, développer.

3. ΑΡΜος, *Harmos*, assemblage, liaison, jointure.

C'est l'Oriental ערם, *AWRM*, assemblage fait avec choix, avec adresse, correspondance parfaite entre toutes les parties. *Or. Lat.* 863.

Αρμοι, d'une manière assortie, convenable.
ΑΡΜοζω, Αρμοττω, s'assortir, se convenir ; 2°. préparer, ajuster, assembler fortement ; 3°. donner ou unir par le mariage.
ΑΡΜογη, lien, jointure, assemblage.
ΑΡΜοσης, Directeur, Président.

On dit aussi :

Ἁρμοϛηρ & Ἁρμοϛωρ.

4. ΑΡΜονια, *Harmonia*, assemblage parfait, jointure, lien ; 2°. harmonie, accord parfait.

ΑΡΜονικος, harmonique : Muſicien, qui concerne l'harmonie.

Ἁρμαλια, nourriture, mets préparés.

5. ΑΡ-ΑΤω, *Araro*, mot compoſé par la répétition d'*Aro*, & qui a les mêmes ſignifications.

ΑΡης, ΗΡης en compoſés, qui eſt convenable, joint, uni, adhérant.

Παι-ΗΡης, qui plait à tous.

Ξιφ-ΗΡης, qui porte la main à l'épée.

Τοξ-Ηρης, qui eſt armé d'un arc & de flèches.

6. ΑΡΡΙΧος, *Arrikos*, panier, corbeille.

7. ΑΡΤυω, *Artuo* & *Artunó*, préparer, aſſaiſonner, mettre ſur pied.

ΑΡΤυμα, aſſaiſonnement.

Αρτυσις, action d'aſſaiſonner.

Αρτυτος, qui ſert à l'aſſaiſonnement.

Αρτυ7ικα, artichaux.

Αρτυς, amitié.

Αρτυναι, Magiſtrats à Argos.

8. ΑΡΤεομαι, préparer, diſpoſer, arranger.

9. ΑΡΤαμος, *Artamos*, cuiſinier ; 2°. boucher, qui fait boucherie.

10. ΑΡΤος, pain, comme la production la plus parfaite de la terre ; ou comme l'effet le plus intéreſſant de l'Art de préparer les alimens.

ΑΡΤισκος, Αρτιδιον, petit pain, paſtille.

Αρτος Ναυτικος, pain de matelot, biſcuit.

Ημι-αρτον, pain en croiſſant.

Τρωξ αρτης, ſouris, *mot-à-mot*, ronge-pain.

11. ΑΡΤι, *Arti*, il n'y a qu'un inſtant, en dernier lieu ; mot-à-mot ; le moment qui touche ; 2°. maintenant. Avec la prépoſition *Apo*, dès ce moment.

Mot qu'on mettoit au rang des Radicaux & qu'on iſoloit de tout, comme s'il étoit l'enfant du haſard & ſans famille.

12. ΑΡΤιος, nombre pair, entier, parfait.

Αρτιοτης, intégrité, en ſon entier.

Αρτιαζω, jouer à pair ou non.

Αρτιασμος, jeu de pair ou non.

ΑΡΤιζω, *Artizo*, préparer, aſſembler, joindre ; 2°. perfectionner, achever, mettre la derniere main ; 3°. reſtaurer, rétablir ce qui a été caſſé, briſé ; raccommoder un bras, une chaiſe.

Αρτιος en compoſé perd ſa terminaiſon.

Αρτι-επης, qui parle bien, grand parleur.

13. ΑΡΟΝ, *Aron*, plante bulbeuſe, qui croît dans le ſein de la terre : de-là ſon nom : il eſt également Egyptien. Pline parle fort au long de cette plante & de ſes qualités, Liv. XIX. 5. & XXIV. 16.

14. ΑΡετη, *Areté*, la force, la vertu, courage, au phyſique & au moral ;

ral; 2°. fertilité, excellence d'un pays, d'une terre. Ce mot tient à l'idée générale d'*Ar*, élévation, force : & peut tenir à l'idée particuliere d'*Aro*, labourer, remplir le *travail* par excellence.

Αρεταω, être heureux par la vertu.

15. ΑΡΓιλος, *Argilos*, Argile. Ce mot tient à *Ar*, terre. Il peut avoir du rapport à *Argos*, blanc.

Αργιλωδης, argilleux, rempli d'argile.

II. AR, Eau.

1. ΑΡΔω, *Ardo*, fournir à boire, abreuver; 2°. arroser.

Αρδμος, aiguade, provision d'eau; 2°. lieu où on va puiser l'eau; 3°. arrosement.

Αρδανιον, vase pour abreuver les troupeaux, auge.

Αρδευω, abreuver, arroser.

2. ΑΡΔα, *Arda*, ordure, souillure.

Αρδαλος, qui vit mal.

Αρδαλοω, souiller, salir.

III. AR, Air.

ΑΗΡ, ρος, *AËR*, Air. *Or. Lat.* 73. mot Orient. aussi : 2°. souffle, respiration.

L'origine de ce mot intrigua fort Platon, comme on voit dans son Cratyle où il en donne plusieurs étymologies plus ingénieuses que solides : il en cherchoit l'origine dans la Langue Grecque, sans s'appercevoir qu'elle venoit de plus loin.

Αεριος, Aërien.

Αεριωδης aërien; 2°. fréquent, abondant, immense.

Αερωσις, fermentation, air qui s'échappe par la fermentation des vents.

Αεριζω, être d'air, de nature aërienne, être pur comme l'air.

2. ΑΗΡ, *Aer*, se prend en Poésie pour le tems couvert, obscur.

Αερια, en Eolien, obscurité.

Αερωδης, obscur, ténébreux.

Αεροεις, obscur, ténébreux; c'est Ηεροεις, dans l'Iliade.

Ηεριος, dans l'Iliade aussi, aërien, qui vole dans les airs.

II.
AR, les Métaux.

I. Fer. *Orig. Lat.* 77.

ΑΡΗΣ, *Arés* : sa signification propre est FER, tandis que les Etymologues ont cru qu'elle n'étoit que métaphorique ; ainsi ils brouilloient tout : 2°. il signifia ensuite combat, guerre ; 3°. puis Η ΑRés, MARS, le Dieu de la guerre ; 4°. enfin, *au fig.* la mort, le carnage, la destruction.

Αρειος, belliqueux, martial, de Mars.

Αρειων, plein de courage; 2°. meilleur, préférable.

Αρητας αδος, f. guerriere.

2. ΑΡΗΓω, *Arégó*, voler au secours, aider dans les combats, secourir ; 2°. repousser la mort.

Αρηγων, défenseur.

Αρηξις; Αρωγη, secours, protection, défense.

3. ΑΡις, ιδος, f. *Aris*, espéce d'instrument à forger; 2°. espéce de plante. Pline en parle L. XXIV. 16. C'est une espéce d'Aron.

4. ΑΟΡ, ρος, το, *Aor*, épée.

II. AR (*Or. Lat.* 78.) Blanc.

1. ΑΡΓυρος, *ARGUROS*, argent. Ce mot est composé de deux : du mot AR, métal, & de l'Oriental HUR, CUR, blanc.

Αργυρεος, argenté, d'argent; 2°. éclatant comme l'argent.

Αργυρωδης, mêlé d'argent, argenté.

Αργυροω, argenter.

Αργυρωματα, vases d'argent, meubles en argent.

2. Αργυρευω, tirer l'argent de la mine.

Αργυρειον, mine d'argent; 2°. boutique d'orfévre.

Αργυρικος, pécunieux, riche; en argent.

3. ΑΡΓυρις, *Arguris*, *idos*, phiole d'argent, flacon.

Αργυριον, monnoie d'argent; piéce d'argent; monnoie en général, de l'argent.

Αργυριζω, demander de l'argent; en emporter, faire du profit.

Αργυριδιον, petite monnoie.

Αργυριτης, riche en monnoie.

2. ΑΡΓος, *Argos*, blanc. Il ne faut pas confondre ce mot avec un autre qui signifie paresseux, & qui vient d'*ergon*, ouvrage, précédé de la négative *a*.

Αργαντες ταυροι, des taureaux blanchâtres.

Αργμενος, blanc.

Αργεσης, blanc, vîte.

Αργης, de même.

Αργινεις, blanc, éclatant.

Αργιος, blanc; 2°. vîte.

Αργαινω, blanchir.

Αργεμων, taïe sur l'œil.

Αργεμονη, nom de plante.

3. ΕΝ-ΑΡΓης, *En-argés*, clair, évident, manifeste.

Εν-Αργεια, évidence, &c.

III.
AR, ER, Grandeur.
I. Haut, Maître.

1. ΑΡΑ, *Ara*, certainement, donc, par conséquent.

Adv. d'affirmation, d'élévation, de conséquence élevée sur une base.

En interrog. est-ce que? Quoi?

ΑΡΙ, *Ari*, mot qui se mettant à la tête d'autres, désigne le superlatif, ajoute extrêmement à l'idée du mot.

Αρι-γνωτος, *Ari-gnôtos*, extrêmement connu, illustre, célèbre.

ΕΡΙ, *Eri*, mot qui s'employe de la même maniere qu'*Ari*.

Ερι-γηρυς, *Eri-ghérus*, très-sonore.

Ces trois mots dont on ne connoissoit point l'origine, démontrent bien l'antiquité de la Famille AR & qu'elle a toujours été employée dans le sens d'élévation.

2. ΗΡΑ, *Héra* (*Gr. Lat.* 79.) & *Hré*, Junon. Cette Déesse fut ainsi appellée parce qu'elle étoit la Souve-

RAINE des Dieux : c'est le *Hera* des Latins.

Hραιος, de Junon.

Hραιον, Temple de Junon.

3. HPΩς, *Heros*, mot-à-mot, homme très-élevé, demi-Dieu, le Maître des autres.

Hρωικος, héroïque.

Hρωον, Temple d'un Héros.

Hρωινη, Héroïne, demi-Déesse.

Hρωισσα, de même.

Hρωσιον, monument élevé aux Héros.

HPανος, *Heranos*, Chef, Roi ; 2º. qui vient au secours.

4. HPιον, ου, *n. Herion*, monument, tombeau, mausolée.

Κον-ηριον, cenotaphe, tombeau vuide.

5. EPωγας, EPωδιος, Héron, oiseau haut sur jambes.

6. EPPΩος, *Erróos*, sanglier, bélier.

7. EPIφος, *Eriphos*, bouc, chevreau ; c'est un animal grimpant.

Εριφιον, chevreau.

Εριφειος, de bouc.

8. EPινεος, EPινος ; *Erineos*, *Erinos*, figuier sauvage.

Ερινεον, figue sauvage ; *mot-à-mot*, figue des chèvres.

Ερινασμος, culture du figuier sauvage, ou maniere de rendre son fruit mangeable.

2. Commencement, Chef.

APXη, *Arkhé*, qualité de celui qui est Maître, Chef : domination, empire, puissance, principauté ; 2º. commencement, principe, exorde ; mot-à-mot, ce qui est à la tête.

De-là divers dérivés.

1º. Au sens de commandement.

APXικος, *Arkhicos*, habile à commander ; ambitieux.

Αρχειον, magistrature ; 2º. archives publiques.

Αρχιδιον, petite magistrature, peu importante.

APXω, *Arkhô*, commander ; présider, gouverner.

APXων, οντος, Archonte, souverain Magistrat à Athènes, Chef, Commandant.

Αρχος, en poésie, Chef, Prince.

Αν-αρχια, An-archie, licence, état où on ne reconnoît plus de maître, plus de loi.

Μον-αρχια, où on ne reconnoît qu'un chef ; Monarchie.

Ολιγ-αρχια, Olig-archie, où un petit nombre commande.

Κωμ-Αρχης, *Komarkhês*, chef d'un canton, d'un district ; de-là *Comarca*, ou district, en Espagnol.

Χιλι-αρχης, Colonel, chef de mille hommes.

2º. Dérivés d'*Arkhé*, commencement.

APXαιος, *Archaios*, vieux, ancien, antique ; 2º. qui radote, fou.

Αρχαιον, revenu, intérêt.

Αρχηθεν, par le commencement.

Αρχαιοτης, antiquité.

Αρχαϊκς, qui a les mœurs antiques.

Αρχαϊζω, antiquiser, imiter les anciens, l'antique.

Αρχαϊσμος, expression qui a vieilli, tournure antique.

Αρχω, commencer; 2°. donner l'exemple.

3°. Porter.

ΑΡω, *Arô*, je prendrai, j'éleverai.

ΑΡον, *Aron*, prens, éleve, porte. C'est la prononciation primitive du verbe

ΑΙΡω, *Airô*, lever, élever, enlever, porter, transporter; 2°. prendre; 3°. emporter; 4°. partir, s'en aller, lever le camp.

Αιρομαι, mettre à la voile; 2°. porter; 3°. prendre; 4°. entreprendre, commencer: *pass.* être élevé; être enlevé, emporté.

Αρσις, élévation, action d'élever, d'enlever.

Αρδην, hautement; 2°. avec agilité; 3°. de fond en comble.

Αρτηρες, grosses masses de pierre ou de métal, avec des anses pour les élever.

2. ΑΕΙΡω, *Aeirô*. fut. *Aerô*, lever, élever, ériger, dresser; 2°. élever l'esprit, animer; 3°. apporter, fournir.

Αερδην, en portant.

Αερταζω, Αερταω, porter, élever.

Αερθω, lever, élever, apporter.

ΑΙΡεω, *Haireô*, prendre; 2°. saisir, occuper, s'emparer. 3°. Atteindre, attraper à la course; 4°. vaincre, convaincre. L'aoriste 2 & le futur 2 de ce Verbe sont empruntés du Verbe inusité *Helô*, dont nous avons parlé ci-dessus, article AL. IV. 4.

Αἱρεσις, *Hairesis*, état, condition, sort; 2°. élection, choix; 3°. prise de ville; 4°. dogme, opinion; 5°. Hérésie.

Αἱρεσιμος, qui peut être pris.

Αἱρετος, éligible; 2°. désirable; 3°. élu, choisi, créé.

Αἱρετης, Electeur, Electrice.

Αἱρετικος, qui choisit, qui est compétent pour faire un choix; 2°. hérétique.

Αἱρετιζω, choisir, se décider pour.

Ελετος, qui peut être pris. *Iliad.*

4. ΑΙΩΡεω, *Aioreo*, élever, élever en haut, transporter, suspendre.

Αιωρημα, élévation, exaltation, suspension; transport, action de voiturer.

Αιωρα, vase suspendu; action de porter; de suspendre; 2°. suspensoir, soupente, tout ce qui sert à suspendre.

Tous ces mots sont aussi écrits en Εω. Εωρημα, Εωριζω, &c.

5. ΕΝ-ΑΙΡω, *En-airo*, fut *En-aro*; tuer, faire mourir; 2°. dépouiller, perdre, corrompre.

Εναρα, *Enara*, dépouilles.

Εναριζω, dépouiller; 2°. tuer; 3°. tuer & dépouiller.

Ce verbe étoit mis aussi au rang des mots radicaux.

6. ΑΡΝΥΜαι, prendre, acquérir, gagner, obtenir.

Ce Verbe qu'on a mis au nombre des Radicaux, appartient à la Famille AR jointe au primitif *Nam*, *Nem*, prendre, d'où l'Allemand NEHMEN, qui a les mêmes significations.

7. ΕΠ-ΗΡεαζω, *Epéreazô*, tourmen-

ter, vexer, causer de la peine, être à charge, incommode, fâcheux.

Ce Verbe, non moins mal-à-propos mis au rang des Radicaux, est un composé de *Epi*, sur, & du Verbe *Airô*, porter, charger ; mot-à-mot, *peser-sur*.

Επηρεασμος, vexation, molestation, calomnie.

Επηρεια, tort, préjudice, injure, affront, injustice.

4. S'élever, élever.

1. ΑΡΩΜα, *Arôma*, n. Aromate, odeur, senteur ; mot composé d'*ozo*, sentir, & *ar*, qui est fort, qui s'éleve.

Αρωματικος, aromatique.

Αρωματωδης, qui sent l'aromate, odoriférant.

Αρωματιζω, sentir l'aromate, couvrir d'aromates.

2. ΑΡΡ-ΙΧασθαι, *Arrikhastai*, grimper, escalader des mains & des pieds ; mot qui n'est nullement radical : il est composé d'*ar*, en haut, & d'*ikó*, parvenir, aller.

3. ΑΡΤΕΜων, ονος, ὁ, *Artemon*, voile d'Artimon, la grande voile d'un Vaisseau.

4. ΑΡΤαω, *Artaó*, suspendre, appendre.

Αρτημα, ce qui est suspendu ; 2°. appendice ; 3°. cordon de la bourse.

Αρτανη, lacs, corde ; 2°. suspensoir.

5. ΑΟΡΤηρ, ηρος, ὁ, *Aortêr*, baudrier, ceinturon, ceinture ; courroie : on y suspend ses armes, aujourd'hui l'épée, & autrefois de plus le bouclier.

Αορτεισθαι, être suspendu à une courroie, à un baudrier.

6. ΑΙΡα, ας, *Aira*, marteau, maillet ; il s'éleve & s'abat tour à tour : 2°. yvraie : 3°. bled altéré, bled sauvage.

Αιρικος, d'yvraie.

Αιρωδης, plein d'yvraie.

Dans ce sens, il vient d'*Airô*, ôter. L'yvraie doit être arrachée de tout champ.

5. Puiser.

ΑΡΥω, *Aryo* & *Aryto*, puiser, tirer du fond.

Αρυτηρ, machine à puiser, seau, tasse, coquille.

Αρυσηρ, Αρυσις, } vase à puiser, verre, tasse.
Αρυσιχος, }

Αρυσαιν, seau pour les bains.

Ετυ-ηρυσις, *Etn-érusis*, cueillier à potage, ou pour tirer les légumes du pot.

Ζωμ-ηρυσις, cueillier à bouillon.

6. Fort : excellent.

1. ΑΡΡΗΝ, *Arrhên* & *Arrén*, mâle, le sexe fort & vaillant.

Αρσενικος, masculin.

Αρρενωδης, viril, fort.

2. ΑΡιςος, *Aristos*, très-bon, excellent, le plus désirable.

Αριςα, très-bien, au mieux.

Αριςευω, combattre vaillamment, se montrer le plus courageux, surpasser les autres, exceller.

Αριστευς, qui surpasse tous les autres.
Αριστεια, force, courage.
Αριστειον, prix de la valeur.

3. ΑΡΙΣΟΝ, *Ariston*, le dîner; mot-à-mot, le meilleur repas, le plus fort, le plus copieux : il étoit plus considérable que le déjeûner & le goûter.

4. ΑΡιστερος, α, ον, *Aristeros*, gauche; 2°. fâcheux.

La main gauche fut appellée *Arist-era*, la très-bonne, la très-desirable, parce que c'est celle dont on use le moins, qui goûte le plus le repos : d'ailleurs, c'est la main du cœur.

7. Grand bruit.

Αραβος, *Arabos*, grand bruit, bruit des armes, cliquetis, frémissement.
Αραβικος, grand vent.
Αραβιδες, tourbillons.
Αραβεω, causer un grand bruit, un grand frémissement.

2. Αραδις, pulsation violente du cœur après un long exercice.

3. Αρασσω, *Arassô*, frapper, froisser, battre, pousser; 2°. briser, couper, amputer.
Αραγμος, froissement, pulsation, bruit.

4. ΑΡβηλος, *Arbélos*, le tranchet des Cordonniers.
Αρβυλη, *Arbylé*, chaussure profonde.
Αραχλον, le noir des Cordonniers.

5. ΑΡΜα, n. *Arma*, char; il fait trembler la terre; 2°. transport, bagage.
Αρματειος, de char.
Αρματευω, conduire un char.
Αρματιον, petit char, charrette.

6. ΑΡΣ, αρνος, *Ars, arnos*, Agneau : d'*Ar*, troupeau. *Or. Lat.* 83.
Αρνακις, *Arnacis*, fourrure de peau d'agneau; 2°. chaussure d'une pareille peau.
Αρνειον, marché aux agneaux.
Αρνιον, petit agneau.
Ευρρηνος, riche en belles brebis.

8. Plongeur.

ΑΡΝευτηρ, *Arneutèr*, plongeur.
Αρνευτης, nom d'un poisson.

9. Aimer, s'attacher fortement.

ΕΡΑω, *Eraô*, s'attacher fortement, aimer, chérir; 2°. desirer, rechercher avec ardeur.
Εραμαι, en poésie, de même.
Ερασμος, aimable.
Ερασευω, s'affectionner.
Ερατιζω, aimer, chérir.
Εραστης, amant, ami.
Εραστρια, amie, amante.
Ερασευω, chérir, désirer.
Ερατος, aimable, charmant.
ΕΡως, ωτος, m. *ERós*, amour; 2°. l'Amour, Cupidon; 3°. desir, affection.
Ερωτικος, d'amour, qui concerne l'amour, érotique.
Ηρα, plur. choses agréables, faveurs.
ΑΝΤ-ΕΡως, le contre-amour; il venge les amours auxquels on ne correspond pas.

10. Prieres.

ΑΡα, ας, *Ara*, priere, supplication;

20. imprécation ; 20. perte, dommage.

Αραιος, voué à l'exécration.

Αραομαι, prier, faire des vœux ; supplier.

Αρασιμος, détestable.

ΑΡητηρ, *Arétér*, Prêtre qui adresse les vœux.

Αρητος, demandé par des prieres ; 2°. voué, dévoué aux Furies ; 3°. pernicieux, funeste.

Αρεια, ας, menace, imprécation.

2. ΑΡεσκω, *Areskô*, appaiser ; 2°. plaire, devenir agréable.

Αρεσκος, flatteur, qui fait plaire, se rendre agréable.

Αρεσκευομαι, flatter, caresser, se rendre agréable.

Αρεσκεια, bonne grace, flatterie, aménité.

3. ΑΡεςηρ, ρος, m. *Arestér*, gâteau offert aux Dieux.

EAR,

Printems. (*Or. Lat.* 161. 2195.)

De AR, terre, se forma,

EAP, ρος, *E-AR*, le Printems, la terre qu'on retrouve, parce qu'elle se couvre de nouveau de verdure, de cette verdure dont elle avoit été dépouillée pendant l'hyver ; 2°. sang.

On prononce aussi ce mot ΗΡ, *hér*, à l'Ionienne ; tandis que les Eoliens disoient Β-ΕΡ, d'où le *Ver* des Latins, Printems, & nos mots *verd*, *verdure*.

Les Peuples du Nord employerent le même mot pour l'Année, parce que l'année commençoit au Printems : aussi *Iahr* en Allemand, & *year* en Anglois, signifient Année.

ΕΡ, ρος, signifie aussi le matin, le point du jour : le Printems est en effet le matin de l'Année.

Εαρινος, Εαρτερος, du printems.

Εαριζω, passer son printems, ramener le printems.

Ηεριος, matinal ; 2°. Aërien.

ΕΙΑΡ, printems ; 2°. sang.

Le sang abonde & se renouvelle au printems.

11. Pointe, piquant.

1. ΑΡΔις, ιος, η, *Ardis*, pointe du javelot, d'un dard.

2. ΗΡυγγιον, *Héryngion*, plante à piquans.

3. ΑΡκευτος, *Arkeytos*, genévrier, aux feuilles piquantes.

Αρκευθις, baie de génèvrier, genièvre.

Αρκευθινος, fait au génievre.

4. ΕΡειδω, planter ; 2°. affermir, appuyer.

Ερεισμα, appui, soutien, support.

5. ΕΡΝος, εος, branche ; 2°. plante.

Ερνωδης, plein de branches, branchu.

12. HARP, prendre, saisir.

D'AR, prendre, on fit,

1. ΑΡΠαζω, *Harpazô*, saisir de force, enlever, arracher, ravir.

Les Latins, au lieu d'*Har*, prononcerent *Ra*, d'où RAPIO. (*Or. Lat.* 1666.) & notre Famille *Ravir*.

Ἁρπασμα, n. rapine.
Ἁρπασος, rapace.
Ἁρπακτος, arraché, ravi, volé.
Ἁρπακτικος, habile à voler.
Ἁρπαγη, rapt, action de ravir.
Ἁρπαγιμος, acquis par vol.
Ἁρπαγη, harpon, crochet.

2. ΑΡΠαξ, *Harpax*, rapace ; d'où *Harpagon*.

Ἁρπαλεως, ȣ, gain dont on est avide. *Adv.* avec rapidité comme un voleur, promptement.

Κ-αρπαλιμος, prompt, rapide.

3. ΑΡΠη, *Harpé*, faulx, instrument tranchant, épée en forme de faulx ; 2°. oiseau dont le bec est en forme de faulx, faucon ; 3°. étoiles ou faulx de Persée ; 4°. bile répandue sur tout le corps.

Ἁρπεδονη h,   } corde ; filet,
Ἁρπεδων, ωνος, δ, } lacet.
Ἁρπεδονιζω, tendre des filets.

4. ΑΡΠυιαι, les Harpyes, Déesses malfaisantes & rapaces.

13.

D'*Airô*, couper, vint la Famille d'*Eiros*, toison, laine, qu'on croyoit radicale, ou qu'on rapportoit mal à propos au Verbe *eiro*, nouer.

C'est ainsi qu'en Oriental la laine ou la toison prend son nom de *mar*, couper, s'appellant en Hébreu *Ts-amar*, & en Chaldéen *Ho mar*.

ΕΙΡος, εος, τὸ, *EIROS*, laine ; toison.
ΕΙΡιον & ΕΡιον, de même.
ΕΡιδιον, en est le diminutif.
ΕΡιωδης, qui a encore sa toison ; laineux.
ΕΡιθος, qui fait la toison, tondeur.
ΕΡιοω, tondre.
ΕΡεος, laineux, à laine.

2. ΕΡεσιωνη, *Eresione*, branche d'olivier entortillée de laine, & à laquelle on suspendoit des fruits : après l'avoir portée en procession, en chantant des Hymnes pour l'abondance, on la plaçoit au devant des maisons pour chasser la disette, &c. Voy. *Hist. du Calend.* p. 452.

AR, ARK,
Pointu, qui repousse.

ΑΡΚΤος, *Arktos* & *Arkos*, Ours & Ourse ; ils sont hérissés de poils ; 2°. la grande Ourse, Constellation ; 3°. le Nord ; 4°. espéce de poisson.
ΑΡκτειος, d'ours.
ΑΡκιλοι, les petits d'un ours.

2. ΑΡκιος, ΑΡκτωος, ΑΡκτικος, Septentrional.

Απ-ΑΡκτιας, vent du Nord ; bise.

3. ΑΡΚΤεια, consécration des Vierges Athéniennes à Diane. Cette consécration se faisoit à dix ans, & duroit jusqu'à quinze. Aucune Athénienne ne pouvoit se marier sans avoir offert des sacrifices à Diane,

Diane, Déesse de la Virginité. Comme le mot d'*arkteia* a du rapport au nom Grec de l'Ours, on faisoit ce conte, qu'une peste s'étant élevée dans l'Attique en punition de la mort d'une Ourse consacrée à Diane, on n'avoit pu appaiser cette Déesse qu'en lui consacrant toute fille à marier. C'est ainsi que lorsqu'un Peuple a perdu de vue la vraie cause d'un usage, il en invente de fabuleuses pour contenter la curiosité.

ΑΡΚτευω, consacrer une Vierge à Diane.

4. ΑΡΚτιον, plante velue.

2.

ΑΡΚεω, *Arkeô*, repousser ; 2°. aller au secours ; 3°. être suffisant. Ces trois significations découlent l'une de l'autre : tout ce qui repousse le mal, est secourable & suffisant.

ΑΡΚεσμα, secours.

ΑΡΚιος, qui repousse, qui sert.

ΑΡΚετος, suffisant.

ΑΡΚεομαι, suffire ; 2°. être égal ; 3°. se contenter, acquiescer.

Αρκετως, Αρκουντως, suffisamment, assez.

3.

ΕΡΗΤυω, *Erétyô*, empêcher, réprimer, repousser.

ΕΡΥΚω, *Erykô*, empêcher ; 2°. contenir, maintenir ; 3°. repousser.

On a dit aussi :

Ερυκακω, & Ερυκακοω.

Orig. Grecq.

AS,
Eau.

AS est un primitif qui s'est prononcé ES, IS, & qui a désigné les Eaux, même en Grec : de-là,

ΑΣις, εως, ἡ, *Asis*, boue, limon, eau trouble.

Ασιος, bourbeux.

AS, AZ, ES,
Feu. (*Or. Lat.* 93.)

AS est un mot primitif qui désigne le feu : les Grecs le prononçant AZ, AST, ED, ID, en ont dérivé plusieurs mots.

1.

ΑΖω, *Azô*, sécher, dessécher.

ΑΖα, suie.

ΑΖαλεος, avide, sec.

ΑΖαινω, ΑΖανω, sécher, dessécher ; 2°. être sec.

Ρακε-ΑΖω, sécher ses vêtemens.

2. Ἁ´Ζω, *Hazô*, honorer, adorer. On adora dans la Divinité la source de toute lumière, de tout feu.

2.

Ἑ´ΣΤια, *Hestia*, le feu, le foyer ; 2°. les Dieux Lares ; 3°. Vesta, Déesse d'*As*, ou du feu ; 4°. l'Autel, l'asyle : on y conservoit le feu sacré.

Εςιας, αδος, Vestale.

2. Ἑςιαω, recevoir chez soi sur son foyer ; 2°. donner à manger ; 3°. nourrir l'ame.

Εςιαμα, repas.

Εςιασις, festin.

L

Εςιατωρ, convive.

Εςιωτις, f. servante, domestique.

3. Εφ-Εςιος, qui a son foyer, sa maison: citoyen.

3.

ΗΦ-ΑΙΣΤος, *Heph-haistos*, Vulcain, Dieu du feu: 2°. le feu, la flâme.

Ηφ-Αιςειος, de Vulcain.

Ce nom n'est point radical: c'est un composé de *haist*, feu, & de *ab*, *av*, Pere, prononcé *hev*, & devenu *heph* à cause de l'aspiration du mot suivant, comme c'est l'usage des Grecs. Ce mot signifie donc exactement *Pere du Feu*, le Créateur.

4.

Εσχαρα, *Eskhara*, foyer; 2°. maison; 3°. ses habitans, la maisonnée; 4°. grille de foyer; 5°. le foyer du genre humain, ou sillon de Vénus; 6°. croûte que forment sur une plaie un fer rouge ou un caustique, une escarre; 7°. croûte en général.

Εσχαρоω, couvrir de croûte.

ΕΣχαρωσις, incrustation.

ΕΣχαρωδης, crustacé.

ΕΣχαρευς, celui qui sur un vaisseau préside au foyer.

ΕΣχαριτης, de foyer; 2°. cuit au feu.

ΕΣχαριον, Εσχαρις, petit foyer, grille, cassolette: encensoir.

5.

1. ΑΙΣΧος, *Aiskhos*, honte, tout ce qui fait monter le feu au visage, dont on rougit; 2°. infamie, deshonneur.

ΑΣχημοσυνη, ignominie, infamie, honte: tout ce qui fait rougir.

ΑΙΣχεω, couvrir de honte, deshonorer.

ΑΙΣχρος, honteux, vilain, difforme.

ΑΙΣχροτης, turpitude, infamie.

2. ΑΙΣΧυνη, pudeur, rougeur que cause la honte; 2°. deshonneur, honte, infamie.

Αισχυνομαι, avoir honte, être honteux, rougir.

Αισχυντηλια, pudeur, honte.

ΑΙΣχυντηλος, qui a de la pudeur.

6.

ASTer, Astre.

1. ΑΣΤηρ, ὁ, *Astér*, étoile, astre.

Αςρον, *Astron*, Astre, signe; 2°. Constellation.

Αςερισκος, astérique, petite étoile, note en forme d'étoile; 2°. nom d'une plante.

Αςεроεις, Αςεριος, brillant comme un astre, étincelant.

Αςεριας, ὁ, d'étoile, en forme d'étoile.

Αςεροεις, étoilé.

Αςεροω, classer les étoiles en constellations.

Εξ-Αςεροι, les Pléiades, ou Constellations aux six étoiles.

Κυν-Αςρον, la canicule, ou, le chien-astre.

2. ΑΣΤΡαπη, *Astrapé*, éclair; 2°. éclat, splendeur; 3°. foudre.

On a dit aussi.

Αςεροπη & Στεροπη.

Αςραπαιος, fulgural, de foudre.

Αςραπτω, foudroyer; 2°. éclairer, faire des éclairs; 3°. briller, étinceler.

7.

ΑΣΦΑΛΤος, *Asphaltos*, asphalte, bitume ; ce mot est Oriental, composé de *as*, feu, & *phalt*, qui s'étend, qui coule, mot-à-mot, feu liquide. A moins qu'on ne veuille que ce soit une altération de l'Orient. זפת, *zpath*, *zphath*, poix : tout comme on dit *spath* & *spalth*.

8.

ΑΙΘω, *Aithô*, brûler, incendier, enflammer.

Αιθος, *nom*, *Aithos*, ardeur ; chaleur.

Αιθος, *adj.* brûlant, ardent ; 2°. réduit en charbons.

Αιθινος, combustible.

Αιθελικες, pustules, boutons causés par un grand feu ; échauboulures.

Αιθων, brûlant, consumant ; 2°. brillant, resplendissant.

Αιθαλη, Αιθαλος, suie.

Αιθαλος, ardent ; 2°. brûlé, grillé.

Αιθαλεω, brûler, embrâler ; 2°. réduire en cendres ; 3°. réduire en suie, en charbon, noircir.

Αιςηρ, qui embrâse, qui allume.

Αιθυσσω, resplendir ; 2°. échauffer ; 3°. incendier ; 4°. émouvoir, exciter, animer, enflammer.

Αιθυγμα, amadou, tout ce qui est propre à faire brûler ; 2°. tout ce qui anime, excite.

9.

ΑΙΘηρ, ὁ, *Aithér*, Ether, air ; 2°. le jour brillant ; 3°. le ciel igné, étincelant de lumiere.

Αιθεριος, éthéré.

10.

ΑΙΘρα, *Aithra* & *Aithrê*, sérénité de l'air, air serein.

Αιθρος, fraîcheur du matin.

Αιθρινος, matinal.

Αιθριος, serein, clair, en plein air.

Αιθριαζω, rendre serein ; 2°. illustrer ; 3°. être en plein air, à la belle étoile ; 4°. passer la nuit dehors.

II.
AIT, devenu ID.

ΙΔος, ὁ, *Idos*, tems chaud ; 2°. sueur.

ΙΔιω, suer.

Ιδισις, action de suer.

ΙΔρως, ὁ, sueur, sur-tout celle que cause un grand travail.

Ιδρωσω, se fondre en sueur.

Ιδρωςικος, qui sue aisément ; 2°. qui fait suer.

Ιδαλιμος, sudorifique.

AT.

Ce mot, formé de la lettre T marquant l'élévation, la gloire, l'honneur, a formé deux Familles très-différentes, l'une positive & l'autre négative.

I. AT, positif.

1. ΑΤΤΑ, Pere ; mot qui existe même en Amérique, & qu'on trouve dans l'Iliade. *Orig. Lat. 98.*

2. ΑΤΤω, *Attô*, s'élever, sauter, s'élancer.

3. ΔΙ-ΑΤΤαω, cribler, tamiser, faire sauter à travers.

4. ΑΤυζω, *Atyzô*, ressauter, tres-

L ij

saillir, être saisi de frayeur.

Ατυζηλος, effrayant, terrible.

5. ΑΤΤελαβος, espéce de sauterelle.

6. ΑΤΤα-ΡΑΓοι, *Atta-ragoi*, morceaux de croûte de pain qui éclatent parce qu'ils sont trop cuits.

7. ΑΤ-ΑΤαι; ah! ah!

II. AT, négatif. *Or. Lat.* 97.

1.

1. ΑΤη, *Até*, ruine, perte, infortune; 2°. ΑΤέ, Déesse du mal.

Ατάω, Αταό, Ατό, f. ησω, nuire, offenser, blesser, faire du mal; on a dit aussi Αασκω.

Ατηρος, nuisible, dommageable, pernicieux; désastreux.

2. ΑΤΕΡ, *Ater*, sans; *rapport de privation*.

3. ΑΤεμβω, priver; 2°. attrister, accabler de tristesse.

4. ΑΤμεγος, Esclave, celui qu'on a *privé* de la liberté, de ses biens, de tout.

Ατμενια, servitude, esclavage; 2°. infortune, calamité.

Ατμενυω, & Ατμενευω, réduire en esclavage.

5. ΑΤας-ΘΑΛΛος, *Atas-thallos*, scélérat, infâme, auteur de toutes sortes de maux; 2°. fou, insensé.

Ατασθαλια, méchanceté; 2°. insolence, impudence; 3°. témérité, folie.

Ατασθαλλω, & Ατασθαλεω, se conduire méchamment.

2.

ΟΥΤαω, *Oytaô*, blesser, frapper.

Ουτησις, blessure, coup.
ΟΥτητειρα, femme qui blesse.
Ουταζω, blesser, frapper.
Ωτειλη, ôteilé, blessure.

A U.

Du primitif *ho*, lui, vint,

ΑΥτος, *Autos*, lui-même, soi-même.

ὁ Αυτος, le même.

Αυτοσε, en ce lieu, *avec mouvement*.

ΑΥτου, Αυτοθι, là.

Αυτως, de cette maniere.

Αυτικα, aussi-tôt, dès ce moment.

Αυτ-Ετης, du vin de cette année.

Ε-ΑΥτου, de soi-même.

ΕΜ-ΑΥτου, de moi-même.

Σε-ΑΥτου, de toi-même.

Κ-ΑΥτος, *pour* Και Αυτος, & lui.

2.

ΑΥτο-ΜΑτος, *Automatos*, Automate, qui agit par lui-même, de son propre mouvement.

Αυτο-ματια, événement fortuit.

Αυτο-ματιζω, agir par soi-même; de Μα, force, puissance.

3.

ΑΥΘ-ΕΝΤης, *Auth-entés*; qui se tue lui-même, qui périt par soi-même. De Ευτη, armes.

Αυθεντια, puissance, autorité.

Αυθεντικος, authentique, qui a une autorité suffisante.

Αυθεντεω, s'arroger de l'autorité, prouver par son autorité.

Αυθεντικως, avec autorité.

II.

Voici des Adverbes Grecs dont on n'a jamais connu l'origine, & qui tiennent cependant à la masse des Langues, comme nous allons le démontrer.

1. ΑΥ, *Au*, *Av*, derechef; 2°. en arriere; 3°. à son tour.

Αυτο, derechef; 2°. ensuite, après.

2. ΑΥΘις, *Authis*, derechef, de nouveau; 2°. après, ensuite; 3°. en arriere.

3. ΑΥΤαρ, ΑΤαρ; *Autar*, *Atar*, de plus, au surplus: mais.

4. ΑΨ, *Aps*, derechef; en arriere.

Ces mots tiennent au primitif *Au*, *Av*, *Ab*, Elevé; 2°. le dos, l'arriere.

Les Orientaux en firent עתר, *hotar*, multiplier.

Les Peuples du Nord prononçant *Av* en *Af*, en firent *Aft*, & en Allemand *After*, derechef, une seconde fois; 2°. après, ensuite.

Ab signifie même chez eux *dos* dans le mot *Berg-ab*.

III.

AU, Onomatopée. *Or. Lat.* 98.

1. ΑΥΔη; *Audé*, voix, parole, discours. *Or. Lat.* 107.

Αυδηεις, doué de la voix.

Αυδαω, rendre un son, parler; 2°. conférer.

2. ΑΥΛος, *Aulos*, *m.* flûte; 2°. jet; 3°. tout ce qui est long & étroit comme une flûte. *Or. Lat.* 98.

Αυλικος, de flûte.

Αυλισκος, petite flûte.

Αυλημα, chant au son de la flûte.

Αυλεω, jouer de la flûte.

Αυλητηρ, joueur de flûte.

Αυλητρις, joueuse de flûte.

Αυλητικος, de flûte.

3. ΑΥΛων, *m*. *Aulôn*, détroit, isthme; vallée, fosse.

Αυλωνισκος, petite vallée, vallon.

Αυλωνιζω, demeurer dans des vallées.

4. ΑΥω, *Auô*, crier.

Αυτεω, crier.

Αυτη, cri, voix, clameur; 2°. guerre.

Εν-Εος, muet.

5. ΑΙΩ, *Aiô*, j'entends, j'*ois*, en vieux François; 2°. écouter, obéir.

ΑΙΣΘω, *Aistho*, écouter, entendre

6. ΑΙΣΘαγομαι, entendre, appercevoir, comprendre; 2°. sentir.

Αισθημα, l'action de sentir.

Αισθησις, sentiment, sens, sensation; 2°. connoissance, intelligence.

Αισθητικος, sensible, qui sent.

Αισθητηριον, organe du sentiment, de l'ouie.

2.

AU, Souffle, Vent.

1. ΑΥΤμη, ΑΥΤμην; *Autmé*, *Autmén*; souffle; 2°. vapeur.

Αυω, souffler, respirer; 2°. reposer, dormir.

2. ΑΤμος, *Atmos*, souffle, vapeur, fumée, haleine.

Ατμη, Ατμις, de même.

Ατμωδης, d'où il s'eleve des vapeurs.

Ατμιζω, exhaler, envoyer des vapeurs; s'élever en vapeurs.

Ατμισις, Ατμισμος, évaporation.

Ατμιαω, s'évaporer; exhaler.

3. ΑΣΘμα, τὸ, *Asthma*, souffle, res-

piration ; 2°. asthme, respiration forcée, gênée.

Ἀσθματικος, asthmatique.

Ἀσθμαζω, Ἀσθμαινω, être essoufflé ; ahaner.

4. ΛΗΜα, *Léma*, souffle, vapeur, esprit.

Ἀητης, vent.

Ἀητος, exposé au vent.

Ἀης, dans les composés, qui respire.

Ἀημι, *Aémi*, Ἀω, *Aó*, respirer, souffler.

5. ΑΙΣα, *Aisa*, le sort qu'on respire ; 2°. action de respirer, d'être heureux ; 3°. bonheur, aise ; 4°. lot, portion ; 5°. devoir, charge ; 6°. Parque, elle distribue à chacun son lot.

Αισιος, fortuné, heureux.

Αισιοω, rendre propice, favorable.

Αισιμος, fatal ; 2°. convenable, de devoir ; 3°. pieux, qui remplit son devoir.

Αισιμια, divination.

6. ΑΩΤον, ȣ, *Aóton*, fleur, parce qu'elle a de l'odeur, qu'elle exhale du parfum.

Ἀωτεω, cueillir des fleurs, faire un bouquet ; 2°. être plongé dans un sommeil agréable, & où l'on respire doucement ; reposer.

7. ΙΩΓη, *Iógé*, souffle, respiration tranquille, repos ; 2°. cri, voix.

ΙΩη, *Ióé*, souffle ; 2° voix, cri.

3.

AU, Onomatopée relative au souffle du feu.

ΑΥΩ, *Auó*, enflammer, brûler ; 2°. sécher, dessécher ; 3°. briller.

Αυος, sec, aride.

Αυοτης, sécheresse, avidité.

Αυαινω, dessécher, faire sécher.

Αυαντικος, desséchant.

ΑΥΣΤηρος, sévere, sec, rigide, austere.

Αυστηρως, sévérement, austérement.

Αυστηροτης, austérité ; 2°. sévérité. (*Orig. Lat.* 110.)

ΕΥΩ, *Euó*, brûler, rôtir, griller.

Ευσανα, τα, brulûres.

Ευςρα, ἡ, fosse dans laquelle on égorgeoit & on grilloit les cochons : 2°. épi de blé torréfié, grillé.

Ainsi le Verbe *Auó* réunit toutes les significations qu'offre le mot *AV*, considéré comme onomatopée.

ΑΦ, Aph.

1. ΑΦΑΡ ; *Aphar*, aussi-tôt, sur le champ, de suite.

Ἀφαρτερος, plus vite.

Ce mot tient sans doute à la racine *ab*, après, à la suite ; d'où l'Allemand *ABER*.

2. ΑΦΑΡΚη, *Apharké*, nom d'un arbre toujours verd. Il doit venir de la négation Α, & du prim. *phar*, passer, qui est Oriental, Theuton, Grec, &c.

3. ΑΦια, *Aphia*, nom d'une plante.

ΑΧ, *AKH*.

ΑΧΕΡΩις, *Akherois*, peuplier blanc.

MOTS GRECS
VENUS DE L'ORIENT.

A.

ΑΒΡΑ, *Abra*, gén. ας, servante, femme de service : de l'Or. ברא, *Bra*, faire, exécuter.

AG.

De l'Or. הג, *Hag*, célébrer une Fête, sanctifier un jour, vinrent,

1. Αγος, εος, το, *Agos*, vénération, 2°. chose sacrée, consacrée ; 3°. pureté ; 4°. purification, expiation ; 5°. crime.

Αγης, sacré, dévoué.
Αγιζω, sanctifier, consacrer.
Αγισευω, sanctifier ; 2°. remplir les cérémonies d'un sacrifice ; 2°. vénérer, adorer ; garder la chasteté.

2. Αγιος, *Agios*, saint, pur, pieux.
Αγιον, sanctuaire.
Αγιως, saintement.
Αγιοτης, sainteté.
Αγιαζω, sanctifier.
Αγιασμος, sanctification, purification.
Αγιασια, sainteté.
Αγιασμα, Temple.
Αγιαστηριον, Sanctuaire.

3. Αγνος, *Agnos*, chaste, pur ; 2°. pudique, non-souillé.
Αγνης, de même.
Αγνως, chastement.

Αγνοτης, chasteté.
Αγνευω, être chaste, être pur ; 2°. purifier.
Αγνεια, chasteté, pureté.
Αγνευτηριον, lieu de purification.
Αγνιζω, purifier, expier ; encenser ; 3°. corrompre.
Αγνισμος, expiation : abolition, pardon.
Αγνισικος, qui a la vertu d'expier.
Αγνιτης, qui a été expié : qui a expié.

4. Αγνος, *Agnos*, espéce de plante sur les feuilles de laquelle couchoient les Dames d'Athènes par dévotion pendant les Thesmophories.

AET.

De l'Oriental עיט, *Oeith*, Oiseau.

Αετος, *Aetos*, Aigle, l'oiseau par excellence.

Αετωδης, aquilin.
Αετωμα, faîte d'un édifice, en forme d'Aigle volant ; son fronton triangulaire.
Αετιδευς, aiglon.
Αιετος, aigle ; 2°. nom d'un poisson.

AI.

1. ΑΙΟΝαω, *Aionaô*, arroser, verser dessus, baigner, tremper.
Αιονησις, action d'arroser.
De l'Or. עין, source.

2. ΑΙΝεω, *Aineô*, refuſer, récuſer, rejetter. Du prim. אין, *ain*, non.

3. ΑΝ-ΑΙΝομαι, *An-Ainomai*, refuſer, récuſer, rejetter, mépriſer.

A K.

ΑΚΟΣΤΗ, *Akoſté*, orge ; 2°. tout ce qui ſert à la nourriture.

De l'Or. קשש, fourrage.

A L.

ΑΛΩΠΗΞ, *Alôpéx*, renard ; 2°. eſpéce de poiſſon ; 3°. eſpéce de danſe ; 4°. un trompeur, un homme fin & ruſé.

C'eſt l'Or. עלף, *Holp*, en Latin *Volpes*, caché, fin, diſſimulé.

Αλωπος, ruſé, trompeur.
Αλωπεκιον, petit renard.
Αλωπεκωδης, de renard.
Αλωπεκη, peau de renard.
Αλωπεκις, petit d'un renard.
Αλωπεκιζω, ſe conduire en renard, uſer de ruſes, tendre des piéges.
Αλωπεκια, taniere de renard ; 2°. chûte des cheveux.

A M.

ΑΜΜιον, *Ammion*, Minion ou Minium, de couleur rouge.

De l'Or. חם, *Hamm*, feu.

A R.

ΑΡΑΚος, *Arakos*, eſpéce de légume.

Αρακις, η ; Αρακιον, Αρακισκος, de même.

Les Orientaux ont une plante qu'ils appellent de même ARAC, en Arabe ارق : les Chameaux s'en nourriſſent.

ΑΡΑΧΝης, *Arakhnés*, araignée.

De l'Or. ארג, ARAG ou ARG, faire un tiſſu, une toile.

Αραχνη, toile d'araignée.
Αραχναιος, d'araignée.
Αραχνηεις, en forme d'araignée.
Αραχνωδης, de même.
Αραχνιον, araignée, toile d'araignée : maladie des vignes & des olives.
Αραχνιοω, être rempli de toiles d'araignées.

ΑΡΓας, *Argas*, eſpéce de ſerpent.

De l'Or. ערג, en Arabe عرج, ſe mouvoir par des contours en ſe pliant & repliant.

ΑΡΚυς, η, *Arkus*, filet, réſeau ; 2°. ornement de tête, coëffure.

Ce mot vient de même de l'Or. ארג, *arg*, tiſſu, faire un tiſſu.

ΑΡΡΑΒων, ὁ, *Arrhabón*, gage, caution ; d'où le mot François *arrhes*, *erres*.

C'eſt l'Or. ערב, HoRaB, cautionner: ערבון, HoRaBON, gages, arrhes.

ΑΡΤΑΒη, *Artabé*, nom d'une meſure Orientale, plus grande que le Medimne attique, ſelon Hérodote, Liv. I. & qui contenoit, ſelon S. Jérôme ſur Eſaïe V, vingt boiſſeaux d'Egypte.

A S.

ΑΣΑΜΙΝΘος, *Aſaminthos*, eſſence dont

dont on se servoit dans le bain ; 2°. bassin, plat.

De l'Or. סמן, SaMeN, huile, essence.

ΑΣΙΡΑΚος, *Asirakos*, sauterelle.

C'est un nom Oriental conservé par les Africains dans ce mot Punique, selon Dioscoride, Liv. II. Chap. des Sauterelles. Ce mot doit être le même que l'Or. אסקרא, *asqra*, espéce de sauterelles à grandes jambes, de même que l'*asirac*.

ΑΣΚιω, *Askeó*, exercer, s'appliquer, cultiver ; 2°. enseigner.

En Chald. עסק, *hosq*, cultiver, s'appliquer, donner ses soins.

Ασκημα, ce dont on s'occupe.
Ασκησις, exercice.
Ασκητης, qui s'exerce.
Ασκητρια, Religieuse, femme qui s'est livrée à la vie contemplative.
Ασκητικος, ascétique, livré à la vie contemplative.
Ασκητηριον, Monastère.

ΑΣΜΕΝος, *Asmenos*, qui agit avec plaisir, de son pur mouvement.

Ce mot tient aux Verbes Arabes עסם *osm* & זמע *zmo*, qui désignent l'empressement avec lequel on se porte ou on vaque à une chose.

Ασμενως, avec plaisir, volontiers.
Ασμενιζω, entreprendre avec plaisir, recevoir avec empressement ; 2°. acquiescer.

ΑΣΦΟΔΕΛος, *Asphodelos*, l'Asphodele, plante dont on peut voir la description dans les Ouvrages François sur la Botanique ou sur l'Histoire Naturelle. Ce mot vient de l'Oriental ספה *sphe* & דל *dal*, grand, profond, parce que sa fleur est *profondément découpée* en six parties qui sont comme autant de lèvres.

Αφ, Aph.

ΑΦΘαι, *Aphthai*, aphthes, ulcères enflammés & brûlans qui tourmentent sur-tout les enfans.

De l'Or. פתה, *Ptha*, feu ; nom de Vulcain.

Αφθαω, être attaqué d'apthes.
Αφθωδης, attaqué d'aphthes.

MOTS GRECS-CELTES,
OU DÉRIVÉS DE LA LANGUE CELTIQUE.

B

LA lettre B est une lettre labiale ou qui se prononce des lèvres : elle correspond ainsi aux consonnes P, F, M, V : il n'est donc pas étonnant qu'elles se substituent entr'elles, & qu'elles concourent à former une même famille de mots. Celle-ci devint la source de divers mots primitifs, & sur-tout de diverses onomatopées. Voyez Or. Lat. 127.

ONOMATOPÉES.

BA.

1. BA, *Bah!* exclamation d'une personne qui rit, qui se moque, qui doute.

2. BA-BAI, en Lat. *papæ*, cri d'admiration.

On dit aussi Παπαι, *Papai*.

3. ΒΑΤΡΑΧος, *Batrakhos*, grenouille : de *ba*, crier, & *trach, trach*, imitation de son cri.

Βατραχειος, de grenouille.
Βατραχιζω, nâger comme les grenouilles.
Βατραχιον, renoncule.

4. ΒΑΥΚος, *Baukos*, qui saute de joie, joyeux.

Βαυκισματα, délices.
Βαυκισμος, espéce de danse vive, enjouée.
Βαυκιζεσθαι, être plein de joie, dans les délices.
Βαυκιδες, espéce de souliers.

5. ΒΑΥΖω, *Bauzô*, aboyer.

BE.

1. ΒΕΜΒΗΣ, *Bembés*, toupie que les enfans font tourner.

Βεμβηκιαω ; Βεμβηκιζω, tourner comme une toupie.

2. ΒΔεω, *Bdeó*, lâcher un vent avec bruit.

Βδολος, *bdolos*, pet.
Βδελυσσομαι, se détourner, avoir de l'aversion.
Βδελυγμος, aversion, exécration, horreur.
Βδελυκτος, exécrable.
Βδελυρος, impur, criminel, souillé.

3. ΒΗ, *Bé*, cri des brebis, elles *bêlent*.

Βηζω, crier, bêler.

4. ΒΗΚΗ, chèvre : c'est notre mot *Bique*. Orig. Fr. 161.

5. ΒΗΞ, η, *Béx*, toux.

Βηχικος, béchique, qui concerne la toux.
Βηχιον, tussilage.
Βηττω, tousser.

B L.

ΒΛΗΧαομαι, *Blékhaomai*, bêler : en All. Blæken, bêler.

Βληχας, animal bêlant.
Βληχημα, το, & Βληχη, bêlement.
Βληχωδης, dont l'esprit ressemble à celui d'un animal bêlant.
Βληχω, espèce de dictamne qui excite à bêler les animaux bêlans.

B O.

1. ΒΟΑω, *Boaô*, *boô*, crier, élever la voix : 2°. appeler à grands cris : 3°. célébrer, louer à haute voix.

Βοη, Βοημα, Βοητυς, cri, clameur.
Βοης, criard, qui crie.
Βωω, Βωςρω, crier.
Βοαξ, en Latin *box*, animal aquatique qui doit son nom à son cri.

2. ΒΟΗΘεω, *Boêtheô*, accourir aux cris ; 2°. secourir, aider ; servir de patron, de défenseur.

Βοηθεια, Βοηθημα, secours ; 2°. aide, subside ; 3°. remède, médicament.
Βοηθος, secourable, défenseur.
Βοηθητικος, propre à secourir.

11. *Orig. Lat.* 133.

ΒΟΜΒος, *Bombos*, en Lat. *Bombus*, bruit du tonnerre, bourdonnement des abeilles.

Βομβοω, faire du bruit, retentir ; le rimbombare des Italiens.
Βομβηεις qui retentit.
Βομβυδον, avec un grand bruit, en faisant bom.

Βομβησις, bombisation, action de faire un grand bruit.
Βομβαξ, cri d'étonnement.
Βομβαινω, rendre un grand bruit, retentir au loin.

2. ΒΟΜΒυλη, abeille très-bruïante ; 2°. vase dont l'orifice étroit force la liqueur à sortir avec bruit.

Βομβυλιος, moucheron bruyant, cousin ; 2°. ce mot a les mêmes significations que le précédent.
Βομβυλιαζειν, action des boyaux qui crient.

3. ΒΟΜΒυξ, en Lat. *Bombyx*, ver à soie, ainsi nommé de son bourdonnement en mangeant.

4. Βομβυκια, insectes bruyans, tels que la cigale, le cousin, &c.

12. B O R.

Nom de divers objets bruïans.

1. BOR signifie en Celte, eaux bourbeuses, la bourbe dans laquelle on patoge & qui *bruit* sous les pieds. Delà (*Orig. Franç.* 148.)

ΒΟΡ-ΒΟΡος, *Borboros* ; boue, limon, bourbe, bourbier.

Βορβορωδης, plein de boue, boueux.
Βορ-Βοροω, couvrir de boue : tacher, éclabousser.
Βορ-Βοριζω, porter de la boue avec soi.

2. ΒΡΥω, *Bruô* ; sourdre, jaillir, 2°. pulluler, produire en abondance ; 3°. déborder.

Βρυσις, jet, source qui jaillit.

3. ΒΡΕΧω, *Brekhó*, arroser, mouiller,

faire tremper, macérer.

Βροχη, mouillure, arrosage, action de tremper.

4. ΒΡΥΤον, *Bruton*, bière d'orge, potion d'orge.

23.

ΒΟΡ-ΒΟΡυζω, *Borboryzó*, être plein de borborismes, de flatuosités dans les entrailles.

Βορβορυγμος, Βορβορυγη, & ΚορΚορυγυ, borborisme, bruit des vents dans les entrailles.

14.

ΒΟΡ-ΕΑΣ, *Boreas*, Borée, vent du Nord, l'Aquilon : il doit ce nom à son impétuosité, à sa violence; 2°. le Nord.

Βορειος, boréal.

Βορειοτατος, tout-à-fait au Nord, le plus septentrional.

Βορενθεν, du Nord.

15.

1. ΒΟΥΣ, *Bous*, en Dorien *Bós*, en Lat. *Bos*, bœuf au m. &c. Vache au f. 2°. au figuré, un stupide, un bœuf; 3°. monnoie Athénienne avec l'empreinte du bœuf; 4°. espèce de gâteau; 5°. nom d'un poisson appellé de même dans Pline; 6°. coutures des habits : elles forment comme des sillons.

Βοαριον, qui concerne les bœufs, marché aux bœufs.

Βοειος, de bœuf, grand comme un bœuf.

Βοεια, peau de bœuf; bouclier.

Βοειακος, fait de peau de bœuf.

Βοιδιον, veau, génisse.

Βωβελα, chair de bœuf.

2. Βουτης,
Βουκος, } Bouvier.
Βωκος,

Βωνιτης, bouvier, paysan.

ΒΟΥ-ΒΑΛος en Lat, *Bufalus*, bufle.

4. Βους, est devenu une initiale désignant la grosseur, l'énorme taille, la grandeur.

16.

ΒΥΑΣ, *Buas*, en Lat. *Bubo*, hibou, chat-huant, butor.

Βυζω, crier comme le chat-huant, huer.

ONOMATOPÉES en BR.

Les Onomatopées que les Latins, les François & d'autres Peuples Celtes exprimerent par les Lettres FR, s'écrivent la plupart dans la Langue Grecque en BR. De là ces diverses familles.

1.

1, ΒΡΑΓΧος, *Brankhos*, enrouement.

Βραγχωδης, enroué.

Βραγχαλεος, de *même*.

Βραγχναω, être enroué, s'enrouer.

2. ΒΡΑΓΧΙΑ, τα, *Branchia*, les ouies des poissons; 2°. le gosier du cochon.

2.

1. ΒΡΑΖω, *Brazó*, bouillonner; fermenter, bouillir.

Βρασμα; Βρασμος, ébullition, bouillonnement, chaleur, agitation semblable à celle de l'eau qui bout.

Βρασματωδης, épithète pour caractériser

le rire à gorge déployée qui devient incommode.

7. ΒΡΑΧω, *Brakhô*, retentir, faire du bruit, rendre un son.

3.

1. ΒΡΕΜω, *Bremô*, frémir; 2°. murmurer; 3°. menacer en frémissant.

Βρομος, fracas, son impétueux, grand bruit.

Βρομεω, frémir.

Βρομιος, surnom de Bacchus.

Βρομιαζομαι, célébrer les fêtes bruïantes de Bacchus, être en débauche.

2. ΒΡΙΜοομαι, *Brimoomai*, frémir, bouillir de colere.

Βριμαζω, rugir comme le lion.

Βριμαινω, s'échauffer, prendre feu.

Βριμνδον, avec frémissement.

3. ΒΡΕΝΘος, *Brenthos*, frémissement d'orgueil, forte arrogance, hauteur; 2°. espece de Canard; c'est un animal criard.

En Celte, *Bran*, *Bren*, signifie tout ce qui est haut, élevé, un Roi, une montagne, Seigneur, &c.

Βρενθυεσθαι, être plein d'orgueil, être fier & arrogant; 2°. frémir, murmurer, s'emporter.

4.

1. ΒΡΟΓΧος, *Bronkhos*, gorge, gosier.

Βρογχια, les bronches ou les deux canaux par lesquels la trachée-artere tient aux poumons, & y communique.

Βρογχωτηρ, habillement ouvert pour y passer la tête.

2. ΒΡΟΧθος, *Brokhthos*, gorge.

Βροχθωδης, marais presqu'à sec.

Βροχθιζω, avaler.

5.

ΒΡΟΝΤη, *Brontê*, tonnerre; en Etrusque, *Frontac*; c'est le *Rom* des Orientaux.

Βρονταιος, le tonnant.

Βρονταω, tonner.

Βροντειον, machine à tonnerres pour les théâtres, *bronteum* en Latin.

Βροντια, pierre de foudre.

6.

1. ΒΡΥΚω, *Brukô*, mordre, ronger, manger.

Βρυγμα, morsure.

Βρυκεδανος, vorace.

2. ΒΡΟΥΚος, & Βρουχος, *broukos*, le *bruchus* des Latins : Sauterelle qui ronge la verdure.

7.

1. ΒΡΥΧω, *Brukhô*, frémir, grincer des dents.

Βρυχιος, frémissant.

Βρυγμος, grincement de dents.

Βρυγδην, avec grincement de dents.

2. ΒΡΥΧημα, *Brukhêma*, rugissement.

Βρυχαομαι, rugir.

Βρυχαλεος, rugissant.

3. Βρυχχαωμαι, lamenter, pleurer à chaudes larmes.

8.

ΒΡΩΜος, *Brômos*, puanteur, ce qui fait frémir l'odorat.

Βρωμεω, puer, sentir mauvais.

Βρωμωδης, fétide, puant.

9.

1. ΒΡΩΣΚω, *Brôskô*, *Bibrôskô*, &

Bibróskô, manger ; 2°. paître ; 3°. repaître.

Βρωμα, nourriture, potage, aliment.
Βρωματιζω, fournir des alimens, donner à manger.
Βρωμος ; Βρωσις, alimens.
Βρωσις, nourriture, action de manger, de ronger.
Βρωσιμος, bon à manger.
Βρωσεια, faim.
Βρωτηρ, qui mange.
Βρωτικος, goulu, affamé.
Βρωτυς, mets, aliment.
Βρωτιμη, pain noir, grossier : cette Famille tient à celui de brouter ; & à la Theutonne, *brod*, pain.
EM-Βρωμα, déjeûner.
EK-Βρωμα, tout ce qui se mange.

2. ΒΡΩΜαομαι, *Brômaomai*, crier de faim, en parlant des animaux.

C'est le François BRAMER.

Βρωμνσις, le braire d'un âne.
Βρωμνεις, qui brame, qui brait.

10.

1. ΒΡΟΤος, *Brotos*, mortel, mot-à-mot, Etre qui est obligé de manger pour vivre.
Βροτειος, Βροτησιος, mortel.
Βροταω, rendre l'homme mortel ; 2°. ensanglanter ; d'où Βροτος, pus, sanie.

2. AM-ΒΡΟΣια, ambrosie, nourriture céleste qui rendoit les Dieux immortels.
Αμβροσιος, immortel, divin.

3. A-ΒΡΟΤη, *A-broté*, la nuit ; c'est le tems où l'on ne mange pas, où l'on n'est pas aux champs, où les mortels sont renfermés.
Αβροτεω, courir de nuit, se conduire en cachette, pécher.
Αβροτιτη, péché.
Αβροτω, s'égarer.

4. A-ΒΡΟΤονον, *A-brotonum*, Abrotone, ou l'Immortelle, plante toujours verte, qui ne meurt point.
Αβροτονιτης, confit à cette plante.

II.

ΒΟΡΑ, *Bora*, pâture, nourriture.
Βορος, Βορεος, grand mangeur.

Cette famille tient à celle de *voro*, dévorer, & à celle de *vorace*. Orig. Lat. 2252.

Cette famille *Brot*, brouter & *mortel*, tient au Celte *bra*, manger ; *bro*, champ ; mots également Orientaux.

DICTIONNAIRE DE L'ENFANCE.

1.

ΒΑΖω, *Bazô*, parler, discourir.
Βαξις, Βαγμα, discours, parole.
Βα-Βαζω, parler d'une maniere confuse, inarticulée.
Βα-Βαξ, babillard, bavard.
A-Βακης, muet, taciturne, tranquille.

2.

1. ΒΑΙος, *Baios*, petit ; 2°. modique.

2. Η-Βαιος, petit.

3. Η-ΒΗ, *Hébé*, jeune, adolefcent; 2°. Déeffe de la jeuneffe.

Η-Βαω, *hebao*, *hebafcó*, *hebóó*, entrer dans l'adolefcence.

Η-ΒΗτης, Ηβητηρ, adolefcent qui entre dans l'adolefcence.

Η-Βελλιαω, entrer dans l'adolefcence.

Η-Βηδον, à la maniere des jeunes gens, en écervelé, à l'étourdie.

Η-Βητηριον, lieu d'exercice pour les jeunes gens.

Εφ-Ηβεια, puberté.

4. BAION, efpéce de petit poiffon.

3.

BAM-BAINω, *Bambainô*, parler inarticulément, peu diftinctement.

Ce mot tient à *Bambin*; 2°. grincer des dents de frayeur.

4.

BATTος, *Battus*, qui balbutie, bègue.

Βατταριζω, bégayer, balbutier.

Βατταριστης, qui bégaye; 2°. difeur de riens.

Βατταρισμος, embarras dans la langue, bégayement.

5.

ΒΡΥΝ, *Brun*, cri des enfans qui commencent à parler, pour demander à boire.

Βρυλλω, boire.

6.

ΒΥω, *Buó*, remplir; 2°. boucher; on bouche, on ferme la bouche des enfans en leur donnant à manger, en rempliffant leur bouche.

Βυζω, remplir, forcer.

Ces Verbes défignent auffi le *cri* des enfans : ce qui n'eft point étonnant.

Βυζην, dru, épais.

Βυσμα, bouchon; ce qui bouche.

7.

1. Βοω, *Boú*; en vieux grec, d'où ΒΟΣΚω, *Boskó*, paître.

Βοσις, pâturage.

Βοτηρ, berger, pâtre.

Βοτηρικος, paftoral.

Βοτειρες, cabanes de bergers.

Βοτον, troupeau.

Βοταμια, pâturages.

Βωτωρ, & Βωτης, berger.

Βωτις, bergere.

2. Βοσκη, pâturage.

Βοσκος, qui fait paître.

Βοσκησις, pâture.

Βοσκημα, troupeau.

3. ΒΟΤανη, *Botané*, herbe, foin, plante bonne à manger.

Βοτανωδης, plantureux, herbeux.

Βοτανικος, qui regarde les plantes.

Βοτανιον, petite plante, herbe fine & courte.

Βοτανιζω, arracher des plantes, cueillir des herbes.

Εμ-Βοσια, abondance de fourrages.

BA,
Aller.

ΒΑ, qui fignifie en Grec aller, eft une onomatopée commune aux Celtes, & qui a produit le *va* des François; *Orig. Fr.* 1124; & le *vado* des Latins; *Or. Lat.* 2149.

ΒΑΩ, *Baó*, aller : mot devenu dans la fuite des tems;

ΒΗμι & ΒΑΙΝω, aller, marcher, venir ; s'en aller.

ΒΗμα, *béma*, 1°. pas, démarche ; 2°. marche, gradin ; Tribunal, on y monte par des gradins.

Βηματιζω, marquer les pas, distinguer par mesures itinéraires.

Ακρο-Βηματιζομαι, siéger, être sur son Tribunal.

2. ΒΑΣις, *Basis*, pas, démarche ; 2°. pied ; 3°. bâse.

Βασιμος, par où on peut passer ; 2°. stable, fixe.

Βατηρ, qui marche ; 2°. seuil ; 3°. borne vers laquelle on tend.

Βατεω, aller ; mot d'usage seulement dans les Composés :

Les Delphiens s'en servoient au lieu de *Pateo*, fouler aux pieds.

Βατευω, aller.

3. ΒΑΔω, *Badô*, aller ; c'est le VADO des Latins.

Βαδιζω, de même.

Βαδος, chemin.

Βαδην, à pas lents.

Βαδισμα, démarche.

Βαδισης, coureur.

4. ΒΑΘμος, *Bathmos*, dégré, rang ; 2°. seuil ; 3°. dignité Militaire.

Βαθμις, degré, marche, échellon.

Βαθρον, échelle, escalier ; 2°. siége, banc ; 3°. bâse, fondement ; 4°. sol.

5. Βασκω, βιβαω, βιβημι, signifient dans les Poëtes, aller.

6. Βιβαζω, faire avancer, amener.

7. ΒΗΣΣαι, *Béssai*, *mot-à-mot*, passages difficiles dans des lieux fourrés ; défilés ; cols de montagnes.

C'est ce que les Languedociens appellent *Devès* : nous dirions à-peu-près *devoix*. C'est le *bessai* des Grecs, prononcé *vess*.

Devez est aussi négatif & signifie *de*, hors de ; *vez*, passage : » lieu réservé & où on ne doit » pas passer, ni laisser pâturer ».

8. ΒΑ-ΣΤαζω, *Ba-stazô*, porter une charge, un fardeau.

Βασαγμα, βασαγη, fardeau, charge.

De *ba*, marcher, & *sta*, qui est ; *mot-à-mot*, ce qu'on porte en marchant.

De ce verbe, une multitude de composés en *baino*, *batos*, *basis*, *bateuo*, *bas*, *bamon*, *basko*, *bibazô*.

2.

De cette même racine, signifiant *bâse*, se formerent.

ΒΕ-ΒΑΙος, *Bebaios*, ferme, stable.

Βε-Βαιοτης, stabilité ; 2°. constance, persévérance.

ΒΕ-Βαιοω, affermir, rendre stable ; 2°. confirmer.

Βε-Βαιομαι, affirmer, assurer, confirmer ; 2°. établir.

Βε-Βαιωσις, confirmation, affermissement.

Βε-Βαιωτης, qui confirme, qui met la sanction.

BAC.

BAC, est une famille Celtique qui a fourni nombre de mots à la Langue Françoise (*Orig. Fr.* 79, 83, &c.) & à la Latine (*Or. Lat.* 131, 134, &c.) relatifs aux idées de *petitesse*,

titesse, d'enfance, de contenance, de rondeur, &c. De-là ces mots Grecs.

1. Rond.

1. ΒΑΚΚΑΡις, *Bakkaris*, campanule, gand de Notre-Dame; belle plante à fleurs rondes en forme de cloches.

Βακκαριον, huile ou pommade faite avec cette plante.

2. ΒΑΚΧος, *Bakkhos*, Bacchus, le Dieu des grains ronds par excellence; 2º. être yvre, être transporté de la fureur bachique.

Βακχη, Bacchante.
Βακχειον, Temple de Bacchus.
Βακχικος, bachique.
Βακχευω, être furieux comme un homme yvre; 2º. faire entrer dans une pareille fureur.
Βακχευτωρ, *bakkheutôr*, surnom de Bacchus.

3. ΒΑΚανον, *Bakanon*, semence des raves, des radix : elle est ronde & petite.

2. Petite ouverture.

De *Bac*, rond, on fit *Bacca*, bouche, d'où :

ΒΥΚανê, *bukanê*, en Lat. *Buccina*, en Franç. cor à bouquin : en vieux Fr. *buccine*; cornet de bouvier, trompette.

Βυκαριζω, sonner de la trompette, enfler la buccine, donner du cor.
Βυκανιςης, qui sonne de la trompette.

Orig. Grecq.

3. Contenance.

1. ΒΙΚος, un bichet, vase à anses.
Βικιον, un petit vase, une petite cruche, un bichet; 2º. en Asie, de la vesce.

2. ΒΑΥΚαλιον, *Baucalium*, bocal, vase à étroite ouverture.
Βαυκαλις, vase pour mettre à rafraîchir.

3. Α-ΒΑΞ, *Abax*, gen. *Abakos*, Or. Lat. 137. 1º. siège, banc, canapé; 2º. table servant à contenir ce qu'on y dépose; table de cuisine, de Marchand; de service, ou buffet; table à jouer, damier, trictrac; table d'ardoise pour les calculs; tailloir, partie supérieure d'un chapiteau en forme de table.

BACH, BAH,
Bâton.

BAH, BACH, est un mot Celte qui signifie bâton : les Latins en firent *baculus*, & les Grecs en y ajoutant leur terminaison *ter* ou *tr*, en firent :

1. ΒΑΚτρον, *Baktron*, *Baktéria*, & *Baktérion*, bâton, petit bâton, baguette.

Βακτηρευειν, s'appuier sur un bâton.
Βακτρευμα, action de s'appuier sur un bâton.
Βακτρευω, marcher avec un bâton.
Βακτριασμος, espece de danse.

2. ΒΑΚηλος, *bakélos*, grand comme un bâton, comme une pique &

N

sans énergie ; un grand flandrin ; un dadé.

BA, BAD,
Eau.

Dans toutes les Langues Celtiques, BA, BAD, est un mot primitif qui désigna l'eau, l'eau mobile & allante. *Or. Lat.* 138. Les Grecs en dériverent plusieurs mots.

1.
BAD, prononcé BAL.

On sait que la lettre D se change souvent en L ; ainsi d'*Odisse* les Latins firent Ulysse : Voyez *Orig. du Lang. & de l'Ecrit.* 216, ainsi les Grecs changerent *Bad*, eau, en *Bal* ; de-là :

ΒΑΛαγειον, *Balaneion*, le *Balneum* des Latins, bain : baignoire : appartement des bains.

Βαλανευς, Βαλανειτης, Baigneur, Etuviste, Maître des bains.

Βαλανις, Βαλανισσα, baigneuse.

Βαλανευω, distribuer l'eau pour les bains ; servir au bain.

2.

ΒΑΦη, *Baphé*, immersion, action de plonger dans l'eau ; 2°. teinture ; 3°. tache ; 4°. fard.

Βαφικος, la teinture.

Βαφευς, Teinturier.

3.

ΒΑΜΜα, *Bamma*, teinture ; 2°. liqueur dans laquelle on trempe son pain.

Βαμματιον, en est le diminutif.

4.

ΒΑΠΤω, *Bapto*, plonger dans l'eau, submerger ; 2°. teindre ; 3°. laver ; 4°. puiser.

Βαπτος, teint, coloré.

Βαψις, teinture ; immersion.

5.

ΒΑΠΤιζω, *Baptizó*, laver, plonger dans l'eau, 2°. baptiser.

Βαπτισμος, baptême.

Βαπτισις, lavoir, lieu où l'on baptise.

Βαπτιστηριον, baptistere.

Βαπτιστης, qui baptise.

6.

De ce même mot vint le Celte BED, en Lat. barb. *bedum*, un biez, le canal d'un moulin. De-là le Grec :

Ι-ΒΔης, *I-bdés*, le bondon qui bouche l'ouverture par laquelle on fait sortir l'eau du fond d'un Navire.

BAL.

Nous avons vu dans les *Origines Françoises*, 91, que BAL étoit le nom du Soleil, & qu'on s'en servit pour désigner les objets beaux & brillans, les objets élevés, & ceux qui sont ronds. De-là divers dérivés Grecs.

I.

1. ΒΑΛαυςιον, *Balaustion*, fleur du grenadier sauvage.

2. ΒΑΛ-ΣΑΜον, *Balsamon*, en Latin BALSAMUM, le baume, *mot-à-mot*, le Roi du Ciel, à cause de

ses grandes propriétés & de son excellente odeur.

Βαλσαμωδης, qui ressemble au baume.

2.

1. ΒΛΕπω, *Blepô* (de *Bel*, prononcé *Ble*, Soleil) voir : appercevoir : 2°. regarder, considérer : 3°. prendre garde, éviter : 4°. vivre.

Βλεμμα, aspect, vue, regard.
Βλεψις, action de voir.

Ce verbe est riche en composés.

2. ΒΛΕΦαρον, *Blepharon*, paupiere, elle couvre la vue & la garantit.

Βλεφαρις, les cils des paupieres.
Βλεφαρζω, cligner continuellement la paupiere ; clignotter sans cesse.

3. ΑΜ-ΒΛΥΣ, *Amblus*, œil affoibli : 2°. émoussé, obtus : 3°. foible, languissant.

De la négation *a* ou *an*, devenue *am* devant *b*, & de *bl*, vue ; & cependant personne n'avoit soupçonné que c'étoit un mot composé.

Αμ-Βλυταΐα, d'une maniere très-obscure, très-émoussée.

Αμ-Βλυτης, affoiblissement ; 2°. lenteur, paresse d'esprit ; 3°. qualité de ce qui est obtus, ou de ceux qui ont l'esprit bouché, lent à concevoir.

Αμ-Βλυνω, émousser, ôter la pointe ; 2°. rallentir, briser l'impétuosité.

Αμ-Βλυωτω, aveugler, fasciner, tromper ; 2°. être louche ; 3°. n'y voir pas ; ne discerner qu'avec peine.

Αμ-Βλυωγμος, affoiblissement de la vue ; état d'une vue mauvaise, foible.

Αμ-Βλειος, même qu'*Amblus*.
Αμ-Βλωσσω, même qu'*Ambluottô*.
Αμ-Βλοω, même qu'*Αμ-Βλυνω* ; 2°. avorter.
Αμ-Βλωμα, & Αμ-Βλωσις, obtusion, émoussure ; 2°. avortement.
Αμ-Βλωσκω, & Αμ-Βλισκω, mêmes qu'Αμ-Βλοω.

4. ΑΣ-ΒΟΛΗ, *As-bolê* & *Asbolos*, f. suie : 2°. vapeur noire, fumée épaisse ; mot formé de la négation *A* ou *As*, & de *bel*, lumiere, jour, blancheur.

Ασ-Βολοεις, plein de suie, noirci.
Ασ-Βολωδης, le même.
Ασ-Βολοω, noircir, barbouiller de suie.

II. Force, Elévation.

Une des significations les plus étendues du mot BAL, est celle d'élévation & de force : delà ces mots Grecs.

1.

1. ΒΑΛΛω, prét. βε-βληκα, *Ballô*, jetter, lancer : 2°. frapper, atteindre, blesser : 3°. lâcher, poser.

Ce radical *BAL* s'est changé en BOL, BLO, BLÉ, pour les dérivés de *Ballô*.

2. ΒΟΛΗ, action de jetter : 2°. coup : 3°. plaie : 4°. perte.

Βλημα, coup, jet.
Βλητος, frappé ; 2°. étourdi, étonné.
Βλητρον, verrou ; targette.
Βλητρισμος, jet, agitation ; 2°. jactance.
Βολος, jetté : ce qu'on jette, filets, fronde ; 2°. coup de dés ; 3°. perte *de dents*, &c.

Βολαιος, impétueux, jetté avec force.

3. ΒΟΛις, dard : 2°. fonde.

Βολιζω, jetter la fonde ; fonder.

Βολεω, lancer, jetter.

4. Βολεων, fumier, ordure, ce qu'on jette.

Βολιτον, fumier de bœuf.

5. Βλωμος, miette, morceau.

Βλωμιδιον, petit morceau : la plupart du tems on les jette.

6. ΒΑΛΛιζω, baller, danfer, fauter.

Βαλλισμος, bal, ballet, danfe, chœur.

ΒΑΛιος, vite, rapide, qui s'élance ; nom du cheval d'Achille.

Ce verbe a formé une multitude de Compofés en *ballo*, *bol*, *blé*, tels que επι-βλη, agraffe.

Επι-βλης, verrou.

Επι-βλημα, piéce ajoutée : 2°. habit de deffus.

De-là ces mots de PARABOLE, SYMBOLE, HYPERBOLE ; celui de PROBOLE, fi connu dans l'Hiftoire Eccléfiaftique.

On y rapporte auffi celui de Δια-Βολος, Démon, Diable, Efprit malin ; mais on fe trompoit groffiérement. On en verra la vraie origine fous la racine DI.

2.

1. ΒΕΛος, *Belos*, dard, javelot, flèche, pique, toute arme qui fe lance : 2°. la foudre : 3°. coup, douleur caufée par un coup : 4°. la derniere douleur d'une femme qui accouche.

2. ΒΕΛονη, aiguille.

ΒΕΛονις, η, petite aiguille.

3. ΒΕΛενιτης, bélénite, pierre terminée en pointe comme une flèche.

ΒΕΛεννος, poiffon qui en a la forme.

Dans les compofés :

Βελης, pointu.

3.

1. ΒΑΛΒις, *Balbis*, lieu d'où s'élançoient les Chars pour les courfes : 2°. commencement, *au plur.* βαλ-ξιδες, pierres faillantes dans les puits qui fervoient à y defcendre ; 3°. degré, échellon.

2. ΒΑΛαντιον, *Balantion*, bourfe, gibeciére dans laquelle on jette, &c.

4.

ΒΛΑΒω, *Blabo* & ΒΛΑπτω, *Blapto*, frapper, nuire, battre, bleffer.

Ce mot formé de *bla*, coup, eft le même que le *plaga* des Latins, & les *blacken* & PLAGEN des Allemands.

On peut auffi le regarder comme une Onomatopée, telle que dans nos mots *flic*, *flac*.

Βλαβη, perte, dommage, peine, châtiment, détriment.

Βλαβερος, nuifible, dommageable.

Βλαμμα, détriment, dommage.

Βλαψις, préjudice, tort.

Α-Βλαβεια, innocence ; 2°. indemnité.

5.

ΒΛΑΣΤαγω, *Blaftano*, produire, pouffer, germer.

ΒΛΑ-ΣΤη, *blaflé*, germe, provin ; 2°. race, lignée.

Du verbe *flo*, être, & *bal*, *bla*, jet. Etymologie abfolument inconnue, ainfi que mille autres.

Βλασημα, germe, rejetton.

Βλαστησις, production d'un germe ; d'un rejetton.

6.

On peut rapporter ici cette famille, ΒΛΕΝΝα, *Blenna*, pituite, morve ; on la *jette* hors.

Βλεννωδης. muqueux ; 2°. lâche, pareffeux, un morveux.

Βλενος, de même.

7.

ΒΛΩΜος, *Blômos*, morceau, piéce, fragment, ce qu'on jette.

8.

ΒΛΩΣΚω, fut. Βλωσω, *Blosko*, fut. *Blóſó*, furvenir, arriver.

Βλωσις, arrivée, action de furvenir.

III. Excellent.

De *Bal*, défignant ce qui eft au-deffus de tout, élevé par excellence, excellent, vint la famille BEL, excellent, & qui fe confond ainfi avec la famille Françoife BEL, & avec la Latine MEL, qu'on peut voir dans nos *Orig. Fr.* & nos *Orig. Latines*.

ΒΕΛ-ΤΕΡος, *Bel-teros*, meilleur, plus grand, préférable.

Βελτιων, de même.

ΒΕΛΤιςος, *beltiſtos*, très-excellent, très-bon.

ΒΕΛΤιοω, améliorer, rendre meilleur.

Α-ΒΕΛΤηρια, folie, démence ; 2°. ignorance.

2.

1. ΒΟΥΛη, *Boulé*, délibération, décret, conſeil, volonté ; 2°. Aſſemblée, Sénat ; 3°. lieu de conſeil, le Palais.

ΒΟΥΛης, Sénateur.

Βουλεια, fonction de Sénateur.

Βαλευω, délibérer, ſtatuer, vouloir ; 2°. réfléchir, examiner ; 3°. être Sénateur, Conſeiller.

Βαλευμα, conſultation, délibération, conſeil.

Βαλευματιον, petit conſeil.

Βαλευτος, ce fur quoi il faut délibérer.

Βαλευτης, Sénateur.

Βαλευτικος, délibéré ; 2°. de Sénateur.

Βαλευτικον, place des Sénateurs fur le théâtre.

Βαλευτηριον, Curie, la Cour, le lieu d'aſſemblée.

Α Βαλυς, imprudent, fou.

2. ΒΟΥΛομαι, deſirer ; 2°. aimer mieux, préférer ; 3°. vouloir, penſer, être d'avis ; 4°. être attaché à ; 5°. pouvoir.

Βαλημα, volonté.

Βαλησις, ſentence.

Βαλητος, qu'on veut.

Cette famille tient à la Latine VOLo, & à la Françoife VOULoir, VOLonté. Voy. nos Origines pour ces deux Langues.

MOTS NÉGATIFS.

1.

ΒΛΙΤον, *Bliton*, en Latin *Bletum*, en François BLETTE.

C'est une plante très-fade, sans force : aussi on disoit en proverbe plus fade, plus insipide qu'une Blette.

Βλιτας, Βλιτωνας, Acc. plur. les foux.

Βλιτομαμας, fou, insensé, dans ARISTOPH. nuées.

2.

ΒΛΗΧρος, *Blékhros*, foible, sans force ; Héraclides de Milet l'emploie dans le sens de fort, de vigoureux.

Βληχρον, espece de légume ; 2°. fougere.

A-Βληχρος, sans force, infirme, invalide, imbécille.

IV. Elevé.

1.

1. ΒΗΛος, seuil d'une porte ; il ne vient point de *baino*, aller, comme on l'a cru, mais de *bal*, élevé : le seuil étoit toujours plus élevé : d'ailleurs, il n'étoit pas permis de poser le pied dessus ; il falloit l'enjamber. De-là, avec la négation *ve* ou *be* ;

Βε-ΒΗΛος, sur quoi on peut poser le pied ; où chacun peut passer : profane.

Βε-Βηλοω, profaner, souiller.

Βε-Βηλωσις, profanation.

2.

ΒΛΩΘρος, *Blôthros*, élevé, haut ; à la tête ; un Grand, un Seigneur.

3.

Βλαυ7αι, espèce de chaussure.

Βλαυ7ιον, sandale, pantoufle.

Βλαυτουν, frapper avec sa pantoufle.

La chaussure hausse, fait paroître plus grand : de-là ce mot.

V. Rond.

1.

1. ΒΑΛανος, gland, fruit rond : 2°. bol en forme de gland ; 3°. verrouil.

Βαλανωδης, plein de glands.

Βαλανηρα, tout ce qui est du genre des glands.

Βαλανιζω, aller à la glandée, secouer les glands.

2.

Ο-ΒΟΛος, *Obolos*, Lat. *Obolus*, obole, piéce de monnoie. Ce mot est formé de *bol*, lumiére, qui montre, de même que *monnoie* vient de *mon*, flambeau, avertisseur.

Ο-Βολιμαιος, d'obole, monétaire.

Ο-Βολιστικη, art usuraire ; usurier.

3.

Ο-ΒΕΛος, marque dont on se servoit dans les Livres, comme une étoile, une croix : 2°. broche : 3°. figure d'un rayon solaire.

Ο-ΒΕΛιας, pain rond comme une *oublie*, c'est le même mot.

Ο-ΒΕΛισκος, aiguille ou monument de pierre en forme de rayon solaire.

Ο-Βελιζω, mettre une marque ; noter.

Ο-Βελισμος, note désignée par l'obole.

4.

ΒΛΑισος, *Blésos*, qui a les jambes tournées en dedans, formant le cercle.

Βλαισοτης, tortuosité.
Βλαισοω, contourner, tordre.
Βλεσος, le même que *blaisos*.

Ce mot désigne aussi tous les membres qui ne sont pas dans leur état naturel : de-là le Lat. *Blæsus*, bègue.

5.

1. ΒΩΛος, *Bolos* ; ce mot est très-remarquable. Il désigne, 1º. le SOLEIL, & les Grecs ont ainsi conservé l'Oriental BOL, Soleil : 2º. une masse ronde ; un bol : 3º. une motte de terre : 4º. un champ, un fonds de terre.

Βωλωδης, abondant en mottes.
Βωλαξ, motte de terre, glebe.
Βωλαριον, petite motte.
Βωλινη, brique de terre.

2. ΒΩΛιτης, champignon, mousseron : il est rond.

6.

ΒΟΛΒος, en Lat. *Bulbus*, bulbe, caïeu ; tout oignon ou racine ronde.

Βολβωδης, bulbeux.
Βολβαριον, petit oignon, petit cayeu.

7.

Α·ΒΑΛΕ, *Abale*, plût au Seigneur ; c'est un composé de BAL, Seigneur : Soleil.

La vaste étendue de cette famille BAL, & ses rapports étroits avec les Langues d'Orient, la Latine, la Françoise, &c. devient une démonstration du rapport de toutes ces Langues ; & que BAL fut un mot vraiment primitif. Nous avons déja observé qu'il tient à la famille HAL, AL, élevé ; & qu'il en est une branche très-intéressante.

BAN.

Nous avons vu dans les *Orig. Franç.* pag. 116, &c. que c'est un mot Celte désignant les objets élevés, qui a donné une multitude de mots à la Langue Françoise : & dans les *Orig. Lat.* nous avons vu que les Latins en avoient conservé quelques-uns, pag. 158. Voici quelques radicaux Grecs qui en sont venus.

1.

ΒΟΥΝος, *Bounos*, colline, côteau, éminence ; 2º. monceau.

EUSTATHE prétend que ce mot est Africain, & que les Grecs l'empruntèrent à cette Nation ; c'est-à-dire aux Phéniciens. Ce qui prouve que ce mot Celte ou parlé dans toute l'Europe, n'étoit pas particulier à cette portion du Globe. On en trouve des traces dans l'Hébreu בהן, *ben*, le pouce des mains & des pieds, *mot-à-mot*, le *gros* doigt. Nous en retrouverons d'autres traces tout-à-l'heure.

Βυνωδης, escarpé, en colline.
Βυνις, terre couverte de collines.
Βυνιζω, accumuler, entasser.

2. Βυνιας, *en Lat.* bunias ; &
Βυνιον, *en Lat.* bunicum, navet.
Βυνιτης, vin de navet.

2.

ΒΩΜος, *Bomos*, base, piédestal ; 2°.
Autel : 3°. Temple.

C'est un mot vraiment Oriental, במה, *Bemeh*, signifie un haut lieu, un Autel, un Temple. En Celte, *bom* & *bon* signifient également haut, élevé.

Βωμιος, d'autel.
Βωμις, petit autel.
Βωμιςρια, Prêtresse,
Βωμουσις, construction d'un autel.
Βωμαξ, petit autel ; 2°. sacrilége.
Βωμαχευμα, bon mot, plaisanterie.

3.

ΒΟΝασος, *Bonasos*, espèce de bœuf sauvage qui étoit commun dans la Péonie : cet animal étoit plus grand & plus fort que le bœuf domestique. Ce doit être le même animal que l'*Uroch* de l'Helvétie.

4.

ΒΥΝη, *Buné*, orge gonflé en le faisant tremper dans l'eau : 2°. la Mer vaste.

5.

Ε-ΒΕΑος, & Ε-ΒΕΝος, *en Lat. Ebenus*, l'Ebene, arbre qui vient très-gros & très-grand. Ce nom est également Oriental. Voyez *Orig. Lat.* 158.

6.

Α-ΠΗΝη, *A-péné*, char, litiere ; il tient à l'Orient. *Aphen*, אפן.

BAR,
Porter, produire.

Nous avons vu dans les *Or. Fr.* 133. que ce mot désignoit les idées de PORTER & de PRODUIRE, & dans les *Or. Lat.* 160. qu'il avoit produit en Latin cinq sortes de Familles.

1. BAR désignant la PRODUCTION.
2. La FORCE nécessaire pour porter.
3. Le BRAS, source de la force.
4. La PAROLE, production par excellence de l'esprit.
5. Les PRODUCTIONS qui passent rapidement, & par analogie, la brieveté.

Nous allons retrouver toutes ces Familles dans la Langue Grecque avec plus ou moins d'étendue, & plus ou moins d'altérations.

I.

BAR,
Fertile, qui porte.

Cette famille s'ouvre en Latin, 161. par U-BER, abondance ; 2°. mamelle. Les Grecs changeant ici B ou V & F, en Th, suivant leur usage, en firent :

ΟΥ-ΘΑΡ, αΐος, τὸ, *Ou-thar*, mammelle, sein : 2°. tetton, sur-tout pour les animaux : 3°. fertilité, abondance.

2. Α-ΒΑΡ

2.

A-BAP, *Ahar*; *n.* espèce de gâteau ; il tient à *far*, blé, & peut tenir à *bar*, *bra*, manger.

3.

ΠΑΡΘη, *Parthé*, Vierge. Ce mot est formé du prim. *PAR*, produire, & de la négation terminale *th*.

Παρθενός, ἡ, Vierge ; ce mot étoit beaucoup plus usité que le précédent, comme étant le plus récent.
Παρθενια, virginité.
Παρθενευω, vivre Vierge.
Παρθενισκαριον, jeune fille, fillette.
Παρθενων, appartement des Vierges.

4. Noms de Plantes.

1. ΒΡΑΘυς, *Brathus*, Sabine, plante dont l'odeur est très-forte & les branches extrêmement chargées de rameaux.

2. ΒΡΑ-ΒΥΛα, *Brabyla*, prunes de Damas.

3. ΒΡΥων, *Bryon*, mousse, algue ; 2°. houblon, il s'élève ; 3°. fruit du peuplier blanc, il vient en grappes.
Βρυωδης, mousseux ; 2°. mou, friable.
Βρυοω, couvrir de mousse.

4. ΒΡΥωνια, bryoine, couleuvrée ; 2°. vigne blanche.

5. Α-ΒΡΥα, *Abryna*, fruits du sycomore, *ou* figue-meurier.

II.
BAR ou FAR, devenu THER.

Nous avons vu ci-dessus que *B* ou *F* mis l'un pour l'autre se changeoient chez les Grecs en *Th*. ainsi, la famille *Lat. Fera*, 163. devint en Grec celle de Θηρ, *Ther*. De-là,

ΘΗΡ, *Thér*, animal, bête féroce.
Θηριον, de même.
Θηρειος, d'animal.
Θηριωδης, féroce.
Θηριωδια, férocité.
Θηριακη, thériaque, antidote contre les morsures des animaux, &c.
Θηριοω, devenir féroce.
Θηριδιον, petit animal.

2. ΘΗΡα, *Théra*, chasse.
Θηροσυνη, de même.
Θηραω, chasser, aller à la chasse.
Θηρακια, chasse, capture.
Θηρασιμος, qu'on peut chasser.
Θηρατης, chasseur.
Θηρατρον, instrument de chasse.
Θηρητηρ, chasseur.
Θηρευω, chasser, aller à la chasse.
Θηρευτης, & Θηρευτηρ, chasseur.

Les Eoliens disoient ΦΗΡ, PHER, au lieu de *Ther* : il se trouve dans l'Iliade pour désigner les animaux des montagnes, les Centaures. C'est le THIER des Allemans, le *Dyr* du Nord.

III. Porter.
1.

ΒΑΡις, ιος *ou* ιδος, ἡ, *Baris*, barque, navire. C'est un mot Egyptien, & le nom du vaisseau d'Isis.

A-Βαρις, qui demeure en terre-ferme.
Βου-Βαρας, maître d'un gros vaisseau

2°. un homme aussi stupide que grand.

2.

1. ΒΑΡος, τὸ, *Baros*, charge, poids; 2°. pesanteur: 3°. peine, chagrin.

Βαρεω, charger.

Βαρεομαι, être chargé; 2°. être indigné, porter avec peine.

Βαρημα, charge, pesanteur.

Βαρυλλιον, petit poids.

Βαρυς, pesant, lourd; 2°. robuste; 3°. violent; 4°. fâcheux, à charge, insupportable.

Βαρυτης, pesanteur; 2°. mauvaise humeur.

2. ΒΑΡυγω, presser, oppresser, accabler.

Βαρυθω, de même.

3. Βαρινος, espèce de poisson.

Α-Βαρης, *a-barês*, qui n'est pas chargé; 2°. tête légere, folle.

3.

ΒΑΡ-ΑΘΡον, *Barathron*, (*Or. Lat.* 2040.) fosse profonde, gouffre; 2°. abîme dans lequel les Athéniens précipitoient les scélérats; 3°. perte, ruine; abime de maux; 4°. espèce de plante.

On a dit aussi Βερεθρον, & Βεθρον; Ce mot vient de *Barus*, profond, & de *Thróma*, trou, ouverture.

4.

ΒΡΑΧιον, *Brakhion*, bras.

Βραχιονιον, Βραχιονιδηρ, bracelet.

5. B R I, force.

1. ΒΡΙ, *Bri*; adverbe qui désigne la force.

2. ΒΡΙαω, être plein de force, robuste; 2°. être puissant; 3°. rendre robuste, fortifier.

Βριμη, force, puissance.

Βριαρος, fort, puissant, robuste.

3. ΒΡΙζω, être accablé de sommeil après le repas.

Βριζω, nom, interprète des songes.

4. ΒΡΙΘω, être chargé: 2°. être lourd, pesant; 3°. pencher, fléchir sous le poids; 4°. peser, laisser des traces d'impression; 5°. être trop plein, dégorger; 6°. être chargé excessivement, abonder.

Βριθος, charge, poids.

Βριθυς, chargé, pesant.

5. ΒΡΙΣΣος, en lat. *Brissus*, espèce d'hérisson de mer; il est chargé de pointes.

6.

ΒΡΟχος, *Brokos*, hart, corde pour pendre, pour suspendre.

Βροχιος, de corde, par la corde.

Βροχις, même que Βροχος.

7.

BARG, BERG, signifie, dans toutes les Langues Celtiques, montagne: il se prononça *Perg* en Grec: De-là.

1. Περγ-Αμη, *Perg-Amé*, nom de la Citadelle de Troïe, & de Pergame, grande Ville de l'Asie Mineure; mot-à-mot, *habitation sur la montagne*. Cet *Amé* est le *ham* Anglois, le *heim* des Allemans,

habitation, dont notre mot HA-Meau est le diminutif.

2. Α-ΠΑΡΓια, *Apargia*, mot-à-mot, non-élevée : nom d'une plante fort basse, qui ne s'éleve point.

3. Βεργαίζειν, raconter de grandes choses, incroyables.

4. ΒΑΡΓετας, *Bargetas*, soldat qui se vante beaucoup, fanfaron ; tranche-montagne.

IV. Parole.

La famille BAR, VAR, parole, qui est si nombreuse dans la Langue Latine & dans quelques Dialectes Celtiques, a donné aux Grecs les mots suivans.

I.

BAR=BARος, barbare, étranger, *mot-à-mot*, dont la Langue est différente ; 2°. inhumain, féroce.

Βαρ-Βαροω, rendre barbare ; 2°. soumettre à une domination barbare, étrangere.

Βαρ-Βαριζω, favoriser les barbares ; 2°. imiter leurs manieres.

Βαρ-Βαρισμος, barbarisme, expression barbare.

Βαρ-Βαρισι, à la maniere des étrangers, des barbares.

2.

ΒΑΡ-ΒΙΤον, *Bar-biton* & *Bar-bitos*, instrument de musique à cordes : le *Barbiton* d'Horace ; *Or. Lat.* 168 : de *Bar*, parler, & *beth*, maison, caisse, boëte.

V.

BRAV, courageux.

BRAVE est un mot Celtique & François, qui signifie courageux, adroit, leste. Il a donné à la Langue Grecque cette famille :

ΒΡΑΒευς, *Brabeus*, Juge du combat, du Tournoi : qui décerne la couronne, la récompense du Victorieux : Directeur, Président.

Βραβευω, décerner le prix du combat ; 2°. présider.

Βραβεια, jugement.

Βραβειον, prix de la victoire ; 2°. sceptre royal.

VI. BRA, Négatif.

1.

ΒΡΑΔυς, *Bradus*, lent, *mot-à-mot*, trop chargé pour pouvoir aller vîte ; 2°. paresseux ; 3°. esprit lourd & pesant, difficile à concevoir.

Βραδεως, lentement ; en paresseux.
Βραδυς, lenteur, paresse.
Βραδυνω, tarder, différer.

2.

ΒΡΑΧυς, *Brakhus*, court, bref, petit : 2°. de peu d'importance.

Βραχυ, peu important.
Βραχυτης, briéveté.
Βραχυνω, rendre une syllabe brève, prononcer court.
Βραχεια, τα, en Lat. *brevia*, bas fonds, syrtes, lieux où il y a peu d'eau.

3.

ΒΡΕΦος, εος, τὸ, *Brephos*, enfant.

Βρεφυλλιον, petit enfant :

Ce mot tient sans doute à cette Famille : il signifieroit, mot-à-mot, un Etre qui n'est pas grand, qu'on éléve.

4.

A-BPος, *Abros*, délicat, mol, tendre : 2°. beau, élégant, agréable : 3°. gai, plaisant, enjoué : 4°. magnifique, *mot à mot*, non-pesant, non-lourd.

A-Βρως, délicatement.

A-Βροτης, molesse, luxe.

A-Βροσυνη, de même.

A-Βρυνω, orner, polir.

A-Βρυτης, curieux de parure, de magnificence.

BAT,
Rouge.

BAT, BET, BED est un primitif Celtique, qui signifie rouge, & qui a donné divers mots aux François, 161, & aux Latins, 177. De-là ces mots Grecs :

1.

BATος, *Batos*, rosier sauvage, églantier ; 2°. épine, buisson ; 3°. espéce de poisson.

Βατιον, diminutif.

Βατινον, fruit du rosier, églantine.

Βατοεις, Βατινος, Βατωδης, semblable à l'églantier.

BATις, nom d'une plante ; 2°. d'un poisson ; 3°. d'un oiseau. Ces objets dûrent sans doute leur nom à leur couleur.

2.

ΒΣΤιον, bette, plante rouge.

3.

ΒΕΥΔος, *Beudos*, habit ou étoffe rouge.

BATH, BOD,
Profond.

I.

Ce mot primitif, & qui est de toute Langue, comme nous avons fait voir dans notre huitième Volume à l'Article POT, a fourni aux Grecs les mots suivans.

1.

BATος, *Batos*, grande mesure de liquides, tonneau : en Orient. בת, *bat*.

BATιον, petit tonneau ; 2°. petite fille, chere enfant.

Dans ce sens, il doit tenir également à l'Orient. בת, *bat*, fille, Vierge.

2.

BATιεια, *Batieia*, colline près de Troie, & dont parle l'Iliade. Ces noms primitifs conservés chez les Grecs, sont très-remarquables.

3.

BAΘoς, τό, *Bathos*, profondeur ; 2°. hauteur ; 3°. intérieur très-reculé.

Βαθυς, profond : 2°. gros, plein.

Βαθυτης, profondeur.

Βαθυνω, rendre profond, creuser, excaver profondément.

Βενθος, fond, profondeur, endroit profond.

Εμ-Βαθμυνος, sage qui creuse, qui approfondit.

4.

ΒΟΘΡος, ὁ, *Bothros*, fosse, caverne, cavité profonde ; 2°. espéce de torture.

Βοθρουασθαι, être atteint d'une de ces tumeurs qui creusent.

Βοθριον, petite fosse, creux, alvéole ; 2°. fistule lacrymale.

Βοθριζω, jetter dans une fosse.

5.

ΒΥΘΟς, *Buthos*, fond, le plus bas, gouffre profond.

Βυθριος, profond.

Βυθιζω, précipiter, jetter dans un abime, jetter au fond.

Βυσσος, en Ionien, fond.

Βυσσωμα, profondeur.

6.

Α-ΒΥΣΣος, abime ; mot-à-mot, sans fond.

7.

ΒΟΣ-ΤΡΥΧος, *Bostrykhos*, boucle de cheveux : cheveux bouclés.

Ce mot, dont l'origine a été toujours inconnue, est composé de deux mots Grecs dont la réunion peint au mieux l'objet qu'on voulut désigner ;

1°. De TROKHOS, prononcé ici *trukhos*, cercle, rondeur.

2°. De BOD, devenu *bos*, & qui signifie profond, intérieur ; mot-à-mot, boucle formée par des cercles rentrans.

Βοστρυξ, de même.

Βοστρυχωδης, bouclé, fait en forme de boucle.

Βοστρυχιζω, boucler, passer les cheveux au fer : porter des cheveux frisés.

Βοστρυχιον, petite boucle.

BI.

Dans nos *Orig. Fran.* 1270. & dans les *Lat.* 2174. nous avons vu que le primitif HE, existence, être, se prononça *hei*, *vei*, *vi*, & qu'on en fit *vis*, la force, & *vi*, la vie, l'existence animée.

Les Grecs eurent également ces deux mots ; mais comme ils écrivoient B pour V, ces Familles qui auroient du se trouver sous la lettre E, & qui sont en Latin & en François sous la lettre V à la fin du Dictionnaire, se trouveront ici vers le commencement.

I. BI, Force.

ΒΙα, force ; 2°. violence ; en Lat. *vis*. Ici *a* n'est qu'une terminaison : le mot primitif est ΒΙ.

Βιαιος, violent ; 2°. force.

Βιαιοτης, violence, injustice.

Βιαω, violenter, opprimer, accabler.

Βιαζω, Βιαζομαι, de même ; 2°. s'efforcer, faire les plus grands efforts ; 3°. violer : *passiv.* être forcé.

Βιασμος, violation : violence.

Βιαsης, qui fait violence, violateur.

ΑΒΙος, très-robuste, très-fort : il est en même tems négatif, qui n'use point de violence ; sans force.

Ανο-Βιας, doué d'une grande force.

II. BI, Vie.

ΒΙος, vie ; 2°. le genre-humain, les

vivans ; 3°. subsistance, denrées, provisions ; 4°. biens, facultés.

Βιοω, vivre, exciter.

Βιωσκομαι, vivoter.

Βιωσις, action de vivre, vie.

Βιωσιμος, vital, doué d'un grand fond de vie.

Βιωτος, qui concerne la vie.

Βιοτικος, actif à se procurer le nécessaire ; 2°. profane, Laïque, qui n'est occupé que de la vie présente.

Βιοτος, en poésie, le même que Βιος, vie, entretien.

Βιοτης, fortune médiocre, vie peu aisée.

Βιοτησιος, vital.

Βιοτευω, chercher sa vie.

B, Ajouté.

Β. ΛΑΞ, *Blax*, lâche, sans force, sans énergie.

C'est le mot Celte *Lax*, où *l* s'est fait précéder de *b*, ce qui est ordinaire à cette lettre. Voyez *Or. Fr.* 606.

Βλακικος, lâche, sans cœur, sans courage.

Βλακευω, s'abandonner à la paresse, à la fainéantise.

Βλακεια, lâcheté, manque de courage, d'énergie.

Βλακευμα, action due au manque de courage, de cœur.

B pour W.

ΒΥΡΣα, peau, cuir : mot formé de l'Orient. עור, *Wor*, peau, & de la terminaison *sa*.

Βυρσινος, de peau.

Βυρσευς, corroyeur.

Βυρσευω, préparer les peaux.

Βυρσοω, couvrir de cuir.

Βυρσις, pellicule, petite peau.

MOTS GRECS
VENUS DE L'ORIENT.

B.

ΒΑΙΣ, palme, branche de palmier. Nous avons vu dans le 8ᵉ. Vol. du *Monde Prim.* p. 174. qu'en Oriental *Baïs* étoit le nom du palmier.

ΒΑΙΤα, matelas, couverture piquée ; mot-à-mot, laine entre deux peaux. De l'Or. בית, *beit*, entre deux.

ΒΑΝ-ΑΥΣος, *Ban-ausos*, forgeron, tout ouvrier qui a besoin du feu pour ses travaux.

De בן, *ban*, construire, forger, travailler, & *ash*, feu.

2°. Ce mot se prit en mauvaise part pour un ouvrier de peu de chose, petit Artisan ; 3°. trivial.

Comme il arrive toujours aux mots étrangers : notre Langue fourmille de ces exemples.

Βαυνσια, Art qui a besoin du feu ; 2°. art méchanique.

2. ΒΑΥΝος, *baunos*, forge, fourneau ; cheminée.

ΒΑΣΑΝος, ἡ, *Basanos*, pierre de touche : 2°. épreuve, examen : 3°. torture, question. Ce mot dont l'origine étoit absolument inconnue, est l'Or. בחן, *bac'han*, épreuve, examen.

Βασανιζω, éprouver, examiner ; 2°. questionner : torturer.

Βασανισμος, examen ; 2°. torture.

Βασανιςης, qui examine, éprouve.

Βασανιςηριον, lieu de torture.

ΒΑΣΙΛευς, *Basileus*, Roi. On a dérivé ce mot de *basil*, base, & *laos*, peuple. Mais on trouve dans l'Oriental بشل, *Bashal*, Héros, & משל, *mashal*, dominer, régner, commander. On ne sauroit donc douter que le mot Grec n'en soit venu.

Βασιλευτερος, qui l'emporte sur tous les autres par un air majestueux.

Βασιλειος, royal.

Βασιλειον, Palais, Maison Royale.

ΒΑΣΙΛεια, Reine.

Βασιλειδης, fils de Roi.

Βασιλειδιον, petit Roi, Roitelet.

Βασιλικος, royal.

Βασιλινδα, jeu au Roi, jeu où on tire au sort un Roi pour commander ce qu'il faut faire.

Βασιλιννα, & Βασιλις, Reine.

Βασιλισκος, petit Roi.

Βασιλευω, régner, commander.

Βασιλεια, puissance royale.

Βασιλειαω, aspirer à la royauté.

Βασιλιζομαι, se conduire en Roi.

De l'Or. בצר *Batsar*, vignoble, sont venus.

1. ΒΑΣΣΑΡευς, *Bassareus*, le Vendangeur, surnom de Bacchus.

2. Βασσαρα, Bacchante : 2°. nourrice de Bacchus : 3°. Courtisanne ; 4°. espèce de chaussure : 5°. renard.

Βασσαρικος, bacchique.

3. ΒΟΤΡυς, *Botrys*, raisin, grappe de raisin.

Βοτρυμος, vendange.

Βοτρυδιον, verjus.

Βοτρυσεις, rempli de sarmens.

Βοτρυων, *botryon*, en lat. *botryo*, grappe de raisin.

De l'Or. בוץ, *Butz*, blanc, vinrent.

1. ΑΛ-ΑΒΑΣΤρον, *Ala-bastron*, albâtre : sa couleur est blanche : on dit, blanc comme l'albâtre ; 2°. vase d'albâtre.

Αλα-Βαςριτης, marbre blanc.

Αλα-Βαςριον, petit vase d'albâtre.

2. ΒΥΣΣος, *Bussos*, en Lat. *Byssus*, coton, lin.

Βυσσινος, de coton, de lin.

ΒΑΤΑΛος, *Batalos*, efféminé. De l'Or. בתל, *Bathoul*, fille.

ΒΕΡ-ΒΕΡι, *Ber-beri*, mot Indien,

dit Euſtache ; perle & l'huître qui la produit.

ΒΟΥΒων, ὁ, Aîne ; 2°. tumeur aux aînes ; de l'Or. בוב, *bub*, creux, évaſé.

ΒΡΕΤας, τὸ, ſtatue, ſimulachre, tableau ; en Allem. *bret* planche ; ais ; de l'Or. ברת, *bret*, couper, tailler.

De l'Or. בער, *bor*, briller, vint.

ΒΗΡΥΛΛος, ὁ, ἡ, berylle, pierre précieuſe ; 2°. nom d'une plante.

ΒΥΒΛος, *Byblos*, écorce intérieure du papyrus, plante d'Egypte, dont on faiſoit le papier, des voiles, &c.

Βυβλινος, de papier.

Βυβλιον, papier ; cordage fait de papyrus.

2. ΒΙΒΛος, Livre ; ils étoient faits de la plante appellée *Byblos*.

Βιβλιον, Βιβλαριον, Βιβλαριδιον, petit livret.

Βιβλιακος, verſé dans la connoiſſance des livres.

Βιβλις, ιδος, ἡ, petit livre ; 2°. cordage.

MOTS GRECS-CELTES,
OU DÉRIVÉS DE LA LANGUE CELTIQUE.

G

LA lettre *G* eſt la troiſieme dans les Alphabets Grec & Orientaux.

Comme elle ſe prononce de la gorge, elle en eut la forme & la ſignification ; de-là pluſieurs mots qui déſignent la gorge, le goſier, les ſons de la gorge, &c.

Elle ſervit par-là même à peindre nombre d'Onomatopées.

Elle ſe ſubſtitue ſans ceſſe à l'aſpiration, ainſi qu'au C ou K ; & s'ajoute ſouvent à la tête des mots qui commencent par une de ces liquides *L*, *N*, *R*.

Au moyen de ces obſervations peu nombreuſes, & qui ſont communes au *G* Grec avec le *G* François & le *G* Latin, on a à-peu-près toutes les étymologies des mots Grecs en *G*.

ONOMATOPÉES.
1. ΓΕΛ.

1. ΓΕΛαω, Gelao (*prononcé toujours* GU *ou* GH), rire ; 2°. railler, plaiſanter ; 3°. briller, fleurir, en parlant des êtres inanimés.

Γελασμα, ris.

Γελασιμος, plaiſant, ridicule, qui apprête à rire.

Γελασικος,

Γελασινος, rieur.
Γελασειω, mourir d'envie de rire.
Γελασης, rieur; 2°. moqueur.
Γελασυς, le rire.
2. ΓΕΛως, ὁ, ris.
Γελοιος, ridicule, plaisant, qui fait rire, bouffon; 2°. jeu, badinage.
Γελοιως, ridiculement.
Γελοιαζω, plaisanter, dire des choses plaisantes, amusantes.
Γελοιαςης, farceur, facétieux.
Γελωος, bouffon, Jean-Farine.

2. ΓΟαω.

ΓΟαω, *Goaó*, gémir, pleurer, se lamenter, déplorer.
Γοημων, lamentable, déplorable.
Γοωδης, Γοερος, de même.
Γοος, deuil.

3. ΓΟΓΓυζω.

ΓΟΓΓυζω, *Gonguzo*, murmurer.
Γογγυσμος, murmure.
Γογγυςης, qui murmure.

4. ΓΟΡιαω.

ΓΩΡιαω, *Góriaó*, verbe Lacédémonien, plaisanter amèrement, déchirer en raillant, se moquer. C'est l'Arabe בור, & l'Hébr. גער, railler, critiquer, gronder.

5.

ΓΡΟΝΘων, *Gronthón*, élémens pour la flûte.

6.

ΓΕΡΑΝος, grue, oiseau; 2°. machine; 3°. sorte de danse.
Γερανιον, diminutif.

7.

ΓΙΓΓρας, ȣ, ὁ, *Gingras*; petite flûte, Orig. Grecq. dont le son étoit triste.
Γιγγραινω, jouer de cette flûte.
Γιγγρασμος, son du gingras.

8.

ΓΡΥ, *gru*, cri du cochon; 2°. tout ce qu'il y a de plus bas, de plus chétif, de plus petit.
Γρυζω, *gruzó*, grogner.
Γρυσμος, grognement.
Γρυλλιζω, grogner.
Γρυλλος, cochon.
Γρυλλισμος, grognement.
Γρυλη & Γρυλαρια, frivolités, bagatelles.

G ajouté.

1.

ΓΛΩΣΣα, ης, *Glôssa*, & en Athénien *Glotta*, Langue: 2°. langage: 3°. vieux mot, mot étranger; 4°. explication de ces mots.

Ce mot vient de *Lesh*, Langue, en Oriental, précédé de G.

Γλωσσηματικον, petit mot, mot étranger.
Γλωττικος, qui concerne la langue.
Γλωσσωδης, babillard.
Γλωσσαριον, petite langue; 2°. recueil de mots.
Γλωσσις, la glotte.

2.

ΓΝΟΦος, *Gnophos*, ténèbres; de *NEB*, primitif, nuées, nuit. On a dit aussi ΔΝοφος, où G changé en D, comme il arrive souvent.
Γνοφερος, & Γνοφωδης, ténébreux, noir, sombre.
Γνοφοω, obscurcir, couvrir de ténèbres.

3.

ΓΛΗΚων, *Glékôn*, pouliot, plante aquatique; de *Lak*, *Lék*, eau; même que *Blékôn*.

G.
Gorge : Gosier.

1. ΓΑΜΜα, *Gamma*, nom du G, altéré de l'Oriental *Gaml* ou *Gamel*, chameau ; *mot à-mot*, l'animal au long cou.

2. ΓΑΡ, *Gar*, car : c'est le radical du verbe *garrio*, parler, jaser : Voy. Or. Lat. 760, & Gramm. Univ. & Comp. 349 ; en Celt. GAIR, un mot : Delà.

ΓΗΡυς, εος, η, *Gérus*, voix, son.
Γηρυμα, de même.
Γηρυω, parler, dire.

3. ΓΑΡ-ΓΑΡεων, ωγος, ὁ, *Gar-gareôn*, gosier ; 2°. flûte.

4. ΓΑΡ-ΓΑΡιζω, gargariser.
Γαρ-γαρισμος, gargarisme.

5. ΓΕΥω, *Geuô*, faire goûter, *mot-à-mot* ; mouiller la bouche, la gorge. Or. Lat. 762.
Γευομαι ; goûter ; 2°. tâter, éprouver.
Γευμα, goût ; 2°. action de goûter.
Γευματιζω, goûter.
Γευθμος, goût.
Γευσις, action de goûter.
Γευσος, qu'on peut goûter.
Γευστηριον, instrument pour goûter.

GA,
Grand.

GA est un mot primitif formé de G, grand, ce qui désigne la grandeur, la hauteur, la fierté : de-là divers mots.

1.

ΓΑΙω, *Gaiô*, être vain, s'énorgueillir.
Βυ Γαιος, fanfaron, qui se vante.
En Or. גאה, *Gaeh*, se glorifier, être vain.

2.

ΓΑΥΡος ; superbe, arrogant, orgueilleux.
Γαυροω, s'énorgueillir.
Γαυριαω, s'enfler, s'élever.
Γαυρης, qui se vante.
Γαυρικος, superbe, orgueilleux.
Γαυρωμα, orgueil, enflure, vanité.
Γαυριαμα, action de se vanter, de s'enfler.

Cette famille peut tenir également à *Hor*, élévation, montagne, prononcé *Gor*, *Gaur*.

3.

ΓΙΓΑς, αγτος, *Gi-gas*, de même en Latin, un Géant ; c'est la répétition de *ge*, grand, comme qui diroit grand-grand, ou très-grand.
Γιγαντιος, gigantesque, de géant.
Γιγαντωδης, semblable aux géans.
Γιγαντιαω, avoir une taille de géant.

4.

ΓΕΦΥΡα, *Geph-ura*, un pont.

Ce mot dont l'origine étoit absolument inconnue, est formé de *Geb*, *Gab*, grand, élevé, &

de *hur*, eau : ici le *b-h* est devenu *ph*, à la maniere grecque.

Γεφυρόω, faire un pont.

Γεφυρωμα, construction d'un pont.

Γεφυρωτης, qui construit des ponts ; Ingénieur des Ponts & Chaussées.

Γεφυριζω, crier des sottises à ceux qui passent sous les ponts ; 2°. railler, badiner.

Γεφυρισμος, & Γεφυριςης, appartiennent à cette famille.

5.

ΓΕ, *Ge*, conjonction Grecque dont l'origine étoit absolument inconnue, & qui signifie, tout au moins, certainement, même, bien plus.

GAD,
bon.

GA'D, est un mot Oriental & primitif, qui signifie bon, & d'où se forma le Theuton *God*, bon ; 2°. le bon Dieu, Dieu ou le bon par excellence : de-là.

I.

Α-ΓΑΘος, *A-Gathos*, bon, excellent, homme de bien : mot dont l'origine étoit inconnue ; 2°. vaillant, fort ; 3°. prudent ; 4°. propre, habile, bon à.

Α-γαθον, le bon, le bien ; 2°. l'utile, le commode ; 3°. émolument, profit.

Α Γαθοτης, bonté, probité.

Α Γαθοω, faire du bien.

Α Γαθυνω, de même.

Α-Γαθιζομαι, dire de bonnes choses, parler bon sens.

2. Α-Γαθις, peloton.

2.

Α-ΧΑΤης, *A-Khatés*, agathe, pierre précieuse.

3.

ΓΗΘεω, *Gétheó*, trouver bon, prendre plaisir, se réjouir, sauter de joie.

Γηθος, joie, plaisir.

Γηθοσυνη, de même.

4.

ΓΗΘυον, *Géthuon*, & Γητειον, espèce d'oignon très-bon au goût.

GAL.

Deux mots primitifs se réunissent en Grec sous ce radical, & nous les avons vus tous les deux dans les *Orig. Lat.*

1°. GAL, en Orient. בג, *Gal*, qui signifie rond, rondeur, tout ce qui tourne ou roule, *Or. Lat.* 764.

2°. GAL, qui signifie beau, brillant, &c. & qui vient du primitif HAL, éclat, beauté, soleil.

I.

GAL, rondeur.

Cette racine primitive s'est fort altérée en Grec : elle y a formé des mots en *Gal, Gol, Gul, Gl, Kul,* &c.

1. ΑΝα-ΓΑΛΛις, ιδος, η, *Ana-Gallis*, mouron ; son fruit est rond comme une noisette : *Or. Lat.* 765.

P ij

2. ΓΑΥλος, tasse, grand vase rond à recevoir du lait; 2°. pinque, gondole, espèce de navire.

Γαυλις, de même, Or. Lat. ib.

4. GUL.

ΒΟΓ-ΓΥλις, ιδος, ή, rave ronde.

Γογ-Γυλιδιον, petite rave.

ΓΟΓ-ΓΥλος, rond, masse ronde.

2. Στρογ-ΓΥλος, *Stron-Gylos*, rond; tout ce qui est rond; 2°. rouleau, cylindre; 3°. vaisseau rond; 4°. émoussé, obtus.

Στρογ-Γυλοτης, rondeur, rond.

Στρογ-Γυλοω, donner de la rondeur, tourner.

Στρογ-Γυλωσις, rotondité, rondeur.

Στρογ-Γυλαινω, devenir rond, s'arrondir.

Στρογ-Γυλιζω, de même; 2°. parler rondement.

5. GL.

1. ΓΑΓ-Γλιον, *Gan-Glion*, contorsion des nerfs: de GL, tourner, & *Gan*, extrêmement.

2. ΓΙΓ-Γλυμος, *Gin-Glymos*, gond.

Γιγ-Γλυμωδης, qui a la figure d'un ginglyme.

Γιγ-Γλυμουσθαι, avoir la forme du ginglyme, être uni par un gin-glyme.

6. GAL, devenu *Kal*.

1.

Κλωθω, *Klôthô*, filer, tourner au fuseau, au rouet; 2°. mettre en peloton: amasser en rond.

Κλωσμα, fil.

Κλωςηρ, de même.

Κλωςης, qui file, qui tourne le fil dans ses doigts.

Κλωςος, qui a été filé.

Κλωσκω, filer.

ΚΛΩΘω, *ûς*, *Clotho*, celle des Parques qui file nos destinées.

2.

ΚΥλιω, *Kylio*, tourner, rouler.

Κυλισις, action de se rouler.

Κυλιδρα, lieu où les animaux se roulent.

Κυλισος, roulé, tourné, arrondi.

Κυλινδω, rouler, tourner.

2. ΚΥλινδρος, cylindre.

Κυλινδροω, passer au cylindre, applanir avec le cylindre.

3. ΚΥλιξ, ικος, ή, coupe, tasse, de forme ronde.

Κυλικειον, où l'on tient les tasses; cabaret.

Κυλικιον, petite tasse.

Κυλικις, boëte ronde, comme tabatiere, drageoir, boëte aux médicamens.

Κυλιχνιον, diminutif.

2.

ΚΥλα, τα, *Kula*, cavités des yeux, elles sont rondes & évasées.

3.

Κυ-Κλος, cercle; 2°. cirque; 3°. circuit, tour; 4°. ronde, tournée; 5°. anneau; 6°. cycle.

Κυ-Κλισκιον, petit cercle.

II.

GAL, beau, brillant.

Ce mot s'est également écrit par GAL & GL: il s'est subdivisé en plusieurs familles.

1.

ΓΑΛα, ακτος, τὸ, *Gala*, lait ; il est blanc. On pourroit cependant le regarder comme une altération de *Lac*, lait ; à moins qu'on ne veuille en faire deux mots ; γαλ-λακτος, *liqueur blanche* ; ce que j'aimerois mieux.

Γαλακτεω, abonder en lait.
Γαλακτωδης, laité ; laiteux.
Γαλακτιζω, imiter la blancheur du lait.
Γαλακτιαω, être plein de lait.
Γαλαξιας, la voie lactée.
1. Γαλιον, plante laiteuse.
3. ΓΛΑΓος, lait, en poésie.
4. ΓΛαξ, plante laiteuse.

2.

ΓΑΛηνη, beauté du jour, sérénité ; calme, tranquillité.

Γαληνιος, serein, calme.
Γαληνιαω, être serein.
Γαληνιζω, devenir serein.
Γαληνοτης, sérénité.
Γαληνοω, rendre serein, calmer.
Γαληνης, Γαληρος, serein.

3.

ΓΑΛως, *Galos*, le *Glos* des Latins, Belle-sœur.

Γαλαωνη, de même.

4.

ΓΑΡ-ΓΑΛιζω, *Gar-galizo*, combler de joie : 2°. chatouiller, faire rire.

Γαρ-Γαλισμος, chatouillement.

5.

ΓΕΛΑω, *Gelaô*, rire, être gai, de belle humeur ; 2°. se moquer ; 3°. briller, prospérer, en parlant des champs, de la Nature : c'est une Onomatopée qui peut se rapporter ici : Voyez ci-dessus, p. 224.

6.

ΓΛηνη, *Glèné*, prunelle : elle est brillante, pleine d'éclat & de feu ; 2°. poupée, petite-fille.

Dans toutes les Langues, ces deux idées sont exprimées par le même mot ; 3°. rayon de miel.

Γληνεα, tableaux, choses dignes d'être vues ; 2°. yeux.

7.

Α-ΓΛιη, *Aglié*, tache blanche à l'œil.

8.

Α-ΓΑΛΛοχον, *A-gallokhon*, bois de senteur qui venoit des Indes.

9.

1. Α-ΓΛαος, *A-glaos*, brillant, éclatant, beau, net.

Α-Γλαια, splendeur, éclat ; beauté : 2°. ornement, parure ; 3°. joie, plaisir, volupté.
Α-Γλαϊζω, rendre illustre, faire briller ; 2°. orner, parer, décorer.
Α-Γλαϊσμα, ornement, parure, décence.
Α-Γλαϊσος, précieux, désirable.
Α-Γλαυρος, beau, éclatant, splendide.

2. ΑΙ-ΓΛυ *Aiglu*, f. éclat, splendeur.

Αιγληεις, brillant, éclatant, resplendissant.

3. Α-ΓΑΛΛω, orner, parer.

Α-ΓΑΛΛομαι, être orné, paré ; 2°. se glorifier ; 3°. se réjouir.

Α-ΓΑΛμα, ornement, parure, charmes; 2°. statue.
Α-Γαλματιον, petite statue, petite image.
4. Α-ΓΑΛΛιαω, sauter de joie, être glorieux.
Α-Γαλλιαμα, transport de joie.

III. GL.

1.

Γλαυκος, *Glaukos*, le Lat. *glaucus*, bleu, couleur des yeux, *Or. Lat.* 768.
Γλαυκοτης, couleur bleue.
Γλαυκωμα, maladie de l'œil qui voit tout verd, plutôt tout jaune; jaunisse.
Γλαυκιος, bleuâtre.
Γλαυκιων, oiseau aux yeux bleus; 2°. plante aux fleurs bleues.
Γλαυκισκος, espéce de poisson.
Γλαυξ, chouette aux yeux bleus : 2°. monnoie à la chouette : 3°. sorte de danse.
Γλαυκιζω, voir avec peine; 2°. tendre sur le bleu.

2.

1. Γλισχρος, *Gliskhros*, gras, visqueux, tenace, glissant. C'est de la famille Celte *glis*: Voy. *Orig. Lat.* 769 & 793.
Γλισχρωδης, visqueux, gluant.
Γλισχροτης, viscosité, tenacité.
Γλισχραινω, rendre visqueux, gluant.
Γλισχρων, malheureux, infortuné, dont la mauvaise fortune est tenace.
2. Γλοιος, glutineux, crasse, épais, sordide, tenace.
Γλοιωδες, το, crasse, ordure de la peau, raclure.
Γλοιωδης, crasseux.

3.

1. Γλυκυς, *glukus*, doux, 2°. agréable, *Or. Lat.* 770.
Γλυκυτης, douceur.
Γλυκοεις, Γλυκερος, doux.
Γλυκαινω, rendre doux.
Γλυκανσις, dulcification.
Γλυκασμα, douceur.
Γλυκυσιδη, nom d'une plante, dont le suc est doux.
2. Γλευκος, moût, liqueur douce.
Γλευξις, moût cuit.
Γλευκινος, de moût.
3. Γλικομαι, desirer, rechercher avec empressement.

GAL, rassembler.

GAL, formé de HAL, élevé, désigna l'idée d'assemblage: de-là,
1. Α-ΓΕΛη, *Agelé*, troupeau, bande.
Α-Γεληδον, en troupeau.
Α-γελητης, de troupeau.
Α-γελαιος, qui peut se rassembler, fait pour la réunion.
Α-γελαιων, place pour un troupeau, étable.
Α-γελαζω, rassembler.
2. ΓΕΛγη, *Gelgé*, paquet de diverses marchandises.
3. ΓΕΛγις, *Ge'gés*, épi; 2°. noyau; 3°. tête d'ail; c'est une réunion de gousses.

GAM,
Mariage.

Du primitif HAM, GAM, ensemble, se formerent divers dérivés en toute Langue, *Orig. Lat.* 772 : de-là :

1.

ΓΑΜΒρος, *Gambros*, au lieu de *Gameros*, beau-pere; 2°. beau-frere; 3°. beau-fils ou gendre; mot-à-mot, uni par mariage.

Γαμβροω, s'unir par mariage.
Γαμβρια, préfens & feftins de noces; 2°. en général, préfent, feftin.

2.

ΓΑΜεω, fe marier, prendre femme.
Γαμεισθαι, être mariée.
Γαμησειω, defirer de fe marier.
Γαμηλιος, nuptial.
Γαμηλια, corbeille nuptiale; 2°. fête de noces.
Γαμηλιων, le mois des noces, Janvier.
Γαμετης, mari.
2. ΓΑΜος, noces.
Γαμικος, nuptial.
Γαμιζω, marier, donner en mariage.

GAN.

GAN est un mot Celte qui défigne la quantité, l'excès, l'abondance : de-là quelques Composés Grecs dont l'origine étoit inconnue & qu'on prenoit pour des mots radicaux.

1.

1. ΓΑΓΓ-ΑΜη, *Gang-amé*, filet de pêcheurs, feine : de *amé*, hameçon, filet, & *gan*, grand.
2. ΓΑΓ-ΓΡΑΙΝα, *Gan-graina*, gangrène; elle détruit tout le corps : de *graó*, manger, dévorer, & *gan*, entierement.

2.

De cette même racine GAN, puiffance, réunion, fe forma le Celte CUN, CON, en Bas-Br. *Cogn*, qui fignifie *coin*, angle, l'endroit où deux lignes fe coupent en fe réuniffant : de-là :

ΓΩΝια, *Gónia*, coin, angle; 2°. un coin, un lieu où on cache, où on ramaffe. On dit mettre dans un coin.
Γωνιδιον, petit angle, coin.
Γωνιαιος, angulaire.
Γωνιασμος, angle formé par deux murs.
Γωνιωδης, angulaire.

3.

De CAN, blanc, brillant, vinrent :

ΓΑΝος, *Ganos*, éclat, brillant; 2°. joie, plaifir; il brille fur le vifage.
Γανωμα, Γανωσις, de même.
Γαναω, briller, refplendir.
Γανοω, briller; 2°. remplir de joie.
Γανδαω, briller.
Γανυμαι, être plein de joie, fe réjouir.
Γανυρος, gai, joyeux; 2°. agréable, qui infpire la joie.

GAR.

De GAR, même que HAR élevé, (*Or. Lat.* 774.) vinrent diverfes Familles Grecques.

1.

ΓΕΡας, ατος, το, *Geras*, honneur, récompenfe; 2°. charge, dignité.

Γερασμιος, honoré, honorable, digne d'être honoré.
Γεραρος, auguste, honorable.
Γεραιρω, récompenser : 2°. orner, décorer.

2.

ΓΕΡ-ΩΝ, οντος, Ger-ôn, celui qui est élevé en âge, Vieillard, l'Ancien.
Γεροντειος, de vieillard.
Γεροντικος, Γεροντιαιος, de même.
Γεροντιας, oncle.
Γεροντιαω, radoter.
Γεροντιον, vieillard assoupi.
Γερασιος, qui convient aux vieillards.
Γεραιος, un vieillard.

3.

ΓΕΡαιά, Geraia,
Γραια, Graia.
Γραϊς, ιδος, Graïs.
Γραυς, αος, Graus.
Γρηυς, Gréus, } vieille, vieille femme ; 2°. ridée.
Γραϊδιον, petite vieille.
Γραϊκος, de vieille.
Γραϊοομαι, vieillir, devenir vieille.

4.

ΓΗΡας, ατος, το, Geras, vieillesse.
Γηραιος, vieux.
Γηραλεος, vieux, en Poësie.
Γηρασκω, vieillir.
Γηραω, de même.

5.

ΓΑΡον, Garon, en Lat. Garum, sauffe au hareng ou à l'anchois, sauffe de haut goût.

II.

GAR, rassembler.

GAR, GUR, désignent en Celte & en Oriental l'idée d'assembler, de réunir : de là :

A-ΓΕΙΡω, Ageirô, en Or. א-גר, A-gar, rassembler, amasser, cueillir ; 2°. mendier.

A-ΓΕΡμος, a-germos, assemblage, collection, recueil ; 2°. assemblée.

2.

A-ΓΟΡα, A-Gora, marché, foire : 2°. assemblée : 3°. harangue au peuple : 4°. lieu du marché, barreau : 5°. denrées : 6°. achat, un marché.

D'AGORa, au sens de marché, vinrent :

A-ΓΟΡαιος, qui va au marché, Marchand Forain ; 2°. tous ceux qui vendent ou achetent ; 3°. vil, méprisable.
A-ΓΟΡαζω, être au marché ; 2°. acheter, marchander.
A-ΓΟΡασμα, achat, action d'acheter ; chose achetée.
A-γορασμος, A-γορασις, A-γορασια, achat.
A-ΓΟΡασειω, avoir envie d'acheter.
A-ΓΟΡαςης, acheter ; 2°. Maître d'Hôtel ; 3°. Pourvoyeur.
A-γορασικος, qui concerne les achats.

D'AGORa, au sens d'Assemblée, de Tribunal, vinrent :

A-ΓΟΡαιος, du barreau.
A-γοραζω, délibérer.
A-γοραομαι, haranguer.
A-γορευω, haranguer ; 2°. plaider ; 3°. se défendre.

3.

A-ΓΥΡις, ή, A-Gyris, assemblée, multitude rassemblée.

A-ΓΥΡω,

Α-ΓΥΡεω, rassembler.
Α-γυριζω, de même.
Α-γυρισμος, Α-γυρμος, assemblage, collection.
Α-ΓΥΡΤης, qui rassemble ; 2°. Charlatan, Vendeur d'orviétan, Joueur de gobelets ; ils rassemblent le peuple ; 3°. mendiant.
Α-γυρτεια, tour de passe-passe, charlatanerie.
Α-γυρτος, rassemblé.
Α γυρταζω, ramasser, faire une collection, rassembler.

4.

ΓΑΡ-ΓΑΙΡω, *Gar-Gairô*, abonder, multiplier : être plein : 2°. briller-
ΓΑΡ-ΓΑΡα, multitude. C'est l'or. *GAR*, beaucoup, dont nous avons fait *Guères*.

5.

Γ-ΓΑΡΤον, *Gi-Garton*, le noyau d'un fruit : le cœur.

III.
GAR, Grand.

1. ΑΙ-ΓΕΙΡος, *Ai-Geiros*, Peuplier ; il s'éleve beaucoup.
2. Α ΓΑΡικον, l'Agaric ; il vient sur le chêne ; en Celte *GAR*, l'arbre élevé.

IV. GAR, veiller.

En Celt. *GAR*, même que *WAR*, signifie veiller, réveiller, exciter : De-là :

1.

Γ-ΓΕΙΡω, *Egeirô*, au fut. *E-Gerô*, éveiller, réveiller ; 2°. animer au combat ; 3°. exciter, donner du courage.

Orig. Grecq.

Ε-γερσιμος, qu'on peut éveiller.
Ε-γερτικος, excitatif, propre à animer, à provoquer.
Ε-Γρησσω, veiller.

2.

Ε-ΓΡΗ-ΓΟΡεω, *E-Grê-Goreô*, mot formé par le redoublement de *Ger*, veiller ; 1°. être vigilant.
Ε-γρη-γορσις, veille ; 2°. vigilance.
Ε γρη-γορος, qui veille.
On a dit aussi sans E initial :
Γρη-γορησις, Γρη γορεω, & sans réduplication.
Ε-ΓΡησσω, veiller.
Ε ΓΡησις, veille.

V. GAR, cercle, tour, vîtesse.

GAR, GOR, tient aussi à la famille *GER*, cercle, tour, comme nous l'avons vu au sujet de ce mot dans notre *Gramm. Univ. & Comp.* pag. 84. & suiv. & *Or. Lat.* 442.

1. ΓΥΡος, *Gyros*, cercle ; 2°. tour, circuit ; 3°. gâteau rond.
Adj. courbe, courbé : 2°. rond, en cercle.
ΓΥΡοω, courber ; 2°. arrondir ; 3°. tourner en rond.
ΓΥΡιος, orbiculaire, qui roule en rond, qui décrit un cercle.
ΓΥΡωμα, cirque ; tour en rond.
Γυρευω, tourner en rond ; 2°. arrondir.
Γυρινος, grenouille presque ronde.

2. ΓΥΡ-ΓΑΘος, corbeille d'osier entrelacée avec soin, avec art ; de *Gur*, cercle, lacs, & *Gad*, bon, bien.

3. ΓΕΡΡογ, bouclier Perſan fait d'o-
ſier entrelacé ; 2°. toute eſpèce
d'arme défenſive.

Γερραδια, nattes de jonc.

2.

ΓΟΡ-Γος, qui va vîte, léger, agile;
2°. qui tourne facilement, verſa-
tile.

Γοργοτης, célérité, vîteſſe.

Γοργοομαι, ſe mouvoir avec une grande
agilité, avec vîteſſe.

ΓΟΡ-ΓΕυω, aller vite, ſe hâter: des primitifs Gor, vîteſſe, feu & Go, Gé,
aller.

3.

ΑΓ-ΓΑΡοι, An Garoi, en Perſan, Meſ-
ſagers, Coureurs, Couriers; ils
vont vite : 2°. Porteurs, ils vont
fort vîte auſſi : 3°. poſte, ſtation
des Couriers.

Αγ-γαρευω, obliger, forcer, parce que
dans l'Orient les Couriers forcent les
particuliers à leur fournir les moyens de
faire diligence.

Αγ-γαρεια, corvée, ſervitude.

Αγ-γαρειον, courſe d'un Meſſager, d'un
Courier.

VI. CAR, couper.

De Q, hache, couteau, vint la famille CAR, CR, couper, fendre,
ſillonner ; d'où ces mots Grecs.

1.

Α-ΓΡος, Agros, l'Ager des Latins
(Or. Lat. 39.1.) Champ, terrein
labouré : 2°, fond de terre ; 3°.
campagne ; 4°. ruſticité.

Α-Γριδιον, petit champ.

Α-Γροτερος, ruſtique ; ſauvage.

Α-Γροτης, ruſticité.

Α-Γροτις, payſanne, femme élevée aux
champs.

Α-Γεριος, Α-Γροιωτης, ruſtique, payſan.

Α Γροικος, qui vit aux champs ; 2°. illet-
tré, ignorant.

Α-Γροικια, habitation des champs.

Α-Γροικιζομαι, parler groſſierement; en
ignorant.

2. Α ΓΡιος, *A - Grios*, des champs,
groſſier, inculte : 2°. animaux des
champs : 3°. fruits ſauvages : 4°.
féroce, barbare.

Α-Γριοεις, de même.

Α-Γριοτης, férocité.

Α Γριωδης, féroce.

Α-Γριοω, déſeſpérer, déſoler.

Α-Γριαινω, ſe conduire en tyran, tyran-
niſer.

Α-Γριμαιος, fauve.

2.

Α-ΓΡα, chaſſe, capture ; d'*Ager*,
champ ; la chaſſe ſe fait aux champs
& contre les animaux des champs.

Α-ΓΡευω, chaſſer ; 2°. prendre, acquérir,
gagner ; 3°. faire bonne chaſſe.

Α-Γρευμα, ce qu'on va chaſſer: 2°. capture.

Α-Γρευτης, chaſſeur.

Α-Γρευτηρ, de même en Poëſie.

Α-Γρευς, Intendant des chaſſes.

Α-Γρευτικος, habile à la chaſſe, grand
chaſſeur.

Α-Γρεμον, lance, pique, & pieu.

Α-Γριμων, chaſſeur.

Α-Γρεω, chaſſer.

Α-γρωσσω, chasser de toute maniere, même pêcher.

Α-γρωσινος, chasseur ; 2°. rustique.

VII. Du Celte GUK, or, jaune.

Ανα-γυρις, *Ana-Gyris*, arbre à fleurs jaunes, appellé bois-puant.

GAS.

Du Celt. GAS, rameau, *Or. Lat.* 577, vint :

Γαισος, *Gaïsos*, lance, pique, arme offensive. Pollux dit que c'étoit un mot Lybien.

GAZ.

Du prim. GAS, vase, *Or. Lat.* 777, vinrent :

1. Γαζα, η, *Gaza*, cassette, trésor : 2°. richesses ; 3°. tributs.

2. Γαστηρ, ὁ, *Gaster*, ventre.

Γασρις, goulu, gourmand.

Γασριζω, se nourrir abondamment ; se traiter bien.

Γασρωδης, ventru.

Γασριδιον, petit ventre.

Γασρη, fond d'un vase ; carene au fond d'un vaisseau.

GAU.

Du primitif GAU, creux, vallée, caverne, se formerent :

1. Γαυσοῶ *Gausoó*, courber, rendre courbe, ployer.

Γαυσον, *Gauson*, courbe, tortu, ployé.

2. Γυαλον, *Gualon*, cavité, creux.

Γυαλος, verre, gobelet, à Megare ; 2°. qu'on peut prendre à la main ; 3°. un cube.

3. Γε-εννα, *Ge-enna*, la Gehenne, mot-à-mot, la Vallée de Hennon, ou des pleurs. En Or. גיא *Ghia* ou *Gheia*, Vallée.

4. Γωλια, τὰ, cavernes, tanieres.

GE.

De HE, existence : 2°. Vie ; 3°. terre, mere des hommes, vinrent diverses familles Grecques en G.

I.

1. Γαια, *Gaia* & *Gaië*, terre ; 2°. sol ; 3°. contrée, Patrie. On a dit primitivement,

Αια, *aia*, terre ; formé de *haia*.

2. Γη, *Gé*, terre.

Γεωδης, de terre.

Γηιος, qui concerne la terre.

Γηιτης, laboureur, paisan.

Γηδιον, petit fonds, petit champ.

3. Γυια, *Guia*, champ, terre labourée ; 2°. arpent ; 3°. chemin, fossé.

Γυαια, cables qui servent à amarer les vaisseaux ; 2°. voiles.

4. Γειτων, ονος, voisin, voisine ; 2°. semblable ; 3°. proche, allié.

Γειταινα, voisine.

Γειτονια, voisinage.

Γειτονεω, être voisin.

Γειτοσυνος, voisin.

Γειτνιαω, γειτνιαζω, être voisin : 2°. être allié.

Γεινομαι, naître.

Γινομαι, γιγνομαι, naître, se lever, paroitre ; 2°. être existant, devenir ; 3°.

être à une chose, s'en occuper; 4°. arriver, parvenir, y être.

Γενεσις, origine, naissance.
Γενετηρ, Γενετης, Γενετωρ, pere.
Γενετειρα, mere.
Γενετη, naissance, nativité.
Γενετυλλις, Déesse qui présidoit à la naissance.
Γεντος, produit.

2. ΓΕΝος, εος, race, lignée, enfans; 2°. genre; 3°. sexe.

Γενται, οἱ, ceux qui sont de naissance, nobles.
Γενεα, genre, lignée: 2°. génération; 3°. siècle, âge.

3. ΓΕΝ-ΕΘλια, τὰ, festins de naissance.

Γενεθλυ, origine, naissance; 2°. race.
Γενεθλιος, natal.
Γενεθλιακος, qui concerne le jour natal, l'anniversaire.

4. ΓΕΝΝα, race, genre.

Γενναδας, ν, ὁ, généreux, noble.
Γενναιος, d'une grande naissance, généreux; vaillant.
Γενναιοτης, générosité, valeur.
Γεννας, ν, oncle, frere de la mere.

5. ΓΕΝΝαω, produire, mettre au monde.

Γεννημα, production.
Γεννησις, génération.
Γεννητωρ, Γεννητος, qui produit, pere.
Γεννητειρα, mere.
Γεννητος, engendré, produit.

6. ΓΟΝη, race, progéniture.

Γονος, génération, adj. fécond.
Γονοεις, fécond, fertile.
Γονευς, pere.
Γονεις, plur. pere & mere.
Γονευω, concevoir.

7. ΓΝησιος, légitime: 2°. parent.

2. GYN, Femme.

ΓΥΝη, Guné, & Gyné, femme: 2°. épouse.
Γυναικειος, de femme.
Γυναικιας, ν, ὁ, efféminé.
Γυναικων, appartement des femmes.
Γυναικαριον, petite femme.
Γυναιον, de même.
Γυναικισμος, frayeur de femme.

GEM.

ΓΕΜω, Gemô, avoir sa charge; 2°. être plein: mot-à-mot, ployer sous le faix; du Celt. Gam, courbe, ployé.

Γομος, charge d'un vaisseau.
Γομοω, charger.
Γεμιζω, remplir.
Γεμος, plénitude.

GEN.

Du prim. GAN, GON, désignant les angles, les coudes, se formerent:

1.

ΓΕΝυς, υος, ἡ, Génus, le menton: il forme un angle, un coude: 2°. la mâchoire: 3°. épée, hache à deux tranchans.

Γενειον, barbe, menton.
Γενειαστηρ, mords, frein.
Γενειαω, avoir de la barbe.
Γενειασκω, commencer à avoir de la barbe.
Γενειας, poil folet.

2.

ΓΝΑΘος, ἡ, Gnathos, mâchoire: 2°. les dents: 3°. la bouche.

ΓΝαθων, Gnathón, parasite.
Γναθμος, même que Γναθος.

3.

ΑΓΝΥΘϵις, A-gnuthes, les pierres que les Tisserands mettent au bas de leurs toiles : *mot-à-mot*, le râtelier, mâchoire avec ses dents.

4.

ΓΟΝυ, το, Gonu, le *genu* des Latins, genou : (*Orig. Lat.* 786.)
Γϰνις, genou.
Γϰνοομαι, embrasser les genoux, supplier.
Γονατωδης, plein de nœuds.
Γονατιζω, se mettre à genoux, fléchir les genoux.
Γονατοομαι, faire des nœuds.
Γνυξ, à genou.

GL.

ΓΛΩχις, & ΓΛΩχιν, ή, Glókhis & glókhin, angle, pointe.
Γλωχϵς, épis.
De la même Famille que le Gladius des Latins, *Orig. Lat.* 793. de Cal, rompre, briser.

GO.

1.

ΓΟΗΣ, Goés, Enchanteur, Magicien, qui fait des prodiges. Ce mot tient à l'Or. גאה, gaé, guérir, & גהה, géé, s'élever.
Γοητικος, d'enchanteur.
Γοητϵυω, fasciner, faire de la magie noire, tromper par de faux prodiges.
ΓΟΗτϵια, Goëteia, goétie, magie noire.
Γοητϵυμα, enchantement, prodige trompeur.

2.

1. ΓΟΜΦος ὁ, Gomphos, un coin à enfoncer : un clou : (*Orig. Lat.* 8 4) de l'Or. כפה, Kophé, nasalé en gomph, pieu, cheville.
Γομφοω, planter, clouer.
Γομφωμα, assemblage avec des chevilles, des cloux.
Γομφωτηρ, qui cloue.
2. ΓΟΜφιος, dent mollaire.
Γομφιασις, mal de dents.

GRA.
Prendre, dévorer.

GRA est un primitif que désigne l'action de gripper, de prendre, de dévorer ; c'est une espèce d'onomatopée ; de-là :

1. ΓΡΑω, manger, dévorer.
Γρα, chez les Cypriots, mange.

2. Ταγ γραινα, que nous avons vu ci-dessus, col 237.

3. ΓΡΙΠος, Gripos, filet ; il prend, grippe, saisit. (*Orig. Lat.* 802.)
Γριπϵυς, pêcheur.
Γριπων, de même.
Γριπιζω, pêcher.
Γριπισμα, gain.

4. ΓΡΙΦος, filet, seine ; 2°. question énigmatique.
Γριφϵυω, résoudre une énigme.
Γριφωδης, énigmatique, obscur, embarrassé.

2.

1. ΓΡυμαια, Grumaia, poche; elle contient, renferme.

2. ΓΡΩνη, Gróné, caverne, tanière.
Γρωνος, creux profond, qui peut contenir, qui a de la capacité.

3.

ΓΡΥΨ, υπος, ὁ, griffon, oiseau au bec crochu.

Γρυπος, aquilin; 2°. dont le bec est crochu; 3°. courbé, crochu.

Γρυποτης, courbure.

Γρυποω, rendre crochu.

Γρυπαλιον, vieillard, courbé.

4.

1. ΓΛΑΦΩ, Glaphô, pour Graphô, creuser, excaver; 2°. sculpter.

Γλαφυ, caverne, antre.

Γλαφυρος, profond, creux; 2°. sculpté élégamment; 3°. agréable, propre.

Γλαφυρια, élégance, beauté.

2. ΓΛΥΦΩ, Gluphô, sculpter.

Γλυμμα, sculpture, ciselure.

Γλυπτης, Γλυπτηρ, Sculpteur.

Γλυφη, sculpture.

Γλυφευς, sculpteur.

Γλυφειον, burin, ciseau.

Γλυφις, incisure d'une flèche.

5.

ΓΡΑΦΩ, Graphô, graver, peindre; 2°. écrire; 3°. enrôler; 4°. accuser; 5°. décerner.

Γραμμα, écrit, livre; 2°. lettre, caractère; 3°. Epitre; 4°. Livre de comptes, journal; 5°. sort par lettres; 6°. sculpture, gravure.

Γραμματικος, Grammairien, Littérateur, consacré aux Lettres.

Γραμματευς, scribe.

Γραμματειον, codicile, petit livre, livre de comptes.

Γραμματεια, plur. actes publics, registres.

Γραμματεια, ας, ἡ, littérature.

Γραμματιον, petite Lettre, petite Epître: lettre minuscule.

Γραμματιστης, Maître d'Ecole, qui apprend à lire & à écrire; 2°. Maître en Lettres.

Γραπτηρ, Ecrivain.

Γραμμαριον, scrupule.

2. ΓΡΑΦΗ, écrit, écriture; 2°. peinture, tableau; 3°. accusation.

Γραφευς, peintre.

Γραφειον, style; pinceau.

Γραφικος, qui concerne l'écriture.

Γραφις, ιδος, ἡ, trait; 2°. pinceau.

Γραφισκος, machine où outils pour arracher les traits, les flèches du corps.

3. ΓΡΑΜΜΗ, ligne; 2°. barriere, les flèches ou bandes du trictrac.

Γραμμικος, qui concerne les traits, les lignes.

Γραμμισμος, espèce de jeu.

De-là une multitude de Composés en Graph & Gramm, tels qu'Epigramme, Bibliographe; Orig. Lat. 801.

GRA, épais.

ΓΡΑΣος, Grasos, est le même que notre mot crasse, ordure qui s'attache à la laine des brebis, la crasse qui s'y forme; 2°. odeur des aisselles; 3°. démence.

G substitué à C ou à K.

ANGEL.

ΑΓ-ΓΕΛΛος, An-Gelos, ὁ, ἡ, Messager, Messagère; 2°. Ange. Ce mot dont l'origine étoit entièrement inconnue, vient du prim CAL, annoncer, d'où l'Irland. CALAN, un Héraut.

Αγγελιωτης, Αγγελιεια, meſſagere.
Αγ-γελια, meſſage, nouvelle ; 2°. bruit, renommée ; 3°. réputation ; 4°. relation.
Αγ-γελμα, choſe annoncée.
Αγ γελλω, annoncer, porter une nouvelle.

GONGR.

ΓΟΓ-ΓΡος, *Gongros*, en Lat. *Congrus Conger*, concre, poiſſon à coquille. (*Orig. Lat.* 368.) De *Can*, envelope ; *mot à mot*, GER, qui porte, *Conc*, ſa maiſon.

GUI.

ΓΥΙον, *Guion*, membre, la main, le pied : ces membres, par leſquels on agit. Ce mot tient donc au primitif QUE, force, puiſſance ; 2°. le corps tout entier ; il tient par-là à l'Or. גוה, *Gue*, corps.

Γυιος, boiteux, manchot.
Γυητης, de même.
Γυιοω, rendre boiteux, eſtropier.

2.

1. ΓΥΜΝος, *Gumnos*, nud : 2°. ſans armes.
Γυμνοτης, nudité.
Γυμνοω, dégainer, mettre à nud ; 2°. dépouiller.
Γυμνωσις, action de mettre à nud.

2. ΓΥΜΝαζω, s'exercer, faire des jeux d'exercice : on les faiſoit à nud.
Γυμνασμα, exercice.
Γυμνασιον, Gymnaſe, lieu d'exercices.
Γυμναςης, Directeur des exercices.
Γυμνης, ſoldat armé à la légere.
Γυμνητια, armure à la légere.
Γυμνηλος, pauvre, nud.

3.

ΕΓ-ΓΥΣ, *en-gus*, proche ; *mot-à-mot*, dans la main, ſous la main ; 2°. à-peu-près.
Εγγυτερος, plus près.
Εγγυτατος, très-près.
Εγγυτης, voiſinage.
Εγ-γιζω, approcher, *mot-à-mot*, venir vers la main.

4.

ΕΓ-ΓΥΗ, *En-gué*, mot dont l'origine étoit tout auſſi inconnue que celle des précédens ; engagement, promeſſe, en ſe donnant les mains ; 2°. caution, gage.
Εγ-γυος, caution, gage.
Εγ-γυαω, promettre, s'engager ; 2°. donner ſa foi, fiancer.
Εγ-γυησις, gage, caution.
Εγ-γυητης, qui a donné ſa parole.
Εγ-γυητος, promis, accordé : cautionné ; 2°. fiancé.

5.

ΑΓ-ΧΙ, *An-Khi*, proche, auprès ; 2°. dans peu.
Αγ-χιςα, très-près.
Αγ-χιςος, très-voiſin.
Αγ-χιςευς, parent, proche.
Αγ-χιςευω, être apparenté ; 2°. pourſuivre une ſucceſſion à titre de parenté ; 3°. racheter en qualité de parent.
Αγ-χιςειον, action d'approcher, droit d'aprocher.
Αγ-χιςικος, qui concerne le parentage.
Αγ-χιςινος, qui eſt près.
ΑΓ-ΧΟΥ, près.
Αγ χοτερω, plus près.
Αγ-χοθεν, de près.

6.

Ε-ΚΑΣ, loin, de loin, mot-à-mot, hors de la main.

Εκαϛερω, plus loin.

Εκαθεν, de loin.

Ε-ΚΑΤος, nom d'Apollon, qui lance de loin ses flèches.

GUL.

ΓΥΛιος, ὁ; *Gulios*, vase ou nécessaire dans lequel les Soldats mettoient ce qu'il leur falloit pour la route. C'étoit un panier d'osier. De l'Or. כלי *Keli*, vase, meuble.

GUR.

1.

ΓΥΡις, εως, ἡ, *Guris*, fleur de farine.

Γυριτης, pain de fleur de farine.

De l'Or. חור, *c'hour*, blanc.

2.

ΑΡ-ΓΥΡος, *Arguros*, argent. Du même, *chour*, *gur*, blanc & *Ar*, métal.

Αργυρεος, d'argent.

Αρ-γυροω, argenter.

Αρ-γυρωματα, vases d'argent.

Αρ-γυρευω, tirer l'argent de la mine.

Αρ-γυρειον, mine d'argent.

Αρ γυριχος, pécuniaire.

Αρ-γυρις, phiole d'argent, flacon.

Αρ-γυριον, monnoie d'argent.

Αρ-γυριζω, gagner de l'argent, en emporter.

Αρ-γυριδιον, petite monnoie.

Αρ-γυριτης, qui abonde en argent.

2.

ΑΡ-Γος, *Argos*, blanc; ce mot doit être une abreviation ou altération du précédent.

Αργαντες ταυροι, taureaux blancs.

Αργετης, blanc.

Αργεννος, de même.

Αρ-γης, de même.

Αρ-γηςηρ, Αργηεις, Αργινοεις, blanc, éclatant.

Αρ-γαινω, blanchir.

Αρ-γημα, tache blanche.

3.

ΕΝ-ΑΡΓης; clair, évident: 2°. sensible, qui tombe sous les yeux.

Εν-αργεια, évidence, illustration.

MOTS GRECS
VENUS DE L'ORIENT.

G

ΓΡΑΒιον, *Grabion*, bois fendu & très-sec dont on se servoit pour s'éclairer en chemin: de l'Orient. חרב, *chrab*, sec.

ΓΥΨ, *Gups*, Vautour; de l'Or. גוף, *Gup*, noir.

Γυπινος, de vautour.

Γυπη, nid du Vautour; 2°. taniere, caverne.

ΑΙ ΓΥΠιος, *Aigupios*, Vautour.

ΓΥΨος, ἡ, *Gypsos*, le Lat. *Gypsus*, Or. Lat. 878; plâtre, gyps; il est blanc: de l'Or. עוף, *C'hyp*, brillant, clair, poli.

MOTS GRECS-CELTES,
OU DÉRIVÉS DE LA LANGUE CELTIQUE.

D

La Lettre *D*, en Grec Δ, est la quatrième dans tous les Alphabets, & valoit quatre. Elle se prononce sur la touche dentale, dont elle est la foible ; aussi cette touche en a tiré son nom.

La forme du *D* en Grec est celle du triangle, & nous n'avons fait que l'arrondir : déja les Egyptiens & les Orientaux la peignirent ainsi. C'étoit le symbole du Delta Egyptien, formé par les embouchures du Nil : du triangle emblême de la Divinité : de la porte des tentes :

Aussi cette lettre est devenue la source d'une foule de mots relatifs à ces objets.

1°. Touche dentale, les dents, &c.

2°. Tout ce qui est ferme & constant, élevé, digne de respect.

3°. La lumiere, le jour élevé, la Divinité source de toute lumiere.

4°. L'action de mettre au jour, de publier, de dire.

5°. Celle de montrer, d'indiquer.

6°. L'entrée & la sortie, les portes, &c. &c.

D.

Δελτα, *Delta*, nom de cette lettre en Grec : c'est l'Or. *Daleth*, porte ; 2°. le Delta d'Egypte ; 3°. la porte de la vie, le sillon de Vénus.

Δελτωτος, qui a la forme du *D*, du triangle : 2°. signe céleste, ou triangle : 3°. livres qui étoient pliés en triangle.

Δελτος, tablettes en triangle.

Δελταριον, petites tablettes.

D pour G.

D a quelquefois pris la place du *G*.

ΔΑΠΕΔον, τὸ, *Dapedon*, pavé : 2°. sol. De *Ga*, terre & *Pedon*, sol.

ΔΕΥΚος, *Deukos*, en Eolien doux. On croit que c'est pour *Gleukos*, doux.

D pour L.

Nous avons eu souvent occasion de

voir que *L* & *D* se substituent sans cesse l'un à l'autre : en voici des exemples.

1. ΔΛ-ΗΡ, *Da-ér*, en Lat. *Le-vir*, frere du mari.

2. ΔΑΚ-ΡΥ, *Dak-ry*, larmes ; Δακρυμα, *Dac-ryma*, de même ; mots dont l'origine a été inconnue à tous les Etymologues : c'est le *lac-ryma* des Latins : formé de *dac* pour *lac*, eau, liqueur, & de *ry*, *ru*, couleur, mot-à-mot, » eau qui coule ou s'échappe *des yeux*.

Δακρυον, larme.
Δακρυοεις, lamentable, larmoyant.
Δακρυωδης, qui fond en larmes.
Δακρυδιον, petite larme.
Δακρυω, pleurer, verser des larmes.

3. ΔΟΧΜΟς, Δοχμιος, *Dokhmos* & *Dokhmios*, oblique : 2°. embarrassé, ambigu. Ce mot est un dérivé de *Loxos*, Λοξος, oblique, tortueux. Mot formé du Celte *Los*.

D. Ajouté.

D s'est quelquefois ajouté en Grec à la tête des mots commençant par une liquide.

1. Δ-ΝΟΦΟς, *D-nophos*, ténèbres ; obscurité : de *Nephos*, nuit : Voy. Γνοφος, & Κνεφος.
Δνοφερος, obscur, ténébreux ; 2°. noir, sombre.
Δνοφεὸς, Δνοφοεις, de même.

2. Δ-ΡΟΣος, ὁ, *D-rosos*, rosée ; de *Ro*, rosée.
Δροσοεις, couvert de rosée.
Δροσερος, de même.
Δροσωδης, de même.
Δροσιζω, exposer à la rosée : couvrir de rosée.

D, Particule.

Δα est une particule ou initiale augmentative ; elle est entrée dans ces mots.

ΔΑ-ΦΝΗ, *Da-phné*, laurier ; 2°. nom de la belle Daphné changée en laurier.

Ce mot est composé du prépositif *Da*, extrêmement fort : & du prim. *PHEN*, agréable, beau : cet arbre est toujours verd ; & par conséquent l'emblême naturel de l'immortalité : aussi peint-il sous le nom de la belle Daphné changée en laurier à l'occasion des poursuites d'Apollon, la gloire immortelle qu'acquièrent ses favoris.

Δαφναιος, surnom d'Apollon, mot-à-mot, couronné de lauriers, & au figuré, l'Amant de Daphné.
Δαφνικος, de laurier.
Δαφνις, baie de laurier.
Δαφνιτης, nom d'Apollon à Syracuse.
Δαφνων, lieu planté en lauriers ; bosquet de lauriers.

Onomatopées.

Du son effrayant, *Dai*, *Dei*, *Tai*, si commun à la chasse, on fit ces mots :

Δειδω, être saisi de frayeur, craindre, avoir peur.

Δειμα, crainte, terreur; 2°. péril, danger; 3°. épouvantail.

Δειμαλεος, timide; 2°. effrayant, qui inspire la terreur.

Δειματοεις, timide, poltron.

Δειματωδης, effrayant.

Δειμαινω, être effrayé.

Δειματοω, effrayer, épouvanter.

Δειδημων, craintif, timide.

Δειδιζω, Δειδισκομαι, craindre.

Δεδιτω, craindre; 2°. effrayer.

Δεδισσομαι, & Δεδιτομαι, de même.

Δεδισκομαι, effrayer.

Διω, craindre.

Δεος, τὸ, crainte, effroi, danger.

2.

ΔΕΙΛος, *Deilos*, lâche, poltron; 2°. foible, infirme; 3°. méchant.

Δειλαιος, de même: 2°. malheureux, infortuné.

Δειληνων, timide.

Δειλαινω, être timide, craintif.

Δειλοομαι, avoir peur.

ΔΕΙΛια, *Deilia*, timidité.

Δειλιαω, se sauver de frayeur, être rempli d'effroi.

Δειλιασις, peur, effroi, crainte.

Δειλιαινω, effrayer.

3.

ΔΕΙΝος, *Deinos*, terrible, effrayant; 2°. formidable; 3°. horrible; 4°. indigne à souffrir: *au plur.*

Δεινα, τὰ, infortunes, calamités.

Deinos dans le sens de redoutable a désigné par analogie un homme fin, rusé, souple, adroit, parce que ces gens sont toujours redoutables & dangereux: & de plus tout ce qui produit de grands effets.

Δεινως, d'une manière effrayante.

Δεινοτης, atrocité, sur-tout celles des loix; 2°. finesse & perspicacité; 3°. Art de l'éloquence.

Δεινοω, enfler, exagérer, faire paroître terrible, effrayant.

Δειναζω, souffrir avec peine, être indigné.

4.

ΔΟΥΠος, *Doupos*, son, bruit d'un corps qui tombe à terre & se fracasse.

Δουπεω, rendre un son, éclater, craquer; se fracasser.

D

Dent, mordre, couper. *Orig. Lat.*

513.

1

Les Grecs ont altéré cette belle Famille en faisant précéder le mot *Dont*, dent, de la voyelle *o*; ce qui fit au *plur.*

O-ΔΟΝΤες, les dents.

O-ΔΟΝΤος, au *gén. sing.*

Tandis qu'ils altérent ce nom en

O-Δους, dent; 2°. pilon à mortier.

O-δογ7οω, garnir de dents.

O-δογ7ιαω, commencer à avoir des dents.

O-δογ7ιδης, plante bonne pour les dents.

O-δογ7ισμος, chant relatif au moment où Apollon fracassa les dents du serpent Python.

2. O-δαξεω, avoir été mordu.

O-δαξομαι, être mordu.

O δακταζω, mordiller.

O-δαξισμος, démangeaison de mordre.

2.

Δλκs, mords : Iliad. **V.**

Δακνω, mordre.

Δακνωδης, mordant.

ΔΗΞ, *dèx*, animal qui ronge le bois.

ΔΗΓμα, morsure.

Δηγμος, de même.

Δηξις, action de mordre, de ronger.

Δηκτηριος, mordant, qui a la force de mordre.

Δηκτης, Δηκτικος, de même.

Δακετον, Δακος, το, animal dangereux par ses morsures.

3.

ΔΑΠΤω, *Daptô*, dévorer, déchirer à belles dents ; 2°. se gorger, s'empifrer.

Δαπτος, vorace.

Δαπτριος, qui déchire, goulu.

Δαρ-Δαπτω, dévorer.

4.

ΔΑΠαναω, *Dapanaô*, dépenser, consumer, consommer.

Δαπανημα, dépenses, fraix.

Δαπανητικος, qui consomme ; 2°. qui cesse.

Δαπανος, consommateur, dépensier ; 2°. prodigue.

Δαπανη, fraix, dépens.

Δαπανηρος, somptueux, magnifique, qui donne en profusion.

5.

ΔΑΨΙΛης, *Dapsilés*, en Lat. *Dapsilis*, copieux, abondant, fécond.

Δαψιλεια, abondance, denrées, provisions.

Δαψιλευομαι, avoir en abondance, user libéralement.

6.

ΘΟΙΝη, *Thoiné*, repas, festin ; 2°. mets.

Θοιναω, manger, festiner ; 2°. dévorer.

Θοινητης, bon à manger.

Θοινητωρ, convive ; 2°. goulu, gourmand.

Θοιναμα, repas, festin.

C'est l'Or. טחן, *Thén*, broyer, triturer : le *Kœna*, ou Cène des Latins.

II.

D, Deux ; *Or. Lat.* 515.

D signifiant dent, & partager avec les dents, produisit naturellement le mot Duo, deux, commun à une multitude de Langues : Voy. *Or. Lat.* 515. De-là diverses Familles Grecques.

1.

ΔΥΟ, *Duo*, & chez les Poëtes Δοιω, *Doio*, Δυω, *Duô*, deux.

Δυϊκος, duel, du nombre deux.

Δυας, le nombre binaire.

ΔΟΙη, *Doié*, doute, incertitude.

Δοιαζω, douter ; 2°. délibérer, consulter.

2.

ΕΝ-ΔΥΟ, *En-duo*, promptement, aussitôt ; mot-à-mot, se mettre en deux *pour venir vite.*

3.

ΔιΔΥμος, *Di-dymos*, double, gémeaux.

ΔΙ-Δυμοτης, duplicité, nature double.

ΔΙ-Δυμευω, mettre au monde des gémeaux.

4.

ΔΕΥ-ΤΕΡος, *Deuteros*, le second ; 2°. l'autre.

Δευτερα, τὰ, le second rang.
Δευτερον, pour la seconde fois.
Δευτεροω, réitérer.
Δευτερωμα, second acte.
Δευτερωσις, second rôle.
Δευτερωσεις, *au plur.* Loix de la seconde main ; traditions.
Δευτερωτης, Maître en traditions.
Δευτεραιος, secondaire.
Δευτερευω, être le second, être en second.
Δευτεριαζω, succéder.
Δευτεριον, secondes couches.
Δευτατος, le dernier.

II. DIS, DIS.

1.

ΔΙΣ, *Dis*, deux fois, pour la seconde fois.

Δισσος, Διττος, double.
Δισσευω, être double.
ΔΙΧα, doublement, en deux ; 2°. séparément, à part ; 3°. sans.
ΔΙΧαζω, couper en deux, séparer, partager.
Διχαsηρες, dents molaires.
Διχη, en deux.
Διχϑα, de même.
Διχϑας, double.
Διχϑαδιος, de même.

2.

Δι-ΚΕΛΛα, ης, ἡ, *Di-Kella*, hoiau, bêche à deux dents ; de *di*, deux, & *kell*, branche. Voy. *Orig. Lat.* 304.
Δι-Κελλιτης, qui bêche ; qui fossoye.

3.

ΔΙ-ΠΛοος, *Di-ploos* & *Diplous*, double : de *di*, deux, & *ple*, pli ; 2°. deux ; 3°. fin, rusé, double.
Δι-Πλοη, duplicité.
Δι-πλοϊς, manteau doublé.
Δι-πλοϊζω, Δι-πλοω, doubler.
Δι-Πλωμα, vase double ; 2°. Diplôme.
Δι-Πλασιος, double ; 2°. plus grand que le double.
Δι-πλασιαζω, doubler ; 2°. faire plus que doubler.
Δι-πλασιασμος, action de doubler.
Δι-πλαξ, habit doublé.
Δι-πληγιδες, manteaux doublés.

4.

Δι-ΣΤΑζω, *Distazô*, douter.
Δι-saγμος, doute.
Δι-saτικος, douteux.

5.

Δι-ΦΡος, *Di-phros*, char à deux chevaux ; 2°. siége à deux places sur un char.
Δι-φρευω, être traîné dans un char à deux chevaux.
Δι-φρευτης, cocher d'une voiture à deux chevaux.
Δι-φρεια, action de conduire un pareil char.
Δι-φραξ, litiere ; elle est portée par deux chevaux.
Δι-φρις, qui ne peut aller qu'en litiere.
Δι-φρισκος, petit char.

6.

D se change sans cesse en Z ; ainsi *Duo* devint en Theuton *Zwo* : *Damaô*, dompter, devint dans la même Langue *zamen* : de-là le Grec :

ZEYΓος, τὸ, & ZYΓος, *Zeugos* & *Zugos*, joug ; mot-à-mot, » ce qui » lie DEUX bœufs par la tête ; 2°. » paire, couple.

ZEYΓΩ, ZEYΞΩ, ZEYΓNυω, & ZEYΓNυμι, *Zeugo, Zeuxo, Zeugnuô, Zeugnumi*, lier, mettre sous le joug, joindre, unir. On l'applique aux ponts, au mariage, &c.

ZEYΓμα, τὸ, lien, liaison, jointure.

Ζευξις, action de lier, connexion.

Ζευκτος, qu'on peut unir.

Ζευκτηρια, lien, bande, tout ce qui sert à unir.

Ζευγαριον, petit joug.

Ζευγλη, le joug des bœufs, le collier du joug : 2°. la disposition dans laquelle une armée extrêmement serrée, marche en un seul corps.

2. Ζυγος, balance ; 2°. la balance céleste ; 3°. la courroie d'un soulier.

ZYΓοω, mettre sous le joug ; 2°. joindre, unir.

Ζυγωμα, ce qui joint, unit.

Ζυγωθρον, ce qui unit les deux battans d'une porte.

Ζυγωθριζω, fermer ; 2°. peser, balancer, examiner.

Ζυγιος, ὁ, ἡ, qu'on peut mettre sous le joug.

Ζυγιανος, né sous la balance.

Ζυγαςρον, cassette, coffre.

Ζυγις, serpolet sauvage.

D,
Lumiere, Jour. *Or. Lat.* 517.

D, signifiant la lumiere, le jour, devint en Grec comme en Latin la source d'une multitude de mots.

2.
DI, Jour.

1. EN-Διος, *En-dios*, méridien ; qui se fait à midi.

Ευ-Διαω, être à midi, faire la méridienne, mot-à-mot, en plein jour.

2. EY-Δια, ας, ἡ, *Eu-dia*, un beau jour, un jour calme & serein ; 2°. sérénité de l'air ; 3°. calme de l'air, de la mer ; 4°. chaleur.

Ευδιος, serein, tranquille ; chaud.

Ευ-Διαω, jouir du calme, être tranquille.

Ευ-Διαιος, bondon de carene ; 2°. sillon de Vénus.

Ces mots, dont la source étoit inconnue, viennent de *Di*, jour, en Celtique, d'où *Dies*. Eu est un mot Grec qui signifie *bon, bien*.

2.
Δαϊς, ἡ, *Daïs*, & par syncope Δας, *Das*, flambeau, torche ; 2°. combat chaud, animé.

Δαος, feu, lumière, lampe.

Δαιτις, grand flambeau, grosse torche : c'est le *Tada* des Latins.

Δαιομαι, brûler, enflammer, incendier.

Δαηρος, chaud, brûlant.

Δαδωδης, en forme de torche.

Δαδοω, convertir en torche.

Δαδιον, petit flambeau ; 2°. matiere à torche.

2. ΔAIος, ennemi.

Δαϊον, signal du combat.

Δαϊς, combat.

Δηιος, ennemi, opposé.

Δηιοω, ravager par le feu & par le fer.

Δπου, Δπϊαω, Δπϊζω, Δπϊαασκω, de même.

3. ΔΑΛος, tison.
Δαυλος, de même.

4. ΔΑΝος, sec, aride.
Δαναοι, les morts, les secs.
Δαναχη, la piéce d'or qu'on mettoit sous la langue des morts.

3.

ΔΑΙΩ, *Daiô*, apprendre, être enseigné, montré ; mot-à-mot, être éclairé par un flambeau ; 2°. brûler, incendier ; 3°. donner à chacun sa part, partager, diviser : dans ce sens, il tient à D, deux : 4°. régaler, donner à manger en faisant à chacun sa part.

Δαειω, de même.
Δαημων, savant, éclairé, instruit.
Δαημοσυνη, science, habileté.
Δαιος, instruit.

4. Dans le sens de diviser.

ΔΑΪζω, *Daïzô*, diviser, distribuer ; 2°. déchirer ; 3°. tuer, mettre en piéces.

Δαιομαι, Δατεομαι, Δαζομαι, de même.
Δαιτρος, Ecuyer tranchant ; 2°. Cuisinier.
Δαιτροσυνη, habileté à dépecer les viandes pour les préparer, les servir.
Δαιτρευω, dépecer les viandes.
Δαησις, division, partage.
Δασμα, Δασμευσις, de même.

5.

ΔΕΣιος, *Desios*, nom du mois qui suit le Solstice d'Eté, depuis le 20 Juin jusqu'au 20 Juillet, mot-à-mot, le mois de la chaleur, le mois où le Soleil est au zénith. Voy. *Hist. du Calend.* p. 102.

III.
DI, la Divinité.

1.

ΔΙΟΣ, *Dios*, divin.
Διος, gén. de Dieu, de Iou-piter. Au nom. DEUS, le *Deus* des Latins, mais dont les Grecs changerent D en Z ; d'où ;

ΖΕΥΣ, *Zeus*, au gén. *Dios*, Jupiter, le *Dieu*, ou le Pere du Jour par excellence : au *dat.* & à l'*accusat.* en DI, également, *Dii, Dia*; 2°. l'Air, le Jour, le Ciel.
ΔΙασια, les Fêtes de Jupiter.

2.

ΔΙΟ-ΝΥΣος, *Dio-nysos*, & chez les Poëtes *Dio-nyssus*, nom de Bacchus, le Dieu des vignobles ou de la treille.

Ce nom, dont on a cherché l'étymologie au loin, est un composé de deux mots Grecs qui signifient la *Culture Divine*, ou le fossoyement divin : mais fossoyer, bêcher, c'est déchirer ; de-là l'allégorie de Bacchus né par le déchirement de la cuisse de Jupiter, les côteaux étant appellés des cuisses.

Διονυσιος, de Bacchus, Bachique.
Διο-νυσιον, Temple de Bacchus.

Διο-νυσια, τὰ, Fêtes de Bacchus.
Διο-νυσιαζειν, célébrer ces Fêtes.

3.

ΔΙΑΒΟΛος, *Di-abolos*, le Lat. *Di-abolus*, & en Fr. Diable, le Démon, l'Esprit malin.

Ce mot est composé de *Di*, esprit, & *Evil*, *abli*, méchant, mauvais. C'est le DIEU ABLIS des Orientaux, le mauvais Génie. Les Anglois en ont fait *D-Evil*, le Diable, mot qui se rapproche davantage de la source primitive ou de l'Oriental. Voy. *Or. Lat.* 151.

ΔΙ-ΑΒΟΛη, calomnie, méchanceté, diablerie.

Διαβολικὸς, diabolique.

8.

ΔΑΙΜΩΝ, ονος, ὁ, *Dai-môn*, Génie, Esprit; 2°. Ange; 3°. Fortune, Destin.

Mot composé de *Dai*, flambeau, jour; & *Mon*, qui éclaire.

Δαιμονιος, divin; 2°. auguste, vénérable; 3°. infortuné.

Δαιμονιον, la Divinité Suprême.

Δαιμονιζω, être regardé comme divin.

Δαιμοναω, être transporté de fureur, de folie.

Ce mot se prit ensuite dans un mauvais sens, & ne désigna plus que les mauvais Génies, les Démons: de-là,

Δαιμονιακος, Démoniaque, possédé du Démon.

Δαιμονιζομαι, être possédé du Démon.

IV.

1.

ΘΕΟΣ, *Theos*, le *Deus* des Latins, Dieu.

Θεοτης, ἡ, divinité.

Θεοω, déifier.

Θεωσις, déification.

ΘΕΑ, Déesse.

Θεαζω, approcher de Dieu, être divin.

Θειος, divin.

Θειον, Puissance divine, Divinité; 2°. la Providence.

Θειοω, consacrer à Dieu.

Θειαζω, inspirer.

Θειασμος, souffle divin, inspiration divine.

Θειικος, divin.

Η-Θειος, vénérable, adorable.

2. ΘΕΙΟΝ, soufre.

Θειωδης, sulphureux.

Θειοω, passer au soufre; 2°. expier par le soufre.

2.

Διος, divin. Dieu, qui s'est prononcé Z dans *Zeus*, s'est prononcé Σ dans le mot suivant.

ΣΙΟΣ, *Sios*, Dieu. Au duel, *Siô*, chez les Lacédémoniens, Pollux & Castor, ou les *deux Dieux*.

3.

ΘΕΑ, *Théa*, vue, regard, action de regarder. C'est la suite de la lumière, de *DI*.

Θεαομαι, regarder, contempler, assister à un spectacle.

Θεαμα, τὸ, spectacle.

Θεαμων,

Θεαμων, ὁ, ἡ, spectateur, spectatrice.
Θεατης, ὁ, spectateur.
Θεατρια, spectatrice.
Θεατος, remarquable, digne d'être vû, regardé.

2. ΘΕΑΤΡΟΝ, Théâtre, Salle de Spectacle.

Θεατρειον, de même.
Θεατριζω, jouer sur le théâtre; 2o. être en spectacle.
Θεατριδιον, petit théâtre.

3. ΘΕΕΩ, voir avec admiration.

Θεημα, miracle, prodige.
Θαημα, en Dorien, de même.
Θηητος, admirable.
Θηητηρ, Θηητωρ, qui est dans l'admiration, en extase.
Θηευμαι, admirer, voir avec étonnement.

4.

ΘΕ-ΣΠις, ὁ, ἡ, *The-spis*, divin, devin, inspiré, qui parle de la part de Dieu. De Θε, Dieu, & Σπαω, tirer.

Θε-σπιζω, prédire, prophétiser; 2o. répondre comme devin; 3o. statuer, donner sa sanction.
Θεσπεσιος, divin, envoyé de Dieu.

5.

ΘΕ-ΩΡος, *The-oros*, spectateur, assistant, sur-tout aux Jeux publics; 2o. qui consulte les Dieux.

De ΘΕ, jour, lumiere, & Ὁραω, voir, considérer.

Θεωρεω, contempler, regarder; 2o. appercevoir; 3o. estimer, considérer; 4o. célébrer des Jeux, y assister.

Θεωρημα, spectacle; 2o. précepte, où y fait attention; 3o. ce qu'il faut examiner, Théorême.
ΘΕΩΡησις, contemplation.
Θεωρητος, chose à voir, à considérer.
Θεωρητικος, contemplatif.
ΘΕΩΡια, contemplation, méditation; 2o. suite de vérités à observer, à contempler: Théorie; spectacle.

2. On appelloit THÉORIE chez les Athéniens l'Ambassade sacrée ou le vaisseau sacré que ce Peuple envoyoit chaque année à Delos: tandis qu'elle duroit, on purifioit la Ville, & on ne pouvoit exécuter personne à mort: c'est mot-à-mot, « la visite des Dieux ».

Θεωρις, nom de ce vaisseau sacré.
Θεωρικος, ce qui étoit relatif à ce vaisseau & à sa course.
Θεωρεω, consulter l'Oracle, visiter la Divinité.

V.

De, Di, montrer.

D, désignant le jour, la lumiere, exprime en même-tems les idées de montrer, d'indiquer: de-là diverses Familles.

1.

ΔΙΑ, *Dia*, Préposition qui signifie par, à travers, pendant; indiquant ainsi le *moyen*, la *route*, à suivre pour parvenir.

2.

ΔΕΙΚΝυμι, *Deiknumi*, anciennement *Deiknuo*, montrer, indiquer, faire voir ; 2°. déclarer, manifester.

ΔΕΙΓμα, indice, preuve, document ; 2°. place d'Athènes où on exposoit les échantillons des marchandises.

Δειγμαλιζω, donner un exemple.

Δεξις, indice, argument ; 2°. ostentation, étalage.

Δεικτης, démonstrateur.

Δεικτικος, démonstratif ; 2°. ostensif.

3.

ΔΕΙΚΗλον, *Deikélon*, image, statue ; 2°. masque.

Δεικηλισης, Acteur ; Mime.

4.

ΔΑΚΤΥΛος, *Dactylos*, doigt ; ils servoient à montrer, à connoître la forme des objets. C'est le *Digitus* des Lat. *Or. Lat.* 523 ; 2°. espèce de coquillage ; 3°. fruit du palmier, dattes.

Δακτυληθρα, dés ; 2°. torture.

Δακτυλις, Δακτυλιαις, Δακτυλικος, qui concerne les doigts, digitaire.

Δακτυλιον, anneau, bague.

Δακτυλιος, anneau ; 2°. bague ; 3°. boucle.

Δακτυλιδιον, petite bague.

Δακτυλιτις, la longue aristoloche.

Δακτυλιωτης, le doigt annulaire, celui qui précède le petit doigt.

5.

ΔΕΞΙΑ, *Dexia*, la main droite ; celle qui montre, qui agit ; 2°. la foi donnée.

Δεξιαδην, de la droite.

Δεξιος, adroit ; 2°. heureux, fortuné.

Δεξιοτης, dextérité, adresse.

Δεξιοομαι, prendre la main, joindre les mains, unir ; 2°. caresser, flatter ; 3°. donner, recevoir.

Δεξιωμα, ce qu'on reçoit avec plaisir.

Δεξιωσις, action de se serrer les mains mutuellement ; 2°. félicitations.

Δεξιτερα, la droite, Poëtiquement.

6.

ΔΕΚΑ, *Deka*, dix, le DECem des Latins, *Or. Lat.* 525.

Δεκακις, dix fois.

Δεκας, αδος, ἡ, décade, au nombre de dix.

Δεκαδευς, dixainier, chef de dixaine.

Δεκατος, dixième.

Δεκατη, dîme.

Δεκατευω, dîmer, prendre le dixième.

Δεκατοω, de même, recevoir la dîme.

Δεκατευσις, décimation.

Δεκατευτης, décimateur.

Δεκατευτηριον, lieu où on paye la dîme.

Δεκαπλυς, Δεκαπλασιος, décuple.

7.

ΔΕΧομαι, *Dekhomai*, prendre, recevoir ; 2°. entreprendre ; 3°. admettre ; 4°. comprendre & saisir.

Δεξαμενη, réceptacle.

Δεκτος, acceptable.

Δεκτικος, capable, susceptible.

Δεκτης, mendiant.

Δεκτριος, Entrepreneur ; 2°. Défenseur.

Δεκτρια, Entrepreneuse ; 2°. Défenderesse.

2. ΔΟΧος, *Dokhos*, capable.

Δοχη, repas, festin où on est admis.

Δοχειον, & en Ionien Δοχηιον, receptacle, réservoir, 2°. retraite, asyle.

3. ΔΕΚαζω, corrompre par ses présens.

Δικασμος, corruption par argent, séduction.

4. ΔΟΧΜη, *Dokhmé*, la paume de la main.

8.

ΔΙ-ΔΑΣΚω, *Di-dasko*, enseigner, instruire.

ΔΙ-Δαγμα, instruction, document.

ΔΙ-Δαξις, doctrine.

Διδακτος, savant, instruit, docte.

Διδακτικος, didactique.

Διδακτρον, récompense, appointemens.

ΔΙ-ΔΑχη, doctrine, instruction.

Δι-Δασκαλος, Maître, Instituteur.

Δι-Δασκαλια, enseignement, institution, doctrine.

Δι-Δασκαλικος, de Maître.

Δι-Δασκαλιον, appointemens d'un Maître, ses honoraires.

Δι-Δασκαλειον, lieu où l'on enseigne: gymnase: Ecole.

VI.

DOC, pensée, opinion.

De *De*, *Di*, lumiere, devenu *Doc*, instruire, se formerent ces Familles.

1.

ΔΟΞα, *Doxa*, opinion, sentiment, avis; 2°. attente; 2°. renommée; 4°. gloire, honneurs.

Δοξαριον, petite gloire, gloriole.

Δοξαζω, opiner, penser, être d'avis.

Δοξασμα, ce qui paroît devoir être fait, ce dont on est d'avis.

Δοξασια, opinion.

Δοξαστης, qui opine.

Δοξαστικος, qui a la force d'opiner.

2.

ΔΟΚεω, *Dokeo*, penser, être d'avis, sembler à soi; 2°. croire, juger, estimer.

ΔΟΚησις, opinion.

Δογμα, volonté, opinion, décret; 2°. Dogme.

Δογματιζω, dogmatiser, avancer une opinion.

2. ΔΟΚος, *Dokos*, (en vers) opinion.

3. ΔΟΚιμος, intégre, plein de probité, recommandable, de bon aloi.

ΔΟΚιμη, preuve, épreuve.

ΔΟΚιμαζω, examiner, éprouver; 2°. approuver, estimer; 3°. penser qu'il est utile.

ΔΟΚιμασια, recherche, examen, épreuve; 2°. Docimasie.

ΔΟΚιμαστης, qui éprouve, cherche, examine.

3.

ΔΟΚΑΖω, *Dokazó*, observer, regarder, être dans l'attente; 2°. penser, être d'avis.

ΔΟΚευω, de même; 3°. tendre des pièges, être aux aguets, à l'affut.

ΔΟΚαω, observer, attendre; 2°. être à l'affut, guetter.

VII.

DE, long-tems.

De DE, jour, lumiere, en le nasalant, se forma,

1. ΔΗΝ, *Dên*, anciennement, autrefois, il y a long-tems.

Δηναιος, vieux, ancien, qui a vécu long-tems.

2. Δηθα, long-tems ; 2⁰. continuellement.

Δηθακι, long-tems.

Δηθυνω, perdre son tems, s'amuser ; 2⁰. différer, tarder.

3. Δηρος, *Déros*, & en Dorien, *Daros*, qui dure long-tems, qui revient chaque jour ; vieux, ancien.

Δαρον, long-tems.

2.

1. ΔΗΝος, conseil, délibération, mûre réflexion, il faut du tems.

2. Α-ΔΗΝος, à l'improviste, impromptu.

Α-δηνεως, sans malice, sans y avoir songé.

VIII.
DIK, lancer.

De *DEK*, désignant les doigts, la main, vinrent divers mots relatifs à l'action de lancer, de jetter.

1. ΔΙΚω, *Dikô*, jetter, lancer ; 2⁰. blesser.

2. ΔΙΚΤΥον, *Diktuon*, filets, on les jette : on dit, jetter le filet ; 2⁰. tout ce qui est à jour comme un filet, crible.

ΔΙΚτυοω, fabriquer des filets, des réseaux.

ΔΙΚτυευς, pêcheur à filet.

ΔΙΚτυδιον, petits filets.

3. ΔΙΚτυννα, *Diktynna*, surnom de Diane, la Chasseresse.

4. ΑΝ-ΔΙΚτης, espéce de filet.

1.

ΔΙΚ-ΤΑΜον, *Dictamon*, en Latin *Dictamnum*, dictamne, plante célebre pour la guérison des plaies.

Ce mot, dont l'origine étoit absolument inconnue, s'est formé de ΔΙΚω, blesser, & de Ταμ, réintégrer, consolider. *Or. Lat.* 540.

3.

ΔΙΣΚος, *Diskos*, disque, palet, masse en forme platte & ronde qu'on lance ; 2⁰. plat, assiette ; 3⁰. forme du Soleil, de la Lune.

Δισχεω, lancer un disque.

Δισχευω, de même. *Or. Lat.* 539.

IX.

ΔΟΙ-ΔΥΞ, *doi-dux*, pilon, machine à broyer, piler, écraser ; 2⁰. grande cueillere pour puiser ce qui a été pilé, écrasé.

Ce mot, dont l'origine a été absolument inconnue, qu'on n'a pas même cherché à découvrir par désespoir du succès, est composé de deux mots Grecs dont l'un appartient à la Famille dont nous nous occupons actuellement : il vient de *Daï*, diviser, partager ; & de *Duá*, écraser : le pilon divise en écrasant.

X.

D·, Nuit, par opposition.

Les mots négatifs s'étant toujours formés des mots positifs, de la

Famille DI, jour, lumière, se formerent par opposition celles-ci:

1.

ΔΥω & ΔΥΝω, *Duó* & *Dunó* ou *Dyó*, *Dynó*, qui signifia primitivement & dans son sens le plus étendu, disparoître; de-là, 1°. mourir; 2°. tuer; 3°. se coucher, en parlant du Soleil; 4°. plonger dans les eaux; 5°. s'habiller, se vêtir.

Il est vrai que dans ce dernier sens, il appartient au primitif *TU*, couvrir.

Δυσμη, couchant du Soleil; fin de la vie.
Δυσμικος, occidental.
Δυτης, de même; 2°. plongeur.
Δυσσομαι, plonger dans les eaux; 2° vêtir, revêtir.
Δυπ]ω, plonger.
Δυπ]ης, plongeur.

Α-ΔΥτος, *A-dytos*, en Lat. *Adytus*, où l'on ne peut entrer; lieu très-saint, où le Prêtre seul pouvoit entrer.

2.

ΔΥΗ, *Dué*, infortune, malheurs, besoins, calamités.

Δυαω, plonger dans les malheurs, dans la misère.
Δυερος, malheureux, infortuné.

3.

ΔΥΣ, *Dus*, *Dys*, préposition initiale qui désigne les malheurs, l'infortune, les grandes difficultés. C'est le *Dis* des Latins.

XI.
DIK, Juste.

DIK est un mot radical qui désigne les idées relatives à celles de justice & d'exercer la justice, de juger. Les Grecs seuls l'ont conservé dans son état primitif. Les Orientaux y ont ajouté à la tête la sifflante *S* ou *Tſ*, צדק , *Tſa-Dik*, juste. Les Latins paroissent l'avoir associé avec le mot *Ju*, dans JU-DICO, JU-DEX, &c. *Or. Lat.* 531.

Il n'est pas étonnant que ce mot se soit formé de *Di*, jour, puisque la vie juste est celle qui peut soutenir le plus grand *jour* & qui a toutes les perfections de la lumière.

Ainsi ce mot ne pouvoit se former par une plus belle analogie.

1.

ΔΙΚη, *Diké*, la Justice, l'équité, ce qui est permis & peut soutenir le plus grand jour; 2°. la Déesse de la Justice; 3°. Jugement, cause, Procès; 4°. la peine qui en résulte.

ΔΙΚαιος, juste, équitable, dont les actions peuvent soutenir le plus grand jour; 2°. légitime; 3°. digne, méritant; 4°. plein, accompli.

ΔΙΚαιοω, regarder comme juste; 2°. juger; 3°. excuser, purifier; 4°. faire justice, condamner, punir.

Δικαιοσυνη, justice, équité.

Δικαιωμα, action faite avec équité, trait de justice ; 2°. question de droit ; 3°. conflit.

2.

Δικαω, Δικαζω, *Dikaô*, *Dikazô*, juger, rendre une Sentence ; 2°. terminer un différend ; 3°. être Juge.

Δικαζομαι, appeller en jugement, intenter un Procès.

Δικασης, juge.

Δικασικος, judiciaire ; 2°. habile à juger.

Δικασικον, épices, corbeilles pour le juge.

Δικασηριον, Tribunal ; 2°. Barreau.

Δικανος, Avocat.

Δικανοκος, judiciel, de jugement ; qui concerne le Barreau ; 2°. Jurisconsulte, Homme de Loi, Avocat.

3.

ΕΝ-ΔΥΚεως, *En-dykeôs*, avec zele, & bonté ; avec humanité : soigneusement, exactement.

Ce mot rentre dans l'idée primitive de DIK, juste, digne du grand jour.

Il tient ainsi à l'Irlandois, DAGH, *Deagh*, bon, bien, beau, *Deagh-luaidios*, bienveuillance.

XII.

DO, donner : *Or. Lat.* 541.

De D, la main, vint naturellement la Famille en D, qui désigne l'action de donner, & qui est si abondante en Latin & en François : De-là ces mots Grecs.

I.

1. ΔΩΣ, *Dós*, don, présent : de-là le *Dos* des Latins, dot.

Δωτης, Δωτηρ, Δωτωρ, qui donne, qui a accoutumé de donner ; 2°. donateur.

Δωτινη, don.

Δωτιναζω, recevoir des présens.

Δωσων, qui dit toujours je donnerai, & qui jamais ne donne : celui qui se ruine en paroles.

2. ΔΟΜα, don.

Δοσις, donation, don, présens, largesses ; 2°. dose.

Δοτηρ, Δοτης, qui donne.

Δοτειρα, donatrice.

Δοτος, qu'on peut donner.

Δοτικος, enclin à donner.

3. Δωσω, je donnerai,

ΔΙ-Δοω, ΔΙ-ΔΩΜΙ, *Didoô*, *Di-dô-mi*, donner ; 2°. accorder, permettre ; 3°. donner en mariage ; 4°. livrer, offrir, présenter.

2.

ΔΩΡον, *dóron*, don, présent ; 2°. paume de la main ; 3°. mesure de quatre doigts.

Δωρεα, ἡ, de même.

Δωρεαν, gratis, en présent.

Δωριης, qui concerne les présens.

ΔΩΡεω, faire présent, gratifier, donner.

Δωρημα, qu'on a donné.

Δωρητος, qu'on appaise par des présens ; 2°. qui a reçu.

3.

1. ΔΑΝος, *Danos*, n. don, présent ; 2°. don mutuel.

2. Δανειον, intérêt, injure.

Δανειακος, caution.

Δανειζω, prêter à intérêt.
Δανεισμα ; Δανεισμος, usure.
Δανεισης, qui prête à usure.

✤

E-ΔΝα, τ'α, E-dna, dot, présent de nôces ; mot dont l'origine étoit inconnue. On n'avoit pas vu qu'on avoit ajouté un *E* à la tête du mot *Dan*, présent, & que cet *a* devenu *e* s'étoit nécessairement syncopé.
E-ΔΝας, repas des fiançailles.
E ΔΝιος, robe de noces.
E-ΔΝωτης, beau-pere qui dote sa fille.
E ΔΝωτη, fiancée, qui a déja reçu les présens de Noces.
E-EΔΝα, les Poètes ont dit, He-edna, au lieu de *edna*.

XIII.
D E , lier.

De D, main, désignant la force, la puissance, vint sans doute cette Famille.

1.

ΔΕω, lier, attacher : 2°. enchaîner ; 3°. être sujet à la nécessité, être enchaîné par les circonstances : falloir ; 4°. avoir besoin, être dans le besoin, dans l'indigence.
ΔΕΙ, il faut, on doit.
ΔΕσμος, lien.
Δεσμοω, lier, nouer, attacher 2°. jetter en prison.
Δεσμωτης, lié . captif.
Δεσμωτηριον, prison.
Δεσμεω, Δεσμευω ; Δι-Δημι, lier.
Δεσμη, faisceau.

Δεσις, liaison, jointure.
Δετος, lié, garroté.
Δετη, torches liées en un faisceau.
Δεμα, lien, faisceau.
Δεματιον, petit lien.

2.

ΔΗ , *Dé*, certainement, sans doute : fort de toute vérité ; 2°. mais ; 3°. donc, par conséquent.
Δηθεν, c'est à savoir.
Δηλα, donc, par conséquent.
Δηλαδη, certainement, sans aucun doute.

3.

ΔΕΟΝ, ce qui doit être, ce qu'il faut ; 2°. convenance, décence ; 2°. à propos.
Δεομαι, avoir besoin ; 2°. supplier, demander.
Δεησις, priere.
Δεησις, indigence, pauvreté ; priere, supplique.
Δεητικος, qui concerne les prieres, les supplications, supplicatoire.
Δευομαι, être dans le besoin ; 2°. être privé ; 3°. être plus bas.

4.

ΔΕΙ-ΠΝΟΥ, repas, festin, dîner.
Ce mot dont l'origine étoit absolument inconnue, vient de Δεω, subjuguer, mâter, & de Πεινη, prononcé *pné*, la faim ; *mot-à-mot*, ce qui subjugue la faim.

5.

ΘΕΣΜΟς , ὁ , *Thesmos*, la loi : elle lie ; 2°. bucher, pile de bois.
Θεσμιος, légitime, conforme à la loi.

XIV.

DE, ce qu'on voit.

De DE, jour, lumière, vint une nouvelle famille, dont l'origine n'étoit pas moins inconnue.

1. ΔΕΙΝα, ὁ, ἡ, τὸ, gen., νος, *Deina*, ce, celui-là, certain. En Or. די *Dei*, lequel, qui ; הן *Den*, celui-là, ce certain.

2. ΔΕΥΡο, ΔΕΥΡι, *Deuro*, *Deuri*, ici, en ce lieu ; çà & là : jusqu'ici·
ΔΕΥΤε, venez ici, courage.

DAL,
Elevé, grand.

De DAL, élevé, long. *Or. Lat.* 547. se formèrent.

1.

ΔΟΛ-ΙΧος, *Dolikhos*, long, étendu, prolixe ; 2°. carrière de douze ou quatorze stades ; 3°. gousse de légumes.

ΔΟΛιχευω, remplir sa carrière, fournir sa course.

2.

ΚΟΝ-ΔΥΛος, jointures des doigts au moyen desquelles ils s'étendent & se replient ; 2°. jointure du bras & de l'épaule ; nœud.

Κον-Δυλιζω, se battre à coups de poings, frapper du doigt.

Κον-Δυλοσμαι, se former en nœud, se nouer ; se tuméfier.

Κον-Δυλη, bosse, tumeur ; 2°. truffe : *Or. Lat.* 547.

3.

De DAL, DOUL, DUL, DYL, signifiant, charge, poids, travaux pénibles, vint l'Irland. DALTA, serviteur, valet ; le Gallois DYLed, charge, ministère, & le Grec,

ΔΟΥΛος, *Doulos*, serviteur, esclave.

ΔΟΥΛη, *Doulis*, servante.

Δουλειος, Δουλιος, Δουλικος, Δουλοσυνος, servile.

Δουλαριον, petit esclave.

Δουλεια, δουληη, en Ionien ; Δουλευμα, δουλοσυνη, esclavage, servitude.

ΔΟΥΛευω, servir.

Δουλοω, réduire en servitude, subjuguer.

Δουλωσις, subjugation, action de réduire en servitude.

II.

ΔΗΛος, *Délos*, manifeste, clair, sensible, apparent.

ΔΗΛοω, manifester, déclarer, mettre en évidence.

Δηλωμα, indice, signe, enseigne de maison, déclaration.

Δηλωσις, déclaration.

Δηλωτικος, déclaratif.

2.

ΔΕΛετρον, *Deletron*, flambeau, lanterne.

3.

ΔΕΛεαρ, ατος, τὸ, *Delear*, apas, viande au bout de l'hameçon, ou dans un piége.

Δελεαζω, mettre de l'apât à l'hameçon, à un piége : prendre avec un apât : apâter.

Δελεασμα,

Δελεασμα, apâtement, apât, piéges attrayans.
Δελεασμος, attraits séducteurs.
Δελεασρα, piége tendu aux animaux, trappe.
Δελεαςρευς, Δελαςρευς, qui tend des piéges, qui prend au piége.
Δελητιον, Δελητηριον, le même que *Delear*.

4.

Δολος, *Dolos*, le Lat. *Dolus*, fraude, tromperie, ruse, fourberie, piége, attrape.
Δολοεις, fourbe, trompeur.
Δολοω, tromper, séduire : falsifier.
Δολωσις, tromperie.
Δολιος, trompeur, fourbe.
Δολιοτης, tromperie, fourberie.
Δολιοω, employer la fraude.
Δολιζω, falsifier.
Δολων, poignard caché.

5.

ΔΑΙ-ΔΑΛος, *Dai-dalos*, en Lat. *Dædalus*, 548, Dédale, illustre Ouvrier. De *dai*, habile, & de *dal*, élevé, grand.

» Grand en industrie, en habileté «.

Δαι-Δαλεος, fait avec beaucoup d'art, d'élégance, varié.
Δαι-Δαλλω, faire avec un grand art ; faire des tissus variés d'une maniere admirable.
Δαι-Δαλμα, ouvrage fait avec un grand art : ouvrage merveilleux.

DELPH.

De *DAL*, porte, entrée, 2°. origine, vint :

1. ΔΕΦΥΣ, *Delphus*, f. Matrice.
2. ΔΕΛΦαξ, *Delphax*, Truie.
Δελφακιον, cochon de lait ; 2°. sillon de Vénus.
3. ΔΕΛΦΙΝ, ινος, *Delphin*, le Dauphin, le cochon de mer.
Δελφινισκος, petit Dauphin.
Δελφινιον, espéce de plante.

DAM.

D A M est un mot primitif qui, formé sur D élevé, désigna lui-même l'élévation en puissance, en domination, & est devenu la source de plusieurs familles. Voy. *Or. Lat.* 552.

ΔΑΜαω, *Damaó*, dompter, soumettre : 2°. vaincre, dissiper : 3°. accabler.
Δαμασις, action de dompter.
Δαμαςηριον, torture.
Δαμναω, Δαμνημι, dompter.
Δμησις ; action de dompter.
Δμητηρ, dompteur, qui dompte.
Δμητειρα, femme qui a dompté.
Δμητος, dompté.

2. ΔΑΜαρ, Epouse.

3. Δαμαλη, Δαμαλις, génisse, jeune bœuf.

4. ΔΜως, ωος, *Dmôs*, esclave.
Δμωος, d'esclave.
Δμωω, & Δμωϊς, femme esclave, servante.

2.

ΔΕΜω, *Demô*, construire, élever.
ΔΟΜη, *Domê*, édifice, bâtiment, mur ; 2°. forme, aspect ; 3°. structure.
Δομεω, Δειμαω, construire.

2. ΔΟΜος, ὁ, maison : 2°. structure.
Δωμα, de même, Δω en poësie.
Δωματιον, petite maison ; 2°. appartement, chambre à coucher 3°. toit, faîte.
3. ΔΩΜαω, construire, bâtir.
Δωμησις ; Δομησις, construction, structure.
Δωμητωρ, constructeur, qui bâtit.
Δωμητυς, préparatifs pour bâtir, échaffaudage, &c.

3.

ΔΕΜΝιον, *Demnion*, couches, lit.

4.

ΔΕΜας, (*indécl.*) *Demas*, le corps, l'édifice corporel.

5.

ΔΗΜος, *dêmós*, le Peuple, le Corps de la Nation : 2°. assemblée : 3°. Tribu ; 4°. graisse.
Δημωδης, du peuple, populaire.
Δημοσιος, public.
Δημοσιον, la République ; 2°. le fisc.
Δημοσιοω, publier ; 2°. répandre, divulguer.
Δημοσευω, gérer la chose publique.
Δημοσιακος, public.
Δημοτης, homme du peuple ; 2°. de la même tribu.
Δημοτικος, populaire.
Δημοτεροι, les Plébéiens.
ΔΗΜιος, public, le Public.
Δημευω, publier.
Δημευσις, publication.
Δημιδιον, Δημακιδιον, le petit peuple, la populace.
Δημιζω, tromper le peuple.

DAN.

DAN, DEN, DUN, est un mot primitif qui signifie également élevé. *Orig. Fr.* 390. De-là diverses Familles Grecques.

ΔΥΝαμαι, *Dunamai*, être élevé en puissance : pouvoir : 2°. être rempli de force, être robuste : 3°. valoir, être de prix.
ΔΥΝαμις, *Dynamis*, puissance, force, facultés ; 2°. habileté ; 3°. vertu des plantes, médicament.
Δυναμικος, efficace.
Δυναμοω, confirmer, fortifier, affermir.
Δυνασις, puissance.
Δυνηρος, puissant, vaillant.
Δυνατος, qui peut, capable, propre à ; 2°. fort, robuste ; 3°. possible, qui se peut.
Δυνατεω, être puissant.

2. ΔΥΝ-ΑΣΤης, *Dyn-Astés*, qui est élevé en autorité, Chef, Roi.
Δυν-ασις, Princesse, femme qui est élevée en autorité.
Δυν-ασευω, régner ; 2°. être puissant en forces & en richesses.
Δυν-ασευομαι, être soumis à un plus grand.
Δυν-ασεια, puissance, empire, domination.
Δυνασευμα, Préfecture, Gouvernement.

2.

ΔΑΝαη, η, Plante élevée ; 2°. Danaé, nom de Princesse.

3.

ΔΕΝ-ΔΡον, τὸ, *Den-dron*, arbre.
Ce mot dont l'origine étoit inconnue, se forma de *Den*, élevé, & *Dr*, plante : Voy. *Orig. Lat.* 558, au mot DODONE.

Δενδρεον, Δενδρος, τὸ, de même.
Δενδρηεις, abondant en arbres.
Δεν-δριχος, d'arbres.
Δεν-δροτης, accroissement des arbres.
Δεν-δρωδης, de la nature des arbres.

2. Δεν-Δρων, ὁ, lieu planté d'arbres ; 2°. arbuste.
Δεν-Δριον, arbrisseau.
Δενδρυφιον, Δενδρυδιον, de même.
Δεν-δριζω, devenir arbre.
Δεν-δριαζω, se cacher entre des arbres, dans des arbustes.
Δεν-δρωσις, arborescence.

4.

Les Celtes dériverent de *Den*, élevé, une famille relative à la fierté, au dédain, au mépris.

Irl. DANa, hautain, insolent.
Gall. DANNad, reproche, blâme : de-là le Grec.
ΔENNος, ὁ, *Dennos*, mépris, injure, affront.
Δενναζω, faire un affront, reprocher, blâmer, maudire.
Δενναςος, accoutumé à injurier, à blâmer.

5.

ΔINη, η', *Diné*, gouffre, abîme, tournant d'eau.
ΔINεω, tournoyer, tourbillonner ; 2°. se tourmenter à aller & venir.
ΔINησις, action de tourner.
ΔINος, tourbillon ; 2°. espéce de danse ; 3°. tour à tourner ; 4°. objet fait au tour.
ΔINωδης, plein de gouffres.
Δινοω, se mouvoir en tourbillon.

2. ΔΕΙΝος, espéce de coupe, & de danse.

6.

ΘΙΝ, νος, η', *Thin*, & *This*, monceau, amas ; 2°. digue ; 3°. rivage.
Θινεσθαι, être réprimé par une digue.
Θινωδης, de rivage, riverain.
ΘΗΝ, *Thén* & *Thémon*, monceau ; 2°. Dune, montagne de sable.

7.

ΔΟΝαξ, ὁ, *Donax*, roseau de Chypre ; il est fort gros ; 2°. roseau à écrire ; 3°. espéce de poisson long & étroit.
ΔΟΝακειον, lieu rempli de roseaux.
Δοναχευς, Δοναχωδης, qui concerne les roseaux.

8.

ΔΟΝεω, *Doneo*, agiter, comme un roseau : ébranler, secouer.
Δονημα, agitation, mouvement.
Δονησις, de même.
Δονευω, même que Δονεω.

9.

ΔΝο-ΠΑΛιζειν, *Dno-palizein*, secouer, agiter, remuer avec les mains ; de DONεο, secouer, remuer, & de *palamé*, la main.
Δνο-Παλιξις, action de remuer, d'agiter avec les mains.

DAR.

DER, DR, &c. (*Orig. Lat.* 563.)

DAR, dans toutes les Langues a signifié grand, fort, terrible, redoutable, magnifique, ferme, solide. Delà nombre de familles.

I.

ΔΕΡα, ΔΕΡη, *Dera*, *Deré* ; &

T ij

ΔΕΙΡα, ΔΕΙΡη, *Deira, Deirè*, cou : 2°. col ou côteau, montagne élevée.

ΔΕΡις, cou.

ΔΕΙΡος, ὁ, colline.

ΔΕΡαιον, collier.

ΔΕΙΡας, αδυς, ἡ, sommet, cîme d'une montagne.

2.

ΕΘΕΙΡα, ας, ἡ, *E-theira*, chevelure, elle couvre la tête & le cou, & est l'ornement, la gloire de la tête.

Ε-Θειραδες, chevelures.

Ε-Θειραζω, avoir soin de sa chevelure.

3.

ΔΟΡυ, Gen. δορατος, δορος, δορος, dat. δορατι, & δορι. *DORY*, bois : 2°. lance, pique.

Δουρατα, Δορατα, Δουρα; plur. les bois, les lances.

Δορυσσω, combattre à la lance.

Δορατιον, javelot, dard, petite pique.

Δορατιαιος, qui a la longueur d'une lance.

Δορατισμος, combat à la lance.

Δυρατεος, Δυρειος, Δυριος, de bois.

4.

1. ΔΡΥΣ, ἡ, *Drys, Drus*, chêne, le plus grand & le plus fort des arbres ; 2°. quelquefois tout arbre en général.

Δρυινος, de chêne.

Δρυμος, chenaye, forêt de chênes ; 2°. forêt en général.

Δρυμων, de même.

Δρυμωδης, abondant en forêts.

Δρυωδης, de chêne.

2. ΔΡΥαδες, *Dryades*, nymphes des forêts.

ΔΡΥος, *Druos, Drios*, forêt, bois, bosquet.

Δριαω, être couvert d'arbres & de plantes.

Δριαεις, verdoyant, planté d'arbres.

3. ΔΡυτη, baignoire de bois.

ΑΚΡο-ΔΡυα, fruits qui ont l'enveloppe dure comme du bois.

Voy. dans les *Orig. Lat.* 567. les rapports de ce mot *Dru*, arbre, dans nombre de Langues.

5.

ΔΕΝ-ΔΡον, arbre en général, que nous avons déjà vu, col. (292.) se rapporte également à cette famille par la seconde syllabe *Dron*.

6.

ΠΑΝ-ΔΟΥΡα, & ΠΑΝ-ΔΟΥΡις, *Pan-doura*, & *Pan-douris*, nom d'un instrument de Musique : c'est la *Man-dore* des Italiens, dont nous avons fait *MANDOLINE*.

Ce mot dont l'origine étoit inconnue, est composé de *Pan*, tout, & de *Dour*, bois : il consiste en effet dans une caisse & un manche en entier de bois. A moins qu'on aime mieux regarder le mot *Pan* comme désignant ici le Dieu Pan.

Παν-Δουρος, qui traite de la pandore.

Παν-Δουριsης, Musicien qui joue de la pandore.

Παν-Δουριζω, jouer de la mandoline.

11.

Α-ΔΡος, grand, nombreux ; 2°. abondant ; épais, dru ; 4°. opulent.

C'est notre mot *DRU*.

Α Δροτης, grandeur, force, puissance ; 2°. abondance, qualité de ce qui est dru, touffu.

A-Δροσυνη, de même.

A-Δρυνω, épaissir.

A-Δρυνσις, maturité des fruits, fruits parvenus à leur juste grosseur.

A Δροω, meurir : acquérir toute sa force.

A-Δρησις, maturité.

H-Δρηκως, adulte.

2.

A-ΘΡΟος, *A-throos*, entassé, rassemblé ; dru, épais, touffu ; 3°. fréquenté ; 4°. tous ensemble.

A-Θροοτης, universalité.

A-Θρουν, en corps, en masse.

A-Θροιζω, rassembler, réunir ; 2°. cueillir, colliger.

A-Θροισμα, tas, monceau ; 2°. collection.

A-Θροισης, qui rassemble.

A-Θροιστηριον, lieu où on rassemble, où on réunit.

C'est l'Hébreu עתר.

III.

ΔΕΡΚω, observer d'un œil *perçant* ; voir, regarder, considérer *fortement*.

Δεργμα, aspect.

Δερξις, vision, vue, action de voir.

Δραχος, œil, vue, regard.

IV.

ΘΑΡΣος, το, *Tharsos*, audace, hardiesse, présomption, confiance ; présence d'esprit.

Θαρσυς, confiant, audacieux, intrépide.

Θαρσεω, être plein de confiance, de sévérité, d'audace, de courage.

Θαρσυνω, donner du courage, de l'assurance.

ΘΑΡΡος, το, même que Θαρσος.

Θαρραλευτης, confiance, assurance.

Θαρρεω, même que Θαρσεω.

ΘΡΑΣος, το, audace, témérité.

Θρασυς, ὁ, audacieux, téméraire ; 2°. courageux, hardi.

Θρασυτης, ἡ, audace, témérité.

Θρασυνω, inspirer de l'audace.

En Celt. *Dar*, vif, actif.
En Isl. *Daare*, téméraire.
En Angl. *Dare*, oser.
En All. DORFEN, oser.
DREUST, hardi, osé, courageux.

V.

DOR, main, (*Orig. Lat.* 564.)

De DOR, grand, étendu, fort, se forma DOR, DURN, pour désigner la main, elle est étendue, & le siège de la force. Dans les *Or. Lat.* nous avons vu que ce mot étoit commun à nombre de Dialectes Celtiques ; ajoûtons-y :

DWRNN, en *Gall.* poing, poing, poignée, anse.

I.

1. ΔΑΙΡω, ΔΕΡω, *Dairô, Derô*, frapper, battre.

2. ΔΗΡις, combat à coups de poing ; 2°. rixe, dispute.

ΔΗΡη, de même.

Δηριαω, se battre ; 2°. disputer, quereller.

2.

Δραξ, *Drax*, poignée.

Δραγμα, manipule, faisceau, gerbe.
ΔΡΑΣΣω, prendre, saisir avec la main.
Δραγμη, poignée de monnoie.
Δραγματευω, mettre en gerbes, en faisceau.

3.

ΔPαω, *Draó*, faire, exécuter, commettre, agir; 2o. servir, administrer.

ΔΡαμα, tissu d'une pièce de théâtre.
Δραματιζω, faire une pièce de théâtre.
Δρασις, action.
Δρασειω, avoir envie de faire une chose.
Δραςηρ, prompt à agir, ardent, vif, empressé.
Δραςηριος, prompt à agir, leste.
Δραςικος, efficace.

2. ΔΡαςηρ, Ministre, domestique.

Δρηςειρα, servante.
Δρηςοσυνη, Ministere.
Δρησμοσυνη, empressement à remplir les devoirs de son service.

4.

1. ΔΡαω, ΔΡαιω, ΔΡημι, *Draó*, *Draió*, *Drémi*, échapper, fuir, éviter.

Δρασκαζω, Δι-Δρασκω, de même.
Δρασμος, Δρησμος, fuite.
Δραπετης, ὁ, fugitif, sur-tout en parlant d'esclave.
Δραπετις, femme esclave fugitive.
Δραπετινδα, jeu de Colin-maillard, jeu à sauve-qui-peut.
Δραπετευω, fuir, déserter.

2. Α-ΔΡΑΣΤεια, la Déesse Adrastée, Déesse de la vengeance, à laquelle on ne peut se dérober.

5.

1. ΔΡΕΠω, *Drepô*, cueillir, récolter; 2°. vendanger.

Δρεπτος, qui peut être cueilli, perçu.
Δρεπτεις, vendangeurs.
Δροπις, vendange.

2. ΔΡΕΠανον, faulx, elle sert à moissonner.

Δρεπανη, de même.

3. ΔΡΩπαξ, ὁ, *drôpax*, emplâtre de poix tiéde pour arracher les cheveux & la peau.

Δρωπακιζειν, employer cet emplâtre.
Δρωπακισμος, application de cet emplâtre.

4. ΔΡΥΠΤω, *Druptó*, déchirer, mettre en pièces.

Δρυφας, αδος, ἡ, ongle, déchirement.
Δρυφη, déchirement à belles mains.

5. ΔΡΥΠις, arbrisseaux épineux.

6.

ΔΡΙΜυς, εος, ὁ, dont le goût est piquant, poignant, âcre, mordant; amer; aigu, subtil, fin.

Δριμυτης, acrimonie, âcreté.
Δριμυσσω, avoir une humeur âcre & mordante.
Δριμυλος, aigrelet.

VI.

ΔΕΡας, ατος, τό, *Deras*, peau, cuir; la peau est étendue & épaisse pour garantir & envelopper.

ΔΕΡος, de même.
ΔΕΡΡις, εως, ἡ, habillement de peau.
ΔΕΡΡιον, cilice.
Δερριδιον, ombrage en peau.

2. ΔΕΡω, écorcher, enlever la peau;

20. révéler, découvrir à nud.

3. ΔΕΡμα, τὸ, peau, cuir.

Δερματωδης, de peau.
Δερματινος, de même.
Δερματιον, pellicule.
Δερμυλλω, écorcher ; 2°. mettre à nud.
Δερμηςης, insecte qui ronge les peaux.
Δερσις, excoriation.
Δαρτος, excorié.
Δερτρον, membrane qui enveloppe les intestins.

4. ΔΟΡα, peau ; 2o. excoriation.
ΔΟΡις, ιδος, couteau de cuisine.
ΔΟΡος, sac de peau.

2.

ΔΑΡ-ΘΑΝω, *Darthanô*, dormir ; on a dit aussi, *dar-theó*, & *Dra-theó*. De *Dar*, peau, & *theó*, poser, étendre. Les premiers lits furent des peaux étendues ; de-là pourroit venir DORMIRE, dormir.

3.

DOR, signifie en Celte, l'après-midi, le soir. Il tient au primitif *Dur*, durée. En Bas-Br. *Dery*, le soir. En Irl. *Dorach*, ténébreux. De-là,

ΔΟΡΠΗ, *Dorpé*, le soir.
ΔΟΡΠον, le souper, le repas du soir.
ΔΟρπια, le premier jour des Apaturies, parce qu'alors ceux de la même Tribu soupoient ensemble.
ΔΟΡΠεω, souper.
Δορπησος, l'heure du souper.

4.

ΔΟΡΞ, κος, ἡ, ΖΟΡΞ, *Dorx*, & *Zorx*, chèvre sauvage, chevreuil, élan, daim. On dérive leur nom de *derkō*, voir, parce qu'ils ont la vue perçante : peut-être de *Der*, s'élever, parce que ce sont des animaux grimpans.

Δορκος, ὁ, de même.
Δορκων, Δορκας, de même.
Δορκαδιον, petit chevreuil.
Δορκαδιζω, avoir un poulx de chèvre, chèvrotant.
Δορκαλιδες, fouet à lanieres de peau de chèvre.

DAS,

De D, élevé, se forma le Celte *Das*, monceau, tas, épaisseur : de-là,

ΔΑΣυς, τος, ὁ, *Dasus*, épais, dense, touffu : 2o. velu ; 3°. esprit rude.

C'est le *Densus* des Latins, Or. Lat. 560.

ΔΑΣος, εος, τὸ, lieu où les arbres sont serrés & touffus.
Δασυτης, ἡ, denfité : 2°. hérissé de poils.
Δασυσμος, denfité, condensation ; 2°. voix rauque.

DAUK.

1. ΔΑΥΚος, *Daukos*, audacieux, confiant. En Irl. *Dockus*, confiance, espérance.

2. ΔΑΥΚος, *Daukos*, le Daucus, espèce de panais qui croît dans les montagnes de Crète & dans les Alpes. On en fait du vin.

DEB, DEV,
mouiller.

Du primitif AU, EU, eau : les Celtes firent DAB, DEV, riviere : les Orientaux, DAB, DAF, DUB, couler, mouiller, humecter : de-là :

1.

1. ΔΕΥω, *Deuô*, mouiller, arroser, humecter, teindre.

Δευμα, irrigation.

2.° ΔΕΨω, *Depsó*, au futur ; ΔΕΦω, *Dephô*, au Présent, amollir, en faisant tremper dans l'eau, macérer.

Δεψεω, amollir dans l'eau à la maniere des Corroyeurs.

Δεφω, écorcher ; 2°. préparer les peaux en les macerant.

2.

ΔΙΦΘερα, *Diphthera*, peau préparée, membrane, sac de cuir ; 2°. tentures de peau ; 3°. tunique de peau.

3.

ΔΙΑΙΝω, *Diainó*, mouiller, arroser, humecter.

Διημι, dilaier, mouiller, plonger.
Διεσις, action de mouiller.
Διερος, humide, mouillé, moite.
Διερα, τὰ, rivages.

4.

ΔΕΙΣα, ης, humeur ; 2°. fumier ; 3°. lieu humide, croupissant.

Δεισαλεος, de fumier.

5.

ΔΕΠας, αος, τὸ, *Depas*, coupe, gobelet.

Δεπαζω, boire.
Δεπαsρον, gobelet.
Δεπαsρεον, boisson puisée d'un gobelet.

6.

ΔΙΨα, *Dipsa*, soif.
Διψος, τὸ, de même.
Διψιος, altéré.
Διψηρος, sec, aride.
Διψωδης, altéré.
Διψηρης, de même.
Διψας, qui altere.
ΔΙΨαω, avoir soif.
Διψητικος, qui provoque la soif.
Διψακος, maladie des reins, accompagnée d'une soif dévorante ; 2°. nom d'une plante.

D É

ΔΗΩ, *Déô*, Cérès. Les Etymologistes Grecs ont cru que ce nom venoit du Verbe Δηω, chercher, parce que Cérès cherchoit sa fille.

Il seroit plus dans l'ordre de dériver le Verbe du nom.

Déô, peut désigner Cérès comme la Déesse qui pourvoit à nos besoins, de l'Orient. די, *Dei*, suffisant : ou de ΓΗ, *Ghé*, la terre, prononcé *Dé*.

2. ΔΗΩ, *Déô*, trouver ; ce Verbe est usité, sur-tout au futur.

D I Z.

ΔΙΖω, *Dizó*, chercher ; 2°. rechercher, méditer.

Διζημαι, de même.

D I P h.

ΔΙΦαω, *Diphaó*, chercher en tâtonnant,

nant, en palpant, & il tiendroit à Αφη, tact, & à Δια, par.

DI ô,

Διω, *Diô*, chasser, poursuivre : c'est l'Or. דחה, *Dhéé*, chasser, pousser, repousser : de-là,

Διωκω, *Diôkô*, chasser; 2°. poursuivre; 3°. envoyer en exil; 4°. poursuivre en Justice, accuser; 5°. continuer son discours.

Διωγμος, persécution, vexation, expulsion.

Διωγμα, ce qu'on poursuit.

Διωκτυς, qui poursuit.

Διωκτος, qu'on doit poursuivre.

Διωκαθω, chez les Attiques, pour Διωκω.

ΙΩΚη, *Iôké*, au lieu de *Diôké*, persécution, poursuite, choc.

Ιωχμος, poursuite de l'ennemi.

DOK,

ΔΟΚος, ἡ, *Dokos*, poutre, poteau : du Celte, *Dock*, tronc. En prim. *Dic*, *Tic*, épais, massif; d'où le Latin *Tignum*, *Tigillum*, &c.

ΔΟΚις, ἡ; ΔΟΚιδιον, petite poutre, soliveau.

ΔΟΚωσις, toit, charpente.

MOTS GRECS
VENUS DE L'ORIENT.

D.

Δαγυς, υδος, *Dagus*, crystal, glace; 2°. ornement de femme, composé d'une feuille de métal transparent qui pendoit sur la poitrine; 3°. ruban de tête. De l'Or. זך, *Zac*, brillant, transparent, pur.

ΔΑΚΑΡ, *dakar*, genre de Casse qui dut son nom aux Arabes, dit Dioscorides.

ΔΡΑΚων, οντος, ὁ, *Dracon*, Dragon: 2°. ornement du cou, des bras, des mains, &c. 3°. manche d'un instrument, d'une machine.

De l'Or. דרך, *Drac*, cheminer; 2°. fouler aux pieds, ramper.

Δρακοντειος, de serpent.

Δρακοντιον, serpentine; 2°. nom d'une espèce de raisin; 3°. & d'une maladie.

Δρακοντιας, espèce de bled; 2°. pierre qu'on disoit se trouver dans la tête des Dragons.

Δρακοντωδης, lieu rempli de dragons, de serpens.

Δρακαινα, femelle du dragon.

Δρακαινιδες, espèce de poissons, sans doute des anguilles.

Orig. Grecq. V

ΔΡΑΧΜΗ, *Drakhmé*, dragme, espéce de monnoie ; 2o. & de poids.

C'est un composé du primitif *mon*, lumiere, & *Drac* דרך, chemin, commerce : *mot-à-mot*, « le » Guide du Commerce ».

Δραχμιαιος, Δραχμιδιος, qui vaut une dragme.

Α-ΔΕΛΦος, *Adelphos*, frere ; 2o. gémeau : 3o. allié, semblable, apparenté.

De l'Orient. سلف, *Selph*, devenu *Delph*, parent, allié : *Selpha*, épouser la veuve de son frere

Α-Δελφη, sœur ; 2o. cousine-germaine ; 3o. semblable, de même espéce.

Α-Δελφοτης, fraternité.

Α-Δελφικος, fraternel.

Α-Δελφιζω s'appeller du nom de frere.

Α-Δελφιξις, union fraternelle.

Α-Δελφεος, en vers, même qu'*A-delphos*.

Α-Δελφιδιον, petit frere.

Α-Δελφιδους, fils du frere, ou de la sœur, neveu.

Α-Δελφιδη, niéce.

MOTS GRECS-CELTES,
OU DÉRIVÉS DE LA LANGUE CELTIQUE.

E

LA lettre E, designa constamment l'existence, l'Etre, tout ce qui est.

Sa forme fut parfaitement assortie à ces idées, étant la représentation du visage, siége de la respiration : voy. *Orig. du Lang. & de l'Ecrit.*

Sa prononciation s'est altérée en AI, EI, I, SI, &c.

En Grec, comme en Latin, E a fourni des mots à toutes les partiess du Discours ; mais nous rapporterons auparavant diverses Onomatopées Grecques relatives à cette lettre.

ONOMATOPÉES.

1. Ε', *Hé !* cri de douleur ; 2o. c'est le *se* des Latins ; *se* des François : *il se laisse attaquer.*

2. Ε·ΛΕΓος, ȣ, ὁ, *E-legos*, Elégie, lamentation, deuil, chant de deuil, chanson lugubre : de *E*, cri de douleur, & *Logos*, parole.

Ελεγειον, Elégie.

3. ΕΛΕΛΕΥ, *Eleleu*, cri de guerre.
Ελ-Ελιζω, chanter *el*, *el* : pousser le cri de guerre ; 2°. pleurer en poussant un pareil cri.

4. Ελεος, ϐ, ὁ, *Eleos*, pitié, compassion, miséricorde : action de pousser le cri de *el* avec ceux qui le poussent, de dire *el* sur quelqu'un.
Ελεινος, infortuné, digne de compassion.
Ελεεω, être touché de compassion.
Ελεημων, compâtissant, miséricordieux.
Ελεημοσυνη, compassion, miséricorde : 2°. aumône, charité.
Ελεηλυς, υος, ἡ, commisération.
Ελεαιρω, même qu'Ελεεω.

5. ΕΜεω, *Emeô*, vomir.
Εμεσια, vomissement.
Εμετος, vomi.
Εμετηρια, qui provoque le vomissement.
Εμετικος, qui fait vomir : émétique.
Εμετιαω, avoir des nausées, des envies de vomir. C'est le Lat. *vomo*.

II.

1. ΕΥ, *Eu*, cri de joie, bien ! bien ! courage !
ΕΥΣ, *eus*, bon.
ΕΥΓε, *euge*, l'*euge* des Latins : courage ! Bravo ! Au mieux !
ΗΥΣ, *éüs*, bon.

2. ΕΥΟΙ, *eu-oi*, cri de joie dans les Bacchanales.
Ευαζω, crier l'*eu-oi*, célébrer les Orgies.
ΕΥΑΝ, l'*Evan*, le cri de joie des Bacchantes.
Ευασης, qui célèbre les Orgies, qui crie l'*eu-oi*.

Ευιος, *Euios*, nom de Bacchus, le Dieu de la joie.
En Turc, ΕΥ, *eiu*, bien.
En Chinois *Hiu*, heureux.
En Bas-Breton *Eun*, droit : bien.

2.

ΕΥΘυς, *Euthus*, droit, dans tous les sens, qui est droit, qui marche droit.
Ευθυ, avec droiture.
Ευθυτης, rectitude, droiture.
Ευθυνω, diriger, corriger, redresser, rectifier.
Ευθυνσις, direction, correction.
Ευθυντος, direct, droit.
Ευθυντης, Ευθυνος, Directeur, Correcteur.
Ευθυνη, recherche ; 2°. inquisition ; 3°. accusation ; 4° crime.
Ευθυ-ωρια, direction droite ; 2°. qualité d'un arbre droit.
Ευθυ-ωρειν, s'avancer en ligne droite.

3.

ΕΥΧη, *Eukhê*, desir, vœu, priere.
Ευχομαι, faire des vœux, prier, desirer ; 2°. vouer ; 3°. supplier ; 4°. se vanter, glorifier, se faire beau.
Ευγμα, vœu, priere.
Ευκτος, Ευκταιος, désirable.
Ευκτικος, optatif.
Ευκτηοι, Hymnes, Prieres.
Ευκτηρος, de Prieres.
Ευκτηριον, Oratoire, lieu de Prieres.
Ευχεταομαι, supplier, fondre en Prieres.
Ευχωλη, en Poésie : priere, vœu ; 2°. dévotion ; 3°. gloire.
Ευχωλιμαιοι, ceux qui font des vœux ; 2°. dévoués.

V ij

E,
Verbe.

ΕΩ; être : Je suis.
ΕΙ-ΜΙ, je suis ; mot composé de ΜΙ, moi, & ei, être.
Εἶεν, courage, soit : de plus.

NOMS.

1.

ΘΥΣΙα, *Ousia*, essence, substance, qui est.
ΟΥΣιδιον, les biens, les facultés.
Ουσιωδης, essentiel.
Ουσιοω, donner l'essence.

2.

ΕΤος, ȣ, *Etos*, le vrai, ce qui est ; 2°. les biens.
Ετος, *Adv.* sans sujet, en vain, mal-à-propos.
Ετεον, *Adv.* mais, véritablement, en effet.

PARTICIPE.

ΩΝ, *ôn*, celui qui est.
Ουσα, celle qui est.
Ον, ce qui est.
Οντι, *au dat.* réellement, en effet.
Οντα, τα, les biens.
ΕΙΣ, ΕΙΣα, ΕΝ, terminaison des participes aoristes passifs.

PRONOMS.

ΕΓΩ, *egó*, le *Lat. ego*, je, moi.
ΕΜος, mien, Το εμον, le mien : tout ce qui est à moi.
Ουμος, pour ὁ εμος, le mien.
ΗΜΕτερος, notre, & *Poétiquem.* Ημος ; en Dorien Αμος.
Ἑ, *he*, soi, se.
Εος, *hees*, &c.

CONJONCTIONS.

ΕΙ, si ; 2°. est-ce ; 3°. plût à Dieu !
Ειτε, soit ; ou.
Ειθε, plût à Dieu que cela soit !
Εια, *Eia !* soit.
ΕΑΝ, si, ou : on a dit aussi :
 ΑΝ & ΗΝ, si.
ΑΙ pour ΕΙ, si.

EI, AI ;

Existence, vie.

Α-ΕΙ, *A-ei*, toujours, perpétuellement : 2°. tems court, peu de durée en négation.
Αι-ει, Poétiquement pour Αει.
Αϊδιος, éternel, perpétuel.
Αϊδιοτης, éternité, perpétuité.
ΑΙΩΝ, ωνος, ὁ, *Aiôn*, l'*ævum* des Latins, éternité ; 2°. âge ; 3°. siecle : de ων, qui est, & ΑΕΙ, toujours.
Αιωνιος, éternel : séculaire.
Αιωνιζω, éterniser, rendre éternel ; 2°. durer à jamais.
ΕΙΑ, gazon.
ΕΙΑΜενα, lieu arrosé, toujours verd ; prairie, verger.

E I S, un.

1. ΕΙΣ, ενος, *heis*, *henos*, un ; Μια, une : ΕΝ, un, au neutre.
Ενικος, singulier, qui concerne l'un.
Ενιζω, poser un, l'unité.
ΕΝοω, unir, réunir.
Ενωσις, union, réunion.
Ενωτικος, unitif, qui a la vertu d'unir.
Ενοτης ; Ενας, αδος, unité.
Ευνις, privé, veuf, veuve.

2. Η'ΝΙα, *hénia* & *kénion*, bride, frein.
Ηνιαζω, mettre un frein, réprimer.

3. ΕΝιοι, quelques-uns, certains.
Ενι-οτε, quelquefois.
Ενι-αχυ, quelque part.

E I S, Préposition.

ΕΙΣ, *eis*, & ΕΣ, *es*, vers, auprès; 2°. dans, dedans, à travers.
Εισω, dans, dedans.
Εσωθεν, intérieurement, intrinsèquement.
Εσωτατος, le plus intime, le plus intérieur.
Εςε, jusqu'à ce que.

E N, dans.

1. ΕΝ, *en*, dans, en: on a dit aussi poétiquem. ειν & ενι.

2. ΕΝΔοΥ, intérieurement, l'intérieur: οἱ ενδον, les domestiques.
Ενδοι, intérieurement, en Syracusain.
Ενδοθι, de même.
ΕΝΔινα, les intestins.

3. Ε'Νεκα, à cause, en faveur, pour.
Ενεκεν, de même.
Εινεκα, poétiquement.
ΟΥΝεκα, pour τυ ενεκα.

4. ΕΝΘα, en ce lieu, ici.
Ενθαδε, de même.
ΕΝΘαδιος, qui est d'ici.
ΕΝθεν, en ce lieu, en ça.
ΕΝΤαυθα, εντανθοι, ici.
ΕΝτευθεν, en ce lieu; depuis ce moment.

5. ΕΝΤος, intérieurement, en dedans.
Εντοσθι, Εντοσθε, de même.

Εντοσθια, τα, les entrailles, les intestins.
Εντερον, intestin.
Εντερικος, intestinal.
Εντεριωνη, moëlle, portion intérieure, noyau, cœur.
Εντερευω, éventrer, ôter les entrailles.

6. ΕΓ-ΚΑΤα, τα, *en-Kata*, les intestins, les viscères: de εν, dans, & Κατ, coffre, ventre.

E X, hors.

1. ΕΞ ou ΕΚ, *Ex* & *Ek*, hors. Formé de la fugitive S, ou X, ce mot marquoit naturellement la sortie; tandis que le précédent formé de la rentrante *N*, désignoit l'opposé.

2. ΕΚΤος, hors, dehors; 2°. les dehors; οἱ εκτος, les étrangers, ceux du dehors.
Εκτοσε, Εκτοσθε, dehors, hors, sans.

3. Εξω, hors, dehors.
Εξωτερος, extérieur.
Εξωτερικος, externe.
Εξωταιος, tout-à-fait dehors.
Εξωθεν, de dehors.
Εξωτικος, étranger.

4. ΕΚΑΣ, *ekas*, de loin, au loin.
Εκαθεν, de même.
Εκατος, surnom d'Apollon, qui lance au loin.

5. ΕΞΗΣ, *Exés*, ensuite, par ordre, pied-à-pied; 2°. le suivant, le plus près, le prochain.

E O S.

Ε'ΩΣ & ΗΩΣ, οος, ἡ, *Heos* & *éós*,

aurore ; 2°. le point du jour, le matin.

Ηοιος, matinal ; 2°. Oriental.
Ηωδι, au point du jour.
Ηωθεν, de l'aurore.
Εως, matinal.
2°. Apollon ; l'Oriental.
Εωα, l'Orient.
Εωθινος, matinal, du matin.

ETH, Coutume.

De E, être, & de D, T, consistance, solidité, se forma cette famille.

I.

Εθος, εος, το, *Ethos*, coutume, mœurs, habitude : ce qui est constant, familier.
Εθας, αδος, accoutumé.
Εθημων, accoutumé, ordinaire.
Εθημοσυνη, coutume, habitude.
Εθιμος, accoutumé, habitué.
Εθω, agir par l'effet de l'habitude.
Εθιζω, accoutumer.
Εθισμος, action d'habituer.
Εθιςος, à quoi on peut s'habituer.

2.

1. ΕΤΗΣ, *etés*, ami, compagnon.
2. ΕΤΑΙΡος, ami, compagnon ; 2°. familier ; 3°. aide.
Εταιρα, amie.
Εταιρια, amitié, union constante & pour toujours.
Εταιρικος, amical, familier.
Εταιριος, Εταιρειος, de même.
Εταιριδεια, Fête à l'honneur de Jupiter ami.
Εταιρεω, vivre en société, en union de travaux ; s'associer.

Εταιρεια, amitié, familiarité.
Εταιρεω, prendre trop de familiarité, se débaucher.
Εταιριζω, contracter amitié ; 2°. aider ; 3°. s'associer.
Εταιριςρια, Courtisanne.

Les Basques ont cette Famille :
Οιτυ, j'ai coutume, &c.

Verbes formés d'*E*, je suis.

Εω, *Heó*, revêtir ; 2°. placer, établir, statuer ; 3°. envoyer.
ΕΙΜα, *Heima*, habillement, vêtement.
2. ΙΜατιον, *Himation*, habit ; 2°. manteau, sur-tout ; *au plur.* les remparts.
Ιματιζω, habiller, vêtir.
Ιματιδιον, veste, petit habit.
3. ΕΣΘης, ητος, η, *Esthés*, & *Esthos*, n. vêtement.
4. ΕΑΝος, ὁ, *Heanos*, étoffe fine, déliée.
ΕΙΝω, *Einó*, vêtir.
ΕΝΝυμι, *Hennumi*, revêtir, placer, constituer.
5. ΕΣΣην, ηνος, ὁ, *Essén*, Roi.
Εφεσσαι, placer, établir.
6. Ι'Εω, envoyer ; 2°. lancer.
Ιημι, *Hiemi*, de même.
Ιεμαι, *Hiemai*, desirer.
Εσις, *Hesis*, cupidité, desir.
Ιοτης, η, Volonté.
7. ΗΜα, το, *Héma*, dard, javelot.
Ημων, ὁ, η, Lanceur, Archer.
Ημοσυνη, habileté à lancer des traits, à tirer de l'arc.
8. ΕΣΜος, *Esmos*, essaim.
9. ΕΣΤωρ, ορος, la clé du timon.

10. Ἥϊος, *Èios*, surnom d'Apollon, habile Archer.

2.

1. ΕΩ; *eô*, le Lat. *eo*, aller, je vais, je viens.
ΕΙΜι, *Eimi*, je vais, je viens.
2. ΙΘι, *ithi*; vas.
Ιθαρ, *Ithar*, promptement.
Ιθαρος, *Itharos*, prompt, léger, rapide.
ΙΕΜαι, *Iemai*, je vais, je cours avec impétuosité.
Ιθμα, τὸ, pas, le pas.
Ιτεον, il faut aller.
Ιτητεον, il faut aller.

3.

ΗΜαι, *Hêmai*, être assis; de *eô*, d'où εμαι, & puis ημαι.

4.

ΕΑω, *Eaô*, permettre, consentir qu'une chose soit; 2°. laisser passer; 3°. omettre; 4°. cesser, discontinuer; *Poétiquement*, ειαω.

5.

ΕΔω, *Edô*, le Lat. *edo*, manger.
Εδεσμα, Εδαρ, Ειδαρ, τὸ; Εδητυς, ἡ; ΕΔ-ΩΔη, ἡ, nourriture, aliment; tout ce qui se mange.
Εδητης, ὁ, qui mange.
Εδιμος, exquis, bon à manger.
Εδεστρος, qui goûte les mets, qui en fait l'épreuve.
Εδιτια, repas publics.
Εδωδος, gros mangeur.
Ωμ-ΗΣΤης, qui se nourrit de chairs crues.

6.

1. ΔΙ-ΑΙΤα, ης, ἡ, *Di-aita*, manière de se nourrir, genre de vie, diete: 2°. entretien, subsistance; 3°. arbitrage.
Διαιταω, nourrir, élever.
Διαιταομαι, passer sa vie.
Διαιτημα, éducation, discipline.
2. ΔΙΑΙΤωμαι, passer sa vie en un lieu, habiter, séjourner, être domicilié.
3. ΔΙΑΙΤαω, être arbitre.
Διαιτητης, arbitre.
Διαιτητηριον, assemblée d'arbitres, lieu où ils s'assemblent.
Διαιτησιμος, arbitraire.

7.

ΕΣΘω, *esthô*, manger, le Lat. *esse*.
ΕΣΘιω, *Esthiô*, le même.

EL.

Du prim. *EL* marquant les diminutifs par opposition à AL; EL, élevé, vint;
Ελλος, ὁ; *Ellos*, petit, un petit Mulet, le *Faon* ou petit d'une biche; 2°. muet, qui ne parle pas encore.

2.

D'*HEL*, lumière, & de *Ankhô*, presser, dût venir,
ΕΛ-ΕΓΧω, *El-enkhô*, prouver, démontrer, mettre au grand jour; 2°. reprocher; 3°. convaincre; 4°. réprimer; 5°. réfuter, repousser; 6°. dédaigner, mépriser.
Ελεγμος, réfutation, réprimande.
Ελεγξις, de même.

Ελεγκτος, répréhensible.
Ελεγκτικος, à réprimer; 2°. destiné à réprimer.
ΕΛ-ΕΓΧος, ὁ, El-enkhos, preuve, indice; 2°. argument; 3°. document; 4°. accusation; flétrissure, honte.
Ελεγχος, εος, τὸ, ignominie, affront, déshonneur.
Ελεγχειν, affront.

3.

De ΕΛ, AIL, agitation (col. 107.) vinrent.

1. Ελαυνω, Elaunô, agiter; 2°. pousser en avant, inciter, aiguillonner; 3°. fatiguer, tourmenter, poursuivre; 4°. frapper, battre, secouer; 5°. chasser; 6°. conduire; 7°. mouvoir en avant, s'avancer, faire des progrès.

Ελαω, poétiq. de même.
Ελασμα, τὸ, lame de métal ductible.
Ελασις, agitation, expédition, action de mener, de pousser en avant; 2°. équitation, manège.
Ελατηρ, Cocher; 2°. Rameur; 3°. qui lance avec force.
Ελατηριον, purgatif.
Ελατος, qu'on conduit; 2°. malléable.
Ελαστρον, ce qui pousse, motif.
Ελαστρεω, inciter, pousser.

2. ΕἹΛως, ωτος, & ΕΙΛωτης, ου, ὁ, Heilôs, & Heilotés, Hélote: Habitans de la Ville d'Hélos dans le Péloponèse, & que les Lacédémoniens réduisirent en esclavage. Leur Ville s'appelloit Hélos, parce qu'elle étoit dans des Marais: Voy. Helia, ou Velia, Orig. Lat. Disc. Prélim. CLXIV, & ci-dessus, col. 106.
Ειλωτις, ιδος, ἡ, femme esclave.
Ειλωτευω, servir.
Ειλωτεια, servitude, esclavage.

4.

Ἑλωρ, τὸ, Helor, capture; 2°. châtiment pour avoir enlevé: de la même famille qu'Αιρεω.
Ελωριον, proie, butin.

5.

Ἑλκος, εος, τὸ, Helkos, le Lat. hulcus & ulcus, ulcère; 2°. blessure. Du prim. ΕΛC, ΟΛC, mal dommage, famille existante encore en Irlandois.
Ελκοω, ulcérer, former un ulcère.
Ελκωμα, ce qui est ulcéré.
Ελκωσις, exulcération.
Ελκωτικος, qui a la force d'ulcérer, de former des ulcères.
Ελκυδριον, petit ulcère.
Ελκωδης, qui est en ulcère.

6.

ΕΛΠις, ιδος, ἡ, Elpis, espérance.
ΕΛΠιζω, espérer: 2°. désespérer. Ce mot est de la même famille que l'Allemand HELFEN, & l'Anglois to Help, soutenir, aider. L'espérance est en effet un grand soutien: & tous ces mots doivent tenir au prim. HEL, salut.
Ελπισμα, ce qu'on espere.
Ελπομαι, poétiq. espérer; 2°. penser, se persuader.

Ελπω,

Ελπω, faire espérer.
Ελπωρη, poétiq. espérance.

ER.

La Lettre R désigna constamment la force, la pression dans tous les sens, physiques & moraux, agréables ou désagréables : de-là diverses familles.

I.

EIR, serrer.

De R, *force*, vint AR, ER, fort, qui presse, qui lie, en usage dans toutes les Langues.

En Hébreu, ארא, *ara*, fort.
ארר, *arr*, mal, vice.
זור, *zur*, serrer, lier, presser.

En Basque, *Aria*, fil.
Aricin, lier.

En Bas-Bret. *Heren*, lier, serrer.

De-là, entr'autres, notre Famille SERRER.

Et cette Famille Grecque :

1. ΕΙΡω, *Eirô*, nouer, serrer ; 2°. dire ; mais en ce sens il vient de Ρεω, *Reó*, parler, dire.
Ειρμος, nexe, liaison, suite.
Ερσις, liaison, action de relier.

Dans quelques composés, ει devient ΗΟ : Παρηορος, cheval préparé pour le joug.
Et ω : Συν-ωρις, ἡ, couple, paire de bœufs ou de chevaux.
ΕΙΡ-ΕΡος, ὁ, captivité, servitude.

2. ΕΙΡΓω, *Heirgó*, resserrer, renfermer ; 2°. jetter en prison ; 3°. défendre, exclure.

Orig. Grecq.

Ειργμος, action de resserrer, de renfermer.
Ειρκτη, ἡ ; Ερκτη, prison.
ΕΡΓω, *Hergó*, même qu'*Heirgó*.
Εργμα, cloison, lien.
ΕΡΚος, haie, cloison, retranchement.
Ερκτης, Gardien ; 2°. Geôlier, Concierge.
Ερκιον, haie, mur, enceinte.
Ερκανη, Ερχατος, Ερκατος, de même.
Ερχατωω, tenir renfermé, enclore.
Εεργω, Εεργνυμι, mêmes que Εργω, renfermer : contenir.

3. ΕΙΡηνη, ἡ, *Eirêné*, la Paix, parce qu'elle est liée, arrêtée, fixée.
Ειρηναιος, pacifique ; calme ; 2°. apaisé.
Ειρηνικος, de même ; qui concerne la paix.
Ειρηνευω, faire la paix ; vivre en paix ; jouir de la paix.

ΕΡΜα, ατος, τὸ, *Herma*, soutien, appui ; 2°. confiance, espérance ; 3°. Lest ; 4°. écueil, brisant ; 5°. pendants d'oreilles.
Ερμαζω, appuyer, soutenir, établir, 2°. lester.
Ερμας, brisant, écueil en mer.
Ερμασις, & Ερμασμα, mêmes qu'Ερμα.
Ερμαϛιζω, lester.
Ερμιν, & Ερμις, ινος, ἡ, pied du lit.

ΕΡΓον, ȣ, τὸ, *Ergon*, tissu, ouvrage : 2°. action : 3°. chose : 4°. devoir ; ce qu'on doit faire, l'ouvrage : 5°. peine à prendre, chose difficile : 6°. gain, profit qu'on retire de ses ouvrages.

X

Εργωδης, εος, pénible, difficile.
Εργωδια, difficulté, travail, affaire.
Εργαζομαι, opérer, travailler.
Εργασια, opération, ouvrage, travail, exercice, profit.
Εργασιμος, qui peut se faire, s'exécuter.
Εργασειω, avoir envie de faire.
Εργασιων, ωνος, Laboureur.
Εργαςης, Ouvrier.
Εργαςηριον, boutique, forge.
Εργασικος, efficace, qui opere.
Εργατης, ouvrier, artisan.
Εργατις, ouvriere.
Εργαωνις, Εργαωνις, loge des esclaves.
2. ΕΡΓΑΝΗ, surnom de Minerve.
ΕΡΓαλειον, instrument de travail.
3. ΑΡΓαλέος, difficile, pénible.
4. ΟΡΓανον, το, organe, instrument.
Οργανικος, organique.

Cette Famille tient à l'Orient. אַרג, Arg, travail, tissu; d'où Araignée. Voy. aussi FORGE dans les *Orig. Franç.*

4.
D'AR peine, douleur, vint :
ΕΡΡω, *Errô*, tomber malade, marcher avec peine : 2°. mal-réussir, tourner d'une maniere fâcheuse : 3°. dépérir.
En Basque, *Eria*, maladie, infirmités, & sa famille.

II.
Ερις, ιδος, η, *Eris*, dispute, querelle : 2°. Déesse de la Discorde.
Εριζω, disputer, quereller, être en Procès.
Ερισμα, dispute, querelle, combat.
Ερισης, querelleur, qui est en procès.
Ερισος, ὁ, ce qui est en litige.
Εριδω, Εριδαινω, mêmes qu'Εριζω.
Εριδμαινω, irriter, provoquer.
Εριδος, Εριδεια, dispute, querelle, procès.

2.
ΕΡΙΝΝΥΣ, υος, η, *Erinnys*, Furie, Déesse de la vengeance. 2°. qui se laisse dominer par la fureur.
Ερινυω, être indigné, en courroux.

3.
ΕΡΕΘω, *Eréthô*, exciter, irriter, agacer.
Ερεδιζω, de même.
Ερεδισμα, το, tout ce qui irrite, stimule, provoque.
Ερεδισμος, irritation; tranchées.
Ερεδιςης, qui irrite.
Ερεδιςικος, propre à irriter, à provoquer.

3.
ΕΡΕΣ-ΧΗΛΕω, *Eres-Kheleô*, chercher noise, quereller, disputer : 2°. railler, irriter par ses railleries.
De Ερις, dispute, noise, rixe, & *Kel*, prompt.

E U.
1.
Du Celte HUN, sommeil, songe; NUNA, dormir, &c. vinrent :
1. ΕΥΔω, *Eudô*, dormir.
2. ΕΥΝΗ, *Eunê*, lit : 2°. couche : 3°. tente : 4°. anchre : 5°. gîte.
Ευκαιος, lièvre au gîte ; 2°. entretien au lit.
Ευνια, τα, lit, couche de, &c.

Ευαω, être endormi ; 2°. se coucher.
Ευαζω, de même ; 3°. mettre au lit ; coucher.
Ευασιμος, bon pour coucher.
Ευαστηριον, lit, lieu où on dort.
Ευνις, mari ou femme.
Χλουνης, pour Χλο-Ευνης, couché sur la verdure.

3. ΕΙΝατειρ, & ΕΙΝατηρ, ρος, ἡ, femme du frere.
ΕΥΝατειρα, concubine.

2.
ΕΥΡυς, *Eurus*, large, ample.
Ευρυτης, largeur, ampleur.
Ευρος, εος, τὸ, de même.
Ευρυνω, étendre, élargir, dilater.
Du Celte HIR, grand, vaste, étendu.

3.
ΕΥΗΡα, τὰ, *Eutéra*, bride, rênes. Ce mot qui devroit être écrit ειληρα, disent les Etymologistes Grecs, tient à la Famille ιλεω, selon eux. Je préférerois de le lier à la même Famille que le Latin *Lorum*, qui signifie la même chose.

E K, E K H.

Du Verbe primitif A, avoir, prononcé Ah, Akh, ensuite Ækh, Ekh, (voy. *Dissert. sur la Langue Suédoise*, Tom. VIII. pag. 481.) qui tous signifient Avoir dans les Langues du Nord, vinrent :

ΕΧ-ω, *Ekhô*, avoir, posséder, tenir : 2°. atteindre, parvenir : 3°. habiter : 4°. soutenir.

Εχμα, & Οχμα, lien ; 2°. agraffe.
Εχμαζω, retenir, contenir.

2. Εξις, εως, ἡ, habitude.
Εκτικος, passé en habitude, devenu habituel : 2°. qui a la fièvre continue.

3. Εχετης, ὁ, riche.

4. Εχετλη, manche de charrue.
Εχετλευω, labourer.
Εχετλιον, lieu où l'on renferme les effets sur un vaisseau.

5. Σχημα, ατος, τὸ, habitude ; 2°. manière d'être ; 3°. forme, figure.
Σχηματιζω, former, figurer ; 2°. feindre, prétexter.
Σχηπηρια, anchre, parce qu'elle retient le vaisseau.
Σχεσις, εως, ἡ, constitution, tempérament ; 2°. rapport.
Σχετικος, analogue, qui a de l'analogie, du rapport.
Σχεθω, avoir ; 2°. réprimer, retenir.

6. ΙΣΧυ, *iskhû*, avoir, tenir ; 2°. arrêter, retenir ; 3°. valoir, être plein de vigueur.
Ισχανω, Ισχαναω, de même ; 4°. désirer.

7. ΟΧα, *Okha*, principalement, par-dessus tout.
Οχανον, anse du bouclier ; 2°. sa courroie.
Οχευς, εως, ὁ, tout ce qui sert à retenir, à arrêter.
Οχος, ὁ, capable, qui peut contenir.

8. ΟΧη, ἡ, *Okhê*, nourriture, tout ce qui sert à soutenir la vie.

9. ΕΥ-ΩΧια, *Eu-ôkhia*, repas, festin ; mot-à-mot, où on se traite bien.
Ευ-Ωχεω, prendre ses repas, se régaler, se bien traiter.

MOTS GRECS VENUS DE L'ORIENT.

E

1. ΕΝΥΩ, ἡ, *Enuó*, Bellone, Déesse de la guerre.
ΕΝυάλιος, ὁ, *Enualios*, Mars, le Dieu de la Guerre ; 2°. belliqueux.
Ενυειον, τὸ, Temple de Bellone ou de Mars.
De l'Oriental חנה, *c'hané*, camper, guerroyer.
חנית, *c'hanit*, lance, pique.
Enyalius, mot-à-mot, le Dieu des Camps ou des Armées.

2. ΕΞ, *Hex*, six, en Latin *sex*.
Ce mot tient à l'Oriental שות, *Shut*, *Xut*, placer à côté ; parce que lorsqu'on a compté jusqu'à cinq avec une main, on avance l'autre pour continuer jusqu'à dix : observons en même tems que tous les noms relatifs aux nombres ou à la science numérique, sont tous Orientaux; & que de tous, celui-ci est le moins sensible.
Εξακις, six fois.
Εξακοσιοι, six cens.
Εξας, αδος, ἡ, nombre de six.
Εξαχη, en six parts : de six manières.
Εξηκοντα, soixante.

Εξαπλοος, sextuple.
Εκτος, sixieme.
Εκταιος, le sixieme.
Εξαγιον, espèce de mesure.
Εκτευς, εως, ἡ, un setier, la sixieme partie d'un boisseau.

3. ΕΞΗΣ, *adv. hexés*, par ordre.
Ce mot tient à la même famille.

4. ΕΠΤΑ, *Hepta*, sept, le *Lat. septem*, mot également Persan, &c.
C'est l'Oriental שבע, *sabó*, sept, suivi de l'article Oriental T.
Επτας, αδος, ἡ, le nombre sept.
Επτακις, sept fois.
Επτακοσιοι, sept cens.
Επταχα, en sept parts.
Επταπλοος, septuple.
Επταπλασιος, plus que sept fois.
Εβδομος, septieme.
Εβδομαιος, qui arrive au septieme jour.
Εβδομακις, sept fois.
Εβδομας, αδος, ἡ, la semaine.
Εβδομηκοντα, septante ou soixante-dix.
Εβδομηκοσος, septantieme.

5. ΕΡΕΒος, ᾳ, ὁ, *Erebos*, l'Erebe, l'enfer, le couchant, la nuit.
C'est l'Oriental ערב *Horeb*, la nuit, le couchant, la noirceur.

Ερεβωδης, ténébreux, profond.
Ερεβεννος, noir, obscur, ténébreux.
Ερεμνος, noir, ténébreux.

6. ΕΡΗΜος, *Erémos*, désert, solitaire, inhabité, abandonné; 2o. inculte; 3o. contumace.

De l'Oriental חרב & חרם, *herb* & *herm*, ravager, dévaster, rendre désert, excommunier.

Herme, signifie inculte dans diverses Provinces du Royaume: & anciennement on difoit l'*Herm*, pour le défert.

Ερημοω, dévaster, ravager, rendre défert.
Ερημωσις, dévaftation, deftitution.
Ερημωτης, qui défole, qui dévafte.
Ερημια, défert, folitude; 2°. mifere, difette.
Ερημικος, qui paffe fa vie dans les déferts.
ΕΡΗΜιτης, Hermite, Solitaire.
Ερημαιος, défert.
Ερημαζω, fréquenter les déferts, paffer fa vie dans la folitude.

7. ΕΡΧομαι, *Erkhomai*, venir, aller. Ses tems viennent du Verbe inufité, ελευθω: formé d'AL ou EL, aller, d'où,
Ελευσις, & Ηλυσις, venue, arrivée.

C'eft l'Oriental ירך, IRK, prononcé EIRK, pied, cuiffe.

8.

De l'Oriental עת, *Ot*, le tems, fe formerent:

1. ΕΤος, εος, το *Etos*, année.
Ετησιος, de chaque année, Etéfien.
Ετησιαι, les vents Etéfiens qui s'élévent chaque année dans le même tems, vers la Canicule.
Ετειος, annuel.

2. ΑΤε, *Ate*, quand; 2°. c'eft à favoir, car.
4. ΗΔη, déjà.
5. Ειτα, enfuite.
ΕΙΘαρ, auffi-tôt.

9.

De l'Oriental HE, Khê, vie, 2°. ferpent, fymbole de la vie, vinrent en Grec:

1. ΕΧΙς, ιος, & εος, ο, *Ekhis*, vipère mâle.
2. ΕΧΙΔνα, η, *Ekhidna*, vipère femelle.
Εχιδναιος, de vipère.
Εχιδνιον, petite vipère.
Εχιδιον, de même.

3. ΕΧιον, το, plante qu'on croyoit bonne contre les morfures des vipères.

4. Εχιτης, pierre précieufe tachetée comme la vipère. Voy. Or. Lat. 605.

MOTS GRECS-CELTES,
OU DÉRIVÉS DE LA LANGUE CELTIQUE.

Z

Z, la septiéme lettre en Hébreu, la sixiéme en Grec, peint par sa figure même & par sa signification, le mouvement, l'agitation, tout ce qui est agité, tout ce qui agite.

Il se confond souvent avec D, S, X, J.

C'est à ces deux différentes causes qu'on peut rapporter les mots Grecs qui appartiennent à cette lettre.

Z pour D.

ΖΗΜΙα, ας, ή, *Zémia*, dommage, perte, détriment, dam; 2°. amende; 3°- peine, supplice, condamnation.

Du prim. DAM, devenu *Zam*, *Zém*, qui a les mêmes significations, & d'où vint *DAMNO* des Latins.

Ζημιοω, nuire, causer du dommage : condamner.

Ζημιωμα, amende, condamnation.

Ζημωσις, action de condamner à une amende.

E-Ζημιωμενοι, ceux qui n'avoient pas encore satisfait à la peine, à l'amende.

Z pour ST.

ΔΙΑ-ΖΟΜαι, être debout en travaillant à la toile : de *dia*, à travers, & *stó*, être debout.

Διασμα, τό, la trame, ou trême.

Z, Vivacité, Grand empressement.

ΖΑ, est une initiale Grecque qui désigne la vivacité, l'empressement, ce qui est extrême.

1.
1. Ζ-ΑΓΚΛη, ή *Zanklé*, faulx, & nom d'une ville en Sicile, parce qu'elle en avoit la forme: de *Za*, très, & *Ankulos*, courbe.

2. Ζ-ΑΦΕΛης, *Zaphelés*, extrêmement simple ; 2°. dur, véhément, emporté : de *Za*, très, & *a-phelés*, simple, non-plié.

2.
Ζ-ΗΤεω, *Z-éteó*, chercher ; 2°. rechercher une chose perdue ; 3°. s'étudier, s'efforcer.

De *Za*, très, avec force, avec empressement, & *ΑΙΤεό*, demander, rechercher.

Ζ-Ητημα, τό, question.
Ζ-Ητηματιον, petite question.
Ζ-Ητησις, action de chercher.
Ζ-Ητητηρια, τὰ, torture, question.
Ζ-Ητητης, Magistrat qui mettoit à la question.
Ζ-Ητητικος, accoutumé à faire des questions.
Ζ-Ητευω, poétiq. pour Ζητεω.
Ζ-Ητρειον, le lieu où on punissoit les esclaves, Zétrée.
Ζ-Ατρευω, donner la question dans le Zêtrée.

Z, Mouvement, vie.

1. ΖΑω, *Zaó*, vivre.
Ζωω, *Zóô*, en poésie, le même.
Ζωωσις, vivification.
Ζωσιμος, vital.
Ζωτικος, vivifiant.
Ζως, vivant; Ζως, en poésie.

2. Ζωη, *Zóê*, vie : en Ionien *Zoé*.
Ζωηρος, vivace.

3. Ζωον, τό, *Zóon*, animal.
Ζωα, τὰ, les brutes.
Ζωϊκος, d'animal.
Ζωδιον, petit animal.
Ζωδαριον, animalcule.
Ζωϋφιον, de même.
Ζωοτης, nature animale.

4. Ζωδιακος, le Zodiaque.

2.

ΑΑΖω, *Aazó*, exhaler, avoir une haleine chaude, respirer. Ce peut être une Onomatopée.

3.

ΖΕΑ, *Zea*, froment, épeautre, grain dont on se nourrit.

Ζωτειον, lieu où on paitrit, mais à paîtrir.

4.

1. ΖΕω, *Zeô*, bouillir, fermenter; 2°. sourdre; 3°. abonder.
Ζεννυω, Ζεννυμι, de même.
Ζεμα, décoction.
Ζεμον, chaud.
Ζεσις, ferveur.
Ζεσος, fervent, échauffé.

2. ΖΩμος, *Zômos*, bouillon, jus.
Ζωμευω, faire bouillir, faire cuire, assaisonner.
Ζωμευμα, assaisonnement.
Ζωμιδιον, bouillon, cuillerée, bouchée.

5.

Αι-Ζηος, *aizéos*, jeune, à la fleur de l'âge; bouillant de force & de jeunesse.

6.

ΖΗΛος, *Zêlos*, émulation, envie extrême, jalousie, ardeur extrême pour le culte divin, zèle ; mot-à-mot, véhémence, ferveur.
Ζηλοω, être rempli d'émulation, d'un désir extrême de réussir, de surpasser les autres ; 2°. déclarer heureux, porter envie ; 3°. louer, approuver ; 4°. être déchiré par la jalousie.
Ζηλωμα, effets de l'émulation.
Ζηλωσις, émulation.
Ζηλωτης, qui aspire à surpasser les autres, qui brule de s'avancer.
Ζηλωτικος, qui donne de l'émulation.
Ζηλωτος, digne d'exciter l'émulation.
Ζηλευω, même que Ζηλοω.
Ζηλοσυνη, même que Ζηλος.
Ζηλαιος, Ζηλημων, envieux.

7.

ΖΥΘος *Zuthos* ; mot-à-mot, bière ; vin fait avec du grain fermenté.

8.

ΖΥΜη, *Zumé*, levain, farine qui a fermenté.

Ζυμωτος, Ζυμιτης, fermenté.
Ζυμιζω, sentir le levain.
ΖΥΜοω, *Zumoó*, fermenter.
Ζυμωμα, levain.
Ζυμωσις, fermentation.

Z, Ceinture.

De l'Oriental, ס, ceinture, vint cette famille en Z:

ΖΩΝη, *Zóné*, ceinture, zône ; 2°. bande ; 3°. force, activité.
Ζωνιον, το, ceinture.
Ζωνιτης, qui fait des ceintures.
ΖΩΝΝυω, Ζωννυσκω, Ζωννυμι, ceindre.
Ζωδηρ, ηρος, ὁ, baudrier, ceinture ; 2°. feu sacré, espèce de maladie.
Ζωσις, action de ceindre.
Ζωμα, habit à ceinture.
Ζωσμα, de même.

ZER.

ΖΕΙΡα, ας, ἡ, *Zeira*, robe, habit, juste-au corps : de la même famille que SER, serrer.

MOTS GRECS
VENUS DE L'ORIENT.

Z

De l'Oriental סוף, *Xuph*, fin, extrémité, couchant, vinrent :

1. ΖΟΦος, ὁ, *Zophos*, ténèbres, obscurité ; 2°. couchant.

Ζοφοεις, obscur, ténébreux.
Ζοφωδης, Ζοφερος, de même.
Ζοφοω, *Zophoó*, obscurcir, couvrir de ténèbres.
Ζοφωσις, obscurcissement, obscurité, nuit.

2. ΖΕΦΥΡος, ἡ, *Zephyros*, Zéphyr, vent du couchant.

Du même *Zoph*, obscurité, nuit ; & R, courir, Or. רוח, *Ruh*, vent.

3. ΖΙΓΓΙΒΕΡις, *Zingiberis*, Gingembre, de זון, *Zyn*, alimens ; & גבר, *Geber*, fort.

ΖΙΖΑΝιον, το, *Zizanion*, zizanie, yvraie : de זנה, *zanéh*, ou de שנא, *Shana*, avoir de l'aversion.

MOTS GRECS-CELTES,
OU DÉRIVÉS DE LA LANGUE CELTIQUE.

H

LA lettre H, eſt la ſeptiéme dans l'Alphabet littéral des Grecs, & la huitiéme dans l'Alphabet numérique Grec, ainſi que dans l'Alphabet Oriental. C'eſt le ת des Hébreux, prononcé *heth*. Dans l'origine, elle ſervoit ſimplement de ſigne d'aſpiration.

On en fit enſuite le caractère de l'E long en lui conſervant ſon nom grec primitif *Héta*.

Les Grecs modernes qui ont brouillé toutes les prononciations, le rendent par *i*, & quelques Littérateurs ſéduits par-là, s'imaginent que c'eſt ſa vraie prononciation ; tel étoit un Profeſſeur en Grec dont j'eus occaſion de prendre des leçons dans ma jeuneſſe : HOMERE l'eût pris pour un Vandale : il lui auroit arraché ſon livre des mains. Lorſqu'on voit les Poëtes Grecs rendre par B H le bêlement des brebîs, & les Juriſconſultes Grecs écrire par H l'é

du mot *Légat*, on ne peut douter qu'ils le prononçoient *é*, & non *i*. C'eſt n'avoir pas l'ombre de la Critique que de ſoutenir le contraire : il faut renvoyer à l'école ceux qui diſent *M. le Ligat*, & qui font *biler* les brebis.

Cette lettre eſt nulle dans la Langue Grecque, pour l'étymologie ; elle n'a point de mots en propre : ils ſe rapportent tous aux voyelles A & E.

H É,

Η῾, HÉ, eſt l'article féminin, *la*.

Η῾, He, eſt le relatif féminin, *qui, laquelle*.

Η῎, É, ſans aſpiration, eſt la conjonction ſoit ; ou ; ſi ce n'eſt.

On voit ſans peine que tous ces mots ſont des dérivés du Verbe E.

HTE, Hτοι, Hκευ, Hγουυ, Hπϛ, Hϛ, ſignifient la même choſe que la conjonction H.

Hτι, eſt-ce, ſi.

H, certainement, cela *eſt ainſi*.
Hτυ; Hτε, de même.

HΘω, *f.* ησω, *Êthô*, couler une liqueur, la faire paſſer par un couloir, par une paſſoire.

Du Celte *Af*, *Aif*, eau; F ſe changeant en *Th* chez les Grecs. En Gall. *Hiſlaid*, couler.

HΘμος, machine pour couler les liqueurs: 2°. crible.

HΘμαριον, petite paſſoire.

HΘεω, HΘιζω, mêmes qu'HΘω.

HΘισμος, action de paſſer une liqueur, coulage.

En Gall. *Hidl*, couloir, paſſoire.

H I.

HΙΘεος, *Eïtheos*, jeune : non marié : célibataire. D'*Aitho*, être bouillant, dans tout le feu de l'âge.

HΩN, HIΩN, oγος, ἡ, *Êôn*, *Êion*, rive, rivage, côte.

De ων, qui eſt, & *AI*, eau.

Hιοεις, de rivage.

Hονιος, ſur le rivage.

H K.

HKα, *Êka*, peu ; bas ; avec douceur, peu-à-peu.

HKαλος, tranquille.

HKαλοεν, doucement.

HKιςος, le plus petit ; le plus tardif. Ces mots ſont l'oppoſé de EK, grand ; voy. *Or-Lat*. 601.

1. HKω, *É-kô*, venir, *f*. ξω.

Impér. H-Kε, viens.

C'eſt le Celte *Go*, venir :
En Allemand *Geh*, viens.

En Anglois, *To Go*, aller.

Ces rapports ſimples ſont cependant abſolument neufs. Les Grecs ont mis K pour G, la forte pour la foible, & l'ont fait précéder de la voyelle Ê : ils ont dit auſſi :

2. I-Kω, *I-Kô*, & IKαγω, venir.

3. I-Kνεομαι, *f*. Iξομαι, HI-*Kneomai*, venir, ſurvenir ; 2°. envahir ; 3°. ſuplier.

Iκνυμενως, fort bien, à propos, convenablement.

Iξις, ἡ, arrivée, venuë.

Iκνυμενος, qui engage, qui décide à venir.

Iκ]αρ, près.

Iγνυα, ας, ἡ, *Ignua*, le jarret ; à moins qu'on ne le rapporte à Γονυ, genou.

4. I-KETης, υ, ὁ ſuppliant, qui vient au-devant demander grace.

I-Kε]ις, ιδος, ſuppliante.

I-Kε]ηςιος, Jupiter qui préſide aux ſupplications.

I-Kε]ηριος, qui concerne les ſupplications.

I-Kε]ηρια, τὰ, branche d'olivier enveloppée de laine que portoient les ſuppliaɴs.

C'eſt le pendant, ou l'original du calumet de paix des Indiens d'Amérique.

I-Kε]ωσυνα, ſupplications.

l-Kε]ευω, ſupplier.

I-Kε]ευμα, requête.

I-Kε]εια, ſupplication.

5. HN-IKα, *Henika*, en Dorien, *Hanika*, lorſque, quand, ſur ces entrefaites :

Ce mot dont l'origine étoit absolument inconnue, s'est formé d'*iko*, venir, arriver, & d'*ana*, devenu *an*, & *èn*, sur.

Π-ηνικα, quand ?

Ο-πηνικα, de même.

Τ-ηνικα, & Dorien, Τ-ανικα, alors, sur ces entrefaites.

H L.

D'*ALaomai*, errer (ci-dessus, col. 103) vinrent,

1. Ηλασκω, & Ηλασπαζω, *Élaskó*, *Élaskazó*, errer, aller çà & là, vagabonder ; 2°. s'enfuir hors d'une contrée.

2. Ηλεος, ὁ, *Éleos*, fou, insensé, qui va & vient sans raison, extravagant.

Ηλαινω, n'avoir point de sens.

3. Ηλιθιος, *Élithios*, fou, insensé, extravagant.

Ηλιθιοτης, ἡ, extravagance, folie.

Ηλιθιαζω, extravaguer, se conduire follement.

Ηλιθα, en vain.

Ηλιθιοω, rendre fou.

D'*AL*, EL, élevé, vint ;

Ηλακατη, ης, η, *Élakaté*, roseau ; 2°. quenouille ; on les fait avec des roseaux ; 3°. flèche, dard.

De l'Oriental הלל, *hall*, percer, vint :

Ηλος, ὁ, *Hélos*, clou ; 2°. durillons aux mains & aux pieds.

Ηλοω, clouer.

Ηλισκος, petit clou.

De ce mot associé à *Nag*, piquer, d'où le Grec νυγεω, & νυσσω, piquer, vint l'Allemand NAG-EL, clou, d'où l'Angl. nail.

De HEL, lumiere, & TOR, grand, vinrent :

Ηλεκ-τωρ, Soleil, la grande lumiere.

Ηλεκ-τρος & Ηλεκτρον, ambre ; il est de la couleur du Soleil.

H N.

ΗΝΕΚης, εος, ὁ, ἡ, *Énekés*, droit ; étendu en long, qui va en ligne droite, 2°. continu.

Ηνεκεως, de suite, long tems.

C'est l'Oriental נכה, *nekeh*, droit, longueur droite, en droite ligne.

H S.

ΗΣΣων & ΗΤΤων, ονος, ὁ, ἡ, *Hesson* & *Hetton*, moindre ; 2°. inférieur ; 3°. sujet, assujetti, esclave.

C'est le diminutif de AS, ES, grand : en Gallois, OS, petit.

Ησσαιμαι, être inférieur, avoir le dessous ; être vaincu ; 2°. succomber, céder.

Ηττημα, perte, ruine.

Ησσα, τα, les parties inférieures.

ΕΣΣοομαι, dans Hérodote, être vaincu.

H T.

ΗΤορ, το, indéclinable selon les uns, déclinable selon d'autres en ορος, ορς, *Etor*, le cœur, l'ame : en Oriental HET.

Ce mot est formé d'H*ε*, existence : le cœur est le siége de la vie. Il est passé aux Taïtiens. De-là :

2. Ἰτης, ϑ, ὁ, *Ités*; plein de courage, qui a du cœur, audacieux.

Ἰτηλικος, qui se précipite dans les dangers, audacieux, téméraire.

Ἰταμος, de même.

Ἰταμοτης, audace, témérité; 2°. impudence.

3. Ἰτυς, υος, ἡ, *Itus*, circonférence, contour.

4. Ητρον, ϑ, τὸ, le ventre, le bas-ventre.

Ce mot peut tenir à ΗΤορ, le cœur, l'intérieur: ou à ΕΤΤα, les parties inférieures, le bas.

Ἰτρια, τὰ, les parties inférieures du corps, le bas-ventre.

Ἰτριον, espèce de gâteau rond, mince & cassant.

Ητριον, ϑ, τὸ, *Étrion*, la chaîne, les fils étendus qui forment le fondement d'une toile. De l'Or. אדר, *ader*, *edr*, étendu, grand, vaste.

MOTS GRECS-CELTES,
OU DÉRIVÉS DE LA LANGUE CELTIQUE.

Θ

LE Θ ou Th est la huitième lettre de l'Alphabet Grec, & la neuvième dans leur Alphabet numérique, ainsi que dans l'Alphabet Oriental où il s'écrit ט, même caractère que le ϑ Grec, mais plus couché.

Les Orientaux l'appellent *Thet*, les Grecs *Thêta*; & non *Thita*, comme le prétendoit mon Professeur d'après les Grecs modernes & tous les mauvais Critiques en ce genre, qui font *titer* les enfans au *titon* de leur nourrice, & qui prennent tous leurs Ecoliers pour des enfans *titonnans*.

Cette lettre est le nom du sein & de l'action de têter; & elle en a la forme: Voyez *Orig. du Lang. & de l'Ecrit.*

Comme cette lettre appartient à la touche dentale, elle a servi à peindre toute idée relative à la grandeur, à l'étendue, au retentissement, de même que les lettres D & T.

Et comme elle a un son approchant du Z ou du *Th* Anglois, elle s'est confondue souvent avec Z & S.

T H ajouté.

Th, ou Θ, étoit un article primitif

subsistant dans l'Anglois *The*, le, & qui se joignit naturellement à la tête de quelques mots.

1. Θ-ΡΗΝος, *Th-rénos*, ὁ, deuil, pleurs, lamentations ; de *th*, & *ran*, cri, lamentation, d'où le nom de la Grenouille, *Rana*, en Latin.

Θ-ρηνωδης, pleureur, accoutumé à se plaindre.

Θ-ΡΗΝεω, pleurer, lamenter, mener deuil.

Θ-ρηνητρια, pleureuse.

Θ-ρηνητικος, lamentable, enclin à se lamenter.

2. Θ-ΙΒΡος, tendre ; 2°. beau ; 3°. amolli au feu, rôti : de l'art. *th*, & d'*abros*, tendre.

3. Θ-ΗΣΑΥΡος, ȣ, ὁ, *Th-ésauros*, trésor, le Lat. *Thesaurus*, de l'Oriental *Th*, le, & אצר, ATSAR, trésor, chose serrée, renfermée.

Θ ΗΣαυριζω, rassembler un trésor, thésauriser.

Θ-ΗΣαυρισμα, τὸ, ce qu'on a renfermé dans le trésor.

Θ-ΗΣαυρισμος, action de thésauriser.

ΘΗΣαυρισης, qui thésaurise.

Θ-ΗΣαυρισικα, τὰ, animaux qui se font des provisions.

T H pour F.

Th & F se font sans cesse confondus l'un avec l'autre : de-là ces mots.

1. Α-ΘΑΡα, ας, ἡ, *A-thara*, bouillie : de *Far*, blé, froment.

Α-θερωμα, τὸ, tubercule à la tête comme un petit pois.

2. ΘΗΡ, *Thér*, bête féroce, animal, même que *Fera* : voyez ci-dessus, col.

THR, même que FR.

THR, par la même raison, correspond au Latin *FR*, employé pour désigner l'onomatopée de fraction, fracas, de *frango*, *frio*, &c.

1. ΘΡαυω, f. σω. *Thrauó*, briser, rompre, émier.

Θραυσμα, miette, fragment, morceau.

Θραυσις, fraction.

Θραυσος, fragile.

Θραυλος, de même, cassant.

Θραυσσω, rompre, mettre en morceaux, enlever des fragmens.

2. ΘΡΥΠΤω, *Thruptó*, rompre, briser, émier, mettre en morceaux ; 2°. amollir par le luxe, par les plaisirs ; énerver.

Θρυμμα, fragment, morceau de pain.

Θρυμμαλις, espèce de gâteau.

Θρυψις, action d'énerver, d'amollir ; 2°. mollesse, délices.

3. ΤΡυφος, fragment.

Τρυφη, délices, mollesse, vie molle, efféminée.

Τρυφηλος, voluptueux.

Τρυφερος, de même.

Τρυφεραινομαι, être perdu par la mollesse & la volupté.

Τρυφαω, vivre dans les délices, ne se rien refuser.

Τρυφηιης, qui passe sa vie dans les plaisirs.

Th pour S.

Θεραπων, ονΊος, ὁ, *Therapón*, serviteur, Serf, Esclave, Ministre.

De la même famille que SERV, serf, servir, formée de SERR, serrer, enchaîner.

Θεραψ, le même.

Θεραπαινα, Θεραπαινις, Θεραπνη, servante, suivante.

Θεραπαινιδιον, petite servante.

ΘΕΡαπευω, servir; 2°. avoir soin, cultiver; 3°. rétablir, radouber.

ΘΕΡαπεια, service, ministere; 2°. les serviteurs; 3°. culture, soin, obéissance; 4°. culture; 5°. soin, remède, guérison.

Θεραπευμα, τὸ, culte, soins.

Θεραπευσια, cure, guérison.

Θεραπευτης, ministre; 2°. qui cultive; 3°. qui guérit, Médecin.

Θεραπευτικος, livré à ses devoirs, à faire du bien; 2°. qui a la force de guérir.

Θεραπευτρις, ιδος, ἡ, femme qui guérit; 2°. Adoratrice; 3°. Cultivatrice.

Th pour Z.

Θυγατηρ, *Thugatér*, Fille: mot Persan, Allemand, Anglois, &c.

Ce mot dont l'origine a été absolument inconnue, est formé de la terminaison *Ter*, si commune, & qu'on trouve dans *Pa-ter*, *Ma-ter*, *Fra-ter*, &c. Et du primit. ZUG, ou DUC, associé, venu de *D*, deux: les personnes du sexe sont destinées à être les *associées* de l'homme: elles en sont la *moitié*.

Θυγατριον, petite-fille.

Θυγατριδυς, fils de la fille, petit-fils.

Θυγατριδη, petite-fille, fille de la fille.

ONOMATOPÉES.

1. ΘΩ-ΥΣΣω, *Thô-uʃʃó*, crier, élever la voix: mot formé de *Tho*, *Tho*, cri d'appel, & de *uʃʃ*, élevé, haut.

Θω-υκτηρ, abboyeur, chien, qui abboye.

2. ΘΩπΊω, *Thóptó*, applaudir, approuver; 2°. persifler.

De *Top*, toper, frapper dans la main en signe d'approbation.

ΘΩΨ, ωπος, ὁ, flatteur; 2°. dissimulé, traitre.

Θωπευω, applaudir, flatter, séduire par ses flatteries.

Θωπευμα, τὸ, flatterie, caresses insidieuses.

Θωπευτικος, adulateur.

Θωπεια, ἡ, adulation, flatterie.

3. ΘΙΓω, f. ιξω, *Thigó*, toucher, ateindre; c'est le *te-tigi* des Latins.

Θιγμα, τὸ, ce qu'on touche.

Θιξις, tact.

Θιγγανω, *Thingano*, toucher, d'où le *tango* des Latins.

4. ΘΡΥΓανάω, *Thruganao*, se gratter, frotter, démanger; même que le Latin *Frico*: ici *Th* également pour *F*.

Th, sein.

1. ΘΗΛΗ, ἡ, *Thêlê*, sein, mammellon.

Θηλαζω, allaiter, donner à tetter.

Θηλασμος, action de tetter.
Θηλαινω, allaiter.
Θηλωτις, Θηλονη, nourrice.
Θηλαμων, ὁ, ἡ, pere-nourricier, mere-nourrice.
Θηλαμινος, qui tette.

2. ΘΗΛυς, εος, ἡ, *Thélus*, sexe féminin ; 2°. foible, mou, efféminé.
Θηλεια, femme.
Θηλυκος, féminin, de femme.
Θηλυνω, rendre efféminé, amollir.
Θηλυδριωδης, efféminé.

3. ΘΕΛΓω, f. ξω, *Thelgô*, adoucir, apprivoiser, amadouer, calmer.
Θελγμα, adoucissant.
Θελκτηρ, qui adoucit, calme.
Θελκτηριος, plein d'attraits, attrayant.
Θελκτηριον, attraits, appas, qui apprivoise.
Θελκτρον & Θελγητρον, de même.
Θελγινες, enchanteurs.

4. Α-ΘΕΛΓω, *A-thelgô*, traire le lait; 2°. sucer, tetter.
Α-Θελξις, attraction, action de traire, d'attirer.

5. ΘΩ, *Thô*, nourrir; verbe inusité au présent, & d'où vint,
Θησασθαι, tetter.
Θησθαι, traire le lait.

6. ΒΔΑΛΛω, *Bdallô*, traire le lait, sucer, tetter.
Β-Δαλλομαι, fournir du lait en abondance.
Βδαλσις, trait, suc.
Β-ΔΕΛΛα, sangsue;
2°. Bdellium, arbre Oriental.

De la même Famille, le Latin *Fello*, tetter, où F & Th sont l'un pour l'autre.

2.

1. ΤΙΤΘος, ὁ, *Tit-thos*, mammelle, tetton.
Τιτθη, Τιτθιον, de même.
Τιτθη; Τιτθις, δ'ος : Τιθη; Τιθηνη; ΤΗΘη, *Tethé*, nourrice.
Τιτθευω, nourrir.
Τιτθεια, nourrissage.
Τιθηνος, Τιθευτηρ, nourricier, instituteur, qui éleve.
Τιθηνιδια, Fêtes des nourrices & des Maîtres.
Τιθηνεω, nourrir.
Τιθηνησις, éducation.
Τιθηνητηρ, nourricier.

2. ΤΗΘη, nourrice; 2°. *Tata*, Tante.

3. ΤΗΘυς, la Terre, mere nourriciere des humains.
ΤΗΘις, tante.
ΤΗΘαλης, nourri par son ayeule.
ΤΗΘια, Τηθιβιος, nom donné par respect aux femmes âgées.

4. ΤΥΤΘος, petit, en nourrice.

5. ΤΙΘΥ-Μαλος, *Tithy-male*, plante laiteuse.

6. ΤΙΘασσος, *Tithassos*, apprivoisé, docile, doux.
Τιθασσευω, adoucir, apprivoiser.
Τιθασσευτης, qui adoucit, qui apprivoise.
Τιθασσευτικος, qui peut s'apprivoiser.

THAL,
Grand.

De ΤΑΙ., grand, vinrent divers mots en *Thal*.

1.

ΕΣ-ΘΛος, *es-thlos*, vaillant, grand,

fort; 2°. excellent, bon, d'une bonne conduite.

Εσ-Θλωμα, τὸ, exploit, haut-fait, action mémorable.

Εσ-Θλοτης, η, valeur : 2°. bonté, grande valeur.

2.

1. Θολος, ὁ, *Tholos*, voûte ; 2°. dôme ; 3°. maison dont le toit s'élève en pointe très-haute ; 4°. buffet de service de forme ronde, en dôme ; 5°. salle ronde & élevée en dôme, où mangeoient les Sénateurs Athéniens ; 6°. toupet postiche pour les Dames.

Ce mot vient dans ce sens-là de *Tal*, élevé; en Or. חלל, *Thall*.

Θολια, ἡ, chapeau pointu ; parasol : couvercle en dôme.

2. Θολος, signifie encore ordure, lie, boues.

Dans ce sens, il tient à l'Oriental שול, *Tol*, jetter dehors, enlever, & à תלה, *Thala*, tacher, couvrir de taches.

Θολωδης, plein de boue, bourbeux.

Θολοω, troubler en remuant le limon, la lie ; 2°. noircir, tacher.

Θολωσις, action de troubler, souillure, tache.

Θολερος, trouble ; 2°. sale, immonde.

Θολερεω, troubler : 2°. être trouble.

Ολος, pour Θολος, liqueur noire que répand la Sèche.

II.

1.

ΘΑΛ-ΑΣΣα, ης, ἡ, *Thal-assa* & *Thal-atta*, mer ; 2°. eau salée ; *mot-à-mot*, la Grande-Eau.

Θαλ-Ασσιος, marin.

Θαλ-Ασσευς, pêcheur.

Θαλ-Ασσευω, être en mer.

Θαλ-Ασσοω, être submergé.

Θαλ-αττωσις, submersion.

2.

ΘΑΛ-ΑΜος, ὁ, *Thalamos*, en Latin *Thal-amus*, lit élevé ; 2°. chambre à coucher ; 3°. noces. De *Thal*, élevé, & *ham*, demeure.

Θαλαμευομαι, rester au logis ; au lit.

Θαλαμευμα, τὸ, cotterie, société.

Θαλαμευτρια, femme qui arrange la chambre nuptiale.

2. Θαλαμη, lit ; retraites des poissons.

3. Θαλαμιος, rameur du rang le plus bas.

4. Θαλαμαι, narrines.

3.

ΘΑΛΛω, *Thallô*, pulluler, pousser nombre de tiges, taler ; 2°. fleurir, prospérer.

Θαλερος, florissant.

Θαλλος, rameau verd ; 2°. branche d'olivier dont on se couronnoit.

Θαλος, εος, τὸ, de même.

Θαλεια, jour de Fête ; 2°. Thalie.

Θαλια, état florissant, prospérité.

Θαλιαζω, être en festin.

ΘΗΛεω, germer, pulluler, verdoyer, reverdir.

Τηλεθαω, de même.

ΘΑΛυσια, τὸ, prémices des fruits offerts à Cérès.

Θαλυσιος, pain de blé nouveau.

Θαλικτρον, espèce de plante.

4.

ΑΕ-Θλος, υ, ὁ, *Ae thlos*, travail, labeur: combat. De *TAL*, soutenir.

Αε-Θλιον, & Αε-Θλον, récompense, prix du combat, de la victoire.

Αε-Θλοσυνη, combat.

Αε-Θλιος, qui a remporté le prix.

Αε Θλευω, combattre; 2°. souffrir, essuyer des malheurs.

Αε-Θλεω, de même.

Αε Θλευτηρ, combattant.

2. Α-Θλος, ὁ, *A-Thlos*, combat; 2°. travail, charge, peine.

ΑΘλον, τὸ, prix du combat, récompense d'un exploit.

ΑΘλευω, combattre.

Α-Θλημα, τὸ, combat.

Α-Θλησις, action de combattre.

Α-Θλητης, ὁ, *Athlétés*, Athlète, qui combat dans les jeux.

Α-Θλητικος, qui concerne les Athlètes, les Jeux.

3. Α-Θλιος, malheureux, infortuné, qui lutte avec les maux.

Α-Θλιοτης, η, malheur, infortune.

5.

1. ΘΕΛω, *Theló*, vouloir, être rempli d'un *fort* désir.

C'est de la même famille que vint notre ancien mot Talent, pour dire *volonté*: avoir un *mal talent* contre quelqu'un, pour dire lui en vouloir.

Θελμα, τὸ, volonté.

Θελημων, qui veut, qui a des vélléités.

Θελησις, action de vouloir.

Orig. Grecq.

Θελητος, desiré.

Θελητης, qui veut.

2. Ε-ΘΕΛω, *E-theló*, vouloir.

Ε-Θελημος, volontaire.

Ε-Θελημως, volontiers.

Ε-Θελοντης, εθελοντις, homme ou femme volontaire.

Ε-Θελοντην, de son propre mouvement, de son plein gré.

Ε-Θελυσιος, qui est volontaire.

III.

1.

1. ΘΥΛαξ, ακος, ὁ, *Thulax*; &

ΘΥΛακος, υ, ὁ, *Thulacos*, oreiller: il sert à élever la tête; 2°. sac.

Θυλακωδης, en forme de sac.

Θυλακιον, Θυλακισκος, Θυλακισκη, Θυλακισκιον, petit sac, sachet, bourse.

2. Θυλακις, ιδος, η, espéce de pavot à bourses.

2.

1. ΘΛΑω, *Thlaô*, briser, froisser, faire des contusions.

Θλασμα, contusion, froissement.

Θλασις, de même.

Θλασυς, froissé.

2. ΘΛΑΣΠΙ, *Thlaspi*, plante dont le fruit arrondi est *applati en bourse*, dont la graine est également applatie, comme si on l'avoit froissée.

3.

1. ΘΛΙΒω, *Thlibó*, presser, serrer; 2°. opprimer.

Θλιψις, *Thlipsis*, pression, action de presser; 2°. affliction, angoisse, oppression.

Θλιβιας, Eunuque.
2. Βλημαζω, Βλιμαζω, presser légerement entre ses doigts.

THAM,
Grand, élevé.

1.

ΘAMα, *Thama*, fréquemment, avec nombre, avec réitération.

ΘAMης, fréquent, réitéré ; nombreux.

Θαμειος, de même en poésie.

Θαμινος, nombreux, fréquent.

Θαμινα, fréquemment.

ΘΛΜιζω, fréquenter, venir fréquemment.

ΘAMυρις, assemblée nombreuse, multitude, grand concours de monde.

Θαμυριζω, rassembler, réunir.

2.

ΘAMNος, ὁ, lieu rempli d'arbres fruitiers, verger ; 2°. touffe d'arbrisseaux, d'arbustes.

Θαμνωδης, touffu en arbres.

Θαμνιον, θαμνισκος, θαμνισκιον, arbrisseau, arbuste ; 2°. pépinière.

3.

ΘAMBος, εος, τὸ, *Thambos*, admiration étonnante, étonnement, stupeur ; *adj.* étonné, frappé d'étonnement.

ΘΛΜβαλεος, qui étonne ; formidable, effrayant.

Θαμβεω, être frappé d'un grand étonnement ; 2°. étonner, effrayer.

4.

ΘAYMαζω, *Thaumazó*, admirer, être rempli d'admiration ; 2°. tenir à grand prix, estimer infiniment.

ΘAYMα, τὸ, *Thauma* ; Ionien, *Thöüma* ; Θαυμασμος, *Thaumasmos*, admiration ; 2°. merveille, prodige, chose étonnante.

Θαυμασιος, admirable ; digne d'admiration.

Θαυμασιοτης, action d'admirer.

Θαυμασης, admirateur.

Θαυμασος, admirable.

Θαυμασοω, rendre admirable.

Θαυμαλεος, digne d'admiration.

Θαυμαινω, en poésie, même que Θαυμαζω.

Θωυμαζω, même en Ionien.

Θαυμαιζομαι, rester immobile d'étonnement.

II.
T H U M, élevé.

1.

ΘΥMός, ȣ, ὁ, *Thumos*, souffle animal, vie ; 2°. ame, esprit ; 3°. courage, cœur ; 4°. colere, embrâsement du sang.

Θυμικος, plein de courage,

Θυμωδης, de même.

Θυμιδιον, petit cœur, chere ame.

Le Verbe ΘΥΜΕω, avoir du cœur, désirer, n'est employé que dans des Composés.

2. ΘΥMow, *Thumoó*, enflammer la colere, irriter.

Θυμωσις, colère qui s'enflamme.

Θυμικος, Θυμωδης, colérique.

2.

ΘΎMος, ὁ, *Thúmos*, ou *Thymos*, Thym, plante spiritueuse très-odorante ; 2°. oignon sauvage ; 3°. verrue.

Θυμινος, où il entre du thym.
Θυμωδης, qui ressemble au thym.
Θυμιτης, fait avec du thym.

3.

ΘΥΜΒρα, η, *Thymbra*, plante très-odoriférante.
Θυμβρωδης, du genre de cette plante.

4.

ΘΥΜιαω, *Thymiaô*, offrir des parfums, encenser.
Θυμιαμα, το, parfum ; il s'élève.
Θυμιασις, action de parfumer, d'encenser.
Θυμιατηριον, encensoir.
Θυμιατικος, excellent pour des parfums, plein d'esprits.
Θυμιαομαι, être encensé ; 2°. respirer des parfums, des odeurs ; 3°. exhaler.

Th-N.

ΘΥΝΝος, ὁ *Thunnos*, le Lat. *Thunnus*, Thon, gros poisson.
Θυνιδας, morceaux de thon.
Θυναιος, de thon.
Θυναζω, harponner.
Θυνιζω, aiguillonner, harponner, au figuré.
Θυναξ, ακος, ὁ, petit thon.
Θυνιον, de même.

2.

Du primitif TAN, étendu, d'où le Latin *Tendo*, vinrent :

1. ΘΕΝαρ, αρος, το, *Thenar*, le plat de la main & du pied, le creux de la main.
2. ΘΕΙΝω, *Theinô*, frapper, battre.

On le fait avec la main étendue.

3.

De *Tan*, étendu, vint la famille *Than*, relative à la mort, parce qu'on est étendu dans le tombeau, & qu'elle y *couche* les mortels.

1. ΘΑΝατος, ὁ, *Thanatos*, la mort, mot-à-mot, l'état d'être étendu, couché ; 2°. peine de mort.
2. ΘΝησκω, F. Θανυμαι, aor. 2. ΕΘΑΝον, mourir. On a du dire *Thaneo*, *Thanesco*, *Thenesco*, & puis *Thnésko*.

Θνησις, mort.
Θνησειδιον, cadavre.

3. ΘΑΝατωδης, mortel, qui porte la mort.
Θαναϊοεις, de même.
Θαναϊικος, mortifere ; capital.
Θαναϊαω, Θαναϊιαω, désirer la mort.

4. ΘΑΝατοω, faire mourir ; 2°. condamner à mort.
Θαναϊωσις, meurtre.
Θαναϊχσια, Fêtes & Combats chez les Morts.
Θανασιμος, Mortel, qui donne la mort.

ThaP.

1. ΘΑΠΤω, f. ψω, *Thaptô*, admirer, être frappé d'un étonnement stupide, être stupéfait.
ΘΑΠος, & Θαφος, étonnement, stupeur.

2. ΘΑΠΤω, *Thaptô*, signifie, 2°. ensevelir, inhumer.
ΤΑΦη, *Taphê*, sépulture, convoi, funérailles.

Ταφευς, qui dirige les funérailles.
Ταφος, εος, τὸ, tombeau, sépulture.
Ταφιος, sépulchral.

3. ΤΑΦΡΟΣ, ἡ, fosse, fossé : tranchées.
Ταφρευω, faire des fosses.
Ταφρεια, action de creuser des fosses.

Dans le sens d'ensevelir, *Taphos*, ou *Thaptó*, doivent tenir à *Tap*, bas, inférieur, les lieux bas; d'où ταπεινός.

ThaR,
Grand, élevé, fort.

THAR, formé par la réunion de T qui désigne la force, & de R, Ar, Or, Er, qui désigne de même tout ce qui est haut, élevé, roulant, fort, est un radical en toute Langue, qui a fourni à la Grecque diverses familles.

I.

1. ΘΟΡΥΒΟΣ, ὁ, *Thorubos*, grand bruit, tumulte, foule, acclamations tumultueuses : de *tor*, grand, & *obé*, cri.

Θορυ-βοω, faire grand bruit; applaudir à grand bruit : exciter du bruit, du tumulte, se quereller, faire tapage.
Θορυβητικος, qui excite du trouble.
Θορυβωδης, bruïant, tapageur, qui cause du trouble.

2. ΘΟΡΩ, Θορεω, *Thoró*, *Thoreó*, sauter, sauter sur : il s'employe dans le sens de saillir.

ΘΟΥΡΟΣ, *Thouros*, impétueux ; 2°. qui attaque avec force.
ΘΟΡΟΣ, étalon.

3. ΖΩΡΟΣ, ὁ, *Zorós*, (Z pour Th) vin pur, vin avec toute sa force.

4. ΘΡΩΣΚΩ, *Thróskó*, sauter ; 2°. saillir.
Θρωσμος, *Throsmos*, élévation, butte, colline, éminence.

5. ΘΡΕΩ, *Threó*, parler haut, crier tumultuairement.
Θροος, ὁ, cri de gens en tumulte ; 2°. cris, voix, sons.
Θροεω, exciter du tumulte, faire du vacarme, crier à grands cris.
Θρους, pour *Throos*, cri, tumulte, murmure.

En Bas-Bret. *Trous*, bruit, murmure, & toute sa famille.
En Irl. *Torf*, multitude, foule; le *Turba* des Latins.

II.

1. ΘΡΑΩ, *Thraó*, être sur une place élevée, être assis haut.
Θρηνυς, υος, ὁ, siége, escabelle.
Θρανος, ὁ, siége, chaise.
Θρανιον, Θρανιδιον, petite chaise.
Θρανευω, étendre un tapis pour s'asseoir.

2. Θρανιτης, rameur de la poupe.
Επι-Θρανιον, portion d'un vaisseau.

3. ΘΡΟΝΟΣ, ὁ, Trône, Siége élevé, qui domine; 2°. nom d'une sorte de pain.
Θρονιζω, placer sur le trône.
Θρονισμος, action de placer sur le trône.
Θρονιστης, qui met sur le trône.

III.

ΘΡ-ΗΣΚΕΥΩ, *Thr-éskeuó*, honorer, adorer; 2°. rendre des honneurs superstitieux.

Ce mot vient de *Thor*, extrêmement, & d'*Askeuô*, orner, soigner, cultiver.

ΘΡ-ΗΣΚεια, culte des Dieux, religion; 2°. superstition.

Θρησκευτης, religieux; 2°. superstitieux.

Θρησκος, de même.

Lorsque les Grecs eurent perdu leurs origines de vue, PLUTARQUE crut dire une chose merveilleuse en dérivant ce mot des Thraces instruits par Orphée.

IV.

1. ΘΡιαμ-Βος, ὁ, *Thriam-bos*, triomphe : de *Thri*, extrêmement, haut, fort, & *bo*, crier ; *mot à-mot*, pousser des cris de joie.

Θριαμβικος, triomphal.

Θριαμβευω, triompher.

Θριαμβευτης, triomphateur.

2. ΘΡΙΓΚος, ὁ, *Thrinkos*, creneau, portion la plus élevée d'un mur; 2°. le chapiteau d'une colonne; le couvert d'un mur en forme de toit pour faire écouler les eaux; 3°. retranchement, fortification.

Θριγκοω, fortifier, élever des fortifications ; 2°. mettre le couronnement à un édifice.

Θριγκωμα, ce qui sert de couronnement, de rempart.

3. ΘΡΙΞ, τριχος, ἡ, *thrix*, cheveux, ils couronnent la tête & la garantissent : 2°. poil.

Τριχινος, fait avec des cheveux.

Τριχινιον, habit de poil.

Τριχωδης, velu.

Τριχωδη, τὰ, machines pour assiéger les Villes.

Τριχωμα, τὸ, couverture de poil.

Τριχοω, couvrir de poils, rendre velu.

Τριχωσις, état des cheveux qui poussent ou qui tombent ; 2°. maladie.

Τριχωτης, chevelu.

Τριχιον, poil.

Τριχιαω, être chevelu ; 2°. être velu.

ΤΡΙχιας, ȣ, ὁ, poisson dont les os sont comme des cheveux.

Τριχια, maladie du sein.

4. ΘΡΟΜΒος, ὁ, *Thrombos*, grumeau, masse, choses agglutinées ensemble ; 2°. lieu élevé.

Θρομβωδης, grumeleux.

Θρομβιον, en petits grumeaux.

Θρομβοω, amasser en grumeaux.

Θρομβωσις, concrétion.

5. ΘΡονον, τὸ, *Thronon*, fleur, fard ; 2°. médicament ; *mot-à-mot*, plante qui a une grande vertu.

6. ΘΡυλλος, ὁ, *Thrullos*, bruit, murmure, rumeur, tumulte.

Θρυλλεω, murmurer, répandre le bruit ; se vanter.

Θρυλλημα, ce que la renommée publie; ce qui se répand, les oui-dire.

Θρυλλιζω, murmurer ; 2°. rompre, briser.

Druler un arbre, c'est faire tomber ses fruits à coups de bâtons, de pierres, &c.

7. ΘΡΥον, ȣ, τὸ, *Thruon*, jonc, roseau ; *mot-à-mot*, plante élevée ; 2°. nom d'une ville d'Arcadie.

Θρυινος, de jonc.
Θρυορος, espéce de plante.

V.
THER, Chaleur.

1. ΘΕΡος, εος, τὸ, *Theros*, Eté ; 2°. moisson.
Θερειος, Θερινος, d'été.
Θερεια, l'été.
Θερετρον, appartement d'été.
ΘΕΡιζω, passer l'été ; 2°. moissonner, récolter.
Θερισμος, moisson.
Θερισης, Moissonneur.
Θερισηριον, faucille.
Θερισος, moissonné.
Θερισρον, habit d'été ; 2°. faucille.
Θριζω, moissonner ; 2°. ronger.
Θερειταιος, brûlant.

2. ΘΕΡω, *Theró*, chauffer : 2°. guérir par le feu.
Θερομαι, chauffer, se chauffer ; 2°. être incendié.
Θερμος, ὁ, chaleur : adj. bouillant, chaud, fervent.
Θερμοτης, ἡ, chaleur.
Θερμη, Θερμολη, de même.
ΘΕΡμω, Θερμαινω, Θερεω, chauffer.
Θερμανσις, ἡ, action de chauffer.
Θερμαντος, chauffé.
Θερμαντικος, qu'on peut chauffer.
Θερμαντηρ, Θερμαντηριον, chaudiere.
Θερμασις, ιδος, ἡ, de même.
Θερμασια, chaleur.
Θερμαστρα, fourneau, cheminée.
Θερμαστρις, δος, ἡ, chaudière ; 2°. danse vive & animée.
Θερμερυνεσθαι, vivre dans les délices ; n'être pas réduit à manger des alimens cruds.

3. ΑΝ-ΘΡαξ, ακος, ὁ, *An-trax*, charbon ; 2°. charbon embrâsé ; 3°. escarboucle.
Ανθρακια, amas de charbons.
Ανθρακιας, noir comme un Charbonnier.
Ανθρακωδης, enflammé, étincelant.
Ανθρακευς, Charbonnier.
Ανθρακευω, faire du charbon, mettre en tisons.
Ανθρακοω, réduire en charbon.
Ανθρακιζω, de même ; 2°. être étincelant.
Ανθρακιον, petit charbon, braise ; 2°. pierre précieuse ; 3°. petite cheminée, petit fourneau.

4. ΑΝ-ΘΡηνη, *An-thréné*, guêpe ; sa piqure cuit.
Ανθρηνιον, rayon de guêpe.

5. ΘΑΛΠω, *Thalpó*, pour *Tharpó*, échauffer, chauffer, couver, fomenter : favoriser.
Θαλψις, ἡ, action de réchauffer.
Θαλπος, chaleur, ferveur.
Θαλπηριος, qui a la vertu d'échauffer.
Θαλπνος, fervent, chaud.
Θαλπις, Iris, l'arc-en-ciel.
Θαλπωρη, fomentation ; chaleur, tiédeur ; 2°. confiance.
Θαλπιαω, échauffer.
ΘΑΛυω, brûler, incendier.
Θαλυκρος, chaud, bouillant, fervent.

6. ΘΑΡΓηλια, τὰ, fête qu'on célébroit à l'honneur d'Apollon & de Diane au mois de Thargelion, du 20 Mai au 20 Juin.
ΘΑΡΓηλιων, *Thargélión*, un des mois d'Eté, du 20. Mai au 20. Juin.

7. ΘΡΙ-ΔΑΞ, χος, ἡ, *Thri-dax*, lai-

tue , plante potagere. De *Ter*, *Tri*, Eté , & *dax*, manger.

Θριδακισκη , Θριδακινη , de même.
Θρι-Δακινις , petite laitue.
Θρι Δακωδης , femblable à la laitue.

VI.

De *Tar*, poindre , percer : en Hébr. זרח , *Zarch*, poindre , paroître , vint :

1. Α-ΘΗΡ, ερος, ὁ, *A-thér*, la pointe du bled , l'épi ; 2º. pointe d'épée.
A-Θεριξ , de même.
A-Θερωδης , en épi, en pointe.
A-Θεριζω , n'eftimer pas plus que la barbe du blé , méprifer.
A-Θερινη , efpéce de poiffon.

2. Α-ΘΡεω, *Athreo*, voir , appercevoir , difcerner ; 2º. confidérer , péfer.
A-Θρηματα , τὰ , préfens à l'époufe, lorfqu'elle fe dévoiloit pour la premiere fois.
A-Θρειω , défirer de voir.

ThoR , Porte.

De *D*, entrée , porte , vint cette famille :

ΘΥΡα , ας , ἡ , *Thura*, *Thyra*, porte. On peut voir dans les *Orig. du Lang. & de l'Ecrit.* p. 163 les diverfes Langues dans lefquelles ce mot eft en ufage en Afie & en Europe.

Θυραζε , Θυρηζι , dehors , hors.
Θυραθεν , de dehors.
Θυραιος , qui vient de dehors.
ΘΥΡοω , fermer, fortifier.

Θυρωμα , τὸ , action de fermer.
Θυρων , ωνος , ὁ , veftibule , entrée.
Θυριον , petite porte.
Θυρετρον , Θυρεος , porte ; 2º. dans Homere , Θυρεος , rocher qui ferme l'entrée d'une caverne.

2. Α-ΘΥΡω, *A.thurô*, jouer , s'exercer à des jeux : de Θυρα , les dehors , les cours d'une maifon , parce que les jeux anciens , tous jeux d'exercice , s'exécutoient dans les cours ou dans les grandes falles d'entrée.
A-Θυρμα , τὸ , jeu , divertiffement ; 2º. ornement.
A-Θυρευομαι , jouer , fauter , faire des jeux d'exercice.

ToR , Tour.

TOR , eft un mot primitif qui fignifie tour , tourner : de-là :

1. ΘΑΙΡος, ὁ, *Thairos* : gond , axe d'une porte , & fur laquelle elle tourne ; 2º. axe , effieu.

2. ΘΩΡαξ, ακος, ὁ, *Thórax*, poitrine ; 2º. toute la caiffe du corps entre le cou & les cuiffes ; ce qu'on appelle ToRse en termes de peinture. De *Tor*, Hébr. & Celt. tour , forme , figure ; 3º. la cuiraffe ; 4º. écharpe ; 5º. tour ou rempart ; 6º. efpéce de grand vafe à boire.
Θωρακιτης , cuiraffe.
Θωρακιζω , être armé d'une cuiraffe , s'armer.
Θωρακισμος , action de s'armer.

Θωρακιον, cuirasse ; 2°. parapet ; 3°. rempart.

ΘΩΡησσω, ξω, se cuirasser, s'armer ; 2°. bien boire.

Θωρηξις, action de s'armer ; 2°. de boire.

Θωρηκ7ης, cuirassé ; armé.

ThE.

De *Ze*, nom & caractère du mouvement adouci en *The*, vinrent ces familles :

I.

1. ΘΕω, *Theó*, f. *Theusomai*, courir, faire une grande course, être entraîné par un *mouvement* rapide ; 2°. combattre, courir sus : en Poësie, *Théió*.

2. Θως, ωος, ὁ, animal de l'espèce du loup, & qui est habile à la course.

3. Θοος, ὁ, *Thoos*, rapide, prompt, léger ; 2°. aigu, acéré.

Θοοω, aiguiser ; la flèche la mieux acérée, est celle qui fend les airs avec le plus de rapidité.

Θοαζω, mouvoir rapidement ; 2°. s'asseoir promptement.

En Oriental דאה, *Daé*, voler avec rapidité.

4. On rapporte à cette famille, & sans doute par contraste :

Θαασσω, s'asseoir.

ΘΑκος, ὁ, *Thakos*, siége.

Θακεω, Θακευω, Θωκεω, s'asseoir.

Θωκος, ὁ, siége, fauteuil, assemblée, action d'être assis ensemble.

Θακημα, action d'être assis.

5. ΘΥ-ΕΛΛα, ης, ἡ, *Thu-ella*, tempête, tourbillon, orage qui s'avance avec une rapidité extrême : de θεω, courir, & d'αελλα, tempête, ou d'ειλειν, tournoyer.

Θυ-ελλαεις, εντος, ὁ, orageux.

6. ΘΥΣανοι, οἱ, *Thusanoi*, ailes ; 2°. franges.

Θυσανοεις, Θυσανωδης, Θυσανωτος, à franges, garni de franges.

II.

De Θεω, courir, ou de Θτω, poser, vinrent deux familles qui désignerent l'action d'aller en droite ligne.

ΕΥ-ΘΥΣ, *eu-thus*, au fém. *eu-theia*, au n. *euthu*, qui court en droite ligne, qui va droit : de *The*, courir, & *Eu*, bien ; 2°. *au sens figuré*, qui est sans dissimulation, sans fraude. *Adv.* aussitôt, d'abord, sans détours, franchement ; 2°. sans réflexion.

Ευ-θυ, droit.

Ευ-θυτης, rectitude, droiture, équité.

ΕΥ-θυνω, diriger, dresser ; 2°. redresser, corriger, rectifier.

Ευ-θυσις, direction ; correction.

Ευ-θυντος, direct.

Ευ-θυντης, Directeur, Correcteur.

Ευ-θυντωρ, de même.

ΕΥ-ΘΥΝη, recherche, information, enquête.

Ευ-θυωρια, direction, droite ligne, qualité d'un arbre qui est bien droit.

Ευ-θυ-ωρειν, s'avancer en ligne droite.

2.

Ι-ΘΥΣ, *ithus*, *itheia*, *ithu*, direct,

qui va en ligne droite; 2°. droit, juste, sans fraude.

I-ϑυ, droit, directement.

I-ΘΥω, s'avancer en ligne droite; 2°. s'avancer sur, s'élancer; 3°. être entraîné par sa passion, par ses désirs.

I-θυς, υος, ἡ, passion qui emporte, mouvement impétueux.

I-ΘΥΝω, diriger, gouverner; 2°. corriger, redresser; 3°. condamner à une amende.

I-θυνσις, correction, direction.

I-θυνη, de même.

I-θυν7ης, I θυν7ηρ, Recteur, Directeur; 2°. Guide; Pilote.

I-θυν7ηριον, sceptre de laurier des Prophètes & devins.

I-θυρ, fer de l'essieu d'une roue.

ThI

ΘΙΑΣος, ȣ, ὁ, *Thiasos*, troupe de gens qui dansent & qui sautent, sur-tout ceux qui célébrent les Bacchanales, & font grand bruit; 2°. troupe de Convives; 3°. troupe, assemblée.

C'est une Onomatopée; en Celte, *Dá! Diá!* est un cri de joie.

Θιασωδεες ωραι, heures des danses & des sauts.

Θιασων, ὁ, lieu où on danse, & où on célèbre noces & festins.

Θιασωται, les Convives; ceux d'une même Confrérie.

Θιασευω, danser & sauter, baler; venir en dansant & sautant.

2.

ΘΙΒΗ, ης, ἡ, *Thibe*, corbeille d'osier en forme d'arche, de berceau.

C'est l'Oriental חבה, *Thebè*, Arche.

ThU

De *Du, Tu*, noir, sombre, nuit; sommeil; ou plutôt par Onomatopée, de *Ta, Tu*, désignant l'action de donner un grand coup, vint le François, *Tuer*, égorger; & cette famille Grecque:

1. ΘΥω, *Thuó*, égorger, offrir un animal en sacrifice, sacrifier; 2°. être emporté par un mouvement de fureur; être en fureur; 3°. bouillir, fermenter.

Θυμα, τὸ, victime, sacrifice.

Θυμαῖα, τὰ, animaux de pâte qu'on offroit aux Dieux.

Θυμαῖιον, petite victime, victime de peu de valeur.

Θυσια, sacrifice.

Θυσιαζω, immoler.

Θυσιασμα, τὸ, victime.

Θυσιαςηριον, autel.

Θυσιμος, qu'on peut offrir en sacrifice.

2. ΘΥΤης, ὁ, Sacrificateur, victimaire.

Θυτικος, qui concerne les Sacrifices & l'art des Aruspices.

Θυτηριος, propre au Sacrifice.

Θυτηριον, autel.

Θυςας, αδος, ἡ, Prêtresse.

Θυσϑλα, τὰ, thyrses ou bâtons que portoient les Prêtres de Bacchus.

3. ΘΥος, τὸ, victime, sacrifice.

Θυημα, τὸ, encens; parfums.

Θυηλη, ἡ, art des Aruspices.

Θυλημα7α, τὰ, gâteaux au miel, ou aspergés de vin & d'huile qu'on offroit aux Dieux.

Θυκος, vase à l'encens, cassolette.

Θυσκη, corbeille, panier pour recevoir ce qu'on offroit aux Dieux.

Θυισκη, Θυισκος, encensoir.

4. ΘΥον, *Thuon*, ce qu'on offroit aux Dieux ; 2°. nom d'un arbre odoriférant.

Θυεις, odorant.

Θυοω, encenser, réjouir par l'odeur.

Θυωμα, τὸ, parfum odorant.

Θυατον, gâteau qu'on offroit à la place d'un bœuf.

5. ΘΥΜελη, ἡ, *Thumelé*, autel ; 2°. farine consacrée pour les sacrifices ; 3°. place plus élevée, où se plaçoient les acteurs sans masque & destinés aux simples gestes, les acteurs muets.

Thyrs.

De l'Orient. תרז, *Therz*, pin, arbre à feuilles étroites & pointues, vint :

ΘΥΡΣος, ὁ, *Thyrsos*, bâton ou pique des Prêtres de Bacchus, & de ceux qui célébroient ses fêtes : ces bâtons étoient garnis de feuilles & de rubans.

Th, imposer ; placer.

Du Verbe radical Θεω, *Theô*, *Thô*, poser, imposer, & qui s'est changé en Τι Θημι, *Ti-thémi*, vinrent ces divers mots :

1°. ΘΗΣω, je poserai, je mettrai :

E-ΘΗΚα, j'ai posé, j'ai placé.

Τι ΘΗ-Μι, *Ti-thé-mi*, je pose, je propose, j'attribue, j'assigne.

On a dit aussi τι Θεω.

2. ΘΕΜα, τὸ : ce qui est posé, déposé, proposé : le thême.

Θεμαπιζω, déposer.

Θεσις, position, imposition ; Thèse.

Θετης, ὁ, celui qui a déposé, mis en gage.

Θετικος, positif.

Θετος, posé ; adopté.

3. ΘΗΚη, lieu où on dépose, magasin, boutique.

Θηκιον, armoire.

Θημων, ονος, monceau de choses posées sans ordre ; 2°. en composés, constitué.

4. ΘΩη, *Thôé*, amende, condamnation à laquelle on est imposé.

5. ΘΕΜελιον, τὸ, *Themelion*, fondement : ce sur quoi tout *pose*.

Θεμηλον, τὸ, de même.

Θεμεθλον, de même.

Θεμελιοω, ω, fonder, poser les fondemens.

Θεμελιωσις, fondation.

Θεμελιωτης, ὁ, Fondateur.

ΘΕΛυμνον, τὸ, fondement.

MOTS GRECS-CELTES,
OU DÉRIVÉS DE LA LANGUE CELTIQUE.

I

LA lettre I, la neuvième des Grecques, & la dixième des Orientales, peignit primitivement la main, & les idées relatives au toucher.

Elle servit outre cela à désigner nombre d'Onomatopées, ainsi que toute voyelle; & de même qu'elles, elle s'est ajoutée à la tête d'une multitude de mots pour en varier le sens.

Souvent, elle a pris la place de la voyelle E. C'est à ces diverses vues que se rapportent tous les mots que cette lettre nous offre dans la Langue Grecque.

ONOMATOPÉES.

1.

1. IATTAT-AI, ha! ho! hélas!

IAΥ, *Iau*, ah! hélas! hei! cri d'indignation: cri lugubre.

IAΥOI, *Iauoi*, cri de joie.

2.

IAXω, *Iakho*, crier, pousser des cris, raisonner, faire du bruit.

Ιαχεω, Ιακκω, Ιαχαζω, crier, pousser de grands cris, faire bacchanal.

Ιαχχος, Bacchus, 2°. sa statue; 3°. hymne des Bacchants; 4°. bruit, tumulte; 5°. cochon, animal criard.

3.

IEΥ, *Ieu*, cri de rire; hi! hi!

IH, *Ié*, cri de joie, sur-tout dans les Hymnes à l'honneur d'Apollon.

IH'ιος, *Iéïos*, surnom d'Apollon & de Bacchus; *mot à-mot*, en faveur de qui on chante Ié! Ié!

Ιλιας, αδος, ἡ, *Ilias*, espèce de grive; 2°. l'Iliade, Poëme.

4.

IOΥ, cri de douleur, *heu! hei!*.

Ιυζω, *Iuzó*, crier heu! heu!

Ιυγμος, cri sifflant, sifflement, 2°. air de flûte.

Ιυκτας, qui sifle.

Ιυγη, même que Ιυγμος.

Ιυγξ, espèce de hoche-queue; 2°. les attraits de l'amour; 3°. espèce de poisson.

IΩ, *ió*, cri d'exclamation; 2°. cri de douleur.

IΩn, ἡ, *Ióé*, cri, voix; 2°. souffle; 3°. fumée; éclat, impétuosité.

5.

ΙΑΛεμος, ȣ, ὁ, chanson ou air triste, lugubre, lamentable.; 2°. infortuné, malheureux, privé de tout.

On disoit que *Ialeme* fut un fils de Calliope dont les airs & les chansons étoient insipides & à la glace.

Ιαλεμωδη, τὰ, choses froides & de nulle valeur.

Ιαλεμιζειν, pleurer, mener deuil.

Ιηλεμος, en Ionien pour Ιαλεμος.

Ιηλεμιςρια, pleureuse.

6.

ΙΑομαι, *Iaomai*, guérir. De ΕΙ, être, être bien, respirer.

ΙΑμα, τὸ, médicament, remède.

ΙΑσις, guérison, cure.

ΙΑσιμος, qu'on peut guérir.

Ιαῖος, de même.

Ιαῖικος, qui a la vertu de guérir.

ΙΑτηρ, & Ion. Ιητηρ, Médecin.

Ιαῖορια, guérison.

ΙΑτρος, Médecin; Chirurgien.

ΙΑτρια, femme qui guérit.

Ιατρινη, Sage-femme.

ΙΑτρευω, guérir; 2°. soigner, droguer.

Ιατρειον, boutique de Chirurgien, de Médecin, &c.

Ιατρευσις, curation de maladie, guérison.

I, Ajouté.

1. Ι-ΑΙΝω, *Iainô*, chauffer, réchauffer; 2°. amollir, fondre, faire fondre; 3°. verser, 4°. transporter de joie.

De ΑΙΝ, עין, Soleil.

2. Ι-ΑΛΛω, *I-allô*, lancer, darder; 2°. tendre la main; 3°. désirer, rechercher.

Ι-αλλος, bon mot, trait plaisant.

Du prim. ΑL, lance, trait.

Ces mots tiennent au Celte *Hely*, aller à la chasse, & au Grec *Elaunô*, agiter.

3. Ι-ΑΜΒος, ὁ, *Iambos*, Iambe, pied ou mesure composée d'une brève & d'une longue; 2°. piéce de vers composée de cette mesure, & toujours satyrique.

De l'Oriental חמם, *Hamm*, déchirer, vexer, briser.

Ι-αμϐειον, vers ïambique.

Ι-αμϐιζω, déchirer, accabler d'injures.

Ι-αμϐιαζω, de même.

Ι-αμϐηλος, qui dit des injures, médisant, calomniateur.

4. Ι-ΑΠΤω, ψω, *I-apto*, nuire, lancer, envoyer.

Ι-πτω, *I-pto*, & *ipo*, nuire, blesser; 2°. haper, saisir, attraper:

Du primitif *hap*, prendre, haper.

Ιπος, ὁ, *Ipos*, trape, souriciere; 2°. moulin à Foulon; 3°. peine, supplice; 4°. potion.

Ιποω, prendre à la trape, fouler.

Ιπνος, fourneau, cheminée; 2°. lampe; 3°. fumier.

Ιπνοω, brûler au four.

Ιπνιτης, du four.

5. Ιψ, ιπος, ver qui ronge la vigne.

6. Ι-ΑΥω, *I-auô*, demeurer, séjourner, s'arrêter; 2°. passer la nuit, dormir.

1. Αυθμος, lieu où l'on s'arrête, poste, auberge ; 2°. chambre à coucher ; 3°. sommeil.

Dans le sens de dormir, ce verbe s'est formé de Αυω, dormir.

7. Ι-ΔΝοω, *idnoó*, courber, ployer, fléchir.

De *Ain*, cercle.

I.

1. ΙΑΣΠΙΣ, ιδος, η, *iaspis*, jaspe, sorte de pierre précieuse. C'est l'Oriental יִשְׁפֵה, *Ischp, Iaschp* :

De סוף, *suph*, verd de mer. Le jaspe verd étant poli, brille dans l'obscurité.

Ιασπιζειν, être de la couleur du jaspe, imiter le jaspe.

2. ΙΒΙΣ, ιδος, η, *Ibis*, l'Ibis, nom d'un oiseau cher à l'Egypte, & qui se nourrissoit sur-tout de serpens. Ce doit être un nom Egyptien, composé de *Hei*, serpent, & peut-être de *Bi*, vivre.

ID, main.

ID, IAD, AD, est un mot primitif désignant la main. Ce mot étant composé de I & de D, a subi des métamorphoses, à travers lesquelles on ne pouvoit le suivre ; se nasalant, il devint HAND, chez les Theutons, les Etrusques, &c. D se changeant à son ordinaire en R, il devint HIR chez les Latins : & cette lettre H se gutturalisant en Kh, ce mot devint ΧΕΙΡ, *Kheir*, chez les Grecs. Voyez *Orig. du Lang. & de l'Ecrit*. p. 171.

De-là des mots en ID, & en Kheir chez les Grecs. On verra ces derniers à la lettre X.

1.

De ID, main, désignant la puissance, la propriété, vint une famille Grecque qui désigna la propriété, la qualité d'être son propre maître, de ne dépendre que de soi.

Ιδιος, ὁ *Idios*, propre, particulier, qui est à soi, qu'on a sous sa *main*, en sa propre puissance.

Ιδιαζω, ne dépendre que de soi, être en sa propre main.

Ιδιασης, qui mene une vie privée.

Ιδιοτης, η, propriété, nature d'une chose.

Ιδιωμα, το, expression propre à un Auteur.

Ιδιεμαι, s'approprier.

Ιδιωσις, l'action de s'attribuer.

Ιδιωτης, ὁ, qui mene une vie privée ; qui ne dépend que de soi, 2°. un homme du peuple ; 3°. idiot.

Ιδιωτις, η, femme qui mene une vie privée.

Ιδιωτικος, privé ; qui concerne les hommes privés, le vulgaire.

Ιδιωτισμος, expression vulgaire.

Ιδιωτευω, mener une vie privée.

Ιδιωτεια, vie privée, dans le repos, dans l'ignorance des affaires.

2.

De ID, main, vint une autre famille désignant la qualité d'avoir sous la main, de voir, de connoître. Gram. Univ. & Compar. p. 8.

1. ΕΙΔω, *eidó*, voir; 2°. savoir.

ΙΔε, ΙΔυ, *Ide*, *Idou*, vois, voilà.

ΕΙΔος, εος, τὸ, *Eidos*, face, forme, apparence; 2°. taille; 3°. mode, manière; 4°. genre.

ΕΙΔικος, spécial.

Ειδαινομαι, prendre la forme d'une chose, devenir semblable.

Ειδαλλομαι, ressembler.

ΙΝΔαλμα, τὸ, espèce; 2°. statue, portrait.

ΕΙΔαλιμος, beau.

2. ΕΙΔωλον, τὸ *Eidólon*, image, portrait, effigie, statue; 2°. idole.

ΕΙΔωλειον, Temple d'idoles.

3. ΕΙΣΚω, *Eiskó*, comparer, être semblable. Voy. Ισκω.

4. ΙΔεα, espèce.

5. ΕΙΔεω, ω, *Eideó*, savoir.

ΕΙδημων, savant.

Ειδησις, science, habileté.

ΙΣΚω, savoir.

6. Α-ΙΔης, υ, ὁ, *A-ïdés*, l'Enfer, le Tartare; la mort. De la négation a & de ΙΔ, vue; lieu où le jour ne perce point, lieu de ténèbres.

Α-ιδηλος, ténébreux.

Α-ϊς, Α-ϊδος, ténébreux, enfer.

Α-ΙΔωνευς, surnom de Pluton, le ténébreux.

Α-Δης, pour Α-ιδης.

7. ΙΔα, ης, ἡ, le Mont ΙΔα; on le voit de loin.

Ιδαιος, Idéen, du nom Ida; ou le voyant, qui sait tout, nom de Jupiter.

2.

1. ΙΔρις, εως, ὁ, ἡ, *Idris*, savant, habile, instruit.

Ce mot est également oriental.

ΙΔρεια, ἡ, science, habileté.

2. ΙΔμων, savant, habile.

ΙΔμοσυνη, habileté.

3. ΙΣημι, *Isémi*, savoir: dans l'orig. Ισω, ισω, ιτσω.

4. D'*Idmón*, on a fait *A-dmolía*, ignorance; L ayant pris la place de N.

5. D'*Isémi*, changeant S en st, on a fait:

Επ-ΙΣΤαμαι, savoir, être habile, versé, savant.

Επ-Ιστημη, science.

I ER.

De AR, ER, grand, élevé, précédé de la voyelle I, aspirée, se formèrent ces familles.

I.

ΙΕΡαξ, ακος, ὁ, *Hierax*, épervier, *mot à-mot*, oiseau redoutable & d'un vol rapide. En Ion. *Hieréx*. En Celt. ER est le nom de l'Aigle.

Ιεραξισκος, petit épervier.

Ιερακιτης, nom d'une pierre.

Ιερακιον, nom d'une plante; on dit qu'elle éclaircit la vue, qu'elle donne la vue de l'Epervier.

II.

ΙΕΡος, ὁ, *Hieros*, sacré, saint, consacré: *mot à-mot*, très-haut, très-respectable; 2°. aussi observe-t-on qu'il signifie souvent grand, élevé, excellent. C'est donc ici sa signification propre; & la précédente, qui est la seule connue, en quelque sorte, n'est que le sens figuré. En vieux Theuton, HER, sacré, solemnel, également au figuré; car HER au propre y signifie grand, élevé, d'où HERR, sieur: Seigneur, Maître; le HERUS des Latins.

Ιερον, τὸ, sacrifice, chose sacrée; 2°. victime; 3°. lieu sacré, Temple, Chapelle.

Ιεροω, sacrer; dédier, consacrer, inaugurer.

Ιερωμα, ce qui est consacré.

Ιερωσυνη, Sacerdoce.

Ιερωσυνα, τὰ, choses sacrées.

ΙΕΡαωμαι, être Prêtre; avoir une dignité Sacerdotale; 2°. devenir Sacrificateur.

Ιερατικος, Sacerdotal.

Ιερατευω, s'acquitter du Sacerdoce.

Ιερατευμα, Sacerdoce.

Ιερατεια, de même.

ΙΕΡευω, égorger, immoler, sacrifier.

Ιερευς, Prêtre, Sacrificateur.

Ιερεια, Prêtresse.

Ιερειον, Victime.

Ιερειης, ὁ, Prêtre, Sacrificateur.

Ιερις, ἡ, Prêtresse.

Ιερη, de même.

ΙΡος, en Ionien pour Ιερος.

ΙΡευς, ΙΡευω, &c. en Poésie.

ΙΡητειρα, Prêtresse.

Ι Κ Τ.

1. Ι-ΚΤερος, ὁ, I-Kteros; jaunisse; 2°. oiseau jaune.

Ce mot vient du Celte *Keth*, ou *Ceth*, qui signifie jaunâtre; 2°. brunâtre.

Ι-Κτερωδης, semblable à la jaunisse: qui dénote cette maladie.

Ι-Κτεριωδης, attaqué de la jaunisse.

Ι-Κτερικος, qui a la jaunisse.

Ι-Κτεριαω, avoir la jaunisse.

2. Ι-ΚΤιν, ινος, milan; 2°. espèce de Loup.

3. Ι ΚΤις, & même Κτις, ιδος, ἡ, Κτις; & Ι-Κτις, belette, fouine.

Ι Κτιδεος, de peau de Belette, ces Animaux sont de couleur jaune.

Ι L.

Du Prim. HALL, joie, plaisir, qui est une Onomatopée, & d'où se forma l'Or. 7m, HALL, sauter de joie, vint cette Famille Grecque:

1.

ΙΛαω, *Hilaó*, & *Hilémi*, être propice, favorable; *mot à mot*, se montrer avec un visage joyeux & riant.

ΙΛασκομαι, appaiser, calmer; 2°. expier.

ΙΛασμος, ὁ, propitiation.

ΙΛαστηριος, qui appaise.

ΙΛαστηριον, propitiatoire, lieu où étoit l'Arche de l'Alliance.

2. Ι'Λαος, *Hilaos*, propice, clément, bénin; 2°. qui reçoit d'un visage riant.

ΙΛεως, ὁ, ἡ, chez les Attiques, propice.

ΙΛεοω, rendre propice.

2.

Ι'ΛΑΡος, *Hilaros*, le *Hilaris* des Latins, gai, joyeux, content, qui saute de joie; 2°. humain, doux, d'une humeur aisée.

Ιλαροτης, ἡ, joie, plaisir.

Ιλαροω, rendre joyeux, dispos & content.

Ιλαρια, τα, Fête de Cybèle où on se réjouissoit de l'arrivée du Printems.

3.

Ιλιας, αδος, ἡ, *Ilias*, nom d'une grive, à cause sans doute de son chant gai & dansant: 2°. l'Iliade, ou le Poëme de la Guerre d'Ilium.

I N.

1.

IN, nom d'une mesure.

C'est l'Or. הין, *Ein*, mesure pour les liquides; 2°. chez les Chypriens, l'Accusatif de la troisieme Personne, *lui*, *elle*; c'est le *hem* Primitif & des Peuples du Nord.

2.

Ι'ΝΑ, *Hina*, Conjonction Grecque qui signifie, afin que, dans cette vue que.

Elle vient donc de IN, EIN, œil, mot qui a donné tant de dérivés à toutes les Langues.

C'est aussi un Adverbe de lieu, où, par-tout où.

3.

Du négatif IN, non, & de E, exister, vint:

IN-Εω, *In-eó*, vuider, évacuer, ne laisser rien dedans, purger.

IN-Ηθμος, ὁ, purgation, évacuation.

I X.

ΙΞ, IX, au Gén. Ικος, à l'Acc. Ικα, ver qui ronge la vigne.

C'est donc un mot de la même Famille que Ηκ, *hék*, petit; ηκιςος, très petit; diminutif de Οκ, Εκ, grand.

I O.

ΙΟΣ, ιου, ὁ, *Ios*, flèche, javelot, dard; 2°. rouille du fer; 3°. venin des serpens; ils le dardent.

De ιημι, jetter, lancer, formé de Εω, *Eó*, aller.

Ιοεις, εντος, ὁ, assujetti à la rouille.

Ιωδης, rouillé; 2°. couleur de rouille.

Ιοω, enrouiller, consumer de rouille.

Ιζω, être couleur de rouille.

ΙΟΣ, ΙΑ, ΙΟΝ, *Ios*, seul; un: il est formé de Ε, qui est; *eis*, seul, un.

ΙΟΝ, ιου, το, *Ion*, violette.

De Εω, aller, arriver; c'est la premiere fleur du Printems; elle annonce sa venue; elle en est la Messagere.

Ιωδης, couleur de violette.

Ιωνια, ἡ, lieu rempli de violettes.

Ιασμη, onguent ou pommade à la violette.

ΙΟΝΘος, ȣ, ὁ, *Iontos*, duvet, poil folet.

De Εω, venir, arriver, pousser.

Ιονθας, αδος, ἡ, qui est couvert de poil folet.

Ionthos, signifie 2°. tortu, qui a les jambes crochues, tortues.

ΙΟΡΚος

ΙΟΡκοι, οἱ, *Iorkoi*, espèce de chevreuil; de la même famille que ΔΟΡκας, tous de AR, OR, grimpant, escaladant.

ΙΩΓΗ, ἡ, *Iógé*, couvert, toît, abri; 2°. gîte; 3°. repos. De *Og*, grand: élevé.

Επι-ωγαι, lieux où les vaisseaux sont à l'abri du vent.

2. Ιωγη, cri, voix. C'est une Onomatopée.

I P P.

Du même OG, OC, grand, vint, par le changement commun aux Grecs de C en P, cette Famille:

1. ΙΠΠος, ὁ, ἡ, *Hippos*, cheval, jument. C'est le *Equus* des Latins.

ιΠΠος, qui est devenu le nom des chevaux à cause de leur grandeur, s'est conservé avec la signification de GRAND dans divers composés: ainsi on trouve dans Aristophane, Κρον-Ιππος, très-avancé en âge, vieillard qui radote.

2. ΙΠΠοτης, ὁ, cavalier.

Ιππoσυνος, Ιππειος, équestre.
Ιππις, ιδος, ἡ, de cheval.
Ιπποσυνη, l'art équestre.
Ιππων, ὁ, écurie.
Ιππικος, équestre, de cheval.

3. ΙΠΠευς, εως, ὁ, cavalier; 2°. sorte de Comète.

Ιππευω, aller à cheval, être bon Cavalier.
Ιππευμα, équitation.
Ιππευσις, de même.

Orig. Grecq.

Ιππας, αδος, ἡ, équestre.
ΙΠΠαζω, aller à cheval.
Ιππασια, équitation.
Ιππασης, ὁ, qui va à cheval.

4. ι'ΠΠαριον, petit cheval.
ΙΠΠιδιον, de même.
Ιππισκος, de même.
Ιππακη, fromage de lait de jument.

5. ι'ππαρδιον, animal qui tient du cheval.

6. ι'ππαδας, jeu d'enfant, être à cheval sur un bâton.

Ιππαπαι, mot burlesque formé par Aristophane.

I R.

Du Verbe Ειρό, dire, interroger, demander, vinrent ces mots:

1.

ΙΡΙΣ, ιδος, ιος, εως, ἡ, *Iris*, arc-en-ciel; 2°. la Messagere des Dieux. Cet arc annonce le beau tems; 3°. l'iris des yeux; 4°. espèce de gâteau; 5°. plante aromatique, brillante de couleurs; 6e. nom d'une pierre précieuse, d'un oiseau, & d'un fleuve.

Ιρινος, onguent ou pommade faite avec la plante appellée Iris.

2.

ΙΡΟΣ, ȣ, ὁ, *Iros*, mendiant; 2°. nom propre du mendiant d'Ithaque, dans l'Odyssée.

A-IPος, auquel on a donné mal-à-propos le nom d'*Irus* ou de mendiant.

I S, I X,
Force.

De *E*, existence, se forma le Primi-

B b

tif ιs, force, d'où vinrent diverses Familles Grecques.

1.

ΙΣ, ινος, ἡ, *Is, inos*, fibre, nerf: 2°. force.

Ινωδης, nerveux.

Ινιον, le derrière de la tête, la nuque pleine de nerfs.

Ινις, enfant, fruit de la force, de la vigueur.

ΕΝΔ-ΙΝα, les intestins; *mot-à-mot*, les fibres intérieures.

2.

ΙΦΙ, *Iphi*, fortement, avec grandeur d'ame, force & courage.

Ιφιος, robuste, valeureux, rempli de force; 2°. fort à la course, léger.

ΙΦΘιμος, très-vaillant, très-généreux, magnanime.

3.

ΙΣΧυς, υος, ἡ, *Iskhus*, force, courage, puissance.

Ισχυω, être robuste, être fort & puissant.

Ισχυρος, robuste, puissant.

Ισχυροω, fortifier.

Ισχυριζομαι, faire essai de ses forces: s'efforcer; disputer, être aux prises: 2°. affirmer.

4.

ΙΣΧις, *Iskhis*, rein: c'est le siége de la force.

5.

ΙΞΥΣ, υος, ἡ, *Ixus*, les reins.

6.

ΙΣΧιον, ȣ, το, *Iskion*, la cuisse, la hanche.

ΙΣΧιας, la sciatique.

ΙΣΧιαδικος, sujet à la sciatique; 2°. qui occasionne la sciatique.

7.

ΙΞΟΣ, ȣ, ὁ, *Ixos*, tenace, qui a de la force; 2°. tenace, avare; 3°. glu, elle résiste, elle donne de la fermeté.

Ιξωδης, visqueux, gluant.

Ιξιοεις, de même.

Ιξευω, prendre les oiseaux à la glu.

Ιξευτης, ὁ, Oiseleur.

Ιξευτηριον, art de l'Oiseleur.

Ιξια, ας, ἡ, même qu'Ιξος; 2°. nom d'une plante dont la racine est visqueuse.

Ιξινη, autre plante dont on fait le mastic.

8.

ΙΣαλη, ης, ἡ, *Isalé*, habit de peau doublée; il est fort & résiste aux traits.

9.

ΙΣΧΝος, ὁ, *Iskhnos*, maigre, délié, qui n'est pas charnu; *mot-à-mot*, tout nerf; ceux qui sont maigres, sont plus forts, plus nerveux que les gens trop gros.

Ισχνοτης, minceur, maigreur.

Ισχαινω, être mince, maigre.

Ισχανσις, minceur, maigreur, finesse de taille.

Ισχνοω, Ισχαιω, mêmes qu'Ισχαινω.

ΙΣΧας, αδος, ἡ, figue sèche; 2°. anchre, à cause de sa force; 3°. nom d'une plante.

10.

ΙΤΕα, ας, ἡ, & ΙΤιη, *Itea & Itéé*, saule, osier, il sert à lier.

Ιτεινος, de saule.

Ιτεων, ωνος, ὁ, faussaye, lieu rempli de saules.

IS, égal.

Ισος, ȣ, ὁ *Isos*, égal ; c'est le même que l'Orient. שוה, *sué*, semblable.

Ισοτης, ἡ, égalité.

Ισοω, égaler, égaliser.

Ισαζω, de même.

Ισακις, également, autant de fois.

ΙΣΑΙος, égal, semblable ; pair.

Ισαιω, égaler, égaliser.

Ισηρης, ὁ, ἡ, égal, pair.

Εἰσος, en poésie, égal, pair, semblable.

IS, Eau.

ΙΣΑτις, ιδος, ἡ, plante dont on se servoit pour peindre en bleu, Pastel ; *mot-à-mot*, couleur d'eau.

ΙΧΘΥΣ, υος, ὁ, *Ikhthus*, poisson ; 2°· pêcherie. De *ICZ*, pour *ISC*, eau : d'où le Latin *P-ISCIS*, *FISH*, poisson ; *mot-à-mot*, habitant de l'eau.

Ιχθυοεις, poissonneux.

Ιχθυωδης, de même.

Ιχθυηρος, où on pêche, bon à pêcher.

Ιχθυαω, pêcher.

Ιχθυηματα, τὰ, écailles de poisson.

Ιχθυδιον, petit poisson.

Ιχθυα, & Ιχθυν, peau séche de poisson marin ; 2°. ongle de fer de la forme des écailles dont on se servoit pour tirer les enfans du sein de leur mere.

Iô.

ΙΩΨ, *Iôps*, nom d'un poisson dont il est parlé dans *Suidas* & dans *Callimaque*.

MOTS GRECS-CELTES,

OU DÉRIVÉS DE LA LANGUE CELTIQUE.

K

LA lettre K est la dixiéme de l'Alphabet Grec, la onziéme de l'Oriental : elle est devenue, sous le nom de C, la troisiéme de l'Alphabet Latin.

Elle renferme, ainsi que la lettre C en Latin, une prodigieuse masse de mots : on n'en doit pas être étonné.

D'un côté, elle a USURPÉ nombre de familles qui appartenoient au G & au Q : & un grand nombre de mots qui commençoient par une aspiration.

Elle a désigné une multitude d'ONOMATOPÉES.

Elle s'est AJOUTÉE à la tête d'un grand nombre de mots :

B b ij

Elle en a EMPRUNTÉ un plus grand nombre des Langues Orientales.

Et par elle-même, elle avoit un district immense.

Se prononçant de la gorge, elle peignit sans peine, 1°. tous les sons GUTTURAUX ; toutes les idées relatives à celles de la gorge, de défilé, de canal, de cours, de conduits, de régle, de chûte rapide.

2°. Toutes celles de CONTENANCE, de capacité, de ce qui est capable de contenir.

3°. Par conséquent, celles de LIEU & de place.

4°. Sur-tout, les idées de tout ce qui est CREUX, évasé pour saisir ; en particulier, la MAIN, se fermant à moitié pour saisir, pour prendre, pour contenir ; & telle est la figure du C en François & en Latin, & du כ ou K en Hébreu.

ONOMATOPÉES.

K A.

ΚΑΓ-ΚΑΖω, *Kankazô*, rire, éclater de rire, rire à gorge déployée ; 2°. se moquer, rire aux dépens de quelqu'un, l'insulter.

Καγκασμος, ris à gorge déployée, gorges chaudes.

Καγκαsυς, grand rieur.

Καγκλαζω, de même que Καγκαζω.

Καγχαομαι, rire d'une manière désordonnée.

2.

KAKKABA, *Kakkaba*, Perdrix.

Κακκαβις, de même.

Κακκαβιζειν, crier comme la perdrix.

3.

1. KAKKAN, *Caccan*, cri des enfans qui ont des besoins à faire.

KAKKη, *Kakkê*, qui ne sent pas bon, caca.

2. De-là, au figuré :

KAKος, η, ον, *Kakos*, méchant, mauvais, qui ne sent pas bon ; 2°. funeste, malheureux ; 3°. lâche, poltron, timide ; 4°. pauvre, vil, abject.

Κακον, τὸ, le mal.

Κακοτης, ἡ, méchanceté, vice, scélératesse.

Κακια, méchanceté, vice, défaut ; 2°. lâcheté.

Κακη, ἡ, lâcheté, épouvante.

ΚΑΚοω, tourmenter, affliger, faire du mal.

Κακωσις, véxation, offense.

ΚΑΚιζω, blâmer, censurer ; 2°. condamner.

Κακισμος, blâme.

Κακυνω, rendre mauvais, corrompre, gâter.

ΚΗΚας, αδος, ὁ, ἡ, médisant, calomniateur, méchant.

Κηκαζω, accabler d'injures.

Κηκαδεω, de même ; se moquer.

4.

ΚΑΛεω, ω, *Kaleó*, appeller ; 2°. appeller à foi ; 3°. nommer, donner un nom ; 4°. citer.

Καλητωρ, le *Calator* des Latins, Crieur public, Hérault.

Κλησις, vocation, action d'appeller, d'inviter ; 2°. appel.

Κλητος, appellé, mandé.

Κλητικος, vocatif, appellatif.

Κλητωρ, qui appelle, Crieur, Hérault ; 2°. qui invite, qui porte les billets d'invitation.

Κλητηρ, Huissier ; 2°. Voyageur.

Κλητευω, citer, appeller en Justice.

Κληδην, nommément.

ΚΙ-ΚΛησκω, en poésie, appeller.

2. ΕΚ-ΚΛΗΣια, ας, ἡ, *Ek-Kléfia*, assemblée, convocation ; 2°. lieu d'assemblée.

ΕΚ-ΚΛΗΣιαζω, s'assembler : délibérer.

ΕΚ-Κλησιαςης, ȣ, ὁ, qui harangue dans une assemblée.

ΕΚ-Κλησιαςικος, qui regarde l'assemblée.

ΕΚ-Κλησιαςηριον, petit théâtre.

Ce mot transporté dans notre Langue, n'indique que les assemblées religieuses, l'*Eglise*, par excellence.

5.

ΚΑΡ-ΚΑΙΡω, *Karkairô*, faire du bruit, résonner, retentir.

6.

ΚΗΡυξ, κος, *Kérux*, Héraut ; Crieur public.

Ce mot tient à la famille GAR, élever la voix, parler.

Les Doriens le prononçoient ΚΑΡυξ, ou ΚΑRυx ; de-là, CAD-

ucée : Voy. *Orig. Lat.* col. 384.

Κηρυκειον, caducée ; 2°. récompense du Crieur public.

Κηρυσσω, & Κηρυτλω, publier à haute voix, promulguer, prêcher ; 2°. vendre à l'enchère ; 3°. publier, divulguer ; 4°. invoquer.

Κηρυγμα, τὸ, publication par Hérault, promulgation.

K I.

1. ΚιΚΚΑΒΗ, ἡ, chouette, oiseau de nuit.

ΚΙΚΚΑβαυ, cri de la chouette.

2. ΚΙΚυμις, chouette, oiseau de nuit.

Κικυμωσσειν, avoir de mauvais yeux, avoir la vue foible.

2.

ΚΙΝΥΡομαι, se lamenter ; se plaindre d'une voix dolente & lamentable.

Κινυρος, plaintif, lamentable, funeste.

3.

ΚΙΝΥΡα, ἡ, instrument de musique, dont le son est plaintif.

Ces mots tiennent à notre mot il *geint*.

4.

ΚΙΣΣα, & ΚΙΤΤα, η, *Kiffa*, Pie.

Κιτταβιζω, imiter le cri de la Pie.

5.

ΚΙΧΛη, ης, ἡ, *Kiklé*, grive, tourde.

Κιχλιζειν, manger des grives grasses ; 2°. rire immodérément, à gorge déployée.

K L.

ΚΛΑΔος, ὁ, *Klados*, branche cassée, arrachée.

Κλαδωδης, branchu.
Κλαδων, Κλαδισκος, rameau.
ΚΛΑΔαω, couper des branches, épamprer ; 2°. secouer, casser.
Κλαδευω, couper les rameaux les plus tendres ; 2°. tailler la vigne.
Κλαδευσις, amputation.
Κλαδευτηρ, qui taille, qui ampute.
Κλαδευτριον, serpe, faucille ; 2°. ce qu'on coupe.
Κλαδαρος, fléxible, souple ; 2°. fragile, cassant.

2.

ΚΛΑΖω, *Klazô*, crier, faire du bruit, sifler dans l'air.
Κλαγχη, bruit, son aigu, glapissant ; Orig. Lat. 184. 2°. son de la trompette.
Κλαγχαζω, crier, faire du bruit ; 2°. sonner de la trompette.
Κλαγγανω, animer les chiens à la chasse.

3.

ΚΛΑΙω, *Klaiô*, pleurer, lamenter ; 2°. déplorer ; 3°. châtier, battre.
Κλαυσιαω, avoir envie de pleurer ; 2°. retentir, en parlant des portes.
Κλαυμα, το, pleurs, action d'être éploré.
Κλαυθμος, Κλαυθμονη, de même.
Κλαυθμων, ὁ, lieu où on pleure.
Κλαυθμυριζω, pleurer à chaudes larmes.
Κλαυθμυρισμος, cris, pleurs, lamentations.
Κλαυτος, digne de larmes, de pitié.

4.

ΚΛΑω, ω̃, *Klaô*, rompre, casser, briser.
Κλασμα, το, fragment, morceau, piéce, éclat.
Κλασις, fraction, fracture, éclat.
Κλαστηριον, tout ce avec quoi on peut casser quelque chose, serpe, faucille.
Κλαςης, qui casse, brise : 2°. qui taille la vigne.
Κλαςαω, rompre, briser ; 2°. tailler la vigne.

5.

ΚΛΗΜα, το, branche d'arbre, verge, baguette, houssine.
Κληματινος, de sarment.
Κληματις, sarment, houssine.
Κληματιον, de même.
Κληματοομαι, abonder trop en branches.

6.

ΚΛΟΝος, ὁ, *Klonos*, bruit, tumulte, tintamarre, frémissement.
Κλονοεις, agité, tumultueux.
Κλονεω, agiter, causer du bruit, du tumulte : 2°. casser, briser.
Κλονις, ventre.

7.

ΚΛΥω, *Kluô*, entendre ; *mot à mot*, être frappé d'un bruit ; écouter, être favorable.
Κλυτος, qu'on peut entendre ; 2°. sonore ; 3°. illustre, célèbre : d'où l'*In-clytus* des Latins.
En Celte, *Clu, Cly*, oreille, ouïr.

8.

1. ΚΛΩΖω f. ξω, *Klôzô*, crier comme les geais.
Κλωγμος, & Κλωσμος, cri des geais.
2. ΚΛΩΔωνες, mot usité anciennement chez les Macédoniens, pour désigner les Bacchantes.

9.

ΚΛΩΝ, ωνος, ὁ, *Klôn*, branche qu'on a accoutumé de couper.

Κλωναξ, de même.

Κλωναριον, & Κλωνιον, branche, rameau, rejetton.

Κλωνιζω, couper les branches tendres.

K O.

ΚΟΑΞ, *Koax*, cri de la grenouille; nous en avons fait croaſſer.

2.

ΚΟΙ˘, ΚΩΙ˘, *Koï*, imitation du cri des petits cochons.

Κοϊζειν, grogner comme les petits cochons.

3.

ΚΟΚΚυξ, υγος, ὁ, *Cokkux*, le coucou; 2°. le coccyx, os au bas de l'os ſacrum; 3°. crête; 4°. nom de Plante.

Κοκκυζειν, crier comme le coucou : 2°. clabauder contre un grand homme, contre Homere.

4.

ΚΟΛοιος, ὁ, *Koloios*, petite corneille, le choucas : Les Italiens l'appellent POLA, par le changement du K en P : 2°. geai.

Κολοιωδης, de l'eſpéce des corneilles.

Κολοιαω, imiter le cri des corneilles.

ΚΟΛωον, Κολωος, Κολωιον, tumulte, cri étourdiſſant.

Κολωαν, faire du bruit, étourdir en glapiſſant comme des geais.

5.

ΚΟΜΠος *Kompos*, bruit, craquement, comme le bruit du ſanglier qui aiguiſe ſes défenſes.

Κομπος, ὁ, qui ſe vante, qui fait grand bruit.

Κομπεω, faire du bruit, rendre un ſon ſemblable à celui du ſanglier quand il aiguiſe ſes défenſes.

Κομπηρος, qui ſe vante.

Κομπαζω, même que Κομπεω.

Κομπασμος, jactance, paroles hautes, élevées.

Κομπασμα, τὸ, ce dont on ſe vante, vanteries.

6.

ΚΟΝΑΒος, ὁ, *Konabos*, bruit, ſon, frémiſſement.

Κοναβεω, retentir, rendre des ſons.

Κοναβιζω, de même.

7.

ΚΟΡαξ, ακος, ὁ, *Korax*, corbeau; 2°. conſtellation; 3°. machine pour élever des fardeaux; 4°. genre de ſupplice; 5°. bec de coq.

Κορακωδης, Κορακινος, de corbeau; 2°. noir.

Κορακιας, δ, de corbeau, qui reſſemble à un corbeau; 2°. eſpèce de corneille.

Κορακιον, petit corbeau; 2°. maſſe pour enfoncer les portes.

Κορακευομαι, κορασσω, κοραινω, dénigrer, noircir.

Κοραττω, preſſer, inſiſter.

ΣΚοραχιζω, repouſſer quelqu'un, lui donner ſa malédiction.

Σκοραχισμος, imprécations.

8.

ΚΟΣΣυφος, ΚΟΤΤΥΦος, ὁ, *Koſſuphos*,

Kottuphos, merle ; en Or. קֹף, *Kophez*.

9.

ΚΟΤΤΑΒος, & κοσσαβος, ὁ, *Cottabos*, le Cottabe, jeu en usage dans les repas, ou augure qu'on tiroit du bruit rendu par le reste de la liqueur en la jettant à terre avec force. On avoit même des vases faits exprès, afin que la liqueur acquît plus de force.

Κοτταβειον, ce jeu ; 2°. prix du vainqueur à ce jeu.
Κοτταβιζω, jouer à ce jeu.
Κοτταβισμος, action de jouer à ce jeu.

K R.

CRA est une Onomatopée, une imitation du bruit que fait une chose qui craque, qui pétille ; elle est devenue la racine d'un grand nombre de mots Celtes, Latins, François, Grecs, &c. Voy. *Orig. Lat.* 467.

1.

ΚΡΑΖω, f. ξω, *Krazó*, crier ; il se dit des oiseaux, des corbeaux sur-tout, des animaux, & même des hommes.

Κρακτης, qui crie, criard.
ΚΕ-Κραγμος, cri, clameur.
ΚΡΑΥΓη, *Kraugé*, cri, clameur, action d'élever la voix.
Κραυγασος, criard, crieur.
Κραυγαζω, crier, hausser la voix.
Κραυγανω, de même : il se dit sur-tout des enfans.

2.

ΚΡΕΚω, *Krekó*, pousser, frapper, jouer d'un instrument dont il faut pincer ou frapper les cordes ; 2°. rendre un son quelconque.

Κρεκη, son insupportable, odieux.
Κρεκυλος, pleurs, lamentations.
Κρεγμος, ὁ, pulsation, son.
ΚΡΕΞ, κος, ὁ, *Krex*, oiseau au bec crochu & ennemi du Merle, du Verdier, &c.

3.

ΚΡΕΜΒΑΛον, τὸ, *Krembalon*, tout instrument qui fait du bruit, surtout avec les doigts, cresselle, castagnettes, sistre, cymbale.

Κρεμβαλιζειν, jouer des castagnettes ; de la cymbale.
Κρεμβαλιαζειν, de même.
Κρεμβαλιαςης, ὁ, habile à jouer des castagnettes, &c.
Κρεμβαλιασυς, bruit, son de ces instrumens.

Cette famille a beaucoup de rapport à la famille *Rembail* des Languedociens.

4.

ΚΡΙΖω, *Krizó*, pétiller, craquer, rendre un son perçant, sifflant, aigu.

Κριγη ; Κριγμος, ὁ, son perçant, sifflant ; craquement, pétillement.

5.

ΚΡΟΤος, ε, ὁ, *Krotos*, pulsation, bruit qu'on fait en agitant les rames, les mains, ou les pieds ; 2°. bruit que la cigogne fait avec son bec.

ΚΡΟΤεω, ω, pousser, battre, frapper ; 2°. applaudir

2°. applaudir avec les mains ; approuver.

Κροτησις, ἡ, applaudissement.
Κροτητος, frappé.
Κροτισμος, même que Κροτος.
ΚΡΟΤαλον, instrument de musique fort bruyant ; 2°. cymbale ; 3°. bavard, grand parleur.
Κροταλιζω, faire beaucoup de bruit, frapper, battre des mains, applaudir.
Κροταλια, τὰ, pendans d'oreilles composés de plusieurs perles qui rendent un son en frappant les unes contre les autres.

6.

ΚΡΟΥω, *Krouô*, frapper ; 2°. battre, jouer d'un instrument ; 3°. froisser les mains l'une contre l'autre ; 4°. faire reculer un vaisseau à coups de rames ; 5°. s'embarquer dans un parti contraire.

Κρουμα, τὸ, son des instrumens de musique.
Κρουματικος, habileté à jouer des instrumens de musique.
Κρουσις, εως, ἡ, pulsation ; action de battre, de frapper : en particulier, jouer d'un instrument de musique ; en toucher.
Κρουσικος, qui frappe les oreilles.
Κροαινω, qui bat des pieds.

7.

ΚΡΩΖω, *Krozô*, croasser ; 2°. chanter d'une voix rauque, avoir un chant désagréable.

Κρωγμος, ὁ, croassement.

K U.

ΚΥΩΝ, κυνος, ὁ, ἡ, *Kûon, Kunos*, Orig. Grecq.

ou *Kyón*, *Kynos*, Chien : 2°. la canicule : 3°. un des coups de dés : 4°. étincelles d'un fer chaud qu'on bat.

Κυνικος, canine ; 2°. cynique.
Κυνειος, de chien : difficile, pénible.
Κυνεος, de chien ; impudent.
Κυνεη, peau de chien ; 2°. casque.
Κυναριον, τὸ, petit chien.
Κυνισκος, de même.
ΚΥΝιζω, suivre la discipline des Cyniques.
Κυνισμος, le Cynisme, Secte des Cyniques.
Κυναω, de même.
Κυντερος, plus impudent.
Κυντατος, très impudent.
Κυναρος, ἡ, églantier.

2. ΣΚΥΖαω, faire ses petits, en parlant d'une chienne.

Σκυζω, murmurer, gronder comme les chiens ; 2°. irriter, exciter.
Σκυμνος, le petit d'un lion ; 2°. celui de tout animal.
Σκυμνευω, allaiter, nourrir ses petits.
Σκυμνιον, petit d'un animal ; 2°. petit chien.

2.

De *Kyn*, chien, vinrent :

1. ΚΙΝ-ΑΒΡα, ας, ἡ, nourriture des chiens, pain pour les chiens : de *Kyn*, chien, & *Bro*, nourriture : 2°. odeur de chien, du gousset, du bouc.

Κιναβραω, Κιναυραω, sentir mauvais.
Κιναβρευμα, ordures.

2. ΚΙΝΑΔος, τὸ, *Kinados*, nom du

renard en Sicile: 2º. homme fin & rusé.

Κιναδιον, petit renard, renardeau. Il peut cependant venir de *Kin*, se mouvoir, *ad*, très-vîte, prompt à la course.

K ô.

ΚΩ-ΚΥω, *Kôkuó*, pleurer, se lamenter, sangloter.

Κω-Κυμα, τὸ, pleurs, lamentations, sanglots.

Κω-Κυτος, de même; 2º. le Cocyte, un des Fleuves des Enfers.

2.

ΚΩΤΙΛΛω, *Kôtilló*, babiller, gazouiller.

Κωτιλος, babillard, bavard, grand parleur; 2º. flatteur, trompeur.

Κωτιλαδες, nom des hirondelles; mot-à-mot, les gazouilleuses, les babillardes.

Mots où la lettre K a été ajoûtée en tête.

1. Mots en A.

1. Κ-ΑΚΤος, ἡ, *K-actos*, plante épineuse, particuliere à la Sicile: 2º. espèce de chardon: d'*Ac*, pointu, épineux.

2. Κ-ΑΠΡος, ὁ, *K-apros*, sanglier, cochon: 2º. nom d'un poisson.

De *APER*, sanglier, précédé de K.

Καπραινα, ἡ, livrée aux passions.

Κ-Απραω, être en chaleur.

Κ-Απρωζω, Κ-Απριζω, de même.

Κ-Απριος, même que Κ-Απρος; 2º. éperon de navire.

Κ-Απρισκος, nom d'un poisson, le Rat de mer.

2. Mots en N.

1. De NAF, mot Celte qui signifie coupé, vint:

Κ-ΝΑΠΤω, Γ-Ναπτω, Γ-Ναφω, Κ-*naptó*, G-*naptó*, G-*naphó*, couper, déchirer, écharper, carder; 2º. passer au foulon.

Κ-Ναφος, & Γ-ναφος, carde, peigne à carder.

Κ-ΝΑΦευς, & Γ-Ναφευς, ὁ, Foulon, celui qui carde les étoffes, qui les peigne.

Κ-ΝΑΦευω, Γ-Ναφευω, carder les étoffes, les passer au Foulon.

Κ-ΝΑΦειον, τὸ, lieu où on foule, où on peigne les étoffes.

Κ-Ναφαλον, Γ-Ναφαλον, τὸ, floccon arraché avec le peigne à carder.

Κναφαλωδης, ὁ, ἡ, tendre, laineux, doux.

Γ-Ναφαλιον, plante qui servoit de peigne à carder.

Γ-Ναφαλος, nom d'un oiseau dont parle Aristote; *Hist. Anim.* L. IX.

2. Κ-ΝΕΦας, ατος, τὸ, *KNephas*, ténèbres, obscurité: 2º. crépuscule.

De *Neb*, nuée, obscurité.

Κ-Νεφαιος, ténèbreux, obscur; 2º. qui agit dans les ténèbres.

Mots en R.

Du Celte REW, froid, gelée, précédé de K, vint cette Famille:

Κ-Ρυος, ιος, τὸ, *K-Ruos*, froid, gelé, rigueur, roideur.

Κ Ρυερος, gelé, glacé, froid; 2º. qui glace les sens d'effroi, terrible, funeste.

K Ρωδης, froid, gelé; 2°. horrible.
K-Ρυμος, ὁ, froid, gel, gelée.
K-Ρυσαινεται, il est gelé; il gèle.

Mots en T.

Nombre de mots en T se sont fait précéder de la lettre K, & tous les mots Grecs en KT sont dans ce cas.

1.

De TA, tenir, posséder, vint l'Or. חתה, K-Thé, tiens, reçois, & cette famille :

K-ΤΑομαι, ωμαι, K Taomai, acquérir, posséder, se procurer.

K-ΤΗΜα, ατος, τὸ, K-Têma, ce qu'on a aquis, possession, fonds de terre, champs, bien de campagne.

K-τηματικος, riche, opulent, qui a de grands fonds de terre.

K-τηματιον, petit bien, petite possession.

K-τησις, εως, ἡ, possession; 2°. acquisition; 3°. biens, facultés.

K-τησιος, qui procure des biens, favorable.

K-τητος, qu'on peut aquérir.

K-τητωρ, ορος, ὁ, Possesseur, Seigneur.

K-τητικα, noms possessifs.

K-Τεανον, en poésie, même que Κτημα.

K-Τεαρ, même.

K-Τεαλιζω, acquérir, posséder; il a des dérivés en Κταομαι, Κτημων, Κτεανος, Κτητος.

2.

De TAN, prononcé TEIN, mort, (Voy. ci-dessus ΘΑΝατος,) précédé de K, vint cette famille :

K-ΤΕΙΝω, f. K-ΤΕΝω, Aor. 2. ΕΚΤΑΝον, & ΕΚ-ΤΑΝ, K-Teinô, tuer, faire périr, mettre à mort; en Or. טעון, Thwn, percer d'un trait, tuer.

K-ΤΗΜι, de même.

K-ΤΑΝΤης, & Dorien K-ΤΑΝΤας, ȣ, ὁ, assassin, meurtrier. Ses composés en ΚΤΟΝος, ΚΤασια, &c.

3.

De l'Oriental ΤΕΝ, peigne, qui a des dents, précédé de K, vint cette famille :

K ΤΕΙς, Gen. K-ΤΕΝος, ὁ, peigne 2°. les quatre dents de devant; 3°. parvenu à l'âge de puberté.

K-ΤΕΝωδης, semblable à un peigne.

K-ΤΕΝιον, petit peigne.

K-ΤΕΝιζω, peigner.

K-ΤΕΝωτος, peigné.

K-ΤΗΔων, ονος, ἡ, peigne; 2°. ramifications des veines, des nerfs.

4.

De TAR, TER, creuser la terre, fouir, précédé de K, vinrent :

K ΤΕΡεα, τὰ, K-Terea, funérailles, convoi funèbre, enterrement.

K-ΤΕΡιζω, ensevelir, rendre ses derniers devoirs.

K-ΤΕΡειζω, de même.

K-ΤΕΡιςης, qui enterre.

5.

De TAN, grand, précédé de K, vint,

K-ΤΗΝος, εος, τὸ, K-Ténos, bête de somme, gros bétail.

K-ΤΗΝωδης, brute.

K-THNοομαι, s'abrutir.

6.

Du Celte TI, tissu, tistre, précédé de K, vint cette famille :

K-TIZω, *K-Tizó*, créer, fabriquer, bâtir.

K-Τισμα, ouvrage, construction, édifice; 2°. créature.

K-Τισις, ἡ, création, fabrication.

K-Τιsης, Créateur, Fondateur.

K-Τιςωρ, & K-Τιτης, de même.

K-Τιsος, créé, fondé, fabriqué.

K-Τιsυς, même que K-Τισις.

7.

De TAL, élevé, grand, qui domine, précédé de K, vinrent :

K-ΤΙΛος, υ, ὁ, *K-Tilos*, bélier, chef du troupeau, 2°. guide; 3°. apprivoisé, doux, qui se laisse conduire.

K-ΤΙΛαω, ω, apprivoiser, adoucir, gagner par la douceur.

K pour Q.

Q, est le caractère primitif qui désigna les instrumens tranchans, la hache, le couperet, &c. A la longue, le Q, dans plusieurs de ces mots se changea en K, sur-tout chez les Grecs qui avoient laissé perdre cette lettre : De-là divers mots Grecs relatifs à l'idée de couper, de tailler; en voici quelques-uns.

I.

KEω, *Keó*, fendre, diviser, séparer.

Κειω, Κεαζω, de même.

Κεασμα, τὸ, fracture, fragment.

ΣΧΑω, & ΣΧΙΖω, appartiennent à la même famille.

2.

ΚΕΣΤρον, τὸ, *Kestron*, dard, poinçon; 2°. touret, outil de tourneur en yvoire; 3°. nom de plante.

3.

ΚΩΣ, *Kós*, toison, en Orient. גז, *Goz*.

Κωας, de même.

Κωιδιον, de même.

Κωδαριον, Κωυς, τὸ, de même.

II.

De KI, mordre, couper; en Celte, cis, pointe, en Basque, CISCA, poussiere du bois vermoulu, vinrent :

1. ΚΙΣ, Κιος, ὁ, *Kis*, en Latin CIS, ver qui ronge le bled; 2°. ver qui ronge le bois.

Α-Κιος, qui n'est pas sujet à être mangé par les vers.

2. ΚΙΣΣηρις, εως, ἡ, *Kisséris*, pierre ponce ; elle a l'air d'avoir été percée de part & d'autre, elle est comme vermoulue.

3. ΚΙΣΣα, *Kissa*, & *Kitta*, opilation, envie de femme grosse, désir de manger les choses les moins convenables.

ΚΙΣΣαω, être tourmenté de cette envie ridicule.

Κισσωδης, Κιττωδης, qui n'aime que des

mets extravagans, plein d'envies de femme grosse.

III.

1. ΚΟΠη, η, *Kopé*, coupure, incision, contusion, précipice, ravine.

ΚΟΠευς, εως, ὁ, ciseau, burin.
ΚΟΠις, ιδος, ἡ, coûteau; épée.
ΚΟΠας, αδος, ἡ, ce qu'on coupe.
ΚΟΠτω, *Koptô*, couper, tailler, fendre; 2°. blesser; 3°. pousser; 4°. frapper; 5°. secouer, vexer, fatiguer.

Le Moyen ajoute à toutes ces significations celle d'être désespéré, tourmenté, de fondre en larmes.

2. ΚΟΜΜα, τὸ, segment, morceau emporté, phrase incise: canaux des prairies & des jardins pour les arroser.

Κομματικος, plein de coupures, d'interruptions, entre-coupé.
Κομματιον, petit segment, petite suspension en musique.

3. ΚΟΠτος, frappé, battu, pilé.

Κοπ7ον, Κοπ7η, médicamens pilés & mis en gâteau.
Κοπανον, Κοπανιστηριον, pilon.
Κοπανιζω, piler.
Κοπετος, lamentations en se frappant la poitrine.

4. ΚΟΠις, sorte de repas à Lacédémone; *Athen.* Liv. IV.

Κοπις, εως, ὁ, bavard, babillard, bouffon.
Κοπιζω, prendre le repas appellé *Kopis*; 2°. dire des riens, des balivernes; 3°. plaisanter, mentir.

2.

ΚΑΠ7ω, *Kaptô*, mordre, manger goulument.
Καψις, morsure, action de dévorer.

3.

Σ-ΚΩΠ7ω, *S-kôptô*, mordre, railler, emporter la piéce par ses railleries, par ses bons mots, par ses sarcasmes.

Σ-Κωμμα, τὸ, raillerie, bon mot, sarcasme.
Σ-Κωμματιον, de même.
Σ-Κωψις, εως, ἡ, dérision, moquerie.
Σ-Κωπτικος, mordant, satyrique.
Σ-Κωπτολης, ȣ, ὁ, qui prend plaisir à déchirer, à mordre par ses saillies, ses bons mots.

IV.

Q, désigne en même-tems la force; il en faut avoir pour tailler, couper, abattre: & de-là deux sortes de mots, les uns relatifs à la force propre, les autres à celle de lien, de lier, d'unir, comme nous l'avons vu au long dans les *Orig. Lat.* De-là divers mots Grecs où K a pris la place de Q.

En les rassemblant ici, nous restituons des rapports très-beaux entre ces Langues, qui étoient absolument inconnus, & qu'on ne soupçonnoit même pas.

1.

De Q, force, précédé de l'article Orient. A L, ou si l'on aime mieux, de l'adjectif Αλ, élevé, se forma cette belle Famille :

ΑΛ-ΚΗ, ης, ἡ, *Al-ké*, force, puissance, courage, valeur ; 2°. secours, remède.

ΑΛΞ, dat. *Al-ki*, de même.

ΑΛ-ΚΗεις, εντος, robuste, plein de force & de courage.

ΑΛΚΙΜος, de même.

ΑΛ-ΚΑΡ, αρος, τὸ, secours, remède, 2°. forteresse, garnison, rempart.

ΑΛ-Κω, (inusité), protéger.

ΑΛ-Ξις, εως, ἡ, défense, protection.

ΑΛ-ΚΤηρ, ηρος, défenseur, protecteur, vengeur.

ΑΛ-ΚΤηρες, secours pour franchir un fossé.

ΑΛ-ΚΤηριον, secours, aide.

ΑΛ-ΑΛΚω, repousser, garantir.

ΑΛ-ΚΑΖειν, combattre vaillamment.

ΑΛ-ΚΑΙΑ, ἡ, la queue du lion, elle est le siége de sa force.

ΑΛ-ΚΕΑ, ἡ, plante de la classe des mauves.

De-là des composés en ΚΙΣ, ΚΗΣ, ΚΟΣ, ΚΗΙΣ.

2.

ΚΕΣΤρα, ας, ἡ, *Kestra*, maillet, massue, marteau.

ΚΕΣΤρευς, le marteau, nom d'un poisson ; 2°. le mulet, poisson à grosse tête.

3.

ΚΙ-ΚΥΣ, ἡ, *Ki-kus*, force, courage.

ΚΙ-ΚΥω, *Ki-kuô*, être plein de force : s'avancer avec feu, avec courage & vitesse.

C'est le QUEO des Latin ; le מכה, *Quh*, des Orientaux.

4.

ΚΙ-ΧΕω, ΚΙ-ΧΑΝω, ΚΙ-ΧΗμι, *Ki-kheô*, atteindre, saisir, mettre sous la puissance ; 2°. rencontrer, trouver.

ΚΙ-Χησις, action de saisir, d'atteindre.

ΚΙ-Χειω, même que Κι-Κεω ;

En Irland. *Cecht*, *Ceacht*, puissance.

5.

ΚΙ-ων, ονος, ὁ, ἡ, *Kiôn*, colonne ; mot-à-mot, ce qui sert de soutien, d'appui ; 2°. gorgolion, ver long & étroit qui mange le blé.

Κιονισκος, petite colonne.

Κιονις, ιδος, ἡ, la luette, la colonne de la bouche.

Κιονιον, τὸ, le milieu des buccins & des pourpres ; il a l'air de colonne.

V.

ΚΑΙ, la Conjonction *Que* des Latins, *Et*, & ; 2°. ou ; 3°. mais.

ΚΕ, autre Conjonction, qui se met à la suite des mots, même à la suite de Και. Και Κε τὸ Βυλοιμην, comme si nous disions, *& que je le voudrois !*

K.

La lettre K s'appelle *Kappa* en Grec, & comme elle s'est confondue avec le Q qu'on appelle *Kopp* ou *Koph* en Oriental, quelques Dialectes Grecs ont dit *Koppa* au lieu de *Kappa*. De-là :

ΚΑΠΠατια, & ΚΟΠΠατια, cheval

marqué de la lettre K ; 2°. nom d'un cheval dans Aristophane.

KAB.

KAP, CAPH, CUP, &c. *Or. Lat.* 198.

La lettre C ou K, indique la place ; la labiale B ou P, la contenance, la capacité. En réunissant ces deux touches, on en forme des mots qui désignent tout ce qui est propre à contenir, à renfermer, à saisir, à mettre à couvert : de-là naissent en toute Langue une multitude de mots.

1.

CAB, CAPH, Tête.

Le mot Celte CAP qui signifie tête, & qui forma le *Caput* des Latins, s'allongea en Grec de la terminaison *Alé*, & s'adoucit en *Keph*, comme chez nous en *Chef* : de-là ;

ΚΕΦΑΛΗ, ης, ἡ, *Kephalé*, tête, chef ; 2°. chapitre.

ΚΕΦαλίτης, ȣ, ὁ, pierre angulaire.

ΚΕΦαλικος, capital.

ΚΕΦαλωδης, ὁ, ἡ, qui imite la tête.

ΚΕΦαλωτος, qui a de la tête.

ΚΕΦαλις, ιδος, ἡ, couvre-chef, coëffure de tête ; 2°. chapitre.

ΚΕΦαλισμος, les unités en arithmétique.

ΚΕΦαλιον, petite tête : tête.

ΚΕΦαλαιον, tête : 2°. chef ; 3°. le nœud d'une affaire, la chose principale, le pivot ; 4°. chapitre ; 5°. abrégé, somme.

Κεφαλαιωδης, sommaire.

ΚΕΦαλαιοω, rédiger par articles, par chapitres ; 2°. blesser à la tête.

ΚΕΦαλαιωμα, ce qu'on a rédigé.

ΚΕΦαλαια, ἡ, douleur de tête invétérée, constante.

ΚΕΦαλος, ὁ, poisson à grosse tête.

Κεφαλινη, racine de la langue, portion de la langue qui tient au gosier.

2.

ΚΥΒΗ, ἡ *Kubé*, tête.

Κυβισαω, faire des sauts sur la tête.

Κυβισημα, saut sur la tête.

Κυβιστηρ, qui saute sur la tête, qui fait des sauts la tête en bas.

Κυβδα, ayant la tête inclinée, la tête en bas.

Κυβηβειν, tomber sur la tête ; renverser.

3.

ΚΥΠΤω, *Kuptó*, pencher la tête, s'incliner ; 2°. baisser les yeux.

Κυπτος, incliné, suppliant.

Κυπταριον, petit gâteau arrondi.

Κυπταζω, s'arrêter, muser, perdre son tems.

ΚΥΦος, ο, *Kuphos*, bossu, courbe.

Κυφοτης, ἡ, courbure, bossuage.

Κυφωσις, de même.

Κυφοω, courber.

Κυφωμα, Κυφος, τὸ, bossu ; 2°. vase creux.

ΚΥΦων, ωνος, ὁ, collier de fer pour les criminels, carcan ; 2°. baguette courbe.

Κυφωνισμος, supplice du carcan.

4.

On a dit également :

ΥΦος, *Huphos* & ὑβος, bossu ; mais

alors ce mot peut venir de *Hup*, *huf*, élevé.

Υβωμα, courbure.

Υβωσις, courbure de l'épine du dos.

Υβαζω, être courbe, être bossu.

5.

ΚΥΒΙΤογ, τὸ, *Kubiton*, le Lat. *Cubitus*, le coude, autrefois Coubde. Ce mot doit venir de *Kub*, tête, éminence, parce que les os du coude, forment une éminence, une tête.

Κυβιτιζω, pousser du coude.

Κυβωλον, coude.

6.

ΚΥΒος, ὁ, *Kubos*, Dé à jouer ; 2°. la marque du dé ; 3°. cube 4°. l'épine du dos.

Κυβικος, cubique.

Κυβιζω, faire un cube.

2. Κοβευω, jouer aux dés ; 2°. courir le hasard, le risque.

Κυβευτης, joueur aux dez.

Κυβευτικος, qui concerne les dez.

Κυβευτηριον, lieu où l'on joue aux dez.

Κυβειον, de même.

Κυβεια, ἡ, jeu de dez ; le sort, le hasard.

Κυβιον, un thon coupé en morceaux quarrés comme des cubes.

7.

ΚΥΒαλις, ιος, η, *Kubélis*, hache, hache à deux tranchans.

Ce mot peut également appartenir à la famille K pour Q, couper.

8.

ΚΥΒΕΡΝαω, ω, *Kubernaô*, nô, gouverner ; 2°. tenir le gouvernail, diriger, régir.

Ce mot qui vient de la famille CAB, tient à l'Oriental גבר, GaBaR, fort, puissant, élevé, à la tête.

Κυβερνησις, εως, ἡ, gouvernement.

Κυβερνησια, τὰ, nom d'une Fête à Athènes.

Κυβερνητης, ὁ, Gouverneur.

Κυβερνητηρ, & Κυβερνος, de même.

Κυβερνητειρα, Gouvernante.

II. CAP.

Grand, haut, en forme de tête.

I.

1. ΚΑΒΑΛΛης, ὁ, cheval, cheval de bât, de charge.

Καβαλλιον, de même.

C'est le Celte CABAL, cheval : de *Cab*, grand, Or. Lat. 105.

2. ΚΑΠΠαρις, εως, ἡ, *Kapparis*, Câprier, arbrisseau ; 2°. Câpre, *qui en est le fruit*. Or. Lat. p. 207.

3. ΚΗΦην, ηνος, ὁ, bourdon, abeille de la plus grosse espèce, dit ARISTOTE, *Hist. An. Liv.* V. c. 22.

Κηφηνιον, petit bourdon : nymphe de bourdon.

4. ΚΑΒης, η, *Kabé*, le Lat. *Cibus*, nourriture, alimens. Or. Lat. 222.

Καβαισσς, vorace, grand mangeur.

5. ΚΩΒιος, ȣ, ὁ, *Kôbios* ; le Latin *Gobio*, goujon, petit poisson dont on ne fait qu'une bouchée : *Or. Lat.* 217.

Lat. 217. Il peut aller avec la famille *Κaptο*, manger.

6. ΚΑΒηξ, nom d'un oiseau, même que le *Laros*.

III.

1. Κ⅄Πος, *Kapos*, soufle, vent ; il s'élève.

Καπυω, souffler, respirer.

2. ΚΑΠΝος, *kapnos*, fumée, vapeur.

Καπνωδης, fumeux, fumant.

Καπνη, four, cheminée.

Καπνιον, petite fumée, vapeur.

Καπνια, suie ; 2°. vin gâté.

ΚΑΠΝιζω, exciter de la fumée, faire du feu ; fumer, enfumer.

Καπνισμα, & Καπνισις, action d'enfumer, de faire de la fumée.

Καπνιsης, fumé, exposé à la fumée.

Καπνειω, Καπνιζω, fumer.

3. Καπνιος, espéce de raisin enfumé, couleur de fumée.

4. Καπνιας, ϡ, ὁ, espéce de jaspe enfumé.

5. ΚΑΠ]ω, *Kaptô*, souffler, respirer.

IV. CAP.

Objets contenans, *Or. Lat.* 208.

1. ΚΑΒος, ϡ, ὁ, *Kabos*, en Lat. *Cabus*, grande mesure pour les choses séches & pour les liquides : un quarteron d'œufs ; cinq livres pesant, ou le quart de vingt, poids d'un petit boisseau.

2. ΚΑΚ-ΚΑΒη, ης, ἡ, *Κak-Kabé*, grande marmite, grand pot de terre.

Κὰκ-Καβιον, petit pot de terre.

3. ΚΑΨα, ἡ, *Capsa*, coffre, caisse, boëte, tout ce qui sert à contenir.

Καψακη, de même.

4. ΚΑΠη, ης, ἡ, *Kapê*, crèche.

Ce mot peut tenir également à la famille *Cap*, manger.

Καπανη, de même ; 2°. char ; 3°. casque de peau ; voyez *Or. Lat.* 221.

5. De la même famille, (*ib.*) vint :

ΚΑΠηλος, ϡ, marchand étaleur, revendeur, fripier ; 2°. marchand de vin, cabaretier ; 3°. celui qui le falsifie, le gîte.

Καπηλις, ιδος, ἡ, celle qui trafique.

ΚΑΠηλευω, exercer un trafic, faire trafic de la paix, du vin, de son corps, &c.

Καπηλεια, action de trafiquer ; trafic, commerce.

Καπηλειον, boutique, taverne, cabaret.

MOTS en *KIB*.

1. ΚΙΒισις, εος, ἡ, sac, poche.

2. ΚΙΒωριον, ϡ, τὸ, espéce de coupe ; ciboire ; 2°. fruit de la féve Egyptienne.

3. ΚΙΒωτος, ἡ, *Kibôtos*, arche, caisse, coffre.

Κιβωτιον, écrin, cassette.

V. CAP, main.

Nous avons vu que CAP, CAPH, désignoit également la main, & que c'étoit le sens propre de la lettre K ou C. De-là vinrent divers dérivés.

I

Κηπος, ὁ, *Képos*, en Dorien *Kapos*,

jardin ; *mot-à-mot*, terrain cultivé à la main, au lieu que les champs se cultivent à la charrue.

2°. Peigne ; la main étoit dans l'origine un peigne naturel : elle fut remplacée par le peigne ou main artificielle.

3°. Sexe ; jardin d'amour.

Κηπαιος, de jardin.
Κηπευω, cultiver son jardin, Jardinier.
Κηπευτος, semé ou cru dans un jardin.
Κηπεια, culture d'un jardin.
Κηπιδιον, petit jardin.

2.

ΚΟΠος, υ, ὁ, *Kopos*, travail, fatigue. Le travail prit toujours son nom de la main : ainsi de *lab*, main, labeur, labour ; 2°. lassitude.

ΚΟΠοω, fatiguer.
ΚΟΠιαω, travailler, prendre de la peine ; 2°. voir avec peine ; 3°. être las, harassé, fatigué.
Κοπιαρος, pénible, laborieux, lassant.
ΚΟΠαζω, se reposer ; discontinuer son labeur, n'en pouvoir plus.

Α-ΚΟΠις, *A-Kopis*, pierre précieuse avec des taches d'or ; on lui attribuoit la vertu de délasser.

Α-ΚΟΠος, *Akopos*, ou sans travail, plante à laquelle on attribuoit la vertu de diminuer le travail, la peine des femmes en couche.

2.

Léger, qu'on peut lever avec la main.

1. ΚΟΥΦος, ὁ, *Kouphos*, léger, qui ne pèse pas ; 2°. foible, languissant.

Κουφοτης, légereté.
ΚΟΥΦοω, lever, soulever ; 2°. élever ; 3°. relever, consoler, alléger.
Κυφισμος, action de lever.
Κυφισμα, action d'alléger, de lever ; aide, support.

2. ΚΕΠΦος, υ, ὁ, *Kepphus*, oiseau de mer si léger qu'il ne peut résister au moindre vent ; 2°. fou, tête légere & éventée.

Κεπφουσθαι, tourner à tout vent.

3. ΚΩΠη, ἡ, *Kôpé*, rame ; 2°. poignée, manche.

Κωπευς, εως, ὁ, rameur.
Κωπεις, bois bons à faire des rames.
Κωπιον, petite rame ; 2°. les os des côtes les plus étroites.
Κωπαιον, la portion supérieure d'une rame.
Κωπητηρ, l'endroit où l'on attache une rame.
Κωπητηριον, lieu où l'on dépose les rames.
Κωπα, & Κωπεα, ornement du cou, espèce de collier.
Κωπηεις, qui a un manche.

3.

Qu'on couvre.

ΚΟΠΡος, ἡ, *Kopros*, ordure ; 2°. fumier.

Κοπριος, homme vil ; qui ramasse du fumier.
Κοπρια, Κοπριον, même que Κοπρος.
Κοπριωδης, de fumier.
Κοπριων, ωνος, ὁ, scarabée ; qui vit dans le fumier.

Κοπρων, ωνος, ὁ, place à fumier, aux ordures.
Κοπροω, Κοπριζω, ſtercoret.
Κοπρισμος, Κοπρισις, ſtercoration.

4.

ΚΩΦος, ὁ, *kốphos*, ſourd, dont l'ouie eſt bouchée: 2°. fou, abſurde, tête bouchée; 3°. muet.
Κωφοτης, ἡ, ſurdité.
Κωφοω, rendre ſourd, aſſourdir.
Κωφαω, de même.
Κωφεω, Κωρευω, être ſourd; 2°. ſe taire, garder le ſilence.

VI.
CAPH, devenu CAM,
Orig. Lat. 231.

De KAPH, main, peigne, devenu *CAM*, peigne; 2°. ſoin de ſa chevelure; en Theut. CAM, main; 2°. peigne, vinrent ces familles.

1.

ΚΟΜη, *komé*, chevelure: 2°. perruque: 3°. branches & feuilles des arbres, des plantes.
Κομαω, avoir ſoin de ſa chevelure, peigner, ajuſter; 2°. s'en glorifier, en être orgueilleux.
Κομητης, chévelu, 2°. peigné, ajuſté.
Κομοω, en poéſie, même que Κομαω.
Κομωτης, Baigneur, Perruquier, Coëffeur.
Κομωτρια, Coëffeuſe.

2.

ΚΟΜΜος, ὁ, *kommos*, ornement, parure trop recherchée; 2°. fard; 3°. art de la toilette.
Κομμοω, ſe parer trop, ſe farder.
Κομμωσις, ſoins trop recherchés de ſon corps & de ſa parure.
Κομμωτης, ὁ, qui ſe farde, qui met trop de luxe dans l'art de ſa parure.
Κομμωτρια, femme qui eſt occupée à farder, à parer.
Κομμωτριδιον, fer à friſer: fers qui ſoutiennent les cheveux, & leur donnent différentes formes.
Κομμωτικος, qui ſert à la toilette.

3.

ΚΟΜΨος, ὁ, *kompſos*, ajuſté, beau, élégant, bien mis; 2°. plein de vanité, de jactance; 3°. fin, ruſé.
Κομψοτης, η, élégance, agrémens.
Κομψευω, être mis élégamment, s'exprimer avec élégance, railler finement.
Κομψεια, élégance, agrémens.
Κομψευμα, τὁ, diſcours ſpécieux, ſéduiſant.

4.

ΚΟΜεω, ω, *koméó*, mettre ſes ſoins; 2°. élever, nourrir.
Κομιζω, avoir ſoin, élever ſoigneuſement; 2°. recevoir dans ſa maiſon; 4°. tenir entre ſes bras, porter, apporter; 5°. recevoir.
Κομιςα, entretien, nourriture.
Κομιςις, qui a ſoin, Curateur.
Κομιςηρ, qui porte, Crocheteur.
Κομιςρον, port, récompenſe de celui qui a porté.
ΚΟΜΙΔη, ἡ, ſoin qu'on prend d'une choſe; 2°. éducation, nourriture; 3°. action de porter, tranſport; 4°. recou-

vrement; *au dat.* avec foin, foigneufement.

Dans les compofés, KOMός, qui a foin.

5.

KOMαρ:ς, efpéce d'arbre toujours verd.

Κομαρον, fon fruit.

VII.
Cop, Cup, Com.

1. ΚΟΦινος, ὁ, *kophinos*, le Latin *Cophinus*, corbeille, panier.

2. ΚΥΠαρος, *kuparos*, vafe concave & profond.

3. ΚΥΠελλον, τὸ, efpéce de vafe, verre: coupelle: coupe.

4. ΚΥΨελη, ης, ἡ, vafe, mefure de bled; 2°. ruche; 3°. le trou de l'oreille.

Κυψελιον, caffette.

Κυψελις, caffette; ruche.

Κυψελος, oifeau qui reffemble à l'hirondelle.

5. ΚΥΜΒος, ὁ, creux, creux profond; 2°. fond du pot; 3°. caraffe à vinaigre.

Κυμβιον, efpèce de vafe long en forme de navire.

6. ΚΥΜΒη, ἡ, *kumba*, le Latin *Cymba*, navire; 2°. efpéce de coupe; vafe à boire en argent, qu'on appelle encore aujourd'hui CYMBALE.

7. De Κυβη, la tête, nafalé en κυμβ, vint:

Κυμβηλιαν, tomber fur la tête.

ΚΥΜΒαχος, qui tombe fur fa tête.

8. ΚΥΜΒαλον, τὸ, *kymbalon*, cymbale, inftrument de mufique.

Κυμβαλιζω, jouer de la cymbale.

Κυμβαλιςης, Cymbalifte, qui joue de la cymbale.

VIII. Cup, habit.

1. ΚΥΠας, αδος, ἡ, *kupas*, manteau, pallium; 2°. couverture de lit.

2. ΚΥΠαςις, εως, ὁ, ἡ, *kupaffis*, efpéce de tunique; 2°. manteau de lin, pour femme, qui defcendoit jufqu'à mi-jambe.

IX. CAP.
précédé de S.

1.

De CAP, creux, creufer, précédé de la fifflante S, vint cette famille Grecque:

Σ-ΚΑΠΤω, *Skaptô*, creufer, fouir; 2°. excaver.

Σ-Καμμα, foffé.

Σ-Καπτος, creufé, foffoyé.

Σ-Καπτηρ, qui creufe, Foffoyeur.

Σ-Καπανη, action de creufer, de fouir; 2°. inftrument à fouir, à bêcher.

Σ-Καπανευς, Σ-Καπαναιης, qui creufe, Foffoyeur.

Σ-Καπελος, foffé, foffe.

2. Σ-ΚΑΦη, ἡ, action de creufer.

Σ-Καφευω, creufer, fouir.

Σ-Καφευς, qui creufe, foffoye.

Σ-Καφευσις, Σ-Καφεια, Σ-Καφηλος, action de creufer, fouiffement.

Σ-Καφειδιον, petite bêche, pêle à creufer.

Σ-Καφος, εος, τὸ, citerne ; 2°. action de creuser.

3. Σ-ΚΑΠιρδα, espéce de jeu, où au moyen d'une corde on élevoit une personne au haut d'une poutre plantée en terre.

4. Σ-ΚΑΦη, ης, ἡ, canot, esquif, navire creusé ; 2°. tout vase long en forme d'esquif.

Σ-Καφιον, chaloupe, vase demi-circulaire : 2°. le dessus de la tête ; 3°. espèce de tonsure ronde ; 4°. bande pour lier les plaies.

Σ-Καφις, ιδος, auge ; 2°. mais à pétrir ; 3°. grand vase à lait.

Σ-Καφιδιον, petite barque ; nacelle.

Σ-Καφιτης, ȣ, ὁ, rameur.

Σ-Καφευω, faire périr entre deux auges.

Σ-Καφος, τὸ, nacelle, canot ; 2°. barque en général.

2.

Σ-ΚΕΥος, τὸ, vase ; 2°. ustensile en général.

Σ-Κευαριον, petit vase.

Σ-Κευοω, se pourvoir de vases, d'ustensiles.

Σ-Κευαζω, se pourvoir ; 2°. acquérir, se former.

Σ-Κευασμα, τὸ, composition, formation.

Σ-Κευασια, η, préparation des alimens, aquisition d'habits & d'armes, action de se pourvoir du nécessaire.

Σ-Κευη, ἡ, préparatif, appareil, soin de se pourvoir de tout ce qui est nécessaire pour la parure & l'habillement.

3.

Σ-ΚΕΠω, S-kepó, couvrir, voiler.

Σ-Κεπη, ἡ, couverture, voile ; 2°. habillement.

Σ-Κεπηνος, couvert, fortifié.

Σ-Κεπαω, Σ-Κεπαζω, couvrir.

Σ-Κεπασμα, τὸ, couvert, couverture ; habillement.

Σ-Κεπασης, ὁ, qui couvre, met à l'abri : défenseur, protecteur.

Σ-Κεπαστηριον, voile, rubans.

Σ-Κεπασος, couvert.

Σ-Κεπασα, τὰ, litieres couvertes de peaux.

Σ-Κεπανον, même que Σ-Κεπη.

4.

1. Σ-ΚΗΠω, S-képó, s'appuyer, faire ses efforts ; 2°. se jetter sur, attaquer, faire irruption ; *au moyen*, prétexter, feindre.

Σ-Κηψις, prétexte.

Σ-ΚΗΠΊρον, *sceptrum*, bâton sur lequel on s'appuie ; appui.

Σ-Κηπων, ωνος, ὁ, Σ-Κηπανιον, τὸ, de même.

Ces mots se sont nasalés : de-là :

Σ-Κημπτω, pour σκηπτω.

Σ-Κημπων, pour σκηπων.

2. Σ-ΚΙΜΠȣς, ιδος, ὁ, lit fort bas, sur lequel on mangeoit.

Σ-Κιμποδιον, de même.

Σ-Κηριπτω, même que Σ-Κηπτω, par l'insertion de la syllabe ri.

3. Σ-Κηπτος, ὁ, foudre, elle tombe avec violence ; 2°. tempête, ouragan.

4. Σ-ΚΙΜΠΊω, se jetter sur : frapper, battre.

5.

De la même famille que *Cab*, couvrir, cacher, vint :

Σ-ΚΥΒαλον, τὸ, S-Kubalon, fûmier; 2°. lie; 3°. ordures, balayures. Il tient donc au Latin *Scobæ*, au Langued. *Escoubilles*, balayures.

Σ-Κυβαλωδης, plein de lie, trouble.

Σ-Κυβαλιζω, rejetter, balayer; 2°. mépriser, traiter comme la balayure.

Σ-Κυβαλισμα, balayures, ordures.

Σ-Κυβαλισμος, action de rejetter, de balayer, de mépriser.

6.

De CAP, CUP, coupe, vint encore:

Σ-ΚΥΦος, ου, ὁ ; & εος, τὸ, S-Kyphos, le Lat. *Scyphus*, verre, gobelet.

Σ-Κυφιον, en forme de gobelet.

Σ-Κυφωμα, τὸ, même que σκυφος.

Ωο-ΣΚυφια, τὰ, espèce de coupe.

C,

Suivi de la Dentale D, T, & lié avec elle par une voyelle. *Orig. Lat.* 234.

Les lettres C, désignant la place, la contenance, & se liant avec la touche dentale D, T, dont le son est ferme, sonore, retentissant, élevé, devint la source de diverses Familles qui participèrent à ces diverses significations.

1. La multitude, la grandeur.
2. Le nombre cent, comme immense.
3. Les forêts, assemblage d'arbres, ou un grand feu, effet d'une grande masse de bois.
4. Tout ce qui renferme; les vases, les habits, les maisons, &c.

I. KAD, KED,

Multitude, grandeur.

ΚΗΤος, εος, τὸ, *Ketos*, la baleine, le plus gros des poissons, le colosse des mers : 2°. constellation.

Κητωδης, ὁ, ἡ, cétacée.

Κητωος, Κητωεις, Κητειος, de même.

ΚΗΤηνη, η, vaisseau monstrueux, gros comme une baleine.

Κητεια, pêche des baleines; capture d'une baleine.

2. ΚΙΔαρις, εως, ἡ, *Kidaris*, chapeau ou bonnet royal, Thiare : 2°. Diadême composé d'un ruban bleu tacheté de blanc.

3. ΚΟΘ-ΟΡΝος, ȣ, ὁ, *Coth-Ornos*, cothurne, chaussure élevée.

De ΚΟΤ, élevé, & ΟRNumi, mouvoir.

4. ΚΥΔοιμος, ὁ, *Kudoimos*, foule, tumulte, attroupement.

Κυδοιμεω, exciter du trouble, des séditions, de la foule.

5. ΚΥΔος, εος, τὸ, *Kudos*, gloire, honneur.

Κυδος, ȣ, ὁ, affront, honte.

Κυδηεις, εντος, glorieux.

Κυδιμος, Κυδαλιμος, de même.

Κυδιων, plus glorieux, plus honorable.

Κυδιςος, très-glorieux, très-éminent en gloire.

Κυδαινω, illustrer, décorer ; 2°. louer, exalter, célébrer.

Κυδιαω, se glorifier, se vanter.

Κυδρος, brillant de gloire, honorable, beau, excellent.

Κυδρόω, combler de gloire & d'honneurs, rendre illustre, célèbre.

Κυδνος, glorieux, illustre, célèbre.

II.
CAT, Cent.

Les Nations Celtiques qui ayant assez d'esprit pour compter, voulurent exprimer le nombre qui est composé de dix dixaines, & qui leur paroissoit immense, se servirent pour le désigner du mot CAT, qui signifioit, comme nous venons de voir, multitude, quantité. De-là :

Ε-ΚΑΤον, *He-Katon*, cent : 20. & souvent, multitude, plusieurs.

Ε-ΚΑΤομ-πλασιων, centuple.

Ε-ΚΑΤοντας, αδος, ἡ, centurie.

Ε-ΚΑΤον-τακις, cent fois.

Ε-ΚΑΤοςος, centieme.

Ε-ΚΑΤοςυς, υος, ἡ, Centurie.

Ε-ΚΑΤοςευων, centuplé.

Ce mot se nazalant produisit le *Centum* des Latins ; *Or. Lat.* 237 : le *Hunt* des Peuples du Nord.

2.
KAD, multitude, précédé de la négative S, fit le verbe suivant :

Σ-ΚΕΔαω, -Δαζω, -Δαννυμι, f. ασω, *S-kedao*, dissiper, disperser, désamonceler.

Σ-Κεδασμος, dispersion, dissipation.

Σ-Κεδασις, de même.

Σ-Κεδασικος, dissipateur, dissipant, qui a la force de dissiper.

Σ-Κεδαςος, dissipé, dispersé ; 2°. inconstant, changeant.

Σ-ΚΙΔνω, Σ-ΚΙΔνυμι, même que Σ-Κεδαω.

On trouve même dans Homere :

ΚΕΔαω, ΚΕΔαζω, ΚΙΔνημι, sans S, pour désigner les mêmes idées opposées à ΚΑΤ, multitude, amas.

III. Brûler : feu.

De CAT, multitude ; les Peuples Celtes firent CAT, CAUD, forêt, d'où vint la Famille CAUD, CAWDD, GOD, qui signifia feu, colere, indignation ; & en Basque, E-*Gosia* ; d'où l'Italien SCOTT*are*, brûler, échauder. *Orig. Lat.* 242.

C'est également le SCOUT*e*, feu, des Peuples du Canada ; Voyez Tom. VIII, 504, & leur SQUIT-T*er*, ib. p. 513.

De-là diverses Familles Grecques.

1.
ΚΟΔομευω, *Kodomeuó*, torréfier le grain.

Κοδομευς, qui torréfie le grain.

Κοδομη, Κοδομευτρια, celle qui torréfie le grain.

ΚΟΔομειον, machine à torréfier, à griller le grain.

En Orient. כד, *Kad*, tison, étincelle, flamme.

2.
Σ-ΚΥΔ-ΜΑΙΝω, *Skud-Mainó*, être en colere, être transporté de co-

lere : De Μενος, esprit & ΚΟΔ, enflammé, embrâsé, irrité : 2°. avoir le visage sombre & de mauvaise humeur.

Σκυδ-Μαινος, de mauvaise humeur.

2. Σ-Κυθρος, de mauvaise humeur, sombre, fâché.

Σ-Κυθραζω, être de mauvaise humeur, sombre, fâché.

3. Σ-Κυθραξ, ακος, jeune homme, qui est dans l'âge des passions.

3.

ΚΟΤος, υ, ὁ, *Kotos*, colere, rancune.
ΚΟΤνεις, irrité, rempli de rancune.
ΚΟΤεω, ω, être en colere, conserver sa colere au dedans de soi : avoir de la rancune.
ΚΟΤαινω, de même.

4.

ΚΟΤινος, υ, ὁ, *Kotinos*, verjus ; 2°. olivier sauvage ; ils brûlent la langue.
Κοτινυσαι, abonder en huile.

KAUS, feu.

ΚΑΥΔ, ΚΟΤ, se changeant en ΚΑΥΣ, a produit la Famille suivante :

1. ΚΑΥΣω, *Kausô*, je brûlerai. Au Présent.

2. ΚΑΙω, *Kaiô*, je brûle, j'embrâse. Ce Verbe s'applique aussi à l'effet du froid & de la neige qui semblent brûler, qui font cuire la peau.

3. ΚΑΥΜα, τὸ, chaleur, ardeur.
Καυμαῖωδης, brûlant, enflammé.
Καυμαλιζω, brûler.
Καυμασια, chapeau à larges bords pour garantir de la chaleur.
Καυσθμος, ὁ, brûlure des plantes par les brouillards, &c.

4. ΚΑΥΣις, εως, ἡ, action de brûler, brûlure.
Καυσιμος, combustible, propre à être brûlé.
ΚΑΥΣια, chapeau des Macédoniens à larges bords : Voy. *Tome VIII*. 252.

5. ΚΑΥΣος, ὁ, ardeur du Soleil ; chaleur étouffante, excessive.
Καυσωδης, brûlant, ardent.
Καυσοω, enflammer, brûler.
Καυσωμα, τὸ ; Καυσων, ὁ, ardeur, chaleur.
Καυσηρος, fervent, ardent.
Καυσηριον, plaie où l'on applique le fer chaud : fer chaud qu'on applique sur le corps.
Καυσος, brûlé, brûlable.
ΚΑΥΣτικος, caustique, qui a la vertu de brûler.
Καυσις, moisson en pleine maturité, foin brûlé par le soleil.

6. ΚΑΥΤηρ, ηρος, ὁ, *Cautér*, instrument avec lequel on brûle la peau.
Καυτηριον, qui a la force de brûler, cautere, endroit qui a été brûlé, où on a appliqué un cautere.
Καυτηριαζω, cautériser, brûler avec un cautere.

7. ΚΗ-ΩΔης, ὁ, ἡ, *Keôdès*, qui a une bonne odeur, un bon parfum ; de και, chaud, & ωζ, odeur.

8. ΚΗΛον, τὸ, *Kélon*, sec, aride.
Κηλοω, consumer ; 2°. nuire, tromper.

Κηλεος,

Κηλεος, brûlant, chaud, resplendissant, étincelant.

2.

ΚΑΙ-ΚΙΑΣ, ȣ, ὁ, *Kai-kias*, le *Cæcias* des Latins, vent brûlant d'Orient ; de *Kaiô*, brûler, & *Kiô*, se mouvoir.

IV. Vase, (Orig. Lat. 240.)

1. ΚΑΔος, & ΚΑΔΔος, *Kados*, le *Cadus* des Latins, tonneau, pipe, baril ; 2°. vase à boire ; 3°. boëte au scrutin.

Καδισκος, petit tonneau, barique ; 2°. boëte.

Καδιον, το, barique, poche.

2. Α-ΚΑΤος, ὁ, ἡ, vaisseau de transport ; 2°. vaisseau à voile ; 3°. genre de coupe.

Α-ΚΑΤιον, diminutif.

3. ΚΟΤΤη, ἡ, *Kotté*, la tête.

Κοττοι, coqs à cause de leur crête.

4. ΚΟΤις, le derrière de la tête.

5. ΚΟΤυλη, ἡ, *Kotylé*, cavité, creux : 2°. creux de la main ; 3°. cymbale ; 4°. plat, écuelle ; 5°. mesure de liquides.

Κοτυλιαιος, qui tient un cotyle.

Κοτυλωδης, qui a la forme du cotyle.

Κοτυληδων, cavité ; 2°. nombril de Vénus, plante dont les feuilles sont creusées en bassin comme un nombril ; on l'appelle aussi les escuelles.

Κοτυλος, ὁ, espéce de coupe.

Κοτυλισκη, diminutif.

Κοτυλιζω, vendre en détail, à pot & à pinte.

Orig. Grecq.

2.

1. ΚΗΘιον, & ΚΗΘαριον, το, *Kéthion*, *Kétharion*, boëte aux suffrages, scrutin.

2. ΚΩΘων, ωνος, *Kôthôn*, nom d'une sorte de grande coupe : 2°. action de boire le vin renfermé dans cette coupe ; 3°. nom du Port de Carthage.

Κωθωνη, action de boire à grands coups.

Κωθωνιζω, boire à grands coups, dans une énorme coupe.

3.

1. ΚΕΥΘω, *Keuthô*, f. σω, cacher, renfermer.

Κευθμος, cache, cachette ; 2°. taniere, retraite ; 3°. caverne.

Κευθμων, ὁ ; Κευθος, εος, το, de même.

Κευθανω, renfermer, cacher.

2. ΚΩΔων, ωνος, ὁ, sonnette, grelot ; 2°. cloche, tout ce qui sonne.

Κωδωνιζω, sonner la cloche ; faire entendre le son de la trompette, ou tel autre son retentissant.

3. ΚΩΔεια, Κωδια, ἡ, *Kodia*, globe ; 2°. tête de pavot : elle est ronde & renferme comme un globe.

4. ΚΥΤΙΝοι, *Cytini*, les fleurs du grenadier : elles ont la forme d'un vase ou d'une cloche.

5. ΚΥΤΙΣος, *Kytisos*, le Cytise, arbre à gousses.

6. ΚΥΣΤις, εως, ἡ, *Kystis*, la vessie.

Κυςιγξ, diminutif.

Κυςιον, plante à vessie.

E e

4.

Σ-ΚΥΤος, ιος, τὸ, *S-Kutos*, peau, cuir ; 2°. laniere de cuir, fouet.

Σ-Κυτινος, Σ-Κυτικος, de cuir.

Σ-Κυτευω, travailler en cuir, être Cordonnier.

Σ-Κυτευς, Cordonnier ; Savetier.

Σ-Κυτειον, boutique de Cordonnier ; savaterie.

Σ-ΚΥΤαλη, *Scytalé*, laniere de cuir ; 2°. sac de peau ; 3°. pieu ; 4°. lettre sur une bande de peau à la Lacédémonienne.

Σ-Κυταλιδες, instrumens à lancer du feu ; 2°. Escadron de Cavalerie. Dans ce dernier sens, il doit tenir à *Cad*, *Cat*, troupe, bande.

Σ-Κυταλιον, Σκυταλις, même que Σκυταλη.

Σ-Κυταλον, bâton, massue.

Σ-Κυταλοω, bâtonner.

5.

De KOT, KEυT, caché, renfermé, vinrent ces mots :

1. ΚΟΙΤη, ης, ἡ, *Koité*, lit, couche.
Κοιτος, de même.
Κοιτις, ιδος, ἡ, diminutif ; 2°. cassette, boëte.
Κοιταζω, mettre au lit, faire coucher.
Κοιτων, ωνος, ὁ, chambre à lit.
Κοιτωνισκος, petite chambre à coucher : petit lit.
Κοιτωνις, de même.

6.

ΧΥΤρος, υ, ὁ, *Khutros*, pot, marmite, chaudiere ; 2°. fête des chaudieres à Athênes ; voyez *Hist. du Calendr.*

Χυτρα, de même ; 2°. magasin de marmites, de chaudieres.
Χυτραιος, grand pot de terre.
Χυτρευς, Potier à grands pots.
Κυτρειον, magasin de ces pots.
Χυτριον, Χυτρις, diminutifs.
Χυτριδιον, de même.
Χυτρινδα, *Khytrinda*, le pot-au-noir, ou jeu à colin-maillard.
Χυτριζω, mettre au pot.

7.

ΧΑΖω, *Khazo*, contenir ; aor. 2.
Ε-ΧΑΔον, *E-khadon*, j'ai contenu.

Et se nazalant :

ΧΑΝΔανω, *Khandanó*, contenir, avoir de la capacité.

Χαζω, signifie aussi s'éloigner, se retirer ; 2°. priver. Il se peut qu'il vienne dans ce sens de quelqu'autre racine, ou que ce soit simplement l'opposé du sens propre.

VI. CAS, couvrir ; *Or. Lat.* 244.

De CAD, couvrir, envelopper, prononcé CAS, se formerent nombre de Dérivés Grecs.

I.

1. ΚΑΣΣυμα, τὸ, *Kassuma*, cuir ; 2°. soulier.
Κασσυω, Κατ]υω, coudre, ravauder, rapetasser.

2. ΚΑΣας, *Kasas*, tapis velu des deux côtés.

3. ΚΑΣΣα, ης, ἡ,
ΚΑΣΣωρις, ἡ,
ΚΑΣΑΛΒη, Κασσαβας, } Courtisanne.
ΚΑΣΑΛΒας, αδος, η,

Par la même raison qu'en Latin *Scorta*.

Κασαλβιον, maison de Courtisannes.
Κασωρευω, se débaucher.
Κασαλβαζω, se conduire sans pudeur, parler impudemment, en franche courtisanne.

2.

2. ΚΑΣΣιa, ης, *Kassia*, la casse, plante aromatique d'Orient.
Κασσιζω, sentir la casse.
C'est de son écorce qu'on fait usage.

2. ΚΑΣΤαγαϊκον καρυον, *Castanaïkon*, Châtaigne : elle est renfermée dans une enveloppe épaisse.
Καsανον, de même.

3. ΚΙΣΤη, ης. ἡ, *Kista*, le Lat. *Cista*, corbeille, panier, cassette.
Κιsις, εως, ἡ, de même.

4. ΚΙΣΤος, ὁ, *Kistos*, & Κιssαρος, arbrisseau portant des fruits à cosse, à enveloppe.

5. ΧΙΤων, ωνος, ὁ, *Khitôn*, & en Ionien :
ΚΙΘων, *Kithôn*, tunique, habit qui enveloppe le corps.
ΧΙτωναριον, ΧΙτωνιων, ΧΙτωνισκος, de même : le second indique plus particulierement une tunique de femme.

3.

Du Celte CAS, maison, vinrent :

1. ΚΑΣις, ιος, ὁ, ἡ, frère, sœur; 2°. cousin, cousine : *mot-à-mot*, de la même maison : 3°. contemporain.

2. ΚΑΣΤωρ, ορος, *Castor*, le castor. Cet animal fut nommé ainsi avec raison, parce qu'il se construit des cases, des maisons.

Καsοριζω, sentir comme le Castor.
Καsορειον, Καsοριον, liqueur odorante du Castor, qu'on appelle *Castoreum*, même en François.

4.

1. ΚΑΖω, f. σω, *Kazó*, orner, parer, décorer. Ce mot doit venir de *Cas*, habillement, parure.
Δαι-Καζω, tromper, farder : séduire; 2°. se prostituer.

2. ΧΑΙΤη, ης, ἡ, *Khaité*, chevelure : 2°. criniere. C'est l'ornement de la tête, sa parure, son habillement.
Χαιτηεις, Χαιτοεις, chevelu ; 2°. qui a une criniere.

VII.
CAT, dernier.

De CAD, élevé, vinrent ces familles :

ΕΣ-ΧΑΤος, *Es-khatos*, le dernier; qui est à l'extrémité ; 2°. au-delà duquel il n'y a plus rien, on ne peut s'élever ; 3°. le plus haut ; le plus bas ; ce sont les extrêmes.

Εσ-Χατως, en dernier ressort, souverainement.
Εσ-Χατια, ἡ, extrémité, bord.
Εσ-Χατιος, Εσ-Χατοεις, le dernier, situé à l'extrémité.
Εσ-Χατευω, être le dernier.
Εσ Χατιζω, arriver le dernier, tarder, différer.

2.

Ε-ΚΑΤερος, *He-kateros*, l'autre, qui est à l'autre extrémité : 2°. l'un & l'autre.

Ε-Κατεραχις, des deux côtés, alternativement.

E-Κατερω, en l'autre part.

E-Κατερως, des deux façons.

E-Κατερις, ιδος, ή, danse où l'on agitoit, ou bien où l'on donnoit les mains l'une après l'autre.

3.

Έ-ΚΑΣΤος, ὁ, *He-kaſtos*, chacun.

E-Κασαχη, par-tout où.

E-Κασοτε, toûjours ; par-tout où.

4.

ΚΑΣΣΙΤ-ΕΡος, ȣ, ὁ, *kaſſiteros*, étain : il venoit des Iſles Caſſiterides ; & le nom de ces Iſles étoit formé de KASS, ou KAT, fin, extrémité, & Era, terre ; la derniere terre, la terre la plus reculée, la terre aux extrémités du Monde.

Κασσιτερινος, d'étain.

Κασσιτεροω, étamer, couvrir, ou enduire d'étain.

Ces mots tiennent à l'Oriental אחד, *A-khad*, un. אחר, *A-khar*, le dernier : au Celte, *Cad*, le plus jeune, Cadet, l'autre ou le second.

K ſe changeant en *Th*, les Gallois ont dit *Es-thaf*, dernier, suprême, extrémité.

C,
Suivi de la liquide L.

Nous avons vu dans les *Orig. Lat.* 272, que les mots où C est suivi de la liquide L, médiatement comme dans *Cello*, élever, ou immédiatement comme dans *Cluo*,

ſe diviſent en trois grandes claſſes.

1º. Ceux auxquels la lettre C est en quelque ſorte étrangere, & qui appartiennent en propre à d'autres lettres.

2º. Ceux qui ſe ſont formés par Onomatopée.

3º. Ceux qui appartiennent en propre à la lettre C.

Cette même diviſion a lieu pour les mots Grecs en K, comme nous l'allons voir.

I.
Mots en KAL,
Où K n'est pas lettre primitive.

Les mots en KAL, où K n'est pas une lettre primitive, ſe ſubdiviſent en trois claſſes.

1º. Ceux où elle a pris la place de l'aſpiration H.

2º. Ceux où elle a remplacé Q.

3º. Ceux où elle s'est ajoûtée à la tête des mots en L.

Nous avons déjà rapporté ci-deſſus des mots de ces deux dernieres claſſes. Nous allons nous occuper de ceux de la premiere.

K,
Subſtitué à l'aſpiration H.

De HAL, Soleil, ſe forma CAL ; chaleur, qui devenant *Kel*, puis *Khl*, devint la ſource de ces mots :

1.

Χλιαινω, *Khliainô*, chauffer, tenir chaud.
Χλιασμα, τὸ, fomentation.
Χλιανσις, action de tenir chaud, d'échauffer.
Χλιαρος, tiède.

2.

Χλαινα, ἡ, *Khlaina*, en Lat. *Læna*, robe, habit qu'on mettoit par-dessus la tunique pour avoir chaud.
Χλαινοω, se couvrir de cette robe.
Χλαινωμα, habit de dessus.
Χλανις, ιδος, ἡ, habit d'une étoffe douce & chaude.
Χλανιδιον, diminutif.
Χλανισκος, Χλανισκιον, de même.

2. Χλαγιτιδες, colliers de jeunes filles.

3.

2. ΧΛΑΜυξ, υδος, ἡ, *Khlamyx*, en Lat. *Chlamys*, autre habit de dessus, surtout, casaque, cape.
Χλαμυδιον, diminutif.
Χλαμυδοω, se revêtir de la chlamys.
Χλαμος, dans Hesychius, le même que Χλαινα.

4.

ΧΛΟΑ, & ΧΛοη, *khloa*, & *khloé*, verdure, herbe naissante; 2°. herbages, foin, feuilles; 3°. *Chloé*, Déesse de la verdure.

La verdure arrive avec la chaleur, & elle colore la Nature; elle tient à *Cal*, & à *Col*, aux racines de couleur & de chaleur, toutes dérivées de HAL, HOL, Soleil.

Χλοωδης, verd, verdoyant.
Χλοηρος, Χλοερος, de même.
Χλωρος, verd; 2°. tendre, naissant; 3°. pâlissant.
Χλωροτης, verdeur; 2°. couleur tendre, pâle.
Χλωριτης, qui verdit.
Χλωριων, ωνος, ὁ, & Χλωρευς, εος, ὁ, verdier, oiseau.
Χλωρηϊς, ιδος, ἡ, verdoyant; 2°. le Rossignol, le chantre du printems, de la verdure naissante.
Χλωραινω, rendre verd.
Χλωρασμα, verdeur, pâleur.
Χλωραζω, mettre au verd.
Χλωριζω, reverdir: être frais, vigoureux.
Χλωριασις, verdeur, pâleur.
Χλοος, Χλους, de même.
Χλουνος, or, à cause de sa couleur.
Χλοαω, Χλοαζω, même que Χλωριζω.
Χλωρις, *Khlôris*, Déesse de la verdure, du Printems & des fleurs; c'est la même que Flore.

5.

1. ΧΟΛη, ης, ἡ, *kholé*, fiel, bile: elle est jaune; 2°. dégoût, nausée.
Χολωδης, bilieux.
Χολαιος, Χολικος, Χολοεις, de même.
Χολητιος, qui dissipe la bile.

2. ΧΟΛερα, η, *Kholera*, colère, maladie bilieuse.
Χολερωδης, Χολερικος, tourmenté de cette maladie: tel que ceux qui en sont tourmentés.
Χολεριαω, en être tourmenté.

3. ΧΟΛας, αδος, ἡ, intestin.
ΧΟΛιξ, ικος, ἡ, l'intestin colon.

4. ΧΟΛαω, être en colère, furieux; agité par la bile.

Χολιος, irrité.
Χολοω, émouvoir la bile, exciter la colere.
Χολωῖος, irrité, indigné.
Χοω, pour Χολοω.
Μελαγ-Χολια, mélancholie, bile noire, épaisse.

6.

Σ-ΚΕΛΛω, sécher, dessécher.
Σ-Κελλος, sec, aride, desséché.
Σ Κελλιδες, noyaux-d'ail.
Σ-Κελεφρος, ratatiné par la sécheresse.
Σ ΚΕΛεω, dessécher.
Σ-ΚΕΛεῖος, ὁ, desséché; 2º. squelette.
Σ-Κελεῖεια, action de sécher.
Σ-Κλεω, Σκλημι, durcir en séchant.
Σ Κλημα, τὸ, desséchement des os.

Mots en CaL,
Formés par Onomatopée.

Nous en avons déjà rapporté ci-dessus un très-grand nombre, sur-tout ceux en KL: en voici quelques autres.

1.

ΚΕΛαδος, ὁ, *Kelados*, bruit, tumulte, cris; 2º. sons de musique.
Κελαδεινος, tumultueux.
Κελαδεω, bruire, faire tapage, du vacarme.
Κελαδημα, tumulte, bruit, tapage.

2.

ΚΕΛα-ΡΥΖω, *Kelaruzô*, murmurer, bruire: couler avec murmure; de *Ru*, couler, *Kel*, bruit.
Κελω-Ρυξις, εως, ἡ, murmure d'un ruisseau; murmure, bruit.
Κελα-Ρυζος, oiseau croassant.

3.

ΚΕΛω, ΚΕΛομαι, *Kelô*, ordonner, commander; *mot à mot*, prescrire à haute voix, impérieusement; 2º. exhorter.
Κελημοσυνη, ordre, mandat.
Ομο-ΚΛη, ordre accompagné de menaces si l'on contrevient.
Ομο-Κληῖηρ, qui menace.
ΚΕΛευω, commander, ordonner; 2º. exhorter, inviter; 3º. demander, presser; 4º. animer à grands cris.
Κελευσμα, τὸ, ordre, mandat.
Κελευσις, action d'ordonner.
Κελευςης, ὁ, qui ordonne, qui exhorte; 2º. qui publie en chantant une ordonnance.
Κελευςικος, hortatoire, qui a la force d'une exhortation, d'un commandement.
Κελευῖιαω, commander.

4.

ΧΛευη, ης, ἡ, *khleué*, ris, risée, moquerie, action de se jouer.
Χλευαζω, rire, plaisanter, tourner en moquerie, en raillerie.
Χλευασμος, risée, moquerie, raillerie.
Χλευαςης, moqueur, plaisant; rieur.

5.

ΚΙΛΛος, en Dorien, *Killos*, un Ane; *mot-à-mot*, animal qui brait: de Καλ, bruit, son retentissant.
Κιλλιος, couleur d'âne, brun.
Κιλλ-ΑΚῖηρ, ὁ, Anier.

Mots en CaL,
Qui appartiennent en propre à la lettre C ou K.

Les mots en CaL, qui appartiennent

en propre à la lettre C, participent plus ou moins, comme nous avons vu dans les *Orig. Lat.* 288, de la valeur de ces deux lettres, dont la seconde ou L désigne la vîtesse, & dont la premiere désigne contenance, capacité. De-là deux grandes divisions de ces mots, suivant que leur signification est relative à L ou à C.

Familles en C*a*L relatives à *L.*

I.

K *a* L, K*e*L, vîtesse,

La lettre C, suivie de la liquide L, qui désigne l'aile, devint en diverses Langues le nom de la vîtesse, de la célérité : de-là ces mots Grecs :

1.

ΚΕΛꙊς, ὁ, *Kelés,* cheval de selle, coursier.

Κελητες, Cavaliers, qui en courant sautoient d'un cheval sur un autre ; courier : 2°. navire léger qui alloit à une rame seule : 3°. sexe.

Κελωτιζω, monter un cheval de selle.

2.

ΚΕΛΕος, Ꙋ, ὁ, *Keleos,* oiseau dont le vol est très-rapide : on croit que c'est le Loriot. Comme celui-ci a la voix haute & qu'il semble prononcer le mot *Kolios*, son nom pourroit bien être également une Onomatopée.

3.

ΧΕΛι-Δωɴ, ονος, ἡ, *Kheli-Dôn,* hirondelle ; son vol est très-vîte ; 2o. cavité, trou ; 3°. nom des Barbares, leur langage n'ayant l'air que d'un gazouillement ; 4°. figue de l'Attique.

Χελιδονιος, d'hirondelle.

ΧΕΛιδονια, la chelydoine : elle paroît, dit-on, avec l'hirondelle : mais elle tient à une autre racine.

Χελιδονιδεις, petits de l'hirondelle.

ΧΕΛιδονιζω, gazouiller comme l'hirondelle ; 2°. chanter la chanson de l'hirondelle, ou l'arrivée du printems : voyez *Hist. du Calendr.*

Χελιδονισμα, chanson sur l'arrivée de l'hirondelle.

Χελιδονισμος, journée de ceux qui chantoient cette chanson, & récolte qu'ils faisoient.

Χελιδονιςης, qui chante la chanson de l'hirondelle.

Χελιδω, οος, ἡ, même que Χελιδων.

4.

De la Négation E, & de *Kel*, vîte ; vint :

Ε-ΚΗΛος, Ꙋ, ὁ, ἡ, *HE-Kelos*, doux, paisible ; 2°. qui coule lentement.

Ε-ΚꙊλια, calme, tranquillité, repos.

Ευ-ΚꙊλια, de même.

5.

ΧΕΛ-ΥΔρος, Ꙋ, ὁ, *Khelydros*, serpent d'eau ; d'*Udôr*, eau ; *mot-à-mot*, » qui se meut avec vîtesse dans les » eaux ».

II.

KAL, qui se meut avec vîtesse & en rond.

1.

ΚΥΛιω, *Kylio*, rouler, *voyez ci dessus en G.*

Κυλισμα, τὸ, ce sur quoi on se roule.

ΚΥΛινδω, Κυλινδεω, rouler.

Κυλινδησις, action de se rouler.

2.

ΚΥΛιδες, Επι-Κυλιδες, les cils, les paupieres de dessus.

ΚΥΛα, τὰ, cavités des yeux au-dessus des paupieres.

3.

ΚΥΚΛος, ὁ, *kyklos*, cycle, tour.

4.

ΚΟ-ΧΛω, *ko-khlô*, tourner autour, en rond.

5.

Κυ-ΚΛαζω, tourner autour.

Κυ-ΚΛαινω, rouler, arrondir, former sur la roue.

Κυ-ΚΛαμινος, ἡ, cyclamen, plante à fleurs rondes.

Κυ-ΚΛας, αδος, en rond.

Κυ-ΚΛειω, tourner en rond.

Κυ Κλικος, rond; 2°. Forain, Charlatan qui court les Foires.

Κυ-ΚΛισκος, petit cercle; ciseaux en cercle.

Κυ-ΚΛοομαι, ceindre, couronner.

Κυ-ΚΛοω, renfermer dans un cercle.

6.

1. Κυ-ΚΛ-ΩΨ, *Kykl-ôps*, Cyclope, habitans de la Sicile qui passoient pour n'avoir qu'un œil; *mot-à-mot*, œil rond.

2. ΚΙΛΛΙ-ΒΑΝΤες, *Killi-bantes*, table ronde à trois pieds: c'est sur de pareilles tables que les soldats posoient leurs boucliers pour se délasser. (*Orig. Lat.* 292.)

3. ΖΑ-ΚΕΛΤιδες, *Za-keltides*, courges, potirons, raves: de *Za*, extrêmement, & *Kal*, rond.

4. ΚΟΛαβος, ȣ, ὁ, } pain rond; 2°.
5. ΚΟΛΛιξ, ικος, ὁ, } gâteau; 3°. pastille.

6. Σ-ΚΙΛΛα, ης, ἡ, *Skilla*, plante qui vient d'une grosse bulbe, plante à oignon.

Σ-Κιλλιτικος, où il entre du jus de cette plante.

Σ-Κιλλωδης, bulbeux, en forme d'oignon.

7.

1. ΚΟΛΠος, ȣ, ὁ, *kolpos*, sein; mammelle; 2°. pli, sinuosité; 3°. golfe, courbure.

ΚΟΛΠοω, se courber, s'engoncer.

Κολπωσις, sinuosité.

Κολπιας, en sinuosités.

Κολπιζω, faire des plis.

2. ΚΟΛυμ-Βαω, *Kolumbaó*, nâger; mot composé de *Bao*, aller, *Kol*, le sein, le cœur; *Lum*, eaux.

Κολυμβητης, nageur.

Κολυμβηθρα, piscine, lieu où on peut nager.

Κολυμβας, αδος, ἡ, nageuse.

Κολυμβος, nage, action de nager.

3. Σ-ΚΟΛιος;

3. Σ-ΚΟΛιος, ὁ, *S-kolios*, tortueux, oblique.

Σ-Κολιοτης, ἡ, tortuosité, obliquité, perversité.

Σ-Κολιοω, tordre, rendre tortueux.

Σ Κόλιωμα, τὸ, détours.

Σ Κολιωσις, action de tordre.

Σ-Κολιαινω, rendre tortueux.

Σ Κολιαζω, ne pas marcher droit.

Σ Κολιον, chanson après le repas, lorsqu'on commençoit à ne pouvoir plus marcher droit.

Σ-Κολλυς, toison, duvet; 2°. espèce de coëffure pour femme.

4. Σ-ΚΟΛο-Πενθρα, ας, ἡ, *S-Kolo-pendre*, ou mille-pieds, insecte qui marche en serpentant & en formant des sinuosités. De *Skolos*, tortueux, chemin oblique, & *Pe-Nomai*, faire, décrire.

III.
KaL, élevé.

ΧΙΛιοι, ιαι, ια, *khilioi*, mille.

ΧΙΛιο-πλασιος, augmenté mille fois, milluplé.

ΧΙΛιοσυς, milliéme.

ΧΙΛιοςυς, υος, ἡ, la milliéme partie; 2°. corps de mille hommes.

ΧΙΛιοω, condamner à une amende de mille dragmes.

ΧΙΛιας, αδος, ἡ, un mille, une miliade.

2.

ΑΣ-ΚΑΛαβος, ʋ, & Ασ-Καλαβωτης, espèce de lézard qui grimpe en haut des murs.

ΚΩΛωτης, ὁ, *Kólótés*, lézard.

Orig. Grecq.

3.

ΚΑΛως, ω, ου, ωος, ὁ, *Kalós*, cordage, cable, qui sert à hisser & à baisser les voiles.

Καλωδιον, petite voile.

ΚΑΛαω, *Khalaó*, lâcher, relâcher; c'est l'opposé de *hisser*, exprimé par un simple changement de prononciation.

Χαλασμα, ατος, τὸ, action de lâcher.

Χαλασις, de même.

Χαλαρος, lâché, lâche, flexible, qui n'est pas tendu.

Χαλια, ας, relâche.

4.

ΧΑΛινος, ὁ, *Khalinos*, frein, bride.

Χαλινοω, mettre un frein, réprimer.

Χαλινωσις, ἡ, action de jetter la bride, de la passer.

Χαλινωτηριον, instrumens à frein, bride, mors.

5.

ΧΑΛις, ΧΑΛιξ, ὁ, *Khalis*, vin pur : il est dans toute sa force.

Χαλιμας, αδος, ἡ, *Khalimas*, Bacchante.

Χαλιμαζω, Χαλικαζω, se conduire à la maniere des Bacchantes; vivre dans le désordre.

6.

ΚΑΛια, ας, ἡ, *Kalia*, nid : ils sont élevés : ce mot peut aussi appartenir à la famille *Kal*, maison, que nous verrons tout-à-l'heure.

7.

Σ-ΧΑΛωμα, τὸ, *S-kalóma*, dans Polybe, échelon, divisions d'une échelle.

F f

IV. CLIN, pénte.

Κλινω, *Klinô*, incliner, pencher; 2º. se coucher, se reposer; 3º. décliner, être à son déclin; 4º. boiter.

Κλιμα, pente, penchant d'une colline, inclinaison du Ciel.

Κλισις, εως, ἡ, action de se tourner, inclinaison, faire des à-droit & des à-gauche.

Κλισια, tente, lieu où on couche; 2º. cabane, hutte; 3º. siège.

Κλισιον, bergerie, étable.

Κλισιαδες, portes-cocheres.

Κλισμος, lit de repos; chaise-longue.

Κλιτος, εος, τὸ, penchant, pente, inclinaison.

Κλιτος, ὁ, qui est en pente, penché, incliné.

Κλιτυς, υος, ἡ, pente, descente d'une montagne.

Κλιντηρ, ηρος, ὁ, chaise longue, lit de repos, canapé.

Κλιντεριον, diminutif.

Κλινη, ἡ, lit de repos; lit à coucher.

Κλινικος, qui est au lit.

Κλινις, ιδος, ἡ, petit lit.

Κλινιδιον, de même; 2º. litière.

2.

Κλιμαξ, ακος, ἡ, *Klimax*, échelle, marche, escalier, 2º. gradation; 3º. espèce de lutte.

Κλιμακοεις, en échelle.

Κλιμακωτος, de même.

Κλιμακις, ιδος. Κλιμακιον, Κλιμακισκος, petite échelle.

Κλιμακιον, échelon d'une échelle, ses traversans.

Κλιμ-ακτηρ, ηρος, ὁ, marche d'un escalier, traversant d'une échelle; 2º. années, échelons du siècle.

Κλιμακτηρικος, année qui nous a conduit à-peu-près au haut de l'échelle de la vie.

V. CAL, élévation en tige. *Orig. Lat.* 301.

1. Κολωνος, ὁ, *Kolônos*, colline, butte, tertre, éminence.

Κολωνη, de même; 2º. sommet de montagne.

2. Κολοφων, ωνος, *Kolophon*, faîte, sommet: 2º. action de mettre la derniere main, perfection d'un ouvrage.

3. Κολοσσος, ȣ, ὁ, *Kolossos*, statue gigantesque, plus grande que nature.

Κολοσσικος, colossal.

Κολοσσαιος, comme un colosse.

4. ΚΗΛαϛραι, *Kélastrai* & *Kélastroi*, grands arbres toujours verds.

5. ΚΗΛη, ης, ἡ, *Kélé*, tumeur; 2º. 2º. écrouelle.

Κηλητης, ὁ, qui a des tumeurs.

6. ΚΗΛις, ιδος, ἡ, tache; 2º. ulcère, cicatrice, défaut; 3º. honte, infamie.

Κηλιδοω, tacher.

Κηλιδωτος, taché.

2.

Σ-ΧΑΛις, ιδος, *S-khalis*, pieu, fourche sur laquelle on éleve les filets.

Σ Χαλιδωμα, de même.

Σ-Χαλιδωσαι, appuyer avec des fourches.

3.

ΣΚΕΛος, εος, τὸ, *S-kelos*, jambe; 2°. pied, genou.

Σ-Κελεαι, caleçons; 2°. houseaux, bottines.

Σ-Κελυθριον, selle à trois pieds.

Σ-ΚΕΛις, ιδος, ἡ, jambon.

4. Tige, gousse.

1. ΚΟΛο-ΚΑΣια, ας, ἡ & Κολο-Κασιον, racine de la féve d'Egypte.

2. ΚΟΛουτεα, ας, ἡ, *Koloutea*, baguenaudier, sa graine vient dans des gousses.

ΚΟΛυτεα, de même.

2. ΚΟΛλα, ης, ἡ, *Kolla*, colle, bouillie; de *Col*, couler, passer par un canal. (*Orig. Lat.* 305).

ΚΟΛΛαω, coller; agglutiner.

Κολληεις, collé.

Κολλησις, action de coller.

Κολλητης, ȣ, ὁ, qui colle.

Κολλωδης, collant, glutineux.

4. ΚΟΛΛοπου, *Kollopoó*, coller.

5. ΚΟΛΛοψ, οπος, ὁ, *Kollops*, cuir de dessus le dos des bœufs & des brebis : c'est le plus dur; il sert aussi à faire de la colle; mais il peut tenir à *Kal*, envelopper, couvrir, que nous verrons tout-à-l'heure; 2°. cheville qui sert à lier, à unir.

Κολλοπιζω, faire tenir avec des chevilles, assembler avec des chevilles, des cloux.

6. ΚΑΛαμος, ὁ, *Kalamus*, roseau; tuyau de bled, chalumeau.

Καλαμωδης, en forme de roseau.

Καλαμοεις, de roseau.

Καλαμινος, de même.

Καλαμιζω, jouer d'un chalumeau; s'exercer sur un chalumeau.

Καλαμισκος, petit chalumeau; 2°. plumaceau.

Καλαμιον, ornement pour former les boucles des cheveux.

Καλαμις, ιδος, ἡ, ligne à pêcher; 2°. vase à écrire; 3°. vase à lait; 4°. bracelet; 5°. poinçon, aiguille.

Καλαμευω, pêcher à la ligne.

Καλαμευτης, pêcheur à la ligne.

Καλαμωτη, barriere avec des roseaux.

2. ΚΑΛαμη, ἡ, *Kalamé*, chaume, paille.

Καλαμαομαι, lie les gerbes; 2°. moissonner; 3°. glaner.

Καλαμητρις, ιδος, ἡ, femme qui lie les gerbes; 2°. glaneuse.

Καλαμευω, moissonner.

Καλαμευτης, Moissonneur.

Καλαμαιος, qui vit dans le chaume.

3.

ΚΟΛεος, ὁ, *Koleos*, gaîne; 2°. cruche; en Ionien, *Kouleon*.

4.

ΚΑΥλος, ὁ, *Kaulos*, (*Or. Lat.* 306.) tige; fût d'une pique; tuyau.

Καυλωδης, qui a une grande tige.

Καυλισκος, petite tige.

Καυλικος, à tige.

Καυλεω, monter en tige.

2. ΚΑΥλιας, ȣ, ὁ, suc de benjoin.

Καυλιον, de même; 2°. plante marine.

5.

ΔΙ-ΚΕΛΛα, ης, ἡ, houe, hoïau à deux

branches; le *Bi-dens* des Latins.

ΔΙ-Κελλητης, ὁ, qui se sert de la houe à deux branches.

Les Etymologistes Grecs n'ont rien compris à l'origine de ce mot, qui, ainsi qu'on voit, se forma de *Di*, deux, & *Kell*, jambe, tige.

VI. KAL,
Elévation en beauté.

ΚΑΛος, *kalos*, beau; 2°. agréable; 3°. charmant; 4°. excellent, digne d'éloges; 5°. juste, homme de bien. *Nom*, beauté, ornement, gloire, honnêteté, droiture.

Καλλιόω, rendre beau, parer.

Καλλιςευω, être d'une belle figure, être très-beau.

Καλλιςευμα, τὸ, excellence en beauté.

Καλλιςειον, τὸ, prix de la beauté.

2. ΚΑΛΛος, εος, τὸ, beauté de la bouche; 2°. parfums; 3°. beaux habits, habits de gala, de pourpre; 4°. crête de coq.

Καλλαιον, tête de coq.

3. ΚΑΛΛυνω, parer, faire beau, orner.

Καλλυντης, qui pare, qui orne.

Καλλυντηριον, ornement, 2°. modes.

Καλλονη, beauté.

Καλλιμος, beau, brillant. On voit aisément que ces mots sont de la même famille que GAL, beau, brillant.

4. ΚΗΛις, tache, que nous avons vu un peu plus haut, peut tenir à cette famille, par l'idée négative ou opposée.

5. ΚΑΛΧη, ης, ἡ, *kalké*, fleur ou animal qui teint en pourpre, la plus belle des couleurs.

Καλχιον, couleur pourpre.

Καλχαινω, teindre profondément en pourpre; 2°. être enseveli dans de profondes méditations.

6. ΑΣ-ΚΑΛωπαξ, *As-kalopax*, faisan, ou oiseau pareil, & de la grandeur du coq; *mot à-mot*, oiseau beau à voir.

7° ΑΣ-ΧΑΛΛω, *As-khallô*, opposé à *kall*, être sombre, triste, laid à voir; 2°. être indigné, souffrir avec peine.

2.

ΚΛΕιω, célébrer, chanter.

Κλεος, & Κλειος, ες, τὸ, *Kleios*, gloire, célébrité.

Κλειτος, l'*inclytus* des Latins, illustre, célébre.

Κλειζω, Κληϊζω, Κληζω, célébrer; 2°. raconter; 3°. appeler.

Κληδω, Κληηδων, Κλευηδων, ονος, ἡ, gloire, réputation, renommée; 2°. présage.

Κληδονισμος, ὁ, action de consulter les présages.

Κληδονιζομαι, présager.

3. Adoucir, flatter.

1. ΚΗΛεω, ω, *kéleô*, adoucir; 2°. appaiser, calmer.

Κηληθμος, ὁ, qui flatte agréablement, qui charme.

Κηλημα, τὸ, de même.

Κηλησις, action d'adoucir, de charmer.

Κηλητηριος, calmant, enchanteur.

Κηλητηριον, charmes, attraits.

Κηλητωρ, qui flatte agréablement l'oreille.

Κηλήτειρα, ἡ, Enchanteresse.
Κηλῄδων ; ονος, ἡ, même ; surnom des Syrènes.
Κηλέσης, ȣ, ὁ, qui séduit l'oreille, qui la charme.
Κηλαίνω, de même.

2. ΑΙ-ΚΑΛΛΩ, *Aï-kallô*, faire le calin, flatter, dire qu'on est beau, admirable, charmant ; 2°. applaudir.

Αι-Καλος, flatteur ; 2°. adulateur, un calin.

3. ΚΟΛαξ, ακος, ὁ, *Kolax*, (*Or. Lat.* 310.) flatteur, adulateur ; 2°. parasite.

Κολακικος, adulatoire.

Κολακευω, flatter, séduire par ses flatteries.

Κολακεια, adulation.

VII. COL,
Cultiver, élever, nourrir.

De cette famille, très-étendue en Latin, vint :

Α-ΚΟΛουθος, ὁ, ἡ, *A-kolouthos*, Acolythe, qui suit, qui accompagne, suivant, suivante.

Α-Κολȣθια, ας, ἡ, action de suivre, d'accompagner.

Α-Κολȣθεω, suivre, marcher à la suite, accompagner ; 2°. être conforme, porter la livrée ; 3°. imiter, suivre l'exemple.

Α Κολȣθημα, action de suivre ; 2°. conséquence.

Α-Κολȣθηικος, qui suit, accoutumé à suivre, à imiter.

2.

1. ΚΟΛον, ȣ, το, *kolon*, nourriture ; 2°. l'intestin colon, le plus gros de tous.

2. Α-ΚΟΛος, ἡ, bouchée de pain.

3. ΒΟΥ-ΚΟΛος, & Dorien, Βω-Κολος, *Bou-Kolos*, qui a soin d'un troupeau de bœufs, bouvier.

Βȣ-Κολιον, troupeau de bœufs.

Βȣ-ΚΟΛεω, faire paître un troupeau de bœufs ; 2°. flatter, tromper.

Dans ce sens, il vient de ΚΟΛ, *col*, flatteur, & *bou* extrêmement.

Βȣ-Κολισμος, Pastorale, Chanson de Bergers.

Βȣ-Κολιαζω, Dor. βω-Κολιαζω, chanter une Pastorale, une Chanson des champs.

3.

ΧΙΛος, ȣ, ὁ, *khilos*, pâturage, fourrage.

ΧΙΛοω, conduire au pâturage, faire paître.

ΧΙΛευω, de même ; 2°. engraisser.

ΧΙΛωτηρ, muselière remplie de fourrage.

4.

ΧΥΛος, ȣ, ὁ, *khulos*, suc, celui sur-tout qui est rendu par les choses qui fondent ; 2°. chyle ; saveur.

Χυλωδης, plein de sucs.

Χυλαριον, gelée, décoction d'herbes.

Χυλοω, réduire en suc, en compotte.

Χυλωσις, action d'exprimer les sucs.

Χυλιζω, réduire en suc.

5.

1. ΚΟΛΛυρα, ας, ἡ, *Collyra*, tourte, gâteau de bonbons,

Κολλυρις, de même.

Κολλυριζειν, faire des tourtes, des gâteaux.

2. ΚΟΛΛυριον, υ, τό, *Kollyrion*, collyre, médicament fait avec des sucs de plantes, de fruits, d'aromates, &c. 2o. Nom d'un oiseau: il doit appartenir à la classe des oiseaux bruïans, croassans: voyez ΚΟΛοιος.

VIII.

CAL, en Celte, signifie bois; ce mot tient ainsi à la famille CAL, tige; (*Orig. Lat.* 307.) De là:

1. ΚΗΛον, & en Dor. Καλον, τό. *Calon, Kélon*, bois; 2°. flèche, lance; elles sont de bois; 3°. grue, machine pour élever les fardeaux; 4°. espèce de pompe à eau.

Καλιος, collier de bois, lien.

2. ΚΛημα, ατος, τί, *Kléma*, sarment qui doit porter du fruit; 2o. branche de palmier; 3o. baguette, houssine.

Κληματινος, de sarment.

Κληματις, Κληματιον, sarment.

Κληματοομαι, abonder en bois, en branches à couper.

3. ΚΛηματιτις, *Klematitis*, clematite, arbrisseau grimpant, comme la vigne, & dont les fleurs sont agréables.

Mots en CaL,
Relatifs à C ou K.

Les Familles en CAL, relatives à la valeur de C, peuvent se distribuer en trois classes.

1°. La propriété de renfermer, de cacher.

2°. Les objets propres à renfermer.

3°. Les objets ronds & durs.

I.

CAL, CLA, renfermer, celer.

ΚΛΕιω, *Kleiô*, fermer, enfermer; 2° rendre illustre: cette derniere signification tient à KAL, brillant, élevé en gloire: voyez ci-dessus.

ΚΛεισις, action de fermer: cloître.

ΚΛεισιας, αδος, ή, porte.

ΚΛασιον, étable.

ΚΛεισος, clos, qu'on peut clore.

ΚΛεισρον, το, serrure.

ΚΛΕΙΘρον, τό, enclos, cloison, verrou, barriere.

ΚΛεισρια, fente d'une porte.

2. ΚΛΕΙΣ, δος, ή, *Kleis*, clé; 2o. clavicule.

Κλειδοω, fermer à la clef.

Κλειδιον, petite clef.

3. ΚΛηϊζω, κληζω, fermer.

Κληθρον, enclos, verrou; 2°. aulne, arbre.

Κληϊς, clef; barre.

Κληδος, εος, τό, enclos; haie.

4. ΚΛοιος, ό, collier, chaîne de cou.

Κλοιωσαι, enfermer d'un carcan.

5. ΚιΓ-ΚΛις, ιδος, ή, porte à barreaux.

2.

ΚΩΛυω, *k luô*, mettre des barrieres,

des obstacles ; empêcher, défendre.

Κωλυμα, τὸ, obstacle, empêchement.
Κωλυμη, de même.
Κωλυσις, obstacle, empêchement, défense.
Κωλυτηριον, de même ; 2°. rempart ; citadelle.
Κωλυτηρ, ὁ ; Κωλυτης, qui empêche.
Κωλυτηριος, qui a la force d'empêcher.
Κωλυτος, empêché ; qui peut être prohibé.

3.

ΚΛΕπτω, *kleptô*, emporter en cachette, voler ; 2°. supprimer ; 3°. fourber, cacher la vérité ; 4°. tramer.

Κλεμμα, vol, ce qu'on a volé, fourberie.
Κλεμματικος, furtif ; 2°. fourbe.
Κλεμμαδιον, petit vol.
Κλεπτης, voleur, filou.
Κλεπτικη, art de voler ; adresse, filouterie.
Κλεπτοσυνη, volerie ; filouterie.
Κλεπος, vol.

2. Κλοπη, vol, filouterie.

Κλοπαιος, pris furtivement.
Κλοπιμος, Κλοπιμαιος, &
Κλοπιος, de même.
Κλοπευς, voleur.
Κλοπεω, voler.

3. Κλωψ, ωπος, ὁ, voleur.
Κλωπεω, voler.
Κλωπεια, vol.

4.

ΚΛΩΒοι, cages d'oiseaux. En Orient.
כלב, *kleb*, cage.

II.

Couvrir, envelopper : maison.

1. ΚΑΛια, ας, ἡ, *kalia*, nid ; 2°. cage ; 3°. maison ; 4°. grenier.
ΚΑΛιας, αδος, ἡ, cabane, maisonnette ; 2°. chapelle.
ΚΑΛιος, cage, maisonnette, case ; 2°. prison.
Καλιδιον, diminutif.

2. ΚΗΛαςραι, ων, αἱ, *kélastrai*, esquifs, canots ; 2°. auges.

2.

1. ΚΑΛαθος, ȣ, ὁ, *kalathos*, corbeille, panier ; 2°. espèce de verre.
Καλαθιον, τὸ, diminutif.
Καλαθις, de même.
Καλαθισμος, sorte de danse.

2. ΚΑΛΠη, ης, ἡ, *kalpé*, urne ; 2°. cruche, seau ; 3°. la cruche du Verseau ; 4°. course.
Καλπις, de même.
Καλπιον, vase à boire.
Καλπαζειν, revenir sur son cheval en triomphe ; le faire galoper.

3.

1. ΚΑΛυπτω, *kaluptô*, couvrir ; 2°. voiler.
Καλυμμα, couverture ; voile.
Καλυπτος, couvert.
Καλυπτηρ, ηρος, ὁ, couvert, couvercle.
Καλυπτηριον, diminutif.
Καλυπτρα, coëffure.

2. ΚΑΛυβη, η, *kalybé*, cabane ; 2°. cellule ; 3°. caverne.
Καλυβιον, diminutif.

3. ΚΑΛυξ, υκος, ἡ, rose fermée, bou-

ton de rose non épanoui ; 2º. calice des fleurs ; 3º. ornement de femme.

Καλυκωδης, enveloppé d'un calice.
Καλυκιζειν, fleurir.
Καλυκιον, diminutif.
Καλυξις, ornement en forme de rose.

4. ΚΕΛυφος, εος, τὸ, écorce ; brou ; 2º. enveloppe des yeux.

Κελυφανον, de même.
Κελυφανωδης, qui a de l'écorce ; du brou.

4.

1. ΓΩΛεα, τὰ, *Gólea*, cavernes, tanieres.

2. ΚΟΙΛΙα, η, *Koilia*, ventre ; 2º. tuyau, canal de fontaine.

Κοιλιωδης, ventru.
Κοιλιακος, qui a mal au ventre.

3. ΚΟΙΛος, ὁ, *Koilos*, creux, concave : *nom*, creux, cavité.

Κοιλοτης, η, cavité, concavité.
Κοιλαινω, creuser, rendre creux.
Κοιλας, αδος, η, vallée, vallon.
Κοιλις, ιδος, η, cil, paupière supérieure.

5.

ΧΕΛυς, υος, η, *Khelys*, tortue : elle est revêtue d'une écaille très-dure qui lui sert de maison ; 2º. instrument de musique, lyre.

Χελυον, écaille de la tortue.
Χελευς, tortue.
Χελυνη, tortue ; 2º. tortue militaire, ou abri que les soldats se faisoient avec leurs boucliers serrés les uns contre les autres ; 3º. ongle.

ΧΕΛωνη, de même ; 4º. monnoie du Péloponèse à la tortue, symbole de ce pays.

Χελωνιον, écaille de tortue ; 2º. convexité du dos.
Χελωνις, ιδος, η, seuil d'une porte ; 2º. lyre.
Χελωνιος, de tortue.

III.

De CAL, tête, on fit כלף, *Klaph*, en Or. & *Clava* en Latin, massue, ou gros bâton avec une grosse tête : de-là divers mots Grecs.

1.

ΚΟΛαζω, *Kolazó*, punir, châtier ; 2º. réprimer.

Κολασμα, τὸ, peine, châtiment.
Κολασμος, infliction d'une peine, punition ; 2º. correction.
Κολασις, punition, châtiment.
Κολασης, ὁ, qui punit, qui châtie ; 2º. bourreau.
Κολαστηριος, destiné à punir.
Κολαστηριον, τὸ, lieu de supplice : instrument de supplice : prison, torture.

ΚΩΛ-ΑΚΡεται, ὁ, *Kôl-Akretai*, quêteurs & gardiens des amendes & des frais envers les Dieux.

2.

1. ΚΟΛαπτω, frapper, pocher.
Κολαπτηρ, ηρος, ὁ, instrument pour tailler la pierre.

2. ΚΟΛαφος, ὁ, *Kolaphos*, soufflet.
Κολαφιζω, donner un soufflet.
Κολαφισμα, douleur que cause un soufflet.

3. ΚΟΛΛαβιζω, donner un coup ; 2º. jouer à la main chaude, où il faut deviner

deviner qui nous a frappé sur la main étendue, tandis que nous avions les yeux fermés.

Κολλαβισμος, jeu de la main chaude.

4. Σ-ΚΥΛΛΩ, *S-kullô*, vexer, tourmenter, être à charge, fatiguer.

Σ-Κυλμος, vexation.

IV. Corps ronds & durs.

1.

1. ΧΑΛαζα, ης ή, *Khalaza*, grêle; 2°. tubercule à la peau, semblable à un grain de grêle.

Καλαζιας, pierre qui a la couleur & la forme d'un grain de grêle.

Χαλαζιον, tubercule à la paupiere.

Χαλαζομαι, être ravagé par la grêle.

Χαλαζαω, grêler, être grêlé.

2. ΧΑΛιξ, *plur*. Καλικες, *Kalikes*, cailloux qui servent à la construction des édifices.

3. ΧΑΛεπος, funeste, nuisible, pernicieux; à charge; 2°. fâcheux; 3°. difficile, pénible; 4°. de mauvaise humeur, rude, avec qui il est difficile de vivre.

ΧΑΛεπω, nuire, renverser.

Χαλεπομαι, être indigné.

Χαλεποτης, ή, difficulté; 2°. rudesse, aspérité; cruauté.

Χαλεπαινω, être ennemi, irrité; 2°. offenser, nuire.

Χαλεπαω, nuire, faire de la peine.

2.

1. ΚΑΛαϊς, ινος, nom d'une sorte de pierre; quelques-uns en font une espéce de saphir.

Καλαϊνα, vases de cette pierre; on les faisoit à Alexandrie.

Καλαϊνον, leur couleur.

2. ΚΑΛαυριτις, *kalauritis*, litharge d'argent.

3.

1. ΚΑ-ΧΛηξ, ηκος, ὁ, *ka-khlêx*, caillou.

Κα-Χλαιζω, résonner comme le caillou qui roule dans les eaux; 2°. exciter de l'écume, faire écumer les flots.

Καχλαιμα, το, bruit des flots écumans.

Κα-Χλαινω, troubler.

2. ΚΟ-ΧΛαξ, ακος, ὁ, *ko-khlax*, caillou, pierre que les flots roulent.

Κο-Χλακωδης, de caillou.

Κο-Χλαζω, bouillonner, écumer; comme Κα Χλαιζω.

3. Σ ΚΛηρος, *S klêros* dur.

Σ Κληροτης, ή, dureté.

Σ-Κληρια; Σ-Κληρωμα, de même; 2°. scirrhe.

Σ-Κληρυω, endurcir : durcir.

Σ-Κληρυντικος, qui durcit.

4. De KAL, pierre, vint :

ΚΑΥ-ΚΑΛις, ιδος, ή, le *kaukalis*, persil sauvage; il croît dans les montagnes; 2°. espéce de myrrhe, dit-on, aussi.

4.

De CAL, dur, dont les Latins firent CALX, talon, vinrent :

1. ΚΑΛασιρις, *kalasiris*, habit long des Persans & des Assyriens, qui descend jusqu'aux talons.

2. ΚΕΛευθος, ȣ, ὁ, *keleuthos*, che-

min : on le foule des pieds ; en Languedocien, la Calade.

ΚΕΛευθεται, Déesses des chemins.
Κέλευθειω, se mettre en chemin.
Κελευθήτης, ὁ, Voyageur.

3. ΚΕΛΛω, f. σω, kellô, aborder, arriver au port ; 2°. se mouvoir, cheminer vite.

Ce mot tient à l'Oriental CAL, un port.

Ο-ΚΕΛΛω, Okellô, aborder, amarrer les vaisseaux.

4. ΚΟΛετραω, ῶ, koletraô, fouler aux pieds, donner des coups de talon.

Mots en CaL, où C a pris la place de Q.

De Q, signifiant tailler, couper, fendre, changé en K, vinrent diverses familles Grecques; Or. Lat. 328.

1.

ΧΗΛη, ης, ἡ, khélé, pinces d'écrevisse, 2°. ongle fourchu ; 3°. ciseaux ; 4°. créneaux ; 5°. mâchoire ; 6°. les deux extrémités des paupières qui se joignent l'une à l'autre.

ΧΗΛοω, couper en ciseaux, fourcher.
ΧΗΛωμα, fissure, cran d'une flèche.
ΧΗΛευω, nouer, coudre.
ΧΗΛευμα, τὸ, alesne, aiguille à coudre.
Χηλευτος, cousu ; noué.

2.

ΧΕΙΛος, εος, τὸ, kheilos, lèvres ; elles forment une ouverture, une fente ; 2°. bord d'un vase, d'un puits, d'un fleuve : d'une plaie.

ΧΕΙΛαριον, diminutif.
ΧΕΙΛων, qui a de grosses lèvres.
Χειλοω, meutre autour des lèvres.
ΧΕΙΛωτηρ, machine dont se servoient les joueurs de flûte pour empêcher le vent de déchirer les lèvres.

Σ-ΚΑΛΛω, Skallô, fossoyer, serfouir ; 2°. couper.
Σ-Καλσις, ἡ, action de serfouir.
Σ-Καλευω, creuser, fossoyer, couper la terre.
Σ-Καλευθρον, sarcloir ; 2°. pincettes pour le feu.
Σ-Καλευς, qui sarcle, qui arrache les mauvaises plantes.
Σ-Καλιστηριον, sarcloir ; Or. Lat. 329.
Σ-Καλις, de même.
Σ-Καλιζω, sarcler, serfouir.
Σ-ΚΑΛ-ΟΨ, οπος, ὁ, S-Kalops, animal aveugle qui creuse la terre : taupe.

II. COL, pointe.

1.

1. Α-ΚΥΛος, ȣ, A-kulos, gland du chêne, du houx à feuilles pointues. Or. Lat. 329.

2. Σ-ΚΟΛοψ, οπος, ὁ, Skolops, pieu très-pointu ; épieu ; 2°. aiguillon.
Σ-Κολοποεις, abondant en pieux.
Σ-Κολοπιζω, planter des pieux.
Σ-Κολοπιζομαι, être percé d'un pieu.

3. Σ-ΚΟΛυμος, ȣ, ὁ, S-kólymos, espèce de chardon.

4. Σ-ΚΟΛυπτω, S-kolyptô, arracher,

couper, déchirer, mutiler.

2.

ΚΟΛουω, *koloúo*, couper, amputer, raccourcir: 2°. rompre, briser; 3°. diminuer.

Κολυσις, εως, ἡ, action de couper.
Κολυσμα, ce qu'on a coupé.

2. ΚΟΛος, ὁ, ἡ, *kolos*, coupé, mutilé, tronqué, *neut.* grand.
ΚΟΛοβος, ὁ, ἡ, mutilé.
Κολοβοτης, ἡ, mutilation.
Κολοβοω, couper, tronquer, mutiler.
Κολοβωμα, mutilé.
Κολοβωτης, ὁ, qui mutile.

3. ΚΟΛοβιον, τὸ, veste ou tunique courte & sans manches.

4. ΚΟΛεραι, *kolerai*, brebis tondues: 2°. dont la laine est courte.

3.

1. ΚΩΛον, τὸ, *kólon*, membre: c'est une séparation.
Κωλαριον, membre de phrase.
Κωλεος, ὁ, ἡ, membre.

2. ΚΩΛην, ηνος, ὁ, jambon.

3. ΚΩΛηψ, ηπος, jarret, jambe.

4.

1. ΚΥΛΛος, ὁ, *kullos*, boiteux, courbe.

Κωλλοω, rendre boiteux.

2. ΧΩΛος, υ, ὁ, *khólos*, boiteux; 2°. mutilé, imparfait.

Χωλοτης, action de boiter.
Χωλαινω, boiter.
Χωλευω, de même.
Χωλασμα, Χωλεια, action de boiter, boitement.

Χωλοω, rendre boiteux, faire boiter.
Χωλωμα, mutilation.
Χωλωσις, de même.

3. ΓΑΛΛος, ὁ, *Gallos*, qui a été éviré, mutilé; 2°. eunuque: 3°. Les *Galles*, Prêtres de Cybèle.
Γαλλαιος, qui concerne les Galles.

5.

ΓΛουτος, υ, ὁ, *Gloutos*, les fesses; elles sont fendues.
Γλουτια, deux corps éminens dans le cerveau & qui se touchent.

CAM,

Courbure, *Orig. Lat.* 332.

CAM est un mot primitif qui désigne l'idée de courbure, de voûte. On en trouvera les rapports chez divers Peuples, à l'endroit que nous venons de citer. Voici les Familles Grecques qui en viennent.

1.

ΚΑΜΠΤωμ, *kamptóō*, courber, fléchir, ployer.
ΚΑΜψις, inflexion, courbure, pli.
Καμψα, coffret, écrin dont la couverture est ceintrée.
Καμπτηρ, ὁ, courbure.
Καμψος, courbe.
Καμπτος, flexible, souple, pliant.
ΚΑΜΠη, courbure, inflexion: article; articulation des doigts.
Καμπιος, oblique.
Καμπιμος, flexible; Καμπαλεος, courbe.
Καμπυλος, courbe.
Καμπυλοτης, courbure.
ΚΑΜπυλιαζω, courber.

Gg ij

2.

ΓΑΜψος, *Gampsos*, courbe.
Γαμψοτης, ἡ, courbure.
Γαμψολη, inflexion.
ΓΑΜΦαι, mâchoires.
Γαμφηλαι, de même ; 2°. bec.
ΓΝΑΜΠΊω, *Gnamptô*, (où G est devenu Gn,) courber, plóyer ; 2°. fléchir ; 3°. déchirer, écorcher.
Γναμπλος, courbe, flexible, souple.
Γναμπῖω, signifie aussi faire fléchir, renverser ; vaincre.

3.

ΚΗΜος, ὁ, *kèmos*, frein, licou, mors : il courbe & fait fléchir : 2°. couvercle arrondi.
Κημοω, brider.
Κημωσις, action de brider.
On a dit également ΧΑΜος, *Khamos* ; & ΚΑΒος, *Kabos*, frein.

4.

ΚΑΜηλος, ὁ, ἡ, *kamelos*, chameau, animal dont le dos est bossu & élevé en arc : d'ailleurs à long cou.
Καμηλιτης, Chamelier, conducteur de chameaux.
Καμηλειος, de chameau.
Καμηλωτη, poil de chameau.
Στρυθο-Καμηλος, autruche.

5.

ΚΑΜΙνος, ὁ, ἡ, *kaminos*, four, fournaise, forge, cheminée : ils sont en voûte : 2°. feu, flâme.
ΚΑΜινιον, diminutif.
Καμινιαιος, de four, de cheminée.
Καμινω, ἡ, femme noire comme la cheminée.
Καμινευω, cuir au four.
Καμινεια, ἡ, travaux de four, de forge, faits au feu.
Καμινευτης, qui conduit, dirige des travaux faits au feu.
Καμινευτρια, celle qui les dirige.

6.

ΚΑΜαρος, ὁ, *kamarus*, écrevisse, crabe de mer, à cause de sa forme voûtée. En Valdois, *un Chamberó*.

7.

ΚΑΜαρα, ας, ἡ, *kamara*, voûte, arcade, berceau : 2°. courbure de l'oreille, ou voûte qu'elle forme : 3°. char couvert de cerceaux.
Καμαρωτος, en voûte, cintré.
Καμαρωσις, cintration, action de faire en voûte.
ΚΑΜαρις, ornement de femme ; il étoit fait apparemment de cerceaux.
Καμαριον, portion voûtée, cintrée du cerveau.

8.

ΚΑΜα-ΣΙΝες, *Kama Sines*, nom que l'illustre Empédocle donnoit aux poissons, & que quelques Poëtes Grecs employerent dans leurs vers.

Les Etymologues Grecs, & les Critiques, tel que CASAUBON *sur Athénée*, qui se sont le plus exercés sur ce mot, n'en ont jamais soupçonné l'origine. Ils n'ont pas même pensé que ce Philosophe avoit cherché à former en cela un mot pittoresque.

Il est formé de *kam*, courbure, flexion, tournoyement, & de *Seinó*, frapper de sa queue.

Le poisson frappe de sa queue pour se mouvoir, & ce mouvement n'est jamais en ligne droite.

9.

ΚΕΜας, αδος, ἡ, *kemas*, faon de biche : 2°. daim, chevreuil : 3°. tendron de vigne.

Les Etymologues Grecs ont rapporté ce mot à *koïmaó*, dormir : tant ils étoient eux-mêmes peu éveillés sur cet art.

Ce mot vient de KAM, flexible, souple, leste.

10.

1. ΚΑΜω, je serai fatigué, harassé, courbé sous le poids de la peine, des travaux.

ΚΑΜΝω, présent, *Kamnó*, être fatigué, accablé : défaillir ; 2°. se trouver mal, être indisposé.

Καματος, travail, fatigue ; 2°. indisposition.

Καματοω, travailler, fatiguer, prendre de la peine.

Καματωδης, laborieux, qui donne de la peine.

Καματηρος, laborieux, qui se donne beaucoup de peine.

2. ΚΑΜαρευω, travailler, se fatiguer à force de travail : 2°. accumuler, acquérir, être courbé sous le poids de ce qu'on a acquis, de sa charge.

3. ΚΑΜΒω, ΚΑΜΜω, être fatigué, avoir besoin de repos.

II.

L'opposé du mouvement & le reméde à la fatigue, est le repos : le mot *Kam* signifia donc par opposition, repos, état de ce qui reste en place : De-là le קום, *Koum*, des Orientaux, rester en place, poser : & ces mots Grecs :

1.

ΚΑΜαξ, ακος, ἡ, *Kamax*, pieu, échalas, soutien de la vigne ; 2°. perches pour soutenir, pour étendre dessus ; 3°. rame, lance.

Καμαξις, espéce de réseau, coëffure de femme.

ΚΑΜαξιας σιτος, bled de Turquie, à cause de sa hauteur.

2.

ΚΩΜυς, υθος, ἡ, *Kômus*, laurier qu'on plaçoit devant les portes des maisons : 2°. bottes de foin.

3.

ΚΩΜα, ατος, τὸ, *kôma*, sommeil profond, assoupissement, léthargie : état où on est dans un parfait repos.

Κωματωδης, ὁ, ἡ, qui est en léthargie, plongé dans l'assoupissement.

Κωμαινω, dormir : avoir envie de dormir.

4.

ΕΓ-ΚΩΜΙον, τὸ, *en-kômion*, le Latin *encomium*, éloge funèbre, louange : éloge en général ; *mot-à-mot*, en, fur, *kómion*, mort.

Εγ-κωμιαζω, louer.

Εγ-κωμιαςης, louangeur, qui fait des Oraifons funèbres, des éloges.

Εγ-κωμιαςικος, qui concerne les éloges.

I.

KOIMαω, ω, *koimaó*, mettre au lit ; faire dormir : 2°. aſſoupir.

KOIMημα, τὸ, *Koiméma*, repos, ſommeil ; 2°. mort.

Κοιμησις, de même.

KOIMητηριον, τὸ, *Koimétérion*, cimetiere, lieu du repos.

Κοιμιζω, faire dormir, endormir, aſſoupir.

Κοιμιςος, ὁ, endormeur, qui aſſoupit.

6. KΥMινδις, ιως, *kumindis*, chouette, oiſeau de nuit.

III.

De HAM, amas, multitude, vint le primitif עם, *Hom*, *Wom*, *Chom*, qui déſigna conſtamment, aſſemblage, multitude, Peuple : Voy. *Or. Lat.* 340. De-là ces mots Grecs.

1.

KΩMη, ή, *Kómé*, bourg, village, lieu où on eſt raſſemblé, poſé ; 2°. maiſon de campagne : 3°. château.

Κωμητικος, de village.

Κωμητης, ὁ, villageois, payſan.

Κωμητις, ιδος ; ἡ, villageoiſe, payſanne.

Κωμηδον, par bourgs, de village en village.

Κωμιον, hameau.

2.

KΩMος, υ, ὁ, *Kómos*, feſtin, grand repas où l'on eſt tous raſſemblés ; 2°. fête publique ; 3°. bande de gens qui ſe réjouiſſent ; 4°. groſſe joie ; 5°. danſe de feſtins ; 6°. chanſon de table.

Κωμαζω, feſtiner, banqueter, ſe réjouir.

Κωμαςης, ὁ, qui eſt en feſtin.

Κωμαςικος, qui concerne un feſtin.

Κωμαξ, ακος, ὁ, que la joie tranſporte, péculant, bavard.

3.

KΩM-ΩΔια, ἡ, *Kom-ódia*, Comédie.

Tous nos Etymologues ſe ſont trompés ſur l'origine de ce mot intéreſſant. Ils l'ont dérivé de *Kómos*, village, comme qui diroit chanſon qu'on va chanter de village en village : il falloit le dériver de *Komós*, fête, joie ; *mot à mot*, *Odé*, chant, *kóm*, de fête, de joie, pièce joyeuſe, qui fait rire. Et n'eſt-ce pas le propre de la Comédie ? N'eſt-ce pas ce qui la diſtingue de la Tragédie ?

Κωμ-ωδος, Comédien : Auteur de Comédies.

Κωμ-ωδικος, comique.

Κωμ-ωδεω, faire rire aux dépens des autres : railler, mordre.

IV.

De COM, aſſemblage, réunion, prononcé CON, COIN, les Grecs firent cette famille :

ΚΟΙΝος, *koinos*, commun, qui appartient à toute l'assemblée, à la Nation : 2°. vulgaire : 3°. profane : *neut.* communes, communauté.

ΚΟΙΝοτης, ἡ, communauté ; 2°. société.

ΚΟΙΝοω, ω, communiquer, rendre participant ; 2°. conférer ; 3°. profaner, souiller.

ΚΟΙΝειον, maison de courtisannes.

ΚΟΙΝωνος, participant, associé.

ΚΟΙΝωνια, société, association, communauté.

ΚΟΙΝωνεω, entrer en part, en association, avoir en commun.

CAN,
Puissance.

Les mots en CAN se divisent en trois grandes classes. *Orig. Lat.* 352.

1. Ceux qui dérivent de C désignant la tête, l'élévation, la puissance.

2. Ceux où C indique la propriété de contenir, la capacité.

3. Ceux où elle désigne les pointes élevées, les angles, &c.

I.
CAN, tête, élévation.

Le chef de cette famille Grecque s'étoit dévoyé en se faisant précéder de la lettre I ; ce qui avoit suffi pour dérouter tous les Étymologues.

Ι'-ΚΑΝος, ὁ, *Hi-kanos*, capable, propre, qui a la force : 2°. assez grand, nombreux, en état : 3°. digne.

C'est le CAN des Peuples du Nord, pouvoir.

Ι-ΚΑΝοτης, ἡ, suffisance, capacité.

Ι-Κανοω, rendre suffisant, capable, propre.

Ι-Κανως, suffisamment, abondamment, fort, beaucoup.

2.

ΚΑΥΝος, ὁ, *Kaunos*, le sort, la nécessité qui règle tout.

Καυνιασαι, avoir en partage, pour son lot.

3.

ΚΟΝΝος, ου, ὁ, *Konnos*, la barbe, marque de la force, de la vigueur.

4.

ΚΕΝ-Δυλα, *Kendula*, instrument pour la construction des vaisseaux.

5.

ΚΥΝ-ΧΡΑΜος, *Kyn-Khramos*, le Roi des Cailles. De *Kyn* Roi, Chef, & *Khra*, Gra, Troupeau, d'où *Grex*.

II. CAN, monter.

1.

ΚΝΗΜη, ἡ, *Knémé*, jambe.

Κνημια, ἡ, rotule de la jambe.

ΚΝημις, ιδος, ἡ, bottine, houseaux, bottes, guêtres.

ΚΝημος, ὁ, montée, hauteur d'une montagne.

2.

ΚΝισσα, ης, ἡ, *knissa*, & *knisa*, odeur des viandes rôties, fumet, fumées des viandes qu'on brûle ; 2°. graisse.

Κνισσος, τὸ, de même.
Κνισσος, ὁ, gourmand.
Κνισσαριον, graisse.
ΚΝισσαω, se repaître de fumée ; 2°. fumer.

III. CAN, branche.

ΚΑΝΘος, ὁ, *Kanthos*, bande de fer qu'on met autour d'une roue, pour la fortifier & la conserver. Fabius regardoit ce mot comme Africain, ou comme Espagnol.

2°

1. ΚΩΝος, ὁ, *Konos*, cône, figure pyramidale : 2°. borne : 3°. toupie, elle est en cône.

Κωναω, tourner autour.

2. Κωνειον, ȣ, τὸ, ciguë.

3.

ΚΟΝτος, ὁ, *Kontos*, perche, aviron, rame.

Κοντιλος, de même.

Α-ΚΟΝτιζω, lancer, darder, peut tenir à cette famille.

III. Force.

1.

ΚΟΝεω, *Koneô*, s'efforcer, se hâter ; 2°. travailler ; 3°. servir.

ΚΟΝυτης, ὁ, Ministre, Serviteur.

ΔΙΑ-ΚΟΝος, *Dia-Konos*, Diacre qui sert.

IV CAN, blanc.

De CAN élever, vint CAN, le brillant du jour, où le Soleil est sur l'horison. De-là divers mots Grecs.

1.

ΚΑΓ-ΧΑΙΝω, *Kan-khainô*, échauffer, sécher.

Καγχανος, sec, aride.

Il tient à *Can*, feu brillant.

2. ΚΑΓ-ΧΡὺς, ἡ, *Kan khrus* & *Ka-khrùs*, graine de romarin : elle est blanche : de *Kan*, blanc, & χροα, *khroa*, couleur : 2°. grain torréfié au four.

Χα-χρυδιας, pain fait avec ce grain.

Χα-χρυσεις, de romarin.

Χα χρυοω, troubler, confondre.

3. ΚΑΝ-ΔΥΛος, ὁ, *Candulos*, mets avec de la farine, du fromage, du miel, &c. de *Kan*, blanc, & *Dul*, manger : d'où *Edulium*, ragoût.

4. ΚΑΝ-ΩΠογ, τὸ, *Kan-opon*, fleur de sureau. Elle est blanche : de *Kan*, blanc, & *ops*, œil.

2.

ΚΟΝις εως, ἡ, poussiere : cendres ; elles sont blanches ; 2°. lessive : 3°. lende de poux.

ΚΟΝιω, couvrir de poussiere ; 2°. exciter de la poussiere ; 3°. se hâter, se dépêcher ; 4°. oindre, se couvrir de poussiere.

Κονιζω, de même.

Κονιsηριον, lieu où les Athletes se couvroient de poussiere.

Κονιτρον, poussiere.

Κονις-Σαλος, tourbillons de poussiere.

Κονιος, de poussiere, pulvérisé.

ΚΟΝια, poussiere, sable, cendres ; 2°. chaux ; elle est blanche ; 3°. lessive.

Κονιαω, remplir de poussiere ; 2°. blanchir, enduire de chaux ; 3°. mettre de la céruse, farder.

Κονιαμα, τὸ, ouvrage en plâtre.

Κονιατης, ὁ, qui travaille en plâtre.

3. ΚΟΝιλη,

3.

1. ΚΟΝΙΛΗ, ἡ, *Konilé*, le Lat. *cunila*, sarriette, plante dont les feuilles sont blanches.

2. ΚΝΗΣτρον, τὸ, *Knéſtron*, poivre de montagne.

3. ΚΝΗΚος, ἡ, *Knékos*, safran de montagne.
ΚΝΗΚος, adj. blanchâtre ; 2°. brillant 3°. jaunâtre.
Κνηχώδης, qui ressemble au safran.

4. ΚΝΗΚιας, ὁ, *Knékias*, loup, peut-être à cause de sa couleur jaunâtre ; ou de ΝΕΚ, destructeur.

4.

ΚΥΚΝος, ὁ, *Kyknos*, cygne ; mot-à-mot, l'oiseau blanc ; 2°. navire à l'enseigne du cygne.
Κυκνειος, de Cygne.

5.

ΚΑΙΝος, ὁ, *Kainos*, nouveau, frais, récent, dans tout son éclat, qui a tout son lustre.
Καινοτης, ἡ, nouveauté.
Καινοω, renouveller, restaurer : 2°. innover.
ΕΓ-ΚΑΙΝια, τὰ, dédicace, fête du renouvellement.

II.
CAN, Contenance.

1.

1. ΚΑΝΩΝ, ονος, ὁ, *Kanôn*, régle, mesure : 2°. Canon Ecclésiastique : 4°. colonne de lit : 5°. barreau.

Κανονις, ἡ, régle à écrire, reglet.
Κανονιζω, tirer à la régle, au cordeau ; 2°. orner ; 3°. suivre les régles de l'art.

2. ΚΑΝΝΗ, ἡ, natte faite avec des roseaux.
Κανναθρον, char avec des nattes.

3. ΚΑΝΝαβις, ιως, *Kannabis*, chanvre.
Κανναβινος, de chanvre.

4. ΚΑΝαβος, *Kanabos*, bois très-mince qu'on enduit de cire, ou de gyps ; 2°. homme maigre.

2.

1. ΚΑΝης, ητος, ὁ, *Kanés*, corbeille, panier.
Κανητιον, diminutif.
Κανεον, corbeille.
Κανειον, de même.
Κανισκιον, diminutif.
Κανασρον, Κανιςρον, corbeille.

2. Α-ΚΑΝΗ, ἡ, *A-khané*, mesure de grains chez les Perses, comme la *canne* en Languedoc.
Α-Χανις, diminutif.

3. ΑΣ-ΚΑΝΤης, lit, grabat, méchant lit ; 2°. sépulcre.

4. ΚΑΝΔυς, υος, ὁ, *Kandys*, habillement Persan.
Κανδυκη, de même.
Κανδυλαι, armoires pour les habits précieux.

3.

1. ΧΟΙΝιξ, ικος, ἡ, *khoinix*, mesure de deux septiers.
Χοινικιον, moyeu, essieu, axe.

2. Σ-ΧΟΙΝος, ἡ, *S-khoinos*, canne,

roseau, en Egyptien; 2°. mesure Egyptienne de soixante stades; 3°. corde de jonc.

Σ-Χοινινος, de jonc.
Σ-Χοινια, jonc.
Σ-Χοινιον, corde de jonc.
Σ-Χοινιζω, mesurer : fixer les bornes.
Σ-Χοινισμα, portion de terre mesurée & décrite.
Σ-Χοινισμος, arpentage, mesure des terres : 2°. torture avec des cordes.

3. ΚΟΝΔJ, *kondy*, vase Persan; il contenoit dix cotyles : c'est le malayen, *kindi*, le Lat. Barb. *Candes, Conda* : il tient au Celt. CUNN, flacon, vase.

4.

1. ΚΟΓΧη, ή, *konkhé*, conque, coquille; 2°. mesure très-petite; 3°. cavité de l'œil.
ΚΟΓΧος, *Konkhos*, de même.
ΚΟΓΧιον, diminutif.

2. ΚΟΓΧυλη, huitre : pourpre.
ΚΟΓΧυλιον, coquillage, coquille, conque; 2. étoffe de pourpre.
Κοχυλιευτης, ό, vendeur de coquilles, de Coquillages.

3. ΚΟ-ΧΛιας, ȣ, ό, } conque, coquil-
ΚΟ-ΧΛος, ό, } lage.
Κοχλις, Κοχλιδιον, diminutif.

4. Κοχλιωδης, en forme de coquille, tortueux, à vis.

5.

ΚΕΝος, ὲ, *Kenós*, vuide, qui a une grande capacité sans rien dedans.
Κενοτης, ή, action d'être vuide.
ΚΕΝοω, être vuide; être évacué.
Κενωμα, évacuation.
Κενωσις, inanition.
Κενεων, ωνος, ό, le creux de l'estomac : 2°. espace vuide.

II. CIN,
Boucle, enveloppe.

1. ΚΙ-ΚΙΝΝος, ό, le Lat. CICINNUS, *Orig. Lat.* 366, boucle de cheveux.

2. ΚΙΝΝΑ-ΜΩΜον, τὸ, *kinna-mômon*, cannelier; *mot à-mot*, arbre dont l'écorce, *Kinna*, est parfumée *Mom.*

2.

1. ΚΟΝ-ΔΥΛος, ȣ, ό, *Kondylus*, nœud, articulation des doigts; 2°. articulation de l'épaule; 3°. coup donné avec les doigts. Du Primitif CON, liaison, union; & *Dal*, élevé, fort.

2. ΚΙΝ-ΔΑΛοι, *kin-daloi*, cloux, chevilles : mot de la même origine que le précédent.

3. ΚΟ-ΧΩΝη, ή, *Ko-khôné*, articulation des cuisses, leur jointure.

III.
CAN, pointe, angle.

1.

1. ΚΑΝΘων, ωνος, ό, *Kanthon*, âne, il se nourrit de chardon.
Κανθις, ânesse.
Κανθηλιος gros âne.

2. ΚΑΝΘος, ου, ό, *Kanthos*, angle, ou coin de l'œil.

2.

ΚΕΝΤεω, ω, *Kenteó*, piquer, aiguillonner.

Κεντημα, τὸ, aiguillon.

Κεντητηριον, tout ce avec quoi on peut piquer.

Κεντητὸς, piqué.

Κεντωρ, ορος, ὁ, qui pique, qui aiguillonne.

ΚΕΝΤρον, τὸ, aiguillon ; 2°. les points cardinaux ; centre.

Κεντροω, piquer de l'aiguillon.

Κεντριζω, animer, piquer.

Κεντρις, aiguillon d'abeille.

Κεντριναι, mosquittes, cousins.

2. ΚΕΝΤρων, ωνος, ὁ, Centon, habit d'Arlequin, de morceaux de toute couleur.

3. ΚΕςὸς, ὁ, brodé, travaillé à l'aiguille.

3.

ΚΩΝωψ, ωπος, ὁ, *Kónóps*, cousin, moucheron.

Κωνωπειον, voile ou tente pour être à l'abri des cousins.

4.

1. ΚΑΙΝω, *Kaínó*, tuer, poignarder.

Καινις, ιδος, ἡ, carnage, mort, tuerie.

2. ΚΑΝΘαριδες, mouches cantharides ; elles sucent & piquent.

3. ΚΑΝΘαρος, υ, ὁ, *Kantharos*, scarabée, escarbot.

C A R.

La Lettre C, suivie de la linguale forte R, a produit une beaucoup plus grande masse de mots que par sa réunion avec les labiales & avec la linguale forte : & ceci est vrai en Grec, comme en Latin. *Orig. Lat.* 376. Nouvelle preuve du grand usage qu'on a fait en tout tout tems de la lettre R ou de la syllabe AR.

On peut les diviser en quatre classes.

1. Les mots où C a pris la place de l'aspiration.
2. Les mots formés par Onomatopée.
3. Les mots où domine la valeur de la lettre R.
4. Les mots où domine la valeur de C.

K,

Substitué à l'aspiration.

De Hor, lumière, éclat, prononcé Kor, vinrent ces mots :

1.

ΚΡΥ-ΣΤαλλος, ὁ, *Kryſtallos*, cryſtal, glace, brillant ; de Κρυ pour Κορ, brillant, & Στ, être ferme, immobile.

Κρυ-σαλλοω, changer en glace ; cryſtaliſer.

Κρυ-σαλλινος, cryſtallin, qui eſt tranſparent & vif comme le cryſtal.

2.

ΧΡΟΑ, couleur, éclat, peut ſe rapporter à la même racine.

3.

1. ΚΟΡΗ, ἡ, *Koré*, prunelle de l'œil ;

2°. Poupée ; 3°. Fille, Vierge.

Κοριον, de même ; 2°. sacrifice pour les jeunes filles ; 3°. coriandre.

Κορικος, de jeune fille.

Κοριδιον, prunelle, poupée, jeune fille.

Κορισκη, Κορισκιον, Κορασιον, diminutifs.

Κορευω, dévirginer.

Κορευμα, virginité.

Κορεια, de même ; sacrifice à l'honneur de Proserpine ; 3°. beauté.

2. ΚΟΡος, ὁ, *koros*; ΚΟΥΡος, *kouros*, fils ; 2°. enfant, un petit garçon ; 3°. rejetton.

Κυροσυνη, enfance, jeunesse.

Κυριδιος, de jeune homme.

Κυριζω, être jeune ; 2°. se conduire en enfant ; 3°. élever.

3. Κυριζομαι, se marier, en parlant d'une Vierge.

Κοριζομεναι, filles à marier.

Κοριζομαι, flatter, caresser, mignarder, comme on fait à l'égard des enfans.

4. Les mots qui désignent fils & fille, ont indiqué également chez tous les Peuples l'idée de *Serviteur* & de *Servante*; de-là des mots dont on n'avoit pas apperçu l'origine, pour n'avoir pas fait cette remarque ; tel est celui-ci.

ΝΕΩ-ΚΟΡος, ὁ, *Neó-kore*, nom de ceux qui avoient soin des Temples, & de tout ce qui les concernoit ; il correspond ainsi à la dignité de Marguillier, & à tout ce qu'on renferme sous le nom de *Fabrique*, relativement aux Eglises.

Ce mot fut en effet très-bien choisi, venant de ΚΟΡος, fils, serviteur : c'est *mot-à-mot*, le Serviteur du Temple : & non, comme on le disoit, le *Balaïeur* du Temple : aussi

5. ΚΟΡεω, *koréo*, ne signifie pas simplement balaïer, mais avoir soin, orner, parer, ranger, rendre beau, remplir tous les devoirs d'un Serviteur dans la maison.

ΚΟΡος, ὁ, balais.

Κορηθρον, diminutif.

Κορημα, τὸ, balayeures.

CAR,

CRA, GRA, &c. Incision.

ONOMATOPÉES.

CAR, CRA, dans son sens propre & d'Onomatopée, signifia incision, entaille : De-là une multitude de mots : *Gramm. Univ. & Comp. & Orig. Lat.* 385.

I.

CAR, couper, déchirer.

1. ΚΑΡω, *karô*, je couperai, je tondrai ; second futur de

ΚΕΙΡω, tondre, couper, raser : Prét. Κε-ΚΑΡκα ; 2°. tailler, rogner ; 3°. ravager, dévaster ; 4°. enlever, arracher.

ΚΑΡσις, εως, ἡ, action de tondre, de raser, toison.

Καρτος, tondu, rasé, en parlant des cheveux.

ΚΟΥΡα, toison.

Κουρευς, tondeur, qui rafe.
Κουρειον, τὸ, boutique de barbier.
Κυρευτης, qui rafe.
Κυρευτρια, femme qui rafe.
Κυριω, avoir befoin de fe rafer.
Κυριας, tondu.
Κυρις, inftrument de barbier, rafoir.
Κυριζω, tondre ; couper.
Κυροσυνα, τὰ, fête où l'on offroit aux Dieux fa chevelure.

2. ΚΟΡμος, ὁ, tronc.

3. ΚΕΡμα, piéce de monnoie.
Κερματιον, menue monnoie.
Κερματιζω, frapper de la petite monnoie.
ΚΕΡματιςος, qui frappe de la petite monnoie ; 2°. banquier, qui change la groffe monnoie contre la petite.

4. ΚΟΡΡΗ, ΚΟΡΣΗ, korré, korfé, crin ; 2o. les Temples ; 3°. mâchoire.
ΚΟΡσοω, tondre, rafer.

5. Α-ΚΑΡι, Α-ΚΑΡιαιος, animal fi petit, qu'on ne pourroit pas le couper en deux ; mitte.

2.

1. ΚΡΗΝΗ, ἡ, kréné, fource, fontaine, fente de terre d'où fort une fource.
Κρηνις diminutif.
Κρηναιος, de fontaine, de fource.

2. ΚΡΟΥΝος, krounos, fource, fontaine jailliffante.
Κρουνηδον, en fontaine jailliffante.
Κρουνιζω, former une fontaine jailliffante.

3.

1. ΚΑΡΑΒος, ὁ, karabos, crabe, efpèce d'écreviffe de mer.

Καραβιον, diminutif.

2. ΚΑΡΚινος, ὁ, karkinos, cancer, écreviffe ; 2o. conftellation ; 3o. mal qui ronge.
Καρκινιον, diminutif.
Καρκιναδες, très-petits animaux qui ont la forme d'écreviffe.
Καρκινωμα, mal appellé cancer.

3. Σ-ΚΟΡΠιος, ὁ, fcorpion, animal armé de pinces, de ferres, comme l'écreviffe ; 2°. conftellation ; 3o. machine de guerre ; 4o. frifure hériffée.
Σ-κορπιδιον, machine de guerre.
Σ-Κορπιοω, défefpérer, irriter.
Σ-Κορπιαινω, de même.

4.

ΚΗΡ, ρος, ἡ, kér, la mort, le deftin, le fort fatal, qui taille, tranche, rogne ; 2o. calamité, cruelle deftinée, trifte fort.
Κηρεσιος, fatal, funefte.
Κυρειαι, linges fépulcraux.
Κηραινω, dépérir, fondre, périr miférablement ; 2°. nuire, exterminer, détruire.
Α-ΚΗΡατος, immortel, incorruptible.

5.

1. ΚΡΩΠιον, krôpion, faulx.
Κρωβιον, de même.

2. Σ-ΚΑΡιφος, ὁ, S-kariphos, pinceau, ftylé ; 2o. fétu, chalumeau.
Σ-Καριφευω, efquiffer.
Σ-Καριφηματα, τὰ, premiers linéamens, efquiffe.
Σ-Καριφισμος, peinture au fimple trait, efquiffe ; 2°. chofe peu foignée.

Dans l'origine, burin, outil tranchant à graver, à incifer, tailler.

3. Α-ΧΕΡΔος, *A-kherdos*, épine, ronce.

4. ΚΕΡΧω, *kherkhô*, aigrir, irriter, exaspérer ; 2°. rendre rude, raboteux ; avoir le son rauque & aigre de ceux qui commencent à être irrités.

Κερχαω, Χερχτω, Χερχναω, de même.

Κερχνος, aspérité du gosier : son âpre, rauque ; 2°. poudre de boutique d'Orfévre ; adj. sec, âpre.

Κερχνωμα, τὸ, aspérité ; 2°. action de ciseler, buriner.

Κερχνωτος, âpre ; 2°. cizelé, buriné.

ΚΕΡΧνηïς, oiseau dont le cri est aigu, espéce de chouette, de chat-huant ; orfraye.

Κερχαλεος, colere jusqu'à s'enrouer.

5. ΚΕΡΝος, *kernos* & *kernon*, sorte de vase de terre ; 2°. coupe mystique. 3°. espèce de danse.

6. ΚΕΡΚις, ιδος, ἡ, *Kerkis*, peigne de Tisserand ; 2°. la toile même ; 3°. cheville du joug ; 4°. le plus grand os de la jambe ; 5°. pointe ou sommet des pins & des aulnes ; 6°. portion du théâtre.

Κερκιζω, serrer les fils de la toile avec le peigne.

Κερκιδιον, diminutif.

6.

1. ΚΑΡΠος, ὁ, *Karpos*, fruit ; *mot-à-mot*, ce qu'on cueille, coupe, arrache ; 2°. grain, profit, émolument, fruit de ses travaux.

Καρπιζω, cueillir le fruit : 2°. se nourrir de fruits.

Καρπισμος, culture de fruits.

Καρποω, offrir des fruits.

Καρπευω, jouir ; recueillir le fruit.

Καρπεια, cueillette du fruit, jouissance, usu-fruit.

2. ΚΑΡΠαια, *Karpaia*, danse allégorique, relative à la culture ; voyez *Orig. Lat.* 388.

II.

CAR, labourer.

Le labourage traçant de profonds sillons sur la terre, on le désigna par cette même racine CAR qui signifie incision, coupure : de-là cette Famille nombreuse. *Or. Lat.* 391.

1. Α-ΓΡος, ὁ, *A-GROS*, pour *A-GeROS*, champ, terre cultivée, labourée ; 2°. fond de terre, bien de campagne ; 3°. rusticité.

Α-Γριδιον, diminutif.

Α-Γροτερος, rustique.

Α-Γροτης, ἡ, rusticité.

Α-Γρειος, rustique, des champs.

Α-Γροικος, qui vit aux champs ; 2°. rustique, grossier.

Α-Γροικια, n, habitation des champs, métairie, ferme ; 2°. grossiereté.

Α-Γροικιζομαι, parler grossierement, être mal élevé.

2. Α-ΓΡιος, agreste, rustique, rural ; 2°. des champs, sauvage ; 3°. féroce, barbare.

Α-Γριας, αδος, femme sauvage.

Α-Γριοεις, sauvage, agreste.

Α-Γριοτης, ἡ, férocité, barbarie.

Α-Γριοσυνη, de même.

Α-ΓΡιοω, rendre fauvage.

Α-ΓΡιαινω, de même; 2°. faire un tyran; 3°. fe conduire en tyran, barbarement.

Α-ΓΡιαζω, être fauvage, farouche.

3. Α-ΓΡΩΣΤις, ή, *A-groftis*, chien-dent, plante qui aime les terres labourées.

4. De CAR, agriculture, on fit en Latin *CARia*, blé; en Arménien *CARi*, orge; en Or. כרה, *Karé*, feftin. De-là le Grec,

ΚΟΥΡΜι, *Kourmi*, bière à boire; mot qui étoit Efpagnol & Breton, felon DIOSCORIDES. AMMIEN MARCELLIN l'écrit *Kuimi*.

Ce dernier mot fubfifte en Irlandois.

En Gallois, c'eft *Cwrf*.

En Cornouaillien, *Corev*.

Ce mot tient certainement à *Cere-vifia*; voy. Or. Lat. 392.

III.
CAR, caractere.

ΧΑΚασσω, *Kharaffó*, fculpter, graver, creufer, fcarifier, imprimer; *au paff*. de plus, être aiguifé.

Χαραγμα, impreffion, trace, veftige.

Χαραγμος, incifion.

ΧΑΡ-ΑΚΤηρ, ηρος, ὁ, *Khar-aktér*, caractere, trait imprimé, gravé; 2°. forme, figure, manière d'être; 3°. note diftinctive; 4°. genre, fexe.

Χαρ-ακτηριζω, déterminer par un trait, par un caractère : caractérifer.

De *Kar*, trait, & AGO, conduire; tracer.

Χαρ-ακτηριστικος, qui caractérife, note caractéristique.

2.

ΧΑΡ-ΧΑΡος, *Khar-Kharos*, pointu; tranchant; 2°. animal aux dents pointues.

ΧΑΡ-ΧΑΡιας, ου, ὁ, chien marin, le requin, animal à fix rangs de dents aigues & découpées comme une fcie.

3.

ΧΑΡαξ, ακος, ὁ, *Kharax*, foffé, retranchemens, camp; 2°. pieu pointu pour paliffade, échalas, pal.

Χαρακιον, échalas, pal, retranchement, paliffade.

Χαρακιζω, paliffader, retrancher.

Χαρακισμος, action d'élever une paliffade.

Χαρακοω, former une enceinte, une circonvallation.

Χαρακωμα, retranchement, enceinte, paliffade.

4.

ΧΑΡ-ΑΔρα, η', torrent qui fillonne la terre, qui la creufe, l'entraîne.

De *Kar*, trait; & adv. profond.

Χαραδραιος, efcarpé, en ravine.

Χαραδρεων, lit d'un torrent, lieu ravagé par les torrens.

Χαραδριος, oifeau qui fe plaît fur les bords des torrens.

Χαρδροω, creufer par des torrens impétueux.

5.

ΧΑΡΤης, ȣ, ὁ, *Khartés*, papier : il

sert à écrire, à tracer des CARacteres.

Χαρ]ιον, diminutif.

Ici se rapporte également la Famille ΓΡαϕω, *Graphó*, écrire, graver.

CAR, CRAB,
Creuser, *Or. Lat.* 401.

1. ΧΗΡαμος, υ, ὁ, *Khéramos*, caverne, tanière : fentes des montagnes.

Χηραμις, ιδ'ος, ἡ, diminutif.

2. ΚΡΥΠ]ω, *Kruptó*, enfouir, cacher, couvrir.

Κρυψις, εως, ἡ, action de cacher.
Κρυπ]ος, caché, clandestin.
ΚΡΥΠ]η, *Krupté*, grotte, souterrain, lieu caché.
Κρυπ]ικος, caché, adroit à se déguiser, à se cacher.
Κρυβδ'α, Κρυβδ'ην, en cachette.
Κρυϕα, de même.
Κρυϕαιος, caché, en cachette.
ΚΕ-ΚΡΥ-ΦΑΛος, réseau pour les cheveux, coëffure de femme.
Κεκρυϕαλεον, diminutif.

CAR,
Familles où R domine.

De R, désignant le mouvement rapide & impétueux, se formèrent diverses familles en toute Langue: De-là :

1.

ΚΥΡω, *Kuró*, & en Eolien, *Kusó*, arriver, tomber sur, tomber en ; 2°. rencontrer, obtenir ; 3°. arriver, survenir.

Κυρωμα, ce qu'on rencontre, qu'on trouve.
Κυρημα, τὸ, rencontre fortuite.

2.

Σ-ΚΑΡω, je sauterai, je danserai.
Σ-ΚΑΙΡω, sauter, danser, trépigner.
Σ-ΚΑΡΘμος, ὁ, saut, mouvement agile.
Σ-Καρ]ης, agile, leste, grand sauteur.
Σ-Καρισμος, saut.
Σ-Καριζω, sauter, bouillonner, jaillir.

2. Σ-ΚΑΡος, ὁ, *scarus*, poisson qui donne de grands coups de queue dans les nasses pour se sauver.

3. Σ-ΚΑΥΡος, *scaurus*, qui a les talons fort gros : qui marche avec peine.

4. Σ-ΚΙΡΤαω, sauter, saillir.
Σ-ικρτυμα, τὸ, saut.
Σ-Κιρτησις, danse gaie, folle.

5. Σ-ΚΙΝαξ, κος, ὁ, *Skinax*, agile, leste à la course.

3.

ΧΟΡος, υ, ὁ, *Khoros*, chœur, bande de Danseurs & de Danseuses ; troupe de Musiciens dansans.

Χορικος, de chœur.
ΧΟΡευω, danser, sauter ; 2°. conduire les chœurs dansans & chantans.
Χορευμα, τὸ, danse.
Χορευσις, ἡ, de même.
Χορευτης, υ, ὁ, Danseur, qui danse & chante à la fois.
ΧΟΡεια, danse mêlée de chants, chorée.
Χορειον, le Chœur, place du Chœur ou de la Troupe qui danse & chante : 2°. salle de bal.
ΧΟΡειος, υ, ὁ, *Khoreios*, le Lat. CHOREUS,

REUS, pied de vers composé d'une longue & d'une brève.

Voy. dans les Orig. Lat. les mots de Chor-Agus, Cory-Bantes, &c. page 408.

II.

Le Grec *Khôr*, lieu, place, champ, se rapporte également à ces diverses Familles. Ses dérivés sont très-étendus en Grec.

1.

ΧΩΡος, υ, ὁ, *Khoros*, champ, fond de terre; 2º. lieu, espace.

ΧΩΡα, ἡ, *Khôra*, champ, sol; 2º. contrée, région; 3º. espace; 4º. lieu, demeure; 5º. aire, cour.

Χωριον, τὸ, mêmes significations; 6º. lieu fortifié, château; 7º. maison de campagne.

Χωριτος, Paysan, Villageois.

Χωριτικος, des champs.

Χωρικος, de même.

Χωριδιον, petit champ, petit bien de campagne.

2.

ΧΩΡεω, f. ησω, *khôreô*, aller, s'avancer, partir, aller à la rencontre; 2º. céder, se retirer; 3º. être capable, contenir.

Χωρημα, τὸ, capacité; réceptacle.

Χωρησις, ἡ, action de recevoir.

Χωρητος, dont on peut être capable; 2º. qui peut être compris, saisi.

Χωρητικος, intelligent, capable.

3.

ΧΩΡις, *Khoris*, séparément, à part, dans son lieu propre; 2º. sans, outre.

Χωριζω, séparer, mettre à part, dans son lieu propre.

Χωρισμος, séparation, division.

Χωρισις, de même.

Χωρισος, séparable; séparé, mis à part.

III.

CAR, cœur, force.

HAR, CAR, est un mot primitif qui désigna la force, le courage, la valeur, & qui forma en toute Langue une multitude de Familles. Voyez-en les rapports, *Orig. Lat.* 409.

1.

De KAR on fit:

ΚΗΡ & ΚΕΑΡ, ατος, τὸ, *Kér*, & *Kéar*, cœur; 2º. courage.

Κηραινω, rouler dans son esprit, méditer; 2º. être en peine.

2.

ΚΑΡΔια, ας, ἡ, *Kardia*, cœur, courage, esprit; 2º. moëlle, cœur des arbres.

Καρδιακος, qui a mal au cœur.

Καρδιοω, avoir mal au cœur.

Καρδιωγμος, mal au cœur, palpitations.

ΚΡΑΔια, ας, cœur, esprit.

3.

ΚΑΡΤος, εος, τὸ, *Kartos*, force, puissance, valeur, grand-cœur; 2º. empire, commandement.

Καρτα, extrêmement.

Καρτ-ισος, très-vaillant, très-courageux.

Καρταινω, remporter la victoire, avoir le dessus.

Καρτυνω, fortifier, rendre fort.

2. Καρτερος, robuste, fort, vaillant; 2º. violent, impétueux.

ΚΑΡτερια, ας, ἡ, patience, support, tolérance, force de supporter.

ΚΑΡτερεω, supporter, souffrir patiemment, avec force; 2º. durer; se maintenir.

3. ΚΡΕΙΣΣων, & ΚΡΕΙΤΤων, ονος, plus excellent, supérieur, meilleur, qui vaut mieux.

Κρεσσων, de même.

4. ΚΑΡΡων, ονος, ὁ, ἡ, plus fort, plus vaillant, meilleur, préférable.

4.

1. ΚΡΑΤος, εος, τὸ, *Kratos*, force, puissance, vaillance; 2º. empire, commandement.

Κραταιος, fort, puissant, valeureux.

Κραταιον, écriture formée.

Κραταιοω, fortifier, rendre puissant.

ΚΡΑτερος, fort, vaillant, puissant; 2º. vif, emporté.

Κρατεροω, rendre ferme & valide.

Κρατερωμα, action de souder.

Κρατυνω, rendre fort; 2º. établir, confirmer.

Κρατυντηρ, ὁ, vainqueur.

Κρατυσμος, corroboration.

ΚΡΑΤιστος, très-fort, très-vaillant, valeureux.

Κρατιστα, par excellence.

Κρατιστευω, exceller, l'emporter sur tout.

2. ΚΙΑΤεω, obtenir le commandement, dominer, commander; 2º. jouir; s'emparer; 3º. exceller; 4º. se contenir, maintenir; 5º. saisir; 6º. durer.

Κρατευται, chenets ou landiers qui soutiennent les broches.

5.

1. ΚΡΑΤαιος, ἡ, *Krataios*, la persicaire, à cause de son goût âcre, brûlant, mordicant, fort.

2. ΚΑΡΔαμον, τὸ, *Kardamon*, cresson, à cause de sa force.

Καρδαμιη, & Καρδαμις, espèce de cresson.

3. Σ-ΚΟΡοδον, ȣ, τὸ, *skorodon*, ail, plante d'un goût très-fort, très-âcre.

Σ-Κοροδιζω, donner de l'ail à manger, faire manger de l'ail; *pour dire*, faire pleurer.

Σ-Κοροδων, lieu planté d'ail.

Σ-Κοροδιον, gousse d'ail; sa tige.

Σ-Κορδον, ail.

Σ-Κορδιον, plante qui a l'odeur de l'ail.

4. Σ-Κορδιναομαι, s'étendre, par lassitude, par mal-aise; *mot-à-mot*, défaillir, être sans force.

Σ-Κορδινημα, Σ-Κορδινισμος, défaillance, action de s'étendre, de se laisser aller de mal-aise.

CAR,

Créer, faire, produire.

KAR signifie produire, faire, créer; on peut voir ses rapports en diverses Langues dans nos *Orig. Lat.* 414. De-là vinrent ces Familles Grecques:

I.

ΚΡΑΙΝω, fut. ΚΡΑΝω, *Krainô*, faire, exécuter, accomplir, achever;

2°. gouverner, commander; dans ce dernier sens, il tient à קרן, *Kran*, Couronne, Empire.

Κραντηρ, qui exécute.
Κραντηριος, de même.
Κραιαινω, accomplir, exécuter.

2.

ΚΕΡαμιυς, εως, ὁ, *Kerameus*, Potier de terre, celui qui *fabrique* des pots, des vases.
Κεραμος, ὁ, terre à potier; 2°. vase de terre, cruche, tuile.
Κεραμεος, Κεραμικος, de potier.
Κεραμιον, vase de terre: poterie; 2°. cruche, tonneau; 3°. barrique ou grande cruche de 48 septiers.
Κεραμις, ιδος, ἡ, huile; pot de terre.
Κεραμιδοω, couvrir de tuiles.
Κεραμειον, boutique de potier.
Κεραμευω, faire des vases de terre, être potier.
ΚΕΡαμικος, le Céramique, quartier d'Athènes qui prit son nom de ce qu'on y faisoit de la tuile, de la brique, comme nous disons les *Tuileries,* la *Tuiliere.* Là on brûloit ceux qui étoient morts dans les combats; là demeuroient les belles filles des rues; là on faisoit les courses sacrées aux flambeaux.

3.

ΚΑῙΡος, ȣ, ὁ, trame, lisiere, tissu.
Καιροεις, bien tissu.
Καιροω, former la trame.
Καιρωμα, arrangement de la trame.
Καιρωστρις, ouvriere en tissus de toile.

4.

ΚΕΡΔος, τὸ, *Kerdos*, gain, profit qu'on fait; 2°. utilité, intérêt; 3°. finesse, ruse. C'est notre ancien mot GUERDON, le WERT des Allemands, & GWERT en Celte.
Κερδαλεος, ὁ, lucratif, utile; 2°. fin, rusé.
Κερδαλη, renard.
Κερδοσυνη, finesse, habileté; ruse.
Κερδιων, plus utile; plus lucratif.
Κερδυφιον, petit profit.
ΚΕΡΔαινω, gagner, faire du profit.
Κερδεω, de même.
Κερδω, ȣς, ἡ, renard.

CAR,
Corps; rouge.

CAR, désignant la force, devint le nom du rouge, de tout ce qui est de cette couleur, la plus éclatante de toutes, la dominante: de-là une multitude de familles; *Orig. Lat.* 416.

1.

ΚΡΕας, ατος, αος, τὸ, *Kreas*, chair; 2°. corps.
Κρεωδης, charnu.
Κρεαδιον, morceau de chair.
Κρευλλιον, de même.
Κρειον, τὸ, vase à chair: table couverte de chair crue.

2.

ΚΑΡυκη, ἡ, *Karuké*, boudin, sang assaisonné avec des viandes hachées.
Καρυκευω, faire des boudins.

I i ij

Καρυκινος, de couleur de sang.
Καρυκημα, assaisonnemens exquis.
Καρυκεια, action d'assaisonner.

3.

ΚΙΡΡος, ὁ, *Kirros*, espèce de rouge ; 2°. roussâtre ; 3°. paillet, œil de perdrix.

4.

ΧΑΛΚος, ὁ, *Khalkos*, airain, cuivre. Il est de couleur rouge; son ancien nom étoit *Karkos*; en Or. ברכם ; *Karkos, Krakos.* (*Orig. Lat.* 491).
2°. Vase d'airain; 3°. monnoie de cuivre.

Χαλκεος, Χαλκειος, d'airain.
Χαλκεια, τὰ, Fête à l'honneur de Vulcain.
Χαλκεων, boutique à vases de cuivre.
Χαλκιον, airain.
Χαλκιδιον, vase d'airain.
Χαλκιτης, ὁ, médicamens à cuivre.
Χαλκοω, couvrir de cuivre.
Χαλκωμα, vase en cuivre.
Χαλκευω, travailler en cuivre.
ΧΑΛΚευς, ouvrier en cuivre ; 2°. poisson.
Χαλκευτης, qui forge en cuivre.
Χαλκευτηριον, boutique d'un ouvrier en cuivre.
Χαλκειον, de même.
Χαλκισμος, jeu où il faloit saisir en l'air des pièces de cuivre.
Χαλκιδις, ιδ'ος, ἡ, oiseau, poisson, lézard, qui dûrent leur nom à leur couleur de cuivre.
Χαλκιδιζειν, être avare comme ceux de Chalcis en Eubée.
Χαλκη, porphyre.

5.

ΚΟΡ-ΑΛΛιον, *Kor-Allion*, corail; *mot-à-mot*, plante marine rouge.
Κοραλλιζω, imiter le corail.

6.

ΚΕΡασος, ὁ, *Kerasos*, cerisier : son fruit est rouge.
Κερασια, cerise.

7.

ΑΣ-ΚΥΡον, τὸ *As-kyron*, espéce d'Ivette, plante qui teint en rouge. *Plin. XXVII.* 4.

8.

1. Ι-ΧΩΡ', ωρος, ὁ, *I-Khôr*, sang crud ; 2°. humeur séreuse ; 3°. sang des Dieux plus subtil que celui des humains.

2. ΜΕΛ-ΙΚΗΡια, *Meli-kéria*, pus blanchâtre, se rapporte à cette famille, & à celle de *Melas*, noir, gâté.
ΜΕΛ-ΙΚΕΡις, plaie ouverte.

9.

ΚΗΡος, ȣ, ὁ, *kéros*, cire.
Κηροω, enduire de cire.
Κηρωμα, tablettes de cire ; onguent de cire dont s'oignoient les Athlètes.
Κηρωματισης, qui s'oignoit de cet onguent.
ΚΗΡωσις, matiere dont se fait la cire.
Κηρωτος, enduit de cire.
ΚΗΡινος, de cire.
ΚΗΡινθον, paquette, herbe aux abeilles.
ΚΗΡιον, το, rayon de miel.
Κηριαζω, construire des rayons.

CAR,

Relatif à la valeur de C, plus particulierement:

I.

CAR, tête, capacité.

ΚΑΡ, ΚΑΡΑ, ΚΑΡΗ, neutre, indéclin. *Kar, Kara, Karê,* tête.

ΚΑΡηνον, ȣ, τὸ, *Karênon,* tête; 2°. sommet, faîte.

ΚΑΡηαρ, ατος, τὸ,
ΚΡΑας, ατος, τὸ,
ΚΡας, ατος, τὸ,
ΚΡανον, ȣ, τὸ,
} tête.

ΚΡΑΝιον, ȣ, τὸ, tête; 2°. chauve, le crâne; 3°. genre de coupe; 4°. arbrisseau sans racines.

ΚΡαναος, rude, sauvage; stérile.

ΕΓ-ΚΑΡ, *en-Kar,* cerveau.

2.

1. ΚΕΡας, ατος, τὸ, *Keras,* corne; 2°. vase de corne: 3°. cor: 4°. raisonnement cornu: 5°. antennes: 6°. boucles à cheveux en forme de corne.

ΚΕΡαια, ἡ, corne.
Κερατιας, cornu.
Κερατινος, de corne.
Κερατινη, cor à bouquin, trompette.

2. Κερατιζω, frapper de la corne.
Κερατιςης, ὁ, qui frappe de la corne.
Κεραος, Κεροεις, cornu, de corne.
Κερας, αδος, ἡ, cornue.

3. ΚΕΡϐτιας, ὁ, qui porte la tête haute, fier, superbe.
Κερϐτιαω, être fier & superbe.

4. ΚΕΡαιζω, dissiper à coups de cornes: 2°. détruire une ville.

Κεραιςης, destructeur, qui ravage, qui extermine; 2°. serpent à corne, 3°. comète cornue.

5. ΚΕΡαιτις, ιδος, ἡ, fenugrec.

6. ΚΑΡος, chervi, ses racines forment une grosse tête.

ΚΟΡυπτω, & ΚΥΡισσω, frapper de la corne: attaquer.

Κορυπτιλος, Κυριτϐλος, qui frappe de ses cornes.

3.

ΚΕΡατιον, τὸ, caroubier: 2°. silique, gousse.

Κερατεια, ἡ, la poivrette commune, la barbue ou barbeau à fleurs bleues, & dont les fruits membraneux sont terminés par cinq cornets; en Latin *Nigella cornuta.*

4.

ΚΟΡ-ΥΦΗ, *Kor-uphé,* sommet de la tête: de *hup,* élevé; & *Ker,* tête; 2°. sommet, faîte: 3°. chapitre: 4°. bout du doigt.

ΚΟΡυφαιος, le coryphée; le premier, le plus excellent; celui qui méne la bande.

Κορυφαιον, portion de filets: 2°. mors.

Κορυφοω, s'élever en pointe, faire le sommet, le faîte; 2°. venir à bout, consumer.

5.

ΚΟΡ-ΥΜΒος, ὁ, & ΚΟΡυμβον, τὸ, *Kor-umbos,* sommet de montagne, éminence: 2°. flâme de vaisseau: 3°. plante d'asperge: 4°. fruit du lierre: 5°. chevelure relevée & nouée en pyramide.

Ce mot est formé de *kar*, *kor*, tête, & d'*Umb*, éminent, élevé, d'où l'*Umbo* des Latins.

Κορυμβυθρα, ή, lierre, il produit les Korymbes.

6.

ΚΟΡΘυς, υος, ή, *korthus*, digue, éminence, monceau.

Κορθυω, amonceler, rassembler.

7.

ΚΟΡυνη, ή, *Koruné*, massue, à cause de sa tête.

Κορυναν, s'élever.

Κορυνησις, action de s'élever, de germer.

Κορυνητης, ύ, ό, qui combat avec une massue.

8.

1. ΚΟΡυς, υθος, ή, *korus*, casque : 2°. alouette hupée.

ΚΟΡυσσω, se casquer, s'armer, s'animer au combat.

ΚΟΡυδης, ύ, ό, Chevalier ; qui a le droit de porter le casque ; Guerrier.

2. ΚΡΑγος, εος, τό, casque.

9.

ΚΕΙΡις, εως, ή, oiseau de rivière appellé aigrette, par la même raison qu'en Grec *keiris*, à cause d'une belle aigrette blanche qu'il a sur la tête. C'est une espéce de Héron.

10.

ΚΡΑΝεια, ας, ή, *kraneia*, cornouillier.

Κρανειος, de cornouillier.

11.

ΚΙΡΣος, ό, *Kirsos*, varice, dilatation des veines, qui se manifeste par une éminence.

On a dit aussi Κρισσος.

12.

ΚΙΡΣιον, *kirsion*, en Lat. *Cirsium* ; c'est la Buglose ; sa fleur forme un entonnoir.

II.

Mots dérivés de KAR, KERN, corne.

1.

ΚΟΡωνη, ΚΟΡωνις, ιδος, ή, *Korônis*, sommet, pointe, 2°. trait qui désignoit la fin d'un chapitre, d'un rôle : 3°. épithète des bœufs à cause de leurs cornes : & des vaisseaux à cause de leurs mâts.

2.

ΚΕΡαω, ΚΕΡΑΙγω, ΚΕΡΑΙρω, ΚΙ ΚΡΩ, *keraó*, *kerainó*, *kerairó*, *kikró*.

ΚΙΡΝαω, ΚΙΡΝημι, *kirnaó*.

ΚΕΡΑΝΝυμι, ΚΕΡαγγυω, *kerannumi*, *kerannuó* : tous ces Verbes, qui ne sont que des nuances d'un seul, signifient verser à boire, verser d'une corne dans une autre. Les cornes ayant été des vases primitifs & naturels ; 2°. mêler l'eau avec le vin : tremper son vin ; faire des mélanges.

Κραμα, τό, mixtion.

Κρασις, ή, de même.

ΚΡΑτηρ, ρος, ό, *Krater*, vase, coupe ; 2°. coupe céleste, constellation ; 3°. cratere d'un volcan, son ouverture ou bouche en entonnoir ; 4°. baſſin d'une fontaine.

Κρητηριον, diminutif.

Κρατηριζω, boire.

On rapporte ici le mot :

A-KEPαιος, *A-Keraios*, ſans mélange, ſincere. Il tient donc également chez les Grecs comme chez les Latins au mot *cera*, cire, & ſignifie chez ces deux Peuples, ſans mélange de cire.

3.

KOIPANος, υ, ὁ, *Koiranos*, Prince, Chef, Souverain. Il tient à *Cor*, tête ; & à *Korn*, corne : la corne fut toujours le ſymbole de la puiſſance.

Κοιρανιη, domination, empire.

Κοιρανικος, principal, dominant.

KOIPανεω, regner, dominer, exceller.

4.

KPONος, υ, *Cronos*, Saturne, Dieu du tems. Il peut appartenir à cette branche de mots, comme étant le Souverain des Dieux, le couronné.

Il peut tenir ſur-tout à la Famille *Ker.*, révolutions, années, d'où *Khronos* le Tems.

Κρονικος, vieux comme Saturne ; 2°. radoteur.

Κρονιος, qui ſent le vieux temps, l'antique ; 2°. planette de Saturne ; 3°. les Saturnales ou mois de Saturne.

5.

Le mot Oriental קרן, *Karn*, qui ſignifie corne, ſignifie auſſi rayon, les rayons du Soleil, qui ſont comme autant de cornes. De-là :

CARNeus, ſurnom d'Apollon, ou le Cornu, le Rayonnant.

CARNe, nom de la Lune conſidérée comme femme de Janus, la Cornue :

Ces mots devinrent chez les Grecs, la ſource d'une nouvelle famille dont l'étymologie avoit été abſolument inconnue juſqu'ici.

KEPAYNος, υ, ὁ, *Keraunos*, l'éclair reſplendiſſant, la foudre.

Κεραυνοω, frapper de la foudre.

Κεραυνιος, le Tonnant.

Les Monts CERAUNiens appartiennent à cette famille, comme des monts très-élevés.

6.

KPIος, υ, ὁ, *Krios*, bélier ; 2°. ſigne céleſte ; 3°. machine de guerre ; 4°. terme d'Architecture. En Orient. כר.

De *Kar*, corne ; 2°. fort, le chef du troupeau.

Κριδιον, diminutif.

7.

KPANτωρ, ορος, ὁ, *Krantór*, Roi, Prince.

ΚΡαντειρα, Reine.

ΚΡαινω, commander, gouverner.

ΚΡειων, Roi, qui eſt à la tête.

ΚΡειυσα, Reine.

III.
Mots en KUR, KYR.

1.

ΚΥΡος, εος, τό, *Kuros*, autorité : 2°. confirmation, preuve pour : 3°. gage, caution.

ΚΥΡοω, confirmer, ratifier, approuver ; 2°. ordonner, statuer.

ΚΥΡιος, *Kurios*, Seigneur, Maître, *Adj.* principal ; 2°. propre : 3°. qui fait loi ; ratifié ; 4°. jour fixé, prescrit.

Κυριοτης, domination, empire.

Κυριευω, dominer, regner ; 2°. recouvrer.

2.

Ε-ΚΥΡος, ὁ, *He-kyros*, beau-pere.

Ε-ΚΥΡα, ἡ, *He-kyra*, belle-mere, mere du mari. D'où *Hecyre*, nom d'une Comédie de Térence, *mot-à-mot*, beau Seigneur ; belle Dame ; mots dont l'étymologie étoit absolument inconnue, & qu'on regardoit comme des radicaux.

3.

1. ΚΥΡ-ΒΑΣια, ας, ἡ, *Kur basia* ; *mot-à mot*, qui s'éléve, qui va en pointe, crête de coq : 2°. Thiare droite.

2. ΚΥΡΒις, εως, ὁ, *kurbis*, table triangulaire en forme de pyramide, sur lesquelles on inscrivoit les Loix ; 2°. Légiste ; 3°. table sur laquelle on inscrivoit les Fêtes Religieuses.

3. ΚΥΡη-ΒΑω, frapper de la corne, cosser, y aller de la tête & des pieds.

Κυρη-βασια, combat à coups de cornes.

IV.
Mots en KhR.

De KAR faire, exécuter ; 2°. maître, possesseur, propriétaire, vinrent des mots très-remarquables dans la Langue Grecque, & dont l'origine étoit entierement inconnue. *Or. Lat.* 439.

1.

ΧΡαω, f. ησω, *khraó*, faire usage, employer ; 2°. prêter ; 3°. prédire ; 4°. teindre : dans ce sens, il tient à *khroa*, couleur ; 5°. attaquer avec fureur.

ΧΙ-Χραω, & ΧΙ-Χρημι, prêter.

ΚΡαωμαι, Χρωμαι, se servir, faire usage ; 2°. être doué, avoir, posséder ; 3°. parler, faire un discours ; 4°. jouir ; 5°. administrer, gouverner ; 6°. se conduire.

Χρημη, utilité, avantage.

Χρησις, ἡ, usage.

Χρησιμος, utile, avantageux, commode.

Χρησιμοω, être utile, se prêter.

Χραισμεω, donner du secours.

2. ΧΡΑΙΣμη, secours, aide, remede.

Χραισματωρ, ορος, ὁ, qui apporte du secours.

Χρησης, υ, ὁ, qui a prêté, créancier ; 2°. qui a reçu, débiteur.

3. ΧΡησος, υ ,ὁ, *khréstos*, utile, avantageux ; 2°. bon ; 3°. doux, clément, bienfaisant ; 4°. vaillant.

Χρησοτης, ἡ, utilité ; 2°. bonté ; 3°. bienfaisance.

Χρησευομαι,

Χρησευομαι, user de clémence, être bon.

Χρησικος, économe, ménager; 2°. qui sait jouir.

Χρησηριος, utile, qui sert.

4. ΧΡα, impersonnel, en composés, il suffit, c'est assez.

2.

Κραϐ, parler, prononcer, se chargea du sens de proférer des Oracles. De-là :

ΧΡειω, rendre des oracles.

ΧΡαομαι, consulter l'Oracle.

ΧΡησμος, Oracle, réponse.

ΧΡησης, devin.

ΧΡησηριον, lieu où l'on rend des Oracles, trépied.

ΧΡησηριαζομαι, aller consulter l'Oracle.

ΧΡΗΜατιζω, rendre un Oracle; 2°. en général, répondre.

Χρηματιζομαι, être averti divinement.

ΧΡηματισμος, réponse de l'Oracle; 2°. réponse en général.

3.

ΧΡΕΙα, ας, η, khreia, usage, utilité, intérêt; 2°. indigence, besoin.

Χρειωδης, utile; avantageux.

ΖΑ-ΧΡειος, très-utile.

2. ΧΡΗ, Khré, impersonnel; il faut, on a besoin; 2°. il convient; 3°. c'est une nécessité.

Χρηζω, être dans le besoin; 2°. désirer.

ΧΡειω, en Ionien, misère, besoin.

ΧΡειος, pauvre, indigent, nécessiteux.

Χρησμοσυνη, manque du nécessaire; besoin.

4.

De ΧΡΑω, prêter, vint cette famille :

XΡεος, & Poét. ΧΡειος, ας, το, Khreos, mot qui s'est aussi écrit avec un Ω, Χρεως, dette, ce qu'on doit; 2°. devoir, office; 3°. indigence, manque du nécessaire; 4°. utilité; 5°. mort, dette commune à tous les hommes, obligation indispensable.

Χρεωσης, ὁ, débiteur.

Χρεωστεω, devoir.

ΧΡεων, το, mort, destin irrévocable.

5.

ΧΡημα, ατος, το, Khréma, chose, affaire; ce qu'on fait; 2°. ce qu'on a, biens, facultés; 3°. instrumens de labourage; 4°. indigence.

ΧΡηματιζω, répondre aux consultations, délibérer; discourir : traiter d'une affaire; 2°. rendre un oracle; 3°. amasser de l'argent, gagner, faire du gain.

Χρηματισμος, affaire pécuniaire, lucrative; emploi lucratif.

Χρηματισις, gain, profit.

Χρηματισης, ὁ, qui aime le gain, intéressé.

Χρηματιστικος, habile à s'enrichir.

Παρα-Χρημα, Adv. aussi-tôt.

6.

ΧΡιω, Khrio, élever quelqu'un en dignité par l'onction : oindre.

ΧΡισμα, το, huile, onguent à oindre.

Χρισις, εως, η, onction.

Χρισηριον, qui sert à oindre.

ΧΡιςος, Khristos, oint.

V. CAR, pesant.

1.

1. ΚΑΡος, ϐ, ὁ, Karos, pesanteur de

tête, assoupissement.

Καροω, assoupir.
Καρωσις, soporation.
Καρωτικος, soporifique.
Νω-ΚΑΡ, stupeur, assoupissement, léthargie.

2. ΚΟΡιζα, pesanteur de tête, fluxion, rhume.

Κορυζαω, avoir une fluxion, un rhume.

2

1. ΚΑΡ-ΒΑΤινη, η, *Kar batinê*, gros souliers de campagne, sauques.

De ΒΑΤεω, marcher, & *Kar*, fort, rude.

2. ΚΑΡ-ΔΟΠος, υ, η, *Kar-dopos*, mais à pétrir, huche. De *kar*, grand, profond, & *depas*, vase.

3. ΚΑΡΠησιον, υ, το, plante à tuyau, d'une odeur plus forte que celle du cinnamome.

4. ΚΑΡΦος, εος, το, tuyau de paille, chalumeau, fétu : 2°. chaume : 3°. foin très-sec.

Καρφιον, diminutif.
Καρφειον, branche, rameau.
Καρφαλεος, sec, aride.
Καρφυραι, nids faits avec du chaume, 2°. buissons, broussailles.
Καρφυλαι, couches de chaume.
ΚΑΡΦω, sécher, brûler comme du chaume.

V I.

CAR, beau, agréable.

CAR est un Primitif qui désigna ce qui est beau, agréable, gracieux : voyez *Or. Lat.* 433. De-là, ces familles Grecques.

1.

ΧΑΡις, ιτος, η, *Kharis*, grace, beauté, élégance, charmes ; 2°. faveur, grace ; 3°. amitié, bienveillance, 4°. récompense, prix.

ΧΑΡιτες, αι, les Graces ; 2°. branches de myrte.

Χαριεις, εντος, beau, élégant, agréable, 2°. gai, amusant.

Χαριεντιζομαι, dire des choses plaisantes, enjouées.

Χαριευτισμος, charmes du discours.
Χαρισμα, don, gratification.
Χαρισηριος, discours de remerciment.
Χαριτοω, gratifier, accorder une grace.

2.

1. ΧΑΡω, *Kharó*, je me réjouirai.
ΧΑΙΡω, *Khairó*, se réjouir, être plein de joie.

Χαιρε, je vous salue, soyez plein de joie, en bonne santé.

ΧΑΡμα, το, Χαρμη, η, joie, plaisir.
Χαρμονη, Χαρμοσυνη, de même.

2. Χαιρετιζω, saluer.

Χαιροσυνη, Χαιρηδων, ΧΑΡα, mêmes que Χαρμα.

3.

ΧΗΡος, ο, *Khêros*, veuf ; mot-à-mot, plongé dans l'affliction, pour qui il n'y a plus de joie.

Χηρα, veuve.
Χηροσυνη, viduité, veuvage.
Χηροω, rendre veuf : priver, désoler.
Χηρωσις, veuvage, privation, désolation.
Χηρωσαι, Tuteurs des veuves.
ΧΗΡευω, être dans le veuvage ; 2°. être privé.

Χηρευσις, Χηρεια, veuvage, vie de deuil.

VII.
CAR, rond.

CAR, tenant à la grande famille de GAR, GER, GYR, rond, fournit aux Grecs une multitude de mots relatifs à cette idée. *Orig. Lat.* 440.

I.

1. ΚΑΡΣιος, ȣ, ὁ, *Karsios*, oblique. Καρσια, ἡ, obliquité. En Or. קרם.

2. ΚΕΓ-ΧΡος, ȣ, ὁ, *Kenkros*, mil; 2°. serpent à taches rondes.

Κεγ-Χριτης, pierre tachetée de même.

Κεγ-Χριδιας, serpent & oiseaux nommés ainsi à cause de leurs taches.

Κεγ-Χριαιος, gros comme un grain de mil.

Κεγ-Χρινος, fait avec du mil.

Κεγ-Χριδιον, diminutif.

Κεγ-Χραμις, ιδος, ἡ, grains de figue.

3. ΚΕΡΚος, ȣ, ἡ, *Kerkos*, queue des animaux; elle est flexible & s'arrondit.

Κερκωψ, animal à queue; 2°. fin comme un renard.

Κερκωπιζω, flatter, amadouer.

Κερκωπη, petite cigale.

2.

1. ΚΙΡΚος, ȣ, ὁ, *kirkos*, cirque, lieu circulaire; 2°. anneau; 3°. oiseau de proie, à cause des tours qu'il décrit dans l'air.

Κιρκοω, serrer avec un anneau.

Κρικος, anneau.

Κρικελλιον, petit cercle.

Κρικοω, percer d'un anneau, boucler.

Κρικωτος, bouclé, attaché avec un anneau.

2. ΚΥΡΤος, ὁ, *kurtos*, courbe, bossu, convexe; 2°. nasse, seine à prendre du poisson; 3°. cage, panier rond.

Κυρτοτης, ἡ, courbure, bosse.

Κυρτοω, courber, recourber, rendre convexe.

Κυρτωσις, courbure, convexité.

Κυρτωμα, tout ce qui est courbe, bossu; 2°. tumeur ou grosseur contre nature.

3. ΚΟΡις, εως, ἡ, *koris*, punaise; 2°. poisson.

4. Κοριον, Κοριανον, *korianon*, coriandre; son grain est rond; 2°. anneau, ou bague qu'on portoit à l'index.

5. ΚΡΩ-ΒΥΛος, ȣ, ὁ, *kró-bulos*, boucle de cheveux, cheveux naturellement bouclés, frisés.

3.

Mots qui peuvent aussi appartenir à la famille *khoros*, chœur, danse.

1. ΚΟΡΔαξ, ακος, ὁ, *Kordax*, espèce de danse.

Κορδακιζω, danser cette danse.

2. ΚΟΡΥ-ΒΑΣ, αντος, ὁ, *kory bas*, corybante, Prêtre de Rhea; *mot-à-mot*, qui mene le branle, qui conduit le chœur.

Κορυ-βαντιον, leur Temple.

Κορυ-βαντικος, Κορυ-βαντειος, qui concerne les Corybantes.

Κορυ-βαντιαω, imiter les Corybantes dans leur marche.

Κορυ-βαντιζω, initier dans leurs mystères.

Κορυ-βαντισμος, initiation aux mystères des Corybantes.

4.

ΚΡΙΝω ; *Krinô*, cerner, couper en rond ; 2°. couper, séparer ; 3°. décerner ; 4°. mettre à part, choisir ; 5°. juger, discerner ; 6°. penser, croire, tenir pour ; 7°. adjuger, statuer ; 8°. accuser ; 9°. condamner.

Κριμα, jugement, condamnation.

Κρισις, εως, ἡ, Jugement, Sentence ; 2°. Accusation, Procès.

ΚΡΙΤης, ʘ, ὁ, Juge ; 2°. Arbitre.

Κριτικος, Critique, bon Juge, qui a du discernement.

Κριτηριον, le *Criterium* ; moyen sûr de juger, de discerner.

Κριτος, choisi, élu, mis à part.

2. ΚΗΡυβια, τὰ, & Κυρηβια, τὰ, cosses, épluchures des féves, ce qu'on en rejette, qu'on *trie* avant de les faire cuire.

5.

1. ΚΑΡυον, το, *Karyon*, noix : elle est ronde, & son enveloppe, ou coque, est dure. Ainsi ce mot appartient doublement à la racine ΚΑR.

ΚΑΡυα, ας, ἡ, noyer.

Καρυερος, de noix.

Καρυισκος, pastille en forme de noix.

Καρυκον, médicamens où il entre des noix.

2. Καρυιτης, espèce de tithymale dont le fruit a la forme d'une noix. C'est celle que Pline appelle *Myrsinites*.

3. Καρυωτος, datte, fruit de palmier.

6.

ΚΑΙΡος, ὁ, *Kairos*, le temps favorable pour agir ; occasion, opportunité : 2°. maniere : 3°. avantage, commodité : 4°. temps, en général. De ΚΑΙR, révolution.

Καιριος, à propos, à tems, opportun.

7.

ΧΡΟΝος, ʘ, ὁ, *khronos*, temps : durée : âge.

Χρονικος, du tems.

Χρονιος, qui a de la durée.

Χρονιοτης, durée, tems long.

Χρονια, vétusté.

Χρονιαιος, vieux, ancien, qui a de l'âge ; du tems.

Χρονιζω, durer long-tems, vieillir ; 2°. tarder, différer, demeurer bien du tems.

Χρονισμος, longue durée ; 2°. retard, délai.

VIII.

C A R, enveloppe.

ΧΟΡιον, τί, *khorion*, enveloppe du fœtus.

2. ΚΟΡυκος, ὁ, *Korukos*, sac de peau, bourse, valise ; 2°. Paume à jouer ; 3°. soufflets, ils sont de peau.

3. ΚΩΡυκος, ὁ, *Kôrukos*, sac de peau ; sur-tout ceux où l'on gardoit le pain ; 2°. nom de montagne, de cap.

Κωρυκις, fac, bourfe.
Κωρυκιον, Κωρυκιδιον, diminutif.

4. ΚΑΡ-ΤΑΛΛος, ὁ, *Kar-talos*, en vieux François, *cartel*, paniers longs qui fe terminent en pointe, comme ceux des Forts de la Halle.

2.

E-ΧΥΡος, *E'khuros*, fortifié, retranché, muni.
E-Χυροης, ἡ, fortifications, munition.
E-Χυροω, munir, fortifier, paliffader. On a dit dans le même fens,
O-ΧΥΡος, O-Χυροω, retranché, retrancher.
O-ΧΥΡωμα, τὸ, Fortifications, Château, Citadelle; Garnifon.
En Thibétan ΚΑR, forterefle.
En Irlandois CORa, fûreté.

3.

ΧΟΡΔη, ἡ, *khordé*, corde; 2o. inteftins, boyaux; les boyaux fervent même de corde.
Χορδοω, envelopper, garotter, ficeller.
Χορδευω, de même.
Χορδευμα, boyau, corde à boyau.

IX.

Cor, amas, mefure.

ΚΟΡος, ε, ὁ, *koros*, grande mefure de liquides; 2o. fatiété, abondance trop grande.
ΚΟΡεω, raffafier; donner du dégoût à force d'abondance.
Κορεννυμι, Κορεννυω, de même.
ΧΟΡια, τὰ, bonbons, mets raffafians faits de lait & de miel.

2.

Σ-ΚΟΡΠιζω, diffiper, épandre çà & là, difperfer.
Σ Κορπισμος, difperfion, diffipation.

X.

Scor, ordure.

Σ-ΚΩΡ, ατος, *Skôr*, ordure, fiente, excrément.
Σ-ΚΩΡια, ἡ, *S-kória*, fcories, écume de métal; 2°. excrémens; voy. Or. Lat. 470.

ΚΑΤΑ.

ΚΑΤΑ eft une Prépofition Grecque qui marque un rapport de fituation quelconque de fupériorité & d'égalité.

Il réfulte de-là; 1o. qu'elle tient à la racine primitive CAD, CAT, CAS, qui indique la demeure, la place; 2°. qu'elle doit correfpondre à un grand nombre d'autres Prépofitions fuivant la nature des divers rapports de fituation qu'elle peut indiquer.

1. Κατα Πετρων, *fur* les pierres, le long des pierres.
Κατα στηλης, *auprès* de la colonne.
2. Κατα τε Κυριε, *contre* le Seigneur.
3. Κατα γης αποπεμπω, je l'envoie fous terre.
4. ΟΙ Κατα Λυσιου, ceux qui étoient *du tems* de Lyfias.
5. Κατα Νωτου, du *côté* du dos, par derriere.

Avec l'accufatif, le rapport de fituation devient encore plus vaste ; il s'étend aux idées de proximité, de convenance, de ressemblance, d'égalité, d'ordre ; en passant ainsi de nuance en nuance, il acquiert une vaste étendue, dans laquelle on s'égareroit nécessairement, si le sens général ne servoit pas de boussole pour reconnoître sa route.

1. Κατα Βορεαν, vers le Nord.
Καθοδον, le long du chemin.
Κατα Πολιν, en ville.
Κατα Καιρον, sur le tems, à propos,
Κατα τοπους, selon la nature des lieux.

2. Κατ' Επος, à chaque vers, par vers, étant à chaque vers.
Κατ'ιδιαν, en son propre endroit, à l'écart, séparément.
Κατα γνωμην, suivant mes désirs.

3. Κατα Ματθαιον, selon Saint Mathieu.
Κατα σαυτον, selon votre humeur, conforme à votre goût.

4. Κατα Κρατος, par force, *conformément à sa force*, &c. &c.

2.

ΚΑΤΩ, *Katô*, au dessous, sous, en bas.

En Or. תחת-ת, *Th.kath*, signifie également, dessous, en bas.

C'est une branche du mot précédent, & son opposé, puisque Κατα, désigne particuliérement l'idée de situation supérieure, ou du moins égale, à même hauteur.

Κατωτερω, plus bas.
Κατωτατω, tres-bas, au plus bas.
Κατωθεν, du fond.

3.

ΚΑΤ-ΑΙΤυξ, casque sans crête, sans aigrettes : de κατω, bas, & τυχ, construction, fabrication.

KEI.

De C, désignant la place, se forma la famille KEI, en Latin CI, désignant le lieu, la place. *Orig. Lat.* 451. De-là :

1.

1. E-KEI, là, en ce lieu.
E-Κειθεν, de-là.
E-Κεισε, en ce lieu.

2. ΚΕΙΝος, & E-ΚΕΙΝος, *Keinos & E.keinos*, lui, il, ce, celui-là ; en Dorien ΤΗΝος, pour *Keinos*.
ΤΗΝει, *tênei*, là, en ce lieu.
E-Κεινη, de cette manière.
E-Κεινως, par ce moyen.

3. De EK, vint ΑΧ, près ; d'où l'Or. אח, *Ach*, frere, proche.
ΑΣΣον, *Asson*, près, proche.

2.

ΚΕΙΜαι, être en un lieu, gîter, être posé, placé, déposé, suspendu.
Κεεμαι, Κεομαι, de même.
ΚΕΙω, désirer d'être couché, de reposer.
ΚΕΙΜηλιον, biens immeubles, trésor, lieu où l'on renferme tout ce qu'on a de plus précieux.
Κειμηλιος, qui est déposé dans le trésor.

3.

Ι-ΧΝος, εος, τὸ, *Ikhnos*, vestiges, traces du pied déposées.

Ι-Χναομαι, laisser des vestiges; 2°. suivre les traces, rechercher.

Ι-Χνευω, de même.

Ι-Χνευμα, τὸ, recherches.

Ι-Χνευσις, recherche, action de suivre les traces, d'être à la piste.

Ι-Χνευτης, qui fait la recherche, qui suit à la piste.

Ι-Χνιον, τὸ, même qu'*Ikhnos*.

Ι-Χνεια, même qu'Ι-Χνευσις.

KE, KI,

Couler, se mouvoir.

De K désignant le lieu, dériverent deux familles nombreuses, désignant, l'une, l'action de couler; l'autre, celle de se mouvoir. *Orig. Lat.* 451.

I.
KE, Couler.

1.

1. ΧΕΩ, Χειω, Χευω, *Kheó*, fondre, verser, répandre.

Χευμα, ce qui est fondu, versé; libations.

Χοανη, Χωνη, instrument à transvaser, Entonnoir.

Χους, vase à eau.

2. ΧΥω, *Khuó*, fondre, répandre.

Χυμα, ce qui est fondu, versé; 2°. multitude éparse.

Χυμος, suc exprimé d'une plante; 2°. saveur.

Χυμιον, diminutif.

Χυσις, fusion.

Χυτος, épars, répandu, versé.

3. ΧΥΔην, en abondance, versant par-tout.

Χυδαιος, abondant; 2°. vulgaire, vil.

Χυλον, vase à huile, burette.

Χυλοω, verser sur soi de l'huile mêlée d'eau pour s'oindre; 2°. se laver.

Χυλαζω, de même.

2.

ΧΕΙΜα, ατος, τὸ, *Kheima*, hyver, le tems des pluies.

Χειμων, ὁ, de même; 2°. orage, tempête sur mer.

Χειμας, αδος, ἡ, d'hyver.

Χειμαζω, passer l'hyver.

Χειμασια, quartier d'hyver; 2°. tempête d'hyver.

Χειμασρον, habit d'hyver.

Χειμαω, être gelé, avoir grand froid, être en hyver.

Χειμεριος, Χειμερινος, d'hyver.

Χειμεριζω, passer l'hyver, hyverner.

Χειμη, le froid, les tems froids.

Χειμεθλον, Χιμεθλον, engelure.

Χιμεθλιαω, avoir des engelures.

Χιμαρος, ὁ, chevreau d'hyver, né en hyver.

3.

Ι-ΚΜας, αδος, ἡ, *I-kmas*, humidité, vapeur.

De Κε, mouvoir, couler, & Μα, eau.

Ι-Κμαλεος, humide.

Ι-Κμαιος, pluvieux, qui donne de l'eau.

Ι-Κμαζω, mouiller, humecter, rendre moite, humide; amollir.

Ι-Κμαινω, de même.

Ι-Κμασια, humidité.

Ι-Κμη, plante du Lac Orchomene.

4.

ΚΟ-ΧΟΣ, ὁ, *Ko-khos*, humeur qui coule abondamment : mot formé de Χι, couler, & de Κο, affluent, abondant, haut, élevé, que nous verrons dans un instant.

Κο-Χυειν, couler abondamment.
Κο-Χυδειν, de même.
Κο-Χυ, affluence, abondance.

5.

ΓΕΙΣογ, ou, ΓΕΙΣΣογ, τὸ, *Geisson*, gargouille, d'où l'eau de pluie qui tombe sur les toîts est reversée loin des murs : 2°. auvent, toît qui avance sur la rue.

Γεισσομαι, faire des gargouilles, un toît avancé pour être à l'abri de la pluie.
Γεισσωμα, Γεισσωσις, ἡ, entablement.
Γεισιον, même que Γεισον.

6.

ΧΕζω, Κεζό, aller à la selle,
Χεζομαι, de même.
Χεσειω, être pressé d'aller à la selle.
Χεζητιαω, de même.

II.
KI, se mouvoir.

1.

Κιω, *kió*, aller, venir, s'en aller.
Κη-Κιω, s'élancer.
Κη-Κις, ἡ, vapeur qui s'éleve ; 2°. noix de galle.

2.

ΚΙΝεω, *kineó*, mouvoir, se mouvoir, changer de place ; 2°. faire avancer ; 3°. changer, abroger.

Κινημα, το, mouvement ; 2°. trouble.
Κινηθμος, de même.
Κινησις, mouvement, motion, commotion.
Κινητηρ, ὁ, Κινητης, moteur.
Κινητηριον, motif, attrait, mobile.
Κινητος, mobile, facile à mouvoir.
Κινυμι, Κινυσσω, mêmes que Κινεω.
Κινναδιζειν, de même.
Κινυγμα, τὸ, fantôme, spectre, phénomène dans l'air.
Κιναθισμα, mouvemens, troubles, agitations populaires.

3.

ΚΙΓ-ΚΛος, ὁ, *Kin-klos*, hoche-queue, oiseau dont la queue se meut continuellement avec une grande vîtesse.

Ce mot est composé de *kin*, mouvoir, & de *KeL*, vîte.

Κιγ-Κλιζω, se mouvoir rapidement, agiter, secouer.
Κιγ-Κλισμος, Κιγ-Κλισις, secousses fréquentes, ébranlement, agitation.

4.

ΚΙΝ-ΔΥΝος, ὁ, *kin-dunos*, danger, péril.

De *kin*, mouvement, secousse, & *Dun*, puissant, redoutable.

Κιν-Δυνευω, être dans un danger éminent ; 2°. combattre.
Κιν-Δυνευμα, danger, péril ; 2°. entreprise hasardeuse.
Κιν-Δυνευτης, qui cherche les dangers, les entreprises périlleuses.

5.

ΚΙΝ-ΝΑΒος, *Kin-nabos*, manequin, poupée à ressorts.

De Kin,

De *Kin*, mouvoir, & *Nab*, nabot, enfant.

Κιν-ναβευμα, de même.

6.

Ο-ΚΝος, ὁ, *O-knos*, pareſſe; 2°. manque d'ardeur pour le travail.

Ο-Κνια, Ο-Κνηρια, de même.

Ο-Κνωδης, Ο-Κνηρος, pareſſeux, lâche, ſans ardeur.

Ο-ΚΝεω, être pareſſeux, n'aimer pas à ſe mouvoir; être lent au travail; être lâche, ſans énergie.

Ces mots viennent du négatif *O*, & de *KIN*, ſe mouvoir.

CIC, petit.

Cic, Chic, mot Celte qui ſignifie petit, de peu de valeur, *Or. Lat.* 455, a donné ces dérivés à la Langue Grecque:

1. ΚΙΚΙ, le Ricin, plante qui a l'air d'un petit arbre.

2. ΚΙ-Χωρη, ἡ, *Ki-khôré*, Chicorée; ΚΙ-Χωριον, ΚΙ-Χορα, de même; ſes feuilles ſont déchiquetées.

CIS.

ΚΙΣΣος, & Κιττος, ὁ, *kiſſos*, lierre, plante qui s'éleve en ſerpentant juſqu'au plus haut des arbres.

Ce mot tient au Celte Cass, qui s'éleve: 2°. tortueux, ſerpentant.

Κισσινος, fait de lierre.
Κισσιον, diminutif.
Κισσαρος, lierre.
Κισσυβιον, vaſe de lierre.

Orig. Grecq.

Κισσευς, qui aime le lierre.
Κισσηρης, ὁ, ἡ, couvert de lierre.
Κισσηεις, εντος, ὁ, de lierre.

CO, élevé.

Co, ſignifie en Celte & en Oriental, élevé; 2°. vieux, ancien. *Or. Lat.* 457. De-là:

1.

1. Α-ΚΟΝη, *A-Kôné*, pierre à aiguiſer: de *Co*, rocher; 2°. pierre.

Α-Κοναω, aiguiſer: 2°. exciter, animer.
Α-Κονημα, motif excitant, attrait.
Α-Κονιον, petite pierre à aiguiſer.

2. Α-ΚΟΝιτον, τὶ, Aconit, plante vénéneuſe qui croît dans les rochers.

2.

ΚΑΥ-Χαομαι, *Kau-kaômai*, s'élever ſe glorifier, ſe vanter; 2°. ſauter.

Καυ-χημα, τὸ, vanterie, gloire, jactance.
Καυ-Χησις, de même; de *Kau*, *Co*, élevé.

3.

1. ΚΟ-ΚΥαι, *Ko-kuai*, Ayeux, Ancêtres.

2. ΚΟΣιοι, marque des centaines, du nombre élevé.

Δια-Κοσιοι, deux cens.

3. ΚΟΣυμβος, ὁ, *Koſym-bos*, nœud: mot à-mot, qui ſe forme en boſſe, qui eſt élevé.

Κοσυμβωτος, noué.

COC, rond.

Coc, ſignifie rond, ce qui enve-

L l

loppe, enceinte; coque, &c. Or. Lat. 463. De-là :

ΚΟΚΚος, ο, grain : 2°. arbrisseau dont la coque sert pour teindre en rouge.

Κοκκος, arbre à graine rouge.
Κοκκιον, pilule.
Κοκκινος, teint en rouge.
Κοκκωνες, grains de la grenade.
Κοκκιζω, extraire les grains.

2. ΚΟΚΚαλος, noyau qui enveloppe l'amande des pins.

3. ΚΩ-ΚΑΛια, τα, *Kô-kalia*, animaux à coquilles, coquillages.

4. ΚΑΥΚις, ιδος, η, *Kaukis*, espèce de chaussure : 2°. de danse.

KOAL.

ΚΟΑΛεμος, ο, *Koalemos*, fou, insensé ; mot d'Aristophane.

En Celte *Goall*, en désarroi, méchant, mauvais.

En Gall. *Gwall cof*, fou.

COIK, gousse.

ΚΟΪΣ, ικος, ο, *Koix*, palmier, arbre à dattes, à fruits ronds. On a dit aussi :

ΚΥΚας, *Kukas*.

ΚΥΙΣ, *Kuix*, plante à bulbe, ou oignon.

COS, gousse, bâle, rond.

1. ΚΟΣ-Κινον, το, crible à cribler le grain :

De ΚιΝ, mouvoir, & Κος, le grain.

Κοσ-Κινιον, diminutif.

Κοσ-Κινιζω, cribler.

2. ΚΟΣ-ΚΥΛματια, τα, rognures de peaux, de cuirs ; qu'on jette comme la bale de bled, comme les gousses.

COSM.

ΚΟΣΜος, ο, *Kosmos*, le Monde, l'Univers ; mot-à-mot, le Globe entier, la rondeur de l'Univers sans aucune exception ; 2°. gloire, pompe, ornement ; 3°. maniere, modes, bornes.

Κοσμικος, du monde.
Κοσμιος, réglé comme l'univers, sage, modéré, modeste.
Κοσμιτης, η, modération, modestie.
ΚΟΣΜεω, arranger, distribuer, ordonner ; 2°. orner, parer.
Κοσμημα, ornement, éclat.
Κοσμησις, parure, action d'orner.
Κοσμητης, ο, qui orne, qui pare, Baigneur, Coëffeur.
Κοσμητωρ, ο, qui ordonne, qui dirige, immodéré.
Κοσμαριον, petit ornement.

Nous avons déjà donné dans les Orig. Lat. 459, l'origine de ce mot ; il tient à l'Or. סמם, *Kasm*, orner, parer, arranger avec art, & à notre vieux mot Gaulois,

A CESMER, orner, parer, dont l'origine n'étoit pas moins inconnue.

C R.

CRA, CRO, signifie en Celte, pierre, roc, rocaille ; de-là :

1. ΚΡΟΚΗ, ἡ, kroké, la grève, ou sable du rivage : 2o. rivage : 3o. bordure : trame.

Κροκιζω, tiſtre, tracer, esquiſſer.

Κροκις, ιδος, ἡ, doublure ; 2°. fils qui paſſent, effilures.

Κροκιδιζω, cueillir les floccons, les fils qui paſſent.

Κροκαλη, ἡ, grève ; ſable du rivage.

2. ΚΡΟΚΟ-ΔΕΙΛος, ὁ, kroko-Deilos, crocodile : de kroké, rivage, & Deilia, effroi, terreur. Cet animal eſt l'effroi des rives qui bordent les fleuves où il demeure. (*Orig. Lat.* 484.)

C R A.

De Car, tête, élévation, ſe formerent diverſes familles relatives aux idées de groſſeur, d'épaiſſeur, de croiſſance, &c. (*Or. Lat.* 471.)

K P A.

1. ΚΡΑ-ΒΑΤος, ου, ὁ, kra-batos, lit élevé : de *bat*, lit : on en fait *Grabat*, mot qui a bien dégénéré.

2. ΚΡΑΙ-ΠΑΛη, ης, ἡ, krai-palé, crapule : de *kra*, tête, & *pal*, élancer, porter à.

Κραι-Παλωδης, crapuleux.

Κραι-παλεω, avoir la tête appéſantie, avoir trop bu.

Κραι-παλιζω, être plongé dans la crapule.

3 ΚΡΑΙΡα, ας, ἡ, kraira, la tête.

4. ΚΡΑΜ-Βη, ης, ἡ, kram-bé, chou; mot-à-mot, qui prend une groſſe tête.

Κραμ-βιδιον, diminutif.

Κραμ-βιον, décoction de choux.

Κραμβειον, cigue.

5. ΚΡΑΜΒος, ὁ, krambos, ſec, aride, brûlé : de la même famille que *cremo*, brûler.

6. ΚΡΑΣΤις, εως, ἡ, Kraſtis, gramen, herbe des champs, foin. C'eſt le graſſ des Peuples du Nord.

Κραϛηριον, crèche, échelle de la crèche.

Κραϛιζεϛθαι, vivre de foin.

7. ΚΡαυρος, ὁ, Krauros, aride, ſec; qu'on peut mettre en pouſſiere, en poudre.

Κραυροτης, aridité, friabilité.

K R E.

1. ΚΡΕΜαω, Κρεμαγγυω, Κρεμαγγυμι, ſuſpendre.

Κρεμαςμος, ſuſpenſion.

Κρεμαϛηρ, ὁ, qui ſuſpend.

Κρεμαϛος, ſuſpendu.

Κρεμαϛρα, ἡ, d'où quelque choſe pend.

Κρεμαθρα, ἡ, vaſe ou machine ſuſpendue pour les viandes.

2. ΚΡΕΜυς, poiſſon à groſſe tête.

3. ΚΡΗΓυον, τὸ, mets excellens, bonbons : 2o. utile, bon, agréable.

4. ΚΡΗ-ΔΕΜΝον, τὸ, Kré-demnon, ruban de tête : de *Dei*, lier, & *Kré*, la tête.

5. ΚΡΗΙΟΝ, τὸ, gâteau : de *Kré*, excellent.

6. ΚΡΗΜΝος, ὁ, Krémnos, précipice, rocher ſuſpendu, lieu eſcarpé.

Κρημνιζω, ſe précipiter.

Κρημναω, précipiter.

7. ΚΡΗ-πις, ιδος, ἡ, *Kre-pis*, bafe, fondement : 2°. foulier. De *Kré*, élever, & *Pes*, pied.

Κραπιδόω, jetter les fondemens ; 2°. mettre des fouliers.

8. ΚΡΗΣερα, ας, ἡ, *Kréfera*, groffe toile qui fert à paffer les liqueurs ; 2°. crible.

K R I.

1. ΚΡΙΘη, ης, ἡ, *Krithê*, orge, *mot-à-mot*, plante par excellence. C'étoit dans l'origine le nom générique des grains, ou du blé.

Κριθινος, d'orge.
Κριθιδιον, grain d'orge.
Κριθιαν, avoir mangé de l'avoine avec trop de précipitation, & en être incommodé, ce qui fe dit des chevaux.

2. ΚΡΙΜΝον, τό, groffe farine qu'on paffe au fas : farine en grumeaux.

3. ΚΡΙΝον, τό, *Krinon*, fleurs de lys : cette plante a une haute tige & une belle tête : 2°. efpèce de danfe.

Κρινων, ὁ, lieu planté en lys.
Κρινωνια, ἡ, tige du lys.

4. ΚΡΙον, τό, *Ikrion*, table : 2°. plancher, étage ; de *kra*, élevé.

K R O.

1. ΚΡΟΣΣος, ȣ, ὁ, franges : 2°. bordure, broderie.

Κροσσοω, orner de franges, border.
Κροσσαι, échelles pour les fiéges.

2. ΚΡΟΤαγη, ης, ἡ, excroiffance qui fe forme aux arbres.

3. ΚΡΩΜαξ, ὁ, *krômax*, monceau de pierres.

Κρωμακοεις, efcarpé.
Κρωμακωτος, plein de pierres, difficile à marcher.

4. ΚΡΩΣΣος, ὁ, *króffos*, grande cruche, baignoire.

C U, C Y.

ΚΥΩ, *kuô*, *kyó*, baifer, embraffer. Chez tous les Peuples du Nord, KUSS, KYSS, fignifie un baifer. Il vient de *hos*, *os*, bouche ; 2°. ouverture ; 3°. capacité. De-là :

1. ΚΥΤος, εος, τό, cavité, golfe, 2°. ventre.

Κυτις, corbeille.
Κυτταρος, cellule d'abeille.
Κυτταριον, diminutif.
De-là.

2. ΚΥΩ, être groffe, être enceinte.
Κυεω, de même ; 2°. concevoir, devenir enceinte.
Κυημα, τό, fœtus, embryon.

3. ΕΓ-ΚΙΣΣαω, *En-kiffaó*, concevoir.
ΕΓ-ΚΥος, ἡ, enceinte, groffe.

4. ΚΥαρ, trou d'aiguille : 2°. ouverture qui eft au milieu d'une meule.

K U P.

ΚΥΠρος, *kupros*, troëne, arbriffeau fort agréable par fes fleurs printanieres : il tient donc au vieux Latin, & Ofque, *Cyprus*, bon, beau.

Κυπρινον, huile de la fleur du troëne.
Κυπρις, *Cypris*, nom de Vénus & du cuivre brillant.

MOTS GRECS
VENUS DE L'ORIENT.

C A.

1. ΚΑΓ-ΚΑΜον, τὸ, & ΚΑΓ-ΚΑΝος, *kan-kamon, kan-kanos*, larme de bois d'Arabie : c'est ce qu'on appelle LARME DE JOB, plante de la classe des roseaux, qu'on cultive en Orient dans les jardins : son nom est donc formé de CAN, canne, roseau.

2. Α-ΚΑΔΗΜια, Académie, lieu où s'assembloient les Savans à Athènes. Nous avons fait voir dans notre *Plan général & raisonné*, que ce mot venoit de CADMUS, l'Oriental.

3. ΚΑΔΥΤας, ὁ, plante de Syrie qui s'entortille autour des arbres : de כדד, *kadad*, plier.

4. ΚΑ-ΘΑΙΡω, *ka thairó*, purger, purifier : 2°. expier : de l'Or. טהר, *Thér*, pur.

Κα-θαρμος, purgation ; 2°. expiation.
Κα-θαρμα, τὸ, ce qui expie.
Κα-θαρτης, ὁ, expiateur ; 2°. qui purge.
Κη-θαρος, pur ; 2°. propre, net.
Κα-θαρυλλος, diminutif.
Κα-θαρωτης, ἡ, pureté ; 2°. propreté, netteté.
Κα-θαρευω, être pur, se conduire purement.
Κα-θαριζω, purifier.
Κα-θαριος, propre.
Κα-θαριοτης, ἡ, propreté.

5. ΚΑΡ-ΧΗΣιον, τὸ, *Kar-khesion*, cordages du haut des mâts : de *kar*, tête.

C E.

1. ΚΕΑΝωθος, *keanóthos*, espece d'épine, de plante épineuse : de l'Or. קץ, *ko*, piquure, qui pique.

2. ΚΕΔΜατα, τὰ, *Kedmata*, douleurs de goutte dans les articulations ; en Or. קוט, *kut*, souffrir extrêmement.

3. ΚΕΔΡος, ȣ, ἡ, *kedros*, cèdre : ce mot doit venir de l'Or. cet arbre devient très-gros, & est extrêmement touffu, ensorte qu'il donne un ombrage très-épais : il peut donc venir de קטר, *Qatr*, ombrager.

4. ΚΗΒος, ὁ, *kébos*, singe à queue : en Or. קוף, *Quph*.

5. ΚΗΔος, εος, τὸ, *Kédos*, peine, tristesse, affliction ; 2°. soin, sol-

licitude : 30. funérailles ; 40. parenté. Ces significations forment autant de familles qui ont chacune leurs dérivés particuliers.

ΚΗΔω, affliger, angoisser ; nuire : dans ce sens, il tient à l'Or. קוט, *Kut*, affliger, faire extrêmement souffrir.

Κηδοσυνη, tristesse.

Κηδοσυνος, triste.

ΚΗΔΕω, avoir soin.

Κηδεμων, qui a soin : Procurateur : Tuteur.

Κηδεμωνια, sollicitude, tutelle, soins.

Κηδισος, chéri, qu'on soigne.

Κηδωλος, plein de sollicitude, soucieux, angoissé.

Κηδαινω, avoir soin, être en souci.

Κεδνος, digne qu'on en ait soin : respectable, plein d'honnêteté, de vertu.

Κηδεὑς, digne de soin.

Κηδευω, soigner, prendre soin.

ΚΗΔευω, conduire les funérailles.

ΚΗΔΕμων, qui a soin des funérailles.

ΚΗΔΕια, funérailles, sépulture : c'est le dernier SOIN qu'on rend à une personne.

ΚΗΔΕμων, parent, allié ; ce sont ceux dont on doit avoir le plus de soin.

Κηδευω, s'allier.

Κηδεια, Κηδεσια, parenté.

Κηδεσος, Κηδεσης, parent, allié : beau-pere, beau-frere, gendre.

6. ΚΗΔΑΡ, dans Suidas, lieu ténébreux : c'est le mot Or. קדר, *Qedar*, ténèbres, ombrage, dont nous venons de parler au mot *κedros*.

C I.

1. ΚΙΒΔΗλος, Β, ὁ, ἡ, *Kibdêlos*, qui n'est pas encore purifié, en parlant des métaux : 2°. mélangé, impur : ce mot tient à l'Or. בדל, *Bedal*, séparer.

Κιβδηλια, ἡ, scorie, impureté ; 2°. méchanceté, corruption.

Κιβδηλευω, corrompre, mélanger, falsifier.

Κιβδηλεια, mélange de scories, falsification de métaux.

Κιβδηλιαω, pâlir.

2. ΚΙΔΑΦη, ἡ, *Kidaphé*, renard : de קטף, *Kataph*, destructeur ; c'est l'ennemi des basse-cours.

3. ΚΙΦΑΡα, ἡ, guitare ; ce mot est le même que l'Or. כנור, *Kinor*, guitare ; 2°. le haut de la cuirasse.

Κιθαρις, ιος, ἡ, Guitare.

Κιθαριζω, jouer de la Guitare.

Κιθαρισμα, τὸ, air de Guitare.

Κιθαρισης, celui qui en joue.

Κιθαριστρια, joueuse de Guitare.

Κιθαρισυς, ἡ, art de la Guitare.

Κιθαριον, petite Guitare.

4. ΚΙΝΝα, gramen ou plante de Cilicie.

5. ΚΙΝΝα-ΒΑΡΙ, cinnabre ; de l'Or. كنو *Kinw*, rouge très-vif, & *Bar*, chargé, qui porte, qui produit.

6. ΚΙΤΡια, citronier ; ΚΙΤΡιον, citron ; ce fruit venoit, disoit-on, du jardin des Hespérides ; c'est-à-dire, de l'Occident : c'est donc le mot

Or. קדר, *Qdar*, occident, nuit: voyez ci-dessus *Kédros* & *Kidar*.

C L.

ΚΛΗΡος, υ, ὁ, *Klèrus*, sort; 2°. lot, partage, ce qui échéoit par le sort; 3°. choisi par le sort; 4°. choisi, élu: de l'Or. גורל, *Gorl*, sort.

Κληροω, choisir par le sort; 2°. recevoir par le sort.

Κληρωσις, partage par le sort.

Κληρωτης, ὁ, qui choisit par le sort; 2°. boëte au sort, roue de fortune.

Κληρωτηριον, lieu où les Magistrats étoient élus par le sort.

Κληρωτος, choisi par le sort.

C O.

1. ΚΟΒΑΛος, υ, ὁ, fourbe, imposteur, fripon; 2°. flatteur, vil adulateur, dupeur; 3°. babillard, bavard; 4°. larron, brigand armé de massue; 5°. démons malfaisans, GOBLINS; de l'Or. קבל, *Kobal*, ténèbres, obscurité, mot Syriaque; en Lat. Barb. *COVALUS*, d'où le vieux François *gouaille*, tromperie.

Κοβαλευω, tromper.

Κοβαλια, tromperie, fourberie, action de duper.

Κοβαλικευμα, action de duper, de tricher, fourberie.

2. ΚΟΛΛΥΒος, ὁ, monnoie avec l'empreinte d'un bœuf; 2°. échange, le change d'argent.

Κολλυβιϛης, ὁ, Banquier, qui fait le change.

Κολλυβιϛικα Συμβολα, Lettres de Change.

En Or. كُلب *Kullb*, figures, empreintes, coins; קלב, *Kalb*, échanger.

3. ΚΟΜΜΙ, gomme.

Κομμιζειν, fournir de la gomme, abonder en gomme.

Κομμωσις, action de gommer, de vernir. De l'Or. קום, *Qom*, se coaguler, s'épaissir.

4. ΚΟΣΤος, ὁ, *Costus*, plante aromatique; en Or. קשט, *Kost*.

C R.

ΚΡΟΚος, ὁ, ΚΡΟΚον, τὸ, en Latin *Crocus*, safran; 2°. jaune d'œuf; 3°. avoine. En Or. כרכום, *Krokom*, safran.

Κροκοεις, couleur de safran.

Κροκοω, teindre en safran.

Κροκιζω, être de la couleur de safran, sentir le safran.

Κροκωτος, teint en safran.

K Y, C U.

1. ΚΥΔΩΝιος, *Kudónios*; en Lat. *Cotonea*, coignassier.

Κυδωνιον, *Cotoneum*, coin, fruit du coignassier. Ces mots viennent de l'Or. *Koton*, du coton: l'enveloppe de ce fruit est cotoneuse.

2. ΚΥΜΙΝον, το, *Cumin*; en Or. כמן, *Cmun*; cette plante est fort agréable au goût, & on en faisoit un grand usage autrefois; son nom tient donc à l'Or. כמן, *Kman*, trésor, chose précieuse.

3. ΚΥΠΑΡισσος, ἡ, *Cyprès*; c'eſt le Lat. *Cupreſſus*: il tient à l'Oriental כפר, *Kupher*; 1°. poix; 2°. arbre réſineux : le cyprès abonde en réſine.

Κυπαρισσινος, de cyprès.

Κυπαρισσιας, eſpèce de tithymale, qui fournit de la réſine.

4. ΚΥΦΙ, *Kyphi*, eſpèce de parfum ou d'encens, dont on faiſoit uſage dans les Temples Egyptiens : ce mot doit tenir à la famille עוף, *Hwph*, *Guph*, s'élever.

MOTS GRECS-CELTES,
OU DÉRIVÉS DE LA LANGUE CELTIQUE.

L

LA lettre L, la xie. dans l'Alphabet Grec, a deux caractères diſtinctifs qui lui ſont propres, & qui déterminerent naturellement la valeur de tous les mots qui en dériverent. Elle ſe prononce de la langue; elle eſt par-là même de toutes les lettres la plus coulante, la plus fluide, la plus volatile, ſi on peut ſe ſervir de cette expreſſion. Dès lors elle devint le nom naturel :

1°. De la langue & de ſes opérations : de tout ce qui a rapport à la langue & à l'élocution.

2°. De tous les objets fluides & coulans, les liqueurs, les fluides, l'eau, le vent, la lumière, le feu, &c.

3°. Des ailes & des bras ; par analogie, des flancs, des côtés, du lieu, de la place; de l'élévation, de la force.

Qu'on joigne à cela diverſes Onomatopées, quelques mots où cette lettre a été ſubſtituée à d'autres, quelques-unes où elle ſe fait précéder de l'une ou de l'autre de ces lettres B, C, G; & on appercevra ſans peine l'origine de tous les mots qu'elle offre dans la Langue Grecque, ainſi que nous l'avons déjà éprouvé pour la Langue Latine, avec une ſimplicité & une évidence d'autant plus agréable que juſques à préſent l'étymologie de preſque tous ces mots s'étoit dérobée aux efforts de

tous

ONOMATOPÉES.

I.

ΛΑΠΤω, f. ψω, *laptô*, laper, boire en lapant, à la maniere des chiens, des loups, &c. 2°. boire trop, s'enyvrer.

ΛΑΠη, ἡ, *Lapé*, pituite.

ΛΑΤαξ, αγος, ἡ, *Latax*, *son*, bruit du vin qu'on jette avec un verre.

II.

ΛΕΩΝ, οντος, *Leôn*, Lion; 2°. un des XII Signes; 3°. nom d'un poisson, d'un serpent, d'une danse.

Λεοντεος, Λεοντειος, de lion.

Λεοντιαιας, de même.

Λεοντιδευς, petit d'un lion.

Λεοντισκος, lionceau, jeune lion.

Λεαινα, lionne.

Λειων, & Λις, en poésie, lion.

III.

CRIS de joie.

LA, LET, LIT, ont été en toute Langue des cris de joie (*Orig. Lat.* 910). De-là, nos vieux mots de *lie* & *liesse*, pour désigner la joie, le plaisir, les délices de la bonne chere, &c.

Ces mots se faisant précéder de *kh*, lettre qui précéde souvent la lettre L, formerent ceux-ci en Grec:

1.

X-ΛΙω, *kh-liô*, être plongé dans les délices, en être amolli, énervé.

X-ΛΙΔη, ἡ, luxe, délices, molesse; 2°. habillemens trop recherchés.

X-Λιδανος, délicat; voluptueux.

X-Λιδαινω, même que Χλιω.

X-Λιδαω, être plongé dans les plaisirs; mener une vie voluptueuse.

X-Λιδημα, τὸ, luxe, délices; 2°. habit, étoffe riche & recherchée.

X-Λιδωνες, colliers, bracelets.

X-Λιδος, εος, τὸ, ornemens trop recherchés, parure élégante.

X-Λιδος, ȣ, ὁ, alluvion; dépôts formés par les eaux.

2.

Ce même mot, *Le*, *leu*, plaisir, & qui forma le Latin *Lusus*, se faisant également précéder de la lettre *kh*, produisit la famille Grecque suivante qui s'unit aux mots Latins & Orientaux cités dans nos *Or. Lat.* 912.

X-ΛΕΥη, ἡ, *kh-leué*, ris, raillerie; jeu, passe-tems.

X-Λευαζω, jouer, rire, se moquer.

X-Λευασμος, raillerie, moquerie.

X-Λευαςης, moqueur, mauvais plaisant, railleur.

3.

1. ΛΙΤη, ἡ, *Lité*, prieres, supplications, vœux; *mot-à-mot*, sacrifice agréable.

ΛΙΣΣομαι, prier, supplier; 2°. sacrifier.

Λιτανευω, de même.

Λιlανεια, prieres ; supplications.
Λιlησιος, suppliant.

2. Α-ΛΙΤεω, *A-liteo*, pécher, violer, offenser; *mot-à-mot*, n'adresser point de sacrifice, de prieres ; 2°. être errant, vagabond ; *mot à mot*, ne pas se rendre aux assemblées publiques, abandonner l'assemblée dont on est membre.

Α-Λιlημα, péché, crime.
Α-Λιlημων, pécheur, pécheresse.
Α-Λιlηρος, scélérat, pervers.
Α-Λιlηριος, peste, ruine.
Α-Λιlρος, scélérat.
Α-Λιlρια, péché.
Α-Λιlραινω, Α-Λιlευω, Α-Λιlαινω, pécher, tomber dans le crime.

IV.
Cris de Douleurs.

Les sons *La*, *Lai*, *Lu*, étant prononcés d'un ton traînant & plaintif, devinrent la source d'une multitude de mots en toute Langue relatifs à la douleur. Voy. *Or. Lat.* 915. *Or. Fr.* 623.

1.
ΛΑΙος, *Laios*, le *Lævus* des Latins, fâcheux, sinistre, gauche.
Λαισηϊον, petit bouclier qu'on portoit du bras gauche.

2.
ΛΟΙΓος, *Loigos*, ruine, destruction ; 2°. mort.
Λοιγηεις,
Λοιγιος,   } pernicieux, funeste.
Λοιγης,
Λευγαλεος, pernicieux, funeste; 2°. à charge ; 3°. mauvais ; dangereux ; 4°. misérable, infortuné.

3.
ΛΟΙΜος, ὁ, Peste, contagion.
Λοιμικος, Λοιμωδης, contagieux, pestilentiel.
Λοιμωllειν, être attaqué de la peste.

4.
ΛΥΓρος, *Lugros*, funeste, triste, déplorable ; 2°. à charge, fâcheux.

5.
ΛΥΖω, *Luzô*, sanglotter.
Λυγμος, ὁ, sanglot.
Λυγξ, γγος, ἡ, de même.
Λυγδην, en sanglottant.
Λυγγανω, Λυγχαινω, sanglotter.

6.
ΥΥΜη, ἡ, *Lumé*, ruine, perte, destruction.
Λυμεων, ὁ, destructeur, exterminateur.
Λυμαινω, détruire, perdre, gâter, corrompre, vicier.
Λυμανlηρ ; -πης, corrupteur.

7.
1. ΛΥΠη, ἡ, *Lupé*, douleur, chagrin, angoisse.
Λυπηρος, chagrin, angoissé, accablé de douleur.
Λυπρος, de même; 2°. mince, maigre, vil.
Λυπροlης, ἡ, minceur : maigreur.
Λυπεω, affliger, attrister, chagriner.
Λυπηlικος, qui prend plaisir à affliger.
2. Λυπηγαρια, espéce de légumes.

LA,
Force, grandeur.

1.
L, désignant le bras, la force, de-

vint en Grec les particules, ΛΑ, ΛΙ, ΛΙΑ, qui servirent à désigner la force & qu'on employa en qualité d'initiale dans une multitude de Composés. De-là ces mots:

1. ΛΑ-ΒΡος, *la-bros*, vorace, gourmand, goulu: de ΒRo, aliment, nourriture.

Λα-βροσυνη, voracité.
Λα-βροτης, ἡ, de même.
Λα-βραξ, poisson vorace.
Λα-βρωνια, grande coupe.

2. Λα ΒΡΗα, intempérance de langue, démangeaison de parler.

Ce mot pourroit bien venir du primitif, *Bar*, *Bra*, parole.

Λα-βραζω, Λα βρυσσω,
Λα βρευομαι, se précipiter en parlant, parler avec trop de volubilité, avoir l'air de n'avoir jamais tout dit.

3. Λα-ΒΥΡ-ΙΝΘος, le labyrinthe. Ce mot Oriental, composé de *Byr*, Palais, & *aïn*, Soleil, pourroit offrir dans l'initiale *la*, l'idée de grandeur, si on ne veut pas que ce soit l'article Oriental *al*.

4. ΛΑ-ΓΝης, *la-gnés*, livré aux plaisirs de la volupté, débauché: de *GuN*, femme.

Λα-Γνευω, être adonné aux femmes.
Λα-Γνευμα, Λα-Γνεια, vie lascive.

5. ΛΑΙΛαΨ, pour ΛΑ-ΕΙΛαψ, απος, ἡ, tourbillon, vent follet, ouragan: De *Eïllô*, tourbillonner, rouler.

6. ΛΑ ΚΕΡυζα, ἡ, *la-keruza*, babillarde: du prim. *Gar*, parler, jaser.

Λα-Κερυζειν, babiller, dire un torrent de paroles: 2°. calomnier; maudire.

7. ΛΑ-ΠΙΖω, *la pizó*, se vanter, parler insolemment: être plein d'arrogance. De *Phi*, bouche, parole.

8. ΛΑ-ΧΝη, *la-khné*, duvet, 2°. poil follet, de Χνυς, *khnous*, duvet.
Λα Χναιος, velu.
Λα-Χνος, Λα Χνηεις, de même.

2.

1. ΛΙΑΝ, *lian*, beaucoup, extrêmement, tout-à-fait.

2. ΛΙΑ-Ζω, *lia-zó*, agiter, troubler, hâter; 2°. s'éloigner, séparer, aller, venir: tout ce qui désigne une grande agitation, de grands mouvemens. De *Lia*, beaucoup, & *Ze*, qui désigna toujours le mouvement, la mobilité.

3. ΛΙ-ΠΑΡης, ὁ, ἡ, *li parés*, assidu, exact, diligent, continu.

Λι-Παρια, assiduité.
Λι-Παρεω, être assidu, persévérer: de *Pareimi*, être auprès.

3.

ΛΑ-ΟΣ, ὁ, *Laós*, Peuple, société nombreuse.

Ce mot dont l'origine étoit absolument inconnue, s'est formé manifestement de *Os*, qui, & *La*, grand, nombreux.

Λα-ωδης, populaire.

ΔΕΩΣ, chez les Athéniens pour *Laos*, peuple.

4.

De *La*, fort, vinrent plusieurs mots relatifs à la dureté.

1. ΛΛΑΣ, αος, ὁ, *Laas*, pierre, rocher.
Λᾶς, de même.
ΛΑΙΓΞ, ιγγος, ἡ, caillou.
Λαινος, de pierre.
ΛΕΥω, lapider.
Λευσμος, lapidation; 2°. amas de maux.
Λευςηρ, qui lapide.
Λευςος, lapidé.

2. ΛΑΘυρος, ὁ, *Lathyrós*, pois chiches: ils sont comme de petits cailloux.

3. ΛΑΞ, *Lax*, talon, sur le talon, du talon.
Λακτιζω, donner du talon, ruer.
Λακτιςης, qui rue.
Λακτις, fouet, aiguillon: il fait mouvoir les talons; 2°. cuillière.

4. ΛΙΘος, ὁ, ἡ, *Lithos*, pierre, rocher; 2°. calcul de la vessie; 3°. anchre; 4°. disque, palet; 5°. stupide.
Λιθωδης, Λιθινος, Λιθεος, de pierre, de rocher, pierreux.
Λιθαξ, pierre glissante; roche escarpée.
Λιθας, αδος, η, caillou, petite pierre.
Λιθις, Λιθιδιον, Λιθαριον, de même.
Λιθοω, changer en pierre.
Λιθαζω, lapider.
Λιθιαω, avoir la pierre.

II. LAR,
Grand, vorace.
Origines Franç. 632.

De *LA* & *AR*, tous deux désignant la grandeur, l'élévation, vinrent divers mots:

1. ΛΑΡινος, *Larinos*, engraissé.
Λαρινευω, engraisser.

2. ΛΑΡος, *Laros*, espèce d'oiseau vorace; 2°. homme rapace; 3°. *adj.* agréable.

3. ΛΑΡΚος, ὁ, grand panier d'osier.
Λαρκιδιον, diminutif.

4. ΛΑΡΝαξ, ακος, ἡ, *Larnax*, cassette, coffre.

5. ΛΑΥΡος, *Lauros*, large, abondant, copieux.
ΛΑΥΡα, place publique.

6. ΛΟΡΔος, *Lordos*, bossu, courbé.
Λορδοω, courber, bossuer.
Λορδωσις, bosse.

III. LAS, LAT,
étendu, épais.

1. ΛΑΣιος, *Lasios*, touffu, hérissé, velu.
Λασιωνες, lieux couverts d'arbres.
Λασσια, pelisses.

2. ΛΑΤος, le *LATUS*, poisson blanc du Nil qui pèse jusqu'à deux quintaux.

3. T, changé en G, fit:
ΛΕΓΝον, τὸ *Legnon*, frange, bordure: elle élargit l'étoffe.
Λεγνωτος, bordé; à franges.
Λεγνωδης, varié, bigarré. *Or. Fr.* 664.

IV. LE, LO,
Haut, élevé.

De *LA*, grand, vint la famille Le, Lo, élevé. *Or. Fr.* 634. *Or. Lat.* 1014.

1.

1. ΛΕΠος, εος, τὸ, *Lepos*, écorce ; 2°. cosse ; 3°. écaille ; *mot-à-mot*, ce qui est sur, qui enveloppe.

Λεπω, *Lepó*, écorcer, écailler, écosser.

Λεμμα, écorce, le *liber*, d'où livre.

ΛΕΠιζω, écorcer ; 2°. écorcher, emporter la peau.

Λεπισμα, Λεπις, même que Λεμμα ; 2°. lame ; 3°. maladie de la peau, gale.

Λεπιδιον, plante qui enleve les taches.

ΛΕΠυρος, qui a de l'écorce.

Λεπυρωδης, qui a plusieurs enveloppes, plusieurs tégumens.

Λεπυριον, écorce, coquille, écaille.

Λεπυριοω, ôter l'enveloppe, l'écorce, &c.

2. ΛΟΠος, écorce, peau, enveloppe.

Λοπιμος, qui a une écorce.

Λοπισμα, écorce, enveloppe, coquille.

ΛΟΠιζω, écorcer.

Λοπιαω, s'enfler dans son écorce ; la faire gonfler en grossissant.

Λοπια, gonflement de l'écorce.

Λοπας, αδος, ἡ, grand vase ; 2°. maladie des arbres.

Λοπαδιον, diminutif.

3. ΛΩΠος, το, Λωπη, ἡ, habillement délié, mince.

Λωπιζω, se déshabiller.

4. ΛΕΠας, αδος, ἡ, *Lepas*, genre de coquillages ; *neut.* roche, promontoire.

Λεπαιος, escarpé.

5. ΛΕΠαστη, grande coupe.

Λεπαδνον, large collier pour les chevaux.

6. ΛΕΒ-ΗΡις, ιδος, ἡ, *Leb-éris*, dépouilles du serpent, ancienne peau que la nouvelle fait tomber.

De *Leb*, écorce, & *airó*, enlever.

2.

ΛΕΠΤος, *Leptos*, mince comme une écorce ; 2°. maigre ; 3°. peu épais ; 4°. subtil.

Λεπτοτης, — οσυνη, minceur, rareté, subtilité.

Λεπταλεος, mince, subtil.

Λεπτατικος, diminutif.

Λεπτύνω, atténuer, amincir, rendre mince.

Λεπτυσμος, — υνσις, atténuation, exténuation.

3.

1. ΛΙΠος, εος, τὸ, *Lipos*, graisse.

Λιπωδης, gras.

ΛΙΠαω, être gras.

Λιπητος, tems où les arbres montent en séve.

Λιπαινω, engraisser.

Λιπασμος, action d'engraisser.

Λιπασμα, engrais.

Λιπαρος, gras ; 2°. huilé ; 3°. net, poli, lustré.

Λιπαροτης, graisse, embonpoint, qualité d'être gras ; 2°. netteté, lustre.

4.

ΛΟΒος, ὁ, *Lobos*, le bas de l'oreille : peut-être vaudroit-il mieux le rapporter à *Lab*, main, anse, action de saisir. On prend par l'oreille. *Or. Lat.* 934. 2°. les lobes des graines.

Λοβιον, la partie la plus relevée du foie; ses lobes.

5.

ΛΟΙΣΘος, & ΛΟΙΣΘιος, Loïstos, Loïsthios, le dernier, le plus avancé.

Λοισθηϊα, récompense donnée à celui qui combat le dernier.

Λοισθευς, le dernier dans un Tournoi.

Λοισθημα, la fin.

6.

ΛΩΦος, Lophos, la partie de la tête d'un animal qui porte le joug; 2°. crête d'un casque; 3°. hupe d'oiseau; 4°. colline, éminence, crêt.

Λοφοεις, plein d'éminences, coupé de collines, de crêts.

Λοφια, élévation, éminence, la crête du dos.

Λοφις, place de la crête sur un casque.

Λοφαμισκος, colline, éminence.

Λοφυρος, qui a une belle crête : qui porte la crête haute, fier, superbe.

Λοφιζω, Λοφεω, exalter, élever.

Λοφαω, avoir une huppe, une crête.

Λοφνια, η, Λοφνις, ιδος, η, grosse torche.

Λοφνιδιον, son diminutif.

7.

De *LA*, élevé, vint *LAN*, bois, & *Lancea*, lance, *Or. Lat.* 1015, 1016. De-là :

ΛΟΓΧη, η, *Lonkhé*, lance, pointe de lance.

Λογχιτης, Λογχαιος, qui porte une lance.

Λογχιτις, plante en forme de lance.

Λογχυσθαι, terminer en pointe.

Λογχωτος, qui se termine en pointe.

8.

De *LA*, élevé, vint également *LI*, *LO*, en travers, oblique, *Orig. Lat.* 1023, & de-là :

ΛΟΞος, ὁ, *Loxos*, oblique, en travers, non-droit.

Λοξιας, ὁ, surnom d'Apollon ou du Soleil, à cause de sa marche oblique.

Λοξοτης, η, Λοξις, η, obliquité.

Λοξευω, Λοξοω, rendre oblique.

Λοξωσις, action de rendre oblique.

2. ΛΕΧριος, oblique.

Λεχρις, Λικριφις, obliquement.

9.

ΛΩΜα, ατος, το, *Lôma*, frange, bordure.

Λωματιον, diminutif. Ce mot tient à *Lobos*.

LA,
Langue.

De L, désignant la langue, dérivèrent une multitude de familles Grecques.

I.

ΛΑΛεω, *Laleô*, parler.

Λαλημα, το, discours, babil.

Λαλητος, qui a la faculté de parler.

Λαλητικος, babillard.

Λαλητρις, babillarde.

Λαλητρος, grand parleur, bavard.

Λαλος, qui parle.

Λαλια, discours, langage.

ΛΑ-ΛΑΖω, *La-lazô*, crier.

Λα-λαξ, γος, cri, clameur, bruit, vacarme.

Λαλαγη, de même.

Λαλαγεω, crier, faire du bruit, résonner.

Λαλαγημα, cri de joie, fon.
Λαλαγητης, difeur de riens, conteur de fornettes.

II.

1. ΛΕΓω, *Legô*, le Lat. *Lego*, parler, dire, conter; 2°. réciter, lire; 3°. cueillir, choifir: 4°. énumérer, compter; 5°. faire coucher, mettre au lit.

2. ΛΕΚτος, cueilli, choifi.
ΛΟΓας, αδος. ὁ, ἡ, choifi, élu.
ΛΟΓια, ἡ, collecte.

3. ΛΟΧις, *Lokhos*, cohorte, bande, *mot-à-mot*, poignée; 2°. piéges, embufcade.
Λοχιτης, d'une cohorte.
Λοχιζω, diftribuer par cohortes.

4. ΛΕΞις, εως, ἡ, mot: 2°. diction, élocution, difcours, parole, ftyle.
Λεξιδιον, petit mot.
Λεξικον, Dictionnaire; Recueil de mots.
Λεκτης, qui peut fe dire, s'exprimer.
Λεκτικος, afforti aux paroles.

5. ΛΟΓ.ς, ὁ, *Logos*, parole, mot, difcours; 2°. bruit, rumeur; 3°. opinion, avis, 4°. raifon.
Λογικος, éloquent, qui differte, Logicien.
Λογιμος, digne de mémoire, célèbre.
Λογιος, mémorable, célèbre; 2°. favant dans l'Hiftoire & les Antiquités; 3°. devin; 4°. magnifique.
Λογιον, τὸ, Oracle.
Λογιοτης, ἡ, éloquence.
Λογιευς, Orateur; Avocat.
Λογειον, fcène, place des Acteurs.
Λογιδιον, λογαριον, petit mot, petit difcours.

Λογιστηρια, τὰ, Ecoles où l'on differte.
Λογαω, avoir envie de parler, de difcourir.

6. ΛΟΓικος, raifonnable, doué de raifon.
Λογαριαζω, calculer, fupputer.
Λογαριασμος, calcul.
Λογιζομαι, calculer, fupputer; 2°. penfer, eftimer, attribuer.
Λογισμος, ὁ, fupputation, calcul; 2°. raifonnement, penfée; 3°. délibération.
Λογιστηρια, Ecoles de calcul.
Λογιστης, Calculateur, Supputateur; 2°. qui raifonne & calcule.
Λογιτευω, calculer, eftimer.

7. ΛΕΚτρον, τὸ, *Lektron*, lit: il confiftoit d'abord dans des feuilles raffemblées.
Λεχος, de même.
Λεχαια, plante, ou feuille propre pour un lit.
Λεχαινεω, avoir envie de fe coucher, foupirer après le lit.
Λεχω, ἡ, qui eft au lit, accouchée.
Λεχωϊς, Λεχωΐς, qui regarde les couches.
Λεσαι, femmes qui aiment le lit.
Λοχος, ἡ, femme groffe.
ΑΛΕΚτωρ, ἡ, époufe; 2°. non-mariée, vierge.
Αλοχος, époufe; 2°. vierge.

8. Α-ΛΕΚτωρ, ορος, ὁ, le coq, parce, dit-on, qu'il réveille, qu'il empêche de refter trop long-temps au lit.
Αλεκτορις, ἡ, poule.
Αλεκτρυων, ὁ, ἡ, coq, poule.

Αλεκτρυαινα, poule.

Ces derniers mots pourroient tenir à celui d'*AL*, ou *HEL*, le Soleil; & signifier *l'oiseau du Soleil*.

III.

1. ΛΕΙΧω, *Leikhô*, lêcher, lapper.
Λιχμηρης, langue qui lêche.
Λιχμας, η, lêcheuse.

2. ΛΕΙΧην, ηνος, ὁ, feu volage, dartre; 2°. nom de plante adhérente aux rochers.

3. ΛΑΓανον, sorte de gâteau, avec de la farine & de l'huile; *mot à mot*, excellent manger.
Λαγανιον, diminutif.

4. ΛΕΚανη, plat.
Λεκανιον, diminutif.
Λεκανις; --νισκη, plat.

5. ΛΑΓηνος, ἡ, *Lagénos*, espéce de mesure, vase à mesurer.
Λαγηνιον, Λαγυνιον, diminutifs.

6. ΛΙΧΝος, *Likhnos*, gourmand, friand, qui aime les bons morceaux; 2°. goulu.
Λιχνευω, être friand, aimer la bonne chere.
Λιχνευμα, τὸ, bonbons, friandises, bonne chere.
Λιχρεια, η, gourmandise.
Λιχος, εος, τὸ, ragoûts fins, mets délicats.

7. ΛΗΚιω, autrefois, ΛΑΚιω, *Lakeô*, rendre un son, résonner, retentir; 2°. parler, causer.
Aor. 2° Ε-ΛΑΚον, j'ai retenti.
ΛΑΚος, son, bruit, éclat.

ΛΑΚις, ιδος, η, déchirure avec grand bruit.
ΛΑΚιδοω, Λακιζω, déchirer, lacérer, éclater avec bruit.

8. ΛΙΓγω, *Lingó*, rendre un son aigu, pétiller, craquer.
Λιγυς, aigu, perçant.
Λιγαινω, rendre un son aigu.
Λιγυρος, sifflement du vent.
Λιγυριζω, chanter d'une voix claire & aigue.

IV.

1. ΛΑΙΜος, ὁ, *Laimos*, gorge, gueule, gosier.
Λαιμασσω, manger avec avidité, se gorger.
Λαιμωσσω, être affamé.

2. ΛΑΜια, *Lamia*, animal fabuleux qui dévoroit, disoit on.

3. ΛΙΜος, *Limos*, faim; 2°. insatiabilité.
Λιμωδης, Λιμηρος, affamé.
Λιμαινω, avoir faim, être tourmenté de la faim.
Λιμωττω, de même.
Βου-Λιμια, boulimie, faim dévorante.

V.

1. ΛΑ-ΜΥΡος, *La-muros*, éloquent, disert, beau parleur: 2°. babillard, bouffon, plaisant: 3°. impudent, effronté: de *La*, langue, & *Mar*, grand.
Λα-Μυρια, éloquence, graces du langage; 2°. babil; 3°. impudence; 4°. pureté, limpidité.

2. ΛΑ-ΡΥΓΞ, υγγος, ὁ, le larynx, le haut de la gorge. Ce mot, dont l'origine

l'origine a toujours été inconnue, vient de *La*, langue, & de *Ru*, chûte. Le *Larynx* est en effet à la chûte de la langue.

Λα-ρυγγιζω, crier à plein gosier.
Λα-ρυγγισμος, cri à plein gosier.
Λα-ρυγγιςης, ὁ, criard, braillard; 2°. gourmand, goinfre.
Λα-ρυγγιαω, même que Λαρυγγιζω.

3. ΛΑΣΚΕιν, dire, parler : 2°. dire des injures.

4. ΛΕΣΧη, ἡ, *Leské*, discours, conférence, entretien.

Λεσχηνευω, discourir, s'entretenir, jaser.
Λεσχηνεια, entretien, babil; 2°. injures.
Λεσχηνευτης, qui s'entretient avec un autre, qui est en conférence.
Λεσχηνωται, les disciples.
Λεσχαιος, qui expose.
Λεσχην-οριος, surnom d'Apollon.
Λεσχηρω, discourir, conférence.

LAB.

LAB est un primitif formé de *L*, aile, bras, & qui désigna la main : tout ce qui saisit ; 2°. les lèvres avec lesquelles on saisit sa nourriture : 3°. ce qui est fendu, comme les doigts de la main, comme les lèvres : de-là, diverses familles.

I. LAB, main.

ΛΑΒη, ἡ, *Labé*, anse, poignée, manche : 2°. action de prendre, de saisir, saisie.
ΛΑΒις, ιδος, ἡ, anse, manche, poignée ; 2°. pinces, tenailles ; 3°. agraffe.

Λαβιδιον, petite anse, petites pinces.
ΛΑΒω, ΛΗΒω, puis en le nasalant,
ΛΑΜΒανω, *Labô*, *Lêbô*, *Lambanô*, prendre, saisir, empoigner ; 2°. recevoir ; 3°. se charger de ; 4°. envahir ; 5°. poursuivre, obtenir, acquérir ; 6°. concevoir.

Λημμα, τὸ, action de prendre, de recevoir ; 2°. présent ; 3°. émolument.
Ληψις, ἡ, acception, action de recevoir.
Ληπτης, qui prend.
Ληπτικος, qui aime à prendre.
Ληπτος, pris, reçu ; 2°. qui peut être pris, reçu.

Ses composés sont en *Lab*, *Leb*, *Lamb*, *Lemm*, *Leps*.

2.

ΛΑΖομαι, *Lazomai*, prendre, saisir, s'emparer de, arracher.
Λαζυμαι, de même.

3.

De *Lab*, prononcé *Laf*, main, dont on trouve des traces en Celte, vint, par le changement de F en T, si commun en Grec, cette famille dont l'origine étoit absolument inconnue.

ΛΑΤΡις, ιος, ὁ, ἡ, *Latris*, pour *Lat-eris*; mot-à-mot, homme ou femme de travail, manœuvre ; *en bon Grec*, serviteur, servante, esclave ; ceux qui remplissent les travaux d'une maison.

ΛΑΤΡευω, servir, être esclave, domestique ; 2°. cultiver.
Λατρευμα, service, ministère, culte.

Λατρευτης, qui rend un culte, qui sert.
Λατρεια, service ; 2°. culte, latrie.
ΕΙΔωλο-Λατρης, Ido-lâtre, qui sert les Idoles.

II. L A B, lèvre.

De L A B, lèvre, vinrent :

1.

ΕΙΛΑΠιγη, *Eilapiné*, repas, festin.
Ειλαπιναζω, banquetter.
Ειλαπιναςης, convive.

2.

De LAB, lèvre, ou de LAB, fendu comme la lèvre, & par le changement ordinaire chez les Grecs, de *b*, *p*, en *c*, *g*, vint :

ΛΑΓωος, ὁ, *Lagôos*, lièvre, animal remarquable en ce que sa lèvre supérieure est fendue jusqu'aux naseaux, d'où l'expression *Bec-de-lièvre* ; 2°. constellation.

Λαγωος, de lièvre.
Λαγωδιον, το, levreau.
Λαγιδεος, Λαγειος, de même.
Λαγιδης, ὁ, petit d'un lièvre.
Λαγυσσαι, Isles qui abondoient en lièvres.

III. L A B, fendu.

De *Lab*, prononcé *Laf*, *Laif*, vint :

ΛΑΙΦος, εος, τὸ, *Laiphos*, habit déchiré, usé ; 2°. habit en général ; 3°. voile.

Λαιφυ, ἡ, habit, manteau.

L,
Eau.

La nature liquide de la lettre L, l'a rendu propre à devenir le nom des eaux, des liquides : de-là une multitude de familles. (*Orig. Lat.* 988.)

I.

1. ΛΑΚΚος, ὁ, *Lakkos*, citerne, fosse, fossé, lagune.

Λακκαιος, de citerne.

2. ΛΑΧαινω, *Lakhainô*, faire des fossés, creuser, remuer.

Λαχεια, terre facile à remuer, à fossoyer.

II.

1. ΛΑΜΥΡια, ἡ, *lamyria*, limpidité, pureté, brillant des eaux ; de *L*, eau, & *Mor*, brillant, éclat.

2. ΛΕΙΜων, ωνος, ὁ, *Leimôn*, prairie, lieu arrosé.

Λειμωνιος, Λειμωνιας, Λειμωνις, ιδος, ὁ, des prairies.
Λειμαξ, ακος, & Λειμας, αδος, ἡ, prairie, pré.
Λειμωνιον, το, herbe des prés.

3. ΛΕΜΒος, ὁ, *Lembos*, petite barque.

Λεμβαδιον, diminutif.

2.

1. ΛΕΙΒω, *Leibô*, faire des libations, verser.

Λοιβη, libation.
Λοιβειον, vase à libations.
Λοιβασιον, diminutif.

2. ΛΕΙΒηδρον, το, ruisseau, aqueduc, canal.

3. ΕΙΒω, verser, fondre : on a cru que ce mot étoit une altération de *Leibo* : j'y reconnoîtrois plutôt un dérivé du vieux mot *Eve*, *ειυε*, eau.

4. ΛΙΒω, *Libó*, en Latin *Libo* : verser, répandre ; 2°. faire des libations.

Λιβος, εως, το, goutte : qui distille.

Λιβηρος, humide ; 2°. qui coule goutte à goutte.

Λιβηθρον, canal, aqueduc.

Λιβας, δος, ἡ, goutte ; 2°. source.

Λιβαδιον, lieu arrosé : prairie ; 2°. petite Centaurée, elle croît le long des eaux.

Λιβαζω, tomber goutte à goutte, distiller.

Λιψ, Λιβος, ἡ, rocher d'où l'eau distille ; 2°. nom du vent du midi : il amene les pluies.

5. Α-ΛΕΙΦω, *A-Leiphó*, oindre : frotter avec des choses liquides ; 2°. exciter, exhorter.

Α-Λειμμα, το, onction.

Α-Λειψ ς, de même.

Α-Λειπτης, qui oint.

Α-Λειπτρον, vase destiné aux onctions.

Α-Λειφαρ, ατος, το, oignemens, ce qui sert à oindre, huile, graisse, oing.

Α-Λοιφη, de même.

Α-Λοιμος, crépi, enduit des murs.

3.

1. ΛΙΜΗΝ, ενος, ὁ, *Limén*, port.

Λιμενιζω, être au port.

Λιμενιτης, habitans des ports.

Λιμαρος, abondant en ports.

Λιμενιον, petit port, Havre.

2. ΛΙΜΝΗ, ἡ, *Limné*, étang, marais ; 2°. lac ; 3°. mer.

Λιμναιος, Λιμνητης, des étangs.

Λιμνωδης, abondant en marais, en eaux, en lacs.

Λιμναζω, mettre sous l'eau, inonder, arroser abondamment.

Λιμνας, αδος, ἡ, d'étang.

Λιμνοομαι, se changer en marais.

3. ΛΗΜΗ, *Lémé*, chassie, humeur qui coule des yeux.

Λημαλεος, chassieux.

Λημαω, être chassieux.

4. Et par l'addition si ordinaire du G,

Γ-ΛΗΜΗ, *Glémé* ; en Dorien, *Glumé*, chassie.

Γ-Λημωδης, chassieux.

Γ-Λημαω, être chassieux.

4.

ΛΟΥω, *Louó*, laver.

Λυτηρ, ὁ, bassin à laver.

Λυτηριον, diminutif.

Λυτρις, caleçon pour se mettre dans l'eau.

Λυτριον, Λυτρον, eau dans laquelle on a lavé.

Λυτρον, lavoir ; 2°. eau à laver.

Λυτρων, ωνος, ὁ, bain, lieu des bains.

Λοετρον, poétiquement pour Λυτρον.

Λυτιαω, avoir envie de laver.

5.

1. ΛΥω, *Luó*, dilayer, dissoudre ; 2°. rompre, briser, 3°. payer ; car alors on rompoit, on déchiroit les billets, les contrats ou engagemens.

Λυσις, solution ; 2°. libération.

Λυσιμος, qui peut être résolu : soluble.

Λυσιος, surnom de Bacchus, qui délivre des soucis.

Λυτος, soluble.

Λυτικος, qui a la force de dissoudre, de résoudre.

Λύτηρ, ὁ, qui résout ; 2°. libérateur ; 3°. expiatoire.
Λύτωρ, de même.
Λύτρον, rançon.
Λυα, ἡ ; Λυη, sédition, schisme, révolte.

2. ΛΥΓος, ȣ, ὁ, *Lugos, Agnus-Castus*, espèce d'osier qui croît le long des eaux ; 2°. baguette, houssine.
Λυγινος, d'osier, de saule.
Λυγοω, être flexible comme l'osier, le saule ; 2°. lier.
Λυγιζω, être flexible, souple, s'entrelacer comme les Athletes ; 2°. vaincre, avoir le dessus.
Λυγισμα, fléxibilité, tournoyement, détours, contorsions.
Λυγισικος, souple & fléxible dans ses mouvemens, agile.

3. ΛΥΘΡον, τὸ, *Luthron*, sang : 2°. couvert de sang & de poussière.
Λυθροω, ensanglanter, être couvert de sang & de poussière.
Λυθρωδης, sanglant, ensanglanté.

4. ΛΥΜα, τὸ, *Luma*, ordures, immondices, ce qu'il faut laver.
Λυμαινω, purifier, purger, nettoyer.

III.

Ce mot a produit quelques autres familles dont on ne reconnoissoit pas l'origine à cause qu'elles s'étoient chargées d'initiales étrangeres au mot primitif.

1. Α-ΛΙΓΚιος, *A-Linkios*, semblable, mot employé dans l'Iliade Z ; de *Lim, Lim*, eaux, l'eau peignant les objets de la maniere la plus ressemblante.

2. Α-ΛΙΣΓΕω, ω, *A-Lisgeo*, souiller.
Α-Λισγημα, souillure : *mot-à-mot*, non-lavé.

3. ΙΛΥΣ, υος, ἡ, *I-Lus*, limon, bourbe, fange. Il s'applique sur-tout aux étangs, aux marais.
Ι-Λυοεις, fangeux, limoneux ; plein de vase.
Ι-Λυω, couvrir de limon, de fange ; 2°. marner, mettre des engrais ; 3°. gâter, corrompre, tacher.

4. Κ-ΛΥΖω, *K-Luzô*, laver ; 2°. faire des ablutions.
Κ-Λυσμα, τὸ, action de laver, ablution.
Κ-Λυσματιον, de même.
Κ-Λυσις, lavage.
Κ-Λυσηρ, ὁ, *C-lystere*, ce qui sert à laver l'intérieur du corps, les entrailles.
Κ-Λυσηριον, diminutif.
Κ-Λυδων, ωνος, ὁ, flot, onde.
Κ-Λυδωνιον, diminutif.
Κ-Λυδωνιζομαι, être agité.
Κ-Λυδαζομαι, de même.
Κ-Λυδασμος, fluctuation, agitation.
En Celte CLYD, riviere.

L,

Lumiere, flâme.

De L, désignant les objets liquides, mobiles, vinrent diverses familles relatives à la flâme, à la lumiere, au jour.

I.

1. ΛΑω, *Laô*, voir ; 2°. jouir.
ΛΑΤω, *Lauô*, jouir.

2. ΛΕΥΣΣω, *Leussô*, voir, appercevoir.

3. ΛΕΥΚος, ὁ, *Leukos*, blanc ; 2°. limpide ; 3°. clair, brillant ; 4 serein, heureux ; 5°. agréable, gai.

Λευκοτης, blancheur, candeur.

Λευκοω, rendre blanc, blanchir.

Λευκωμα, ce qu'on a blanchi : tablettes.

Λευκωσις, maladie de l'œil.

Λευκαινω, blanchir.

4. ΛΕυκη, Peuplier blanc.

Λευκινυς, de Peuplier.

5. ΛΕΥΚισκος, poisson de la classe des mulets.

6. ΛΕΚΙΘος, *Lekithos*, jaune d'œuf ; 2°. lentille, pois, à cause de leur couleur.

Λεκιθωδης, jaune, jaunâtre.

Λεκιθιτης, ὁ, où il entre des jaunes d'œufs.

7. ΛΙΓΝος, υος, *Lignus*, fumée ; 2°. suie.

Λιγνυοεις, plein de suie.

II. LU.

1. ΛΥΞ, κος, ὁ, ἡ, *Lynx*, animal qui doit son nom à sa vue perçante.

2. ΛΥΚα-ΒΑΣ, αντος, ὁ, *Luka-bas*, année ; *mot-à-mot*, soleil ou lumière qui avance.

3. ΛΥΚος, ὁ, *Lukos*, loup, à cause de sa couleur jaune ; 2°. le Soleil, dit MACROBE, *Saturn. L. I. 17* ; 3°. espéce de frein : 4°. fleurs de l'Iris à lèvres de loup : 5°. espèces de poisson, d'oiseau, d'araignée : 6°. nom de pastille.

Λυκειος, de loup.

Λυκεια, les Lupercales.

Λυκηθμος, hurlement des loups.

Λυκηδευς, petit loup, louveteau.

Λυκοω, déchirer à la maniere des loups, mettre en piéces.

ΛΥΚαινα, louve.

Λυκις, petite louve.

Λυκιον, arbre épineux.

ΛΥΚη, le point du jour, entre chien & loup.

4. ΛΥΧΝος, *Lukhnos*, en Lat. *Lychnus*, lumiere, lampe, flambeau.

Λυχναιος, pierre transparente.

Λυχνειον, chandelier, candelabre.

Λυχνια, de même.

Λυχνις, petite lampe ; 2°. fleur d'été.

Λυχνιδιον, diminutif ; 2°. nom de poisson.

Λυχνεων, ὁ, place des lampes.

Λυχνευω, éclairer.

5. ΛΥΓΔος, ἡ, *Lugdos*, nom d'une pierre précieuse.

III. LU, Négatifs.

1. ΛΥΓη, *Lugé*, obscurité, ténèbres.

Λυγαιος, obscur, ténébreux, sombre.

2. Η-ΛΥΓη, ombre, ténèbres.

Η-Λυγαιος, sombre, opaque.

Η-Λυγαζω, ombrer ; obscurcir, mettre dans les ténèbres.

Η-Λυγισμος, ombrage.

3. Α-Λαος *A-Laos*, aveugle, qui n'y voit pas.

Α-Λαοω, aveugler, rendre aveugle.

Α-Λαωτυς, υος, ἡ, aveuglement, privation d'yeux, de la vue.

4. Α-ΧΛυς, υος, ἡ, *A-khlus*, obscurité, ténèbres : d'Α, priv. & de Lu, lumiere, prononcé χλυ, *khlu*.

Α-Χλυσις, ténébreux.

Α-Χλύω, obscurcir, s'obscurcir, être dans les ténèbres.

IV. LAP. LAMP.

La, lumiere, prononcé *lap*, & se nasalant en *Lamp*, produisit cette famille.

1. Λάμπω, *Lampô*, briller, luire, éclairer.

Λαμψις, εως, ἡ, éclat, splendeur.

Λαμπηρ, ὁ, torche, flambeau.

ΛΑΜΠας, αδος, ἡ, lampe, flambeau, torche : tout ce qui sert à éclairer.

Λαμπαδιον, diminutif.

Λαμπαδευομαι, porter des flambeaux.

Λαμπαδιζω, courir avec un flambeau allumé.

Λαμπαδιςης, qui court avec un flambeau allumé.

2. Λάμπος, cheval de l'Aurore : du Soleil : nom d'un cheval d'Hector.

3. Λαμπηδων, ογος, ἡ, étincele.

Λαμπη, cette écume blanche qui nage sur le vin.

Λαμπηρος, écumeux, couvert d'écume.

4. Λαμπέτάω, briller, resplendir.

5. Λάμπρος, ὁ, *Lampros*, brillant : clair, resplendissant : 2°. splendide, magnifique : 2°. illustre, célèbre.

Λαμπροτης, éclat, splendeur, célébrité.

Λαμπρυνω, donner de l'éclat ; se montrer magnifique.

V. LEB, LEP.

1. Λέβης, ητος, *Lebés*, chaudiere, chaudron, poêle à frire, bassin de cuivre ; 2°. bassin pour les mains.

Λεβητιον, Λεβηταριον, diminutifs.

2. Λέπρα, ἡ, *Lepra*, lèpre : elle est blanche.

Λεπρωδης, lépreux.

Λεπρος, lépreux ; 2°. dont la peau est rude, & comme couverte d'écailles.

Λεπροω, rendre lépreux, galeux.

Λεπραω, devenir lépreux, galeux.

VI. Autres dérivés.

1. De *Lauo*, voir, jouir, & de CAN, pouvoir, vint :

ΛΑΥ-ΚΑΝια, *Lau-Kania*, gorge, gosier ; par lui on jouit des alimens.

Λευ-Κανια, de même.

2. Λώφάω, ω, *Lôphao*, respirer ; 2°. terminer ; 3°. calmer ; 4°. aller à fond, déposer : de la même famille que le Nord LOF, vent, air.

Λωφημα, relâche.

Λωφησις, repos, respiration.

Λωφιον, qui a la force de calmer.

Λωφαρ, même que Λωφημα.

VII.

De Lo, flamme, vinrent diverses familles figurées.

1.

Λῶ, *Lô*, vouloir ; la volonté ; le desir est une flâme, une ardeur, un feu brûlant, qui consume.

Λωϊον, ce qu'on désire davantage, meilleur.

Λωϊσος, excellent, très-bon.

Λησις, volonté, projet, dessein.

2. Λῆμα, ατος, τό, *Léma*, volonté, projet, dessein ; 2°. présence & for-

ce d'esprit ; esprit qui *veut* fortement.

Λημαλιας, armé de résolution.

Λημαλοω, avoir un esprit ferme, une résolution constante.

Ces mots tiennent à l'Oriental לו, *Lu*, Dieu veuille !

3. ΛΙ-Λαιομαι, & Γ-ΛΙΧομαι, *Li-laiomai*, & *Glikhomai*, désirer ardemment : 2°. se hâter.

4. ΛΙΠΤω, *Liptó*, désirer, vouloir avec force.

2.

1. E-ΛΕΥΘερος, *ε*, *ELeutheros*, libre ; mot-à-mot, qui fait sa volonté, ce qui lui plaît : de *Leu*, volonté, & de la terminaison *Ter*, si commune en Grec : c'est ce *Leu* si célèbre dans l'Histoire du moyen âge.

E-Λευθεροω, délivrer, mettre en liberté.

E-Λευθερωσις, délivrance.

E-Λευθερωτης, libérateur.

E-ΛΕΥΘερια, liberté.

E-Λευθερικος, libre.

E-Λευθεριος, ingénu, de naissance noble, homme de condition, d'une naissance libre, *liberalis* en Latin.

E-Λευθεριοτης, *n*, de naissance, noblesse, qualité des LEUDES.

2. ΛΕΙΠω, *Leipó*, laisser, permettre, donner la liberté, laisser à sa volonté, à son *Leu* : c'est le *Liquit* des Latins : 2°. manquer.

Λειμμα, restes.

Λειψις, action de laisser.

Λειψανον, restes.

Λοιπον, de reste, qui reste.

Λοιποι, οἱ, les autres.

Λοιπανω, même que Λειπω.

VIII.

De Lo, flamme, ardeur, vint :

ΛΥΣΣα, ἡ, *Lussa*, furie, rage.

Λυσσαλεος, enragé, furieux.

Λυσσηεις, de même.

Λυσσαω, Λυτλαω, être atteint de la rage, être enragé.

En Or. להט *Lehé*.

Λυσσημα, rage, fureur.

Λυσσητηρ, qui est enragé.

Λυσσας, femme atteinte de la rage.

Λυσσοω, devenir enragé.

Λυσσομαι, être furieux, enragé.

LAC,
Déchirer.

LAC est un mot primitif ou une Onomatopée, qui peint le déchirement, & qui a formé divers mots en toutes Langues.

I.

ΛΑΚις, ιδος, ἡ, *Lakis*, action de se fendre avec grand bruit.

Λακισμα, de même.

Λακιζω, déchirer, fendre.

Λακιδοω, de même.

2.

ΛΑΧω, puis ΛΗΧω, puis en le nasalant,

ΛΑΓΧανω, *Lakhô*, *Lêkô*, *Lankhanó*, partager par le sort, tirer au sort ; 2°. plaider, parce qu'on tiroit les causes au sort ; 3°. avoir par le sort, obtenir, acquérir.

ΛΑΧμος, *Lakhmos*, sort ; 2°. épaisseur des poils.

ΛΑΧξις, *Laxis*, partage, lot, ce que le sort a donné.

ΛΑΧος, τὸ, lot, ce que le sort a procuré, fortune.

ΛΑΧεσις, η, *Lachesis*, une des Parques, celle qui distribuoit les dons, les talens, la vie.

ΛΗΞις, εως, ἡ, *Léxis*, ce que le sort a procuré, portion, lot.

ΛΟΓΧη, en Ionien, *Lonkhé*, sort, portion ; 2°. lance, pieu.

L A C, lâche.

Du Celte LAC, qui désigne tout ce qui est lâche ; (*Orig. Lat.* 940.) vinrent ces mots :

1. ΛΑΓαρος, *Lagaros*, qui n'est pas tendu, lâche.

Λαγαροτης, relâchement, qualité de ce qui n'est pas tendu.

Λαγαροομαι, être lâche, distendu, vuide.

2. ΛΑΓων, ονος, ὁ, cavité intérieure du bas-ventre.

3. ΛΑΠαζω, *Lapazó*, lâcher le ventre, évacuer.

Λαπαγμος, -γμα, -ξις, évacuation.

Λαπαθος, ἡ ;-θον, fossé pour sécher les terres.

Λαπαρος, vuide, évacué : 2°. tendre, mou.

4. Ἀ-Λαπαζω, lâcher, évacuer; 2°. piller, dévaster, détruire : *mot-à-mot*, mettre à vuide.

Α-Λαπαδνος, exposé aux invasions.

5. ΛΗΓω, *Légó*, se relâcher, se désister, cesser, finir, terminer; 2°. faire finir.

ΛΗΞις, *lexis*, cessation, action de terminer.

L A C, gomme.

De L, liquide, vint *Lac*, gomme, résine, d'où notre mot laque; & de-là :

1. ΛΑΚΑΦΘον, τὸ, *Lakapthon*, gomme, résine de pin ou d'autres arbres.

2. ΛΑΚαθη, *Lakathé*, arbre à résine, pin, ou sapin.

L A D.
Blesser, nuire.

Du primitif LAD, blesser, nuire, tailler, déchirer ; (*Orig. Lat.* 946.) vinrent ces familles.

1. ΛΗΔος, εος, το, *Lédos*, & en Dorien, *Lados*, habit déchiré, usé. Ce mot peut aussi appartenir à la Famille Laζ, déchiré, branche de celle de Lad.

Ληδαριον, Ληδιον, Ληδίον, diminutifs; 2°. mauvais habits, haillons, guenilles.

2. ΛΑΙΔρος, ὁ, *Laidros*, impudent, audacieux, qui s'élève insolemment : ce nom peut appartenir aussi à la famille LAT, élever, porter.

3. ΛΟΙΔορος, *Loidoros*, qui nuit par ses discours, qui injurie, qui souhaite du mal.

Λοιδορια, injure, calomnie, insulte.

Λοιδορεω, insulter, injurier ; 2°. censurer, blâmer.

Λοιδορημα, insulte, injure.

Λοιδορηματιον,

Λοιδορηματιον, diminutif.

4. Par le changement de D en F,

Ε-ΛΕΦ-ΑΙΡω, *E-Leph-airô* mot-à-mot, porter du dommage, nuire, blesser : causer une injure : endommager.

Ε-Λεφ-Αιρομαι, de même.

En Gall. *Lladfa*, tuerie.

LAT.

De L, côté, vint LAT, lieu, d'où le Latin *LATeo*, cacher. (*Orig. Lat.* 974.) & ces familles Grecques.

I.

1. ΛΑΘω, *Lathô*, en vieux Grec, ensuite.

ΛΗΘω, *Lêthô*, & en le nasalant,

ΛΑΝΘανω, *Lanthanô*, être caché ; 2°. céler.

ΛΗΘομαι, être caché ; 2°. oublier.

Λε-Ληθοτως ; Λανθανοντως, en cachette, secrettement.

Λησμων, qui oublie.

Λησμοσυνη ; Λησις, oubli.

Λαθητιχος, qui peut être caché.

2. ΛΗΘη, oubli, amnistie.

Ληθεδων, Ληθοτης, Ληθοσυνη, de même.

Ληθιος, clandestin.

3. ΛΑΘος, εος, το, *Lathos*, oubli ; 2°. négligence, incurie.

Λαθαδαν, en cachette.

Λαθαργος, clandestin.

4. ΛΑΘρα, en cachette.

Λαθραιος, clandestin, occulte.

Λαθριος, de même.

Λαθρηδον, Λαθρηδα, en cachette.

2.

ΛΑΣανον, *Lasanon*, commodités, latrines, qu'on cache ; chaise percée.

3.

Α-ΛΗΘης, *A-Léthés* ; mot-à-mot, non-caché, nud, à découvert ; vrai, véridique, certain.

Α-ΛΗΘεια, vérité, la non-cachée, la vérité toute nue, comme on dit en François même.

Α-Ληθοτης, de même.

Α-Ληθιζω, dire le vrai, la vérité.

Α-Ληθευω, dire la vérité, être vrai, sans feinte ni déguisement.

Α-Ληθευτιχος, véridique, qui jamais ne ment.

Α-Ληθινος, qui est sans feinte, sans déguisement ; vrai, véridique.

Cette épithète ou cette maniere de peindre la vérité est très pittoresque, très-belle : il est bien étonnant qu'aucun Etymologue ne s'en soit apperçu : tout comme on n'avoit jamais soupçonné l'origine du mot *Vérité*. Plus les Anciens sont sublimes en ce genre, plus on doit en conclure que nous nous traînions bien lentement sur leurs traces, & que nous avions laissé échapper en cela une branche bien agréable de connoissances.

II.

Du même L, désignant le côté, le lieu, la place ; (*Orig. Lat.* 977.) vint en Latin *LOCus*, & en Grec, en transposant la voyelle, HΕΛΚ, HΟΛΚ, d'où ces mots.

1. ΕΛΚω, *Helkó*, tirer ; c'est faire passer d'un lieu dans un autre ; 2°. respirer avec force une odeur ; 3°. attirer, entraîner.

Ελξις, action de tirer, trait, attraction.

Ελκτος, qu'on peut tirer.

2. ΌΛΚΗ, *Holké*, action de tirer ; 2°. attraction ; 3°. pente, inclination ; 4°. qui marche à la suite : 5°. poids, il entraîne.

Ολκαιος, qui est tiré, traîné.

Ολκαια, queue.

Ολκιμος, glutineux, lent, mou.

Ολκηεις, pesant, lourd.

3. ΌΛΚΟΣ, *Holkos*, trait, sillon ; 2°. aqueduc ; 3°. ligne ; 4°. bride, traits ; 5°. nom d'araignée, & de plante.

Ολκηρης, épithète des serpens dont la queue se prolonge en longs plis.

Ολκιον, gouvernail d'un navire.

Ολκηιον piéce de bois au bas d'un navire qui sert à le tirer.

Ολκεω, tirer un vaisseau de charge.

Ολκας, vaisseau de charge.

Ολκαδιον, diminutif.

Ολκευς, qui tient les rênes.

Ολκαζω, tirer.

4. ΕΛΚεω, *Helkeó*, tirer, attirer ; 2°. mettre en pieces ; 3°. faire violence.

Ελκηθμος, action de tirer avec force, violence.

Ελκυω, tirer.

Ελκυσμα, τὸ, scories.

Ελκυσις, action d'attirer, de tirer.

Ελκυστηρ, qui tire, instrument à tirer.

Ελκυσαζω, enlever en tirant à soi.

Ελξινη, plante qui s'accroche aux habits & les tire.

LEI.

De L, bras, vint certainement cette Famille Grecque :

Λεια, ας, ἡ, *Leia*, proie, chasse, ce qu'on prend pour sa subsistance.

Λειζομαι, enlever du butin.

Ληιη, en Ionien, proie.

Ληιας, qui a été enlevée, fait prisonniere.

Ληιαδης, qui a été fait prisonnier, emmené captif.

Ληις, ιδος, proie, capture.

Ληιτις, épithète de Minerve, celle qui est riche en capture ; 2°. captive.

ΛΗΙΖω, piller, ravager.

Ληιστηρ, ληιστωρ, brigand, voleur, corsaire.

Ληςης, de même.

Ληςος, qui peut être pris, capturé.

Ληςευω, vivre de butin, de chasse, de pillage.

Ληςεια, proie.

Ληςηριον, bande de pillards, de brigands; 2°. brigandage.

Ληςρικος, de brigand, de corsaire.

2. ΛΗΙΌΝ, τὸ, *Léion*, moisson, récolte, grains dont on vit ; 2°. champ, campagne de blés. Ces mots peuvent tenir au Celte, Lew, Law, manger ; dévorer & à l'Or. לוע, *Low*, avaler, engloutir.

LEI.

LE, LEI, LAI, est un mot primitif qui désigne tout ce qui est delié, mince, doux & agréable au toucher. (*Orig. Lat.* 1026.) De-là ces familles :

I.

1. ΛΕΙος, *Leios*, doux, non-rude, lis.

Λειοτης, qualité de ce qui est doux, uni, non-raboteux.

Λειωδης, doux, uni, lis.

Λειοω, rendre lis, uni.

Λειαινω, Λεαινω, de même; 2°. menuiser.

Λειωσις, action de rendre lis, uni.

Λεαντικος, qui a la propriété, la force de rendre lis, d'applanir.

Λευρος, même que Λειος.

2. ΛΙΝον, *Linon*, lin, étoffe douce & légère; 2°. plante de lin; 3°. corde de lin pour la guitare; 4°. filets : 5°. toile de lin, voiles, &c.

Λινεος, de lin.

Λινοω, attacher avec des cordes de lin.

Λινωσις, ligation.

Λιναριον, Λινισκος, ficelle.

II.

1. ΛΙΣ, ιτος, ὁ, *Lis*, toile fine & mince, lis, uni.

2. ΛΙΣΠη, ἡ, *Lispé*, animal mince & délié.

Λισποι, ceux qui, à force de demeurer assis, ont le derriere applati.

Λισπος, usé.

3. ΛΙΓΔην, *Ligdén*, légèrement, en n'effleurant que la superficie.

4. ΛΙΚΙξ, *Likinx*, oiseau très-petit, le plus petit des oiseaux.

5. ΛΙΣΣος, *Lissos*, lis; uni, doux au toucher.

Λισσας, αδος, de même, au fém.

5. ΛΙΣΤρον, *Listron*, instrument de fer dont on se sert pour unir le pavé; hie, demoiselle. En Or. לחק.

7. ΛΙΤος, *Litos*, menu, mince, simple; 2°. nud; 3°. sans culture.

Λιτοτης, ἡ, simplicité, frugalité; 2°. médiocrité.

MOTS GRECS
VENUS DE L'ORIENT.

L.

ΛΑΣΘΗ, *Lasthé*, jeu, raillerie, affront. Du primitif *Lutz*, jouer, en Orient. לוץ.

Λασθων, railleur, qui injurie.

Λασθαι, servir de jouet.

Lasthé, signifie; 2°. sang : il doit en ce sens appartenir à *Lo*, feu, rouge, couleur de feu.

ΛΕΙΡιον, *Leirion*, en Lat. *Lilium*, lis, fleur de lis. C'est l'Or. נור, *Nyr*, jour; 2°. blanc.

Λειριοεις, de lis, liliacée.

Λειρινος, de même.

Λειριος, agréable, doux, surnom d'Apollon.

Λlριον, pour Λειριον.

ΛΗΔΟΝ, & en Dorien ΛΑΔον, *Lédon, Ladon,* Ciste, arbrisseau toujours verd & qui produit la résine appellée *Ladanum*, en Arab. LODEN.

ΛΗΡος, ὁ, *Lêros,* délire, rêves; 2°. bagatelles, rêveries. 2e. De l'Or. ניר, *Nir,* sillon. *De-lirer,* c'est sortir du sillon, extravaguer. *Laire-Lan Laire,* ou conte-bleu, sornettes, vient de la même origine.

ΛΙΒΑΝος, ὁ, *Libanos*; encens; en Or. לבן, *Leban*.

Λιβανωδης, Λιβανικος, d'encens.

Λιβανωτος, -τον, *Libanôtos, Libanôton*, encens; 2°. arbre à encens.

Λιβανωτις, romarin.

Du même לבן, *Leban,* signifiant 2°. brique cuite au feu, fourneau, & précédé de la consonne K, vint:

Κ-ΛΙΒΑΝος, & en Athén. Κ-ΡΙΒΑΝος, *Klibanos, Kribanos,* four où l'on cuisoit l'orge.

Κ-Λιβανιτης, de terre cuite.

Κ-Ριβανωτος, de même.

ΛΙΓΔος, *Ligdos,* mortier, pilon de mortier; 2°. fourneau; de l'Or. דוך, *Dyk,* piler, broyer; D changé ici en L.

ΛΙΚΜος, ὁ, *Likmos,* van: de רוח, *Ryk,* vent, souffle; R changé ici en L.

Λικμαω, vanner.

Λικμητης, qui vanne, vaneur.

Λικμητηρ, de même.

Λικμητηριον, diminutif de Λικμος.

2. ΛΙΚΜητηρις, panier pour couler les liqueurs.

3. ΛΙΚΝον, τὸ, *Liknon,* van; 2°. crible; 2°. corbeille, corbeille sacrée des mystères; 4°. berceau.

Λικνιτης surnom de Bacchus: l'homme au van, à la corbeille mystérieuse.

ΛΥΡα, *Lyra,* lyre, instrument à cordes: de l'Orient. Arabe, NIR, rendre des sons; 2°. roseau, le plus ancien des instrumens.

Λυριον, τὸ, petite lyre.

Λυροεις, Λυρικος, lyrique.

Λυριζω, jouer de la lyre.

Λυριςης, Joueur de lyre.

ΛΩΒΗ, *Lôbé,* insulte, injure; 2°. affront, ignominie. En Or. לעב, *Lob,* faire une insulte.

Λωβηεις, pernicieux, dangereux.

Λωβαομαι, causer une insulte, affronter, faire un affront; 2°. mutiler, défigurer.

Λωβησις, injure, affront.

Λωβητης, qui fait une injure.

Λωβητηρ, λωβητωρ, de même.

Λωβητος, qui a été injurié, insulté.

Λωβαζω, insulter.

Λωβευω, de même; 2°. railler, se faire un jouet de; 3°. se moquer.

Λωβευσις, action d'insulter, de se jouer.

Λωβος, ὁ, ἡ, nuisible, funeste, pernicieux.

ΛΩΤος, *Lôtos,* lotus, arbre dont le fruit étoit délicieux; 2°. & dont le bois étoit le meilleur pour faire des

flûtes ; par-là même, flûte ; 3°. eſpèce de plante : de l'Or. לוט, Lot,
bon à manger ; 2°. ſavourer.

Λωτινος, de lotus.
Λωτοεις, abondant en lotus.
Λωτιζω, cueillir le lotus.

MOTS GRECS-CELTES,
OU DÉRIVÉS DE LA LANGUE CELTIQUE.

M

LA Lettre M pourroit être placée à la tête des conſonnes : ſa prononciation eſt ſi douce, ſi mobile, ſi aiſée, qu'elle eſt devenue le nom de la mobilité & celui du premier des objets qui nous frappe dans l'enfance, du plus tendre & du plus utile, de celui auquel nous devons tout : le nom de la MERE qui nous a mis au monde, & dont le ſein nous procure une nourriture auſſi abondante & auſſi ſalutaire qu'agréable, &c. (Voy. *Orig. Lat.* 1045). Dès-lors, la lettre M ſervit chez tous les Peuples à déſigner tout ce qui eſt grand. Ce qui, joint à quelques Onomatopées, donne la raiſon de tous les mots en M pour toutes les Langues

M,
Subſtitué à d'autres Lettres; *Or. Lat.* 1046.

M pour B.

De la même famille que le Latin BULGA, *Or. Lat.* vint :

ΜΟΛΓος, ὁ, *Molgos*, bouge, ſac de cuir, valiſe.

Μολγινος, de cuir.

Μολγης, ητος, ὁ, à charge, fâcheux.

M pour H.

De ALA, ou HALA, aîle, vinrent :

1. ΜΑΛΗ, ἡ, *Malê*, aîle, aiſſelle.

2. ΜΑΣΧΑΛΗ, ἡ, *Maskhalê*, aîle, bras, aiſſelle ; 2°. branche de palmier, palme.

Μασχαλις, de même.

Μασχαλιζω, couper par ignominie les extrémités du corps, & les attacher ſous les aiſſelles.

Μασχαλιςωρ, bride, rênes de char.

Μασχαλιον, panier fait avec le palmier, cordage de palme.

De HOR, jour, vint le Latin FORMA, forme, figure ; on les voit de jour ; & le Grec,

ΜΟΡΦη, *Morphé*, forme : 2°. visage.
Μορφηεις, qui a de belles formes, beau.
Μορφοω, former, figurer.
Μορφωμα, forme, traits.
Μορφωσις, formation, image, impression.
Μορφιζω, se masquer, prendre une forme.
Μορφαζω, faire signe ; faire un geste.
Μορφασμος, danse qui imitoit les mouvemens de divers animaux.
Μορφυνω, se farder.

2. ΜΟΡΦω, surnom de Vénus à Lacédémone.

3. ΜΟΡΦευς, Morphée, le Dieu des Songes, & de leurs formes, de leurs images.

D'ΟΚ, ou ΗΟΚ, cercle, vint :

ΜΥΚΛαι, ΜΥΚΛοι, *Muklai*, *Mukloi*, cercles de couleur noire qui sont autour du cou & des jambes de quelques animaux : 2°. trompe d'éléphant : 3. nés.
Μυκτηριζω, se moquer, railler, faire un pied de nés.
Μυκτηρισμος, raillerie, moquerie.

M pour L.

ΜΗ, *Mé*, non, ne ; c'est l'Oriental אל. Il est digne de remarque que les trois liquides, *L*, *M*, *N*, aient servi de négation, chez les Orientaux, les Grecs & les Latins.
En interrogation, est-ce ? quoi ?

M,
Onomatopées.

ΜΕΜΦη, *Memphé*, plaintes, lamentations.
Μεμψις, *mempsis*, de même ; 2°. action de se plaindre, de porter plainte, d'accuser ; 3°. censure, répréhension.
Μεμφωλη, de même.
Μεμπτος, qui mérite répréhension ; 2°. qui censure.
ΜΕΜφομαι, se plaindre ; 2°. accuser ; 3°. censurer, blâmer, reprocher.

ΜΗΚαομαι, *Mékaomai*, bêler : 2°. chevroter, crier comme les chèvres.
Μηκαζω, de même.
Μηκαδες, chèvres.
Μηκη, Μηκασμος, bêlement.

ΜΟΡ-ΜΥΡω, *Mor-Muró*, murmurer ; imiter le bruit des eaux.
Μορ-Μυριζω, imiter le bruit des eaux.
Μορ-Μυρος, nom d'un poisson.

ΜΥ, nom de la lettre M : 2°. interjection plaintive.
Μυταχιζω, faire un grand usage du M.
ΜΥΖω, *Muzó*, rendre un son du nés en tenant les lèvres fermées ; 2°. murmurer : parler tout-bas.
Μυγμος, son plaintif, les lèvres fermées.
Μυχθιζω, gémir, soupirer.

ΜΥΙΑ, η, *Muia*, mouche.
ΜΥΚαω, *Mukaó*, mugir, beugler.
Μυκητης, mugissant.
Μυκημα, mugissement.

ΜΩΚος, ὁ, *Mókos*, moqueur, railleur, fat, mauvais plaisant.
Μωκαω, se moquer, rire, se jouer, railler.
Μωκιζω, se moquer, se jouer de.

MA,
Mere.

I.

MAM-MA,	MAM-MIA,
MAM-MH,	MAM-MION,
MAM-MAIA,	MAM-MAN.

Ce sont tous mots d'enfans pour désigner leur Mere.

ΜΗ-Τηρ, Dorien, Μα-Τηρ, *Métér*, mere.

Μη-τειρα, mere.

Μητεριος, Μητρικος, Μητρωος, de mere, maternel.

Μητρωον, Temple de Cybèle Mere des Dieux.

ΜΗτρως, Dor. Ματρως, oncle Maternel.

ΜΗτρις, ιδος, ἡ, Mere-Patrie, Métropole.

Μητριαζω, célébrer la fête de la Mere des Dieux.

ΜΗτρυια, belle-mere.

Μητρυιος, beau-pere.

Μητρα, matrice : la mere ; 2°. moëlle ; 3°. la mere dans le genre des guêpes.

BINOME.

ΔΗ-ΜΗΤηρ, *Dé-Métér*, pour *Ghé-Méter*, la Terre-Mere ; Cérès en Dor. *Da-Mater*.

2.

ΜΑΙΑ, *Maia*, grand-mere ; 2°. Terme d'honneur, pour les femmes âgées ; 3°. Nourrice ; 4°. Sage-femme, Accoucheuse.

ΜΑΙΑΣ, αδος, ἡ, ayeule, nourrice.

Μαιευω, être Sage-Femme, en faire les fonctions.

Μαιευμα, nourrisson.

Μαιευσις, Μαιεια, fonction de Sage-Femme.

Μαιευτικος, de Sage-femme.

Μαιευτρια, même que Μαια, Sage-femme.

Μαιοομαι, être Sage-Femme, assister une femme qui accouche.

Μαιωσις, fonction de Sage-Femme.

Μαιωτρον, sa récompense.

3.

ΜΑΖος, ὁ, *Mazos*, sein, mammelle ; 2°. Nourrice.

En Dorien, *Masdos*.

Μαςος, de même : 2°. colline, butte : 3°. sorte de coupe.

Μαςαρυζω, presser les lèvres comme un enfant qui tette.

Μεγαλο-Μασθος, qui a un gros sein.

4.

ΜΑΖα, *Maza*, bouillie, pâte.

Μαζινος, de bouillie.

Μαζινον, petite bouillie.

Μαζισκη, de même.

Μαζαω, faire de la bouillie, faire cuire de la pâte.

M A,
Grand.

1.

ΜΑ, *Ma*, affirmation avec serment ; c'est l'invocation d'un plus GRAND que soi.

ΜΑ ΔΙΑ, grand Jupiter ! par Jupiter.

Ναι Μα Δια, oui, certainement, grand Jupiter, *vous le savez* ; & par ellipse, oui, par Jupiter.

2.

1. Α-ΜΑΙ-ΜΑΚΕτος, *A-mai-Maketos*, qui est grand dans les combats, invincible : 2°. indomptable.

2. Μ-ΑΛΚη, *M-alké*, froid excessif qui gèle les mains & les pieds.

De Μα, grand, & ΑLGos, froid, d'où *ALGIDUS*, glacé.

3.

1. ΜΑ-ΣΤευω, *Masteuô*; chercher avec empressement, être désireux : de Στο, être, & Μα, extrêmement, beaucoup, grandement.

Μα-Στευτης, qui cherche.
Μα-Στυς, υος, ἡ, recherches.
Μα-Στωρ, inquisiteur, chercheur.
Ματευω, pour Μαςευω, de même.
Ματος, recherche.
Ματισαι, chercher, rechercher.

2. Μα-Στροπευω, prostituer.
Μα-τρυλλη, femme qui prostitue.

3. ΜΑ-ΣΤΙΧη, *Mastiché*, gomme gluante du Lentisque : 2°. mastic.

4.

1. ΜΑω, *Maô*, désirer ardemment, brûler d'envie.

ΜΑΙ-ΜΑω, désirer extrêmement : être emporté par l'ardeur de ses désirs.
Μαιμασσω, de même.
Μαιομαι, désirer avec ardeur.
Μαι-μαξ, turbulent, impétueux, entier dans ses désirs.
Μαι-Μωσσω, être entraîné par ses désirs.

ΜΑΙ-ΜΑΚΤηριων, nom du cinquième mois chez les Athéniens : il étoit consacré à Jupiter ; & signifioit l'invincible, ou celui qui ne se lasse pas à faire du bien. Voy. *Histoire du Calendrier*, 98.

Μωσθαι, en Laconien, chercher avec soin.

ΜΑΣΤωρ, chercheur.
Μαι-Μωμενος, qui cherche.
ΜΑΙω, chercher, scruter, approfondir.

II. MAG, grand.

1.

ΜΑΓος, ὁ, *Magos*, Mage ; mot-à-mot, le grand ; grand par ses connoissances ; parfait ; sage, par excellence.

Μαγικος, magique, effet d'un savoir extraordinaire.
ΜΑΓευω, être Mage ; exceller dans la magie, dans les hautes connoissances.
Μαγευμα, arts magiques.
ΜΑΓεια, magie, science élevée par excellence.

2.

ΜΕΓας, ΜΕΓαλη, ΜΕΓαν, *Megas, - galê, - gan*, grand ; 2°. extrême, violent, impétueux ; 3°. excellent.

Μεγαλιζω, s'élever, être plein de faste, d'orgueil.
Μεγαλυνω, de même ; 2°. célébrer, élever par ses paroles, prêcher ; 3°. rendre grand, puissant.
Μεγαλειος, magnifique, vénérable, sublime.
Μεγαλειοτης, magnificence, majesté.

ΜΕΓ-ΕΘος, εος, τό, *Meg-ethos*, grandeur ; 2°. élévation ; 3°. taille, stature ; 4°. magnanimité, grandeur d'ame, majesté ; 5°. sublimité, élévation du discours.

Μεγ-αθος, Ionien, de même.
Μεγ-εθυνω, rendre plus grand, élever ; 2°. amplifier.

ΜΕΙ-Ζων,

3. ΜΕΙΖων, plus grand, plus élevé ; 2º. plus puissant; 3º. plus excellent.

4. ΜΕΓ-ΙΣΤος, très-grand, le plus puissant, le plus élevé.

Μεγ-ισον, sur-tout.
Μεγ-ισανες, les Grands, les Magnats.

5. ΜΕΓαρον, τὸ, grand édifice, Palais : 2º. domicile, demeure.

3.

ΜΑΓας, αδος, ἡ, *Magas*, le chevalet, piéce de bois sur lequel portent & s'élèvent les cordes d'un instrument de musique.

Μαγαζειν, faire résonner les cordes d'un instrument.

ΜΑΓαδις, nom d'un instrument de musique.

Μαγαδιον, diminutif de Μαγας.

4.

ΜΑΓΓανον, το, *Manganon*, prestige, prodige; 2º. engin, machine étonnante, 3º. poison ; 4º. enchantement.

Μαγγανευω, faire des prestiges, des enchantemens.

Μαγγανεια, enchantement, poison.

Μαγγανευτης, enchanteur, sorcier, empoisonneur.

5.

ΜΑ-ΓΝης, ητος, ὁ, *Ma-gnes*, pierre d'aimant ; 2º. coup de dés. Ce nom ne vient point de la ville de Magnesie, comme on se l'imaginoit à cause du rapport de nom : c'est un composé de *Ma*, grand, admirable, & de γενομαι, opérer.

Ce mot tiendroit-il à notre Celte ΜΑGNEN, chaudronnier : en Italien ΜΑGNano, en Bas-Bret. ΜΑGNouner ?

L'Art des métaux, la Métallurgie, dut être dès l'origine très-précieux ; ceux qui les mirent en œuvre, de grands hommes, des *Magnes*. Dans les révolutions des Langues, ce nom primitif s'est restreint aux Chaudronniers, & ne présentoit plus de sens.

6.

ΜΑΚαρ,αρος, des trois genres, *Makar*, grand en bonheur, heureux, très-heureux.

Μακαριος, de même ; 2º. mort, enseveli ; les morts furent toujours appellés heureux.

Μακαρια, séjour du bonheur après la mort.
Μακαριοτης, béatitude, bonheur.
Μακαριτης, l'heureux, pour dire *le mort*, qui n'est plus.
Μακαριζω, déclarer heureux.
Μακαρισμος, déclaration qu'un tel est heureux.
Μακαρισος, qui est jugé heureux.
Μακαρτος, heureux, opulent.
Μακαιρος, heureux, fortuné.

7.

ΜΑΧΛος, ὁ, ἡ, *Malhlos*, lascif, incontinent, emporté par sa passion.
Μαχλοσυνη, intempérance.
Μαχλας, αδος, ἡ, femme livrée à ses passions.
Μαχλις, ιδος, ἡ, de même.

8.

ΜΗΚων, ωνος, ἡ, *Mék'n*, pavot : sa tige est très-élevée : son odeur forte : 2°. espéce de sable, en terme de Métallurgie : 3°. *Mékônes*, nom de poissons qui vont par troupes, en bandes.

Μηκωνικος, de pavot.

Μηκωνις, espéce de laitue soporifere.

Μηκωνιον, suc de pavot.

ΜΗΚωνη, nom de Cérès, parce que le pavot lui étoit consacré comme l'embléme d'une immense population.

9.

1. ΜΗΚος, *Mékos*, en Dorien ΜΑΚος, τὸ, *Makos*, longueur.

Μηκιϛος, très-long.

Μηκυνω, prolonger, allonger.

2. ΜΑΚΡος, *Makros*, long, prolixe; 2°. grand, haut, élevé.

Μακροτης, longueur.

Μακρωσις, prolongation.

3. Μακων, étendu en longueur.

Μασσων, plus long, plus grand.

4. Μακρυνω, étendre plus loin, prolonger, porter au-delà.

10.

ΜΗΧαγη, η, *Mekhané*, machine : moyen dont on se sert pour augmenter sa force, sa puissance ; 2°. machine de guerre.

Μηχανικος, méchanique.

Μηχαναω, machiner, tramer.

Μηχανημα, machine, machination.

Μηχανιϛης, constructeur de machines, Méchanicien.

ΜΗΧος, *Mékos*, n. artifice, reméde, expédient.

Μηχαρ, de même; 2°. effort.

11.

1. ΜΕΧΡΙ, *Mekhri*, & *Mekhris*, jusques, jusques à : 2°. tandis que.

C'est un mot composé de Μεγ, grand & de *her* élevé : mot-à-mot, qui s'éléve à ce point.

On a dit également :

2. ΑΧΡΙ, ΑΧΡις, jusques.

3. ΜΕΣΦα, en poésie, jusques, jusqu'à, tandis que. De *Mas*, étendu.

III. Diminutifs.

1. ΜΕΙ-ΩΝ, *Mei-ôn*, petit, plus petit.

Μειοω, diminuer, rapetisser.

Μειωσις, diminution, exténuation.

2. ΜΙΚΡος, & ΣΜΙΚΡος, *Mikros*, *Smikros*, petit, peu considérable.

ΜΙΚροτης, petitesse, exiguité.

Μικρυνω, rendre petit, diminuer.

Μικκος, Dorien, pour Μικρος, petit.

Ζμικρος, Athénien, pour Σμικρος.

IV.

1. D'ΟΓ, grand, élevé, pénible, & de ΜΑ, vinrent :

Μ-ΟΓος, ὁ, *M-ogos*, grand travail, fardeau, charge, peines, soucis.

Μογερος, laborieux, pénible.

Μογεω, travailler, prendre de la peine.

Μογεισθαι, peiner, se trouver mal.

Μογειω, Ionien, prendre de la peine, mener une vie laborieuse, être accablé de peines.

Μογις, avec peine, difficilement, laborieusement.

2. D'AK, OK, douleur, peine, & de MA, grand.

M-ΟΧΘος, *M-okhthos*, travail, peine, douleur, charge.

M-Οχθηρος, laborieux; fâcheux: accablé de calamités; 2°. méchant.

M-Οχθηρια, méchanceté, malice.

M-Οχθεω, travailler, peiner; 2°. effectuer, opérer.

M-Οχθημα, travail, fatigue, peine.

M-Οχθιζω, être affligé, dans la peine.

MAC.

MAC dérivé de *Mag*, grand, désigne la force dans les combats, la violence, l'action de battre, de frapper, de broyer, briser: *Or. Lat.* 1061. De-là ces divers mots:

1. ΜΑΧη, ἡ, *Makhé*, combat, bataille, conflit; 2°. dispute, altercation.

Μαχομαι, combattre, faire le coup de poing.

Μαχημων, combattant, qui aime à se battre.

Μαχητικος, de même; hargneux.

Μαχητος, qu'on peut attaquer, prendre.

Μαχησμος, combat.

Μαχιμος, belliqueux, qui aime les combats.

Μαχαω, avoir grande envie de se battre.

2. ΜΑΧαιρα, ἡ, *Makhaira*, couteau, poignard, épée, toute arme tranchante.

Μαχαιριον, Μαχαιριδιον, diminutifs.

Μαχαιρις, même que Μαχαιρα.

Μαχαιρωνιον, glayeul, plante en forme de lame tranchante.

2. ΜΑΓειρος, ὁ, *Mageiros*, cuisinier; armé du couteau tranchant.

Μαγειρικος, de cuisinier.

Μαγειρευω, faire la cuisine, être cuisinier.

Μαγειρειον, cuisine, lieu où on cuisine.

Μαγειρισκος, marmiton, petit cuisinier.

2.

1. ΜΑΣαομαι, ΜΑΣΣαομαι, *Masaomai*, mâcher: manger: dévorer.

Μασημα, ce qu'on mange, alimens.

Μασησις, action de manger.

Μασητηρ, qui mange.

Μασαξ, ακος, ἡ, mâchoire; 2°. bouche; 3°. lèvre supérieure; 4°. aliment; 5°. sauterelle.

Μασαζω, manger.

Μασαρυζω, manger avec peine, lentement.

2. ΜΑΣΣω, *Massô*, paîtrir; 2°. toucher, palper, manier; 3°. essuyer.

Μαγμα, τὸ, marc, lie, crasse.

Μακτης, qui paîtrit, boulanger.

Μακτρα, mais à paîtrir, huche; 2°. mortier.

Μαγις, ιδος, ἡ, de même.

Μαγευς, boulanger.

Ματτυα, ἡ, bonbons, mets exquis, ragoûts recherchés.

3.

1. ΜΑΣΤιξ, ιγος, ἡ, *Mastix*, fouet; lanière qui déchire, qui fait ruisseler le sang; 2°. fléau, vengeance divine.

Μαστιγευς, flagelleur, qui fouette.

Μαστιγιας, ὁ, fouetté, flagellé, qui a le

dos marqué des coups de fouet.

Μαsιγοω, fouetter, flageller.

Μαsιγωσις, flagellation.

Μαsιγωσιμος, qui mérite le fouet.

Μαsιω, Μαsιζω, mêmes que Μαsιγοω.

2. ΜΑΣΘΛΗ, ή, *Masthlé*, courroie, laniere amollie; 2°. cuir, peau; 3°. chaussure de Maroquin.

MAD, MAT,
Fort.

De MA, grand, vint MAD, désignant la force, l'étendue, la grandeur, l'excellence, la beauté : *Or. Lat.* 1072. En Celte, MEDD, signifie commandement ; 2°. liqueur forte. De là :

I.

1. ΜΕΔω, *Medô*, commander, tenir les rênes de l'Empire.

ΜΕδεω, ΜΕδευω, Μεδομαι, de même, régner, commander.

MEDDIX, chez les Osques, Roi, Chef; *Disc. Prélim. Orig. Lat.*

2. ΜΕΘυ, *Methu*, vin, liqueur forte.

Μεθη, yvresse, yvrognerie.

Μεθυσος, yvre, chancelant.

Μεθυω, être yvre, avoir trop bu.

Μεθυσκω, enyvrer.

Μεθυσμα, liqueur enyvrante.

Μεθυsικος, yvrogne, enclin à boire.

3. ΜΕΔιμνος, ὁ, *Medimnos*, médimne, grande mesure, qui contenoit 48 chœnix.

4. ΜΟΔιος, ὁ, *Modios*, mesure contenant 16 septiers.

5. ΜΕΤε-ΩΡος, ὁ, ή, *Mete-ôros*, élevé, sublime; *mot-à-mot*, ce qu'on voit en haut ; 2°. droit, dressé ; 3°. tendu, suspendu.

Μετι-Ωριζω, tendre en haut, élever, lever; 2°. espérer.

Μετε-ωρισμος, action d'élever ; 2°. orgueil.

Μετη-οροs, Μετη-ορον, Météore, phénomène qu'on apperçoit au haut des airs.

II.

ΜΑΔος, *Mados*, uni, lis, ras, sans poils.

Μαδαρος, de même.

Μαδαροτης, Μαδαρωσις], lissure.

Μαδαω, être lis, sans poils, ras; 2°. mouiller, être moite; dans ce sens, il appartient à *ma*, *mai*, eau.

Μαδαλλω, épiler.

Μαδιζω, de même.

Μαδησις, épilation, chute des poils.

Μαδιsηριον, pinces à épiler, dépilatoire.

III. Négatifs.

1. ΜΑΤ-ΗΝ, *Mat-én*, en vain, inutilement ; 2°. sans raison.

De *ain*, non, & *mat*, fort.

Ματαιος, vain, inutile, qui fait des efforts sans succès, impuissans.

Ματαιοτυς, vanité, inutilité.

Ματαιοομαι, agir follement, en fou.

Ματαω, perdre son tems.

Ματαζω, n'avoir que des pensées folles, insensées, chimériques, être fou, hors de sens.

Ματαϊσμος, folie, conduite dépourvue de sens.

Ματια, & Ionien, Ματιη, folie, vanité, légereté, extravagance.

Cette famille tient donc à l'Italien, MATTo, fou ; mat.

2. ΜΑψ, *Maps*, en vain, inutilement.
Μαψιδιος, vain, frivole.
Μαψωδος, même que Ματαιος.

3. ΜΟΘαξ, *Mothax*, valet, esclave.
ΜΟΘων, ωνος, ὁ, *Mothón*, petit valet, page, petit garçon qu'on élevoit avec l'enfant de la maison; 2°. espéce de danse.

C'est un mot Celte. En Franc Comt. *Moutot*, petit.

En Corn: *Moz*, fille, servante: vierge.

En Basq. *Mutila*, garçon, valet, serviteur.

Μοθωνια, insolence.
Μοθωνικος, insolent, orgueilleux.

4. ΜΟΣχος, ὁ, ἡ, *Moskhos*, veau, génisse:

Moskhus, fut un nom d'homme: bien plus agréable & plus sonore que celui de *Veau* qui signifie la même chose: on peut le rendre, à la vérité, par *bouveau*, & *jouvenceau*.

En Vald. *Modje*, génisse: il tient plus à *Mothón* que nous venons de voir.

Μοσχος, signifie aussi; 2° surgeon, branche tendre; 3°. musc.
Μοσχειος, de veau.
Μοσχιας, bouveau de trois ans.
Μοσχαριον, petit veau.
Μοσχιον, veau tout-à-fait jeune; 2°. tendron.
Μοσχιναιος, qui bondit comme un jeune veau.

2. Μοσχευω, planter un rejetton.

Μοσχευμα, rejetton qu'on plante.

3. ΟΣχος, *Oskos*, pour *Moskhos*, surgeon, rejetton.
Οσχεος, Οσχεον, Οσχος, Οσχη, Οσχεα, de même.

2.

1. ΜΟΤος, υ, ὁ, *Motos*, charpie, linge cardé, menuisé pour les plaies.
Μοταριον, diminutif.
Μοτοω, mettre de la charpie sur les plaies.

2. ΜΥΚης, ητος, ὁ, *Mukés*, champignon, mousseron; 2°. champignon de la lampe.

MAL, MOL,
Grand.

De M, grand, & AL, élevé, vinrent une multitude de Familles qui désignerent la grandeur, l'élévation, la grosseur, la force, *Orig. Lat.* 1101.

1.

1. ΜΑΛα, *Mala*, beaucoup, extrêmement, fortement, avec vehémence.
ΜΑλλον, *mallon*, davantage, de plus, sur-tout.
ΜΑλισα, principalement, sur-tout, par-dessus tout.

2.

1. ΜΟΛεω, *Moleó*, venir, arriver: on peut dire que ce Verbe s'est formé de *Mol*, grandeur; car à mesure qu'un objet approche, ou qu'il vient, qu'il croît, il grandit.
Μολευω, Μολισκω, de même.

2. ΜΕΛΛω, f. ησω, *Melló*, devoir être, qui fera : 2°. préparer, assembler ; 3°. devoir ; 4°. différer, hésiter.

Μελλημα, hésitation, doute, délais.

Μελλησις, de même.

Μελλητης, qui doute, hésite, cesse.

Μελλητικος, qui est lent, livré au doute, difficile à se déterminer.

3. ΜΩΛυς, *Môlus*, lent, paresseux ; 2°. lâche ; 3°. foible, imbécille, sot ; 4°. ignorant.

Μωλυω, Μωλυνω, hébêter.

En Gall. *mûl*, sot, hébêté.

En Basq. *moldaguea*, de même.

4. ΜΟΛΟΒΡος, *Mol-obros*, vorace, goulu.

De *Mol* ou *Mala*, beaucoup, extrêmement, & de *Bro*, manger.

5. Α-ΜΑΛΛα, η, *A-malla*, manipule, poignée, faisceau.

Α-Μαλλευω, mettre en faisceau, en javelle, en paquet, en botte.

Α-Μαλλιον, lien, hart, pour mettre en javelles, en faisceau, en botte.

II.

ΜΥΛη, η, *Mulé*, meule ; 2°. mole, masse. *Or. Lat.* 1104.

Μυλος, meule, dent molaire.

Μυλιας, Μυλιτης, Μυλιτος, Μυλαξ, pierre molaire, meule.

ΜΥΛων, ωνος, ὁ, moulin, lieu où on moût.

Μυλωθρος, Meûnier.

Μυλωθρικα, de moulin.

Μυλοω, endurcir.

Μυλιαω, grincer des dents de froid.

Μυλλω, embrasser, faire aller le moulin.

Α-Μυλον, amydon.

III. *Or. Lat.* 1106.

1. ΜΕΛια, ας, ή, *Melia*, frêne ; 2°. lance.

Μελινος, de frêne.

βου-Μελια, frêne très-gros, propre à la Macédoine.

2. ΜΗΛεα, *Mélea*, pommier.

ΜΗΛον, & Dor. ΜΑΛον, *Mélon*, Dor. *Malon*, pomme ; 2°. les joues ; 3°. le sein ; 4°. les lèvres ; 5°. la pomme de Vénus, ou l'amour.

3. ΜΗΛΙΤης, vin de pommes, de coignassier.

IV.

Μηλινος, *Mélinos*, jaune comme une pomme.

Μηλιζω, jaunir.

ΜΗΛων, ωνος, *Mélon*, surnom d'Hercule ; mot-à-mot, le doré, vraie épithète du Soleil.

V.

1. ΜΟΛοσσος ;-τ'ος, *Moloſſos*, (*Orig. Lat.* 1106) pied de trois syllabes longues : il ne pouvoit donc être mieux nommé de *mol*, grand, long.

2. ΜΩΛυζα, *Môluza*, tête d'ail.

3. ΜΩΛΥ, *Môly*, plante dont les Anciens faisoient de grands éloges, & qui étoit un contre-poison.

En Celte, M o l, excellent, digne de louange.

4. ΜΕΛΑΘΡον, *Mel-Athron*, Palais, Hôtel, vaste maison ; d'*Atrium*, maison, & *mel*, vaste, grand.

VI.

MAL, toison, *Or. Lat.* IIII.

1. ΜΑΛΛος, ὁ, *Mallos*, ὁ, toison, laine.
Μαλλωτος, abondant en laine, toison épaisse, bien fournie.

2. ΜΗΛον, *Mélon*, brebis ; 2°. troupeau.

On dut dire dans l'origine *Malon*. *Mallos* & *Milon*, sont certainement de la même famille : ils sont cependant très-éloignés dans les Dictionnaires Grecs, même par racines : tant cette méthode étoit imparfaite, ou nulle.

Μηλειος, de brebis.
Μηλωτη, toison, peau de brebis ; 2°. peau en général.
Μηλωτης, Berger.
Μηλατης, de même.

VII.

MAL, jaune, excellent.

1. ΜΕΛι, ιτος, τὸ, *Meli*, le Lat. *Mel*, miel. Il est tout-à-la-fois jaune & excellent.

Μελιτοεις, Μελιτωδης, Μελιτινος, Μελιτηρος, de miel, mielleux, emmiellé.
Μελιτειον, breuvage avec du miel.
Μελιτον, rayon de miel.
Μελιτιτης, vin miellé.
Μελιτοω, assaisonner avec du miel.
Μελιτωμα, τὸ, bonbon au miel.
Μελι-χρος, de couleur de miel.
Μελινη, millet.

2. ΜΕΛισσα, -τία, ἡ, *Melissa*, abeille.
Μελισσαιος, surnom d'Iou.
Μελισσιον, ruche.
Μελισσευς, qui a soin des abeilles.
Μελισσων, rucher.
Μελιτωδης, couleur de miel.

3. ΜΕΙΛισσω, *Meilisso*, rendre doux comme le miel ; 2°. adoucir, concilier.
Μειλιγμα, τὸ, adoucissant, calmant, lénitif ; adoucissement.
Μειλιξις, action d'adoucir, de rendre doux.
Μειλικτος, qu'on peut adoucir.
Μειλικτηριον, adoucissement, qui appaise.
Μειλιχος, doux, paisible ; 2°. flatteur, caressant.
Μειλιχιος, de même.
Μειλιον, τὸ, présent.
Μειλινος, doux, agréable, mielleux.

2.

1. ΜΕΛΠω, *Melpó*, chanter, célébrer ; *mot-à-mot*, être de bonne humeur.
Μελπη, Chant, Hymne, Danses avec chant.
Μελπαζω, chanter, célébrer.
Μολπαστης, Chanteur.
Μολπαστρια, Chanteuse ; 2°. Cantatrice.
Μολπηδον, avec chant.

2. ΜΕΙΔαω, *Meidaô*, rire, être de bonne humeur. D pour L.
Μηδαω, Μειδιαω, Μειδιοω, mêmes.
Μειδημα, ris, souris.

3. Α-ΜΕΛΓω, *A-Melgó*, traire. (*Or. Lat.* 1116.)
Α-Μολγος, tems où on trait.
Α-Μολγευς, vase dans lequel on trait.

VIII.

MAL, Mol, mol, doux.

Orig. Lat. 1118.

1.

1. ΜΑΛος, ο, *Malos*, tendre ; 2°. blanc ; 3°. innocent.
2. ΜΑΛασσω, f. ξω, *Malasso*, amollir.
Μαλαγμα, τὸ, adouciffant.
Μαλαξις, émollition, amolliffement.
Μαλακτος, qui peut être amolli.
Μαλακτηρ, qui amollit.

3. Μαλακος, mol ; 2°. doux, paifible ; 3°. lâche, foible, languiffant, mou.
Μαλακοτης, molleffe.
Μαλακια, caractere mou, efféminé.
Μαλακιας, ὁ, efféminé.
Μαλακιαω, être d'un caractere mou, efféminé, fans force, fans nerf.
Μαλακυνω, amollir, énerver.
Μαλακιζω, de même.

4. Α-ΜΑΛος, *A-Malos*, tendre, mol ; 2°. foible, fans courage.
Α-Μαλοω, abolir, énerver.
Α-Μαλαπ]ω, perdre, détruire.
Α-Μαλδυνω, de même.
Α-Μανδαλοω, détruire, abolir.

5. Α-ΜΑΛΘεια, la chèvre Amalthée, dont la corne fut la corne d'abondance. De Θεια, Déeffe & *Mal*, bien ; la Déeffe des biens, l'abondance.
Α-Μαλθευειν, combler de biens.

6. Α-ΠΑΛος, *A-palos*, pour *A-Malos*, mol, tendre, délicat ; 2°. mou, énervé, lent.
Α-Παλοτης, tendreté, molleffe.

Α-Παλυνω, rendre tendre, amollir.
Α-Παλιας, chevreau, tendron.

2.

1. ΜΑΛΘα, -Θη, ἡ, *Maltha*, cire amollie.
Μαλθωδης, de cire.
Μαλθων, efféminé, mou.
Μαλθυω, amollir, comme la cire.
Μαλθασσω, de même ; 2°. calmer, adoucir.
Μαλθαξις, action d'amollir par des fomentations.

2. ΜΑΛΘακος, mol : mou, fans nerf.
Μαλθακια, molleffe.
Μαλθακοω, — κιζω, amollir ; 2°. énerver.

3. ΜΕΛΔω, *Meldó*, fondre ; 2°. macérer : 3°. confumer : 4°. cuire, faire bouillir.

4. ΜΑΛερος, ὁ, *Maleros*, épithète du feu : il fond, amollit : 2°. brillant, lumineux ; 3°. funefte.

IX.

MAL, Mel, noir, (*Or. Lat.* 1120.)

1. ΜΕΛας, αινα, αν, *Melas*, noir ; 2°. fombre, chagrin.
Μελανοτης, noirceur.
Μελανια, de même.
Μελανιζω, noircir, devenir noir.
Μελαινω, noircir, rendre noir.
Μελασμα, noirceur.
Μελασμος, action de noircir, de dénigrer.
Μελαντηρια, fuc noir des métaux.
Μελ-ανθιον, plante.
Κελαινος, pour Μελαινος.
Κελαινιαω, être noir.

2. ΜΕΛι-

2. ΜΕΛε-ΑΓΡιδες, *Mele-agrides*, poules de Guinée, les pintades; de *Melas*, noir, & de *agros*, blanc, parce qu'elles sont tachetées de blanc & de noir, peintes de deux couleurs.

3. ΜΗΛος, ή, l'Isle de Mélos, une des Cyclades : *mot-à-mot*, la brûlée, la noire. On voit par son sol que c'est un Volcan éteint, comme peut être la plûpart de ces Isles de la Grèce. C'est une Fable Grecque, qu'elle dut son nom à Melos, Capitaine Phénicien ; cependant elle eut un fondement : c'est la signification du mot *Phénicien* qui, désignant la couleur de feu, fit qu'on pût donner plaisamment à un Volcan le nom de Capitaine Phénicien.

4. ΜΟΛΙΒΔος, ὁ, *Molibdos*, plomb, au lieu de ΜΟΛ-ΛΙΒΔΟΣ, pierre noire : *Libd* au lieu de Lith. (*Or. Lat.* 1122.)

Μολιβδεος, ---ιβδινος, ---ιβδωδης, de plomb, plombé.
Μολυβος, plomb.
Μολυβδαινα, masse de plomb ; 2°. vase de plomb.
Μολυβδις, ή, globe ou bale de plomb.
Μολυβδωσις, soudure.
Μολυβδωμα, ouvrage en plomb.

2.

1. ΜΕΛεος, *Meleos*, malheureux, infortuné : 2°. vain, fou, insensé.

2. ΜΟΛυνω, *Molunô*, souiller, tacher, gâter.
Μολυσμος, souillure, tache.
Μολυσις, de même.
Μολυνια, ή, anus.

3. ΜΩΛωψ, ωπος, ὁ, *Mólôps*, coups de fouet qui meurtrissent, tachent, rendent noir & livide.

4. ΜΥΛΛος, *Mullos*, courbe, tortu, de travers, louche ; 2°. sorte de poisson, & de gâteau.
Απο-Μυλλαινω, tordre, courber.

X.

MAL, MIL, combat. *Or. Lat.* 1122.

1.

1. ΜΟΛος, ὁ, *Molos*, travail, peine ; 2°. combat : 3°. rumeur, frémissement.

2. Μολις, avec peine.

3. ΜΩΛος, ὁ, *Môlos*, guerre, combat, tumulte ; 2°. mole, digue, port artificiel : 3°. poids.
Μωλεω, combattre.

2.

1. Ο'-ΜΙΛος, troupe, bande, multitude : 2°. armée.
Ο-Μιλαδον, par bandes.

2. Ο'-ΜΙΛΙα, ή, *Homilia*, assemblée, réunion d'hommes, conférence.
Ο-Μιλεω, se rassembler, conférer, converser.
Ο-Μιλημα, τὸ, *homilêma*, assemblée officieuse, d'amis.
Ο-Μιλητης, qui a accoutumé de conférer.

DICTIONNAIRE ÉTYMOLOGIQUE

3. Ω-ΜΙΛΛα, η, *O-milla*, sorte de jeu avec des noix dans un espace renfermé par une ligne circulaire.

4. Α-ΜΙΛΛα, η, *A-Milla*, combat, dispute, contestation.

Α-Μιλλαομαι, combattre, disputer, être aux prises; 2°. rivaliser.

Α-Μιλλημα, τὸ, dispute, querelle, contestation.

Α-Μιλλητηριον, lieu du combat, de la querelle.

3.

ΑΙ-ΜΥΛος, *Ai-Mulos*, doux, agréable, affable; 2°. trompeur, qui séduit par ses caresses, séducteur.

Αι-Μυλια, agrémens.

Αι-Μυλλω, tromper, séduire.

MEL, pour MED.

1. ΜΕΛει, *Melei*, être un sujet de souci, d'inquiétude, de soins.

De la même famille que *Med*, soin.

Μελετωρ, qui gere les affaires d'un autre.

Μεμβληται, pour Μεμεληται, être confié aux soins.

C'est un exemple du B mis à la place de l'E entre deux labiales, dont nous avons déja vu tant d'exemples.

Μελετη; -- ημα, soin; 2°. méditation; 3°. industrie; 4°. déclamation.

Μελεταω, avoir soin; 2°. s'exercer sur; 3°. méditer.

Μελιτητηριον, lieu où on médite, où on s'exerce.

Α-Μελει, ne soyez pas en peine.

2. ΜΕΛΕΔαιγω, *Meledainó*, avoir soin.

Μελεδημα, soin, recherche empressée, & soucieuse.

Μελεδημων, qui a soin, qui s'exerce.

Μελεδη, soin, recherche.

Μελεδων, ονος, ὁ, soin; 2°. qui a soin: Curateur, préposé, Roi.

Μελεδωνη, soin.

3. ΜΗΛη, η, *Mêlé*, sonde pour les blessures. Ici L pour M; de *Med*, soin. En Celt. ΜΕΙD, inspection, examen, action de sonder. Voyez ci-dessus *Médos*.

Μηλοω, sonder.

Μηλωθρα, τὰ, teinture.

Μηλωτρις, η, cure-oreille, sonde pour les oreilles.

Μηλωσις, action de sonder.

MAN,
Elévation.

MAN est un mot primitif qui offre en Grec les mêmes significations que nous avons eu occasion de voir dans les Origines Latines, 1124, à l'exception d'une ou deux.

1.
MAN, MEN,
Flambeau, signe.

Dans les anciennes Langues, *Man*, *Men*, *Mon*, désignent le Soleil, la Lune, *Hist. du Calend.* De-là ces divers mots.

1.

1. ΜΗΝη, *Méné*, la Lune.

Μηνισκος, croissant.

2. ΜΗΝ, ηνος, ὁ, *Mén*, mois.

En Dorien, ΜΑΝ., mois.

Μηνιαιος, du mois, qui arrive chaque mois.

3. ΜΟΥΝΥΧια, pour ΜΟΥΝ-ΝΥΧια, nom de Diane; 2°. d'un Port d'Athènes consacré à Diane, avec un asyle.

De Μουν, Mon, flambeau, & Νυx, Nox, la nuit.

Μουνυχιων, mois d'Avril chez les Athéniens; il étoit consacré à Diane.

2.

ΜΗΝυω, Ménuô, indiquer, annoncer, certifier, signifier.

Μηνυμα; νυσις, indication, annonce, signe.

Μηνυτης, qui montre, qui annonce : 2°. Index, indice.

Μηνυτρον, récompense de celui qui a donné un indice.

3.

ΜΑΝΤις, εως, ὁ, Mantis, Devin, Prophète, qui annonce l'avenir.

Μαντοσυνη, prédiction, art de prédire.
Μαντευομαι, prédire, rendre des Oracles; auguror, prognostiquer.
Μαντεια, divination, prédiction.
Μαντεον;-τευμα: prédiction, oracle.
Μαντευτης, même que Μαντις.
Μαντευτος, qui a été annoncé, prédit.

4.

ΜΑΝος, Manos, rare, peu épais, peu serré, transparent.

Μανοτης, qualité de ce qui est peu serré.
Μανωδης, rare, lâche.
Μαναxις, rarement.
Μανοω, raréfier.
Μανωσις, raréfaction.

5.

1. ΜΝα, ᾶς, ἡ, MNa, mine, sorte de poids & de mesure.

Μνααιος, qui pèse une mine.

2. ΜΝΑΣιον, Mnasion, mesure de deux Médimnes; 2°. plante d'Egypte qui donnoit un excellent goût aux viandes.

6.

1. ΜΝαομαι, Mnaomai, rappeller, 2°. mentionner; 3°. se rappeller, se souvenir; 4°. être amant, faire sa cour à une belle : 5°. affecter.

ΜΝαω, rappeller, avertir.
ΜΝημα, avertissement, avis, ce qui sert à rappeller ; 2°. tombeau, mausolée.
ΜΝημη, mémoire.
Μνημειον, Μνημηϊον, mémoratif, ce qui rappelle.
Μνημων, qui se rappelle, qui se souvient.

2. ΜΝη-ΜΟΝΕυω, avoir de la mémoire, se souvenir.

Μνη-Μονευμα, ce qu'on confie à la mémoire.
Μνη-Μοσυνη, mémoire ; 2°. Mnemosyne, Déesse de la mémoire, Mere des Muses.
Μνη-Μοσυνον, ce qui rappelle le souvenir ; un ressouvenir.

3. Μνη-της, mémoire.

Μνηςωρ, savant, habile.
Μνεια, mention.
Μνωομαι, Μνωμαι, se rappeller, se souvenir.

4. Μνηςυς, υος, ἡ, demande d'une femme en mariage.

Μνηστης, fiancé.
Μνηστη, fiancée.
Μνηστηρ, amant, qui recherche en mariage.
Μνηστρον, gage, arrhes des noces.
Μνηστωρ, qui a donné ces arrhes.
Μνηστρια, femme qui arrange un mariage.
Μνηστευω, aspirer à la main d'une femme.
Μνηστεια, action de demander en mariage.
Μνηστευμα, de même.

II.

De MON, Soleil, l'Etre unique, vient la famille suivante.

MONος, Monos, seul, unique, un ; 2°. singulier 3°. simple ; 4°. séparé, isolé.
Μονον, seulement.
Μονας, αδος, ἡ, unité, monade.
Μοναδον, seulement.
MONαζω, demeurer seul, être solitaire.
Μονασης, qui demeure seul, solitaire,
Μονασικος, monastique.
Μοναςρια, Religieuse.
Μοναςηριον, Monastere.
Μονατωρ, cheval de main.

2. Μοναχος, unique, seul, Moine.
Μοναχη, d'un seul côté.
Μοναχως, d'une seule maniere.

3. MONηρης, solitaire.
MONιος, solitaire, Moine.
MONοω, laisser seul, destituer, déserter.
Μονωσις, désertion, abandon ; 2°. solitude ; 3°. singularité.
Μουνος, poétiquement, seul.
Μουναξ, à part.
Μουνοω, laisser seul, abandonner.

III.

MAN, bon.

1. MANNa, mot Oriental. La manne ; mot à mot, chose excellente, bonne.

Mot qui tient au Latin
MANus, bon.

2. MANNος, ὁ, Mannos, brasselet, collier, ornement de cou.
Μανιακης, ὁ, de même.
Μανακιον, diminutif.

2.

Par opposition, Man, bon, devint la source des mots suivans, qui peuvent aussi se raporter à Man, la Lune, comme source de la folie, du lunatisme.

MANIα, ἡ, Mania, manie, fureur : 2°. folie, démence.
Μανιας, αδος, ἡ, furieuse, folle à lier.
Μανικος, insensé.
Μανιωδης, furieux, fou à lier.
MAINομαι, être fou, furieux.
Μαινολης, ὁ, furieux, en fureur, fou à lier.
Μαινας, αδος, ἡ, une menade, une folle, une femme troublée, une extravagante.

2. Μαιγη, ἡ, nom d'un poisson consacré à Diane.
Μανις, ιδος, ἡ, de même.

3. MANης, ου, ὁ, Manès, Serviteur, Esclave : 2°. nom d'une coupe, d'une espéce de gobelet.

IV

MAN, fort, constant, ferme.

1.

MEN, certainement, même, en vérité.
MHN, même, certainement ; 2°. cependant.

ΗΜΗΝ, *emén*, en vérité, très-certainement.

ΗΜΕΝ, *émen*, certainement.

2.

ΜΩΝ, *Môn*, est ce ? n'est-ce pas ? vraiment, seulement, pour voir. C'est notre vieux MON. On trouve dans Joinville, Ch. 59. *Tu es venu de l'Ost des Tartarins ? Sire, fit-il, je suis* MON. Tu es venu de l'Armée des Tartares ? Sire, répondit-il, j'en suis venu, c'est c'est très-vrai.

On a dit qu'*ils essaient mon*, qu'ils essaient seulement, pour voir.

MÉNAGE a rassemblé là-dessus diverses autorités remarquables.

3.

Α-ΜΥΝω, *A-Munó*, secourir, fortifier, protéger, défendre : 2°. repousser, venger.

Α-Μυνα, ης, ή, action de venger, de protéger.

Α-Μυντικος, excellent pour repousser, pour se défendre.

Α-Μυντωρ,-τηρ, ὁ, défenseur, protecteur, vengeur.

Α-Μυναθω, même, qu'Αμυνω.

4.

ΜΗΝις, *Ménis*, colere permanente, rancune, haine constante, aversion.

ΜΗΝιω, exercer sa colere, sa haine, en faire éprouver les effets.

Μεμηνιμενως, avec colere.

Μηνιθμος, ὁ, colere divine contre les méchans.

Μηνιμα, τὸ, de même.

Μηνιαω, même que Μηνιω.

5.

1. ΜΗΝιγξ, γγος, ή, *Meninx*, sédiment du vin : 2°. meninge, membrane qui enveloppe le cerveau & le garantit.

2. ΜΙΝΘα, Θη, ή, *Mintha*, menthe, plante vivace & dont l'odeur est forte : 2°. excrémens humains.

Καλα-Μινθη, espéce de menthe.

6.

ΜΕΝος, εος, τὸ, *Menos*, esprit : c'est ce qu'il y a de plus grand, de plus élevé dans l'homme & dans la Nature : 2°. courage, ardeur : 3°. forces, valeur.

Μενεαινω, être enflammé d'une grande passion.

Μενοινη, ardeur pour une chose, désir vif & ardent.

Μενοιναω, être entrainé par son ardeur, désirer vivement.

7.

ΜΑΝ-ΔΡΑΓοραϛ, ȣ, ὁ, mandragore, plante qui a quelque rapport à la figure humaine.

Des deux mots du Nord, *Man*, homme, & *Drak*, portrait, figure.

V.

MAN, cacher, couvrir.

1. ΜΑΝΔακη, η, *Mandaké*, cuir, peau : elle enveloppe le corps & tient à

la famille Mante, manteau.

2. ΜΑΝ-ΔΡα, ας, ἡ, *Mandra*, étable, bergerie.

Μαr-δρευμα, τὸ, parc, étable.

De *man*, renfermer, & *ther*, animal, devenu *thra*, *dra*; c'eſt l'Italien MANDRA, bergerie, d'où nos Madrigaux, ou Bergeries, Paſtorales.

3. 1. ΜΑΣ, I-MANTος, ὁ, courroie ; elle ſert à envelopper.

I-Μαντιδιον, diminutif.

I-Μαντωσις, ἡ, ſouliers de cordes, de courroies.

I-Μανταριον, ſeau de navire, il eſt ſuſpendu à des cordes.

I-Μασσω, fuſtiger avec des lanieres de cuir ; 2°. battre, frapper.

I-Μασθλη, fouet de cuir.

I-Μαω, puiſer, tirer avec un ſeau attaché à des cordes.

I-Ματος, puiſé.

I-Μαιος, chanſon de ceux qui puiſent de l'eau.

I-Μονια, ἡ, corde d'un puits.

VI.
MAN, MIN, négatif.

De MAN, MEN, grand, vinrent les mots ſuivans qui expriment l'idée contraire.

1. ΜΙΝυος, ὁ, petit, mince, délié, MENU.

ΜΙΝυθω, diminuer, amoindrir ; 2°. deſſécher, rapetiſſer.

Μινυνθα, dans peu.

Μινυρος, petit, exigu, nain.

Μινυρομαι, ſe plaindre d'une voix claire & déliée.

Μινυριζω, de même.

2. ΜΝιον, τὸ, mouſſe, algue, herbe fort courte.

Μνιαρος, de mouſſe.

Μνιοεις, Μνιωδης, de même.

3. ΜΝους, duvet, poil folet.

VII.
MAN, demeurer.

1. ΜΕΝω, le Lat. *Maneo*, demeurer, habiter, faire ſa demeure conſtante : 2°. attendre, eſpérer, deſirer.

ΜΕΝετος, qui peut attendre.

ΜΟΝη, ἡ, demeure, ſéjour, habitation.

Μιμνω, Μιμναζω, demeurer.

2. ΥΣ-ΜΙΝη, combat, bataille ; action d'en venir aux mains, d'attendre l'ennemi de pied ferme, & de lui réſiſter.

3. ΑΙ-ΣΥ-ΜΝΗΤης, ὁ, *Aiſu-Mnétés*, qui préſide aux tournois, Aſſeſſeur pour juger dans les combats.

De *Su*, ou *ſun*, avec, & de *Menô*, demeurer, ſiéger, qui ſiége avec, aſſeſſeur.

MAR,
Grand, étendu.

De M, grand, & AR, haut, eſcarpé, pointu, ſe formerent nombre de familles en MAR relatives aux mêmes idées. *Orig. Lat.* 1165.

I.

ΜΕΙΡαξ, ακος, ὁ, ἡ, *Meirax*, adoleſcent, adoleſcente, jeune garçon, jeune fille.

Μειραχιζομαι, grandir, être dans l'adoleſcence.

Μειρακισκος, jeune garçon.
Μειρακισκη, jeune fille.
Μειρακιωδης, jeune.
Μειρακυλλιον, jouvenceau.

2.

1. ΜΗΡυω, *Méruô*, rouler, entasser, mettre en peloton.

Μηρυμα, τὸ, fil qu'on met en peloton.

Μηρυκω ; - ικαζω ; - υκιζω ; υκαομαι, mâcher long-tems, rouler les morceaux dans la bouche.

Μηρυκισμος, action de ruminer.

2. ΜΗΡινθος, ἡ, *Mérinthos*, corde, ficelle.

ΣΜΗΡινθος, de même.

3.

1. ΜΥΡιος, ὁ, *Murios*, infini, immense, innombrable, tout-à-fait grand.

Μυριοι, αι, α, dix mille.

Μυριοσος, dix millième.

Μυριας, αδος, ἡ, Myriade, dix mille.

Μυριοτης, ητος, ἡ, multitude, infinité, nombre infini.

2. ΜΥΔΡιασις, εως, ἡ, *Mudriasis*, défaut de l'œil dont la prunelle se dilate & s'affoiblit en s'étendant. Ici D s'est glissé avant R, comme dans d'autres occasions.

3. Ο-ΜΗΡεω, *Omèreô*, se rassembler, se réunir ; 2°. rencontrer ; 3°. accompagner.

4. Ο-ΜΑΡΤη, ensemble.

Ο-ΜΑΡΤεω, aller avec, suivre, accompagner.

5. Ἱ-ΜΕΙΡω, *Hi-Mèirô*, desirer extrêmement, avoir une GRANDE envie.

Ἱ-Μερος, désir extrême, envie, passion, vive inclination.

Ἱ-Μεροεις, désirable, agréable.

Ἱ-Μερτος, de même.

Ἱ-Μερα, fleurs & couronnes ou guirlandes qu'on employoit dans les sacrifices expiatoires.

4.

1. ΜΑΡις, εως, ὁ, *Maris*, grande mesure de six cotyles ou de dix conges.

2. Α-ΜΑΡα, ας, ἡ, *Amara*, conduites d'eaux, aqueducs ; 2°. rigoles profondes dans les prairies pour les arroser.

Α-Μαρια, Α-Μαρις, de même.

Α-Μαρευω, conduire l'eau dans des caneaux, des rigoles : couler dans des canaux.

Α Μαρευμα, égoûts.

3. ΜΑΡΠω, contenir, prendre, saisir.

4. ΜΑΡΣυπος, ὁ, bourse, sac, valise.

5. ΜΑΡ-ΑΘρον, τὸ, fenouil, plante qui s'éleve.

I I.

M A R, pointu, piquant.

1. ΜΥΡΜος, ὁ, *Myrmos*, fourmi ; elles piquent.

Μυρμηδων, fourmiliere.

Μυρμηξ, ηκος, ὁ, fourmi :
En Dor. μυρμαν.

Μυρμηκιον, espéce de phalange ; 2°. verrue.

Μυρμηκιαω, avoir des verrues.

Μυρμηκιζειν, éprouver le même sentiment que si on étoit piqué par des fourmis.

Μυρμηκια, η, armée de fourmis.

2. ΜΥΡΙΚΗ, bruyere, tamarin.

Μυρικινος, de tamarin.

2.

1. ΜΥΡον, το, *Muron*, onguent, pommade.

Μυριδιον, diminutif.

Μυρηρος, d'onguent.

Μυρις, boëte aux onguents.

Μυριζω, oindre, pommader.

Μυροω, de même.

Μυρισμα, το; —μος, ὁ, action d'oindre, de pommader.

Μυρισικος, qui sent bon.

Μυρωμα, το, onguent, pommade.

Μυριτης, vin parfumé.

2. ΜΥΡΡα, & ΣΜΥΡρα, *Murrha*, & *Smurna, Smyrna*, encens, sinyrne.

Μυρριτης, d'encens.

ΣΜυρριζω, sentir l'encens.

ΣΜυρριον, plante qui a l'odeur de l'encens.

3. ΜΥΡος, & ΣΜΥΡος, *Myros*, & *Smyros*, mâle de la lamproie.

ΜΥΡαινα, *Myraina*, & *Smyraina*, lamproie femelle; 2°. femme débauchée.

4. Μυριγος, même que *Myros*.

3.

ΜΥΡΤος, ὁ, myrte.

Μυρτια, Μυρτις, mêmes.

Μυρτον, το, baïe de myrte.

Μυρτιτης, vin myrté.

Μυρτιδανον, addition inégale & éminente, appendice.

Μυρτινη, espéce de poirier, & d'olivier.

Μυρσινη, même que Μυρτος.

Μυρσινων, ωνος, ὁ, lieu planté de myrtes,

Μυρσινινον, huile de myrte.

Μυρσινιτης, vin mixtionné de myrte.

4.

Α-ΜΕΡΓω, *A-mergó*, presser les olives, en tirer le suc.

Α-Μοργη, η, le Lat. *Amurca*, marc.

Α-Μοργευς, ὁ, qui presse les olives.

Α-Μοργιτης, espéce de gâteau. *Orig. Lat.* 1184.

III.

MAR, jour, éclat.

De HAR, HOR, lumiere, jour, précédé de M, grand, éclatant, vinrent nombre de familles relatives à ces idées. (*Orig. Lat.* 1184.)

I.

1. ΜΑΡαγδος, ὁ, *Maragdos*, & *Smaragdos*, émeraude, pierre précieuse & transparente.

ΣΜΑΡαγδινος, d'émeraude.

2. ΜΑΡΓαρον, το, *Margaron*, perle.

3. ΜΑΡιλα, -λη, η, *Marila*, charbon ardent, braise.

Μαριλευσαι, être sur la braise, faire de la braise.

4. ΜΑΡ ΜΑΙΡω, f. αρω, *Mar-Mairó*, briller, resplendir, étinceler.

Μαρ-μαρυγη, splendeur, éclat; scintillation.

ΜΑΡ-ΜΑΡος, blanc, éclatant; 2°. pierre blanche & resplendissante, marbre.

Μαρ μαρεος, de marbre.

Μαρ μαροεις, resplendissant comme le marbre.

Μαρ-μαριζω, resplendir.

2. MAR-TYP

2.

1. ΜΑΡ-ΤΥΡ, υρος, ὁ, *Mar-tyr*, témoin ; *mot-à-mot*, qui conserve, qui défend la lumiere, la vérité.

Μαρ-τυρος, ου, ὁ, même.
Μαρ-τυρια ; --ρημα, témoignage.
Μαρ τυρομαι ; --ρεω, témoigner, certifier : servir de témoin.
Μαρ-τυρεομαι, être prouvé par témoins.

2. ΜΕΡΔω, *Merdô*, voir, appercevoir.
Ζ-Μερδω, de même en Achéen.
Ζ-Μερδνος, terrible, dont on ne peut soutenir le regard.
Σ-Μερδαλεος, affreux, horrible à voir.

3. ΜΟΡ-ΟΧΘος, ὁ, *Mor-Okthos*, pierre Égyptienne qui servoit à blanchir les étoffes, les habits.

4. ΜΥΔΡος, ὁ, *Mudros*, fer rouge, masse embrâsée ; de *Mor*, altéré par l'insertion ordinaire du *D* avant *R*.

3.

1. Α-ΜΑΡακος, ὁ, *A-marakos*, amarante, fleur d'un rouge vif.

2. Α-ΜΑΡυσσω, *A-Marussô*, briller, resplendir.
Α-Μαρυγη, éclat, brillant, rayons étincelans.

3. Α-ΜΟΡγη, ἡ, plante couleur de pourpre.
Α-Μοργης, couleur de pourpre.
Α-Μοργιδιον, habit de pourpre.

4. Α-ΜΟΡα, farine fine cuite avec du miel.
Α-Μαριτης, gâteau de fine farine au miel.

4.

1. Α-ΜΑΥΡος, ὁ, *A-mauros*, obscur ; 2°. foible, pâle ; 3°. éteint.
Α-Μαυροω, obscurcir, effacer, faire disparoitre.
Α-Μαυρωσις, ἡ, affoiblissement de la vue, obscurcissement.
Μαυροω, obscurcir ; effacer, détruire.
ΜΑΥΡος, même qu'Α-Μαυρος.

2. Α-ΜΟΡΒος, ὁ, obscur, ténébreux.
Α-Μορβης ; --βες, milieu de la nuit.
Α-Μορβαιος, ténébreux.

3. Α-ΜΟΡΒος, signifie également, celui qui suit, suivant, suivante : Compagnon, qui marche à la suite. Les Etymologues ont cru que dans ce sens ce mot appartenoit à une Famille toute différente : qu'il étoit composé d'*Ama poreuestai*, aller ensemble ; ils n'ont pas vu que ce n'est qu'une seule & même Famille : que la signification propre de ce mot *Amorbos*, est *Ombre* ; l'ombre qui va toujours à la suite du corps ; & que de-là est venu le sens figuré de suivant, de compagnon ; ils sont comme l'ombre. Cette figure est commune à toutes les Langues, au Latin & au François comme au Grec.

4. Α ΜΥΔΡος, ὁ, *A-mudros*, obscur, qu'on a peine à voir ; 2°. peu apparent, vil, obscur.
Α-Μυδροω, obscurcir, hébéter, affoiblir la vue.

Α-Μυδρωσις, obscurcissement : ici D inséré également avant R.

5. Α-ΜΑΡΤαγω, *Amartanô*, avoir perdu de vue sa route : s'être égaré : s'égarer ; 2°. pécher, tomber en faute.

Α-Μαρτημα, τὸ, égarement, faute, péché.

Α-Μαρτηρος, erroné.

Α-Μαρτωλος, ὁ, ἡ, pécheur, pécheresse.

Α-Μαρτια, ἡ, erreur, faute, délit.

Ν-ΗΜΕΡΤης, vrai, qui ne s'est pas égaré, qui ne se trompe pas.

5.

1. ΗΜΕΡα, ας, ἡ, *Hé-mera*, jour, la lumiere du jour.

Ici le radical *Mar*, jour, est uni à l'article primitif *He* : en Poésie ΗΜΑΡ, ατος, τὸ, *He mar*, jour ; 2°. de jour, *adv.*

Σ ΗΜερον, aujourd'hui, en ce jour. Attiq. Τημερον.

Η Μερικος, diurne.

Η-Μερησιος, d'un jour.

Η-ΜΕΡευω, passer le jour à.

Η Μεριδιον, diminutif.

Η-ΜΑΤιος, diurne.

2. Η-ΜΕΡος, ὁ, ἡ, *Hé-meros*, mûr, meuri ; 2°. doux ; 3°. paisible, tranquille.

Η-Μεροτης, douceur.

Η-Μερυω, adoucir.

Η-Αμερωμα, adoucissement.

Η Μεσιδης, doux.

Η-Αμερις, ιδος, ἡ, espéce de chêne & de vigne : apparemment, de *Mar*, grand.

IV.
M A R, divisé.

1.

De M A R, grand, se forma une nouvelle Famille désignant le nombre, le partage, la division. (*Or. Lat.* 1194) : de-là :

1. ΜΑΡη, ἡ, *Maré*, main : d'où, Ευ-Μαρης, facile, aisé à faire, &c.

2. ΜΑΡΝΑΜαι, *Mar-namai*, combattre : de *nam*, prendre, saisir, & *Maré*, main.

2.

1. ΜΕΙΡω, *Meirô*, diviser, partager; 2°. avoir en partage, participer ; 3°. acquérir.

Μερος, τὸ, portion, part.

Μερις, ιδος, ἡ, même.

Μερικος, particulier.

Μεριτης, participant.

Μεριζω, partager, distribuer, diviser.

Μερισμος, partage, division.

Μερισης, qui partage.

2. ΜΟΡος, ὁ, portion.

Μοριος, partial.

Μορις, ιδος, ἡ, part.

Μοριον, τὸ, particule, parcelle.

ΜΟ α, ἡ, tribu, en langage des Lacédémoniens.

3. ΜΟΡος, ὁ, fatalité, mort, infortune, supplice.

Μοροεις, fatal.

Μοροιμος;--ριμος, de même.

Μορεω, être dans l'affliction, dans la peine.

4. ΜΟΙΡα, ἡ, part, portion ; 2°. Dé-

curie ; 3°. fort, condition ; 4°. Destin, destinée ; 5°. les Parques : elles reglent les destinées & font à chacun sa part.

Μοιραιος, fatal.

Μοιραω, distribuer, partager.

Μοιραομαι, avoir par le sort.

3.

ΜΗΡος, ου, ὁ, *Méros* : cuisse ; c'est le partage du corps.

Μηριαιος, de la cuisse.

Μηριον, τὸ, même que Μηρος.

V.

Autres dérivés de MAR, jour.

1.

Ο-ΜΗΡος, *Ho-Méros*, ôtage.

Ο-Μηρον, τὸ, gage.

De *mar*, jour, marque, signes. Les ôtages & les gages sont des *signes* de la fidélité à observer une convention.

Ο-Μηρευω, servir d'ôtage.

Ο-Μηρειον, chose donnée en gage.

Ο-Μηρευμα, de même.

Ho-Méros, est aussi le nom d'Homere. Dans ce sens, il peut signifier L'AVEUGLE par excellence : de *Ho*, non, & *Mer*, qui voit.

2.
Négatifs.

1. ΜΟΡεα, ας, η, mûrier.

Μορον, το, mûre : ce fruit est noir.

Συκο-Μορος, η, Syco-More, espéce de figuier d'Egypte.

Συκο-Μορον, son fruit.

2. ΜΟΡ-Μω, η, monstre, femme effrayante, phantôme : le *Momo*.

Μορ-μυσσομαι, effrayer.

Μορ-μολυττομαι, épouvanter, faire peur du momo, du spectre.

Μορ-μολυκειον, masque.

3. ΜΟΡυσω, *Morussô*, salir, tacher ; noircir.

4. ΜΑΡα-ΓΝαγ, *Ma-a-gnan*, fouet, *mot-à-mot*, qui rend noir, livide.

3.

1. ΜΑΡαινω, *fut.* αγω, *Marainô*, faner, flétrir.

Μαρασμος, marasme, état de langueur; manque de forces.

Μαρανσις, de même.

2. ΜΑΡΓος, *Margos*, esprit flétri, fou, insensé ; 2°. insolent.

Μαργοσυνη, folie, démence.

Μαργοτης, Μαργη, de même.

Μαργαινω, être fou, dépourvu de sens.

Μαργιτης, nom d'un fou ; 2°. foible, lâche.

3. ΜΕΡιμνα, ης, η, soin, sollicitude; 2°. angoisse ; 3°. méditation.

Μεριμναω, être dans la peine, dans l'angoisse, être accablé de soucis ; 2°. rechercher avec soin.

Μεριμνητης, enfoncé dans de profondes recherches.

4. ΜΕΡ-ΜΕΙΡω, *Mer-Meirô*, avoir soin, approfondir un sujet, faire de profondes recherches.

Μερ-Μερος, qui recherche, soucieux.

Μερ-Μηρα, η, soin, sollicitude, occupation instante.

Μερμηριζω, être accablé de soucis, d'occupations soigneuses.

Ces mots tiennent à l'Or. מאר, *Mar*,

être dans la tristesse, dans la peine, & au Latin *Mæreo*.

M A S.
De Ma, grand, vinrent ;

1. ΜΕΣΤος, ὁ, *Mestos*, plein, qui a sa charge, tout ce qu'il peut contenir ; farci.

Μεσοω, remplir, farcir.

2. ΜΙΣυ, *Misy*, suc des métaux, crystallifé, réuni en masse.

M A T.
Etendue, mesure.

Mat, Met, est un mot primitif formé de *Ma*, grand, étendu, & qui a désigné l'étendue en tout genre, les mesures, les connoissances, &c. (*Orig. Lat.* 1091). De là :

1.

Μαθιω, en vieux Grec : Μανθαγω, *Matheô*, puis *Manthanô*, apprendre.

Μαθημα, Science, Doctrine.

ΜΑΘη-ΜΑΤΙΚος, ce qui appartient à la science ; 2°. désireux d'apprendre ; 3°. docile ; 4°. ce qui concerne les Mathématiques.

Μαθησις, action d'apprendre, connoissance, perception.

Μαθητος, qu'on peut apprendre.

Μαθητευω, s'instruire, écouter les leçons de.

Μαθητεια, institution, science.

Μαθητιαω, désirer d'apprendre.

2.

1. ΜΕΤΡου, τὸ, mesure : mode ; 2°. vase à mesurer ; 3°. mètre, ou mesure en poésie.

Μετρεω, mesurer.

Μετρημα, τὸ, ration ; ce qu'on donne par mesure.

Μετρητης, qui mesure ; 2°. grande mesure de liquides.

Μετρητος, mesuré.

2. Μετριος, qui n'excede pas les bornes ; 2°. modéré ; 3°. médiocre ; 4°. modeste.

Μετριοτης, ἡ, modération ; 2°. modestie, médiocrité.

Μετριαζω, se tenir dans de justes bornes.

Μετριχος, en mesure, qui concerne les mesures.

3.

1. ΜΗΤις, ιδος, ἡ, *Métis*, prudence, sagesse, intelligence ; *mot-à-mot*, art de mesurer sa conduite, de prendre de bonnes mesures.

Μητιοεις, habile en expédiens.

Μητιετης, de bon conseil.

Μητιαω, délibérer, consulter, prendre ses mesures.

Μητιμα, conseil, délibération.

2. ΜΗΔος, εος, τὸ, *Médos*, conseil, délibération, soin.

Μεδοσυνη, de même.

Μηδομαι, délibérer, consulter ; 2°. tramer ; 3°. réfléchir, méditer.

Μηςωρ, ὁ, conseiller, qui donne de bons conseils.

MEI, MU.
Eaux.

Mei, Mi, Mu, sont des mots primitifs qui désignent les eaux, comme objets mobiles, mugisfans, murmurans, &c.

1.

ΜΑΙ-ΑΝΔ-ΡΟΣ, ὁ, le *Mé-andre*, Fleuve de Phrygie, célèbre par la multitude de ses contours : il ne put donc être mieux nommé, venant de *Μαι*, eaux, *ρό*, qui coulent, *αν*, circulairement. Le D est ici inféré avant R, comme en tant d'autres occasions.

2.

1. ΜΙ-ΜΕομαι, imiter. Ces deux mots viennent de ΜΙ, eau : les eaux étant un MIROIR naturel qui imite tout.

Μι-Μημα, imitation, image.
Μι-Μησις, imitation.
Μι-Μητης, ὁ, imitateur.
Μι-Μητικος, doué de l'art d'imiter.
Μι-Μητος, qu'on peut imiter.
Μι-Μηλος, peint, imité.
Μι-Μηλοτης, habileté à imiter.
Μι-Μηλαζω, imiter, peindre.
Μι-Μος, mime, qui peint par gestes.
Μι-Μω, singe ; il imite tout.

2. ΜΥΝΗ, *Muné*, prétexte, excuse, mot à-mot, fausse image ; en Or. מון, *Mun*, image.

Μυνομαι, prétexter, alléguer de vaines excuses.

3.

ΜΥΔαω, *Mudaó*, se gâter par trop d'humidité, se pourrir.
Μυδησις, pourriture.
Μυδαλεος, humide, pourri.
Μυδαινω, pourrir.

2. Μυδων, ονος, ὁ, chair fongueuse, chairs pourries, ulcérées.

3. ΜΥΚΤηρ, ὁ, *Muktér*, narine ; 2°. nez ; conduit des eaux du cerveau ; 3°. trompe ; 4°. raillerie fine.
Μυκτηριζω, railler, se moquer.

4. ΜΥΞα, ας, ἡ, *Muxa*, humeur qui descend par le nez.
Μυξα, ων, Ία, espece de prunes.
Μυξωδης, muqueux, abondant en humeurs.
Μυξαζω, abonder en humeurs, être obligé de se moucher sans cesse.
Μυξων, Μυξινος ; --- αριον, poisson de l'espece des mulets.

5. ΜΥΡω, *Myró*, couler, distiller ; 2°. verser.

6. ΜΥΣΣω, *Muſſó*, se moucher ; ces mots peuvent même être regardés comme des Onomatopées.

II. Mo, Mu,
Mouvement.

De la même source dérivèrent ces mots :

1. Η-ΜΥω, *E-Muó*, rouler, tomber, pencher : de *μυ*, se mouvoir.
Η-Μυοεις, qui a coutume de tomber.

2. ΜΟΘος, ὁ, *Mothos*, cri, tumulte, agitation, combat ; 2°. travail, peine.

3. ΜΥΘος, ὁ, *Muthos*, mot, parole, discours, verbe, entretien ; 2°. fable ; 3°. conseil, projets ; 4°. sédition, faction, tumulte.
Μυθεομαι, parler, dire, raconter.

Μυθεσκομαι, de même.

Μυθιζω, parler, dire : murmurer.

4. Αταρ-ΜΥΚΊος, *Atar-Muktos*, sans frayeur, sans peur, intrépide.

MEL, MIL.

De PEL, PIL, poil, cheveu, prononcé MEL, MIL, vinrent :

ΜΙΛΦαι, & ΜΙΛΦωσις, *Milphaï*, *Milphosis*, chûte des cils ou poils des paupieres.

En Celte *Mel-fed*, garni de poils, velu.

MET, MIS,
Milieu.

MET, MES, MIS, &c. désigna toujours le milieu, les choses moyennes ; (*Orig. Lat.* 1078.) comme le centre de l'étendue.

1.

Μεϲος, ὁ, *mesos*, moyen, du milieu.

Μεσον, moitié.

Μεσοτης, moyen, milieu ; 2°. médiocrité ; mode, bornes.

Μεσοω, être au milieu.

Μεσαζω, même.

Μεσευω, être indécis, dans le doute.

Μεσηρευω, même.

Μεσιτης, ὁ, médiateur, intercesseur, conciliateur.

Μεσαιος, poétiq. même que Μεσος.

Μεσνεις, médiocre.

Μεσηγυς, entre, au milieu.

Μεσσος, poétiq. même que Μεσος.

Μεσσοθι, au milieu.

Μεσσηρης, moyen, du milieu.

Μεζεα, τα, les parties moyennes.

2.

ΜΕΤα, préposition dont le sens propre est, entre, d'entre.

Il n'est aucune de ses significations qu'on ne puisse ramener à celles-là. Les Grecs ont dit, par exemple, avoir μετα mains, avoir *entre* les mains.

Μετα deux jours, entre deux jours ; *en* deux jours.

Etre μετα d'un ; être d'entre un ; *de* son parti.

3.

ΜΥΕΛος, ὁ, *Muelos*, le Lat. *Medula*, moëlle.

Ici les Grecs ont fait disparoître, de même que les François, le *D* du milieu.

Μυελϳεις, εντος, ὁ, rempli de moëlle ; moëlleux.

Μυελοω, remplir de moëlle.

4.

1. Η-ΜΙΣυς, *Hé-Misus*, demi.

Η-Μισευω, être le demi : cuire à demi, faire à demi.

Η-Μισευμα, la moitié.

2. Η-ΜΙΝα, ἡ, hemine, la moitié du setier.

5.

1. ΜΙΣΓω, mêler, mettre par moitié ensemble ; de-là :

ΜΙΓω, en ancien Grec : *Migô*, puis

ΜΙΓνυω, ΜΙΓνυμι, *Mignuô*, *Mignumi*, mêler : mettre ensemble par moitié.

ΜΙΓμα, τό, mélange, pot-pourri.

Μιξις, εως, ἡ, mélange, mixtion.

Μιγδην, Μιγδα, Μιγα, pêle-mêle.

Μιγαδες, hommes rassemblés, ramassis.

2. ΙΓΔη, *Igdé*, mortier.
Ιγδιον, diminutif.
Ιγδιζω, se courber de-çà de-là en broyant.
Ιγδισμα, τὸ, espéce de danse.

En Or. מזג, *Mazg*, mêler.

MI,
Petit.

1. ΜΙΣΚοι, *Miskoi*, miettes qu'on jette.
Μισκελος, avare, sordide, qui ramasse même les miettes.

2. Μισκελλος, petit vin.

3. ΜΙΣΤυλλω, *Mistullô*, couper par petits morceaux.

4. ΜΙΣΧος, ὁ, *Miskhos*, la pédicule des fruits, & des feuilles, qui les tient attachés à la plante, tige, queue de fruit : 2°. instrument à renverser la terre.

5. ΜΙΤος, ὁ, fil qui tient à la trame.
Μιτοω, tendre des fils, faire une lisse; 2°. chanter à cordes tendues.

6. ΜΙΤρα, ας, ἡ, mître, ceinture, bande qui soutient le sein. De ΜΙΤ, fil, ruban, & peut-être encore de ΤΕΡό, dompter; ruban qui empêche *de trop grossir*.

MI, MIS,
Mauvais.

1. ΜΙΣος, εος, τὸ, *Misos*, haîne.
Μισεω, haïr.
Μισημα, haîne.
Μισητος, odieux; 2°. passionné.
Μισθιζω, avoir en haine.

2. Μιαινω, souiller, salir, tacher; 2°. teindre.
Μιασμα, tache, crime, souillure.
Μιασμος, action de tacher, de souiller.
Μιαμμα, teinture.
Μιαστωρ, ὁ, qui souille, qui tache, scélérat.
Μιαρος, souillé, flétri.
Μιαρια, impureté; 2°. crime, scélératesse.

3. ΜΕΣΠιλη, ἡ, *Mespilé*, neflier, arbre dont le fruit n'est bon que quand il semble pourri.
Μεσπιλον, τὸ, nèfle.

MIST.

ΜΙΣΘος, ὁ, *Misthos*, loyer, salaire, récompense; 2°. solde. En Celte, *Mis*, *misa*, dépense, fraix : De *Mis* & *st*, ce qui est pour l'entretien. Ces mots tiennent donc à *Mess*, nourriture, *Ma*, manger.
Μισθιος, mercénaire.
Μισθαριον, récompense vile, trop modique.
Μισθοω, prendre à sa solde, louer.
Μισθωμα, salaire, solde.
Μισθωματιον, loyer.
Μισθωσις, action de louer, de salarier.
Μισθωσιμος, qui prend à loyer, à sa solde, à ses gages.
Μισθωτος, loué, pris à gages.
Μισθωτριαι, femmes qui servent à gage.

MILT.

ΜΙΛΤος, ἡ, *Miltos*, minium, cinnabre, de couleur rouge.

Cette famille tient à ΜΕLL; ΜΙLL, de couleur d'or, rouge.

Μιλτειος, de minium.
Μιλτινος, de couleur rouge.
Μιλτοω, teindre en rouge, peindre avec du rouge.

Μυ,
Doux, agréable.

De Μυ, doux, agréable, (*Or. Lat.* 1218.) tenant à *Ma*, bon, agréable, vint cette famille :

Μουσα, ης, ἡ, *Mousa*, Muse, Déesse des Arts agréables.

Μουσικος, Musicien, qui concerne la musique.

Μουσειος, de même.

Μουσειον, *Musée*, lieu destiné aux Muses, aux Sciences, & aux Arts agréables.

Μουσιζω, faire assaut de chant.

Μουσοω, mettre en musique, en chant.

Μυ,
Bec, cachette.

De Μυ, bouche, mot formé de la labiale M, vinrent ces mots ;

1.

1. ΜΥΣΤιλη, η, *Mustilé*, bouchée.
Μυστιλαομαι, tremper un morceau de pain dans la sauce.
Μυστρον, bouchée : 2°. cuillière.

2. ΜΥΤις, ιδος, ἡ, museau des poissons, nez.

2.

ΜΥ-Εω, *Myeô*, initier, instruire dans les Sciences secrettes.
Μυημα, το, instruction pour les initiés.
Μυησις, ἡ, initiation.
Μυστης, qui est initié.
Μυστις, ιδος, ἡ, initiée.
Μυστηριον, το, Mystere.
Μυστικος, mystique.

3.

1. ΜΥΖω, marmotter, murmurer.
Μυγμος, son qu'on profere en tenant les lèvres fermées.
Μυχθιζω, soupirer, gémir.

2. ΜΥΖω, - Ζιω, - Ζαω, succer.

4.

1. ΜΥΣ, μυος, ὁ, *Mus*, souris ; 2°. muscle. Dans ce sens, il tient à ΜΑ, grand, fort.
Μυωδης, de souris.
Μυωτος, marte, peau de souris.

2. Μυων, partie musculeuse du corps.

3. Μυαξ, κος, coquillage appellé peigne, petoncle.

5.

1. ΜΥω, *Muô*, cacher, renfermer, resserrer; 2°. cligner les yeux.
Μυσις, action de renfermer, de cacher.
Μυαν, serrer les lèvres.

2. ΜΥΧος, ὁ, intérieur, lieu le plus retiré.
Μυχιος, intime, abstrus.
Μυχατος, poétiq. de même.
Μυχη, même que Μυχος.

3. ΜΥΣος, εος, το, *Mysos*, crime, action qu'il faut cacher.
Μυσαρος, de même.
Μυσαρια, scélératesse.
Μυσαχθης, atroce, abominable.
Μυσαχω, se souiller de crimes.

4. ΜΥΤτωτον, το, saucisse à l'ail.
Μυτ]ωτευω, assaisonner, hacher les viandes.

ΜΥΤ.

5. ΜΥΤιλος, Μιτιλος, mutilé, privé de ses cornes, qui les a perdues. Ce mot appartient à la même famille que MUTILER.

MOTS

MOTS GRECS
VENUS DE L'ORIENT.

M.

Μαλαχη, ή, *Malakhé*, mauve: de l'Or. מלך, *Malk*, Roi: *mot-à-mot*, la plante royale, à cause de ses grandes vertus.

Μελεθρον, bandelette pour lier les membres, maillot: de מלט, *Malth*, conserver, garantir.

Μεν-δης, nom Egyptien du bouc, & de Pan; de *Man*, élevé.

Μετ-αξα, ης, ή, étoffe de soie. De l'Or. משי, *Meshi*, soie, prononcé, *Meti*, à l'Athénienne, & עשה, *Ashe*, fait, tissu.

Μοσσυν, υνος, ό, tour de bois; 2°. rempart, défenses, tours. De la préposition M, de: & עץ *Ots*, bois.

Μοιχος, ό, adultère, qui détruit la foi conjugale, qui l'anéantit. De l'Or. מחה, *Maché*, détruire, anéantir.

Μοιχικος, Μοιχιος, adulterin.

Μοιχιδιος, né d'un adultère.

Μοιχας, αδος; --- χις, ή, femme surprise en adultère.

Μοιχευτρια, Μοιχαλις, de même.

Μοιχαομαι, être adultère.

Μοιχευω; --- χαζω, de même.

Μυχεια, adultère.

Α-μυσσω, arracher avec les ongles, déchirer, mettre en piéces: 2°. scarifier; 3°. peiner l'esprit. De l'Or. מוץ, déchirer.

Α-μυγμα, τὸ, peau déchirée.

Α-μυξις, action de déchirer.

Α-μυξ, υχος, ή, de même.

Α-μυκτικος, qui a la force de déchirer.

Α-μυχη, déchirure, écorchure.

Α-μυχωδης, dont la peau est remplie de déchirures, d'écorchures.

Α-μωμιν, τὸ, Amome, plante odoriférante.

Α-μωμις, plante semblable à l'Amomum. De l'Or. מום, *Mum*, aromate, d'où mumie ou momie.

1. Μωμος, ό, honte, infamie, ignominie, blâme; 2°. Momus, Dieu de la moquerie.

Μωμεομαι, blâmer, censurer; 2°. railler, se moquer.

Μωμημα, τὸ, reproche, blâme; 2°. raillerie, dérision.

Μωμητης, qui se moque, qui tourne en dérision.

Μωμευω, reprendre, censurer.

2. Μωμισκος, dent molaire.

En Or. מום, *Mom*, tache, vice.

En Celte, *Mo, Mu*, puant, fétide, pourri.

Orig. Grecq.   S ſ

MOTS GRECS-CELTES,
OU DÉRIVÉS DE LA LANGUE CELTIQUE.

N

LA Lettre N qui dans tous les Alphabets fuit la Lettre M, a eu naturellement cette place : défignant le Fils, le Nourriffon, le Né, elle a du être placée à la fuite de M, qui défigne la Mere.

Cette Lettre fe prononce du nez ; elle devint donc le nom de cette portion du corps & de fes facultés ; & parce qu'elle a un fon rentrant plutôt que fortant, elle eft devenue naturellement le nom de la négation ou de tout refus : de là, une autre fignification très-étendue de la Lettre N, par laquelle elle défigne l'intérieur, le dedans.

Une chofe digne de remarque & qui prouve la vérité de nos principes, c'eft que cette lettre n'a donné lieu à aucune Onomatopée.

N,
Ajouté à la tête des mots.

1. De ΕΙΚ, ΙΚ, grand, fort, fupérieur, prononcé en ΝΕΚ, ΝΙΚ, vint cette famille.

ΝΙΚαω, ω, *Nikaó*, vaincre, furmonter ; 2°. être victorieux ; 3°. exceller, être au-deffus.

ΝΙΚη, ἡ ; ΝΙΚημα, τὸ, victoire.

ΝΙΚητης ; ΝΙΚατηρ, ὁ, vainqueur.

ΝΙΚητηριον, τὸ, prix de la victoire, palme.

ΝΙΚητικος, accoutumé à vaincre.

2. De ΑΚ, ΥΚ, pointu, vint :

Ν-ΥΓμη ; Ν-ΥΓμος, *Nugmê*, pointe, aiguillon.

Νυγμα, τὸ, action de poindre, piquure.

Ν υγματωδης, ὁ, ἡ, qui point, qui caufe des élancemens, des piquures.

Ν-υγεις, piqué, frappé.

Ν-υσσω, fut. ξω, poindre, piquer, bleffer de pointe ; 2°. chaffer, repouffer.

Ν-υσσα, ἡ, borne, but ; on pique les chevaux pour y arriver plutôt.

N,
Ajoûté en Négation à la tête des mots.

1. ΝΕΝΙ-ΗΛος, *Neni-élos*, aveugle ; 2°. étonné : 3°. fou, infenfé. De *ne*, non, & ΗΛ, *él*, foleil, vue.

2. ΝΗ-ΠΕΝΘης, plante appellée *Nepenthes*, & dont le fruit dissipoit le chagrin & la mélancolie. De *Ne*, non, & *Penthés*, deuil, chagrin.

3. Ν-ΗΣΤις, εως, ὁ, ἡ, *N-éstis*, à jeun, qui n'a pas mangé.

De *Ne*, non, & *Esthó*, manger.

Ν-ΗΣΤιμος, jour de jeûne.
Ν-ΗΣΤευω, jeûner, être à jeun.
Ν-ΗΣΤεια, jeûne.

4. ΝΗ-Φω, *Né-phó*, être sobre, n'être pas ivrogne, n'aimer pas à boire.

De *ne*, non, & *bo, fo*, boire.

ΝΗ-Ψις, εως, ἡ, sobriété.
Νη-Πλιχος, accoutumé à la sobriété.
Νη φαλιος, sobre; 2°. vigilant, prudent, attentif; 3°. sacrifice où on n'employoit pas du vin.
Νη-φαλιως, sobrement.
Νη-φαλιοτης, sobriété.
Νη-φαλευω, célébrer des Sacrifices sobres, sans vin.
Νη-φαινω, rendre sobre; 2°. être sobre.
Νη-φαντιχος, qui maintient dans la sobriété.

5. Νω-ΛΕΜης, εος, ὁ, ἡ, *Nó-lemés*, assidu, qui ne quitte pas d'un instant, sans cesse appliqué.

De *Né*, non, & *Lem*, action de laisser; *Leipó*, abandonner.

N, né.

De N, désignant toute idée relative à la naissance, à la production vinrent diverses familles.

I.

1. ΝΑΝος, ὁ, Nain; grand comme une poupée: 2°. espèce de pain.
Νανωδης, qui a la forme d'un nain.

2. ΝΗΠιος, *Népios*, enfant: de *Nab*, petit, dont nous avons fait *Nabot*; 2°. petits des animaux: 3°. jeunes plantes; 4°. imbécille, foible.
Νηπιον; Νηπιεη; Νηπιοτης, enfance; 2°. folie.
Νηπιαα, ἡ, folie.
Νηπιαζω, faire l'enfant, se conduire en enfant, follement.
Νηπιαχευω, de même.
Νηπιαχος, enfant.
Νηπυτιος, fou, sans raison.

3. ΝΕΒΡος, ὁ, faon.
Νεβρωδης, nom de Bacchus & de ses Sectateurs, parce qu'ils s'habilloient, dit-on, de peaux de faon.
Νεβρις, ιδος, ἡ, peau de faon.
Νεβριζω, porter une peau de faon, être de la troupe des Bacchantes.
Νεβριας Γαλεος, espéce de belette.

4. ΝΕΟΣΣος, & en Attiq. Νεοτ7ος, *Neossos*, poulet; 2°. petit d'un oiseau; 3°. *au fig.* un poulet, une poulette, *pour dire* une jeune personne; 4°. le jaune d'un œuf.
Νεοσσια, nid.
Νεοττιον, poulet.
Νεοττις, poulette, jeune poule.
Νεοττευω, faire son nid.
Νεοττευσις, action de faire son nid.
Νεοττεια, nid; 2°. berceau.

Par syncope.

ΝΟΣΣος, Νοσσαξ, Νοσσιον, petit.
Νοσσις, ἡ, jeune fille, poulette.

Νοσσια, nid.
Νοσσευω, nicher, faire fon nid.

II. Noms de Parenté.

1. ΝΑΝΝη, ή, Frere ou Sœur du Pere & de la Mere; Oncle; Tante.
2. ΝΕΝΝος, Oncle.
3. Α-ΝΕΨιος, *A-nepfios*, Coufin.
Α-ΝΕΨια, coufine.
Α-ΝΕΨιοτης, coufinage, parenté des coufins.
Α-ΝΕΨιαδος, ὁ, fils du coufin, ou de la coufine : neveu à la maniere de Bretagne.
Α-ΝΕΨιαδη, niéce à la maniere de Bretagne, fille du coufin ou de la coufine.

III. Nom d'Epoufe.

ΝΥΜΦη, ΝΥΜΦα, *Nymphê*, Epoufe, nouvelle Mariée; 2°. belle fille; 3°. Nymphes, ou Déeffes des forêts, des fleuves & des montagnes; 4°. Nymphes des Abeilles, &c.
Νυμφιαν, être faifi de fureur pour avoir vu l'image d'une Nymphe dans les eaux.
Νυμφικος, qui concerne l'époufe.
Νυμφια, τὰ, époufailles, noces.
Νυμφιδες, chauffure de la Mariée.
Νυμφων, ωνος, ὁ, chambre du Marié & de la Mariée.
Νυμφευω, donner en mariage.
Νυμφευμα, mariage.
Νυμφευσις, ή, dot de l'époufe.
Νυμφευτης, celui qui conduit l'époux & l'époufe.
Νυμφευτηρ, époux.
Νυμφευτρια, nouvelle Mariée ; celle qui la conduit.

Νυμφεια, τὰ, noces.
Νυμφειον, lit des noces.
Νυμφιος, époux.
2. Νυμφαιος, qui concerne les Nymphes.
Νυμφαιον, Nymphée, Temple des Nymphes.
Νυμφειος οικος, demeure des Nymphes.
3. Νυμφαια, plante aquatique, efpèce de lys ou de rofe.

2.

ΝΥος, ου, ή, le Lat. *Nurus*, belle-fille, femme du fils ; 2°. belle-fœur, femme du frere ; 3°. époufe.

II.

N, nourrir.

1.

ΝΕ'Μω, *Némo*, f. *Nemô*, Aor. 1. *Eneima* ; 1°. nourrir, faire paître ; 2°. cultiver un lieu, l'habiter, l'avoir en poffeffion ; 3°. poffeder, avoir ; 4°. mener au pâturage ; d'où, 5°. conduire, gouverner, adminiftrer ; 6°. diftribuer, donner à chacun fa portion.

De là diverfes familles :

1. ΝΕΜομαι, paître, être conduit au pâturage.
ΝΕΜος, lieu où on paît, lieu planté d'arbres : forêt, le Lat. *Nemus*.
Νομη, pâture ; 2°. action de paître.
Νομος, ὁ, pâturage, pâture.
Νομευς, εως, ὁ, Berger ; Pafteur.
Νομευω ; Νομαζω, paître.
Νομαιος, qui paffe fa vie dans les pâturages.

Νομευτικος, pastoral.
Νομας, αδος, ὁ, Nomade, qui mene une vie errante avec ses troupeaux.
Νομαδιτης. vie, pastorale.
2. ΝΟΜος, ȣ, ὁ, chaumiere; étable.
3. ΝΕΜομαι, être distribué, partagé; 2°. avoir en partage, être lotti; 3°. posséder.
Νεμησις, distribution, partage.
Νεμηται, Co-partageans.
Νεμητωρ, Distributeur.
Νομεομαι, déchirer, mettre en piéces.
Νομευς, qui distribue, qui partage; 2°. possesseur.
Νομος, ὁ, distribution; 2°. rétribution; 3°. Préfecture, Gouvernement.
Νομη, distribution, partage, division.
Νωμαω, distribuer; diviser; 2°. mouvoir, agiter; 3°. faire des vibrations.
Νωμησις, mouvement, agitation.

2.

ΝΕΜΕΣις, εως, ἡ, *Nemesis*, Déesse de la vengeance, qui rend à chacun ce qui lui revient; 2°. répréhension, indignation.
Νεμεσαω, être indigné, punir avec justice; 2°. craindre, appréhender; 3°. être jaloux.
Νεμεσημων, ονος, ὁ, qui est l'effet de l'indignation.
Νεμεσητικος, enclin à la colere, à l'indignation.
Νεμεσσαω, Νεμεσιζω, mêmes que Νεμεσαω.

3.

ΝΟΜος, ὁ, loi; 2°. coutume, usage, mœurs; 3°. chanson. Les loix se chantoient dans l'origine, étant toutes en vers.
Νομικος, légal, qui appartient à la Loi.
Νομιμος, légal, juste, légitime.
Νομιζω, établir par une loi; 2°. régler; 3°. estimer, penser, croire, être d'avis.
Νομισμα, τὸ, usage reçu; 2°. prescrit par la loi; 3°. monnoie.
Νομισις, l'action d'ordonner par une loi.
Νομαιον, τὸ, loi, usage, mœurs.

4.

ΝΩΓΑΛα, τὰ, *Nógala*, mets recherchés, ragoûts fins & exquis.
Νωγαλευματα, de même.
Νωγαλιζω, se régaler, manger de pareils mets.

N,
Fruits de l'ame, de l'esprit, connoissance.

1.

ΝΟΟΣ, ὁ, & ΝΟΥΣ, *Noos*, & *Nous*, esprit, ame; 2°. pensée, avis, opinion, conseil; 3°. raison, cause.
Νοερος, intellectuel.
ΝΟ-Εω, penser, avoir dans l'esprit; 2°. vouloir; 3°. réfléchir, comprendre; 4°. être sage, prudent; 5°. voir, discerner, appercevoir.
Νοημα, τὸ, pensée, projet, délibération; 2°. esprit; 3°. notion.
Νοημων, ονος, ὁ, ἡ, qui sait se posséder, sage, prudent, bien avisé.
Νοησις, εως, ἡ, pensée, réflexion; 2°. intelligence.
Νοητος, intelligible, qui peut être apperçu par l'esprit.
Νοητικος, qui a de l'intelligence.

Νοιδιον, Maxime, courte Sentence.
ΚΟ-εω, en Ionien, pour Νοεω; dans Plutarque Κοαω.

2.

ΝΕΥω, être animé du même esprit, approuver, faire un signe d'approbation, d'où le Latin *Innuo*: 2°. promettre; 3°. avoir du penchant, de l'inclination; 4°. regarder, concerner, appartenir à.

Νευμα, approbation, signe favorable de tête.

Νευσις, divergence, pente, inclinaison.

Νευσικος, qui a du poids, qui fait pancher la balance.

Νευσαζω, faire un signe d'approbation.

3.

De Noos, esprit, souffle, vinrent:

Π-ΝΕω, respirer, vivre: 2°. souffler; 3°. respirer une odeur.

Π-ΝΕΥΜα, souffle, esprit, respiration; 2°. esprits animaux, vitaux.

Π-Νευματωδης, plein de vent, bouffi; 2°. qui a peine à respirer.

Π-Νευματικος, qui concerne le souffle, la respiration; 2°. sujet aux vents; 3°. bouffi, tendu de vents; 4°. pulmonique.

Π-Νευματιας, υ, ὁ, qui respire avec peine; 2°. bouffi de vents.

Π Νευματιον, souffle léger.

Π-Νευματοω, exciter du souffle, souffler, remplir de vent.

Π-Νευματωσις, ἡ, bouffissure, gonflement.

Π-Νευσις, εως, ἡ, respiration, souffle.

Π-Νευσιαω, anheler, être essouflé.

2. Π-ΝΕυμων, ονος, ὁ, poumon.

Π-Νευμονια, η, maladie des poumons.

Π-Νευμονευτικα, instrumens à vent.

Les Athéniens ont dit ici Πλ pour Πν.

Πλευμων, poumon.

Πλευμονωδης, ὁ, ἡ, spongieux.

3. Π-ΝΟη, & Π-Νοος, souffle, esprit; 2°. respiration; 3°. son.

Π-Νυμι, Π-Νυω, respirer.

Π-Νυμαι, Πε-ΠΝυμαι, être sage, intelligent, avoir du goût.

4. ΠΙ-Νυω, ΠΙ-Νυσσω, ΠΙ-Νυσκω, avertir, ramener au bon chemin.

ΠΙ-Νυσις, prudence, sagesse, intelligence.

ΠΙ-Νυτος, sage, prudent, intelligent.

ΠΙ-Νυτοτης, ἡ, sagesse, prudence.

Ποι-ΠΝυω, s'occuper avec soin, être attentif & assidu à son travail.

4.

1. Π-ΝΙΓω, fut. ξω, *P-nigó*, ôter la respiration, suffoquer; 2°. étrangler.

Π-Νιγμος, suffocation, étranglement.

Π-Νιξ, γος, ἡ, de même.

Π-Νικτος, suffoqué, étouffé, étranglé.

Π-Νιγος, τὸ, chaleur étouffante.

Π-Νιγωδης, Π-Νιγηρος, étouffant, suffoquant.

Π-Νιγετος, corde qui sert à étrangler.

Π-Νιγευς, εως, ὁ, machine à suffoquer le charbon allumé; 2°. licou.

Π-Νιγεα, ἡ, étuve.

Π-Νιγαλιων, ωνος, ὁ, étouffement pendant le sommeil.

2. Π-Νιγιτις Γη, terre de couleur noire, comme du charbon éteint.

5.

Γ-ΝΟω, Γ-ΝΩμι, enfin ΓΙ-ΓΝωσκω, *G-noô*, *G-nômi*, puis *Gi-g-nóscò*, connoître ; 2°. reconnoître ; 3°. penser, juger, estimer ; 4°. statuer, être d'avis ; 5°. vivre avec une personne.

Γ-Νωσις, εως, ἡ, science, connoissance ; 2°. doctrine.

Γ-Νωςης, Γ-Νωςηρ, qui connoît.

Γ-Νωςος, qui peut être connu.

Γ-Νωςικος, doué de connoissance, d'où les Gnostiques, ceux qui disoient avoir la vraie science.

Γ-Νωτος, connu.

2. Γ-ΝΩΜη, sentence, opinion ; 2°. volonté, résolution, projet ; 3°. prudence, génie ; 4°. ame, esprit ; 5°. maxime.

Γ-Νωμικος, sentencieux.

Γ-Νωματευω, dire son sentiment, son avis : 2°. juger.

Γ-Νωματευμα, parole sentencieuse.

Γ-Νωμιδιον, courte maxime.

Γ-ΝΩΜων, ονος, ὁ, ἡ, qui connoît : 2°. indice ; 3°. régle ; 4°. aiguille d'un cadran.

Γ-Νωμικος, savant, docte, instruit.

3. Γ-ΝΩΡιζω, connoître, reconnoître.

Γ-Νωρισμα, tout ce qui sert à faire reconnoître ; marque, indice, renseignement, ornement de tête.

Γ-Νωρισις, connoissance, renseignement.

Γ-Νωριμος, connu ; 2°. ami ; 3°. compagnon ; 4°. disciple.

4. Κ-ΝΩΔαλον, *Knódalon*, animal, être animé.

6.

Ο-ΝΟΜα, ατος, τὸ, Eol. Ο-ΝΥΜα, *Onoma*, en Eol, *O-numa*, Nom : ce qui fait *connoître* l'objet dont on veut parler ; 2°. mot, parole : 3°. renommée, réputation, célébrité ; 4°. prétexte.

Ο ΝΟΜαινω, nommer, appeller.

Ο-Νομαζω, de même.

Ο-Νομασμενος, célèbre ; chanté.

Ο-Νομασμα, appel : nom.

Ο-Νομασια, nom.

Ο-Νομασις, qui peut être nommé.

Ο-Νομαςικος, nominatif, qui peut être nommé.

Ο-Νομαςικον, recueil de mots, Dictionnaire.

N,

Nouveau, la derniere chose connue, la chose née à l'instant ; jeune.

1.

ΝΕος, ὁ, nouveau ; 2°. jeune ; 3°. frais, récent, tendre.

Νεωτατως, *superlatif* : le dernier, le plus récent.

ΝΕον, τὸ, novale : *adv.* récemment, en dernier lieu.

Νεως, récemment, depuis peu.

Νεωτεριζω, innover ; 2°. aimer les choses neuves, en dire.

Νεωτερισης, qui aime la nouveauté.

ΝΕοω, renouveller : innover, faire des choses neuves.

Νεωμα, champ renouvellé.

Νεωσις, Νεασις, renouvellement.

ΝΕαω, renouveller, faire du nouveau.

Νεατος, renouvellé ; 2°. le dernier.

Νεατη, & Νητη, la corde la plus basse, la derniere.

La *Para-nete* est celle qui la précéde, l'avant-derniere.

ΝΕος, Νεοχμος, nouveau, récent.

Νεοχμεω, innover, inventer des choses nouvelles.

Νεαρος, Νειαρος, Νεαλης, Νειος, nouveau, récent.

2.

1. ΝΕοιη, Νεοτης, jeunesse, âge tendre.

Νεωτεριζω, imiter les manieres des jeunes gens, faire le jeune.

Νεολαια, assemblée de jeunes gens.

Νεαζω, être jeune.

2. ΝΕαξ, Νεαν, ὁ, jeune homme.

Νεανις, ιδος, ἡ, jeune fille.

Νεανιας, jeune homme plein de force & de courage, entreprenant.

Νεανικος, qui concerne la jeunesse : plein de courage.

Νεανιευω, entreprendre avec le courage d'un jeune homme.

Νεανεια, Νεανιευμα, exploit.

3. ΝΕαγιζω, être jeune.

Νεανισκος, jeune, adolescent.

Νεανισκευω, entrer en adolescence.

Νεαρος, jeune.

3.

1. ΝΗΓατιος, ὁ, ἡ, nouveau, nouvellement fait ; de *Ne*, nouveau, & *Ago*, faire.

2. ΝΥΝ, le *Nun*, le *Nunc* des Latins, maintenant, dans cet instant.

Τὸ Νυν, le maintenant, le tems actuel.

4.

ΕΝ-ΝΕΑ, neuf, la derniere des unités.

Εν-Ναιος, Ει-Ναιος, neuviéme.

Εν-Ναιαιος, le neuviéme jour.

ΕΙΝας, ou ΕΝ-Νας, le nombre neuf.

ΕΝ-Νενηκοντα, quatre-vingt-dix.

ΕΝ-Να Κοσιοι, neuf cens.

ΕΝ-Νεαπλασιος, neucuplé.

N,

Elevé.

De N, né, nourri, vint N, signifiant élevé ; ces deux significations s'étant toujours confondues dans toutes les Langues, parce que tout ce qu'on nourrit, on l'éleve.

I.

1. ΝΑΠος, εος, τὸ, *Napos*, revers d'une montagne, pente d'un côteau couvert de bois ; forêt en amphithéâtre comme une nape, élévation d'un cap, d'un nez.

ΝΑΠη, *Napê*, de même.

2. ΝΕΦΡος, ȣ, ὁ, *Nephros*, le rein : cette partie du corps est élevée, elle en est la croupe.

Νεφριτιος Δημος, graisse qui enveloppe les reins.

Νεφριτις, maladie des reins.

Νεφριτικος, qui a des maux de reins.

2.

ΝΩΘης, εος, ὁ, ἡ, paresseux, lent, qui muse, stupide. Du Celt. *Nod*, dos ; (*Or Lat.* 1269.) mot-à-mot, qui passe sa vie accroupi, couché sur le dos.

Νωθεια, paresse, lenteur, fainéantise.

Νωθροτης ; Νωθρια, de même.

Νωθρος, lent, paresseux, qui n'arrive point.

Νωθρευω,

Νωθρευω, être paresseux.
Νωθριαω, être engourdi, franc paresseux.

3..
ΝΟΘος, ὁ, ἡ, *Nothus*, bâtard, illégitime.

Du Celte NOD, élevé sur, enté, greffé, mot conservé en Irlandois.

ΝΟΘεια, ἡ, bâtardise.
Νοθευω, vicier, corrompre, adultère.
Νοθευσις, adultérer, action de frelater, de corrompre.

4.
ΝΑΥΣια, ΝΑΥΤια, *Naufia*, *Nautia*, nausée, soulèvement de cœur.
Ναυτιαω, avoir mal au cœur; 2°. rejetter.
Ναυτιωδης, qui donne des nausées.

5.
1. ΝΟΣος, ἡ, *Nosos*, indisposition; 2°. vice; 3°. peste.

Ce mot peut venir de *Nod*, le dos; dans les maladies, on est gisant, étendu.

Νοσωδης, maladif, qui cause des maladies.
Νοσεω, être malade, ne pouvoir se soutenir, se porter mal; 2°. avoir la fièvre, au *physique* & au *moral*.
Νοσημα, τὸ, maladie.
Νοσηματικος, qui cause des maladies; maladif.
Νοσηματιον, legere indisposition.
2. ΝΟΣηλευω, soigner un malade; 2°. rendre malade.
Νοσηλεια, ἡ, maladie soignée.
Νοσηρος; Νοσερος, maladif.

Orig. Grecq.

Νοσαζω, rendre malade.
3. Νουσος, en Ion. pour Νοσος.

II. Nuée.

De NAB, N*E*Ph, élévation, 2°. Ciel, vint cette Famille:

1. ΝΕΦος, εος, τὸ, *Neph-os*, nuée, nuage.
Νεφωδης, ὁ, ἡ, nébuleux, couvert de nuages.
Νεφοω, s'obscurcir, se couvrir de nuages.
Νεφωσις, ἡ, entassement de nuages.
ΝΕΦελη, ἡ, *Nephéle*, nuage; 2°. sourcil triste, couvert de nuages; 3°. mort; l'œil s'y couvre de nuages; 4°. pièges tendus aux animaux.

2. Κ-ΝΕΦας, ατος, τὸ, *Knephas*, ténèbres, obscurité; crépuscule.
Κ-Νεφαιος, ténébreux; obscur. C'est le K-*Neph*, des Orientaux.

III.

ΝΑΠυ, υος, τὸ, *Napy*, moutarde, graine extrêmement petite, & dont le goût est très-fort, très-piquant.

IV.

N A V, couper.

De N, petit, vint le Celte, *Naf*, *Nam*, *Nan*, qui signifie couper, rendre plus petit, en coupant, en retranchant. De-là deux familles Grecques.

I.

1. Κ ΝΑΠΤω, & Γ-ΝΑΦω, *K-Naptó*, *G-Naphó*, carder, peigner la laine; 2°. diviser, séparer, partager; 3°. raser une étoffe, la rendre rase

au moyen d'un instrument qui coupe les poils.

Κ-Ναφος, ὁ, outil à carder les étoffes.

Κ-Ναφευς, foulon, qui carde les étoffes, qui les rend rases & unies.

Κ-Ναφευω, unir une étoffe, la rendre rase.

Κ-Ναφειον, boutique du foulon.

Κ-Ναφαλον, ce qu'on coupe de dessus une étoffe, ce qu'on en fait tomber avec la carde.

2. Γ-Ναφαλιον, plante dont les feuilles ressemblent à la carde.

Γ-Ναφαλος, sorte d'oiseau ; il se nourrit apparemment des graines de chardon.

2.

1. Κ-Ναω, ΚΝεω, ΚΝημι, *Knab*, *Kneb*, *Knémi*, couper, déchirer ; 2o. raser.

ΚΝημα, rameau ; 2°. démangeaison.

ΚΝησμα, de même.

ΚΝησις, couteau, instrument à tracer, à raser, à gratter.

ΚΝηστηρ, de même : 2o. assassin.

Κ-Νηστηριον, instrument à couper, à raser, ratissoire.

Κ ΝΑιω, couper.

2. Κ ΝΗΘω, tailler, buriner ; 2°. grater ; 3°. irriter, exciter : 4°. démanger.

Κ-Νησμος, démangeaison.

Κ-Νηθμος ΚΝηφη, de même.

Κ-Νησειω, Κ-Νησιαω, Κ-Νηθιαω, démanger, grater.

3. Κ-ΝΙΖω, couper, raser ; 2o. tailler ; 3°. brûler, demanger.

Κ Νισμα, τὸ, tondaison ; 2°. cuisson, brûlure.

Κ-Νιξα, action de tailler, de couper.

Κ-Νιδη, ortie.

Κ Νιδωσις, démangeaison, cuisson.

3. Κ Νυω , couper, tailler, raser.

Κ-Νυζω, de même.

Κ Νυος, démangeaison, gale.

Κ Νυσα, de même.

Κ-Νυζοω, avoir la gale, la donner, être hideux de gale, &c.

Κ-Νιποτης, démangeaison.

5. Κ-Νιψ, ιπος, ὁ, moucheron, cousin, mosquite, animaux piquans & cuisans.

6. Κ Νιπεια, état de celui qui vit d'économie, mesquinerie.

Κ-Νιπος, mesquin.

7. Κ-Νυζαω, Κ-Νυζεω, Onomatopées relatives au cri du chien, lorsqu'il se plaint par de longs hurlemens.

NAR.

Le Grec offre trois Familles en *Nar*. La première relative aux fleuves & formée d'*AR*, eau rapide. La deuxième relative à la force, & qui est primitive. La troisième venue de l'Orient : *Nor*, enfant, sans raison & qui se rapporte à la folie.

I.

NAR, Fleuve.

De *Nar*, *Ner*, fleuve, & d'où se formerent les noms de Nerée & des Néréides, vint :

1. ΝΗΡος, ὁ, *Néros*, humide, creux, plein d'eau.

2. Α-ΝΑΡιτης, ὁ, & Α-ΝΗΡιτης, *A-Narités*, *A-Nérités*, coquillage ; mot-à-mot, qui ne se promene pas

dans les eaux, qui est fixe, attaché aux rochers.

II.

NAR, fort.

De NAR, fort, vint :

1.

A-NHP, ερος, & par syncope δρος, A nér, homme : *mot-à-mot*, le fort.

A-NΔPοτης, ἡ, force, virilité.
A-NΔPειος, viril, fort, mâle, vaillant.
A-NΔPεια, force, magnanimité, grandeur d'ame.
A-Νδριζομαι, entrer dans l'âge viril, devenir homme.
A-Νδριζω, entreprendre une action héroïque.
A-Νδροω, rendre fort.
A-Νδρωδης, magnanime : fort : généreux.
A-Νδρων, ωνος, ὁ, appartement des hommes.
Ανδρεων, A-Νδρωνιτις, ιδος, ἡ, de même; 2°. grand Hôtel.
A-Νδριον, τὸ, petit homme, nain.
A-Νδριας, αντος, ὁ, statue.
A-Νδριαντισκος, diminutif.
A-Νορεος, Ion. H-Νορεος, viril : fort.

Ce mot a formé des composés,
En ΑΝΔΡ, Δειλ-ανδρια, lâcheté.
En ΑΝΩΡ, Μεγ-ανωρ, qui rend les hommes grands.
En HΝΩΡ, Αγαπ-ηνωρ, qui aime la force, le courage.

2.

1. ΝΑΙΡον, τὸ, aromate, odeur forte.
2. ΝΑΡΔος, ἡ, nard, aromate à odeur forte.

Ναρδιτης, vin de nard.
Ναρδιζω, imiter le nard.

3. ΝΑΡΘηξ, ηκος, ὁ, férule, plante dont on se servoit pour frapper sur les doigts, sur la main.

4. ΝΑΡΚ-ΑΦΘον, parfum ou aromate dont on se servoit dans les sacrifices & cérémonies religieuses.

3.

1. ΝΑΡΚη, *Narké*, torpille, poisson dont l'attouchement engourdit.
Ναρκαω, être engourdi.
Ναρκοω, engourdir.
Ναρκησις, engourdissement, stupeur.
Ναρκωτικος, qui a la force d'engourdir, narcotique.

2. ΝΑΡΚισσος, ὁ, ἡ, narcisse, fleur dont l'odeur, disoit-on, engourdit.

4.

1. ΝΕΥΡον, τὸ, *Neuron*, nerf, le siége de la force; 2°. force, puissance; 3°. cordes d'instrumens.

Νευρωδης, nerveux.
Νευρικος, attaqué des nerfs.
Νευριον, cordelette, petite corde.
Νευρις, ιδος, ἡ, nerf.
Νευρια, Νευρα, corde, sur-tout celle d'un arc.
Νευροω, donner du nerf, du courage, fortifier, animer.

2. Νευρας, espèce de plante.
3. Νευριτης, sorte de pierre.

III.

NAR, fou, sans raison.

De l'Oriental נער, *Nhor*, enfant, sans raison, fou, vint,

1.

ΝΑΡΗ, *Naré*, folle, femme sans jugement.

En Allem. *Narr*, fou.

En Escl. *Noria*, de même.

Nor*ia*, prononcé *Moria*, a produit un autre mot Grec, relatif à la même famille.

2.

1. ΜΩΡΙΑ, *Mória*, folie, extravagance : 2°. fatuité.

Μωρος, ὁ, fou, insensé.

Μωροτης, ητος, ἡ, folie, démence.

Μωρωσις, de même.

Μωραινω, se conduire en fou, être fou, insensé.

2. ΜΩΡιον, espèce de mandragore.

N,
Maison, demeure.

De N, désignant l'intérieur, se formerent diverses familles relatives aux idées de demeure, de maison, d'habiter ; de-là, celles-ci c.

1.

1. ΝΑω, ΝΑΙω, *Naó, Naió*, habiter, demeurer, exister en un lieu.

Ναιεταω, de même.

Ναιετης, ὁ, habitant.

2. ΝΑΙ, cela EST ainsi ; 2°. certainement.

3. ΝΗ, certainement, en vérité ; Νη Δια, par Jupiter.

4. ΝΑος, ὁ, Temple, la maison des Dieux.

Νεως, en Ionien, de même.

Ναιδιον, diminutif, chapelle.

ΕΝ ΝΑΖω, prier dans un Temple.

2.

ΝΑΥΣ, γαος, *Naus*, & en Poés. *Néus*, un vaisseau, tout ce qui contient, qui renferme.

Ναυτης, matelot, marinier.

Ναυτρειαι, femmes qui font la fonction de matelot.

Ναυτικος, qui regarde la navigation.

Ναυτιλια, navigation.

Ναυτιλλομαι, naviguer.

Ναυτιλος, nautile, espéce de polype ou de coquillage flottant.

3.

N, désignant la contenance, l'action de contenir.

1. Αι-ΝΥΜαι, *Ai-Numai*, contenir, recevoir.

Du Prim. ΝΑΜ, en All. NEHM-*en*, prendre, contenir.

2. ΝΗΔυς, υος, ἡ, *Nédus*, ventre, il a une grande capacité ; c'est le réservoir du corps.

Νηδυϊα, τὰ, les intestins.

Ὁμο-Νηδυος, frere uterin.

3. ΝΑΣΣω, *Nassó*, remplir, farcir, mettre de niveau.

Νασος, plein, pressé ; qui ne peut rien contenir de plus.

4. ΝΑΚη, ΝΑΚος, τὸ, ΝΑΚυρον ; -ριον, *Naké, Nakos*, &c. peau avec sa toison ; *mot-à-mot*, enveloppe du corps.

N,

Eau, (*Or. Lat.* 1274.)

De la liquide N, se formerent en Grec & en Latin diverses familles relatives à l'idée de l'eau, de tout ce qui est liquide.

1.

ΝΑΩ, couler, sourdre, jaillir.
Ναμα, τὸ, courant; 2°. source.
Ναματωδης, rempli de sources.
Νασμος, source, courant.
Νασμωδης, arrosé, plein de sources.

2.

1. ΝΕω, Νω, *Neo*, *no*, nâger; aller & venir; 3°. filer; 4°. amasser, mettre en tas, en peloton.
2. Νευω, nâger.
Νευσις, action de nager.
Νευσικος, qui peut nager.
Νευσος, qui nage.
Νευσηρ, ὁ, nageur.
3. ΝΗΧω, nager.
Νηξις, art de nager.
Νηκτης, nageur.
Νηκτρις, ιδος, ἡ, nageuse.
4. Ναυς, vaisseau, mot que nous avons vu plus haut.

3.

1. ΝΗΣος, ἡ, *Nésos*, isle.
Νησιον, diminutif.
Νησιωτης, ὁ, Insulaire.
Νησις, Isle.
Νησιδιον, Νησυδριον, diminutifs.
2. ΝΗΣΣα, & ΝΗΤΤα, *Néssa*, & *Nétta*, canard.
Νησσαριον, diminutif.

4.

1. ΝΙΠΤω, *Niptô*, laver.
Νιμμα, eau où on a lavé les mains.
Νιπτηρ, bassin pour laver les mains.
Νιπτρον, eau à laver.
ΝΙΖω, pour Νιπτω, à Tarente.
Νιφω, mouiller, arroser; 2°. neiger; dans ce second sens, il tient à Νι, éclat. *Or. Lat.* 1296.)
Νιφας, αδος, ἡ, neige abondante.
Νιφετος, de même.
Νιφοεις, neigeux, couvert de neige.

5.

1. ΝΟΤις, ιδος, ἡ, humeur, humidité.
Νοτιος, mouillé, moite, humide.
Νοτια, humidité.
Νοτιζω, humecter, rendre moite.
Νοτεω, être humide, moite.
Νοτερος, humide.
2. ΝΟΤος, ὁ, le *Notus* des Latins, vent du Midi ; *mot-à-mot*, vent de la pluie.
Νοτιος, méridional, austral.
Νοτιζω, imiter les tempêtes du Midi.

BINOMES.

ΕΥΡο-Νοτος, vent du Sud-Est.
ΛΙΒ-Νοτος, vent du Sud-Ouest.

6.

Famille de ΝΕΟ, filer; *Or. Lat.* 1288.
1. ΝΗΘω, *Nèthô*, filer.
Νημα, τὸ, fil.
Νηματωδης, bon pour être filé.
Νησις, ἡ, action de filer.
Νητος, ὁ, la portion de fil qu'on tord.
Νησικη, art de filer.
2. ΝΗω, *Néô*, mettre en peloton.
Νησις, accumulation.
Νητος, entassé, mis en tas.

7.

1. ΝΕω, aller, venir, revenir, se mouvoir, mot formé également de la liquide N.

ΝΕΙΣΣομαι, Νισσομαι, de même.

2. ΝΟΣΤεω, *Nosteô*, revenir.

Νοσος, retour.

Νοσιμος, qui reviendra; 2°. doux, agréable, plein d'appas.

3. ΝΟΣΦΙ, *Nosphi*, à l'écart, à part.

Νοσφιζω, mettre à part, séparer.

Νοσφιζομαι, être à part, à l'écart.

Ces mots tiennent également à l'Orient. נסט, נסע, partir, s'en aller, s'enfuir : נוד, fuite, action de se séquestrer loin des humains, & ces mots ont la même source.

N,

Signe, *Or. Lat.* 1304.

De N, élevé, colline, col, se forma la famille en N, faire signe.

1. ΝΕΥω, *Neuô*, faire un signe d'approbation; 2°. promettre: 3°. avoir de l'inclination, de la pente: 4°. être favorable: 5°. tendre, concerner, appartenir.

Νευμα, το, signe d'approbation.

Νευσις, inclination, pente.

Νευσικος, enclin à la pente, à pencher.

Νευσαζω, secouer la tête, l'agiter en signe d'approbation.

2. ΑΠ-ΝΕομαι, refuser : 2°. rejetter.

De *Aŕein*, ôter, enlever, & *Ne*, signe.

Απ-Νησις, εως, η, refus ; 2°. récusation.

Απ-Νητικος, η, ον, négatif.

N,

Nuit, (*Or. Lat.* 1297.)

Dans toutes les Langues Celtiques, Νυκ, Noc, &c. désigne la nuit, le tems du repos : & en Orient. נוח, *Nuch*, le repos. De-là nombre de familles Grecques.

1.

ΝΥΞ, κ]ος, η, *Nux*, nuit; 2°. ténèbres.

Νυκταλος, qui aime la nuit.

Νυκτιος, nocturne.

Νυκτερος, qui court la nuit.

Νυκτερινος, de même ; 2°. trouble, épais.

Νυκτερευω, agir de nuit; 2°. passer la nuit.

Νυκτερεια, action nocturne.

Νυκτερις, chauve-souris, oiseau de nuit.

Νυκτωρ, de nuit.

2. ΝΥΧος, nuit, ténèbres.

Νυχιος, de nuit.

Νυχευω, passer la nuit.

Νυχεια, veillée.

Νυχευμα, veilles.

3. ΝΥ-ΣΤαζω, *Nu-Stazô*, dormir; 2°. ne faire pas attention.

Νυσαγμος, action de dormir.

Νυσακτης, dormeur.

Νυσαλεος, de même.

2.

Au figuré, ce mot désigna la mort : de-là, diverses familles.

1. ΝΕΚρος, ο, mort, défunt.

Νεκρικος, mortel, qui donne la mort.

Νεκροω, mettre à mort.

Νεκρευσις, η, mortification.

2. ΝΕΚας, αδος, η, monceau de corps morts.

Νεκυς, υος, ὁ, mort, défunt.
Νεκυσια, fête pour les morts.
Νεκυια, ἡ, évocation des morts.

3. NEK-TAP, αρος, τὸ, nectar, la boisson des Immortels.

Ce mot dont l'origine a été toujours inconnue, est composé de *Tar*, garantir, dont les Grecs firent *Tér-eó*, garantir, & de *Nek*, la mort; *mot-à-mot*, qui préserve de la mort.

4. ΝΕΚυ-Δαλος, le papillon qui naît de la coque du ver à soie.

De *Dal*, qui s'élève, *Nek*, du sein de la mort, du tombeau.

5. ΝΕΙΚος, εος, τὸ, querelles à mort; mort; 2°. dispute, altercation qui se vuide l'épée à la main; 3°. querelle, dispute en général.

Νειχεω, Νειχειω, se disputer, se quereller.

Νειχεsηρ, ηρος, ὁ, querelleur, disputeur, toujours prêt à chercher noise.

MOTS GRECS
VENUS DE L'ORIENT.

N

ΝΑΒΛα, *Nabla*, instrument de Musique à cordes.

De l'Or. נבל *Nabl*, instrument à cordes, luth.

Ναβλας, ȣ ὁ, de même.

Ναβλιsης, qui joue de cet instrument.

ΝΑΦΘα, ης, ἡ, *Naphtha*, naphthe, espèce de bitume Oriental, de l'Or.

נפט, *Naphth*, naphth, bitume d'une odeur forte.

ΝΙΤΡον, τὸ, nitre, espèce de sel blanc, mot également Oriental, écrit נתר, *NeThR*.

Νιτρωδης, nitreux.

Il tient à la famille ΛΙ 3, blanc, prononcé ΝΙ.

MOTS GRECS
PRESQUE TOUS ORIENTAUX.

X

Nous avons vu dans les Origines Latines que tous les mots Latins en X, étoient étrangers à la Langue Latine, & qu'ils étoient empruntés du Grec. Nous allons voir maintenant que les mots Grecs en X font eux-mêmes, à l'exception d'un seul, étrangers en quelque forte à cette Langue, & presque tous venus de l'Orient, avec un léger changement dans la prononciation qui empêchoit qu'on en pût appercevoir l'origine & les rapports.

I.

Ξανω, *Xanô*, fut. je carderai, je peignerai la laine.

Ξαινω, *Xainô*, préfent; carder, peigner la laine.

Ce mot eft formé de l'Oriental שן, *Shan*, *Shen*, dent; 2°. inftrument à dents, peigne.

Ξανιον, peigne; 2°. inftrument à peigner, à carder.

Ξαναω, fe laffer à force de carder.

Ξασμα, ce qu'il faut carder.

Ξαντης, cardeur.

Ξαντικος, art de carder.

II.

1. Ξανθος, *Xanthos*, roux, blond, jaune, couleur de cheveux ardente.

Ce mot eft le primitif Oriental שט, *Shat*, le Roux, furnom de Typhon, l'ennemi du genre humain.

Ξανθιζω, rendre roux, devenir blond.

Ξανθισμα, action de rendre blond.

2. Ξανθιον, nom d'une plante.

3. Ξανθικος, nom du mois d'Avril chez les Macédoniens; *mot-à-mot*, la Lune rouffe, la Lune funefte.

4. Ξανθιας, ȣ, ὁ, blondin, qui a les cheveux roux, blonds.

5. Ξουθος, blond, roux: 2°. rapide, torrent impétueux.

III.

Ξενος, ὁ, *Xenos* & *Xeinos*, étranger, hôte: 2°. barbare.

De l'Orient. חן, *Chan*, hofpice, hôtellerie: 2°. action de camper.

Chan ou *Kan*, fignifie encore aujourd'hui

d'hui une *hôtellerie*, dans divers lieux de l'Orient.

Ξενοσυνη, droit d'hospitalité.
Ξενοω, donner l'hospitalité.
Ξενων, ωνος, ὁ, hospice, hôtellerie.
Ξενιος, d'étranger.
Ξενια, qualité d'étranger ; 2°. droit d'hospitalité.
Ξενικος, Etranger, Voyageur.
Ξενυλλιον, τὸ, Hôte qui vient de loin.
Ξενευω, Etre étranger, & ne connoître ni les lieux ni les us, ni les personnes.
Ξενιζω, recevoir un étranger ; 2°. adopter des usages étrangers ; 3°. innover.
Ξενισμος, hospitalité ; 2°. innovations, étrangéités.
Ξενιτευω, voyager.
Ξενιτεια, voyage, absence de sa patrie.

IV.

1. ΞΕω, *Xeô*, tailler, rogner, équarrir, polir avec un instrument, avec une hache, une doloire, en abattant les inégalités.

C'est l'Oriental שוה, *Shué*, unir, rendre égal.

Ξεσμα, τὸ, rameau, éclat, abattre avec l'instrument qui égalise.
Ξεσμος, instrumens à équarrir, à polir, doloire, &c.
Ξεσις, ἡ, action d'équarrir, d'unir, de polir.
Ξεσος, qu'on a uni.
Ξοϊς, ιδος, ἡ, instrument propre à équarrir, à polir.
Ξοανον, τὸ, qui a reçu le polissoir, qui a été uni ; 2°. statue.

2. ΞΥω, *Xuô*, tailler, rogner : sculpter ; 2°. graver, inscrire.

Ce Verbe, antérieur au précédent, répond encore mieux à l'Oriental *Shué*.

Ξυσμα, τὸ, éclat, coupeaux : ce qu'on a abattu en équarissant.
Ξυσμος, ὁ, demangeaison.
Ξυσις, εως, ἡ, action d'équarrir, de polir ; 2°. demangeaison.
Ξυσηρ, qui sculpte, qui rase, qui polit.
Ξυςρα, étrille, instrument des bains.
Ξυςρις, ιδος, ἡ, de même.
Ξυσις, de même ; 2°. manteau jaune que portoient les Cochers dans les jours de cérémonies, & dont on usoit sur les Théatre, &c.
Ξυςρον, τὸ, Ξυπλη, outils de fer pour unir.

3. Ξυςος, qui a été uni, poli ; 2°. lieu où les Athlètes s'exerçoient ; ou XYSTE, parce qu'il étoit uni.
Ξυςικος, qui s'exerce dans le Xyste.

4. Ξυςον, tunique de femme, parce qu'elle étoit unie.

5. ΞΥΡος, *Xuros*, aigu, tranchant, propre à applanir, à équarrir.
Ξυραω, raser, tondre.
Ξυρησις, εως, ἡ, action de raser.
Ξυρησιμος, ξυρητης, qu'on peut raser, tondre.
Ξυριας, ου, ὁ, tondu.
Ξυριον, τὸ, rasoir.

De cette Famille sont venus des Composés en

Ξεω, Εγ-ξεω, polir en dedans.
Ξεσυς, Ευ-ξεσος, bien poli.
Ξο, Αμφι-ξοος, qui coupe des deux côtés.

Ξυω, Δια ξυω, effacer tout vestige, détruire.

Ξυρος, A-ξυρος, qui n'est pas tranchant, émoussé,

Et des BINOMES.

6 Λα-ξευω, tailler la pierre.

Λα-ξευτης, tailleur de pierre.

Λα-ξευτηριον, instrument à tailler la pierre.

7. E-Ξασιαι, franges, falbalas.

V.

ΞΗΡος, *Xéros*, sec, aride : 2°. le sec, la terre.

De l'Or. צר, *TsaR*, pays sec & désert : pays de roches, rochers.

Ξηροτης, ἡ, sécheresse, aridité.

Ξηραινω, sécher, dessécher, brûler.

Ξηρανσις, εως, ἡ, sécheresse.

Ξερος, même que ξηρος.

VI.

ΞΙΦος, εος, το, *Xiphos*, épée. En Or. סוף, *Syph*, *Xyph*.

Ξιφιδιον, poignard, dague.

Ξιφιον, glaieul, *plante*, espèce d'Iris.

Ξιφιας, espèce de poisson, l'espadon ; 2°. Comète à queue pointue.

Ξιφηρ, Ξιφισης, ὁ, baudrier, ceinturon.

Ξιφισυς, υος, ἡ, combat à l'épée.

2. Ξιφιξω, sauter, une main en l'air, comme si on tenoit une épée tendue.

Ξιφισμος, ὁ ; — σμα, το, danse où on imite l'action d'avoir une épée à la main.

VI.

ΞΥΛον, τὶ, *Xylon*, bois. Ce mot tient à l'Oriental , *Tsal*, *Tsul*, ombrage, ce qui donne de l'ombre.

Ξυλωδης, Ξυλινος ; — ικος, ligneux, en bois ; 2°. de bois.

Ξυλοω, boiser, faire en bois.

Ξυλωσις, boiserie ; charpente.

Ξυλευς, qui porte du bois : qui va au bois, qui fait des fagots.

Ξυλεια, action d'amasser du bois.

Ξυλισμος, de même.

Ξυλαριον ; — Ληφιον, morceau de bois.

VII.

ΞΥΝος, ὁ, *Xynos*, commun : ce qu'on possede en commun. Ce mot tient à la préposition Συν, *Syn*, avec, prononcée & écrite ΞΥΝ, *Xyn*.

Ξυνηϊος, Ξυνηων, commun.

Ξυνοω, unir, associer ; 2°. mettre en commun.

Επ-ξυνος, en commun : pêle-mêle.

Ξυνιζω, pour ξενιζω, communiquer un hospice, le partager avec d'autres.

MOTS GRECS-CELTES,
OU DÉRIVÉS DE LA LANGUE CELTIQUE.

O

Cette Lettre fut le nom primitif de l'œil, du Soleil, œil du Monde, de tout ce qui est rond, & elle en fut la peinture.

De-là, nombre de mots relatifs; 1°. à l'œil, à la vue, à la lumiere; 2°. à la rondeur.

Ce sont là les mots qui appartiennent véritablement à cette Lettre.

Mais à ces mots s'ajoutent, 1°. diverses Onomatopées : 2°. une foule de mots qui appartiennent à d'autres Lettres, mais à la tête desquels les Grecs ont ajoûté la Lettre O : 3°. nombre de mots Orientaux adoptés par les Grecs.

Comme cette Lettre est susceptible de quantité, d'être longue ou brève, elle revêtit en Grec deux formes différentes, relatives à cette double valeur, s'écrivant O quand elle est brève, & Ω ou ω quand elle est longue.

Aussi on l'appelle dans le premier cas *O-micron*, ou O bref; & dans le second, *O-mega*, ou O long.

Ces Lettres ont été séparées en Grec par un long intervalle, l'O long ayant été rejetté à la fin de l'Alphabet, parce que c'est la derniere Lettre qu'aient inventé les Grecs. Auparavant, ils l'écrivoient par deux OO, dont l'ω conserve en quelque façon la figure.

Mais comme l'Ω & l'O concourent presque toujours à former les mêmes familles, nous réunirons ici presque toujours les mots qui ont été distribués par les Grecs entre ces deux Lettres.

ONOMATOPÉES.
I.

1. ᾶ, ό, oh! interjection, cri d'appel, marque du Vocatif.

ά, ό, ho! oh! ah! cri d'admiration; 2°. cri de douleur.

Ωη, όέ, cri d'appel, cri pour exciter.

Ωοπ, Ωοποπ, όοp, όοp op, cri des Mariniers.

V v ij

2.

OI, Oï, hé! hélas! hei! cri d'effroi & de larmes, de désolation.

OI-MOI, ah! que je suis malheureux! *hoimé*.

ΟΥΑΙ, *ouais!* qu'est-ceci, malheur, malheur! le *væ* des Latins.

3.

1. ΟΙΖυς, υος, ἡ, *Oizus*, malheur, infortune.

Οἴζυω, être dans le malheur, être accablé d'infortune.

Οἴζυρος, malheureux, infortuné.

2. ΟΙΚΤος, ὁ, *Oiktos*, pitié; compassion, 2°. miséricorde.

ΟΙΚΤίζω, avoir pitié.

Οικτισμα; — σμος, paroles de commisération.

Οικτειρημα, τὸ, pitié, compassion.

Οικτιρμος, de même; 2°. miséricorde.

Οικτρος, digne de pitié.

Οικτιρμων, miséricordieux.

3. ΟΙΜωζω, *oimúzè*, pleurer, se lamenter.

Οιμωγη, pleurs, lamentations.

Οιμωκτος, lamentable, déplorable.

4. ΟΙΤος, ὁ, misere, infortune; 2°. malheur, calamité; 3°. triste sort, ruine fatale.

4.

1. ΟΛ-ΟΛυζω, hurler, pousser des cris désespérés, se lamenter avec des cris perçans.

ΟΛ-ΟΛυγη, hurlemens, cris désespérés.

ΟΛ-ΟΛυγμος; — μα, de même.

ΟΛ-ΟΛυγων, ὁ, hurlement des animaux; 2°. chat-huant.

2. ΟΛοφυρομαι, pleurer, lamenter, être dans l'affliction.

Ολοφυρμος; — ρσις, lamentations, gémissemens: deuil.

Ολοφυζω, pleurer, se lamenter.

Ολοφυδνος, lugubre, lamentable.

Ολοφυρτικος, porté à se lamenter, à se désespérer.

3. ΟΔυρομαι, lamenter, pleurer, gémir: 2°. déplorer.

Οδυρμα; — μος, lamentations, pleurs.

Οδυρτικος, qui pleure aisément; 2°. lamentable, déplorable.

5.

ΟΤΤΟΤυ̃; ah! hélas!

ΟΤΟΒος, ὁ, bruit, tumulte, son, retentissement.

ΟΤοβεω, ΟΤΤοβεω, retentir, bruire, faire grand bruit.

6.

Cris d'Animaux.

1. ΟΓΚΑαομαι, braire.

Ογκηςης, âne, il brait.

Ογκηθμος, braimens de l'âne.

2. ΟΙΣ, οἴς, ἡ, brebis, l'*Ovis* des Latins.

Οια, ἡ, toison, peau de brebis.

Οιειος, Οιωτος, de brebis.

Ους, ιδος, ἡ, petite brebis.

3. ΟΦις, εως, ὁ, serpent: 2°. anguille: 3°. espèce de bracelet.

En Egypt. HOPH: en Hébreu *Aphoé*. Du prim. *Pho*, *Fih*, souffler. Orig. Lat. 1360.

Οφιοεις, Οφιωδης, de serpent ; 2°. abondant en serpens.
Οφιονεος, de même.
Οφιακος, qui concerne les serpens.
Οφιτης, serpentine, pierre à taches de serpens.
Οφειδιον, petit serpent.
Οφιασις, εως, η, maladie de tête qui fait tomber les cheveux.

4. ΩΡΥω, heurler, cri des loups & des chiens affamés, ou égarés, &c.
Ωρυωμα, το, rugissemens.
Ωρυθμος ; υγη, hurlemens.
Ωρυες, animaux féroces.

7.

1. ΟΤΡΥΝω, exciter, animer, exhorter : 2°. presser, aiguillonner.
Οτρυντηρ, δ, qui anime, qui excite ; instigateur.
Οτρυντυς, υος, η, exhortations ; instigations.
Οτραλεως, promptement, d'une maniere animée.
Οτρηρος, pressé, animé.

2. Ωθεω, chasser, repousser, pousser en avant avec force.
Ωσμος, impulsion, action de pousser, de renverser.
Ωθησις, εως, η, expulsion, chasse.
Ωσις, de même.
Ωςης, υ, δ, qui pousse, qui chasse.
Ωσιζω, Ωθιζω, repousser ; 2°. frapper, battre.
Ωθισμος, δ, effort pour repousser.

8.

1. ΟΣΣΑ, ης, η, voix ; 2°. renommée, bruit, réputation.
Οσσομαι, imaginer, penser ; 2°. prédire l'avenir.
Οττεια, ας, η, divination ; religion.
Α-Οσσεω, secourir, aider ; mot-à-mot, accourir à la voix.

2. ΟΥΣ, ωτος, το, ous, oreille. C'est l'effet de l'air agité sur l'oreille : on a dit aussi :
ΟΥΑΣ, ατος, το, oreille ; en Dorien, Ωας.
Ουατοεις, Ωτωεις, qui a des oreilles ; 2°. des anses.
Ωτικος, auriculaire.
Ωταριον, petite oreille.
Οτιον, de même.
Ωτος, duc, hibou, oiseaux de nuit à grandes oreilles en plumes.
Ωαζω, écouter ; entendre.

3. Αιω, *en poésie*, entendre, écouter, obéir à la voix.
Αισθω, de même.
Εισ-Αιω, Επ-Αιω, entendre, comprendre ; 2°. sentir, s'appercevoir.

O.

Ajouté.

I. O devant K.

De Κυς, vite ; Κιδ, se mouvoir, vinrent ces divers mots,

1. Ω-ΚΥΣ, εος, ὁ, O-kus, vite, prompt, léger, rapide.
Ω-Κυτης, η, légereté, rapidité.
Ω-Κυνω, accélérer, hâter, dépêcher.
Ω-Κεως, promptement, rapidement.
Ω-Κιμον, το, plante qui croit très-vite.

2. Ο-Χος, υ ; --- εος, το, O-Khos, char, voiture.

Ο-Χεω, voiturer, charroïer ; 2°. porter, souffrir, supporter ; 3°. être porté à chev

Ο-χησις, action d'être voituré, porté en voiture, à cheval, &c.

Οχειον, Ο-Κχος, char.

Οχετλον, de même.

ΟΚχη, soutien, ce sur quoi on s'appuie.

ΟΚχεω, soutenir ; 2°. puiser.

3. Ο-Χετος, ɤ, ό, canal, aqueduc ; 2°. ruisseau : 3°. égout.

Ο-χετιον, petit ruisseau, filet d'eau.

Ο-χετευω, conduire les eaux.

Ο-χετευμα, conduite d'eau.

Ο-χετεια, action d'amener des eaux.

4. Ο-Χευω, recevoir l'étalon.

Ο-χευτης, étalon.

5. Οιχομαι, s'en aller, partir : s'évanouir, disparoître.

Οι-ΧΝεω, Ο-ΧΝεσκω, de même.

II. O devant L.

1.

ΟιΛΕΣω, *futur*, je perdrai, je détruirai.

Ο-ΛΛυω, Ο-ΛΛυμι, *au présent*, perdre : 2°. détruire, exterminer.

Du Celte, *Lasa*, *Laza*, *Lleas*, perdre, détruire, tuer.

Ο-ΛΕτηρ, ό, destructeur : assassin.

Ο Λετειρα, destructrice.

Ο-Λεθρος, ό, ruine, destruction, perte, mort.

Ο-Λεθριος, pernicieux, mortel.

Ο-Λοθρευω, perdre, détruire.

Ο-Λοθρευσις, action de perdre, de tuer.

Ο-Λοθρευτης, exterminateur.

Ο-ΛΕΚω, perdre, détruire.

Ο Λεσκω, de même.

Ο-Λοος, pernicieux, funeste, destructif.

Ο-Λοιος, Ολοος, Ου-Λοος, de même.

Ου-Λος, Ου-λιος, Ου-Λιμος, de même.

Κατ-ɤλας, nuit profonde.

2.

Ο-ΛΙΓος, ɤ, ό, *O-ligos*, petit, peu : 2°. mince : 3°. un peu, presque.

Ο-Λιγοτης, ή, petit nombre, rareté.

Ο-Λιγοςος, peu accompagné.

Ο-Λιγα, rarement.

Ο Λιγοω, diminuer, réduire à un petit nombre.

Ο-Λιζοω, de même.

Ο-Λιζων, même qu'Oligos. Du Celt. Lec, Lic, petit.

3.

Ο-ΛΙΣΘος, ό, *O-listhos*, chûte, glissade.

Ο-Λισθεω, tomber, faire une chûte.

Ο-Λισθηρος, sujet à tomber ; 2°. glissant.

Ο-Λισθνεις, de même.

Ο-Λισθαινω, même qu'Ολισθεω.

Du Celte Lliτh, glissade, piége qui fait tomber ; c'est une Famille Galloise très-étendue.

4.

Ο-ΛΟΠΊω, enlever l'écorce : 2°. écorcher : tondre. Du Prim. Leb, écorce, d'où liber : voy. ci-dessus la Famille Lepos, col. 533.

5.

Ο-ΛΥΜΠος, *Olympos*, l'Olympe, montagne de Thessalie : 2°. le Ciel, séjour des immortels.

Du prim. *Lu*, *Lum*, lumière, éclat.

Ο-Λυμπιος, Olympien, surnom de Jupiter ; *mot-à-mot*, Souverain du Ciel.

O-Λυμπια, τα, Jeux Olympiques.

O-Λυμπιας, αδος, ἡ, victoire remportée dans ces jeux.

III. O devant M.

Du primitif MARQ, prononcé MORQ, une marque, se forma ce mot Grec dont on n'avoit jamais apperçu le rapport.

O-ΜΟΡΓξω, je marquerai, fut.

O-ΜΟΡΓνυμι, O-Morgnumi, au pres. mettre une marque, l'imprimer, marquer avec un fer chaud; 2°. frotter.

IV. O devant P.

De BAL, PHAL, puissant, grand, fort, vinrent divers mots.

1.

1. Ο'-ΠΛον, τὸ, Ho-Plon, armes : 2°. outils & instrumens.

O-Πλαρια, diminutif plur.

O-Πλεω, armer, munir.

O-Πλιζω, préparer; 2°. de même; 3°. faire des préparatifs de guerre.

O-Πλισμος, armature; 2°. action de s'armer.

O-Πλησις, armature, armure.

O-Πλισης, ὁ, armé.

O-Πλισευω, armer, porter les armes.

O-Πλιτις, femme armée; statue de femme armée.

O-Πλιτευω, être pésamment armé.

O-Πλοτατος, le plus jeune, qui commence à porter les armes.

2. Ο-Πλη, ἡ, ongle; c'est l'arme des animaux.

2.

O-ΦΕΛΛω, O - Phelló, augmenter, accumuler, combler : 2°. aider, secourir, favoriser : 3°. rendre service.

O-Φελμα, τὸ, augmentation; 2°. amas, balayeures.

O-Φελτρον, balayeures.

O-Φελτρoω, orner, faire beau ; 2°. balayer.

O Φελσιμος ;--λιμος, utile.

O-Φελος, εος, τὸ, utilité ; 2°. émolument, usage.

3.

O'-ΦΕΙΛω, O - Pheiló, faloir, devoir : être obligé à faire : 2°. être condamné à.

De פעל, Phol, qui en Hébreu signifie tache; ce qu'il faut faire, travail, ouvrage.

O-Φειλημα, τὸ, dette.

O-Φειλη ;--λησιον, de même.

O-Φειλετης, ε, ὁ, débiteur.

Ο-Φλω, être condamné à ; 2°. être atteint & convaincu.

O-Φλημα, amende, condamnation.

O-Φλησις, ἡ, de devoir, dette.

O Φλισκω ;--σκανω, O-Φλανω, de même.

4.

De Po, boire, vint,

1. O-ΠΟΣ, ε, ὁ, Opos, liqueur, suc : lait des plantes.

O-Πωδης, abondant en suc.

O-Πιζω, ramasser le suc d'une plante ; le faire couler par une incision.

O-Πισμος, action de se procurer du suc par une incision.

O-Πισμα, τὸ, suc qu'on s'est procuré par une incision.

2. Ο-Πιον, τὸ, suc laiteux tiré des tiges de pavot ; Opium.

Ο-Πιας, υ, ὁ, fromage, lait coagulé.

V. O devant R.

2.

Ο-ΡΓια, τὰ, les ORGies sacrées, Fêtes des Dieux, & sur-tout celles de Bacchus.

Ce mot célèbre dont l'origine étoit absolument inconnue, vint de l'Orient : du mot רגע RGô, repos, tems du repos, tems de Fête où on se reposoit de ses travaux.

2.

De R, marquant l'émotion, le bouillonnement du sang, d'où le Latin IRa, colere, sang embrâsé, vinrent divers mots Grecs.

1. Ο-ΡΓαω, être animé d'un desir bouillant, impétueux, brûler d'envie, de desir.

Ο-ΡΓαζω, exciter, animer, pousser vivement à une chose ; 2°. amollir, dompter.

2. Ε ΟΡΓη, cueilliere dont on se sert pour remuer, pour agiter les liqueurs.

Ε-ΟΡΓεω, remuer avec une cueilliere.

3. Ο-ΡΓη, ης, ἡ, Orgé, colere, fureur, passion ardente : 2°. caractère, mœurs, inclination.

Ο-ΡΓιλος, porté à la colere, colérique.

Ο-ΡΓιλοτης, ἡ, action de se mettre en colere.

Ο-ΡΓιζω, irriter, enflammer de colere.

Ο-ΡΓαινω, de même.

Ο-ΡΓιςικος, irritable, aisé à irriter.

4. Ο Ρω, Ο-Ρω Ρω, Ο-Ριγω, Ο-ΡΝυμι ; Ο-Ροθυγω, Orô, O-rô-rô, &c. exciter.

Ο-Ρμενος, animé, emporté par son impétuosité ; 2°. chou, pied de chou ; 3°. tout ce qui détruit ou gâte un chou.

Ο-ΡΟΥω, se jetter sur, faire une irruption, fondre sur ; d'un pas précipité.

Ο-Ρουμαι, choc, irruption, effort sur : saut.

5. Ο-ΡΜη, ἡ, Hormé, choc, impétuosité, mouvement tumultueux, efforts : 2°. départ : 3°. les premiers efforts d'une entreprise ; 4°. passion : 5°. instinct.

Ο-Ρμαω, être entraîné par son impétuosité ; par une passion vive ; 2°. désirer vivement ; 3°. mettre en mouvement.

Ο-Ρμημα, effort ; 2°. ce vers quoi on est porté avec vivacité.

Ο-Ρμητηριον, tout ce qui excite, anime ; motif, attraits.

Ο-Ρμαινω, se précipiter sur, être entrainé par son impétuosité ; 2°. rouler dans son esprit, projetter, penser à.

Ces mots viennent de R, course, effort, & MA, grand.

3.

De RE, REC, droit, vinrent ces Familles :

1. Ο-ΡΕΓω ; --- γνυμι, Oregâ & Oregnumi, tendre en avant, tendre, dresser : 2°. donner à main étendue ; donner en général.

Au moyen, tendre la main pour recevoir,

recevoir, defirer, avoir envie.

O-Ρεγμα, ce qu'on dreffe, qu'on tend.

O Ρεκτος, étendu, dreffé, droit.

2. O-Ρεξις, εως, ἡ, defir, appétit.

O-Ρεκτος, qu'on défire.

O-Ρεκτικον, fiége des appétits.

O-Ριγναομαι, défirer, avoir grande envie ; 2°. bruire, retentir.

3. O-Ρθος, ὁ, droit, dreffé, tendu.

O-Ρθοτης, ἡ, rectitude.

O Ρθοω, dreffer, ériger.

O-Ρθωσις, direction, action d'ériger.

O-Ρθιος, qui s'éleve perpendiculairement, efcarpé, droit.

O-Ρθιαζω, dreffer, ériger ; 2°. prédire.

O-Ρθιασμα, parole prononcée à haute voix.

O Ρθιαξ, portion inférieure d'un mât.

O-Ρθανος, Priape.

O-Ρθευω, ériger, dreffer en haut.

Πτο-Ρθος, ὁ, rameau, branche, rejetton ; 2°. maffue.

4. O-Ρκος, ὁ, *Ho-Rkos*, ferment ; de *rec*, droit, parce qu'on *leve* la *main* pour prêter ferment.

O-Ρκοω, déférer le ferment.

O-Ρκιζω, lier par un ferment.

O-Ρκισμος, action de déférer le ferment, de le faire prêter.

O-Ρκιον, traité confirmé par ferment.

Il tient à l'Orient. רכס, *Rekos*, lever avec la main.

4.

De RAPH, enlever, ravir, vinrent les mots fuivans :

1. O-Ρφανος, ὁ, Orphelin, à qui la mort a *ravi* pere & mere ; 2°. privé de.

Orig. Grecq.

O-Ρφανικος, qui concerne les orphelins, les pupilles.

O-Ρφανια, ἡ, privation, état d'orphelin.

O-Ρφανιζω, rendre orphelin.

O-Ρφανιςης, tuteur, qui a foin d'orphelins.

O-Ρφανευω, O-Ρφανιζομαι, être orphelin.

ΟΡΦΝΗ, ης, ἡ, Orphné, pour Orphphené, ténèbres, obfcurité : de ΟΡΦ, *Orph*, ravi, enlevé, & *PheNé*, lumiere.

ΟΡΦΝαιος, ténébreux, obfcur ; 2°. noir affreux.

ΟΡΦνηεις, — νωδης ; — νος ; ΟΡφνινος, noir, fombre.

ΟΡφνιον, ΟΡφνις, habit noir, de deuil.

ΜΟΡφνος, ténébreux, obfcur ; 2°. nom d'une forte d'Aigle.

O,
Œil, vue.

C'eft ici où commencent véritablement les mots qui appartiennent à la lettre O, & qui font relatifs à fon objet, défignant l'œil & toutes les idées relatives à l'œil. De-là nombre de Familles, dont jufques à préfent on n'avoit connu ni l'origine ni les rapports.

1.

O, défignant l'objet qu'on a fous les yeux.

1. ὁ, *Ho*, lui, le, cet objet préfent ou dont on parle.

Son féminin eft H, *Hé*, elle, la ;

& le neutre Τὸ, le.

2. ΟἶΟΣ, *Oios*, seul. Cet *objet* seul.
Οιοθι, Οιαδον, seulement.
Οιαω, être seul, mener une vie solitaire.
Οιοω, rendre seul, dévaster, désoler.

3. ΟἶΟΣ, *Ohios*, quel, le même que.
Οιοσπερ, quelconque.
Οιον, de même, comme.

4. ΠΟΙΟΣ, quel ?
Ποιοτης, qualité.
Ποιοω, douer d'une qualité.

5. ὅΠΟΙΟΣ, quel.
ΟΠοιοσδη, ΟΠοιοσδηποτε, quelconque, quiconque.

6. ΤΟΙΟΣ, tel, de cette maniere.
Τ-Οιοσδε, de même.
Τ-Οιουτος, de même.

2.

1. ὅΔε, *Hode*, celui, le ; son féminin *Héde* ; le neutre, *Tode*.
Ωδε, Τηδε, datifs, de cette maniere, ainsi, c'est pourquoi.
ΟΔι, de même.

2. ΟὗΤος, *Houtos*, celui-ci, ce ; pronom démonstratif ; fém. *Hauté* ; neutre, Τουτο.
Ουτως, Ουτω, Ταυτα, de cette maniere.
Τουταχι, ici, là.
Ουτοσι, en Athén. même qu'*Outos*.

3.

1. ΟΣ, *Hos*, qui, celui qui ; fém. ἡ, *Hé* ; neut ὁ, *Ho*.

2. Οὑ, *Hou*, où, en quel lieu.
Που, en quel lieu, où ; 2°. quelque part.
Οπου, *hopou*, où.

3. ᾗ, *Hé*, de la même maniere que : 2°. c'est pourquoi.
Πω, *Pô*, comment.
Ου-Πω, Ουδε-πω, en aucune manière.
Τω, en ce que, c'est pourquoi, parce.
Η, *Hé*, de quelle manière, en quel lieu, de quel côté.
Πη, comment, de quelle maniere.
Τη, par ce moyen ; 2°. en ce lieu.

4. Οἳ, *Hoi*, en quel lieu.
Ποι, où, vers quel lieu.
Οποι, *Hopoi* ; où.

5. Ὅθεν, d'où.
Ποθεν, d'où ?
Τ-Οθεν, de-là, de ce lieu.
Οθι, où.
Ποθι, d'où ; 2°. quelque part.
Τ-Οθι, là, en ce lieu.

Π change tous ces adverbes de lieu en interrogation, & Τ sert de réponse.

4.

Οσος, quel homme ! quel.
ΟΣΣος, poët. de même.
ΟΣα, neut. plur. tout ce que.
Οσον, autant que.
Οσακις, toutes les fois que.
Οσαχου, en tout lieu que.
Οσσατιος, Οσσιχος, quel, que.
ΟΣα-Πλασιος, quantuple.
Π-ΟΣος, combien grand ?
Π-Οσακις, combien de fois ?
Π-Οσε, en quel lieu ?
Π-Οσος, quelque, de telle quantité.
Π-Οσον, quantité.
Π-Οσος, combien ? de quelle quantité ?
Ο-Ποσος, Ο-Ποιος, de même.

T-ΟΣος, de telle quantité, si grand.
T-ΟΣουτος, de même, &c.

5.

Ο'τι, *Hoti*, & poët. *Hotti*, parce que ; que : 2°. combien, devant un superlatif.

6.
O Négatif.

Ο & ΟΥ, *ho*, & *ou*, ont désigné par opposition la négation, ce qui n'est pas : de-là :

ΟΥ, *ou*, non ; devant une voyelle simple *ouk* ; & devant une voyelle aspirée *oukh*, ουχ.

Cette Négation a formé quelques Composés qu'on avoit absolument méconnus.

1. De AR, fort, le fort.

Ο-ΑΡ, αρος, ἡ, *O-ar*, Epouse, la Femme du Mari : *mot-à-mot*, la non-forte, la moitié qui a en partage la beauté & la douceur.

Ο-ΑΡοι, entretiens familiers, tels que d'un mari & d'une femme.

Ο-ΑΡισυς, ἡ, entretien intime.

Ο'ΑΡιζω, s'entretenir : avoir quelqu'un avec qui on puisse dire, Dieu vous bénisse.

II. De ΚΙΝ, se mouvoir.

Ο-ΚΝος, ὁ, paresse, crainte du travail, vie accroupie, passée dans l'indolence : *mot-à-mot*, non-mouvement, inaction.

Ο-Κνια ; Ο-Κνηρια, de même.

Ο-Κνηρος, Ο-Κνωδης, paresseux, qui craint le travail.

Ο-ΚΝεω, Ο Κνειω, être paresseux, avoir peur du travail.

III. De ΜΑΛ, escarpé, raboteux.

Ο'ΜΑΛος, *Ho malos*, égal, uni, plain ; *mot-à-mot*, non raboteux.

Ο-Μαλης, de même.

Ο-Μαλοτης égalité, état de ce qui est uni, lis.

Ο-Μαλιζω, applanir, égaliser.

Ο-Μαλισμος, action d'applanir ; 2°. état d'être uni.

IV. De ΜΑΡ, lumiere.

Ο-ΜΗΡος, aveugle.

V. De ΚΗΡΟΕ, couleur.

Ω-Χρος, ὁ, *ó-khros*, pâle, non-coloré ; *nom*, pâleur.

Ω Χροτης, Ω-Χριασις ; Ω-Χρωμα, pâleur ; 2°. action de pâlir.

Ω Χριας, pâle ; jaunâtre.

Ω Χραω ; Ω-Χριαω, pâlir, être pâle.

Ω-Χραινω, Ω Χροω, pâlir, rendre pâle.

II.
O désignant les objets *ronds* comme l'œil.

2.

1. Ωὸν, τὸ, *óon*, l'*ovum* des Latins, œuf.

Ωϊον, de même.

Ωαριον, petit œuf.

Επ-ωαζω, couver.

2. ὠον, la portion supérieure d'une maison.

Υπερ-ωος, le faîte.

2.

1. Οα, Ωα, le haut d'un habit qui

enveloppe le cou : 2°. bordure de chemises, d'habit : 3°. sorbe, espece de fruit rond.

2. ΟΙΑΙ, les Bourgs, les Villages : dans Apollonius, Argon. Liv. 2. Les Villages étoient bâtis autrefois en rond : ils formoient des enceintes.

III.
O désignant l'œil, la vue.

1. ΩΨ, ωπος, ὁ, œil, *plur.* ωπες, yeux : 2°. vue, face, regard.

Οφθαλμός, *Oph-thalmos*; ce mot est composé d'O, œil, rondeur, & *thallô*, briller : *mot-à-mot*, les ouvertures étincelantes, brillantes.

Οψις, εως, ἡ, vue, action de voir; 2°. spectacle ; 3°. apparition, fantôme ; 4°. masque de théâtre, personnage.

Οψεις, les yeux.

Οψανον, vue.

Οψειω, désirer de voir.

2. ΟΜΜα, τὸ, œil : 2°. face, regard : 3°. spectacle.

Ομματιον, petit œil.

Ομματοω, rendre la vue.

3. Οπτομαι, voir, appercevoir.

Οπτηρ, ὁ, qui regarde, qui fait sentinelle.

Οπτικος, qui sert à voir.

Οπτος, qu'on voit.

Οπτανω, voir, discerner.

Οπτασια, η, vision.

Οπιπτευω, regarder, inspecter.

Οπτιλος, œil, en Dorien.

ΟΠ-ΩΠη, regard.

ΟΠ-ΩΠητηρ, sentinelle.

4. Οφ-Θαλμικος, qui concerne l'œil.

Οφ-Θαλμιδιον, petit œil.

Οφ-Θαλμια, maladie de l'œil.

Οφ-Θαλμιαω, avoir mal à l'œil.

5. ΟΣΣος, ὁ, & ΟΣΣος, τὸ, œil.

ΟΣΣομαι, voir, appercevoir ; 2°. considérer.

2.

1. ΑΥΓη, η, *Augé* ; éclat, splendeur, lumiere.

ΑΥΓαι, les yeux : de la même Famille qu'*Oculus*, œil.

Αυγηεις, brillant, resplendissant.

Αυγαζω, briller, éclairer, répandre la lumiere ; 2°. voir, appercevoir.

Αυγασμα, τὸ ; -γασμος, ὁ, splendeur, éclat.

2. ΟΙΓω, ΟΙΓνυω, ouvrir.

ΑΝ-ΟΙΓω, de même.

3. ΑΝ-ΩΓω, *An-ôgô*, persuader, conseiller, exhorter ; 2°. commander.

De *og*, œil, & *ana*, sur; conduire l'œil sur un objet.

ΑΝ ωγεω, de même.

ΑΝ-ΩΓη, Ανωξις, exhortation, ordre.

3.

1. ΟΙΩ, *oiô*, *mot à-mot*, être voyant ainsi ; jetter les yeux sur : soupçonner : 2°. penser, estimer, paroître à soi.

Οιεται, il paroît.

Οιημα, ce qui paroît à soi, opinion, jugement.

Οιηματιον, préjugé ; 2°. insolence, présomption.

Οἴησις, ἡ, opinion, ce qui paroît.
Οἰητής, ὁ, qui pense, qui opine.
Οἰηματίας, ου, ὁ, fier, insolent ; vain, présomptueux.

2. ΟΙΩ, signifie, 2°. porter, supporter.
Οἰστός, tolérable, qui peut être supporté.

3. Οἰστός, Nom, flèche, dard, trait ; ils sont toujours comparés aux *rayons*, aux *traits* de lumière.
Οἴστευμα, de même.
Οἰστευτήρ, ὁ, Archer, Sagittaire.
Οἰστεύω, lancer une flèche, un javelot : percer d'un dard.

4.

ΟΙΩΝος, ȣ, ὁ, *Oiônos*, oiseau, sur-tout les grands oiseaux, les oiseaux de proie, à cause de leur apparence : 2°. augure, présage, parce qu'on les tiroit de ces oiseaux.

Il se peut même que cette signification ait été la première.
Οἰωνικος, augural.
Οἰωνίζομαι, augurer, considérer, les présages, le vol des oiseaux.
Οἰώνισμα, considération des oiseaux, présage, augure.
Οἰωνιστήριον, source de présage, signe dont on tire des présages.
Οἰωνιστής, augure, auspice.
Οἰωνιστικος, qui concerne les augures.

I V.
O désignant le Tems.

Le Tems étant marqué par les révolutions du Soleil, œil du monde, en prit le nom : de-là diverses Familles.

1.

1. Ἔτος, τὸ, année.
2. Ὅτε, quand.
3. Ἤδη, déjà.
4. Εἶτα, ensuite.

Voy. ci-dessus, col. 330.

2.

ΕΤΙ, encore, dans ce moment ; 2°. de plus, davantage ; 3°. aussi, même.

Il a des composés affirmatifs, en Εἰς, Pros, & des composés négatifs en Μη, ου, liés avec *eti* par la consonne Κ, Μη-κ-Ετι.

3.

ΕΥΤε, quand, lorsque : 2°. de même, ainsi, comme.

4.

ο Δυσσω, être enflammé de colere, en devenir rouge.

Ce mot peut tenir à la Famille O, Soleil ; enflammé comme le Soleil.

5.

ΟΖος, ȣ, ὁ, nœud d'arbre ; ils ont la forme d'œil : 2°. ŒIL, ou endroit d'où sort le bourgeon de la vigne & des arbres fruitiers.

On l'appelle aussi œil en François. De-là l'expression, *enter en* ŒIL, ou insérer un bourgeon dans l'ente.

Οϱωδ’ης, rameux, noueux.
Οζομενος, noueux.

V.
OD, vigilance, œil ouvert & attentif.

ΟΘη, ἡ, Othé, vigilance, soin, attention : c'est l'action d'avoir l'œil ouvert sur.

ΟΘεω, ΟΘευω, avoir soin, tenir compte.
Οϑομαι, de même.

VI.
Dérivés d'O, œil, en OP.

1.

Οπις, ιδος, ἡ, soin, considération, attention sur : 2°. providence, vengeance divine.

Οπιζομαι, avoir soin ; 2°. prendre garde ; 3°. révérer.

Οπιδνος, ὁ, révérend, respectable ; 2°. dont on doit prendre le plus grand soin ; 3°. auquel on doit craindre de manquer.

2.

Οπις, ἡ, surnom de Diane, non parce qu'elle a soin des femmes en couche, mais parce qu'elle est l'œil de la nuit. On écrit aussi *OUPI*.

3.

Οπη, où ; en quel lieu : 2°. par où : 3°. de quelle maniere, comment.

4.

Οπη, ἡ, ouverture ronde, trou, œillet.

Οπητιον, alêne pour percer.
Οπευς, de même.

Οπαια, vase ou tonneau mis en perce.
Οπαιον, τὸ ouverture d'un vase, trou par où sort la fumée.

5.

Οψε, *Opse*, tard ; au soir : *mot-à-mot*, l'œil fermé, le Soleil ayant disparu.

Οψιμος, du soir.
Οψιος, de même.
Οψια, ἡ, le soir.
Οψεω, tarder, différer.
Οψιοτης, délai, retard, lenteur à arriver.
Οψιζω, faire quelque chose le soir.
Οψισμος, lenteur, retard.

6.

Οπαζω, *Opazó*, suivre, venir après ; *mot-à-mot*, prendre pour son flambeau, pour son guide : 2°. donner pour guide, pour compagnon : 3°. *en général*, fournir, donner.

Οπαδος, qui suit, compagnon.
Οπαδεω, suivre, accompagner.
Οπαζομαι, *au pass.* être pressé, être poursuivi de près :
    Au moy. prendre pour compagnon, se joindre à un compagnon.

2. Οπηδος, pour οπαδος, en Athénien.
Οπηδεω, accompagner.
Οπηδευω, de même.

3. Οπαων, Οπηδητηρ, même qu'οπαδος.

4. Οπισω, Οπισσω, par derriere, en arriere : 2°. après, ensuite.
Οπισθεν, ensuite, après ; 2°. par derriere, en arriere.
Οπισθιος, qui vient après, postérieur.

Οπιϲερος, plus éloigné, plus en arriere.
Οπιϲατος, le dernier de tous.

7.

οπΊαω, ω, *Optab*, cuire, rôtir, torrifier.

Ce mot paroît tenir à O, désignant la chaleur, le feu.

Οπ]ησις, action de torrifier, de rôtir.
Οπ]ησιμος, qu'on peut torrifier, faire rôtir, griller.
Οπ]αλεος, cuit, rôti, grillé.
Οπ]ος, Οπ]ανεος, de même.
Οπ]ανιον, cuisine.

8.

Οψον, τὸ, *Opsum*, l'*Opsonium* des Latins, mets, ragoût : tout ce qui se mange avec le pain.

Οψα, τα, tout ce qui est cuit.

Ce mot tient donc à *Optub*, qui précéde : cette étymologie seroit donc meilleure que celle que nous en avons donnée dans les *Orig. Lat.* 1346.

Οψον, marché, à Athènes, lieu où on vendoit ces mets.
Οψων, ωνος, corbeille.
Οψαριον, τὸ, diminutif d'οψον.
Οψημα, pitance, ce qu'on mange avec son pain.
Οψαομαι, manger des mets cuits, se régaler.

VII.

Dérivés d'O, œil, en OR.

1.

Ὥρα, ας, ἡ, *Hóra*, 1°. beauté du tems, beauté en général : 2°. tems, saison : 3°. heure.
Ὡραιος, de la saison, oportun.
Ὡραιοτης, maturité ; 2°. beauté.
Ὡραιοω, orner, décorer, embellir.
Ὡραϊζω, Ὡριαινω, de même.
Ὡραϊσμος, décoration, action de parer, d'orner.
Ὡριχος, de la saison ; 2°. florissant.
Ὡριος, de même.
Ὡριμος, mûr, à tems.
Ὡρια, maturité ; 2°. beauté.
Ὡριαιος, qui dure une heure.
Ὡρος, ὁ, année.

2.

Ὥρα, ἡ, *Ora*, vigilance, attention, soin.
Ὡρεω, prendre soin, veiller, garder.
Ὡρησσω, Ὡριζω, de même.
Ὡρακιαω, être épuisé par de trop grands soins.

3.

Ὁράω, *Horab*, voir, appercevoir ; 2°. considérer, peser, examiner ; 3°. comprendre ; 4°. donner des soins, pour voir.
Οραμα, vue, spectacle.
Ορασις, sens de la vue.
Ορατος, visible, qu'on peut voir.
Ορατης, ὁ, spectateur.
Ορατικος, doué de la faculté de voir.

4.

Οὖρος, ȣ, ὁ, Inspecteur, Gardien ; qui veille sur ; 2°. tems serein, vent favorable, bonne fortune.

C'est notre mot *heur*, d'où *heureux*.

Ουριος, qui part avec un vent favorable ; qui a le vent pour lui.
Ουριζω, s'avancer avec un vent favorable.

2. Ουριον, œuf stérile.

3. Ουρια, nom d'un oiseau.

4. ΟΥΡιον, τὸ, garde, action de garder.

Ορεω, garder.

Il a des composés en Ουρος, & en Ωρος.

5. ΠΡ-ΟΥΡος, un Garde; de *Pro*, en avant, en faveur, & *orao*, veiller.

Φρ-Ουρα;-ριον, action de garder, garnison, escorte.

5.

ΟΥΡανος, & en Dorien Ωραγος, *Ouranos*, Ciel; c'est le séjour de la lumiere, & il paroît rond : 2°. palais, grand hôtel : 3°. air.

Ουρανιος, céleste.

Ουρανια, Uranie.

Ουρανια, τα, les pluies.

Ουρανιδης, Ουρανιων, céleste.

Ουρανισκος, tente de forme ronde; 2°. Palais; 3°. la couronne australe ou la roue d'Ixion, Constellation de forme ronde.

Ουρανοθεν, du Ciel.

Ουρανοσε, dans le Ciel.

Ουρανιζομαι, tendre au Ciel.

6.

ΩΡΙΩΝ, ωνος, ὁ, Orion, une des plus brillantes Constellations : voy. *Génie Allégorique & Symbol. de l'Antiquité*.

7.

ΟΡΘρος, ὁ, *orthros*, point du jour, moment où la lumiere reparoît sur la terre : matin.

Ορθρινος, du point du jour, matinal.

Ορθριος, de même.

Ορθρευω, agir de grand matin.

8.

Ε'-ΟΡΤη, η, *He-orté*, pour *He-or-reté*, mot-à-mot, le jour prescrit : 2°. Fête, jour de Fête : 3°. Férie.

Εορτιος, solemnel.

Ε-ΟΡΤαζω, fêter, célébrer une fête.

Ε-ορτασμος, Féries.

ΟΡΤαζω, en Ionien, célébrer un jour de fête.

9.

De ΟR, prononcé *Aur*, jour, lumiere, air, vinrent :

1. ΑΥΡα, ας, η, le Lat. *Aura*, soufle, zéphyr, vent léger.

2. ΑΥΡιον, le lendemain, demain.

Αυριζειν, renvoyer au lendemain.

10.

D'*Our*, lumiere, blanc comme la lumiere, vint :

1. ΕΥΡως, ωτος, ὁ, *Euros*, chancissure, qualité d'être chanci ou moisi : 2°. pus, carie.

Ευρωδης, chanci, gâté, pourri.

Ευρηκιαω, être chanci, pourri, gâté.

2. ΟΡΡος, ὁ, *orrhos*, petit lait, sérosité : le *seré* ou *seracé*, composition entre le beure & le fromage.

Ορρωδης, séreux.

Ορρου, se convertir en sérosité.

Ουρος, pour Ορρος, en Ionien.

11.

ΟΠ-ΩΡα, ας, η, *Op-orá*, Automne: mot Oriental formé de *ob*, אב, fruit, & *ora*, saison. La saison des

des fruits : 2°. les fruits d'Automne.

Οπ-Ωρινος, d'automne.

Οπ-Ωριμος, qui porte des fruits d'automne.

Οπ-Ωριων, qui vend ou achete des fruits d'automne.

Οπ-Ωριζω, cueillir les fruits d'automne ; 2°. s'en nourrir.

Οπ-Ωρισμος, cueillette de ces fruits.

VIII.

OR désignant ce qui termine la vue, ce qui borne l'œil.

1.

ΟΡος, εος, τὸ, hommage ; 2°. plafond d'un appartement ; 3°. la portion supérieure du pied : 4°. la table d'un pressoir.

Ορεινος, montueux, montagneux ; 2°. qui croît dans les montagnes.

Ορειος, de même.

Ορειας, αδος, ἡ, Nymphe des montagnes, une Oréade.

Ορειτης, ὁ, habitant des montagnes.

Ορετωρ, Ορεστερος, de même.

Ορεσιας, αδος, ἡ ; femme des montagnes.

En Ionien, ΟΥΡος. En Dorien, ΩΡος, montagne.

2. ΟΡευς, εως, ὁ, mule, mulet, animaux propres pour les pays de montagnes.

Ορεικος, de mulet.

3. ΟΡει-ΓΑΝον, *Orei-ganon*, *Ori-ganon*, *Oreiganos*, origan, plante des montagnes ; *mot-à-mot*, le charme des montagnes.

Orig. Grecq.

4. ΟΡυ-ΜΑΓΔος, *Oru-magdos*, fracas qu'on entend dans les montagnes lorsqu'on abat les arbres ; 2°. en *général*, bruit, fracas.

2.

Ο'Ρος, ου, ὁ, *Horos*, terme, borne ; ce qui limite, confins ; 2°. but, butte ; 3°. mode, maniere : 4°. définition ; 5°. fin, aboutissement ; 6°. signe d'une chose engagée.

Ορικος, définitif.

Οριος, terminal, qui termine, limite.

Οριον, τὸ, terme, borne.

Οριζω, terminer, finir ; 2°. coller, agglutiner, réunir ; 3°. mettre des limites ; 4°. se proposer un but.

Ορισμα, τὸ, bornes, limite ; 2°. chose arrêtée, conclue, déterminée.

Ορισμος, ὁ, définition ; 2°. acte de déterminer, de statuer.

Οριστης, qui fixe les bornes ; 2°. arbitre.

Ουρος, en Ionien, même qu'ΟΡος.

3.

ΟΥΡα, ας, ἡ, *Oura*, queue, elle termine le corps des animaux ; 2°. arriere-garde.

Ουραιος, qui concerne l'extrémité.

Ουριαχος, fer qui est à l'extrémité d'une lance.

IX.

OR, élevé, & nom d'oiseaux.

D'OR, désignant l'élévation, vinrent ces Familles :

1.

ΟΡΧεομαι, sauter, danser, baller.

Ορχηθμος, danse.

Ορχησις, de même.

Ορχησης, danseur.
Ορχηςωρ, de même.
Ορχηςρις, ιδος, ή, danseuse.
Ορχηςρα, η, portion du théâtre sur laquelle dansoient les Chœurs.
Ορχησυς, υος, ή, danse : art de danser.

2.

1. ΟΡΝις, ιθος, ό, ή, oiseau : 2°. coq, & poule.
Ορνιθειος, chair des oiseaux.
Ορνιθιας, ϗ, ό, saison mortelle pour les oiseaux.
Ορνιθιον ;---θαριον, petit oiseau.
Ορνιθων, ωνος, ό, cage à oiseaux, voliere, poulailler.
Ορνιθευω, observer le vol des oiseaux.
Ορνιθεια, ή, augure, présage.
Ορναπετιον, en Dorien, ou en Béotien, petit oiseau.

2. ΟΡΤαλις, ιδος, ή, poule.
Ορταλιχος ;---ιχευς, poulet.
Ορταλιζω, prendre des plumes, commencer à voler.

3. ΟΡΤυξ, υγος, ή, caille.

X.

OR joint à l'article Oriental P, feu.

De OR, UR feu, joint à l'article Oriental P, vinrent ces Familles.

I.

1. ΠΥΡ, υρος, τί, *Pur* ou *Pyr*, feu.
Πυρωδης, Πυροεις, Πυρινος, igné, enflammé, brûlant.
Πυριτης, pyrite, pierre qui donne du feu.
Πυριδιον, petit feu.
Πυραλις, nom d'un oiseau couleur de feu.

2. ΠΥΡοω, brûler, enflammer, embrâser, incendier.
Πυρωσις, épreuve par le feu ; 2°. action de cuire au feu.
Πυρωτης, qui cuit au feu ; 2°. qui éprouve par le feu.
Πυρωτικος, qui a la force de brûler.
Πυρευω, mettre le feu, embrâser.
Πυρευς, qui met le feu, incendiaire.
Πυρευτικη, art du feu, son usage.
Πυρειον, amadou, tout ce qui sert à mettre le feu ; 2°. brasier, vase à feu ; 3°. pierre à fusil.
Πυριον, Πυρον, de même.
Πυρα, en Ion. Πυρη, le Lat. *Pyra*, bucher.
Πυρια, ή, vapeur sèche qui s'exhale des cailloux ou du fer brûlant ; 2°. chaudiere ; 3°. encensoir.

3. Πυριαω, échauffer, tenir chaud ; 2°. fomenter, étuver.
Πυριαμα, τό, fomentation.
Πυριασις, de même.
Πυριατηριον, étuve.
Πυριατος, échauffé au feu.

2.

ΠΥΡΣος, ό, flambeau, torche.
Πυρσευω, précéder avec un flambeau, éclairer.
Πυρσευομαι, être éclairé par un flambeau qui précéde.
Πυρσοω, faire du feu.

3.

ΠΥΡΡός, *Purrhos*, qui est couleur de feu : roux, blond.
Πυρροτης, couleur de feu, couleur blonde.
Πυρρουλας, oiseau couleur de feu.

Πυρριας, ου, ὁ, serpent qui a les mêmes couleurs.
Πυρριαω, être blond, roux.
Πυρριζω, de même ; 2°. imiter cette couleur.
Πυρριχος, roux.
Πυρσος, Eolien, pour Πυρρός.
Πυρραινω, rougir, rendre blond.

4.

ΠΥΡετος, ȣ, ὁ, *Puretos*, fièvre ; chaleur brûlante.
Πυρετιον, diminutif.
Πυρεταινω, avoir la fièvre.
Πυρεσσω, de même.
Πυρεκτικος, fiévreux.
Πυρεξις, fièvre.

5.

ΠΟΡ-ΦΥΡα, le Lat. *Purpura*, pourpre, couleur de feu ; 2°. étoffe teinte en pourpre.
Πορ-φυροεις, Πορφυρεος ;--φυρειος, en pourpre, de pourpre.
Πορ-φυρευς, qui teint en pourpre, qui va à la pêche du pourpre.
Πορ-φυρευω, amasser le coquillage qui donne le pourpre.
Πορφυριον, diminutif.
Πορφυρις, ιδος, ἡ, habit de pourpre.
Πορφυρω, être en couleur de pourpre.
Πορφυρεω ;--υριζω, de même : briller par cette couleur.

O,

Mots en O, suivi d'une Consonne.

O D.

De D, porte, passage, vint :
Ο'Δος, ȣ, ὁ, *HODOS*, chemin, sentier, voie : 2°. moyen : 3°. embûches.

Οδιος, heureux présage pour la route.
Οδιτης, ȣ, Οδευτης, voyageur.
Οδευω, partir, voyager.
Οδεια, départ.
Οδοω, servir de guide, guider.
Οδουμαι, je suis précédé d'un guide.
Οδαω, Οδεω, se préparer pour un voyage ; 2°. vendre, acheter.
Οδαιος, commerçable.

C'est l'Orient. עדה passer, voyager, cheminer.

O Z.

De Z, mouvement, agitation, vapeur, vint :

1. οζω, sentir, avoir de l'odeur,

Les Latins changerent ici z en D, d'où *odor* & odeur.

Οσμη, odeur.
Οσμηρος, qui sent bon, parfumé.
Οσμωδης, de même.
Οσμαομαι, sentir bon.
Οσμυλη, polype, mauvaise odeur du nez, de la tête.
Οσμας, ἡ, herbe, plante d'une odeur agréable.

2. ΟΔ-ΩΔη, odeur.
Οδμη, de même.
Οδμηνος, odorat, odorant, qui sent bon.
Οδμωδης, de même.
Οδμηεις, qui a une odeur forte, puant.

3. οζωδης, fétide, puant.
ΟΖη, η, mauvaise odeur.
Οζαινα, ulcère des narines.
Οζανικος, attaque d'un pareil ulcère ; punais.
Οζολις, punaisor.

OG, OK.

Du primitif OG grand, vinrent :

1. ΩΓ-ΥΓιος, d'Ogygès, *mot-à-mot*, grand-grand, très-vieux, tout ce qu'il y a de plus vieux.

2. ΟΚε-ΑΝος, Océan, *mot à-mot*, le grand cercle des eaux qui environnent la terre : Voyez ci-dessus, col. 81.

3. ΟΚΡι Βας, αντος, ὁ, *Ocri-bas*, pupitre : *mot-à-mot*, ΒΑΣ, qui va, ΟΚΡΙ, en s'élevant ; 2°. chevalet des Peintres ; 3°. échelle ; 4°. chevreuil.

O I.

ΟΙ-ΑΞ, ακος, ὁ, gouvernail.

D'*Ago*, conduire, & *oi*, les eaux, « conduire à travers les » eaux ».

ΟΙ-Ακιζω, être au gouvernail, diriger, conduire, gouverner.

ΟΙ-Ακισμα, gouvernement.

ΟΙ Ακιsης, Pilote, Gouverneur.

ΟΙ-ηξ, *en Ionien*, pour Οιαξ.

O I K.

D'E, exister, & de K ou C, lieu, vint une famille nombreuse.

Οικος, ὁ, maison ; 2°. famille ; 3°. station.

ΟΙΚια, maison ; 2°. famille.

ΟΙΚιον, de même.

ΟΙΚισκος ; —κιδιον ; —καριον, maisonnette, cabane.

ΟΙΚιακος, Οικανος, domestique.

Οικετης, Οικευς, de même.

Οικετις, ὁ, servante.

Οικοθι, à la maison.

Οικοθεν, de la maison ; 2°. de son chef, de son propre mouvement.

Οικετια, famille.

2. ΟΙΚεω, habiter; 2°. avoir une maison, un logement ; 3°. gouverner, administrer.

ΟΙΚεομενη, la terre habitable, l'Univers.

ΟΙΚουμενικη, qui comprend toute la Terre.

ΟΙΚημα, τὸ, habitation, demeure, maison ; 2°. tour ; 3°. case.

ΟΙΚηματιον, appartement, chambre.

ΟΙΚησιμος, habitable.

ΟΙΚητης, Οικητωρ, habitant.

Οικητηριον, lieu propre à habiter.

Οικητος, habité.

Οικητηρια, τα, ustensiles, tout ce qui concerne les meubles, le ménage.

3. ΟΙΚιζω, bâtir, construire.

Οικισμος, action de bâtir.

Οικισις, de même.

Οικιsης, ὁ, fondateur, Chef de colonie.

4. ΟΙΚειος, de la maison, ami, familier ; domestique : 2°. parent, allié : 3°. propre, convenable, accommodé.

Οικειοτης, familiarité, amitié intime, domesticité.

Οικειοω, concilier, rendre ami, lier : accommoder ; 2°. s'attribuer, revendiquer comme sien.

Οικειωμα, ce qui est arrangé, préparé.

Οικηϊος, en Ion. pour Οικειος.

O I M.

ΟΙΜη, ης, ἡ, chemin, sentier ; 2°. chant.

De ΕΙΜΙ, j'y suis, j'y vais.

En Celt. WIW, chemin, en Latin *VIA*.

ΟΙΜος, ὁ, ἡ, de même : 2°. verge, bâton de voyage.

ΟΙΜαω, se porter sur quelqu'un, faire irruption, fondre sur.

Οιμημα, το, sortie sur quelqu'un, irruption, choc.

O I S.

De Ζ, mobile, souple, flexible, vint :

ΟΙΣυα, ας, ἡ, *Oïsua*, osier, saule, arbrisseau dont les branches flexibles servent à lier.

ΟΙΣος, de même :

C'est notre mot OSIER.

Οισυϊνος, d'osier.

O L.

De L, AL, OL, élevé ; masse, vint :

ὁΛος, ὁ, *Holos*, tout, mot primitif & de toute langue.

ΟΛον, το, l'universalité des choses, le tout.

ΟΛοτης, totalité.

ΟΛικος, tout, universel.

O L B.

De *Hell*, *Holl*, salut, bonheur, & de *B*, vie, vint :

ΟΛΒος, ὁ, félicité, bonheur, vie heureuse : 2°. fortune, richesses.

ΟΛΒιος, heureux.

ΟΛΒιζω, déclarer heureux.

O L M.

ὁΛΜος, ὁ, *Holmos*, mortier : 2°. genre de coupe : 3°. trépied d'A-pollon : 4°. le torse du corps.

Ολμειος, mortier.

Ολμισκος, diminutif.

De OLL, profond, d'où le Lat. *Olla*, pot, marmite.

O L P.

De la même racine, vint également :

ΟΛΠη, ἡ, jarre à huile, grand vase à huile.

ΟΛπις, ιδος, ἡ, de même.

E-OL.

De ΟL, sentir, odeur qui s'élève, vint :

Ε'-ΩΛος, ὁ, *He-ôlos*, rance, vieux mets qui ont gagné une mauvaise odeur : 2°. vieux, vieilli : 3°. de hier.

Ε-ωλιζειν, commencer à sentir, en parlant des mets.

ÔLen.

D'OL, flanc, aile, bras, vint :

Ωλενη, ἡ, bras, coude, brasse, aune : l'*ulna* des Latins.

O M,

Elevé.

De M, désignant les masses, les objets grands & élevés, vinrent diverses familles.

1.

Ωμος, ὁ, l'épaule, l'*humerus* des Latins.

Ωμαδον, sur l'épaule.

Ωμαιος, d'épaule.

Ωμαιον, diminutif.

Ωμιας, qui a de grosses & larges épaules.

2.

1. ΟῘμος, *Homos*, de la même hauteur, égal, semblable.

Ομοω, unir.

Ομας, αδος, ἡ, l'universalité, la multitude.

Ομαδος, multitude, foule, concours, bruit d'une multitude.

Ομαδευω, rassembler, réunir.

Ομαδεω, bruire, faire entendre le bruit confus & tumultueux d'une troupe rassemblée.

Ομως, semblablement, également.

Ομου, ensemble, en même lieu.

2. ΟΜΟιος, semblable, pareil.

Ομοιοτης, ἡ, ressemblance.

Ομοιοω, rendre semblable; 2°. comparer, déclarer semblable; 3°. être semblable, ressembler.

Ομοιωμα, ressemblance; 2°. image, portrait.

Ομοιωσις, nom d'une figure de Rhétorique, similitude.

Ομοιωτης, qui imite la ressemblance.

Ομοιαζω, être semblable.

ϒΜοιος, en Eolien, pour ΟΜοιος.

ΟΜοιις, en Poés. de même.

3.

Ομοσω, j'en jurerai: *mot-à-mot*, j'en leverai *la main*. Au présent,

ΟΜνυω, ομνυμι, jurer.

4.

De Phê, bouche, parole, & de *Om*, élevé, vint:

ΟΜ-Φη, ἡ, *Om-phê*, voix divine, parole d'en haut: 2°. Oracle.

ΟΜ-Φηεις, εντος; ομ-Φητηρ, Devin, Prophete.

5.

De Bal, Fal, élevé, & du même *Om*, vint:

ΟΜ-Φαλος, ο, nombril, l'*umbilicus* des Latins: 2o. le corps de bataille: 3o. le milieu du bouclier: 4o. les ornemens en bosse qu'on mettoit sur le milieu de la couverture des livres 5o. la clé d'une voûte: 6o. l'enfoncement extérieur des fruits, du côté de la tête.

ΟΜφαλοεις, à nombril.

ΟΜφαλωδης, de nombril.

ΟΜφαλιον, le milieu d'un bouclier.

ΟΜφαλιsηρ, le ciseau avec lequel on coupe le cordon du nombril.

6.

ΟΜ ΦΑΞ, ακος, ἡ, *Om-phax*, raisin qui n'est pas mûr; verjus: 2°. fruit qui n'est pas mûr, qui est âpre.

De *Phagô*, manger, & *Om*, élevé en goût, âpre, rude.

ΟΜ-Φακιος, fait avec du verjus, avec des fruits acides, *non mûrs*.

ΟΜ-Φακιας, acerbe, âpre.

ΟΜ-Φακιον, suc de fruits âpres, non mûrs.

ΟΜ-Φακις, ιδος, ἡ, le calice d'un gland.

ΟΜ-Φακιζομαι, cueillir du raisin qui n'est pas mûr.

7.

De ce même *Om*, âpre, rude, put donc venir également:

Ωμος, ὁ, crud, rude, âpre : 2°. cruel, barbare.

Ωμοτης, ἡ, crudité ; 2°. cruauté, barbarie.

§.

OM-BPος, ὁ, pluie, l'*Im-ber* des Latins : de VER, BER, eau, & *Om*, élevé, d'en haut. Cet *Om* est devenu *Im* en Latin.

OM-BPεω, pleuvoir.

OM-Bρημα, ce qui tombe, pluie.

Ομ-Βρηνος, Ομ-Βρηρος, pluvieux.

Ομ-Βρια, nuage, pluie épaisse.

Ομ-Βριζω, être arrosé par la pluie.

Ομ Βριμος, impétueux, terrible ; 2°. puissant.

OMIKh.

1. OMIXεω, faire de l'eau, répandre de l'eau : de *Mi*, eau, & χεω, répandre.

O-MIXματα, urines.

2. O-MI-XΛη, *Homi-khlé*, nuée qui répand de l'eau : nuée noire & épaisse.

O-MIXλωδης, nébuleux, obscur, sombre, couvert.

De *Mi*, eau, & Xεω, répandre.

ON.

ON, mot primitif qui désigne charge, poids, élévation, utilité : de-là diverses familles.

1.

ONος, ὁ, ἡ, âne, ânesse, *mot-à-mot*, bête de somme, de charge ; 2°. cloporte ; 3°. axe, essieu ; il porte ; 4°. meule de dessus ; elle pèse sur celle de dessous, & sur le grain ; 5°. gros vase à anses ou oreilles d'âne.

Ονικος, d'âne.

Ονειος, ονωδης, de même.

Ονειον, étable à ânes.

Ονιαιαι, fumier d'âne.

Ονις, ιδος, ἡ, de même.

Ονιδιον, Οναριον, Ονισκος, ânon, petit âne.

2. Ονισκος, scie : plutôt la machine ou chevalet sur lequel on scie le bois ; car on l'appelle en François l'âne, le baudet.

Ονιτις, ιδος, ἡ, nom d'une plante.

Ονιας, ȣ, ὁ, espéce de poisson, le *Scarus* des Latins.

3. Ονευος, treuil, piéce du cabestan pour élever les fardeaux.

Ονευω, mouvoir le cabestan.

4. HMI-ONος, ὁ, ἡ, mule, mulet, *mot-à-mot*, demi-âne ; 2°. nom d'une plante.

2.

1. ON-HMI, être utile, avoir du poids ; 2°. accabler de reproches.

Ονησις, ἡ, aide, secours, utilité ; 2°. fruits, revenus.

Ονησιμος, qui peut être utile.

Ονητικος, Ονητωρ, utile, qui sert.

Ονητος, ὁ, dont on peut jouir.

2. ONισκω, aider, servir, être utile.

Ονειαρ, ατος, το, utilité, profit, émolument.

Ονειος, utile : en Ion. ονηιος.

3.

ONειδος, εος, το, reproche assommant, honte, ignominie, deshonneur.

Ονειδειος, flétriſſant, ignominieux.

Ονειδεια, affront, deshonneur, reproche.

Ονειδιζω, accabler de reproches, blâmer, cenſurer.

Ονειδισμα, honte, affront.

Ονειδισμος, action de faire honte, de reprocher.

Ονειδιςης, qui fait des reproches.

Ονειδιςος, honteux, flétriſſant, digne de honte.

4.

1. ΟΝΘος, ὁ, fumier, il ſert à engraiſſer les terres.

Ονθηλευω, fumer les terres.

2. Ονθυλευω, faire d'excellens ragoûts.

Ονθυλευσεις, ragoûts exquis.

ONUX.

ΟΝΥΞ, υχος, ὁ, l'unguis des Latins. On ne peut douter que ces mots ne viennent de la même racine, & qu'Onux ou Onyx ne ſoit une altération d'unguis. Mais celui-ci vient d'ogg, crochu, prononcé ong; 2°. croc, crochet; 3°. onyx, ſorte de pierre précieuſe de couleur blanche comme l'ongle; 4°. ſorte de marbre blanc; 5°. eſpèce de coquillage ou d'huître.

Ονυχιον, petit ongle.

Ονυχιζω, couper les ongles; 2°. faire une marque avec l'ongle; 3°. exiger à toute rigueur, au doigt, & à l'ongle.

Ονυχιτης,—χινος, d'onyx, couleur d'onyx.

OP.

De OP, UP, ſur, élevé, maître, vinrent.

1. ΟΙΦαω, Οιφεω, ΟΠΥιω, avoir en mariage; 2°. faire les fonctions du mariage.

OR.

1. ΟΡΓας, αδος, ἡ, terrein planté & cultivé : 2°. terrein ou bois conſacré aux Dieux.

En Or. ערגה, Orgé, parterre de fleurs; de *Reg*, alligné, dreſſé.

2. ΟΡ-ΓΥια, ας, ἡ, meſure de ſix pieds; meſure de deux bras ou des deux mains étendues; aune : trois pas.

De OR, étendu, & GUIon, main, bras.

ΟΡΓυιαιος, qui a une aune de longueur.

ΟΡΓυιοω, étendre les bras.

3. ΟΡΜια, ας, ἡ, *Hormia*, ficelle, corde mince & déliée : ligne à pêcher.

De ΕΙΡω, ſerrer, lier.

ΩΡΜευτης, ὁ, pêcheur.

4. ΟΡΜος, ὁ, *Hormos*, collier; 2°. ſtation des vaiſſeaux, rade; 3°. ſorte de danſe.

D'*Eirô*, ſerrer, lier.

ORB, rond.

D'ORB, rond, mot formé d'OR, œil; en Celt. ORwyn, & par altération OLwyn, rond, vinrent ces mots:

1. ΟΡοβος,

1. Ορόβος, ο, *Orobos*, l'*ervum* des Latins, orobe, légume rond, espéce de pois.

Οροβινος, d'orobe.

Οροβιας, & Οροβιτης, qui ressemble à l'orobe.

Οροβιον, τὸ, grain d'orobe.

2. ΟΡΜιγον, τὸ, *Horminum*, l'ormin, plante dont les graines sont parfaitement arrondies. C'est le Celte *Orwyn* ou *Ormyn*.

OS, OST,
dur, fort.

Du prim. Os, Ost, en Or. עץ, *Ots*, dur, fort, vinrent divers mots Grecs.

1. ΟΣΤεον, τὸ, *osteon*, *ostoun*, os, un os : l'*os*, *ossis*, des Latins.

Οστωδης, Οστεινος, osseux ; abondant en os.

Οσιτης, des os.

Οσαριον, osselet, petit os.

2. ΟΣΤρακον, τὸ, coquille, coquillage ; 2°. écaille ; 3°. terre cuite, durcie au feu : tout ce que les Latins appellent *Testa*, d'où notre mot *Test*.

Οστρακωδης, Οστρακινος, de terre cuite.

Οστρακευς, potier de terre.

Οστρακιον, vase de terre.

Οστρακις, ιδος, ή, noix de pin ; 2°. statue de Vénus.

Οστρακινδα, jeu aux coquilles.

Οστρακοω, se durcir, devenir dur.

Οστρακιζω, condamner avec des coquillages pour scrutin.

Οστρακισμος, exil qui se décernoit par un pareil scrutin.

3. ΟΣΤΡεον, ΟΣΤρειον, huitre, l'*ostreum* des Latins ; 2°. couleur de pourpre, on la tiroit d'un coquillage.

Οστρειος, de couleur de pourpre.

4. ΟΣΤρυς, υος, ή, espéce de frêne au bois dur.

5. ΟΣΦ-ΡΑΙΝομαι, *osph-rainomai*, respirer avec force ; 2°. sentir avec force.

De *os*, fortement, & *rin*, nez.

Οσφρασια, ας, ή, odeur.

Οσφραντης, ὁ, odorant, qui sent, qui respire une odeur.

Οσφραντος, qui a de l'odeur.

Οσφραντηριον, boête aux parfums, boête à odeur, cassolette.

Οσφρησις, odorat : sens de l'odorat.

6. ΟΣΦυς, la portion de l'épine du dos la plus épaisse, & fortifiée par les plus fortes vertèbres, peut appartenir à cette Famille.

OUD.

ΟΥΔος, εος, τὸ, & ΟΥΔας, terrain, pavé, sol ; 2°. seuil.

Ουδαιος, de terre ; 2°. souterrain.

De T, D, le ferme, le sec.

OUL.

ΟΥΛος, ὁ, *oulos*, entier, sain, parfait ; 2°. tendre, délicat ; 3°. frisé ; 4°. faisceau.

Du prim. HEL, sain, entier, heureux, d'où *Felix*, *Félicité*,

&c. Voyez *Orig. du Lang. & de l'Écrit. & Orig. Lat.*

1. Ουλοτης, ή, salubrité.

Ουλιος, salutaire.

Ουλω, être sain, être en santé, se porter bien, le Lat. *valeo.*

Ουλη, plaie guérie, cicatrice ; 2o. orge, plante salutaire.

Ουλοω, guérir.

2. Ουλοτης, ή, tendreté.

Ουλον, τὸ, gencive.

3. Ουλοτης, ή, chevelure frisée.

Ουρας, αδος, ή, frisure, crépissure ; 2o. dense, épais.

Ουλαμος, bataillon épais & serré.

4. Ουλω. *Ouló*, Cérès, la Déesse de la santé.

I-ΟΥΛος, chanson à l'honneur de Cérès ; 2o. poil follet.

Ιουλιζω, n'avoir encore que du poil follet.

Ιυλις, nom d'un poisson.

OUR.

De R, couler, d'où le Celte OR, riviere, eau qui coule, vint :

Ουρον, τὸ, urine.

Ουρηρος, d'urine.

Ουρεω, uriner.

Ουρηθρα, l'urèthre.

Ουρητρις, ή, urinal.

Ουρητιαω, avoir besoin d'uriner.

O X.

ΟΧλος, ὁ, *Okhlos*, foule, troupe ; la multitude ; 2°. tout ce qui incommode, qui trouble : le Latin *Volgus* ; ces mots sont les mêmes, L & R se transposant sans cesse.

DE HOL, VOL, FOL, multitude, foule.

ΟΧλικος, populaire, vulgaire.

ΟΧλωδης, turbulent ; 2°. difficile, de mauvaise humeur.

ΟΧληρος, turbulent, qui trouble, fâcheux.

ΟΧλεω, troubler, exciter : 2°. incommoder.

ΟΧλησις, trouble, embarras, fâcherie.

MOTS GRECS
VENUS DE L'ORIENT.

O.

1.

1. Οινος, ὁ, *Oinos*, le Latin *Vinum*, vin : de l'Or. ל״ין, *lin*, vin ; mot dérivé du primitif *Oen, Oin*, agréable, délectable : d'où le *Ven-ustus* des Latins, & le nom même de VÉNUS.

Οινωδης, Οινηρος, Οινιος, Οινοεις, vineux, qui sent le vin, &c.

Οινισκος, Οιναριον, petit vin.

Οινων, ωνος, ὁ, cave, cellier.
Οινοω, faire du vin.
Οινιζω, sentir le vin, en avoir le goût.
Οινευομαι, boire du vin.
Οινιστηρια, sacrifice avec du vin.

2. ΟΙΝη, ἡ, vigne.
Οινον, τὸ, feuille de vigne.
Οιναρον, de même, le pampre.
Οιναρος, ὁ, l'arboisier.
Οιναρεος, de pampre.
Οιναριζω, effeuiller la vigne.
Οινας, αδος, ἡ, vignoble.
Οινωτρος, échalas.

3. Οινας, αδος, ἡ, ramier, pigeon ramier : à cause de leur couleur qui a quelque rapport au raisin mûr.

2.
ΟΙΣ-ΤΡος, ὁ, Taon, animal qui désole les Taureaux par ses piquures, & les rend furieux.
De עז, *hos*, fort, & ΤΟΡ, Taureau : « plus fort que les Taureaux. »

3.
ΟΚΛΑζω, chanceler, faire des faux-pas, tomber sur les genoux. De l'Orient. עקל, ΟΚLΑ, faire des s, chanceler.

Ce mot appartient ainsi à la Famille VA-CILLO, vaciller, chanceler, ne pouvoir se soutenir. Voyez *Orig. Lat.* 291.

ΟΚλασμα, τὸ; action de chanceler, genoux qui se dérobent sous le corps ; 2°. sorte de danse.
Οκλασις, Οκλαδια, de même ; 2°. action de ployer les genoux.
Οκλαδιας, ὁ, qui ploye les genoux.

Οκλαδιαω, s'accroupir, s'asseoir sur ses genoux.

4.
ΟΚΤω, le Latin *Octo*, huit ; voyez *Or Lat.* 378.
Οκτακις, huit fois.
Οκτα--κοσιοι, huit cens.
ΟΓΔοος, huitième.
ΟΓΔοη--κοντα, quatre-vingt.

5.
Ο-ΝΑΡ, τὸ, *indécl.* songe, rêve.
Ο-ΝΕΙΡος, ὁ, songe.
Ο-ΝΕΙΡον, de même.
Ces mots viennent de l'Or. *Ner*, *Nor*, lumiere, & peut-être aussi de ΟΝ, élevé, » lumiere d'enhaut, » dans l'idée que les visions sont des avertissemens du Ciel.
Ο-Νειρωπῖω, songer.
Ο-Νειρωγμος, songe passionné.
Ο-Νειρωξις, action de songer.

O R.
1. Ο-ΡΥΖα, *Oryza*, mot également Latin. En Syr. ROUZA : Voyez *Orig. Franç.* 955.
2. ΟΡΧις, εως, ὁ, les témoins du sexe viril : 2°. espèce d'olive.
ΟΡΧιλος, espéce d'oiseau.
ΟΡΧος, ὁ, lieu planté d'arbres, jardin, quinconce, &c. Plant de vignes.
En Anglois, Orchard.

Ces mots viennent de l'Or. ערך, estimer, disposer, ranger ; formé lui-même de *Rec*, dressé.

O S.
1. Ο'ΣΙος, ὁ, *Hosios*, Saint, juste.
L'origine de ce mot s'est dérobée

à tous les Etymologues. Ils ne voyoient pas que ces idées ne sont que des idées figurées, & que pour parvenir à connoître la racine de ce mot, il falloit le ramener à son sens propre. Un Saint, un Juste, ne fait que des choses permises, qui doivent se faire; aussi la signification physique de ce mot est tout ce qui doit se faire, ce que les Latins appelloient *Fas*: c'est donc le mot Oriental עשה, *hosé*, faire.

ΟΣια, τὰ, les derniers devoirs, les obsèques.

Οσιοτης, sainteté, piété.

Οσια, η; en Ion. Οσιη, le *fas* des Latins, ce qui est permis, juste.

Οσιοω, rendre saint, sanctifier; 2°. expier, purifier.

2. ΟΣ - ΠΗΡιον, το, légume, pour *Osb - périon*, de l'Orient. עשב, *Hosb*, plante potagere, & de פרי, *Pri* fruit: « fruits des plantes potageres.

OUN, &c.

ΟΥΝ, donc: c'est pourquoi: cependant; 2°. certainement.

De l'Orient. ענה, *Oné*, répondre, correspondre. למ-ען, *Lem-on*, c'est pourquoi.

ΟΦ-ΡΑ, *Ophra*, afin que, dans la *vue* que: tandis que *l'œil* voit. De l'Orient. *Ph-Ra*, l'œil. C'est l'Ital. *Fra*, tandis que.

ΟΧλευω, mouvoir. Ce mot tient à la Famille CEL, célérité; vitesse: de même qu'*O-Κλαζό*.

ΟΧλευς, εως, ὁ, machine avec laquelle on meut, lévier; 2°. gond: 3°. lien.

ΟΧλιζω, mouvoir avec un lévier.

Μ-ΟΧΛος, même qu'ΟΧλος.

Μ-ΟΧλιον, diminutif: petit lévier, petite phalange, en *Vald.* palanche.

Μ-ΟΧλεοω, Μ-Οχλευω, faire avancer.

Μ-ΟΧλευτης, moteur.

Μ-ΟΚλεια, action de mouvoir.

C'est un de ces mots dont l'aspiration se change en M, & dont nous avons déjà vu nombre d'exemples.

MOTS GRECS-CELTES,
OU DÉRIVÉS DE LA LANGUE CELTIQUE.

P

La lettre P marche dans tous les Alphabets à la suite de l'O. Dans sa forme primitive, elle peignoit la bouche ouverte & vue de profil, comme nous l'avons vu dans l'*Origine* du Langage & de l'Ecriture ; & parce qu'elle se prononce des lèvres, elle désigna la bouche & ses opérations, sur-tout celles qui sont relatives à l'action de se nourrir, & à la parole.

Ce qui joint à diverses Onomatopées donne la raison de tous les mots formés directement de la lettre P en Grec, ainsi que nous l'avons déja vu pour le Latin.

Elle s'est jointe d'ailleurs à la tête de nombre d'autres mots tels qu'AC, AL, AR, &c. pour en varier les significations, souvent même comme Article.

Observons encore que cette lettre s'est souvent prononcée en PH, c'est-à-dire comme un F, prononcé en tirant l'air avec effort du fond de la poitrine, & par-là même avec une grande explosion : ensorte que nous trouvons sans cesse les mots d'une même famille écrits les uns par P, les autres par PH ou F.

ONOMATOPÉES.

1. Παππαξ, cri d'une personne pressée par un besoin.
2. Πο-ποι, Oh ! cri d'exclamation : chez les Dryopes, nom des Génies.
3. Ποπ-πυζω, *Pop-puzô*, sifler, rendre un son aigu en comprimant les lèvres.

Ποππυλιαζω, de même.

Ποππυσμα, ποππυσμος, siflement.

4. Πυππαξ, action de caresser, de flatter avec la main.

Πυππαζω, adoucir en caressant avec la main en flattant.

PAI, Frapper.

(*Origines Latines* 1378.)

I.

1. Παιω, frapper, battre, pousser ; 2°. chasser en battant, à force de coups : 3°. manger ; mais dans ce

sens, il appartient à Παό, manger.

2. ΠΑΙΑΝ, ανος, ὁ, nom d'Apollon, parce que dans sa danse annuelle, il *bat* fort bien la mesure ; 2°. Hymne à son honneur, où on célébroit sa danse annuelle ; 3°. Hymne en général; 4°. pied composé d'une longue suivie de trois brèves, dit Cicéron, ou de trois brèves suivie d'une longue.

ΠΑΙΑΝιζω, chanter des Péans.
Παιανισμος, chant d'une hymne.
Παιων, ωνος, ὁ, même que Paian.
Παιωνιος, ὁ, ἡ, excellent pour guérir, pour *frapper* sur la maladie & la chasser.
Παιωνια, nom d'une plante médicinale.
Παιμοσυνη, art de guérir.
Παιμων, salutaire.

II.

De *Pai*, *Pi*, frapper, les Latins firent Piso, frapper, & Pinso, piler dans un mortier. Pisus, pilé, *Orig. Latines* 1379 ; mais les Grecs insérant à la suite du P la lettre T à leur ordinaire, en firent le mot suivant, dont par cette raison on ne reconnoissoit plus le rapport.

1. ΠτιΣΣω, Πτιῆω, & *au fut*. ΠτιΣω, piler, broyer, éplucher.
2. ΠτιΣανη, tisane ; elle étoit faite d'orge pilé & dégagé de son enveloppe.
3. ΠιΣον, pois, légume : on le dégage de sa cosse ou gousse pour le manger.

Πισινον, fait avec des pois.
4. ΠιΣτακια, τα, *Pistakia*, pistaches.

III.

1. ΠΕΝομαι, *Penomai*, peiner, prendre de la peine : gagner sa vie par son travail ; 2°. être pauvre, dans le besoin, être obligé de gagner sa vie ; 3°. travailler, faire, opérer, préparer.

ΠΕΝης, ητος, ὁ, homme de peine, qui est obligé de travailler pour gagner sa vie ; 2°. pauvre, misérable.
Πενητευω, être pauvre, dans la misère.
ΠΕΝια, pauvreté, besoin, misère.
Πενιχρος, χρα, pauvre, au *masc.* & au *fém.*
Πενιχροτης, pauvreté, besoin.
Πενεστης, ὁ, domestique, esclave ; 2°. esclave fait à la guerre ; 3°. mercénaire, salarié.
Πενεστεια, domesticité, esclavage.

2. ΠΟΝος, ȣ, ὁ, travail, peine ; 2°. fatigue, charge ; 3°. maladie, douleur ; 4°. éclipse.

Πονεω, travailler, donner ses soins ; 2°. supporter de grandes fatigues ; 3°. succomber sous la peine, n'en pouvoir plus.
Πονημα, το, travail, ouvrage.
Πονητικος, propre au travail.
Πονηρος, obligé au travail, misérable, infortuné ; 2°. méchant, un misérable, un scélérat.
Πονηρια, misère, condition laborieuse, pénible ; 2°. méchanceté, vice.
Πονηρευω, se conduire misérablement,

être fans probité.

Πονηρευμα, crime, méchanceté, fcélératefle.

2.

ΠΟΙΝη, η, *Poiné*, peine, châtiment.
Ποινιμος, pénal; 2°. vengeur, juge.
Ποιναιω, punir.
Ποινημα, τὸ, peine infligée.
Ποινητωρ, qui punit, qui inflige une peine.
Ποινητηρ, de même.

IV.

ΠΟΙεω, *Poieô*, faire, exécuter; 2°. fabriquer, conftruire, forger; 3°. compofer, *en tout fens*; 4°. placer, pofer, conftituer.
Ποιημα, τὸ, ouvrage, ce qu'on fait; 2°. poëme.
Ποιηματιον, τὸ, petit poëme.
Ποιησις, εως, ἡ, façon, action de faire; 2°. poéfie.
Ποιητης, ȣ, ὁ, *Poiétés*, qui fait, créateur, ouvrier, fabricant; 3°. Poëte.
Ποιητρια, femme-Poëte.
Ποιητος, fait; factice; 2°. adoptif.

2.

ΠΟΙ-ΚΙΛος, nuancé, brodé, peint; qui offre diverfes couleurs; 2o. rufé, fin; 3°. inconftant, qui varie. De *Poieo*, faire, & de *Kal*, beau, riche.
Ποι-Κιλια, variété.
Ποι-Κιλις, ἡ, peinte, variée; 2°. nom du chardonneret, brillant de diverfes couleurs.
Ποι-Κιλλω, orner de diverfes couleurs, nuancer; 2°. être fin, rufé.
Ποι-Κιλμα, ouvrage nuancé.

Ποι-Κιλτης, ὁ, qui fait des habits brodés, des étoffes nuancées.
Ποι-Κιλσις, η, nuance.
Ποι-Κιλτος, brodé.

P A.

1. ΠΑΤΑΣΣω, frapper; 2°. battre; 3°. pouffer; 4°. donner un fouflet; 5°. battre, en parlant du cœur, du pouls. En Languedocien, *Petaſſó*, fouflet fur la joue.
Παταγος, bruit, craquement, éclat; 2°. frémiffement.
Παταγεω, faire du bruit, craquer, pétiller.
Παταγνμα, frémiffement, bruit.

P E, P I.

1. ΠΕΝΘος, εος, τὸ, douleur amère, gémiffemens, deuil.
Πενθηρης, Πενθιμος, Πενθαλεος, dans le deuil, affligé.
Πενθιχος, lugubre.
Πενθας, αδος, ἡ, femme en deuil.
Πενθεω, Πενθειω, être plongé dans la douleur, dans le deuil.
Πενθημα, τὸ, deuil, affliction.
Πενθητρια, ἡ, pleureufe.

2. ΠΕΡΔω, lâcher un vent avec éclat.
Περδη, vent lâché avec éclat.

3. Ε-ΠΕΙΣιον, τὸ, petit canal; 2°. urèthre, piffoir. Du *prim.* Pis s.

P L, P R.

1. ΠΛΙΣΣω, *Pliſſô*, frapper la terre du pied: marcher.
Πλιγμα, τὸ, pas, marche.
Πλιξ, de même; 2°. efpace entre le pouce & le doigt. *Pligma* défigne dans ce

sens, l'espace entre les cuisses, l'enjambée.

Πλιχας, αδος, ἡ, l'aine.

2. ΠΡΙω, ΠΡΙζω, déchirer, scier; partager avec une scie : 2°. serrer, resserrer, lier.

Πρισμα, τὸ, Πριωμα, sciure.
Πρισις, εως, ἡ, sciage.
Πρισης, ὁ, scieur.
Πρισις, ἡ, scie ; 2°. espéce de coupe, de vase.
Πρισος, scié.
Πριων, ονος, scie.

En Orient. פרץ, *Phr-atz*, briser, déchirer.

3. ΠΡΗΔω, incendier, enflâmer : 2°. souffler, attiser.

Πρησμα, τὸ, action de brûler ; 2°. enflûre, humeur.
Πρησις, εως, ἡ, inflammation.
Πρηsηρ, ηρος, ὁ, qui enflâme, qui embrâse; 2°. serpent dont la morsure brûle.
Πρηsικος, qui a la force de brûler.
Πι-Πρημι, ΠΙΜ-Πρημι, brûler, jetter au feu, attiser, souffler.
ΠΡημαινω, respirer avec force.

P T.

1. ΠΤΑΙΡω, *Ptairô*, éternuer.

Πταρμος, éternûment.
Πταρμικος, qui fait éternuer.
Πταρνυμαι, même que *Ptairô*.

2. ΠΤΟεω, ω, consterner, effrayer, épouvanter.

Du *primit.* PAU, épouvante, frayeur, (*Or. Lat.* 1382.) prononcé à la Grecque Pτο.

Πτοιεω, de même.
Πτοησις, εως, ἡ, frayeur, épouvante, crainte, peur.
Πτοιησις, de même.
ΠΤΗΣΣω, être saisi de crainte.
Πταξ, timide, poltron, peureux.
Πταxις, de même.
Πτακισμος, frayeur, saisie.
ΠτΩΣΣω, être saisi de crainte, avoir peur, trembler.
ΠτΩξ, timide, poltron, craintif.
Πτωκας, αδος, ἡ, femme timide, peureuse.
Πτυρω, consterner, effrayer.
Πτυρμος, peur, consternation.

3. Du prim. *Pu*, d'où SPUO, cracher, vint, par l'insertion ordinaire du τ après le P,

ΠτΥω, cracher, expectorer.
Πτυσμα, crachat.
Πτυσις, action de cracher.
Πτυελον, τὸ, crachat.
Πτυελιζω, cracher fréquemment.
Πτυας, αδος, ἡ, cracheuse.
ΠΤΥΤιζω, cracher fréquemment.
Πυτισμα, crachat.
Πτυον, van.

P,
Ajouté.

P s'est ajouté à la tête de plusieurs mots, soit comme article, soit pour varier la prononciation des mots primitifs, & en dériver de nouveaux.

I.

Π-ΑΡΔακος, humide, moite, humecté, arrosé ; d'*Ardó*, arroser.

2. Π-ΕΛας ;

2.

1. Π Ελας, *adverbe*, proche, au voisinage, près; *nom*, voisin, prochain, contigu, un autre, le voisin.

De AL, aile; côté.

Π-Ελαω, Π-Ελαζω, approcher, aborder, arriver; 2°. amener, faire avancer.

Π-Ελατης, qui approche; 2°. voisin; 3°. Client.

Π-Ελατικος, clientèle, patronage.

Π-Ελασης, même que Πελατης.

Π-Ελαϑω, Πλαω, Πλαϑω, Πλαζω, même que Πελαω.

2. Πλησιος, proche : parent, allié, prochain.

Πλησιαζω, approcher : 2°. être lié, ami, uni ; 3°. vivre ensemble.

Πιλναω, faire approcher.

3.

De HEL, EL, IL, boue, limon, marais, vint :

1. Π-Ηλος, ὁ, boue, limon, fange ; 2°. mortier ; dans ce sens, il appartient à la famille Piler.

Π-Ηλωδης, bourbeux, fangeux.

Π-Ηλινος, de boue, fait de boue.

Π-Ηλουμενος, qui croupit.

Π-Ηλωσις, action de se vautrer dans la boue.

Π-Ηλουσιωται, gens enfoncés dans la matiere.

Π-Ηλαμιζω, couvrir de boue.

2. Π-Ηλαμις, ιδος, ἡ, jeune thon, il habite dans le limon.

3. Π-ΕΛ-ΑΡΓος, *Pel-Argos*, Cigogne ; d'*Argos*, blanc, & *Pél*, limon ; parce qu'elle est blanche & qu'elle se nourrit d'animaux qui vivent dans la fange des marais.

Πελ-Αργικος, propre aux cigognes.

Πελ-Αργιδεις, jeunes cigognes.

Πελ-Αργαν, selon Pythagore, avertir.

4.

D'HAM, HEM, union, & de P ajouté en tête, vint :

Π-ΕΝΤε, & en Eol. Π ΕΜΠε, cinq, les doigts réunis, ou la main entiere.

Πεντας, Πενταδιον, nombre cinq.

Πεντακις, cinq fois.

Πεντα-Κοσιοι, cinq cent.

Πεντη Κοντα, cinquante.

Πεντη-Κοντηρ, Capitaine de cinquante hommes.

Πεντη-Κοσος, cinquantième.

Πεντη-Κοσος, Compagnie de cinquante hommes.

5.

De OR, rond, circulaire, vinrent :

1. Π-ΟΡΚης, ὁ, anneau qui lioit le fer d'une lance avec son bois.

2. Π-ΟΡΚος, ὁ, filet de poisson qu'on jette en rond : 2°. tout ce qui a une forme circulaire.

Π-ΟΡΚευς, pêcheur, qui se sert de ce filet.

3. Π-ΡΩΚτος, ὁ, anus.

6.

1. ΠΙ-ΣΥΤΓος, ὁ, Cordonnier, Savetier : de *suo*, coudre.

Πι-Συγγιον, boutique de Cordonnier.

7.

Π-ΥΡος, froment : de *ur*, feu, couleur de feu : il est roux ; aussi dit-on la *Blonde* Cérès.

Πυρινος, de froment.

Πυρνος, de même.

Πυριτης, de même.

Πυραιος, mûr, bon à manger.

Πυραμους, espèce de gâteau de froment avec du miel.

Πυραμις, ιδος, η, gâteau.

8.

Π-ΥΡΑΜις, voyez les mots en P, venus de l'Orient.

P,
Bouche : Parole.

De P, qui en Oriental & dans la Langue primitive signifie bouche, vinrent nombre de mots.

1.

1. Ε-Πω, parler.

Ε-Πος, εος, το, parole, mot, discours ; 2°. chant héroïque.

Ε-Πυλλιον, petit vers, petit mot.

Ε-Πητης, ὁ, η, éloquent.

Ε-Πητυς, υος, η, éloquence.

Ε-ΠΠω, Poét. parler.

2. Ε-Ψω, Εψειω, dire.

Ε-Ψια, η, jeu, entretien, passe-tems.

3. Ε'Πω, traiter, agir, opérer : 2°. suivre, accompagner.

Επομαι, *Hepomai*, être uni, accompagner, correspondre.

Επετης, suivant, domestique qui accompagne.

Επετις, η, suivante, Dame de compagnie.

Ces idées sont liées à celles de discours, d'entretien.

2.

1. ΟΨ, οπος, η, voix : 2°. chant.

2. ΠΩΣ, *Pós*, comment ? Que dites-vous ?

Ο-Πως, comment ? Combien ?

3. ΠΩ-ΓΩΝ, ωγος, ὁ, *Pó-gón*, barbe : de Γεν, qui vient, Po, au menton, autour de la bouche.

ΠΩ-Γωνιας, barbu.

Πω-Γωνιητης, de même.

DICTIONNAIRE DE L'ENFANCE.

P

1.

ΠΑΠΠΑΣ, ȣ, ὁ, Papa, pere.

Παππαζω, appeler quelqu'un papa.

Παππιζω, de même.

Παππιας, Παππιδιον, papa, petit papa.

Παππος, ayeul, grand-papa ; 2°. fleur de chardons.

Παππωος, d'ayeul.

Παππικος, de même.

2.

1. ΠΑ-ΤΗΡ, τερος & τρος, Pere ; 2°. Auteur.

Πατρωος, paternel.

Πατρωιος, de même.

Πατρωζω, servir de pere.

Παπριχος, de pere.

Πατριος, qu'on tient de ses peres.

Πατριαζω, se conduire comme ses peres.

Πατριον, Πατριδιον, petit pere.

2. ΠΑΤρις, ιδος, ἡ, Patrie.
Πατριωτης, ȣ, ὁ, patriote, compatriote.
Πατρα, ης, même que *Patris*.
Πατρια, ας, ἡ, famille ; 2°. Tribu.
Πατρως, gén. ω, & ωος, patron.
Πατρωος, ȣ, ὁ, beau-pere.

3.

1. Α-ΠΦΥΣ, *apphus*, Pere : on dit aussi :
Απφα, Απφιον, Απφαριον, Απφω.

2. ΑΠΥω, crier, comme les enfans, rendre des sons : retentir.
ΗΠυω, de même.
ΑΠυτης, ȣ, ὁ, Crieur, Hérault.

4.

1. ΠΑΙΣ, παιδος, ὁ, ἡ, enfant, jeune garçon, jeune fille ; 2°. domestique : 3°. fils, fille.
Παιδια, ἡ, enfance.
Παιδειος ; —δικος, d'enfant.
Παιδιον, petit enfant, petit domestique, garçon, valet.
Παιδαριον ; —δισκος, diminutifs.
Παιδισκειον, appartement de jeunes filles.
Παιδισκαριον, petite fille ; 2°. pierres des tisserans.
Παιδνος, enfant.

2. ΠΑΙΔευω, élever, instruire : 2°. corriger, châtier.
Παιδεια, institution ; 2°. doctrine, enseignement ; 3°. éducation, art d'élever ; 4°. correction.
Παιδευμα, ce qu'on enseigne.
Παιδευσις, instruction, discipline.
Παιδευτης, celui qui instruit, qui éleve, Précepteur, Gouverneur, Maître, Docteur.

Παιδευτηριον, lieu où on éleve, où on instruit les enfans.
Παιδευτος, ὁ, instruit, savant, érudit, bien élevé.

5.

1. ΠΑΙΖω, jouer, faire l'enfant : 2°. railler, plaisanter.
Παιγμα, τὸ ; Παιγνιον, τὸ, jeu, amusement.
Παικτης, ὁ, joueur.
Παισικος, qui aime à jouer.
Παιγνια, jeu.
Παιγνιωδης, plaisant, qui aime à jouer. De-là, *Pagnotterie*.

2. ΠΑΙΔια, ας, jeu, amusement, tout ce qui sert de récréation.
Παιδιωδης, qui n'aime qu'à jouer.

6.

ΠΩΛος, ὁ, poulain, petit d'un cheval : *au figur.* jeune garçon, garçonnette.
Πωλικος, de poulain.
Πωλεω, dompter de jeunes poulains, les former.
Πωλευσις, Πωλεια, art de les dompter, de les former.
Πωλευτικος, habile dans cet art.

7.

ΑΦΥΗ, & ΑΦΡυη, anchois, *mot-à-mot*, petit poisson.

8.

1. ΠΑ'Ν, le Dieu Pan, le Pere de la Nature Universelle.

ΠΑΣ, Πασα, Παν, tout ; 2°. universel.
Παντη, entiérement.
Παντως, tout à fait.
Παντοθεν, de par-tout.

Παντάχη, par-tout, où.
Παντοιος, de toute maniere, en tout sens.
Πανυ, Πανχυ, entierement, tout-à-fait.

2. ΑΠΑΞ, une fois : *mot-à-mot*, c'est tout : 2°. entierement, tout-à-fait.

3. ΔΙ-ΑΜ-ΠΑΞ, en tout.

4. ΕΜ-ΠΑΣ, entierement : 2°. quoi qu'il en soit, malgré tout, cependant.

5. ΕΜ-ΠΑΖομαι, avoir l'œil sur tout, avoir soin, veiller; 2°. avoir égard, respecter.
ΕΜ-Παξ, curateur, tuteur, qui a soin.
ΕΜ-Παιος, expérimenté, habile, entendu à tout.

6. ΕΜ-ΠΟΥΣα, η, empuse, fantôme qui prenoit toutes sortes de formes.

7. ΠΑΝ-ΔΟΥΡα, & Παν-Δουρις, mandoline, *autrefois* mandore, instrument de musique en bois : *mot-à-mot*, tout-bois.

8. ΠΑΝ-ΔΕΛετειος, rusé, fourbe, *mot-à-mot*, qui connoît tous les tours & détours ; vieux routier.

9. ΠΑ-ΠΤΑΙΝω, regarder de tout côté, jetter les yeux en tout lieu ; 2°. chercher de l'œil ; 3°. regarder, considérer.
De *Pa*, tout & ταινω, tendre.

II.
PA, vivre, se nourrir.

1. ΠΑω, vivre, se nourrir : 2°. goûter : préparer, acquérir : 4°. posséder.
Παμμα, Πασις, possession.
Παος, parent, allié.

2. ΠΩυ, εος, το, troupeau.

3. ΠΟΙ-ΜΗΝ, ενος, ὁ, Berger, Pasteur : 2°. Roi, Chef, Duc, Recteur.

De *Po*, troupeau, & *Men*, signe, chef.

Ποιμενικος ;— μενιος, pastoral.
Ποι-Μενιδης, ὁ, d'une famille de Pasteurs.
Ποι-Μαινω, conduire au pâturage.
Ποι-Μανευω, de même ; 2°. garder.
Ποι-Μαντωρ ;— Μανωρ ;— Μανευς, berger ; 2°. conducteur.
Ποι-Μανοριον, ouailles, troupeau ou peuple confié aux soins d'un Chef.
Ποι-ΜΝη, troupeau de brebis.
Ποι-Μνιον, το, de même.

2.

1. ΠΟΛΤος, ὁ, le Lat. *Puls*, bouillie
Πολταριον, diminutif.
Πολφοι, ragoûts de farine avec des légumes.

2. Α-ΦΑΚη, η, vesce, sorte de légumes.
Il peut appartenir également à la famille Ph.6, *Phago*, manger, dont celle-ci est une branche.

3.

1. ΠΙΝω, boire.
Fut. Πισω, du vieux Πιω.
Prét. Πε Πωκα, du vieux Πωω, boire.

2. Πομα, Ποσις, boisson.
Πωμα, de même.

Ποτος, action de boire; 2°. festin, *adj.* bon à boire.

Ποτον, τὸ, potion.

Ποτικος, buveur.

Ποτης, de même.

Ποτις, buveuse.

Ποτηρ, ηρος, ὁ, coupe.

Ποτημα, de même; 2°. boisson.

Ποτηριον, canal, piscine.

Ποτιζω, donner à boire.

Ποτιζομαι, qu'on me serve à boire.

Ποτισμος, action d'abreuver.

Ποτιςρα, abreuvoir.

3. Πι-Πιτκω, même que Ποτιζω.

Πισος, Πεισος, lieu arrosé, prairies.

Πιςρα, canal pour abreuver les bestiaux.

Πιδρις, sorte de navire.

Πισικος, liquide.

4. Πιφηξ, oiseau de riviere.

5. ΠιΠος, ὁ, oiseau de riviere.

6. ΠιΠΠοι, petits des oiseaux.

Πιππιζω, faire la pipée, imiter le cri des oiseaux.

III.
Négatif.

1. ΠΕΙ-Να; & en Ionien ΠΕΙ-Νη, faim: grand apetit.

De *Pei*, nourriture, soupirer après la nourriture, souffrir de la *faim*.

Πειναω, avoir faim, être pressé par la faim.

Πειναλεος, affamé, qui souffre de la faim.

Πεινητικος, toujours affamé.

Πεινημι, même que Πειναω.

2. ΠΑΥΡος, peu, non-abondant : 2°. petit, court.

Παυρα, Παυρακις, peu, rarement.

Παυριδιος, très-peu.

3. ΠΤΩΧος, mendiant; qui n'a pas de quoi vivre : ici, le T inféré à la Grecque; ce mot est le même que le Latin *PAUCUS*, peu, qui manque.

Πτωχιζω, réduire à la derniere misere; à la mendicité.

Πτωχευω, vivre en demandant l'aumône, en tendant la main.

Πτωχεια, mendicité.

Πτωχειον, Hôpital, lieu où on loge & où on nourrit les pauvres.

IV.

1. Πιων, ογος, ὁ, gras, replet; 2°. fertile.

Πιος, εος, τὸ, graisse.

Πιοτης, de même.

Πιωδης, Πιπεις, Πιαλεος, gras; 2°. fertile.

Πιαρ, graisse.

Πιειρα, grasse, *au fém.*

Πιαινω, Πιαλλω, engraisser, rendre gras.

Πιαντηριον, ce qui engraisse.

2. ΠΙ-ΜΕΛη, graisse; 2°. gras. De Πι gras & *Mal* grand.

Πι-Μελης, gras.

Πι-Μελωδης, de même.

3. Η-Πιος, ὁ, ἡ, clément, doux, bienfaisant.

Η-Πιοτης, ἡ, bienfaisance, bonté, douceur.

Η-Πιαω, adoucir, calmer.

Η-Πιαμα, adoucissant, adoucissement, lénitif.

De *P I*, mûr, doux, bon à manger.

4. Η-ΠΙΑΛος, fièvre continue qui est douce.

De Ηπιος, doux, & Αλιαινω, échauffer, ΑΛ, chaleur.

Η-Πιαλεω, avoir cette fièvre.

Η-Πιολης, ε, ὁ, même qu'Ηπιαλος.

Η-Πιολιον, τὸ, léger accès de cette fièvre.

PAC, PAG.
Pointu.

D'Ac, pointu, se forma la famille PAC, PAG, PEC, PIC, PUC, PASS, qui présente diverses nuances de cette idée : 1°. de tout objet pointu ; ou élevé en pointe ; 2°. de tout objet planté par un bout ; 3°. de tout objet fixe, inhérent, arrêté. *Or. Lat.*

PAC, planter.
I.

1. ΠΑΓω, *Pagó*, en Dorien, ensuite, ΠΗΓνυω, Πηγνυμι, Πησσω, Πηττω, *Pégnuo*, &c. ficher, attacher, planter : 2°. assembler, lier, construire.

Πηγμα, assemblage, composition, tout ce qui est uni, lié ; 2°. pied destal.

Πηξις, ἡ, assemblage intime, coagulation, congellation.

Πηκτος : *Dorien*, Πακτος, compact, coagulé, fixé.

Πηκτικος, qui a la force de coaguler, de changer en glace.

Πηκται, portes qui joignent bien ; 2°. filets qui se plantent.

Πηκτη, lait coagulé, fromage à la crème, fromage frais.

2. Πακτοω, lier, assembler, joindre ensemble, serrer : 2°. renfermer : observer, boucher.

Πακτων, ωνος, barque de transport qui se démontoit à volonté.

Πηγος, bien joint, bien lié, assemblé ; 2°. blanc comme la glace ; 3°. sel blanc ; 4°. en parlant des flots, écumant, blanchissant d'écume & non *noirs* comme l'ont dit quelques Lexicographes.

3. Πηγας, αδος, ἡ, glace ; 2°. roche.

Πηγυλις, ιδος, ἡ, glacée.

4. ΠΑΓη, piéges tendus, trappe : 2°. lieu élevé.

Παγις, ιδος, ἡ, même que *pagé*, & au *fig.* Courtisane.

Παγιδευω, tendre des piéges.

5. ΠΑΓος, colline, motte, butte : 2°. glace : 3°. sel.

Παγωδης, glacé.

Παγερος ; —γετος ; —γετωδης, de même.

Παγας, même que Πηγας.

6. Παγιος, ὁ, ferme, stable, affermi.

Παγιοω, affermir, rendre ferme, solide.

7. Πητυα, ας, ἡ, caillé : 2°. présure.

Πυτια, de même.

8. ΠΗΓανον, τὸ, rhue.

Πηγανιον, petite rhue.

Πηγανιζω, ressembler à la rhue, avoir ses propriétés.

2.

ΠΑΧΝη, ἡ, gelée, gelée blanche.

Παχνηεις, gelé.

Παχνοω, geler, glacer.

3.

ΠΑΧΥΣ, εος, ὁ, épaissi, devenu solide par la gelée : 2°. gras, replet :

3º. esprit épais, lourd : 4º. riche, opulent.

Παχυτης, grosseur, épaisseur.
Παχος, εος, το, de même.
Παχυνω, épaissir, rendre épais, engraisser.
Παχυνσις, ὁ, qui a la propriété de rendre épais.

4.

ΠΑΣΣω, ΠΑΤΤω, saupoudrer, couvrir épais de sel, asperger : 2º. diversifier, nuancer.

Παςος, couvert d'une couche ; 2º. lit.
Παςας, lit ; 2º. portique.
Παςη, ή, sauce épaissie avec de la farine.

5.

ΠΑΣΣαλος, &, en Athén. ΠαΤΤαλος, cheville, clou.

Πασσαλιον, de même.
Πασσαξ ; —σσακιον, de même.
Πασσαριος, échalas.
Πασσαλευω ; —σσακιζω, planter un pieu, fixer avec un pieu, avec un échalas.

6.

1. ΠΟΚος, ὁ, ΠΕΚος, & Πεσκος, το, toison.

Elle est épaisse & serrée.
ΠΟΞ, de même.
Ποκαριον, diminutif.
Ποκαζω, tondre.
Ποκιζω de même.

2. ΠΕΙΚω, ΠΕΚω, tondre : 2º. préparer la laine, la carder, la peigner.

Πεξις, tonsure.
Πεκτηρ, qui tond.

3. ΠΕΙΚος, laine cardée.

Πεκτεω, carder, tondre.
Πεκτος, cardé, peigné.

4. Ποκας, αδος, ή, chevelure peignée, frisée.

7.

1. ΠΥΚα, d'une maniere dense, épaisse, serrée : 2º. avec art & prudence.

ΠΥΚαζω, épaissir, fouler une étoffe, entasser ; 2º. couvrir, revêtir.
Πυκασμος, condensation, densité.
ΠΥΚνος, épais ; 2º. fréquent, nombreux.
Πυκνοτης, ή, densité, épaisseur ; 2º. fréquence ; prudence.
Πυκνοω, épaissir.
Πυκνωμα, épaississement ; 2º. fréquence.
Πυκινος, même que Πυκνος.

2. Συχνος, de même, épais : fréquent ; copieux.

Συχναζω, épaissir, fréquenter.

3. ΠΝΥΞ, υκος, ή, lieu près de la Citadelle d'Athènes où se tenoit l'assemblée aux harangues.

Πνυκιτης, qui fréquente la place aux harangues ; 2º. bruit du peuple rassemblé en ce lieu.

4. ΠΥΞος, ή, le Lat. *Buxus*, buis : nous l'avons rapporté dans les *Or. Lat.* au mot *bois*, comme le plus dur des bois : il peut tenir à la famille actuelle ; comme le bois le plus compacte, le plus serré, le plus dur.

Πυξωδης, abondant en buis.
Πυξινος, de buis.
Πυξεων, ωνος, ὁ, lieu planté en buis.
Πυξις, ιδος, ή, boëte avec son couvercle.

Πυξίδιον, diminutif.
Πυξίον, écritoire de buis, écritoire en général ; 2°. table à écrire.

8.

ΠΥΞ, *adverbe*, à coups de poings.

Πυγμη, le poing, il est fermé & serré ; 2°. la lutte, 3°. une coudée.

Πυγμαιος, pygmée, qui n'a qu'une coudée de haut.

Πυγων, ωνος, ἡ, mesure du coude jusqu'aux doigts fermés.

Πυκτης, qui se bat à coups de poings.

Πυκτοσυνη, art du pugilat ; de se battre à coups de poings ; 2°. toutes les exercices des Athlètes.

Πυκτειον, lieu d'exercice.

Πυκτευω, se batre à coups de poings.

9.

ΠΥΓΗ, ἡ, les fesses, le derrière : *mot-à-mot*, partie sur laquelle on se *fixe*, on s'arrête, on se repose.

Πυγαια, τὰ, les fesses.

Πυγιδιον, τὸ, un derriere mince, qui n'a point de fesses.

10.

ΠΗΧυς, εως, ὁ, coude ; il est formé par des os fortement liés ensemble : 2°. coudée : 3°. équerre.

Πηχυαιος, Πηχυος, d'une coudée.

11.

ΠΙΣΣα, Πιττα, poix ; elle tient, & s'attache.

Πισσωδης ;—σσηεις ;—σσηρος, de poix, fait de poix, abondant en poix.

Πισσιτης, vin travaillé avec de la poix, du goudron.

Πισσιζω, avoir la couleur de la poix, en avoir l'odeur.

Πισσοω, enduire de poix, goudronner.

Πιτ7ωσις, εως, ἡ, emplâtre de poix.

Πιπ7ακιον, tablette enduite de poix.

11.

ΠΕΤΚη, en Lat. *Picea*, espèce de larix, de sapin, arbre abondant en résine.

Πευκινος, abondant en arbres résineux.

Πευκιδανος ;—καλιμος, amer.

13.

ΠΙΚρος, ὁ, amer.

Πικροτης, ἡ, amertume.

Πικρια, de même.

Πικρις, ιδος, ἡ, nom d'une plante amère.

Πικροω rendre amer ; 2°. avoir de l'amertume.

Πικραινω, Πικριζω, de même.

PA, PE, PO,
Pied.

De l'Onomatopée PA, bruit qu'on fait en marchant, vint une famille extrêmement nombreuse en toute Langue : voyez *Orig. Lat.* 1424.

I.
Marche : Pied.

1. ΠΑΤεω, fouler aux pieds, marcher sur.

Πατημα, ce sur quoi on marche, ce qu'on foule des pieds.

ΠΑΤος, υ, ὁ, chemin battu ; 2°. poussière dont on couvroit les Athlètes après les avoir oints d'huile.

Πατητος, foulé, ce qu'on peut fouler.

2. ΠΟΥΣ,

2.

ΠΟΥΣ, ΠοΔος, ὁ, *Pous*, génit. Po-dos, pied, patte : 2°. mesure : 3°. racines des montagnes : 4°. timon, gouvernail.

Ποδώτης, qui a des pieds.
Ποδειον, soque, soulier.
Ποδιζω, lier les pieds ; 2°. mesurer avec le pied.
Ποδισμος, mesure prise avec le pied.
Πυδαριζω, danser, sauter ; 2°. ruer, donner du pied.

3.

ΠΕΔη, ης, ἡ, lacet, liens qu'on met aux pieds, entraves.

Πεδαω, enchaîner les pieds, lier, garotter.
Πεδων, esclave dans les fers.
Πεδητης, qui lie, qui enchaîne.
Πεδιον, petit lien.

4.

ΠΕΔιλον, το, talon, talonière.

5.

ΠΕΔον, το, sol, terre.

Πεδανος, humble, petit.
Πεδον, τὸ, champ, plaine.
Πεδινος, champêtre, plain, uni.
Πεδιαιος, qui habite les plaines.
Πεδιας, αδος, ἡ, plaine.
Πεδιακος, champêtre, des plaines.

6.

ΠΕΖα, ης, ἡ, cheville du pied ; 2°. plante du pied.

Πεζος, piéton, qui marche pédestrement ; 2°. prose.
Πεζιτης, de même.
Πεζικος, pédestre, de pied.

Orig. Grecq.

Πεζευω, aller à pied, voyager à pied.
Πεζευτικος, en état d'aller à pied.

II.
PAT, Etendu.

1.

1. ΠΕΤαω ; — Ταζω ; — Ταγνυω ; ΠΕ-Ταγνυμι, étendre : 2°. développer, expliquer : 3°. ouvrir.

Πεταπμα, τὸ, extension, explication.
Πεταπος, ὁ le pétase, chapeau à bords larges & étendus ; 2°. parasol.
Πεταπιτος, champignon en forme de parasol.

2. ΠΕΤαλον, τὸ, feuille : elle est étendue : 2°. feuille de métal laminé, battu.

Πεταλωτος, feuillé.
Πεταλιζω, pousser des feuilles ; 2°. effeuiller.
Πεταλισμος, condamnation avec des feuilles.
Πεταλοι, jeunes veaux, dont les cornes commencent à pousser.
Πεταλη, jeune fille, tendron.

2.

ΠΕΤρος, pierre, rocher.

ΠΕΤρα, & en Ion ; Πετρη, pierre ; 2°. rocher, écueil.
Πετραιος, de rocher.
Πετρηεις, plein de pierres, d'écueils, de roches.
Πετριδιον, petit rocher.
Πετρηδον, en forme de pierre.
Πετροω, changer en pierre ; 2°. lapider.
Πετρωμα, το, lapidation, action de lapider.

3.

ΠΕΤαυρον, perche sur laquelle les

poules dorment dans leur poulailler.

Πεlαυριζω, sortir du haut d'un poulailler.

4.

1. ΠΗΔαω, sauter, danser : saillir.
Πηδημα, saut.
Πηδησις, action de sauter.
Πηδηlικος, qui marche en sautant, sauteur.
Πηδασος, eau jaillissante.
Πηδυω, sourdre en eaux.
Πηδυλις, jaillissant.
2. Πιδυω, jaillir comme un jet-d'eau.
Πιδυεις, abondant en sources.

5.

ΠΗΔος, 8, ΠΗΔον, τὸ, branche, bâton : 3°. rame.
Πηδινος, propre à faire des rames.
Πηδαλιον, gouvernail.
Πηδαλιωlος, qui a un gouvernail.

6.

ΠΙΤΥΛος, ὁ, rame ; 2°. action de ramer : 3°. bruit des rames : 4°. bruit des eaux agitées par les rames : 5°. battement des mains, agitation.
Πιlυλεω, mouvoir les rames.
Πιlυλιζω, de même ; 2°. gesticuler.
Πιlυλισμα, τὸ, battement de mains ; 2°. gestes.

7.

1. Πιlαγα, bande, cohorte, escadron.
2. Πlελεα, ας, ἡ, ormeau, il s'élève fort.

II. PET, PES,
Tomber, s'étendre.

Πεlω, en vieux Grec, puis :
Πι-πlω, par l'addition de Pi, & par la suppression de l'E, tomber, cheoir, s'étendre par terre : 2°. renverser, coucher par terre, tuer.
Fut. ΠΕΣω, je m'étendrai par terre, je tomberai.
ΠΕΣμα, τὸ, chute ; 2°. cadavre.
ΠΙΤνεω, même que Πι-πlω.
ΠΙΤνω, jetter, renverser.
Πlωμα, chute.
Πlωμαlιζω, faire tomber, précipiter.
Πlωσις, εως, ἡ, chute ; 1°. cas, *en Grammaire*.
Πlωσιμος, Πlωlος, caduque, exposé à tomber.
Πlωlικος, qui concerne les cas.
Πlωμαlις, ιδος, ἡ, espèce de vase.

2.

ΠΤαιω, faire un faux-pas, chanceler : 2°. heurter en marchant contre quelque chose de dur : 3°. tomber : 4°. être frustré, être chut.
Πlαισμα, τὸ, chute, coup ; 2°. erreur ; 3°. infortune, revers ; 4°. cas.

III. PET, PT,
Volée.

1.

ΠΕΤομαι, ΠΕΤαμαι, ΠΕΤαομαι, voler, s'envoler : *mot à-mot*, étendre les aîles & prendre son vol.
ΠΕΤεινος, oiseau.
Ποlη, vol, action de voler.

Ποταομαι, même que Πετομαι.
Ποτηνος, Ποτητος, mêmes que Πετεινος.

2.

Ἱ-ΠΤαμαι, *Hi-ptamai*, voler.
Πτημα, τὸ, vol.
Πτησις, εως, ἡ, de même.
Πτηνος, oiseau.
Πτητικος, volatil.

3.

ΠΤερον, τὸ, aîle ; on l'*étend* pour voler : 2°. voile de vaisseau : 3°. portion d'édifice : 4°. parasol.
Πτηροεις, ailé, volatil.
Πτεροω, donner des aîles.
Πτερωσις, ἡ, production des plumes.
Πτερωτος, ailé.
Πτερυσσομαι, battre des aîles.
Πτερυξις, battement d'aîles, de plaisir.
ΠΤερυξ, υγος, ἡ, aîle.
Πτερυγωμα, τὸ, de même.
Πτερυγιζω, étendre les aîles ; 2°. les nettoyer avec le bec.
Πτερυγιον, petite aîle ; 2°. partie la plus élevée de l'oreille ; 3°. le bas du nez ; 4°. nageoires des poissons ; 5°. le bas d'une veste, d'une cuirasse.
Πτερις, ιδος, ἡ, fougere mâle, ses feuilles sont étendues comme des aîles.

3.

ΠΙτυρον, τὸ, son, bale, qui se sépare du blé en le faisant moudre.
Πιτυριας, pain de son.
Πιτυριδες, olives dont on a exprimé le suc.
Πιτυριασις, εως, ἡ, teigne, elle forme comme des écailles pareilles au son.

IV. PATh,
Souffrir, pâtir.

1. ΠΑΘος, εος, τὸ, *Pathos*, chûte ; tout ce sous quoi on est *étendu*, à quoi on est exposé : affection, trouble, passion : 2. calamité, malheur.
ΠΑΘημα, ce qu'on souffre ; passion affliction ; massacre.
Ε-ΠΑΘον, j'ai souffert, j'ai pâti : aoriste second.
ΠΑΣΧω, souffrir, pâtir ; 2°. être affecté.
Παθητος, exposé à souffrir, à pâtir.
Παθητικος, qui émeut, pathétique.
ΠΕΙΣις, εως, ἡ, affection, lésion.

V. Mots en
S-PAT.

1.

1. Σ-ΠΑΘη, ἡ, spatule : large cueillere pour remuer les liqueurs, &c. 2°. épée, glaive, ce que les Italiens appellent *Spada*, & dont nous avons fait spadon : 3°. les os des côtes : 4°. le palmier : 5°. navette du Tisserand.
Σ-Παθιον, Σπαθις, diminutif.
Σ-Παθιζω, remuer avec une spatule.
2. Σ-ΠΑΘαω, tistre, faire de la toile ; 2°. dissiper, prodiguer, semer.
Σ-Παθησις, ἡ, densité d'une toile, son extrême bonté en n'y épargnant pas le fil.
3. Σ-ΠΑΤαλη, délices, bombance, vie dans laquelle on ne s'épargne rien.
Σ Παταλαω, passer sa vie dans les délices.
Σ-Παταλημα, grosse dépense, luxe dans sa dépense.
4. Σ-ΠΑΘαλιον, palme, branche de

palmier : 2o. bracelet.

Σ-Παϑιλης, de palmier.

2.

Σ-ΠΑΘος, cuir, peau : elle est étendue sur le corps.

Σ-Παϑειος, de cuir.

3.

Σ-ΠΑΔιξ, palme : 2o. instrumens de musique sur lesquels on frappe.

4.

Σ-ΦΑΔαζω, battre des pieds, frapper la terre du pied.

Σ-Φαδασμος, véhément, terrible, emporté, qui frappe du pied.

VI. Mots en POT,
Puissance, élévation.

PAT, prononcé POT, a produit une multitude de mots relatifs à l'idée d'élévation, de puissance : voyez DISSERT. *Tom. I. Famille* POT. De-là ces familles Grecques.

1.

1. ΠΟΤ-ΑΜος, ὁ, fleuve : *mot-à-mot*, eau grande.

Ποτ-Αμιος, de fleuve.

2. ΠΟΤ-Νιος, pour ΠΟΤ-ΕΝιος, *mot-à-mot*, celui qui est élevé, qu'on doit respecter : vénérable, auguste, digne d'hommages.

Ποτνιαω, Ποτνιαζω, s'humilier devant quelqu'un, prier, conjurer, supplier.

Ποτνιασις, ἡ, prière instante, supplier, conjurer avec larmes.

Ποτνιας, αδος ἡ qui inspire la fureur, redoutable dans ses châtimens.

3. ΠΟΤΜος, ὁ, sort redoutable, destin puissant auquel on obéit : 2°. mort, fatalité.

4. ΠΟ-ΣΕΙΔων, ωνος, ὁ, pour ΠΟΤ-Seidôn, le Dieu de la Grande Pêcherie : Neptune.

Πο-Σειδωνιον, Temple de Neptune.

Πο-Σειδνιος, de Neptune.

2.

ΠΟΝΤος, pour Ποϊος, *O nasalé*, Mer, le Pont, *mot-à-mot*, la vaste étendue des eaux.

Ποντικος, marin, maritime.

Ποντιος, de même.

Ποντιας, ἡ, féminin de marin.

Ποντιζω, plonger dans la mer.

3.

ΠΟΤερος, ὁ, l'un & l'autre, l'ensemble.

Ποτερον, quel des deux, si.

Ποτερωσε, des deux façons.

Ο·Ποτερος, l'un & l'autre.

4.

ΠΟΘος, ὁ, élan de l'ame, désir ardent, élevé : 2°. fleur d'été ; elle passe aussi-tôt que désirée.

ΠΟΘεινος, désiré, désirable.

ΠΟΘεω désirer.

ΠΟΘημα, ce qu'on désire.

ΠΟΘησις, action de désirer.

ΠΟΘητος, désiré.

5.

ΠΟΣις, ιος, ὁ, Mari, Epoux : *mot-à-mot*, le Maître.

C'étoit une singuliere maniere

de voir, que de dériver ce mot de *Pinô*, boire.

6.

ΔΕΣ-ΠΟΤης, ὁ, Despote, Seigneur, Maître, qui domine sur des Esclaves.

De ΠΟΤ, Maître, Seigneur, élevé, & ΘΗΣ, Esclave, pour Δης; de *Deô*, lier.

Δες-Ποζω, dominer, avoir la domination, l'autorité.

Δες-Ποσυνος, du Maître.

Δεσ-Ποτος, ὁ, dominable.

Δες-Ποινα, Dame, Maîtresse.

Δες-Ποτικος, despotique, de Maître.

Δ.σ-Ποτεια, domination.

Δ.σ-Ποτεω, dominer.

7.

1. ΠΙΘος, ὁ, tonneau : *mot-à-mot*, grand vaisseau, vaisseau profond.

Πιθωδης, en forme de tonneau.

Πιθιτης, de même.

Πιθαριον, Πιθακνη, petit tonneau, barique.

Πιθακνιον, tonnelet.

2. ΠΥΤινη, grosse bouteille enveloppée d'osier ; Dame-Jeanne.

VII. PAT,

Devenu PEZ, & puis PIEZ.

De PAT, prononcé PAZ, on fit PEZ, puis PIEZ à la Françoise: de-là :

ΠΙΕΖω, presser, contraindre : 2°. charger : 3°. retenir avec force.

Πιεσις, pression, contrainte.

Πιεσος, pressé.

Πιεsηρ, pressoir.

Πιεsηριον, Πιεsρον, de même.

Πιεζεω, même que Πιεζω.

ΠΙΑΖω, en Dorien, presser : ce qui prouve qu'on a dit PAZ, pour PAT.

Les Orientaux en y ajoutant leur terminaison AR, en ont fait צפד, *Paizar*.

VIII. PAT,

Séduire, persuader.

De PAT, pied, vint une famille désignant les idées morales de prendre pied, de s'enraciner, de persuader, de séduire.

1.

Α-ΠΑΤαω, avoir prise sur quelqu'un, le séduire, l'entraîner par ses discours, l'égarer, le tromper.

Α-Πατημα, τὸ, imposture, tromperie, séduction.

Α Πατη, ruse, piége.

Α-Πατηλος, Απαληλιος, faux, illusoire.

Α Πατων, ὁ, imposteur, séducteur.

Α-ΠΑΤυρια, fête des Apaturies, qu'on rapportait mal-à-propos ici ; voy. *Hist. du Calendr.* page 348.

2.

ΠΕΙΘω, persuader, engager : 2°. entraîner par ses discours.

Πε Πυιθησις, εως, ὁ, persuasion ; confiance.

ΠΕΙΣμα, audace, confiance dans ses entreprises.

Πεισματικος, opiniâtre.

Πεισα, obéissance ; celle qui est l'effet de la persuasion, de la confiance.

Πισυνος, confiant.

Πειςρ, qui persuade.
Πεισηριος, Πεισικος, persuasif.

2. ΠΕΙΘΩ, οος, ες, ἡ, persuasion, force persuasive.

Πεισις, de même.
Πειθημων, obéissant, docile; 2°. fidéle.
Πειθηνιος, de même.
Πειθανος, Πιθανος, persuasif; 2°. probable, vraisemblable; 3°. agréable, élégant, gracieux, qui séduit.
Πιθησας, confié.

3. ΠΙΣΤις, εως, ἡ, le Latin *Fides*, foi, confiance : 2°. preuve, autorité.

Πισικος, propre à donner de la confiance.
Πιςιος, digne de confiance.
Πιςευω, croire, se fier : donner sa confiance; 2°. confier.
Πιςος, croyable, digne de foi; 2°. certain, éprouvé, dont on est assuré; 3°. appuyé sur, croyant; 4°. fidèle.
Πιςοτης, ἡ, fidélité, foi.
Πιςοω, exiger la foi, la croyance.
Πιςυμαι, donner sa foi, sa parole.
Πιςωσις, confirmation, gage.
Πιςωτεος, à qui il faut donner sa parole.
Πιςωμα, ce par quoi on s'engage.

3.

ΠΕΤΘομαι, *Peuthomai*, & ΠΥΝΘανομαι, *Punthanomai*, devenir certain, être assuré, acquérir une parfaite connoissance, connoître : comprendre, concevoir : 2°. interrogér, questionner, *afin d'être plus sûr.*

Πυσμα, τὸ, question, demande, interrogation.

Πευσις, de même.
Πυσμαλικος, ce dont on s'informe.
Πευσικος, interrogatif.
Πυσις, renommée, bruit qui court, oui-dire.
Πευσος, obéissant; docile.
Πευθω, interrogation, demande, information.
Πευθην, ηνος, ὁ, qui fait des questions, qui écoute : Emissaire, Espion.

IX. De PA, nasalé,
PEMPO, envoyer.

De PA, pas, marche, les Grecs formerent en le nasalant, la famille suivante :

1. ΠΕΜΠω, faire aller, envoyer : 2°. renvoyer, congédier : 3°. voiturer, transporter.

ΠΕΜΨις, εως, ἡ, mission, envoi.
Πεμπτος, envoyé.
Πεμπτεος, qu'il faut envoyer.

2. ΠΟΜΠΗ, ἡ, mission, envoi : 2°. pompe, marche solemnelle, en grand spectacle.

Πομπιμος, qu'on peut envoyer.
Πομπαιος, nom de Mercure, parce qu'il servoit de guide aux ames pour se rendre aux enfers.
Πομπος, qui conduit, guide.
Πομπευω, amener, conduire, transporter; 2°. triompher, porter en pompe.
Πομπευς, Πομπευτης, qui sert de guide : qui est à la tête d'une pompe.

X. PAT, négatif,
Petit; piéce, en piéces.

De PAT, étendu, vinrent par opposition deux familles relatives aux idées de petit, de morceau, de choses mises en piéces : de-là ces dérivés.

1.

1. ΠΙΘηξ, ηκος ; & ΠΙΘηκος, ȣ, ὁ, nain, petit homme : 2°. finge.

Πιθηκειος, de finge.

Πιθηκιζειν, faire le finge, flatter baſſement, aduler.

Πιθηκισμος, flatterie baſſe, rampante.

2. ΠΙΘων, finge.

2.

ΠΕΣΣος, piéce de jeu, dame, jetton, dez, calcul.

Πεσσευω, jouer avec des jettons, des dames.

Πεσσευτηριον, tableau ou brique ſur laquelle les Egyptiens traçoient le calcul des Eclipſes.

Πεττεια, jeu avec des cailloux, des jettons.

3.

Η-ΠΗΤης, ȣ, ὁ, Ravaudeur, qui met des piéces à un habit.

Η-ΠΗΤρια, Ravaudeuſe, qui raccommode, qui met des piéces, des Petas en terme de Languedoc.

Η-Πησασθαι, recoudre, rapiécer, rapetaſſer.

PAL,
Pel, Pol, &c.
Orig. Latin. 1455.

D'Al, élevé, aîle, bras, &c. ſe formerent nombre de familles en PAL, relatives aux mêmes idées.

I.
Pol, Soleil ; brillant.

ΠΟΛιος, ὁ, blanc, chenu : 2°. écumant.

Πολιοτης, blancheur.

Πολιωδης, qui a les cheveux blancs.

Πολιοω, griſonner, avoir les cheveux blancs.

Πολιωσις, action de rendre blanc.

Πολιον, τὸ, arbriſſeau dont la tête eſt blanche.

2.

ΠΕΛαγος, ὁ, fine farine ; gâteau ſacré fait de cette farine : 2°. réſine, gomme, encens : 3°. objets ronds comme le Soleil, oublie : obole.

3.

ΠΟΛ2ω, tourner, retourner.

Πολευω, Πολευσκω, de même ; 2°. nourrir, contenir, adminiſtrer : dans ce ſens, il appartient à pol, multitude.

ΠΟΛος, ὁ, terre tournée & retournée avec la charrue ; 2°. axe, eſſieu, les pôles du Monde ; 3°. le cou ; 4°. cadran ſolaire.

Πωλεω, même que Πολεω.

Πωλεσκω, de même.

Πωλυμαι, aller & venir.

II. PAL,
Élevé.

1. ΠΑΙ-ΠΑΛα, lieux eſcarpés, falaiſes.

Παι-Παλοεις, eſcarpé, difficile à grimper.

2. ΠΑΛαθη, ης, maſſe de figues ; charge de figues ſerrées & preſſées.

3. ΠΑΛαι, du vieux tems, autrefois.
ΠΑΛαιος, ancien, vieux, antique.
Παλαιοτης, antiquité, vétusté.
Παλαιυμαι, vieillir.

4. ΠΑΛΛαξ, ακος, ὁ, jeune, jeune homme, adolescent; *on l'éleve*.
Παλλακιον, diminutif.
Παλλακη, jeune fille, Vierge; 2º. concubine, non-mariée.

5. ΠΑΛιν, par-dessus, derechef; de nouveau: 2º. au contraire.

6. ΠΛΗΝ, de plus, outre cela: 2º. outre: 3º. si ce n'est: 4º. mais; mais; c'est pourquoi.

2.

1. ΠΕΛωρ, ωρος, gigantesque, monstrueux, monstre.
Πελωρος, υ, de même.
Πελωριος; — ριδος, de même.
Πελωριδες, huitres d'une énorme grosseur.

2. ΠΕΛιμιζω, faire tapage, grand bruit, secouer, ébranler, casser, briser.

3. ΑΜ-ΠΕΛος, ὁ, vigne: vignoble: on les plante sur des lieux élevés.
Αμ-Πελινος, de vigne.
Αμ-Πελοεις, pays de vignoble.
Αμ-Πελιον, petite vigne.
Αμ-Πελιων, lieu planté en vignes.
Αμ-Πελις, nom d'oiseau.

4. ΕΠΙ-ΠΟΛης, sur le sommet, sur la superficie.
Επι-Πολαιος, superficiel, qui concerne la superficie.
Επι-Πολαζω, être sur la superficie: surnager, flotter.

Επι-Πολασικος, dont la propriété est de surnager.

5. Α-ΠΕΛος, blessure, plaie, ulcère, de *Pal*, bouffi, enflé.

3.

T inféré à la suite de P.

1. ΠτΕΛεα, ας, ἡ, orme, ormeau: *il s'éleve fort haut*.
ΠτΕΛεινος, fait de bois d'orme.

2. ΠτΙΛος, υ, ὁ, plume; l'aîle des insectes.
ΠτΙΛωσις, mue, chûte des plumes: 2º. chûte des cils.

III. Profond.

1. ΠΕΛ-ΑΓος, εος, τό, la mer, *mot-à-mot*, la grande eau, l'eau profonde.

2. ΠΥΕΛος, υ, ὁ, lieu profond & plein d'eau; lieu où on peut se baigner: baignoire; bain: 2º. cassette.

De la même famille que *PAL*, *Poel*, lac, marais.

3. ΠΕΛΛα, & ΠΕΛΛη, vase profond à traire le lait.
ΠΕΛΛις, ιδος, ἡ, de même.
Πελλητηρ, ὁ, qui trait le lait.

IV. Voile.

ΠΕ-ΠΛος, υ, ὁ, le Lat. *Pe-plum*, voile, habillement de femme: 2º. drap dont on couvre les chars & les cercueils.

Πε-Πλιος, & Πεπλις, ιδος, sorte d'arbrisseau.

V. ΑΣ-

V.

ΑΣ-ΠΑΛαθος, arbrisseau couvert d'épines ; ronce : ce doit être l'épine blanche.

VI. Bonnet.

1. ΠΙλος, bonnet ; il étoit de laine : 2°. camisole : 3°. tapis, de laine aussi : 4°. chausson de laine : 5°. paume, bale à jouer : manequin.

ΠΙλεον, ΠΙλιδιον, petit chapeau.

ΠΙλισκος, de même.

ΠΙλοω, fouler la laine : 2°. au *figur.* presser, fouler.

ΠΙλωσις, εως, ἡ, presse.

ΠΙλεω, même que ΠΙλοω ; 2°. remplir d'eau.

ΠΙλημα, laine pressée, foulée.

ΠΙλητης, η, mannequin : figure d'osier & de laine.

ΠΙλητικος, qui foule la laine.

2. ΠΗΛηξ, ηκος, ἡ, casque.

PAL,
Main.

1.

ΠΑΛαμη, ἡ, le Lat. *Palma*, main, la *paume* de la main ; sa portion la plus large : 2°. la main, l'industrie, l'art avec lequel on fait quelque chose.

ΠΑΛαμαομαι, administrer, régir, tenir la main ; 2°. construire, bâtir, tramer.

ΠΑΛαμ-ναιος, dont la main est souillée de sang ; 2°. peste, ruine, perte totale ; 3°. scélératesse ; 4°. Jupiter vengeur.

2.

ΠΑΛαιςη, ἡ, palme, mesure de quatre doigts.

Παλαιςης, Παλαςη, de même.

Παλαισιαιος, qui a l'étendue de quatre doigts.

3.

1. ΠΑΛη, lutte.

Παλαιω, lutter, combattre.

Παλαισμα, τὸ, action de lutter.

Παλαισμοσυνη, lutte.

Παλαιςης, Lutteur.

2. ΠΑΛαιςρα, palestre, lieu où on s'exerce à la lutte.

Παλαιςρικος, habile à la palestre.

Ανα-Παλη, espèce de danse.

4.

ΠΑΛη, ΠΑΙ-ΠΑΛη, farine, fleur de farine ; cette famille tient à *Pal*, brillant, blanc.

Παι-Παλημα, de même.

Παι-Παλωδης, rusé, fourbe, méchant ; empoisonneur.

Παλυνω, asperger, saupoudrer, rouler dans la farine ; 2°. blanchir ; 3°. humecter, mouiller : dans ce sens, il tient à *pal*, eau, étang.

5.

ΠΑΛΛω, agiter sa lance, secouer, ébranler ; lancer : 2°. trembler de peur, palpiter.

Παλμος, vibration, agitation.

Παλτος, lancé, agité.

Παλος, ȣ, ὁ, ébranlement, agitation, secousse.

Παλασσω, avoir par le sort, mot-à-mot, secouer, agiter l'urne du destin ; 2°. souiller, tacher, flétrir.

Orig. Grecq.

6.

ΠΑΛεύω, attirer dans ses filets, tromper, séduire : il peut tenir à *Fallo*, tromper.

7.

Α-ΠΕΙΛΗ, η, geste menaçant, menaces ; 2°. fanfaronade.

Α-Πειλεω, menacer de la main, faire des menaces.

Α-Πειλητικος, menaçant.

Α-Πειλητηρ, ὁ, qui menace ; fanfaron.

8.

D'APELLO, faire signe de la main, appeller, vint :

Α-ΠΕΛΛαι, assemblées publiques, Comices, lieux sacrés où on s'assemble, Temples.

Α Πελλακες, qui participent aux cérémonies Religieuses.

Α-Πελλαζω, haranguer; mot des Lacédémoniens.

9.

ΠΕΛ-ΕΚυς, εως, ὁ, hache à deux mains ; de *pal*, main, & *AX*, hache. En Orient. פלד.

10.

ΠΕΛΜα, τὸ, plante du pied ; 2°. le fond du soulier.

PAL, POL,
Guerre.

ΠΟΛ-ΕΜος, υ, ὁ, guerre, combat ; ce mot peut venir de *Pal*, main, & *Lem*, combat, mains qui sont opposées, qui se battent : ou de *Pal*, pieu, lance.

Πολεμικος, de guerre ; 2°. belliqueux ; 3°. polémique.

Πολεμειος, qui concerne la guerre.

Πολεμιος, ennemi.

Πολεμοω, exciter à la guerre.

Πολεμιζω, faire la guerre, la déclarer.

Πολεμιςης, ὁ, Guerrier, habile dans l'art de la guerre.

Πολεμιςηριος, de même.

Πολεμεω, faire la guerre, combattre ; 2°. vexer.

Πολεμεομαι, être attaqué.

Πολεμησειω, ne respirer que la guerre : brûler d'envie de se battre.

Πολεμωνιον, plante qui étoit sans doute utile pour les blessures.

POL,
échanger, vendre.

ΠΩΛεω, vendre ; ce mot doit venir de *PAL*, main, échange : les premieres ventes ne furent que des échanges, de la main à la main.

Πωλημα, ce qu'on vend.

Πωλησις, action de vendre.

Πωλης, Πωλητης, ὁ, vendeur.

Πωλητηριον, marché, lieu où on expose les choses à vendre.

Πωλη, vente.

PAL,
négatif.

De P A L, blanc, brillant, vint par opposition :

1. ΠΕΛος, ὁ, noir, brun.

Πελειος, Πελιος, de même.

Πελιυσθαι, être noir.

Πελιωμα, noirceur, lividité.

Πελια, η, de même.

Πελιδνος, livide, plombé.

Πελιδνοω, noircir, rendre livide.
Πελιδνωμα, Πελιδνωτης, mêmes que Πελια.
ΠΕΛΛος, ΠΕΛΛαιος, mêmes que Πελος.
2. ΠΕΛεια, Πελειας, αδος, ἡ, pigeon de couleur noire.

PAN,
PEN, PIN.

Du primitif BAN, PEN, haut, élevé, vinrent ces Familles.

1.

ΠΗΝος, ΠΗΝη, le *Pannus* des Latins, toile, étoffe, tissu.

Ce mot peut tenir également à Πενομαι, fabriquer, construire.

ΠΗΝιον, τὸ, les fils sur lesquels on élève la trame; 2°. fil; 3°. nom d'une espèce de chenille; la fileuse.

Πηνιζω, filer au fuseau.

En Dorien ΠΑΝιζω, & au moyen, ΠΑΝισδομαι; SD pour Z.

Πηνισμα, ce qu'on a filé, & qui est autour du fuseau.

2.

ΠΙΝαξ, ακος, ὁ, table, banc, banque; 2°. tablette ou rayon de livres; 3°. tableau, planche peinte; 4°. tranchoir.

C'est le Celte BAN, banc.

Πιναχιον; Πιναχις, ιδος, ἡ, codicile; 2°. plat, assiette; 3°. nom d'une danse.

Πιναχισχος, assiette.

Πινασχιδιον, écuelle, plateau.

Πιναχωσις, εως, ἡ, plancher.

3.

ΠΙΝΝα, ΠΙΝΝη, pinne-marine; coquillage de la plus grande espèce.

4.

ΠΙΝος, ȣ, ὁ, crasse: elle s'amasse, s'entasse; 2°. petit vin, piquette.

Πινοεις, sordide, crasseux.

Πινωδης, Πινηρος, Πιναρος, de même.

Πιναριον, espèce d'encre ou de noir de Cordonnier.

Πινοω, être dans la crasse.

5.

ΠΙΝος, ἡ, pin, dans Théophraste.

6.

ΑΦΕΝος, ὁ, τὸ, & Α-ΦΝος, τὸ, richesses, revenus.

De FEN, pour BEN, élevé, ou de FEN, brillant.

Α-φνειος, riche, opulent.

Α-φνειομαι, s'enrichir.

Α-φνευω, être riche.

7.

Α-ΠΗΝη, ἡ, *A-Péné*, char, litiere; carrosse: mot Celte.

De PEN, élevé, ce sur quoi on monte.

PAR,
PER, PRE, &c.
Produire, porter.

PAR, prononcé également PHAR, PHER, PER, &c. devint le nom des idées relatives aux actions de porter, de produire, de fructifier: de-là nombre de Familles. *Orig. Lat.* 1494.

I.

PAR, produire.

1°.

Α-ΦΡΟ-ΔΙΤΗ, ἡ, Vénus, *mot-à-mot*,

la Déesse de la fertilité, de la fécondation ; 2°. Graces, Beauté.

Α-ΦΡΩ, de même.

Α-ΦΡΟΔισιον, statue de Vénus, sacrifice à Vénus.

Α-ΦΡΟ ΔΙΣιαζω, être adonné à Vénus.

2.

ΠΑΡΑ-ΔΕΙΣος, ὁ, jardin délicieux, verger, Paradis: de l'Orient. *Ferdous*, un verger ; mot formé de VER, lieu de verdure, jardin, & *Dou*, doux, agréable, digne des Dieux.

3.

ΠΕΡΙ-ΣΤερα, colombe, oiseau sacré à Vénus à cause de sa beauté & de sa fécondité. Ce mot dont l'origine étoit inconnue, est composé du superlatif *steros* le plus & *per*, *fer*, productif, fécond : » l'oi- » seau très-fécond, le plus fécond».

Περι-Στερεων, ωνος, ὁ, colombier, pigeonnier.

Περι-Σεριον ; — Σεριδιον, pigeonneau, petit pigeon.

4.

ΠΕΡ-ΙΣΣεια, abondance, extrême fécondité.

ΠΕΡ-ισσος, abondant ; excessif ; 2°. trop, superflu.

Περ-ισσυτης, ἡ, redondance ; 2°. excellence, supériorité.

Περ-ισσευω, abonder, regorger ; 2°. être de reste.

Περ-ισσευμα, trop grande abondance, restes.

Περ-ισσωμα, ce qui est de trop ; excrémens.

5.

ΠΕΡΙ, Préposition qui peint le rapport de s'étendre tout autour abondamment, d'aller jusqu'au par-delà, de surpasser. Aussi elle se rend par, autour, tout autour, de préférence, par-dessus, en faveur : ceux en faveur de qui on agit, étant ainsi préférés à tout.

6.

ΠΑ-ΠΥΡος, ὁ, ἡ, plante d'Egypte, & dont on faisoit le *papier*, qui en a pris son nom : de *P*, article Oriental, & PER, production, plante, » la plante par excellence ».

7.

ΠΡΟΥΝη, ἡ, prunier ; tout arbre résineux, gommeux.

8.

ΠΥΡΗν, ηνος, ὁ, noyau : il contient le germe des arbres.

Πυρινη, de même.

Πυρινωδης, ligneux, qui est de bois dans l'intérieur.

9.

ΠΟΡΤις, ιος, ἡ, génisse.

Πορτακιον, diminutif.

Πορταζω, vêler, faire un veau.

Ce mot est donc de la même famille que le Latin *Forda*, une vache pleine.

II.

S-PER, semer.

De PER, produire, vint la famille

S-PER, ce qu'on seme afin qu'il *produise*.

1. Σ-ΠΕΙΡω, fut. Σ-ΠΕΡω, semer; 2°. répandre, disséminer.

Σ-ΠΕΡΜα, τὸ, semence.

Σ-Περμαίιον, petites graines.

Σ-Περμαίοω, ensemencer un champ.

Σ-Περμαίιζω, rapporter de la graine, des semences.

Σ-Παρίος, semé, venu de graine semée.

2. Σ-ΠΑΡΤον, τὸ, le Lat. *spartum*, jonc dont on fait des cordes; chanvre, &c.

Σ-Παρίη, corde de jonc.

Σ-Παρίιον, ficelle.

3. Σ-ΠΟΡος, ὁ, semailles.

Σ-Πορευς, ὁ, semeur.

Σ-Πορευίης, de même.

Σ-Πορευω, semer.

Σ-Πορηίος, tems des semailles.

Σ Πορα, de même; 2°. moisson: 3°. genre.

Σ-Πορας, αδος, ὁ, semé çà & là, dispersé.

Σ-Πoραδ'ην, çà & là.

Σ-Πoραδικος, qui mene une vie errante.

III.
PR, pour PER, produire.

1.

ΠΡΙ-ΑΡος, Priape: de *PRI*, fruit, & *Ab*, Pere; *mot-à-mot*, » le Pere de la fécondité.

Πρι-Απισκος, figure de Priape.

2.

ΠΡΙ-Αμαι, acheter; *mot-à-mot*, se procurer des fruits, des denrées; 2°. racheter; 3°. louer, prendre à sa solde.

3.

ΠΡΟ-ΒΑΤον, το, troupeau; 2°. brebis, par excellence: de *BAT*, aller, & *PRO*, pâture, pâturage.

4.

ΠΡΟ-ΗΓΟΡεων, ονος ὁ,, la gorge, le gosier; *mot-à-mot*, » le rendez-» vous des alimens, des fruits. »

ΠΡ-ΗΓΟΡεων, de même.

5.

ΠΡΟ-ΙΞ, ικος, ἡ, dot, don: de *Ικό*, provenir, & *Pro*, fruit: » ce qui » provient des fruits, des biens » paternels.

6.

De BROT, PROT, PRUT, nourriture, & *Tan*, lieu, place, vint:

ΠΡΥΤανειον, Prytanée, lieu, Hôtel où les Athéniens entretenoient, aux dépens de la République, ceux qui lui avoient rendu des services éminens: 2°. & où les Magistrats s'assembloient pour rendre la Justice.

ΠΡυίανεια, τὰ, l'argent des consignations qu'on déposoit à Athènes dans le Prytanée.

ΠΡΥΤανις, εως, ὁ, Chef, Administrateur, Recteur: Tuteur, Gardien, Gouverneur.

Les Prytanes d'Athènes formoient un Corps de cinquante Magistrats, chargés du Gouvernement & de la Police de la Ville.

Πρυτανευω, être du nombre des Prytanes ; 2°. gouverner, administrer.

Πρυτανεια, ἡ, dignité des Prytanes.

IV.
De PER, élevé, vinrent :

1.

ΠΕΡΝα, ἡ ; le Lat. *Perna*, jambon. De *Per*, jambe, sur laquelle on est élevé.

Et par l'insertion du T à la Grecque,

ΠΤΕΡΝα, talon, le plus grand des os du pied : 2°. extrémité d'une chose : 3°. vestige, trace des pieds : 4°. fourberie, ruse, croc-en-jambe, supplantation.

Πτερνις, ιδος, ἡ, talon ; 2°. fond d'un plat.

Πτερνιζω, frapper du pied, ruer ; 2°. supplanter, tromper.

Πτερνισμος, croc-en-jambe, supplantation, tromperie.

Πτερνιστης, ȣ, ὁ, qui frappe du talon ; qui rue.

Πτερνιστηρ, ηρος, éperon.

2.

De BER, BERG, PERG, montagne, citadelle, vint :

ΠΤΡΓος, ȣ, ὁ, tour : 2°. portion de rempart : 3°. cornet de trictrac : 4°. bataillon quarré, composé de 660 hommes : 5°. au *fig.* asyle, refuge, protection. Il est en ce sens dans Homère.

Πυργιον, — γισκος, petite tour, tourelle.

Πυργιτης, ȣ, ὁ, qui habite les tours.

Πυργοω, construire une tour : élever en haut, élever en forme de tour : 2°. amplifier.

Πυργωμα, τὸ, tour.

Πυργωτος, fortifié de tours.

3.

Σ-ΠΥΡις, ιδος, ἡ, corbeille, le Lat. *Sporta* : de *Pher*, *Por*, porter.

Σ-Πυριδιον, petite corbeille, panier.

Σ-Πυριδων, même que *spuris*.

V.
PAR, séparé, tacheté.

De PAR, paire, qui produit, vint la famille PAR diviser, séparer, d'où se formerent les mots suivans, relatifs aux idées d'objets rayés, tachetés, tigrés, dont les couleurs sont distribuées, séparées par raies, par taches.

1.

ΠΑΡΔος, ὁ, le Lat. *Pardus*, un Pard, une Panthere, animal tigré.

Παρδαλις, εως, ὁ, de même.

Παρδαλωδης ; — λεως, de panthere.

Παρδαλωτος, tigré.

Παρδαλος, oiseau tigré, comme la grive.

Παρδιαι, poissons de la classe des mulets, à cause qu'ils sont tachetés.

2.

ΠΕΡΔιξ, ικος, ὁ, ἡ, le Lat. *Perdix* ; Perdrix, *mot-à-mot*, l'oiseau tacheté, tigré.

Περδικιον, perdreau.

Περδικιδευς, εως, ὁ, petit de la perdrix.

3.

1. ΠΕΡΚος, ΠΕΡΚυος, ὁ, tigré, tacheté.
2. ΠΕΡΚη, le Lat. *Perca*, la Perche, poisson ainsi nommé de ses taches.
3. Περκαζω, commencer à se tacheter, se moucheter.

Περκαινω, devenir tigré, moucheté.

4.

ΠΕΡ-ΠΕΡος, ὁ, inconstant, changeant : 2⁰. vain, frivole.

Περ-Περευομαι, être léger, inconstant ; 2⁰. téméraire ; 3⁰. prendre plaisir à une parure frivole ; 4⁰. n'avoir que de la vanité.

Περ-Περια, ας, inconstance, légereté ; frivolité.

PER,
Peir, Por.

Par, de la même famille que Bar, broche, désigna le travers, l'action de traverser, de se mettre à travers, de partager, de déchirer, *Orig. Lat.* 1503. De-là nombre de Familles.

I.
Prépositions.

1. ΠΑΡΑ, désigne les rapports de mouvement, de se transporter d'un lieu à un autre, de traverser.

Παρ'απαν τὸ Στρατευμα, à travers l'armée entière.

Παρα τὸ Δειπνον, à travers le repas, pendant le repas.

Παρα Ποταμον, au-delà du fleuve, quand on a *traversé* le fleuve.

Il n'est aucune de ses significations qui ne puissent être ramenées en derniere analyse à ce sens.

2. ΠΕΡ, Conjonction ; à travers tout cela, quoi qu'il en soit, cependant : 2⁰. par-tout où.

3. ΠΕΡΑ, au-delà, au-dessus.

Παρα του Μετρου, *en traversant* toute borne.

Περαν, plus loin, au-delà, à travers.

Περατη, plus éloigné.

Περαιος, de même.

4. ΠΕΡαιοω, traverser, aller au-delà.

Περην, Ionien, même que Περαν.

II.
Verbes.

1. ΠΕΡαω, traverser : surpasser ; 2⁰. transporter, voiturer des denrées ; 3⁰. vendre, trafiquer.

Περαμα, trajet, passage.

Περασις, action de traverser.

Περατος, Περητος, qu'on peut traverser.

Περητηριον, qu'on peut percer.

ΠΕΡαασκω, traverser.

ΠΡΗΣΣω, aller à travers.

2. ΠΡΑΣις, εως, ἡ, vente, trafic ; mot-à-mot, transport de denrées, commerce.

ΠΙ-ΠΡασκω, vendre.

Πρασιμος, vendable, commerçable.

Πρατηρ, ὁ, vendeur.

Πρατηριον, lieu où on expose les objets de vente.

Πρατρια, ἡ, Marchande, Vendeuse.

3. ΠΕΡΝαω, Περνημι, Περνασκω, ven-

dre, exposer en vente.

4. ΠΟΡΝη, ἡ, femme qui fait trafic de son corps.

Πορνευω, Πορνειον, mots de cette famille.

5. ΠΕΙΡω, traverser : 2°. percer de part en part, tout à travers.

ΠΟΡος, ὁ, passage, trajet ; 2°. lieu on on peut passer sans danger ; 3°. conduit, canal ; 4°. côte maritime ; 5°. moyen pour réussir ; secours, émolument.

Ποριον, bac, vaisseau de transport.

Ποριμος, qu'on peut traverser ; 2°. qui traverse ; 3°. abondant, où il y a grande affluence ; 4°. lucratif.

6. ΠΟΡιζω, s'ouvrir une route, trouver de nouveaux chemins : 2°. acquérir, trouver, préparer : 3°. fournir en abondance.

Πορισμα, τὸ, proposition qui découle d'une autre.

Πορισμος, action d'acquérir ; 2°. trame, machine ; 3°. fourniture, impôt.

Πορισης, Fournisseur ; 2°. Questeur, Trésorier.

Πορισικος, qu'on peut acquérir.

ΠΟΡω, fournir, donner.

Πορσυνω, Πορσαινω, de même ; 2°. administrer, régir ; 3°. honorer, cultiver ; 4°. nourrir ; 5°. inviter.

7. ΠΟΡευω, traverser, transporter, voiturer : 2°. envoyer, ordonner d'aller.

Πορευς, εως, ὁ, qui transporte, Passeur, Marinier.

Πορευομαι, aller, faire route.

Πορευμα, τὸ, expédition.

Πορευσιμος, qu'on peut traverser.

Πορευτικος, qui peut cheminer.

Πορεια, chemin, voyage ; 2°. démarche ; 3°. mœurs, manière de vivre.

Πορειον, ce qui sert à voyager.

8. ΠΟΡΘμος, détroit, bras de mer facile à traverser : 2°. trajet.

Πορθμιον, τὸ, barque qui sert à traverser un détroit ; 2°. ce qu'on paye pour le passage par eau.

Πορθμις, petit détroit.

Πορθμευς, Maître d'un bac, qui fait passer dans un bac, Nautonnier, Passeur.

Πορθμευω, traverser un bras, une riviere.

Πορθμειον, même que Πορθμιον.

III. Mots qui en dérivent.

1.

1. ΠΕΙΡα, ας, ἡ, entreprise, effort, essai : 2°. épreuve, expérience ; 3°. tentation ; 4°. piége.

Πειραω, s'efforcer, entreprendre, essayer, tenter.

Πειρασις, essai, tentation, tentative.

Πειρητηριον, de même.

Πειραληρια, ἡ, expérience à ses périls & risques.

Πειρηλιζω, tenter, éprouver, aller à la découverte.

Πειραζω, tenter, s'exposer.

Πειρασμος, tentative ; 2°. séduction.

Πειρασης, le tentateur.

2. ΠΕΙΡατης, ȣ, Pirate, qui court les mers pour piller.

Πειρατικος, de Pirate.

Πειρατευω, pirater, exercer la piraterie.

Πειρατεια, ἡ, piraterie.

Πειρατηριον, demeure des Pirates ; 2°. lieu où ils exercent leurs brigandages.

2.

ΠΕΙΡΙΝΣ, ιϑος, claie ou paniers qu'on

qu'on met sur des chars afin de pouvoir y placer des denrées ou des marchandises.

3.

ΠΗΡΑ, le Lat. *Pera*, en Ionien, ΠΗΡΗ, sac, poche, besace : on les porte en travers.

Πηριδιον, τὸ, petite poche, sachet.

4.

ΠΕΡας, ατος, το, borne, terme, fin : 2°. but.

Περατευω, finir, terminer.

Περατοω, de même.

Περαινω, de même ; 2°. conduire à fin ; opérer, avancer ; 3°. inférer, conclure.

Πειρας, Πειραρ, mêmes que Περας.

5.

ΠΕΡ-ΥΣι, l'année passée : 2°. de l'année passée.

Περ-υσινος, de l'année derniere ; de ετι, datif de ετος, année, & de περ, passé, traversé.

6.

1. ΠΕΡονη, agraffe : 2°. le péronée, le petit os de la jambe, l'extérieur, à cause de la cheville du pied qui dépasse.

Περοναω, agraffer ; 2°. traverser comme une agraffe.

Περονημα, τὸ, ce qui tient avec une agraffe.

Περονητρις, ιδος, ἡ, habit contenu pardevant avec une agraffe.

2. Περονης, ὁ, sorte de mesure en Poésie : 2°. orgue.

Orig. Grecq.

7.

ΠΟΡΠη, de même, agraffe.

Πορπηδον, en maniere d'agraffe.

Πορπαξ, ακος, même que Πορπη.

Πορπαω, Πορπαζω, Πορπακιζω, Πορπσω, agraffer, faire tenir avec une agraffe.

Πορπημα, τὸ, habit agraffé.

IV.
Autres Dérivés.

1.

De POR, ouverture, porte, & par le changement si commode de R en L, vint cette Famille :

ΠΥΛη, *Pulé* ou *Pylé*, porte : 2°. entrée d'une ville : 3°. gorge, défilé.

Πυλαιος, qui est hors des portes.

Πυλων, ωνος, ὁ, vestibule.

Πυλις, ιδος, ἡ, petite porte.

Πυλοω, fermer avec une porte.

Πυλωμα, τὸ, porte de maison.

Πυλος, même que Πυλη.

En Celte Porh, porte ; & l'aspiration finale se changeant ordinairement en T, de-là le Latin *Porta*.

2.

Η-ΠΕΙΡος, ὁ, continent, tous ces pays qu'on peut traverser en allant de l'un à l'autre, sans avoir des mers à passer, & qui ne forment qu'une masse : 2°. le sec.

Η-Πειροω, former un continent.

Η-Πειρωτης, ὁ, qui habite un continent.

Η-Πειρωτικος, qui concerne le continent.

D d d

V.
Front, Devant.

De *Par*, travers, vint par analogie *Par*, *Por*, désignant le devant, le front, ce qui s'offre à la rencontre : de-là nombre de Familles ; mais la plûpart en P R.

En voici deux en P A R.

1.

ΠΑΡεια, le devant du visage : 2°. joue, mâchoire : 3°. proue du vaisseau.

Παρηϊον, Παρηϊς, ἡ, de même.

Παρειας, ὁ, nom d'un serpent.

2.

ΠΑΡος, avant, devant, auparavant : 2°. avant que.

Παροιθε, de même ; devant.

Παροιτερος, premier, ancien, antique, d'autrefois.

Προ-Παροιθε, de face, en front.

VI. Pointu, piquant.

De P A R, broche, pointe, vinrent ces mots.

1.

Α-ΠΑΡινη, plante à piquans, & qui s'attache aux habits.

2.

Σ-ΠΑΙΡω, ΑΣ-ΠΑΙΡω, lancer, darder : 2°. causer des élancemens : 3°. trémousser, palpiter.

Σ-Παριζω, de même.

3.

Σ-ΠΑΡασσω, déchirer, mettre en piéces, couper par morceaux.

Σ-Παραγμα, morceau emporté, piéce, lambeau.

Σ-Παραγμος, action de déchirer, de mettre en lambeaux.

Σ-Παραξις, de même.

Σ-Παραγματωδης, cri qui semble devoir mettre le gosier en piéces, le déchirer.

Ces mots tiennent au Celte P A R, & au Nord S P A R, pique, lance.

4.

1. ΠΩΡος, ὁ, affliction, deuil : le cœur en est déchiré, navré : 2°. calus : 3°. *adj.* aveugle.

Πωρεω, être en deuil, dans l'affliction.

Πωρητυς, calamité, deuil, misere.

2. ΤΑΛαι-Πωρος, accablé de misere, infortuné, malheureux : de *Talaô*, souffrir, supporter.

3. Πωριαιος, calleux, dur, rude.

Πωροω, se changer en cor, en durillon ; en poreau :

De-là, ce mot Poreau.

Πωρωμα, τὸ, callosité.

Πωρωσις, calus.

VII.
Mots Négatifs.

Α-ΦΑΥΡος, *Aphauros*, foible, sans force, sans vigueur.

L'origine de ce mot a été comme tant d'autres inconnue à tous les Etymologues. Il s'est formé de *Phor*, porter, & de la négation *A* ; mot-à-mot, « qui ne peut porter ».

2.

ΠΗΡος, ὁ, mutilé de quelque membre, manchot, boiteux, muet, aveugle : infenfé.

Πηροω, mutiler, tronquer, bleſſer.

Πηρωμα, τὸ, défaut corporel ; 2°. homme vicié, deterioré, qui a quelque défaut naturel.

Πηρωσις, mutilation, détérioration de quelque partie du corps.

3.

ΠΕΡΘω, détruire, dévaſter, ravager : 2°. tuer, faire périr : 3°. perdre.

Περσις, εως, ἡ, dévaſtation, ravage.

Πορθησις, de même.

Πορθητης, ὁ, dévaſtateur, deſtructeur, renverſeur.

Πορθεω, même que Περθω.

P L.

Les mots en P L ſont de deux ſortes : les uns qui appartiennent à la lettre L, ſe ſont chargés d'un P à leur tête, en paſſant chez les Grecs.

P,

ajouté devant les mots en L.

1.

De *Lac, Lix, Lox*, en travers, d'où le Latin *ob-liquus*, oblique, vint :

Π-ΛΑΓιος, ὁ, ἡ, oblique, poſé de travers, en travers, de biais.

Π-Λαγιοω, Π-Λαγιαζω, être oblique ; être poſé de biais ; s'énoncer obliquement.

Π-Λαγιασμος, obliquité, biais.

2.

De *L*, côté, vint :

Π-ΛΕΥΡα, ας, ἡ, côte, côté.

Π-Λευρον, de même.

Π-Λευριτης, ὁ, de côté, latéral.

Π-Λευριτικος, pleurétique, qui a une pleuréſie, un point de côté.

Il tient à *Lauros*.

3.

De *Luo*, laver, vinrent :

1. Π-ΛΥΝω, laver : 2°. accabler d'injures : 3°. ſouiller, tacher.

Π-Λυμα, eau ſale, parce qu'on s'en eſt ſervi pour laver.

Π-Λυσμος, ὁ, Π-Λυσις, ἡ, action de laver ; lotion ; lavage.

Π-Λυτης, foulon, qui lave les étoffes, les dégraiſſe.

Π-Λυτις, ιδος, ἡ, laveuſe.

Π-Λυτηρ, qui lave, laveur ; 2°. foſſe où on lave ; lavoir.

Π-Λυτηρια, τα, Fête à l'honneur de Minerve, & où on lavoit ſa ſtatue avec pompe.

Π-Λυτρον, payement pour ce qu'on a fait laver.

Π-Λυτρις, terre bonne pour laver, pour dégraiſſer.

2. Π-ΛΥΤης, même que Πλυντης.

Π-Λυνευς, de même.

Π-Λυνος, ὁ, lavoir, lieu où on lave ; 2°. cuve à blanchir le linge, l'étoffe.

4.

On peut rapporter à la même famille :

Π-ΛΑΔος, ὁ, & Π-ΛΑΔον, τὸ, excès d'humidité, humidité ſuperflue.

Π-Λαδωδης, humide, trop humide.

Π Λαδαρος, abondant en humeurs, où il

y a trop d'humeurs, trop d'humidité; flasque, mou.

Π-Λαδαω, être trop humide; avoir trop d'humeurs.

P devant LA, étendue.

De LA, large, étendu, précédé de P, vinrent ces diverses familles.

1.

Π-ΛΑΖω, promener dans la vaste étendue du globe, répandre çà & là, disperser.

Π-Λαγκλης, δ, errant, vagabond; 2°. erroné.

Π-Λαγκτος, de même; 3°. fou, insensé.

Π-Λακια, ας, ἡ, erreurs, voyage; 2°. faute, erreur.

2.

Π-ΛΑΝη, erreur, action d'errer.

Π-Λανης, ητος, δ, qui erre, errant, vagabond.

Π-Λανος, de même; 2°. trompeur, fourbe.

Π-Λαναω, détourner du droit chemin, induire en erreur, tromper.

Π-Λανησις, εως, ἡ, action d'errer, de vagabonder.

Π-Λανητης, qui erre; 2°. Planete.

Π-Λανυττω, faire le vagabond, mener une vie errante.

3.

Π-ΛΑΣΣω, & Athénien Π-ΛΑΤΤω, donner de l'étendue, des formes: former; 2°. oindre: 3°. feindre.

Π-Λασμα, τὸ, ouvrage de potier; 2°. feinte, simulation; 3°. fiction.

Π-Λασματωδης, feint, controuvé.

Π-Λασματιας, ȣ, δ, qui invente, conteur, fabuliste.

Π-Λασις, εως, ἡ, fiction, art de feindre; 2°. éducation, art de former.

Π-Λαστης, δ, qui donne les formes; 2°. Fondateur, Créateur.

Π-Λαστηρ, de même.

Π-Λαστειρα, Créatrice, Fondatrice, qui donne les formes.

Π-Λαστικος, propre à l'art de former.

Π-Λασταρευω, même que Πλασσω.

Π-Λαθανος, disque ou rond sur lequel on donne une forme au pain.

Π-Λαγγων, ονος, δ, image de cire, poupée.

Π-Λαισιον, τὸ, forme ou moule de brique; quarré long.

4.

Π-ΛΑΤυς, δ, large, vaste, ample, étendu.

Π-Λατοτης, ἡ, largeur, espace.

Π-Λατυνω, dilater, élargir.

Π-Λατυσμα, τὸ, qu'on étend, emplâtre.

Π-Λατυσμος, dilatation, extension; 2°. babil, jactance, fanfaronade.

Π-Λατος, largeur.

Π-Λατειον, tableau, table.

Π-Λατειαζω, ouvrir extrêmement la bouche; parler la bouche extrêmement ouverte.

2. Π-ΛΑΤανος, ὁ, platane; ses branches s'étendent & se développent, au large.

Π-Λατανιστος, de même; 2°. espace large & ouvert.

Π-Λατανων, ωνος, ὁ, lieu planté en platanes, plataneraye.

Π-Λατανια, nom d'une espèce de pommes.

3. Π-Λαταξ, nom d'un poisson d'A-

lexandrie, à cause de sa largeur.

4. Π-Λαταμως, ωνος, ὁ, rivage vaste, étendue.

5. Π-Λατη, & en Dorien, Plata, la portion la plus large d'une rame.

Π-Λατιον, petite rame, aviron ; 2°. esquif, chaloupe ; 3°. soufflet à souffler.

Π-Λατιγξ, partie de la rame qui frappe l'eau.

Π-Λατυγιζω, faire frémir l'eau en la frappant avec la rame ; 2°. faire grand bruit avec des discours ampoulés, frapper l'air par de grands mots.

Π-Λατασσω, faire retentir l'air par le froissement, ou par un coup.

6. Π-Λαταγη, instrument bruiant, crecelle.

Π-Λαταγεω, pétiller, craquer, rendre un son aigu ; applaudir avec les mains.

Π-Λαταγημα, craquement, son aigu, bruyant.

Π-Λαταγων, ωνος, ὁ, crecelle, sistre ; 2°. fleurs de pavot.

Π-Λαταγωνεω, Π-Λαταγιζω, mêmes que Π-Λαταγεω.

7. Π-Λαστιγξ, γγος, ἡ, plat d'une balance.

Π-Λαξ, ακος, ἡ, table large ; 2°. croute ; 3°. plaine ; c'est notre mot PLAQUE.

Π-Λακοω, incruster, plaquer.

Π-Λακοεις, εντος, large ; 2°. gâteau, le *placenta* des Latins.

Π-Λακουντιον, petit gâteau.

5.

Π-ΛΕΘΡΟΝ, τὸ, Pléthre, arpent de terre : selon Suidas, cent pieds ; selon d'autres, cent stades.

Πελεθρον, de même en poésie.

Πελεθρισμα, τὸ, course.

Πλεθριαιος, de la grandeur d'un pléthre.

6.

Π-ΛΙΝΘος, ὁ, brique : 2°. plinthe.

Π-Λινθινος, de brique.

Π-ΛΙΝΘιον, τὸ, tuile, petite brique ; quarré long.

Π-Λινθις, ιδος, ἡ, de même.

Π-Πινθοω, fabriquer en briques.

Π-Λινθευω, faire des briques ; 2°. en forme de briques.

Π-Λινθευσις, fabrication de briques.

Π-Λινθειον, briquetterie, tuiliere, lieu où on fait des briques ; magasin de briques.

P L pour P E L.

De PEL, POL, cercle, pli, prononcé PLE, PLO, vinrent ces familles :

1.

1. ΠΛΕΚω, plier, nouer ; 2°. faire un tissu.

Πλεγμα, τὸ, tout ce qui est plié, noué.

Πλεγματιον, τὸ, entrelas, nœud.

Πλεγματευω, plier, impliquer.

2. ΠΛΕΚτος, noué, plié, attaché : 2°. filet.

Πλεκτανη, même que Πλεγμα.

Πλεκτανιον, petite boucle.

3. ΠΛΟΚΗ, nœud, nexe, contexture.

Πλοκευς, qui plie, qui noue.

Πλοκας, αδος, ἡ, frisure, chevelure à boucles.

Πλοκος, ὁ, boucle de cheveux.

Πλοκιον, de même ; 2°. collier.

Πλοκαμος, ὁ, chevelure bouclée ; à grandes boucles.

Πλοκαμωδης, frisé, noué, bouclé.

Πλοχμος, même que Πλοκαμος.

2.

1. ΠΤΥΣΣω, plier, replier, faire des plis : 2°. compliquer.

Ici L changé en T à cause du P, qui aime cette lettre à sa suite.

Πτυγμα, pli, sinuosité.

Πτυξις, action de plier.

Πτυκτος, plié.

Πτυκτιον, livre ou tablettes qui se plioient.

2. Πυκτιον, tablettes qui se ferment.

Πυκτις, de même.

Πτυξ, υχος, ἡ, pli, action de plier ; 2°. collines creuses, ravins ; 3°. portes.

Πτυχη, pli, ravin, &c.

3.

Α-Πλοος, ϰς, ὁ, simple ; *mot à-mot*, sans pli, non roulé : 2°. franc, sincere, sans détour : 3°. parfaitement vrai, sans fard.

Α-Πλοη, simplicité.

Α-Πλοτης, de même.

Α-Πλοικος, simple, franc, ouvert.

Α-Πληγιος, Απληγις, de même ; 2°. qui ne peut être plié.

Α-Πλοϊς, ιδος, ἡ, veste simple, sans doublure.

Α-Πλοιζομαι, se montrer franc & sincère.

Α-Πλοω, déployer, dérouler, étendre.

4.

Α-ΦΕΛης, εος, ὁ, ἡ, simple, sans fard : 2°. pur.

Α-ΦΕΛεια, simplicité.

5.

ΖΑ-ΦΕΛης, εος, ὁ, ἡ, extrêmement simple : 2°. agreste, rustique, sans fard : 3°. véhément, colere, qui ne sait point se modérer.

De *Za*, extrêmement, & *APEL*, simple.

P L E G.

De PAL, pieu, bâton, prononcé PLA, dut venir :

1. ΠΛΗΣΣω, frapper, battre : 2°. briser, rompre.

Πληγμα, coup, plaie, blessure.

Πληξ, aiguillon.

Πληξις, εως, ἡ, action de battre, de frapper.

Πληκτης, ϰ, ὁ, prompt à battre.

Πληκτος, frappé, battu.

Πληκτικος, qui a la force de battre, qui aime à battre ; mordant.

Πληκτιζομαι, en venir aux coups, se battre.

Πληκτρον, instrument pour battre ; fléau, fouet ; 2°. archet ; 3°. ergot.

2. ΠΛΗΓη, en Dor. Plaga, le *Plaga* des Latins, plaie, coup, blessure.

3. ΠΛΗγαγον, bâton, en Oriental פלך, PLAK.

Πληγας, αδος, ἡ, faulx.

Πλησιγξ, & Dor. Πλασιγξ, γγος, fléau ; fouet ; étrivières.

De PEL, POL, multitude, foule, prononcé PL, vinrent :

1.

1. ΠΛΕος, Poët. ΠΛειος, Athénien,

Πλεως, plein, comble.

Πληρης, εος, ὁ, ἡ, plein; 2°. entier, parfait.

Πληροω, remplir, combler; 2°. completter, parfaire, remplir sa parole.

Πληρωμα, complément, ce qui complette; 2°. supplément; 3°. accomplissement.

Πληρωσις, εως, réplétion, plénitude; 2°. perfection.

2. ΠΛΗΘΩ, remplir, emplir, combler; 2°. inonder, dégorger, déborder.

Πλησμα, τὸ, ce par quoi une chose parvient à son état de perfection, le remplissage, le dernier terme.

Πλησμιος, qui remplit, qui rassasie; 2°. fastidieux, dégoûtant.

Πλησμονη, satiété; plénitude, saturité.

3. Πληθωρια, ἡ, le *pléthore*, trop grande abondance d humeurs.

Πληθωρικος, plein d'humeurs.

Πληθωρεω, remplir; 2°. déborder, inonder.

4. Πληθος, εος, τὸ, plénitude : 2°. foule, multitude : 3°. nombre, quantité : 4°. grandeur.

Πληθυς, υος, ἡ, multitude.

Πληθυω, être en nombre; être plein.

Πληθυνω, multiplier, augmenter; 2°. croitre.

Πληθυσμος, accroissement, multiplication.

5. Πιμ-Πλημι, Πιμ-Πλαω; Πιμ-Πλαμω, remplir, combler.

Πλημα, τὸ, même que Πλησμα.

6. Πλημη, ἡ, flux de la mer.

Πλημυρα, Πλημμυρις, approche du flux.

Πλημμυριον, τὸ, barre, lieu où il n'y a de l'eau que dans la marée; 2°. Citadelle construite sur le terrein qu'inonde la marée.

Πλημμυρος, plein, inondant.

Πλημμυροω, inonder par la marée.

Πλημμυρεω, regorger, inonder.

7. Πλημνη, moyeu de roue.

2.

ΔΑΣ-ΠΛΗΣ, ητος, ὁ, rempli de grands maux : 2°. atroce, terrible, fâcheux : 3°. pénible, difficile.

De *Plés*, plein, rempli, & de *Daio*, diviser, déchirer.

3.

ΠΛΟΥΤος, ȣ, ὁ, richesses, abondance de biens : 2°. Plutus, Dieu des richesses.

Πλουταξ, très-riche.

Πλουτηρος, lucratif.

Πλουτεω, être riche, posséder de grands biens, être dans l'abondance.

Πλουτιζω, enrichir.

2. ΠΛΟΥΤΕΥΣ *Plouteus*, & ΠΛΟΥΤΩΝ, *Plouton*, Pluton, le Dieu des morts; *mot-à-mot*, celui qui dévore tout, qui prend tout.

3. Πλουσιος, riche, opulent.

Πλουσιακος, de même.

Πλουσιαω, être riche, abonder.

Πλουσιαζω, enrichir.

4.

ΠΟΛυς, ΠΟΛΛη, ΠΟΛυ, nombreux, fréquent, en quantité, plusieurs : 2°. grand, vaste, spacieux ; 3°.

excellent: 4°. puissant.

Πολλακις, plusieurs fois, souvent.

Πολλαχη, en plusieurs lieux.

Πολλα-πλασιος, multiple, multiplié; 2°. beaucoup plus abondant.

Πολλα-πλασιαζω, multiplier.

Πολλοσος, 8, ὁ, un sur plusieurs.

2. ΠΛειων & ΠΛεων, ογος, ὁ, ἡ, plus grand, plus abondant, plus nombreux.

Πλεοναχις, plus souvent.

Πλεοναζω, devenir trop grand, être trop grand, trop abondant ; 2°. être redondant ; 3°. devenir insolent.

Πλεονασμος, pléonasme, surabondance, superfluité.

Πλεονασμα, de même.

Πλεονασικος, surabondant, superflu.

3. ΠΛΕΙΑΣ, αδος, ἡ, les Pléïades, Constellation.

4. ΠΛιςος, *superlatif*, très-nombreux, le plus grand nombre.

Πλεισαχις, le plus souvent.

Πλεισηριαζω, mettre l'enchere, mettre au-dessus de tous.

Πλεισηριασμος, enchere.

5. Πλεισηριζομαι, se glorifier, se vanter.

5.

1. ΠΟΛις, εως, ἡ, *Polis*, Ville ; mot-à-mot, réunion d'une grande multitude.

Πολιας, αδος, ἡ, Pallas, Protectrice de la Cité.

Πολιευς, Jupiter, Protecteur du peuple.

Πολιχνη, petite Ville, Bourg.

Πολιζω, fonder une Ville.

Πολιςης, ὁ, Fondateur d'une Ville.

Πολισμα, τὸ, Ville, Cité.

2. ΠΟΛιτης, 8, & ΠΟΛιητης, citoyen, habitant de la ville, concitoyen.

Πολιτις, ιδος, ἡ, Citoyenne.

Πολιτικος, qui concerne les Citoyens.

Πολιτιζω, administrer la Ville, les affaires civiles.

Πολιτισμος, administration de la Cité, de la Ville.

Πολιτευω, être chargé du Gouvernement, être dans la Magistrature ; 2°. vivre dans une République ; 3°. se conformer à ses loix.

Πολιτεια, ἡ, administration, gouvernement de la République ; 2°. état de la République ; 3°. maniere de vivre ; régime.

Πολιτευμα, τὸ, de même ; 4°. ce qui concerne l'administration ; 5°. art de gouverner.

Πολιτευτης, ὁ, Administrateur de la Ville, Magistrat.

2. ΠΤΟΛις, en poésie, pour Πολις, à la Grecque.

3. ΠΤΟΛιεθρον, petite Ville, République.

PO,

plante.

Du primitif בא, *bo*, *ba*, production, plante qui vient, qui s'éléve, & d'où est venu le mot *bois*, se forma la famille POA, VOA; commune à tout le Globe.

En Chinois, HOA, fleur.

En Péruvien, HUA ; fruit ; HUA-HUA, fils.

En

En Madagascarien, Voua, fruit.
En Hébreu, ת-בוא, *The-Voua*, ou *The-boua*, fruit.
En Taïtien, Poua, fleur des plantes.

I.

1. ΠΟΑ, ας, ή, & en Ionien ΠΟΙΗ, plante.

Ποωδης, δ, ή, abondant en plantes.
Ποαριον, petite plante.
Ποαζω, cueillir des plantes; 2°. arracher les plantes nuisibles, inutiles.
Ποασμος, action d'arracher les mauvaises herbes.
Ποαςρια, celle qui arrache les mauvaises herbes; sarcleuse.
Ποαςριον, faulx, serpe.

2. ΠΟΙηεις, εντος, ὁ, plein d'herbes.
Πυινρος, de même.

3. ΠΟΙα, même que Ποα : 2°. année : elle rapporte.

2.

1. ΚΥΑΜος, ο, Féve : 2°. Scrutin : 3°. bout du sein.
Κυαμινος, de féve.
Κυαμιαιος, de même ; 2°. gros comme une féve.
Κυαμων, ωνος, ὁ, lieu planté en féves.

2. Κυαμευω, donner son suffrage avec des féves.
Κυαμευτος, qui a été élu avec des féves.
Κυαμευτης, qui élit avec une féve.
Κυαμιον, το, petite féve ; haricot.

3. ΠΥΑΜος, le même que ΚΥΑΜος, par le changement de K en P, ou de P en K.

Orig. Grecq.

4. Πυαγον, το, de même : 2°. légumes.
Πυανιος, de féve : de légume.

*Comme on mangeoit des féves en commémoration des morts, il paroît que du même mot *Puamos*, féve, vint le Valdois A-PA-Mos, repas des morts, ou plutôt repas à l'honneur des morts & après leurs funérailles.

PON.

De BON, FON, PON, gros, abondant, vinrent ces mots.

1.

ΠΥΝΔαξ, ακος, *Pundax*, le fond d'une chose : 2°. la poignée d'une épée.

2.

ΠΕΜ-ΦΙΞ, ιγος, ή, soufle : 2°. goute : 3°. nuée : 4°. bulle, pustule.

De *Pon*, *Pen*, élevé, & *Fus*, soufler. En Grec Φυσαω.

3.

ΠΩΜα, το, couvercle : 2°. boisson, au lieu de Πομα : 3°. palme d'Egypte, ou fruit du palmier, cueilli avant son entiere maturité.
Πωμαζω, fermer d'un couvercle.
Πωματιας, ο, qui a un couvercle.

POS.

Α-ΠΟΣ, εος, το, mot qui ne se trouve que dans les Phéniciennes d'Euripide. On le rend, les uns par le mot travail ou fatigue, lassitude ; les autres par celui d'élévation.

Quel que ce soit des deux, il

tient à l'Oriental, סס, *Pas*, *Pos*, abondance, multiplication.

Le travail multiplie les biens, & la fatigue vient du trop de travail.

PRA,
Produire.

Du primitif PRA, PHRA, même que PER, FER, produire, vinrent ces Familles.

1.

ΠΡΑΣΣω, ΠΡΑΤΤω, faire, agir : 2°. administrer, tailler : 3°. transiger : 4°. vivre, passer sa vie : 5°. exiger, forcer.

Πραγμα, τὸ, action, chose faite par quelqu'un, affaire ; 2°. chose en général.

Πραγματιον, diminutif.

Πραγματικος, d'affaire ; réel : habile à négocier.

Πραγματευω, impliquer dans les affaires ; 2°. vexer, tourmenter.

Πραγματεια, application, étude ; 2°. intention ; 3°. difficulté, affaire épineuse ; 4°. peine, angoisse.

Πραγματειαι, αἱ, querelles, disputes, litige.

Πραγματειωδης, pénible, affairé.

Πραγματευτης, Négociant, Marchand.

Πραγματευς, de même.

2. ΠΡΑΞΙΣ, εως, ἡ, action, gestes, actes : 2°. outrage : 3°. exploit : 4°. état, condition : 5°. exaction.

Πρακτος, faisable, qui peut se faire.

Πρακτικος, en état d'agir, habile à agir.

Πρακτωρ, Exacteur, qui lève les impôts.

Πρακτωρ, qui exécute, qui commet ; 2°. exacteur ; 3°. vengeur.

3. Πραγος, ιος, τὸ, chose, affaire.

4. ΠΡΗΣΣω, en Ionien, pour Πρασσω.

Πρηγμα, Πρηξις, &c. en Ionien.

2.

ΠΡΑΣΙα, ας, ἡ, carreau de jardin potager.

3.

ΠΡΑΣον, τὸ, porreau : il est verd, couleur des productions des jardins.

Πρασινος, de porreau.

Πρασιος, de même.

Πρασιζω, être verd, couleur de porreau.

4.

ΠΡΑΟΣ, ὁ, doux, mûr, bon à manger.

Πραοτης, ἡ, douceur.

Πραΰς, doux.

Πραΰτης, même que πραοτης.

Πραΰνω, adoucir, mitiger, appaiser, calmer.

Πραΰνσις, εως, ἡ, action de calmer, d'appaiser, d'adoucir.

Πρηΰς, en Ionien, doux.

Πραμνειος, vin de Pramnia, dans l'Isle d'Ithaque.

5.

ΠΡΕΜΝΟν, τὸ, tige, tronc, ce qui produit les branches : 2°. écorce : 3°. fondement.

Πρεμνιον, souche, petite tige.

Πρεμνωδης, semblable à une souche.

Πρεμνιζω, arracher avec la souche & les racines.

PRA, PRO,
devant.

De POR, devant, avant, prononcé PR, PRO, vinrent nombre de Familles.

1.

ΠΡΟ, avant, devant.

Προσθεν, en présence, en face, devant; 2°. plus avant; 3°. auparavant.

Προσω, Προσσω, Πορρω, Πορσω, avant soi, dans la partie antérieure : long-tems avant; au loin, de loin; 3°. par-dessus, au-delà.

Πορρωτερον, plus loin.

Προτυ, devant, auparavant, avant.

Προτερω, fort au-devant, fort en avant; 2°. au-delà de toute expression.

2. ΠΡΟΤεροc, premier, qui procéde, antérieur.

Προτερον, auparavant.

Προτεραιος, ὁ, le jour avant.

Προτερικος, le premier, qui est devant.

Προτερευω, être le premier.

Προτερημα, τὸ, le premier rôle, les devants; la victoire.

3. ΠΡΩΤος, & Dorien, Πρατος, premier; 2°. qui est à la tête.

Πρωτον, premiérement, en premier lieu.

Πρωτα, Πρωτως, de même.

Πρωτευω, avoir le premier rang, la premiere place, être à la tête.

Πρωτειον, τὸ, primauté, premier rang, principauté.

Πρωϊςος, le tout premier, qui est avant tout.

2.

ΠΡΟΣ, en face, vis-à-vis : 2°. auprès : 3°. chez : 4°. envers.

3.

ΠΡΟΚα, d'abord, aussi-tôt, soudain.

4.

1. ΠΡΩΪ, le matin, la tête du jour : 2°. avant le tems, prématuré.

Πρωϊος, matinal, matinier; 2°. mûr.

Πρωϊστης, précocité, maturité prématurée.

Πρωϊμος, mûr; 2°. à tems.

Πρωϊνος, matinal.

Πρωϊθεν, du matin.

ΠΡΩ pour ΠΡΩΪ, en Athénien.

2. ΠΡΩΪζα, Πρωϊζον, ce matin, il n'y a pas long-tems.

Πρωην, depuis peu : il n'y a pas long-tems; 2°. avant-hier.

3. Πρϵι, pour Πρωϊ.

Πρωξ, ωκος, goutte.

5.

ΠΡΟΣ-ΠΑΙος, récent, tout frais; du moment, soudain.

6.

ΠΡΥΜΝος, ὁ, le dernier, le fond.

Πρυμνα, la pouppe.

Πρυμναιος, Πρυμνησιος, qui est à la pouppe.

Πρυμνητης, ὁ, le Pilote, il se tient à la pouppe.

Πρυμνηθεν, du côté de la poupe.

7.

ΠΡΩΡΑ, la proue, le devant du vaisseau : de PRO, devant, & οραω, regarder.

Πρωρατης, qui gouverne la proue du vaisseau.

Πρωρατευω, gouverner la proue.

Πρωρευς, même que Πρωρατης.
Πρωραζω, baisser du côté de la proue.

I I.

1.

ΠΡΑΠιδες, ce que les Latins appellent *Præ-cordia*, l'avant-cœur : 2°. les entrailles : 3°. les mouvemens de l'ame.

2.

ΠΡΕΣ-ΒΥΣ, υος, & Athén. εως, ὁ, vieillard ; de *Pre*, avant, & *Bo*, aller : 2°. Ancien, Chef, Roi, Sénateur : 3°. Lieutenant, Envoyé.

Πρεσβυτερος, plus âgé, plus vieux ; 3°. plus antique.

Πρεσβυτατος, le plus âgé, l'aîné ; 2°. tout ce qu'il y a de plus antique.

Πρεσβυτης, ὁ, même que Πρεσβυς.

Πρεσβυτις, Πρεσβεια, vieille, femme âgée.

Πρεσβευω, être vieux, âgé, l'aîné ; 2°. être élevé en honneur, être l'ancien, le chef.

Πρεσβευμα, τὸ, l'honoraire.

Πρεσβεια, l'honneur le plus auguste.

Πρεσβειον, τὸ, honoraire de l'aîné, du plus ancien, du chef.

Πρεσβευς, εως, même que Πρεσβυς.

2. Πρεσβευω, s'acquitter d'une Ambassade, d'une Légation : 2°. être le Lieutenant Général d'une armée.

Πρεσβεια, ambassade, légation.

3.

ΠΡΗΝης, εος, ὁ, ἡ, qui panche en avant, qui se précipite.

Πρηνιζω, tomber tête premiere, se précipiter.

Πρηνισμος, ὁ, action de se précipiter.

Πρανης, même que Πρηνης.

Πραν, τὰ, le dos, en parlant des animaux.

Πρανιζω, même que Πρηνιζω.

4.

ΠΡΗΩν, ωνος, ὁ, sommet, éminence, lieu éminent.

5.

ΠΡΙΝ, avant, auparavant : 2°. avant que.

6.

ΠΡΙΝος, ȣ, ὁ, Yeuse, arbre à piquans.
Πρινιδιον, diminutif.
Πρινινος, d'yeuse.

7.

1. ΠΡΕΠω, *Prepó*, surpasser les autres en beauté ; être beau, très-beau : 2°. exceller : 3°. être séant, convenable.

En Or. פרא, *Phra*, *Pra*, beau, brave.

Πρεπωδης, décent, convenable.

2. ΠΡΟΠιον, τὸ, Oracle, prédiction ; mot-à-mot, ce qu'on apperçoit d'avance.

P U, puer, pourrir.

1. ΠΥῖον, pus, sang gâté.
Πυον, τὸ, de même.
Πυοω, suppurer.
Πυεω, de même.
Πυη, maladie du poumon, phthisie.
Πυος, premier lait.

2. ΠΥΘΩ, puer, pourrir, sentir mauvais, c'est une Onomatopée.

Πυθεδων, ονος, ἡ, pourriture.

Πυθων, dragon ou serpent né de la pourriture après le déluge & tué par Apollon.

3. ΠΥΘιος, surnom d'Apollon, à cause, disoit-on, de sa victoire sur le serpent Python.

Πυθιον, Temple d'Apollon Pythien.

Πυθια, τὰ, les Jeux Pythiens à l'honneur du même.

4. Πυθων, esprit ou génie de Python, au moyen duquel on prédisoit l'avenir.

Πυθωνες, οἱ, ceux qui prédisoient l'avenir en parlant du ventre.

Ce surnom ou cette épithète donnée à Apollon ou au Soleil, doit tenir à la qualité même par laquelle il desséchoit les terres : à l'Egyptien *Phtha*, feu, lumiere ; Apollon *Pythien* est le Soleil-feu qui desséche les terres, éclaire les hommes, & leur fournit les moyens de percer dans l'avenir.

MOTS GRECS
VENUS DE L'ORIENT.

P.

ΠΕΛΤη, le Lat. *Pelta*, espèce de bouclier, d'armure défensive : ce mot est de la même famille que l'Oriental פלד, *Pald*, cotte-d'armes.

Πελταριον, diminutif.

Πελτασης, ὁ, qui est armé de ce bouclier.

De-là, selon quelques-uns :

ΚΑΤΑ·ΠΕΛΤης, catapulte ; mais il appartient à la famille, *Bell, Ball*, lancer.

ΠΕΝ-ΘΕΡος, beau-pere de la femme ; mot formé de la terminaison *ther*, excellent, beau, & de l'Oriental Ben, pere, Auteur.

Πεν-Θερα, belle-mere.

ΠΕ-ΠΕΡΙ, εως, τὸ, le Latin *Piper*, poivre : plante Orientale.

Πε Περις, ιδος, ἡ, grain de poivre.

Πε-Περιον, de même.

Πε-Περιζω, ressembler au poivre.

Ce mot vient sans doute de l'Or. *Bar, Ber*, porter, produire, & peut-être de *Pu, Poe*, devenu Pε en Grec, production par excellence, aromate.

ΠΕΡΣης, Persan ; c'est l'altération de

l'Oriental *Fars*, Perse ; qui doit tenir au Celte *Mar*, *Marsh*, cheval.

Περσικος, de Perse : d'où *Malus Persica*, la Pêche : *Avis Persicus*, le Paon.

ΠΕΡΣεα, εας, ἡ, le Persea, arbre Egyptien.

ΠΕΡΣιον, plante d'Egypte.

ΠΗΓη, ἡ, fontaine, source, eau jaillissante.

Πηγαδιον, diminutif.

Πηγαιος, de fontaine.

Πηγαζω, sourdre, jaillir.

De l'Or. פרד, *Piké*, couler, sourdre, jaillir, distiller.

De la même famille par le changement si commun de G en D, vint :

ΠΙΔαξ, ακος, ὁ, ἡ, source, fontaine, eau jaillissante.

Πιδακοεις, εντος, ο, lieu arrosé, rempli de sources.

ΠΗΜΑ, ατος, τὸ, perte, ruine, dommage, dam, massacre, défaite.

Πημαω, nuire, blesser, causer du dommage.

Πημαντος, qui a reçu du dommage, lezé.

Πημοσυ, même que Πημα.

De l'Or. פעם, *Pom*, action de briser, de casser, de nuire.

Πλεω, naviger ; *mot-à-mot*, fendre les eaux, les sillonner : de l'Or. פלה, *Plah*, fendre, couper en deux.

Πλευσις, ἡ, navigation.

Πλευσιμος ; — σικος, navigable.

Πλοος, & Πλευς, navigation ; 2o. expédition navale.

Πλωω, Πλωμι, Πλωιζω, Πλωιζομαι, naviguer.

Πλωτος, sur quoi on navigue.

Πλωτηρ ; ορος., ὁ, Navigateur, 2°. nageur.

Πλωτικος, propre à la navigation.

Πλωας, αδος, ἡ, qui nage, oiseau de riviere.

Πλωϊαδες, nuées qui nagent dans les airs.

ΠΛοιον, navire ; barque.

Πλοιαριον, diminutif ; 2º. nom d'une chaussure de femme.

ΠΥΡΑΜις, ιδος, ἡ, Pyramide : 2o. Greniers royaux d'Egypte. Ce mot ne vient point de Πυρ, *Pyr*, feu, comme l'ont cru les Etymologues ; mais de l'article Oriental P, & du mot ערם, *Hyram*, édifice merveilleux.

MOTS GRECS-CELTES,
OU DÉRIVÉS DE LA LANGUE CELTIQUE.

R

LA Lettre R peint un son roulant, rude, difficile à prononcer : aussi a-t-elle été consacrée à désigner les objets roulans, rudes, escarpés, pointus. Son caractère primitif fut parfaitement assorti à ces idées : il peint le NEZ qui forme un avancement considérable, & qui le rendit propre à désigner les Caps, les Promontoires.

R fut également propre à peindre les objets fluides, coulans, qui se précipitent, ainsi que ceux qui sont élevés.

En joignant à ces mots nombre d'Onomatopées dans lesquelles cette lettre abonde nécessairement, on aura la raison de tous les mots Grecs qu'elle offre.

On peut voir d'ailleurs ce que nous en avons dit dans l'*Origine du Langage & de l'Ecriture*, dans nos *Origines Françoises*, & dans les *Latines*.

ONOMATOPÉES.

1.

1. ΡΆΘΑΓος, ὁ, *Rhatagos*, bruit des eaux qui se brisent contre les rochers, bruit des rames dans l'eau ; 2°. tumulte, bruit.

Ραθαγεω, rendre des sons aigus, craquer, pétiller ; se fracasser avec bruit.

2. ΡΌΘος, ὁ, *Rhothos*, frémissement des eaux, bruit des vagues, bruit des rames qui agitent l'eau ; 2°. bruit, frémissement, tumulte.

Ροθεω, être emporté par son impétuosité, par son ardeur.

Ροθιον, τὸ, bruit des eaux, onde, vague.

Ροθιος, impétueux, qui s'avance avec bruit.

Ροθιαζω, ramener avec effort, avec beaucoup de vitesse, à l'envi ; 2°. manger avec bruit.

Ροχθεω, rendre des sons aigus & perçans, bruire.

3. ΡΟΊΖος, ὁ, *Rhoizos*, bruit aigre & perçant, grincement ; 2°. choc, effort.

Ροιζωδης, qui fait entendre un bruit aigre & perçant.

Ροιζημα, bruit aigu & sonore, frémissant, tel que celui d'une flèche dans l'air, ou le sifflement de la bale.

Ροιβδος, Ροιβδησις, Ροιδμος, de même.

Ροιβδεω, même que Ροιζεω.

II.

1. ΡΕΓΧω, *Rhenkhô* & *Rhenkô*, ronfler : le Lat. *Rhoncisso*.

Ρεγχος, & Ρεγξις, ronflement.

Ρογχος, de même.

Ρογχιειν, même que Ρεγχειν.

Ρογχαζω, résonner, retentir.

2. Ε-ΡΕΥΓω, le Lat. *ructo*, roter.

Ε-Ρυγγανω, Ε-Ρυγμανω, mêmes.

Ε-Ρυγμος, Ε-Ρυγη, Ε-Ρευγμος, rot, action de roter.

Ε-Ρυγματωδης, qui excite à roter.

3. Ε-ΡΕΠΤω, manger, paître, se nourrir.

4. ΡΙΚΝος, ὁ, *Riknos*, ridé, courbé, voûté.

Ρικνοτης, ητος, ἡ, courbure.

Ρικνεομαι, se tordre, & tourner dans tous les sens ; sauter en se courbant, en se repliant.

Ρικνωδης, ridé, en parlant de raisins.

Ρικνωσις, εντος, ridé, vieux ; 2°. hors d'usage.

III.

1. ΡΑΙω, *Rhaiô*, détruire, abattre, disperser, gâter, corrompre.

Ραισος, qu'on peut détruire, corruptible.

Ραιϛος, destructeur, corrupteur.

Ραιϛηρ, ὁ, maillet, marteau.

2. ΡΑΣΣω, Α-Ρασσω, *Rhassô*, *A-Rassô*, briser, jetter à bas, précipiter.

Ραχος, précipice, lieux escarpés, roche escarpée, colline rapide.

Ραχηριος, qui bruit, qui fait entendre des sons bruians.

Ραχηρια, τὰ, perches ou bâtons, avec lesquels on abat les fruits.

Καλα-Ραχης, cata-racte, lieux escarpés, d'où les eaux se précipitent avec bruit.

IV.

1. ΡΗΣΣω, ΡΗΓΝυω, ΡΗΓνυμι, *Rhéssô*, *Rhégnuô*, *Rhégnumi*, rompre, briser, fracasser, mettre en piéces ; 2°. frapper avec force ; 3°. teindre.

Ρηγμα, rupture : ce qui est rompu, brisé.

Ρηγμιν, ινός, ἡ, rivage : la terre y est brisée, rompue.

Ρηξις, εως, ἡ, fracture, rupture.

Ρηκτης, ὁ, qui rompt, qui brise, effracteur.

Ρηχος, cloison.

Ρηχωδης, rude, escarpé, âpre.

ΡΗΓη, éruption.

2. ΡΑΓας, αδος, ἡ, *Rhagas*, rupture, fente.

Ραγοεις, εντος, déchiré, qui rit.

Ραγδαιος, impétueux, qui se jette avec violence.

Ραγδαιοτης, ἡ, impétuosité.

3. ΡΩΓη, *Rhôgé*, fente.

Ρωγαλεος, fendu, qui rit.

Ρωγας, αδος, ἡ, roche fendue.

Ρωγμη, Ρωγμος, fente, crevasse, gerçure.

Ρωξ, ωγος, ἡ, de même.

4. ΡΑΚος, εος, τὸ, habit déchiré, haillons, lambeaux.

Ρακοεις,

Ρακοεις, déchiré, en lambeaux.
Ρακοομαι, être déchiré, être en lambeaux.
Ρακωμα, habit fait de divers morceaux, rapetaffé.
Ρακιον, habit ufé, déchiré.

5. Ρακιδες, rameaux, petites branches.

6. ΡΑΧις, εως, ἡ, épine du dos : elle eft compofée de diverfes piéces.
Ραχιτης, ȣ, ὁ, du dos.
Ραχιζω, Ραχετριζω, difféquer.
Ραχιςηρ; Ραχιςης, qui difféque ; 2°. menteur, charlatan.
Ραχελρον, moëlle de l'épine du dos.
Ραχος, εος, τὸ, portion arrachée du dos ; 2°. bâton épineux.
Ραχες, Ραχαι, tiges.

7. Ραχια, ἡ, rivage de rocs, rempli d'écueils.

8. ΡΑ'Ξ, Ραγος, ἡ, verjus ; 20. grains des fruits à grappes ; 3°. bout des doigts.
Ραγιζω, cueillir du verjus.
Ραγωδης, à verjus, de verjus.

IV.

1. Ε-ΡΕΙΚω, brifer, rompre, caffer.
Ε-Ρειξις, fraction.
Ε-Ρεικτος, brifé, fracaffé.
Ε-ΡΕΓΜος, ὁ ; Ε-Γεγμα, τὸ, féve britée, concaffée.
Ε-Ριγμη, bouillie avec des féves brifées, concaffées.

2. Ε-ΡΕΙΚη, le Lat. Erice, bruyere.
Ε-Ρεικαιον, miel de bruière.
Ε-Ρεικιον, ce qu'on peut aifément rompre, menuifer.

Orig. Grecq.

V.

1. Ε-ΡΕΙΠω, rompre, brifer, démolir, renverfer.
Η-ΡΙΠον, je fuis tombé ; aor. 2.
Ε-Ρειψιμος, qui tombe en ruine.
Ε-ΡΕΙΠιον, édifice tombé en ruine ; mafures, ruines, débris.
Ε-ΡΙΠοω, renverfer.

2. Ε-ΡΙΠγη, fommet de rochers, roches : elles font formées des débris des montagnes ou du monde.

R,

Soleil, vue.

Du primitif Ro, Soleil, éclat, vinrent :

1.

Α-ΡΑΙος, rare, mince, qui laiffe voir à travers ; 2°. étroit, foible, petit.
Α-Ραιοτης, ἡ, rareté.
Α-Ραιοω, raréfier, relâcher.
Α-Ραιωμα, τὸ, rareté ; fente ; interftice.
Α-Ραιωσις, raréfaction ; atténuation.
Α-Ραιωτικος, qui a la force de raréfier.

2.

1. Ε-ΡΕΥΘος, εος, τὸ, couleur rouge, rougeur.
C'eft le Celte *Reu*, *Ru*, rouge.
Ε-Ρευθης, ὁ, ἡ, rouge.
Ε-Ρευθνεις, rouge, rubicond.
Ε-Ρευθοδανον, garance ; le *rubia* des Latins.
Ε-Ρευθω, rougir, rendre rouge.
Ε-Ρευθιαω, rougir, devenir rouge.

2. Ε-ΡΥΘημα, τὸ, rougeur ; 2°. honte.

Ε-Ρυθαινω, rougir.
Ε-Ρυθρος, rouge.
Ε-Ρυθριας, de même.
Ε-Ρυθραινω, rendre rouge.
Ε-Ρυθριαω, devenir rouge.
3. Ε-Ρυθρινος, rouge-gorge, *oiseau*.
4. Ε-Ρυσιβη, rouille, maladie des plantes.
Ε-Ρυσιβαω, être attaqué de la rouille.

3.

Ρ'Οδον, το, *Rhodon*, rose.
Ροδοεις, Ροδεος, Ροδινος, Ροδιος, de rose, rosat, couleur de rose.
Ροδη, rosier.
Ροδωνια, lieu planté de roses.
Ροδιτης οινος, vin de roses.
Ροδις, ιδος, η, pastille à la rose.
Ροδιζω, être couleur de rose.
Ροδαξ, ακος, η, petite rose.

4.

Ρ'ΟΑ, Ρ'ΟΙΑ, *Rhoa*, *Rhoia*, grenadier; 2°. grenade; ses fleurs sont d'un beau rouge.
Ροιτης, vin à la grenade.
Ροων, ωνος, ο, lieu planté en grenadiers.
Ρουσιος, couleur de grenade.
Ρουσιζω, être couleur de grenade.

5.

Du même Ro, brillant, éclatant, vint Ro; agréable, cher.
En Irl. *Ros*, agréable.
En Orient. רעה, *Rhoe*, ami; aimer.
De-là cette Famille Grecque:
Ε-Ραω, aimer, chérir.
Ε-Ρασμαι, être aimé.

Ε-Ραμαι, *poét.* aimer.
Ε-Ραζω, Ε-Ραζομαι, de même.
Ε-Ρασμιος, aimable.
Ε-Ραδος, Ε-Ρατος, de même.
Ε-Ρατεινος, même.
Ε-Ρατιζω, aimer avec ardeur, desirer vivement.
Ε-Ραστης, ο, amant; qui aime; 2°. ami; 3°. qui s'attache à un objet quelconque.
Ε-Ρατευω, desirer.
Ε-Ραννος, agréable, charmant.

2. Ε-ΡΩΣ, ωτος, ο, amour; 2°. l'Amour.
Ε-Ρωτικος, érotique, qui concerne l'amour.
Ε-Ρωτιον, petit Amour, petit Cupidon, son image.
Ε-Ρος, en *Eol.* pour *Eros*.
Ε-Ροεις, εντος, ο, aimable, beau, gracieux.

3. ΗΡα, τα, choses agréables, flatteuses.

6.

Du même Ro, signifiant guide, Chef, Roi, vint:
Η-ΡΑΝος, Roi, Chef; secoureur.

RA, nombre.

De RAB, nombre, prononcé RAF, RATH, RITH, vint:
Α-ΡΙΘΜΟΣ, ο, *A-rithmos*, nombre.
Α-ΡΙΘΜΕΩ, nombrer, compter.
Α-ΡΙΘΜΗΣΙΣ, compte, énumération.
Α-ΡΙΘΜΗΤΟΣ, nombrable.
Α-ΡΙΘΜΗΤΙΚΟΣ, Arithméticien, habile dans les comptes.
Α-ΡΙΘΜΗΤΙΚΗ, Arithmétique, science des nombres.

RA, élevé.

Du même mot RA signifiant élevé, vinrent ces diverses Familles.

1.

ΡΑ-ΡΟΣ, fort, robuste; 2°. bedaine, ventre.

2.

ΑΓΕ-ΡΩΧος, ὁ, *Age-Rokhos*, orgueilleux, insolent, arrogant: de *Ga*, *Aga*, extrêmement, & *Rog*, rogue.

Αγε-Ρωχια, orgueil, arrogance, fierté.

3.

1. Ε-ΡΕΦω, couvrir, élever le toît.
Ε-Ρεψις, εως, ἡ, action de faire un toît.
Ε-Ρεψιμος, matiere propre pour les toits.
2. Ο-ΡΟΦη, charpente d'un toît, toît.
Ο-Ροφος, ὁ, toît; voûte; 2°. roseau propre à couvrir les maisons.
Ο-Ροφοω, faire un toît, élever une voûte.

4.
RAD, branche.

En Irl. RAS, branche, rameau: & en Grec:

1. Ρ'ΑΔαμνος, ὁ, surgeon, branche jeune, tendre.
2. Ρ'ΑΔιξ, ικος, ὁ, branche, rameau.
3. Ρ'ΑΒΔος, ȣ, ὁ, branche, bâton, baguette, verge; 2°. sarment; 3°. lance.

Ραβδωτος, colonne posée en longueur, à angles droits; 2°. colonne cannelée.
Ραβδιζω, battre avec des verges.
Ραβδιον, houssine, petite verge.
4. Ρ'ΑΠις, ιδος, ἡ, verge.

Ραπιζω, battre, frapper avec des verges.
Ραπισμα, τὸ, coups de verges.

5. Κ-ΡΑΔη, ης, ἡ, branche de figuier.
Κ-ΡΑΔος, ἡ, de même; 2°. sorte d'ulcère ou fic.
Κ-Ραδαλοι, branches de figuier.
Κ-Ραδαιον, τὸ, feuille de figuier.
Κ-Ραδαω, avoir la maladie du fic.
Κ-Ραδαινω, même que Κ-Ραδαω; 2°. lancer; 3°. ébranler, secouer, émouvoir.
Κ-Ραδευω, de même.

5.

Ε-ΡΕΣΣω, ramer.
Ε-Ρεσια, action de ramer.
Ε-Ρετης, ὁ, rameur.
Ε-Ρετμος, ὁ; —τμον, τὸ, rame.
Ε-Ρετμοω, ramer.

Dans les Composés,

ΗΡης, signifie rang de rames.

6.
RA, Négatif.

RA, a signifié par opposition le contraire d'élevé.

1. Ρ'ΑΙΒος, ὁ, *Rhaibos*, tortu, courbe, rabougri, qui a les jambes torses.
2. Ε-ΓΙΦος, ȣ, ὁ, chevreau, le petit d'une chèvre.

Ε-Ριφιον, τὸ, un petit chevreau, un chevreau de lait, un cabri.
Ε-Ριφειος, de chèvre.

En Celte, *Rhith*, petit.

RAM, RAN.
Fort.

Ρ'ΩΝΝυω, Ρ'ΩΝΝυμι, *Rhonnuó*, fortifier, affermir, corroborer.

Ρ'ΩΜΗ, ης, ἡ, *Rhomé*, force, puissance.

Ρωμαλεος, robuste, fort.

Ρωμαλεοτης, ἡ, robusticité, virilité.

Ρωμαλεοω, rendre fort, robuste, affermir.

Ρωσις, ἡ, confirmation, force, affermissement, santé.

Ρώομαι, être ébranlé, secoué, agité.

Ρωσικος, qui est enclin fortement.

Ρωστηριον, motif, tout ce qui aiguillonne & anime.

2.

Ρ'ΙΝΗ, ης, ἡ, *Rhiné*, lime; elle est âpre, rude; 2°. nom d'un poisson dont la peau est âpre, l'ange.

Ρινεω, Ρινιζω, limer.

Ρινημα, limaille.

Ρινιον, petite lime; 2°. collyre.

3.

Du Celte RANN, part, portion, lot, vint :

E-ΡΑΝος, ȣ, ὁ, écot, repas où chacun paie sa part, piquenic, collecte; 2°. contribution, en *général*: 3°. symbole : 4°. bienfait, libéralité, faveur.

E-Ρανιον, petite monnoie, petit écot.

E-Ρανιsης, un de ceux qui payent leur écot.

E-Ρανιζω, obtenir une faveur, un bénéfice; 2°. conférer un bénéfice; accorder une grace.

4.

De RAM, haut, élevé, vint une autre famille, désignant les objets pointus, piquans.

1. Ρ'ΑΜΝος, ἡ, le *Rhamnus* des Latins, aubespine, épine blanche, arbrisseau épineux.

2. Ο'-ΡΑΜΝος, ὁ, rameau, branche, feuillée.

3. Ρ'ΑΜΦος, εος, τὸ, *Rhamphos*, bec, sur-tout le bec crochu des aigles & oiseaux de proie.

RAP,

Du Celte RAP, corde,

Gallois, Rhâff,

Vieux Saxon, Rape,

Theuton, *Island* Reifa,

Angl. Rope,

vint le Grec,

Ρ'ΑΠτω, *Rhaptô*, coudre; 2°. emballer, lier: 3°. construire, machiner.

Ραμμα, couture, suture; 2°. fil.

Ραπτης, qui cout; emballer.

Ραφη, ἡ, couture.

Ραφις, ιδος, ἡ, instrument à coudre, aiguille.

Ραφιδευς, qui cout; cordonnier.

Ραφιδευω, coudre.

Ραφιον, petite aiguille; 2°. alêne.

RA,
Terre.

De RA, même que AR, terre, se formerent les noms des Racines.

1. Ρ'Α, *Rha*, la racine par excellence, dont le nom étant joint au mot *barbarum*, étranger, est devenu le mot RHUBARBE.

2. Ρ'ΑΦαγος, ο; ΡΑΦαγις, ιδος, ἡ, le Lat.

Raphanus, rave, navet, radix.

3. Ρ'ΙΖα, ης, ἡ, *Rhiza*, racine.
Ριζιας, ὁ, exprimé des racines.
Ριζιον, petite racine.
Ριζοω, enraciner, affermir sur ses racines ; 2°. affermir, établir.
Ριζωμα, action de pousser des racines.
Ριζωσις, η, action de s'enraciner.

4. E-ΡΕΠΤω, se nourrir des biens de la terre.

RIG,

Ρ'ΙΓος, εος, τὸ, rigueur du froid, froid excessif.

Ce mot tient au Celte, *Rhew*, *Reug*, gelée, & ils peuvent être tous deux considérés comme une Onomatopée.

Ριγηδανος, qui inspire le tremblement, la frayeur ; effroyable ; qui transit.
Ριγεω, frissonner, être saisi d'horreur.
Ριγελος, qui répand l'effroi.
Ριγιον, formidable, effrayant.
Ριγιος, ὁ, les frissons de la fièvre.
Ριγοω, avoir froid, être transi, être glacé.

De RAB, RAP, ravir, enlever, vint :
ΑΝΕ-ΡΕΠΤω, ΑΝΕ-ΡΕΠΤω, ravir, enlever.

R,

se précipiter, courir, couler.

De R désignant ce qui a un mouvement rapide & roulant, vinrent multitude de familles.

1.

Ρ'ΑΔιος, enclin, en pente ; 2°. facile, aisé.

Ραων, pour Ραιων, plus aisé, plus expédient.
Ραιζω, être mieux, relever de maladie.
Ραςος, très-facile.
Ραςωνη, facilité ; 2°. repos, loisir ; 3°. relâche ; 4°. bonheur.
Ραςανευω, languir dans le repos, dans l'oisiveté, ne rien faire.
Ρηιδιος, poét. même que Ραδιος, Ραιδιος.

2.

Ρ'ΕΖω, faire : 2°. faire un sacrifice.
Ρεκτηρ, qui fait, agent, acteur.
Ρεδω, en Béotien, même que Ρεζὸ ; ce qui prouve également qu'il appartient à la Famille *Raidios*.
ΕΡΔω, même que Ρ'ΕΖω.

3.

ΡΕΘος, εος, τὸ, *Rhetos*, membre du corps ; c'est avec eux qu'on agit.

4.

1. Ρ'ΕΠω, *Rhepó*, pencher, incliner.
Ροπη, divergence, pente, inclinaison ; 2°. moment, instant, péril.
2. Ρ'Οπαλον, bâton : 2°. massue.
Ροπαλιζω, frapper avec la massue.
Ροπαλισμος, coup de massue.
Ροπτρον ; bâton ; 2°. épée ; 3°. anneau de porte.
3. Ρ'ΟΜΦαια, épée, javelot, pique.
4. Ρ'ΩΨ, ωπος, ὁ, branche d'osier.
Ρωπας, plante flexible.
Ρωπηιον, τὸ, oseraie, lieu planté en osiers.
5. Ρ'ΩΠος, ὁ, marchandises de peu de valeur : 2°. claies.
Ρωπικος, de peu de valeur.
6. ΡΙΨ, ιπος, osier, bois flexible, souple.

Ces divers mots paroissent appartenir la plûpart à la famille *Rab*, branche ; il est étonnant qu'on les ait tous rassemblés sous le mot *Rhepo*, avec lequel ils n'ont nul rapport.

5.

Ρ'ΙΟΝ, το, *Rhion*, sommet de montagne : 2°. promontoire ; ils sont escarpés, en pente.

6.

Ριπ]ω, précipiter.

Ριψις, action de précipiter, de renverser ; chûte, projection.

Ριπ]αζω, jetter, précipiter, renverser.

Ριπ]ασμος, renversement, chûte, action de jetter.

Ριπ]ασκω, même que Ριπ]αζω.

2. Ριμφα, légerement, promptement, précipitamment.

3. Ρ'ΙΠΗ, choc, effort avec lequel on jette : 2°. coup : 3°. soufle.

Ριπις, ιδος, η, éventail, soufflet, toute machine propre à exciter du vent.

Ριπιζω, souffler, éventer.

Ριπισμος, action de souffler, de réfroidir.

II.

R, couler.

1.

1. Ρ'Εω, *Rheó*, couler : 2°. mettre en fusion, fondre : 3°. parler, dire.

Ρευμα, flot, fleuve ; 2°. fluxion, rhume.

Ρευματιζω, être accablé de rhumes, de fluxions.

Ρευματισμος, fluxion, rhumatisme.

Ρευματιον, petit torrent, ruisseau.

Ρευσις, εως, η, action de couler.

Ρευσος, flux ; 2°. vain, caduque, périssable.

Ρεος, ως, το, flux.

Ρεεθρον, torrent.

Ρου ; Ροος, Ρους, torrent, cours d'eau, Ru.

Ρουδης, fluide.

Ροας, αδος, η, maladie de la vigne quand elle coule.

Ροικος, accablé d'une fluxion.

2. Ρ'ΗΤινη, résine.

Ρητινιζω, qui produit de la résine.

3. Ρ'Υω, *Rhuó*, couler.

Ρυσις, flux ; 2°. bras d'un fleuve : 3°. bouteille, flacon d'or.

Ρυτος, qui coule, fluide, coulant.

Ρυδον, en abondance.

Ρυμη, choc, effort, semblable à un torrent.

Ρυαξ, ακος, ο, riviere ; inondation, arrosement.

Ρυας, αδος, η, défaut de l'œil qui ne peut retenir ses larmes : 2°. vignes qui coulent.

Ρυας, adj. qui coule, qui tombe.

2.

1. Ρ'ΗΜα, parole, mot : 2°. sentence, bon mot : 3°. chant, hymne.

Ρηματικος, qui appartient aux mots ; 2°. verbal.

Ρηματιον, petit mot.

Ρηματισκιον, de même.

2. ΡΗΣις, εως, η, sentence, parole, discours.

Ρησειδιον, diminutif.

Ρητος, qui doit être dit ; 2° fixé, établi, décreté.

Ρήτηρ, Ρήτωρ, Rhéteur, Orateur; 2º. Avocat.

3. Ρητορικος, oratoire.

Ρητορικη, l'art Oratoire, Rhétorique.

Ρητορευω, exercer l'art Oratoire; 2º. haranguer.

Ρητορεια, Discours Oratoire, fait avec art.

4. Ρητρα, ας, η, tour de parler : 2º. diction : 3. oracle : 4º. pacte, convention : 5º. commentaire.

3.

Ρ'ΑΙΝω, arroser, asperger, répandre.

Ραντος, aspergé, arrosé.

Ραντηρ, ρος, ὁ, place d'où les larmes coulent.

Ραντιζω, Ραζω, mêmes que Ραινω.

Ραντισμα ; — μος, aspersion, arrosement.

Ρανις, ιδος, η, goutte.

Ρασμα, το, action de répandre.

Ραςωρ, nom d'une coupe.

4.

Ρ'Α-ΘΑΜΙΓΞ, γος, η, goutte.

De *Ra*, couler, *Thama*, fréquemment, de près : » gouttes » qui se suivent de près ».

5.

1. Ρ'ΕΜΒω, *Rhembó*, tourner en rond : tourner, aller çà & là.

Ρεμβη, tournée, action d'aller & de parcourir un district.

Ρεμβος, ὁ, voyageur, qui fait sa tournée.

Ρεμβευω, être vagabond, errant.

Ρεμβαζω, avoir un esprit indécis, flottant.

2. Ρ'ΟΜΒος, roue : 2º. rotation : 3º. figure de Géométrie : 4º. nom d'un poisson.

Ρομβεω, tourner, rouler.

3. ΡΥΜΒος, toupie.

4. Ρυμβων, ονος, ὁ, plis & replis du serpent.

6.

Ρ'ΟΦαω, Ροφεω, absorber, avaler; 2º. puiser, épuiser.

Ροφημα, ατος, το, ce qu'on boit, ce qu'on absorbe.

Ροφησις, action d'avaler un breuvage, de humer.

Ροφητος, beuvable.

7.

Ρ'ΥΘΜος, ὁ, *Rhythmos*, Rhythme, marche mesurée; 2º. le poulx.

Ρυθμιζω, s'accommoder au rhythme; 2º. composer, arranger.

8.

1. Ρ'Υω, *Rhuo*, tirer, entraîner : 2º. conserver : 3º. protéger : 4º. délivrer, racheter : 5º. couler.

Ρυμα, trait : contrée.

Ρυσιον, το, ce qu'on arrache.

Ρυτηρ, ὁ, qui tire; 2º. archer; 3º. frein, rênes.

Ρυτωρ, qui tire.

Ρυσμος, ὁ, contrée.

Ρυςαζω, tirer, entraîner, arracher.

Ρυςαγμα, violence; viol.

2. ΡΥΤις, ιδος, η, ride.

Ρυτιδωδης, ridé.

Ρυτιδοω, rider.

Ρυτιδωσις, η, contraction.

Ρυσσος, Ρυσος, ridé.

Ρυσσα, Ρυση, vieillesse.
Ρυσσοτης, η, état de ce qui est ridé.
Ρυσσοω, Ρυσσαινω, rider.
Ρυσσαλεος, ridé.

3. ΡΥΜη, rue; 2o. choc, sortie.
4. ΡΥΜος, ὁ, timon.
5. ΡΥΜα, το, protection, défense, rempart.
Ρυσις, délivrance, rachat.
Ρυσιον, rançon, gage.
Ρυσιαζω, prendre pour gage.
6. Ρυσιμον, το, Rhue, plante salutaire, qui délivre.
7. ΡΥτηρ, ρος, ὁ, garde, gardien.
Ρυτρον, rançon.
Ρυςης, Libérateur, Sauveur.
Ρυσκω, protéger, garantir, sauver du danger.

III.

Mots où R s'est fait précéder d'une voyelle, dans le même sens de couler.

1.

Ι-ΡΙΓες, les artères, dans Hyppocrate.

2.

1. Α-ΡΤηρια, artère, en Orient. רהט, Rhet, canal.
Α-Ρτηριακος, qui concerne les artères; 2o. rauque.
ΑΟ-Ρτη, η, la grande artère qui sort du côté gauche du cœur: 2o. réceptacle: 3o. armoire à habits.

3.

Κ-ΡΑΙΠηος, rapide, léger, vîte.

4.

Η-ΡΕΜος, ὁ, tranquille, paisible, coi; *mot-à-mot*, qui ne coule pas.
Η-Ρεμια, tranquillité, calme.
Η-Ρεμαιος, calme, tranquille.
Η-Ρεμεω, être tranquille, calme.
Η-Ρεμιζω, calmer, tranquilliser.

5.

Ε-ΡΣη, ης, η, Rosée.
Ε-Ρσηεις, εντος, couvert de rosée.
Ε-Ρσαιος, Ε-Ρσωδης, de même.
Ε-ΕΡση, poét. pour ΕΡση.

6.

Ε-ΡΩεω, couler, aller, être entraîné avec effort: 2o. céder, reculer.
Ε-Ρωη, effort, impétuosité.

7.

Ε-ΡΥω, traîner, entraîner; 2o. garder, conserver, protéger.
Ε-Ρυςος, tiré; 2o. dégaîné.
Ε-Ρυσιμον, nom d'une plante.
Ε-ΡΥω, protéger, garantir; 2o. conserver dans son cœur.

IV.

1. ΕΙ-Ρω, dire, interroger.
ΕΙ-Ρεα, assemblée.
ΕΙ-Ρεω, poét. parler, dire.
ΕΙ-ΡΗΝ, ενος, ὁ, enfant qui peut parler.
Ε-ΡΕω, dire, annoncer, interroger.
Ε-Ρεεινω, de même.

2. ΕΙ-ΡΩΝ, ωνος, ὁ, qui dissimule sa pensée, qui parle autrement qu'il ne pense; qui s'exprime IRONIQUEMENT.
ΕΙ-Ρωνικος, ironique.
ΕΙ-Ρωνεια, η, ironie.
ΕΙ-Ρωνευομαι, s'exprimer ironiquement.

3. ΕΡΜης,

3. ΕΡΜης, ὁ, *Hermès*, Mercure, l'Interprète, le Messager des Dieux: 2°. la premiere portion dans le partage des mets étoit pour lui, & s'appelloit *hermès* aussi: 3°. statue d'Hermès.

Ερμαιον, profit inespéré.

4. Ε-ΡΜηνευω, expliquer, interpréter.

Ε-ΡΜηνευς, interprète.

Ε-ΡΜηνεια, Ε-Ρμηνευμα, explication, interprétation.

Ε-ΡΜηνευΊης, qui explique.

V.

Ο-ΡΥΣΣω, creuser, fouir.

Ο-Ρυγμα, τὸ, fosse, fossé.

Ο-Ρυξις, εως, η, action de creuser, de fossoyer.

Ο-Ρυξ, fossoyeur, qui creuse.

Ο-Ρυκ7ηρ, ὁ, de même.

Ο-Ρυκ7ος, creusé; fossoyé.

Ο-Ρυχη, action de fouir, de fossoyer; 2°. groin du cochon avec lequel il fouit la terre.

R, le nez.

1.

Ρ'ΙΝ, Ρ'ΙΣ, ινος, *Rhin*, nez.

Ρινες, les narines.

Ρινιον, τὸ, narine.

ΡΙΝαω, tromper, mettre en défaut.

2.

Ρ'ΥΓχος, ιος, τὸ, bec.

Ρυγχιον, diminutif.

3.

Ρ'Ωθων, ωγος, ὁ, narine: 2°. nez.

Ρωθωνες, au pluriel.

4.

ΕΥ-ΡΙΝ, ινος; *mot-à-mot*, qui a bon nez, nom des chiens de chasse.

ΕΥ-ΡΩ, ΕΥ-ΡΙΣΚω, trouver, découvrir; 2°. acquérir, obtenir.

ΕΥ-Ρημα, τὸ, invention; découverte; 2°. profit.

ΕΥ-Ρεσις, εως, η, invention.

Ευ-Ρεθος, trouvé.

Ευ-Ρεθης, ὁ, inventeur.

Ευ-Ρετις, ιδος, η, inventrice.

Ευ-Ρετρον, τὸ, ce qu'on donne en récompense à celui qui a trouvé une chose perdue.

5.

Ε-ΡΕΥΝαω, chercher, suivre à la piste, découvrir.

Ε-Ρευνα, ης, η, recherche.

Ε-Ρευνητης, ὁ, qui scrute, qui cherche, examine.

R I N.

ΡΙΝος, ȣ, ὁ, η, *Rhinos*, cuir, peau: 2°. bouclier.

En Celte, *Reun*, habit de poil, peau avec son poil.

R O T.

Ε-ΡΩΤαω, le Latin *Rogo*, demander, interroger, questionner: 2°. prier, supplier.

Ε-Ρωτημα, το, demande, supplique.

Ε-Ρωτηματιζω, interroger.

Ε-Ρωτηματιον, petite demande, question de rien.

Ε-Ρωτησις, εως, η, action de demander.

ΕΙ-Ρωταω, poët. pour Ε-Ρωταω.

De יה *Rho*, chercher sa nourriture, celle de l'ame, chercher à s'instruire.

MOTS GRECS
VENUS DE L'ORIENT.

R

Ρυπος, υ, ὁ, crasse, celle des ongles sur-tout : 2º. avarice, vilenie. En Orient. רפש, *Refsh*, boue, fange.

Ρυποεις, εντος, crasseux, sordide.
Ρυπαρος, de même.
Ρυπαρια, crasse.
Ρυπαω, être dans la crasse.
Ρυπαινω, tacher, gâter.

Ρυπτω, nettoyer.
Ρυμμα, balayeures, nettoyage.
Ρυψις, εως, ἡ, action de nettoyer.

Ρυπτικος, propre à ôter les taches, à nettoyer.

r.

A-PTEMης, εος, ὁ, ἡ, sain & sauf; *mot-à-mot*, non lié, non fait esclave. De la négative A & du Verbe חרם, *RTaM*, lier, vaincre; *mot-à-mot*, être échappé aux malheurs de la guerre.

A-RTEMια, ας, ἡ, salut, état de celui qui a échappé au malheur commun.
ARTEMεω, être revenu sain & sauf.

MOTS GRECS-CELTES,
OU DÉRIVÉS DE LA LANGUE CELTIQUE.

S

LES mots Grecs qui commencent par cette lettre sont très-nombreux, & cependant peu appartiennent à cette lettre. Elle a été ajoutée à la plûpart pour les modifier ou pour en adoucir la prononciation, ainsi que dans toutes les Langues. Nous en avons déjà rapporté plusieurs de cette classe aux lettres précédentes; & malgré cela, il nous en reste beaucoup encore à développer ici.

Dans plusieurs mots, elle a pris la place de l'aspiration, & celle d'autres lettres, sur-tout la place du T & du Z.

Quant aux mots Grecs qui sont formés de cette lettre, ils se rapportent à l'une ou à l'autre de ces trois classes.

1°. Mots formés par Onomatopée.

2°. Mots relatifs au son sifflant & fugitif de cette lettre.

3°. Mots où S sert à modifier des mots en AL, AM, AR, &c.

Si on ajoute à cela, nombre de mots Orientaux, on aura la raison de cette multitude de mots Grecs qui commencent par la lettre S.

Celle-ci plus que toute autre a conservé une multitude de mots Celtes en usage dans nos Langues modernes qu'on ne s'attendroit guères de retrouver chez les Grecs, & que personne n'avoit encore sçu y appercevoir.

ONOMATOPÉES.

1. ΣΑΥ-ΣΑρισμος, état de celui dont la langue étant séche & difficile à mouvoir, s'arrête, hésite & bégaïe.

2. ΣΙΖω, bruire comme le fer rouge sur lequel on jette de l'eau.

Σιγμος, sifflement de l'eau jettée sur un fer rouge.

Σισις, de même.

3. ΣΙΤΤα, cri des bergers pour animer leurs troupeaux & les faire hâter: 2°. cri des chasseurs.

Φιττα, Ψιττα, de même.

Σιttη, nom d'un oiseau.

4. ΣΟΥ, cri de celui qui veut faire enfuir des oiseaux.

5. ΣΑΙΡω, balayer, ôter les ordures; du primitif SOR, puer, *Orig. Lat.* 1799.

Fut. 1. ΣΑΡω, *Sarô*.

Σαρμα, τὸ, ordures, ce qu'il faut balayer.

ΣΑΡοω, même que *Sairô*.

ΣΑΡωθρον, τὸ, balai.

Α-ΣΑΡωτον, *mot-à-mot*, non-balayé: plancher d'une matière précieuse qu'on ne balaye pas, mais qu'on nettoye avec des éponges. C'est un mot dont on ne connoissoit point l'origine.

6. ΣΑΙΡω, signifie 2°. tenir la bouche ouverte, être la gueule béante.

Σαρμα, τὸ, hiatus, ouverture.

Σαραγξ, αγγος, ἡ, fentes de la terre, crevasses, cavernes.

Σαρωνιδες, chênes & autres arbres creux.

7. ΣΠΙΖα, ἡ; ΣΠΙΝος, ὁ, Pinson.

8. ΣΤΡΙΒος, cri foible & délié d'un oiseau.

9. ΣΥΡισσω, -τ]ω, -ζω, siffler; 2°. jouer d'un instrument à vent.

Συρικτος, qui siffle.

Συρισμος, action de siffler, sifflement.

Συριγξ, γγος, ἡ, syrinx, flûte de Pan; 2°. Siphon; 3°. tout ce qui est en forme de flûte.

Συριγγιον, petite flûte; 2°. moyeu de roue.

Συριγγοω, creuser en flûte.

Συριγγιαος, ȣ, ὁ; — γγις, ιδος, ἡ, de flûte; en forme de flûte.

MOTS
où H s'est adouci en S.

I.
SAL pour HAL, élevé.

De HAL, élevé, porter, prononcé SAL, vinrent diverses Familles.

I. SAL, heureux, *Or. Lat.* 1730.

1. ΣΑΛακων, riche dans la pauvreté, qui paroît opulent & magnifique, quoiqu'il ne soit pas riche.

Σαλακωνια, art de paroître riche sans l'être.

Σαλακωνευω, vivre bien sans être riche; 2°. être plongé dans l'abondance, dans une vie molle & délicieuse.

2. ΣΑΥΛος, délicat, tendre; 2°. tranquille, doux, calme.

Σαυλοομαι, être plongé dans le luxe; 2°. être dans l'abondance; 3°. sauter, trépigner: dans ce sens il appartient à la famille SALIO.

3. ΣΕΛΛος, qui paroît riche, quoiqu'il ne le soit pas.

Les Grecs croyoient que ce mot étoit venu d'un nommé *Sellus*. Ils n'avoient pas l'idée de cette Famille, connue cependant des premiers habitans de la Grèce.

Σελλιζειν, se trouver riche dans la pauvreté.

II. Rocher.

1. ΣΕΛινον, persil; cette plante vient dans les cantons pierreux.

2. ΣΕΛις, ιδος, ἡ, bordure, marge, bord.

En Or. שׁול, frange, bord.
Σελμα, τὸ, banc de rameur.
Σελιδωμα, table large.
Σελιδιον, page.

3. ΣΕΣΕΛι, εως; – Σελις, ἡ, saxifrage; espéce d'hépatique : elle croît dans les lieux montagneux, dans les roches.

III. SAL, agitation, mer.

1. Σαλος, ȣ, ὁ, la mer, l'agitation de ses flots; agitation des passagers dans la tempête; 2°. état des vaisseaux obligés de jetter l'ancre parce qu'ils ne peuvent approcher du bord.
Σαλευω, être agité par les flots, être au milieu des flots; 2°. secouer, agiter, ébranler.

2. Σαλπιγξ, γγος, ἡ, trompette, instrument très-sonore, qui agite l'air, qui le fait retentir au loin; 2°. son de la trompette.
Σαλπιγγω, Σαλπιζω, sonner de la trompette.
Σαλπισμα, τὸ, son de la trompette.
Σαλπιγκτης, ὁ, qui sonne de la trompette, qui donne du cor.

3. Α-ΣΕΛΓης, ιος, ὁ, ἡ, pétulant, qui entraîne tout : 2°. insolent, méchant.

On dérivoit ce mot d'une prétendue Ville de *Selga*, dont tous les habitans étoient doux, tranquilles & vertueux; & dont cette épithète étoit l'opposé. Ce n'est point cela : ce mot vient de *sal*, agitation, trouble, tumulte, & ηγω, *hégó*, conduire, occasionner.

Aussi sert-il d'épithète aux vents furieux qui soulevent tout.
Α-ΣΕΛγεια, pétulance, transport : 2°. furie, méchanceté.
Α-ΣΕΛγεω, se conduire avec pétulance, être toujours en l'air; 2°. se conduire avec insolence.
Α-ΣΕΛγαινω, de même.

IV. SEL, SIL, couler.

Du même ΑL, ΣΑL, eaux agitées, eau qui coule, vinrent ces mots :

1. ΣΩΛην, ηνος, ὁ, canal, tuyau, 2°. nom des coquillages à tuyaux.
Σωληνιςης, qui pêche ces coquillages.
Σωληναριον, petit canal, tube, syphon.
En Or. סלל, *Sall*, couler.

2. ΣΙΑΛον, ȣ, τὸ, salive, écoulement de la bouche.
Σιαλις, ιδος, ἡ, de même.
Σιαλιζω, saliver.

3. ΣΙΛΦιον, τὸ, silphium, espéce de laser, plante de la Cyrénaïque en Afrique, dont on tiroit un suc ou gomme infiniment estimée & qui étoit l'objet d'un commerce immense.

SIL pour HEL.

1. ΣΙΛιγνις, fine farine du bled le plus pur : de ΗΕL, brillant.
Σιλιγνιτης, ὁ, pain qui en est fait.

2. ΣΙΛΦη, teigne qui ronge les étoffes : sa couleur est blanche.

SEM pour HEM.

ΣΕΜΙ-ΔΑΛις, farine du bled : de HEMI, demi, moitié, & DAL, brûlé, parce que dans le commencement on torréfioit le grain comme le caffé, afin de pouvoir le moudre ou le broïer.

SER, de HAR.

De HAR, HER, tailler, couper, vinrent les noms de diverses plantes à feuilles découpées.

1. ΣΕΡις, εως, ἡ, chicorée.
2. ΣΕΡιφιον, abſynthe de mer.
3. ΣΕΡΦος, moucheron ; 2°. eſpéce de fourmi : leur forme eſt découpée.
4. ΣΕΡΑΠιας, αδος, ἡ, plante de la claſſe des Orchis & des Satyrions : elle appartient peut-être à cette même Famille, à moins que ce ne ſoit un nom Egyptien relatif à Sérapis.

SAT pour HAT.

ΣΑΤΥΡος, ὁ, Satyre ; homme ſauvage chez les Anciens.

Ce mot peut donc venir de *Sad*, champ, en Langue Orientale, qui tiendra lui-même au primitif HAT, ſemer, *Or. Lat.* 1739.

ΣΑΤΥΡιον, ſatyrion, nom de plante ; 2°. d'un animal amphibie.

ΣΑΤυριακη, nom d'un antidote.

SOR pour HOR.

De HOR, élevé, vinrent :

1. ΣΩΡος, ȣ, ὁ, monceau, tas.
ΣωρευωȢ, entaſſer, accumuler ; 2°. mettre comble.
Σωρευσις, εως, ἡ, action d'entaſſer.
Σωρευτος, accumulé, entaſſé.
Σωρευμα, Σωρεια, Σωρεος, mêmes que Σωρος.
2. ΣΩΡιτης, ὁ, ſorite, ſorte de ſyllogiſme, qui renferme nombre de propoſitions entaſſées à la ſuite les unes des autres.
3. ΣΟΡος, ἡ, tombe, tombeau ; 2°. bière, cercueil.
Σορευω, enſévelir, renfermer dans la tombe.

SUS pour HUS.

De HUS, cochon, vint :

1. ΣΥΣ, υος, ὁ, ἡ, le Lat. *ſus*, cochon ; 2°. ſanglier.
Συωδης, Συειος, Συικος, de cochon.
Συας, αδος, ἡ, truie, coche.
Συηλαι, lieux où ſe vautrent les cochons.
Συηνος, ſtupide ou vilain, ſale comme un cochon.
Συηνεω, être ſale comme un cochon.
2. Συβαξ, ακος, qui a les inclinations du cochon.
3. Συβηνη, malle de cuir de cochon.
4. Συφαιος, porcher.
Συφεος, ὁ, étable à cochons.
5. Συαινα, ης, ἡ, marſouin, nom d'un poiſſon.

K pour P.

De la même famille que SPECTO,

considérer, les Grecs transposant P & C, firent :

Σ-ΚΕΠτομαι, *SKEPTomai*, considérer, regarder.

Σ-κεμμα, το, ce qu'on examine, spéculation, proposition.

Σ-κεψις, ἡ, contemplation, inspection, considération ; 2°. délibération.

Σ-κοπος, ο, ἡ, examinateur, qui considere ; 2°. Guet, sentinelle.

Σ-κοπη ; -πια, ἡ, Guérite, lieu d'où l'on observe.

Σ-Κοπιυτης, examinateur ; qui va à la découverte.

Σ-Κοπιαζω, observer ; faire le guet.

Σ-Κοπεω, être apperçu, être vu, paroitre ; 2°. voir, considérer ; 3°. réfléchir, examiner.

Σ-Κοπευω, être vu, examiné.

Σ-Κοπιμος, qu'on se propose pour but.

Σ-Κοπελος, ὁ, guérite, lieu élevé d'où l'on voit au loin.

II.

Cette famille vient du Celte *Spi*, vue, considération, ouverture. De-là vint encore :

1. ΣΠΕος, εος, το, le *Specus* des Latins, antre, caverne ; *mot-à-mot*, œil, ouverture dans la terre.

2. ΣΠΗΛαιον, το, le *Spelunca* des Latins, caverne, antre, grotte.

ΣΠηλαδιον, petite caverne.

MOTS.

où S a été substituée à Z.

Z désigna constamment l'agitation, le mouvement, les eaux & leur mobilité ; mais le rapport de cette lettre avec S, fit que celle-ci lui enleva souvent des mots qui appartenoient à la lettre Z. Tels, les suivans.

1.

1. ΣΕΙω, agiter, ébranler, émouvoir, secouer.

Σεισμος, —σμα ; — σις, ébranlement ; secousse, agitation, commotion.

2. ΣΕΙΣΤρον, sistre, instrument composé de lames d'airain qu'on agitoit.

3. Σιευς, poële dans laquelle on fait frire des mets en les remuant & les faisant sauter sans cesse.

4. ΣΕΥω, agiter, ébranler, secouer ; 2°. poursuivre ; 3°. mettre en fuite.

5. ΣΥΔην, soudain, avec vîtesse.

6. ΣΗΘω, f. σω, cribler, vanner.

Σησις, agitation d'un crible.

Σηθρον, crible.

7. Σαιγω, secouer, agiter, émouvoir, troubler.

Σαννιον, το, queue ; 2°. lance, pique.

Σαννος, Σαννας, ὁ, fou.

8. Σοω, mettre en fuite.

Σουσις, course.

Σωω, faire courir d'un pas précipité.

Σωθρον, το, moyeu de la roue, sur lequel reposent ses rayons.

2.

1. ΣΙΟΝ, το, berle, plante aquatique.

3.

ΣΙΑ-ΓΩΝ, ογος, ἡ, mâchoire, menton.

De *Gon*, angle, & *Ze*, mouvoir.

MOTS
où S a été ajoutée en tête.

1.
Σ-ητες, cette année ; mot composé de Ετος, année, & de Σω pour τω, ce.

Σητινος, & en Dor. Σατινος, qui est de cette année.

Σηταιιος, blé de l'année.

2.
Σ-καιος, ο, gauche : 2°. sinistre, fâcheux 3°. mal adroit, inepte : 4°. ombragé, opaque, touffu.

De *S*, non, & *Kaios*, bon, utile, *khaó*, prendre. Orig. Lat. 1784.

Σ-καιως, à gauche ; 2°. gauchement.
Σ-καιοτης, η, gaucherie, esprit gauche.
Σ-καιοσυνη, de même.

3.
Σ-καζω, boiter : de *CAD*, *CAS*, tomber, ne pouvoir se soutenir, ce que signifie aussi *Skazo*, comme on le voit par ce composé.

Κατα-σκαζω, tomber, faire tomber.

4.
Σ-χαλων, animal sans aîles & sans pieds : c'est donc de *CAD*, qui tombe, qui ne peut se soutenir : 2°. coup de dés.

5.
Σ-καμβος, tortu ; jambard, qui a les jambes torses, ou en dedans. Du primitif CAM, en voûte, cintré.

6.
Σ-κανδαλον, το, scandale. Du prim. CAM, courbe, & DAL, rameau : *mot-à-mot*, branche courbe qui servoit de piége pour prendre les animaux, *Orig. Lat.* 1788.

Σ-κανδαλιζω, scandaliser.
Σ-κανδαληθρον, το, piége, bois courbe auquel on attachoit un apât.
Σ-κανδαληθριζω, tendre un piége.

7.
Σ-κανδιξ, ικος, ο, chevrefeuil ; de *Can*, s'élever.

8.
Σ-χεδον, proche, de près, d'abord, aussi-tôt.

C'est le Languedocien *esca* : tout *escat*, aussi-tôt, tout-à-l'heure.

De *CAD*, survenir.

Σ-χεδιος, voisin ; 2°. qui survient ; 3°. fait à l'improviste, impromptu.
Σ-χεδιασμα, το, ouvrage du moment.
Σ-χεδη, ης, η, tablettes sur lesquelles on écrit ce qui vient à l'instant dans la pensée, & qu'on a toujours *auprès de soi* pour le besoin du moment.

9.
Σ-κεθρος, ο, exquis, recherché : 2°. exact, bien.

De *GAD*, bon.

Σ-κεθρως, exactement, très-bien.

10.

Σ-ΚΕΠ-ΑΡΝογ, hache à deux mains, grande hache.

De *Cap*, couper, & *Ar*, fortement.

Σ-Κεπ-αρνιζω, abattre avec la hache.

Σ-Κεπ-αρνισμος, fracture du crâne.

11.

Σ-ΚΗΝη, ης, ἡ, le *Scæna* des Latins, tente, tabernacle, pavillon : 2°. banquet : 3°. lieu de l'action théâtrale.

En Or. שכן, *Scan*, habitant.

De CAN, habitation, hôtellerie ; d'où ΞΕΝος, *Xenos*, hôte.

Σ-Κηνος, το, de même.

Σ-Κηνιτης, ὁ, qui habite fous des tentes, *fcenite*.

Σ-Κηνικος, de la fcene, théâtral.

Σ-Κηνιδιον, petite tente, pavillon.

Σ-Κηναω, fe camper, pofer fes tentes ; demeurer fous des tentes.

Σ-Κηνεω, Σ-Κηνοω, de même.

Σ-Κηνωμα, το, habitation fous des tentes.

12.

Σ-ΚΙΜαλιζω, examiner avec le doigt fi une poule eft prête à pondre, ou fi elle a pondu.

De κυ, le ventre ; Κυω, être enceinte.

13.

Σ-ΚΙΝΔαψος, ὁ, plante femblable au lierre, lierre des Indes : De *scand*, grimper, s'élever.

Orig. Grecq.

2o. nom d'un inftrument à quatre cordes.

14.

Σ-ΚΙΝΘοι, hommes qui nagent & qui fe noyent : de *Kym*, flots.

15.

Σ-ΚΙΡος, ὁ, fragment, éclat de marbre : 2°. gyps : 3°. tumeur dure, skire.

De *CAR*, *ker*, déchirer, poigner.

16.

Σ-ΚΙΤΑΛοι, hommes vils & méchans. Les Etymologues Grecs prétendirent que ce mot venoit d'un nommé Sciton, célèbre par fa méchanceté ; mais ce mot eft véritablement Celtique. En Bafque, *Citala* défigne un homme méchant, fcélérat, menteur. Il vient du primitif CAD, faire du mal : en Oriental קטל, *Qatal*, couper, tailler, tuer.

17.

Σ-ΚΟΜΒρος, ὁ, maquereau, poiffon de paffage ; de *Komeó*, venir, arriver.

18.

Σ-ΚΥΝιον, cil, le haut de la paupière.

ΕΠι-Σκυγιον, le fourcil.

De Κυλλα, les cils ; L devenu N.

19.

Σ-ΚΩληξ, ηκος, ὁ, ver, animal fans pieds, fans jambes, & qui fe traine. De *Kolos*, manchot, mutilé, sans membres.

Σ-Κωληκιον, diminutif, vermiſſeau.

Σ-Κωληκιαω, abonder en vers.

Σ-Κωληκοω, être incommodé des vers.

20.

Σ-ΚΩΛος, ὁ, ſorte d'épine; 2°. pieu brûlé par le bout & qui ſert d'arme, de lance. De CAL, pointu.

S devant M.

1.

Σ-ΜΑω nettoyer, orner: 2°. purger. De MA, bien; beau.

2.

Σ-ΜΑΡ-ΑΓεω, réſonner, retentir, faire grand bruit.

De *Mar*, grand, & *Ago*.

3.

Σ-ΜΑΡις, ιδος, anchois. De *Mar*, brillant.

4.

Σ-ΜΗΧω, nettoyer, ôter les taches. De *Mac*, tache.

Σ-Μηγμα, τὸ, ce dont on ſe ſert pour nettoyer.

Σ-Μηξις, ἡ, action de nettoyer.

Σ-Μηκτις, ιδος, ἡ, terre propre à détacher, à enlever les taches.

5.

Σ-ΜΙΛαξ, ακος, ὁ, if.

De la même famille que ΜΕΛια, frêne, d'où ΜΕΛις, pique, lance.

Σ-ΜΙΛος, ὁ, de même.

ΜΙΛαξ pour ΣΜΙΛαξ, eſpèce de lierre dont on couronnoit les Poëtes.

6.

Σ-ΜΥΡις, émeril, pierre couleur de fer: de *Mor*, noir.

7.

Σ-ΜΩΔιξ, κος, ἡ, couleur noire & livide; contuſion.

Du Celte *Mug*, noir, fumé.

Ici G devenu D à la Grecque.

8.

Σ-ΜΩΧω, ſe moquer, dire des injures. C'eſt notre mot MOQUER: 2°. marcher: briſer, triturer.

S devant P.

1.

De BAL, rond: 2°. élevé, vinrent ces divers mots.

1. Σ-ΠΛΑΓΧΝον, τὸ, viſcères, entrailles. De *Bal*, rond, & *Ang*, preſſé.

Σ-Πλαγχνιζομαι, avoir les entrailles émues; être touché de compaſſion.

Σ-Πλαγχνις, ιδος, ἡ, cœur.

2. Σ-ΠΛΗν, ηνος, ὁ, le Splen, la ratte: 2°. douleur à la ratte.

De *Bal*, rond.

Σ-Πληνιον, dimin.

Σ-Πληνιαω, qui eſt attaqué de la ratte, qui a le ſplen.

Σ-Πληνικος, qui ſouffre de la ratte; ſplénique.

3. Σ-ΠΙΛας, αδος, ἡ, roche, rocher, falaiſe, écueils.

4. Σ-ΠΙΛος, ὁ, tache De *Pelu*, ſale, vilain, oppoſé de *Bal*, brillant.

Σ-ΠΙΛόω, tacher.
Σ-Πίλωμα, τὸ, tache sur un habit.
Σ-Πίλωτος, taché.

5. Σ-ΠΕΛεθος, ȣ, ὁ, fumier.

6. ΣΙ-ΠΑΛος, ο, laid, affreux, hideux : 2°. foible.
Σι-φλος, de même.
ΣΙ-Φλόω, rendre difforme; couvrir d'ignominie.

7. De PIL, peau, vint :
Σ-ΠΟΛας, αδος, ἡ, habit de peau, witschoura.

2.

De *Berg*, *Barg*, haut, étendu, vinrent :

1. ΑΣ-ΠΑΡαγος, ὁ, l'*Asparagus* des Latins, asperge ; cette plante a ses branches très étendues.
ΑΣ-Παραγια, ἡ, plant d'asperges.
ΑΣ-Παραγωνια, branche d'asperges.

2. Σ-ΠΑΡΓάω, être tendu, bondissant, en parlant du sein : 2°. avoir le cœur gros de désirs.
Σ-Παργανωσις, distension du sein, trop grande plénitude.

3. Σ ΠΑΡΓανον, τὸ, bande : elles sont longues & étroites : 2°. maillot.
Σ-Παργανιον, dimin. 2°. nom d'une plante dont les tiges servoient à lier.
Σ-Παργανιζω, envelopper de bandes.

3.

De PAT, pied, étendue, largeur, vinrent ces mots :

1. Σ-ΠΑΤ-ΑΓΓος, ὁ, spatangus, l'oursin marin ; de *Ac*, piquant, & *Pat*, pied : il est garni de pointes ou piquans qui lui servent de pieds.

2. Σ-ΠΕΤάω, se hâter, marcher d'un pied léger, rapide : 2°. exciter, animer, presser.
Σ-ΠΟΤΔη, presse, hâte, célérité ; action de se dépêcher ; 2°. inclination ; 3°. travail sérieux & vigilant.
Σ-Πουδαιος, diligent, studieux ; 2°. habile, éprouvé ; 3°. sérieux, grave.
Σ-Πουδαζω, se hâter, s'occuper sérieusement.
Σ-Πουδασμα, τὸ, chose faite avec soin.
Σ-Πουδασης, ὁ, appliqué, qui s'applique.
Σ-Πευδαζω, presser, exciter.
Σ-φεδανος, qui se hâte, appliqué ; véhément.

3. Σ-ΠΙΖω, étendre.
Σ-Πιδης, ὁ, ἡ, vaste, ample.

4. ΣΠΙΘαμη, ἡ, le Lat. *spithama*, l'empan, l'espace entre le pouce & le petit doigt étendus, ce qui fait une mesure de dix pouces.
Σ-Πιθαμαιος, qui a cette mesure.

5. Σ-ΠΟΝΔυλος, ὁ, spondyle, vertèbres de l'épine du dos : elles sont creuses dans le milieu : de *Pod*, creux, prononcé *Pond*.

4.

Σ-ΠΕΡχω, aiguillonner, presser, faire dépêcher.
De *Perc*, percer, piquer de l'aiguillon.
Σ-Περχιω, de même.

Σ-περχνος, qui se hâte, qui se dépêche, vîte.

5.

De Fo, Po, feu, Poeth, chaleur, vint :

Σ-ποδος, ή, cendres.
Σ-ποδιον, dimin. cendre des métaux brûlés.
Σ-ποδεια, ας, ή, cendres.
Σ-ποδιος, de cendres.
Σ-ποδιτης, cuit sous la cendre.
Σ-ποδιζω, cuire sous la cendre.
Σ-ποδεω, mettre dans la cendre chaude; 2°. ôter les cendres ; 3°. frapper, battre.

6.

De Von, Fon, prononcé Pon, eau, vinrent :

Σ-ποΓΓος, ὁ, éponge, elle boit l'eau.
Σ-πογγωδης, ὁ, ή, spongieux.
Σ-πογγια, ή, éponge.
Σ-πογγιον, τὸ, petite éponge.
Σ-πογγιζω, nettoyer avec une éponge.

2. Σ πονδη, libation.

Σ-πονδειον, vase avec lequel on faisoit les Libations.
Σ-πενδω, faire des Libations ; 2°. faire un traité, un pacte, s'engager, promettre.
Σ-πονδειος, spondée, mesure de vers.

Les mots où S précéde T & PH, se trouveront sous ces deux lettres.

S,
SAB.
1.

ΣΑΒοι, cri de joie des Bacchantes : mot-à-mot, ô Très-Haut. Du primitif *Sab*, haut, élevé. Voy. *Génie Allég. & Symb. de l'Antiquité*.

Σαβοι, 2°. nom des initiés aux mysteres de Bacchus ; 3°. Temples & Prêtres de Bacchus.
Σαβαζω, célébrer les mysteres de Bacchus ; 2°. imiter les cris des Bacchantes.
Σαβασμος, leur cri de joie.
Σαβαχαι, les Fêtes de Bacchus.

2.

ΣΕΒω, honorer, adorer.
Σεπτος, digne de vénération, auguste.
Σεπτευω, même que Σεβω.
Σεβας, τὸ ; *indécl.* vénération, adoration ; 2°. étonnement ; 3°. indignation, honte.
Σεβασμα, τὸ, ce qu'on adore, culte.
Σεβασμος, ὁ, adoration, culte.
Σεβασμιος, vénérable, auguste.
Σεβασμιοτης, ή, vénérabilité.
Σεβασις, εως, ή, vénération.
Σεβασος, auguste.
Σεβιστος, de même.

3.

ΣΕΜΝος, ὁ, vénérable, auguste, saint : 2°. honnête, majestueux : 3°. grave.
Σεμνοτης, ή, majesté, gravité ; 2°. respect ; 3°. sainteté.
Σεμνειον, τὸ, Sanctuaire.
Σεμνοω, orner, parer.
Σεμνωμα, τὸ, ornement, gloire, décoration.
Σεμνυνω, rendre auguste : orner : élever en honneurs.

SAC, SAG.

1. ΣΑΚ-ΧΑΡ, ΣΑΚ-ΧΑΡιον, τὸ, sucré,

le *saccharum* des Latins. De *sac*, *suc*, & *khar*, cher, précieux, excellent.

2.

1. ΣΑΚΚος, ὁ, sac.
Σακκιον, sachet.
Σακκιζω, passer par un sas.

2. ΣΑΓος, le Lat. *sagum*, habit court.
ΣΑΚος, εος, τὸ, bouclier; du prim. SAC, couvrir.
Σακτας, ȣ, ὁ, Σακτηρ, ὁ, sac.

3. Σαγμα, τὸ, charge de bête de somme: 2°. monceau: 3°. carquois.
Σαγμαριον, bête de somme.

4. Σατ7ω, fut. Σαξω, charger.

5. Σαγη, armûre.

6. Σατ7ιον, τὸ;——τινη, char, voiture.

7. ΣΑΓηνη, ἡ, seine, filet, nasse.
Σαγηνευω, prendre dans ses filets.
Σαγηνευς, qui jette la seine.

3.

ΣΗΚος, ȣ, ὁ, Temple; 2°. cage: 3°. maison: 4°. étable; *mot-à-mot*, tout lieu où on est à couvert. Du prim. סכך, SAC, couvrir, garantir.
Σηκις, ιδος, ἡ, Σηκυλη, servante.
Σηκιτης & Dor. Σακιτης, agneau de lait, qui ne va pas encore aux champs.
Σηκαζω, renfermer dans l'étable.
Σηκιζω, engraisser.
Σηκωμα, Temple; 2°. ce qu'on met par-dessus pour faire le contrepoids, l'équilibre.

4.

D'AC pointu, se forma SAC, SEC, couper. *Or. Lat.* 1821. De-là:

1. ΣΑΓαρις ιως, ἡ, hache, telle qu'on l'attribuoit aux Amazonnes.

2. Ι-ΣΙΚος, ὁ, & Ι-ΣΙΚιον, τὸ, hachis.

5.

SAC, prononcé ASK, produisit cette famille.

Α-Σκος, ȣ, ὁ, outre, sac de peau.
Α-Σκιτης, hydropisie de ventre.
Α-Σκωμα, τὸ, peau dont on revêtoit la poignée des rames.
Α-ΣΚωλια, τὸ, Fêtes de Bacchus dans lesquelles on sautoit sur des outres pleines d'air.
Α-Σκωλιαζω, sauter sur un pied; sauter d'un pied sur l'outre.
Α-ΣΚιον, Ασκιδιον, petite outre.

SAM, SEM,
élevé.

De *Sam*, *Sem*, élevé, vinrent ces diverses familles.

1.

ΣΗΜα, ατος, τὸ, signe, note, prodige: 2°. étendard: 3°. monument, tombeau: 4°. forme, beauté, tout ce qui est exposé.
Σημαλεος, qui indique, qui montre.
Σηματιον;——διον, diminut.
Σημαια, ας, ἡ, Etendard, Enseigne.
Σημειον, τὸ, signe, note, indice; 2°. preuve, exposition; 3°. simulacre, statue; 4°. sceau; 5°. étendard; drapeau; 6°. point, marque.
Σημειοω, noter, mettre une marque; 2°. signer, sceller; 3°. observer, commenter.
Σημειωσις, ἡ, annotation; commentaire, observation.

2. ΣΗΜαινω, signifier : 20. ordonner : 3. déclarer.

Σημασια, ἡ, signal, Tocsin.
Σημαντηρ, ὁ, qui donne le signal.
Σημαντωρ, ὁ, Chef, Président, Conducteur, qui donne le signal.
Σημαντρις, ιδος, ἡ, terre qui sert pour les sceaux.
Σημαντρον, το, sceau, cachet.

2.

1. ΣΙΜα, τὰ, lieux roides & escarpés.
2. ΣΙΜος, ȣ, ὁ, camard, qui a le nez retroussé.
Σιμοω, rendre le nez retroussé.

3.

ΑΙ-ΣΥΜΝητης, ȣ, ὁ, qui préside aux jeux : 2°. titre des premiers Rois de la Grèce. De *Sum*, élevé.
ΑΙ-Συμνητις, ιδος, ἡ, Reine.
Αι-Συμνητεια, η, puissance Royale, donnée par élection.
Αι-Συμναω, ω, regner, commander.

SAN.

De SAN, piquer, couper, vinrent :

1.

ΣΑΝις, ιδος, ἡ, planche, ais : 2°. table.
Σανιδιον, τὸ, petite table.
Σανιδοω, plancheyer, couvrir avec des planches.

2.

ΣΑΝ-ΔΑΛΙον, τὸ, sandale, soulier de bois. De *San*, bois, & *Deo*, lier.

S.

Rond, ceinture.

Du ס Oriental désignant la rondeur, les anneaux ou chaines, la ceinture, prononcé X en Grec, & devenu S dans plusieurs mots, vinrent nombre de familles.

1.

ΣΕΙΡα, ας, chaîne, ceinture : 20. serrure : 3°. boucle de cheveux : 4°. bride.
Σειρις, ιδος ; — ρας, αδος, ἡ, ficelle, lien, petite chaîne.
Σειρευω, lier ; 2°. enchaîner.

2.

ΖΕΙΡα, ας, ἡ, mitre, ceinture qui soutenoit le sein : 2°. habit ample, & à plis : 3° robe à ceinture.

3.

SER, prononcé *Zer*, & écrit *Ther*, devint :

ΘΕΡαπων, ονίος, ὁ, Ministre, serviteur, domestique : parce que pour agir il falloit relever sa robe autour de la ceinture, la serrer autour de soi ; *mot-à-mot*, ceint : *l'altè cinctus* des Latins.
Θεραπαινα, femme de service, servante.
Θεραπκη ; — πναιδιον ; — παινις ; Θεραπις, ἡ, de même.
Θεραπευω, servir ; 2°. cultiver, avoir soin ; 3°. guérir.
Θεραπεια, ας, ἡ, ministere ; service ; 2°. culte, obéissance, hommage ; 3°. entretien, culture ; 4°. soignement, guérison, remède.
Θεραπευμα, τὸ culte.
Θεραπευσια, ἡ, cure, guérison ; 2°. supplications, prieres.

Θεραπευτης, ου, ὁ, Ministre; 2°. qui cultive; 3°. qui guérit, Médecin; 4°. Thérapeute ou Religieux.

Θεραπευτρις, ιδος, ἡ, adoratrice; 2°. guérisseuse.

4.

De l'article Oriental *The* & du mot primitif *sar*, serrer, d'où l'Orient. *Atsar*, trésor, vint cette famille :

ΘΗ-ΣΑΥΡος, ου, ὁ, le Latin *Thesaurus*, un trésor; le lieu où l'on serre ses richesses; 2°. les richesses même qui sont *serrées*, renfermées : tout ce qu'on a de précieux.

Θη Σαυριζω, thésauriser, amasser des richesses, des trésors.

Θη-Σαυρισμα, τὸ, ce qu'on thésaurise, renferme.

Θη-Σαυρισμος, ὁ, action de thésauriser.

Θη-Σαυρισης, ὁ, qui thésaurise.

5.

ΣΑΡΓανη, ἡ, corbeille, panier : 2°. lien : mot dont l'origine étoit si mal-à-propos rapportée à *Σαττω*, imposer, charger.

6.

ΣΑΡΓος, le Lat. *sargus*, poisson à nageoires épineuses, & dont le corps est *rond*. Il est de la classe des spares & on l'appelle *sargo* dans les Dictionnaires d'Histoire Naturelle.

7.

ΣΙ-ΣΑΡον, υ, τὸ, chervi ou *Gyrole*, la ronde. Ses racines ont la forme d'une tête, & ses fleurs celle d'une ombelle ou parasol.

8.

ΣΑΡος, ὁ, sare, grande révolution d'années, chez les Chaldéens.

9.

ΣΑΡμος, ὁ, monceau de terre.

10.

De *ser*, *sir*, vif, éveillé : 2°. de bonne humeur, qui chante toujours, vinrent :

1. ΣΑΥρος, ὁ, Σαυρα, ἡ, lezard : 2°. nom d'un poisson. De la même famille que Sorex, souris.

2. ΣΕΙΡην, ηνος, ἡ, syrene, monstre marin qui enchantoit par sa voix.

11.

ΣΕΙΡιος, ὁ, sirius, la Canicule, la plus brillante des étoiles.

ΣΕΙΡιαω, briller, éclairer, faire des éclairs.

ΣΕΙΡιασις, εως, ἡ, inflammation de tête causée par la chaleur du Soleil : coup de Soleil.

Σειραινω, sécher, dessécher.

De l'Oriental צחר, *Tser*, blanc, brillant, clair.

12.

ΣΙΡος, ὁ, & ΣΕΙΡος, ὁ, fosse dans laquelle on renfermoit les grains; de *sar*, resserrer.

SI.

1.

1. ΣΙΚΧος, ὁ, désagréable, fâcheux, à charge, déplaisant.

Ce mot est certainement le même que le Latin *siccus*, & l'Or. ציה, *Orig. Lat.* 1868.

Dans l'Orient, les lieux secs sont nécessairement déserts, point agréables, & déplaisans.

Σικχαντος, désagréable, fâcheux, déplaisant.

Σικχαζομαι, se moquer.

2. Σικχας, espèce de chaussure rude sans doute : & peut-être ce que nous appellons *sauques*.

2.

1. ΣΙ-ΚΥος, ὁ, cocombre :

De Κυ, rond.

Σι-Κυηλαῖον, lieu planté en cocombres.

Σι-Κυον, graine de cocombre.

Σι-Κυδιον, petit cocombre.

2. ΣΙ-Κυα, -ωγη, -ωκια, ἡ, cucurbite.

3:

De l'oriental צל, *Tsal*, ombre, bois, d'où *sylva*, forêt, & *Asylus*, asyle, vint :

1. ΑΗ-ΣΥΛος, non convenable, mauvais : fâcheux.

2. ΑΙ-ΣΥΛος, mauvais, fâcheux ; 2°. injuste ; *mot-à-mot*, sans ombre. Dans les pays Orientaux ou brûlans, l'absence de l'ombrage est fâcheuse ; incommode.

4.

De *Sa, Za, Ze*, mouvoir, couler, vinrent :

1. ΣΙΦων, ωνος, ὁ, siphon, tube ou tuyau pour transvaser les liqueurs.

Σιφωνιζω, transvaser les liqueurs.

Σιφωνιον, même que Σεφων.

2. ΣΙΒΥΝΗ, Συβινη, lance, pieu ; ces armes étoient faites avec le bois de *sapin* abondant en résine.

Σιβυνιον, petite lance. *Or. Lat.* 1838.

S K.

De GE, prononcé KE & précédé de la sifflante S-KE, lumière, connoissance, d'où SCIO, avoir des lumières, des connoissances, vinrent par opposition, ces mots.

1. ΣΚια, ας, ἡ, ombre ; *au plur.* les ombres, les mânes.

Σκιωδης, Σκιοεις, Σκιερος, Σκιαρος, ombragé : obscur : opaque.

Σκιας, αδος, ἡ, ombrage d'une voûte, couvert ; tente.

Σκιαδιον, τὸ, ombre ; parasol, ombelle.

Σκιαδισκη, petite ombre.

Σκιαδαι, grosses branches qui donnent de l'ombre.

Σκιαδευς, εως, ὁ, ombre, nom de poisson.

Σκιαω, Σκιαζω, donner de l'ombre.

Σκιασμα, τὸ, ombre ; ombrage.

3. ΣΚιρον, τὸ, ombrage, parasol : 2°. mites des fromages, ciron.

2.

ΣΚΟΤος, ου, ὁ ; ου, εως, τὸ, ténèbres, obscurité.

En Celte, *scat*, *squet*, ombre, ténèbres.

Σκοτωδης, Σκοτοεις, Σκοτεινος, Σκοταιος, Σκοτιος, ténébreux, sombre, obscur.

Σκοτια, ας, ἡ, ténèbres.

Σκοτοω, obscurcir ; couvrir de ténèbres.

Σκητωμα,

Σκοτωμα, τὸ, vertiges, éblouissemens.
Σκοτωσις, εως, ἡ, de même ; 2°. obscurcissement.
Σκοτασμος, obscurité.
Σκοταζω, Σκοτιζω, obscurcir.
Σκοτευω, s'enfuir de nuit.

3.

ΣΚΙΓΓος, ου, ὁ, scinc ou crocodile de terre : cet animal est couvert d'écailles : de-là son nom, altéré de *squan*, *squam*, écaille.

4.

ΣΜΗΝος, τὸ, l'*examen* des Latins. *Orig. Lat.* 45, essaim, colonie d'abeilles qui quitte la mere-ruche : 2°. multitude en général.

Le mot Grec est une altération d'*examen*, devenu *esmen*, & qui s'est formé de *se*, se mouvoir, & *Ham*, en compagnie, en amas.

SO.

Σο-βεω, chasser, faire envoler.
De *sou, sou*, onomatopée pour faire fuir, *Be, Ba*, aller, » aller » loin : fuir ».
Σο-βη, ης, ἡ, chasse-mouche, éventail pour chasser les mouches.
Σο-βας, αδος, ὁ, qui marche d'un pas précipité ; 2°. dont la démarche est insolente, effrontée ; 3°. qui marche comme une Courtisanne.
Σο-βαρος, mobile, changeant ; 2°. précipité, vîte ; 3°. fastueux, superbe, insolent.
Σο-βαρευομαι, marcher avec un faste, une fierté qui semble écarter tout le monde, qui se fait faire place.

2.

Σογχος, laitron, ou laiceron, plante qui abonde en lait. De *soc*, suc : doux.

3.

ΣΟΜΦος, ὁ, flasque, spongieux : 2°. affaissé, en parlant des mammelles sans lait.

De *som, sogn, segn*, inactif, paresseux, qui se repose.

4.

Σοος, ου, ὁ, sain, sain & sauf, qui se porte bien : 2°. qui n'a point été entamé, entier, parfait : 3°. hôte ; *mot-à-mot*, le bien venu.
Σοω, sauver, garantir.
Σως, ω, ὁ, ἡ, même que Σοος.
Σωος, de même.
Σωω, Σωζω, sauver ; 2°. conserver, garantir ; 3°. garder, protéger.
Σωσικος, conservateur.
Σωςρον, τὸ, récompense pour celui qui nous a sauvé.

2. Σωτηρ, ηρος, ὁ, Sauveur, Conservateur.
Σωτηρια, ἡ, salut, conservation.

3. Σαος, même que Σοος ; de-là SAnus, *Or. Lat.* 1833.
Σαοω, Σαωζω, sauver.

4. Σωκος, ὁ, surnom de Mercure, ou le Sauveur.

5.

Σοφος, sage : le *SAPi-ens* des Lat. De *SAP*, goût : 2°. prudent : 3°. fin, rusé.

Σοφια, ας, ἡ, sagesse.

Σοφοω, rendre sage.

Σοφιζω, de même ; 2°. enseigner la sagesse.

Σοφισμα, το, invention heureuse ; fine.

Σοφισματικος, captieux ; rusé.

Σοφισμος, ὁ, sophisme, interprétation subtile, forcée.

2. ΣΟΦ-ΙΣΤης, ου, ὁ, savant, habile, subtil : 2°. sage, docte : 3°. sophiste, trompeur.

Σοφ-ιςευω, professer l'art de Sophiste.

Σοφισιαω, sophistiquer.

Σοφιςρια, ας, trompeuse.

6.

ΣΩΜα, ατος, τὸ, corps : 2°. les domestiques d'une maison. C'est l'Oriental עצ-ם, *Ot-soum*, corps, le *son* du Nord.

Σωματικος, corporel ; 2°. gros, épais.

Σωματιον, τὸ, corpuscule.

Σωματειον, corps, corporation, Collége.

Σωματειον, robe traînante de Comédien.

SPA,
étendre.

De PA, PAT, PAS, étendu, vinrent diverses familles Grecques.

1.

1. Σ-ΠΑω, tirer, attirer, extraire : 2°. arracher.

Σ-ΠΑΖω, de même.

Σ-Πασμα, το, épée dégainée ; 2°. distention ; 3°. convulsion, spasme.

Σ-Πασμωδης, convulsif.

Σ-Πασις, action de tirer.

2. Σ-Παδων, eunuque.

3. Σ-Παλαξ, ακος, ὁ, taupe : elle creuse & arrache la terre.

2.

1. Σ-ΠΙΖω, étendre, dont nous avons parlé ci-dessus.

2. ΑΣ-ΠΙΣ, πιδος, bouclier : c'est un cuir *étendu* pour se mettre à l'abri des traits ennemis.

Ασ-Πιδιωτης, Soldat couvert d'un bouclier ; qui a droit de bouclier.

Ασ-Πιδιον, petit bouclier.

Ασ-Πιζω, garantir avec un bouclier.

3. ΑΣ-ΠΑΖομαι, tendre les bras, embrasser, saluer.

Ασ-Πασμος, ὁ, salut, embrassade.

Ασ-Πασος, chéri, le bien venu, qu'on embrasse avec plaisir.

Ασ-Πασυς, υος, ἡ, salutation.

Ασ-Πασιως, avec plaisir, avec empressement.

ST.

Etre fixe, arrêté, attaché, debout.

De l'onomatopée ST, désignant l'action de s'arrêter, se forma en Grec ainsi qu'en toute autre Langue, une multitude de familles très-étendues.

1.

1. ΣΤησω, je serai debout, je m'arrêterai.

1. ΣΤημι, *prés*. s'arrêter, se tenir debout : 2°. dresser, ériger, mettre debout : 3°. arrêter, statuer : 4°. péser.

Ε-Στηκω, à la Syracufaine, s'arrêter; rester; persévérer.

Στασις, εως, ἡ, station; 2°. état d'être debout; arrêté, en place; 3°. état, situation; 4°. fermeté, stabilité, persévérance; 5°. poste, lieu où on s'arrête; 6°. constitution; 7°. parti, faction.

Στασιμος, stable, ferme, constant; 2°. calme, tranquille; 3°. lent, stupide, paresseux.

Στασιμα, τὰ, poids.

2. Στασιωδης, factieux, séditieux.

Στασιωτης, ὁ, d'une faction; séditieux.

Στασιαζω, former des factions, des cabales.

Στασιασμος, ὁ, cabale, sédition, action de les exciter.

3. Στατος, qui est debout, qui demeure: 2°. stable: 3°. stagnant.

Στατικος, qui a la force d'arrêter.

Στατιζω, s'arrêter, rester, être debout; 2°. être à l'étable.

Στατηρος, ferme, stable.

4. Στατιαος, arrêté, debout.

Στατιος, stable.

Σταδιον, τὸ, stade: *mot-à-mot*, obligation de s'arrêter pour reprendre haleine.

Σταδιευς, εως, ὁ, qui court une stade sans s'arrêter.

Σταδισμος, mesure de la terre par stades.

5. Σταθερος, stable, ferme.

Σταθηροτης, stabilité, fermeté, constance.

Σταθμος, ὁ, étable, bergerie; 2°. poteau, jambage de porte; 3°. statere, balance Romaine.

Σταθμευω, se cabaner, prendre ses quartiers d'hive.

6. Στημα, τὸ, étamine.

Στημων, ωνος, ὁ, de même; 2°. trame: le Langued. *Estame*.

Στημονιον, τὸ, de même.

Στημονιζομαι, ourdir.

7. Ἱ-Στος, ὁ, *Hi-stos*, mât de vaisseau: 2°. navette de tisserand: 3°. toile.

Ἱ-Στιον, τὸ, voile de navire; 2°. tissu.

8. Σταλιξ, κος, ἡ, pieux, ou fourches sur lesquelles on élève les filets.

2.

Στατικη, ἡ, science des poids, Statique.

Σταδιος, suspendu, pésé; 2°. stable.

Σταθμος, balance, livre; 2°. poids.

Σταθμιον, de même.

Σταθμιζω, peser; 2°. examiner avec soin.

Σταθμη, ἡ, régle; 2°. cordeau à mesurer; 3°. ligne droite, rubrique; 4°. poignée d'une épée.

Σταθμαω, régler, suivre au cordeau; 2°. peser; 3°. examiner; 4°. modeler.

Στατηρ, ηρος, ὁ, statere, poids de quatre drachmes.

Σταχανη, balance ordinaire.

3.

Ἱ-Σθμος, ὁ, Isthme, langue de terre qui unit deux continens: 2°. gorge: 3°. col, défilé.

Ἱ-Σθμιος, qui habite un isthme.

Ἱ-Σθμιον, τὸ, collier.

Ἱ-Σθμιακος, Jeux Isthmiques.

1.Σθμιαζω, célébrer ces jeux; 2°. se trouver mal, être mal, parce qu'on étoit entassé dans ces Jeux.

4.

1°-Στωρ, ορος, ὁ, ἡ, savant, habile: 2°. témoin, juge.

1.Στορια, ἡ, *Historia*, desir de connoître; 2°. examen, recherches, mémoires, Commentaires; 3°. histoire, exposition des choses qui existent, qui ont été faites.

1.Στορεω, ω, connoître; 2°. voir, parcourir, examiner; 3°. voyager; 4°. s'informer, questionner, s'instruire; 5° mettre sous les yeux.

II, raisin.

1. ΣΤΑΦις, ιδος, ἡ, raisin sec, ridé, passerilles.

A-Σταφις, chez les Athéniens, de même: 2°. Vieillard.

2. ΣΤΑΦΥΛΗ, raisin.

Σταφυλις, ιδος, ἡ, grappe de raisin.

3. Σταφυλινος, panais, espèce de racine bonne à manger.

Στεμφυλα, τα, marc de raisin.

III.

1. Σταζω, distiller, tomber goutte à goutte.

Σταγμα, τὸ, goutte, liqueur qui distille.

Σταγων, ονος, ἡ, de même.

Στακτος, Στακτονιας, &, distillé; 2°. qui tombe goutte à goutte.

Σταλαω, Σταλαζω, Σταλασσω, même que Σταζω.

Σταλαγμος, ὁ, goutte; 2°. distillation; 3°. petit homme, nain, extrait d'homme.

Σταλακτις, ιδος, ἡ, couperose, vitriol; 2°. stalactite.

2.

Στεαρ, ατος, τὸ, suif: 2°. levain: 3°. graisse.

Στεατιον, τὸ, un morceau de suif, de graisse, de levain.

Στεατοω, convertir en suif, se tourner en graisse.

Στεατωμα, τὸ, espèce de loupe.

3.

Στειβω, fouler aux pieds: 2°. épaissir, fouler une étoffe, la rendre plus compacte.

Στειπτος, foulé.

Στιβω, même que Στειβω.

Στιβος, chemin battu, sentier; 2°. trace, vestige.

Στιβεω, fouler aux pieds; 2°. marcher, voyager.

Στιβευω, rechercher, suivre à la piste.

Στιβευς, foulon; 2°. qui cherche.

Στιβεια, pas, démarche; 2°. recherche.

4.

ΣΤΕΛΕΧος, εος, τὸ, tronc, souche.

Στελεχοω, enlever les souches, déboucher, esserter un terrain.

5.

ΣΤΕΛις, ιδος, ἡ, plante parasite, telle que le gui.

6.

ΣΤΕΛΛω, instituer, préparer, orner: 2°. envoyer; *mot-à-mot*, établir loin, ailleurs: 3°. habiller, revêtir: 4°. resserrer: 5°. réprimer, défendre, arrêter.

ΣΤΟΛος, ὁ, convoi ; route ; départ ; 2°. domestique ; 3°. appendix.

Στειλεια, ἡ, trou du fer d'une hache ; & dans lequel on passe le manche.

Στειλεον, τὸ, manche d'une coignée, d'une hache.

2. Στολος, ὁ, préparatifs, ornemens, habillement.

Στολη, ἡ, habillement ; 2°. habit particulier aux Medes ; 3°. chez les Latins, *stola*, habillement de femme.

— Le mot ETOLE en vient.

Στολιον, petite robe, petit habit ; manteau des Philosophes.

Στολις, ιδος, ἡ, plis d'un habit.

Στολιδοω, revêtir, s'habiller.

Στολιδωτος, à plis.

Στολας, αδος, ἡ, sorte d'armure, cuirasse.

Στολισμος, ὁ, action de s'habiller, de se vêtir.

Στολισης, ὁ, tailleur d'habits.

Στελμονιαι, bandes dont on fortifie les flancs des chiens de chasse.

3. Σταλτικος, qui a la force de réprimer, d'arrêter.

NÉGATIF.

Στεμβω, être dans un mouvement perpétuel : 2°. accabler d'injures.

Α-Στεμβης, immobile.

IV.

ΣΤΕΡΓω, chérir, aimer, étendre son amour sur : 2°. acquiescer : 3°. supplier, conjurer : 4°. désirer, souhaiter vivement.

Στερξις, εως, ἡ, amour.

Στεργημα, το, attraits, apas.

Στεργη, amour des parens.

2.

ΣΤΕΡεος, ὁ, solide, ferme, de résistance : 2°. entier, parfait. *Nom*, un solide.

Στερεοτης, ητος, ἡ, solidité.

Στερεοω, affermir, rendre solide.

Στερωμα, τὸ, Firmament.

Στερεωσις, εως, ἡ, action d'affermir, de rendre solide.

Στερεμνιος, même que Στερεος.

Στεριφος, de même ; 2°. infirme, foible, sans solidité : stérile.

Στερρος, même que Στερεος.

3.

ΣΤΗΘος, εος, τὸ, poitrine.

Στηθιον, diminutif.

Στηθυνιον, milieu de la poitrine.

Στηθος, signifie dans Hippocrate, la plante du pied : & en terme de Marine, les écueils cachés sous l'eau.

V. STI, STL.

1.

Στια, ας, ἡ, caillou.

Στιωδης, dur.

Στιαζω, jetter des pierres.

2.

Στιζω, piquer, peindre le visage avec des piquures colorées : 2°. marquer avec des stigmates : 3°. mordre, déchirer, calomnier : 4°. distinguer avec des points.

Στιγμα, τὸ, stigmate, marque imprimée sur le corps.

Στιγματιας, ȣ, ὁ, stigmatisé ; marqué.

Στιγμη, η, point ; 2°. instant.

Στιξις, action de piquer, de marquer.

Στικτος, piqué, brodé.
Στιγευς, εως, ὁ, aiguille, alêne, tout ce avec quoi on pique.
Στιγων, même que σιγματιας.

3.

ΣΤ-ΙΞ, ιχος, ἡ, ordre, rang : vers.
Στ-Ειχω, aller par ordre, marcher de rang.
Στιχος, ȣ, ὁ, même que Στιξ.
Στιχιδιον, petit vers, verset.
Στιχιζω, arranger, mettre en ordre ; 2°. composer des vers.
Στιχαω, aller, s'avancer.
Στοιχος, ordre, ordre de bataille, vers.
Στοιχας, αδος, ἡ, posée en son rang.
Στοιχαριον, suite peu nombreuse.
Στοιχεω, procéder par ordre ; 2°. marcher, avancer.
Στοιχιζω, faire une enceinte de filets.

2. ΣΤΟΙΧειον, το, élémens, principe.
Στοιχειωδης, Στοιχειακος, élémentaire.
Στοιχειοω, enseigner les élémens, les rudimens, dégrossir.
Στοιχειωσις, action d'enseigner les élémens d'une chose.
Στοιχειωτης, qui montre les premiers élémens.

4.

ΣΤΛΕΓΓις, ιδος, ἡ ; le *strigil* des Latins, étrille.

Ici L pour R. *Or. Lat.* 1930.
Στλεγγιζω, étriller, frotter avec une étrille.
Στελγις, même que Στλεγις.
Στελεγγις, même.

S T O.

1.

ΣΤΟα, ας, portique ; *au plur.* greniers.

ΣΤΩ-ΙΚοι, Stoïciens, ou Philosophes du Portique.

2.

1. ΣΤΟΜα, ατος, το, tout l'intérieur de la bouche depuis les lèvres jusqu'au gosier.

De Dom, Tom, profond.
Στοματικος, qui concerne la bouche.
Στομωδης, qui a une grande bouche.
Στομιας, ȣ, ὁ, de même.
Στομιον, petite bouche ; 2°. orifice.
Στομις, cheval qui a la bouche dure.
Στομοω, faire une ouverture, une incision.

2. ΣΤομωμα, το, fil des instrumens en acier.
Στομωσις, trempe de l'acier.

3. ΣΤομος, babil.
Στωμυλος, babillard.
Στωμυλεω, babiller, n'être qu'un babillard.

4. ΣΤομβος, ὁ, qui crie à pleine bouche.
Στομβαζω, crier à pleine bouche.
Στομφαζω, employer de grands mots, être ampoulé.
Στομφαξ, Στομφασικος, grand parleur, qui se sert d'expressions ampoulées.

3.

ΣΤΟ-ΜΑΧος, ὁ, estomac ; mot-à-mot, la grande poche, la grande bouche.

4.

ΣΤΟΡεω, le *sterno* des Latins, répandre sur la terre, joncher ; mettre par couches ; 2°. calmer, apaiser ; 3°. renverser, prosterner.

Στορευς, ὁ, qui étend, qui calme.
Στορεννυω, Στρωννυω, Στρωννυμι, mêmes que Στορεω.
Στρωμα, τὸ, couche, litière; 2°. chose étendue pour coucher dessus, lit; 3°. gros manteau.
Στρωματευς, εως, ὁ, paillasse, matelas; 2°. sorte de poisson à raies brillantes; 3°. de-là les Stromates ou Tapisseries de Clément d'Aléxandrie.
Στρωσις, ἡ, action d'étendre.
Στρωτηρ, ὁ, qui étend; 2°. poutre de traverse.
Στρωτης, de même; 3°. qui fait un lit.
Στρωτος, étendu.

5.

ΣΤΥΠη, ἡ, le *stupa* des Latins, étoupe, ce qu'il y a de plus grossier dans l'écorce du chanvre; 2°. souche, tronc, tige.
Στυπειον, Στυπος, τὸ, de même.
Στυπαξ, vendeur d'étoupe; 2°. d'étoffes faites avec l'étoupe.

AST.

De ST précédé de A, se formerent ces mots :

1.

1. A-Στηρ, ερος; ὁ, astre, étoile; elles paroissent clouées au firmament.
A-Στερειος; —εριος, étincelant.
A-Στεριας, υ, ὁ, étoilé.
A-Στερισκος, astérisque, marque en forme d'étoile.
A-Στρον, τὸ, Constellation.
A-Στρωος, étoilé.
De-là :
2. A-Στραπ7ω, briller, étinceler; 2°. éclairer, faire des éclairs.
A-Στραπη, ἡ, foudre, éclair; 2°. éclat; splendeur.
A-Στραπαιος, fulgural, de foudre.
A-Στροπη, Στεροπη, éclair.

2.

A-Στυ, εος, τὸ, Ville.
A Στος, ὁ, Citoyen.
A-Στη, ἡ, Citoyenne.
A-Στικος, qui habite une Ville; 2°. poli; 3°. prudent, sage, fin.
A-Στειος, poli, civil, doux, honnête; 2°. élégant.
A-Στειοτης, ἡ, urbanité, politesse.

3.

A-Στακος, ὁ, Astacus, espéce de crabe, d'écrevisse : cet animal s'attache avec ses pinces.

4.

A-Σταγδης, ὁ, messager : chez les Tarentins.

5.

A-Στραβη, ἡ, selle ou siége de bois qu'il faut soutenir de la main.

6.

A-Στραγαλος, vertebre : 2°. talon ; 3°. osselet.
A-Στραγαλιον, dimin.
A-Στραγαλιζω, jouer aux osselets.
A-Στριαι, osselets avec lesquels on joue.

SU.

Du Celte Chw, Chwa, respiration douce & aisée, d'où *suavis*, Origin. Lat. 1881. se formerent:
En Irlandois, *So*, soi, aisément;
Socair, doux, aisé, paisible.

En Grec:

Η-ΣΥΧος, *Hé-Sukhos*, tranquille, paisible, doux.

Η-Συχαζω, tranquilliser, calmer, appaiser; 2°. se reposer, se taire.

Η-Συχαιος, Η-Συχιος, tranquille, paisible; 2°. lent, qui coule avec douceur.

Η-Συχια, repos, tranquillité; 2°. loisir.

SKH.

De SK, couper, déchirer, formé du Q primitif, hache, instrument coupant, taillant, précédé de la sifflante, se formerent ces mots.

1.

Σχαω, sacrifier, couper avec un instrument tranchant, faire une incision, percer; 2°. démettre, congédier; 3°. transférer.

Σχαζω, de même; 2°. empêcher, défendre, s'opposer.

Σχασις, ή, scarification, incision.

Σχαστηρια, ή, corde, poulie; tout ce avec quoi on détend & on abaisse.

Σχαστηριον, scalpel, poignard; tout instrument tranchant.

2.

Σχετλιος, cruel, rude, intraitable; 2°. scélérat, misérable; 3°. malheureux, infortuné.

Σχετλιαζω, se plaindre, lamenter; déplorer son sort, ses infortunes.

3.

Σχιζω, fendre, couper en deux; 2°. disséquer.

Σχισμα, τὸ, fissure, fente; coupure; 2°. séparation en deux; 3°. schisme.

Σχισις, ή, de même.

Σχιστος, fendu, coupé en deux; 2°. qui peut se couper, se partager.

Σχιδαξ, ακος, ή, ais, planche.

Σχιδος, τὸ, de même.

Σχιδιον, τὸ, diminut.

Σχιζα, même que Σχιδαξ.

ΣχΙΝΔαλμος, même; 2°. fétu, chalumeau.

4.

Σχινος, ή, lentisque, sorte d'arbre à résine.

Il est étonnant qu'on se soit toujours fourvoyé pour trouver l'étymologie de son nom: elle est toute simple: c'est un arbre au tronc duquel on fait des incisions pour en retirer la résine ou suc gommeux.

Σχινις, ιδος, ή, baie du lentisque.

Σχινιζομαι, se servir du bois de lentisque pour nettoyer les dents.

MOTS où S est pour C.

La lettre S a pris quelquefois & en toute Langue la place du C: en voici deux exemples remarquables dans la Langue Grecque.

1.

ΣΑΡΞ, κος, ή, le *Caro* des Latins, chair: 2°. corps. En Hébr. שאר, *shar*. Nous avons vu que les mots *CARO*, chair, charnu, venoient du primitif CAR, rouge.

Les

Les Grecs en firent CARC, & puis SARK; leur S ayant été souvent écrite & prononcée en O.

Σαρκιον, Σαρκιδιον, diminut.
Σαρκινος, charnu, qui a de la chair.
Σαρκικος, charnel.
Σαρκοω, rendre charnu, donner de la chair.
Σαρκωσις, εως, ἡ, reproduction de la chair; 2°. excroissance de chair.
Σαρκαζω, décharner un os; 2°. rire en montrant les dents, en emportant la piéce.
Σαρκασμος, sarcasme, raillerie amère qui emporte la piéce.

2.

ΣΥΝ, & ξυν, avec; le *Sun* & *Cun* des peuples du Nord, car ils écrivent indifféremment nombre de mots par S & par C; c'est par conséquent le CUM des Latins.

De-là:

ΣΙΜ-ΒΛον, Σιμ-Βλος; — Βλη, rayon de miel: ruche.

De *Sun*, prononcé *syn* & *sym*, devant un mot commençant par B, & de *Balló*, porter.

C'est un mot de la même famille que *sim-bola*, action de fournir chacun son écot, de porter à une masse commune. C'est une de ces belles origines qui font tant d'honneur aux Grecs, & qu'on avoit cependant totalement méconnues.

Orig. Grecq.

MOTS où S est pour T.

1.

ΣΑΛΠη, ἡ, *Salpâ*, morue: ce poisson, dit-on, n'y voit presque pas dans l'eau: on pourroit donc le rapporter à la famille *Talpa*, taupe.

2.

ΣΙΓαω, se taire, garder le silence: ici S pour T; de TICeo, ou TAceo, se taire.
ΣΙΓη, silence.
Σιγηλος, Σιγαλεος, Σιγηρος, taciturne; 2°. qui ne dit mot: 3°. tacite.
Σιγημοναω, taire, se taire.
Σιγαζω, faire taire, imposer silence.

3.

ΣΙΠυη, ἡ, arche; coffre.
Σιπυις, ιδος, ἡ, de même.

De la même famille que l'Oriental, *TheBe*, arche.

4.

ΣΥ, *su*, en Eol. & en Dor. Τυ, le *Tu* des Latins & des François, Pronom de la seconde personne.
Σος, tien.

5.

ΣΥΡΒη, *Surbé*, même que *Turba*, tumulte.

En Athénien Τυρβη, *Turbé*.
Συρβηνευς, tumultueux.
Τυρβαζω, exciter des troubles, du tumulte.
Τυρβασια, danse dithyrambique ou très-agitée.

6.

ΣΥΡω, *Surô*, tirer, traîner.

Συρμα, τὸ, ce qu'on tire ; 2°. habit long & traînant.

Συρματα, ce qu'entraîne un rateau.

Συρματιτις, ιδος, ἡ, balayures en tas.

Συρμος, traînée : 2°. trait ; action de tirer.

2. Συρμαια, ἡ, espéce de rave ; 2°. potion d'eau & de sel pour purger ; 3°. gâceau au miel ; 4°. suc d'une plante que les Egyptiens employoient contre le dévoiement.

Συρμαισμος, Médecine qui fait évacuer.

3. Συρμιςηρ, qui vend du bois à la corde, par tas.

4. Συρσις, εως, ἡ, action de tirer.

Συρτης, δ, qui tire : 2°. frein.

Συρτις, εως, ἡ, syrte : bancs de sables entassés.

Συρτος, qui est tiré.

Συρδην, en tirant ; 2°. impétueusement.

5. Συρφετος, ὁ, balayeures que le rateau ou le balai rassemblent ; 2°. bagatelles, choses de rien ; 3°. vil assemblage d'hommes.

Συρφετωδης, Συρφαξ, en désordre, mal-composé, mal-arrangé, mal combiné.

S T A pour S P A.

ΣΤΑΧυς, υος, ὁ ; le Lat. *Spica*, épi : 2°. nom d'une portion de la Constellation qu'on appelle la belle Moissonneuse ou la Vierge ; 3°. nom d'une espéce de marrube ou épi-fleuri.

Σταχυωδης, Σταχυηρος, qui porte un épi.

Σταχυομαι, monter en épi.

Α-Σταχυς, même que Σταχυς.

Le mot Grec paroît le primitif ; 1°. il est sur la touche forte STA ; 2°. il se forme parfaitement bien de la racine ST. L'épi *est* au haut de la tige.

MOTS GRECS
VENUS DE L'ORIENT.

S

1. ΣΑΛΑΜ-ΑΝΔρα, ας, ἡ, Salamandre, espèce de lézard qu'on prétendoit n'être pas endommagé par le feu ; ce seroit donc les mots Orientaux שלם, *Salem*, paix, & As, prononcé *Ad*, & *And*, feu.

2. ΑΙ-ΣΑΛων, Æſalo, en Lat. espèce d'épervier : en Orient, עזל, *huzal*. Ces mots tiennent au Grec Συλαω, *Sulab*, dépouiller, piller : & à la racine SAL*i*

3. ΣΑΜΒΥΚη, ἡ, *Sambukê*, instrument de musique. En Or. סבכה, *Sabekê*, flûte, fifre, musette.

4. ΣΑΜΨυχον, *Sampſukhon*, marjolaine : de *sams*, Ciel, divin ; & Ψυχη, souffle, odeur.

5. ΣΗΣΑΜΗ, plante ou espèce de millet dont le grain est abondant en huile. C'est l'Orient. סם, *Sam*, parfum ; שמן, *Samen*, huile.

6. ΠΑΡΑ-ΣΑΓΓα, PARA-SANGA, parasange, mesure itinéraire de trois milles, ou d'une grande lieue : c'est le mot Oriental *Far-ſenk*, composé de *Senk*, pierre, lieue, & *Fars*, Persan.

7. ΣΑΝΔΑ-ΡΑΧη, sandaraque, espèce d'arsénic minéral d'un rouge orangé fort vif : 2°. d'un rouge orangé qui se fait avec de la céruse brûlée : de *Sam*, pour *Dam*, sang.

ΣΑΝΔυξ, υκος, ἡ, céruse brûlée ; 2°. nom d'un collyre.

8. ΣΑΠΦΕΙΡος, ἡ, saphir, nom d'une pierre précieuse : de l'Or. שפר, *Saphar*, beau, brillant, précieux.

De-là vint encore :

9. Ἑ-ΣΠΕΡος, *Heſperos*, l'*Hesperus* des Latins, le soir, le couchant ; *mot-à-mot*, non-brillant, le côté de la nuit.

Ἑ-ΣΠΕΡα, le soir, les Vêpres.

Ἑ-ΣΠερισμα, τὸ, le repas du soir.

10. ΣΑΡ-ΙΣΣα, lance, piéce, en Macédonien. De *hetz*, עץ, bois, & צור, *Tſar*, défensif, arme défensive.

11. ΣΑ-ΤΡΑΠης, ὁ, Sa-trape ; en

Héb. אשׁ-ד-פנים, *Akſha*, Roi, ד, *dar*, qui habite, פנים, *Penim*, face ; & *mot-à-mot* : « Qui » eſt toujours en la préſence du » Roi ».

12. ΣΑΦης, εως, ὁ, ἡ, vrai, certain : 2°. manifeſte, évident.

De l'Or. שפה, *Saphé*, lèvre, *mot-à-mot*, qui porte ſon cœur ſur les lèvres.

Σαφα, certainement.

Σαφως, clairement, ouvertement, ſans fard.

Σαφεω, manifeſter, déclarer.

Σαφηνης, même que Σαφης.

Σαφηνεια, clarté : 2°. expoſition ; 3°. diſcours clair, lumineux.

S Ê.

1. ΣΗΠω, *Sépó*, pourrir ; faire tomber en pourriture.

De l'Or. ספה, *Saphé*, conſumer, perdre, détruire.

Σηπομαι, ſe pourrir.

ΣΗΨ, πος, ἡ, ſerpent, parce que les parties qu'il mordoit tomboient en pourriture.

Σηψις, εως, ἡ, pourriture.

Σηπεδων, ονος, ἡ, pourriture, putréfaction.

2. ΣΑΠρος, ὁ, pourri, qui tombe en pourriture.

Σαθρος, de même ; 2°. fané, gâté.

Σαθροω, faner, détériorer, ôter les forces.

Σαπριζω, ſentir mauvais.

3. ΣΗΠια, ας, ἡ, la ſèche ; poiſſon qui noircit les eaux pour échapper à l'ennemi.

Σηπιδιον, τὸ, diminut.

4. ΣΗΣ, ητος, ὁ, teigne, ver qui ronge les étoffes : en Orient. סס, *ſes*.

S I.

1. ΣΙΒΥΛΛΑ, ἡ, Sibylle ; Prophéteſſes de l'Antiquité, ſur leſquelles on a débité beaucoup de Fables ; on n'a pas mieux connu l'étymologie de leur nom ; celles qu'on en a données n'étant que des rêves creux.

Ce mot s'eſt formé de l'Oriental שבל, *ſibal*, branche : rameau.

La *Sibylle* tenoit en main le *rameau* d'or dont parle Virgile, qui ouvroit l'entrée des Enfers, & celle des initiations.

Σιβυλλισαι, devins.

Σιβυλλαινω, prédire, rendre des Oracles.

2. ΣΙΓΛαι, αι, pendans d'oreilles : 2°. monnoie ou ſicle : 3°. note ou chiffre. De l'Orient. שקל, ſicle.

3. ΣΙΔη, grenadier ; 2°. ſon fruit, ou grenade.

De l'Or. שיח, *ſhit*, épine, parce que ſes branches ſont épineuſes.

Σιδιον, écorce de la grenade.

4. ΣΙΔΗΡος, ὁ, fer.

On n'avoit jamais pu découvrir l'origine de ce mot, parce qu'on n'avoit pas ſoupçonné que le D avoit pris ici la place du G, suivant l'usage des Grecs.

C'est l'Orient. סגר, *segar*, métal : 2°. ouvrier en fer, forgeron.

Σιδηρεος, de fer.
Σιδηριχος, Σιδηριτης, qui travaille en fer.
Σιδηριον, ouvrage en fer.
Σιδηρευω, forger, travailler en fer.
Σιδηρειον, forge, boutique de ceux qui travaillent en fer.
Σιδαρος, Dor. & Eol. même que Σιδηρος, fer.

5. ΣΙΝΔων, ονος, ἡ, linceul, drap.

De l'Or. סדין, *sadin*, linceul, drap, lange.

6. ΣΙΝΗΠι, ιος, το, le Lat. *sinapi*, féneré, moutarde.

De l'Or. שן, *sen*, dent, qui aiguise. La moutarde mord & aiguise l'appétit.

Σιναπισμος, Cataplasme de féneré, de moutarde.

7. ΣΙΝω, nuire, blesser, offenser.
Σιντης, ὁ, nuisible.
Σιντωρ, ὁ, de même.
ΣΙΝος, εος, το, dommage, perte, action de nuire.
Σιναρος, qui a été blessé, offensé.
Σινας, αδος, ἡ, mal, offense.
Σινις, ιδος, ὁ, homme qui n'est occupé qu'à nuire.

De l'Or. שן, *shan*, mordre, déchirer; צחן, *tshên*, mauvaise odeur, méphitisme.

De-là :

Α-ΣΙΝη, ἡ, plante qui s'entortille autour des autres sans leur nuire.
Α, non & *sino*, nuire.

ΑΨΙΝΘιον, το, absinthe, plante d'une extrême amertume.

8 ΣΙΡειον, το, cuit.
Σιρινος, de même.

De l'Or. שרה, épaissir les sucs.

9. ΣΙΤος, ὁ, blé.

De l'Or. שד, *shad*, champ.

Σιτιχος, en froment.
Σιτων, ωνος, ὁ, champ de blé.
Σιτω, nom de Cérès en Sicilien.
Σιταριον, το, grain de blé; 2°. grain, poids.
ΣΙΤιον, το, mets, provisions.
ΣΙΤεω, nourrir : paître.
ΣΙΤεομαι, manger, se nourrir.
ΣΙΤησις, ἡ, nourriture.
ΣΙΤευω, nourrir, engraisser.
Σιτευτος, ὁ, engraissé.
Σιτιζω, même que Σιτευω.

10. ΣΙΩΠαω, se taire, garder le silence.

C'est l'opposé de l'Or. שפה, remuer les lèvres, parler.

Σιωπη, silence.
Σιωπηλος, taciturne.

S K.

1. ΣΚΑΜΜωνια, ας, ἡ, ΣΚαμμωνιον, το, scamonée, plante qui donne un suc gommeux.

De l'Or. גומי, *gummi*, gomme.

2. ΣΚΩΡ, ατος, το, excrémens, marc.

Σκωρια, ας, ἡ, ſcories.

De l'Or. חור, *chor*, excrémens.

S M.

ΣΜΙΛη, ης, ἡ, burin, ciſeau, ſcalpel.

Σμιλιον, dimin.

Σμιλευω, emporter avec le ſcalpel, avec le burin.

De l'Or. מול, *mul*, couper.

S O.

ΣΟΥΣον, τὸ, fleur de lys ; c'eſt l'Or. שושן, *shouſan*, lys ; d'où Suſanne. De שש, *shesh*, ſix.

S U.

1. ΣΥΚη, figuier : 2°. figue : 3°. fic, excroiſſance de chair.

En Or. פוג, *pkug*, figue, d'où le Lat. Ficus.

Ici S pour F.

De *fag*, manger, bon à manger.

Συκας, αδος, ἡ, figue fraîche.

Συκινος, de figuier ; 2°. fragile, foible.

Συκων, ωνος, ὁ, lieu planté en figuiers.

Συκαμινος, meurier : 2°. meure.

Συκον, το, figue.

Συκινος, fait avec des figues.

Συκιον, décoction de figues.

Συκαζω, cueillir des figues.

Συκαςης, qui cueille des figues ; 2°. qui fait la figue, calomniateur.

Συκωσς, η, excroiſſance de chair.

Συκαλις, bequefigue, oiſeau qui ſe nourrit de figues.

2. ΣΥΛη, ἡ, proie, dépouilles.

De l'Or. שלל, *ſall*, piller.

Συλον, de même.

Συλαω, Συλεω, Συλευω, piller, dépouiller.

Συλημα, το, dépouilles.

Συλησις, εως, ἡ, action de dépouiller.

Συλητης, ὁ, pillard, maraudeur, qui dépouille.

3. ΣΚΥΛον, dépouilles : c'eſt alors le même que le Latin SPOLium ; P en K.

Σκυλαω, dépouiller, piller.

Σκυλευμα, τὸ, dépouilles.

4. ΣΥΡαι, αἱ, haillons, habits déchirés, guenilles.

De שרה, *ſaré*, diſſoudre.

5. De l'Or. שער, *shor*, peau, peau avec ſon poil, velu, vinrent :

ΣΥΡια, ἡ, *ſuria*, gros habit de poil, balandran, manteau d'une groſſe étoffe.

ΣΙ-ΣΥΡα, *ſi-ſoura*, habit de peau avec ſon poil, en uſage chez les Barbares: c'eſt ce que nous appellons VI-SCHOURA, mot formé de la même Famille.

6. ΣΥΦαρ, τὸ, dépouilles du ſerpent; 2°. des cigales : 3°. crême ; 4°. ride.

De l'Or. סוף, *ſouph*, fin. ספה, *ſaphé*, ſe rider ; finir.

7. ΣΦΡ-ΑΓιζω, mettre une marque, ſceller, marquer : de ספר, *ſaphr*, marque, & *ago*, mettre.

ΣΦΡ-Αγις, ιδος, ἡ, marque, ſigne, ſceau, cachet.

Σφρ-Αγιδιον, το, diminutif.

MOTS GRECS-CELTES,
OU DÉRIVÉS DE LA LANGUE CELTIQUE.

T

LA lettre T fut placée la derniere dans l'Alphabet primitif, parce qu'elle défignoit la perfection dans tous les fens ; mais infenfiblement les Grecs rejetterent à fa fuite des lettres qu'ils dédoubloient par de nouveaux caracteres, ou qu'ils ajoutoient à l'alphabet ancien.

Si la lettre T fut choifie pour exprimer la perfection, l'excellence, la grandeur, ce fut à caufe du fon élevé & retentiffant qui la caractérife : auffi la plupart des mots qu'elle préfente, font relatifs à l'idée de grandeur, d'étendue, d'excellence, de perfection, au phyfique & au moral.

Si on ajoute à ces mots, 1°. nombre d'Onomatopées ; 2°. ceux où le T, article primitif, s'eft uni à des mots qui commençoient par une voyelle ; 3°. quelques autres où T a pris la place de S & de Q ; fi on obferve 4°. qu'on a confondu de très-bonne-heure avec T, le TH, lettre relative au fein, on connoîtra l'origine de tous les mots Grecs qui appartiennent à cette lettre.

ONOMATOPÉES.
TA.

1. ΤΑΓΓΗ, ης, ἡ, *taggé*, prononcé *tangé*, goût de rance, qui prend à la gorge :

En Celt. *tag*, prendre à la gorge, être âpre, acide, mauvais, déteftable.

Ταγγος, rance.

Ταγγιζω, être rance ; devenir rance.

1. ΤΑΧΥΣ, εος, ὁ, *Takhus*, vîte, qui va vîte, prompt : 2°. vif ; 3°. qui va trop vîte.

Au Comp. ΤΑΧΙΩΝ & Ταχυτερος.
Au Sup. ΤΑΧΙϛΟϹ, & Ταχυτατος.
ΤΑΧΥ, & Ταχεως, promptement, vîte.
Ταχα, de même.
Ταχος, εος ; Ταχυτης, ητος, ἡ, vîteffe, célérité.
Ταχινης, ὁ, animal qui eft vîte, cerf, lièvre.

Ταχινος, prompt, vite.
Ταχυνω, hâter, se dépêcher.

De *Tac, Tac*, qui peint les coups précipités.

T E.

1. ΤΕΤΤΙΞ, ιγος, ὁ, cigale.
Τεττιζω, crier comme la cigale.
Τεττιγονιαι, espèce de petites cigales.

2. ΤΕΡΠω, *terpô*, sauter de joie, trépigner, se réjouir : 2°. adoucir, calmer ; *mot-à-mot*, inspirer la joie à qui est triste, chagrin.
Τερψις, εως, ἡ, joie, plaisir, volupté.
Τερπωλη, de même.
Τερπνος, gai, joyeux, qui respire le plaisir.

ΤΕΡΡ-ANDRE, EU-TERPE, appartiennent à cette famille.

T I.

1. ΤΙΝασσω, *tinassô*, secouer, agiter, lancer, ébranler.
Τιναγμα, vibration, secousse.
Τιναγμος, de même.
Τινακτωρ, ορος, ὁ, qui ébranle, secoue, agite.

2. ΤΙ-ΤΙΖω, crier comme les petits des oiseaux.
ΤΙ-ΤΥΒιζω, crier comme les hirondelles, ou comme les perdrix.

T O.

1.

1. ΤΟΞον, ου, τὸ, *toxon*, arc ; 2°. la flèche & l'arc.

De ΤΟC, frapper, toquer : la flèche frappe & blesse.

Τοξοσυνη, art de tirer.

Τοξοτης, ου, ὁ, Archer, tireur d'arc.
Τοξοτις, ιδος, ἡ, chasseresse, surnom de Diane.
Τοξικος, habile à tirer.
Τοξικαι, canonières.
Τοξικον, poison dont on se servoit pour empoisonner les flèches.
Τοξαζομαι, tirer de l'arc.
Τοξευω, de même.
Τοξευμα, flèche, trait, dard.
Τοξευτης ;—τηρ, archer.
Τοξευτειρα, femme habile à tirer de l'arc, chasseresse.

De la même racine Toc, vint :

2. Σ-ΤΟΧαζομαι, frapper au but, aller droit au but.
Σ-Τοχασμα, τὸ, ce qu'on pointe juste, ce qu'on adresse au but.
Σ-Τοχασμος, ὁ, action de viser, de tendre au but ; 2°. conjecture.
Σ-Τοχαςης, ȣ, ὁ, qui vise ; 2°. qui conjecture.
Σ-Τοχας, αδος, ἡ, action de tendre des filets.

3. ΤΟΝ-ΘΟΡυζω, & ΤΟΝΘΟριζω, murmurer, murmurer tout-bas, marmotter ; parler tout-bas.
Τον-θορυς, υος, ἡ, murmure, bruit sourd

4. ΤΟΘαζω, *Tóthazô*, railler, se moquer.
Τωθασμος, raillerie.
Τωθαςης, ὁ, moqueur.
Τωθασικος, digne de raillerie ; c'est le Celte *Ta-tin*, railleur ; *Ta-tina*, railler, se moquer.

2.

1. ΤΥΠη, *tupé*, coup, action de frapper, de battre.

De *top*,

De *Top*, coup, *Toper*, frapper : *Toper à une chose* ; mot-à-mot, frapper dans la main d'un autre en signe de consentement.

Τυπης, qui frappe.

Τυπεἴος, ὁ, action de frapper, percussion ; 2°. affliction profonde, où on se battoit la tête, les flancs, &c.

Τυπας, αδος, ἡ, maillet.

Τυπιας, ὁ, malléable.

Τυπος, vestige des coups ; 2°. trace en général ; 3°. figure, image, empreinte ; 4°. exemple, type ; 5°. croquis.

Τυπωδης, dessiné en simple croquis.

Τυπικος, figuré, symbolique, typique.

Τυποω, graver, imprimer un signe, figurer.

Τυπωσις, empreinte, figure, formation, expression.

Τυπωτος, empreint, figuré, exprimé.

Τυμμα, τὸ, & Τυμμη, ἡ, coup ; 2°. plaie.

2. ΤΥΠΩ, frapper, battre, donner des coups, *toper*.

Τυπανον, τὸ, bâton, tout instrument dont on tire des sons avec des baguettes.

3. Τυμπανον, bâton : 2°. tympanon, tambour : tout instrument à baguettes.

Τυμπανιτης, ου, ὁ, dont le ventre est enflé comme un tambour.

Τυμπανιζω, frapper de verges, tympaniser, publier à son de tambour.

Τυμπανιστρια, musicienne, qui joue d'un instrument à baguettes.

Τυπαζω, Τυπεω, frapper.

4. Κ-ΤΥΠεω, retentir, résonner, rendre des sons.

Orig. Grecq.

Κ-τυπημα, bruit éclatant, sonore, éclat, fracas.

Κ-Τυπος, de même.

T R.

1. ΤΡΑΥΛος, ὁ, *traulos*, bègue, qui grassaïe ; qui prononce avec peine la lettre R.

Τραυλοτης, ἡ, bégaiement, qui prononce avec peine.

Τραυλιζω, avoir peine à prononcer les R ; être bègue, grassaïer.

2. ΤΡΕω, trembler, frissonner : 2°. être saisi de frayeur : 3°. s'enfuir de peur.

Τρεσης, ου, ὁ, craintif, timide ; 2°. poltron.

Τρεμω, trembler.

Τρομος, tremblement, frayeur.

Τρομωδης, tremblant, saisi de crainte.

Τρομερος, Τρομητος, de même.

Τρομεω ; Τι-Τρεμαινω, trembler, frissonner.

Τρηρων, ωνος, ἡ, Colombe, pigeon, c'est un oiseau timide, prompt à fuir.

3. ΤΡΙΖω, le *s-trido*, des Latins, rendre un bruit, ou un son aigu, perçant, sifflant ; bruire, siffler comme la flèche : grincer des dents.

Τρισμος, bruit aigu & perçant.

Τριγμος, de même.

4. ΤΡυζω, murmurer : frémir.

Τρυσμος, ὁ, murmure, chuchotement, frémissement doux.

Τρυγονοω, même que Τρυζω.

5. Τρυγων, ονος, ἡ, Tourterelle.

L l ij

T
Ajouté.

1.

De AI, AIV, eau, les Celtes firent T-ais, mouillé, humide, humecté; & les Grecs,

ΣΤ-ΑΙΣ, αιτος, τό, farine détrempée avec de l'eau, pâte.

ΣΤ-Αἰτινος, fait avec de la pâte.

ΣΤ-Αἰτινη, ἡ, gâteau.

2.

D'AC, qui signifie également eau, liqueur, vint :

Τ-Ακω, en Dor. mais en Ionien,

Τ-Ηκω, rendre liquide, fondre en eau : 2°. amollir, atténuer : 3°. maigrir, consumer.

Τ-Ηξις, εως, ἡ, liquéfaction ; 2°. macération.

Τ-Ηκτικος, qui a la force de liquéfier, de fondre, de résoudre.

Τ-Ηκτος, liquéfié, fondu.

Τ-Ακερος, fondu ; 2°. amolli ; 3°. macéré, maigri.

Τ-Ακεροω, même que Τ-Ηκω.

Τ-Ηκεδανος, qui fond, qui liquéfie.

2. Τ-Ηγανον, poële où l'on fait des fritures, en fondant le beure, l'huile, la graisse.

Τ-Ηγανιτης, cuit à la poële.

Τ-Ηγανιζω, frire.

Τ-Ηγανισος, friture.

Τ-Αγανιζω, même que Τ-ηγανιζω.

Τ-Αγηνια, omelette au fromage & aux raisins secs, mattafan.

3.

De HEL, EL, marais, vinrent :

1. Τ-Ελλινη, Telline, nom d'une espece de poisson, parce sans doute qu'il se nourrit dans la vase. En François, on donne ce nom à une espèce de moule, ou de coquillage-bivalve.

2. Τ-Ελμα, ατος, τὸ, vase, limon, lieu marécageux, bourbeux.

Τ-Ελματιαιος, Τελματικος, bourbeux, marécageux.

Τ-Ελματοομαι, enduire de boue, de ciment, sécher le limon pour en faire du ciment.

Τ-Ελμις, boue séche pour en faire du mortier.

4.

De HERMa, borne, vint :

Τ-Ερμα, ατος, τὸ, borne, terme, 2°. fin : 3°. extrémité.

Τ-Ερματιζω, terminer, finir.

Τ-Ερμις, même que Τ-Ερμα ; 2°. les pieds.

Τ-Ερμιοεις, qui descend jusqu'aux pieds.

Τ-Ερμιος, dernier, extrême.

Τ-Ερμιευς, terminal, gardien des bornes, nom de Jupiter.

Τ-Ερμων, ονος, terme, borne ; 2°. Gardien des bornes.

5.

De RAG, grimper, s'élever en grimpant, vint :

Τ-Ραγος, 8, ὁ, bouc : 2°. odeur de bouc : 3°. emportement dans le plaisir : 4°. chèvrefeuil : 5°. vaisseau à enseigne du bouc.

Τ-Ραγισκος, chevreau, jeune bouc.

Τ-Ραγειος, de bouc.

Τ-Ραγιον, plante dont les feuilles fentent le bouc.

Τ-Ραγιζω, fentir le bouc; 2°. devenir emporté dans le plaifir; muer de voix à l'âge de puberté.

Τ-Ραγιϛης, ὁ, facrilége.

Τ-Ραγαω, même que Τ-Ραγιζω; 4°. être trop abondant en feuilles, en parlant des vignes.

6.

Τ-ΡΑΧυς, εως, ὁ, *T-rakus*, & Τ-ΡΗΧυς, âpre, agrefte, efcarpé. Ce mot doit venir de la même fource que *T-ragos*.

Τ-Ραχυτης, afpérité, efcarpement, rudeffe.

Τ-Ραχυνω, exafpérer, rendre rude, efcarpé.

Τ-Ραχων, lieu rude, efcarpé.

Τ-Ραχεινος; Τ-Ρηχυς, lieu efcarpé, rude.

Τ-Ρηχω, ους, ἡ, de même.

Τ-Ραχωμα, âpreté, rudeffe dans la paupiere.

Τ-Ραχωματικον, collyre pour corriger ce défaut des paupieres.

7.

De *Re*, courfe, courir, vint:

Τ-ΡΕΧω, *T-rekho*, courir.

Θ-Ρεκτικος, léger à la courfe.

Θ-Ρεκτος, couru, qu'on a achevé de parcourir.

Θ-Ρεξασκω, courir çà & là.

Τ-Ροχος, ὁ, courfe; 2°. lieu où l'on court.

Τ-Ροχαιος, propre à la courfe; 2°. pied compofé d'une fyllabe longue & d'une brève.

Τ-Ροχαλος, vite, prompt, rapide, coulant.

Τ-Ροχιας, ȣ, ὁ, coureur, méffager.

Τ-Ροχις, de même.

Τ-Ροχαω, fe hâter, fe dépécher, s'avancer d'un pas rapide.

2. Τ-ΡΟΧος, ȣ, ὁ, roue: 2°. toupie: 3°. orbe, orbite.

Τ-Ροχοεις, rond, orbiculaire.

Τ Ροχεος, Τοχαλος, de même.

Τ-Ροχαλια, ἡ, roue à puits.

Τ-Ροχιλαια, de même.

Τ-Ροχηλεα, le *Trochlea* des Latins, poulie, moufle.

Τ-Ροχιλος, roitelet.

Τ-Ροχια, trace des roues, orniere; 2°. fentier; 3°. courfe.

Τ-Ροχισκος, paftille.

Τ-Ροχαντηρ, fupplice de la roue.

3. Δ-Ραμημα, το, Δ-Ρομημα, courfe. De l'ancien *Dremó*, courir.

Δ-Ρομος, ὁ, courfe.

Δ-Ρομαιος, bon pour la courfe.

Δ-Ρομας, αδος, ἡ, qui court çà & là; qui fait le papillon, courtifanne.

Δ-Ρομασσω, courir.

Δ-Ρομευς, εως, ὁ, coureur.

Δ-Ρομικος, habile à la courfe.

Δ-Ρομων, ονος, ὁ, efpèce d'écrevifle qui s'élance comme une flèche.

8.

De *Rod*, *Rog*, ronger, rogner, vint:

Τ-ΡΩΓω, ronger, rogner, manger.

Τ-Ρωξις, εως, ἡ, action de ronger.

Τ-Ρωξιμος, bon à manger.

Τ-Ρωξανα, τὰ, branches tendres que rongent les beftiaux.

Τ-Ρωξ, ver qui ronge les légumes.

Τ-Ρωκτης, ȣ, ὁ, vorace, grand mangeur.

Τ-Ρωγαλια; τα, bonbons.

Τ-Ραγημα, second service; 2°. dessert.

Τ-Ραχηματιζομαι, manger du dessert, des bonbons.

Τ-Ραχηματισμος, action de manger des bonbons.

2. Τ-Ρωγλη, trou fait par des souris.

Τρωγλη]αι, espèce d'hirondelles qui nichent dans des trous, dans les cavernes.

Τ-ΡΩΓλοδι]ες, hommes qui demeurent dans des cavernes.

9.

De *Bel*, œil, vue, vint *Hu-phlos*, aveugle; & par addition du T,

Τ-Υϕλος, ȣ, ὁ, *T-u-phlos*, aveugle, mot-à-mot, le non-voyant; 2°. qui ne paroît pas, qu'on ne voit pas : 3°. sourd.

Τ-Υϕλοϑης, ἡ, aveuglement.

Τ-Υϕλοω, être privé de la vue.

Τ·Υϕλωσις, action d'ôter la vue.

Τ-Υϕλωδης, ébloui, frappé d'étonnement.

Τ-Υϕλωτ]ω, être aveuglé.

Τ-Υϕλινοι, serpens qu'on croyoit aveugles.

T pour Q.

Quelques mots prononcés en Q par les Latins, sont prononcés en T par les Grecs : c'est ainsi que là où nous disons T, les Picards disent Q, un *Caquiau* pour *Château*.

1. ΤΕ, le QUE des Latins; c'est une conjonction, correspondante à *Et*.

2. ΤΙΣ, le QUI, QUIS, des Latins, qui ; qui ? Un certain.

ΤΙ, *Quid*; lequel : quoi ?

3. ΤΕΣΣαρες, & en Athén. ΤΕΤΤαρες, le QUATuor des Latins, quatre.

Τεσσαρα-κοντα, quarante.

Τεσσαρα-κοϑος, quarantième.

Τεσσερες, en Ion. quatre.

Τετορες, poët. quatre.

Τετρας, αδ'ος, ἡ, nombre quatre, quaternaire.

Τετρα-κοσιοι, quatre cent.

Τετρα-κις, quatre fois.

Τετρατος, quatrième.

Τεταρταϊζω, avoir la fièvre quartaine.

Τετρα-πλοος, quadruple.

Τετραξ, & Τετραων, nom d'une espèce d'oiseaux plus gros que des poules.

T pour S.

S & T se mettent continuellement l'un pour l'autre; de-là :

ΤΗΛια, & ΣΗΛια, *Têlia* & *Sélia*, vase qui a la figure d'un seau.

C'est ce qu'on appelle SEILLE en Suisse.

Les Grecs donnerent ce nom à diverses sortes de grands vases : aux *mais* à paîtrir, par exemple.

Il appartient à la famille ΤΕΛ, grand, qui a de la profondeur.

T,

Grand, étendu.

1.

1. ΤΕΤ-ΤΑ, *Tata*, Pere ; nom donné aux Vieillards.

En Celt. *Taid*, ayeul.

2. ΤΑΤα, signifia Pere nourricier, d'où *Teton*, le sein nourricier; de là:

Σ-ΤΗ-ΤΗ, Σ-ΤΗ-Τα, *ftété*, *ftéta*; femme : nourrice.

3. ΤΙΤΘος, ὁ, mammelle.

Τιτθιον, petite mammelle.
Τιτθη, η, mammelle; 2°. nourrisse.
Τιτθις, ιδος, ἡ, nourrisse; tante.
Τιθη, de même.
Τιθευω, Τιτθενω, nourrir.
Τιθηνος, nourricier, qui éléve.
Τιθηνη, nourrisse.
Τιτηνη, Reine.
Τιθηνεω, nourrir, élever.
Τιθηνησις, nourriture, éducation.

4. ΤΗΘΗ, nourrice, tante, Tata; le *Té-té*.

5. ΤΗ-Θυς, la terre nourriciere des humains : 2°. Thétis, Déesse de la Mer.

Τηθις, ιδος, ἡ, ayeule, Tata, mere-grand.
Τηθελης, ὁ, qui a été élevé par son ayeule.
Τηθια, Τηθιβιος, nom de respect donné aux femmes âgées, mere, bonne-mere.
Τυτθος, ὁ, petit, poupon, qu'on éléve.

II. TI,
Élevé, honoré.

1. ΤΙω, honorer, estimer : 2°. chérir : 3°. punir, venger : 4°. payer, s'acquitter : 5°. expier.

2. ΤΙΜη, honneur, culte, devoirs : 2°. prix, valeur.

Τιμνεις, Τιμιος, honoré, honorable, d'un grand prix.
Τιμιοτης, ἡ, valeur, prix; 2°. noblesse, excellence.
ΤΙΜαω, honorer, estimer, avoir à grand prix.
Τιμημα, τὸ, estimation, prix.
Τιμησις, εως, ἡ, action d'honorer.
Τιμητος, honorable.
Τιμητικος, porté à honorer, à estimer.

3. ΤΙΣις, εως, ἡ, punition, peine.

Τιμη, ἡ; peine, amende, vengeance.
Τιμαω, condamner, mulcter.
Τιμημα, mulcte, condamnation.
Τιμητον, cens, revenus.

4. ΤΙΝω, ΤΙΝΝυω, ΤΙΝΝυμι, ΤΙ-ΤΑΙΝω, punir; payer, expier, réparer ses torts.

Τιω, tourmenter, accabler de douleurs.

5. ΤΙ-ΤΑΝ, νος, ὁ, Titan : *mot-à-mot*, les Grands de la Terre, les Puissans : ou le *Grand-Feu*, le Grand-Soleil.

De *tan*, feu, & *ti*, grand.

Le Soleil est *Ti-tan*, le grand-feu.

Les *Titans* foudroyés par Jupiter, & renfermés dans le sein des Volcans, sont les feux des Volcans qui menacent le Ciel, & soulevent les rochers dans les nues.

6. ΤΟΙ, Particule qui donne de la force au discours : autant : certainement : tout-à-fait.

§.

De Τυ, regarder, considérer, d'où le Latin *in-Tu-eor*, vint:

TI-TΥσκομαι, *Ti-tuskomai*, mirer, diriger vers le but, considérer avec soin : 2°. préparer.

III. T, couvrir, garantir.

1.

ΕΝ-ΤΕΑ, τὰ, terme de Poésie, & par contraction, ΕΥ-ΤΗ, τὰ, armes défensives, telles que le bouclier, le casque, la cuirasse : 2°. vases à boire.

ΕΝ-ΤΥω, & ΕΥ-Τυνω, rassembler des armes, se préparer, faire des préparatifs.

Χαλκ-ΕΥ-Τευς, *Khalk-en-teus*, qui est garanti par des armes d'airain.

2.

Α-Κ-ΤΙΝ, ινος, ἡ, rayon du Soleil ; 2°. éclair.

Ce mot doit venir de *Ge*, Soleil, & *Ti*, élevé ; ou de *Ten*, feu ; *K-ten*, feu qui part du Soleil.

3.

ΤΗΒεννα, & Τηβεννος, robe, habit long, qui couvre entièrement ; de *T*, *Ta*, *Tab*, couvrir.

4.

Σ-ΤΕΓω, *S-tego*, couvrir, cacher, mettre à couvert : 2°. protéger, défendre ; 3°. contenir ; 4°. souffrir, supporter.

C'est le *Tego* des Latins.

Σ-ΤΕΓη, toit, couvert, maison.

Σ-Τεγος, Σ-Τεγνον, de même.

Σ-Τεγανος, couvert, à l'abri.

Σ-Τεγανα, τὰ, secrets, choses cachées.

Σ-Τεγνος, vase bien fermé, qui ne laisse rien échapper.

Σ-Τεγνωσις, εως, ἡ, action de resserrer.

Σ-Τεγνοω, couvrir, cacher.

Σ-Τεγαζω, même que Σ-Τεγω.

Σ-Τεγασμα, couverture.

Σ-Τεγασος, couvert.

Σ-Τεγαςρον, ce avec quoi on peut mettre à couvert, couvrir.

ΤΕΓος, εος, το ; ΤΕΓη, ης, ἡ toit, couvert.

5.

Σ-ΤΕΦω, couronner ; 2°. ceindre d'un diadême, d'un ruban ; 3°. orner ; 4°. combler, remplir.

Σ-Τεμμα, ατος, τὸ, couronne ; 2°. ruban, bandelette, fontange.

Σ-Τεμματοω, couronner : ceindre la tête d'un ruban.

Σ-Τεπτος, couronné.

Σ-Τεφος, εος, τὸ, couronne.

Σ-Τεφετης, ȣ, ὁ, suppliant armé d'une couronne d'olivier.

Σ-ΤΕΦανος, ου, ὁ, couronne ; 2°. prix de la valeur, du mérite ; 3°. constellation céleste ; 4°. cercle, enceinte.

Σ-Τεφανη, de même ; 2°. torche que les femmes mettoient sur la tête pour soutenir les fardeaux ; 3°. nom du laurier d'Alexandrie, parce qu'on en faisoit des couronnes, &c.

Σ-Τεφανισκος, petite couronne ; 2°. guirlande.

Σ-Τεφανιζω, couronner.

Σ-Τεφανοω, de même ; 2°. orner, décorer, honorer ; 3°. ceindre.

Σ-Τεφανωμα, τὸ, couronnement.

Σ-Τεφανωσις, εως, ἡ, action de couronner.

2. Σ-ΤΕΡΦος, εος, τὸ, peau, cuir.
Σ-Τρεφος, Dor. de même.
Σ-Τερφινος, de cuir.
Σ-Τερφῳ, couvrir d'une peau.
Σ-Τερφωσις, vase couvert d'une peau.

IV. T, constituer, élever sur.

1.

ΤΑΣΣω, Ταττω, établir sur, constituer; préposer; 2°. arranger, classer, placer par ordre; 3°. statuer, fixer; 4°. imposer, mettre sur, taxer.

Ταγμα, ατος, τὸ, corps de troupes, bataillon, régiment.

Ταξις, εως, ἡ, ordre; 2°. arrangement; 3°. armée; 4°. lieu; 5°. tour, rang; 6°. devoir, office; 7°. taxation, imposition.

Ταξεωτης, ὁ, Huissier, appariteur.

Ταξειδιον, petit corps de troupes.

Τακτος, arrangé, où l'on observe un certain ordre, réglé; 2°. défini, prescrit, certain.

Τακτικον, τὸ, qui regarde l'ordre des troupes, l'Art Militaire.

2. ΤΑΓος, ὁ, Chef, Général, Président. En Thessalie, c'étoit le nom du Magistrat le plus élevé, du premier Chef.

Ταγευω, être revêtu du commandement souverain.

Ταγη, préfecture, gouvernement.

Ταγαιος, qui exécute des ordres.

2.

ΕΠΙ-ΤΗΔης, εος, ὁ, ἡ, propre, capable. On mettoit ce mot au nombre des Radicaux, & il est composé. Il signifie mot-à-mot, constitué pour une chose; par-là même, en avoir la capacité, être propre, capable.

Επι-Τηδειος, propre, capable; 2°. commode, opportun; 3°. accommodé.

Επι-Τηδειοτης, ἡ, opportunité, habileté, capacité.

Επι-Τηδειω, s'appliquer, donner tous ses soins, suivre avec ardeur.

Επι-Τηδευμα, τὸ, étude, institut.

Επι-Τηδευσις, εως, ἡ, soin assidu, diligence, industrie.

Επι-Τηδευτος, recherché, affecté, fait avec trop de soin.

3.

ΤΑΡΦος, εὸς, τὸ, épaisseur, sur-tout épaisseur des forêts, lieu sombre & touffu.

Ταρφης, Ταρφυς, Ταρφειος, épais, touffu, nombreux.

V. Τομ, Τοβ, Elevé.

1.

ΤΥΜΒος, ȣ, ὁ, Tumbos, tombeau: ils étoient toujours élevés: on en formoit des montagnes, des Pyramides.

Τυμβας, αδος, ἡ, femme qui se tient autour des tombeaux, sorcière.

Τυμβευω, ensevelir.

Τυμβευμα, cadavre.

Τυμβεια, ας, inhumation.

2.

Ι-ΘΥΜΒοι, οἱ, I-Thumboi; sauts &

danses accompagnées de chants à l'honneur de Bacchus.

3.

ΤΙΦος, εος, τὸ, marais, lieu marécageux.

Ce mot est de la même Famille que l'Anglois DEEP, profond.

VI. TA, Tuer,
Assommer à grands coups.

De TA, TU, frapper à grands coups, assommer, tuer, que nous avons déja vu ci-dessus, col. 370, vinrent ces divers mots.

1.

ΑΤη, ης, ἡ, Até, mal; dommage, tout ce qui nuit: 2º. ΑΤέ, Déesse du mal, du péché.

ΑΤαω, nuire, blesser, offenser.
ΑΤω, de même.
Ααχκω, de même.
Ατηρος, ὁ, nuisible, funeste, dangereux.

2.

ΟΥ-ΤΑω, ou-taô, blesser, frapper, battre.
Ου-Τησις, εως, ἡ, coup, blessure.
Ου-Τητειρα, ἡ, celle qui blesse.
Ου-Ταζω, blesser, frapper.
Ω-Τειλη, ης, ἡ, blessure.

TAL,
Grandeur.

De T, grand, & AL, élevé, vinrent nombre de Familles en Grec, ainsi qu'en toute Langue.

1.

ΤΑΛαω, Talaô, soutenir, supporter: 2º. souffrir.

Ταλασις, εως, ἡ, patience, support.
Ταλαυρινος, qui souffre avec une patience héroïque; 2º. audacieux.
Ταλαος, infortuné, malheureux, accablé de souffrances.
Ταλας, ανος, ὁ, de même, au fém. Ταλαινα.
Ταλανιζω, déplorer son sort.
Ατλας, même que Ταλας.

2.

ΤΑΛις, ιδος, ἡ, fille à marier: fille qui a aquis toute sa grandeur, toute sa taille.

De-là le חולה ב, Be thula des Hébreux, fille nubile, vierge.

3.

ΤΑΛασιον, το, laine: elle est portée par les brebis.

Ταλασια, ἡ, travail en laine.
Ταλασιος, ouvrier en laine.
Ταλαρος, quenouille; 2º. vase à laine.
Ταλαριον, Ταλαρισκος, de même.

4.

ΤΕΛαμων, ωνος, ὁ, baudrier: 2º. bande, lien.
Τελαμωνιαι, colliers des chiens.
Τελαμωνιζω, emmailloter, envelopper de bandes.

5.

2. Τλαω, Τλημι, supporter, souffrir: 2º. soutenir: 3º. oser.
Τλημων, patient; 2º. infortuné: 3º. audacieux.
Τλημοσυνη, misère, infortune, chagrins.

Τλητος,

Τλητος, supportable ; 2°. patient, qui a du support.

2. Ο-Τλος, ὁ, chagrin, peine, misère.
Ο-Τλεω, être dans le chagrin, être accablé de misère.
Ο-Τλημα, τὸ, misère, infortune.
Ο-Τλημων, infortuné.

6.
ΤΑΛαγ7ον, ȣ, τὸ, talent, la plus grosse masse d'argent : 2°. poids, balance.
Ταλαντάω, péser.
Ταλαντευω, de même.
Ταλαντοω, Ταλαντιζω, même.

7.
ΤΕΛΛω, être ; *mot-à-mot,* parvenir à une *telle* grandeur, devenir *tel*.
Τελέθω, de même, dans Homère.
Τελέθομαι, devenir.
Ανα-Τελλω, *mot-à-mot*, être sur, paroître, s'élever sur *l'horison*.

8.
1. ΤΕΛος, εος, τὸ, fin, extrémité ; *mot-à-mot*, qui a atteint toute sa grandeur, sa perfection.

2°. dignité, élévation en honneurs.

3°. Dépense.

4°. Impôts ; qu'on met sur.

5°. Corps de Troupe, Cohorte, Régiment.

Τελικος, final.
Τελειος, parfait ; 2°. dernier.
Τελειοω, amener à fin, parfaire, accomplir.
Τελείωσις, perfection ; 2°. consommation ; 3°. maturité.

Orig. Grecq.

Τελνεις, εντος, parfait ; 2°. excellent, solemnel.
Τελεω, conduire à fin, perfectionner, effectuer ; 2°. célébrer.
Τελεσιος, qui met fin.
ΤΕΛετη, ης, fin, issue.

2. ΤΕΛευτη, fin : 2°. mort.
Τελευταιος, final, dernier.
Τελευταω, finir, terminer.
Τελσον, fin, extrémité.

3. ΤΕΛω, peser : 2°. dépendre, être sous la dépendance.
Τελεσμα, τὸ, impôt, tribut.

4. ΤΕΛω, dépenser, consumer.
Ευ-Τελεια, frugalité, économie.

5. ΤΕΛειοω, initier, consacrer.
Τελείωσις, consécration, initiation.
Τελειωτης, qui consacre.
Τελεω, initier, rendre parfait.
Τελεsnριον, lieu où l'on initie.
Τελετη, forme des initiations, l'initiation même, expiation, Sacerdoce, cérémonie sacrée, parfaite.

9.
ΤΗΛε, loin, fort loin.
Τηλου, Τηλοθι, de même.
Τηλοθεν, de loin.
Τηλικωτατος, très-éloigné.

10.
ΤΟΛΜα, ης, ἡ, audace.
Τολμηεις, audacieux, intrépide.
Τολμηρος, téméraire.
Τολμαω, oser, être rempli d'audace.
Τολμημα, τὸ, ce qu'on ose entreprendre.
Τολμητης, Τολμητιας, ȣ, ὁ, entreprenant, hardi.

11.

Τολυπη, ης, ἡ, peloton de laine.

Τολυπευω, mettre en peloton, rassembler, ramasser ; 2°. machiner, tramer.

Τολυπευτικος, qui fait mettre en peloton.

12.

Σ-ΤΗΛη, ης, ἡ, *ſtélé*, colonne, cibe.

Σ-Τηλοω, dresser, ériger une colonne.

Σ-Τηλιτης, inscrit sur une colonne, dont le nom est inscrit par flétrissure sur une colonne.

Σ-Τηλιτευω, inscrire sur une colonne.

Σ-Τηλιτευσις, inscription sur une colonne.

Σ-Τηλις, petite colonne.

Σ-Τηλιδ'εια, bornes, limites.

13.

Σ-ΤΙΛη, ης, ἡ, petite monnoie : la plus petite monnoie.

II.
1.

ΤΥλος, ου, ὁ, clou : 2°. calus, durillon.

Τυλωδης, ὁ, ἡ, calleux.

Τυλοω, durcir, donner des durillons.

Τυλωμα, même que Τυλος ; 2°. plante du pied.

Τυλωσις, εως, ἡ, action de donner des durillons ; 2°. peau dure.

Τυλη, Τυλα, même que Τυλος ; 4°. oreiller, couverture, matelas.

Τυλεια, Τυλειον, de même.

Τυλιτ]ω, rouler en forme d'oreiller.

De-là : TULE, espèce de blonde qui se fabrique sur un oreiller ou coussin.

2.

Δηλεω, blesser, détruire : nuire : tromper.

De *Tal*, tailler, couper.

Δηλημα, τὸ, ruine, perte ; destruction.

Δηλησις, εως, ἡ, lésion, maléfice.

Δηλημων, nuisible, pernicieux.

Δηληηρ, ἡ, qui offense, qui blesse.

Δηληηριον, σο, remède nuisible.

Δηλαινω, même que Δηλεω.

III.

TAL, précédé d'une voyelle.

ΑΝ-Τλεω, puiser, tirer en haut : 2°. épuiser.

Αν-Τλημα, το, action de puiser ; 2°. vase à puiser, seau.

Αν-Τλητης, Αν-Τλητηρ, ὁ, celui qui puise ; 2°. tonneau de navire ; 3°. gobelet.

Αν-Τλος, ὁ, sentine, lieu dont il faut épuiser l'eau.

Αν-Τλιον, το, vase avec lequel on épuise la sentine.

Αν-Τλια, ἡ, travail avec lequel on épuise la sentine.

2.

Α-ΤΑΛος, ὁ, jeune, tendre, qui n'a pas encore acquis toute sa TAILLE, toute sa grandeur.

Α-Ταλλω, nourrir délicatement ; 2°. élever avec soin ; 3°. croître, grandir.

3.

ΜΕ-ΤΑΛΛον, ȣ, τὸ, le Lat. *Metallum* ; le Franç. métal. De l'Or. מטל *M tal*, action de tirer hors de la mine.

Με-Ταλλικος, métallique.

Με-Ταλλιζομαι, être condamné au travail des mines.

Με-Ταλλευω, tirer le métal de la mine.

Με-Ταλλευΐης, qui travaille aux mines.
Με-Ταλλευτικη, art d'élaborer les métaux.
Με-Ταλλευς, qui fouille dans les mines.
Με-Ταλλαω, fouiller, rechercher avec soin, creuser.

4.

Ο-Θλεις, *O-thleis*, roseaux, plantes qui s'élèvent là où il y a des eaux; & qu'observent ceux qui cherchent des sources.

IV.

1.

Τηλεφιον, ου, το, pourpier sauvage : c'est une plante qui s'éléve & se divise en plusieurs rameaux.

2.

Τηλις, εως, & ιδος, η, fenugrec.
Τηλινος, de fenugrec.
Τηλινη, le cytise ; ses feuilles sont semblables à celles du fenugrec.

3.

Τηνελλα, & Τηνελλος, *Ténella*, *Ténellos*, harmonie de la lyre, air de lyre qu'on jouoit pour célébrer un vainqueur : 2°. grand Musicien.

C'est un mot commun aux Celtes.
TELLENN, signifie chez eux une Lyre.

4.

Τιλλω, arracher, enlever l'écorce, la toison : 2°. teiller, ôter l'écorce du chanvre pour en faire du fil.

Τιλμα, action d'arracher, d'enlever l'écorce ; 2°. charpie.
Τιλματιον, charpie.
Τιλμος, action d'arracher, de pincer, coup de dent.
Τιλαι, αι, corpuscules qu'on voit dans l'air au moyen d'un rayon de soleil qui pénétre dans une chambre.
Τιλλων, Τιλων, nom d'un poisson.

5.

Τιλος, ο, fumier : c'est le Celte TIL, TAIL, fumier.
Τιλοω, faire du fumier, aller à la selle.

TAM,

Grand, parfait.

Du prim. *ThaM*, commun aux Celtes & aux Orientaux, & signifiant parfait, juste, vinrent ces Familles.

1.

Ε-Τυμος, ο, η, vrai : qui parle toujours juste.
Ε-Τυμονιος, de même.
Ε-Τετυμος, de même.
Ε-Τυμον, origine d'un mot ; sa raison juste & vraie.

2.

Θεμις, ιδος, ou ιδος, η, loi : 2°. le juste, le *fas*, le légitime : 3°. Déesse de la Justice, THÉMIS.
Θεμισες, les tributs dûs au Prince en toute justice.
Θεμισης, ο, conforme aux loix justes.
Θεμιτος ; Θεμιτωρ, ο, de même.
Θεμισευω, rendre la justice ; 2°. commander.

3.

Θωμιζω, condamner à une peine, faire justice: 2°. lier, mettre en prison: 3°. condamner au fouet: 4°. déchirer, piquer.

Θωμιγξ, corde déliée.

4.

De *Tam*, entier, vint par opposition.
1. Ταμω, j'aurai coupé, ENTAMÉ.
Τεμω, je couperai.
Τεμνω, je coupe.
Ε-ταμον, j'ai coupé, j'ai ENTAMÉ.
Τομος, adj. qui coupe.
    Nom. morceau, section.
Τομη, section, incision, amputation; 2°. TOME.
Τομαιος, Τομικος, coupé.
Τομαω, couper, partager.
Τομευς, εως, ὁ, qui coupe, secteur, amputateur, instrument à couper.
Τομειον, τὸ, instrument avec lequel on peut couper, disséquer.
Τομις, ιδος, ἡ, ciseaux.
Τομιας, ου, ὁ, qui a souffert une incision, qui a eu une amputation, un castrat.
Τομιον, τὸ, morceau, fragment, ce qu'on a coupé, amputé.

2. Τεμαχος, εος, τὸ, morceau, surtout les pièces des gros poissons.
Τεμαχιτης, poisson qu'on coupe par morceaux & qu'on marine.

3. Τεμενος, εος, τὸ, portion de champ séparée: 2°. champ sacré: 3°. Temple, Chapelle.
Τεμενιζω, consacrer, honorer.
Τεμενισμα, τὸ, même que Τεμενος.

4. Τμαω, couper.

Τμημα, τὸ, segment, portion.
Τμησις, η, section; 2°. division.
Τμη-τωρ, ρος, ὁ, inciseur, secteur, qui coupe.
Τμητης, de même.
Τμητος, coupé.

5. Τμησσω, couper.
Τμηγης, même que Τμητης.
Τμηγας, εος, τὸ, coupure, sillon.

6. Ταμνω, en Ion. & Dorien, même que Τεμνω.

7. Τε-τμω, trouver, rencontrer, recevoir en abrégé, par morceaux.

T, bas., non-élevé.

De *Ta*, élevé, vint par opposition:
1. Ταπεινος, ὁ, *Tapeinos*, humble, bas, abject, qui ne s'élève pas de terre, qui rampe.

Ce mot tient à notre Famille SE TAPIR: se coucher contre terre pour n'être pas aperçu.

Ταπεινοτης, ητος, ἡ, humilité.
Ταπεινοω, humilier.
Ταπεινωμα, τὸ, action d'humilier, humiliation.
Ταπεινωσις, abjection, sentiment vil & bas.

2. Ταπης, ητος, ὁ, le Lat. *Tapes*, tapis, étoffe qu'on étend par terre ou sur une table.
Ταπις, ιδος, ἡ, *Tapis*, de même.
Δαπις, de même.

T, qui couvre, qui renferme.

De *Ta*, haut, élevé, vinrent des

mots relatifs aux idées de couvrir, de renfermer.

ΤΑΜιας, υ, ὁ, Maître-d'Hôtel, Econome, Sur-Intendant.

ΤΑΜιειον, τὸ, lieu, où on renferme les provisions; office, dépense; 2°. trésor.
Ταμειον, de même.
Ταμια, ἡ Intendante, femme d'office.
Ταμιευω, être en qualité de Maître-d'Hôtel, d'Intendant; 2°. renfermer, avoir en garde; 3°. être questeur.
Ταμιεια, ἡ, questure.

2.

Σ-ΤΑΜνος, ὁ, ἡ, cruche, broc.
Σ-Ταμνιον; —μναριον; —μνισκος, de même.

TOM,
Feu.

En Celte, TWYM signifie prompt, ardent, vîte. De-là cette famille:

E-ΤΟΙΜος, υ, ὁ, prompt: prêt: 2°. qui est sous la main: 3°. vif, plein de feu.
E-Τοιμοτης, ἡ, vivacité, promptitude.
E-Τοιμαζω, préparer, apprêter.
E-Τοιμασια, ἡ, promptitude, vivacité, feu, empressement, qualité d'être toujours prêt.

TAN.

De T, grand, vaste, se forma TAN, étendu, d'où nombre de familles; mais dont la plus grande partie s'étoient insensiblement dénaturées, au point qu'on ne connoissoit plus leur rapport & leur origine.

1.

1. ΤΑΝυω, ΤΑΝυμι, étendre.
ΤΑΝαος, ὁ, étendu.
Ταντιαι, poutres.
ΤΑΝυσις, υος, ἡ, extension; 2°. contention, intention.

2. ΤΑΙΝια, ας, ἡ, le Lat. *Tænia*, ruban, bande, bandelette: 2°. ceinture ou bande qui soutient le sein: 3°. banc de sable sous l'eau: 4°. jarretière: 5°. ver long & plat ou *Tania*.
Ταινιον, Ταινιδιον, collier.
Ταινιοω, attacher ses cheveux avec des rubans, se couronner de rubans.

3. ΤΕΙΝω, étendre: 2o. distendre: 3°. avoir de la contention.
ΤΑΣις, εως, ἡ, tension, intention, contention.

4. ΤοΝος, ὁ, tension: intention: 2o. élévation de la voix, TON: 3o. son: 4°. application: 5°. *en peinture*, vigueur, force; 2°. nerfs.
ΤΟΝαια, ἡ, voix soutenue.
Τονικος, étendu, soutenu, ferme.
Τοναριον, flûte qui donne le ton.
Τονιζω, donner le ton; 2°. entonner.
ΤΟΝεω, tendre; 2o. fortifier, affermir.

5. ΤΕΝεσμος, tenesme: envie d'aller.

6. ΤΕΝων, οντος, ὁ, tendon, extrémité des muscles.

7. ΤΕ-ΤΑΝος, étendu: prolongé: *nom*, espèce de convulsion.

8. ΤΙ-ΤΑΙΝω, étendre: donner de l'extension, de la contention.

9. ΤΕΝης, étendu, dans les mots composés.

2.

ΑΙΤΝαιος, grand : mot formé de *Tan*, *Ten*, grand.

3.

Ο-ΘΟΝη, ης, drap, linceul, voile de vaisseau.

Ο-Θόνιον, τὸ, piéce de toile.

Ο-Θόννα, nom d'une plante.

4.

Ε-ΘΝος, εος, τὸ, Nation, Peuple ; 2°. Société.

De *Tan*, *Ten*, pays ; Ε', qui est. C'est ce mot *Tan*, pays, qui est de toute Langue, & qu'on retrouve ainsi dans la Langue Grecque, mais déguisé de maniere qu'on ne l'avoit jamais reconnu.

Ε-Θνικος, qui concerne les Nations ; 2°. payen.

5.

Ο-ΘΝειος, étranger : externe : *mot-à-mot*, non-du-pays, non-national. De Ο, non, & *Tan*, pays : mot qu'on rapportoit si mal-à-propos à Νοθος. C'est ainsi qu'on défiguroit cette belle langue & le bon sens de ses Fondateurs.

6.

Σ-ΘΕΝω, pouvoir, être puissant, avoir de la force.

Σ-Θενος, εος, τὸ, puissance, force, courage.

Σ-Θεναρος, robuste, puissant, fort.

Σ-Θενοω, fortifier.

De la même famille que le Latin TANTUS.

7.

Σ-ΤΕΝος, η, ον, étroit, serré, *mot-à-mot*, non-étendu, non-large.

Σ-Τενοτης, η, angoisse, qualité d'être serré, à l'étroit.

Σ-Τενοω, serrer, mettre à l'étroit.

Σ-Τεινος, Ionien, même que Σ-Τενος.

2. Σ-Τενω, au *moral*, être dans l'angoisse, dans l'oppression : gémir, déplorer son sort.

Σ-Τοναχεω, de même.

Σ-Τοναχη, gémissemens.

Σ-Τεναζω, gémir.

Σ-Τεναγμα, gémissemens.

8.

ΤΥΝος, & ΤΥΝΝος, petit : opposé à ΤΑΝ & ΔΥΝ, grand, élevé.

Τυννουτος, & en Athénien,

Τυννουτοσι, petit, si peu.

II.

ΤΑΝ, a signifié aussi Feu, chaleur, d'où le Latin ΕΧ-TINGUO, éteindre, emporter le feu, la lumiere : de-là :

1 : ΤΙΝΘαλιος, ὁ, chaud, brûlant, fervent.

Δια-Τινθαλεος, fervent, brûlant, enflâmé.

2. ΤΙ-ΤΑΝος, η, chaux.

Τι-Τανοομαι enduire de chaux.

3. Ε-ΤΝος, εος, τὸ, potage, bouillie, brouet.

En Celte *Tan*, liquide, cuit au feu.

Ε-Τυηρον, cuit au feu.

4. Τεγγω, *Tengo*, le Lat. *Tingo*, teindre.

Τεγκτος, teint.

ΤΕΝ-αγος, εος, τὸ, lieux humides, limon desséché, lieu boueux, marécageux.

Τεν-αγωδης, bourbeux, limoneux.

5. Σ-ΤΙΜΜΙ, τὸ, fard : 2°. pierre métallique, couleur de plomb. On prétend que c'est un mot d'origine Egyptienne.

Σ-Τιμμιζομαι, noircir ses sourcils avec cette pierre, se farder.

TAS,
Goûter, tâter.

Du prim. *Ta*, tâter, toucher, vinrent :

1. Ε-ΤΑΖω, chercher, examiner.

Ε-Τασμος, examen, recherche.

2. ΤΗΤαω, examiner, tenter, chercher : 2°. priver.

ΤΗ-ΤΗ, η, besoin, disette, ce qui fait chercher.

TEUK,
Construire, fabriquer.

Dans nos Origines Françoises, au mot ETOFFE, nous dîmes qu'il existoit une Famille primitive en TUCH, TUF, STUF, TEX, relative à toute idée de fabrication, & qui a produit nombre de Familles en Grec, en Allemand, en Latin, en François.

Ces mots tiennent à *Teg*, couvrir, tout ce qu'on fait pour se mettre à l'abri des injures de l'air, les étoffes, les toiles, les maisons, &c.

De-là ces Familles.

1.

ΤΕΧΝΗ, η, *Tekhné*, art, fabrication, adresse : 2°. *au fig.* ruse, adresse, fourberie.

Τεχνηεις, fait avec soin, avec art.

Τεχνικος, qui concerne l'art technique, ingénieux.

Τεχνιτης, ὁ, ouvrier.

Τεχνιτευω, fabriquer avec art ; 2°. tramer, machiner.

Τεχνιτεια, η, artifice.

Τεχνυδριον, petit artifice, légere invention.

Τεχναω, préparer avec art, être rempli d'adresse, d'industrie.

Τεχνημα, τὸ, ouvrage fait avec art.

Τεχνημων, ὁ, ingénieux, rempli d'adresse.

Τεχναζω, même que Τεχναω.

Τεχνοω, même.

Τεχνασμα, τὸ, artifice, machine inventée avec art ; 2°. ruse.

Τεχνασης, ȣ, ὁ, Machiniste ; 2°. inventeur de trames, de fourberies, de stratagêmes.

2.

ΤΕΥΧω, *Teukhô*, le *Tuch* des Allemands, fabriquer, construire, préparer, apprêter.

Τευξις, εως, η, construction, action d'élever, de fabriquer.

Τευκτηρ, ὁ, fabricateur, conſtructeur, qui prépare, apprête.
Τευκρος, de même.
Τευκτος, fabriqué, fait, conſtruit.
Τυκτος, de même.

2. ΤΥΧος, Τυκος, ὁ, inſtrument de fer dont on ſe ſert pour polir les pierres.
Τυκιον, Τυχιον, de même.
Τυκιζω, Τυχιζω, préparer, polir, parer.
Τυκισμα, τὸ, ce qu'on a conſtruit, paré, poli.
Τυκανη, ἡ, inſtrument à broyer, à triturer les fruits.

3. ΤΕΥΧος, εος, τὸ, vaſe, auge: 2°. inſtrument de Marine: 3°. de guerre: 4°. livre, volume.
Τευχισαι, gens armés, ſoldats.

4. ΤΕΚΤων, ονος, ὁ, Charpentier; Maçon: 2°. ouvrier en général.
Τεκτονικος, qui concerne la fabrication.
Τεκτονια, ἡ, ſtructure, art de fabrique.
Τεκτονειον, boutique, forge: lieu où on travaille.
Τεκταινω, fabriquer, forger, tramer, conſtruire.

3.

ΤΕΚ-ΜΑΡ, τὸ, ſignal, ſigne; borne: 2°. fin, iſſue, but: 3°. prodige.
De Mar, marque, marche ou frontiere, & Τεκ, conſtruit, élevé, poſé.
ΤΕκ-Μωρ, de même.
Τεκ-Μαιρω, montrer par des ſignes certains, prouver.
Τεκ-Μαιρομαι, fabriquer, conſtruire; 2°. conduire à fin, parfaire; 3°. annoncer, conſidérer, examiner, être en ſentinelle.
Τεκ-Μαρσις, εως, ἡ, conjecture, ſpéculation; 2°. connoiſſance des ſignes; 3°. interprétation.
Τεκ-Μηριον, τὸ, ſigne certain & indubitable; 2°. indice, note, preuve.
Τεκ-Μηριοω, s'appuyer ſur des conjectures.

4.

ΤΕΙΧος, εος, τὸ, mur, muraille.
Τειχιον, petit mur.
Τειχιοεις, muré, environné de murs.
Τειχωμα, τὸ, machine deſtinée à renverſer les murs.
Τειχεω, environner d'un mur.
Τειχιζω, conſtruire un mur, bâtir.
Τειχισμα, τὸ, remparts, fortifications.
Τειχισμος, ὁ, conſtruction d'un mur.
Τειχιsης, ὁ, qui conſtruit des murs, maçon.

5.

ΤΟΙΧος, ȣ, ὁ, mur, paroi: côté d'un vaiſſeau.
Τοιχοω, conſtruire un mur.

6.

1. Ε-ΤΕΚον, j'ai produit, j'ai eu des enfans. Aoriſte 2.
ΤΙΚτω, mettre au monde.
Τειξις, εως, ἡ, couches.
Τεκτικος, qui doit accoucher.

2. ΤΟΚας, αδος, ἡ, accouchée; 2°. femme groſſe.
ΤΟΚευς, εος, ὁ, Pere.
Τοκετος, ὁ, couches, accouchement; 2°. naiſſance.
ΤΟΚος, ὁ, ce qu'on a mis au monde; 2°. intérêt, produit par l'uſure.

Τοκισμος,

Τοκισμος, prêt à intérêt.
Τοκιsης, ὁ, qui prête à intérêt, usurier.

3. Τεκος, εος, τὸ, postérité, race, lignée, enfans.

4. ΤΕΚγον, υ, τὸ, enfant.
Τεκνιον, τὸ, petit enfant.
Τεκνοω, avoir des enfans.
Τεκνωσις, procréation.

7.

ΤΥΓΧανω, *Tunkhanô* (écrit *Tugkhanô*), exister, être ; 2°. arriver, survenir ; 3°. obtenir, avoir en partage, être loti : 4°. rencontrer, atteindre.

2. ΤΥΧη, ης, η, *Tukhé* ; fortune ; celle qui distribue à chacun son lot : fabricante des fortunes : 2°. événement, cas fortuit.
Τυχαιος, fortuit.
Τυχηρος, de même.
Τυχηρως, par hasard : 2°. heureusement, bonne fortune.

3. ΤΕΥΞις, εως, ἡ, action d'obtenir, de parvenir.

TEUT.

Du Celte TEW, silence, attention profonde, vint :
ΤΕΥ-Ταζω, prêter silence : donner tous ses soins, toute son attention à ce qu'on fait.
Τευ-ίασμος, ὁ, milice.

TOP.

De l'article T, & du mot *Opé*, où, *l*e où on est, vint :

Orig. Grecq.

Τ-οΠος, Τ-οΠου, lieu, place.
Τ-οΠικος, local.
Τ-οΠαζω, placer, statuer, établir ; 2°. soupçonner, conjecturer : rechercher.
ΤΟΠεω, de même.
Τ-οΠειον, τὸ, corde, cable.
Τ-οΠιον, de même.

TOR, TAR, TER, TRA, TRE, &c.

Piquant, pointu.

1.

1. ΤΕΡεω, percer, blesser ; 2°. tourner, percer en tournant.
Τερετρον, percet, tariere.
Τερετριον, forêt, outil à percer.
Τερθρον, cordage très-fin qui passe par les extrémités des voiles pour les tendre ou les plier.
Τορθροι, de même.

2. ΤΕΡ-Ηδων, ονος, ὁ, ver qui *ronge* le bois en le *perçant*.
Τερ-Ηδονιζομαι, être percé par les vers, être vermoulu.

3. ΤΟΡεω, percer : 2o. pénétrer.
ΤΟΡος, pénétrant, aigu, perçant.
Nom, touret, instrument qui sert à percer, à creuser.
Τορευω, percer ; 2°. expliquer clairement, intelligiblement.
Τορευμα, το, ouvrage fait au tour.
Τορευσις, action de tourner, de travailler au tour.
Τορευτος, tourné, fait au tour.
Τορευς, εως, ὁ, tourneur.
Τορνοω, tourner, ciseler, graver au tour.
Τορνος, tour, instrument à tourner.
Τορνευω, même que Τορνοω.

N n n

Τορνευμα, même que Τορευμα.
Τορεια, Τορνεια, même que Τορευσις.

2.

1. ΤΙ-ΤΡαω, ΤΙ-Τρημι, Τε-Τραινω, percer.
Τρημα, το, trou.
Τρησις, εως, η, action de percer.
Τρητος, percé, troué.

2. Τραγος, percé à jour : 2°. clair, ouvert, manifeste.
Τρανης, de même.
Τρανοω, rendre clair, & évident, manifester.
Τρανεω, déclarer.

3. Τραμη, Τραμις, l'anus.

3.

1. ΤΙ-ΤΡωσκω, percer d'un trait, blesser.
Τρωμα, το, blessure; plaie 2°. carnage, ruine, perte.
Τρωματιζω, blesser.
Τρωσις, η, action de blesser, coup, blessure.
Τρωτος, blessé, lesé.

2. Τραυμα, même que Τρωμα.
Τραυματιας, 8, ο, blessé.
Τραυματιζω, blesser.

4.

ΤΡΥΠα, ης, η, trou ; ouverture.
Τρυπαω, percer ; piquer.
Τρυπημα, το, trou.
Τρυπησις, εως, η, action de percer.
Τρυπανον, το, ce qui perce, trépan.
Τρυπανιζω, même que Τρυπαω.

5.

ΤΡΥω, Truδ, briser : 2°. fatiguer,
vexer : 3°. énerver, maigrir.
Τρυμα, & Τρυμη, vieux routier ; 2°. rusé, fourbe.
Τρυμαλια, η, trou.
Τρυσις, affliction, chagrin.
Τρυσσος, affligé : 2°. foible, invalide.

2. ΤΡυχω, consumer, épuiser.
Τρυχος, εος, το, étoffe usée, en loques, déchirée.
Τρυχιον, de même.
Τρυχηρος, déchiré, usé, en lambeaux.

3. ΤΡΥΤαγη, ης, η, le Lat. *Trutina*, trébucher, balance : *mot-à-mot*, le *trou* par lequel elle est suspendue.
Τρυτανευω, péser, examiner.

6.

ΑΝ-ΤΡοy, 8, το, le Lat. *Antrum*, antre, caverne.
Αν-Τρωδης, ο, η, rempli de cavernes.
Αν-Τριας, αδος, η, femme qui aime à demeurer dans les antres, dans des cavernes.

7.

ΤΡΥΒλιον, το, le Lat. *Trulla*, écumoire, cueillier à jour : passoire.

II.
TAR, escarpé : pointu.

1.

ΤΡΑΧηλος, 8, ο, cou.
Τραχηλια, τα, têtes & pieds des animaux en ragoût, abattis.
Τραχηλιαω, porter le cou haut, se rengorger, faire le fier, l'insolent.
Τραχηλιζω, se coucher sur la tête ; 2°. tordre le cou ; 3°. presser ; angoisser ; 4°. découvrir.

2.

ΤΡΑΧυς, εος, ὁ, rude, âpre.

Τραχυτης, aspérité, rudesse, &c. Voy. ci-dessus, col. 901.

3.

Σ-ΤΡΗΝης, εος, ὁ, ἡ, âpre, rude.

Ἀς-ΤΡΗΝης, ὁ, ἡ, aigu, pointu.

4.

Σ-ΤΑΥΡος, piéce : 2°. croix. De-là notre mot STOR.

Σ-Ταυροω, planter un pieu; 2°. crucifier, empaler.

Σ-Ταυρωμα, τὸ, palissade.

Σ-Ταυρωσις, action d'empaller, de crucifier.

Σαυρωτηρ, pour Σταυρωτηρ, qui traverse l'extrémité d'une lance, & au moyen de laquelle on peut pendre celle-ci.

5.

Σ-ΤΟΡΘυγξ, S-torthunx, pointe de lance : 2°. Priape.

Σ-Τορθυγγες, cheveux hérissés, mal-peignés.

6.

Σ-ΤΥΡαξ, ακος, ὁ, pointe d'une lance, d'un javelot ; 2°. arbre de Syrie qui produit le Styrax.

Σ-Τυρακιον, pointe de lance.

Σ-Τυρακιζω, rendre pointu ; 2°. produire le Styrax.

III.

TR, en travers.

1.

Σ-ΤΡαγγος, ὁ, S-trangos, oblique, de travers, de biais, tortu : 2°. pervers.

Σ-Τραγγευω, tordre.

Σ-Τραγγιζω, même ; 2°. presser.

Σ-Τραγγαλη, ἡ, hart, corde dont on se sert pour étrangler : étranglement.

Σ-Τραγγαλια, ἡ, lacet tortueux, nœud fait artistement ; 2°. trape, filet ; 3°. chemin tortu, oblique ; 4°. ruse, finesse.

Σ-Τραγγαλια, τὰ, duretés, calus qui se forment dans les articulations.

Σ-Τραγγαλις, ιδος, même que les deux précédens.

Σ-Τραγγαλιζω, serrer, étrangler, tordre.

Σ-Τραγγαλοω, de même.

2.

Σ-ΤΡαγξ, γγος, ἡ, goutte.

Σ-Τραγγιζω, Σ-Τραγγευω, exprimer par gouttes, faire tomber goutte à goutte.

Σ-Τραγγειον, τὸ, instrument ou machine pour faire tomber goutte à goutte.

Σ-Τρευγω, poindre, accabler de douleur ; 2°. tarder, différer, n'aller que goutte à goutte.

Σ-Τρευγομαι, se consumer, sécher, s'en aller goutte à goutte, insensiblement.

Σ-Τρευγεδων, ονος, ἡ, strangurie.

3.

Σ-ΤΡατος, ȣ, ὁ, STRatos, armée, mot-à-mot, troupe qui *vient* au *travers*, contre.

Σ-Τρατευω, lever une armée, faire une expédition, marcher contre.

Σ-Τρατευμα, τὸ, armée, Corps de troupes.

Σ-Τρατευσις, εως, ἡ, expédition.

Σ-Τρατευτικος, belliqueux, vaillant, accoutumé aux travaux de la guerre.

Σ-Τρατεια, ἡ, expédition ; milice.

Σ-Τρατιος, le Guerrier, le Protecteur

des armées ; épithète de Jupiter & de Mars.

Σ-Τρατια, la Guerriere ; épithète de Minerve.

Σ-Τρατια, ας, ἡ, armée.

Σ-Τρατιωτης, ου, ὁ, soldat.

Ce que les Turcs appellent *Stratiot*.

Σ-Τρατιωτις, ιδος, ἡ, femme guerriere.

Σ-Τρατιωτικα, τὰ, les choses qui concernent la guerre.

IV.
TR, briser.

Τριβω, pour *Teribô*, de la même Famille que le *Tero* des Latins, briser, concasser, froisser, triturer, broyer.

Τριμμα, τὸ, ce qu'on a brisé, concassé, broyé.

Τριμματιον, de même.

Τριμμος, ὁ, moulu, brisé.

Τριψις, εως, ἡ, action de moudre, de triturer.

Τριπτηρ, ὁ, qui mout, qui concasse ; 2°. machine à moudre, à broyer ; 3°. vase où on broye.

Τριπτηριον, de même.

Τριπτης, ὁ, de même.

Τριπτος, moulu, broyé, concassé.

Τριβη, même que Τριψις ; 2°. usage exercice, qualité d'être rompu à une chose.

Τριβακος, homme rompu dans les affaires, qui en a un grand usage.

Τριβακον, τὸ, habit usé.

Τριβανον, même que Τριπτηριον.

Τριβος, ἡ, chemin battu ; 2°. habitude.

Τριβων, ωνος, ὁ, même que Τριβακος.

Τριβωνιον, habit déchiré, usé.

Τριβωναριον, de même.

2. Θριψ, πος, ὁ, ver qui ronge le bois.

V.
TR, trois,

De *TeR*, à travers, ou de *Ter*, nombreux, grand, vint cette Famille.

I.

1. Τρεις, οἱ, αἱ, le Lat. *Tres*, trois.

Τριαινα, ἡ, le trident.

Τριαινατηρ, ὁ, qui se sert du trident.

Τριαινοω, se servir du trident.

Τριακοντα, trente.

Τρια-κοσος, trentiéme.

Τρια-κοσιοι, trois cent.

Τριας, αδος, ἡ, triade, le nombre trois.

Τριασμος, calcul par trois, par le ternaire.

Τρισσος & Τριττος, triple.

Τρισσακις, trois fois.

Τρισσοω, tripler.

2. Τριττυς, le tiers ; 2°. le triple.

Τριξος, en Ion. même que Τρισσος.

Τριτος, troisiéme.

Τριταιος, de même ; qui arrive au troisiéme jour.

Τριταιζω, avoir la fiévre tierce.

Τριτοω, faire pour la troisiéme fois.

Τριτευω, être le troisiéme, obtenir le troisiéme, la troisiéme place.

Τριτευς, le tiers d'un boisseau, d'un setier.

3. Τρις, trois fois.

Τριχα, en trois.

Τριχθαδιος, triple, terne.

Τρι-πλοος, triple, triplé.

Τρι-πλαξ, de même.

4. Τριασσω, vaincre, remporter la victoire : les Athlètes n'étoient couronnés qu'après avoir eu le dessus en trois combats.

Τριακτος, vaincu.

5. Τριγλα, & Τριγλη, mulet, poisson, parce, disoit-on, qu'il ne peuploit qu'à trois ans. Ce mot peut signifier très-brillant.

6. Θριαι, les trois cailloux avec lesquels on devinoit. C'est donc comme les *trois flèches* de l'Orient.

Θριαζω, être hors de sens comme les sorciers, les devins.

7. Θριον, τό, feuille de figuiers, parce qu'elle est découpée en trois, 2°. ragoût de lait & de graisse avec des feuilles de figuier.

Θριασαι, ceux qui cultivent les figuiers, la vigne.

8. Τριναξ, ou Θριναξ, instrument d'agriculture à trois pointes : espèce de bêche.

9. Θριναxια, la Sicile ou *Trin-acrie* à trois pointes.

10. ΤΙ-ΒΗΝ, pour ΤΡΙ-Βην, trépied : de *Treis*, trois, & *Βα*, qui va.

2.

Α-ΤΡα-Φαξις, le Lat. *Atri-plex*, l'Arroche, plante dont la feuille est triangulaire.

3.

Ε-ΤΕΡος, ό, *He-Teros*, l'autre, mot-à-mot, un tiers, un troisiéme.

Ε-Τεροτης, ή, diversité.

Ε-Τεροιος, divers, d'une autre espèce.

Ε-Τεροιοω, rendre autre, changer, altérer.

Ε-Τεροιωσις, ή, altération, changement.

Ε-Τερωθεν, d'un autre côté.

Ε-Τερως, d'une autre maniere.

Ε-Τεροω, altérer.

Α-Τερος, Dorien, même que Ε Τερος.

Η-Τερα & Θητερα en est le féminin ; Θατερον, le neutre.

VI.

Du Celte TRUG, trompeur, vinrent :

1. Α-ΤΡΕΚης, εος, ό, ή, *A-trekés*, qui ne trompe pas : véridique, vrai : certain, assuré.

Α-Τρεκεια, ας, ή, vérité.

2. Σ-ΤΡΥΧΝος, ου, ό, solanum, mot-à-mot, la Trompeuse. Son fruit est très-beau à la vue, & ne vaut rien au manger.

TAR,
Terrible, redoutable.

1.

ΤΑΡασσω, Ταραττω, troubler : 2°. émouvoir ; effrayer.

Ταραγμος, trouble, tumulte, consternation.

Ταραξις, εως, ή, action de troubler, effroi.

De-là la TARASQUE de Provence.

Ταραξιας, ȣ, ό, turbulent, qui aime à exciter du trouble.

Ταραχτης, ό, perturbateur, ennemi du repos.

Ταραχη; Ταραχος, trouble.

Θρασσω, Θρατ]ω, troubler, causer du trouble, de l'inquiétude ; 2°. poigner, piquer.

2.

ΤΑΡΒος, εος, τὸ, terreur, crainte, effroi, épouvante.

Ταρβοσυνη, même.

Ταρβαλιος, terrible, effrayant, qui répand la terreur ; 2°. effrayé.

Ταρβεω, craindre, trembler, avoir peur.

3.

ΤΑΡιχος, ου, ὁ, & εος, τὸ, saumure, marinade : assaisonnement fort.

Ταριχηρος, mariné.

Ταριχευω, mariner, mettre en saumure.

Ταριχευσις, εως, ἡ, saumure.

Ταριχευτης, chaircuitier, qui vend les chairs salées.

Ταριχευτος, salé, mariné.

4.

ΤΕΙΡω, fut. ΤΕΡω, vexer, affliger, tourmenter, molester; 2°. briser, consumer, dompter, matter.

Τερυσκω, même que Τειρω.

Τερυες, chevaux épuisés, étiques; chevaux de fiacre.

2°. ΤΕΡην, ενος, tendre : qui est bientôt matté, brisé, moulu.

Ce doit être l'inversion de *Tener*, tendre.

Τεραμων, de même ; 2°. légumes tendres, très-aisés à cuire.

Τεραμοτης, ἡ, tendreté des légumes.

3. Τεραμγος, ὁ, coffre, arche ; 2°. toit de maisons, tente.

4. ΤΟΡυνη, ης, ἡ, action de remuer, de tourner, d'agiter ce qui est dans un pot afin qu'il cuise mieux.

Τορυνεω, agiter, remuer les viandes qui cuisent.

5. ΤΕΙΡεα, εων, τὰ, Astres, mot employé par Homere : c'est l'Oriental ZER, *Ser*, feu, astre.

5.

1. ΤΕΡας, ατος, τὸ, prodige effrayant, extraordinaire : monstre.

Τερατωδευμα, monstre, ouvrage monstrueux, étonnant.

Τερατωδης, Τερατικος, Τερατειος, Τερασιος, monstrueux, prodigieux, étonnant.

Τερατευω, parler prodige, inventer des choses extraordinaires, avoir un style ampoulé : calomnier.

Τερατεια, ἡ, récits fabuleux, qui tiennent du prodige, mensonges à trente-six carats.

2. Τερθρευς, εως, ὁ, Enchanteur, Magicien, qui fait des prestiges.

Τερθρευω, tromper par ses prestiges ; 2°. se vanter, faire le charlatan.

Τερθρεια, ἡ, prestiges, enchantemens; 2°. charlatanerie, discours trop-recherchés.

Τερθρευμα, τὸ, de même.

II.

TAR, fort.

1.

1. ΤΑΥΡος, ὁ, Taureau, le *Taurus* des Latins : 2°. Signe Céleste.

Ταυρωδης, Ταυρειος, Ταυριος, Ταυριχος, de taureau.

Ταυριδιον, jeune taureau.

Ταυριαω, désirer le taureau.
Ταυροω, être changé en taureau.
Ταυρω, ῦς, ἡ, surnom de Diane, ou la cornue.

2. ΚΕΝ-ΤΑΥΡος, Centaure, mot-à-mot, Pique-bœuf: ce sont les Laboureurs: tandis que les LAPITHES leurs ennemis sont les Vignerons ou Vendangeurs.

2.

Α-ΣΑΡον, ʼ, τὸ, le Lat. *Asarum*, Nard sauvage: plante dont l'odeur est très-forte. Ici *Sar* pour *Tar*.

3.

ΤΥΡΣις, εως, ἡ, Tour, le *Turris* des Latins: on a dit aussi *Tursos*: 2°. rempart, fortifications. Les Etymologues à la Grecque sont allés chercher l'origine de ce nom dans celui des Tyrrhéniens, comme inventeurs des Tours, ce qui étoit une extravagance de plus.

4.

ΤΥΡ-ΑΝΝος, ʼ, ὁ, *Tyrannus* des Latins: Tyran, mot-à-mot, le Maître de la Tour, de la Citadelle. Le Chef, le Prince. Ces Seigneurs de Châteaux ayant abusé de leur autorité, leur nom devint odieux pour l'éternité.

On le trouve dans des anciens Auteurs Grecs, dans son vrai sens de Maître, de Seigneur.

Dans les Suppliantes d'Euripide, Τις Γης Τυραννος, quel est le Roi du pays?

Τυραννια, ἡ, Τυραννις, ιδος, ἡ, Empire; régne; 2°. tyrannie; 3°. Princesse.
Τυραννειον, τὸ, Palais du prince.
Τυραννευομαι, dépendre d'un Souverain.
Τυραννευω, régner, gouverner; 2°. être un tyran.
Τυρανιαω, s'emparer du gouvernement.
Τυραννησειω, aspire au gouvernement.
Τυρανιζω, se ranger du côté du tyran.

5.

ΤΥΡος, ῦ, ὁ, fromage: on leur donne une forme élevée, en guise de tour.
Τυριον, τὸ, petit fromage.
Τυροω, Τυρευω, coaguler, faire du fromage; 2°. mêler, troubler; 3°. forger, fabriquer.
Τυρευμα, τὸ, lait caillé.
Τυρευσις, εως, & Τυρεια, condensation ou coagulation du lait pour en faire du fromage.

III.

TAR, conserver, sauver.

De TAR, prononcé *Tair*, fort, vint une Famille en *Tér*, dans le sens de sauver, conserver, garantir, parce que ce sont les effets de la force.

1.

ΤΗΡεω, conserver, défendre, garantir: 2°. observer.
Τηρεομαι, observer, prendre garde.
Τηρησις, εως, ἡ, conservation; 2°. observation, garde, protection.

Τηρητικος, qui a la force de fauver, de conferver.

2.

Ε-ΤΑΙΡος, υ, ὁ, affocié, ami, camarade, aide.

Ε-Ταιρα, ας, ἡ, en Ion. Ε-Ταιρη, amie, affociée.

Ε-Ταιρια, ἡ, affociation, amitié.

Ε-Ταιρικος, — ρειος, — ριος, amical, d'ami, d'affocié.

Ε-Ταιριδεια, τὰ, fête en l'honneur de Jupiter Protecteur, ami ; on la célébroit à Magnéfie.

Ε-Ταιρευω, vivre en fociété.

Ε-Ταιριζω, s'affocier, devenir fidele compagnon d'œuvres.

3.

Σ-ΤΗΡΙΖΩ ; établir fortement, affermir : 2°. être en pied.

Σ-Τηριγμα, το, appui, foutien, pied.

Σ-Τηριγμος, ὁ, action d'affermir.

Σ-Τηριγξ, γγος, foutien, appui ; 2°. fourche.

4.

ΤΡΑ-ΠΕΖα, ης, ἡ, table : banque : de *Pes*, pied & *Tra*, fortement.

Τρα-Πεζευς, εως, ὁ, convive.

Τρα-Πεζειτης, de même.

Τρα-Πεζιτης, ὁ, banquier, qui fait le change.

Τρα-Πεζιον, petite table, abaque.

Τρα-Πεζω, mettre fur table.

Τρα-Πεζωμα, couvert, ce qu'on met fur table.

IV.

TOR, TRE, Tour.

1.

ΤΟΡΜΗ, & ΤΟΡΜος, moyeu de la roue ; 2°. borne autour de laquelle tournoient les combattans des jeux : 3°. orniere, traces des roues.

2.

ΤΡΕΠω, tourner : 2°. convertir.

Τρεπτος, inconftant, muable, qu'on peut changer.

Τρεπτοτης, ἡ, converfion, tour, verfion.

2, ΤΡΟΠΗ, action de fe retourner, 2°. fuite : 3°. mutation : 4°. tranflation, tranfport : 5°. figure de Rhétorique, TROPE.

Τροπαιος, qui revient.

Τροπαιον, monument, TROPHÉE.

Τροπικος, ὁ, TROPIQUE, cercle d'où revient le Soleil.

Τροπιας, υ, ὁ, vin tourné, gâté.

Τροπιαζω, être au folftice, revenir fur fes pas.

Τροπαλισμος, ὁ, converfion, mutation.

Τροπαω, Τροπαλιζω, Τρωπαω, Τρωπασκω, tourner, retourner.

Τροποω, mettre en fuite.

3. ΤΡΟΠος, υ, ὁ, changement : 2°. mode, maniere, raifon : 3°. ufage, coutume : 4°. mœurs, génie : 5°. autorité, crédit : 6°. foin, application, étude.

4. Τροπος, nœud, pour attacher les rames.

Τροπηξ, ηκος, poignée de la rame.

Τροπηλις, Τροπαλλις, paquet d'aulx.

Τροπις, ιδος, ἡ, carène, fond d'un vaiffeau.

5. Τραπελιζω, même que Τρεπελιζω.

6. Τραπεω, fouler le raifin dans la cuve.

Τραπηται,

Τραπηλαι, hommes qui foulent le raisin.
Τραπητος, moût : vin nouveau.

3.

Σ-ΤΡΕΦω, tourner, retourner : 2°. fléchir : 3°. tordre : 4°. penser, réfléchir.

Σ-Τρεμμα, τὸ, tortu, tors.

Σ-Τρεφις, εως, ἡ, version ; 2°. conversion ; 3°. fraude.

Σ-Τρεπτος, versatile ; 2°. flexible ; 3°. tors, tortueux.

Σ-Τρεφος, τὸ, même que Σ-Τρεμμα.

Σ-Τρεφασκω, même que Στρεφω.

2. Σ-Τροφη, ης, ἡ, action de se tourner ; fléxibilité ; détour ; pli : 2°. conversion, révolution : 3°. ruse, détours : 4°. STROPHE.

Σ-Τροφαιος, rusé, plein de détours.

3. Σ-Τροφευς, εως, ὁ, vertebre ; gond.

Σ-Τροφιγξ, ιγγος, ὁ, de même ; 2°. robinet.

Σ-Τροφις, ιδος, ἡ, conversion ; 2°. rouleau, volume ; 3°. spirale.

Σ-Τροφις, ὁ, rusé, fin.

Σ-Τροφος, ὁ, corde, cordeau ; 2°. miseréré.

Σ-Τροφιον, ceinture de femme ; 2°. ruban de tête.

Σ-Τροφαλιγξ, ιγγος, ἡ, conversion, révolution, pli ; 2°. gouffre, tournant ; 3°. axe.

Σ-Τροφαλις, de même.

Σ-Τροφαω, tourner.

Σ-Τρωφαω, de même.

4. Σ-ΤΡΕΒΛος, ʋ, ὁ, tortu, tortueux.

Σ-Τρεβλοτης, η, tortuosité, sinuosité.

Σ-Τρεβλη, instrument pour la construction des vaisseaux.

Σ-Τρεβλοω, tourmenter, mettre à la torture, tordre.

Σ-Τρεβλωτηριον, τὸ, torture.

4.

Σ-ΤΡΑΒος, ʋ, ὁ, louche, qui a les yeux de travers.

Σ-Τραβιζω, être louche.

Σ-Τραβισμος, ὁ, défaut de loucher.

Σ-Τραβων, ωνος, ὁ, louche.

5.

Σ-ΤΡοβεω, tordre ; 2°. tourmenter, agiter.

Σ-Τροβος, ου, ὁ, tournant, tourbillon.

Σ-Τροβευς, εως, ὁ, instrument à foulon.

Σ-Τροβελος, tortu, courbe, recourbé.

Σ-Τροβιλος, tourbillon ; 2°. sorte de danse ; 3°. pomme de pin en forme de cône.

Σ-Τροβιλινος, de pin.

Σ-Τροβιλεω, tourner en rond, tourbillonner.

6.

Σ-ΤΡΟΜβος, ʋ, ὁ, tourbillon, toupie ; roue ; rouet ; turbot.

Σ-Τρομβειον, το, cône, tourbillon.

Σ-Τρομβοω, tourner, s'avancer en tourbillon, rouler.

7.

Α-ΤΡΑΚΤος, ʋ, ὁ, ἡ, fuseau, en Langued. *lou fus* : 2°. portion du mât d'un vaisseau ; 3°. flèche.

Α-Τρακτυλις, ιδος, ἡ, bois épineux dont on se servoit pour faire des fuseaux & des quenouilles.

V.
TER, Chaleur.

De la Famille ΘΕΡ, *Ther*, chaleur, prononcée en Τ, vint :

ΤΕΡΣω, sécher, brûler.

Τερσια, ἡ, sécheresse.

Τερσαινω, sécher, dessécher.

VI.

De TAR, entrelacé, vint cette Famille :

ΤΑΡΣος, & en Athén. Ταρρος, claie : 2°. le tarse, paume de la main ; plante du pied ; à cause de l'entrelacement des muscles & nerfs qui les composent.

Ταρριον, τὸ, petite claie.

Ταρσοω, Ταρροω, entrelacer, fortifier, munir.

ΤΡΑΣια, ας, ἡ, lieu où on met sécher le fromage & les figues ; 2°. claies sur lesquelles on fait sécher les fruits.

VII.

TR, abondant, nombreux, dru.

1.

Σ-ΤΡΟΥΘος, ȣ, ὁ, *S-trouthos*, moineau, passereau. Cet oiseau peuple extrêmement.

Σ-Τρουθος Μεγαλη, Autruche.

Σ-Τρουθιον, Σ-Τρουθαριον, petit moineau.

Σ-Τρουθιζω, crier comme les moineaux, pioller.

2. Σ-Τρουθειος ; Σ-Τρουθιος, le grand coignassier.

3. Σ-Τρουθιον, plante avec laquelle on blanchissoit.

2.

Σ-ΤΡΗΝος, εος, τὸ, abondance, luxe, délices, excès.

Σ-Τρηνιαω, vivre dans les délices : se livrer à toute sorte d'excès.

En Celte, *Trah*, excès.

3.

1. ΤΡΕΦω, nourrir, élever ; entretenir : 2°. croître, augmenter.

2. ΘΡΕΜΜα, ατος, τὸ, nourrisson : 2°. éleve.

Θρεψις, εως, ἡ, action de nourrir, entretien.

Θρεπτηρ, ὁ, nourricier : qui éleve.

Θρεπτειρα, ἡ, nourrice.

Θρεπτηρια, τὰ, alimens.

Θρεπτικος, propre à nourrir, qui fait élever.

Θρεπτος, nourri, élevé.

3. Τρεφος, même que Θρεμμα.

Τροφος, ὁ, ἡ, qui éleve, nourrit.

Τροφη, nourriture, entretien ; 2°. éducation ; 3°. alimens.

Τροφοι, les jeunes gens.

Τροφις, gras, bien nourri, qui fait honneur à sa nourrice.

Τροφιας, ȣ, ὁ, nourri.

Τροφιμος, ȣ, ὁ, qui pourvoit à l'entretien.

Τροφοεις, εντος, ὁ, bien nourri, bien éduqué.

Τροφευω, nourrir.

Τροφευς, εως, ὁ, qui nourrit.

Τροφειον, τὸ, salaire, récompense de celui qui éleve, nourrit.

Τροφερος, ȣ, ὁ, la Terre & la Mer, nourricieres des hommes & des animaux.

4.

1. ΤΡΥΓΗ, ης, ἡ, fruits *en général*, 2°. blé *en particulier* : 3°. vendange : 4°. sécheresse, aridité.

Τρυγαω, cueillir les fruits ; 2°. vendanger ; 3°. jouir, percevoir.

Τρυγητηρ, ὁ, vendangeur ; 2°. constellation.

Τρυγητης, ὁ, de même.

Τρυγητος, υ, ὁ, vendange ; 2°. tems des vendanges.

2. ΤΡΥΞ, υγος, ἡ, moût, vin nouveau : lie de vin.

Τρυγωδης, Τρυγερος, plein de lie.

Τρυγινος, fait avec de la lie.

Τρυγιας, υ, ὁ, lie ; vin avec la lie.

5.
S-TER, négatif.

Σ-ΤΕΡεω, être privé, être séparé, perdre.

Σ-Τερησις, ἡ, privation, séparation.

Σ-Τεριζω, Σ-Τερισκω, être privé.

Σ-ΤΕΙΡα, ας, ἡ, stérile.

Σ-Τειρωσις, εως, ἡ, stérilité.

Σ-Τειρα, Nom, carene de vaisseau ; 2°. chevelure entortillée.

T U.
1.

ΤΙ-ΤΥΡος, υ, ὁ, *Ti-tyre* des Latins : chalumeau, roseau : 2°. Satyre.

Du prim. *Sir*, prononcé TIR, chanter.

Τι-Τυρινος, chalumeau, flûte des Bergers.

Τι-Τυρισαι, οἱ, sauteurs, qui dans leurs danses imitoient des mouvemens ridicules ; 2°. baladins.

2.

Σ-ΤΥΓεω, anciennement Σ-ΤΥΓω, haïr, avoir en horreur : 2°. craindre, frissonner de frayeur: 2°. n'oser pas.

Ce mot paroît venir de *Tych*, bon, utile ; *Taug*, en Allemand, utile, excellent ; & de la négation S. On ne hait que ce qui est nuisible, qui n'est pas bon.

Σ-Τυγμα, τὸ, haine.

Σ-Τυγος, τὸ, de même.

Σ-Τυγητος, odieux.

Σ-Τυγερος, digne de haine ; 2°. horrible, affreux ; 3°. triste, affligeant.

Σ-Τυγεροτης, ἡ, tristesse.

2. Σ-Τυγνος, odieux, haïssable : 2°. à charge, triste.

Σ-Τυγνοτης, ἡ, tristesse, douleur profonde, mortelle.

Σ-Τυγναζω, être triste, être plongé dans une douleur profonde.

3. Σ-ΤΥΞ, γος, ἡ, Styx, fontaine d'une fraîcheur glaciale, & mortelle.

3.

Σ-ΤΥΦω, être astringent : 2°. épaissir.

De *Tuf*, épais, d'où TOUFFE.

Σ-Τυμμα, τὸ, qui a la force de resserrer, d'épaissir.

Σ-Τυψις, εως, ἡ, resserrement, vertu astringente.

Σ-Τυπτικος, styptique, qui resserre.

Σ-Τυπτηρια, ἡ, alun ; il resserre, il attreint.

Σ-Τρυφνος, astringent, rude, austere.

Σ-Τρυφνοτης, ἡ, acerbité, astringence.

Σ-Τυφελος, âpre, rude, astringent.

Σ-Τυφελιζω, mener rudement, maltraiter ; 2°. accabler d'injures.

Σ-Τυφλος, Σ-Τυφρος, même que Σ-Τυφελος.

MOTS GRECS
VENUS DE L'ORIENT.

T ajouté.

De l'Or. אפר, *Apher*, cendre, vint :

Τ-ΕΦΡα, ας, ή ; & en Ion. Τ-ΕΦΡη, cendres.

Τ-Εφρος, cendré, couvert de cendre.

Τ-Εφρωδης, cendré, en cendre.

Τ-Εφρικα, τὰ, espèce de collyre.

Τ-Εφριον, τὸ, collyre, couleur de cendre.

Τ-Εφριζω, être couleur de cendre.

Τ-Εφροω, réduire en cendres.

Τ-Εφρωσις, ή, action de réduire en cendres.

T pour S.

ΤΕΝΔω, mordre, ronger : manger : de l'Or. שן, *San*, dent.

Τενθης, ὁ, qui ronge, qui dévore ; 2°. gourmand.

Τενθευω, être gourmand, friand.

Τενθεια, ή, friandise, gourmandise.

Τενθρηνη, ☽, espèce de guêpe ou de frélon.

Προ-Τενθεω, goûter le premier.

T A.

1. ΤΑΡ-ΤΑΡος, ὁ, le Tartare : de Dar, durée ; la demeure éternelle : tel étoit le nom des tombeaux dans l'Orient.

Ταρ-Ταροω, précipiter dans le Tartare.

Ταρ-Ταριζω, ressentir le froid du Tartare, un froid mortel.

2. ΤΑΡΧεα, τὰ : Ταρχαι, αἱ, funérailles : de la même racine ; *mot-à-mot*, action de conduire dans la demeure permanente.

Ταρχυω ;—χεω ;—χευω, ensevelir, faire les funérailles.

T E.

ΤΕΡε-ΒΙΝΘος, ὁ, Térébinthe : de l'art. Or. T, le : ערב, *horb*, agréable, & בטן, *Beten*, noisette : *mot-à-mot*, « arbre qui produit » une noisette agréable ».

Τερε-βινθινη, térébentine, résine qui fournit le térébinthe.

Τερ-Μινθος, le nom altéré du Térébinthe ; de même qu'on dit en quelques endroits, *Tourmentine*, au lieu de Térébentine.

Τερε-Βινθιζω, avoir l'odeur de la térébentine.

2. ΤΗΥΣιος, ὁ, *Téysios*, vain, inutile, vuide ; mot d'Homère, Odissée O.

C'est l'Oriental. תחו, *Teï*, ou *Tohu*, vuide, sans forme.

T I.

1. ΤΙΑΡα, ας, ἡ, Tiare, espèce de bonnet, de turban. De ΤΙ, élevé. Τιαρις, crête d'un casque, panache.

2. ΤΙΓΡις, ιδος, ἡ, Tigre, animal très-vîte, très-léger à la course : de l'Oriental דגל, *Degel*, vîte, prompt.

3. ΤΙ-ΘΑΙΒΑΣΣΩ, & ΤΙ-Θαιϐωσσω, confire au miel. De l'Orient. דבש, *Debsh*, miel.

T U.

1. ΤΥΦω, étouffer de fumée : 2o. brûler, enflammer, embrâser : de l'Or. *Typhon*, vent brûlant, qui tient au prim. touff, étouffer, vraie Onomatopée.

Ουψις, εως, ἡ, action de brûler, d'embrâser.

Θυμαλωψ, tison à moitié brûlé.

Τυφεδων, ονος, ἡ, inflammation, brûlure.

Τυφεδανος, ὁ, cadavre qu'on va brûler.

Τυφωδης, décrépit, qui sent le fagot, fièvre qui consume.

2. ΤΥΦος, ὁ ; fumée : 2o. arrogance, faste, orgueil.

Des Touches a donc formé là-dessus son Comte de TUFFIERE.

Τυφοω, étouffer de fumée, enfumer, faire périr par la fumée ; 2°. rendre insolent, orgueilleux.

3. ΤΥΦων, Typhon, tourbillon, ouragan, vent brûlant qui étouffe.

Τυφωνικος, tempêtueux.

MOTS GRECS-CELTES,
OU DÉRIVÉS DE LA LANGUE CELTIQUE.

U

LA lettre U écrite en caractères minuscules grecs υ, & en caractere majuscule Υ, est la premiere que les Grecs ayent ajoutée à l'alphabet Oriental & primitif qui se terminoit au T. Il fut le dédoublement de la sixieme lettre qui se prononçoit suivant l'occasion *u*, *ou*, *v*, *f*. Dans sa prononciation de voyelle déliée *u*, les Grecs en firent la lettre Υ, ou υ, qu'ils rejetterent à la fin de l'alphabet, & qu'ils appellerent *u-psilon*, ou *u* délié, pour le distinguer de *n* plein qu'on prononçoit *ou*.

Cette lettre fut par sa nature le

nom propre de la pluie, de l'eau, de tout ce qui est HUmide, & qu'on HUme.

Si à cela, on joint quelques Onomatopées, & les mots à la tête desquels on a ajouté υ, ou comme article, ou pour servir à former de nouvelles divisions de familles, on aura la raison de tous les mots Grecs qu'on range sous cette lettre.

ONOMATOPÉES.

1.

Υ'Υ', *Hu, Hu*, action de respirer fortement une odeur par le nez, de l'attirer fortement à soi.

2.

1. Υ´Δω, *Hudó*, chanter, célèbrer, rire.

Υδεω, Υδειω, de même.

Υδης, υ, ὁ, Chantre, Poëte; 2°. sage; 3°. prudent, intelligent.

2. Υ´ΜΝος, υ, ὁ, *Hymnos*, Hymne, chant, morceau de Poésie chantante à l'honneur des Dieux.

Υμνεω, ω, & Υμνειω, célébrer dans ses vers, chanter une hymne; 2°. célébrer, louer; 3°. accuser; 4°. déplorer, lamenter.

Υμνησις, εως, ἡ, action de célébrer par des hymnes.

Υμνητηρ, ρος, ὁ, qui loue, qui célèbre par des vers.

3. Υ´ΜΗΝ, ενος, ὁ, *Hymén*, chant nuptial, chanson des noces: 2°.

hymen: 3°. membrane du fœtus.

Υμεναιος, ὁ, hymenée, chant nuptial; 2°. les noces mêmes.

Υμεναιοω, Υμααιναιαω, chanter l'hymenée; 2°. se marier.

3.

1. Υ´Λαω, *Hulao*, hurler, aboyer.

Υλαγμα, το; Υλαγμος, ὁ; Υλακη, ἡ, hurlement; aboyement.

Υλακτικος, ὁ, toujours prêt à aboyer.

Υλακοω, Υλακτεω, hurler.

2. ΣΚ-ΥΛαξ, ακος, ὁ, ἡ, petit chien.

Σκ-υλακωδης, ὁ, ἡ, impudent.

Σκ-υλακευω, élever des chiens.

Σκ-υλακιον, petit chien.

4.

ΥΝΝος, υ, ὁ, *Hynnos*, poulain, jeune cheval: il *hennit*.

5.

1. Υ'Σ, υος, ὁ, ἡ, *Hus*, cochon, porc.

Υωδης, Υειος, Υειχος, de cochon.

Υωδια, ἡ, stupidité du porc.

Υας, αδος, ὁ, petite truie.

Υαινα, de même.

Υηνεω, être aussi stupide, aussi grossier qu'un porc.

Υσηρια, ἡ, fête où on immoloit un porc.

Υιζω, grogner.

Υισμος, ὁ, grognement.

2. Υγις, Υγνις, εος, ἡ, soc de charrue.

Υνη, ἡ de même.

3. Υ'ραξ, ακος, souris, à groin de cochon; c'est le *Sorex* des Latins, d'où SOURIS.

6.

De *Hup*, son qu'on prononce pour

faciliter l'action de foulever, de s'élever, vinrent divers mots outre ceux que nous avons déja rapportés, col. 139, & ailleurs.

1. Υβρις, ιδος, ἡ, *Hubris*, orgueil, insolence : 2°. mépris, dédain. De *hup*, sur, & *bri*, action de s'élever.

Υβριζω, être fier, insolent, dédaigneux ; 2°. méprifer ; 3°. violer.

Υβρισμα, τὸ, Υβρισμος, ὁ, mépris.

Υβρισης, —ηρ, insolent, méprisant, dédaigneux.

Υβρισικος, prêt à faire insulte ; 2°. vigne qui ne pousse qu'en branches, qui fait affront.

2. ΥΠ-ΑΙΘα, *Hup-aitha*, en face, en présence, devant, vis-à-vis. De *Hup*, sous & *aith*, lumiere, œil.

3. ΥΠΟ-ΛΑΪς, Υπολαις, oiseau dans le nid duquel le Coucou pond ses œufs, & qui couve ceux-ci comme si c'étoient les siens, ignorant que le Coucou les a jettés. De Λεια, *Leia*, proie, butin, brigandage.

7.

Υσσος, ου, ὁ, houssine, branche souple & pliante ; pieu, lance.

U,
Eau, pluie.

Ce mot formé par Onomatopée & qui est notre *Hu*, a donné nombre de familles à la Langue Grecque en Hυ & en Kυ, suivant l'usage de tous les Peuples qui adoucissent sans cesse l'aspiration forte *Hu* en *ch*, *k*, *g*, ainsi que nous avons fait nous-mêmes dans nos mots *guerre*, *garde*, *gué*, &c. &c.

1.

Υω, *Huō*, *Hyo*, pleuvoir : 2°. faire pleuvoir, arroser, inonder.

Υσμα, Υμα, τὸ, la pluie.

Υσις, l'action de pleuvoir, comme si nous disions la *pluïté*.

Υετος, ὁ, pluie.

Υετιος, pluvieux.

Υακιζω, pleuvoir, mouiller, arroser.

2. ΥΑΔες, les Hyades, Constellation dans les cornes du Taureau, qui s'annonçoit par de grandes pluies.

3. Υης, *Hyes*, surnom de Jupiter, ou le pluvieux : 2°. surnom de Bacchus ou celui qui arrose les humains avec sa liqueur divine.

ΥΑΔες, Hyades, nom des Nourrices de Bacchus, parce que sans eau les grappes ne meurissent pas, & donnent peu de vin.

ΥΗ, nom de Semelé, mere de Bacchus.

II.

ΥΑΩΡ, *Hudōr*, *Hydor*, & au génit.

Υ-ΔΑΤος, eau : 2°. eau de la mer: 3°. pluie.

Υ-Δος, de même en poésie.

Υδατωδης, aqueux, qui contient en soi beaucoup d'eau.

Υδατοεις, Υδατινος, de même.

Ὑδατικος, de pluie, qui annonce la pluie.

Ὑδατιον, τὸ, dimin. eau, goutte d'eau, petite pluie.

Ὑδατις, ιδος, ἡ, hydatis, goutte d'eau ; 2°. hydatide.

Ὑδατοω, rendre aqueux, résoudre en eau.

Ὑδαταινω, devenir aqueux, se changer en eau.

Ὑδαλεος, aqueux.

2.

Ὑδαρης, εος, ὁ, ἡ, aqueux : 2°. foible, sans force comme l'eau.

Ὑδαροω, rendre aqueux, tremper.

Ὑδερος, Ὑδερωδης, Ὑδερικος, hydropique.

Ὑδεριαω, être hydropique.

Ὑδεριασις, hydropisie.

3.

Ὑδρωδης, εος, ὁ, ἡ, aqueux, humide.

Ὑδροεις, Ὑδρηλος, de même.

Ὑδραλης, couleuvre, serpent d'eau.

Ὑδριον, τὸ, cruche, seau, vase à eau.

Ὑδρια, de même ; 2°. urne.

Ὑδρισκη, petite cruche.

Ὑδριαδες, les Nymphes des eaux.

2. Ὑδραινω, laver : 2°. arroser : 3°. plonger dans l'eau.

Ὑδραινομαι, être lavé : se laver.

3. Ὑδρυω, puiser de l'eau : 2°. arroser : 3°. faire des irrigations.

Ὑδρευμα, τὸ, habitation sur le bord des eaux.

Ὑδρεια, Ὑδρευσις, ἡ, action de puiser de l'eau ; 2°. irrigation.

Ὑδρειον, τὸ, seau, vase qui sert à puiser de l'eau.

4. Ὑδρος, Ὑδρα, hydre, serpent d'eau.

5. ΕΝ-Ὑδρις, En-udris, Loutre, Castor, animal amphibie. *Enudris*, se prononçant *Nudris*, puis *Ludris*, a fait le Latin *Lutra*.

6. ΚΛΕΨ-Ὑδρα, ἡ, clepsydre : machine dans laquelle on renfermoit de l'eau, qui s'échappant goutte à goutte, servoit à marquer les heures. Ce mot est formé d'ὑδωρ, eau, & de κλεπτω, renfermer, cacher.

III.

Ὑγρος, ου, ὁ, *Hygros*, humide, humecté, moite : 2°. mou, tendre, amolli : 3°. fléxible : 4°. lâche, relâché : 5°. glissant. C'est que l'eau produit tous ces effets ; elle relâche, elle amollit, elle distend ; elle rend le pavé glissant, &c.

Ὑγροτης, ητος, ἡ, humidité, humeur ; 2°. fléxibilité.

Ὑγραινω, mouiller, humecter.

Ὑγρανσις, ἡ, action d'humecter.

Ὑγρασια, ἡ, humidité, humeur.

IV.

1. ΕΥ-ΡΙΠος, Eu-ripe, détroit entre l'Eubée & l'Attique, où la marée se fait sentir très-vivement. Ce mot est donc formé de *Hu*, *Heu*, eau, en Celte *Eve*, eau ; *Eva*, boire, & de *Rep*, *Rip*, rapide.

2. ΕΥ-ΡΩΤας, l'Eurotas, rivière de Laconie;

Laconie; du même Ευ, eau, & Ro, couler.

V. Noms des vases.

1. ΚΥΑΘος, υ, ὁ, le Lat. *Cyathus*, verre, gobelet, vase à boire.

Κυαθιον, Κυαθειον, το, vase à boire, petit verre.

Κυαθιζω, boire, aimer à boire.

2. ΚΥ-ΓΧΝις, ιδος, ἡ, grande coupe. De Κυ, vase, & *Can*, *Cn*, qui contient, qui a une grande capacité.

3. ΚΥ-ΠΕΛΛον, το, vase, verre; c'est notre mot GO-BELET. On en a fait aussi le mot COU-PELLE.

VI.

ΚΥΜα, ατος, το, flot, onde : 2°. grands ravages causés par les eaux ; & par leur stagnation : peste, ruine.

De-là ÉCUME, prononcé en Latin S-*puma*.

Κυματιη, tempête.

Κυματιας, υ, ὁ, qui fait des ondes, qui s'agite.

Κυματιζω, agiter, soulever les flots.

Κυματοω, de même.

Κυματωσις, agitation des flots.

Κυμαινω, agiter, ondoyer, soulever les flots, les vagues.

Κυμανσις, fluctuation.

2.

ΚΥΑΝος, ὁ, bleu des eaux, couleur bleue des eaux : 2°. pierre de couleur bleue : 3°. bleuet, *fleur* : 4°. oiseau bleu.

Κυανεος, bleu, de couleur bleue.

Κυανιζω, être de couleur bleue.

Κυανωσις, teinture en bleu.

3.

ΚΥ-Καω, mêler des liqueurs ensemble : 2°. mêler, mélanger, confondre.

Κυ-Κεια, mixtion, mélange ; 2°. trouble, désordre, confusion.

Κυ Κητης, ὁ, perturbateur.

Κυ-Κεων, mixtion, potion ; 2°. mélange.

Κυρκαναω, mêler.

4.

ΚΥ-ΠΕΙΡος, ἡ, le Lat. *Cy-perus*, espèce de jonc ; jonc quarré & anguleux.

En Gallois *Gufer*, *Goferini*, jonc : 2°. ruisseau.

Ces mots viennent de *Hu*, *Ku*, eau, & *Per*, *Fer*, production. « Production des eaux : qui croît dans les eaux ».

5.

On pourroit rapporter parfaitement bien à cette famille *Ku*, eau, la famille Χεω, Χυω, *Kheō*, *Khub*, fondre, couler, qui est ci-dessus Col. 525, 526.

HUA,
Production.

L'Eau étant regardée comme le principe de tout, on en dériva les noms qui devoient signifier l'idée de production, d'être produit ; de-là, la famille HUA, VOA, fruit, production ; 2º. fils, production par excellence, que nous avons trouvée chez les Péruviens, Tom. VIII. 531 ; chez les Taïtiens, page 545, 547 ; chez ceux de Madagascar, 551 ; & ci-dessus chez les Grecs, 780. De là, cette autre famille :

Υἷος, ου, ὁ, HUIOS, fils ; né.

Υιοτης, ἡ, qualité de fils.

Υιοω, adopter pour fils.

Υιδιον, filleul.

Υιωνος, Υιωνευς, petit-fils.

Υιωνη, petite-fille.

Υις, ιδος, ἡ, de même.

Υιδυς, κ; Υιδευς, εως, ὁ, petit-fils.

HUAL.

De AL, HEL, brillant, resplendissant, précédé de Hu, vint :

Υαλος, Υελος, ἡ, Hu-alos, Hu-elos, verre ; cryftal.

Υαλη, de même.

Υαλωδης, de verre.

Υαλοεις, Υαλεος, Υαλινος, Υαλος, de verre, fait de verre.

Υαλιζω, être transparent comme le verre & le cryftal.

Υαλοω, changer en verre.

Υαλωμα, τὸ, défaut dans l'œil d'un cheval.

2.

De AL, élevé, prononcé HOL, HUL, vint :

1. ΥΛΗ, ης, ἡ, Hylé, bois ; bois de construction, charpente ; forêt : 2º. matière : 3º. matériaux.

Υληεις, couvert d'arbres, ombragé, touffu.

Υλαιος, de forêt.

Υλειωτης, qui vit dans les forêts.

Υλημα, τὸ, bruieres, petits arbrisseaux.

Υλις, εως, ἡ, forêt, bois.

Υλικος, materiel ; 2º. crasseux, sale.

2. ΥΛΑΖΟΜΑΙ, abattre du bois, faire des fagots.

Υλαϛρια, ἡ, femme qui porte du bois ; qui en voiture.

Υλασσα, action de faire des fagots.

3. ΥΛΙΖΩ, transvaser.

Υλιϛηρ, ηρος, ὁ, sas, crible.

Υλιϛηριον, de même.

HUG.

De OCH, UCH, grand, vint :

Υγιης, ιος, ὁ, ἡ, sain, entier : 2º. qui se porte bien, qui est sain, en santé : 3º. de bonnes mœurs.

Υγιεια, ἡ, santé, état parfait.

Υγιεινος, sain, bien portant.

Υγιεινη, l'Hygiene, ou médecine curative.

Υγιαινω, être sain, en bonne santé ; 2º. être dans son bon sens.

Υγιανσις, convalescence, retour à la santé.

Υγιαζω, Υγιοω, se porter bien.

Υγιηρος, sain.

HU-GAN.

De GAN, GEN, éclatant, même famille que CAN, blanc, brillant, vinrent :

1.

ΥΑ-ΚΙΝΘος, ʉ, ἡ, & ὁ, *Hya-cinthe*, fleur de couleur pourpre. C'est le mot *Hua*, *Voa*, plante, & *Kinth*, éclatant.

Ce mot désigne, 2°. une pierre précieuse de la même couleur : 3°. du fil ou de la laine teinte dans cette couleur.

Notre mot JACINTHE en est venu.

Υακινθινος, de jacinthe.

Υακινθιζω, être couleur de jacinthe.

2.

ΥΣ-ΓΙΝον, τὸ, le Lat. *Hysginum*, plante avec laquelle on teint en pourpre. Ce doit être le fruit rouge du houx.

UR.

ΥΡΧη, ἡ, *Hurkhê*, l'*urceus* des Latins, cruche, vase à eau : 2°. machine à transporter des fardeaux sur les vaisseaux.

De ce mot signifiant cruche, vint la DOURGUE des Languedociens.

HUST.

ΥΣΤΕΡος, ʉ, ὁ, *Husteros*, le dernier ; celui qui suit : 2°. inférieur.

De l'Oriental, שאר, *Xar*, *Shar*, dernier.

Υστερια, le lendemain.

Υστερεω, être le dernier ; 2°. arriver tard.

Υστερυμαι, rester en arriere ; 2°. manquer de tout.

Υστερημα, τὸ, action de rester en arriere ; 2°. pauvreté, disette.

Υστερησις, pauvreté, besoin.

Υστεριζω, être le dernier, n'arriver point, tarder ; 2°. manquer de tout, être abandonné de ses forces, n'en pouvoir plus.

Υστατος, le dernier.

HU-THL.

ΥΘΛος, ʉ, ὁ, *Huthlos*, babil, niaiseries, des riens, des sornettes.

Υ-Φλεω, dire des riens, babiller.

Ce mot paroît tenir à l'Anglois, ΤΑ-ΤΤΛερ, babillard ; *To Tat-Tle*, *T-watle*, babiller, jaser, & doit s'être formé de *Hu*, non, & *Tel*, *Tle*, important.

MOTS GRECS-CELTES,
OU DÉRIVÉS DE LA LANGUE CELTIQUE.

La lettre Φ ou Ph, P aspiré, est la seconde lettre que les Grecs ajouterent à la fin de l'alphabet primitif : elle tint lieu du P Oriental aspiré, de même que de la sixiéme lettre υ, lorsqu'elle se prononçoit dans la consonne v ou F.

Elle renferme diverses Onomatopées relatives au son fugitif de F : plusieurs mots où la lettre Ph a été ajoutée pour diversifier nombre de mots primitifs en AL, AIN, AR, &c.

D'ailleurs sa valeur propre est de désigner la bouche & toutes ses fonctions ; sa figure primitive Ɔ étant la peinture de la bouche ouverte, vue de profil.

Avec ces observations, il n'est aucun mot Grec en Φ dont on ne puisse rendre raison & fixer l'étymologie.

ONOMATOPÉES.

I.

ΦΕΥ, heu ! ha ! hé !

Φευζω, crier heu !, pousser un cri d'admiration.

3.

ΦΕΥΓη, η, Fugé, le Lat. Fuga, fuite : 2°. action d'éviter, d'échapper : 3°. exil.

Φυγας, αδος, ὁ, ἡ, transfuge, fugitif ; 2°. exilé.

Φυγαδευω, exiler, bannir.

Φυγαδεια, exil.

Φυγαδευτηριον, ville avec droit d'asyle pour les fugitifs.

2. ΦΕΥΓω, le Lat. Fugio, fuir ; 2°. éviter, échapper : 3°. exiler : 4°. être accusé.

Φευξις, εως, ἡ, Φυξις, fuite.

Φευξιμος, qu'on doit fuir.

Φευκτος, qu'on peut fuir, éviter ; 2°. détestable.

Φευκτικος, fugitif, mis en fuite.

Φυξιος, qui met en fuite.

Φυξηλις, ὁ, ἡ, transfuge, banni.

3. Πι-Φυγω, fuir.

Φυγγανω, de même.

4. Φυζα, en Ionien, même que Φυγη.

Φυζαλεος, Φυζακινος, timide, poltron, tremblant.

Φυζω, fuir.

3.

1. ΦΕΒομαι, fuir : 2°. être saisi d'effroi.

Φοβος, υ, ὁ, fuite ; 2°. crainte, frayeur ; 3°. horreur.

Φοβερος, redoutable, qui inspire l'effroi, qui fait frémir.

Φοβεροτης, ἡ, terreur.

Φοβεριζω, répandre la frayeur.

Φοβερισμος, terreur, effroi.

2. ΦΟΒεω, mettre en fuite ; 2°. répandre la terreur.

Φοβεομαι, fuir ; 2°. être saisi de frayeur, d'effroi.

Φοβητικος, craintif, timide.

Φοβητρον, épouvantail, tout ce qui effraye.

3. Φοβη, ἡ, chevelure ; 2°. feuillage.

II.

ΦΛΟΙΣΒος, υ, ὁ, mugissement de l'eau ; 2°. murmure, tumulte.

III.

1. ΦΡΙΞ, ικος, ἡ, frémissement des eaux agitées par un vent léger.

2. ΦΡΙΚΗ, ἡ, de même ; 2°. frisson, les frissons de la fièvre, de la crainte, de la terreur.

Φρικωδης, horrible, effrayant, qui fait frissonner.

Φρικαλεος, Φρικτος, de même.

Φρικιαι, αἱ ; Φρικια, τὰ, frissons de la fièvre, horreurs.

Φρικιαω, avoir la fièvre.

Φρικιασις, horreur ; 2°. frissonnement.

Φρισσω, frissonner, en parlant des eaux ; 2°. être saisi d'horreur.

IV.

ΦΡΥαττομαι, frémir : 2°. s'élever avec orgueil : 3°. effrayer.

Φρυαγμα, τὸ, frémissement ; 2°. faste, arrogance.

Φρυαγματιας, υ, ὁ, fastueux, bouffi.

Φρυακτης, ὁ, de même.

3. ΦΡΙΜασσομαι, de même : 2°. souffler fortement des narines.

Φριμαγμος, frémissement, souffle échappé avec force des narines, hennissement.

V.

Φ-ΡΥΝος, υ, ὁ, grenouille des bois. Ce mot est de la même famille que *Rana*, & *Reinette*, noms de la grenouille, en Latin & en Languedocien.

VI.

Σ-ΦΡΙΓαω, bondir, folâtrer : 2°. être tendu, bondissant, en parlant du sein ; 3°. être à la fleur de l'âge, dans cet âge où on ne pense qu'à jouir.

Ce mot est de la même famille que *Spring* du Nord, s'élancer, bondir, jaillir ; *Ringuer*, en Valdois, folâtrer, jouer ensemble, lutter : & le Languedocien *Fringuer* & *Fringuaire*.

Σ-Φριγανος, à la force de l'âge, vif, empressé, sémillant : un *Fringaire*.

VII.

ΦΥΣαω, souffler : 2°. gonfler en soufflant.

Φυσημα, τὸ, fouffle, action de fouffler;
2°. fafte, orgueil infolent, vanité.

Φυσησις, ἡ, action de fouffler.

Φυσητηρ, ὁ, fouffiet; 2°. éventail; 3°. le foufleur, poiffon.

Φυσητηριον, inftrument à foufler.

Φυσα, Φυσσα, ἡ, fouffle; 2°. fouflet; 3°. veffie pleine d'air; 4°. orgueil, infolence, gonflement de vanité.

Φυσωδης, plein de vent.

Φυσαλις, ιδος, ἡ, bulle d'air.

[Φυσαλος, crapaud.

Φυσιγξ, γος, ἡ, puftule, aux mains ou aux pieds.

Φυσκη, η, boyau qu'on fouffle pour qu'il ferve à faire des faucifles.

[Φυσκιον, τὸ, petite veffie, fouflet, outre.

2. ΦΥΣοω, foufler, gonfler, rendre vain.

[φυσιοω, être effoufflé, être gonflé de vanité, être plein de vent.

Φυσωσις, ἡ, vanité, fot orgueil, infolence.

[Φυσιασμος, ὁ, action de foufler.

3. Ποι-Φυσσω, foufler, refpirer: 2°. être effrayé: 3°. refpirer avec force, avec bruit.

[Ποι-Φυγμα, refpiration forte & bruyante.

4. ΦΩΣων, voile que le vent fait enfler.

Φωσωνιον, τὸ, voile de tête, drap.

Ph
Ajouté.
I.

Φ-ΘΑγω, prévenir, prendre les devants: 2°. s'emparer, occuper: 3°. obtenir, parvenir.

De Θιω, courir, aller en avant.

II.

1. Φ-ΘΟΓΓη, ἡ, Φ-ΘΟΓΓος, ὁ, fon; ton, lettre: prononcé F-Thongos: de Ton, le Ton.

Φ-Θογγοεις, qui rend des fons.

Φ-Θογγαζομαι, rendre un fon.

2. Φ-ΘΕΓΓμαι, parler; 2°. rendre un fon; 3°. crier; 4°. proférer, dire.

Φ-Θεγγω, de même; 2°. réfonner.

Φ-Θεγμα, τὸ, fon, voix.

On voit ici une altération fenfible; Ton, devenu non-feulement Ten, mais même Teg, à moins que ce ne foit une faute pour Φ-Θεγκμα.

Φ-Θεγκτος, ὁ, qui rend un fon.

III.

Φ-ΘΟΙΣ, ιδος, ἡ, gâteau avec du fromage.

Ce mot tient à Θοίνη, feftin, repas, régal.

IV.

1. Φ-ΟΞος, υ, ὁ, celui dont la tête eft pointue.

De Oc, Ac, pointu.

2. Φ-ΟΞινος, nom d'un poiffon. Il tient certainement à la même famille.

V.

Φ-ΡΥΓω, Φ-ΡΥσσω, Φ-Ρυττω, torrifier; frire, rôtir: de Ru, Rug, chaleur, foleil, mot qui s'eft fait fouvent précéder de l'article Oriental Ph.

Φ-Ρυκτος, torrifié, grillé, rôti, frit; 2°. flambeau, fignal.

Φ-ρυγευς, εως, ὁ, qui torrifie, grille.
Φ-ρυγετρον, τὸ, machine qui servoit à torrifier, griller.
Φ-ρυγιος, sec, aride.
Φ-ρυγιον, bois sec.
Φ-ρυγια, ἡ, celle qui torrifie, grille.
Φ-ρυγανον, τὸ, sarment; bois sec qui sert à griller, frire.
Φ-ρυγανιζομαι, cueillir le bois sec.
Φ-ρυγανιστρια, femme qui ramasse les branches sèches.
Φ-ρυγανιον, petite branche sèche; 2°. arbrisseau.

Ph pour B.

1.

De BIL, BOL, BUL, œil: 2°. guet, sentinelle, prononcé *Phul*, vint cette Famille dont l'origine étoit absolument inconnue:

1. ΦΥΛΑΣΣΩ, observer; 2°. veiller, veiller à; protéger; 3°. garder, soigner, conserver; 4°. prendre garde, éviter.
Φυλαγμα, τὸ, ce qui est donné en garde, ce qu'on garde, protége.
Φυλαξιμος, qui est de garde.
Φυλακτηρ, ὁ, garde; 2°. sentinelle; 3°. qui veille.
Φυλακτηριον, τὸ, poste d'un sentinelle, guérite; 2°. rempart, garnison, citadelle; 3°. phylactere ou amulette; il sert de garde, de préservatif.
2. ΦΥΛΑΞ, ακος, ὁ, ἡ, garde, gardien, 2°. sentinelle; 3°. berger qui est de garde la nuit; 4°. qui sert à garder.
Φυλακις, ιδος, ἡ, & Φυλακισσα, gardienne.
Φυλακὸς, même que Φυλαξ.
Φυλακη, ἡ, action de garder, gardes; 2°. conservation, protection; 3°. veilles; 4° la Garde; 5°. corps-de-garde, prison; 6°. précaution.
Φυλακιζω, jetter en prison.
Φυλακικος, habile à garder.
Φυλακειον, citadelle; 2°. garnison; 3°. lieu où l'on monte la garde.

2.

De BAR, BER, BRE, eau, puits, prononcé *Phrè*, vint cette famille dont l'origine étoit également inconnue:

ΦΡΕ-αρ, Φ-ρειαρ, ατος, τὸ, puits.
Φρεατιον, petit puits: grand fossé.
Φρεατιαιος, de puits.
Φρεατωδης, profond.

PH pour M.

M & F, PH, se mettent sans cesse l'un pour l'autre: nous en avons déja vu nombre d'exemples en toute Langue. En voici dans la Langue Grecque.

1.

ΦΩΚαινα, ας, ἡ, Balaine: Phoque, ou Vache marine. Ce mot s'est formé de *Mog*, *Mag*, grand.
Φωκη, ἡ, veau marin.
Φωκις, nom des gros poissons, des phoques.

2.

Σ-ΦΑΓΗ, le Lat. MACT-*atio*, action d'égorger: massacre. Du primit. MAG, force qui assomme.
Σ-φαγις, ιδος, ἡ, de même.

Σ-Φαγιδ'ιον, τὸ, couteau qui fert à égorger.

Σ-Φαγιτης, ὁ, jugulaire.

Σ-Φαγιον, victime.

Σ-Φαγια, τὰ, jours facrés.

Σ-Φαγιαζομαι, égorger les victimes, offrir en facrifice.

Σ-Φαγιασμος, action d'égorger.

Σ-Φαγευς, εως, ὁ, qui égorge.

Σ-Φαγειον, τὸ, vafe dans lequel on reçoit le fang.

2. Σ-ΦΑΖω, égorger : 2°. poignarder, tuer.

Σ-Φακτος, égorgé, tué, affommé.

Σ-Φακτρια, femme qui égorge, Prêtreffe.

3. ΦΑΣΓανον, τὸ, épée, glaive, coutelas : 2°. glayeul.

3.

Σ-ΦΑΚελος, ὁ, fphacele, mortification des chairs, gangrene ; 2°. maladie des arbres dont les racines noirciffent & périffent.

Σ-Φακελιζω, tomber en fphacele, en gangrene.

Σ-Φακελιας, ὁ, gangréné, qui tombe en mortification.

PH, faifceau, bande.

Du primit. FAC, PAC, paquet, faifceau, vinrent :

1. ΦΑΙΚασιον, τὸ, chauffure ; confiftant en bandelettes qui faifoient le tour de la jambe.

2. ΦΑΚελλος, ὁ, faifceau, bande, paquet.

PH,
Bouche.

Ph, qui dès les temps primitifs défigna la bouche & toutes fes opérations, eft devenu la tige d'un grand nombre de mots relatifs à la bouche & à fes diverfes opérations : mais on fe rappellera que plufieurs de ces mots ont déja été inférés fous la lettre P ; P & *Ph* s'étant fans ceffe fubftitués l'un à l'autre ; ce qui fait que les familles en *Ph* feront moins complettes.

1.

ΦΑΓω, ΦΗΓω, *Phagô*, *Phégô*, manger.

Φαγωμα, τὸ, mets.

Φαγησις, εως, ἡ, action de manger.

Φαγισωρος, infatiable, vorace.

Φαγαινα, Φαγεδαινα, faim canine, faim que rien ne peut raffaffier ; 2°. ulcères dévorans que rien ne peut guérir.

Φαγος, gros mangeur, vorace.

Φαγρος, en Crétois, pierre à aiguifer, parce qu'elle ronge le fer.

2.

ΦΑΚη, ης, ἡ, *Phaké*, lentille : 2°. potage aux lentilles.

Φακος, ὁ, lentille non cuite ; 2°. lentille ou tache ; 3°. vafe en forme de lentille.

Φακινος, de lentille.

Φακωτος, en forme de lentille.

3.

ΦΗΓος, ἡ, *Phégos*, & en Dorien *Phagus*, le *Fagus* des Latins, le hêtre,

hêtre, appellé encore aujourd'hui *Fau*, *Fayard*, *Faou*, en divers idiomes : 2°. son fruit ou FAINE.

Φηγινος, de frêne.

Φηγαλευς, εως, surnom de Bacchus, parce, dit-on, que la vigne s'élevoit le long des hêtres.

Φηγιον, τὸ, montagne couverte de hêtres, de faux.

4.

ΦΩΝη, ης, ἡ, *Phôné*, voix ; son : 2°. mot : 3°. langue : 4°. bruit, renommée.

Φωνηεις, doué de la voix.

Φωνεω, faire entendre sa voix, un son ; 2°. parler, dire, converser ; 3°. appeller ; 4°. gémir, roucouler, en parlant de la colombe.

Φωνημα, τὸ, voix, parole, ce qu'on dit.

Φωνησις, émission de la voix.

Φωνητικος, doué de la voix.

5.

Σ-Φακος, ȣ, ὁ, sauge, plante excellente pour la santé.

Σ-Φακωδης, abondant en sauge.

Σ-Φακελος, espèce de sauge.

PH-AL,
Elevé.

De AL, EL, élevé, précédé de PH, vinrent diverses Familles correspondantes à BAL, CAL, TAL, MAL, &c.

I.

1. ΦΑΛος, ὁ, sommet d'un casque.

Φαλαρα, τα, le phaleræ des Latins, caparaçons, barde, espèce de selle ; 2°. Collier.

2. ΦΑΛαγξ, γγος, ἡ, Phalange, gros corps de Troupes, en Macédonien : 2°. les phalanges des doigts, ou osselets allignés : 3°. le fléau d'une balance ; mot qui doit être une altération de *Phal*, prononcé *Phel*, puis *Flé*.

Φαλαγγιτης, ὁ, soldat d'une phalange.

Φαλαγγιον, τὸ, araignée à longues jambes, divisées par nœuds, par phalanges.

3. Φαλαγγια, τὰ, gros rouleaux de bois qui servent de levier & à faire couler de grosses masses : c'est ce qu'on appelle en Valdois, des PALANCHES.

4. Φαλαγγοω, s'irriter, écumer de rage, devenir féroce comme un animal.

5. Φαλαγγωμα, pompe des Bacchanales.

6. Φαλαγγωσις, renversement des cils dont les poils frottent sur le globe de l'œil & l'irritent.

2.

ΦΑΛ-ΑΚΡος, ȣ, ὁ, chauve, mot-à-mot, dont le sommet *Akros*, est ras comme un rocher, comme une falaise, *Phal*.

Φαλακροτης, Φαλακρα, Φαλακρωμα, Φαλακρωσις, chauveté.

Φαλακραι, terrains sans verdure, sans gazon.

Φαλακροω, rendre chauve.

3.

ΦΑΛΛος, ο, Phallus, symbole de la nature fécondante.

4.

1. ΦΕΛΛος, ὁ, liége, parce qu'il s'éleve toujours sur l'eau. C'est par cette raison qu'il s'appella *Suber* en Latin, *Subre* en Provençal.

Φελλευω, surnager comme le liége.

Φελλινας, léger comme le liége.

2. ΦΕΛΛευς, lieu escarpé de l'Attique, Falaise, comme dans la Normandie. Ce qui arrondit cette famille.

5.

ΦΙΛυρα, ας, ἡ, Tilleul, arbre élevé & bien arrondi. Il pourroit tenir à Φιλος, agréable.

Φιλυρινος, de tilleul.

6.

ΦΙΛις, ιδος, ἡ, roseau, canne.

Φιλινος, de roseau, de canne.

7.

ΦΛοιος, ȣ, ὁ, écorce, mot altéré de *Phel*, *Pel*, peau, écorce.

Φλοιωδης, d'écorce, léger comme la bale, frivole, vain.

Φλοιζω, enlever l'écorce.

Φλοισμος, action d'enlever l'écorce.

Φλοιαριον, petite écorce, bale.

8.

1. ΦΟΛις, ιδος, ἡ, écaille : 2º. duvet. De la même famille *Pel*, *Pol*.

Φολιδωτος, ὁ, ἡ, écaillé.

Φολλιχες, aspérités de la peau comme des écailles.

2. ΦΟΛΛις, ιως, ὁ, obole : de *Bal*, *Bol*, rond.

9.

ΦΛια, ας, ἡ, montant d'une porte, poteau : 2º. porte avec ses montans : 3º. montant d'une échelle.

10.

ΦΥΛα, ης, ἡ, Tribu, mot-à-mot, *Pul*, peuple, le *Po-PUL-us* des Latins.

Φυλετης, ὁ, de la même tribu.

Φυλετευω, classer dans une Tribu, incorporer.

Φυλον, το, Tribu, Race, Nation, Sexe.

11.

ΦΥΛΛον, τὸ, feuille.

Φυλλιχος, Φυλλινος, de feuille.

Φυλλωδης, ὁ, ἡ, feuille, abondant en feuilles.

Φυλλιαω, pousser des feuilles.

Φυλλας, αδος, ἡ, monceau de feuilles.

Φυλλαριον, τὸ, petite feuille.

Φυλλιον, τὸ, feuille ; 2º. petites plantes odoriférantes.

Φυλλεια, τα, feuilles de laitue.

12.

1. ΦΩΛεος, Φωλια, ἡ, antre, lieu profond sous terre.

Φωλεω, hanter les antres, se cacher dans des cavernes.

Φωλητηριον, taniere.

Φωλας, αδος, ἡ, celle qui se cache dans les tanieres, dans les antres.

Φωλητηρ, ὁ, celui qui s'y cache.

Φωλαζω, Φωλευω, même que Φωλεω.

Φωλεια, action de se cacher dans des cavernes.

2. Φωλητηριον, τὸ, taverne où on boit: 2⁰. jeu, école.

II. Fal, négatif.

Φῆλος, υ, ὁ, *Phélos*, trompeur, faux, faussaire : 2⁰. filou.

Φηλοω, tromper, filouter.

Φηλητης, ὁ, trompeur.

Φηλωματα, impostures, tromperies, filouteries.

Φῆληξ, ηκος, ὁ, imposteur ; 2⁰. figue qui paroît meure & qui ne l'est pas.

2.

ΠΑΛλυω, tromper, séduire, attirer dans ses filets : faire tomber dans le piége.

Παλευτης, qui tend des filets.

Παλευτρια, ἡ, colombe dont on se sert pour en attirer d'autres, usage fort commun dans l'Orient.

3.

Σ-ΦΑΛΛω, fut. αλω, faire faillir, faire tomber, renverser ; supplanter : 2⁰. tromper, séduire : 3⁰. chanceler, ne pouvoir se soutenir : 4⁰. errer, se tromper : 5⁰. offenser, nuire.

Σ-φαλμα, τὸ, chute, erreur ; 2⁰. faute, offense.

Σ-φαλμεω, tomber ; chanceler.

Σ-φαλερος, qui tombe, qui cheoit ; 2⁰. glissant, sur quoi on ne peut se soutenir, piége.

Σ-φηλος, qui peut être ébranlé ; 2⁰. épais ; 3⁰. oblique.

2⁰. Σ-Φελας, ατος, τὸ, escabelle : petite chaise : elle peut être faci- lement renversée : 2⁰. banc de rameurs.

Fai, Fo, Fain,
Feu, lumiere.

Nous réunissons ici les mots Grecs formés du primitif *Fo*, *Fé*, *Fai*, feu, & ceux formés de ce même mot nasalé en *Fain*.

I.

1. ΦΑΙΝω, fut. Φαγω, briller, resplendir, étinceller : 2⁰. mettre au jour, publier : 3⁰. montrer, faire voir : 4⁰. déférer, accuser, manifester les fautes d'un autre.

Φασμα, τὸ, vue, spectre, prodige.

Φασις, εως, ἡ, apparition, phase ; 2⁰. accusation.

2. ΦΑΝΤαζω, faire paroître, montrer.

Φανταζομαι, paroitre, être vu ; 2⁰. imaginer, concevoir ; 3⁰. se montrer, se faire voir.

Φαντασμα, τὸ, phénomène, spectre, objet apperçu ; 2⁰. phantôme.

Φαντασια, ἡ, vue, vision ; 2⁰. espèce ; 3⁰. imagination vive : 4⁰. fantaisie.

Φαντασιωδης, ὁ, ἡ, effet de l'imagination.

Φαντασιαστικος, propre à avoir des visions, fantasque.

Φαντασος, homme à visions.

Φαντασικος, qui a des visions : fantastique.

3. ΦΑΝος, ὁ, brillant, splendide ; lumineux. *Nom*, lampe ; flambeau : 2⁰. accusateur, délateur, qui met au jour les fautes d'autrui.

Φαναι, αἱ, fêtes des Initiations aux flambeaux.

Φανιον, τὸ, petite lampe.

Φαναριον, de même.

Φανερος, apparent, manifeste, ouvert, public.

Φανεροω, manifester, déclarer : découvrir.

4. ΦΑΝΗΣ, ητος, ὁ, le Soleil, flambeau par excellence.

Φανητιαω, vouloir paroître.

2.

ΦΑΙΔρος, ὁ, brillant, éclatant : 2°. rayonnant de plaisir, gai, joyeux, éveillé.

Φαιδρύτης, splendeur, éclat ; 2°. joie, plaisir.

Φαιδροω, réjouir, transporter de joie.

Φαιδρυνω, de même ; 2°. rendre brillant, propre, net.

Φαιδυντρια, femme qui rend propre, qui lave.

Φαιδιμος, ὁ, ἡ, Φαιδιμοεις, illustre.

3.

1. ΦΑλος, ὁ, brillant, blanc, lumineux : 2°. le sommet d'un casque ; dans ce dernier sens, il tient à *Phal*, élevé.

Φαλιος, blanc ; 2°. cheval qui a le front blanc.

Φαληρος, blanchissant, écumant.

Φαληριαω, être blanc d'écume.

Φαληνω, rendre blanc, brillant, net, poli.

ΦΑλαινα, phalène, papillon de nuit, qui recherche la lumière.

4.

1. ΦΑω, briller, éclairer, étinceler, luire : 2°. mettre au jour, proférer, parler : 3°. *négativement*, tuer, priver de la lumière, du jour.

Φαος, εος, τὸ, lumiere ; 2°. œil, lumiere du corps ; 3°. aurore, lever du Soleil ; 4°. jour ; 5°. vie ; elle est lumiere ; 6°. salut, joie, victoire.

2. ΦΩς, *Phôs*, *Phôtos*, τὸ, de même : 2°. homme, l'Etre vivant par excellence.

Φωτιζω, rendre lumineux, brillant, illuminer ; illustrer.

Φωτισμα, τὸ, illumination ; 2°. baptême.

Φωτισμος, splendeur, éclat, brillant.

Φωτισικος, qui a la vertu d'éclairer.

3. ΦΩσκω, briller, éclairer.

Φωστηρ, luminaire.

4. ΦΑΥω, *Phauô*, Eol. briller.

Φαυσις, action d'éclairer, de briller ; éclat ; lumiere ; splendeur.

Φαυσηριος, surnom de Bacchus, parce, dit-on, que ses cérémonies se célébroient aux flambeaux ; plutôt, parce qu'il fut constamment le même que le Soleil.

Φαυσκω, Φαεθω, mêmes que Φαω.

5. ΦΑειγω, briller, éclairer : 2°. faire des éclairs.

Φαεινος, brillant, éclatant, poli, net, luisant.

Φαεννος, de même.

6. Φιαρος, ὁ, lucide, brillant, splendide, gras, potelé.

Φιαρυνω, porter de la lumière, donner de l'éclat.

7. ΦΑΣΙΣ, le Phase, *mot-à-mot*, fleuve brillant, à cause des paillettes d'or qu'il charrioit continuellement.

8. ΦΑΣιανος, ὁ, Faisan, parce qu'il vint des bords du Phase.

5.

ΦΕΓΓος, εος, τὸ, éclat, lumiere, clarté.

Φεγγωδης, lumineux.

Φεγγω, éclairer, donner de l'éclat, illustrer.

Φεγγομαι, briller, resplendir, luire.

6.

ΦΟΙΒος, ὁ, η, brillant, lucide, éclatant; 2°. devin; 3°. chaste, pur; 4°. nom d'Apollon, Phœbus.

Φοιβητευω, rendre des oracles.

Φοιβας, αδος, ἡ, Φοιβητρια, ἡ, prophétesse; 2°. femme qui fait des expiations.

Φοιβαζω, prophétiser, prédire; 2°. laver, expier.

Φοιβαινω, parer, rendre net; 2°. expier, purger; 3°. annoncer, prédire.

Φοιβαω, de même.

7.

※. ΦΟΙΝΙΞ, ικος, ὁ, oiseau de feu: 2°. palmier: palme; 3°. couleur rouge, couleur de feu: 4°. sang. *Adj.* rouge; couleur de feu.

2. Φοινικοεις, rougi: 2°. teint de sang.

Φοινισσω, rougir, ensanglanter.

Φοινιγμος, Φοινιξις, rougeur.

3. Φοινικεος, de couleur rouge, ponceau.

Φοινικιζω, teindre en ponceau, en rouge.

Φοινηκις, ιδος, ἡ, habit couleur de ponceau, d'écarlate.

4. Φοινικιτης, de palmier.

Φοινικων, ὁ, plantation de palmiers.

Φοινικειος, tonneau rempli de vin de palmier.

8.

ΦΕΨΑΛος, ου, ὁ, étincelle.

Φεψαλοω, brûler, consumer.

Φεψαλυξ, étincelle.

II.
Mots Négatifs,
Dérivés de Fo, feu.

1.

ΦΑΙος, ου, ὁ, *Phaios*, en François BAI, couleur brune, châtain; 2°. bis.

2.

ΦΕΝαξ, ακος, ὁ, qui finasse, fin, trompeur, imposteur.

Φενακιζω, tromper, en imposer, se jouer.

Φενακισμος, ὁ, imposture, tromperie, moquerie.

Φενακη, faux cheveux, perruque; 2°. panache.

Πηνικη, même que Φενακη.

Πηνικιζω, même que Φενακιζω.

3.

1. ΦΕΝω, priver du jour, de la lumiere, tuer.

Πεφνω, de même.

2. ΦοΝος, ὁ, massacre, meurtre, homicide.

Φονιος, ὁ, ἡ, souillé de sang, meurtrier; 2°. mortel.

Φοινιος, de même.

Φοινιχος, de meurtre, de carnage.
ΦΟΝευς, εος, ὁ, homicide.
Φονευω, commettre un meurtre, tuer.
Φονευμα, τὸ, cadavre, corps privé de la vie par violence.
Φονευτης, ὁ, assassin, meurtrier.
Φοναω, ne respirer que carnage.

III.
Mots qui se sont fait précéder de S.

1.

Σ-ΒΕΝΝυω, Σ-Βεννυμι, & dans l'origine Σ-ΒΕω; éteindre: 2°. *au fig.* réprimer, assoupir. Du négatif S, & du primitif *Fe*, feu, prononcé *Be*.

Σ-Βεσις, εως, ἡ, extinction; 2°. supression.

Σ-Βητηρ, ὁ, qui éteint.

2.

Σ-ΠΑΝος, Σ-Παγιος, transparent, rare, non-dense: 2°. rare, en petite quantité.

Σ-Πανιος, rareté, disette.
Σ-Πανια, ἡ, Σ-Πανις, εως, ἡ, de même.
Σ-Πανιζω, être dans la disette, dans la misère.
Σ-Πανιστος, dont on manque, rare.

3.

1. Σ-ΠΙΝΘηρ, ηρος, ὁ, étincelle.
Σ-Πινθηριζω étinceller.

2. Σ-ΠΙΝΔασις, εως, ὁ, oiseau rare & étranger.

IV.
De Fo, feu, vinrent d'autres mots dans lesquels cette Racine n'est presque plus connoissable.

1.

De l'Oriental אפה, *A-Phé*, cuire, vinrent:

1. Ε-Ψω, & anciennement Ε-ΨΕω, Ηεψω, Ηεψεω, cuire, bouillir.
Ε-ψημα, τὸ, ce qu'on a fait cuire.
Ε-ψησις, εως, ἡ, cuisson, coction.
Ε-ψητης, ου, ὁ, qui fait cuire.
Ε-ψητος, cuit, bouilli.
Ε-ψανος, facile à cuire.
Ε-ψαλεος, cuit.

2. Ε-Φθος, ὁ, *E-Phthos*, cuit.
Ε-φθοω, cuire, bouillir.

Le F se retrouve dans ces derniers mots: ce qui prouve que le Ψ, Ps, n'en est qu'une altération.

2.

Η'-ΠΑρ, ατος, τὸ, le Lat. *Hepar*, foie; il est chaud, & cuit le chyle, les humeurs.

Η-Πατηρος, de foie.
Η-Πατιχος de même.
Η-Πατιζω, ressembler au foie.
Η Πατιον, τὸ, petit foie.
Η-Πατος, nom d'un poisson couleur de foie.

3.

ΘΑΛ-Πω, chauffer, échauffer; 2g. fomenter; 3°. couver.

De *Tal*, grand, & *Fo*, *Po*, feu.

Θαλ-Ψις, εως, ἡ, action de rechauffer.
Θαλ-Πος, chaleur, ferveur.
Θαλ-Πινος, chaud, fervent.
Θαλ-Πις, colere, feu bouillant.
Θαλ-Πωρη, ἡ, fomentation; 2°. chaleur; 3°. tiédeur.

Θαλ-Πιαω, s'échauffer, devenir chaud.
ΘΑΛω, chauffer, brûler, incendier.
Θαλυκρος, chaud, fervent, bouillant.

Cette Famille pourroit cependant venir simplement de AL, HAL, chaleur, précédé du *Th* initial, si commun dans les anciennes Langues: je préférerois même cette étymologie comme plus simple.

4.

1. ΠΕ-Πων, ονος, ὁ, ἡ, cuit, cuit au Soleil: mûr; 2°. tendre: doux, non-âpre.

Ω-Πεπων, oh! excellent: oh! le plus doux des hommes.

Πε-Παιτερος, plus mûr.
Πε-Παιτατος, très-mûr.

2. ΠΕ-Π]ω, cuire; 2°. meûrir.
Πε-Ψις, coction, cuisson.
Πε-Πτικος, qui a la propriété de cuire.
Πε-Πτος, cuit.

3. ΠΕ-Παινω, cuire, conduire à maturité.

Πε-Πασμος, Πε-Πανσις, maturité; 2°. action de meurir.

Πε-Πανος, mur: amolli: doux.
Πε-Πειρος, même que Πεπων.

4. Πο-Πανον, τὸ, gâteau plat & rond qu'on faisoit cuire pour les Sacrifices.

5.

ΒΑΣ-ΚΑΙΝω, *Bas-Kainô*, le Latin *Fas-cino*, fasciner: 2°. envier. Ce mot est composé du Grec *Phas*, œil, & *Kain*, qui tue, qui fait mal. Les fascinations étoient des maux qu'on croyoit produits par un malin regard, tout comme par des paroles magiques, ou par des charmes, des enchantemens.

Βασ-Κανος, fascinateur, qui fascine; 2°. envieux, malveillant, qui jette un mauvais regard.

Βασ-Κανια, ἡ, fascination, envie, malveillance, mauvais regard.

Βασ-Κανιον, τὸ, charme, fascination; 2°. haine, envie.

PHEN.

Du primitif PHEN & PEN, signifiant élévation, tête, pointe, & dont nous avons eu souvent occasion de parler, vinrent quelques mots Grecs, tous précédés de la consonne S.

1.

Σ-ΦΕΝ-Δαμνος, érable, arbre aux feuilles pointues, piquantes: aussi est-il appellé en Latin *Acer*; 2°. espèce de chanvre.

Σ-Φεν-δαμνινος, d'érable; 2°. ferme, solide, dur comme l'érable.

2.

Σ-ΦΗΝ, ηνος, ὁ, coin: morceau de bois taillé en pointe pour fendre le bois; 2°. instrument de torture.

Σ-Φηναριον, τὸ, petit coin.
Σ-Φηνισκος, figure de Géométrie en forme de coin.
Σ-Φηνοω, coigner, enfoncer un coin, fendre avec le coin; 2°. condenser, épaissir.

Σ-Φηγωσις, enfoncement du coin ; 2°. action d'émousser ; 3°. obstruction, humeur qui s'arrête comme un coin entre les parties du corps.

S-PHEN.

Σ-ΦΕΝΔογη, ή, le *Funda* des Latins, fronde.

Ce mot ne tient point à cette racine, mais à celle de FUN, corde ; voyez *Orig. Lat.* 745, venue elle-même du prim. פן, Hon, Hun, action de lier, lien, lier.

Les Celtes en firent *Fen*, *Fun*, corde, ficelle ; *Funda*, fronde ; & les Grecs *S-Phendoné*.

PHAR, FER,
Porter, produire.

La Famille PHAR, FER, FR, porter, produire, si étendue en toute Langue, a donné à la Langue Grecque une multitude de branches.

I.

ΦΕΡω, le Lat. *Fero*, porter : comporter : 2°. emporter : 3°. remporter, obtenir : 4°. apporter : 5°. ravir : 6°. conférer : gratifier : 7°. tenir, posséder.

Ce verbe s'accorde également avec le Verbe Latin, en ce que ses tems sont formés de deux autres Verbes ; les futurs, du Verbe Οιω ; & les passés, du Verbe ΕΝ-ΕΓΚω, porter, tenir dans ses bras.

ΦΕΡε, impératif de ce Verbe & qui se prenant adverbialement, signifie courage ; 2°. par exemple : il n'est donc pas étonnant que cet Impératif ait fait également l'Adverbe Latin FERE.

Φερίερος, qui porte davantage, plus fort, plus puissant.

Φερτατος, très-fort, le plus excellent, qui l'emporte sur tous.

Φερτος, supportable, qu'on peut tolérer.

2. ΦΕΡετρον, & Φερτρον, τὸ, biére.

Φερετρευω, transporter avec pompe, faire un convoi funèbre.

3. ΦΟΡος, ὁ, qui porte : 2°. favorable, heureux : 3°. fertile, fécond, qui produit en abondance. *Nom*, tribut, impôt.

Φορα, ή, action de porter ; 2°. transport, mouvement impétueux ; 3°. abondance, revenus ; collation.

Φοραδες, αι, Jumens.

4. ΦΟΡευς, εως, ὁ, Crocheteur, porteur : 2°. courroies des boucliers.

ΦΟΡειον, τὸ, chaise à porteurs, litiere, char ; 2°. marchandises du porte-bale.

Φορεω, porter sur soi, être revêtu de.

Φορημα, τὸ, ce qu'on porte ; ce dont on est fouré.

FOUREAU, FOURURE, se rapportent à cette famille.

Φορητος, qui peut être porté ; 2°. toléré.

Φοριμον, τὸ, espèce d'alun liquide très-commun.

II.
1.

ΦΑΡαγξ, αγγος, ή, précipice, lieu où

où l'on ne peut se soutenir, où l'on est emporté en bas ; 2°. vallée ; 3°. crevasses, fentes de la terre.

2.

ΦΑΡετρα, ἡ, le Latin *Pharetra*, carquois.

Φαρετρεων, ωνος, ὁ, de même.
Φαρετριον, τὸ diminutif.

3.

ΦΑΡικον, τὸ, espèce de poison : il emporte.

4.

ΦΑΡκις, ιδος, ἡ, ride : elles forment comme des vallées, elles sillonnent le visage.

5.

ΦΑΡ-ΜΑΚον, υ, τὸ, *mot-à-mot*, connoissance des plantes : de *Mag*, habileté, & *Phar*, plante.

Ce mot signifia donc, 1°. remède, médicament : les premieres connoissances de la Médecine consisterent dans les vertus des plantes & dans leur application.

2°. Teinture : couleurs : on les faisoit avec le suc des plantes.

3°. Poison : on les tiroit du suc des plantes mal-faisantes ; & on en frottoit le fer des flèches : De-là, notre mot PHAR-MACIE.

Φαρ-Μακοεις, qui concerne l'art de guérir.
Φαρ-Μακωδης, de même ; 2°. empoisonné.

Φαρ-Μακων, ωνος, ὁ, teinturerie, lieu où on teint.

Φαρ-Μακος, Mage ; 2°. magicien, sorcier ; 3°. homme exécrable, scélérat, empoisonneur.

Φαρ-Μακις, ιδος, ἡ, Magicienne, sorciere, empoisonneuse.

Φαρ-Μακευς, même que Φαρ-Μακος.

Φαρ-Μακευω, préparer des médicamens; teindre, empoisonner.

Φαρ-Μακεια ;— Μακευσις, Pharmacie, action de médicamenter, d'empoisonner.

Φαρ-Μακοω, guérir, traiter avec l'Art de la médecine.

Φαρ-Μακαω, avoir besoin du Médecin ; être entre ses mains.

Φαρ-Μασσω, teindre, farder ; 2°. empoisonner ; 3°. altérer, frelater.

6.

1. ΦΑΡος, εος, τὸ, manteau, pallium, grande robe : 2°. voile.

Φαρσος, εος, τὸ, enveloppe ; 2°. surtout.

2. ΒΛΕ-Φαρον, paupiere : *mot-à-mot*, qui enveloppe l'œil.

Βλε-Φαριζω, clignotter, remuer sans cesse la paupiere.

7.

ΦΑΡυγξ, υγγος, ὁ ; où ἡ, gosier : le *Pharynx*. C'est le précipice, où descendent les alimens : on dit en plaisantant, avoir une descente de gosier.

Φαρυγγις, ιδος, ἡ, appétit excessif, voracité.

Φαρυγεθρον, τὸ, gosier.

II.

ΦΕΡΒω, *Pherbó*, nourrir, élever :

2°. faire paître, *mot-à-mot*, produire, fournir la subsistance.

ΦΟΡΒΗ, pâturage, aliment : ce qui produit la subsistance.

Φορβας, αδος, ὁ, ἡ, ce qui fournit, produit des alimens, nourricier ; 2°. du même troupeau, compagnon.

Φορβεια, ας, ἡ, nourriture, aliment.

2.

ΦΕΡΝΗ, ης, ἡ, dot, ce que la mariée apporte.

Φερνιζω, doter.

De-là les biens PARA-PHERNAUX.

3.

ΦΗΡια, τα, tumeurs des nerfs : tendons allongés.

IV.

ΦΟΡΜος, ȣ, ὁ, corbeille ; panier, 2°. mesure de bled : 3°. boisseau.

Φορμιον, το, petite corbeille ; 2°. natte qui sert à couvrir.

2.

ΦΟΡΤος, ȣ, ὁ, charge, fardeau.

Φορτιον, το, de même ; 2°. marchandises.

Φορταξ, ακος, ὁ, crocheteur, ce qu'on appelle un FORT de la hale.

Φορτικος, de charge, à charge, fâcheux, ennuyeux, odieux ; 2°. fou, insensé ; 3°. arrogant, d'un orgueil insupportable.

Φορτικοτης, ἡ, ennui, fâcherie ; 2°. arrogance.

Φορτις, ἡ, vaisseau de charge, de transport.

Φορτιζω, charger.

3.

ΦΡεω, ΦΡημι, lâcher.

ΦΥΡω, mêler : faire des mélanges : 2°. arroser : 3°. pairir : 4°. macérer, tremper : 5°. souiller, ternir ; tacher.

Φυρμα, το, tache, souillure, saleté.

Φυρμος, action de tacher.

2. ΦΥΡαω, mêler, macérer.

Φυραμα, το, pâte.

Φυρασις, εως, ἡ, macération pour faire de la pâte.

5.

ΦΟΡυω, ΦΟΡυγω, ΦΟΡυσσω, mêler, mixtionner, mélanger ; 2°. paitrir : 3°. tacher, salir.

Φορυτος, balayures, saletés, criblures, 2°. amas.

Les mots FOURRURE, FOURÉ, dans le sens de mélange, appartiennent à cette Famille.

6.

ΦΩΡ, ωρος, ὁ, le Lat. *Fur*, voleur : qui emporte ; 2°. fard ; 3°. guet, sentinelle ; espion. Dans ce dernier sens, il doit signifier, *mot-à-mot*, qui porte sa vue partout, qui est attentif comme un voleur.

Φωριον, Φωρα, vol : action de voler ; 2°. la chose volée ; 3°. signe, preuve.

Φωριος, furtif.

Φωρεια, vol.

Φωραω, surprendre à voler ; prendre sur le fait.

Φωρασις, εως, ἡ, action de prendre, de saisir.

Φωριαω, même que Φωραω.
Φωριαμος, ὁ, cassette, coffre ; 2°. mot-à-mot, ce avec quoi on se précautionne contre les voleurs.

V.
Mots, où Phar est précédé de S.

1.

Σ-ΦΑΡαγος ; Σ-ΦΑΡαγγος, ὁ, gosier ; 2°. son qui vient du gosier.

Ce mot appartient à la Famille Pharynx, rapportée ci-dessus.

Σ-Φαραγεω, prononcer du gosier ; 2°. bruire.

Σ-Φαραγιζω, faire entendre du bruit, soulever avec bruit.

ΑΣ.Φαραγος, même que Σ.Φαραγος.

II.
De l'Oriental ס-פר, S-PhaR, rond, formé de Saph, bouche ouverte, vinrent divers mots Grecs.

1.

1. Σ-ΦΑΙΡα, ας, ἡ, sphere, globe ; 2. bale, paume ; 3°. boule.

Σ-Φαιρικος, sphérique.
Σ-Φαιριτης, ȣ, ὁ, arrondi en forme de globe.
Σ-Φαιριον, τὸ, globule ; 2°. pilule.
Σ-Φαιριδιον, τὸ, diminut.
Σ-Φαιροω, ω, arrondir.
Σ-Φαιρωμα, τὸ, masse ronde, arrondie.
Σ-Φαιρωτηρ, ηρος, ὁ, courroie.

2. Σ-ΦΑΙΡιζω, jouer à la bale, à la paume.

Σ-Φαιρισις, ἡ, jeu de paume.
Σ-Φαιριστηριον, lieu où l'on joue à la paume : jeu de paume.

Σ-Φαιριςης, ȣ, ὁ, joueur de paume ; 2°. qui excelle à ce jeu.

2.

Σ-ΠΕΙΡα, ας, ἡ, spirale, ligne qui tourne en rond sans former des cercles parfaits : vis.

Σ-Πειρωδης, ὁ, fait en spirale.
Σ-Πειραω, se rouler en spirale.
Σ-Πειραμα, Σ-Πειρημα, spirale.
Σ-Πειραια, arbrisseau dont on peut former des spirales.
Σ-Πειρον, τὸ, cordage de vaisseau roulé en spirale ; 2°. bande ; 3°. maillot.
Σ-Πειροω, emmailloter, envelopper de bandes.

3.

Σ-ΠΥΡαθια ; Σ-ΠΥΡας, αδος, ἡ, Σ-Πυραθος, ὁ, crotin de chèvre ; il est rond, en petites boules.

PhaT.
De BAT, BET, lit, vint :

ΦΑΤνη, ης, ἡ, étable : crèche ; 2°. alvéole, ou place des dents.
Φατνια, les os qui contiennent les dents.
Φατνωματα, τα, plafond, lambris.
Φατνωτος, lambrissé.

PhauL.

ΦΑΥΛος, ȣ, ὁ, vil, d'aucune valeur : abject : méprisable ; 2°. simple, médiocre ; 3°. fou, insensé, ridicule : 4°. méchant, mauvais, insipide. C'est notre mot FOL.

Φαυλοτης, ἡ, folie, ignorance, insipidité, ineptie.
Φαυλιζω, mépriser, ne faire aucun cas, regarder comme des inepties, des folies.

φαυλισμος, ὁ, mépris.
Φαυλιςρια, dédaigneuse, femme pleine de mépris.
Φλαυρος, vil.

PheiD.

ΦΕΙΔω, οος, ἡ, économie, épargne, ménage. C'est l'opposé de *FaT*, abondance, somptuosité, d'où le Lat. *Af-FATim*.

Φειδος, chiche, qui épargne, ménager.
Φειδομαι, user avec économie, aller à l'épargne, épargner; 2°. faire grace, être économe de punition, épargner; 3°. s'abstenir.
Φεισμονη, ἡ, parsimonie.
Φειδωλυ, Φειδωλια, de même.
Φειδων, ωνος, ὁ, chiche, ménager.
Φειδιτιον, τὸ, repas commun des Lacédémoniens; 2°. lieu de ces repas.
Φειδιται, ceux qui assistoient à ces repas.

PheN.

ΦΗΝη, ἡ, orfraie: en Lat. *Ossi-fraga*, brise-os. Ce mot tient à la famille ci-dessus *Pheid*, φειδω.

Phl.

1.

ΦΙΑΛη, ἡ, le Lat. *Phiala*, phiole, bouteille. Ce mot doit tenir à *hual*, *hyal*, verre.
Φιαλις, ιδος, Φιαλισκη, petite bouteille.
Φιαλεω, boire, vivre agréablement.

2.

Φ-ΙΜος, ȣ, ὁ, muselière, licou; De *Heim*, *Him*, lier.
Φ-ΙΜοω, lier, attacher avec un licou, emmuseler; 2°. lier, serrer.

Φ-ΙΜωσις, εως, ἡ, action de lier, d'attacher.

3.

ΦΙΝτις, cocher: mot de Pindare.
Ce mot vint du Celte *Fen*, *Ben*, char, qui forma le Grec Α-ΠΕΝΗ.
On voit ici un exemple frappant à quel point deux mots de la même famille s'éloignent l'un de l'autre par un très-léger changement.

4.

ΦΙ-ΒΑΛιον, figue.
ΦΙ-Βαλις, espèce de figue.
ΦΙ-Βαλιη, ἡ, figue sèche.
ΦΙ-Βαλεις, hommes maigres, secs.
Ce mot doit tenir à *Bal*, grand, excellent.

PHIL.

Du primitif HELL, lié, uni, cher, qui forma l'Anglois, FELLOW, compagnon, associé, vint cette belle famille Grecque:

ΦΙΛος, ὁ, uni par les liens de l'amitié, qui aime, cher, ami: 2°. agréable, qui plaît.
Φιλοτης, ἡ, amitié, bienveuillance, amour.
Φιλοτησιος, ὁ, ἡ, qui concerne l'amitié, propre à l'exciter.
Φιλοτησια, ἡ, invitation à boire.
ΦΙΛια, ἡ, amitié, amour, charité, faveur.
Φιλιος, confédéré, associé; 2°. qui préside à l'amitié; 3°. surnom de Jupiter.
Φιλιοω, rendre ami, concilier.

Φιλιώτης, ὁ, conciliateur.
Φιλιαζω, contracter amitié ; devenir ami.
Φιλικος, aimable ; ami, qui convient à l'amitié.
ΦΙΛιω, ω, aimer, chérir; 2o. embrasser, baiser.
Φιλημα, τὸ, embrassade, baiser.
Φιλησις, εως, ἡ, action d'aimer.
Φιλητος, aimable, digne d'amitié.
Φιλητης, amant, qui aime.
Φιλητευω, embrasser.
Φιλτρον, philtre, ce qui fait aimer.

S-PhinG.

1. Σ-ΦΙΓΓω, pincer, serrer : c'est notre mot *pincer*, dont le *p* est devenu *ph*, & qui s'est fait précéder de *s* comme tant d'autres mots.

Σ-Φιγκτηρ, ὁ, le *sphincter*, muscle qui sert à resserrer.

Σ-Φιγγια, vie serrée, parcimonieuse, trop ménagere.

2. Σ-ΦΙΓΞ, ιγγος, ἡ, le sphinx, animal qui embarrassoit par ses questions subtiles. Son nom vient de *Figg*, *Fing*, pénétrant, subtil.

PHL.

PhL, Fl, fut dans toutes les Langues une Onomatopée destinée à peindre les objets fluides, coulans, le fluide, la flamme, ce qui amollit, &c. De-là nombre de familles Grecques.

1.

Φλαζω, fermenter, bouillonner, avoir de la ferveur : 2o. parler si vîte qu'on ne prononce point distinctement : 3o. parler en fou.

Φλασμος, ὁ, faste.

Πα-Φλαζω, bouillonner, fermenter.

Πα-Φλασμα, agitation, ferveur ; 2o. bruit de la mer agitée.

2.

ΦΛαω, amollir en brisant, en concassant : 2o. concasser, broyer, briser : 3o. rendre flasque, mou : 4o. dévorer avidement.

3.

ΦΛεγω, enflammer, brûler, incendier : 2o. enflammer d'amour : 3o. éclairer, illustrer : 4o. étinceller : être consumé, être dans l'angoisse.

Φλεγμα, τὸ, incendie, inflammation, ardeur ; 2o. phlegme, pituite ; *par opposition*.

Φλεγμασια, ἡ, inflammation, ardeur ; 2o. fièvre.

Φλεγμαινω ; brûler, être embrasé, être en effervescence.

Φλεγμονη, inflammation, tumeur avec inflammation.

Φλεγμαιος, enflé.

Φλεξις, εως, ἡ, incendie ; 2o. brûlure ; 3o. action de brûler.

2. Φλεγυρος, embrasé, ardent, éclatant : 2o. qui brûle, impie, scélérat.

Φλεγεος, rouge.

3. ΦΛοξ, γος, ἡ, flamme.

Φλογεος ; —γερος ; —γοεις ; —γινος ; —γωδης, enflammé, ardent, éclatant, splendide, rouge, étincellant.

Φλογις, ιδος, ἡ, chair cuite.

Φλογιζω, brûler.
Φλογισμος, brûlure.
Φλογμος, flamme, éclair.
Φλογιαω, enflammer avec rougeur.
Φλογοω, enflammer, embrâser.
Φλογιον, petite flamme, flammêche.

4.

Φλεψ, βος, ἡ, veine. C'est la chaleur qui fait couler le sang dans les veines.

Φλεβωδης, abondant en veines.
Φλεβαζω, jaillir comme d'une veine.

5.

Φλιω, niaiser, dire des balivernes, des choses sans tenue, sans consistance : 2°. être plein, farci : 3°. abonder en fruits.

Φλεδων, ονος, ἡ, bagatelles, babioles, sornettes.
Φλεδονευω, babiller, dire des riens.
Φλεδονεια, babil.
Φλεδονωδης, ὁ, ἡ, babillard, bavard, conteur de sornettes.

2. Φληναφος, ὁ, bagatelles, babil, niaiseries.

Φληναφεω, parler sottement, follement.
Φληνυω, φληνιω, de même.

3. Φλυω, Φλυζω, bavarder, babillard : 2°. fermenter, bouillonner.

4. Φλυαρος, inepties, bavardage, vain babil.

Φλυαρεω, dire des riens, bavarder.
Φλυαξ, bouffon, plaisant, Jean-farine.

5. Φλυσις, éruption à la peau.
Φλυκταινα, ἡ, pustule.
Φλυκταινωσις, ἡ, éruption de pustules.

6. Φλυδαρος, humide, mouillé : 2°. flasque.

Φλυδαω, être flasque, être mouillé, humide.

6.

Φλιδαω, tomber en pourriture, ne valoir plus rien, se pourrir, se gâter : 2°. tomber en morceaux, être déchiré : 3°. contracter des rides.

Φλιδονες, plis des robes.

7.

Φλομος, ἡ, plante dont on se servoit pour faire des mêches, le bouillon, *plante*.

Φλομις, ιδος, ἡ, de même.

PHO.

1.

Φοιταω, aller, venir : 2°. arriver, aborder, s'approcher : 3°. être en fureur.

De *Fat*, ou *Fout*, pied, même que *Ped*, *Patte*.

Φοιτησις, ἡ, allée & venue.
Φοιτητης, qui va, qui vient ; 2°. disciple.
Φοιτης, ὁ, Héraut.

2. Φοιτος, rage, fureur : on va & on vient sans savoir pourquoi, on s'agite, on se démène.

Φοιτας, αδος, ἡ, furieuse, folle : 2°. coureuse.
Φοιταλεος, ὁ, furieux, insensé.

2.

Σ-ΦΟΔΡΟΣ, ν, ὁ, véhément, qui est emporté par son impétuosité, fort, valide, qui est en pleine végétation.

De *Fort*, devenu *Fotr* par la transposition si ordinaire du R, & précédé de S.

Σ-φοδρα, extrêmement; très-fortement; avec la plus grande impétuosité.

Σ-φοδροτης, η, véhémence, force.

Σ-φοδρυνω, augmenter la véhémence, l'impétuosité.

3.

Σ-ΦΥΡα, ας, η, marteau, maillet: 2°. nom d'un poisson, le marteau: De *Fork*, force.

Σ-φυριον, petit marteau.

Ολο-Σφυρος, fabriqué en entier au marteau, solide.

Σ-ΦΥΡον, το, cheville du pied; 2°. le pied des montagnes; 3°. le pied entier.

Σ-φυροω, fortifier le pied avec des chaussures, des bottes, des bandelettes.

PHR.

1.

Φραζω, parler, dire, raconter, exposer, rappeller à la mémoire: 2°. ordonner: 3°. indiquer, annoncer.

De *bar*, *bra*, *fra*, parole.

φραζομαι, tenir conseil, délibérer; 2°. concevoir, remarquer.

φρασμων, φραδμων, habile, adroit, prudent, circonspect.

φραδμοσυνη, science, habileté; 2°. conseil, prudence.

2. Φρασις, εως, η, élocution, phrase.

φρασης, ὁ, éloquent; 2°. qui explique, qui indique.

φραδη, η, prudence.

φραδευω, parler.

φραδαω, interpréter, commenter, énoncer.

2.

ΦΟΡΜιγξ, ιγγος, η, guitarre.

Du même *bar*, *bor*, *for*, parole, son.

φορμιζω, jouer de la guittarre.

φορμικτης, φορμιγκτης, ὁ, joueur de guittarre.

3.

Φρασσω, & Φραττω, fortifier, munir, palissader: 2°. boucher, obstruer: 3°. epaissir, condenser.

De *Bra*, fort; d'où Bras.

φραγμα, τὸ, palissade, haie, fortification.

φραγμος, ὁ, de même.

φρακτος, fortifié, muni.

φραγνυμι, même que φρασσω.

4.

ΦΡΑτρια, Curie, chef-lieu d'une Tribu, de ceux qui sont sortis d'une même famille, d'une Confrérie. De la même famille que le Latin *Fra-ter*.

φρατριαζω, être de la même Curie, de la même Confrérie.

φρατηρ, φρατωρ, de la même Curie, de la même Tribu ou Famille.

φρατορια, & en Ion. φρητρη, mêmes que φρατρια.

5.

ΦΡΗΝ, φρηνος, ὁ, esprit, raison,

prudence; vertu de se posséder.

Ce mot appartient à la famille Celtique *Bre.*, *Fre*, élévation, grandeur, force, d'où *bron*, *fron*, la poitrine, où est la force de l'homme.

Φρενοω, ramener à la raison, rendre prudent; 2°. châtier.

Φρενες, la poitrine, le cœur, siège de l'ame.

Φρενιτις, ιδος, ἡ, frénésie, délire.

Φρενιτικος, en délire, frénétique.

2. Φρονεω, être sage, prudent, avoir du goût, être dans son bon sens, se posséder, être maître de soi: 2°. délibérer, réfléchir: 3°. préférer: 4°. favoriser, être porté pour: 5°. avoir de la saveur, sentir bon.

Φρονημα, το, sens, pensée; 2°. élévation d'esprit; confiance; 3°. faste, orgueil.

Φρονηματιας, ȣ, ὁ, dont l'esprit est haut, élevé.

Φρονηματισμος, grandeur d'ame, élévation d'esprit.

Φρονησις, εως, ἡ, prudence; 2°. sagesse; 3°. intelligence.

Φρονιμος, ὁ, sage, prudent; 2°. habile, expérimenté.

3. Φροντις, ιδος, ἡ, pensée.

Φροντιζω, penser, réfléchir; méditer; 2°. avoir soin; 3°. s'appliquer, mettre ses soins.

Φροντισμα, το, pensée, méditation, commentaire.

Φροντιστης, ὁ, livré à ses méditations,

Φροντιστηριον, το, Ecole; lieu où l'on explique ses méditations, ses découvertes.

ΦΥ, PHU.

De HE, HEI, HU, exister, prononcé *Fe*, *Fu*, vint cette famille:

Φυω, naître, devenir: 2°. produire.

Φυμι, même que φυω.

Φυμα, το, ce qui est né: 2°. tumeur, tubercule.

Φυσις, ἡ, naissance, origine, génération; 2°. nature, force; 3°. substance; 4°. esprit; 5°. figure, stature, état.

Φυσικος, naturel, physique.

Φυσιμος, qui a la force de produire.

Φυτωρ, ὁ, pere.

2. Φυτον, το, plante, souche.

Φυτικος, végétatif.

Φυταλια, ἡ, terre productive, féconde.

Φυταλιζω, planter.

Φυτευω, planter; produire; machiner.

Φυτευσις, plantation.

Φυταρη, ἡ, tems des plantations.

Φιτυα, race, lignée, postérité. Cette Famille tient à celle de Pied, *Ped*; dans les Langues du Nord, *Fut*, *Fot*.

3. ΦΥΗ, ης, ἡ, Nature: 2°. caractère, naturel.

2.

Σ-ΦΥΖω, pousser; palpiter, battre, en parlant du cœur: 2°. jaillir.

De la même famille que *pousser*, dont P est devenu F, précédé de S.

Σ-φυζμος, ȣ, ὁ, pouls.

Σ-φυζμη, ἡ, pouls déréglé.

Σ φυξις, εως, ἡ, pouls.

Σ-φυσδω, en Dor. pour Σ-φυζω.

MOTS GRECS
VENUS DE L'ORIENT.

Ph

Σ-ΦΗΞ, ηκος, ὁ, guêpe : le *Fucus* des Latins.

En Orient. פוק, *Phuq*.

Σ-Φηκισκος, δ, coin à fendre du bois.

Σ-Φηκος, ϰ, homme mince de corps comme une guêpe ; 2°. robuste ; 3°. varié.

Σ-Φηκοω, coigner, presser, serrer, étrangler.

Σ Φηκων, ωνος, ὁ, guêpier.

Σ-Φηκιον, το, de même.

Σ-φηκια, ἡ, essaim de guêpes.

Σ-Φηκισμος, ὁ, genre d'harmonie qui imitoit le bourdonnement des guêpes : musique en faux-bourdon.

2.

Φθεω, consumer, détruire, faire périr, dessécher.

De *Phtha*, feu qui consume.

Φθοη, ἡ, Φθησις, ἡ, langueur qui dessèche, phthisie.

Φθιω, même que Φθεω.

φθισις, εως, ἡ, consomption ; corruption ; exténuation ; langueur.

Φθισιαω, être en langueur.

Φθιτος, en consomption, exténué.

2. Φθιγω, sécher de langueur, se consumer, dépérir.

Φθινας, αδος, ἡ, consomption.

Φθινασμα, το, de même.

Φθινυθω, détruire ; consumer, dessécher.

3. ΦΘΕΙΡω, corrompre, vicier : 2°. être tué.

Φθαρμα, το, corruption.

Φθορα, ἡ, corruption, perte, destruction.

Φθορος, ὁ, peste, corruption, ruine.

Φθορευς, εως, ὁ, corrupteur.

4. ΦΘΕΙΡ, ρος, ὁ, poux.

3.

Φθογος, ὁ, envie, jalousie : 2o. censure.

De la même famille *Phtha*, feu qui dévore.

φθονερος, consumé de jalousie.

φθονεω, être consumé par la jalousie ; être jaloux ; 2°. nier, refuser.

φθονερια, ας, ἡ, envie ; jalousie.

4.

ΦΥΚος, εος, το, *Fucus* des Latins, plante dont on faisoit le fard, dont on teignoit la laine.

En Or, פוק, *Phuq*.

φυκωδης, abondant en algue, en fucus.

φυκοω, farder.

φυκιον, το, fard.

φυκις, ιδος, ἡ, nom d'un poisson.

DICTIONNAIRE ÉTYMOLOGIQUE

MOTS GRECS-CELTES,
OU DÉRIVÉS DE LA LANGUE CELTIQUE.

X, Kh.

La lettre X, est la troisième de celles que les Grecs ajouterent à l'alphabet primitif : ce fut en dédoublement de la lettre H, & elle fut destinée aux mots qui commençant par cette lettre, se prononçoient en *Kh* : mots fort communs dans la Langue Orientale ; ce qui avoit persuadé que chez les Orientaux, H n'étoit point une simple aspiration.

ONOMATOPÉES.

1.

Χελυσκιον, toux séche.

Χελουειν, tousser.

Χελυσσομαι, expectorer.

2.

ΧΟΙΡος, ȣ, ὁ, cochon, mot également asiatique ; le même que notre mot GORET.

Χοιρειος, de porc.

Χοιρηνη, ἡ, de même.

Χοιριον, τὸ, cochon de lait, porcelet ; 2°. sillon de Vénus.

Χοιρεαται, οἱ, porchers.

Χοιρας, αδος, ἡ, truie ; 2°. roche baignée des eaux de la mer, & qui renferme des cavernes ; 3°. écrouelles.

3.

Χρεμετιζω, hennir.

Χρεμετισμος, hennissement.

Χρεμετισικος, qui fait hennir.

Χρεμεταω, Χρεμεθω, Χρεμιζω, mêmes que Χρεμετιζω.

4.

Χρεμμα, τὸ, crachat.

Χρεμψις, de même.

Χρεμπτομαι, cracher. C'est la Famille Exs-creo.

Kh pour H.

De Hιω, prononcé *Heio*, écrit *Haiô*, bâiller, entr'ouvrir, vint :

1.

ΧΑΙΝω *Khainô*, bâiller : 2°. s'entr'ouvrir, se fendre.

Χασμα, τὸ, bâillement.

Χασμη, ἡ, bâillement ; ouverture, fente, crevasse ; hiatus.

Χασμωδια, ἡ, action de bâiller.

Χασμαομαι, bâiller.

Χασμημα, bec entr'ouvert ; bâillement.

2. ΧΑΝος, τὸ, bouche ouverte & grandement.

Χαυω, Χανυσσω, crier à pleine bouche, à plein gosier.

3. ΧΗΜη, hiatus, bâillement : 2°. huître, elle s'entr'ouvre : 3°. mesure de liquides.

Χασκω, Χασκαζω, mêmes que Χαινω.

Χασκαξ, homme qui reste la bouche béante, badaud.

4. ΧΑος, bâillement, gouffre, le cahos.

2.

1. ΚΑΙΑΔας, 8, ὁ, *Kaiadas*, gouffre, caverne souterraine, dans laquelle les Lacédémoniens jettoient les criminels.

Καιαλα, τα, fosses ; crevasses de la terre : d'où,

2. Καιητα-εσσα, surnom de Sparte dans Homère, parce que cette ville étoit environnée de ravines, de précipices, de vallées profondes.

3.

ΧΑΜαι, le Latin *Humi*, anciennement *Humei*, la Terre : ce mot dut donc se prononcer dans l'origine HAM-MAI : mais *Ham* signifie sable ; *Mai*, eau : c'est donc la réunion du sec & de l'humide, des continens & des mers, qui constitue ce qu'on appella *Humi* par opposition au mot *Terra*.

Χαμαιλις, vigne qui rampe à terre.

Χαμαδις, dans la terre, en terre.

Χθαμαλος, terrestre, qui rampe, humble, abject.

4.

ΧΗΝ, ηνος, ὁ, ἡ ; en Dorien : ΧΑΝ, ανος, *Oie*; le GANZ des Allemands.

Ce mot se prononça dans l'origine, *Han*, *Hans*; de-là le AN-ser des Latins.

Les Anglois dénasalant *Gans*, en ont fait *goose*, prononcé *gouse*, nom de l'Oie chez eux.

C'est une Onomatopée qu'on a perdu insensiblement de vue, & que chaque Langue a altérée à sa façon, pour ne l'avoir pas ramenée à sa vraie origine, à la nature.

Kh ajouté.

Les gutturales, c, G, K, Kh, s'ajoutent sans cesse à la tête des mots qui commencent par les linguales L & R. Ainsi de *Ro*, Soleil, couleur du Soleil, les Grecs firent *Kh-Ro*. De-là, les familles suivantes.

r.

1. Χ-ΡΟα, ας, ἡ, couleur.

Χ-Ροια, de même.

Χ-Ροιζω, Χραζω, Χροω, Χρωννυω, Χρωνυμι, colorer ; 2°. teindre ; 3°. farder ; 4°. tacher, souiller, fâner.

Χ-Ρωμα, τὸ, couleur ; coloris.

Χ-Ρωματικος, qui concerne les couleurs ; 2°. qui concerne la musique ; chromatique.

Χ-Ρωματιζω, colorer.

Χ-Ρωματισμος, action de colorer.

Χ-ρωματιον, coloris.
Χ-ρωσις, εως, ἡ, art de teindre.

Puisque les Grecs avoient déja appliqué à la musique les idées de coloris & de couleurs, il n'est pas étonnant que le P. Castel ait entrepris un clavessin par couleurs.

2. La peau étant colorée, les Grecs dérivérent de χροα, une famille particuliere que nous allons rapporter.

Χ-ροος, ȣ, ὁ, peau.
Χ-ροϊζω, toucher.
Χ-ρωζω, de même; 2°. appliquer, approcher.
Χ-ρως, ωτος, ὁ, Χ-ρωμα, peau.
Χ-ρωτιζω, toucher.

2.

Χ-ραω, colorer, teindre: 2°. tacher.
Χ-ραινω, colorer; 2°. oindre.
Χ-ραωμαι, être taché, souillé.
Χ-ραυω, être légerement blessé, être légerement teint de sang; 2°. aborder, approcher.
Χ-ραυσις, anchre simple.

3.

Χ-ρυσος, *Kh-Rusos*, or; il est de la couleur du Soleil: ce mot tient à la même famille que *Ru*, rouge, d'où *Roux, Rufus*, &c.

Χ-ρυσεος, Χρυσεος, Χρυσινος, de couleur rouge.
Χ-ρυσιον, τὸ, or.
Χ-ρυσις, ιδος, ἡ, dorée, d'or.
Χ-ρυσιτης, ȣ, ὁ, auréole, cercle d'or, lumineux.
Χ-ρυσαλις, ιδος, ἡ, chrysalide.
Χ-ρυσαιζω, dorer, enrichir d'or.
Χ-ρυσιζω, ressembler à l'or.
Χ-ρυσοω, dorer.
Χ-ρυσωμα, τὸ, vase d'or.
Χ-ρυσωσις, art de dorer.

4.

Ω-ΧΡΟΣ, ȣ, ὁ, pâle; *mot à mot*, non-coloré. *Nom*, pâleur.
Ω-Χρα, ἡ, ochre, à cause de sa couleur pâle.
Ω-Χριας, ȣ, ὁ, pâle, de couleur d'ochre.
Ω-Χριαω, pâlir.
Ω-Χριασις, Ω-Χροτης, pâleur.
Ω-Χραινω, rendre pâle.
Ω-Χρωμα, pâleur; teinture pâle.

KhA.

1.

ΧΑΙον, τὸ, bâton, bâton pastoral, crosse.

Du Celt. *Kai*, bois.

En Esclav. *Kai*, bâton.

2.

ΧΑΤεω, être dans l'indigence, dans la misere: n'avoir rien.

Du Celt. CATT, petit: misérable, déguenillé.

D'où CHÉTIF, en Ital. CATTIVO.

Χατευω, Χατιζω, de même.
Χατις, ιδος, ἡ, indigence, besoin; 2°. désir, cupidité.
Χατις, Χατος, ἡ, indigence, disette, besoin.
Χητοσυνη, de même.

Χηλιζω, même que Χαλιζω.

Ce mot se rapproche infiniment plus de *Chétif*.

3.

ΧΑΥΝος, υ, ὁ, superbe, fier, enflé, boursouflé, vain : 2°. poreux, lâche.

Du Celt. CAUN, rocher, sourcilleux, & du prim. CAU, roc, mont.

Χαυνοτης, ἡ, orgueil, vanité ; 2°. porosité.

Χαυνοω, enfler d'orgueil ; enfler, boursoufler ; rendre lâche, délier, ouvrir.

Χαυναξ, ακος, ὁ, homme vain, enflé d'un sot orgueil, un fat.

Χαυνιαζω, induire en erreur.

Χαυνωνες, pains faits avec un peu d'huile pour les rendre poreux.

KhE.

1.

De GER, cultivé, vint par opposition :

ΧΕΡΡος, Χερσος, *Kherros*, *Kherso's*, inculte : désert ; vierge.

Χερσαιος, ὁ, ce que la terre produit sans culture.

Χερσινος, de même.

Χερσευω, rester inculte.

Χερσευομαι, être frappé de stérilité.

Χερσεια, solitude, désert.

Χερσοω, dévaster, rendre désert.

2.

De CAL, couper, vinrent :

ΧΗΛη, ciseaux, tenailles, tout instrument double servant à couper ; 2°. les serres d'écrevisse, des oiseaux ; 3°. les mâchoires.

Χηλοω, rendre fourchu.

Χηλωμα, ouverture fourchue ; créneaux.

2. Χηλευω, coudre, nouer.

Χηλευμα, τὸ, instrument à coudre ; 2°. ce qui est fait à l'aiguille.

Χηλευτος, cousu, noué, lié.

3.

De DE, jour, & CAT, échu, vint :

ΧΘΕΣ, hier : mot qu'il faut décomposer en ΧΕΘ-ΘΕς ; on comprend fort bien que les deux Θ se sont réunis en un seul, & qu'ensuite le premier E a disparu dans l'orthographe.

Χθεσινος, de hier.

Χθιζον, hier.

Προ-Χθες, avant-hier.

4.

De GE, terre, & DON, profond, vint :

Χ-ΘΩΝ, ονος, ἡ, la terre souterraine ; 2°. la Terre en général.

Χ-Θονιος, terrestre : 2°. funeste, tout ce qui fait descendre dans la tombe ; 2°. trompeur ; faux.

KhI.

ΧΙΩΝ, ονος, ἡ, neige.

Ce mot ne vient pas de Χεω, verser ; mais de CAN, blanc, mouillé en *KhiaN*, puis *Khion*.

Χιονοεις, Χιονεος, blanc, couvert de neige.

Χιονοω, blanchir ; 2°. couvrir de neige.

Χιονιζω, de même.

K h N, pour K he N.

ΧΝαυω, couper, tondre.

Cette famille tient au Grec ΚΝαπ]ω.

Celte, KNEIF, couper, mordiller, & à notre mot:

QUENOTE, dent, petite dent, mot employé même par Moliere.

ΧΝαυμα, τὸ, ce qu'on coupe & mordille à la maniere des petits chiens.

ΧΝοος, action de tondre, de raser; duvet; poil folet.

Χνοωδης, δ, ἡ, couvert de duvet.

Χνοαω, pousser du poil folet.

2. Χνοη, bruit, bruit des dents qui coupent, qui mâchent: 2°. bruit des pieds, de gens qui marchent.

S K O L.

Σ-ΧΟΛη, ἡ, étude, école: 2°. férie, vacation, repos: 3°. loisir.

De Col, cultiver.

Σ-Χολαιος, qui muse, lent, paresseux.

Σ-Χολαιοτης, lenteur, délais.

Σ-Χολιον, Scholie, explication de mots difficiles.

Σ-Χολιασης, δ, Scholiaste.

Σ-Χολειον, τὸ, Ecole, Jeux Littéraires.

Σ-Χολαζω, donner ses soins, s'attacher; 2°. avoir du loisir: être oisif; 3°. vacquer.

Σ-Χολαστηριον, τὸ, lieu où on se repose de ses travaux.

Σ-Χολαστης, ε, ὁ, Disciple; 2°. qui vit dans le repos, dans un heureux loisir.

Σ-Χολαστικος, scholastique; 2°. désœuvré.

KhoR.

Du Celt. Cor, Corti, Cortil, dérivé de Car, cultiver, & qui signifie lieu cultivé, jardin, vinrent:

ΧΟΡΤος, ε, ὁ, herbe verte: 2°. foin; 3°. enceinte d'un jardin.

Χορταιος, de campagne, sauvage.

Χορταριον, herbe verte.

Χορταζω, paître, engraisser.

Χορτασμα, το, pâturage.

Χορτασμος, δ, rassasiement.

K h R.

ΧΡΙΜΠΤω, approcher, aborder, s'amarrer: 2°. s'appuyer, faire ses efforts: 3°. cindre:

De la même famille que GRIMPER & agraffer: en Celte CRAP, agraffe.

MOTS GRECS
VENUS DE L'ORIENT.

Kh

I.

DE l'Oriental חלב, *Khalb*, graisse, vint :

ΧΑΛΒανη, ἡ, le Latin *Galbanum*, suc de la férule, plante de Syrie.

2.

ΧΑΡΥΒΔις, char-ybde, gouffre entre la Sicile & l'Italie.

De חור, *Kar*, *Kour*, ouverture, gouffre; & אבדון, *abdon*, ruine, destruction.

Ce *Kour*, ouverture, cavernes d'un rocher, tient ainsi au Grec ΧΟΙΡος, *Khoiros*, rocher caverneux dans la mer.

MOTS GRECS-CELTES,
OU DÉRIVÉS DE LA LANGUE CELTIQUE.

LA lettre Ψ est la quatriéme de celle que les Grecs ajouterent à l'alphabet Oriental : elle remplaça la lettre צ, τς, qui s'écrit ץ, à la fin des mots, figure dont on voit que le Ψ n'est qu'une légere altération.

Mais comme le son *pſ*, est particulier aux Grecs, on doit s'attendre qu'ils seront presque tous altérés, presque tous formés de mots qui dans les autres Langues commencent par d'autres lettres, mais sur-tout par la lettre τſ altérée en pſ.

Ψ Α, *Pſa*.

I.

ΨΑω, couper, mettre en morceaux :

2°. raser, racler : 3°. atteindre, arriver, survenir : 4°. brûler, chauffer.

Ce mot tient à l'Egyptien ⲪⲀⲔ Phak, & ⲪⲰϨ Phôh, rompre, briser.

De-là sont venus nombre de mots.

1.

1. Ψηςος, rasé, nettoyé.

Ψηχω, raser ; nettoyer en frottant, adoucir.

Ψηγμα, ce qu'on a emporté, en rasant, en nettoyant ; 2°. branche.

Ψηξις, εως, ἡ, action de raser, de nettoyer.

Ψηκτηρ, rasoir ; étrille : tous instrumens à raser, racler, frotter.

2. Ψαιω, même que Ψαω.

Ψαιςωρ, ὁ, qui sert à raser, à nettoyer.

Ψαιςος, ὁ, brisé, contusionné ; moulu.

3. Ψαιρω, raser, frotter, étriller : 2°. hâter, dépêcher.

Ψαρος, actif, vite, prompt, mobile ; 2°. espèce de grive.

2.

Ψαθυρος, Ψαδυρος, friable, qui peut se mettre en morceaux, en miettes.

Ψαθυροτης, ἡ, nature friable, fragilité ; sécheresse qui fait tomber en poussiere.

Ψαθυρυσθαι, devenir friable ; sécher.

Ψαθυριον, τὸ, morceau, miette.

3.

1. Ψωθιον, τὸ, morceau : miette.

2. Ψωλος, ὁ, l'A-PELLA des Latins, circoncis.

3. Ψωμος, ὁ, bouchée.

Ψωμιον, de même.

Ψωμιζω, prendre une bouchée, donner la becquée.

Ψωμισμα, bouchée.

Ces mots tiennent à l'Hébreu פםצ, Tsamé, couper, qu'on voit n'être qu'une altération de Tam, fragment ; d'où EN-TAMer.

4.

Ψωχω, couper par morceaux, briser, atténuer.

Ψωχος, terre sabloneuse, qui ne fait point corps.

II.

D'ΑΙΔ, lumiere, vinrent :

1. Ψαιδρος, ὁ, rare, peu épais : 2°. qui a les cheveux clairs, peu épais.

2. Ψεδνος, ὁ, qui a les cheveux clairs, peu épais.

III.

D'AC, eau, vinrent :

1. Ψακας, αδος, ἡ, rosée : 2°. goutte.

Ψακαδιον, goutte, goutte de rosée.

Ψακαζω, tomber goutte à goutte, distiller ; faire de la rosée.

Ψαικας, même que Ψακας.

Ψεκας, de même.

Ψεκαδιον, goutte de pluie, de rosée.

Ψεκαζω, pleuvoir par petites gouttes ; arroser en forme de rosée.

2. Ψιας, αδος, ἡ, rosée, goutte de rosée, goutte déliée.

Ψιαζω, arroser, faire tomber en forme de rosée.

IV.

IV.

1. Ψάλιον, Ψελλιον, τὸ, frein, bride.
Ψαλια, Ψελλια, τὰ, colliers, bracelets.

De HAL, cou.

2. Ψαλιδιον, τὸ, collier, bracelet.
3. ΨΑΛις ιδος, ἡ, forces, ciseaux ; au plur. voûtes, arcades.
Ψαλιδωμα, τὸ, plafond, ouvrage en voûte.
Ψαλιζω, couper.

V.

1. ΨΑΛΛω, toucher, frapper légerement, jouer d'un instrument, chanter en s'accompagnant d'un instrument.
En Oriental לצ, *Tsal*, instrument de musique.
Ψαλμα, τὸ, son d'un instrument, chant accompagné d'instrumens.
ΨΑΛΜος, ὁ, de même, Pseaume.
Ψαλτηρ, ὁ, Musicien.
Ψαλτρια, ἡ, Musicienne.

2. Ψαλτηριον, Psaltérion, instrument à cordes dont on s'accompagne en chantant.
Ψαλτος, ὁ, qui peut être exécuté sur un instrument à cordes.
Ψαλιγξ, Guitarre.

3. Ψελλος, begue, qui a peine à prononcer la lettre S.
Ψελλοτης, ὁ, bégaïement.
Ψελλιζω, bégaïer.
Ψελλισμα, τὸ ; — σμος, ὁ, bégaïement.

VI.

1. ΨΑΜΜος, ϒ, ἡ, sable, arène.
Orig. Grecq.

De *ham*, entassé, multitude, d'où *sand*, sable, chez les peuples du Nord.
Ψαμμωδης, sablonneux.
Ψαμμισμος, action de creuser dans le sable.
Ψαμμιον, τὸ, grain de sable.
Ψαμμαθος, sable.

2. ΑΜΜος, ϒ, ἡ, sable.
Ce qui prouve que Ψ-ΑΜΜος n'est qu'un dérivé de *Ham*.
ΑΜαθος, même que Ψαμμαθος.
ΑΜαθυνω, détruire.

Ces mots pourroient tenir aussi à l'Oriental *Ham*, *Hem*, chaleur. Les sables sont brûlans dans l'Orient & l'effet d'une terre desséchée par la chaleur, tels que les déserts sablonneux où étoit le temple de Jupiter HAMMON.

3. ΨΑΦαρος, sec, aride, hideux : 2o. friable ; il tient donc à Ψαω, & à Ψαμμος.

VII.

1. ΨΑΥω, toucher, même que Ψαω.
Ψαυσις, tact, contact, attouchement.
Ψαλαγμα, τὸ, de même.
Ψαυσος, qu'on touche.
Ψαλακτος, qu'on peut toucher.

2. ΨΑΛασσω, toucher.
Ce mot tient donc à ΨΑΛΛω, toucher d'un instrument.

3. ΨΟΑΙ, Ψυαι, deux grands muscles dans la région des reins.

Ψ E.

I.

ΨΕΓω, reprocher, blâmer, faire honte.

De l'Or. שגג, *Sagg*, errer, pécher, tomber en faute.

Ψεγμα, το, blâme, reproche.

Ψεκΐης, ὁ, Cenſeur, critique, qui fait des reproches.

Ψεκΐος, blâmé, cenſuré.

Ψεκΐικος, blâmable.

Ψογος, ὁ, blâme, cenſure, reproche.

Ψογιος, Ψογερος, blâmable, reprochable.

II.

ΨΕΥΔω, tromper, fruſtrer, de l'Or. שוא, *Sua*, prononcé *Seua*, tromperie, menſonge, fauſſeté.

Ψευμα, το; Ψευσις, εως, ἡ, menſonge.

Ψευςης, ὁ, menteur, menſonger.

Ψευςεω, mentir ; 2°. ſe tromper, ne pas atteindre ſon but, manquer.

Ψευδης, εος, ὁ, ἡ, faux, impoſteur, menteur.

Ψευδος, εος, το, menſonge.

ΨΥΘω, même que Ψευδω.

Ψυθος, en Dorien, même que Ψευδος.

Ici, c'eſt la même prononciation que dans *Sua*.

Ψυδρος, de Ψυδερος, menteur, faux.

III.

ΨΕΦος, εος, το, ténèbres : obſcurité ; 2°. fumée. De l'Or. צפה, *Tſaphé*, couvert, abri ; guérite ; d'où *Tſaphan*, devenu Hiſpan*ia*, pays du Couchant.

Ψεφαρος, obſcur, ténébreux.

Ψεφνος, de même.

Ψεφας, même que Ψεφος.

Ψ H, *Pſé*.

I.

ΨΗΝ, ηνος, ὁ, ver qui naît dans les figues, & qui les rend bonnes à manger : *Voyez* DICTIONNAIRE de BOMARE.

En Copte, ϥⲉⲛϯ, *Fent*, ver.

Ψηνιζω, conduire les figues à leur perfection en y inſérant un ver.

1. ΨΗΦος, ἡ, caillou ; 2°. jetton.

C'eſt l'Or. קצץ, *Katz*, caillou.

Ψηφιζω, calculer, ſupputer ; 2°. décerner.

Ψηφιςης, ȣ, ὁ, Calculateur, qui ſuppute, calcule.

Ψηφις, ιδος, ἡ, caillou, jetton.

Ψηφισμα, το, décret.

Ψηφαω, raiſonner, méditer.

ΨΛΦαξ, en Eol. caillou.

Ψ I, *Pſi*,

I.

1. ΨΙΑΘος, ὁ, ἡ, natte.

Ce mot peut tenir à l'Oriental איתן, *Aït*, fort : les nattes ſont faites avec du jonc ou de la paille, renforcées par leur entrelacement.

2. ΨΙΘια, ἡ, eſpèce de vigne.

3. ΨΙΘυρος, ὁ, ἡ, murmure : le Lat. *Su-Surrus*. C'eſt une onomatopée.

Ψιθυρα, inſtrument de muſique.

Ψιθυριζω, murmurer.

Ψιθυριςης, ȣ, ὁ, qui murmure ; 2°. délateur caché.

Ψιθυριςμα, το; Ψιθυριςμος, ὁ, murmure ; 2°. délation.

2.

De TAL, SAL, élevé, gros, vint par oppoſition :

1. ΨΙΛος, ὁ, mince, délié, exigu, grêle, petit ; 2°. chauve.

Ψιλοΐης, ἡ, chauveté.

Ψιλευς, le dernier d'une danse.
Ψιλιζω, dépouiller.
Ψιλοω, priver, dépouiller; épiler.
Ψιλωσις, ἡ, dépouillement, épilation.
Ψιλωτης, ὁ, qui dépouille, qui épile.
Ψιλωθρον, onguent pour épiler.

2. ΨΥΛΛος, ὁ, ΨΥΛΛα, ης, ἡ, puce.
Ψυλλιον, το, psyllium, herbe aux puces.
Ψυλλιζω, épucer.

◆. ΨΥΛΛων, ωνος, poisson qui fait ses œufs sur le rivage.

3.
ΨΙΜΜΥΘος, ὁ, céruse, craie.
Ψιμυθιον, de même.
Ψιμμυθιοω, blanchir, marquer avec de la céruse, de la craie.

Ce mot peut tenir à Ψαμμος, caillou.

4.
ΨΙΝισθαι, couler, en parlant de la vigne.
De l'Oriental סנא, Sinâ, & du Grec Σινω, nuire, tourner à mal.

5.
ΨΙΞ, ιχος, ἡ, miette, morceau de pain, une bouchée.
De Ψαω, mettre en morceaux, émietter.
Ψιχιον, το, petite miette, petit morceau.
Ψιχωδης, mince comme de la mie.

6.
ΨΙΤΤΑΚη, ης, ἡ, le Lat. *Psittaca*, Perroquet: c'est l'Oriental חכך, *Takk*, perroquet, avec l'art. Or. *Phi*, devenu *Pst*.

Ψ Ο, *Pso.*

1.
ΨΟΛος, ȣ, ὁ, fumée; 2º. flamme: 3º. suie. De l'Or. צלל *Tsall*, ombre.
Ψολοεις, εντος, ὁ, fumeux, enflammé.

2.
ΨΟΦος, ὁ, bruit, pétillement, éclat; son, *en général.* C'est une Onomatopée.
Ψοφωδης, sonore, éclatant.
Ψοφεω, faire du bruit, pétiller, craquer.
Ψοφημα, même que Ψοφος.

Ψ Υ, *Psu.*

1.
ΨΥΧη, ης, ἡ, ame, vie; 2º. souffle, esprit; 3º. le papillon, emblême de l'Immortalité; 4º. Psyché, ou l'Ame.

Du prim. *Fu*, souffle,
En Orient. פוח, *Fuc'h.*

Ψυχνιος, animé, vivant, vif.
Ψυχικος, animal.
Ψυχαριον, το, petite ame; chere ame.
Ψυχοω, animer.
Ψυχωσις, ἡ, animation.

2.
ΨΥΧω, souffler sur pour refroidir; 2º. refroidir; 3º. souffler, respirer; 4º. sécher, chauffer.

Ce mot est une branche de la famille précédente.

Ψυγμος, ὁ, action de refroidir.
Ψυξις, ἡ, souffle, refroidissement.
Ψυχτηρ, vase qui sert à rafraîchir; 2º. *au plur.* lieux à l'ombre.
Ψυχτηριος, propre à rafraîchir.
Ψυχτος, rafraîchi.
Ψυγευς, εως, ὁ, même que Ψυχτηρ.

Ψυχος, εος, τὸ, froid ; gelée.
Ψυχεινος, froid ; glacé.
Ψυχαζω, respirer la fraicheur.
Ψυχρος, même que Ψυχεινος.
Ψυχροτης, ἡ, froideur, fraicheur.
Ψυχραινω, rafraichir.
Ψυχρευω, être de glace, parler sans feu, sans ame.

ΨΩ, Psô.

1.

Ψωα, ας, ἡ, mauvaise odeur, puanteur.

Ψωϊα, Ψωζα, de même.

L'Or. צוא, ordure, excrément, fumier.
Ψωϊζος, ordure.

2.

Ψωρα, ας, ἡ, galle, rogne.
De l'Or. צרע, Tsaro, lépre, maladie de la peau.
Ψωραλεος, Ψωρικος, galeux.
Ψωριαω, avoir la galle, la rogne.
Ψωρος, galeux.

MOTS GRECS-CELTES,

OU DÉRIVÉS DE LA LANGUE CELTIQUE.

Ω, ô.

LA lettre Ω est la derniere que les Grecs ayent ajoutée à l'alphabet ; c'est un ό long : tous les mots qui commencent par cette lettre appartenant aux familles en O, ont été insérés sous cette lettre, à l'exception de ces trois.

1.

Ωβη, ης, ἡ, Tribu, en langage de Lacédémone : de l'Or. אב, Ab, fruit ; lignée.
Ωβατης, de la même Tribu.

2.

Ωνεομαι, acheter : mot-à-mot, se procurer le nécessaire par échange. Du Prim. ON, AUN, nécessaire, subsistance, biens.

Ωνημα, τὸ, ce qu'on a acheté.
Ωνησις, εως, ἡ, achat.
Ωνητης, ο, acheteur.
Ωνητικος, qui aime à acheter.
Ωνητιαω, être possédé du désir d'acheter.
Ωνητος, acheté ; 2°. en vente.
Ωνιος, exposé en vente.
Ωνος, ὁ, prix d'achat.

3.

ΩΣ, comme, de même ; 2°. aussitôt que ; 3°. ensorte que, de maniere que ; 4°. pareillement ; car, puisque, &c.

Ce mot tient au Latin UT, comme formé de l'Or. עת, Hot, le tems, ce qui arrive en MÊME tems.

C'est l'Anglois How, de quelle maniere.

Fin du Dictionnaire Étymologique de la Langue Grecque.

TABLE,

PAR ORDRE ALPHABETIQUE,

DES MOTS GRECS.

A.

Α,	page 1	Αγγ,	173, 174	Αθρο,	297
Ααζω,	333	Αγρυθ,	249	ΑΙ,	82
ΑΒαλε,	205	Αγορ,	240	Αια,	ibid.
Αβαξ,	194	Αγος,	21, 173	Αιγαλ,	9
Αβαρ,	209	Αγρ,	243, 492	Αιγδ,	88
Αβαρις,	210	Αγρυπν,	139	Αιγειρ,	241
Αβελτηρια,	202	Αγυι,	33	Αιγια,	111
Αβιος,	218	Αγυρ,	240	Λιγιθ,	82
Αβρα,	173	Αγχι;	254	Αιγις,	14
Αβρος,	215	Αγχ,	132	Αιγλ,	234
Αβροτ,	188	Αγω,	13, 21	Αιγωλ,	82
Αβρυν,	209	Αγωγ,	21	Αιδ,	61, 67
Αβυσσος,	217	Αγωι,	44, 45	Αϊδ,	312, 379
ΑΓαγε,	21	ΑΔελφ,	307,	ΑΙΖ,	334
Αγαθ,	229	Αδη,	67, 69	Αιθ,	165
Αγαλλ,	234	Αδιν,	67	Αικαλ,	457
Αγαν,	78	Αδος,	57	Αικη,	88
Αγαναχ,	49	Αδρ,	296, 299	Αικια,	14
Αγαπ,	3	Αδω,	61, 66	Αικλαι,	5
Αγαριχ,	241	ΑΕδ,	353	Αιμα,	83
Αγαω,	77	Αει,	312	Αιμυλ,	591
Αγγαρ,	243	Αειδ,	61	Αιν,	85, 88
Αγγελλ,	252	Αειρ,	151	Αινεω,	175
Αγγος,	130	Αελ,	110	Αινυμ,	644
Αγε,	21	Αεμ,	134	Αιξ,	14
Αγειρ,	240	Αετ,	174	Αιολ,	110
Αγελ,	236	ΑΖ,	162	Αιον,	174
Αγερωχ,	821	ΑΗΔ,	66	Αιπ,	136
Αγη,	13, 77	Αηθ,	70	Αιρ,	386
Αγημ,	21	Αημ,	171	Αιρα,	154
Αγιν,	ibid.	Απρ,	145	Αιρω,	151
Αγι,	173	Αησυλ,	863	Αισα,	171
Αγκ,	130, 132	Απτ,	67	Αισαλ,	885
Αγλ,	234	ΑΘ,	365	Αισθ,	170, 662
Αγλιθ,	97	Αθαρ,	345	Αισοι,	82
Αγμ,	13	Αθλ,	353	Αισσ,	88

TABLE ALPHABETIQUE.

Αισυλ,	863	Αλιευ,	105	Αντλεω,	816
Αισυμ,	600, 859	Αλιξ,	97	Αντρον,	932
Αισχ,	163	Αλις,	93, 94	Ανωγ,	676
Αιτ,	70, 71, 89	Αλιον,	548	Αξηχ,	40
Αιτναι,	923	Αλιτ,	547	Αξια,	56
Αιχμ,	7	Αλιω,	107	Αξιν,	9
Αιψ,	135	Αλκ,	94, 411	Αξον,	47
Αιω,	170, 662	Αλλ,	92, 97, 102, 103	Αξω,	22
Αιων,	312	Αλμ,	105	Αξων,	46
Αιωρ,	152	Αλο,	96	ΑΟιδη,	61
ΑΚαδ,	537	Αλς,	105	Αολλ,	101
Ακαιν,	8	Αλυ,	104	Αορ,	147, 153
Ακαλ,	9	Αλφ,	115	Αορτη,	831
Ακαν,	9-12, 482	Αλωλ,	96	ΑΠαγε,	23
Ακαρ,	11, 489	Αλωπ,	175	Απαλ,	587
Ακατ,	433	Αλως,	96	Απαξ,	723
Ακερ,	509	ΑΜ,	116, 122	Απαρ,	767
Ακη,	5, 43	Αμαιμ,	570	Απαργ,	213
Ακιν,	9, 11	Αμαλ,	583, 587	Απατ,	742
Ακκ,	55	Αμαξ,	47	Απε,	751
Ακμ,	6	Αμαρ,	602, 605, 607	Απελ,	748
Ακν,	11	Αμαυρ,	606	Απην,	88, 207, 754
Ακοη,	37	Αμβλ,	197	Απιλλ,	109
Ακολ,	457, 458	Αμβρ,	188	Απιο,	3
Ακον,	530	Αμελγ,	586	Απλ,	775
Ακοπ,	419	Αμεργ,	604	Απο,	133
Ακορ,	11	Αμιλλ,	591	Απος,	782
Ακος,	175	Αμμ,	134	Απτ,	134
Ακου,	37	Αμμι,	175	Απυ,	721
Ακρ,	15, 18	Αμολγ,	586	Απφ,	ibid.
Ακροαο,	39	Αμορ,	604, 606	ΑΡ,	141, 161
Ακτ,	12, 13	Αμπελ,	747	Αραιος,	798
Ακτιν,	907	Αμυ,	622	Αραχ,	175
Ακυλ,	468	Αμυδ,	606	Αργ, Αρχ,	176
Ακων,	7	Αμυν,	597	Αργ,	255, 256
Αλα,	550	Αμω,	622	Αριθμ,	820
Αλαβ,	222	ΑΝ,	123 - 132	Αρν,	63, 647
Αλαζ,	92	Αναγαλ,	230	Αρραβ,	176
Αλαλ,	91	Αναγρ,	1	Αρτας,	ibid.
Αλαπ,	555	Αναγυρ,	245	Αρτεμις,	836
Αλας,	105	Αναιδ,	68	Αρτηρια,	831
Αλγ,	116	Αναλ,	92, 93	ΑΣαμ,	176
Αλδ,	92	Αναρ,	640	Ασαρον,	941
Αλεα,	111	Ανδαν,	57	Ασαρωτ,	839
Αλει,	545	Ανδρ,	641	Ασβ,	198
Αλεκτ,	538	Ανερειπτ,	815	Ασελγ,	841
Αλεξ,	97	Ανεψ,	627	Ασπ,	67
Αλιω,	95, 96	Ανηκ,	39	Ασθ,	170
Αλη,	103	Ανηρ,	641	Ασιτη,	890
Αληθ,	558	Ανθρ,	364	Ασιρ,	177
Αλθ,	93	Ανοιγ,	676	Ασις,	162
Αλια,	ibid.	Ανορ,	641	Ασχαλ,	449, 456
Αλιγκ,	547			Ασχαν,	484

TABLE ALPHABETIQUE. 1035

Ασκε,	177	Αχρας,	20	Βιβλ,	224
Ασκος,	858	Αχρι,	16, 576	Βικ,	194
Ασκυρ,	504	Αχυρον,	11	ΒΛ.	197 - 204
Ασκωλ,	858	Αψ,	134, 169	Βλαξ,	219
Ασμεν,	177	Αψινθιον,	890	Βλεφαρον,	994
Ασπαλ,	749	Αψος,	135	Βληχ,	181
Ασπαρ,	853	Αωτ,	171	ΒΟ,	181 - 184
Ασπαζ,	868			Βοθ,	217
Ασπις,	868	**Β.**		Βολ,	198
Ασαφ,	871			Βολβ,	205
Ασακ,	878	ΒΑ,	179	Βονασ,	207
Ασαρδ,	ibid.	Βαδω,	191	Βορ,	188
Ασηρ,	164, 877	Βαζω,	187	Βοσκ,	190
Ασρ,	164, 877	Βαθμ,	191	Βοσρ,	217
Ασυ,	878	Βαθος,	216	Βοταν,	190
Ασφαλ,	165	Βαρυ,	191	Βοτρ,	222
Ασφοδ,	178	Βαιο,	188, 189	Βουβ,	223
Ασχαλλ,	456	Βαϊς,	219	Βουκ,	458
ΑΤ,	166, 170	Βαιτα,	ibid.	Βουλ,	202
Αταλ,	916	Βακ,	193, 194	Βουν,	206, 207
Αταρμ,	615	Βαλ.	195 - 204	Βοω,	190
Αταω,	911	Βαμβ,	189	ΒΡ,	182 - 186, 209 - 214
Ατε,	330, 678	Βαμμ,	195	Βρετ,	223
Ατη,	911	Βαναυσ,	220	Βρυχ,	189
Ατος,	67	Βαπτ,	196	ΒΥ,	217 - 224
Ατραχτ,	946	Βαρ,	210 - 213	Βυας,	184
Ατραφαξ,	937	Βασ,	191, 221	Βυκαν,	193
Ατρεκης,	938	Βασκαινω,	989	Βυνη,	207
ΑΥ,	168, 171	Βατ,	215, 216	Βυω,	189
Αυγ,	676	Βαταλ,	222	ΒΩ,	205 - 207
Αυθ,	60	Βατραχ,	179		
Αυλ,	100	Βαττ,	189	**Γ.**	
Αυρ,	684	Βαυ,	180		
Αυχ, Αυξ,	78, 79	Βαυκαλ,	194	Γ,	224 - 255
Αφακ,	724	Βαυν,	211	Γαλλ,	470
Αφαυρ,	768	Βαφυ,	195	Γαμψ,	471
Αφελ,	775	Βαχαν,	193	Γεισσ,	527
Αφεν,	754	Βαω,	190	Γλη,	546
Αφη,	134	ΒΔ,	180, 349	Γλουτ,	470
Αφηγ,	34	ΒΕΒαι,	192	Γν,	633
Αφθ,	175	Βεβηλ,	203	Γναμπ,	471
Αφν,	754	Βελ,	199 - 201	Γυ,	253, 259
Αφροδ,	ibid.	Βεμβ,	180	Γωλ,	463
Αφρος,	136	Βερβ,	222		
Αφυ,	722	Βεργ,	213	**Δ.**	
Αφυω,	135	Βετ,	215		
Αχαια,	48	Βευδ,	216	ΔΑ,	305
Αχατης,	230	ΒΗ,	180	Δαηρ,	259
Αχερδ,	11	Βηλ,	203	Δαϊ,	268
Αχερω,	172	Βημ,	191	Δαιδ,	289
Αχθ,	48	Βηρυλλ,	223	Δαιρ,	198
Αχλ,	550	Βησσ,	191	Δακαρ,	305
Αχος,	48	ΒΙ,	218	Δακν,	263

TABLE ALPHABETIQUE.

Δακρ,	259	Διδυμ,	264	Εγω,	311
Δαχτ,	275	Διερ,	303	ΕΔ,	317
Δαλ,	269	Διζ,	304	Εδαν,	58
Δαμ,	290	Διχ,	279, 282	Εδαφ,	72
Δαν,	269, 284, 292	Δικελ,	265, 454	Εδν,	285
Δαπ,	258; 263	Διν,	293	Εδος,	72
Δαρθ,	301	Διο,	270, 271	ΕΖοκ,	72
Δασ,	302, 778	Διπλ,	266	ΕΘ,	315
Δαυκ,	302	Δις,	265	Εθειρ,	295
Δαφρ,	260	Δισχ,	280	Εθνος,	923
Δαψιλ,	263	Δις,	266	Εθρ,	72
ΔΕΙΓ,	275	Διφ,	303, 304	ΕΙ,	311
Δειδ,	261	Διφ,	303, 304	Εια,	312
Δεικ,	274	Διφρ,	266	Εαρ,	158
Δειλ,	261	Διχ,	265	Ειβω,	544
Δειν,	261, 281	Διψ,	304	Ειδ,	379
Δεινος,	293	Διω,	305	Ειδωλ,	543
Δειπ,	286	ΔΜη,	290	Εικω,	52
Δεισ,	303	ΔΝοπ,	294	Ειλ,	319
Δεκ,	276, 277	Δνοφ,	259	Ειλαπ,	543
Δελ,	288	ΔΟκ,	278, 306	Ειλεω,	107
Δελτ,	258	Δολ,	287, 289	Ειμι,	311
Δελφ,	290	Δομ,	290	Ειναι,	325
Δεμ,	290	Δον,	294	Ειρω,	316
Δεν,	292	Δοξ,	277	Ειρ,	321, 832
Δεξ,	275	Δορ,	295, 301	Εις;	312, 313
Δεπ,	303	Δουλ,	288	Εισος,	389
Δερ,	294, 300	Δουπ,	261	Ειτα,	330, 678
Δερκ,	301	Δοχ,	259, 276	ΕΚ,	314
Δεσιος,	269	ΔΡ,	299, 300	Εκας,	255
Δεσπ,	741	Δρακ,	305	Εκας,	439
Δευ,	287	Δραμηκ,	902	Εκατ,	429
Δευκ,	258	Δραχ,	307	Εκατερ,	438
Δευτ,	265	Δροσ,	260	Εκατος,	255
Δευω,	303	Δρυ,	295	Εκει,	514
Δεψ,	ibid.	ΔΥ,	281, 292	Εκπλ,	446
Δεω,	285	Δυω,	264	Εκκ,	393
ΔΗ,	286	ΔΩ,	284	Εκυρ,	511
Δηθ,	279			Εκων,	55
Δηλ,	288, 915	**E.**		Ελα,	97 - 100
Δημ,	291, 569	ΕΛν,	312	Ελαυ,	319
Δην,	278	Εανος,	316	Ελαυν,	110
Δηρ,	298	Εαρ,	157	Ελδ,	100
Δηω,	304	Εαω,	317	Ελε,	99, 309
ΔΙα,	274	ΕΒεν,	207	Ελεγ,	308
Διαβ,	271	Εβισκ,	136	Ελεγχ,	318
Διαζ,	332	ΕΓγυ,	254	Ελεν,	112, 113
Διακ,	479	Εγειρ,	241	Ελευθ,	553
Διαιν,	303	Εγρηγ,	242	Ελευσ,	329
Διαιτ,	317	Εγκαρ,	505	Ελεφ,	557
Διαμπ,	723	Εγκατ,	314	Ελη,	113
Διδασ,	277	Εγκωμ,	474	Ελι,	107, 108
Διδθ,	284	Εγχ,	9, 133	Ελιν,	99
				Ελιννυ,	

TABLE ALPHABETIQUE.

Ελιννυ,	113	Ερεσιων,	160	FΧι,	330
Ελκ,	320, 559	Ερεσσω,	822	FΧιν,	12
Ελλεβ,	113	Ερεσχ,	324	Εχυρ,	521
Ελλην,	106	Ερευγ,	795	Εχω,	325
Ελλος,	318	Ερευθ,	798	ΕΨ,	720
Ελος,	106	Fρεφω,	821	Εψω,	988
Ελπ,	320	Fρημ,	329	ΕΩ,	311-317
Ελυω,	109	Ερητ,	161	Εωλ,	694
Ελωρ,	95, 320	Ερι,	148, 323		
ΕΜε,	309	Εριφ,	149, 822	**Z.**	
Εμπ,	723	Fρμ,	833		
ΕΝ,	312, 313	Ερν,	158	Z,	331-336
Εναιρ,	152	Fρπ,	141	Ζακελτ,	448
Εναργ,	256	Ερρ,	323	Ζαφελ,	776
Ενδιν,	387	Ερρω,	149	Ζευ,	267, 270
Ενδιος,	268	Ερση,	832	Ζυγ,	267
Ενδυκ,	283	Ερυθμ,	798		
Ενδυω,	264	Ερυκ,	161	**H.**	
Ενεγκ,	992	Ερυω,	832		
Ενν,	635	Ερχ,	329	Η,	338-343
Ενος,	128	Ερωγ,	149	Ηβη,	189
Εντεα,	907	Fρωεω,	832	ΗΓ,	34
Εντυω,	927	Ερως,	820	ΗΔ,	58
Ενυ,	307	Ερωταω,	834	Ηδη,	330, 678
Ενυδρις,	960	ΕΣ,	316-318	Ηελ,	95
ΕΞ,	314, 327	Εσθλ,	350	ΗΘ,	70
ΕΟικ,	52	Εσπερ,	886	Ηιος,	317
Εοργ,	667	Εστ,	162	Ηκη,	5
Εορτ,	684	Εσηκ,	869	Ηλειον,	112
ΕΠ,	719	Εσχ,	163, 438	ΗΛι,	99, 100
Επει,	136	ΕΤαζω,	925	Ηλιος,	112
Επειγ,	137	Εταιρ,	315, 943	Ηλορ,	95
Επεισ,	714	Ετεχον,	928	ΗΜ,	316, 317
Επηρ,	152	Ετερος,	937	Ημαῖ,	607
Επι,	136	Ετης,	315	Ημεν,	597
Επιβλ,	199	Ετι,	678	Ημερ,	607
Επιπολ,	747	Ετν,	924	Ημεῖ,	311
Επισαμ,	380	Ετοιμ,	921	Ημιον,	698
Επιτηδης,	909	Ετος,	311, 330, 678	Ημισ,	616
Επῖ,	328	ΕΥ,	309, 310	Ημυ,	614
ΕΡ,	158, 322	Ευδ,	314	ΗΝι,	127
Ερα,	140	Ευδι,	268	Ηος,	314
Ερανος,	823	Ευθ,	310, 368	ΗΠειρ,	766
Εραω,	156, 819	Ευλ,	315	Ηπαρ,	988
Εργ,	322	Ευν,	314	Ηππῖ,	745
Ερδω,	816	Ευοχ,	316	Ηπι,	726
Ερεβ,	328	Ευρ,	325, 684, 834, 960	Ηπυ,	721
Ερεγμ,	797	Ευρον,	646	ΗΡ,	148, 820
Ερεθ,	324	Ευρωτ,	960	Ηρεγγ,	158
Ερειδ,	158	Ευτ,	678	Ηρεμος,	832
Ερεικ,	797	Ευω,	172	Ηρηβ,	822
Ερειπ,	798	Εφεδρ,	73	Ηριπ,	798
Ερεπῖ,	795, 825	Εφθος,	988	ΗΣις,	58

Orig. Græcq.   Vvv

Ησυχος,	879	Θρυ,	346-348	ΙΤ,	343, 344
Ηφ,	4, 163	ΘΥ,	354-357, 368-371	Ιτεα,	388
ΗΧ,	40	Θυγ,	347	ΙΥ,	374
		Θυρ,	365	Ιφ,	387
Θ.		Θω,	348, 349	Ιχϑ,	390
		Θωπ,	372	Ιχν,	525
ΘΑιρ,	366	Θωμιζω,	919	Ιχωρ,	504
Θακ,	367	Θωραξ,	366	Ιψ,	376
Θαλ,	351, 364	Θως,	397	Ιψος,	137
Θαλπ,	988			ΙΩ,	374, 384
Θαμ,	355	**I.**		Ιωγ,	171, 385
Θαν,	358			Ιωκ,	306
Θαπ,	ibid.	ΙΑ,	373-377	Ιωψ,	390
Θαργ,	364	Ιασμ,	384		
Θαρσ,	297	Ιβδης,	196	**Κ.**	
Θαυμ,	355	Ιβις,	377	ΚΛβ,	416
ΘΕ,	272, 273	ΙΓδ,	617	Καγκ,	391
Θελ,	353	ΙΔ,	377, 389	Καγχ,	478
Θελγ,	349	Ιδος,	166	Καδ,	433, 537
Θελυμ,	372	Ιδρυω,	75	Καϑ,	537
Θεμ,	ibid.	ΙΕρ,	380-381	Και,	412
Θεμις,	918	Ιευ,	374	Καιαδ,	1013
Θεν,	357	Ιεω,	316	Καικ,	433
Θερ,	347, 363	ΙΖω,	76-384	Καιν,	481-485
Θεραπ,	860	ΙΗ,	374	Καιρ,	501
Θεσμ,	286	ΙΘ,	368, 369	Καιω,	431
Θεω,	367	Ιθυμβ,	910	Κακ,	392
ΘΗγ,	17	ΙΚ,	340	Κακκαβ,	417
Θηκ,	372	Ικαν,	477	Κακτ,	403
Θηλ,	348	Ικμ,	526	Καλ,	450-466
Θην,	294	Ικρι,	535	Καλ,	392
Θηρ,	210	Ικτ,	381	Καμ,	470-474
Θησ,	345, 861	ΙΛ,	374-381	Καν,	478-485
Θησω,	372	Ιλλ,	109	Καπ,	410-418
ΘΙασ,	399	Ιλυ,	548	Καπρ,	403
Θιβ,	ibid.	ΙΜα,	599	Καρ,	489-521
Θιβρ,	345	Ιματ,	316	Καρχ,	393
Θιγ,	348	Ιμε,	601	Καρχ,	538
Θιν,	294	ΙΝ,	383-387	Κασ,	437-439
Θλ,	354	ΙΞ,	364-388	κατ,	522-524
Θνη,	358	ΙΟ,	384	καταπελτ,	789
Θοιν,	264	Ιοτ,	316	Κατηχ,	41
Θυλ,	351	Ιου,	374	Καυκ,	466, 538
Θυρ,	359	ΙΠ,	376	Καυν,	478
ΘΡ,	360-36	Ιππ,	385	Καυσ,	431
Θρα,	346	ΙΡ,	386	Καυχ,	530
Θρασ,	298	Ιριγγες,	83	ΚΕ,	412
Θρεμμα,	948	ΙΣ,	380, 387-389	ΚΕαν,	538
Θρην,	345	Ισθμ,	870	Κεγχ,	517
Θριαι,	937	Ισικος,	858	Κεδ,	430, 538
Θριδ,	354	Ισχ,	379	Κει,	524
Θρινακ,	937	ΙΣ,	868-870	Κειρ,	488
Θριακ,	ibid.	Ισχ,	326	Κελ,	443, 445

TABLE ALPHABETIQUE. 1039

Κελευθ,	466	Κνη,	481	Κυδ,	428, 542
Κελυ,	463	Κνημ,	478	Κυχαω,	962
Κεμ,	473	Κνισσ,	ibid.	Κυκλ,	232, 447
Κεν,	483	ΚΟ,	397-399	Κυκν,	481
Κενδ,	478	Κοαλ,	531	Κυλ,	232-447
Κεντ,	485, 941	Κοβ,	541	Κυλλ,	469
Κεπ,	420	Κογχ,	483	Κυμ,	475; 642
Κερ,	491-495, 501-510	Κοδ,	430	Κυμα,	961
Κερχ,	517	Κοθ,	428	Κυμβ,	423
Κες,	411, 485	Κοιλ,	463	Κυναιδ,	68
Κεςρ,	408	Κοιμ,	475	Κυνδ,	484
Κευθ,	434	Κοιν,	477	Κυπ,	423, 543, 961-962
Κεφ,	413	Κοιρ,	509	Κυρ,	495, 511
Κεω,	407	Κοϊς,	531	Κυρτ,	518
ΚΗβ,	538	Κοιτ,	435	Κυς,	434
Κηδ,	ibid.	Κοκ,	530-531	Κυτ,	ibid.
Κηθ,	434	Κολ,	448-458, 464-469	Κυφ,	544
Κηκ,	392	Κολλ,	541	ΚΩ,	408
Κηλ,	432-452-459	Κομ,	409, 421	Κωβ,	416
Κημ,	471	Κομμ,	542	Κωθ,	434
Κηπ,	418	Κον,	478-484	Κωκ,	403, 531
Κηρ,	393, 504, 519	Κονδ,	287	Κωλ,	450-459
Κητ,	428	Κοπ,	409, 419	Κωλυτ,	449
Κηφ,	416	Κοπρ,	420	Κωμ,	422, 474-476
Κηωδ,	432	Κορ,	486-489, 504-508-515-518-521	Κωμωδ,	64
ΚΙ,	394, 408-524-540-527	Κορυθ,	89	Κων,	479-485
Κιβ,	418	Κοσ,	530-532	Κωπ,	420
Κιγκλ,	460	Κος,	542	Κωρυ,	520
Κιδαρ,	428	Κοτ,	431-433	Κωτ,	403
Κιθ,	437	Κουρ,	488	Κωφ,	421
Κιθαρωδ,	64	Κουρμ,	493		
Κικυ,	411	Κουφ,	419	**Λ.**	
Κικινν,	484	Κυφ,	423	Λαας,	530
Κιλλ,	444	Κοχ,	483-484, 527	Λαζ,	542
Κιλλιβ,	448	Κοχλ,	447-466	Λαθ,	530
Κιν,	492	ΚΡ,	394, 401-489-510, 533-536	Λαι,	528-530
Κινν,	484			Λαιδ,	556
Κιο,	412	Κραδ,	822	Λαιλ,	529
Κιρκ,	517	Κραιπν,	831	Λαλ,	536
Κιρρ,	503	Κριψ,	519	Λαξ,	531, 655
Κιρσ,	507	Κροκ,	542	Λαος,	530
Κις,	437	Κρυ,	404	Λαπ,	ib. 545
Κιχ,	412	Κρυς,	486	Λαρ,	532
ΚΛ,	451-461, 393-396	Κρωβ,	518	Λασαν,	557
Κλεψυδρ,	960	Κτ,	405-407	Λασθ,	561
Κληρ,	541	Κτυπεω,	897	Λασι,	532
Κλιβ,	563	ΚΥ,	401, 531-536	Λασκ,	541
Κλυ,	548	Κυαμ,	781	Λατ,	532
Κλω,	231	Κυαθ,	961	Λαταξ,	545
ΚΝ,	633-640	Κυαν,	ibid.	Λατρ,	543
Κνα,	404	Κυβ,	414-416	Λαυ,	548
Κνε,	ibid.	Κυγχ,	478 96	Λαυκ,	552
				Λαυρ,	532

Vvvij

TABLE ALPHABETIQUE.

Λαφυσσ,	336	d'une voyelle, 582-592.		Μωρ,	643
Λαχν,	530	M suivi d'une voyelle,			
Λαω,	548	592-600.		**N.**	
Λ suivi des labiales B, M, P, ph, dont il est séparé par des voyelles, 529, 555.		M suivi de R précédée d'une voyelle, 600-610		ΝΑ,	643
		Μαιανδ,	613	Ναβ,	649
		Μαλαχ,	621	Ναι,	643
Λ suivi des Gutturales G, K, X, dont il est séparé par des Voyelles, 527-529, 535-540, 543-544, 547-555.		Μαλη,	566	Ναιρ,	641
		Μασθ,	529	Ναχ,	644
		Μασχ,	566	Ναμ,	645
		Ματτ,	578	Ναν,	626-627
		Μαψ,	581	Ναος,	643
Λαδ,	556, 557	ΜΕΙ,	576	Ναπ,	636-638
Λεγν,	532	Μειδ,	586	Ναρ,	641-643
Λει,	560-562	Μελαρχ,	443	Νασσ,	644
Λεχ,	549	Μελεδ,	621	Ναυ,	ib.
Λεσχ,	541	Μελιχ,	504	Ναυσ,	637
Λευ,	530	Μεμφ,	567	Ναφθ,	649
Λευχ,	549	Μενδ,	621	Ναω,	645
Λευσ,	548	Μεσ,	615	ΝΕο,	634-635
Λεων,	545	Μεσπ,	618	Νεβρ,	616
ΛΗΔ,	563	Μεσφα,	576	Νειχ,	650
Ληι,	560	Μετα,	616	Νεισσ,	647
Ληρ,	563	ΜΕ-ΤΑΛΛΟΝ,	916	Νεχ,	648-649
Λησις,	552	Μεταξ,	621	Νεμ,	628
Λης,	560	Μετρ,	611	Νενιω,	624
ΛΙ,	561-564	Μελ,	16, 576	Νεο,	634-635
Λια,	530	ΜΗ,	567	Νεοσσ,	616
Λιθ,	531	Μηδ,	612	Νευ,	931, 645-647
Λιλ,	553	Μηδαμ,	121	Νευρ,	648
Λιρ,	563	Μηκ,	568	Νεφ,	638
Λισ,	546	Μητ,	569, 612	Νεφρ,	645
Λιτ,	ibid.	ΜΙ,	613-618	Νεω,	647
ΛΟΙΔ,	556	Μισαξ,	881	Νεωχορ,	487
Λοισ,	535	Μιχρ,	576	ΝΗ,	643-646
Λορδ,	532	ΜΟΓ,	ib.	Νηγ,	635
Λου,	546	Μοθ,	614	Νηπη,	128
Λοφ,	535	Μοιχ,	621	Νηπ,	625-626
ΛΥ,	528, 546	Μολχ,	566	Νηρ,	640
Λυγ,	527	Μορμ,	568	Νησ,	645
Λυθ,	527	Μορφ,	567	ΝηS,	625
Λυρ,	564	Μορφν,	670	Νηφ,	ib.
ΛΩ,	552	Μοσσ,	621	Νιχ,	624
Λωβ,	564	Μοσχ,	581	Νιπ,	646
Λωτ,	564	Μοτ,	582	Νιτρ,	650
Λωφ,	552	Μουσ,	619	Νιφ,	646
		Μοχλ,	708	ΝΟ,	630
M.		ΜΥ,	613, 620, 5. 8.	Νοθ,	637
		Μυδρ,	601	Νομ,	628-630
ΜΑ,	570-577	Μυχ,	581	Νοσ,	637, 647
M suivi es dentales D, T, 579-580.		Μυχτ,	567	Νοσσ,	616
		ΜΩχ,	568	Νοτ,	646
M suivi de L, précédée		Μωμ,	621	ΝΥ,	624

TABLE ALPHABETIQUE.

Νυμφ,	627	Ὀκεαν,	81,691	Ὀτοβ,	660
Νυν,	635	Ὀκελλ,	467	Ὀτρ,	661
Νυξ,	648	Ὀκν,	529,673	Ὀττοτ,	660
Νυος,	628	Ὀκρ,	17	ΟΥ,	671, 673
Νυσσ,	624	Ὀκρι,	691	ΟΥαι,	659
Νυχ,	649	Ὀκτ,	706	Ὀυας,	662
ΝΩΓ,	630	ΟΛ,	663-665, 693	Ὀυδ,	702
Νωθ,	636	Ὀλκ,	559	Ὀυδαμ,	121
Νωλεμ,	625	Ὀλολ,	659	Ὀυθ,	208
Νωχ,	515	ΟΜ,	695-697	Ὀυλ,	702-703
		Ὀμαλ,	674	Ὀυν,	708
Ξ.		Ὀμας,	601	Ὀυρ,	682-686, 704
		Ὀμηρ,	ib. 609,674	Ὀυραν,	683
		Ὀμιλ,	590	Ὀυσ,	311
Ξ,	651-656	Ὀμμ,	675	Ὀυς,	662
		Ὀμοργ,	665	Ὀυτ.	167, 911
Ο.		ΟΝ,	697-699	ΟΦ,	665
		Ὀναρ,	706	Ὀφθ,	675
		Ὀνομ,	634	Ὀφις,	660
Ο,	670, 672	ΟΞ,	19	Ὀφρ,	703
Ὀα,	674	ΟΠ,	665-666	Ὀφρυς,	137
Ὀαρ,	673	Ὀπα,	680	ΟΧ.	326, 661
ΟΒ,	204	Ὀππ,	679	Ὀχθ,	12, 51
ΟΓκ,	80, 660	Ὀππδ,	680	Ὀχλ,	704-708
Ὀγμ,	9	Ὀπι,	679	Ὀχνη,	10
ΟΔ,	671	Ὀπισ,	680	Ὀχυρ,	511
Ὀδμ,	690	Ὀπορ,	3	ΟΨ,	680, 720
Ὀδα,	685	Ὀπτ,	675, 681		
Ὀδους,	262	Ὀπωρ,	684	**Π.**	
Ὀδυνη	Errata	ΟΡ,	662-670, 682-686		
Ὀδυρ,	660	Ὀραμν,	814	ΠΑΓ,	727, 728
Ὀδυσσ,	678	Ὀργ,	313, 700	Παθ,	737
ΟΖ,	678, 690	Ὀρθ,	683	Παι,	710, 721
ΟΘ,	672, 923	Ὀριψ,	936	Παιπ,	746
Ὀθλεις,	817	Ὀρμ,	700	Πακ,	727
ΟΙ,	659-671	Ὀρμιν,	701	Παλ,	746-751
Ὀιαι,	675	Ὀρν,	687	Παλευω,	981
Ὀιαξ,	691	Ὀροβ,	701	Παμμ,	724
Ὀιγ,	659, 676	Ὀροφ,	811	Παν,	722
Ὀιδ,	69	Ὀρρ,	684	Πανδ,	723
Ὀιζ,	659	Ὀρτ,	ibid. 687	Πανδουρ,	296
Ὀικ,	691	Ὀρυξ,	706	Παππ,	719
Ὀικτ,	659	Ὀρυσσ,	833	Παππαξ,	710
Ὀιμ,	691	Ὀρχ,	686	Παπτ,	723
Ὀιμοι,	659	ΟΣ,	671, 672	Παπυρ,	756
Ὀιν,	703	Ὀσι,	706	Παρ,	761, 767
Ὀις,	660	Ὀσμ,	690	Παραδ,	755
Ὀισ,	693	Ὀσπ,	707	Παρασαγγ,	885
Ὀις,	677	Ὀσσ,	661, 676	Παρδ,	716, 760
Ὀισρ,	705	Ὀς,	701, 702	Παρθ,	109
Ὀιφ,	700	Ὀσφ,	702	Πας,	722
Ὀιω,	676	Ὀσχ,	582	Πασσ,	719
Ὀιων,	677	Ὀτι,	673	Πασχ,	738

TABLE ALPHABETIQUE.

Πατ,	732	ΠΙ,	726	Πορ,	763
Πατασσ,	714	Πιδ,	791	Πορχ,	718
Πατηρ,	720	Πιε,	741	Πορν,	763
Πατρ,	ibid.	Πιϑ,	ibid. 745	Πορπ,	766
Παυρ,	[725	Πικρ,	732	Πορτ,	756
Παχ,	728	Πιλ,	749	Πορφ,	689
Παω,	723	Πιν,	724	Πoσ,	672, 740
ΠΕδ,	733	Πιναχ,	753	Ποτ,	725, 736, 739
Πεζ,	ibid.	Πινν,	ibid.	Πουσ,	733
Πειϑ,	742, 743	Πινος,	754	ΠΡ,	783-788
Πειχ,	729	Πινυ,	632	Πρασ,	762
Πειν,	725	Πιππ,	725	Πρη,	715
Πειρ,	763-764	Πιπρ,	761	Πρηγ,	758
Πεισ,	738, 742	Πιπτ,	736	Πρι,	715
Πελ,	717-747, 751	Πισ,	711, 742	Πριαμ,	751
Πελαγ,	748	Πισσ,	731	Πριαπ,	ibid.
Πελαν,	746	Πισ,	725, 743	Προ,	758
Πελεχ,	751	Πισυγγ,	718	Πρυτ,	ibid.
Πελλ,	748	Πιτ,	735-737	Πρωχ,	718
Πελμ,	751	ΠΛ,	769-774	ΠΤα,	715
Πελτ,	789	Πλε,	779	Πται,	736
Πεμπ,	747	Πλεος,	776	Πτελ,	748
Πεμφ,	782	Πλεω,	792	Πτερ,	759
Πεν,	712	Πλη,	776-778	Πτη,	737
Πενϑ,	714, 759	Πλησ,	717	Πτιλ,	748
Πεντ,	718	Πλινϑ,	774	Πτισσ,	711
Πεπαιν,	989	Πλισσ,	714	Πτο,	715
Πεπερι,	790	Πλου,	778	Πτολ,	780
Πεπλ,	748	ΠΝ,	631-632	Πτυ,	716
Πεπτ,	989	Πνυ,	730	Πτυσσ,	775
Πεπων,	ibid.	ΠΟΑ,	781	Πτω,	726
ΠΕΡ,	762-765	Ποδ,	733	ΠΥαμ,	781
Περγ,	212	Ποϑ,	740	Πυγ,	731
Περδ,	760	Ποι,	713	Πυελ,	748
Περϑ,	714, 769	Ποια,	781	Πυϑ,	789
Περι,	755	Ποιηεις,	ibid.	Πυϊ,	788
Περχ,	761	Ποιμ,	724	Πυχ,	730
Περν,	759, 761	Ποιν,	913	Πυλ,	766
Περπ,	761	Ποιο,	671	Πυνδ,	782
Περσ,	790-791	Ποιφ.	971	Πυξ,	730
Πεσ,	736	ΠΟΚ		Πυππ,	710
Πεσσ,	745	ΠΟΛ,	746	Πυρ,	687, 689
Πετ,	734-736	Πολεμ,	751	Πυραμ,	792
Πευ,	743	Πολι,	779	Πυργ,	759
Πευχ,	732	Πολλ,	ibid.	Πυρην,	756
Πεφχ,	986	Πολτ,	724	Πυριν,	ibid.
ΠΗΓ,	727, 791	Πολυ,	778	Πυρος,	718
Πηδ,	735	Πομ,	724	Πυτ,	716
Πηλ,	717, 749	Πομπ,	744	Πυτιν,	741
Πημ,	791	Πον,	712	ΠΩ,	710
Πην,	753	Ποντ,	740	Πωλ,	722, 746, 752
Πηρ,	765, 769	Ποπ,	710	Πωμα,	782
Πηχ,	731	Ποπαν,	989	Πωρ,	768

TABLE ALPHABETIQUE.

Πωυ,	724	Σαμ,	885	Σισυρ,	872
		Σανδ,	859, 886	Σισω,	838
P.		Σανις,	859	Σιτος,	890
		Σαος,	866	Σιττα,	838
		Σαπ,	886. 887	Σιφων,	853
Ρ,	794	Σαρ,	861-862	Σιωπ,	890
Ρα,	824	Σαρ.σσ,	886	ΣΚ,	847-851
Ραβδ,	65, 817	Σαρξ,	880	Σκαλ,	468
Ραγ,	796	Σαρωθρ,	839	Σκαμμ,	890
Ραδ,	821	Σατ,	843	Σκαπ,	424
Ραδιξ,	ib.	Σατραπ,	886	Σκαρ,	490, 496
Ραδιος,	825	Σαυλος,	840	Σκαυρ,	496
Ραθ,	794	Σαυρος,	861	Σκαφ,	424
Ραθαμ,	829	Σαυσαρ,	838	Σκαω,	879
Ραιβ,	822	Σαφυς,	887	Σκεδ,	429
Ραιν,	829	Σβενν,	987	Σκελ,	443, 453
Ριαω,	795	ΣΕβυν,	864	Σκεπ,	425
Ραχ,	796	Σεβω,	856	Σκεπτ,	845
Ραμν,	824	Σειρ,	860-862	Σκετλ,	879
Ραξ,	797	Σεισρ,	846	Σκευ,	425
Ραπ,	821	Σειω,	ib.	Σκηπ,	426
Ραρ,	ib.	Σελ,	840	ΣΚΙ,	496
Ρασσ,	795	Σελην,	114	Σκιχ,	864
Ραχ,	797	Σεμιδ,	843	Σκιγγ,	865
Ραψωδ,	65	Σμν,	856	Σκιζω,	879
ΡΕ,	826-829	Σερ,	843	Σκιμ,	426
Ρεγχ,	795	Σεσελι,	841	Σκιδ,	880
ΡΗ,	828-829	Σευω,	846	Σκιρ,	864
Ρησσω,	796	ΣΗθω,	ib.	ΣΚΛ,	443
ΡΙ,	823-827	Σηκος,	857	Σκληρ,	466
Ριχν,	795	Σημ,	858	ΣΚΟΛ,	449, 468
Ρινος,	834	Σημερ,	607	Σκορ,	500
ΡΟ,	819-826	Σηπ,	887	Σκορπ,	490
Ροθ,	794	Σης,	888	Σκορπιζ,	522
Ροιζ,	ib.	Σησαμη,	885	Σκοτ,	864
Ρομβ,	830	Σητεσ,	847	Σκυ,	402
Ροφ,	ib.	Σηψ,	887	Σκυβ,	427
ΡΥ,	828-835	ΣΘ,	923	Σκυδ,	430
ΡΩ,	822-826	ΣΙ,	842, 846	Σκυθ,	431
Ρωγη,	796	Σιβυλλ,	888	Σκυλ,	465, 892
Ρωθων,	833	Σιγ,	842	Σκυλαξ,	956
		Σιγλ,	888	Σκυτ,	435
Σ.		Σιδ,	ib.	Σκυφ,	427
		Σιχ,	862-863	Σκωπ,	410
ΣΑΓ,	857 858	Σιλλος,	109	Σκωρ,	522, 860
Σαιν,	846	Σμ,	859	ΣΜ,	851-852
Σαιρ,	849	Σιμβλ,	881	Σμαρ,	604
Σακ,	856-857	Σιν,	889	Σμην,	865
Σαλαχ,	840	Σιος,	272	Σμιλα,	891
Σαλαμανδ,	885	Σιπυη,	882	ΣΟ,	865-867
Σαλος,	841	Σιραιον,	890	Σορος,	844
Σαλπ,	882	Σιρος,	862	Σου,	839
Σαλπιγξ,	841	Σισαρ,	861	Σουσ,	891

Σοω,	846	Στυγ,	949	Ταμ,	919-921
ΣΠ,	852-855	Στυξ,	950	Ταν,	922
Σπα,	867-868	Στυπ,	877	Ταπ,	920
Σπαδ,	739	Στυξ,	950	Ταρ,	938-939
Σπαϑ,	738	Στυπ,	877	Ταρσ,	947
Σπαιρ,	767	Στυρ,	933	Ταρτ,	951
Σπαν,	987	Στυφ,	950	Ταρφ,	910
Σπαρ,	757, 767	ΣΥ,	881, 884-891	Ταρχ,	952
Σπατ,	738	Συαιν,	844	Τασις,	922
Σπειρ,	757	Συδ,	846	Τασσω,	909
Σπειρα,	998	Συκη,	891	Τατα,	905
Σπεος,	845	Συκομ,	609	Ταυρος,	940
Σππλ,	ib.	Συλη,	891	Ταφ,	358-359
Σπιζα,	839	Συρισσ,	839	Ταχ,	894
Σπιζω,	868	Συς,	844	ΤΕ,	903
Σπιν,	987	Συχν,	730	Τεγγ,	926
Σπορ,	757	Σφαγ,	974	Τεγος,	908
Σπυρ,	760	ΣΦαδ,	739	Τειν,	922
Σπυραϑ,	998	Σφαζ,	975	Τειρ,	939-940
ΣΤαζω,	871	Σφαιρ,	997	Τειχ,	928
Σταις,	899	Σφακ,	975-977	Τεκ,	927-929
Σταλ,	870 873	Σφαλ,	981	Τελ,	912-914
Σταμν,	921	Σφαρ,	997	Τελλιν,	900
Στασ,	869	Σφελ,	981	Τελμ,	ib.
Στατ,	869-870	Σφενδ,	991	ΤΕΜ,	919
Σταυρ,	933	Σφηκ,	1009	Τεναγ,	925
Σταφ,	869-871	Σφην,	990	Τενδ,	951
Σταχ,	884	Σφι,	1001	Τενεσ,	912
ΣΤΕ,	872-873	Σφο,	1004	Τενης,	923
Στεγ,	907	Σφραγ,	892	Τενων,	922
Στεν,	914	Σφριγ,	970	Τερ,	939-940
Στερ,	874, 949	ΣΦΥΖ,	1008	Τερεβινδ,	952
Στερφ,	909	Σφυρ,	1005	Τερεω,	930
Στεφ,	908	ΣΧα,	408	Τεραδ,	ib.
Στηϑ,	874	Σχαλι,	452	Τερπ,	895
Στηλ,	915	Σχαλω,	450	Τερσ,	947
Στημ,	870	Σχε,	316	Τεσσαρ,	904
Στησ,	868	Σχεδ,	848	Τεταρ,	922
Στητ,	905	Σχιν,	888	Τετμ,	910
Στι,	874-875	Σχοιν,	482	Τεττα,	904
Στιλβ,	114	Σχολ,	1019	Τεττιξ,	895
Στιλπ,	915	ΣΩ,	866-867	Τευ,	926-929
Στιμμι,	925	Σωλην,	842	Τεφρ,	951
Στλεγγ,	875	Σωρ,	844	Τεχν,	926
ΣΤΟ,	873-876			ΤΗ,	904-907
Στορϑ,	933	Τ.		Τηγν,	99
Στοχ,	896			Τηϑ,	350
ΣΤΡ,	933, 934, 945-948	Ταγγ,	893-894	Τηλ,	914-917
Στριβ,	839	Ταγμ,	909	Τηνελλ,	911
Στροβ,	946	Ταγος,	ib.	Τηρ,	942
Στρογγ,	231	Ταινια,	922	Τητ,	925
Στρυχν,	938	Ταχ,	899	Τηυσ,	952
		Ταλ,	912-913	ΤΙ,	904-907
				Τιαρα,	

TABLE ALPHABETIQUE.

Τιαρα,	953	Τρυγων,	898	Φεψ,	986
Τιβη,	937	Τρυχ,	ib.	ΦΗΓ,	976
Τιγ,	913	Τρυχ,	949	Φηλ,	981
Τιθ,	350	Τυγγαν,	929	Φην,	999
Τιθαιβ,	953	Τυλ,	915	Φηρ,	995
Τικτ,	928	Τυμβ,	910	ΦΘ,	1009-1010
Τιλ,	917-918	Τυμος,	918	Φθ,	971-972
Τινασσ,	895	Τυμπ,	897	Φιαρ,	984
Τινδ,	924	Τυν,	924	φιβαλ,	1000
Τις,	903	Τυπ,	896. 897	Φιλιος,	ibid.
Τιταιν,	906, 922	Τυρ,	941-942	Φιλις,	979
Τιταν,	906	Τιτθ,	350	φιλλη,	999
Τιτανος,	924	Τυφλ,	903	φιλυρ,	979
Τιτιζ,	895	Τυφος,	954	Φιμ,	999
Τιτθ,	350, 905	Τυφω,	953	Φιντις,	1000
Τιτρ,	931	Τυχ,	917-919	ΦΛ,	1001-1004
Τιτυβ,	895	ΤΩΘ,	856	Φλοιος,	979
Τιτυρ,	949			φλοισβ,	969
Τιφ,	911	**Υ.**		φοβ,	ibid.
ΤΛ,	912-913			ΦΟΙ,	985
ΤΜ,	919-920	Υ,	953-966	φοιτ,	1004
Τοι,	671-906	ΥΠ	138-140	Φολ,	979-980
Τοιχ,	928	Υπερωος,	674	φον,	986-987
Τοκ,	ib.	Υσμ,	600	Φοξ,	971
Τολ,	914-915	Υφ,	140-414	Φορ,	992-996
Τομ,	919			φορμιγξ,	1006
Τον,	922	**Φ.**		ΦΡ,	1005-1007
Τονθορ,	896			Φρεαρ,	974
Τοξ,	855	Φ,	967	Φρεω,	995
Τοπ,	930	Φαγω,	976	Φρικη,	963
Τορ,	ib.	Φαεινω,	984	Φριμ,	970
Τορμ,	943	Φαιδρ,	983	Φριξ,	969
Τορυν,	940	Φαικασ,	975	Φρουρ,	683
Τοσ,	673	Φαιν,	981	Φρυγ,	972
ΤΡ,	900-903	Φαιος,	986	Φρυγ,	970
Τραγωδ,	63	Φαχ,	975-976	ΦΥ,	1008-1010
Τραμ,	913	ΦΑΛ,	977-979	Φυζ,	968
Τραν,	ib.	Φαλος,	983	Φυλ,	980
Τραπ,	943-944	Φαν,	982	Φυλασ,	973
Τρασ,	917	φΑΡ,	991-994	Φυρ,	996
Τραυλ,	858	φασ,	985	φυσ,	970-971
Τραχ,	932-933	Φασγ,	975	ΦΩΚ,	974
Τρεις,	936	φαιν,	928	Φωλ,	980
Τρεφ,	948	φαυλ,	ibid.	Φων,	977
Τρεω,	898	φαυω,	984	φωρ,	996
Τρημ,	931	φαω,	983	Φως,	984
ΤΡΙ,	935, 937	ΦΕ,	967-969	Φωσκω,	ibid.
Τριζ,	898	φεγγ,	985	Φωσωρ,	971
Τριχ,	361	Φειδ,	999		
Τροπ,	941	Φιλ,	979	**Χ.**	
Τρυ,	346, 931	Φεν,	986-990		
Τρυβλ,	931	Φερ,	991-995	ΧΑ,	1016-1017
Τρυγη,	949	Φευαγγ,	920	Χαζ,	439

Orig. Grecq.   X x x

TABLE ALPHABÉTIQUE.

Χαιν,	1012	Χοιν,	482	Ψο,	1030
Χαιρ,	516	Χοιρ,	1012	Ψόαι,	1026
Χαιτ,	438	Χολ,	442	Ψυ,	1030
Χαλ,	450, 465	Χορ,	496		
Χαλαζ,	465	Χορ,	520	**Ω.**	
Χαλβ,	1021	Χορδ,	521		
Χαλκ,	503	Χορηγος,	33	Ω,	658
Χαμ,	1013	Χορια,	521	Ωαρι,	674
Χανδ,	436	Χορτ,	1020	Ωση,	1031
Χανος,	1012	Χορωδια,	66	Ωγυγ,	691
Χαος,	1013	Χρ,	1014	Ωγυγιος,	81
Χαρ,	493-495	Χρα,	512	Ωδη,	61
Χαρι,	516	Χραις,	512	Ωδιν,	60
Χαρυβδ,	1021	Χρει,	513	Ωθ,	661
Χασμ,	1012	Χρεμ,	1012	Ωιων,	674
ΧΕ,	525	Χρη,	512, 514	Ωκ,	652
Χεζ,	527	Χρησμωδος,	66	Ωκεανος,	126
Χειμ,	526	Χρι,	514	Ωλ,	694
Χειλ,	467	Χριμπτ,	1020	Ωλενη,	94
Χελ,	446, 463	Χροα,	486	Ωμ,	694
Χελυ,	1012	Χρον,	520	Ωμιλ,	59
Χερσ,	1017	Χρυσ,	1015	Ωμ,	117
ΧΗΛ,	467, 1018	Χυ,	525	Ων,	311
Χημ,	1013	Χυλ,	458	Ωνεομαι,	1031
Χην,	1014	Χυτ,	435	Ωον,	674
Χηρ,	516	Χωλ,	469	Ωρι,	683
Χηρα,	495	Χωρ,	497	Ωρμ,	700
ΧΘ,	1018			Ωρυ,	661
ΧΙΛ,	449, 458	**Ψ.**		Ως,	1032
Χιον,	1018			Ωσμ,	661
Χιτ,	437	Ψα,	1022	Ωτ,	662
ΧΛ,	441	Ψαλμωδος,	66	Ωχρ,	674
Χλευ,	444, 546	Ψε,	1016-1017	Ωχρ,	1016
Χλι,	546	Ψι,	1028	Ωψ,	675
Χν,	1019				

Fin de la Table des Matieres.

ERRATA DU DISCOURS PRÉLIMINAIRE.

Page XXII. ligne 1, lisez Observons que la Grèce avoit au Nord les Getes ou Goths qui habitoient les bords du Danube, & dont la Contrée prit ensuite le nom de Mésie, d'où les Méso-Gothiques.

LXVIII. lig. 10, l'autre, lis. l'antre.

LXX. §. II. lis. II.

LXXVI. lig. 1. adopté, lis. adapté.

XCIX. lig. 8. A-POLI-ONIE, lis. APOLL-ONIE.

CXXXIII. lig. 11, d'éytmologies, lis. d'étymologies.

CLXXI. lig. 13. Messie, lis. Mysie.

ADDITIONS.

Col. 433., Famille CAD, Vase.

ΛΗ-ΚΥΘος, *Lé-Kythos*, vase grand & profond; jarre, cruche à huile : de *la*, grand, & *cad*, vase.

ΛΗ-Κυθιον, petit vase à huile, burette.

Λη Κυθισης, qui a une voix creuse.

Λη-Κυθιζω, *mot-à-mot*, faire de grands travaux à la lumiere d'une lampe : *au fig.* remplir de figures oratoires.

Col. 542. Famille LAB, Main.

ΛΙΤρα, ας, ἡ, *Litra*, une livre; nom de poids & de mesure; 2°. nom d'une très-petite monnoie.

Dans les Composés, ΛΙΤρον.

C'est le LIBra des Latins, une livre. Notre mot LITRon en est venu.

Col. 554. Famille L, Flamme.

ΛΗΜΝΙσκος, *Lemniscos*, ruban, banderolle, bande, bandelette, flamme. Ce mot paroît tenir au Lat. *limbus*, bordure. Orig. Lat. 932.

Col. 560. Famille LEG, cueillir.

1. ΛΑΧανον, τὸ, *Lakhanon*, herbes potagères ; le LEGumen des Latins.

Λαχανωδης, Λαχανηρος, Λαχανικος, qui concerne les plantes potagères.

Λαχανια, ἡ, jardin potager.

Λαχαναριον, diminutif.

Λαχανεια, action de cueillir des herbes potagères.

Λαχανισμος, de même.

Λαχανευομαι, être bon pour le potage.

2. Α-ΛΕΓω, *A-legô*, avoir soin, soigner, préparer.

Α-λεγιζω, de même.

Α-λεγυνω, préparer.

Α-λεγεινος, plein de soins, attentif : soucieux.

Col. 563. MOTS ORIENTAUX.

ΛΗΝος, ὁ, *Lénos*, cuve d'un pressoir; 2°. lagune dans des prairies; 3°. creux au fond d'un char.

De l'Or. LUL, prononcé *lun*, vis. Voyez Hist. du Calend. p. 93.

Ληναι, Nymphes des pressoirs.

Ληναιος, Dieu des pressoirs, Bacchus.

Ληναια, Fêtes des pressoirs, de Bacchus.

Ληναιων, mois consacré à Bacchus, le mois des vendanges.

Col. 593. Famille MON, Signe.

ΜΥΝη, ἡ, *Muné*, *Myné*, prétexte, faux-signe, excuse.

Μυνομαι, prétexter, s'excuser; de-là l'Allem. *Mund*, image ; au lieu que *Mund*, parole, est le *Muth-os* des Grecs nasalé.

Col. 601. Famille MÈR, Corde.

ΜΕΡμις, ficelle, fil, cordelette mince. C'est un mot de l'Odyssée.

Col. 714. ONOMATOPÉES.

ΠΑΥω, *Pauô*, faire une pause, en appuyant fortement le pied ; 2°. *au fig.* cesser, discontinuer, se désister ; 3°. réprimer, calmer, appaiser.

Παυσις, ἡ, pause, cessation, repos.

Παυσωλη, de même.

Παυστηρ, qui appaise, qui met fin.

Παυλα, ης, ἡ, repos, cessation, fin ; 2°. petite clause.

1048 *ADDITIONS.*

Παυσικος, qui a la vertu de calmer, d'appaiser.

Col 735. Famille Ποτ, élevé.

Πιτυς, υος, ἡ, Pitus, pin, ſapin.
Πιτυοεις, abondant en pins.
Πιτυωδης, de même.
Πιτυινος, de pin, réſineux.
Πιτυις, ιδος, ἡ, pomme de pin.

Cette Famille tient à celle de *Pitta*, réſine.

Col. 1012. Fam. Χαινω, s'ouvrir.

ΛΙ ΧΑΝος, ὁ, Li-Khanos, l'index : de la, extrêmement, & Χαινω, s'ouvrir, à cauſe de la grande ouverture qu'il y a entre ce doigt & le pouce.

ΛΙΧας, meſure de l'index & du pouce étendus.

ΛΙ-Χαζω, jetter dans des précipices, dans des gouffres.

ERRATA ET CORRECTIONS.

Col. 12, ΑΧΤη & ΟΧΘη, appartiennent à la Famille ΑQ, Eau.
69, ligne 1, Mors, liſez Mots.
116, lig. 9, en remontant, ΑΜαω, liſ. ΑΜαω.
136, lig. 10, Λαφυσσω, liſ. Λαφυσσω.
172, lig. dern. ce mot appartient à la Famille ΑQ, Eau.
210, lig. 5, en remontant, ΒΑΡις, liſ. ΒΑΡις.
236, Αγελαιος, liſ. Αγελαιος.
241, Γ-ΓΑΡΤον, liſ. Γι-Γαρτον.
260, lig. 16, extrêmement fort, liſ. extrêmement ; fort.
505, ΚΛΡ, liſ. ΚΑΡ.
509, lig. 13, tienr, liſ. tient.
540, ΚΙΦΑΡα, liſ. ΚΙΘΑΡα.
546, la colonne ſuivante devroit être numérotée 547 : au lieu de cela, elle a été numérotée en reculant 527 ; & cette erreur continue juſques à la page 798 : la ſuivante eſt donc numérotée 819.
518 pour 548, ΥΥΜη, liſ. ΛΥΜη.
595, Μοχαχος, liſ. Μοναχος.
666, lig. 17, tache, liſ. tâche.
668, lig. 9, ſur faire, liſ. ſur, faire.
682, lig. 22, pour voir, liſ. pourvoir.
882, au haut, S pour C, liſ. S pour T.
898, au haut, TR, liſ. Onomatopées.

FIN.

De l'Imprimerie de VALLLEYRE l'aîné, rue de la vieille Bouclerie.

www.ingramcontent.com/pod-product-compliance
Lightning Source LLC
Chambersburg PA
CBHW071657300426
44115CB00010B/1236